电子政务理事会 编

CHINA'S E-GOVERNMENT YEARBOOK（2015）

中国电子政务年鉴
（2015）

社会科学文献出版社
SOCIAL SCIENCES ACADEMIC PRESS (CHINA)

前　言

本《中国电子政务年鉴（2015）》（以下简称《年鉴》）是中国电子政务理事会年复一年连续编纂的第四本，本《年鉴》有三个亮点。

一、在《年鉴》对 2015 年我国电子政务建设和发展成果基础上，聚焦、增加了北京、上海、青岛等一批城市在"互联网＋公共服务"的专题成果，增加了全国法院系统十三个"互联网＋诉讼服务"的专题成果，增加了六个税务系统"互联网＋纳税服务"的专题成果。2015 年我国电子政务的大转变、大趋势充分说明，2015 年是我国电子政务采用"互联网＋"面向人民群众、协同共享、跨界融合推进应用的关键年头，虽然各地各部门步伐不一，但总体趋势正在形成。我们欣喜地看到，在当前不少地方和部门的电子政务顶层设计中，老百姓和企业的需求，外部用户的体验数据，跨界共享推进应用，正在成为电子政务的关键词。

二、在《年鉴》组稿重点上有了突破。与地方和部门合作、以专题形式组稿，增强稿件的质量和整体性，解决《年鉴》篇幅有限而电子政务内容丰富的矛盾，改变了过去几十个地方和部门广撒胡椒面的征稿方式。特别要提及的是，最高人民法院提供的十二篇稿件，是从全国省高院推荐的 80 余篇稿件中挑选的，实为不易。

三、在组稿工作中，积极联系中央网信办及其各部门，向他们推荐《年鉴》成果，从而推动中央网信办前往成果单位调研，宣传了《年鉴》所收集的成果，也能利用《年鉴》平台推动跨层级、跨部门交流。如 2016 年 1 月，电子政务理事会组织在吉林省高院举办"互联网＋诉讼服务——吉林电子法院"调研，邀请中央网信办有关领导参加，产生了积极的成效，这些活动，可以大大提升《年鉴》的影响力。

总的来说，2015 年是中国电子政务发展承上启下的关键之年，是推进"互联网＋"政务创新的启动之年，是切实推进简政放权、优化服务初见成效之年。前路漫漫，任重道远。

陆首群

2016 年 4 月 25 日

目 录

第一篇 政策文件

·中央网络安全和信息化领导小组办公室·

·国务院·

·发改委·

·其他部门·

第二篇　2015年电子政务发展综述

第三篇　中央国家机关电子政务发展概况

第四篇　地方政府电子政务发展概况

第五篇　"互联网 + 公共服务"城市专项成果

第六篇　"互联网+诉讼服务"专项成果

第七篇　"互联网＋税务服务"专项成果

第八篇　年度电子政务试点示范优秀案例

·部委·

·北京·

第九篇　年度发布

·**2015 年电子政务年度人物**·

·2015 年"互联网＋公共服务"先进个人·

第十篇　大事记

附　　录

第一篇
政策文件

互联网新闻信息服务单位约谈工作规定[*]

第一条 为了进一步推进依法治网，促进互联网新闻信息服务单位依法办网、文明办网，规范互联网新闻信息服务，保护公民、法人和其他组织的合法权益，营造清朗网络空间，根据《互联网信息服务管理办法》、《互联网新闻信息服务管理规定》和《国务院关于授权国家互联网信息办公室负责互联网信息内容管理工作的通知》，制定本规定。

第二条 国家互联网信息办公室、地方互联网信息办公室建立互联网新闻信息服务单位约谈制度。

本规定所称约谈，是指国家互联网信息办公室、地方互联网信息办公室在互联网新闻信息服务单位发生严重违法违规情形时，约见其相关负责人，进行警示谈话、指出问题、责令整改纠正的行政行为。

第三条 地方互联网信息办公室负责对本行政区域内的互联网新闻信息服务单位实施约谈，约谈情况应当及时向国家互联网信息办公室报告。

对存在重大违法情形的互联网新闻信息服务单位，由国家互联网信息办公室单独或联合属地互联网信息办公室实施约谈。

第四条 互联网新闻信息服务单位有下列情形之一的，国家互联网信息办公室、地方互联网信息办公室可对其主要负责人、总编辑等进行约谈：

（一）未及时处理公民、法人和其他组织关于互联网新闻信息服务的投诉、举报情节严重的；

（二）通过采编、发布、转载、删除新闻信息等谋取不正当利益的；

（三）违反互联网用户账号名称注册、使用、管理相关规定情节严重的；

（四）未及时处置违法信息情节严重的；

（五）未及时落实监管措施情节严重的；

（六）内容管理和网络安全制度不健全、不落实的；

（七）网站日常考核中问题突出的；

（八）年检中问题突出的；

（九）其他违反相关法律法规规定需要约谈的情形。

第五条 国家互联网信息办公室、地方互联网信息办公室对互联网新闻信息服务单位实施约谈，应当提前告知约谈事由，并约定时间、地点和参加人员等。

国家互联网信息办公室、地方互联网信息办公室实施约谈时，应当由两名以上执法人员参加，主动出示证件，并记录约谈情况。

第六条 国家互联网信息办公室、地方互联网信息办公室通过约谈，及时指出互联网新闻信息服务单位存在的问题，并提出整改要求。

---

* 中国网信网，http://www.cac.gov.cn/2015-04/28/c_1115112600.htm。

互联网新闻信息服务单位应当及时落实整改要求，依法提供互联网新闻信息服务。

第七条　国家互联网信息办公室、地方互联网信息办公室应当加强对互联网新闻信息服务单位的监督检查，并对其整改情况进行综合评估，综合评估可以委托第三方开展。

互联网新闻信息服务单位未按要求整改，或经综合评估未达到整改要求的，将依照《互联网信息服务管理办法》、《互联网新闻信息服务管理规定》的有关规定给予警告、罚款、责令停业整顿、吊销许可证等处罚；互联网新闻信息服务单位被多次约谈仍然存在违法行为的，依法从重处罚。

第八条　国家互联网信息办公室、地方互联网信息办公室可将与互联网新闻信息服务单位的约谈情况向社会公开。

约谈情况记入互联网新闻信息服务单位日常考核和年检档案。

第九条　国家互联网信息办公室、地方互联网信息办公室履行约谈职责时，互联网新闻信息服务单位应当予以配合，不得拒绝、阻挠。

第十条　本规定由国家互联网信息办公室负责解释，自 2015 年 6 月 1 日起实施。

关于加强党政部门云计算服务网络
安全管理的意见*

中网办发文〔2014〕14 号

各省、自治区、直辖市党委网络安全和信息化领导小组办公室，中央和国家机关各部委、各人民团体网络安全和信息化相关工作机构：

为加强党政部门云计算服务网络安全管理，维护国家网络安全，现就党政部门云计算服务网络安全管理提出以下意见。

一　充分认识加强党政部门云计算服务网络安全管理的必要性

云计算服务是以云计算技术与模式为主要特征的信息技术服务，包括 SaaS（软件即服务）、PaaS（平台即服务）、IaaS（基础设施即服务）等。党政部门采购云计算服务，有利于提高资源利用率和为民服务效率与水平，同时，安全风险也很突出：用户对数据、系统的控制管理能力减弱；安全责任不明确，一些单位可能由于数据和业务的外包而放松安全管理；云计算平台更加复杂，风险和隐患增多，控制和监管手段不足；云计算平台间的互操作和移植比较困难，用户数据和业务迁移到云计算平台后容易形成对云计算服务提供者（以下称服务商）的过度依赖。对此，各级党政部门务必高度重视，增强风险意识、责任意识，切实加强采购和使用云计算服务过程中的网络安全管理。

---

* 中国网信网，http：//www.cac.gov.cn/2015-06/26/c_1115736157.htm。

二　进一步明确党政部门云计算服务网络安全管理的基本要求

党政部门在采购使用云计算服务过程中应遵守，并通过合同等手段要求为党政部门提供云计算服务的服务商遵守以下要求：

——安全管理责任不变。网络安全管理责任不随服务外包而外包，无论党政部门数据和业务是位于内部信息系统还是服务商云计算平台上，党政部门始终是网络安全的最终责任人，应加强安全管理，通过签订合同、持续监督等方式要求服务商严格履行安全责任和义务，确保党政部门数据和业务的机密性、完整性、可用性，以及互操作性、可移植性。

——数据归属关系不变。党政部门提供给服务商的数据、设备等资源，以及云计算平台上党政业务系统运行过程中收集、产生、存储的数据和文档等资源属党政部门所有。服务商应保障党政部门对这些资源的访问、利用、支配，未经党政部门授权，不得访问、修改、披露、利用、转让、销毁党政部门数据；在服务合同终止时，应按要求做好数据、文档等资源的移交和清除工作。

——安全管理标准不变。承载党政部门数据和业务的云计算平台要参照党政信息系统进行网络安全管理，服务商应遵守党政信息系统的网络安全政策规定、信息安全等级保护要求、技术标准，落实安全管理和防护措施，接受党政部门和网络安全主管部门的网络安全监管。

——敏感信息不出境。为党政部门提供服务的云计算服务平台、数据中心等要设在境内。敏感信息未经批准不得在境外传输、处理、存储。

三　合理确定采用云计算服务的数据和业务范围

党政部门要参照《信息安全技术云计算服务安全指南》等国家标准，对数据的敏感程度、业务的重要性进行分类，全面分析、综合平衡采用云计算服务后的安全风险和效益，科学规划和确定采用云计算服务的数据、业务范围和进度安排。对于涉及国家秘密、工作秘密的业务，不得采用社会化云计算服务。对于包含大量敏感信息和公民隐私信息、直接影响党政机关运转和公众生活工作的关键业务，应在确保安全的前提下再考虑向云计算平台迁移。对于保护等级四级以上的信息系统，以及一旦出现问题可能造成重大经济损失，甚至危害国家安全的业务不宜采用社会化云计算服务。

四　统一组织党政部门云计算服务网络安全审查

中央网信办会同有关部门建立云计算服务安全审查机制，对为党政部门提供云计算服务的服务商，参照有关网络安全国家标准，组织第三方机构进行网络安全审查，重点审查云计算服务的安全性、可控性。党政部门采购云计算服务时，应逐步通过采购文件或合同等手段，明确要求服务商应通过安全审查。鼓励重点行业优先采购和使用通过安全审查的服务商提供的云计算服务。

五 加强云计算服务过程的持续指导和监督

党政部门应按照合同管理等有关要求，参考相关技术标准和指南，同服务商签订服务合同、协议。合同和协议要充分体现网络安全管理要求，明确合同双方的网络安全责任义务。直接参与党政业务系统运行管理的服务商人员应签订安全保密协议，必要时要对其进行背景调查。

党政部门要认真履行合同规定的责任义务，监督服务商加强安全防护管理，要求服务商在发生网络安全案件或重大事件时，及时向有关部门报告，配合开展调查工作。要组织对云计算服务的安全监测，加强安全检查，及时发现和通报安全隐患。

六 强化保密审查和安全意识培养

党政部门应建立健全云计算服务保密审查制度，指定机构和人员负责对迁移到云计算平台上的数据、业务进行保密审查，确保数据和业务不涉及国家秘密。综合分析数据关联性，防止因数据汇聚涉及国家秘密，不得使用非涉密网络中的云计算平台处理涉及国家秘密的信息。党政部门在使用云计算服务前，要集中组织开展机关工作人员网络安全和保密教育培训，明示使用云计算服务面临的安全保密风险；要求服务商加强对员工的安全和保密教育，自觉维护党政部门云计算服务安全。

中央网络安全和信息化领导小组办公室

2014 年 12 月 30 日

国务院关于促进云计算创新发展培育 信息产业新业态的意见[*]

国发〔2015〕5 号

各省、自治区、直辖市人民政府，国务院各部委、各直属机构：

云计算是推动信息技术能力实现按需供给、促进信息技术和数据资源充分利用的全新业态，是信息化发展的重大变革和必然趋势。发展云计算，有利于分享信息知识和创新资源，降低全社会创业成本，培育形成新产业和新消费热点，对稳增长、调结构、惠民生和建设创新型国家具有重要意义。当前，全球云计算处于发展初期，我国面临难得的机遇，但也存在服务能力较薄弱、核心技术差距较大、信息资源开放共享不够、信息安全挑战突出等问题，重建设轻应用、数据中心无序发展苗头初步显现。为促进我国云计算创新发展，积极培育信息产业新业态，现提出以下意见。

一 指导思想、基本原则和发展目标

（一）指导思想。

适应推进新型工业化、信息化、城镇化、农业现代化和国家治理能力现代化的需要，以全面深化改革为动力，以提升能力、深化应用为主线，完善发展环境，培育骨干企业，创新服务模式，扩展应用领域，强化技术支撑，保障信息安全，优化设施布局，促进云计算创新发展，培育信息产业新业态，使信息资源得到高效利用，为促进创业兴业、释放创新活力提供有力支持，为经济社会持续健康发展注入新的动力。

（二）基本原则。

市场主导。发挥市场在资源配置中的决定性作用，完善市场准入制度，减少行政干预，鼓励企业根据市场需求丰富服务种类，提升服务能力，对接应用市场。建立公平开放透明的市场规则，完善监管政策，维护良好市场秩序。

统筹协调。以需求为牵引，加强分类指导，推进重点领域的应用、服务和产品协同发展。引导地方根据实际需求合理确定云计算发展定位，避免政府资金盲目投资建设数据中心和相关园区。加强信息技术资源整合，避免行业信息化系统成为信息孤岛。优化云计算基础设施布局，促进区域协调发展。

创新驱动。以企业为主体，加强产学研用合作，强化云计算关键技术和服务模式创新，提升自主创新能力。积极探索加强国际合作，推动云计算开放式创新和国际化发展。加强管理创新，鼓励新业态发展。

---

* 中国政府网，http://www.gov.cn/zhengce/content/2015-01-30/content_9440.htm。

保障安全。在现有信息安全保障体系基础上，结合云计算特点完善相关信息安全制度，强化安全管理和数据隐私保护，增强安全技术支撑和服务能力，建立健全安全防护体系，切实保障云计算信息安全。充分运用云计算的大数据处理能力，带动相关安全技术和服务发展。

（三）发展目标。

到2017年，云计算在重点领域的应用得到深化，产业链条基本健全，初步形成安全保障有力，服务创新、技术创新和管理创新协同推进的云计算发展格局，带动相关产业快速发展。

服务能力大幅提升。形成若干具有较强创新能力的公共云计算骨干服务企业。面向中小微企业和个人的云计算服务种类丰富，实现规模化运营。云计算系统集成能力显著提升。

创新能力明显增强。增强原始创新和基础创新能力，突破云计算平台软件、艾字节（EB，约为260字节）级云存储系统、大数据挖掘分析等一批关键技术与产品，云计算技术接近国际先进水平，云计算标准体系基本建立。服务创新对技术创新的带动作用显著增强，产学研用协同发展水平大幅提高。

应用示范成效显著。在社会效益明显、产业带动性强、示范作用突出的若干重点领域推动公共数据开放、信息技术资源整合和政府采购服务改革，充分利用公共云计算服务资源开展百项云计算和大数据应用示范工程，在降低创业门槛、服务民生、培育新业态、探索电子政务建设新模式等方面取得积极成效，政府自建数据中心数量减少5%以上。

基础设施不断优化。云计算数据中心区域布局初步优化，新建大型云计算数据中心能源利用效率（PUE）值优于1.5。宽带发展政策环境逐步完善，初步建成满足云计算发展需求的宽带网络基础设施。

安全保障基本健全。初步建立适应云计算发展需求的信息安全监管制度和标准规范体系，云计算安全关键技术产品的产业化水平和网络安全防护能力明显提升，云计算发展环境更加安全可靠。

到2020年，云计算应用基本普及，云计算服务能力达到国际先进水平，掌握云计算关键技术，形成若干具有较强国际竞争力的云计算骨干企业。云计算信息安全监管体系和法规体系健全。大数据挖掘分析能力显著提升。云计算成为我国信息化重要形态和建设网络强国的重要支撑，推动经济社会各领域信息化水平大幅提高。

二 主要任务

（一）增强云计算服务能力。

大力发展公共云计算服务，实施云计算工程，支持信息技术企业加快向云计算产品和服务提供商转型。大力发展计算、存储资源租用和应用软件开发部署平台服务，以及企业经营管理、研发设计等在线应用服务，降低企业信息化门槛和创新成本，支持中小微企业发展和创业活动。积极发展基于云计算的个人信息存储、在线工具、学习娱乐等服务，培育信息消费。发展安全可信的云计算外包服务，推动政府业务外包。支持云计算与物联网、移动互联网、互联网金融、电子商务等技术和服务的融合发展与创新应用，积极培育新业态、新模式。鼓励大企业开放平台资源，打造协作共赢的云计算服务生态环境。引导专有云有序发展，鼓励企业创新信息化建设思路，在充分利用公共云计算服务资源的基础上，立足自身需求，利用安全可靠的专有云解决方案，整合信息资源，优化业务流程，提升经营管理水平。大力发展面向云计算的信息系统规划咨询、方案设计、系统集成和测试评估等服务。

（二）提升云计算自主创新能力。

加强云计算相关基础研究、应用研究、技术研发、市场培育和产业政策的紧密衔接与统筹协调。发挥企业创新主体作用，以服务创新带动技术创新，增强原始创新能力，着力突破云计算平台大规模资源管理与调度、运行监控与安全保障、艾字节级数据存储与处理、大数据挖掘分析等关键技术，提高相关软硬件产品研发及产业化水平。加强核心电子器件、高端通用芯片及基础软件产品等科技专项成果与云计算产业需求对接，积极推动安全可靠的云计算产品和解决方案在各领域的应用。充分整合利用国内外创新资源，加强云计算相关技术研发实验室、工程中心和企业技术中心建设。建立产业创新联盟，发挥骨干企业的引领作用，培育一批特色鲜明的创新型中小企业，健全产业生态系统。完善云计算公共支撑体系，加强知识产权保护利用、标准制定和相关评估测评等工作，促进协同创新。

（三）探索电子政务云计算发展新模式。

鼓励应用云计算技术整合改造现有电子政务信息系统，实现各领域政务信息系统整体部署和共建共用，大幅减少政府自建数据中心的数量。新建电子政务系统须经严格论证并按程序进行审批。政府部门要加大采购云计算服务的力度，积极开展试点示范，探索基于云计算的政务信息化建设运行新机制，推动政务信息资源共享和业务协同，促进简政放权，加强事中事后监管，为云计算创造更大市场空间，带动云计算产业快速发展。

（四）加强大数据开发与利用。

充分发挥云计算对数据资源的集聚作用，实现数据资源的融合共享，推动大数据挖掘、分析、应用和服务。开展公共数据开放利用改革试点，出台政府机构数据开放管理规定，在保障信息安全和个人隐私的前提下，积极探索地理、人口、知识产权及其他有关管理机构数据资源向社会开放，推动政府部门间数据共享，提升社会管理和公共服务能力。重点在公共安全、疾病防治、灾害预防、就业和社会保障、交通物流、教育科研、电子商务等领域，开展基于云计算的大数据应用示范，支持政府机构和企业创新大数据服务模式。充分发挥云计算、大数据在智慧城市建设中的服务支撑作用，加强推广应用，挖掘市场潜力，服务城市经济社会发展。

（五）统筹布局云计算基础设施。

加强全国数据中心建设的统筹规划，引导大型云计算数据中心优先在能源充足、气候适宜、自然灾害较少的地区部署，以实时应用为主的中小型数据中心在靠近用户所在地、电力保障稳定的地区灵活部署。地方政府和有关企业要合理确定云计算发展定位，杜绝盲目建设数据中心和相关园区。加快推进实施"宽带中国"战略，结合云计算发展布局优化网络结构，加快网络基础设施建设升级，优化互联网网间互联架构，提升互联互通质量，降低带宽租费水平。支持采用可再生能源和节能减排技术建设绿色云计算中心。

（六）提升安全保障能力。

研究完善云计算和大数据环境下个人和企业信息保护、网络信息安全相关法规与制度，制定信息收集、存储、转移、删除、跨境流动等管理规则，加快信息安全立法进程。加强云计算服务网络安全防护管理，加大云计算服务安全评估力度，建立完善党政机关云计算服务安全管理制度。落实国家信息安全等级保护制度，开展定级备案和测评等工作。完善云计算安全态势感知、安全事件预警预防及应急处置机制，加强对党政机关和金融、交通、能源等重要信息系统的安全评估和监测。支持云计算安全软硬件技术产品的研发生产、试点示范和推广应用，加快云计算安全专业化服务队伍建设。

三　保障措施

（一）完善市场环境。

修订电信业务分类目录，完善云计算服务市场准入制度，支持符合条件的云计算服务企业申请相关业务经营资质。研究支持大规模云计算服务的网络政策。支持第三方机构开展云计算服务质量、可信度和网络安全等评估测评工作。引导云计算服务企业加强内部管理，提升服务质量和诚信水平，逐步建立云计算信任体系。加强互联网骨干网互联互通监管和技术支撑手段建设，调整网间互联结算政策，保障网间互联高效畅通。对符合布局原则和能耗标准的云计算数据中心，支持其参加直供电试点，满足大工业用电条件的可执行大工业电价，并在网络、市政配套等方面给予保障，优先安排用地。引导国有企业运用云计算技术提升经营管理水平，推广应用安全可靠的云计算产品和解决方案。

（二）建立健全相关法规制度。

落实《全国人民代表大会常务委员会关于加强网络信息保护的决定》和《中华人民共和国政府信息公开条例》，完善互联网信息服务管理办法，加快制定信息网络安全、个人信息保护等法律法规，出台政府和重要行业采购使用云计算服务相关规定，明确相关管理部门和云计算服务企业的安全管理责任，规范云计算服务商与用户的责权利关系。

（三）加大财税政策扶持力度。

按照深化中央财政科技计划（专项、基金等）管理改革的要求，充分发挥国家科技计划、科技重大专项的作用，采取无偿资助、后补助等多种方式加大政府资金支持力度，引导社会投资，支持云计算关键技术研发及产业化。支持实施云计算工程，继续推进云计算服务创新试点示范工作，及时总结推广试点经验。创新政府信息系统建设和运营经费管理方式，完善政府采购云计算服务的配套政策，发展基于云计算的政府信息技术服务外包业务。将云计算企业纳入软件企业、国家规划布局内重点软件企业、高新技术企业和技术先进型服务企业的认定范畴，符合条件的按规定享受相关税收优惠政策。

（四）完善投融资政策。

引导设立一批云计算创业投资基金。加快建立包括财政出资和社会资金投入在内的多层次担保体系，加大对云计算企业的融资担保支持力度。推动金融机构对技术先进、带动支撑作用强的重大云计算项目给予信贷支持。积极支持符合条件的云计算企业在资本市场直接融资。

（五）建立健全标准规范体系。

按照"急用先行、成熟先上、重点突破"原则，加快推进云计算标准体系建设，制定云计算服务质量、安全、计量、互操作、应用迁移，云计算数据中心建设与评估，以及虚拟化、数据存储和管理、弹性计算、平台接口等方面标准，研究制定基于云计算平台的业务和数据安全、涉密信息系统保密技术防护和管理、违法信息技术管控等标准。

（六）加强人才队伍建设。

鼓励普通高校、职业院校、科研院所与企业联合培养云计算相关人才，加强学校教育与产业发展的有效衔接，为云计算发展提供高水平智力支持。完善激励机制，造就一批云计算领军人才和技术带头人。充分利用现有人才引进计划，引进国际云计算领域高端人才。对做出突出贡献的云计算人才，可按国家有关规定给予表彰奖励，在职称评定、落户政策等方面予以优先安排。支持企业和教育机构开展云计算应用人才培训。

（七）积极开展国际合作。

支持云计算企业通过海外并购、联合经营、在境外部署云计算数据中心和设立研发机构等方式，积极开拓国际市场，促进基于云计算的服务贸易发展。加强国内外企业的研发合作，引导外商按有关规定投资我国云计算相关产业。鼓励国内企业和行业组织参与制定云计算国际标准。

各地区、各部门要高度重视云计算发展工作，按照本意见提出的要求和任务，认真抓好贯彻落实，出台配套政策措施，突出抓手，重点突破，着力加强政府云计算应用的统筹推进等工作。国务院有关部门要加强协调配合，建立完善工作机制，做好与国家网络安全和信息化发展战略及相关政策的衔接，加强组织实施，形成推进合力。发展改革委、工业和信息化部、科技部、财政部、网信办要会同有关部门，加强对云计算发展的跟踪分析，推动各项任务分工的细化落实。

国务院

2015 年 1 月 6 日

国务院关于印发 2015 年推进简政放权放管
结合转变政府职能工作方案的通知[*]

国发〔2015〕29 号

各省、自治区、直辖市人民政府，国务院各部委、各直属机构：

国务院批准《2015 年推进简政放权放管结合转变政府职能工作方案》，现予印发，请认真贯彻落实。

国务院

2015 年 5 月 12 日

---

* 中国政府网，http：//www.gov.cn/zhengce/content/2015 - 05/15/content_ 9764.htm。

2015 年推进简政放权放管结合
转变政府职能工作方案

党的十八大和十八届二中、三中、四中全会对全面深化改革、加快转变政府职能做出了部署，提出了要求。两年多来，国务院把简政放权作为全面深化改革的"先手棋"和转变政府职能的"当头炮"，采取了一系列重大改革措施，有效释放了市场活力，激发了社会创造力，扩大了就业，促进了对外开放，推动了政府管理创新，取得了积极成效。2015 年是全面深化改革的关键之年，是全面推进依法治国的开局之年，也是稳增长调结构的紧要之年，简政放权、放管结合和转变政府职能的任务更加紧迫、更加艰巨。为把这项改革向纵深推进，在重要领域和关键环节继续取得突破性进展，促进经济社会持续平稳健康发展，制定本方案。

一　总体要求

（一）指导思想。

全面贯彻党的十八大和十八届二中、三中、四中全会精神，按照"四个全面"战略布局，落实中央经济工作会议部署和《政府工作报告》确定的任务要求，紧扣打造"双引擎"、实现"双中高"，主动适应和引领经济发展新常态，协同推进简政放权、放管结合、优化服务，坚持民意为先、问题导向，重点围绕阻碍创新发展的"堵点"、影响干事创业的"痛点"和市场监管的"盲点"，拿出硬措施，打出组合拳，在放权上求实效，在监管上求创新，在服务上求提升，在深化行政管理体制改革，建设法治政府、创新政府、廉洁政府和服务型政府方面迈出坚实步伐，促进政府治理能力现代化。

（二）工作目标。

2015 年，推进简政放权、放管结合和转变政府职能工作，要适应改革发展新形势、新任务，从重数量向提高含金量转变，从"给群众端菜"向"让群众点菜"转变，从分头分层级推进向纵横联动、协同并进转变，从减少审批向放权、监管、服务并重转变，统筹推进行政审批、投资审批、职业资格、收费管理、商事制度、教科文卫体等领域改革，着力解决跨领域、跨部门、跨层级的重大问题。继续取消含金量高的行政审批事项，彻底取消非行政许可审批类别，大力简化投资审批，实现"三证合一"、"一照一码"，全面清理并取消一批收费项目和资质资格认定，出台一批规范行政权力运行、提高行政审批效率的制度和措施，推出一批创新监管、改进服务的举措，为企业松绑减负，为创业创新清障搭台，为稳增长、促改革、调结构、惠民生提供有力支撑，培育经济社会发展新动力。

二　主要任务

（一）深入推进行政审批改革。

全面清理中央指定地方实施的行政审批事项，公布清单、锁定底数，今年取消 200 项以上。全面清理和取消国务院部门非行政许可审批事项，不再保留"非行政许可审批"这一审批类别。继续取消和下放国务院部门行政审批事项，进一步提高简政放权的含金量。基本完成省级政府工作部门、依法承担行政职能事业单位权力清单的公布工作。研究建立国务院部门权力清单和责任清单制度，开展编制权力清单和责任清单的试点工作。严格落实规范行政审批行为的有关法规、文件要求，国务院部门所有行政审批事项都要逐项公开审批流程，压缩并明确审批时限，约束自由裁量权，以标准化促进规范化。研究提出指导规范国务院部门证照管理的工作方案，对增加企业负担的证照进行清理规范。清理规范国务院部门行政审批中介服务，公布保留的国务院部门行政审批中介服务事项清单，破除垄断，规范收费，加强监管。对国务院已取消下放的行政审批事项，要严肃纪律、严格执行，彻底放、放到位，及时纠正明放暗留、变相审批、弄虚作假等行为。

（二）深入推进投资审批改革。

按照《政府核准的投资项目目录（2014年本）》，进一步取消下放投资审批权限。制定并公开企业投资项目核准及强制性中介服务事项目录清单，简化投资项目报建手续，大幅减少申报材料，压缩前置审批环节并公开审批时限。制订《政府核准和备案投资项目管理条例》。推进落实企业投资项目网上并联核准制度，加快建设信息共享、覆盖全国的投资项目在线审批监管平台。创新投资管理方式，抓紧建立协同监管机制，推动国务院有关部门主动协同放权、落实限时办结制度，督促地方抓紧制定细化、可操作的工作方案和配套措施。打破信息孤岛，加快信息资源开放共享，推动有关部门间横向联通，促进中央与地方纵向贯通，实现"制度＋技术"的有效监管。

（三）深入推进职业资格改革。

进一步清理和取消职业资格许可认定，年内基本完成减少职业资格许可认定任务。指导督促地方做好取消本地区职业资格许可认定工作。研究建立国家职业资格目录清单管理制度，加强对新设职业资格的管理。研究制订职业资格设置管理和职业技能开发有关规定。加强对职业资格实施的监管，完善职业资格考试和鉴定制度，着力解决"挂证"、"助考"、"考培挂钩"等问题。制定行业组织承接水平评价类职业资格具体认定工作管理办法，推进水平评价类职业资格具体认定工作由行业协会等组织承担。加快完成国家职业分类大典修订工作，编制国家职业资格规划，形成与我国经济社会发展和人才队伍建设相适应的职业资格框架体系。

（四）深入推进收费清理改革。

坚决取缔违规设立的收费基金项目，凡没有法律法规依据、越权设立的，一律取消；凡擅自提高征收标准、扩大征收范围的，一律停止执行。清理规范按规定权限设立的收费基金，取消政府提供普遍公共服务或体现一般性管理职能的行政事业性收费；取消政策效应不明显、不适应市场经济发展需要的政府性基金；对收费超过服务成本，以及有较大收支结余的政府性基金，降低征收标准；整合重复设置的收费基金；依法将具有税收性质的收费基金并入相应的税种。清理规范具有强制垄断性的经营服务性收费，凡没有法定依据的行政审批中介服务项目及收费一律取消；不得将政府职责范围内的事项交由事业单位或中介组织承担并收费。整顿规范行业协会商会收费，坚决制止强制企业入会并收取会费，以及强制企业付费参加各类会议、培训、展览、评比表彰和强制赞助捐赠等行为；严禁行业协会商会依靠代行政府职能擅自设立收费项目。清理规范后保留的行政事业性收费、政府性基金和实行政府定价的经营服务性收费，实行收费目录清单管理，公布全国性、中央部门和单位及省级收费目录清单。开展收费监督检查，查处乱收费行为。

（五）深入推进商事制度改革。

推进工商营业执照、组织机构代码证、税务登记证"三证合一"，年内出台推进"三证合一"登记制度改革的意见，实现"一照一码"。全面清理涉及注册资本登记制度改革的部门规章和规范性文件。制定落实"先照后证"改革严格执行工商登记前置审批事项的意见。公开决定保留的前置审批事项目录。加快推进与"先照后证"改革相配套的管理规定修订工作。总结自由贸易试验区外商投资企业备案管理工作经验，加快在全国推进外商投资审批体制改革，进一步简化外商投资企业设立程序。建设小微企业名录，建立支持小微企业发展的信息互联互通机制，实现政策集中公示、扶持申请导航、享受扶持信息公示等。推进企业信用信息公示"全国一张网"建设。加快推进"信用中国"网站和统一的信用信息共享交换平台建设。继续创新优化登记方式，研究制定进一步放宽新注册企业场所登记条件限制的指导意见，指导督促地方制定出台、修改完善住所（经营场所）管理规定。组织开展企业名称登记管理改革试点。修订《企业经营范围登记管理规定》。简化和完善注销流程，开展个体工商户、未开业企业、无债权债务企业简易注销登记试点。制定进一步推进电子营业执照试点工作的意见，建设全国统一的电子营业执照系统。研究制定全国企业登记全程电子化实施方案。

（六）深入推进教科文卫体领域相关改革。

适应互联网、大数据等技术日新月异的趋势，围绕打造大众创业、万众创新和增加公共产品、公共服务"双引擎"，研究推进教科文卫体领域创新管理和服务的意见，尤其是对新技术、新业态、新模式，既解决"门槛过高"问题，又解决"无路可走"问题，主动开拓为企业和群众服务的新形式、新途径，营造良好的创业创新环境。落实好教科文卫体领域取消下放的行政审批事项，逐项检查中途截留、变相审批、随意新设、明减暗增等落实不到位的行为并加以整改。研究加强对教科文卫体领域取消下放行政审批事项的事中事后监管措施，逐项检查事中事后监管措施是否及时跟上、有力有效，是否存在监管漏洞和衔接缝隙，对发现的问题逐项整改。对教科文卫体领域现有行政审批事项进行全面梳理，再取消下放一批行政审批事项，协调研究解决工作中的重点难点问题。

（七）深入推进监管方式创新，着力优化政府服务。

按照简政放权、依法监管、公正透明、权责一致、社会共治原则，根据各地区各部门探索实践，积极借鉴国外成熟做法，转变监管理念，创新监管方式，提升监管效能，为各类市场主体营造公平竞争发展环境，使市场和社会既充满活力又规范有序。研究制订"先照后证"改革后加强事中事后监管的意见，开展加强对市场主体服务和监管的试点工作。抓紧建立统一的综合监管平台，推进综合执法。推进社会信用体系建设，建立信息披露和诚信档案制度、失信联合惩戒机制和黑名单制度。指导各地实施企业经营异常名录、严重违法企业名单等相关制度，构建跨部门执法联动响应及失信约束机制。积极运用大数据、云计算、物联网等信息化手段，探索实行"互联网＋监管"新模式。推行随机抽查、告知承诺、举报奖励等办法，畅通群众投诉举报渠道，充分调动社会监督力量，落实企业首负责任，形成政府监管、企业自治、行业自律、社会监督的新格局。

以创业创新需求为导向，切实提高公共服务的针对性和实效性，为大众创业、万众创新提供全方位的服务，为人民群众提供公平、可及的服务。搭建为市场主体服务的公共平台，形成集聚效应，实现服务便利化、集约化、高效化。发展知识产权代理、法律、咨询、培训等服务，构建全链条的知识产权服务体系。提供有效管用的信息和数据，为市场主体创业创新和开拓市场提供信息服务。开展法律咨询服务，积极履行政府法律援助责任。加强就业指导和职业教育，做好大学生创业就业服务。制订完善人才政策，营造引智聚才的良好环境，为市场主体提供人力资源服务。创新公共服务提供方式，引入市场机制，凡是企业和社会组织有积极性、适合承担的，通过委托、承包、采购等方式尽可能发挥社会力量作用；确需政府参与的，也要更多采取政府和社会力量合作方式。政府要履行好保基本的兜底责任，切实保障困难群众的基本生活，消除影响群众干事创业的后顾之忧。

（八）进一步强化改革保障机制。

地方各级政府要抓紧建立简政放权放管结合职能转变工作推进机制。要按照国务院总体部署和要求，守土有责、守土尽责，强化责任、积极跟进，搞好衔接、上下联动。要树立问题导向，积极探索，主动作为，明确改革重点，推出有力措施，切实解决本地区企业和群众反映强烈的问题，增强改革的针对性和有效性。

国务院推进职能转变协调小组（以下简称协调小组）要切实发挥统筹指导和督促落实作用。要加强改革进展、典型做法、意见建议的沟通交流。针对改革中的重点难点问题和前瞻性、长远性问题，进行深入调研，提出对策建议。对出台的重大改革措施，组织开展第三方评估。加大督查力度，对重大改革措施的落实情况进行专项督促检查。抓住典型案例，推动解决社会反映强烈的问题。配合各项改革，做好法律法规起草、修订、审核、清理等工作。对简政放权、放管结合和转变政府职能事项进行专家评估，客观公正地提出意见建议。从建设法治政府、创新政府、廉洁政府和服务型政府的高度，加强理论研究，发挥决策咨询作用。

三　工作要求

（一）加强组织领导。各地区、各部门主要负责同志和协调小组各专题组、功能组组长要高度重视，勇于担当，切实担负起推进本地区本领域简政放权、放管结合、转变政府职能改革的重任。要切实提高推进改革的效率，根据本方案要求，及时组织制定工作方案并限期出台改革文件，明确时间表、路线图和成果形式，将任务逐项分解到位、落实到人。对主动作为的要激励，对落实不力的要问责，以抓铁有痕、踏石留印的作风，务求有进展、有突破、有实效。

（二）加强统筹协调。各地区、各部门和协调小组各专题组、功能组要牢固树立大局意识和全局观念，密切协作、协调联动、相互借鉴，勇于探索创新，敢于率先突破。各地区、各部门负责推动解决属于本地区本领域的问题；协调小组各专题组要发挥牵头作用，协调解决好跨部门跨领域的问题；协调小组办公室和各功能组要加强沟通协调和支持保障，形成工作合力，确保各项改革整体推进。

（三）加强地方指导。国务院各部门和协调小组各专题组、功能组要注重对地方改革的跟踪指导，搭建经验交流推广的平台。及时研究解决"接、放、管"和服务中的重点难点问题，为地方推进改革扫除障碍。加强对地方政府简政放权、放管结合、职能转变工作的考核，完善考评机制，切实推动基层政府职能转变，着力解决"最后一公里"问题。

（四）加强舆论引导。要及时发布权威改革信息，回应社会关切，引导社会预期。加强改革举措的解读宣传，凝聚改革共识，形成推动改革的良好舆论氛围。

附件：任务分工和进度安排表（略）

国务院关于积极推进"互联网＋"
行动的指导意见[*]

国发〔2015〕40号

各省、自治区、直辖市人民政府，国务院各部委、各直属机构：

"互联网＋"是把互联网的创新成果与经济社会各领域深度融合，推动技术进步、效率提升和组织变革，提升实体经济创新力和生产力，形成更广泛的以互联网为基础设施和创新要素的经济社会发展新形态。在全球新一轮科技革命和产业变革中，互联网与各领域的融合发展具有广阔前景和无限潜力，已成为不可阻挡的时代潮流，正对各国经济社会发展产生着战略性和全局性的影响。积极发挥我国互联网已经形成的比较优势，把握机遇，增强信心，加快推进"互联网＋"发展，有利于重塑创新体系、激发创新活力、培育新兴业态和创新公共服务模式，对打造大众创业、万众创新和增加公共产品、公共服务"双引擎"，主动适应和引领经济发展新常态，形成经济发展新动能，实现中国经济提质增效升级具有重要意义。

近年来，我国在互联网技术、产业、应用以及跨界融合等方面取得了积极进展，已具备加快推进"互联网＋"发展的坚实基础，但也存在传统企业运用互联网的意识和能力不足、互联网企业对传统产业理解不够深入、新业态发展面临体制机制障碍、跨界融合型人才严重匮乏等问题，亟待加以解决。为加快推动互联网与各领域深入融合和创新发展，充分发挥"互联网＋"对稳增长、促改革、调结构、惠民生、防风险的重要作用，现就积极推进"互联网＋"行动提出以下意见。

一　行动要求

（一）总体思路。

顺应世界"互联网＋"发展趋势，充分发挥我国互联网的规模优势和应用优势，推动互联网由消费领域向生产领域拓展，加速提升产业发展水平，增强各行业创新能力，构筑经济社会发展新优势和新动能。坚持改革创新和市场需求导向，突出企业的主体作用，大力拓展互联网与经济社会各领域融合的广度和深度。着力深化体制机制改革，释放发展潜力和活力；着力做优存量，推动经济提质增效和转型升级；着力做大增量，培育新兴业态，打造新的增长点；着力创新政府服务模式，夯实网络发展基础，营造安全网络环境，提升公共服务水平。

（二）基本原则。

坚持开放共享。营造开放包容的发展环境，将互联网作为生产生活要素共享的重要平

---

* 中国政府网站，http://www.gov.cn/zhengce/content/2015-07/04/content_10002.htm。

台，最大限度优化资源配置，加快形成以开放、共享为特征的经济社会运行新模式。

坚持融合创新。鼓励传统产业树立互联网思维，积极与"互联网＋"相结合。推动互联网向经济社会各领域加速渗透，以融合促创新，最大程度汇聚各类市场要素的创新力量，推动融合性新兴产业成为经济发展新动力和新支柱。

坚持变革转型。充分发挥互联网在促进产业升级以及信息化和工业化深度融合中的平台作用，引导要素资源向实体经济集聚，推动生产方式和发展模式变革。创新网络化公共服务模式，大幅提升公共服务能力。

坚持引领跨越。巩固提升我国互联网发展优势，加强重点领域前瞻性布局，以互联网融合创新为突破口，培育壮大新兴产业，引领新一轮科技革命和产业变革，实现跨越式发展。

坚持安全有序。完善互联网融合标准规范和法律法规，增强安全意识，强化安全管理和防护，保障网络安全。建立科学有效的市场监管方式，促进市场有序发展，保护公平竞争，防止形成行业垄断和市场壁垒。

（三）发展目标。

到 2018 年，互联网与经济社会各领域的融合发展进一步深化，基于互联网的新业态成为新的经济增长动力，互联网支撑大众创业、万众创新的作用进一步增强，互联网成为提供公共服务的重要手段，网络经济与实体经济协同互动的发展格局基本形成。

——经济发展进一步提质增效。互联网在促进制造业、农业、能源、环保等产业转型升级方面取得积极成效，劳动生产率进一步提高。基于互联网的新兴业态不断涌现，电子商务、互联网金融快速发展，对经济提质增效的促进作用更加凸显。

——社会服务进一步便捷普惠。健康医疗、教育、交通等民生领域互联网应用更加丰富，公共服务更加多元，线上线下结合更加紧密。社会服务资源配置不断优化，公众享受到更加公平、高效、优质、便捷的服务。

——基础支撑进一步夯实提升。网络设施和产业基础得到有效巩固加强，应用支撑和安全保障能力明显增强。固定宽带网络、新一代移动通信网和下一代互联网加快发展，物联网、云计算等新型基础设施更加完备。人工智能等技术及其产业化能力显著增强。

——发展环境进一步开放包容。全社会对互联网融合创新的认识不断深入，互联网融合发展面临的体制机制障碍有效破除，公共数据资源开放取得实质性进展，相关标准规范、信用体系和法律法规逐步完善。

到 2025 年，网络化、智能化、服务化、协同化的"互联网＋"产业生态体系基本完善，"互联网＋"新经济形态初步形成，"互联网＋"成为经济社会创新发展的重要驱动力量。

二　重点行动

（一）"互联网＋"创业创新。

充分发挥互联网的创新驱动作用，以促进创业创新为重点，推动各类要素资源聚集、开放和共享，大力发展众创空间、开放式创新等，引导和推动全社会形成大众创业、万众创新的浓厚氛围，打造经济发展新引擎。（发展改革委、科技部、工业和信息化部、人力资源社会保障部、商务部等负责，列第一位者为牵头部门，下同）

1. 强化创业创新支撑。鼓励大型互联网企业和基础电信企业利用技术优势和产业整合能力，向小微企业和创业团队开放平台入口、数据信息、计算能力等资源，提供研发工具、经营管理和市场营销等方面的支持和服务，提高小微企业信息化应用水平，培育和孵化具有良好商业模式的创业企业。充分利用互联网基础条件，完善小微企业公共服务平台网络，集聚创业创新资源，为小微企业提供找得着、用得起、有保障的服务。

2. 积极发展众创空间。充分发挥互联网开放创新优势，调动全社会力量，支持创新工场、创客空间、社会实验室、智慧小企业创业基地等新型众创空间发展。充分利用国家自主创新示范区、科技企业孵化器、大学科技园、商贸企业集聚区、小微企业创业示范基地等现有条件，通过市场化方式构建一批创新与创业相结合、线上与线下相结合、孵化与投资相结合的众创空间，为创业者提供低成本、便利化、全要素的工作空间、网络空间、社交空间和资源共享空间。实施新兴产业"双创"行动，建立一批新兴产业"双创"示范基地，加快发展"互联网＋"创业网络体系。

3. 发展开放式创新。鼓励各类创新主体充分利用互联网，把握市场需求导向，加强创新资源共享与合作，促进前沿技术和创新成果及时转化，构建开放式创新体系。推动各类创业创新扶持政策与互联网开放平台联动协作，为创业团队和个人开发者提供绿色通道服务。加快发展创业服务业，积极推广众包、用户参与设计、云设计等新型研发组织模式，引导建立社会各界交流合作的平台，推动跨区域、跨领域的技术成果转移和协同创新。

（二）"互联网＋"协同制造。

推动互联网与制造业融合，提升制造业数字化、网络化、智能化水平，加强产业链协作，发展基于互联网的协同制造新模式。在重点领域推进智能制造、大规模个性化定制、网络化协同制造和服务型制造，打造一批网络化协同制造公共服务平台，加快形成制造业网络化产业生态体系。（工业和信息化部、发展改革委、科技部共同牵头）

1. 大力发展智能制造。以智能工厂为发展方向，开展智能制造试点示范，加快推动云计算、物联网、智能工业机器人、增材制造等技术在生产过程中的应用，推进生产装备智能化升级、工艺流程改造和基础数据共享。着力在工控系统、智能感知元器件、工业云平台、操作系统和工业软件等核心环节取得突破，加强工业大数据的开发与利用，有效支撑制造业智能化转型，构建开放、共享、协作的智能制造产业生态。

2. 发展大规模个性化定制。支持企业利用互联网采集并对接用户个性化需求，推进设计研发、生产制造和供应链管理等关键环节的柔性化改造，开展基于个性化产品的服务模式和商业模式创新。鼓励互联网企业整合市场信息，挖掘细分市场需求与发展趋势，为制造企业开展个性化定制提供决策支撑。

3. 提升网络化协同制造水平。鼓励制造业骨干企业通过互联网与产业链各环节紧密协同，促进生产、质量控制和运营管理系统全面互联，推行众包设计研发和网络化制造等新模式。鼓励有实力的互联网企业构建网络化协同制造公共服务平台，面向细分行业提供云制造服务，促进创新资源、生产能力、市场需求的集聚与对接，提升服务中小微企业能力，加快全社会多元化制造资源的有效协同，提高产业链资源整合能力。

4. 加速制造业服务化转型。鼓励制造企业利用物联网、云计算、大数据等技术，整合产品全生命周期数据，形成面向生产组织全过程的决策服务信息，为产品优化升级提供数据支撑。鼓励企业基于互联网开展故障预警、远程维护、质量诊断、远程过程优化等在线增值服务，拓展产品价值空间，实现从制造向"制造＋服务"的转型升级。

（三）"互联网＋"现代农业。

利用互联网提升农业生产、经营、管理和服务水平，培育一批网络化、智能化、精细化的现代"种养加"生态农业新模式，形成示范带动效应，加快完善新型农业生产经营体系，培育多样化农业互联网管理服务模式，逐步建立农副产品、农资质量安全追溯体系，促进农业现代化水平明显提升。（农业部、发展改革委、科技部、商务部、质检总局、食品药品监管总局、林业局等负责）

1. 构建新型农业生产经营体系。鼓励互联网企业建立农业服务平台，支撑专业大户、家庭农场、农民合作社、农业产业化龙头企业等新型农业生产经营主体，加强产销衔接，实现农业生产由生产导向向消费导向转变。提高农业生产经营的科技化、组织化和精细化水平，推进农业生产流通销售方式变革和农业发展方式转变，提升农业生产效率和增值空间。规范用好农村土地流转公共服务平台，提升土地流转透明度，保障农民权益。

2. 发展精准化生产方式。推广成熟可复制的农业物联网应用模式。在基础较好的领域和地区，普及基于环境感知、实时监测、自动控制的网络化农业环境监测系统。在大宗农产品规模生产区域，构建天地一体的农业物联网测控体系，实施智能节水灌溉、测土配方施肥、农机定位耕种等精准化作业。在畜禽标准化规模养殖基地和水产健康养殖示范基地，推动饲料精准投放、疾病自动诊断、废弃物自动回收等智能设备的应用普及和互联互通。

3. 提升网络化服务水平。深入推进信息进村入户试点，鼓励通过移动互联网为农民提供政策、市场、科技、保险等生产生活信息服务。支持互联网企业与农业生产经营主体合作，综合利用大数据、云计算等技术，建立农业信息监测体系，为灾害预警、耕地质量监测、重大动植物疫情防控、市场波动预测、经营科学决策等提供服务。

4. 完善农副产品质量安全追溯体系。充分利用现有互联网资源，构建农副产品质量安全追溯公共服务平台，推进制度标准建设，建立产地准出与市场准入衔接机制。支持新型农业生产经营主体利用互联网技术，对生产经营过程进行精细化信息化管理，加快推动移动互联网、物联网、二维码、无线射频识别等信息技术在生产加工和流通销售各环节的推广应用，强化上下游追溯体系对接和信息互通共享，不断扩大追溯体系覆盖面，实现农副产品"从农田到餐桌"全过程可追溯，保障"舌尖上的安全"。

（四）"互联网＋"智慧能源。

通过互联网促进能源系统扁平化，推进能源生产与消费模式革命，提高能源利用效率，推动节能减排。加强分布式能源网络建设，提高可再生能源占比，促进能源利用结构优化。加快发电设施、用电设施和电网智能化改造，提高电力系统的安全性、稳定性和可靠性。（能源局、发展改革委、工业和信息化部等负责）

1. 推进能源生产智能化。建立能源生产运行的监测、管理和调度信息公共服务网络，加强能源产业链上下游企业的信息对接和生产消费智能化，支撑电厂和电网协调运行，促进非化石能源与化石能源协同发电。鼓励能源企业运用大数据技术对设备状态、电能负载等数据进行分析挖掘与预测，开展精准调度、故障判断和预测性维护，提高能源利用效率和安全稳定运行水平。

2. 建设分布式能源网络。建设以太阳能、风能等可再生能源为主体的多能源协调互补的能源互联网。突破分布式发电、储能、智能微网、主动配电网等关键技术，构建智能化电力运行监测、管理技术平台，使电力设备和用电终端基于互联网进行双向通信和智能调控，实现分布式电源的及时有效接入，逐步建成开放共享的能源网络。

3. 探索能源消费新模式。开展绿色电力交易服务区域试点，推进以智能电网为配送平台，以电子商务为交易平台，融合储能设施、物联网、智能用电设施等硬件以及碳交易、互联网金融等衍生服务于一体的绿色能源网络发展，实现绿色电力的点到点交易及实时配送和补贴结算。进一步加强能源生产和消费协调匹配，推进电动汽车、港口岸电等电能替代技术的应用，推广电力需求侧管理，提高能源利用效率。基于分布式能源网络，发展用户端智能化用能、能源共享经济和能源自由交易，促进能源消费生态体系建设。

4. 发展基于电网的通信设施和新型业务。推进电力光纤到户工程，完善能源互联网信息通信系统。统筹部署电网和通信网深度融合的网络基础设施，实现同缆传输、共建共享，避免重复建设。鼓励依托智能电网发展家庭能效管理等新型业务。

（五）"互联网＋"普惠金融。

促进互联网金融健康发展，全面提升互联网金融服务能力和普惠水平，鼓励互联网与银行、证券、保险、基金的融合创新，为大众提供丰富、安全、便捷的金融产品和服务，更好满足不同层次实体经济的投融资需求，培育一批具有行业影响力的互联网金融创新型企业。（人民银行、银监会、证监会、保监会、发展改革委、工业和信息化部、网信办等负责）

1. 探索推进互联网金融云服务平台建设。探索互联网企业构建互联网金融云服务平台。在保证技术成熟和业务安全的基础上，支持金融企业与云计算技术提供商合作开展金融公共云服务，提供多样化、个性化、精准化的金融产品。支持银行、证券、保险企业稳妥实施系统架构转型，鼓励探索利用云服务平台开展金融核心业务，提供基于金融云服务平台的信用、认证、接口等公共服务。

2. 鼓励金融机构利用互联网拓宽服务覆盖面。鼓励各金融机构利用云计算、移动互联网、大数据等技术手段，加快金融产品和服务创新，在更广泛地区提供便利的存贷款、支付结算、信用中介平台等金融服务，拓宽普惠金融服务范围，为实体经济发展提供有效支撑。支持金融机构和互联网企业依法合规开展网络借贷、网络证券、网络保险、互联网基金销售等业务。扩大专业互联网保险公司试点，充分发挥保险业在防范互联网金融风险中的作用。推动金融集成电路卡（IC卡）全面应用，提升电子现金的使用率和便捷性。发挥移动金融安全可信公共服务平台（MTPS）的作用，积极推动商业银行开展移动金融创新应用，促进移动金融在电子商务、公共服务等领域的规模应用。支持银行业金融机构借助互联网技术发展消费信贷业务，支持金融租赁公司利用互联网技术开展金融租赁业务。

3. 积极拓展互联网金融服务创新的深度和广度。鼓励互联网企业依法合规提供创新金融产品和服务，更好满足中小微企业、创新型企业和个人的投融资需求。规范发展网络借贷和互联网消费信贷业务，探索互联网金融服务创新。积极引导风险投资基金、私募股权投资基金和产业投资基金投资于互联网金融企业。利用大数据发展市场化个人征信业务，加快网络征信和信用评价体系建设。加强互联网金融消费权益保护和投资者保护，建立多元化金融消费纠纷解决机制。改进和完善互联网金融监管，提高金融服务安全性，有效防范互联网金融风险及其外溢效应。

（六）"互联网＋"益民服务。

充分发挥互联网的高效、便捷优势，提高资源利用效率，降低服务消费成本。大力发展以互联网为载体、线上线下互动的新兴消费，加快发展基于互联网的医疗、健康、养老、教育、旅游、社会保障等新兴服务，创新政府服务模式，提升政府科学决策能力和管理水平。（发展改革委、教育部、工业和信息化部、民政部、人力资源社会保障部、商务部、卫生计生委、质检总局、食品药品监管总局、林业局、旅游局、网信办、信访局等负责）

1. 创新政府网络化管理和服务。加快互联网与政府公共服务体系的深度融合，推动公共数据资源开放，促进公共服务创新供给和服务资源整合，构建面向公众的一体化在线公共服务体系。积极探索公众参与的网络化社会管理服务新模式，充分利用互联网、移动互联网应用平台等，加快推进政务新媒体发展建设，加强政府与公众的沟通交流，提高政府公共管理、公共服务和公共政策制定的响应速度，提升政府科学决策能力和社会治理水平，促进政府职能转变和简政放权。深入推进网上信访，提高信访工作质量、效率和公信力。鼓励政府和互联网企业合作建立信用信息共享平台，探索开展一批社会治理互联网应用试点，打通政府部门、企事业单位之间的数据壁垒，利用大数据分析手段，提升各级政府的社会治理能力。加强对"互联网＋"行动的宣传，提高公众参与度。

2. 发展便民服务新业态。发展体验经济，支持实体零售商综合利用网上商店、移动支付、智能试衣等新技术，打造体验式购物模式。发展社区经济，在餐饮、娱乐、家政等领域培育线上线下结合的社区服务新模式。发展共享经济，规范发展网络约租车，积极推广在线租房等新业态，着力破除准入门槛高、服务规范难、个人征信缺失等瓶颈制约。发展基于互联网的文化、媒体和旅游等服务，培育形式多样的新型业态。积极推广基于移动互联网入口的城市服务，开展网上社保办理、个人社保权益查询、跨地区医保结算等互联网应用，让老百姓足不出户享受便捷高效的服务。

3. 推广在线医疗卫生新模式。发展基于互联网的医疗卫生服务，支持第三方机构构建医学影像、健康档案、检验报告、电子病历等医疗信息共享服务平台，逐步建立跨医院的医疗数据共享交换标准体系。积极利用移动互联网提供在线预约诊疗、候诊提醒、划价缴费、诊疗报告查询、药品配送等便捷服务。引导医疗机构面向中小城市和农村地区开展基层检查、上级诊断等远程医疗服务。鼓励互联网企业与医疗机构合作建立医疗网络信息平台，加强区域医疗卫生服务资源整合，充分利用互联网、大数据等手段，提高重大疾病和突发公共卫生事件防控能力。积极探索互联网延伸医嘱、电子处方等网络医疗健康服务应用。鼓励有资质的医学检验机构、医疗服务机构联合互联网企业，发展基因检测、疾病预防等健康服务模式。

4. 促进智慧健康养老产业发展。支持智能健康产品创新和应用，推广全面量化健康生活新方式。鼓励健康服务机构利用云计算、大数据等技术搭建公共信息平台，提供长期跟踪、预测预警的个性化健康管理服务。发展第三方在线健康市场调查、咨询评价、预防管理等应用服务，提升规范化和专业化运营水平。依托现有互联网资源和社会力量，以社区为基础，搭建养老信息服务网络平台，提供护理看护、健康管理、康复照料等居家养老服务。鼓励养老服务机构应用基于移动互联网的便携式体检、紧急呼叫监控等设备，提高养老服务水平。

5. 探索新型教育服务供给方式。鼓励互联网企业与社会教育机构根据市场需求开发数字教育资源，提供网络化教育服务。鼓励学校利用数字教育资源及教育服务平台，逐步探索网络化教育新模式，扩大优质教育资源覆盖面，促进教育公平。鼓励学校通过与互联网企业合作等方式，对接线上线下教育资源，探索基础教育、职业教育等教育公共服务提供新方式。推动开展学历教育在线课程资源共享，推广大规模在线开放课程等网络学习模式，探索建立网络学习学分认定与学分转换等制度，加快推动高等教育服务模式变革。

（七）"互联网＋"高效物流。

加快建设跨行业、跨区域的物流信息服务平台，提高物流供需信息对接和使用效率。鼓励大数据、云计算在物流领域的应用，建设智能仓储体系，优化物流运作流程，提升物流仓储的自动化、智能化水平和运转效率，降低物流成本。（发展改革委、商务部、交通运输部、网信办等负责）

1. 构建物流信息共享互通体系。发挥互联网信息集聚优势，聚合各类物流信息资源，鼓励骨干物流企业和第三方机构搭建面向社会的物流信息服务平台，整合仓储、运输和配送信息，开展物流全程监测、预警，提高物流安全、环保和诚信水平，统筹优化社会物流资源配置。构建互通省际、下达市县、兼顾乡村的物流信息互联网络，建立各类可开放数据的对接机制，加快完善物流信息交换开放标准体系，在更广范围促进物流信息充分共享与互联互通。

2. 建设深度感知智能仓储系统。在各级仓储单元积极推广应用二维码、无线射频识别等物联网感知技术和大数据技术，实现仓储设施与货物的实时跟踪、网络化管理以及库存信息的高度共享，提高货物调度效率。鼓励应用智能化物流装备提升仓储、运输、分拣、包装等作业效率，提高各类复杂订单的出货处理能力，缓解货物囤积停滞瓶颈制约，提升仓储运管水平和效率。

3. 完善智能物流配送调配体系。加快推进货运车联网与物流园区、仓储设施、配送网点等信息互联，促进人员、货源、车源等信息高效匹配，有效降低货车空驶率，提高配送效率。鼓励发展社区自提柜、冷链储藏柜、代收服务点等新型社区化配送模式，结合构建物流信息互联网络，加快推进县到村的物流配送网络和村级配送网点建设，解决物流配送"最后一公里"问题。

（八）"互联网＋"电子商务。

巩固和增强我国电子商务发展领先优势，大力发展农村电商、行业电商和跨境电商，进一步扩大电子商务发展空间。电子商务与其他产业的融合不断深化，网络化生产、流通、消费更加普及，标准规范、公共服务等支撑环境基本完善。（发展改革委、商务部、工业和信息化部、交通运输部、农业部、海关总署、税务总局、质检总局、网信办等负责）

1. 积极发展农村电子商务。开展电子商务进农村综合示范，支持新型农业经营主体和农产品、农资批发市场对接电商平台，积极发展以销定产模式。完善农村电子商务配送及综合服务网络，着力解决农副产品标准化、物流标准化、冷链仓储建设等关键问题，发展农产品个性化定制服务。开展生鲜农产品和农业生产资料电子商务试点，促进农业大宗商品电子商务发展。

2. 大力发展行业电子商务。鼓励能源、化工、钢铁、电子、轻纺、医药等行业企业，积极利用电子商务平台优化采购、分销体系，提升企业经营效率。推动各类专业市场线上转型，引导传统商贸流通企业与电子商务企业整合资源，积极向供应链协同平台转型。鼓励生产制造企业面向个性化、定制化消费需求深化电子商务应用，支持设备制造企业利用电子商务平台开展融资租赁服务，鼓励中小微企业扩大电子商务应用。按照市场化、专业化方向，大力推广电子招标投标。

3. 推动电子商务应用创新。鼓励企业利用电子商务平台的大数据资源，提升企业精准营销能力，激发市场消费需求。建立电子商务产品质量追溯机制，建设电子商务售后服务质量检测云平台，完善互联网质量信息公共服务体系，解决消费者维权难、退货难、产品责任追溯难等问题。加强互联网食品药品市场监测监管体系建设，积极探索处方药电子商务销售和监管模式创新。鼓励企业利用移动社交、新媒体等新渠道，发展社交电商、"粉丝"经济等网络营销新模式。

4. 加强电子商务国际合作。鼓励各类跨境电子商务服务商发展，完善跨境物流体系，拓展全球经贸合作。推进跨境电子商务通关、检验检疫、结汇等关键环节单一窗口综合服务体系建设。创新跨境权益保障机制，利用合格评定手段，推进国际互认。创新跨境电子商务管理，促进信息网络畅通、跨境物流便捷、支付及结汇无障碍、税收规范便利、市场及贸易规则互认互通。

（九）"互联网 +"便捷交通。

加快互联网与交通运输领域的深度融合，通过基础设施、运输工具、运行信息等互联网化，推进基于互联网平台的便捷化交通运输服务发展，显著提高交通运输资源利用效率和管理精细化水平，全面提升交通运输行业服务品质和科学治理能力。（发展改革委、交通运输部共同牵头）

1. 提升交通运输服务品质。推动交通运输主管部门和企业将服务性数据资源向社会开放，鼓励互联网平台为社会公众提供实时交通运行状态查询、出行路线规划、网上购票、智能停车等服务，推进基于互联网平台的多种出行方式信息服务对接和一站式服务。加快完善汽车健康档案、维修诊断和服务质量信息服务平台建设。

2. 推进交通运输资源在线集成。利用物联网、移动互联网等技术，进一步加强对公路、铁路、民航、港口等交通运输网络关键设施运行状态与通行信息的采集。推动跨地域、跨类型交通运输信息互联互通，推广船联网、车联网等智能化技术应用，形成更加完善的交通运输感知体系，提高基础设施、运输工具、运行信息等要素资源的在线化水平，全面支撑故障预警、运行维护以及调度智能化。

3. 增强交通运输科学治理能力。强化交通运输信息共享，利用大数据平台挖掘分析人口迁徙规律、公众出行需求、枢纽客流规模、车辆船舶行驶特征等，为优化交通运输设施规划与建设、安全运行控制、交通运输管理决策提供支撑。利用互联网加强对交通运输违章违规行为的智能化监管，不断提高交通运输治理能力。

（十）"互联网 +"绿色生态。

推动互联网与生态文明建设深度融合，完善污染物监测及信息发布系统，形成覆盖主要生态要素的资源环境承载能力动态监测网络，实现生态环境数据互联互通和开放共享。充分发挥互联网在逆向物流回收体系中的平台作用，促进再生资源交易利用便捷化、互动化、透明化，促进生产生活方式绿色化（发展改革委、环境保护部、商务部、林业局等负责）

1. 加强资源环境动态监测。针对能源、矿产资源、水、大气、森林、草原、湿地、海洋等各类生态要素，充分利用多维地理信息系统、智慧地图等技术，结合互联网大数据分析，优化监测站点布局，扩大动态监控范围，构建资源环境承载能力立体监控系统。依托现有互联网、云计算平台，逐步实现各级政府资源环境动态监测信息互联共享。加强重点用能单位能耗在线监测和大数据分析。

2. 大力发展智慧环保。利用智能监测设备和移动互联网，完善污染物排放在线监测系统，增加监测污染物种类，扩大监测范围，形成全天候、多层次的智能多源感知体系。建立环境信息数据共享机制，统一数据交换标准，推进区域污染物排放、空气环境质量、水环境质量等信息公开，通过互联网实现面向公众的在线查询和定制推送。加强对企业环保信用数据的采集整理，将企业环保信用记录纳入全国统一的信用信息共享交换平台。完善环境预警和风险监测信息网络，提升重金属、危险废物、危险化学品等重点风险防范水平和应急处理能力。

3. 完善废旧资源回收利用体系。利用物联网、大数据开展信息采集、数据分析、流向监测，优化逆向物流网点布局。支持利用电子标签、二维码等物联网技术跟踪电子废物流向，鼓励互联网企业参与搭建城市废弃物回收平台，创新再生资源回收模式。加快推进汽车保险信息系统、"以旧换再"管理系统和报废车管理系统的标准化、规范化和互联互通，加强废旧汽车及零部件的回收利用信息管理，为互联网企业开展业务创新和便民服务提供数据支撑。

4. 建立废弃物在线交易系统。鼓励互联网企业积极参与各类产业园区废弃物信息平台建设，推动现有骨干再生资源交易市场向线上线下结合转型升级，逐步形成行业性、区域性、全国性的产业废弃物和再生资源在线交易系统，完善线上信用评价和供应链融资体系，开展在线竞价，发布价格交易指数，提高稳定供给能力，增强主要再生资源品种的定价权。

（十一）"互联网＋"人工智能。

依托互联网平台提供人工智能公共创新服务，加快人工智能核心技术突破，促进人工智能在智能家居、智能终端、智能汽车、机器人等领域的推广应用，培育若干引领全球人工智能发展的骨干企业和创新团队，形成创新活跃、开放合作、协同发展的产业生态。（发展改革委、科技部、工业和信息化部、网信办等负责）

1. 培育发展人工智能新兴产业。建设支撑超大规模深度学习的新型计算集群，构建包括语音、图像、视频、地图等数据的海量训练资源库，加强人工智能基础资源和公共服务等创新平台建设。进一步推进计算机视觉、智能语音处理、生物特征识别、自然语言理解、智能决策控制以及新型人机交互等关键技术的研发和产业化，推动人工智能在智能产品、工业制造等领域规模商用，为产业智能化升级夯实基础。

2. 推进重点领域智能产品创新。鼓励传统家居企业与互联网企业开展集成创新，不断提升家居产品的智能化水平和服务能力，创造新的消费市场空间。推动汽车企业与互联网企业设立跨界交叉的创新平台，加快智能辅助驾驶、复杂环境感知、车载智能设备等技术产品的研发与应用。支持安防企业与互联网企业开展合作，发展和推广图像精准识别等大数据分析技术，提升安防产品的智能化服务水平。

3. 提升终端产品智能化水平。着力做大高端移动智能终端产品和服务的市场规模，提高移动智能终端核心技术研发及产业化能力。鼓励企业积极开展差异化细分市场需求分析，大力丰富可穿戴设备的应用服务，提升用户体验。推动互联网技术以及智能感知、模式识别、智能分析、智能控制等智能技术在机器人领域的深入应用，大力提升机器人产品在传感、交互、控制等方面的性能和智能化水平，提高核心竞争力。

三　保障支撑

（一）夯实发展基础。

1. 巩固网络基础。加快实施"宽带中国"战略，组织实施国家新一代信息基础设施建设工程，推进宽带网络光纤化改造，加快提升移动通信网络服务能力，促进网间互联互通，大幅提高网络访问速率，有效降低网络资费，完善电信普遍服务补偿机制，支持农村及偏远地区宽带建设和运行维护，使互联网下沉为各行业、各领域、各区域都能使用，人、机、物泛在互联的基础设施。增强北斗卫星全球服务能力，构建天地一体化互联网络。加快下一代互联网商用部署，加强互联网协议第 6 版（IPv6）地址管理、标识管理与解析，构建未来网络创新试验平台。研究工业互联网网络架构体系，构建开放式国家创新试验验证平台。（发展改革委、工业和信息化部、财政部、国资委、网信办等负责）

2. 强化应用基础。适应重点行业融合创新发展需求，完善无线传感网、行业云及大数据平台等新型应用基础设施。实施云计算工程，大力提升公共云服务能力，引导行业信息化应用向云计算平台迁移，加快内容分发网络建设，优化数据中心布局。加强物联网网络架构研究，组织开展国家物联网重大应用示范，鼓励具备条件的企业建设跨行业物联网运营和支撑平台。（发展改革委、工业和信息化部等负责）

3. 做实产业基础。着力突破核心芯片、高端服务器、高端存储设备、数据库和中间件等产业薄弱环节的技术瓶颈，加快推进云操作系统、工业控制实时操作系统、智能终端操作系统的研发和应用。大力发展云计算、大数据等解决方案以及高端传感器、工控系统、人机交互等软硬件基础产品。运用互联网理念，构建以骨干企业为核心、产学研用高效整合的技术产业集群，打造国际先进、自主可控的产业体系。（工业和信息化部、发展改革委、科技部、网信办等负责）

4. 保障安全基础。制定国家信息领域核心技术设备发展时间表和路线图，提升互联网安全管理、态势感知和风险防范能力，加强信息网络基础设施安全防护和用户个人信息保护。实施国家信息安全专项，开展网络安全应用示范，提高"互联网＋"安全核心技术和产品水平。按照信息安全等级保护等制度和网络安全国家标准的要求，加强"互联网＋"关键领域重要信息系统的安全保障。建设完善网络安全监测评估、监督管理、标准认证和创新能力体系。重视融合带来的安全风险，完善网络数据共享、利用等的安全管理和技术措施，探索建立以行政评议和第三方评估为基础的数据安全流动认证体系，完善数据跨境流动管理制度，确保数据安全。（网信办、发展改革委、科技部、工业和信息化部、公安部、安全部、质检总局等负责）

（二）强化创新驱动。

1. 加强创新能力建设。鼓励构建以企业为主导，产学研用合作的"互联网＋"产业创新网络或产业技术创新联盟。支持以龙头企业为主体，建设跨界交叉领域的创新平台，并逐步形成创新网络。鼓励国家创新平台向企业特别是中小企业在线开放，加大国家重大科研基础设施和大型科研仪器等网络化开放力度。（发展改革委、科技部、工业和信息化部、网信办等负责）

2. 加快制定融合标准。按照共性先立、急用先行的原则，引导工业互联网、智能电网、智慧城市等领域基础共性标准、关键技术标准的研制及推广。加快与互联网融合应用的工控系统、智能专用装备、智能仪表、智能家居、车联网等细分领域的标准化工作。不断完善"互联网＋"融合标准体系，同步推进国际国内标准化工作，增强在国际标准化组织（ISO）、国际电工委员会（IEC）和国际电信联盟（ITU）等国际组织中的话语权。（质检总局、工业和信息化部、网信办、能源局等负责）

3. 强化知识产权战略。加强融合领域关键环节专利导航，引导企业加强知识产权战略储备与布局。加快推进专利基础信息资源开放共享，支持在线知识产权服务平台建设，鼓励服务模式创新，提升知识产权服务附加值，支持中小微企业知识产权创造和运用。加强网络知识产权和专利执法维权工作，严厉打击各种网络侵权假冒行为。增强全社会对网络知识产权的保护意识，推动建立"互联网＋"知识产权保护联盟，加大对新业态、新模式等创新成果的保护力度。（知识产权局牵头）

4. 大力发展开源社区。鼓励企业自主研发和国家科技计划（专项、基金等）支持形成的软件成果通过互联网向社会开源。引导教育机构、社会团体、企业或个人发起开源项目，积极参加国际开源项目，支持组建开源社区和开源基金会。鼓励企业依托互联网开源模式构建新型生态，促进互联网开源社区与标准规范、知识产权等机构的对接与合作。（科技部、工业和信息化部、质检总局、知识产权局等负责）

（三）营造宽松环境。

1. 构建开放包容环境。贯彻落实《中共中央国务院关于深化体制机制改革加快实施创新驱动发展战略的若干意见》，放宽融合性产品和服务的市场准入限制，制定实施各行业互联网准入负面清单，允许各类主体依法平等进入未纳入负面清单管理的领域。破除行业壁垒，推动各行业、各领域在技术、标准、监管等方面充分对接，最大限度减少事前准入限制，加强事中事后监管。继续深化电信体制改革，有序开放电信市场，加快民营资本进入基础电信业务。加快深化商事制度改革，推进投资贸易便利化。（发展改革委、网信办、教育部、科技部、工业和信息化部、民政部、商务部、卫生计生委、工商总局、质检总局等负责）

2. 完善信用支撑体系。加快社会征信体系建设，推进各类信用信息平台无缝对接，打破信息孤岛。加强信用记录、风险预警、违法失信行为等信息资源在线披露和共享，为经营者提供信用信息查询、企业网上身份认证等服务。充分利用互联网积累的信用数据，对现有征信体系和评测体系进行补充和完善，为经济调节、市场监管、社会管理和公共服务提供有力支撑。（发展改革委、人民银行、工商总局、质检总局、网信办等负责）

3. 推动数据资源开放。研究出台国家大数据战略，显著提升国家大数据掌控能力。建立国家政府信息开放统一平台和基础数据资源库，开展公共数据开放利用改革试点，出台政府机构数据开放管理规定。按照重要性和敏感程度分级分类，推进政府和公共信息资源开放共享，支持公众和小微企业充分挖掘信息资源的商业价值，促进互联网应用创新。（发展改革委、工业和信息化部、国务院办公厅、网信办等负责）

4. 加强法律法规建设。针对互联网与各行业融合发展的新特点，加快"互联网＋"相关立法工作，研究调整完善不适应"互联网＋"发展和管理的现行法规及政策规定。落实加强网络信息保护和信息公开有关规定，加快推动制定网络安全、电子商务、个人信息保护、互联网信息服务管理等法律法规。完善反垄断法配套规则，进一步加大反垄断法执行力度，严格查处信息领域企业垄断行为，营造互联网公平竞争环境。（法制办、网信办、发展

改革委、工业和信息化部、公安部、安全部、商务部、工商总局等负责）

（四）拓展海外合作。

1. 鼓励企业抱团出海。结合"一带一路"等国家重大战略，支持和鼓励具有竞争优势的互联网企业联合制造、金融、信息通信等领域企业率先走出去，通过海外并购、联合经营、设立分支机构等方式，相互借力，共同开拓国际市场，推进国际产能合作，构建跨境产业链体系，增强全球竞争力。（发展改革委、外交部、工业和信息化部、商务部、网信办等负责）

2. 发展全球市场应用。鼓励"互联网＋"企业整合国内外资源，面向全球提供工业云、供应链管理、大数据分析等网络服务，培育具有全球影响力的"互联网＋"应用平台。鼓励互联网企业积极拓展海外用户，推出适合不同市场文化的产品和服务。（商务部、发展改革委、工业和信息化部、网信办等负责）

3. 增强走出去服务能力。充分发挥政府、产业联盟、行业协会及相关中介机构作用，形成支持"互联网＋"企业走出去的合力。鼓励中介机构为企业拓展海外市场提供信息咨询、法律援助、税务中介等服务。支持行业协会、产业联盟与企业共同推广中国技术和中国标准，以技术标准走出去带动产品和服务在海外推广应用。（商务部、外交部、发展改革委、工业和信息化部、税务总局、质检总局、网信办等负责）

（五）加强智力建设。

1. 加强应用能力培训。鼓励地方各级政府采用购买服务的方式，向社会提供互联网知识技能培训，支持相关研究机构和专家开展"互联网＋"基础知识和应用培训。鼓励传统企业与互联网企业建立信息咨询、人才交流等合作机制，促进双方深入交流合作。加强制造业、农业等领域人才特别是企业高层管理人员的互联网技能培训，鼓励互联网人才与传统行业人才双向流动。（科技部、工业和信息化部、人力资源社会保障部、网信办等负责）

2. 加快复合型人才培养。面向"互联网＋"融合发展需求，鼓励高校根据发展需要和学校办学能力设置相关专业，注重将国内外前沿研究成果尽快引入相关专业教学中。鼓励各类学校聘请互联网领域高级人才作为兼职教师，加强"互联网＋"领域实验教学。（教育部、发展改革委、科技部、工业和信息化部、人力资源社会保障部、网信办等负责）

3. 鼓励联合培养培训。实施产学合作专业综合改革项目，鼓励校企、院企合作办学，推进"互联网＋"专业技术人才培训。深化互联网领域产教融合，依托高校、科研机构、企业的智力资源和研究平台，建立一批联合实训基地。建立企业技术中心和院校对接机制，鼓励企业在院校建立"互联网＋"研发机构和实验中心。（教育部、发展改革委、科技部、工业和信息化部、人力资源社会保障部、网信办等负责）

4. 利用全球智力资源。充分利用现有人才引进计划和鼓励企业设立海外研发中心等多种方式，引进和培养一批"互联网＋"领域高端人才。完善移民、签证等制度，形成有利于吸引人才的分配、激励和保障机制，为引进海外人才提供有利条件。支持通过任务外包、产业合作、学术交流等方式，充分利用全球互联网人才资源。吸引互联网领域领军人才、特殊人才、紧缺人才在我国创业创新和从事教学科研等活动。（人力资源社会保障部、发展改革委、教育部、科技部、网信办等负责）

（六）加强引导支持。

1. 实施重大工程包。选择重点领域，加大中央预算内资金投入力度，引导更多社会资本进入，分步骤组织实施"互联网＋"重大工程，重点促进以移动互联网、云计算、大数据、物联网为代表的新一代信息技术与制造、能源、服务、农业等领域的融合创新，发展壮大新兴业态，打造新的产业增长点。（发展改革委牵头）

2. 加大财税支持。充分发挥国家科技计划作用，积极投向符合条件的"互联网＋"融合创新关键技术研发及应用示范。统筹利用现有财政专项资金，支持"互联网＋"相关平台建设和应用示范等。加大政府部门采购云计算服务的力度，探索基于云计算的政务信息化建设运营新机制。鼓励地方政府创新风险补偿机制，探索"互联网＋"发展的新模式。（财政部、税务总局、发展改革委、科技部、网信办等负责）

3. 完善融资服务。积极发挥天使投资、风险投资基金等对"互联网＋"的投资引领作用。开展股权众筹等互联网金融创新试点，支持小微企业发展。支持国家出资设立的有关基金投向"互联网＋"，鼓励社会资本加大对相关创新型企业的投资。积极发展知识产权质押融资、信用保险保单融资增信等服务，鼓励通过债券融资方式支持"互联网＋"发展，支持符合条件的"互联网＋"企业发行公司债券。开展产融结合创新试点，探索股权和债权相结合的融资服务。降低创新型、成长型互联网企业的上市准入门槛，结合证券法修订和股票发行注册制改革，支持处于特定成长阶段、发展前景好但尚未盈利的互联网企业在创业板上市。推动银行业金融机构创新信贷产品与金融服务，加大贷款投放力度。鼓励开发性金融机构为"互联网＋"重点项目建设提供有效融资支持。（人民银行、发展改革委、银监会、证监会、保监会、网信办、开发银行等负责）

（七）做好组织实施。

1. 加强组织领导。建立"互联网＋"行动实施部际联席会议制度，统筹协调解决重大问题，切实推动行动的贯彻落实。联席会议设办公室，负责具体工作的组织推进。建立跨领域、跨行业的"互联网＋"行动专家咨询委员会，为政府决策提供重要支撑。（发展改革委牵头）

2. 开展试点示范。鼓励开展"互联网＋"试点示范，推进"互联网＋"区域化、链条化发展。支持全面创新改革试验区、中关村等国家自主创新示范区、国家现代农业示范区先行先试，积极开展"互联网＋"创新政策试点，破除新兴产业行业准入、数据开放、市场监管等方面政策障碍，研究适应新兴业态特点的税收、保险政策，打造"互联网＋"生态体系。（各部门、各地方政府负责）

3. 有序推进实施。各地区、各部门要主动作为，完善服务，加强引导，以动态发展的眼光看待"互联网＋"，在实践中大胆探索拓展，相互借鉴"互联网＋"融合应用成功经验，促进"互联网＋"新业态、新经济发展。有关部门要加强统筹规划，提高服务和管理能力。各地区要结合实际，研究制定适合本地的"互联网＋"行动落实方案，因地制宜，合理定位，科学组织实施，杜绝盲目建设和重复投资，务实有序推进"互联网＋"行动。（各部门、各地方政府负责）

国务院

2015 年 7 月 1 日

国务院办公厅关于开展
第一次全国政府网站普查的通知[*]

国办发〔2015〕15 号

各省、自治区、直辖市人民政府，国务院各部委、各直属机构：

为推进全国政府网站信息内容建设有关工作，提高政府网站信息发布、互动交流、便民服务水平，全面提升各级政府网站的权威性和影响力，维护政府公信力，经国务院同意，定于 2015 年开展第一次全国政府网站普查。现就有关事项通知如下：

一 目的和范围

（一）普查目的。摸清全国政府网站基本情况，有效解决一些政府网站存在的群众反映强烈的"不及时、不准确、不回应、不实用"等问题。对普查中发现存在问题的网站，督促其整改，问题严重的坚决予以关停，切实消除政府网站"僵尸"、"睡眠"等现象。

（二）普查范围。地方各级人民政府网站，县级以上（含县级）地方人民政府各部门及下属参照公务员法管理的事业单位网站；国务院各部门（含国务院部委管理的国家局，下同）及其内设机构网站，国务院各部门下属参照公务员法管理的事业单位网站。

二 方式和内容

（一）普查方式。各地区、各部门办公厅（室）组织对本地区、本部门政府网站进行检查、自查；国务院办公厅通过系统扫描和人工复核等方式对全国政府网站进行抽查、核查。

（二）普查内容。按照《全国政府网站普查评分表》检查各政府网站的可用性、信息更新情况、互动回应情况和服务实用情况等。

三 时间和进度

普查从 2015 年 3 月开始，到 2015 年 12 月结束，分四个阶段实施。

（一）统计摸底阶段（3~4 月）。各地区、各部门组织本地区、本部门的政府网站开展基本情况调查摸底和有关信息填报工作。各级政府网站要于 4 月 25 日前通过全国政府网站信息报送系统完成《政府网站基本信息表》、《政府网站栏目（系统）基本信息表》填报工作。

（二）检查整改阶段（4~8 月）。各地区、各部门组织对本地区、本部门政府网站开展检查整改，并于 8 月 31 日前向国务院办公厅报送检查整改情况，同时通过全国政府网站信息报送系统填报《全国政府网站普查评分表》。

（三）抽查核查阶段（6~10 月）。国务院办公厅根据各地区、各部门报送的政府网站

---

* 中国政府网，http://www.gov.cn/zhengce/content/2015-03/24/content_9552.htm。

有关信息，通过系统扫描和人工复核等方式开展抽查核查，同时在中国政府网建立全国政府网站基本信息数据库，设立面向社会的政府网站普查邮箱，方便公众通过数据库查找、使用和监督政府网站，并将使用中发现的问题通过邮箱进行反映。

（四）通报总结阶段（11～12月）。国务院办公厅组织召开全国政府网站信息内容建设工作交流会及区域性片会，通报普查情况，交流工作经验。

四　组织和实施

（一）县级以上人民政府办公厅（室）要组织做好本级政府及部门政府网站的统计摸底和检查整改工作，填报《政府网站基本信息表》、《政府网站栏目（系统）基本信息表》和《全国政府网站普查评分表》，逐级上报有关情况。

（二）各省（区、市）人民政府办公厅负责组织推进本地区各级政府网站的统计摸底和检查整改工作，并向国务院办公厅报送有关情况。

（三）国务院各部门办公厅（室）负责组织本部门政府网站的统计摸底和检查整改工作，向国务院办公厅报送有关情况。实行全系统垂直管理部门的数据信息，由有关国务院部门负责汇总报送，不列入地方同级政府报送范围。实行双重管理部门的数据信息，由有关地方政府汇总报送。

（四）各地区、各部门要采取逐级核查等方式，加强对所填报数据信息的审核工作，确保数据信息真实、准确、完整。如发现有关数据信息存在严重缺失或严重错误等问题，国务院办公厅将责成有关地区和部门及时更正并在适当范围内予以通报。

附件：1. 全国政府网站信息报送系统使用说明（略）
　　　　2. 全国政府网站普查评分表（略）
　　　　3. 政府网站基本信息表（略）
　　　　4. 政府网站栏目（系统）基本信息表（略）

国务院办公厅

2015 年 3 月 11 日

（此件公开发布）

国务院办公厅关于印发 2015 年政府信息公开工作要点的通知*

国办发〔2015〕22 号

各省、自治区、直辖市人民政府，国务院各部委、各直属机构：

---

* 中国政府网，http://www.gov.cn/zhengce/content/2015-04/21/content_9644.htm。

《2015 年政府信息公开工作要点》已经国务院同意，现印发给你们，请结合实际认真贯彻落实。

国务院办公厅

2015 年 4 月 3 日

2015 年政府信息公开工作要点

2015 年是全面深化改革的关键之年，是全面推进依法治国的开局之年。做好今年政府信息公开工作的总体要求是：深入贯彻党的十八大和十八届二中、三中、四中全会精神，认真落实《中华人民共和国政府信息公开条例》（以下简称《条例》），紧紧围绕党和政府中心工作以及公众关切，推进重点领域信息公开，加强信息发布、解读和回应工作，强化制度机制和平台建设，不断增强政府信息公开实效，进一步提高政府公信力，使政府信息公开工作更好地服务于经济社会发展，促进法治政府、创新政府、廉洁政府和服务型政府建设。

一　推进重点领域信息公开

继续做好安全生产、就业、财政审计、科技管理和项目经费、价格和收费、信用等领域信息公开，进一步扩大公开范围，细化公开内容。同时，推进以下领域信息公开工作：

（一）推进行政权力清单公开。进一步推进国务院部门行政审批项目取消、下放以及非行政许可审批事项清理等信息的公开。推行地方各级政府工作部门权力清单制度，依法向社会公开政府部门的行政职权及其法律依据、实施主体、运行流程、监督方式等信息。对于承担的行政审批事项，均要发布服务指南，列明设定依据、申请条件、申请材料、基本流程、审批时限、收费依据及标准、审批决定证件、年检要求、注意事项等内容。除涉及国家秘密、商业秘密或个人隐私外，所有行政审批事项的受理、进展情况、结果等信息均应公开。（国务院审改办牵头落实）

（二）推进财政资金信息公开。及时公开经批准的预算、预算调整、决算、预算执行情况报告及报表，并对财政转移支付安排、执行情况以及举借债务情况等重要事项做出说明。做好中央和地方部门预决算公开，积极推进预算绩效信息和国有资产占用情况公开。细化预决算公开内容，各级政府及部门预决算在公开到支出功能分类项级科目的基础上，一般公共预算基本支出逐步公开到经济分类款级科目，对下专项转移支付预决算公开到具体项目，并公开分地区的税收返还、一般性转移支付和专项转移支付情况。"三公"经费决算公开应细化说明因公出国（境）团组数及人数，公务用车购置数及保有量，国内公务接待的批次、人数，以及"三公"经费增减变化原因等信息。及时完整公开政府采购项目信息、采购文件、中标或成交结果、采购合同、投诉处理结果等。按照地方政府债券发行有关规定，及时准确披露相关信息。（财政部牵头落实）

（三）推进公共资源配置信息公开。一是做好城镇保障性安居工程特别是棚户区改造建设项目信息、保障性住房分配信息公开工作。定期公开住房公积金管理运行情况，及时公开推进工程质量治理行动的进展情况。（住房城乡建设部牵头落实）二是做好土地供应计划、出让公告、成交公示和供应结果公开工作，重点公开棚户区改造用地年度供应计划、供地时序、宗地规划条件和土地使用要求。推进全国范围的征地信息公开平台建设，及时公开征地政策和征地信息。（国土资源部牵头落实）三是全面做好国有土地上房屋征收决定、补助奖励政策和标准、初步评估结果、补偿方案、补偿标准、补偿结果等公开工作。（住房城乡建设部牵头落实）

（四）推进重大建设项目信息公开。重点围绕铁路、城市基础设施、节能环保、农林水、土地整治等涉及公共利益和民生领域的政府投资项目，推进审批、核准、备案等项目信息的公开，做好项目基本信息和招投标、重大设计变更、施工管理、合同履约、质量安全检查、资金管理、验收等项目实施信息的公开工作。（国务院相关部门分别落实）

（五）推进公共服务信息公开。一是做好社会保险信息公开。定期向社会公开各项社会保险参保情况、待遇支付情况和水平，社会保险基金收支、结余和收益情况等信息。及时发布基本医疗保险、工伤保险和生育保险药品目录，以及基本医疗保险、工伤保险诊疗项目范围、辅助器具目录等信息。（人力资源社会保障部、卫生计生委分别落实）二是推进社会救助信息公开。重点做好城乡低保、特困人员供养、医疗救助、临时救助等信息公开工作；实行救助实施过程公开，加大救助对象人数、救助标准、补助水平和资金支出等信息公开力度。（民政部牵头落实）三是推进教育领域信息公开。全面实施高校招生"阳光工程"，推动高校重点做好录取程序、咨询及申诉渠道、重大事件违规处理结果、录取新生复查结果等信息公开工作，及时公开高校自主招生办法、考核程序和录取结果，全面实行考试加分考生资格公示工作。推动高校制定财务公开制度，加大高校财务公开力度。（教育部牵头落实）四是深化医疗卫生领域信息公开。做好法定传染病和重大突发公共卫生事件的信息公开，推动各类医疗机构健全信息公开目录，全面公开医疗服务、价格、收费等信息。（卫生计生委牵头落实）

（六）推进国有企业信息公开。做好国有企业主要财务指标、整体运行情况、业绩考核结果等信息公开工作，加大国有资产保值增值、改革重组、负责人职务变动及招聘等信息公开力度。参照有关监督机构及上市公司监事会信息披露的做法，公开监事会对中央企业监督检查情况。研究制定国有企业财务信息公开指导意见，明确公开范围、内容、程序、工作要求等，进一步推动国有企业公开财务信息，推动各级履行出资人职责机构公开国有企业财务汇总信息。研究制定推进中央企业信息公开工作指导意见。（国资委牵头落实）

（七）推进环境保护信息公开。进一步推进空气质量、水环境质量、污染物排放、污染源、建设项目环评等信息公开，做好环境重点监管对象名录和区域环境质量状况公开工作。加大环境执法检查依据、内容、标准、程序和结果公开力度。公开群众举报投诉重点环境问题处理情况，违法违规单位及其法定代表人名单和处理、整改情况。加强突发环境事件信息公开，及时公布应对情况及调查结果。推进核与辐射安全信息公开，重点公开核电厂核与辐射安全审批信息和辐射环境质量信息。（环境保护部牵头落实）

（八）推进食品药品安全信息公开。做好食品药品重大监管政策信息、产生重大影响的食品药品典型案例，以及食品安全监督抽检、药品监督抽验信息公开工作。及时发布网上非法售药整治等专项行动信息和保健食品消费警示信息。（食品药品监管总局牵头落实）

（九）推进社会组织、中介机构信息公开。加大社会组织成立、变更、注销、评估、年检结果、查处结果等信息公开力度。制定社会团体和民办非企业单位信息公开管理办法，推动服务、收费等事项公开。建立行政审批前置服务项目信息公开制度，公开提供服务的社会组织和中介机构名称、经营地址、资质状况等基本信息，以及实行政府定价或政府指导价的收费标准，方便企业和公众选择。推动慈善组织信息公开。（民政部、国务院其他有关部门分别落实）

二　全面加强主动公开工作

（一）进一步拓展主动公开内容。对于行政决策、执行、管理、服务、结果方面的信息，坚持以公开为常态、不公开为例外原则，依法依规做好公开工作。要对本地区本部门政府信息进行梳理，进一步细化主动公开范围和公开目录，并动态更新。对制作形成或在履行职责中获取的政府信息，严格落实公开属性源头认定机制，依法依规明确公开属性，确定为依申请公开或不予公开的，应当说明理由。涉及公民、法人或其他组织权利和义务的规范性文件，都要按《条例》规定全面、准确、及时做好公开工作。积极稳妥推进政府数据公开，鼓励和推动企业、第三方机构、个人等对公共数据进行深入分析和应用。

（二）加大政策解读回应力度。对涉及面广、社会关注度高或专业性较强的重要政策法规，要同步制定解读方案，加强议题设置，通过发布权威解读稿件、组织专家撰写解读文章等多种方式，及时做好科学解读，有效开展舆论引导。适应网络传播特点，更多运用图片、图表、图解、视频等可视化方式，增强政策解读效果。健全政务舆情收集、研判和回应机制，对涉及本地区本部门的重要政务舆情、重大突发事件等热点问题，要依法按程序第一时间通过网上发布信息、召开新闻发布会、接受媒体采访等方式予以回应，并根据工作进展持续发布动态信息。回应力求表达准确、亲切、自然，为群众提供客观、可感、可信的信息，发挥正面引导作用。

（三）发挥各类信息公开平台和渠道作用。统筹运用新闻发言人、政府网站、政府公报、政务微博微信发布信息，充分发挥广播电视、报刊、新闻网站、商业网站和政务服务中心的作用，扩大发布信息的受众面、提高影响力。特别要适应传播对象化分众化趋势以及新兴媒体平等交流、互动传播的特点，更好地运用新技术、新手段，注重用户体验和信息需求，扩大政府信息传播范围，提高信息到达率。加强不同平台和渠道发布信息的衔接协调，确保公开内容准确、一致。

三　强化依申请公开管理和服务

建立健全政府信息公开申请接收、登记、办理、审核、答复、归档等环节的制度规范。进一步拓展依申请公开受理渠道，更好地发挥互联网和各级政务服务中心的作用，为申请人提供便捷服务。强化政府信息公开场所的管理和服务，明确工作标准，做好现场解疑释惑工作。严格按照法定时限履行答复程序，制定统一规范的答复格式，推行申请答复文书的标准化文本，依法依规做好答复工作。探索建立依申请公开促进依法行政的机制，及时总结依申请公开工作中发现的依法行政方面的问题，加强跟踪调研，提出工作建议。及时梳理本单位本系统信息公开申请情况，按照申请内容、答复情况等进行分类管理，加强研究分析，促进工作水平不断提升。

四 建立健全制度机制

完善政府信息公开指南，各级行政机关年内要对本行政机关的公开指南进行复查，内容缺失或者更新不及时的，及时完善相关内容。做好信息公开统计工作，加强统计数据分析和运用。加强信息公开年度报告编制和发布工作，在《条例》规定基础上，进一步充实重点领域信息公开、政策解读回应、依申请公开工作详细情况、政府信息公开统计数据、建议提案办理结果公开等内容，并采用公众喜闻乐见的形式予以展现。加强信息公开保密审查制度建设，对拟公开的政府信息，要依法依规做好保密审查。建立健全政府信息公开工作考核评议制度，强化问责制度，定期开展社会调查评议，了解社情民意，不断改进公开工作。建立政府信息公开举报办理工作制度，强化信息公开工作主管部门的监督职责，对经举报查实的有关问题，要严格依据《条例》规定进行处理。地方和部门可根据工作需要在信息公开领域建立政府法律顾问制度，发挥法律顾问专业优势，提高信息公开专业化、法制化水平。

五 加强组织领导和机构队伍建设

各地区各部门要把政府信息公开工作纳入重要议事日程，与经济社会管理工作紧密结合，同步研究、同步部署、同步推进，主要负责同志要主动听取公开工作情况汇报，研究解决突出问题，同时明确一位负责同志分管公开工作。要理顺工作关系，减少职能交叉，加强专门机构建设和人员配备，统筹做好信息公开、政策解读、舆情处置、政府网站、政务微博微信和政府公报等工作，并在经费、设备等方面提供必要保障。把信息公开列入公务员培训科目，加大各级政府尤其是市、县级政府相关工作人员培训力度，不断提升工作能力和水平。

各地区各部门要制定本工作要点分解细化方案，明确分工，加强督导，确保各项任务落实到位。落实情况要纳入政府信息公开工作年度报告并向社会公布，接受公众监督。国务院办公厅适时对本工作要点落实情况进行督查，并组织开展第三方评估。

国务院关于印发促进大数据发展
行动纲要的通知[*]

国发〔2015〕50号

各省、自治区、直辖市人民政府，国务院各部委、各直属机构：

现将《促进大数据发展行动纲要》印发给你们，请认真贯彻落实。

国务院

2015 年 8 月 31 日

---

* 中国政府网，http：//www.gov.cn/zhengce/content/2015－09/05/content_ 10137. htm。

促进大数据发展行动纲要

大数据是以容量大、类型多、存取速度快、应用价值高为主要特征的数据集合，正快速发展为对数量巨大、来源分散、格式多样的数据进行采集、存储和关联分析，从中发现新知识、创造新价值、提升新能力的新一代信息技术和服务业态。

信息技术与经济社会的交汇融合引发了数据迅猛增长，数据已成为国家基础性战略资源，大数据正日益对全球生产、流通、分配、消费活动以及经济运行机制、社会生活方式和国家治理能力产生重要影响。目前，我国在大数据发展和应用方面已具备一定基础，拥有市场优势和发展潜力，但也存在政府数据开放共享不足、产业基础薄弱、缺乏顶层设计和统筹规划、法律法规建设滞后、创新应用领域不广等问题，亟待解决。为贯彻落实党中央、国务院决策部署，全面推进我国大数据发展和应用，加快建设数据强国，特制定本行动纲要。

一　发展形势和重要意义

全球范围内，运用大数据推动经济发展、完善社会治理、提升政府服务和监管能力正成为趋势，有关发达国家相继制定实施大数据战略性文件，大力推动大数据发展和应用。目前，我国互联网、移动互联网用户规模居全球第一，拥有丰富的数据资源和应用市场优势，大数据部分关键技术研发取得突破，涌现出一批互联网创新企业和创新应用，一些地方政府已启动大数据相关工作。坚持创新驱动发展，加快大数据部署，深化大数据应用，已成为稳增长、促改革、调结构、惠民生和推动政府治理能力现代化的内在需要和必然选择。

（一）大数据成为推动经济转型发展的新动力。以数据流引领技术流、物质流、资金流、人才流，将深刻影响社会分工协作的组织模式，促进生产组织方式的集约和创新。大数据推动社会生产要素的网络化共享、集约化整合、协作化开发和高效化利用，改变了传统的生产方式和经济运行机制，可显著提升经济运行水平和效率。大数据持续激发商业模式创新，不断催生新业态，已成为互联网等新兴领域促进业务创新增值、提升企业核心价值的重要驱动力。大数据产业正在成为新的经济增长点，将对未来信息产业格局产生重要影响。

（二）大数据成为重塑国家竞争优势的新机遇。在全球信息化快速发展的大背景下，大数据已成为国家重要的基础性战略资源，正引领新一轮科技创新。充分利用我国的数据规模优势，实现数据规模、质量和应用水平同步提升，发掘和释放数据资源的潜在价值，有利于更好发挥数据资源的战略作用，增强网络空间数据主权保护能力，维护国家安全，有效提升国家竞争力。

（三）大数据成为提升政府治理能力的新途径。大数据应用能够揭示传统技术方式难以展现的关联关系，推动政府数据开放共享，促进社会事业数据融合和资源整合，将极大提升政府整体数据分析能力，为有效处理复杂社会问题提供新的手段。建立"用数据说话、用数据决策、用数据管理、用数据创新"的管理机制，实现基于数据的科学决策，将推动政府管理理念和社会治理模式进步，加快建设与社会主义市场经济体制和中国特色社会主义事业发展相适应的法治政府、创新政府、廉洁政府和服务型政府，逐步实现政府治理能力现代化。

二 指导思想和总体目标

（一）指导思想。深入贯彻党的十八大和十八届二中、三中、四中全会精神，按照党中央、国务院决策部署，发挥市场在资源配置中的决定性作用，加强顶层设计和统筹协调，大力推动政府信息系统和公共数据互联开放共享，加快政府信息平台整合，消除信息孤岛，推进数据资源向社会开放，增强政府公信力，引导社会发展，服务公众企业；以企业为主体，营造宽松公平环境，加大大数据关键技术研发、产业发展和人才培养力度，着力推进数据汇集和发掘，深化大数据在各行业创新应用，促进大数据产业健康发展；完善法规制度和标准体系，科学规范利用大数据，切实保障数据安全。通过促进大数据发展，加快建设数据强国，释放技术红利、制度红利和创新红利，提升政府治理能力，推动经济转型升级。

（二）总体目标。立足我国国情和现实需要，推动大数据发展和应用在未来 5~10 年逐步实现以下目标：

打造精准治理、多方协作的社会治理新模式。将大数据作为提升政府治理能力的重要手段，通过高效采集、有效整合、深化应用政府数据和社会数据，提升政府决策和风险防范水平，提高社会治理的精准性和有效性，增强乡村社会治理能力；助力简政放权，支持从事前审批向事中事后监管转变，推动商事制度改革；促进政府监管和社会监督有机结合，有效调动社会力量参与社会治理的积极性。2017 年底前形成跨部门数据资源共享共用格局。

建立运行平稳、安全高效的经济运行新机制。充分运用大数据，不断提升信用、财政、金融、税收、农业、统计、进出口、资源环境、产品质量、企业登记监管等领域数据资源的获取和利用能力，丰富经济统计数据来源，实现对经济运行更为准确的监测、分析、预测、预警，提高决策的针对性、科学性和时效性，提升宏观调控以及产业发展、信用体系、市场监管等方面管理效能，保障供需平衡，促进经济平稳运行。

构建以人为本、惠及全民的民生服务新体系。围绕服务型政府建设，在公用事业、市政管理、城乡环境、农村生活、健康医疗、减灾救灾、社会救助、养老服务、劳动就业、社会保障、文化教育、交通旅游、质量安全、消费维权、社区服务等领域全面推广大数据应用，利用大数据洞察民生需求，优化资源配置，丰富服务内容，拓展服务渠道，扩大服务范围，提高服务质量，提升城市辐射能力，推动公共服务向基层延伸，缩小城乡、区域差距，促进形成公平普惠、便捷高效的民生服务体系，不断满足人民群众日益增长的个性化、多样化需求。

开启大众创业、万众创新的创新驱动新格局。形成公共数据资源合理适度开放共享的法规制度和政策体系，2018 年底前建成国家政府数据统一开放平台，率先在信用、交通、医疗、卫生、就业、社保、地理、文化、教育、科技、资源、农业、环境、安监、金融、质量、统计、气象、海洋、企业登记监管等重要领域实现公共数据资源合理适度向社会开放，带动社会公众开展大数据增值性、公益性开发和创新应用，充分释放数据红利，激发大众创业、万众创新活力。

培育高端智能、新兴繁荣的产业发展新生态。推动大数据与云计算、物联网、移动互联网等新一代信息技术融合发展，探索大数据与传统产业协同发展的新业态、新模式，促进传统产业转型升级和新兴产业发展，培育新的经济增长点。形成一批满足大数据重大应用需求的产品、系统和解决方案，建立安全可信的大数据技术体系，大数据产品和服务达到国际先进水平，国内市场占有率显著提高。培育一批面向全球的骨干企业和特色鲜明的创新型中小企业。构建形成政产学研用多方联动、协调发展的大数据产业生态体系。

三 主要任务

（一）加快政府数据开放共享，推动资源整合，提升治理能力

1. 大力推动政府部门数据共享。加强顶层设计和统筹规划，明确各部门数据共享的范围边界和使用方式，厘清各部门数据管理及共享的义务和权利，依托政府数据统一共享交换平台，大力推进国家人口基础信息库、法人单位信息资源库、自然资源和空间地理基础信息库等国家基础数据资源，以及金税、金关、金财、金审、金盾、金宏、金保、金土、金农、金水、金质等信息系统跨部门、跨区域共享。加快各地区、各部门、各有关企事业单位及社会组织信用信息系统的互联互通和信息共享，丰富面向公众的信用信息服务，提高政府服务和监管水平。结合信息惠民工程实施和智慧城市建设，推动中央部门与地方政府条块结合、联合试点，实现公共服务的多方数据共享、制度对接和协同配合。

2. 稳步推动公共数据资源开放。在依法加强安全保障和隐私保护的前提下，稳步推动公共数据资源开放。推动建立政府部门和事业单位等公共机构数据资源清单，按照"增量先行"的方式，加强对政府部门数据的国家统筹管理，加快建设国家政府数据统一开放平台。制定公共机构数据开放计划，落实数据开放和维护责任，推进公共机构数据资源统一汇聚和集中向社会开放，提升政府数据开放共享标准化程度，优先推动信用、交通、医疗、卫生、就业、社保、地理、文化、教育、科技、资源、农业、环境、安监、金融、质量、统计、气象、海洋、企业登记监管等民生保障服务相关领域的政府数据集向社会开放。建立政府和社会互动的大数据采集形成机制，制定政府数据共享开放目录。通过政务数据公开共享，引导企业、行业协会、科研机构、社会组织等主动采集并开放数据。

专栏1 政府数据资源共享开放工程

推动政府数据资源共享。制定政府数据资源共享管理办法，整合政府部门公共数据资源，促进互联互通，提高共享能力，提升政府数据的一致性和准确性。2017年底前，明确各部门数据共享的范围边界和使用方式，跨部门数据资源共享共用格局基本形成。

形成政府数据统一共享交换平台。充分利用统一的国家电子政务网络，构建跨部门的政府数据统一共享交换平台，到2018年，中央政府层面实现数据统一共享交换平台的全覆盖，实现金税、金关、金财、金审、金盾、金宏、金保、金土、金农、金水、金质等信息系统通过统一平台进行数据共享和交换。

形成国家政府数据统一开放平台。建立政府部门和事业单位等公共机构数据资源清单，制定实施政府数据开放共享标准，制定数据开放计划。2018年底前，建成国家政府数据统一开放平台。2020年底前，逐步实现信用、交通、医疗、卫生、就业、社保、地理、文化、教育、科技、资源、农业、环境、安监、金融、质量、统计、气象、海洋、企业登记监管等民生保障服务相关领域的政府数据集向社会开放。

3. 统筹规划大数据基础设施建设。结合国家政务信息化工程建设规划，统筹政务数据资源和社会数据资源，布局国家大数据平台、数据中心等基础设施。加快完善国家人口基础信息库、法人单位信息资源库、自然资源和空间地理基础信息库等基础信息资源和健康、就业、社保、能源、信用、统计、质量、国土、农业、城乡建设、企业登记监管等重要领域信息资源，加强与社会大数据的汇聚整合和关联分析。推动国民经济动员大数据应用。加强军民信息资源共享。充分利用现有企业、政府等数据资源和平台设施，注重对现有数据中心及服务器资源的改造和利用，建设绿色环保、低成本、高效率、基于云计算的大数据基础设施和区域性、行业性数据汇聚平台，避免盲目建设和重复投资。加强对互联网重要数据资源的备份及保护。

专栏2　国家大数据资源统筹发展工程

整合各类政府信息平台和信息系统。严格控制新建平台，依托现有平台资源，在地市级以上（含地市级）政府集中构建统一的互联网政务数据服务平台和信息惠民服务平台，在基层街道、社区统一应用，并逐步向农村特别是农村社区延伸。除国务院另有规定外，原则上不再审批有关部门、地市级以下（不含地市级）政府新建孤立的信息平台和信息系统。到2018年，中央层面构建形成统一的互联网政务数据服务平台；国家信息惠民试点城市实现基础信息集中采集、多方利用，实现公共服务和社会信息服务的全人群覆盖、全天候受理和"一站式"办理。

整合分散的数据中心资源。充分利用现有政府和社会数据中心资源，运用云计算技术，整合规模小、效率低、能耗高的分散数据中心，构建形成布局合理、规模适度、保障有力、绿色集约的政务数据中心体系。统筹发挥各部门已建数据中心的作用，严格控制部门新建数据中心。开展区域试点，推进贵州等大数据综合试验区建设，促进区域性大数据基础设施的整合和数据资源的汇聚应用。

加快完善国家基础信息资源体系。加快建设完善国家人口基础信息库、法人单位信息资源库、自然资源和空间地理基础信息库等基础信息资源。依托现有相关信息系统，逐步完善健康、社保、就业、能源、信用、统计、质量、国土、农业、城乡建设、企业登记监管等重要领域信息资源。到2018年，跨部门共享校核的国家人口基础信息库、法人单位信息资源库、自然资源和空间地理基础信息库等国家基础信息资源体系基本建成，实现与各领域信息资源的汇聚整合和关联应用。

加强互联网信息采集利用。加强顶层设计，树立国际视野，充分利用已有资源，加强互联网信息采集、保存和分析能力建设，制定完善互联网信息保存相关法律法规，构建互联网信息保存和信息服务体系。

4. 支持宏观调控科学化。建立国家宏观调控数据体系，及时发布有关统计指标和数据，强化互联网数据资源利用和信息服务，加强与政务数据资源的关联分析和融合利用，为政府开展金融、税收、审计、统计、农业、规划、消费、投资、进出口、城乡建设、劳动就业、收入分配、电力及产业运行、质量安全、节能减排等领域运行动态监测、产业安全预测预警以及转变发展方式分析决策提供信息支持，提高宏观调控的科学性、预见性和有效性。

5. 推动政府治理精准化。在企业监管、质量安全、节能降耗、环境保护、食品安全、安全生产、信用体系建设、旅游服务等领域，推动有关政府部门和企事业单位将市场监管、检验检测、违法失信、企业生产经营、销售物流、投诉举报、消费维权等数据进行汇聚整合和关联分析，统一公示企业信用信息，预警企业不正当行为，提升政府决策和风险防范能力，支持加强事中事后监管和服务，提高监管和服务的针对性、有效性。推动改进政府管理和公共治理方式，借助大数据实现政府负面清单、权力清单和责任清单的透明化管理，完善大数据监督和技术反腐体系，促进政府简政放权、依法行政。

6. 推进商事服务便捷化。加快建立公民、法人和其他组织统一社会信用代码制度，依托全国统一的信用信息共享交换平台，建设企业信用信息公示系统和"信用中国"网站，共享整合各地区、各领域信用信息，为社会公众提供查询注册登记、行政许可、行政处罚等各类信用信息的一站式服务。在全面实行工商营业执照、组织机构代码证和税务登记证"三证合一"、"一照一码"登记制度改革中，积极运用大数据手段，简化办理程序。建立项目并联审批平台，形成网上审批大数据资源库，实现跨部门、跨层级项目审批、核准、备案的统一受理、同步审查、信息共享、透明公开。鼓励政府部门高效采集、有效整合并充分运用政府数据和社会数据，掌握企业需求，推动行政管理流程优化再造，在注册登记、市场准入等商事服务中提供更加便捷有效、更有针对性的服务。利用大数据等手段，密切跟踪中小微企业特别是新设小微企业运行情况，为完善相关政策提供支持。

7. 促进安全保障高效化。加强有关执法部门间的数据流通，在法律许可和确保安全的前提下，加强对社会治理相关领域数据的归集、发掘及关联分析，强化对妥善应对和处理重大突发公共事件的数据支持，提高公共安全保障能力，推动构建智能防控、综合治理的公共安全体系，维护国家安全和社会安定。

专栏3　政府治理大数据工程

推动宏观调控决策支持、风险预警和执行监督大数据应用。统筹利用政府和社会数据资源，探索建立国家宏观调控决策支持、风险预警和执行监督大数据应用体系。到2018年，开展政府和社会合作开发利用大数据试点，完善金融、税收、审计、统计、农业、规划、消费、投资、进出口、城乡建设、劳动就业、收入分配、电力及产业运行、质量安全、节能减排等领域国民经济相关数据的采集和利用机制，推进各级政府按照统一体系开展数据采集和综合利用，加强对宏观调控决策的支撑。

推动信用信息共享机制和信用信息系统建设。加快建立统一社会信用代码制度，建立信用信息共享交换机制。充分利用社会各方面信息资源，推动公共信用数据与互联网、移动互联网、电子商务等数据的汇聚整合，鼓励互联网企业运用大数据技术建立市场化的第三方信用信息共享平台，使政府主导征信体系的权威性和互联网大数据征信平台的规模效应得到充分发挥，依托全国统一的信用信息共享交换平台，建设企业信用信息公示系统，实现覆盖各级政府、各类别信用主体的基础信用信息共享，初步建成社会信用体系，为经济高效运行提供全面准确的基础信用信息服务。

建设社会治理大数据应用体系。到2018年，围绕实施区域协调发展、新型城镇化等重大战略和主体功能区规划，在企业监管、质量安全、质量诚信、节能降耗、环境保护、食品安全、安全生产、信用体系建设、旅游服务等领域探索开展一批应用试点，打通政府部门、企事业单位之间的数据壁垒，实现合作开发和综合利用。实时采集并汇总分析政府部门和企事业单位的市场监管、检验检测、违法失信、企业生产经营、销售物流、投诉举报、消费维权等数据，有效促进各级政府社会治理能力提升。

8. 加快民生服务普惠化。结合新型城镇化发展、信息惠民工程实施和智慧城市建设，以优化提升民生服务、激发社会活力、促进大数据应用市场化服务为重点，引导鼓励企业和社会机构开展创新应用研究，深入发掘公共服务数据，在城乡建设、人居环境、健康医疗、社会救助、养老服务、劳动就业、社会保障、质量安全、文化教育、交通旅游、消费维权、城乡服务等领域开展大数据应用示范，推动传统公共服务数据与互联网、移动互联网、可穿戴设备等数据的汇聚整合，开发各类便民应用，优化公共资源配置，提升公共服务水平。

专栏4 公共服务大数据工程

医疗健康服务大数据。构建电子健康档案、电子病历数据库，建设覆盖公共卫生、医疗服务、医疗保障、药品供应、计划生育和综合管理业务的医疗健康管理和服务大数据应用体系。探索预约挂号、分级诊疗、远程医疗、检查检验结果共享、防治结合、医养结合、健康咨询等服务，优化形成规范、共享、互信的诊疗流程。鼓励和规范有关企事业单位开展医疗健康大数据创新应用研究，构建综合健康服务应用。

社会保障服务大数据。建设由城市延伸到农村的统一社会救助、社会福利、社会保障大数据平台，加强与相关部门的数据对接和信息共享，支撑大数据在劳动用工和社保基金监管、医疗保险对医疗服务行为监控、劳动保障监察、内控稽核以及人力资源社会保障相关政策制定和执行效果跟踪评价等方面的应用。利用大数据创新服务模式，为社会公众提供更为个性化、更具针对性的服务。

教育文化大数据。完善教育管理公共服务平台，推动教育基础数据的伴随式收集和全国互通共享。建立各阶段适龄入学人口基础数据库、学生基础数据库和终身电子学籍档案，实现学生学籍档案在不同教育阶段的纵向贯通。推动形成覆盖全国、协同服务、全网互通的教育资源云服务体系。探索发挥大数据对变革教育方式、促进教育公平、提升教育质量的支撑作用。加强数字图书馆、档案馆、博物馆、美术馆和文化馆等公益设施建设，构建文化传播大数据综合服务平台，传播中国文化，为社会提供文化服务。

交通旅游服务大数据。探索开展交通、公安、气象、安监、地震、测绘等跨部门、跨地域数据融合和协同创新。建立综合交通服务大数据平台，共同利用大数据提升协同管理和公共服务能力，积极吸引社会优质资源，利用交通大数据开展出行信息服务、交通诱导等增值服务。建立旅游投诉及评价全媒体交互中心，实现对旅游城市、重点景区游客流量的监控、预警和及时分流疏导，为规范市场秩序、方便游客出行、提升旅游服务水平、促进旅游消费和旅游产业转型升级提供有力支撑。

（二）推动产业创新发展，培育新兴业态，助力经济转型

1. 发展工业大数据。推动大数据在工业研发设计、生产制造、经营管理、市场营销、售后服务等产品全生命周期、产业链全流程各环节的应用，分析感知用户需求，提升产品附加价值，打造智能工厂。建立面向不同行业、不同环节的工业大数据资源聚合和分析应用平

台。抓住互联网跨界融合机遇，促进大数据、物联网、云计算和三维（3D）打印技术、个性化定制等在制造业全产业链集成运用，推动制造模式变革和工业转型升级。

2. 发展新兴产业大数据。大力培育互联网金融、数据服务、数据探矿、数据化学、数据材料、数据制药等新业态，提升相关产业大数据资源的采集获取和分析利用能力，充分发掘数据资源支撑创新的潜力，带动技术研发体系创新、管理方式变革、商业模式创新和产业价值链体系重构，推动跨领域、跨行业的数据融合和协同创新，促进战略性新兴产业发展、服务业创新发展和信息消费扩大，探索形成协同发展的新业态、新模式，培育新的经济增长点。

专栏5　工业和新兴产业大数据工程

工业大数据应用。利用大数据推动信息化和工业化深度融合，研究推动大数据在研发设计、生产制造、经营管理、市场营销、售后服务等产业链各环节的应用，研发面向不同行业、不同环节的大数据分析应用平台，选择典型企业、重点行业、重点地区开展工业企业大数据应用项目试点，积极推动制造业网络化和智能化。

服务业大数据应用。利用大数据支持品牌建立、产品定位、精准营销、认证认可、质量诚信提升和定制服务等，研发面向服务业的大数据解决方案，扩大服务范围，增强服务能力，提升服务质量，鼓励创新商业模式、服务内容和服务形式。

培育数据应用新业态。积极推动不同行业大数据的聚合、大数据与其他行业的融合，大力培育互联网金融、数据服务、数据处理分析、数据影视、数据探矿、数据化学、数据材料、数据制药等新业态。

电子商务大数据应用。推动大数据在电子商务中的应用，充分利用电子商务中形成的大数据资源为政府实施市场监管和调控服务，电子商务企业应依法向政府部门报送数据。

3. 发展农业农村大数据。构建面向农业农村的综合信息服务体系，为农民生产生活提供综合、高效、便捷的信息服务，缩小城乡数字鸿沟，促进城乡发展一体化。加强农业农村经济大数据建设，完善村、县相关数据采集、传输、共享基础设施，建立农业农村数据采集、运算、应用、服务体系，强化农村生态环境治理，增强乡村社会治理能力。统筹国内国际农业数据资源，强化农业资源要素数据的集聚利用，提升预测预警能力。整合构建国家涉农大数据中心，推进各地区、各行业、各领域涉农数据资源的共享开放，加强数据资源发掘运用。加快农业大数据关键技术研发，加大示范力度，提升生产智能化、经营网络化、管理高效化、服务便捷化能力和水平。

专栏6　现代农业大数据工程

农业农村信息综合服务。充分利用现有数据资源，完善相关数据采集共享功能，完善信息进村入户村级站的数据采集和信息发布功能，建设农产品全球生产、消费、库存、进出口、价格、成本等数据调查分析系统工程，构建面向农业农村的综合信息服务平台，涵盖农业生产、经营、管理、服务和农村环境整治等环节，集合公益服务、便民服务、电子商务和网络服务，为农业农村农民生产生活提供综合、高效、便捷的信息服务，加强全球农业调查分析，引导国内农产品生产和消费，完善农产品价格形成机制，缩小城乡数字鸿沟，促进城乡发展一体化。

农业资源要素数据共享。利用物联网、云计算、卫星遥感等技术，建立我国农业耕地、草原、林地、水利设施、水资源、农业设施设备、新型经营主体、农业劳动力、金融资本等资源要素数据监测体系，促进农业环境、气象、生态等信息共享，构建农业资源要素数据共享平台，为各级政府、企业、农户提供农业资源数据查询服务，鼓励各类市场主体充分发掘平台数据，开发测土配方施肥、统防统治、农业保险等服务。

农产品质量安全信息服务。建立农产品生产的生态环境、生产资料、生产过程、市场流通、加工储藏、检验检测等数据共享机制，推进数据实现自动化采集、网络化传输、标准化处理和可视化运用，提高数据的真实性、准确性、及时性和关联性，与农产品电子商务等交易平台互联共享，实现各环节信息可查询、来源可追溯、去向可跟踪、责任可追究，推进实现种子、农药、化肥等重要生产资料信息可追溯，为生产者、消费者、监管者提供农产品质量安全信息服务，促进农产品消费安全。

4. 发展万众创新大数据。适应国家创新驱动发展战略，实施大数据创新行动计划，鼓励企业和公众发掘利用开放数据资源，激发创新创业活力，促进创新链和产业链深度融合，推动大数据发展与科研创新有机结合，形成大数据驱动型的科研创新模式，打通科技创新和经济社会发展之间的通道，推动万众创新、开放创新和联动创新。

专栏7　万众创新大数据工程

大数据创新应用。通过应用创新开发竞赛、服务外包、社会众包、助推计划、补助奖励、应用培训等方式，鼓励企业和公众发掘利用开放数据资源，激发创新创业活力。

大数据创新服务。面向经济社会发展需求，研发一批大数据公共服务产品，实现不同行业、领域大数据的融合，扩大服务范围、提高服务能力。

发展科学大数据。积极推动由国家公共财政支持的公益性科研活动获取和产生的科学数据逐步开放共享，构建科学大数据国家重大基础设施，实现对国家重要科技数据的权威汇集、长期保存、集成管理和全面共享。面向经济社会发展需求，发展科学大数据应用服务中心，支持解决经济社会发展和国家安全重大问题。

知识服务大数据应用。利用大数据、云计算等技术，对各领域知识进行大规模整合，搭建层次清晰、覆盖全面、内容准确的知识资源库群，建立国家知识服务平台与知识资源服务中心，形成以国家平台为枢纽、行业平台为支撑，覆盖国民经济主要领域，分布合理、互联互通的国家知识服务体系，为生产生活提供精准、高水平的知识服务。提高我国知识资源的生产与供给能力。

5. 推进基础研究和核心技术攻关。围绕数据科学理论体系、大数据计算系统与分析理论、大数据驱动的颠覆性应用模型探索等重大基础研究进行前瞻布局，开展数据科学研究，引导和鼓励在大数据理论、方法及关键应用技术等方面展开探索。采取政产学研用相结合的协同创新模式和基于开源社区的开放创新模式，加强海量数据存储、数据清洗、数据分析发掘、数据可视化、信息安全与隐私保护等领域关键技术攻关，形成安全可靠的大数据技术体系。支持自然语言理解、机器学习、深度学习等人工智能技术创新，提升数据分析处理能力、知识发现能力和辅助决策能力。

6. 形成大数据产品体系。围绕数据采集、整理、分析、发掘、展现、应用等环节，支持大型通用海量数据存储与管理软件、大数据分析发掘软件、数据可视化软件等软件产品和海量数据存储设备、大数据一体机等硬件产品发展，带动芯片、操作系统等信息技术核心基础产品发展，打造较为健全的大数据产品体系。大力发展与重点行业领域业务流程及数据应用需求深度融合的大数据解决方案。

专栏 8　大数据关键技术及产品研发与产业化工程

通过优化整合后的国家科技计划（专项、基金等），支持符合条件的大数据关键技术研发。

加强大数据基础研究。融合数理科学、计算机科学、社会科学及其他应用学科，以研究相关性和复杂网络为主，探讨建立数据科学的学科体系；研究面向大数据计算的新体系和大数据分析理论，突破大数据认知与处理的技术瓶颈；面向网络、安全、金融、生物组学、健康医疗等重点需求，探索建立数据科学驱动行业应用的模型。

大数据技术产品研发。加大投入力度，加强数据存储、整理、分析处理、可视化、信息安全与隐私保护等领域技术产品的研发，突破关键环节技术瓶颈。到 2020 年，形成一批具有国际竞争力的大数据处理、分析、可视化软件和硬件支撑平台等产品。

提升大数据技术服务能力。促进大数据与各行业应用的深度融合，形成一批代表性应用案例，以应用带动大数据技术和产品研发，形成面向各行业的成熟的大数据解决方案。

7. 完善大数据产业链。支持企业开展基于大数据的第三方数据分析发掘服务、技术外包服务和知识流程外包服务。鼓励企业根据数据资源基础和业务特色，积极发展互联网金融和移动金融等新业态。推动大数据与移动互联网、物联网、云计算的深度融合，深化大数据在各行业的创新应用，积极探索创新协作共赢的应用模式和商业模式。加强大数据应用创新能力建设，建立政产学研用联动、大中小企业协调发展的大数据产业体系。建立和完善大数据产业公共服务支撑体系，组建大数据开源社区和产业联盟，促进协同创新，加快计量、标准化、检验检测和认证认可等大数据产业质量技术基础建设，加速大数据应用普及。

专栏 9　大数据产业支撑能力提升工程

培育骨干企业。完善政策体系，着力营造服务环境优、要素成本低的良好氛围，加速培育大数据龙头骨干企业。充分发挥骨干企业的带动作用，形成大中小企业相互支撑、协同合作的大数据产业生态体系。到 2020 年，培育 10 家国际领先的大数据核心龙头企业，500 家大数据应用、服务和产品制造企业。

大数据产业公共服务。整合优质公共服务资源，汇聚海量数据资源，形成面向大数据相关领域的公共服务平台，为企业和用户提供研发设计、技术产业化、人力资源、市场推广、评估评价、认证认可、检验检测、宣传展示、应用推广、行业咨询、投融资、教育培训等公共服务。

中小微企业公共服务大数据。整合现有中小微企业公共服务系统与数据资源，链接各省（区、市）建成的中小微企业公共服务线上管理系统，形成全国统一的中小微企业公共服务大数据平台，为中小微企业提供科技服务、综合服务、商贸服务等各类公共服务。

（三）强化安全保障，提高管理水平，促进健康发展

1. 健全大数据安全保障体系。加强大数据环境下的网络安全问题研究和基于大数据的网络安全技术研究，落实信息安全等级保护、风险评估等网络安全制度，建立健全大数据安全保障体系。建立大数据安全评估体系。切实加强关键信息基础设施安全防护，做好大数据平台及服务商的可靠性及安全性评测、应用安全评测、监测预警和风险评估。明确数据采集、传输、存储、使用、开放等各环节保障网络安全的范围边界、责任主体和具体要求，切实加强对涉及国家利益、公共安全、商业秘密、个人隐私、军工科研生产等信息的保护。妥善处理发展创新与保障安全的关系，审慎监管，保护创新，探索完善安全保密管理规范措施，切实保障数据安全。

2. 强化安全支撑。采用安全可信产品和服务，提升基础设施关键设备安全可靠水平。建设国家网络安全信息汇聚共享和关联分析平台，促进网络安全相关数据融合和资源合理分配，提升重大网络安全事件应急处理能力；深化网络安全防护体系和态势感知能力建设，增强网络空间安全防护和安全事件识别能力。开展安全监测和预警通报工作，加强大数据环境下防攻击、防泄露、防窃取的监测、预警、控制和应急处置能力建设。

专栏10 网络和大数据安全保障工程

网络和大数据安全支撑体系建设。在涉及国家安全稳定的领域采用安全可靠的产品和服务，到2020年，实现关键部门的关键设备安全可靠。完善网络安全保密防护体系。

大数据安全保障体系建设。明确数据采集、传输、存储、使用、开放等各环节保障网络安全的范围边界、责任主体和具体要求，建设完善金融、能源、交通、电信、统计、广电、公共安全、公共事业等重要数据资源和信息系统的安全保密防护体系。

网络安全信息共享和重大风险识别大数据支撑体系建设。通过对网络安全威胁特征、方法、模式的追踪、分析，实现对网络安全威胁新技术、新方法的及时识别与有效防护。强化资源整合与信息共享，建立网络安全信息共享机制，推动政府、行业、企业间的网络风险信息共享，通过大数据分析，对网络安全重大事件进行预警、研判和应对指挥。

四 政策机制

（一）完善组织实施机制。建立国家大数据发展和应用统筹协调机制，推动形成职责明晰、协同推进的工作格局。加强大数据重大问题研究，加快制定出台配套政策，强化国家数据资源统筹管理。加强大数据与物联网、智慧城市、云计算等相关政策、规划的协同。加强中央与地方协调，引导地方各级政府结合自身条件合理定位、科学谋划，将大数据发展纳入本地区经济社会和城镇化发展规划，制定出台促进大数据产业发展的政策措施，突出区域特色和分工，抓好措施落实，实现科学有序发展。设立大数据专家咨询委员会，为大数据发展应用及相关工程实施提供决策咨询。各有关部门要进一步统一思想，认真落实本行动纲要提出的各项任务，共同推动形成公共信息资源共享共用和大数据产业健康安全发展的良好格局。

（二）加快法规制度建设。修订政府信息公开条例。积极研究数据开放、保护等方面制度，实现对数据资源采集、传输、存储、利用、开放的规范管理，促进政府数据在风险可控原则下最大程度开放，明确政府统筹利用市场主体大数据的权限及范围。制定政府信息资源管理办法，建立政府部门数据资源统筹管理和共享复用制度。研究推动网上个人信息保护立法工作，界定个人信息采集应用的范围和方式，明确相关主体的权利、责任和义务，加强对数据滥用、侵犯个人隐私等行为的管理和惩戒。推动出台相关法律法规，加强对基础信息网络和关键行业领域重要信息系统的安全保护，保障网络数据安全。研究推动数据资源权益相关立法工作。

（三）健全市场发展机制。建立市场化的数据应用机制，在保障公平竞争的前提下，支持社会资本参与公共服务建设。鼓励政府与企业、社会机构开展合作，通过政府采购、服务外包、社会众包等多种方式，依托专业企业开展政府大数据应用，降低社会管理成本。引导培育大数据交易市场，开展面向应用的数据交易市场试点，探索开展大数据衍生产品交易，鼓励产业链各环节市场主体进行数据交换和交易，促进数据资源流通，建立健全数据资源交易机制和定价机制，规范交易行为。

（四）建立标准规范体系。推进大数据产业标准体系建设，加快建立政府部门、事业单位等公共机构的数据标准和统计标准体系，推进数据采集、政府数据开放、指标口径、分类目录、交换接口、访问接口、数据质量、数据交易、技术产品、安全保密等关键共性标准的制定和实施。加快建立大数据市场交易标准体系。开展标准验证和应用试点示范，建立标准符合性评估体系，充分发挥标准在培育服务市场、提升服务能力、支撑行业管理等方面的作用。积极参与相关国际标准制定工作。

（五）加大财政金融支持。强化中央财政资金引导，集中力量支持大数据核心关键技术攻关、产业链构建、重大应用示范和公共服务平台建设等。利用现有资金渠道，推动建设一批国际领先的重大示范工程。完善政府采购大数据服务的配套政策，加大对政府部门和企业合作开发大数据的支持力度。鼓励金融机构加强和改进金融服务，加大对大数据企业的支持力度。鼓励大数据企业进入资本市场融资，努力为企业重组并购创造更加宽松的金融政策环境。引导创业投资基金投向大数据产业，鼓励设立一批投资于大数据产业领域的创业投资基金。

（六）加强专业人才培养。创新人才培养模式，建立健全多层次、多类型的大数据人才培养体系。鼓励高校设立数据科学和数据工程相关专业，重点培养专业化数据工程师等大数据专业人才。鼓励采取跨校联合培养等方式开展跨学科大数据综合型人才培养，大力培养具有统计分析、计算机技术、经济管理等多学科知识的跨界复合型人才。鼓励高等院校、职业院校和企业合作，加强职业技能人才实践培养，积极培育大数据技术和应用创新型人才。依托社会化教育资源，开展大数据知识普及和教育培训，提高社会整体认知和应用水平。

（七）促进国际交流合作。坚持平等合作、互利共赢的原则，建立完善国际合作机制，积极推进大数据技术交流与合作，充分利用国际创新资源，促进大数据相关技术发展。结合大数据应用创新需要，积极引进大数据高层次人才和领军人才，完善配套措施，鼓励海外高端人才回国就业创业。引导国内企业与国际优势企业加强大数据关键技术、产品的研发合作，支持国内企业参与全球市场竞争，积极开拓国际市场，形成若干具有国际竞争力的大数据企业和产品。

国务院办公厅关于运用大数据加强
对市场主体服务和监管的若干意见[*]

国办发〔2015〕51 号

各省、自治区、直辖市人民政府，国务院各部委、各直属机构：

为充分运用大数据先进理念、技术和资源，加强对市场主体的服务和监管，推进简政放权和政府职能转变，提高政府治理能力，经国务院同意，现提出以下意见。

一 充分认识运用大数据加强对市场主体服务和监管的重要性

简政放权和工商登记制度改革措施的稳步推进，降低了市场准入门槛，简化了登记手续，激发了市场主体活力，有力带动和促进了就业。为确保改革措施顺利推进、取得实效，一方面要切实加强和改进政府服务，充分保护创业者的积极性，使其留得下、守得住、做得强；另一方面要切实加强和改进市场监管，在宽进的同时实行严管，维护市场正常秩序，促进市场公平竞争。

当前，市场主体数量快速增长，市场活跃度不断提升，全社会信息量爆炸式增长，数量巨大、来源分散、格式多样的大数据对政府服务和监管能力提出了新的挑战，也带来了新的机遇。既要高度重视信息公开和信息流动带来的安全问题，也要充分认识推进信息公开、整合信息资源、加强大数据运用对维护国家统一、提升国家治理能力、提高经济社会运行效率的重大意义。充分运用大数据的先进理念、技术和资源，是提升国家竞争力的战略选择，是提高政府服务和监管能力的必然要求，有利于政府充分获取和运用信息，更加准确地了解市场主体需求，提高服务和监管的针对性、有效性；有利于顺利推进简政放权，实现放管结合，切实转变政府职能；有利于加强社会监督，发挥公众对规范市场主体行为的积极作用；有利于高效利用现代信息技术、社会数据资源和社会化的信息服务，降低行政监管成本。国务院有关部门和地方各级人民政府要结合工作实际，在公共服务和市场监管中积极稳妥、充分有效、安全可靠地运用大数据等现代信息技术，不断提升政府治理能力。

二 总体要求

（一）指导思想。全面贯彻落实党的十八大和十八届二中、三中、四中全会精神，按照党中央、国务院决策部署，围绕使市场在资源配置中起决定性作用和更好发挥政府作用，推进简政放权和政府职能转变，以社会信用体系建设和政府信息公开、数据开放为抓手，充分运用大数据、云计算等现代信息技术，提高政府服务水平，加强事中事后监管，维护市场正

---

* 中国政府网，http：//www.gov.cn/zhengce/content/2015-07/01/content_9994.htm。

常秩序，促进市场公平竞争，释放市场主体活力，进一步优化发展环境。

（二）主要目标。提高大数据运用能力，增强政府服务和监管的有效性。高效采集、有效整合、充分运用政府数据和社会数据，健全政府运用大数据的工作机制，将运用大数据作为提高政府治理能力的重要手段，不断提高政府服务和监管的针对性、有效性。

推动简政放权和政府职能转变，促进市场主体依法诚信经营。运用大数据提高政府公共服务能力，加强对市场主体的事中事后监管，为推进简政放权和政府职能转变提供基础支撑。以国家统一的信用信息共享交换平台为基础，运用大数据推动社会信用体系建设，建立跨地区、多部门的信用联动奖惩机制，构建公平诚信的市场环境。

提高政府服务水平和监管效率，降低服务和监管成本。充分运用大数据的理念、技术和资源，完善对市场主体的全方位服务，加强对市场主体的全生命周期监管。根据服务和监管需要，有序推进政府购买服务，不断降低政府运行成本。

政府监管和社会监督有机结合，构建全方位的市场监管体系。通过政府信息公开和数据开放、社会信息资源开放共享，提高市场主体生产经营活动的透明度。有效调动社会力量监督市场主体的积极性，形成全社会广泛参与的市场监管格局。

三 运用大数据提高为市场主体服务水平

（三）运用大数据创新政府服务理念和服务方式。充分运用大数据技术，积极掌握不同地区、不同行业、不同类型企业的共性、个性化需求，在注册登记、市场准入、政府采购、政府购买服务、项目投资、政策动态、招标投标、检验检测、认证认可、融资担保、税收征缴、进出口、市场拓展、技术改造、上下游协作配套、产业联盟、兼并重组、培训咨询、成果转化、人力资源、司法服务、知识产权等方面主动提供更具针对性的服务，推动企业可持续发展。

（四）提高注册登记和行政审批效率。加快建立公民、法人和其他组织统一社会信用代码制度。全面实行工商营业执照、组织机构代码证和税务登记证"三证合一"、"一照一码"登记制度改革，以简化办理程序、方便市场主体、减轻社会负担为出发点，做好制度设计。鼓励建立多部门网上项目并联审批平台，实现跨部门、跨层级项目审批、核准、备案的"统一受理、同步审查、信息共享、透明公开"。运用大数据推动行政管理流程优化再造。

（五）提高信息服务水平。鼓励政府部门利用网站和微博、微信等新兴媒体，紧密结合企业需求，整合相关信息为企业提供服务，组织开展企业与金融机构融资对接、上下游企业合作对接等活动。充分发挥公共信用服务机构作用，为司法和行政机关、社会信用服务机构、社会公众提供基础性、公共性信用记录查询服务。

（六）建立健全守信激励机制。在市场监管和公共服务过程中，同等条件下，对诚实守信者实行优先办理、简化程序等"绿色通道"支持激励政策。在财政资金补助、政府采购、政府购买服务、政府投资工程建设招投标过程中，应查询市场主体信用记录或要求其提供由具备资质的信用服务机构出具的信用报告，优先选择信用状况较好的市场主体。

（七）加强统计监测和数据加工服务。创新统计调查信息采集和挖掘分析技术。加强跨部门数据关联比对分析等加工服务，充分挖掘政府数据价值。根据宏观经济数据、产业发展动态、市场供需状况、质量管理状况等信息，充分运用大数据技术，改进经济运行监测预测和风险预警，并及时向社会发布相关信息，合理引导市场预期。

（八）引导专业机构和行业组织运用大数据完善服务。发挥政府组织协调作用，在依法有序开放政府信息资源的基础上，制定切实有效的政策措施，支持银行、证券、信托、融资租赁、担保、保险等专业服务机构和行业协会、商会运用大数据更加便捷高效地为企业提供服务，支持企业发展。支持和推动金融信息服务企业积极运用大数据技术开发新产品，切实维护国家金融信息安全。

（九）运用大数据评估政府服务绩效。综合利用政府和社会信息资源，委托第三方机构对政府面向市场主体开展公共服务的绩效进行综合评估，或者对具体服务政策和措施进行专项评估，并根据评估结果及时调整和优化，提高各级政府及其部门施政和服务的有效性。

四　运用大数据加强和改进市场监管

（十）健全事中事后监管机制。创新市场经营交易行为监管方式，在企业监管、环境治理、食品药品安全、消费安全、安全生产、信用体系建设等领域，推动汇总整合并及时向社会公开有关市场监管数据、法定检验监测数据、违法失信数据、投诉举报数据和企业依法依规应公开的数据，鼓励和引导企业自愿公示更多生产经营数据、销售物流数据等，构建大数据监管模型，进行关联分析，及时掌握市场主体经营行为、规律与特征，主动发现违法违规现象，提高政府科学决策和风险预判能力，加强对市场主体的事中事后监管。对企业的商业轨迹进行整理和分析，全面、客观地评估企业经营状况和信用等级，实现有效监管。建立行政执法与司法、金融等信息共享平台，增强联合执法能力。

（十一）建立健全信用承诺制度。全面建立市场主体准入前信用承诺制度，要求市场主体以规范格式向社会做出公开承诺，违法失信经营后将自愿接受约束和惩戒。信用承诺纳入市场主体信用记录，接受社会监督，并作为事中事后监管的参考。

（十二）加快建立统一的信用信息共享交换平台。以社会信用信息系统先导工程为基础，充分发挥国家人口基础信息库、法人单位信息资源库的基础作用和企业信用信息公示系统的依托作用，建立国家统一的信用信息共享交换平台，整合金融、工商登记、税收缴纳、社保缴费、交通违法、安全生产、质量监管、统计调查等领域信用信息，实现各地区、各部门信用信息共建共享。具有市场监管职责的部门在履职过程中应准确采集市场主体信用记录，建立部门和行业信用信息系统，按要求纳入国家统一的信用信息共享交换平台。

（十三）建立健全失信联合惩戒机制。各级人民政府应将使用信用信息和信用报告嵌入行政管理和公共服务的各领域、各环节，作为必要条件或重要参考依据。充分发挥行政、司法、金融、社会等领域的综合监管效能，在市场准入、行政审批、资质认定、享受财政补贴和税收优惠政策、企业法定代表人和负责人任职资格审查、政府采购、政府购买服务、银行信贷、招标投标、国有土地出让、企业上市、货物通关、税收征缴、社保缴费、外汇管理、劳动用工、价格制定、电子商务、产品质量、食品药品安全、消费品安全、知识产权、环境保护、治安管理、人口管理、出入境管理、授予荣誉称号等方面，建立跨部门联动响应和失信约束机制，对违法失信主体依法予以限制或禁入。建立各行业"黑名单"制度和市场退出机制。推动将申请人良好的信用状况作为各类行政许可的必备条件。

（十四）建立产品信息溯源制度。对食品、药品、农产品、日用消费品、特种设备、地理标志保护产品等关系人民群众生命财产安全的重要产品加强监督管理，利用物联网、射频识别等信息技术，建立产品质量追溯体系，形成来源可查、去向可追、责任可究的信息链条，方便监管部门监管和社会公众查询。

（十五）加强对电子商务领域的市场监管。明确电子商务平台责任，加强对交易行为的监督管理，推行网络经营者身份标识制度，完善网店实名制和交易信用评价制度，加强网上支付安全保障，严厉打击电子商务领域违法失信行为。加强对电子商务平台的监督管理，加强电子商务信息采集和分析，指导开展电子商务网站可信认证服务，推广应用网站可信标识，推进电子商务可信交易环境建设。健全权益保护和争议调处机制。

（十六）运用大数据科学制定和调整监管制度和政策。在研究制定市场监管制度和政策过程中，应充分运用大数据，建立科学合理的仿真模型，对监管对象、市场和社会反应进行预测，并就可能出现的风险提出处置预案。跟踪监测有关制度和政策的实施效果，定期评估并根据需要及时调整。

（十七）推动形成全社会共同参与监管的环境和机制。通过政府信息公开和数据开放、社会信息资源开放共享，提高市场主体生产经营活动的透明度，为新闻媒体、行业组织、利益相关主体和消费者共同参与对市场主体的监督创造条件。引导有关方面对违法失信者进行市场性、行业性、社会性约束和惩戒，形成全社会广泛参与的监管格局。

五 推进政府和社会信息资源开放共享

（十八）进一步加大政府信息公开和数据开放力度。除法律法规另有规定外，应将行政许可、行政处罚等信息自作出行政决定之日起7个工作日内上网公开，提高行政管理透明度和政府公信力。提高政府数据开放意识，有序开放政府数据，方便全社会开发利用。

（十九）大力推进市场主体信息公示。严格执行《企业信息公示暂行条例》，加快实施经营异常名录制度和严重违法失信企业名单制度。建设国家企业信用信息公示系统，依法对企业注册登记、行政许可、行政处罚等基本信用信息以及企业年度报告、经营异常名录和严重违法失信企业名单进行公示，提高市场透明度，并与国家统一的信用信息共享交换平台实现有机对接和信息共享。支持探索开展社会化的信用信息公示服务。建设"信用中国"网站，归集整合各地区、各部门掌握的应向社会公开的信用信息，实现信用信息一站式查询，方便社会了解市场主体信用状况。各级政府及其部门网站要与"信用中国"网站连接，并将本单位政务公开信息和相关市场主体违法违规信息在"信用中国"网站公开。

（二十）积极推进政府内部信息交换共享。打破信息的地区封锁和部门分割，着力推动信息共享和整合。各地区、各部门已建、在建信息系统要实现互联互通和信息交换共享。除法律法规明确规定外，对申请立项新建的部门信息系统，凡未明确部门间信息共享需求的，一概不予审批；对在建的部门信息系统，凡不能与其他部门互联共享信息的，一概不得通过验收；凡不支持地方信息共享平台建设、不向地方信息共享平台提供信息的部门信息系统，一概不予审批或验收。

（二十一）有序推进全社会信息资源开放共享。支持征信机构依法采集市场交易和社会交往中的信用信息，支持互联网企业、行业组织、新闻媒体、科研机构等社会力量依法采集相关信息。引导各类社会机构整合和开放数据，构建政府和社会互动的信息采集、共享和应用机制，形成政府信息与社会信息交互融合的大数据资源。

六　提高政府运用大数据的能力

（二十二）加强电子政务建设。健全国家电子政务网络，整合网络资源，实现互联互通，为各级政府及其部门履行职能提供服务。加快推进国家政务信息化工程建设，统筹建立人口、法人单位、自然资源和空间地理、宏观经济等国家信息资源库，加快建设完善国家重要信息系统，提高政务信息化水平。

（二十三）加强和规范政府数据采集。建立健全政府大数据采集制度，明确信息采集责任。各部门在履职过程中，要依法及时、准确、规范、完整地记录和采集相关信息，妥善保存并及时更新。加强对市场主体相关信息的记录，形成信用档案，对严重违法失信的市场主体，按照有关规定列入"黑名单"并公开曝光。

（二十四）建立政府信息资源管理体系。全面推行政府信息电子化、系统化管理。探索建立政府信息资源目录。在战略规划、管理方式、技术手段、保障措施等方面加大创新力度，增强政府信息资源管理能力，充分挖掘政府信息资源价值。鼓励地方因地制宜统一政府信息资源管理力量，统筹推进政府信息资源的建设、管理和开发利用。

（二十五）加强政府信息标准化建设和分类管理。建立健全政府信息化建设和政府信息资源管理标准体系。严格区分涉密信息和非涉密信息，依法推进政府信息在采集、共享、使用等环节的分类管理，合理设定政府信息公开范围。

（二十六）推动政府向社会力量购买大数据资源和技术服务。各地区、各部门要按照有利于转变政府职能、有利于降低行政成本、有利于提升服务质量水平和财政资金效益的原则，充分发挥市场机构在信息基础设施建设、信息技术、信息资源整合开发和服务等方面的优势，通过政府购买服务、协议约定、依法提供等方式，加强政府与企业合作，为政府科学决策、依法监管和高效服务提供支撑保障。按照规范、安全、经济的要求，建立健全政府向社会力量购买信息产品和信息技术服务的机制，加强采购需求管理和绩效评价。加强对所购买信息资源准确性、可靠性的评估。

七　积极培育和发展社会化征信服务

（二十七）推动征信机构建立市场主体信用记录。支持征信机构与政府部门、企事业单位、社会组织等深入合作，依法开展征信业务，建立以自然人、法人和其他组织为对象的征信系统，依法采集、整理、加工和保存在市场交易和社会交往活动中形成的信用信息，采取合理措施保障信用信息的准确性，建立起全面覆盖经济社会各领域、各环节的市场主体信用记录。

（二十八）鼓励征信机构开展专业化征信服务。引导征信机构根据市场需求，大力加强信用服务产品创新，提供专业化的征信服务。建立健全并严格执行内部风险防范、避免利益冲突和保障信息安全的规章制度，依法向客户提供便捷高效的征信服务。进一步扩大信用报告在行政管理和公共服务及银行、证券、保险等领域的应用。

（二十九）大力培育发展信用服务业。鼓励发展信用咨询、信用评估、信用担保和信用保险等信用服务业。对符合条件的信用服务机构，按有关规定享受国家和地方关于现代服务业和高新技术产业的各项优惠政策。加强信用服务市场监管，进一步提高信用服务行业的市场公信力和社会影响力。支持鼓励国内有实力的信用服务机构参与国际合作，拓展国际市场，为我国企业实施海外并购、国际招投标等提供服务。

八　健全保障措施，加强组织领导

（三十）提升产业支撑能力。进一步健全创新体系，鼓励相关企业、高校和科研机构开展产学研合作，推进大数据协同融合创新，加快突破大规模数据仓库、非关系型数据库、数据挖掘、数据智能分析、数据可视化等大数据关键共性技术，支持高性能计算机、存储设备、网络设备、智能终端和大型通用数据库软件等产品创新。支持企事业单位开展大数据公共技术服务平台建设。鼓励具有自主知识产权和技术创新能力的大数据企业做强做大。推动各领域大数据创新应用，提升社会治理、公共服务和科学决策水平，培育新的增长点。落实和完善支持大数据产业发展的财税、金融、产业、人才等政策，推动大数据产业加快发展。

（三十一）建立完善管理制度。处理好大数据发展、服务、应用与安全的关系。加快研究完善规范电子政务，监管信息跨境流动，保护国家经济安全、信息安全，以及保护企业商业秘密、个人隐私方面的管理制度，加快制定出台相关法律法规。建立统一社会信用代码制度。建立健全各部门政府信息记录和采集制度。建立政府信息资源管理制度，加强知识产权保护。加快出台关于推进公共信息资源开放共享的政策意见。制定政务信用信息公开共享办法和信息目录。推动出台相关法规，对政府部门在行政管理、公共服务中使用信用信息和信用报告作出规定，为联合惩戒市场主体违法失信行为提供依据。

（三十二）完善标准规范。建立大数据标准体系，研究制定有关大数据的基础标准、技术标准、应用标准和管理标准等。加快建立政府信息采集、存储、公开、共享、使用、质量保障和安全管理的技术标准。引导建立企业间信息共享交换的标准规范，促进信息资源开发利用。

（三十三）加强网络和信息安全保护。落实国家信息安全等级保护制度要求，加强对涉及国家安全重要数据的管理，加强对大数据相关技术、设备和服务提供商的风险评估和安全管理。加大网络和信息安全技术研发和资金投入，建立健全信息安全保障体系。采取必要的管理和技术手段，切实保护国家信息安全以及公民、法人和其他组织信息安全。

（三十四）加强人才队伍建设。鼓励高校、人力资源服务机构和企业重点培养跨界复合型、应用创新型大数据专业人才，完善大数据技术、管理和服务人才培养体系。加强政府工作人员培训，增强运用大数据能力。

（三十五）加强领导，明确分工。各地区、各部门要切实加强对大数据运用工作的组织领导，按照职责分工，研究出台具体方案和实施办法，做好本地区、本部门的大数据运用工作，不断提高服务和监管能力。

（三十六）联系实际，突出重点。紧密结合各地区、各部门实际，整合数据资源为社会、政府、企业提供服务。在工商登记、统计调查、质量监管、竞争执法、消费维权等领域率先开展大数据示范应用工程，实现大数据汇聚整合。在宏观管理、税收征缴、资源利用与环境保护、食品药品安全、安全生产、信用体系建设、健康医疗、劳动保障、教育文化、交通旅游、金融服务、中小企业服务、工业制造、现代农业、商贸物流、社会综合治理、收入分配调节等领域实施大数据示范应用工程。

各地区、各部门要加强对本意见落实工作的监督检查，推动在服务和监管过程中广泛深入运用大数据。发展改革委负责对本意见落实工作的统筹协调、跟踪了解、督促检查，确保各项任务和措施落实到位。

附件：重点任务分工及进度安排表

国务院办公厅
2015 年 6 月 24 日

附件

重点任务分工及进度安排表

序号	工作任务	负责单位	时间进度
1	加快建立公民、法人和其他组织统一社会信用代码制度。	发展改革委、中央编办、公安部、民政部、人民银行、税务总局、工商总局、质检总局	2015 年 12 月底前出台并实施
2	全面实行工商营业执照、组织机构代码证和税务登记证"三证合一"、"一照一码"登记制度改革。	工商总局、中央编办、发展改革委、质检总局、税务总局	2015 年 12 月底前实施
3	建立多部门网上项目并联审批平台,实现跨部门、跨层级项目审批、核准、备案的"统一受理、同步审查、信息共享、透明公开"。	发展改革委会同有关部门	2015 年 12 月底前完成
4	推动政府部门整合相关信息,紧密结合企业需求,利用网站和微博、微信等新兴媒体为企业提供服务。	网信办、工业和信息化部	持续实施
5	研究制定在财政资金补助、政府采购、政府购买服务、政府投资工程建设招投标过程中使用信用信息和信用报告的政策措施。	财政部、发展改革委	2015 年 12 月底前出台并实施
6	充分运用大数据技术,改进经济运行监测预测和风险预警,并及时向社会发布相关信息,合理引导市场预期。	发展改革委、统计局	持续实施
7	支持银行、证券、信托、融资租赁、担保、保险等专业服务机构和行业协会、商会运用大数据为企业提供服务。	人民银行、银监会、证监会、保监会、民政部	持续实施
8	健全事中事后监管机制,汇总整合和关联分析有关数据,构建大数据监管模型,提升政府科学决策和风险预判能力。	各市场监管部门	2015 年 12 月底前取得阶段性成果
9	在办理行政许可等环节全面建立市场主体准入前信用承诺制度。信用承诺向社会公开,并纳入市场主体信用记录。	各行业主管部门	2015 年广泛开展试点,2017 年 12 月底前完成
10	加快建设地方信用信息共享交换平台、部门和行业信用信息系统,通过国家统一的信用信息共享交换平台实现互联共享。	各省级人民政府,各有关部门	2016 年 12 月底前完成

续表

序号	工作任务	负责单位	时间进度
11	建立健全失信联合惩戒机制,将使用信用信息和信用报告嵌入行政管理和公共服务的各领域、各环节,作为必要条件或重要参考依据。在各领域建立跨部门联动响应和失信约束机制。建立各行业"黑名单"制度和市场退出机制。推动将申请人良好的信用状况作为各类行政许可的必备条件。	各有关部门,各省级人民政府	2015 年 12 月底前取得阶段性成果
12	建立产品信息溯源制度,加强对食品、药品、农产品、日用消费品、特种设备、地理标志保护产品等重要产品的监督管理,利用物联网、射频识别等信息技术,建立产品质量追溯体系,形成来源可查、去向可追、责任可究的信息链条。	商务部、网信办会同食品药品监管总局、农业部、质检总局、工业和信息化部	2015 年 12 月底前出台并实施
13	加强对电子商务平台的监督管理,加强电子商务信息采集和分析,指导开展电子商务网站可信认证服务,推广应用网站可信标识,推进电子商务可信交易环境建设。健全权益保护和争议调处机制。	工商总局、商务部、网信办、工业和信息化部	持续实施
14	进一步加大政府信息公开和数据开放力度。除法律法规另有规定外,将行政许可、行政处罚等信息自作出行政决定之日起 7 个工作日内上网公开。	各有关部门,各省级人民政府	持续实施
15	加快实施经营异常名录制度和严重违法失信企业名单制度。建设国家企业信用信息公示系统,依法对企业注册登记、行政许可、行政处罚等基本信用信息以及企业年度报告、经营异常名录和严重违法失信企业名单进行公示,并与国家统一的信用信息共享交换平台实现有机对接和信息共享。	工商总局、其他有关部门,各省级人民政府	持续实施
16	支持探索开展社会化的信用信息公示服务。建设"信用中国"网站,归集整合各地区、各部门掌握的应向社会公开的信用信息,实现信用信息一站式查询,方便社会了解市场主体信用状况。各级政府及其部门网站要与"信用中国"网站连接,并将本单位政务公开信息和相关市场主体违法违规信息在"信用中国"网站公开。	发展改革委、人民银行、其他有关部门,地方各级人民政府	2015 年 12 月底前完成
17	推动各地区、各部门已建、在建信息系统互联互通和信息交换共享。在部门信息系统项目审批和验收环节,进一步强化对信息共享的要求。	发展改革委、其他有关部门	持续实施
18	健全国家电子政务网络,加快推进国家政务信息化工程建设,统筹建立人口、法人单位、自然资源和空间地理、宏观经济等国家信息资源库,加快建设完善国家重要信息系统。	发展改革委、其他有关部门	分年度推进实施,2020 年前基本建成
19	加强对市场主体相关信息的记录,形成信用档案。对严重违法失信的市场主体,按照有关规定列入"黑名单",并将相关信息纳入企业信用信息公示系统和国家统一的信用信息共享交换平台。	各有关部门	2015 年 12 月底前实施
20	探索建立政府信息资源目录。	各有关部门	2016 年 12 月底前出台目录编制指南
21	引导征信机构根据市场需求,大力加强信用服务产品创新,进一步扩大信用报告在行政管理和公共服务及银行、证券、保险等领域的应用。	发展改革委、人民银行、银监会、证监会、保监会	2017 年 12 月底前取得阶段性成果

续表

序号	工作任务	负责单位	时间进度
22	落实和完善支持大数据产业发展的财税、金融、产业、人才等政策，推动大数据产业加快发展。	发展改革委、工业和信息化部、财政部、人力资源社会保障部、人民银行、网信办、银监会、证监会、保监会	2017年12月底前取得阶段性成果
23	加快研究完善规范电子政务，监管信息跨境流动，保护国家经济安全、信息安全，以及保护企业商业秘密、个人隐私方面的管理制度，加快制定出台相关法律法规。	网信办、公安部、工商总局、工业和信息化部、发展改革委等部门会同法制办	2017年12月底前出台（涉及法律、行政法规的，按照立法程序推进）
24	推动出台相关法规，对政府部门在行政管理、公共服务中使用信用信息和信用报告作出规定，为联合惩戒市场主体违法失信行为提供依据。	发展改革委、人民银行、法制办	2017年12月底前出台（涉及法律、行政法规的，按照立法程序推进）
25	建立大数据标准体系，研究制定有关大数据的基础标准、技术标准、应用标准和管理标准等。加快建立政府信息采集、存储、公开、共享、使用、质量保障和安全管理的技术标准。引导建立企业间信息共享交换的标准规范。	工业和信息化部、国家标准委、发展改革委、质检总局、网信办、统计局	2020年前分步出台并实施
26	推动实施大数据示范应用工程，在工商登记、统计调查、质量监管、竞争执法、消费维权等领域率先开展示范应用工程，实现大数据汇聚整合。在宏观管理、税收征缴、资源利用与环境保护、食品药品安全、安全生产、信用体系建设、健康医疗、劳动保障、教育文化、交通旅游、金融服务、中小企业服务、工业制造、现代农业、商贸物流、社会综合治理、收入分配调节等领域实施大数据示范应用工程。	发展改革委、工业和信息化部、网信办会同有关部门	2020年前分年度取得阶段性成果

国务院办公厅关于印发整合建立统一的
公共资源交易平台工作方案的通知[*]

国办发〔2015〕63号

各省、自治区、直辖市人民政府，国务院各部委、各直属机构：

《整合建立统一的公共资源交易平台工作方案》已经国务院同意，现印发给你们，请认真贯彻执行。

国务院办公厅

2015年8月10日

---

* 中国政府网，http：//www.gov.cn/zhengce/content/2015–08/14/content_ 10085.htm。

整合建立统一的公共资源交易平台工作方案

为深入贯彻党的十八大和十八届二中、三中、四中全会精神，落实《国务院机构改革和职能转变方案》部署，现就整合建立统一的公共资源交易平台制定以下工作方案。

一　充分认识整合建立统一的公共资源交易平台的重要性

近年来，地方各级政府积极推进工程建设项目招标投标、土地使用权和矿业权出让、国有产权交易、政府采购等公共资源交易市场建设，对于促进和规范公共资源交易活动，加强反腐倡廉建设发挥了积极作用。但由于公共资源交易市场总体上仍处于发展初期，各地在建设运行和监督管理中暴露出不少突出问题：各类交易市场分散设立、重复建设，市场资源不共享；有些交易市场职能定位不准，运行不规范，公开性和透明度不够，违法干预交易主体自主权；有些交易市场存在乱收费现象，市场主体负担较重；公共资源交易服务、管理和监督职责不清，监管缺位、越位和错位现象不同程度存在。这些问题严重制约了公共资源交易市场的健康有序发展，加剧了地方保护和市场分割，不利于激发市场活力，急需通过创新体制机制加以解决。

整合工程建设项目招标投标、土地使用权和矿业权出让、国有产权交易、政府采购等交易市场，建立统一的公共资源交易平台，有利于防止公共资源交易碎片化，加快形成统一开放、竞争有序的现代市场体系；有利于推动政府职能转变，提高行政监管和公共服务水平；有利于促进公共资源交易阳光操作，强化对行政权力的监督制约，推进预防和惩治腐败体系建设。

二　指导思想和基本原则

（一）指导思想。全面贯彻党的十八大和十八届二中、三中、四中全会精神，按照党中央、国务院决策部署，发挥市场在资源配置中的决定性作用和更好发挥政府作用，以整合共享资源、统一制度规则、创新体制机制为重点，以信息化建设为支撑，加快构筑统一的公共资源交易平台体系，着力推进公共资源交易法制化、规范化、透明化，提高公共资源配置的效率和效益。

（二）基本原则。坚持政府推动、社会参与。政府要统筹推进公共资源交易平台整合，完善管理规则，优化市场环境，促进公平竞争。鼓励通过政府购买服务等方式，引导社会力量参与平台服务供给，提高服务质量和效率。

坚持公共服务、资源共享。立足公共资源交易平台的公共服务职能定位，整合公共资源交易信息、专家和场所等资源，加快推进交易全过程电子化，实现交易全流程公开透明和资源共享。

坚持转变职能、创新监管。按照管办分离、依法监管的要求，进一步减少政府对交易活动的行政干预，强化事中事后监管和信用管理，创新电子化监管手段，健全行政监督和社会监督相结合的监督机制。

坚持统筹推进、分类指导。充分考虑行业特点和地区差异，统筹推进各项工作，加强分类指导，增强政策措施的系统性、针对性和有效性。

三 整合范围和整合目标

（三）整合范围。整合分散设立的工程建设项目招标投标、土地使用权和矿业权出让、国有产权交易、政府采购等交易平台，在统一的平台体系上实现信息和资源共享，依法推进公共资源交易高效规范运行。积极有序推进其他公共资源交易纳入统一平台体系。民间投资的不属于依法必须招标的项目，由建设单位自主决定是否进入统一平台。

统一的公共资源交易平台由政府推动建立，坚持公共服务职能定位，实施统一的制度规则、共享的信息系统、规范透明的运行机制，为市场主体、社会公众、行政监管部门等提供综合服务。

（四）整合目标。2016年6月底前，地方各级政府基本完成公共资源交易平台整合工作。2017年6月底前，在全国范围内形成规则统一、公开透明、服务高效、监督规范的公共资源交易平台体系，基本实现公共资源交易全过程电子化。在此基础上，逐步推动其他公共资源进入统一平台进行交易，实现公共资源交易平台从依托有形场所向以电子化平台为主转变。

四 有序整合资源

（五）整合平台层级。各省级政府应根据经济发展水平和公共资源交易市场发育状况，合理布局本地区公共资源交易平台。设区的市级以上地方政府应整合建立本地区统一的公共资源交易平台。县级政府不再新设公共资源交易平台，已经设立的应整合为市级公共资源交易平台的分支机构；个别需保留的，由省级政府根据县域面积和公共资源交易总量等实际情况，按照便民高效原则确定，并向社会公告。法律法规要求在县级层面开展交易的公共资源，当地尚未设立公共资源交易平台的，原交易市场可予以保留。鼓励整合建立跨行政区域的公共资源交易平台。各省级政府应积极创造条件，通过加强区域合作、引入竞争机制、优化平台结构等手段，在坚持依法监督前提下探索推进交易主体跨行政区域自主选择公共资源交易平台。

（六）整合信息系统。制定国家电子交易公共服务系统技术标准和数据规范，为全国公共资源交易信息的集中交换和共享提供制度和技术保障。各省级政府应整合本地区分散的信息系统，依据国家统一标准建立全行政区域统一、终端覆盖市县的电子交易公共服务系统。鼓励电子交易系统市场化竞争，各地不得限制和排斥市场主体依法建设运营的电子交易系统与电子交易公共服务系统对接。各级公共资源交易平台应充分发挥电子交易公共服务系统枢纽作用，通过连接电子交易和监管系统，整合共享市场信息和监管信息等。加快实现国家级、省级、市级电子交易公共服务系统互联互通。中央管理企业有关电子招标采购交易系统应与国家电子交易公共服务系统连接并按规定交换信息，纳入公共资源交易平台体系。

（七）整合场所资源。各级公共资源交易平台整合应充分利用现有政务服务中心、公共资源交易中心、建设工程交易中心、政府集中采购中心或其他交易场所，满足交易评标

（评审）活动、交易验证以及有关现场业务办理需要。整合过程中要避免重复建设，严禁假借场所整合之名新建楼堂馆所。在统一场所设施标准和服务标准条件下，公共资源交易平台不限于一个场所。对于社会力量建设并符合标准要求的场所，地方各级政府可以探索通过购买服务等方式加以利用。

（八）整合专家资源。进一步完善公共资源评标专家和评审专家分类标准，各省级政府应按照全国统一的专业分类标准，整合本地区专家资源。推动实现专家资源及专家信用信息全国范围内互联共享，有条件的地方要积极推广专家远程异地评标、评审。评标或评审时，专家应采取随机方式确定，任何单位和个人不得以明示、暗示等任何方式指定或者变相指定专家。

五　统一规则体系

（九）完善管理规则。发展改革委要会同国务院有关部门制定全国统一的公共资源交易平台管理办法，规范平台运行、管理和监督。国务院有关部门要根据工程建设项目招标投标、土地使用权和矿业权出让、国有产权交易、政府采购等法律法规和交易特点，制定实施全国分类统一的平台交易规则和技术标准。各省级政府要根据全国统一的规则和办法，结合本地区实际，制定平台服务管理细则，完善服务流程和标准。

（十）开展规则清理。各省级政府要对本地区各级政府和有关部门发布的公共资源交易规则进行清理。对违法设置审批事项、以备案名义变相实施审批、干预交易主体自主权以及与法律法规相冲突的内容，要坚决予以纠正。清理过程和结果应在省级公共资源交易平台进行公告，接受社会监督。

六　完善运行机制

（十一）推进信息公开共享。建立健全公共资源交易信息和信用信息公开共享制度。各级公共资源交易平台应加大信息公开力度，依法公开交易公告、资格审查结果、成交信息、履约信息以及有关变更信息等。加快建立市场信息共享数据库和验证互认机制。对市场主体通过公共资源交易平台电子交易公共服务系统实现登记注册共享的信息，相应行政区域内有关行政监督部门和其他公共资源交易平台不得要求企业重复登记、备案和验证，逐步推进全国范围内共享互认。各级行政监管部门要履行好信息公开职能，公开有关公共资源交易项目审核、市场主体和中介机构资质资格、行政处罚等监管信息。公共资源交易平台应依托统一的社会信用代码，建立公共资源交易市场主体信用信息库，并将相关信息纳入国家统一的信用信息平台，实现市场主体信用信息交换共享。加强公共资源交易数据统计分析、综合利用和风险监测预警，为市场主体、社会公众和行政监管部门提供信息服务。

（十二）强化服务功能。按照简政放权、放管结合、优化服务的改革方向，简化交易环节，提高工作效率，完善公共资源交易平台服务功能，公开服务流程、工作规范和监督渠道，整治各种乱收费行为，切实降低市场主体交易成本、减轻相关负担。建立市场主体以及第三方参与的社会评价机制，对平台提供公共服务情况进行考核评价。各级公共资源交易平台不得取代依法设立的政府集中采购机构的法人地位、法定代理权以及依法设立的其他交易机构和代理机构从事的相关服务，不得违法从事或强制指定招标、拍卖等中介服务，不得行使行政审批、备案等管理职能，不得强制非公共资源交易项目在平台交易，不得通过设置注册登记、设立分支机构、资质验证、投标（竞买）许可、强制担保等限制性条件阻碍或者排斥其他地区市场主体进入本地区公共资源交易市场。凡是采取审核招标及拍卖文件、出让方案等实施行政审批，或者以备案名义变相实施行政审批的，一律限期取消。公共资源交易平台应与依法设立的相关专业服务机构加强业务衔接，保证法定职能正常履行。

七　创新监管体制

（十三）完善监管体制机制。按照决策权、执行权、监督权既相互制约又相互协调的要求，深化公共资源交易管理体制改革，推进公共资源交易服务、管理与监督职能相互分离，完善监管机制，防止权力滥用。发展改革部门会同有关部门要加强对公共资源交易平台工作的指导和协调。各级招标投标行政监督、财政、国土资源、国有资产监督管理等部门要按照职责分工，加强对公共资源交易活动的监督执法，依法查处公共资源交易活动中的违法违规行为。健全行政监督部门与监察、审计部门协作配合机制，严肃查处领导干部利用职权违规干预和插手公共资源交易活动的腐败案件。审计部门要加强对公共资源交易及平台运行的审计监督。

（十四）转变监督方式。各级行政主管部门要运用大数据等手段，实施电子化行政监督，强化对交易活动的动态监督和预警。将市场主体信用信息和公共资源交易活动信息作为实施监管的重要依据，健全守信激励和失信惩戒机制。对诚实守信主体参与公共资源交易活动要依法给予奖励，对失信主体参与公共资源交易活动要依法予以限制，对严重违法失信主体实行市场禁入。健全专家选聘与退出机制，建立专家黑名单制度，强化专家责任追究。加强社会监督，完善投诉处理机制，公布投诉举报电话，及时处理平台服务机构违法违规行为。发挥行业组织作用，建立公共资源交易平台服务机构和人员自律机制。

八　强化实施保障

（十五）加强组织领导。各地区、各部门要充分认识整合建立统一的公共资源交易平台的重要性，加强领导，周密部署，有序推进整合工作。建立由发展改革委牵头，工业和信息化部、财政部、国土资源部、环境保护部、住房城乡建设部、交通运输部、水利部、商务部、卫生计生委、国资委、税务总局、林业局、国管局、铁路局、民航局等部门参加的部际联席会议制度，统筹指导和协调全国公共资源交易平台整合工作，适时开展试点示范。各省级政府要根据本方案要求，建立相应工作机制，对行政区域内已有的各类公共资源交易平台进行清理，限期提出具体实施方案。在公共资源交易平台清理整合工作完成前，要保障原交易市场正常履行职能，实现平稳过渡。

（十六）严格督促落实。地方各级政府要将公共资源交易平台整合工作纳入目标管理考核，定期对本地区工作落实情况进行检查并通报有关情况。发展改革委要会同国务院有关部门加强对本方案执行情况的督促检查，协调解决工作中遇到的问题，确保各项任务措施落实到位。

国务院办公厅关于简化优化公共服务流程方便基层群众办事创业的通知[*]

国办发〔2015〕86号

各省、自治区、直辖市人民政府，国务院各部委、各直属机构：

为群众提供优质高效便捷的公共服务，是加快转变政府职能，推进简政放权、放管结合、优化服务改革的重要内容。近年来，各地区、各部门认真贯彻党中央、国务院决策部署，在创新和改进公共服务方面积极探索，取得了明显成效。但一些地方和领域，困扰基层群众的"办证多、办事难"现象仍然大量存在，不利于保障和改善民生，严重影响了创业创新。为切实解决这些问题，进一步提高公共服务质量和效率，为基层群众提供公平、可及的服务，更好地推动大众创业、万众创新，激发市场活力和社会创造力，经国务院同意，现就简化优化公共服务流程、方便基层群众办事创业有关事项通知如下：

一　总体要求

全面贯彻落实党的十八大和十八届二中、三中、四中、五中全会精神，按照国务院关于简政放权、放管结合、优化服务协同推进的部署，坚持问题导向，创新工作思路，综合施策、标本兼治、立行立改，务求在简环节、优流程、转作风、提效能、强服务方面取得突破性进展，不断提升公共服务水平和群众满意度。

——服务便民利民。简化办事环节和手续，优化公共服务流程，明确标准和时限，强化服务意识，丰富服务内容，拓展服务渠道，创新服务方式，提高服务质量，让群众办事更方便、创业更顺畅。

——办事依法依规。严格遵循法律法规，善于运用法治思维法治方式，规范公共服务事项办理程序，限制自由裁量权，维护群众合法权益，推进公共服务制度化、规范化。

——信息公开透明。全面公开公共服务事项，实现办事全过程公开透明、可追溯、可核查，切实保障群众的知情权、参与权和监督权。

——数据开放共享。加快推进"互联网＋公共服务"，运用大数据等现代信息技术，强化部门协同联动，打破信息孤岛，推动信息互联互通、开放共享，提升公共服务整体效能。

二　主要任务

（一）全面梳理和公开公共服务事项目录。各地区、各部门要根据法律法规规定，结合

---

[*] 中国政府网，http：//www.gov.cn/zhengce/content/2015－11/30/content_10362.htm。

编制权力清单、责任清单、负面清单以及规范行政审批行为等相关工作，对本地区、本部门以及相关国有企事业单位、中介服务机构的公共服务事项进行全面梳理，列出目录并实行动态调整。要以创业创新需求为导向，明确有关政策支持、法律和信息咨询、知识产权保护、就业技能培训等综合服务事项；以公共服务公平、可及为目标，明确公共教育、劳动就业、社会保障、医疗卫生、住房保障、文化体育、扶贫脱贫等与群众日常生产生活密切相关的公共服务事项。要对所有公共服务事项逐项编制办事指南，列明办理依据、受理单位、基本流程、申请材料、示范文本及常见错误示例、收费依据及标准、办理时限、咨询方式等内容，并细化到每个环节。公共服务事项目录和办事指南等须通过政府网站、宣传手册等形式向社会公开。

（二）坚决砍掉各类无谓的证明和烦琐的手续。凡没有法律法规依据的证明和盖章环节，原则上一律取消。确需申请人提供的证明，要严格论证，广泛听取各方面意见，并作出明确规定，必要时履行公开听证程序。办事部门可通过与其他部门信息共享获取相关信息的，不得要求申请人提供证明材料。各地区、各部门可结合实际，探索由申请人书面承诺符合相关条件并进行公示，办事部门先予以办理，再相应加强事后核查与监管，进一步减少由申请人提供的证明材料，提高办事效率。

（三）大力推进办事流程简化优化和服务方式创新。最大限度精简办事程序，减少办事环节，缩短办理时限，改进服务质量。加快政务大厅功能升级，推动公共服务事项全部进驻，探索将部门分设的办事窗口整合为综合窗口，变"多头受理"为"一口受理"，为群众提供项目齐全、标准统一、便捷高效的公共服务。建立健全首问负责、一次性告知、并联办理、限时办结等制度，积极推行一站式办理、上门办理、预约办理、自助办理、同城通办、委托代办等服务，消除"中梗阻"，打通群众办事"最后一公里"。

（四）加快推进部门间信息共享和业务协同。加强协调配合，推进公共服务信息平台建设，加快推动跨部门、跨区域、跨行业涉及公共服务事项的信息互通共享、校验核对。依托"互联网＋"，促进办事部门公共服务相互衔接，变"群众奔波"为"信息跑腿"，变"群众来回跑"为"部门协同办"，从源头上避免各类"奇葩证明"、"循环证明"等现象，为群众提供更加人性化的服务。

（五）扎实推进网上办理和网上咨询。推动实体政务大厅向网上办事大厅延伸，凡具备网上办理条件的事项，都要推广实行网上受理、网上办理、网上反馈，实现办理进度和办理结果网上实时查询；暂不具备网上办理条件的事项，要通过多种方式提供全程在线咨询服务，及时解答申请人疑问。逐步构建实体政务大厅、网上办事大厅、移动客户端、自助终端等多种形式相结合、相统一的公共服务平台，为群众提供方便快捷的多样化服务。

（六）加强服务能力建设和作风建设。各地区、各部门要践行"三严三实"要求，从群众利益出发，设身处地为群众着想，建立健全服务规则，提升运用新技术新方法为民服务的能力。定期开展督导检查，加大问责追责力度，对存在问题的地方和单位及时督促整改，大力整治群众反映强烈的庸懒散拖、推诿扯皮、敷衍塞责以及服务态度生硬等问题，坚决克服服务过程中不作为、乱作为现象。加大效能评估和监督考核力度，探索运用网上监督系统，确保服务过程可考核、有追踪、受监督，办事群众可以现场或在线评价。发挥群众监督和舆论监督作用，畅通群众投诉举报渠道，完善举报受理、处理和反馈制度，及时解决群众反映的问题。

三 工作措施

（一）尽快推出新举措。各地区、各部门要重点针对群众期盼解决的热点难点问题，认真查找现行公共服务流程存在的不足，找准症结，尽快整改，拿出具体解决方案，成熟一个、推出一个、实施一个，同步向社会公开，以改革的实际成效取信于民。各地区、各部门要按照本通知精神，制定简化优化公共服务流程、方便基层群众办事创业的工作方案，于2016年1月底前报国务院推进职能转变协调小组。

（二）回应关切促服务。各地区、各部门要将群众反映的公共服务"堵点"、"痛点"、"难点"作为改进工作、优化服务的着力点和突破口，探索建立"群众点菜、政府端菜"机制，及时了解群众需求，在改进公共服务中汲取群众智慧，主动回应社会关切，接受社会监督。

（三）协同推动抓落实。各地区、各部门要把简化优化公共服务流程、方便基层群众办事创业摆到突出位置，主动作为、相互协同，持续下功夫，力求新成效。面向群众提供公共服务的国有企事业单位及中介服务机构，也要按照本通知要求，切实改进工作，不断优化服务，相关行业主管部门要加强指导和监督。

国务院办公厅

2015 年 11 月 27 日

国务院办公厅关于第一次全国政府网站
普查情况的通报[*]

国办函〔2015〕144 号

各省、自治区、直辖市人民政府，国务院各部委、各直属机构：

为进一步做好全国政府网站信息内容建设有关工作，有效解决政府网站"不及时、不准确、不回应、不实用"等问题，维护政府公信力，2015 年 3～12 月，国务院办公厅组织开展了第一次全国政府网站普查。现将有关情况通报如下：

一 总体情况

《国务院办公厅关于开展第一次全国政府网站普查的通知》（国办发〔2015〕15 号）印发后，各地区、各部门高度重视，迅速行动，确保普查工作顺利推进。通过普查，基本摸清了全国政府网站底数，有效解决了群众反映强烈的政府网站"僵尸"、"睡眠"等问题，政

---

[*] 中国政府网，http://www.gov.cn/zhengce/content/2015-12/15/content_10421.htm。

府网站管理服务水平不断提高，社会公信力稳步提升，正在成为各级政府提升治理能力、推进"互联网＋政务服务"的重要平台。

（一）摸清了全国政府网站底数，实现整体达标合格

截至2015年11月，各地区、各部门共开设政府网站84094个。其中，普查发现存在严重问题并关停上移的16049个，正在整改的1592个。正常运行的66453个政府网站中，地方网站64158个，国务院部门及其内设、垂直管理机构网站2295个。经抽查，全国政府网站总体合格率为90.8%。其中，省部级政府门户网站合格率为100%，市、县级政府门户网站合格率超过95%，其他政府网站合格率达到80%以上。从地域上看，北京、上海、浙江、湖南等地政府网站合格率超过95%，山西、辽宁、黑龙江、云南、西藏、青海、宁夏、新疆等地和新疆生产建设兵团政府网站合格率低于85%。

（二）提高了政府网站管理服务水平，有序推进集约化建设

各地区、各部门强化政府网站主管职责，普遍建立了责任到人、层层督办的推进保障机制。不少地方和部门创新工作方法，通过督查、问责和考评等抓手，推动本地区、本部门政府网站管理服务水平不断提高。广东、四川和税务总局等建立了技术监测、群众监督、绩效考核等"多管齐下"的监管模式；发展改革委、农业部、气象局等部门印发文件明确责任，完善流程，优化服务，提升了网站效能。一些地方和部门还探索从源头上解决基层网站无力维护等问题，有序推进本地区、本部门网站集约化建设。江苏、安徽、贵州和海关总署等对问题严重网站关停整改，对同质同类网站归并整合，利用门户网站对分散资源进行整合迁移，集中提供服务，探索建立统一规划、统一建设、统一管理的集约化模式。

（三）建立了政府网站基本信息数据库，社会公信力稳步提升

政府网站基本信息数据库记录了全国84094个政府网站的名称、地址、主管单位、运行状态等基本信息，形成了准确、完整的政府网站动态档案库。该数据库在中央政府门户网站开放后，两个月时间搜索量达8万余次，下载1.3万余次。据统计，国务院各部门政府网站有关内容媒体转载量较2014年上升15%，省级政府门户网站上升13%，计划单列市和省会城市政府门户网站上升17.5%，各级政府网站社会公信力稳步提升。

二 整改工作的成效

各地区、各部门对普查中发现的问题认真查找原因，着力推进整改。通过整改，全国政府网站信息不更新、内容严重错误、咨询信件长期不回复、服务不实用等问题明显减少。

（一）信息更新更加及时

政府网站空白栏目数由普查前的平均每网站20个降至2.3个，降低88.5%；更新不及时栏目数由平均每网站15个降至5.5个，减少63.3%。

（二）内容准确性普遍提高

政府网站首页不可用率由普查前的 12.8% 降至 3.6%，降低 71.9%；链接不可用数由平均每网站 196 个降至 23.4 个，降低 88.1%。普查前被频频曝光的严重错别字问题大幅减少；办事表格、材料清单、联系电话、收费标准等内容不准确问题由平均每网站 17 个降至 2.3 个，减少 86.5%。

（三）互动回应情况明显改善

网上信箱等咨询渠道开通率由普查前的 57% 上升至 85.3%，公开的回复信件数由平均每网站 27 件增加到 110 件，咨询类留言长期不回复的比例降至 0.7%，1 年内开展调查征集活动的次数由平均每网站不足 1 次增加到 4 次。

（四）办事功能不断完善

各地区、各部门积极开展网上办事事项梳理，着力提高服务信息实用性。因内容不齐全、指南不实用造成的"办事难"、"办证难"问题有所减少。95% 以上的政府门户网站规范了办事指南的基本要素，一些地方和部门还依托政府网站探索推进"互联网 + 政务服务"，以"数据多跑路，群众少跑腿"为目标，优化服务流程，推动线上线下资源衔接，不断提高群众满意度。

三　需要进一步解决的问题

在全国政府网站建设管理水平大幅提升的同时，一些政府网站仍存在需要进一步解决的问题。主要是：

（一）部分基层网站仍不合格，少数网站问题严重

抽查发现 421 个不合格网站，少数基层网站问题严重。青海省格尔木市国土资源局、新疆维吾尔自治区莎车县人民政府网站空白栏目数超过 20 个；新疆生产建设兵团石河子市供销合作社网首页多个栏目"开天窗"；山西省泽州县林业局、辽宁省建昌县教育局网站个别栏目 7 年未更新；云南省维西傈僳族自治县政府网站个别栏目 5 年未更新。国务院部门垂直管理机构网站中，国家统计局莆田调查队、红河哈尼族彝族自治州邮政管理局、阿里地区邮政管理局网站不合格。

（二）个别地方检查走过场、整改不彻底

湖北省浠水县巴河镇政府网站"新闻动态"栏目近 60 条新闻属"旧稿新发"，部分发布时间为 2015 年 6 月的新闻实际上是 6 年前的信息；河南省许昌市魏都区西关办事处、海南省儋州市统计局网站因存在严重问题申请关停，其计划整改完成时间超过 10 年；黑龙江省林口县物价局、宁夏回族自治区固原市人民政府、西藏自治区山南地区工业和信息化局等网站自查评分超过 90 分，而实际抽查发现问题较多，为不合格网站。

（三）一些网站便捷性、实用性亟待提升

部分网站没有提供规范清晰的服务流程，缺少可供下载的必要表格和文件，不能提供实用有效的申报、查询等办事服务；14.7%的网站互动功能缺失，政府与公众交流缺少有效途径；还有一些网站结构混乱、页面繁多、不便使用，给公众查找政府信息、网上办事带来较大困难。

四　下一步工作要求

各地区、各部门要高度重视，加强对政府网站建设和管理工作的领导，并针对普查发现的问题举一反三，进一步查漏补缺，加大对本地区、本部门网站的检查力度，巩固普查成效，避免出现整改不彻底、问题反弹等情况。要切实把办好政府网站摆到服务人民群众、提高治理能力、提升政府公信力的高度，加强督查考核，按照推进"互联网＋政务服务"的工作要求，扎实推动各级政府网站持续健康发展。

对本次通报的网站问题，各有关地区和部门要采取有力措施进行整改，并于2015年12月31日前将整改情况书面报送国务院办公厅政府信息与政务公开办公室。

附件：1. 各地区政府网站抽查合格率（略）

2. 国务院部门及其内设、垂直管理机构政府网站抽查合格率（略）

3. 抽查发现的不合格政府网站名单（略）

国务院办公厅

2015 年 12 月 4 日

关于开展国家电子政务工程项目
绩效评价工作的意见*

发改高技〔2015〕200号

中央和国家机关各部委、各直属机构，各省、自治区、直辖市及计划单列市、新疆生产建设兵团发展改革委、编办、财政厅（局）：

为进一步规范国家电子政务工程项目的建设和管理，提高项目建设应用效能，提升政府投资决策水平和投资效益，根据《中央政府投资项目后评价管理办法》（以下简称《管理办法》），国家发展改革委会同中央编办、财政部等部门将开展国家电子政务工程项目（以下简称"电子政务项目"）绩效评价工作，重点对电子政务项目建成后所达到的建设目标和应用效果进行评价。为保障电子政务项目绩效评价工作的规范性、科学性、有效性，提出如下意见。

一 开展电子政务项目绩效评价的重要意义

电子政务项目绩效评价是中央政府投资项目后评价的重要组成部分，是政府绩效评价和投资预算管理的重要内容。开展电子政务项目绩效评价是客观衡量电子政务系统建设的完备程度和支撑履行政府职能实现程度的有效抓手，有助于量化评价电子政务项目的应用效能和投资效益，引导促进电子政务项目建设向"以效能为导向、以服务为中心"转变，有助于形成绩效评价与投资管理相互约束的联动机制，对提升电子政务项目建设和管理的整体水平，促进政府管理模式创新、建立效能型政府具有重要意义。

二 电子政务项目绩效评价的总体要求

电子政务项目绩效评价应按照《管理办法》的目标范围、基本原则、职责分工和工作程序等，以"效能优先、协同共享、集约建设"为重点，更加注重电子政务项目对支撑部门履行职能、提高政务效能、有效解决社会问题的应用效果，充分发挥绩效评价对跨部门、跨区域业务协同和信息共享的引导促进作用，推动电子政务项目建设向集约整合、协同共享的方向发展，切实提高项目建设应用效能和项目投资效益。

三 电子政务项目绩效评价的范围和主要内容

电子政务项目绩效评价适用于国家发展改革委审批可行性研究报告的中央政府投资项

---

* 国家发展和改革委员会，http：//www.sdpc.gov.cn/zcfb/zcfbtz/201505/t20150511_ 691284.html。

目，主要范围包括：国家统一电子政务网络、国家基础信息资源库、国家网络与信息安全基础设施、重点业务信息系统、政府数据中心，以及电子政务相关支撑体系等政务信息化工程建设项目。地方电子政务项目绩效评价工作可以参照本意见实施。

电子政务项目绩效评价主要包括两方面内容：一是项目建设的应用效能，对提升科学决策、社会管理和公共服务等支撑部门履行职能的作用，以及对促进跨层级、跨部门、跨地区业务协同和信息共享，推进政务信息资源向社会公众开放等作用。二是电子政务信息系统的计算、存储、网络等支撑能力、适配能力，以及信息系统建设的集约化水平、安全保障能力和项目建设应用的组织管理水平等。

四 电子政务项目绩效评价的指标体系

电子政务项目绩效评价采用定量分析与定性分析相结合的方法进行，主要是采用综合指标体系评价法。对于可以采集数据的评价指标，原则上尽量采用定量分析方法。对于无法采集数据、无法直接计量效益的评价指标，可通过资料审查、专家评估、公众问卷、抽样调查等方法进行评价，并转换为可量化的指标进行评价。指标体系由基本指标和扩展指标组成。其中，基本指标包括政务效能贡献指标、业务信息化推动指标、业务应用持续发展指标、信息系统能力适配性指标等四类一级指标，以及相对应的二级和三级指标（见附件1）。

（一）政务效能贡献指标，是指通过项目建设和运用，反映项目政务目标的实现程度，即对政府管理成效的贡献度。包括对经济社会秩序、公共服务普惠、制度设计安排等方面的改善程度。

（二）业务信息化推动指标，是指通过项目建设和运用，反映项目业务目标的实现程度。包括项目对政务业务协同机制发展水平、政务信息资源开放共享、业务信息化应用模式等方面的推动作用。

（三）业务应用可持续发展指标，是指通过项目建设和运用，反映项目的可持续发展目标的实现程度。包括业务应用集约化、业务功能复用率、信息资源复用水平等方面的实现程度。

（四）信息系统能力适配性指标，是指通过项目建设和运用，反映信息系统综合能力目标的实现程度。包括计算处理能力等信息系统技术能力的利用率，以及资金保障、信息安全保障、项目组织和队伍的保障能力等。

（五）不同类型的政务信息化工程项目，可根据项目特点和实际，在基本指标基础上选择或扩展相应指标，确定具体绩效评价指标，开展绩效评价工作。

五 电子政务项目绩效评价的程序和方法

绩效评价的程序包括制定评价方案、采集指标数据、指标测评计算和结果分析及编制绩效评价报告。

（一）制定评价方案。基于本意见所附国家电子政务项目绩效评价基本指标，结合建设项目实际，可扩展相应指标，并进行指标重组和权重确定，采用相应的数据采集和评价方法，形成绩效评价方案。

（二）采集指标数据。根据确定的绩效评价末级指标，通过项目建议书、项目可行性研究报告、项目初步设计和投资概算文件及其审批文件等相关资料,获取末级指标的基期值数据;通过项目验收、系统运行、应用效果的评价,组织开展可数量化统计计算的问卷调查,组织信息系统技术测试等方法,获取末级指标的报告期值数据。

(三)指标测评计算和结果分析。根据末级指标数据,采用报告期值与基期值比值的测评方法,确定各类末级指标值,利用各级指标值及其权重,进行逐级计算汇总,形成项目绩效评价指标的测评值。条件具备时,可进行有关指标的本领域历史纵向水平和相关领域横向水平的比较与分析。

(四)编制绩效评价报告。绩效评价报告内容包括项目基本情况、实施过程总结、总体评价和分项评价、项目总结、存在的问题和原因分析、改进意见和建议等,并在报告中设立独立篇章客观反映社会公众和行业专家的意见。

国家电子政务工程项目绩效评价报告可参照项目绩效评价报告编制大纲进行编制(见附件2)。

六 电子政务项目绩效评价的组织和要求

(一)绩效评价分为项目单位自评价和委托评价。

项目单位自评价由项目单位自行组织开展,也可委托具备相应资质的工程咨询机构开展。项目单位编制自评价报告的费用在投资项目不可预见费中列支。

委托评价由项目审批部门委托具有相应资质、符合政府采购规定的工程咨询机构承担。所需费用由项目审批部门支付,取费标准按照《建设项目前期工作咨询收费暂行规定》(计价格〔1999〕1283 号)关于编制可行性研究报告的有关规定执行。承担项目绩效评价任务的工程咨询机构及其人员,不得收取项目单位的任何费用。

(二)电子政务项目在项目验收中,应参照本意见有关要求和评价指标体系,强化对项目应用效果的评价。

(三)项目单位应在项目竣工验收并投入使用或运营后 12~24 个月内按有关流程将自评价报告(附相关的项目审批、项目实施及其他资料)报送项目审批部门,并对自评价报告真实性负责。

(四)项目审批部门结合项目单位自我评价情况,确定需要开展绩效评价工作的项目,制定绩效评价年度计划,按程序委托具备相应资质的工程咨询机构承担项目绩效评价任务。项目单位应积极配合工程咨询机构开展评价工作,并及时、准确、完整地提供开展绩效评价工作所需要的相关文件和资料。

(五)工程咨询机构应按照本意见有关程序要求、工作流程及评价指标体系独立开展项目绩效评价工作,在规定时限内完成项目绩效评价任务,并提交合格的项目绩效评价报告。工程咨询机构对绩效评价报告质量、相关数据和结论的真实性负责,并承担相关保密责任。

七 电子政务项目绩效评价成果的利用

(一)电子政务项目绩效评价结果将作为政府工作绩效评价的重要参考。项目审批部门应大力推广评价总结出来的成功经验和做法,可依法将绩效评价结果向同级人民政府、人大、社会等公开，征求社会公众意见，并及时将公众意见反馈有关部门。

（二）项目单位应充分重视绩效评价结果的利用，针对存在的主要问题，认真分析原因，提出改进意见，并及时将整改措施及整改进展情况报项目审批部门。对故意或过失造成项目支出无效或低效的，要追究相关单位或个人的责任。

（三）电子政务项目绩效评价结果，既是评价已建项目应用效能、以评促改的重要手段，也是后续电子政务项目规划制定、项目审批、投资决策、项目管理的重要参考依据。项目审批部门将会同有关部门进一步完善电子政务项目绩效评价的制度、政策和机制，提高项目管理水平和资金使用效益，增强服务和应用效果，促进我国电子政务建设持续、健康、安全和有效发展。

附件：1. 国家电子政务工程项目绩效评价基本指标（略）
2. 国家电子政务工程项目绩效评价报告编制大纲（试行）（略）

国家发改委
中央编办
财政部
2015 年 1 月 30 日

关于开展信息惠民国家试点城市评价工作的意见*

发改高技〔2015〕312 号

各省、自治区、直辖市及计划单列市、新疆生产建设兵团发展改革委、财政厅、编办、工业和信息化主管部门、教育厅（教委、教育局）、公安厅、民政厅、人力资源社会保障厅、卫生计生委、食品药品监管局、质量技术监督局：

根据《国务院关于促进信息消费扩大内需的若干意见》（国发〔2013〕32 号）、《"十二五"国家战略性新兴产业发展规划》（国发〔2012〕28 号）关于实施信息惠民工程的任务部署，按照《关于同意深圳市等 80 个城市建设信息惠民国家试点城市的通知》（发改高技〔2014〕1274 号）的有关要求，为推动信息惠民国家试点城市建设取得实效，总结各地经验，形成示范带动效应，国家发展改革委、财政部、中央编办、工业和信息化部、教育部、公安部、民政部、人力资源社会保障部、卫生计生委、食品药品监管总局、国家标准委等部门将开展信息惠民国家试点城市评价工作。为保障评价工作的规范性、科学性、有效性，提出如下意见。

一　评价工作的总体要求

评价工作在充分考虑东中西部地区发展条件差异的基础上，要严格按照"全面客观、

---

* 国家发展和改革委员会，http://www.sdpc.gov.cn/zcfb/zcfbtz/201505/t20150511_ 691275. html。

公开透明、科学量化"基本原则进行。通过效能评价强化对试点工作进度和质量的跟踪指导和监督检查，引导和督促试点城市以解决当前体制机制和传统环境下民生服务的突出难题为核心，以推动跨层级、跨部门信息共享开放和业务协同为抓手，改变以往技术导向、项目驱动的建设模式，更加注重体制机制和政策制度创新，逐步构建方便快捷、公平普惠、优质高效的公共服务信息体系，以评促建、以评促效，切实保障试点工作取得实效。

二　评价的指标体系

评价工作采用定量分析与定性分析相结合的方法进行，主要是采用综合指标体系评价法。对于可以采集数据的评价指标，原则上尽量采用定量分析方法。对于无法采集数据、无法直接计量效益的评价指标，可通过资料审查、专家评价、公众问卷、抽样调查等方法进行评价，并转换为可量化的指标进行评价。指标体系由基本指标和扩展指标组成。其中基本指标以"综合惠民成效"评价为核心，是各试点城市的必选评价指标，包含惠民保障指标、信息共享指标和综合成效指标三个一级指标，以及对应的二级和三级指标。

（一）惠民保障指标是评价试点城市实施信息惠民工程的保障能力，包括组织架构、工作机制、政策环境、资金投入、信息安全等方面。

（二）信息共享指标是评价试点城市在推动信息资源跨部门跨层级共享的水平和确保共享实效的举措，包括信息共享设施利用水平、信息资源开发利用水平、信息共享标准与管理水平。

（三）综合成效指标是评价试点城市在信息惠民综合服务方面的应用水平和成效，包括横向集约化服务水平、纵向延伸化服务水平、多渠道服务能力。

扩展指标以"特色惠民成效"评价为核心，各试点城市可依据本地民生服务面临的重点问题及具体创建方案，自行设定若干信息惠民领域（不限于示例中所列九大领域），并参照示例（见附件中的特色成效指标项）提出本领域的评价指标，指标要细化至三级指标，并提出指标的权重、数据的采集和计算方式。

三　评价的程序和要求

评价工作由国家部委、省、市政府部门共同完成。各试点城市人民政府对信息惠民工程成效进行跟踪分析和自我监督，阶段性的开展自评价工作；试点城市所在省（区、市）政府应做好统筹规划，对试点城市建设效果进行监督检查，阶段性的开展预评价工作；国家发展改革委、财政部等部门负责对试点城市信息惠民实施效果进行综合评价。

（一）自评价报告应以试点城市信息惠民的热点、难点为出发点，基于本地基础，剖析问题及原因，评价已应用的信息惠民工程对惠民成效的提升，应覆盖综合评价指标体系中所述要点。在自评价指标设计中，应基于意见所附综合评价指标体系，结合实际情况，调整和扩展相应指标，形成城市惠民指标体系，并采用相应的数据采集和评价方法。试点城市应对自评价报告的真实性负责。

（二）预评价应审核试点城市自评价报告所提出的指标体系和评价标准，核查所述工程和应用成效的真实性与准确性，就督导与核查情况形成简要说明，提交预评价报告。省（区、市）及计划单列市政府应对预评价报告的真实性负责。

（三）综合评价由国家发改委会同相关部门共同组织或委托具备相应资质的甲级工程咨询机构组织，对各试点城市自评价报告及其所在省区政府预评价报告进行审核，以综合评价指标体系为基础框架开展惠民成效综合评价。综合评价的指标权重与评价结果将在网上公开。

四　评价的组织与安排

国家发展改革委、财政部等部门在考评期内，每年联合组织或委托具备相应资质的工程咨询机构开展一次全国综合评价，试点城市可依据信息惠民工程建设进度和惠民实际效果自愿选择参加当年申报。

（一）3 月 31 日前，参与当年评价的试点城市应完成自评价报告，并提交省级政府（不含直辖市、计划单列市）。

（二）4 月 30 日前，省级政府完成对所辖试点城市自评价报告的预评价工作，将城市自评价报告与省（区）预评价报告提交国家发展改革委。直辖市及计划单列市只提交自评价报告。

（三）5 月 30 日前，国家发展改革委、财政部会同相关部门或委托具备相应资质的工程咨询机构组织信息惠民国家示范城市综合评价工作，形成当年评价结果并予以公示。

国家发展改革委、财政部委托工程咨询机构开展的评价工作所需经费由国家发展改革委支付。承担评价任务的工程咨询机构及其人员，不得收取试点城市的任何费用。

五　评价成果的利用

（一）评价结果是今后评定信息惠民国家试点城市为国家示范城市的重要依据，也是确定国家支持政策的重要参考。

（二）试点城市应大力推广评价总结出的成功经验和做法，可依法将城市自评价结果向社会公开，征求社会公众意见，并及时将公众意见反馈有关部门。

（三）试点城市及所在省政府应充分重视评价结果运用，针对存在的问题，认真分析提出改进意见，及时将整改措施与进展报国家发展改革委、财政部等有关部门。

附件：信息惠民国家试点城市评价指标体系

国家发展改革委

财政部

中央编办

工业和信息化部

教育部

公安部

民政部

人力资源社会保障部

国家卫生计生委

食品药品监管总局

国家标准委

2015 年 2 月 13 日

关于加强公共安全视频监控建设联网
应用工作的若干意见[*]

发改高技〔2015〕996号

国务院有关部门、直属机构，各省、自治区、直辖市发展改革委、综治办、公安厅（局）、科技厅（委）、经济和信息化委员会（工业和信息化委员会、工业和信息化厅、经委、经贸委）、通信管理局、财政厅（局）、人力资源社会保障厅（局）、住房和城乡建设厅（委）、交通运输厅（局、委）：

公共安全视频监控建设联网应用，是新形势下维护国家安全和社会稳定、预防和打击暴力恐怖犯罪的重要手段，对于提升城乡管理水平、创新社会治理体制具有重要意义。近年来，各地大力推进视频监控系统建设，在打击犯罪、治安防范、社会管理、服务民生等方面发挥了积极作用。但随着视频监控建设应用不断深入，现有法律法规不完善、统筹规划不到位、联网共享不规范、管理机制不健全等问题日益突出，严重制约了立体化社会治安防控体系建设发展。为贯彻党中央、国务院关于加强社会治安防控工作的有关要求，落实中央关于深化社会体制改革的部署，推进平安中国建设，现就加强公共安全视频监控建设联网应用工作提出以下意见：

一 指导思想、基本原则和主要目标

（一）指导思想

以邓小平理论、"三个代表"重要思想、科学发展观为指导，认真贯彻党的十八大和十八届三中、四中全会精神，围绕建设平安中国、法治中国的总目标，坚持机制创新、管理创新和技术创新，结合智慧城市和网格化服务管理系统建设，推动公共安全视频监控建设集约化、联网规范化、应用智能化，为进一步推进立体化社会治安防控体系建设，提升社会治理能力现代化水平，保障人民安居乐业，维护国家安全和社会安定有序提供有力支撑。

（二）基本原则

坚持依规建设、按需联网、整合资源、规范应用、分级保障、安全可控。各地区、各部门要依据国家相关法律、法规、政策和技术标准，应用安全可控的技术和产品，统筹公共安全视频监控系统建设，避免重复投资；按照维护国家安全、社会公共安全的实际需要，推动公共安全视频监控系统联网，整合各类视频图像资源；规范管理、确保安全，推进和保障各地区、各部门对视频图像资源的共享应用；权责一致、分级分类投入、社会参与，加强公共安全视频监控建设联网应用工作的保障。

---

* 国家发展和改革委员会，http：//www.sdpc.gov.cn/zcfb/zcfbtz/201505/t20150513_691578.html。

（三）主要目标

到 2020 年，基本实现"全域覆盖、全网共享、全时可用、全程可控"的公共安全视频监控建设联网应用，在加强治安防控、优化交通出行、服务城市管理、创新社会治理等方面取得显著成效。

——全域覆盖。重点公共区域视频监控覆盖率达到 100%，新建、改建高清摄像机比例达到 100%；重点行业、领域的重要部位视频监控覆盖率达到 100%，逐步增加高清摄像机的新建、改建数量。

——全网共享。重点公共区域视频监控联网率达到 100%；重点行业、领域涉及公共区域的视频图像资源联网率达到 100%。

——全时可用。重点公共区域安装的视频监控摄像机完好率达到 98%，重点行业、领域安装的涉及公共区域的视频监控摄像机完好率达到 95%，实现视频图像信息的全天候应用。

——全程可控。公共安全视频监控系统联网应用的分层安全体系基本建成，实现重要视频图像信息不失控，敏感视频图像信息不泄露。

二 加强顶层设计，推动重点领域建设

（四）注重统筹规划

各地应将公共安全视频监控建设联网应用工作纳入本地区经济社会发展和城乡规划统筹考虑，结合经济社会发展实际，制定公共安全视频监控建设联网应用工作实施方案，服务纵向贯通、横向集成、分级应用的社会治安综合治理信息系统建设。2015 年 9 月底前，各省（自治区、直辖市）、兵团、计划单列市应编制完成公共安全视频监控建设联网应用工作实施方案。

（五）推进重点建设

各部门应按照职能分工，根据公共安全领域的有关标准规范，划分不同区域、部位的社会治安风险等级，明确安全防护级别和视频图像信息属性类别，指导推进本行业、领域内重要部位视频监控系统建设。各地区按照城镇道路交叉口无死角，主要道路关键节点无盲区，人员密集区域无遗漏，以及要害部位、重要涉外场所、案件高发区域、治安复杂场所主要出入口全覆盖的要求，有重点、有步骤地推进公共安全视频监控建设联网应用工作，提高重点公共区域视频监控系统覆盖密度和建设质量，实现重点公共区域全覆盖。

（六）指导分类建设

公安机关要加强对治安保卫重点单位公共安全视频监控系统建设的指导与监督，完善视频监控建设联网应用标准体系，加快关键标准制修订，有效规范视频监控建设联网应用；要积极指导一般企事业单位、商户根据自身安全防范需求开展视频监控建设，加大城乡接合部、农村公共区域、重点林区、风景名胜区、自然遗产保护区以及省、县级行政区域重点界线界桩、界线重点地段等的视频监控系统建设力度，组织开展试点建设，逐步实现城乡视频

监控一体化。公安部、民政部、住房城乡建设部、中央综治办、国家发展改革委、工业和信息化部会同有关部门制定政策，推进城乡社区、住宅小区、地下管廊在新建、改建、扩建过程中开展视频监控系统建设，完善已建成的视频监控系统，进一步织密视频监控网络。

三　加强资源整合，推动联网共享应用

（七）强化系统联网

依托现有的视频图像传输网络等基础网络设施，以公安机关视频图像共享平台为核心，以既有的政府信息管理系统为基础，以城乡网格化建设为抓手，分级有效整合各类视频图像资源，促进点位互补、网络互联、平台互通，逐步对接基层综合服务管理平台，最大限度实现公共区域视频图像资源的联网共享。各部门要指导推动本行业、领域涉及公共区域的视频监控系统的升级改造，实现与公安机关视频图像共享平台联网对接。

（八）健全共享机制

按照统筹需求、分级管理原则，建立健全跨地区、跨部门视频图像信息共享应用机制、安全使用审核制度和技术标准体系，加强部门协作和业务协同。各级政府职能部门应当依照法律规定使用处理有关视频图像资源，根据业务需求，可以采取无偿实时调取、离线采集等多种方式。

（九）拓宽应用领域

按照依法授权使用、分级分类监管的原则，探索公共安全视频图像信息新的应用领域，研究视频图像信息资源的社会化开发管理模式，鼓励有条件的地方依托公安机关视频图像共享平台，在严格依法、严格审批、安全可控的前提下，逐步开展视频图像信息在城乡社会治理、智能交通、服务民生、生态建设与保护等领域的应用，为社会和群众提供更多更好的服务。

四　加强机制创新，促进长效规范发展

（十）完善法律法规及政策

加快推进视频图像信息安全、数据保护、个人隐私保护等方面的立法工作。抓紧制定出台行政法规《安全技术防范管理条例》，完善政策措施，规范重点公共区域和重点行业、领域公共安全视频监控系统的建设、联网和信息使用。加强地方配套立法和政策支持，加快研究制定视频图像信息在安全使用、保护隐私等方面的具体办法和措施。

（十一）创新管理方式

建立重点公共区域和重点行业、领域视频监控系统的备案监管制度和日常管理机制，完善公共安全视频监控系统项目的方案论证、安全评价、检测验收、效能评估等机制，发挥监理、检测、认证等第三方专业机构的作用，创新专业运维服务机制。各地要把重点公共区域

视频监控系统纳入城市公共基础设施进行管理，建立健全日常监督检查机制。各部门要严格落实重点行业、领域视频监控系统的属地管理职责，支持公共安全视频监控联网共享，谁建设、谁管理、谁维护。

（十二）加强人才队伍建设管理

建立职业化的公共安全视频监控系统管理和监看队伍，推进职业培训和评价工作，着重培养具有视频图像信息专业化分析处理研判技能的应用人才，制定监督管理工作规范，提高业务素质和职业道德素质。建立健全人才引进、培养、激励机制，完善科学合理的绩效管理制度。

五　加强科技创新，提升技术支撑能力

（十三）推动集成应用

运用数据挖掘、人像比对、车牌识别、智能预警、无线射频、地理信息、北斗导航等现代技术，在充分考虑技术成熟度的基础上，加大在公共安全视频监控系统中的集成应用力度，提高视频图像信息的综合应用水平。逐步建立国家级和省级公共安全视频图像数据处理分析中心，深化视频图像信息预测预警、实时监控、轨迹追踪、快速检索等应用。推动视频监控系统与综治视联网系统对接。

（十四）突破技术瓶颈

加强视频图像领域的关键技术攻关，实现核心芯片、关键算法等技术瓶颈的突破，为公共安全视频监控联网应用提供技术支撑。在视频图像领域建立和完善视频图像大数据分析挖掘应用等若干创新平台，以国家科技发展战略为指导，以全面发展视频图像综合应用技术为目标，解决重大关键技术及应用难题，深化科技储备、集成创新和产业化能力，提升公共安全领域的技术支撑能力。

（十五）严密安全措施

按照国家相关规定，加强网络安全传输、系统安全保障、重要信息安全管理等技术手段建设，提升公共安全视频监控系统安全防护能力。严格公共视频图像信息的使用管理，完善安全技术措施，确保安全共享、规范使用。在涉及国家安全、国家秘密的特殊领域开展公共安全视频监控建设应用工作，要严格安全准入机制，选用安全可控的产品设备和符合要求的专业服务队伍。

六　加强组织领导，完善综合保障体系

（十六）建立协调机制

中央综治办、国家发展改革委、中央综治办会同教育部、科技部、工业和信息化部、公

安部、国家安全部、民政部、司法部、财政部、人力资源和社会保障部、环境保护部、住房城乡建设部、交通运输部、水利部、文化部、国家卫生计生委、中国人民银行、国务院国资委、质检总局、新闻出版广电总局、安全监管总局、食品药品监管总局、国家林业局、国家旅游局、国家宗教局、国务院法制办、中国银监会、中国证监会、中国保监会、国家能源局、国家国防科工局、国家铁路局、中国民用航空局、国家文物局等部门，建立跨部门工作机制，研究解决重大问题，加强对各地区的指导和监督，协调各有关部门出台推动公共安全视频监控建设联网应用的配套措施。

（十七）明确职责任务

各级地方党委和人民政府应加强对公共安全视频监控建设联网应用工作的总体协调，建立党政领导、综治牵头、公安负责、部门配合、社会参与的工作格局，制定具体实施方案，扎实推进各项工作任务的落实，按期完成本地区的公共安全视频监控建设联网应用工作。各地应将重点公共区域的视频监控系统建设、联网和维护经费列入本级政府财政预算，建立与经济社会发展相适应的经费保障机制，根据实际工作需要，确保对系统建设、运行维护予以支持；相关部门应指导本行业、领域依法依规履行安全责任，确保资金投入；要充分发挥市场作用、引导社会力量参与，拓宽多元化投资途径，鼓励和支持有条件的企事业单位履行社会职责，承担本单位周边公共区域的视频监控系统建设任务。

（十八）严格考核奖惩

各级地方党委和人民政府应把公共安全视频监控建设联网应用工作纳入综治工作（平安建设）考评体系，对开展工作情况进行经常性检查和定期考核，使各项措施落到实处，严格实行公共安全视频监控建设联网应用工作领导责任制。省级人民政府可以按照国家有关规定对先进单位和个人进行表彰奖励。

国家发展改革委

中央综治办

科技部

工业和信息化部

公安部

财政部

人力资源社会保障部

住房城乡建设部

交通运输部

2015 年 5 月 6 日

国家发展改革委中国人民银行关于印发
2015 年社会信用体系建设工作要点的通知[*]

发改财金〔2015〕1104 号

社会信用体系建设部际联席会议各成员单位，中央和国家机关其他有关部门，各省、自治区、直辖市和新疆生产建设兵团社会信用体系建设牵头部门：

《2015 年社会信用体系建设工作要点》及分工方案已经国务院同意，现印发给你们，请认真组织实施。

附件：1. 2015 年社会信用体系建设工作要点
2. 2015 年社会信用体系建设工作要点分工方案（略）

2015 年 5 月 20 日

附件 1

2015 年社会信用体系建设工作要点

2015 年是贯彻落实《社会信用体系建设规划纲要（2014～2020 年)》的关键之年。今年工作的总体目标是，实现全面实施统一社会信用代码制度、建成统一的信用信息共享交换制度、普遍建立并实施重点领域失信行为联合惩戒制度等"三大突破"，打造"信用中国"网站、信用信息共享交换平台、创建一批社会信用体系建设示范城市、培育一批优秀的征信等信用服务机构、启动一批诚信文化建设和教育培训示范项目等"五大诚信建设支撑平台"，突出以简政放权为重点的政务诚信领域、以中介服务为重点的社会诚信领域、以民生改善为重点的惠民政策领域、以财政性资金使用为重点的经济领域、以电子商务为重点的消费热点领域、以资本市场为重点的金融服务领域、以公共资源交易为重点的公权运作领域、以青年群体为重点的自然人诚信建设领域等"八个重点领域"。

各地区、各有关部门要认真贯彻落实党中央、国务院的决策部署，进一步发挥社会信用体系建设部际联席会议作用，加强组织协调，大力务实推进，以"钉钉子精神"不折不扣完成好以下重点任务：

（一）加强信用法律法规制度和信用标准体系建设。启动信用法前期调研工作。出台《征信业管理条例》相关配套制度和实施细则，建立异议处理、投诉办理和侵权责任追究制度。推动各地区、各部门依法制定和实施信用信息采集、整理、加工、保存、使用，以及守

---

* 国家发展改革委，http：//cjs. ndrc. gov. cn/shxytxjs/zcfg02/201511/t20151110_ 758062. html。

信激励和失信惩戒等方面的规章制度。推动公民统一社会信用代码制度建设方案顺利实施，制定和实施法人和其他组织统一社会信用代码制度建设方案。

（二）推进信用记录建设和信用信息征集共享。建立健全各部门在依法履行公共管理职能过程中形成的自然人、法人和其他组织基础信息和信用记录，健全信用信息归集机制，建立完善行业信用信息数据库。建立完善省级统一的信用信息共享交换平台，整合本地区各部门、各单位履行公共管理职能过程中形成的信用信息，通过互联网为社会公众和征信机构提供查询服务。推进金融信用信息基础数据库建设。健全信用信息共建共享工作机制，加快建立统一的信用信息共享交换平台和"信用中国"网站，依法推进各信用信息系统的互联互通和信用信息的交换共享。

（三）全面加强各领域诚信建设。加快推进政务诚信建设，完善政府决策机制和程序，提高决策透明度。推动在行政管理事项中率先使用信用信息和信用产品。加强公务员诚信教育。深入推进商务诚信建设，在安全生产、食品药品安全、工程建设、政府采购、商贸、金融、税务、价格等重点领域加强信用记录建设，建立失信行为联合惩戒机制。全面推进社会诚信建设，推动医疗卫生、教育科研、环境保护、互联网等领域信用建设，切实加大失信行为成本。大力推进司法公信建设，提高司法机关和司法从业人员公信力。

（四）建立健全信用联合奖惩机制。加强对守信主体的奖励、激励和对失信主体的约束、惩戒。发展改革、财政、金融、环境保护、住房城乡建设、交通运输、商务、工商、税务、质检、安全监管、海关、知识产权等部门，研究出台在市场监管和公共服务过程中，深化信用信息和信用产品的应用和对诚实守信者实行优先办理、简化程序等"绿色通道"支持激励政策。健全失信惩戒制度，建立各行业黑名单制度和市场退出机制。推动各级人民政府在市场监管和公共服务的市场准入、资质认定、行政审批、政策扶持等方面制定信用分类监管制度。建立行政许可申请人信用承诺制度。完善失信信息记录和披露制度。推动行业协会对违规机构会员和个人会员实行警告、行业内通报批评、公开谴责等惩戒措施。完善社会舆论监督机制，加强对失信行为的披露和曝光。

（五）培育和规范信用服务市场。研究制定培育发展本土评级机构和规范发展信用评级市场的政策措施。推动我国评级机构参与国际竞争和制定国际标准，加强与其他国家信用评级机构的协调和合作。推动出台信用服务产品在社会治理和市场交易中应用的政策措施。完善信用服务市场监管体制。建立健全信用服务机构和从业人员的信用记录，并与其他部门实现信用信息交换共享。建立信用服务机构准入与退出机制。推动信用服务机构设立首席信用监督官。

（六）保护信用信息主体权益和保障信用信息安全。健全信用信息主体权益保护机制。建立自我纠错、主动自新的社会鼓励与关爱机制。建立信用信息侵权责任追究机制。制定信用信息异议处理、投诉办理、诉讼管理制度及操作细则。健全信用信息安全管理体制。研究制定加强信用信息保护的规章制度。建立和完善信用信息安全应急处理机制。

（七）开展试点示范创建活动。推进农村信用体系建设工程、小微企业信用体系建设工程。开展地方信用建设综合示范，创建一批示范城市，推动示范地区整合本地区各部门、各单位的信用信息，形成统一的信用信息共享平台，并依法向社会有序开放。开展区域信用建设合作示范。探索建立区域信用联动机制，开展区域信用体系建设创新示范活动。开展重点领域和行业信用信息应用示范，在食品药品安全、环境保护、安全生产、产品质量、工程建设、电子商务、证券期货、政府采购、招标投标等领域，探索实施信用报告制度。

（八）开展诚信教育和诚信文化建设。深入开展诚信主题活动，进一步营造诚信建设浓厚氛围。召开推进诚信建设制度化座谈会。大力开展重点行业领域诚信缺失突出问题专项治理。加强信用管理专业建设，支持有条件的高校设置信用管理专业或开设相关课程。举办厅局级公务员社会信用体系建设专题研讨班。

（九）进一步加强组织领导。探索建立社会信用体系建设考核督促机制和第三方评估机制。推动各级人民政府加大对信用基础设施建设、重点领域创新示范工程等方面的资金支持。开展社会信用体系建设创新示范领域试点示范，并在政府投资、融资安排等方面给予支持。研究制定加强社会信用体系建设工作考核办法。完善社会信用体系建设部际联席会议制度，加强对各地区、各部门社会信用体系建设工作的指导、督促和检查。健全组织机构，设立专门机构负责推动社会信用体系建设。

工业和信息化部国家机关事务管理局国家能源局关于印发国家绿色数据中心试点工作方案的通知[*]

工信部联节〔2015〕82 号

各省、自治区、直辖市及新疆生产建设兵团工业和信息化主管部门、机关事务管理部门、能源管理部门，各省、自治区、直辖市通信管理局，有关中央企业：

为贯彻落实《国务院关于加快发展节能环保产业的意见》（国发〔2013〕30 号）要求，全面提升数据中心节能环保水平，工业和信息化部、国家机关事务管理局、国家能源局决定开展绿色数据中心试点工作，研究制定了《国家绿色数据中心试点工作方案》。现印发你们，请结合实际，认真做好试点工作。

工业和信息化部
国家机关事务管理局
国家能源局
2015 年 3 月 18 日

国家绿色数据中心试点工作方案

一 开展国家绿色数据中心试点的基础和必要性

随着信息化快速发展，全球数据中心建设步伐明显加快，总量已超过 300 万个，耗电量

---

* 工业和信息化部网站. http://www.miit.gov.cn/n11293472/n11293832/n12843926/n13917012/16514486.html。

占全球总耗电量的比例为 1.1% ~ 1.5%，其高能耗问题已引起各国政府的高度重视。国际上普遍通过应用节能、节水、低碳等技术产品以及先进管理方法建设绿色数据中心，实现能源效率最大化和环境影响最小化。美国政府实施了"数据中心能源之星"、"联邦数据中心整合计划"，欧盟实施了"数据中心能效行为准则"，国际绿色网格组织开展了数据中心节能标准制定和最佳实践推广，建立了绿色数据中心的推进机制，引导数据中心节能环保水平的提升。目前，美国数据中心平均电能使用效率（PUE）已达 1.9，先进数据中心 PUE 已达到 1.2 以下。

近年来，我国数据中心发展迅猛，总量已超过 40 万个，年耗电量超过全社会用电量的 1.5%，其中大多数数据中心的 PUE 仍普遍大于 2.2，与国际先进水平相比有较大差距，节能潜力巨大。同时，数据中心产生大量的温室气体排放，消耗大量的水资源，其设备废弃后造成较大污染，给资源和环境带来巨大挑战。为推动我国数据中心产业持续健康发展，2013 年 1 月工业和信息化部会同国家发展和改革委员会、国家能源局等有关部门发布了《关于数据中心建设布局的指导意见》，提出了数据中心建设应遵守的布局导向、基本原则以及保障措施；2013 年 2 月工业和信息化部发布了《关于进一步加强通信业节能减排工作的指导意见》，提出了数据中心的相关节能环保要求。同时，绿色数据中心相关标准陆续立项和出台，第三方民间组织也启动了数据中心绿色分级测评。为强化绿色数据中心建设，我们制定了《国家绿色数据中心试点工作方案》，拟分重点、分领域、分步骤提升数据中心节能环保水平。

二 总体要求

（一）基本思路

以建立绿色数据中心的推进机制、引导数据中心节能环保水平全面提升为目标，在现有绿色数据中心工作基础上，优先在生产制造、能源、电信、互联网、公共机构、金融等重点应用领域选择一批代表性强、工作基础好、管理水平高的数据中心，开展绿色数据中心试点创建工作，以技术创新和推广为支撑，以标准研制和技术评价为保障，使绿色数据中心试点发挥辐射带动作用，形成可复制的推广模式，引导数据中心走低碳循环绿色发展之路。

（二）基本原则

1. 能效提升与低碳环保并重

大力提升数据中心能源使用效率，加强可再生能源利用和分布式供能，切实降低碳排放和水资源消耗，有效控制有毒有害物质使用，加强废弃设备回收处理等，全面建设绿色数据中心。

2. 分类实施和指导

针对不同行业、地域、规模的数据中心进行试点，强化新建工程项目的绿色采购、绿色设计、绿色建设，全面实现绿色增量；提高现有数据中心设备的利用率，积极开展节能挖潜，提升整体能效水平。

3. 技术与管理并行

在支持先进适用技术产品的研发与应用的基础上，加强引导各单位建立绿色数据中心运维管理体系，技术与管理两手并行推进数据中心节能环保水平提升。

（三）主要目标

宣传和推广一批先进适用的绿色技术、产品和运维管理方法，培育和发展一批第三方检测评价、咨询机构，支持和鼓励一批绿色数据中心技术、解决方案、运维服务的提供商。初步形成具有自主知识产权的绿色数据中心技术体系、创新与服务体系，构建试点数据中心节能环保指标监测体系，确立绿色数据中心标准和评价体系。

到 2017 年，围绕重点领域创建百个绿色数据中心试点，试点数据中心能效平均提高 8% 以上，制定绿色数据中心相关国家标准 4 项，推广绿色数据中心先进适用技术、产品和运维管理最佳实践 40 项，制定绿色数据中心建设指南。

三　试点内容

（一）积极开展绿色数据中心技术创新和推广

数据中心关键设备生产企业要加强生态设计，提高设备能源使用效率，控制有毒有害物质使用，采用易于拆解和回收处理的设计。试点单位要加强绿色智能服务器、能源管理信息化系统、热场管理、余热利用、自然冷源、水循环利用、分布式供能、直流供电等技术和产品应用。工业和信息化部会同国家能源局组织开展技术、产品的鉴定和推广，编制绿色数据中心先进适用技术和产品推荐目录。

（二）提高绿色数据中心管理水平

试点单位要建立绿色数据中心运维管理体系，明确数据中心节能、低碳、节水、污染控制、综合利用等节能环保目标，制定实施计划；建立绿色数据中心管理团队和技术团队的协调机制，明确责任，将节能环保工作纳入考核体系；开展节能环保水平自监测工作，定期统计、分析并上报监测结果。工业和信息化部组织编制绿色数据中心建设指南。

（三）建立试点数据中心节能环保指标监测体系

省级工业和信息化主管部门会同相关部门、行业组织定期统计试点数据中心的自监测数据，并上报工业和信息化部等相关部门。工业和信息化部建立试点数据中心节能环保基础数据库，根据地域、行业、规模进行分类研究，组织第三方机构定期开展试点数据中心现场监测，摸清我国数据中心节能环保水平现状，把握数据中心节能环保水平提升的关键问题，逐步建立完善的统计体系。

（四）完善绿色数据中心标准和评价体系，推动形成国家标准体系

工业和信息化部组织标准化机构借鉴国际先进标准和评价方法，制定完善绿色数据中心相关标准，推动已有行业标准转化为国家标准，并在能源、生产制造、金融等领域的应用；在已有评价的基础上，制定完善涵盖节能、节水、低碳、运维管理办法等绿色指标的评估和评价方法，对试点数据中心进行分类评价，并开展动态监督，进行抽查。

（五）加强公共服务能力建设

工业和信息化部整合行业现有资源，建立集政策宣传、动态监测、数据统计、标准研制、试点评估、技术交流、人才培养等服务于一体的绿色数据中心公共服务平台，培育一批第三方检测评价机构、节能服务公司等。鼓励试点单位和节能服务公司拓展合同能源管理，研究节能量交易机制，探索绿色数据中心融资租赁等金融服务模式。

（六）开展国际合作

工业和信息化部进一步拓展国际合作机制和渠道，探索绿色数据中心技术贸易机制创新。鼓励研究机构、行业组织和企业加强国际合作，跟踪和引进绿色数据中心前沿技术，探索国内外绿色数据中心标准共通机制，举办专业培训、技术和政策研讨会、高端论坛、产业对接活动等。

四 组织实施

（一）试点地区申报与确定

各省级工业和信息化主管部门会同通信管理局、机关事务管理部门、能源管理部门于2015 年 5 月 31 日前向工业和信息化部提出试点地区书面申请（见附件1）。工业和信息化部会同国家机关事务管理局、国家能源局根据地区发展和行业现状确定试点地区、领域和数量。

（二）试点单位申报与推荐

试点地区省级工业和信息化主管部门会同相关部门根据工业和信息化部批复的试点领域和数量及有关要求组织本地区试点单位的申报工作。

试点单位应具备以下条件：

1. 具有独立法人资格；

2. 具有较强的行业代表性；

3. 首批试点优先考虑生产制造、能源、电信、互联网、公共机构、金融等领域，且符合《关于数据中心建设布局的指导意见》布局导向的数据中心；

4. 经营因特网业务的数据中心，要严格遵守《中华人民共和国电信条例》、《电信业务经营许可管理办法》、《工业和信息化部关于进一步规范因特网数据中心业务和因特网接入服务业务市场准入工作的通告》等政策法规的要求；

5. 申报单位要有较好的工作基础，具有完备的能源计量器具（符合 GB 17167 - 2006《用能单位能源计量器具配备和管理通则》和 GB 24789 - 2009《用水单位水计量器具配备和管理通则》的要求），具备开展持续监测的能力，并建立了节能环保数据统计分析制度；

6. 对数据中心绿色发展有明确的目标和工作思路，具有健全的财务管理制度以及较强的节能环保投入能力；

7. 原则上应于 2016 年 2 月 31 日前完成试点创建工作，并正式投入运营。

申报单位按照《国家绿色数据中心试点单位申报材料》（见附件2）填写申报材料。省级工业和信息化主管部门会同相关部门提出推荐意见，连同各单位申报材料（纸质材料一式三份）于2015年7月31日前报工业和信息化部（节能与综合利用司），电子版同时发送至 jienengchu@ miit. gov. cn。

（三）试点单位的审核确定

工业和信息化部会同国家机关事务管理局、国家能源局组织专家对被推荐单位进行文件评审，必要时可进行现场检查，提出推选意见。在适当结合地域、行业、规模等因素基础上研究确定绿色数据中心试点单位名单，在工业和信息化部网站上公示，正式启动试点工作。

（四）试点创建

省级工业和信息化主管部门会同相关部门落实试点地区创建方案，加强对绿色数据中心试点创建的指导和支持。试点单位依据申报材料中的创建方案确定的目标、工作内容等认真组织实施，明确任务分工，落实目标责任，确保试点工作的质量和进度，试点单位不得随意更改创建方案确定的工作内容，由于条件变化，需要进行较大调整的，经地方工业和信息化主管部门同意后，报工业和信息化部审核批准。

（五）试点评价

试点单位根据试点创建完成情况提出评价申请，原则上申请时间不得晚于2016年2月31日。试点数据中心定期统计节能环保水平自监测数据，经省级工业和信息化主管部门审核后，上报工业和信息化部。工业和信息化部委托有关机构对试点单位开展为期一年的持续监测，依据绿色数据中心评价指标体系（"国家绿色数据中心评价指标体系"随后印发）对其进行评价，达到要求的数据中心列入"国家绿色数据中心"名单，在工业和信息化部网站上公示。工业和信息化部委托有关机构对有效期内的"国家绿色数据中心"进行不定期抽查，对于不符合要求的，从"国家绿色数据中心"名单中予以撤销。

（六）总结和推广

工业和信息化部总结绿色数据中心试点工作经验，开展宣贯和培训，推广绿色数据中心先进适用技术产品以及建设和运维指南，分类指导绿色数据中心的规划、建设及运维。

五　保障措施

（一）加强组织领导

各级工业和信息化主管部门会同通信管理局、机关事务管理部门、能源管理部门加强对试点工作的组织实施。建立试点工作进展情况阶段性总结和监督制度，对试点工作实施阶段性评估和监督检查。

（二）发挥专家队伍指导和支撑作用

成立国家绿色数据中心试点工作专家组，充分发挥有关院士、专家作用，协助开展绿色数据中心标准、试点评价指标的研究，协助开展试点推荐、评审、监测和确认，指导绿色数据中心先进适用技术和产品推荐目录以及建设和运维指南的编制，为试点工作提供技术支撑。

（三）加强对试点工作的引导和支持

对绿色数据中心试点方案中提出的项目，符合国家能源管理中心、清洁生产专项资金支持范围的，予以优先支持；地方工业和信息化主管部门要将其列入节能减排、技术改造、清洁生产、循环经济等财政引导资金支持的重点。同时，要加强对试点单位指导，对试点工作中反映出的问题抓紧研究，协调有关部门制定鼓励扶持政策。

（四）探索机制创新

探索在数据中心领域推广合同能源管理和节能量交易等相关政策。探索建立绿色数据中心技术创新和推广应用的激励机制和融资平台，完善多元化投融资体系。

（五）加强人才培养

利用现有的人员技术资格认证体系，加强对绿色数据中心相关人才的培养，制定绿色数据中心技术人才培养计划，开展人才技能培训和认证等工作，提高从业人员技术和管理水平。

附件：1. 国家绿色数据中心试点地区申报材料（略）
　　　2. 国家绿色数据中心试点单位申报材料（略）

第二篇
2015 年电子政务发展综述

2015 年中国电子政务发展评述

过去的 2015 年，面对错综复杂的国内外形势，党中央、国务院审时度势，主动适应经济发展新常态，妥善应对各种重大风险挑战，牢牢把握网络安全和信息化发展的主动权，完成了当年主要目标任务。

回首全年，在中央网络安全和信息化领导小组领导下，中国网络安全和信息化迅猛发展，一系列新成绩、新亮点、新趋势展示着中国从"网络大国"向"网络强国"迈进的步伐，习近平总书记在浙江乌镇出席第二届世界互联网大会并做了重要讲话后，电子政务发展实现稳中有进、稳中有好，总体呈现向上向好向前的发展态势。2015 年，"互联网 +"首次被写入政府工作报告，"互联网 +"日渐成为拉动经济增长的新引擎。中国大地创新潮涌，大众创业、万众创新的氛围逐渐形成，《中共中央国务院关于深化体制机制改革加快实施创新驱动发展战略的若干意见》、《国务院关于积极推进"互联网 +"行动的指导意见》、《中国制造 2025》……这一年，网络安全和信息化从顶层设计出发，为创新创业和新经济形态培育土壤。这一年，"十二五"时期电子政务发展闪亮收官，党的十八届五中全会的胜利召开，吹响了电子政务"十三五"时期发展的响亮号角，全国上下齐行动，为"十三五"时期电子政务发展顺利开局奠定了坚实基础。

一 "五大发展理念"为电子政务发展指明了方向

中国共产党第十八届中央委员会第五次全体会议，审议通过了《中共中央关于制定国民经济和社会发展第十三个五年规划的建议》。

面对"十三五"时期电子政务发展新趋势、新机遇和新矛盾、新挑战，必须确立新的发展理念，用新的发展理念引领发展行动，实现"十三五"时期发展目标。破解发展难题，厚植发展优势，必须牢固树立并切实贯彻"创新、协调、绿色、开放、共享"的发展理念。发展理念是发展行动的先导，是管全局、管根本、管方向、管长远的东西，是发展思路、发展方向、发展着力点的集中体现。发展理念搞对了，目标任务就好定了，政策举措也就跟着好定了。这是关系我国发展全局的一场深刻变革。

十八届五中全会提出的"创新、协调、绿色、开放、共享"五大发展理念，是我国信息化发展的指南。当今时代，以信息技术为核心的新一轮科技革命正在兴起，互联网日益成为创新驱动发展的先导力量。而信息化领域的创新必须在技术、市场和制度上全面突破。与发达国家比较，我们的一大优势是拥有一个网民规模达 6.88 亿人的巨大市场，这也是我国一些互联网企业能快速跻身世界前列的重要原因。但要看到，在信息核心技术自主创新上，我们与发达国家还有不小差距。习主席在中央网络安全和信息化领导小组第一次会议上就指出，"建设网络强国，要有自己的技术，有过硬的技术"，"信息技术和产业发展程度决定着信息化发展水平，要加强核心技术自主创新和基础设施建设"。要打破阻碍创新发展的旧的体制机制藩篱，让制度红利更加突显。

习近平总书记强调，"网络安全和信息化是一体之两翼、驱动之双轮，做好网络安全和信息化工作，要处理好安全和发展的关系，做到协调一致、齐头并进，以安全保发展、以发展促安全"，这精确阐述了信息化内部要素之间的协调原则。就信息化与其他领域协调发展而言，与发达国家不同，我国的信息化是在工业化、城市化进程尚未完成，农业现代化任务艰巨的情况下进行的，要注重促进信息化与工业化、城市化、农业现代化同步发展。而协调同步的关键在于"融合"，即发展任何"一化"，都要考虑到其他"三化"，搞信息化的人要特别注重与其他"三化"的融合。

中国信息化发展的根本出发点和落脚点是服务百姓、惠及民生。"十三五"期间，我国实施网络强国战略、国家大数据战略、"互联网＋"行动计划，发展网络文化，拓展网络经济空间，其成果要由人民来共享。我国东部和西部，城市和农村，数字鸿沟还比较大。在我国全面建成小康社会、全面脱贫的进程中，要在信息化基础设施、普及率、信息素养教育等方面进行"信息扶贫"，让全国人民共享信息化的红利。

五大发展理念已经体现在我国信息化发展的方方面面，"十三五"时期，中国的信息化将在五大发展理念的指引下，取得更大的突破。

二　"互联网＋"与政务为民服务深度融合

互联网已经日益在猛烈地改变着百姓日常的生活方式，人民群众对各级政府的服务方式和质量也提出了更新更高的要求和期望，李克强总理提出，要充分运用"互联网＋"，让政府服务变得更"聪明"。电子政务顶层设计不断加强，电子政务的管理机制体制不断完善，各级各领域的信息化主管部门要积极发挥统筹协调作用，明确相关各方的权责，促进电子政务平台、系统、应用之间的资源共享、业务协同和有序发展。

多年以来，包括政出多门、条块分割严重、应用成效不足、信息共享率低、重复浪费现象严重、民生领域难题难以破解等在内的众多问题，长期困扰着我国电子政务的发展。随着互联网的发展，特别是在"互联网＋"政府管理创新的大背景下，很多基于互联网和通信技术发展的新思维、新技术都能够为解决这些电子政务问题提供有效的思路和解决方案。一体化整体政府有助于解决民生难题。以"开放、共享、协作"为主要特征的电子政务整体政府协同治理模式，在互联网时代能够更加有效地构建一体化公共服务体系，能够将分散于各个与国计民生紧密相关的政府部门、业务大厅、部门门户网站和应用之上的电子政务服务加以系统性整合，着力提升教育、医疗、社保等关系国计民生领域的服务水平，为社会提供更加方便、优质、高效、快捷的"一站式"电子政务服务。

政府依托"互联网＋"云计算和大数据处理能力，完成对各部门信息数据的整合，突破部门之间行政隔阂，以便将松散的政务服务进行统一和流程再造，促使政府部门联动创新、优化服务，使企业和个人避免信息的重复填写和到处跑路提供证明的烦琐，真正通过让"数据多跑腿"，实现让"百姓少跑腿"。国内不少城市都在积极探索创新性的电子政务网络系统，涉及行政审批、税务、交通、医疗、社保、社区服务等诸多领域，大大地简化了办事流程，有效地提高了政府行政服务效率。民众通过登录网上办事大厅，足不出户便可轻松地完成在线审批、网上办证、业务查询等行政手续；企业登记时直接在数据库调取本人资料信息，运用政务网络实现申办事项并联审批、数据上报等，降低成本、缩短时间；工作人员通过政务平台进行网络办公，上传相关材料，坐等事项办结……

电子政务的发展理念将会更加贴近互联网。互联网的开放性和互动性，打破了传统政府与民众之间面对面交流的局限，拓宽了交流新渠道。政府机关通过网站交流平台、微信公众号、政务微博等多种方式，倾听百姓的心声，根据民众的建议提升服务能力；民众通过网络问政、网络建议、网络投诉与举报等方式反映诉求，表达观点和建议，真正地参与到政府管理工作中去。同时一些城市服务平台，手机 APP，微博、微信公共服务账号的出现，把有关政务信息快速直接地反映给群众，更加高效、便捷地为群众提供了基础公共服务，进一步提升了政府形象，密切了干群关系。

2015 年 9 月 23 日，广东省人民政府办公厅发布《广东省"互联网 +"行动计划（2015～2020 年）》，提升社会服务事项网上办理效率；12 月 25 日，湖北省跨境电商公共服务平台启动运行；其他地区和省份也都相继发布了 2015 年电子政务工作要点和工作报告。2012 年 6 月广东省政府发布了《关于做好全省网上办事大厅建设相关筹备工作的通知》，要求建设省、市两级统一的网上办事大厅。近年来，广东省基于互联网构建全省统一的"网上办事大厅"，面向社会个人和企业提供多种多样的在线政务服务。镇（街）级政府基本建立网上办事大厅，并与省、市、县的办事大厅相连接，实现政务信息网上公开、投资项目网上审批、社会事务网上办理、公共决策网上互动、政府效能网上监察。2014 年 1 月，浙江省政府下发了《浙江省网上政务大厅建设工作方案》（浙政办发〔2014〕10 号），决定以建设省市县三级网上政务大厅为抓手，加快推进浙江全省行政审批制度改革。浙江政务服务网是全国首个搭建在公有云平台上，实现省市县一体化建设与管理的政府网站。省市县三级政府 3300 余个部门、6 万余项审批事项，已按照实际运行流程纳入浙江政务服务网，面向互联网用户提供办理指南、表格下载、网上咨询等服务。

我国电子政务发展的主要目标之一就是提升公共服务水平，特别是面向广大群众基本公共服务的基层电子政务。充分利用互联网构建电子政务系统，积极探索电子政务创新为民服务的新模式。

三　电子政务大数据应用探索迅速普及

随着大数据技术应用的飞速发展，2015 年 8 月 31 日国务院发出《关于印发促进大数据发展行动纲要的通知》（国发〔2015〕50 号），大数据在电子政务中的应用探索力度不断加大，大数据将对政府部门的行政管理和公共服务产生深刻的影响，越来越被大家认同。

政府所掌握的大量公共政务数据是完善国家治理的"金矿"，其价值的充分挖掘与创造离不开完善的公共服务体系。当前政府信息公开过程中一个突出的问题就是对公民的信息公开需求呼应严重不足。要紧密围绕数据治国的战略需要，加强大数据标准体系建设，建立面向不同类型、涵盖各个领域、不断动态更新的大数据建设标准，为实现各级各类信息系统的网络互连、信息互通、资源共享奠定数据基础。

大数据大大拓展了政府决策的信息边界条件，并创新了决策的方法。在大数据的环境下，政府将从基于"经验"的决策模式走向基于"实证"的决策模式，为政府科学和精准地决策提供支持。大数据的包容性将有助于打破政府各部门间、政府与公民间的固有边界，

"信息孤岛"现象将有可能大幅度削减，数据共享有望成为现实，提高政府各机构协同办公的效率和为民办事的效率，有利于改善服务体验并降低行政成本。加强电子政务大数据的管理不仅能动态监测而且还能深度分析和挖掘网络舆情和危机事件的动态，提高政府危机预警能力和应对能力。大数据的信息粒度更细，使得差别化甚至是个性化的信息提供和服务成为可能，进一步提升居民对政府服务的满意度。数据高度开放和大规模强力流动，意味着知识在政府管理中得到深度挖掘和更加广泛的利用，这将促使政府的管理和服务更加开放和透明。

经过十多年的电子政务建设，各级政府部门积累了大量数据。人口、企业法人、空间地理和宏观经济等基础信息库建设取得一定进展。绝大多数中央部委和省级政府部门的核心业务都有数据库支撑，核心业务数据库覆盖率超过80%。

以民生重要领域和政府决策支持为应用突破口，重点选取辅助决策、农业服务、医疗卫生、食品安全、教育、交通、公共安全、城市管理、科技服务以及金融、电信、能源、传媒等重要且数据量大的行业领域，建设大数据公共服务平台，试点先行、逐步推进。围绕科学决策、应急指挥、统筹协调、政策分析等工作，收集和汇聚各类政务信息，建立大数据决策分析模型，增强对重大突发事件、自然灾害及重要舆情的监测、预警、研判和处置能力，提高决策的科学性和有效性。针对临床质量分析、医疗资源分配、医疗辅助决策、科研数据服务、个性化健康引导的需求，汇聚整合医疗、药品、气象和社交网络等大数据资源，形成智能临床诊治模式、自助就医模式等服务模式创新，为公民、医生、政府提供医疗资源配置、流行病跟踪与分析、临床诊疗精细决策、疫情监测及处置、疾病就医导航、健康自我检查等服务。建设电子诊疗档案库，形成PB级的医疗健康大数据资源，实现支撑跨地区多名医生同时在线诊疗的辅助能力。针对食品安全和管理的需求，汇聚政府各部门的食品安全监管数据、食品检验监测数据、食品生产经营企业索证索票数据、食品安全投诉举报数据，建成食品安全大数据资源库，进行食品安全预警，发现潜在的食品安全问题，促进政府部门间联合监管，为企业、第三方机构、公众提供食品安全大数据服务。针对交通规划、综合交通决策、跨部门协同管理、个性化的公众信息服务等需求，整合道路交通、公共交通、对外交通的大数据资源，汇聚气象、环境、人口、土地等行业数据，逐步建设交通大数据库，提供道路交通状况判别及预测，辅助交通决策管理，支撑智慧出行服务。针对科技服务数据整合、交互式服务、发展趋势预测、战略决策支持等需求，汇聚科技成果、项目、人才、服务、互联网创新创意等大数据资源，支撑研发设计、技术转移转化、创新创业、科技咨询、科技金融等方面的科技服务。探索科技服务链整合、众包分包、供需对接的交互式平台型服务模式，建立科技服务业资源共享体系，建设跨领域科技服务与工程创新平台。

四　新技术新应用促进电子政务优化融合加速

2013年以来，在工信部的推动和云计算技术日趋成熟的双重作用下，云计算在电子政务领域得到了广泛应用，促使政务云逐步演变为电子政务的新型基础设施。2015年1月26日，浙江省人民政府办公厅发布《浙江省电子政务云计算平台管理办法》，全国范围风起云涌地大力推进云计算技术在电子政务领域的应用。

1. 规划成为引领政务云建设的主抓手

截至2015年8月，全国已有超2/3的省份对政务云建设进行了专项规划。如福建省发布《福建省省级电子政务云计算平台应用管理暂行办法》，明确规定各部门建设电子政务应用系统应充分利用政务云平台资源，实现电子政务集约化建设，不再新建独立的机房或数据中心，避免重复投资，新的应用系统依托政务云平台建设，现有应用系统逐步迁移到政务云平台。山东省印发《关于加快我省电子政务集约化发展的实施意见》，明确规定2016年年底前，建设完成省级异地灾备中心；2017年年底前，依托云平台完成大数据应用平台的搭建。大连市政府出台了城市智慧化建设总体规划，提出到2016年，大连将建成全市统一的电子政务云数据中心，政府服务事项80%以上实现在线办理。

2. 先行省市政务云应用成效日益凸显

2015年5月6日，广东省完成了电子政务云平台一期建设，为广东省网上办事大厅、省政府信息公开业务系统、省公共信用信息管理系统、省企业投资项目备案系统、省碳排放管理和交易系统、省国土资源在线巡查系统、省智慧城乡空间信息服务平台、全民健康综合管理信息平台等业务系统的运行提供了可靠的基础设施环境。广东计划到2017年，建设具备15000个CPU核心、150TB内存的计算能力和15000TB的存储空间的电子政务云平台二期，满足省直单位未来10年新增业务系统及既有系统迁移的需求。2015年5月28日，北京市海淀区"政务办公云平台"正式上线，平台一经投入运行就有19个委办局实现在统一的政务办公云平台上办公，该平台可提供97种政务云服务，并向所有应用开发企业开放，大幅减少以往分散开发的成本，提高应用服务的效率。2015年7月14日，宁夏回族自治区电子政务云平台正式投入运营，宁夏水利厅成为首个用户。该平台共有3000台服务器和1600T存储，可以为自治区各部门和各市县（区）提供集中统一、技术先进和安全高效的数据中心服务，并承载政务、社保、民政等八个行业云计算应用系统，同时为各厅局委办提供大数据业务机会的挖掘和技术咨询。济南按照"以购代建"模式联合浪潮集团建设了济南政务云计算中心，目前有50多个部门的机房、通信网络、支撑平台、运行管理实现了集中，52个政府部门、300多项业务应用和10余项跨部门应用在云平台运行，济南全市的电子政务基础设施已经实现集约化，重复投资的问题得到避免，业务应用部署的效率也大大提高，与之前分散建设的模式相比，政务云节约的基础设施投资达15%～20%。贵州电子政务云与工业云、电子商务云、智慧旅游云等六个云应用共同组成了"云上贵州"系统平台，目前已经承载了贵州省政府门户网站等多个应用系统。

五　政务新媒体开启为民服务新渠道

近年来，电子政务输出通道正由PC端向手机、平板、可穿戴设备等移动终端迁移，政务微博、微信及APP等新媒体与政府网站通过信息互通、服务互补加速发展。

1. 多数省级政府开通政务微信

截至2015年8月底，全国开设的政务民生微信公众号已超过8.3万个，在区域上已覆盖全国31个省、自治区、直辖市（不含港澳台），省市级部门开通的政务微信公众号总量占比为84.7%，平均每个政务微信公众号关注用户数超过3.6万，其中广东、浙江、江苏、北京等地政务微信公众号开通量领跑全国。微信城市服务成推进"互联网＋公共服务"主力军。截至2015年12月，微信城市服务已上线了14个省72个城市，拥有超过3000项服务，提供服务涉及公安、交管、医疗等27个类别，覆盖用户超过2.5亿，累计服务人次超过4000万。

2. 政务微博呈集群化发展

政务微博形成了从中央到地方、覆盖不同级别、不同职能部门的矩阵。截至 2015 年 6 月，新浪认证的政务微博账号为 145016 个，其中政务机构官方微博账号 108115 个，公务人员微博 36901 个，其中公安和新闻发布类微博的运营仍处于领先水平。随着"互联网 + 政务"的推进，政务微博运营已经成为政府日常工作的组成部分，运营水平的高低也成为政府部门执政能力的"标尺"之一。目前，上海、广州、深圳、杭州、武汉等地的多个政务微博，已经开始提供线上便民服务，包括在线咨询、服务预约和业务办理等，积极探索政务服务的新道路。

3. 政务 APP 逐步普及

北京市发布了"北京服务您"APP，向公众提供交通出行、房产服务、文娱体育、劳动就业、婚育服务、教育服务、社区服务、医疗保健、政府办事、旅游放假等 10 多类服务。浙江省的"浙江政务服务"APP 集省市县三级政府网上办事和公共服务资源于一体，包括"热点应用"、"我要看"、"我要问"和"便民服务"四个板块，可查找全省 6000 余个办事服务场所信息，提供 17000 余项便民引导、77000 余个办事服务指南信息。青岛市的"智慧青岛"APP 整合了来自政府和公共事业单位、新闻媒体的资源，向公众提供新闻资讯、信息公开、沟通交流、政务办事等服务。广州市的"警民通"APP 集成了公安局以及公安交警的服务事项，在"服务大厅"栏目提供了交管业务、路况查询、户政业务、出入境业务、监管业务、督察业务等服务，公众实名注册后，部分业务可通过 APP 客户端预约或办理。

六　社会管理和公共服务应用各具特色

近年来，地方各级政府加快推进社会管理和公共服务应用创新发展，电子政务促进社会管理和为民服务成效日趋显著，社会管理和为民服务的事项数量明显增加，电子政务推动政府公共服务不断向基层社区延伸。

1. 创新社会管理应用深入发展

截至 2015 年底，我国 85% 以上的省（自治区、直辖市）开展了食品药品监管、安全生产等领域的应用，70% 以上的地市开展了公共安全、区域卫生信息化等的应用，60% 以上的县级开展了教育领域的信息化建设，多领域业务融合程度越来越高，在整合提升政府公共服务和管理能力等方面发挥了越来越大的作用。据不完全统计，75% 以上的地级以上城市不同程度地开展了数字化城市管理，网络化管理已经成为一种有效的城市管理手段，被广泛应用于社区管理、市容环卫、市政设施等领域，提高了城市的精细化运行管理水平。北京市进一步升级城市网格化管理模式，将城市管理网格化与治安管理网格化、社会服务网格化进行融合。截至 2015 年 7 月，北京市 92% 以上的街道（乡镇）和社区（村）均建立起了网格化体系，每天有 109671 名网格员活跃在 31681 个网格里，群众身边一旦出现大事小情，网格员就可以随时随地为百姓解决问题。广州市将绩效考核灵活运用于城市网格化管理服务中，以政府评价占 40%、居委会评价占 40%、街道评价占 20% 的形式，对网格员的工作成效进行考核，使得政府对城市的管理能力和处理问题速度得到明显提升。

2. 为民服务应用成效日趋显著

近年来，各地各部门贯彻落实党中央国务院的重要部署，积极推进电子政务创新为民服务发展，在推进教育资源优化配置、提高群众就医体验、城乡社会保障体系建设、数字文化体系供给等方面涌现了一批卓有成效的典型应用，密切了党和人民群众的血肉联系，提高了人民群众对政府的满意程度。厦门市推出了积分入学"在线申请服务系统"，外来流动人口子女入学申请不需要再去公安、人社、工商、计生、地税等部门跑纸质证明，系统可通过后台数据库直接调用这些部门的相关数据，给外来人口的子女入学申请带来了很大便利。广东省第二人民医院、深圳友德医科技有限公司、连锁药店三方联合推出了广东省网络医院，以更低的成本实现了医生与患者的在线诊疗与购药，据统计，该网络医院平均处方金额为64.7元，远低于广州市2014年普通门诊平均处方价格250.7元。青岛市人社局大力推动互联网与人社规律性、趋势性业务深度融合，面向不同服务对象，推出了窗口服务、网上服务、自助服务相结合的公共服务模式，改变了传统"赶大集"式的服务供给方式，截至2015年9月，150多项人社业务实现了网上直办，全市已开通企业网上用户7万多个、个人用户300多万个。

3. 县级政务服务应用逐步向基层延伸

"十二五"期间，县级政府政务服务事项街道（乡镇）电子政务覆盖率平均达到30%以上，县级政府政务服务事项社区（行政村）电子政务覆盖率普遍为10%左右。广东省清远市阳山县以解决群众办事难为切入点，探索建立了覆盖县镇村三级社会综合服务网络，以村（社区）社会综合服务站为受理站，延伸服务范围。宁夏盐池县各部门准确梳理服务事项，将全县所有行政职权事项和便民服务事项纳入平台，初步形成了横向到部门、纵向到乡镇的政务服务网上审批体系，有效推动了政务服务工作规范、公正、透明、高效运行。

七　电子政务发展中需要重视的问题

（一）电子政务统筹协调难度大，改善成效不甚明显

电子政务统筹协调难度大的客观原因在于许多行政事务涉及的部门众多，办理事项烦琐且分散。究其根本，在于业务流程的再造进程缓慢并且较难协同。受传统观念和部门利益的影响，各地方政府和部门在网上提供政务服务时往往从本部门、本地方的利益出发，各自为政，采用各不相同的标准规范，业务内容单调重复。在此基础上的业务流程再造也非常缓慢，不少网上政务服务系统运行与业务流程没有实现紧密结合与无缝衔接，优化再造政务流程仍停留在纸面。

（二）网上办事和为民服务能力不足，人民群众满意度有待进一步提升

能力不足在很大程度上是由于相关公务人员服务意识薄弱，并且缺乏互联网思维，发展公共服务没有与互联网思维相结合。目前各国都将电子政务和在线政务服务视为减少政府公共服务成本的方式，但电子政务主要的目的始终是为公众提供更加人性化、更加优质的服务，提高公众的满意度。目前，政务服务大厅、政府网站、政府业务系统、移动APP、社交媒体、呼叫中心等线上和线下多重服务渠道百花齐放，但是服务形式分散，缺乏集成化服务获取平台，并且没有相对完善的相关服务体系，这些都不符合方便公众快捷地获取公共服务的政策规划。

（三）电子政务相关规划、标准和保障措施尚需完善

首先，法律法规、绩效评价和监督考核等制度建设方面比较缺乏，尤其在跨部门跨层级的信息资源整合共享、电子印章、电子文件、电子证照、网上身份认证、网上支付等方面，需要抓紧研究制定相关管理办法和制度措施。同时，网上政务服务模式存在自发发散的现象。目前，全国 31 个省（自治区、直辖市）和新疆生产建设兵团共发布约 4 万项政务服务事项。但在政务服务的便利性、响应性、透明性和实效性四个方面水平参差不齐。从目前开展建设情况来看，投资浪费严重，信息无法共享，整体效能不高的现象普遍存在。从建设模式来看，不少地方的网上政务服务平台建设仍采取以往"分散管理、分散规划、分散投资、分散建设、分散应用"的无序建设模式。

八 "十三五"时期电子政务发展的主要趋势

（一）公共服务质量不高，需要以"互联网 + 政务"提升政府公共服务供给水平

当前，我国基于互联网的公共服务体系供给乏力，大多处于一种信息公开的阶段，无法满足人民群众日益高涨的在线服务需求。在行政审批网络化方面，仅有广东、福建、浙江等经济发达地区建立了网上办事大厅，但大多扮演"网络收发室"的功能，可进行网上办理的事项并不多。在网上公共服务资源方面，仅有少数地区启动了互联网医院、教育资源公共服务平台、数字公共图书馆等资源建设。此外，大多数在线公共服务资源可及性弱，与群众的真实需求脱节，导致在线用户数不高。

因此，亟需加大"互联网 + 政务"推进力度，推进互联网与政务服务的深度融合，通过信息共享、互联互通、业务协同，实行审批和服务事项在线咨询、网上办理、电子监察，以公共服务在线化实现信息惠民、利民、便民。

（二）政务应用深度不够，需要以大数据提升政府经济和社会管理能力

当前，我国电子政务应用的深度不够，在政府市场监管、经济宏观调控方面，信息的采集、积累和分析不够，信息跨部门共享困难。大数据的广泛应用，能够利用数据融合、数学模型、仿真技术等一系列手段，实行数据驱动的管理模式，让数据说话，尊重客观事实，提升科学决策能力。对经济治理来讲，通过收集记录每个生产者、消费者产生的数据，可为每个市场主体进行精确描述，判断经济形势的好坏不再仅仅依赖于样本统计数据，而是将海量微观主体数据加总，以推导出宏观经济大趋势。在市场监管中，打击假冒伪劣不再需要消耗大量人力、物力，大数据将使危害市场秩序的行为无处遁形。对社会治理来讲，通过全息的数据呈现，可以改变政府以往从经验出发的模糊治理模式，向由数据驱动的精准治理模式转变，使得智能交通管理、消防救灾、能源动态监控、流动人口管理等各个领域实现科学决策。

因此，需要加快大数据在政府决策管理中的应用，充分利用职能部门各类专业系统和智能分析模型，开展统计分析、预测预警和评估研判，及时掌握经济运行与社会发展的实际状况和发展趋势，不断提升信息保障和辅助决策能力。

（三）分散建设造成资源浪费，需要以云计算促进信息资源共享和系统集约化建设

信息孤岛和分散建设是当前阻碍电子政务深入发展的两大瓶颈。一是信息共享仍未取得根本突破。由于数据跨区域、跨部门的共享、保护、开放等缺少统一规定，再加上行政壁垒、各自为政等因素，我国各级政府跨部门、跨地区的信息共享进展有限。调查统计，区域部门间超过 80% 的省级、65% 的地市、70% 的区县尚未实现共享。二是分散建设亟须改变。当前，自建、自用、自管的电子政务工程技术导向的建设模式没有得到根本遏制。调查统计，全国省级和副省级城市、地市级、区县级设有独立机房的部门平均比例分别为 60%、26%、18%。省级、地市级、区县级政府网站分散建设的平均比例分别为 72%、28%、35%。这种分散的状况不仅造成资金浪费，更为网络互联互通、信息共享和业务协同造成了严重阻碍。

因此，需要以政务云为抓手，统一存储、统一使用、统一管理，实现信息共享和系统集约化建设，实现多部门协同，节约电子政务建设资金。

（四）政务业务流程繁杂，需要以互联网优化流程提高政府管理和服务效率

近年来，各地各部门行政服务效能得到显著提升。但一些地方和领域，困扰基层群众的"办证多、办事难"现象仍大量存在。具体体现在：一是证件"多"。据统计，我国与人民群众日常工作生活相关的各类证件、证明多达 400 多个，其中最常用的有 103 个之多。二是流程"繁"。证件审批涉及部门众多，同样材料重复提交，而且部分证件审批周期长。据统计，办理这 103 个常用证件，需要经过 18 个部委局办，盖 100 多个章，交 28 项办证费；户口簿要提交 37 次，照片要提交 50 次，身份证要提交 73 次；异地办理准生证需要经过 8 个单位，开 5 份证明，盖 8 个章，历时 8 天。

因此，在电子政务建设过程中，需要大力推动"简政""减证"，简化办事环节和手续，优化公共服务流程，推动一站式网上审批，拓展服务渠道，才能让群众办事更方便。

（五）网络安全面临严峻形势，需要增强自主可靠的信息技术产品和服务供给能力

因核心技术受制于人的局面尚未改变，因此，我国电子政务系统的安全问题十分令人担忧。中国软件评测中心发布数据显示，在 2015 评估范围内的 900 余家网站中，超过 90% 的网站存在各种危险等级的安全漏洞；31% 的网站被划入极度危险序列，17% 的网站被划入高度危险序列；近 30% 的网站安全漏洞数量超过 30 个，有 60 余网站家安全漏洞数量超过 100 个。补天漏洞响应平台发布的数据显示，从 2014 年 4 月以来，全国社保系统范围内涉及居民社保信息泄露的报告达 46 个，其中高危 44 个，至少涉及浙江、江苏、陕西、四川、山西等 19 省份，涉及人员达 5200 万。此外，因网络安全防护能力薄弱，地方政府网站成为黑客攻击的"重灾区"。据国家互联网应急中心监测，2014 年我国境内被篡改的政府网站达 1763 个，被植入后门的政府网站 1529 个，分别占全部被篡改网站的 4.8% 和全部被植入后门网站的 3.8%。部分政府网站被入侵带来的损失严重。

因此，需进一步完善安全保障管理机制，提升核心芯片、高端服务器，以及操作系统、数据库等基础软件的整体发展水平，推进重要领域的软硬件国产化替代工作，统筹构建国家统一的立体的电子政务安全保障体系。

九 "十三五"时期电子政务发展的主要特点

随着我国经济社会的发展、互联网与网络技术的普及，特别是近年来与人民群众生活息息相关的电子商务的蓬勃发展，社会公众对于互联网与信息化有了更加全面、具体的了解。我国电子政务的发展也将不断适应互联网发展的新进展和新特点，适应公众新的需求。

（一）电子政务将不断适应互联网时代的发展特点

互联网发展的核心在于用户思维，而"互联网＋政务服务"则务必以公众的需求为核心，唯有如此才能提高服务的使用效率。政府管理创新和电子政务的发展需要提供能够满足不同用户特定需求的基本公共服务。为实现这一目标，电子政务的发展需要提高自身服务能力，积极获取、监测并整合公民的反馈，及时了解公众的需求，提高公众的满意程度。在此基础上，运用互联网时代的思维模式，大胆尝试基于互联网的公共服务一体化、"政务O2O"等多元电子政务服务模式，着重解决电子政务服务的"最后一公里"等问题，探索建设具有"互联网＋电子政务"理念的、基于互联网的、能够为社会公众提供基本公共服务的电子政务服务新模式。

互联网时代信息化手段和移动互联网新媒体技术的发展，突破了传统政府治理和公共服务供给的渠道障碍。"互联网＋电子政务"理念与实践，能够有效地运用网络通信技术和互联网络平台，不仅可以实现传统的面对面的、群众来信、热线电话等形式的电子政务服务供给，也可以实现通过电子邮件、互动专区等渠道的为民服务，同时还积极利用以微博、微信、客户端等为代表的移动新媒体技术作为向社会公众提供电子政务服务的有效渠道。从而有效地消除了公共服务供给的空间障碍，使来自不同背景、区域、使用不同媒介的人民群众都能及时获取政府的真诚、有效、透明、及时的电子政务服务。

（二）在线服务将成为未来电子政务发展的突破口

互联网与电子政务的发展促使社会公众对于同样与日常生活息息相关的电子在线服务有了更高的期望与需求。社会公众不再满足于传统电子政务的管理方法，也不仅仅满足于政府网站提供的"政府信息公开"和"政府在线办公"的功能，而是在电子政务的"政民互动"与"在线服务"方面提出了更高的要求。

互联网特别是移动互联网的普及和不断发展将极大地提升在线服务的便捷性、及时性和可获取性。基于网络信息技术的电子政务服务新模式，能够充分利用政府网站、移动新媒体等的社会公众提供 365×24 小时的全天候、实时、有效的基本公共服务，在时间上充分拓展了公共服务的范围，从根本上消除了公共服务的"盲区"，及时、高效地满足了广大人民群众日益多元化、个性化的发展需求和利益诉求。

政府上网从基础设施部署、网络平台开发的起始阶段，已经步入加强应用使用效率的深化发展阶段。目前，仍然有很多政务服务事项只能进行在线预览，很多政务服务事项的在线办理流程不规范，各地区各部门政务服务标准不统一，这些问题都严重地影响了政务服务互联网在线办理效能和人民群众的满意程度。为了进一步为人民群众提供满意高效优质的在线政务服务，应当建立起统一的在线政务服务标准规范体系，用标准统一的服务标准体系，促进在线政务服务的标准化建设。

从全国来看，有很多地区、很多部门提供的面向人民群众日常生活的基本公共服务政务应用和事项都是零散地分散在各个部门的政府网站和系统应用平台之上。政府网站上对于一些面向人民群众日常生活的基本公共服务政务应用和事项的提示程度和版面设计也不合理，使人民群众需要耗费大量的时间精力在网站上搜索所需的政务服务，增加了群众的不便。电子商务平台通过建立按地区、按类别的标准化属性添加的方法，将来自全国不同地区、不同类别的数以千万计的商品集中、统一、规范地展示于一个网站平台之上，实现了用户检索、商户办理的简便化、高效化。

（三）社会力量将成为电子政务发展的重要支撑力量

企业是推动社会信息化发展的主力军。从全球信息化发展的历程来看，企业信息化发展的步伐一直领先于政府。借助企业和社会平台的力量，是电子政务快速发展的重要途径。同时，企业和社会平台的参与和支持也符合当前我国国家治理体系和治理能力现代化战略提出的多方参与、社会共治的方针。事实上，我国的电子政务发展已经广泛利用了社会平台。

随着移动互联网的普及和新媒体技术的发展，以政务微博、政务微信公众号和移动政务客户端（政务 APP）三个移动政务新媒体平台为代表的我国移动政务新媒体的出现和飞速发展，为实现移动互联网时代的便民为民服务、完善政民互动、加强政务公开、汇聚网络人心、促进电子政务发展提供了重要的平台。以"两微一端"为代表的移动政务新媒体的覆盖人群和公众认可度不断得到提升，已经成为越来越多的各级党政机关进行为民服务的"标配"。移动政务新媒体提高了群众的满意程度，开辟了移动互联网时代的电子政务国家治理新途径。

微博、微信等新媒体平台具有用户数量大、活跃度高、应用灵活等诸多优点，成为很多政府机构面向公众提供服务的重要渠道，这些平台的运营企业也为政府更好地运用平台提供了很多支持。2014 年 8 月，国家互联网信息办公室发布了《即时通信工具公众信息服务发展管理暂行规定》，进一步促进了包括政务新媒体在内的信息发布工具的规范化管理。此后，有一大批省市县政府以及有关部门都相机出台了部门专属的微博、微信公众号以及移动客户端的管理办法。未来将有更多的党政机关出台更加高效、详尽、全面的新媒体管理办法，进一步促进新媒体向着规范、有序和健康的方向发展。可以肯定，未来类似的政企合作还将继续深化，为电子政务发展提供重要支持。

在政府各业务领域开展大数据应用是国务院把握信息技术和社会信息化最新发展趋势做出的重大决策。国务院总理李克强多次就运用大数据提高政府治理能力做出指示，国家工商总局、证监会、银监会等多个部门已经在开展大数据应用的具体工作。运用大数据提升政府治理能力，需要有广泛的数据来源和强有力的技术平台做支撑，不能仅仅局限于政府内部。我国主要的互联网企业如百度、阿里巴巴、腾讯等，都具有丰富的数据资源、较强的技术能力和较成熟的技术平台，同时也具有与政府充分合作的意愿。应该拓展思路，研究能满足各方需求的合作机制，将相关企业和平台的力量充分利用起来，共同推动大数据在政府的应用。

（四）电子政务国际地位将继续提升

《2014 年联合国电子政务调查报告》显示，我国的电子政务发展指数（EDGI）为

0.5450，列全球第 70 名，与 2012 年相比上升 8 个位次，是近五年来排名最靠前的一次，表明我国电子政务在这段时间里取得了较大的发展与进步。

我国电子政务排名的提升，与我国政府推动电子政务发展的决心与行动密不可分。2011 年 3 月，十一届全国人大四次会议通过的《中华人民共和国国民经济和社会发展第十二个五年规划纲要》提出，要大力推进国家电子政务建设。2011 年 12 月，工业和信息化部印发《国家电子政务"十二五"规划》（工信部规〔2011〕567 号），提出要转变电子政务发展方式，充分发挥电子政务应用成效。2014 年 2 月 27 日，中央网络安全和信息化领导小组成立，组长由国家主席习近平亲自担任，旨在统筹协调涉及经济、政治、文化、社会及军事等各个领域的网络安全和信息化重大问题，建设网络强国。

近年来，党中央、国务院围绕协调发展、简政放权、"互联网＋"、政府数据开放应用、优化服务流程、政务公开等多个层面，密集出台了一批相关配套政策文件，强力支持电子政务发展。2015 年 1 月，国务院办公厅印发《关于促进电子政务协调发展的指导意见》（国办发〔2014〕66 号），明确要求：进一步加强顶层设计、深化应用深度和广度、健全保障措施。2015 年 5 月，国务院印发《2015 年推进简政放权放管结合转变政府职能工作方案》（国发〔2015〕29 号），从网上并联审批、在线审批监管平台、信息资源共享、信用信息公示"一张网"、电子营业执照、综合监管平台、"互联网＋监管"等多个角度，就以信息化手段加快转变政府职能提出了明确的要求。2015 年 7 月，国务院印发《关于积极推进"互联网＋"行动的指导意见》（国发〔2015〕40 号），指出：加快互联网与政府公共服务体系的深度融合，推动公共数据资源开放，构建面向公众的一体化在线公共服务体系。2015 年 9 月，国务院印发《促进大数据发展行动纲要》（国发〔2015〕50 号），提出：加强电子政务建设，建立健全政府大数据采集制度，全面推行政府信息电子化、系统化管理。2015 年 11 月，国务院办公厅印发《关于简化优化公共服务流程方便基层群众办事创业的通知》（国办发〔2015〕86 号），明确指出积极运用大数据、云计算、物联网等信息化手段，探索实行"互联网＋监管"新模式。2016 年 2 月 17 日，中办国办印发《关于全面推进政务公开工作的意见》，明确提出加快推进"互联网＋政务"和政府数据开放，构建基于互联网的一体化政务服务体系。

随着我国政府的强力推进和各项措施的实施，我国电子政务将向集约高效、透明创新和智能互联的方向发展，我国电子政务国际地位将继续提升。

（五）政务服务将向一体化集成方向发展

为扩大在线服务的使用范围，满足公众的多元化、多层次需求，电子政务正逐步向在线一体化集成和创新服务应用的方向演变。广东省建设了全省统一的"网上办事大厅"，利用信息化手段实现 99% 的行政审批事项网上办理。银川市政府成立了行政审批服务局，依托统一的电子政务审批平台，将分散在发改、住建、教育、财政、工商等 26 个部门的 150 多项行政审批事项集中办理，实现市民大厅"一个窗口受理、一站式办理、一条龙服务"。浙江省与阿里云、支付宝等进行合作，整合了 40 余个省级部门、11 个地市和 90 个县（市、区）政务服务资源，实现了省市县的数据直连，市民可像逛淘宝一样在网上办理所需的政务服务。

随着移动互联网、云计算、系统集成等新一代信息技术在电子政务领域的深入应用，将涌现更多电子政务创新应用，打造基于电子政务云平台的在线一体化集成服务体系，为企业和个人提供方便、快捷的政务服务。

（六）自主可靠产品将加速在电子政务领域推广

随着网络黑客攻击、信息安全漏洞等事件的出现，各地积极推进自主可靠软硬件在电子政务建设中的应用进程，努力保障网络和信息安全。根据 2016 年工信部办公厅的调研，江西省工信委的网络设备、服务器设备、存储备份设备、电脑 PC 基本上都采用国内自主品牌或国内合资品牌，安全产品国产化率达到 100%。浙江省经信委和通信管理局的软硬件国产化程度较高，其中，经信委的网络设备、安全设备全部采购国产品牌，信息系统的中间件和数据库也逐步使用国产软件；通信管理局的 7 台服务器中 4 台国产，12 台交换机中 8 台国产，4 个路由器中 1 台国产。

随着国家对网络和信息安全的重视程度加强，以及自主可靠软硬件的不断完善，将会有更多的部门和地方开展国产化软硬件在电子政务领域的应用，确保电子政务重要系统和数据安全。

十　国际电子政务发展的主要趋势

当前，全球电子政务从单一机构应用向跨部门整合协同转变，正处于由整合型向智慧型转变的新阶段。

（一）以统筹协同构建集约高效的整体政府

《2014 年联合国电子政务调查报告》指出，目前主要发达国家更加关注通过电子政务建设整体政府和解决协同治理问题，并将其作为应对各种复杂挑战的关键。在构建整体政府中，各国强调基础资源的集约化建设与利用，管理层面的统筹规划与高效协同，服务层面的"一站式"无缝整合。

1. 通过整合网络和平台，促进基础设施的集约化建设

目前，英国、法国、德国、韩国等 20 余个国家均建设了统一的政府公共网络平台，整合构建统一的政府公共网络平台成为电子政务集约化发展的大趋势。英国在 2010 年初推出的 ICT 战略中，构建公共基础设施部分的核心内容之一是整合和建设公共部门网络平台项目，为公共部门集中提供无缝的语音和数据传输服务，在降低运行成本和复杂性的同时，鼓励地方部门和国家部门更加便捷、高效地共享。项目规划到 2017 年，所有非涉密政府公共应用系统迁移到平台。2010 年 2 月，美国启动联邦数据中心整合计划，着手关闭一批规模小、能耗高的数据中心，目标是到 2015 年关闭联邦政府 40% 的数据中心，自此，美国政府数据中心开始进入整合、升级、云化的新阶段。2010 年初的英国 ICT 战略将整合数据中心、政府云的建设一同实施，计划将当时 130 多个数据中心整合至 10 ~ 12 个，为电子政务有效"瘦身"。

2. 强化电子政务统筹与协调管理，确保整体效能有效发挥

为保障政府内部业务的顺畅运行和公共服务的无缝供给，全球电子政务建设都越来越注重强化电子政务的统筹规划和内部协调。一是出台战略规划积极进行重点任务部署。美、英、澳、日、韩等电子政务发展领先国家十分重视战略规划制定，定期会发布相关战略明确当前推进电子政务建设的重点，确保各部门各地区目标的一致性及自身在国际上的领先地位。二是首席信息官及其类似的协调部门成为推动协调工作的重要催化剂。《2014年联合国电子政务调查报告》显示，2009～2014年间，公布首席信息官信息的国家数量翻了一番，有42%的国家提出设立电子政务首席信息官。

3. 开展以效果为导向的电子政务绩效管理

例如，美国电子政务建设已由面向具体项目、业务和资金配给型的项目管理转变为注重政府使命、效能优先的绩效管理，在规划、投资、实施等多个环节对电子政务项目实施绩效考核。英国、加拿大等多国政府也高度重视对电子政务建设情况的绩效评价，通过年度绩效评价等形式，促使电子政务建设满足规划政策的要求。

4. 以用户需求为中心，实现高效便捷的"一站式"服务

以公众和社会需求为中心提供"一站式"服务是构建整体政府的典型特征之一。韩国政府电子化公共服务的发展程度和精细化水平全球领先，这其中尤以跨部门互动表现最为出色。为更好地方便公众办事，韩国政府重点梳理了1000项为民服务事项，将这些事项所涉及的部门及工作流程进行了重点梳理和整合优化，后台部门间紧密协作，有效确保了前台公众访问网站时享受"一站式"、无缝的服务。新加坡政府门户网站也以"一站式"服务而闻名。网站建立了电子公民服务中心，围绕文化、教育、家庭、住房、交通与出游等一系列主题串联起多个服务事项，形成一体化的服务"链条"。服务任务通常由多个部门协同完成，只要年满15周岁的公民都可拥有自己的"电子公民账户"，随时通过网站获取服务。在瑞典，瑞典公司注册办公室、瑞典税务部、瑞典经济与区域发展部联合搭建了瑞典企业注册门户网站，使企业家可以在统一网站登录获取服务。在丹麦，公众通过单一登录入口就可以享受门户网站提供的个性化账户信息服务。

（二）以新型技术建设智能互联的智慧政府

随着云计算、物联网、移动互联网、大数据等新一代信息技术的创新应用，各国电子政务建设正朝着数字化、网络化、智能化的方向发展。

1. 各国加快实施云计算战略，推进政府云应用

随着云计算的成功案例逐渐累积，技术应用愈发成熟，各国政府开始高度重视云计算技术，通过颁布相关战略计划加速部署应用。目前，美国、欧盟、日本、韩国、澳大利亚等电子政务领先国家均通过战略、政策和具体行动明确了云计算的优先应用策略。2011年9月，美国发布《联邦政府云计算战略》，规定在所有联邦政府信息化项目中优先运用云计算，从而解决电子政务基础设施利用率低、资源需求分散、重复建设、工程建设难于管理等问题。至今为止，美国联邦、州、地方各级政府已经全面采用云计算。2012年，韩国政府发布了《泛政府云计算促进信息化战略》，提出从2013年开始，中央政府部门重新制作或更换信息系统时，应全面使用云计算技术，以合理分配IT资源，节省系统构建和运营费用。2013年5月，澳大利亚发布《政府云计算政策：最大化云计算的价值》，对政府部门使用云计算服务提供相关法律、财政支持、安全规范等方面的指导。

2. 应用新媒体，创新公共服务方式与内容

当前各国政府部门广泛应用移动通信技术和社交媒体创新公共服务手段和方式。《2014

年联合国电子政务调查报告》显示，2012～2014年，使用移动应用程序和移动门户网站的国家数量增加了一倍，移动技术已经被广泛应用于农业、应急救险、教育、社区服务、医疗卫生等领域，很大程度上提高了政府的工作效率，方便了政府与公众的沟通以及公众参与政府决策，为公民提供了更优质、高效和便捷的服务。美国联邦政府将2012年定为移动政务元年。2012年1月，发布《联邦移动政务策略》，制定了6条发展目标用以协调、统筹和推动美国移动政务的发展和建设。2012年5月，美国发布《数字政府战略：创建21世纪的平台更好地为美国人民服务》，将面向用户的移动政务服务置于优先地位。新加坡《电子政务总体规划（2011～2015）》将移动互联网技术作为电子政务的重要内容，提出一站式的政府移动网站建设，目前汇集了300多项移动服务，同时将移动媒体作为政府民意征集、新闻发布、公民参与政务的重要途径。此外，脸谱（Facebook）、推特（Twitter）等社交媒体也成为继政府网站外又一服务渠道。《联合国2014年电子政务调查报告》显示，使用社交媒体的国家数量从2010到2012年增加了两倍多，2014年又增加50%，有118个国家使用社交媒体进行在线咨询，70%的国家将其用于电子政务的开展。

3. 挖掘大数据潜力，助力政府智慧服务和管理

为抢占大数据领域的国际竞争优势，美、澳、英、法等国率先制定了大数据战略规划，从国家战略高度支持大数据应用与发展。在大数据战略部署下，政府先行先试，将大数据充分应用在政府公共服务、社会管理和业务决策中。在公共服务方面，全球电子政务领先国家普遍开展政府网站用户行为大数据分析与挖掘工作。如美国、英国、澳大利亚、加拿大、日本、韩国、新加坡等数十个发达国家政府门户网站和联合国门户网站均已部署了基于云服务模式的网站用户行为分析系统。基于对海量网站用户访问行为数据的分析和挖掘，提炼用户需求，指导政府提供更加个性化的网上服务，并通过对用户访问规律和点击行为的动态监测，有针对性地改进政府网上服务，精准推送服务内容，使在线服务越来越向智慧化、精准化、主动化的方向发展。在社会管理方面，一些政府部门（如医疗、交通、公安等）注重挖掘本部门所掌握的数据价值，更有效地提高部门业务运作效率，提升公众满意度。例如，美国疾病预防控制中心（CDC）利用从多处收集的海量数据，开发了复杂的流感跟踪系统，及时了解疫情变化。并基于流感跟踪系统，建立了专门网站（Flu View），每周将数据向公众开放，方便公众查询当地的流感情况。再如，美国警察部门正在兴起一项新的应用——预测警务，即基于大数据分析预测一个城市哪个地区最可能发生犯罪以及哪里最有可能找到犯罪分子。此外，应用大数据实现精细化的交通治理逐渐成为一种趋势，包括利用大数据分析处理交通拥堵、监测恶劣天气的道路状况、检测道路损毁状况等等。

（特约作者）

"十二五"中央国家机关电子政务发展评述

"十二五"时期，中央国家机关电子政务按照中央网络安全和信息化领导小组的战略部署，依据《国家电子政务"十二五"规划》、《"十二五"国家政务信息化工程建设规划》

等相关文件的要求，持续推进国家电子政务"三个转变"的转型发展，有效推进了规划重点任务的组织实施和应用成效，由此推进了我国电子政务的持续发展，并为"十三五"国家政务信息化的新发展奠定重要的发展基础。本文主要依托"十二五"期间各年度报送本《年鉴》资料的中央国家机关电子政务发展情况，梳理我国电子政务发展历程，并对当前电子政务面临的挑战与对策作一评述。

一　我国电子政务发展历程

我国电子政务始于 20 世纪 80 年代中叶，发展到 21 世纪的头 15 年，经历了单一应用、系统应用、大数据应用的三个发展阶段。

第一阶段：单一应用（20 世纪 80 年代中期至"九五"时期）

1957 年，我国第一台模拟式电子计算机研制成功。1987 年，我国成功研制生产长城 286 微机，之后快速推出了长城 386、486 计算机。计算机微机的生产和应用，推动了早期电子政务的发展：计算机开始运用于政务部门的办公文件、工作报告、报表统计等管理业务；1993 年，国家启动"金桥"、"金关"、"金卡"的"三金"工程，国民经济信息化开始起步；与此同时，启动"政府上网工程"，1998 年的北京市政府"首都之窗"成为我国第一个大规模"政府网"，1999 年的"政府上网年"进一步推动了"政府网"的大规模发展。

这个阶段的电子政务发展特征，属于起步阶段，总体上是政务管理和业务的单一应用。需要充分肯定的是：单一应用所积累的成果和经验，为之后的系统应用奠定了重要基础；"三金"工程的起步为之后的电子政务重要工程的全面实施奠定了重要基础；"政府网"的启动和发展为之后的政府信息公开和公共服务信息化奠定了重要基础。

第二阶段：系统应用（"十五"时期至"十二五"中期）

2002 年，《国家信息化领导小组关于我国电子政务建设指导意见》提出，建设和整合统一的电子政务网络、规划和开发国家基础信息资源、加快 12 个重要业务系统建设、建设电子政务网络与信息安全保障体系等重要任务。《指导意见》是推动我国电子政务从单一应用向系统应用转型发展的标志性文件，"金关"、"金税"、"金盾"、"金保"、"金审"、"金水"、"金农"等一大批成功的电子政务重要业务系统的建设和应用，标志着我国电子政务在这一时期得到了快速、蓬勃和富有成效的发展。

2012 年，《"十二五"国家政务信息化工程建设规划》提出，坚持解决社会问题、提升政务部门信息能力、注重顶层设计和推动政务部门共享协同的三大原则，突出改善和保障民生、维护经济社会安全、提升治国理政能力的三个重点，坚持国家电子政务工程建设目标、建设方式和系统模式的三个转变，规划了构建国家电子政务网络、深化国家基础信息资源开发利用、完善国家网络与信息安全基础设施，推进全民健康、全民住房、全民社保等 15 个国家重要信息系统的主题共建工程。《规划》确定的三大原则、三个重点、三个转变，以及由此规划的 15 个主题共建工程，是促进我国电子政务进入系统应用阶段的又一次转型发展的重要标志。

这个阶段的电子政务发展特征，是从单一应用走向系统应用。需要充分肯定的是：《指导意见》确定的国家基础信息资源库和 12 个重要业务系统，以及在实践中创建和积累的建设成果和成功经验，为实施主题共建工程的转型发展奠定了重要基础；《规划》确定的三大原则、三个重点、三个转变和规划的 15 个主题共建工程，以及在实践中创建和积累的建设成果和成功经验，为在新时期国家电子政务向大数据应用转型发展奠定了重要基础。

第三阶段：大数据应用（"十二五"中期以来）

2015 年，国务院关于《促进大数据发展行动纲要》提出，大数据成为推动经济转型发展的新动力、成为重塑国家竞争优势的新机遇、成为提升政府治理能力的新途径，并提出了加快政府数据开放共享、推动产业创新发展等重要任务。其间，国务院关于《促进信息消费扩大内需的若干意见》、《积极推进"互联网＋"行动的指导意见》，国家发展改革委关于《促进智慧城市健康发展的指导意见》、《关于加快实施信息惠民工程有关工作的通知》等一系列文件的出台，推动我国电子政务进入大数据应用的新的发展阶段。

这个阶段的电子政务发展特征是，以大数据、"互联网＋"政务为引领，突出政务服务、公共服务的应用主题，推进政府行为和公共数据开放共享及其大数据分析，从而提升政府治理和信息服务能力；推进"互联网＋"政务服务、"互联网＋"公共服务及其大数据分析，从而提升政务服务和公共服务的能力与水平。

在这个阶段，国家实施的大数据发展战略、"互联网＋"行动计划、智慧城市重大工程、信息惠民重大工程等一系列重大举措，以及倡导的大数据、云计算、物联网、移动互联网等新一代技术应用，正在以一种全新的原动力和新模式推动我国电子政务迅猛发展。

二 "十二五"电子政务发展成效

"十二五"时期，中央国家机关电子政务遵照党中央、国务院关于信息化发展战略和重点工作的一系列重要部署，按照《"十二五"国家政务信息化工程建设规划》要求，经过各部门的共同努力，取得了较大进展。与"十一五"相比，"十二五"时期中央国家机关电子政务坚持规划要求的三个原则、三个重点、三个转变，初步实现了建设目标从过去注重业务流程电子化、提高办公效率，向更加注重支撑部门履行职能、提高政务效能、有效解决社会问题的转变，建设方式从部门独立建设、自成体系，向跨部门跨区域的协同互动和资源共享的转变，系统模式从粗放离散的模式，向集约整合模式的转变。

据专业评估机构关于《"十二五"国家政务信息化工程建设评估报告》（以下简称《评估报告》）的结果表明，"十二五"期间，中央国家机关电子政务按照《"十二五"国家政务信息化工程建设规划》（以下简称《规划》）要求，在落实《规划》目标、推进重大任务建设、取得创新经验等方面，较好地实现了《规划》的目标和任务要求。

1. 初步实现"三个转变"转型发展目标

《国家发展改革委关于加强和完善国家电子政务工程建设管理的意见》（发改高技〔2013〕266 号）提出，"十二五"时期电子政务建设思路要实现三个转变。一是在建设目标上，要从过去注重业务流程电子化、提高办公效率，向更加注重支撑部门履行职能、提高政务效能、有效解决社会问题转变；二是在建设方式上，要从部门独立建设、自成体系，向跨部门跨区域的协同互动和资源共享转变；三是在系统模式上，要从粗放离散的模式，向集约整合的模式转变，确保电子政务项目的可持续发展。

"十二五"时期，中央国家机关电子政务按照国家政务信息化规划要求，不断创新和实践，有效推进并初步实现了政务信息化工程建设目标、建设方式和建设模式"三个转变"

的发展要求。

创新需求分析，有效推进了政务信息化建设目标的转型发展。"十二五"期间，中央国家机关电子政务按照"十二五"规划要求，不断创新需求分析思路，实施政务履职面临社会问题和问题症结分析，解决社会问题的政务信息化目标和相关指标分析，实现政务目标的信息化业务、业务模式、业务逻辑、业务信息量、业务系统功能和性能分析等的需求分析的整体思路，形成政务信息化工程坚持需求分析的共识，以及将这一思路贯穿于政务信息化工程顶层设计的实践，推进了政务信息化工程坚持解决社会问题、有效提升政务信息化能力的建设目标的转型发展。

创新主题共建工程，有效推进了政务信息化建设方式的转型发展。"十二五"期间，中央国家机关电子政务按照"十二五"规划要求，不断创新主题共建工程，实施了国家人口、法人、空间地理等基础信息资源的主题共建工程，实施了全民健康、全民住房、全民社保等改善民生重要业务信息系统的主题共建工程，实施了食品药品安全、安全生产、生态环保等社会治理重要业务信息系统的主题共建工程等，形成了共建工程的共建统筹协调机制、信息共享和业务协同机制，有效推进了中央政务部门之间、中央和地方之间主题共建共治的建设方式的转型发展。

创新系统集约化，有效推进了政务信息化建设模式的转型发展。"十二五"期间，中央国家机关电子政务按照"十二五"规划要求，不断创新集约化、整体化思路，实施了国家人口、法人、空间地理等基础信息资源库物理分布、逻辑集中的集约化共建共享模式，实施了重要业务信息系统由部门内分散向部门内集约整合、由行业内中央地方分散向行业内中央地方集约整合、部门间各自系统向部门间主题整合的集约化，有效推进了中央国家机关电子政务从单项建设应用走向系统建设应用、从系统建设应用走向主题共建应用的集约化和整体化建设模式的转型发展。

2. 较好完成国家电子政务网络设施建设任务

《规划》提出，到"十二五"期末，形成统一完整的国家电子政务网络，基本满足政务应用需要；基于国家电子政务传输骨干网，建好内网，扩展外网，整合优化已有业务专网，构建完整统一的国家电子政务网络。

国家电子政务内网规划建设有序推进。到"十二五"期末，国家电子政务内网已完成对党委、人大、政府、政协、高法、高检六大系统，中央、省、市各级政务网络的整合规划和总体设计，中央级网络建设、专网迁移等各项工作已进入实施阶段。

国家电子政务外网建设和应用成效显著。到"十二五"期末，国家电子政务外网的一期工程建设和应用推广取得了显著成效。有关资料表明，至2015年底，国家电子政务外网的接入单位已覆盖中共中央办公厅、国务院办公厅等121个中央部门和单位，已承担监察部、国务院扶贫办、审计署等43个中央部门的重要业务系统运行（见图1）；已覆盖北京、天津、内蒙古等31个省和新疆兵团的省、市、县、乡，其覆盖面分别达到100%、94.6%、88%、34.4%（见图2）。

电子政务外网在促进业务协同方面取得了较好的应用效果。国务院应急办利用政务外网构建国家应急平台外网体系等典型应用，在2008年汶川大地震抢险救灾、2009年交通部组织的海上联合搜救演习、2013年四川雅安地震救灾中，依托政务外网实现了跨部门业务协同；在促进信息资源共享方面，信息资源目录体系框架和数据交换中心原型系统，承载了文

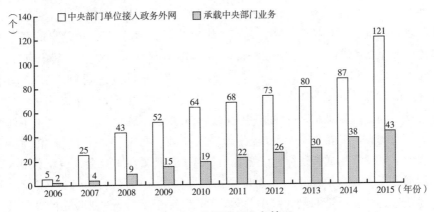

图1　政务外网运行业务情况

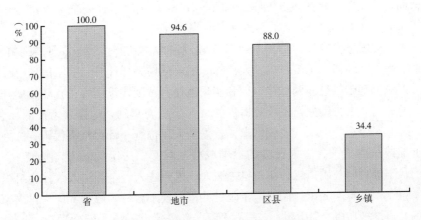

图2　国家电子政务外网的地方覆盖

化部文化共享工程利用政务外网与 20 余个地方进行大数据传输等典型应用。

3. 较好完成国家基础信息资源建设任务

《规划》提出，到"十二五"期末，初步建成共享开放的国家基础信息资源体系，支撑面向国计民生的决策管理和公共服务，显著提高政务信息的公开程度；建设和完善覆盖全国人口、以公民身份证号码为标识、以居民身份证信息为主要内容的国家人口基础信息库，初步实现相关部门人口信息资源的实时共享；建设和完善以法人组织机构代码为标识的机关法人、事业法人、企业法人、社团法人及其他依法成立的各类机构单位基础信息库，初步实现相关部门法人单位信息资源的实时共享；建设和完善以测绘基础地理信息为主要内容的国家空间地理基础信息库，初步实现相关部门空间地理信息资源的实时共享；强化宏观经济信息资源库的金融、税收、统计等基础信息资源开发利用，逐步完善消费、投资、进出口以及经济运行、节能减排、知识产权等方面的业务信息资源；逐步建设以国家物质和非物质文化遗产信息、少数民族传统文化、国家重要文物、国家档案信息等为主要内容的文化信息资源库。

国家人口基础信息库建设和应用成效显著。到"十二五"期末，由公安部牵头，教育部、民政部、人社部、国家卫计委等部门共建的国家人口基础信息库基本建成并投入运行。目前，已建成覆盖全国人口、以公民身份证号码为唯一标识的，具有完整性、基准性、权威性、鲜活性的，包含公民身份证号码、姓名、性别、民族、出生日期，出生地、照片、户籍地址、实际居住地址、服务处所、死亡标识、婚姻状况、学历等13项信息的国家人口基础信息数据库。截至2015年5月，系统中共存储了14.6亿的人口数据，其中有效人口13.5亿，人口相片采集饱和度达到96.11%，实际居住地信息饱和度达到78.53%。国家人口基础信息库建立的跨部门共享与服务平台，提供基准叠加、身份核查、信息比对、统计分析等共享服务类型，制定数据维护和共享服务标准，有效解决了人口信息共享渠道不通畅、共享标准不统一等问题，进一步提高了人口信息的利用效率，扩大和深化了人口信息共享应用水平。人口基础信息库的建成和运行已经显现出显著的经济效益、社会效益。利用人口基础信息库，人社部已开展人口信息批量比对应用，数据质量大幅度提高，以公安人口数据为基准，清洗掉证号、姓名不符的错误数据共计1600万条记录；身份核验无效人口共计2.8亿条记录；共发现死亡未销人口400多万条记录，出生未落户人口数据100多万条记录。民政部殡葬信息偏差率从第一批次的9.94%下降到0.33%。国家卫计委全员人口实际居住地数据偏差率从6.42%下降到0.38%。

国家法人基础信息库规划部分项目已进入建设阶段。到"十二五"期末，由工商总局牵头，中央编办、民政部、质检总局、人社部、税务总局、统计局、国家信息中心已经规划构建国家法人单位基础信息库的总体框架和实现路径，各项建设工程正在陆续展开。总体框架为：以工商总局、中央编办、民政部提供的法人信息为基础，汇集人力资源社会保障部、税务总局、统计局等部门的法人校核信息，建立法人单位统一社会信用代码、法人名称、法人设立的批准或核准机关、法人设立的批准或核准时间、法定代表人（负责人）、法人类型、住所、状态等8项基础信息，覆盖机关法人、事业法人、企业法人、社会组织法人等的国家法人单位基础信息库，依托国家电子政务共享交换平台，为政务部门提供国家法人单位基础信息的共享交换服务。2015年，法人库信息资源建设、法人库标准规范编制，以及中小微企业名录系统、企业登记系统升级改造、工商总局数据中心升级改造、全国企业信用信息公示系统升级改造、一照一码、12315数据归集分析系统等11个分项已先期进入建设。项目效益预期：法人单位信息入库率达到98%以上，法人单位基础信息准确率达到99%以上，法人单位的唯一标识赋码率达到100%，全面实现各类基础信息向政务部门的开放共享，并为社会信用体系建设等提供基础数据来源。

自然资源和地理空间基础信息库建设和应用成效显著。到"十二五"期末，由国家发改委牵头，国家测绘局、国土资源部、海洋局、民政部、邮政局、公安部、环保部、住建部、农业部、林业局、水利部、交通部、铁道部等部门共建的自然资源和地理空间基础信息库，初步建成了标准化、规模化、可持续更新的基础性、战略性地理空间信息资源库，初步形成全国性地理空间信息共享交换网络服务体系、信息资源目录服务体系以及多源地理空间信息大规模、快速集成和共享应用服务的模式，形成了由1个数据主中心和11个数据分中心共同构成的政务信息共享服务支撑体系，创建了军民结合、跨部门协同的工作体系和自然资源与地理空间信息共享机制。自然资源和地理空间基础信息库的建成和运行为外交部海洋权益管理、民政部国家自然灾害灾情展示等政务应用系统提供了在线地理空间数据服务，发布了《京津冀协同发展高分影像图集》、《中国重大自然灾害图集》、《全国自然资源开发利用综合分析图集》、《中国区域规划与可持续发展图集》、《海洋资源与海洋经济发展图集》等很多跨部门、长时间系列的综合图集与研究报告，为京津冀协同发展和"一带一路"等国家战略规划，为汶川地震、玉树抗震救灾、舟曲泥石流灾害等重大自然灾害的应急指挥和灾后重建规划等提供了重要的地理空间综合决策信息支撑。

宏观经济信息资源库建设进展顺利初获应用成效。2012年8月，由国家发改委牵头，财政部、商务部、中国人民银行、国有资产监督管理委员会、海关总署、国家统计局和国家外汇管理局等部门共建的宏观经济管理信息系统一期工程通过国家竣工验收；"十二五"规划将该项目再次列为国家基础信息资源建设内容。工程总体目标是依托国家电子政务网络平台，实现宏观经济管理部门的互联互通和信息共享，提高业务管理信息化和科学决策水平，促进宏观经济管理部门间的业务协同与互动；为党中央、国务院及时、准确、全面地掌握宏观经济运行态势提供信息服务，增强政府调控宏观经济、驾驭市场变化、应对突发事件、总揽经济全局的能力。工程建设的核心资源库包括国民经济发展规划计划数据库、国家财政预算收支数据库、重要商品价格数据库、国际收支数据库、金融数据库、经济统计数据库、外贸进出口数据库、国有重点企业数据库等十大专题共享数据库，基于共享资源库已经向相关政务部门提供宏观经济信息服务。

4. 较好推进了重要业务系统和共建工程建设任务

《规划》提出，在继续加快推进金盾、金关、金财、金税、金审、金农等重要信息系统建设的基础上，重点建设保障和改善民生、维护经济社会安全、提升治国理政能力等方面的重要信息系统。根据各部门的职能分工，整合部门工程项目功能，实现重要信息系统的跨部门协同互动和资源共享，形成相关部门项目关联组合的信息化一体工程。其共建工程包括：全民健康保障、全民住房保障、全民社会保障、药品安全监管、食品安全监管、安全生产监管、市场价格监管、金融监管、能源安全保障、信用体系建设、生态环境保护、应急维稳保障、行政执法监督、民主法制建设、执政能力建设等15个工程。

根据《规划》提出的继续加快推进已有重要信息系统建设，推进跨部门协同互动和资源共享的主题共建工程的主要任务，从评估结果看，已有重要信息系统建设进展顺利且成效显著，"十二五"规划的重点建设保障和改善民生等主题共建工程推进有序，较好地推进了"十二五"规划的重要业务系统和共建工程建设任务的顺利实施。

——继续加快推进金盾、金关等重要信息系统的建设任务顺利实施。

金盾工程二期建设成功助力提升社会安全保障能力。2015年1月，金盾工程二期项目通过竣工验收。金盾二期项目的建设，使得横向到边、纵向到底的公安信息化工作体系基本建成，全警采集、全警录入、全警应用、全警共享的信息化工作格局初步形成。一是建成了全国公安信息网络。公安信息网络已纵向联通公安部到省市县公安机关直至各基层所队，横向覆盖各警种各部门各单位。公安信息网的数据、语音、视频等方面的综合通信能力全面提升，其中部到省的公安一级网年度畅通率已达到电信级（99.99%）的标准，1/3链路带宽已达到2.5G，省到地市的公安二级网50%链路带宽达到千兆及以上。从覆盖范围、传输容量和安全性看，公安网已成为国内除电信运营商外最大的行业专网。二是建成了公安各业务信息系统。全国公安机关以服务实战为核心，将信息化应用与业务工作有机结合，建设内容覆盖维护稳定、打击犯罪、行政管理、服务群众、队伍建设等各个公安业务工作领域，信息化应用规模不断扩大，应用服务种类日益丰富。公安网运行的各类信息系统达100多种、7000多个。各地区、各部门建立的信息网站总数1.6万个、网页总数3400余万个，公安信息网主页的日均访问量约150余万次。全国人口信息、违法犯罪人员、在逃人员、机动车/

驾驶员、出入境人员/证件等全国集中的八大信息资源库全部建成，依托综合查询、搜索引擎、请求服务等 275 个面向全国公安的应用系统，实现了人口、机动车、违法犯罪人员等信息的高效查询，日访问量约 2500 万次。三是建成了三大应用平台。情报信息综合应用平台、警用地理信息基础应用平台和部门间信息共享平台等系列高端应用系统的建设应用，进一步拉动了信息资源整合，提升了信息共享水平。目前，部级资源库共有数据数百种、670 亿条，全国公安机关汇集整合的各类信息已达到上万亿条，较好满足了公安机关内外部信息共享的需求。此外，公安机关与安全、司法、银行、民航、铁道等部门间信息共享工作已取得实质性进展。四是建成了公安信息化安全保障体系。建设了全国公安身份认证与访问控制管理系统（简称 PKI/PMI 系统），三级公安信息网边界接入平台，公安网网站违规监控、一机两用、病毒入侵、漏洞扫描、安全审计、异常流量等技术系统，完成了异地数据备份中心建设，公安信息网络与信息安全防护能力显著增强。五是建成了公安信息化标准规范体系。制定颁布了 1136 项公安信息化行业标准，形成了包括标准研究、标准制定、标准宣贯、监督检查和指导服务等在内的完整的标准化工作体系。

金关工程顺利实施，成效显著。2012 年 5 月，金关工程通过竣工验收。金关工程是我国对外经济贸易和相关领域的重点业务信息系统工程。1993 年，国务院提出实施金关工程，推动海关报关业务的电子化。2001 年，金关工程全面启动，重点建设海关内部通关系统、外部口岸电子执法系统两大系统，具体包括：配额许可证管理系统、进出口统计系统、出口退税系统、口岸电子执法系统、网上支付税费项目等。

金财工程实施顺利，工程建设初见成效。2015 年 12 月，金财工程一期项目进入验收准备阶段。金财一期项目构建以一个应用支撑平台（即数据库）、二级数据处理（即中央与地方分级数据处理）、三个网络（即内部涉密网、工作专网和外网）、四个系统（即预算编制系统、预算执行系统、决策支持系统和行政管理系统）、五个统一（即统一领导、统一规划、统一技术标准、统一数据运用和统一组织实施）为主要内容和特征的，管理与技术有机融合的公开透明、服务便捷、安全可靠的政府财政管理信息系统。一期项目规划目标是基本建成业务标准统一、操作功能完善、网络安全可靠、覆盖所有财政性资金、辐射各级财政部门和预算单位的政府财政管理信息系统，使政府财政管理信息系统更加现代化，全面支撑各级财政部门本级财政支出及对下转移支付资金的规范管理，实现全国预算自动汇编、收支及时汇总和决算即时生成，进一步提高财政资金分配和使用的安全性、规范性和有效性。

金税工程三期顺利实施，成效显著。2015 年 12 月，金税工程三期第一阶段建设项目通过验收。该项目完成建设三大核心业务系统并在六个省试点成功，实现了国地税统一征管、数据大集中、纳税服务水平极大提升，应用成效逐步显现；金税工程三期通过实施征收管理、行政管理、外部信息和决策支持等 17 个项目，实现规范税收执法，优化纳税服务，提高征管质效，支撑全方位改革，推动税收事业跨越发展的目的。目前，征管基础数据质量得到提高，各类业务操作进一步规范。由于国地税使用同一版本的征管系统，数据标准和口径得到统一，数据资源实现了较大程度共享，特别是为营改增提供了极大的便利。随着决策支持、纳税服务平台、电子档案管理、行政管理、网络发票等应用陆续上线，"金税"三期系统的管理链条更加完整，功能也更加完善，新系统成效逐步显现。

金审工程二期建设成功助力提升审计监管能力。2012 年 7 月通过竣工验收的金审二期工程，在一期工程的基础上通过建设和完善审计管理、现场审计，建设联网审计系统、国家

产商、经营商和餐饮服务商进行信用评价、守信激励、失信惩戒的食品经营者信用监管，食品安全风险监测和评估等建设内容。

三　当前面临的挑战与对策

当前，中央国家机关电子政务既面临着自身发展不平衡的挑战，又面临着"互联网＋"政务、大数据政务等发展的挑战。正如客观世界总是在内部矛盾和外部挑战的过程中，不断适应、不断升华，从而推动世界万物的生生不息和斑斓绚丽一样，电子政务同样处在适应—不适应、否定—再否定并不断推动上升发展的规律中。

（一）发展不平衡及其对策

"十二五"期间，中央国家机关电子政务在落实规划"三个转变"、推进规划的重点任务方面取得了显著成效，但同样存在较大的发展不平衡，应当采取相应的对策，推动电子政务的不断发展。

1. 推进"三个转变"的发展不平衡及其对策

"三个转变"发展不平衡主要表现为：一是在有效解决社会问题、切实提高政务履职效能的建设目标转型方面，其认识较为一致，但在落实工程规划的问题查找、目标定位和量化指标、业务信息化措施等方面，真正能够落实建设目标转型的工程项目占比不高，部分工程规划的信息化目标定位不准；二是在跨部门跨区域的共建共享、协同互动的建设方式转型方面，从"十二五"规划确定的 5 个基础信息资源库和 15 个重要业务系统看，有效实施建设方式转型的不足一半，这也是影响"十二五"规划任务进度的重要原因；三是在系统集约、资源整合的建设模式转型方面，政务部门领域的信息化集约和整合较为顺利，并取得了较好的转型发展成果，但多部门共建共享的信息化集约和整合进展不甚理想。上述问题，固然有现有部门设置、已有制度设计和安排等方面的原因，但最重要的是对"三个转变"的内涵要求认识不高、行动不够有力、措施不够得当，影响了转型发展的顺利实施。为此，需要进一步加深对"三个转变"内涵要求的认识，积极发挥主观能动性，通过转型发展的实践不断推进制度乃至体制方面的转型发展。

2. 推进政务信息化发展的不平衡及其对策

从我国政务信息化发展的历程看，中央国家机关电子政务普遍从单一应用阶段进入系统应用阶段，部分已进入大数据应用阶段。如果按单一应用、部门（领域）系统应用、跨部门共建系统应用、大数据应用四种发展状态分析，第一种发展状态为个别部门，大部分处在第二种状态，部分已进入第三种状态，少数正在进入第四种状态，存在偏左向的倒"U"形分布（见图4）。此种状况，既不能够适应当前国家大力推进"互联网＋政务服务"和大数据应用的发展要求，也不能够适应中央国家机关电子政务引领地方电子政务共同发展的要求。为此，当前应当积极推进以部门为领域的政务信息化向跨部门共建信息化的发展，同时推进有条件、有基础的政务部门向"互联网＋政务服务"和大数据应用的发展。

3. 推进"十二五"规划任务落实的发展不平衡及其对策

"十二五"规划的主要任务包括五大基础信息资源库、15 个主题共建工程。从目前任务落实情况看不甚理想：个别任务没有启动，多数任务处在立项审批阶段，少数任务已进入建

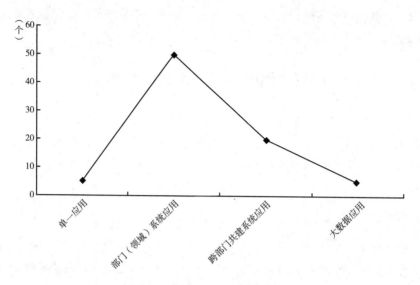

图4 国家电子政务发展状态

设实施，个别任务已取得阶段性成果（见图5）。此种状况，固然有"十二五"规划时就有对主题共建工程的实施阶段将超过"十二五"期限的考虑，但导致目前实际进度较为缓慢的主要原因还是对跨部门共建共享的思想认识不够到位、合作共建的积极性和主动性不足，以及共建工程的立项程序一度存在不周的问题。为此，需要进一步提高共建共享的思想认识、合作共建的积极性和主动性，"十三五"政务信息化规划将继续落实相关的共建工程，制度设计安排也将进一步落实简化程序。

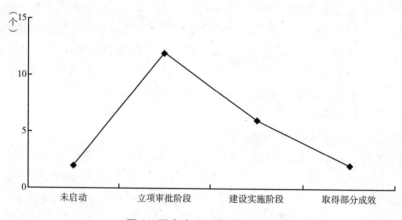

图5 国家电子政务发展阶段

（二）"互联网＋政务服务"发展要求及其对策

《中华人民共和国国民经济和社会发展第十三个五年规划纲要》、《政府工作报告》（2016年）提出：推广"互联网＋政务服务"，全面推进政务公开；实现部门间数据共享，让居民和企业少跑腿、好办事、不添堵。"互联网＋政务服务"的任务要求主要包括两个方面：一是全面推进政务公开，创新政务服务方式，提升政务信息服务能力。二是创新公共服务方式，让居民和企业少跑腿、好办事、不添堵。

1. "互联网＋政务服务"要求及其对策

从2015年以来国务院和相关部门发布的一系列文件看，"互联网＋政务服务"的任务要求主要包括：一是梳理和构建政务信息资源共享目录体系，建立政务部门间数据共享的制度、规范和标准，推进政务部门间的数据共享和业务协同；二是梳理和公开政府部门的权力清单、责任清单、数据开放清单，以清单形式向社会公布，接受社会监督，强化权力监督和问责，同时向社会提供服务；三是在推进简政放权的同时，强化放管结合，加强事中事后监管，积极推进社会安全、食品药品安全、生产安全等监管类重要业务系统建设。为落实"互联网＋政务服务"的任务要求，中央国家机关政务信息化应当在国家统一标准规范，在梳理权力清单基础上编制政务信息资源共享目录，抓好简政放权和信息化监管的并行作业，加快推进监管类重要业务系统的建设和运行，扎扎实实地推进"互联网＋政务服务"的各项任务。

2. "互联网＋公共服务"要求及其对策

"互联网＋公共服务"的任务要求主要包括：一是梳理和公开公共服务事项目录、简化优化公共服务流程、提供优质高效便捷的公共服务，提供公开透明、高效便捷、公平可及的公共服务；二是推进公共服务平台的建设和运行，推动实体政务大厅向网上办事大厅延伸，推动"一号申请"、"一窗办理"、"一网通办"的便民惠民服务；三是推进信息惠民、智慧城市等国家试点省市的建设，推进省内跨域、省际互动的转移接续和异地结算的公共服务。为落实"互联网＋公共服务"的任务要求，中央国家机关政务信息化应当在公共服务领域抓好顶层设计，抓好中央部门的顶层服务，抓好中央和地方的条块结合，并指导地方扎扎实实地推进"互联网＋公共服务"的各项任务。

（三）大数据政务发展及其对策

国务院发布的《促进大数据发展行动纲要》提出加快建设数据强国，实现未来5～10年的大数据发展和应用目标，规划启动大数据十大工程；《中华人民共和国国民经济和社会发展第十三个五年规划纲要》提出实施国家大数据战略，以及加快政府数据开放共享、促进大数据产业健康发展的重要举措。当前大数据发展对电子政务的要求主要包括三大工程：政府数据资源共享开放工程、政府治理大数据工程、公共服务大数据工程。

1. 政府数据资源共享开放工程要求及其对策

《行动纲要》提出，大力推动政府部门数据共享。到2018年，实现依托政府数据统一共享交换平台，大力推进国家人口基础信息库、法人单位信息资源库、自然资源和空间地理基础信息库等国家基础数据资源，以及金税、金关、金财、金审、金盾、金宏、金保、金土、金农、金水、金质等信息系统跨部门、跨区域共享，稳步推动公共数据资源开放。到2020年底前，逐步实现信用、交通、医疗、卫生、就业、社保、地理、文化、教育、科技、资源、农业、环境、安监、金融、质量、统计、气象、海洋、企业登记监管等民生保障服务相关领域的政府数据集向社会开放。根据政府数据资源共享开放工程的两大任务目标要求，中央国家机关电子政务应当加快建立政府和社会互动的大数据采集形成机制，制定和完善政府数据共享开放目录，制定政府数据共享开放标准和开放计划，加快构建完善政府数据统一共享交换平台和国家政府数据统一开放平台，结合信息惠民和智慧城市等公共服务工程建设，推动中央部门与地方政府条块结合和共建共享，推动政府数据资源共享开放目标的实现。

2. 政府治理大数据工程要求及其对策

《行动纲要》提出，建立国家宏观调控数据体系，支持宏观调控科学化。为政府开展金融、税收、审计、统计、农业、规划、消费、投资、进出口、城乡建设、劳动就业、收入分配、电力及产业运行、质量安全、节能减排等领域运行动态监测、产业安全预测预警以及转变发展方式分析决策提供信息支持，提高宏观调控的科学性、预见性和有效性；推动政府治理精准化。在企业监管、质量安全、节能降耗、环境保护、食品安全、安全生产、信用体系建设、旅游服务等领域，推动有关政府部门和企事业单位数据的汇聚整合和关联分析，统一公示企业信用信息，预警企业不正当行为，提升政府决策和风险防范能力，借助大数据实现政府负面清单、权力清单和责任清单的透明化管理，完善大数据监督和技术反腐体系，促进政府简政放权、依法行政；建设社会治理大数据应用体系。到2018年，围绕实施区域协调发展、新型城镇化等重大战略和主体功能区规划，在企业监管、质量安全、质量诚信、节能降耗、环境保护、食品安全、安全生产、信用体系建设、旅游服务等领域探索开展一批应用试点，打通政府部门、企事业单位之间的数据壁垒，实现合作开发和综合利用。根据《行动纲要》提出的上述任务，中央国家机关电子政务应当在建立国家宏观调控数据体系、推动政府治理精准化、建设社会治理大数据应用体系等任务中，依据统一规划，履行各自的政务职能，积极做好相关工作，在政府治理大数据工程的建设和应用中有所作为。

3. 公共服务大数据工程要求及其对策

《行动纲要》提出，加快民生服务大数据建设。结合新型城镇化发展、信息惠民工程实施和智慧城市建设，深入发掘公共服务数据，在城乡建设、人居环境、健康医疗、社会救助、养老服务、劳动就业、社会保障、质量安全、文化教育、交通旅游、消费维权、城乡服务等领域开展大数据应用示范，重点加强医疗健康服务、社会保障服务、教育文化、交通旅游服务等的大数据建设和应用，推动传统公共服务数据与互联网、移动互联网、可穿戴设备等数据的汇聚整合，开发各类便民应用，优化公共资源配置，提升公共服务水平。根据《行动纲要》提出的上述任务，中央国家机关电子政务应当在公共服务的各个领域积极开展大数据建设和应用，着力提升服务型政府的能力，促进我国建设数据强国和国家大数据战略目标的如期实现。

（电子政务理事会常务副理事长　周德铭）

2015 年中央国家机关电子政务发展评述

2015 年，中央国家机关电子政务遵循党中央、国务院关于信息化发展战略和重点工作的一系列重要部署，按照国家《"十二五"国家政务信息化工程建设规划》等的一系列要求，进一步坚持了解决社会问题、提升政务信息能力、构建整体系统的三大原则，进一步突出了改善和保障民生、维护经济社会安全、提升治国理政能力的三个重点，从而进一步推进了三个重大转变。即：在建设目标上从过去注重业务流程电子化、提高办公效率，逐步实现向更加注重支撑部门履行职能、提高政务效能、有效解决社会问题方面转变；在建设方式上从过去部门独立建设、自成体系，逐步实现向跨部门跨区域的协同互动和资源共享转变；在系统模式上从过去粗放离散的模式，逐步实现向集约整合模式的转变。2015 年持续推进电子政务的转型发展和重点建设任务的组织实施，有效推进了《规划》确定的"十二五"国家政务信息化发展目标和建设任务的圆满收官。本文主要依托报送本《年鉴》资料的中央国家机关电子政务 2015 年进展情况作一评述。

一 持续推进建设目标的转型发展

2015 年，中央国家机关信息化工程取得新的进展，持续推进并初步实现了"十二五"规划要求的建设目标的转型发展。其标志是，以解决政务履职面临的社会问题为目标基本形成共识，以突出部门政务职能并全力提升政务信息化能力形成新的态势，以政务目标为导向的信息化工程取得显著成效。

1. 最高人民法院信息化持续推进司法公开取得显著成效

最高人民法院按照党的十八届四中全会确定的依法治国的战略部署，围绕"中华人民共和国的一切权力属于人民"的宪法要求，提出司法为民、司法公开，解决人民群众司法知情权的社会问题，在 2015 年的信息化工程建设中进一步加大力度，采取了一系列行动：在全国四级法院全面推广并不断完善人民法院信息化 3.0 版，构建审判流程公开平台、裁判文书公开平台、执行信息公开平台的三大平台，运用网络、微博、微信、移动新闻客户端等载体，以审判流程公开、裁判文书公开、执行信息公开为切入点，变被动公开为主动公开、内部公开为外部公开、选择性公开为全面公开、形式公开为实质性公开，促进全国各级法院所有执行案件的信息全程留痕、全程监控、全程公开，全方位、宽领域、深层次推进司法公开各项工作，不断提升审判执行质效和司法公开化水平。最高人民法院 2015 年 3 月首次发布的《中国法院的司法公开》（白皮书）显示，中国审判流程信息公开网于 2014 年 11 月 13 日开通，截至 2014 年底，该审判流程信息公开平台共公布开庭公告 429 个，审判信息项目 36276 个，总访问量为 76.6 万次；自 2014 年 8 月至 2014 年底，最高法新收 2109 件案件的审判流程信息已全部向当事人及其诉讼代理人公开，公开信息项目达 41071 个，成功推送短信 6248 条。中国执行信息公开网于 2014 年 11 月 1 日开通，截至 2014 年底，执行信息公开平台累计公布未结案件 2149 万余件、被执行人信息 2789 万余条，提供执行案件信息查询 1930 万余人次，公布失信被执行人 894906 人次，其中自然人 776288 名，法人及其他组织 118618 个。有关资料显示，2014 年，最高人民法院积极推动建立覆盖全国的失信被执行人信息网络查控体系，加速推进信用惩戒机制建设，将失信被执行人名单信息通报给相关部门，限制失信被执行人购买列车软卧车票、飞机票和申请贷款、办理信用卡，禁止担任企业法定代表人、高级管理人员等，促使被执行人主动履行执行义务。截至 2014 年底，已累计限制购买飞机票 105 万余人次，限制购买列车软卧车票约 5.6 万人次。

2. 国家环保信息化围绕环境保护重点取得初步成效

国家环保总局主动适应环境保护和社会经济发展新格局，紧紧围绕环境保护重点工作，按照《规划》的建设目标要求，以重大专项、业务应用、标准建设、信息安全为抓手，在 2015 年信息化工作中采取了一系列有效措施：组织编制《生态环境大数据总体方案》、《生态环境大数据管理平台建设方案》、《政府网站大数据应用建设方案》、《环保云建设方案》；编制形成多维度信息资源目录体系，完成涉及环保部总量司等 6 个业务部门 15 个业务系统的数据整合和接入工作，完成 14 类业务数据入库工作，整合结构化数据量达 3.36 亿条，初步形成业务数据应用基础条件；推进政府网站栏目和互动渠道建设，开发整合 12369 污染举报平台和纪检举报平台。

3. 国家林业信息化突出信息惠林公共服务取得较好成效

2015 年，国家林业局在实施信息惠林公共服务中，建设林地测土配方系统，保障林农足不出户只需输入地块林权证号即可了解自家山头地块适合种什么、怎么种、有问题向谁求教、到哪儿能买到放心农资；建设智慧果园、智慧苗圃、智慧林场等，探索出各类林业生产的智慧流程，让农民和职工不懂技术也能成为行家里手；推进政府网站建设，转变林业服务方式。纵向积极推进市、县、乡级网站群建设，横向积极推进国有林区、重点龙头企业、重点科研单位等网站群建设，为广大网民提供林业信息服务，中国林业网百度收录量已达 75 万条，网站访问量近 18 亿人次，日均访问量 100 万人次，日均信息发布量已超过 100 万字，大大提高了网站社会影响力。

4. 农业部信息化围绕"三农"服务目标取得较好成效

2015 年，农业信息化工程围绕有效支撑农业政务管理和为"三农"服务的发展目标，在大力推行农业核心业务应用系统方面取得了较好成效：农业部决策服务系统进入项目实施阶段，预期实现小麦等重要农产品在生产、消费、价格、贸易等环节的全链条数据分析与展示；农产品和生产资料市场监管系统的农药网上审批子系统实现农药网上审批受理累计达 5.8 万件，向海关电子口岸发送放行通知单累计 55.9 万件；农机监理系统累计办理拖拉机等农机登记 51 万件，累计办理驾驶证申领 66.4 万件，累计处理农机许可品订单 9427 件；借助农业地理信息基础平台，通过对全国农产品批发市场位置数据进行补充完善，实现了全国农产品批发市场系统"一张图"集中展示；"三农"舆情监测管理平台及移动客户端系统建成并投入试运行，以涉农网络舆情预测为抓手，形成 6 大类 11 个舆情分析产品，深度分析产品涉及粮食安全、农产品质量安全、农业经营和土地管理、菜篮子产品价格、乳业、种业发展、转基因等农业部核心业务。监测管理平台的监测站点覆盖主流网络媒体及各类新媒体 481 家，并与农业部 12316 "三农"综合信息服务平台体系实现互联互通，借助大数据分析手段，可提前发现基层"弱信号"，实现舆情监测关口前移，提高舆情监测的前瞻性和预警力。

5. 交通运输信息化围绕国家"三大战略"目标成效显著

在国家实施"京津冀一体化"发展战略、长江经济带发展战略、"一带一路"战略的"三大战略"中，交通运输部信息化确立服务国家"三大战略"，发挥信息化支撑引领作用的建设目标，采取一系列有效措施：一是围绕"京津冀一体化"发展战略，在2014年编制实施《京津冀交通一体化率先突破方案》基础上，2015年编制了《京津冀交通信息共享机制建设工作实施方案》，启动实施政企合作模式的京津冀综合交通出行服务信息共享应用示范工程，推动形成京津冀交通出行服务信息的数据开放与数据应用环境，在北京、河北等26个省实施了省域道路客运联网售票系统建设工程，实现京津冀主要客运站联网售票，为京津冀三地实现交通运输协同管理、一体化服务奠定了基础；二是围绕长江经济带发展战略，开展长江航运信息化顶层设计，编制长航信息资源规划和长江航运信息化规划实施方案，实施长江航运资源整合和应用协同，推进长江航运电子政务、公众服务、电子商务的融合发展，启动长江干线下游段（南京以下）治安防控视频监控系统建设，强化长江经济带发展交通运输的安全监管；三是围绕"一带一路"战略，组织编制"一带一路"空间信息走廊需求分析报告，研究提出"多元化、立体化"应急空间信息服务，推动各方应急、救助、通航等数据高效共享，实现海上险情有效快速救助等信息化需求，积极争取国家资源支持；推进交通运输物流公共信息平台互联共享标准在东盟和东北亚地区的应用，实现中日韩19个港口的集装箱船舶动态信息和13个港口的集装箱状态信息共享和查询。此外，交通运输部在2015年结合编制《公路水路信息化"十三五"规划》，加强了智慧交通发展统筹规划，加强行业信息资源体系建设和数据整合应用，完善便民出行信息服务体系，推进新一代信息技术应用，保障行业网络与信息安全。

6. 文化部积极推进公共数字文化建设初见成效

2015年，文化部围绕公共文化服务中心任务，通过实施全国文化信息资源共享工程、数字图书馆推广工程、公共电子阅览室等建设计划，构建国家、省、市、县、镇、村6级网络和地市级以上的平台，建成文化共享工程和公共电子阅览室数字资源总量达到532TB，数字图书馆资源总量达1129TB。公共服务文化模式有所提升，形成了一批公共数字文化品牌。同时，积极完善文化市场和文化产业管理，推进国家文化产业项目服务平台建设，系统在356个地（市）、3321个区县上线试运行，采集经营主体数据56万家，依托平台建设特色文化产业、丝绸之路文化产业、藏羌彝文化产业走廊重点项目库和国家动漫企业项目资源库，推进国家动漫公共素材库建设，已入库动漫素材3万多个。采用线上线下相结合的方式，加强对入库项目的展示交流和宣传推介。

7. 国家旅游信息化突显信息公开服务收效甚好

2015年，国家旅游局以推进政务信息公开、主动服务公众、接受公众监督为目标，年初启动国家旅游局官方网站改版工作，强化信息公开、在线办事、公众参与三大功能，扩充新闻类、政务类、专题类和12大旅游行业信息，设置官网中文版、官网英文版、手机WAP版。中国旅游官方网站开设援疆工作会议、精准扶贫、红色旅游、世界旅游发展大会和中美、中印、中韩旅游年等各类专题，2015年共发布信息16244条，其中政务信息1739条、行业动态2061条、地方新闻9677条、专题专栏2767条；坚持创新新媒体融合发展，"中国旅游"官方微博共发布消息836条，粉丝数近540万；"中国旅游"官网微信发布36期消息，粉丝数达到10544人次。国家旅游局通过网络倾听民意、体察民情、维护民生、服务民众，打造面向社会公众和企业提供服务的政府门户网站窗口，收到较好成效。

8. 中国银监会信息化突出社会管理和公共服务初见成效

2015 年，中国银行业监督管理委员会（以下简称"银监会"）突出"全面加强社会管理和公共服务"的信息化主题，采取相应的举措，取得信息化较好成效。银监会根据《中华人民共和国政府信息公开条例》要求，在官方网站开设了"政务咨询"和"调查征集"专栏，完善"信息公开"栏目，为公众获取政府信息、解答疑难问题提供全方位、立体化的申请渠道，确保公众政府信息公开申请得到及时回应，为听取民意、征求大众意见开辟了新途径；在"行政许可办事指南"栏目发布相关服务指南，按照"一窗受理"要求，在行政许可事项受理大厅实行网上审批、专人管理、及时跟进督促，嵌入统一格式的受理通知书、不予受理通知书、补正通知书、行政许可决定书等文件模板，确保审批事项依法、统一、规范、公开办理；根据国务院办公厅《关于运用大数据加强对市场主体服务和监管的若干意见》、国家发改委《关于认真做好行政许可和行政处罚等信用信息公示工作的通知》中关于行政处罚信息公开时限以及公开原则的规定，扩展"公开目录"栏目，2015 年发布行政处罚信息 304 条。

9. 国家认监委信息化突出规范认证认可主题初见成效

2015 年，国家认监委以"规范认证认可、构建行业治理新秩序"为主题，采取一系列有效举措，取得信息化较好成效。一是研究构建并推动"良好电子商务规范"认证体系，会同中国质量认证中心等 6 家认证机构正式发起成立了"中国电子商务认证联盟"，一年来在电子商务认证技术规范、组织建设、合作推广三方面取得了积极进展；二是组织认证认可检验检测大数据示范应用，构建"机构监管异常"、"机构健康度"、"机构画像"、"证书全生命周期管理"、"人员活跃度"等模型，利用大数据技术进行了信息化、自动化分析及风险预计，实现机构监管工作风险评估、质量分析和信息化建设的紧密结合，得到了认监委信息化领导小组成员单位的高度肯定，年底大数据示范应用上线试运行；三是构建认证认可检验检测信息共享公共服务平台，针对新常态下互联网经济和电子商务的凸现作用，积极与国内大型电商平台加强沟通，以提供认证结果信息服务的方式，促进大型电商平台加强质量内控，采信认证结果，反馈相关情况，并配合认监委开展了相关电商执法检查。

二 持续推进建设方式的转型发展

2015 年，中央国家机关信息化工程取得新的进展，持续推进并初步实现了"十二五"规划要求的建设方式的转型发展。其标志是，电子政务实现跨部门跨区域的共享协同已经成为共识，以往部门自建信息系统正在转向跨部门跨区域的共享协同，规划的主题共建工程得到有序推进。

1. 国家人口基础信息库共建共享取得显著成效

"十二五"规划确定的公安部牵头，教育部、民政部、人社部、卫计委等部门共建的国家人口基础信息库，在 2015 年取得显著的应用成效。人口基础信息存储量达到 14.6 亿，其中有效人口 13.5 亿，人口相片采集饱和度达到 96.11%，实际居住地信息饱和度达到 78.53%。人口基础信息有效支持了相关部门的应用：人社部利用人口基础信息开展人口信息批量比对应用，清洗掉证号、姓名不符的错误数据 1600 万条，身份核验无效人口共计 2.8 亿条，发现死亡未销人口 400 多万条，出生未落户人口数据 100 多万条记录，数据质量大幅度提高；民政部殡葬信息偏差率从第一批次的 9.94% 下降到 0.33%；卫计委全员人口实际居住地数据偏差率从 6.42% 下降到 0.38%。

2. 国家法人单位基础信息库共建共享取得初步成效

"十二五"规划确定的工商总局牵头，中央编办、民政部、质检总局、人社部、税务总局、统计局、国家信息中心共同建设的国家法人单位基础信息库，完成整体规划，部分内容进入建设应用阶段，取得初步预期成效：法人单位信息入库率达到 98% 以上，法人单位基础信息准确率达到 99% 以上，法人单位的唯一标识赋码率达到 100%，全面实现各类基础信息向政务部门的开放共享。

3. 税收征管信息化持续坚持跨部门跨区域协同互动成效显著

2015 年，国家税务总局在 2014 年金税三期工程第一阶段核心业务系统取得面向国税和地税的跨部门共享协同、面向总局和各级国地税机关跨区域共享协同建设和应用试点基础上，又规划建设了基于国家级各类税收发票电子底库的全国电子发票查验系统，满足全国各地国地税、各行各业对各类电子发票和小票的出票、查验等需求，提供 PC 机、智能手机、PAD（平板电脑）等客户端"扫一扫"等的便捷服务，从源头上遏制各类虚假发票、填开不规范、申报数据不准确等问题，压缩了开具"阴阳发票"和买卖假发票的空间，有效促进了纳税行为的规范，确保税基稳固。

4. 社会保障信息化呈现省集中建设、支撑跨省共享协同新态势

2015 年，人力资源和社会保障部按照"十二五"规划跨部门跨区域共享协同的总体要求，积极推进社会保障的省级集中、跨省协同。目前，全部省份已完成城乡居民养老保险系统的省级集中整合，29 个省份建立了省内异地就医结算系统，社会保险关系转移系统本年累计办理业务 82.5 万笔；15 个省完成劳动保障监察的省级集中，分散建设格局得到很大改善，为实现全国信息化"省级物理集中，全国逻辑集中"的良好格局奠定了基础。至 2015 年底，全国社保卡持卡人数达到 8.84 亿，普及率 64.6%，部持卡库中人员基础信息达 7.1 亿条，社保卡基础信息达 5.5 亿条，累计业务处理量达 7.5 亿笔；20 个省份完成了省级持卡库的部署，11 个省份的持卡库已上线运行，实现社保卡的一卡多用，在信息查询、医保结算、社保费用缴纳、社保待遇发放、养老医疗保险转移接续、异地生存认证、就业服务等领域深入应用，基本覆盖人力资源和社会保障业务领域。

三　持续推进建设模式的转型发展

2015 年，中央国家机关信息化工程取得新的进展，持续推进并初步实现了"十二五"规划要求的信息系统建设模式的转型发展。其标志是，电子政务实现集约化整合模式已经成为共识，以往信息系统离散分隔的状况正在转向系统化、集约化，信息系统集约化建设模式已经成为电子政务规划建设的发展趋势。

1. 国家电子政务外网集约化模式取得显著经济效益

至 2015 年底，中央政务外网新增连接国家安全部、住房和城乡建设部、中国人民银行、国家税务总局、国家工商行政管理总局等 29 个中央政务部门接入节点单位，政务外网接入单位累计覆盖中央政务部门及相关单位总数达到 121 个，依托政务外网运行的中央部门重要业务系统累计达 42 个；累计覆盖省、市、县、乡分别达到 100%、94.6%、88%、34.4%。上述使用政务外网的部门和单位如果各自购买互联互通的电路租用费需 15999 万元，而国家电子政务外网统一购买电路租用费仅需 1614 万元，集约化购置电路资源的费用仅占分散购置费用的 10.08%。

2. 国土资源信息化"一张图"集约化规划建设成效显著

2010 年，国土资源部提出实行"一张图"本底数据库并逐步整合和叠加各类数据，实时掌握全国土地和矿产资源开发利用状况，对全国每一块土地的"批、供、用、补、查"和每一个矿业权的审批、勘查、开采等进行实时全程监管，实行"一张图管地、管矿"；2012 年《国土资源信息化"十二五"规划》中提出，加快推进国土资源遥感监测"一张图"和综合监管平台建设与应用，到"十二五"末，市级以上"一张图"和综合监管平台全面建成，并在各级国土资源调查评价、管理决策、监测监管、形势分析、社会服务中得到制度化、常态化应用。到 2015 年，部本级建成较为丰富的"一张图"核心数据库，建设用地审批、矿业权等 22 类管理信息，以及新增新一轮土地利用规划数据等 18 个数据服务纳入"一张图"；31 个省（区、市）初步建立了覆盖本辖区的"一张图"，初步形成规划、调查评价、监测、管理与国土资源数据库建设和更新同步的机制，构建了覆盖全域全流程的土地、矿产和地质环境等主要业务的核心数据库和统一的管理平台，实现了各类数据的统一管理及与审批系统的对接，为行政审批、监测监管、辅助决策、综合事务等各项业务提供全面、精准的数据支撑。以"一张图"为主题的国土资源信息化框架体系，支撑和保障了网上办公、网上审批、网上监管、网上公开和网上服务，在促进简政放权和规范高效、创新国土资源执法和土地督察方式、为加强和改善国土资源宏观调控提供数据保障等方面发挥了有力的支撑作用。

3. 水利信息化资源集约化整合共享顶层设计取得较好成效

2015 年 4 月，水利部经部长办公会审议后发布《水利信息化资源整合共享顶层设计》，要求部本级、七个流域机构和省级水利部门认真梳理资源，摸清家底，落实资源整合共享的技术实现方法、路径以及组织领导、资金投入、队伍建设和进度计划等保障措施；9 月，发布"水利一张图"规范，整合国家基础地理数据、水利基础空间数据、水利业务专题数据和水利遥感数据等，形成我国最具系统性、权威性、现势性和合法性的水利基础业务信息资源。水利部采取部机关先行、拉动全行业同步发展的建设策略，有效地推进了水利集约化整合的整体进展。长江水利委员会作为水利部流域资源整合共享的试点单位，经过近两年的建设，按照"整合已建、完善在建、规范新建"的思路，主体工程基本完成，搭建完成计算资源池、存储资源池，初步完成综合管理信息资源整合和门户集成，并探索对整合与共享、安全等保、指挥系统二期、山洪灾害等在建项目开展统筹建设机制；江苏省作为省级水利信息化资源整合共享的试点单位，工作正在稳步推进。

4. 质检信息化突出资源整合和业务融合集约化思路

2015 年，国家质检总局突出"加快质检业务与信息化融合"主题，开展"大机制"、"大平台"、"大数据"、"大融合"、"大安全"五项工作，并实施聚焦数据资源整合、业务融合应用的集约化思路，收到较好成效。在实施数据资源整合方面，编制发布了《全国质检信息资源整合与共享建设总体指导意见》、《质检基础信息资源目录和共享目录》，开展总局层面的行政审批数据资源和总局业务司局五年数据的整合，完成对贸易信息、检验检疫不合格信息、境外通报不合格信息、风险监控信息等相关数据信息的整合；与安监总局、环保部和卫计委等部委签订信息共享协议，初步实现基于国家发改委、国家信息中心建立的质量信用信息共享平台的部委间数据交换和信息共享。在业务与信息化融合应用方面，围绕国家检验检疫核心业务，加快推进 E‑CIQ 主干系统建设，在全国全面推广"三个一"统一版"一次申报"系统，完成 CIQ2000 等三大核心系统"三通""两直"通关一体化改造升级和部署，以及进出口工业品质量安全风险预警平台升级改造方案，依据动植司和特设局行政审批事项试点、特种设备行政许可、电子商务产品质量信息公共服务等业务需求，进行应用系统的功能新增和升级改造。

5. 国家地理测绘信息化聚焦信息资源共享和数据开放利用

2015 年，国家测绘地理信息局确定信息资源共享和数据开放利用的信息化主题，采取一系列有效措施，取得初步成效。一是构建信息资源共享规范。建成国家与行业基础代码、数据字典、行政区划、行业人员库、行业机构库等数据标准和基础数据库，梳理分析业务流程模型、元数据模型、数据交换模型和技术方法，实现各应用系统的互联互通和同步共享，保证关键数据唯一来源。二是加强政务信息资源集约化管理。梳理履职所需信息共享需求，开展各类数据资源的集约化整合，2015 年整合后的总存储量由上一年度的 45TB 增加至87TB，增长 93% 。三是积极实施数据开放策略。启动建设国家测绘地理信息局网上办事服务大厅，构建面向社会公众的统一对外服务门户，为办事人员提供"一站式"测绘地理信息应用和信息服务窗口，提高网上办事的便捷性和实效性。

6. 审计信息化持续集约化不断提升信息能力

金审工程在以往两期项目集约化基础上，面对党中央、国务院对审计工作的新要求，人民群众对审计工作的新要求，确定提高运用信息化技术查核问题、评价判断、宏观分析的能力，积极运用大数据技术，推动组织模式创新，实现跨专业跨领域数据融合的信息化发展定位，在新规划的金审工程三期项目中，构建国家审计数据中心、模拟仿真审计分析中心、审计数字化指挥中心等核心业务系统，突显集约化构建、数字化应用的整体框架，不断提升审计信息化能力。

7. 中央编办突出网上域名规范助推"互联网＋"业务

为了服务和规范"互联网＋"网上业务，2015 年，中央编办确定稳步推进网上名称服务管理的信息化主题，取得较好成效。一是依托覆盖全球的中文域名系统平台新建了网站审核、标识管理、访问检测系统，通过收集各地编办及申请单位反馈意见，对网站审核平台进行修改完善，提升用户体验。二是紧紧把握"域名管理"和"网站挂标"两条主线，积极打造"网上身份识别概念"，逐步扩大政务和公益机构域名注册管理中心在域名和互联网行业的影响力，不断推动网上名称管理取得新的突破。

（电子政务理事会常务副理事长　周德铭）

2015 年中央机构编制委员会办公室
电子政务发展概况

2015 年，中央编办结合实施《全国机构编制部门电子政务发展规划（2011～2015年）》，积极推进中央编办信息化建设，为机构编制业务提供有力支撑。

一 积极推动实名制系统建设和应用，助力机构编制日常管理

一是完成了中央编办与各省级编办依托电子政务内网的联网工作，实现了对省级编办实名制系统的远程访问和数据在线报送。在与省级编办联网的基础上，重点推动省级编办与市县编办的网络互通，督促各地尽快整合现有资源，建设覆盖全省统一的实名制管理系统。二是印发《关于做好地方机构编制实名制数据月度报送工作的通知》，明确了报送方式和工作流程。进一步升级完善实名制系统，明确了实名制数据真实度和覆盖率五项可量化的指标项，开发了数据真实度和覆盖率动态标识系统，完善了实名制数据对接技术方案，使用自建系统的省级编办实现了与中央编办系统的无缝衔接，初步建立了实名制数据报送的工作机制。三是积极推进中央一级实名制系统的联网工作。完成了实名制系统在电子政务内网的部署，同时，与国办电子政务办、中办信息中心以联合发文的方式，对中央一级各部门人事司局直接联通电子政务内网提出要求，并配合国家电子政务内网办召开中直7个部门联网协调会部署联网工作，协助制定中央一级各部门联网建设技术方案。

二 突出机构编制业务特色做好网站建设

一是对中央编办外网网站进行改版和调整。突出机构编制业务，进一步增加实用性和便利性；从严把握地方编办信息报送质量，全年共择优发布近五千篇地方稿件；围绕行政审批制度改革及简政放权、权力清单建设等进行重点宣传；配合审改司，完成国务院各部门行政许可服务平台升级改造和行政审批制度改革专题改版，做好网民意见收集、平台运行监控等工作。二是对中央编办机关内网网站进行了大幅度改版。在办领导的直接指导和有关司局的支持下，建立了中央编办机关内网网站工作"3＋X"会议机制，明确了栏目责任分工，开展了各司局信息员培训，将司局之窗栏目交由各司局信息员自行发布。改版后开展了调查评估，收到了有价值的建议，改版工作也得到了大家较高的认可。

三 稳步推进网上名称管理工作

一是依托覆盖全球的中文域名系统平台新建了网站审核、标识管理、访问检测系统，通过收集各地编办及申请单位反馈意见，对网站审核平台进行修改完善，提升用户体验。研发了顶级域注册管理系统，制定了域名系统抗DDOS攻击解决方案。二是配合中网办举办全国网络安全培训会、第二届"国家网络安全宣传周"等工作，推动党政机关网站开办资格复核工作。根据地方需求开展了12期域名管理培训班，赴多省份调研网站审核工作进度，加大宣传和督促力度，提高标识覆盖率。三是与公安部、中网办和工信部联合印发《关于印发〈党政机关、事业单位和国有企业互联网站安全专项整治行动方案〉的通知》，要求各地编办加大保障、宣传和督导并报送实施方案，紧紧把握"域名管理"和"网站挂标"两条主线，积极打造"网上身份识别概念"，逐步扩大政务和公益机构域名注册管理中心在域名和互联网行业的影响力，不断推动网上名称管理取得新的突破。

四　加大创新力度，主动适应机构编制信息化建设新常态

一是根据中央编办主任张纪南同志对政务信息共享问题的批示要求，与相关业务司多次会商研讨，赴天津、河南、安徽等地进行实地调研，提出探索解决问题的意见建议，为下一步推动信息共享先行先试打下基础。二是进一步推进办内业务应用。将 OA 系统集成到中央编办机关内网统一平台，完成了机构查询系统建设，在中国机构编制网开通了国务院行政机构和事业单位机构查询专栏。三是积极探索机构编制政务云平台建设。尝试运用大数据、云计算等技术手段对编制使用效能、职责关联、机构履职情况实施动态监测和数据分析，进而为机构编制部门开展行政审批制度改革和积极推进简政放权提供专业、有效的技术支持。

五　同步推进安全体系建设，确保信息安全

对机关内网技术防护、应用系统防护和内网保密管理情况逐项进行拉网式多轮检查，并对个人计算机进行全面清查，全力做好信息安全加固和防护保障，通过了国家保密局检查。

（中编办电子政务中心）

2015 年最高人民检察院电子政务发展概况

2015 年，最高人民检察院深入贯彻落实十八届四中、五中全会精神，围绕依法治国战略部署，坚持最高检党组提出的"科技强检"战略，以服务检察工作为主线，以电子检务工程建设为引领，按照"统一规划、统一标准、统一设计、统一实施"的总体要求，全力推动全国检察机关信息化建设，提升应用水平，增强业务支撑能力，促进检察权依法、规范、公开、公正运行。

一　全力推进电子检务工程实施，努力开创检察信息化工作新局面

2015 年，最高检在京召开了电子检务工程工作会议，在京的最高检领导和检委会专职委员都参加了会议。中央政法委、中央网信办、科技部有关负责同志到会指导。会议对今后几年检察信息化建设做出重大部署，明确了目标任务、推进措施、具体要求和电子检务工程实施工作的时间表和路线图。当前，全国检察机关电子检务工程已进入全面实施阶段，检察信息化工作处于 2009 年苏州会议以来又一个关键时期。电子检务工程把完善统一业务应用系统作为电子检务工程实施的重点，将建设成"六大平台"，建立起"四个体系"，为检察工作提供多层次、全方位的技术支撑，是以信息化手段推动检察工作现代化的重要抓手。最高检本级电子检务工程《可行性研究报告》、《初步设计方案和投资概算报告》已经顺利获得国家发改委的批复，立项审批阶段工作圆满完成。各省级院加大工作力度，积极开展可

研、初设和投资概算等报告的编制与审批工作，电子检务工程建设顺利推进，落实了中央对地方的补助资金和省级财政配套落实资金。

二 完善统一业务应用系统建设，推动检察机关业务能力和管理水平不断提高

统一业务应用系统已经在各级检察机关全面上线运行，形成了一个四级检察院纵向贯通、横向集成、资源共享的司法办案平台，实现了全部案件系统运行、案件办理与管理同步、案件流转和信息共享，推动了检察机关司法理念的转变、办案模式的优化、规范化水平的提升。今年，最高检继续着力统一业务应用系统功能不断完善、应用不断深化、范围不断拓展。一是分别赴广东、青海、甘肃、云南、福建组织调研，组织力量针对收集的近500余个问题和需求，对统一业务应用系统进行了相应的修改和完善。二是完成了系统中职务犯罪侦查查询、统一业务应用系统归档功能和接口等新需求的编制工作。三是经过充分需求论证，研究制定了技术方案，指导四川、贵州开展电子卷宗应用试点。四是完成统一业务应用系统统计、刑事执行业务等新需求的编制和预算，并启动了研发单位选择工作。统一业务应用系统作为检察机关的核心和基础应用系统，展示出信息化手段对检察机关规范司法行为、提高办案质量和效率、强化内部监督、提高管理决策水平的重要支撑作用。

三 全力组织全国检察机关远程视频接访系统建设，深化司法为民，服务人民群众

为贯彻落实党的十八届三中、四中全会提出的"实行网上受理信访制度"、"增强全社会尊重和保障人权意识，健全公民权利救济渠道和方式"的决策部署，最高检加强督促指导，各省级院积极组织实施，全力推进远程视频接访系统建设，积极开展系统应用，目前已基本实现全国四级院互联互通。截至2015年底，全国共有3246个院完成建设任务，占比为93.9%，全国共有21个省（自治区、直辖市）检察机关开展了应用工作，共应用2064件次。远程视频接访系统建设是检察信息技术引入信访接待和化解社会矛盾工作中的重要举措，视频接访监控技术设备的投入使用，不仅可以对信访接待进行全程录像，还可以随时调阅观看，在规范信访接待工作方面起到积极促进作用，进一步提升了司法服务人民群众的水平。一是拓宽了信访渠道，方便了群众上访，免除了群众舟车劳顿之苦。二是减少了越级上访，把矛盾化解在基层。三是丰富了接访手段，为来访群众提供了向上反映和解决问题的快速通道，对息诉、罢访起到了良好的效果。

四 检务公开平台建设日渐完善，检察工作透明度和公信力不断提升

最高检积极探索信息化条件下检务公开的新途径新方式，自觉接受人民群众监督，切实提高检察机关司法公信力和群众满意度。检察门户网站、12309举报平台、案件信息公开系统得到广泛应用，"人民检察院案件信息公开网"正式上线运行，受理全国关于案件信息公

开系统热线电话1300余人次，组织对系统进行了8次版本升级。全国各级检察机关运用案件信息公开系统导出案件程序性信息2160770条，处理辩护与代理网上预约24975人次，重要案件信息76106条，法律文书551327份。社会公众有效点击量达1393.6万人次，日均有效点击量为3.8万人次。在确保信息公开系统正常有序的基础上，组织完成了案件信息公开系统的云平台切换，新闻客户端等案件信息公开方式的开发升级，并积极组织了案件信息公开系统的第三方测试及等级保护评测工作。以"两微一端"为代表的检察新媒体矩阵初步形成，案件程序性信息查询、辩护与代理预约申请、重要案件信息发布、法律文书公开广泛应用，检务公开、检察宣传和服务群众水平显著提升。

五　信息化基础设施建设显著加强，信息化支撑能力进一步巩固

全国各级检察院基础网络平台、系统运行平台、安全保密平台、运维保障体系更加完善，专线网络体系全面建成并不断优化，信息系统安全保密水平有了质的飞跃。一是组织编制《检察机关电子政务内网建设方案》，认真做好中央政法机关设施共建信息共享系统建设。二是根据涉密信息系统管理要求，全面推动检察专网分级保护建设，建成完善的网络身份认证、电子印章和线路加密系统。三是加强与国家信息中心的协作与配合，针对境外的恶意攻击，积极做好安全防护和版本的升级。四是加强网络安全检查，组织了全国检察机关互联网站安全测评，印发《关于检察机关互联网站安全评测的通报》，督促存在安全问题的各级检察院完成漏洞整改。

（最高人民检察院检察技术信息研究中心）

2015年最高人民法院电子政务发展概况

2015年，最高人民法院紧紧围绕全面推进依法治国战略部署，以"四五"改革纲要为指导，以实现审判体系和审判能力现代化为目标，强力推进全国法院信息化建设。各级法院高度重视、主动作为，依托"互联网＋"、大数据、云计算等技术，促进法院工作线上、线下融合，基本建成以互联互通为主要特征的人民法院信息化2.0版。

一　以五大网系为纽带的信息基础设施覆盖全国法院

基于办公网和法院专网的各类基础设施成为法院信息化的主要支撑。全国所有法院建成办公网并接入法院专网，网络设备、计算设备、存储设备、系统软件等网络基础环境建设基本完善；47%的高级法院建成非涉密数据隔离交换设备或系统，实现法院专网与外部专网、互联网之间的跨网数据交换；视频会议系统实现全面覆盖，科技法庭、远程提讯、远程接访等系统基本覆盖全国法院，部分法院建成标准化机房和数字化会议系统；21个高级法院建成执行指挥中心，17个高级法院建成信息管理中心。

互联网接入及服务设施全面支撑各级法院服务人民群众。全国所有法院实现互联网接入，建成或接入上级法院政务网站、司法公开等互联网发布、公开平台，少数地区互联网应用已经迁移到公有云，支撑互联网应用及其移动应用蓬勃发展。

外部专网成为与相关部门信息共享和业务协同的重要渠道。最高人民法院与中央政法委、中央纪委、国管局、国资委、财政部、最高人民检察院和公安部等单位建立点对点连接，与20多家银行金融机构和航空、铁路等部门建立总对总连接；23个高级法院利用专线或本地政务网络建立与相关部门的点对点或总对总连接，初步满足信息报送、信息共享、执行查控和信用惩戒等业务协同需要。

涉密内网建设开始起步。最高人民法院建设涉密行政办公网和涉密刑事网；高级法院使用涉密终端管理涉密信息，部分高级法院使用涉密终端接入当地电子政务内网，少数高级法院开始或计划进行涉密内网建设。

二　以案件信息管理为核心的业务应用全方位延伸拓展

司法公开三大平台和"三位一体"诉讼服务等司法为民应用系统不断丰富。各级法院全方位推进司法公开，高级法院均已建成辖区统一的审判流程信息公开平台并与中国审判流程信息公开网链接，最高人民法院建成各级法院共同使用的裁判文书公开平台和执行信息公开平台；部分法院建成诉讼服务大厅、诉讼服务网和12368诉讼服务热线"三位一体"的诉讼服务中心和律师服务平台，支持当事人、律师在线参与诉讼；各级法院丰富网站、微博、微信和手机电视等新媒体和移动服务渠道。

审判执行应用系统全面覆盖核心业务流程。99%的法院建成案件信息管理系统，实现对审判工作重要环节的信息化支持和管理；全国法院执行信息管理系统建成，多数高级法院和部分中基层法院建成执行指挥、执行查控和信用惩戒系统；各级法院建成远程视频接访系统和信访管理系统，部分法院建成网上申诉信访系统；国家图书馆法院分馆、中国法律知识总库、公文交换系统等已在法院专网部署并应用于四级法院；文书校对、风险评估、案例指导、量刑参考等审判支持系统不断丰富。部分地区已探索使用移动办公办案系统。

人事管理和行政办公等司法管理应用系统自上而下稳步推进。90%以上的法院建成人事管理系统，50%以上的法院建成行政办公系统和内部网站；司法改革试点地区开始探索建设支撑人财物统一管理、人民陪审员管理和法官遴选等工作的信息系统。

三　以案件信息为主的数据集中管理工作实现重大突破

数据集中管理平台实现全国法院案件信息全覆盖。建成人民法院数据集中管理平台，实现全国3512个法院全部案件数据的集中管理和部分法院人事数据的融合；数据传输、更新和维护机制基本建立，94.7%的法院实现案件数据实时报送，80%法院的立案、分案、开庭、流程转换、结案等信息已实现实时更新，近70%法院的裁判文书信息已实现每日更新。

基于法院专网实现法院案件信息传输和交换。高级以上法院已经建设数据传输交换系统，各省采用多种技术手段实现本辖区中基层法院的数据上传和交换，实现全国法院案件信息向最高人民法院的逐级汇总。

司法数据专题分析和服务初见成效。初步开展对全国法院审判数据的整合、挖掘，提供司法统计、审判质效、专项分析、信息搜索等分析服务；探索对社会热点、关注类案进行深度分析，用于预判苗头性、倾向性问题；部分高级法院已开始分析利用审判信息为当地党委政府提供决策支持服务。

四　以信息系统等级保护为先导的安全保障工作逐步开展

非涉密信息系统等级保护工作稳步推进。78%的法院开展等级保护工作，已备案280个等级保护为第三级的重要信息系统，28%的高级法院已开展专网重要信息系统整改和测评工作，16%的高级法院已开展互联网重要信息系统整改和测评工作，19%的高级法院在进行外部专网重要信息系统整改和测评工作。

已有法院开展涉密网建设。最高人民法院建成涉密行政办公网和涉密刑事网，并通过分级保护测评，用于涉密行政和刑事案件信息管理；4个高级法院建成涉密网，上海法院通过分级保护测评；其他法院通过涉密终端方式，实现对涉密信息的管理。

五　以基础设施和应用为重点的运维保障体系基本形成

外包服务已经成为基础设施运维的主要模式。各级法院每年运维经费投入约1.68亿元，常驻运维外包技术人员1400余人；70%的高级法院开展较为规范的基础设施运维，60%的高级法院开展应用运维。

运维工作向数据运维和安全运维延伸。50%的高级法院采用自行或外包方式开展数据运维，北京等少数法院采用外包方式开展安全运维。

可视化运维成为管控信息系统运行状况的有效手段。50%的高级法院实现对基础设施的可视化运维，通过对各类设备动态监控，提前发现问题，解决问题，保障信息系统稳定运行。

六　信息化专业人才队伍在宝贵实践中不断成长和健全

信息技术机构为信息化建设提供基本组织保障。各级法院均成立了信息化建设领导小组，最高人民法院成立信息中心，高级法院均已设置信息技术机构，部分中基层法院设置了专门机构或在办公室等部门配置了专业技术人员。

信息化人才队伍成为司法辅助队伍的重要组成部分。2015年6月最高人民法院下达《关于人民法院信息化人才队伍建设的意见》，明确要求信息化人才应纳入司法辅助队伍，并对机构和专业结构配置提出了要求。

形成一支约7200人的专业技术队伍。各级法院形成由5300多名在编人员和1900多名聘用人员组成的专业技术队伍，并通过技术培训、异地交流、专项讲座、专题研讨、专题调研等多种方式不断提高技术人才的业务素质。

（最高人民法院信息中心）

2015 年人力资源和社会保障部电子政务发展概况

2015 年，人力资源和社会保障信息化建设以党的十八大和十八届三中、四中、五中全会精神为指导，坚持"民生为本、人才优先"的工作主线，围绕人力资源和社会保障中心工作及各项改革任务要求，科学谋划、攻坚克难，扎实推进各项工作，电子政务发展取得新成效。

一 社会保障卡建设取得显著成绩

2015 年新发社会保障卡（以下简称社保卡）1.7 亿张，截至 12 月底，全国社保卡持卡人数达到 8.84 亿，普及率 64.6%，全面完成"十二五"规划目标。实际发卡城市 369 个，地市覆盖率 95.8%。加快推进 102 项社保卡应用目录的落实，开展了全国社保卡应用督导、47 个地区综合应用试点示范、典型应用宣传交流等工作。推动养老、医疗等重点领域用卡和跨地区用卡。全国社保卡人社领域应用目录平均开通率为 51%，部分地区还扩展至民政、卫生等政府其他公共服务领域。社保卡持卡人员基础信息库（以下简称持卡库）建设全面启动，印发持卡人员基础信息管理流程、持卡库部署实施方案。截至 12 月底，部持卡库中人员基础信息达 7.1 亿条，社保卡基础信息达 5.5 亿条，累计业务处理量达 7.5 亿笔。20 个省份完成了省级持卡库的部署，11 个省份的持卡库已上线运行。发布实施《社会保障卡规范》（LD/T 32 ~ 2015）和《社会保障卡读写终端规范》（LD/T 33 – 2015），组织开展了双界面社保卡规范研究和试点验证。推进生物特征识别技术（人脸、指纹、指静脉）研究，制定了生物特征识别应用基础标准及实施方案。

二 信息系统省集中建设呈现良好态势

各地在落实新政策新制度的过程中，优先建设省集中信息系统。目前，全部省份已完成城乡居民养老保险系统整合，劳动保障监察有 15 个省份集中全部地市。除 4 个直辖市基本实现省集中以外，西部省份省集中系统建设已成规模。分散建设格局得到很大改善，一些省份采取积极措施，分阶段启动省级系统建设。持卡库的加快实施进一步推动了信息系统的集中整合，为实现全国信息化"省级物理集中，全国逻辑集中"的良好格局奠定了基础。

三 核心业务信息系统建设稳步推进

启动就业信息监测平台二期开发；开展离校未就业高校毕业生实名登记信息监测；完成外国人和台港澳人员就业管理系统建设并上线运行。印发《关于机关事业单位工作人员养老保险信息系统建设的指导意见》（人社部发〔2015〕52 号），完成机关事业单位养老保险信息系统建设任务，并在各省开展信息系统建设工作，保障机关事业单位养老保险业务工作开展。推进医疗服务监控系统的实施应用，29个省份启用医保监控系统。印发《关于开展全民参保登记信息系统建设的通知》（人社厅发〔2015〕86号），推进全民参保登记信息系统建设。完成留学人员回国服务系统建设；开展自主择业军转干部管理服务平台系统建设；开展全国军队转业干部安置信息平台建设；全国技工院校毕业生证书查询系统正式上线运行。推动实施全国统一的劳动关系系统，稳步推进劳动保障监察"两网化"管理；大部分省份建设了劳动保障监察管理信息系统，调解仲裁办案系统逐步在各省份实施；印发《劳动保障监察举报投诉案件省级联动处理机制系统建设方案》；进一步推进实施全国劳动保障监察信息监测制度，本年共入库数据63.88万条，包括20.46万件案件；加强全国仲裁员管理系统应用，共登记4.8万名调解仲裁人员。

四　跨地区协作信息化应用已成规模

中国公共招聘网已覆盖29个省156个地区（含省本级），纳入206家公共就业人才服务机构，累计发布招聘岗位信息1093.2万条。各项异地业务系统的覆盖地区不断增长，业务办理数量不断提升，为各项社会保险跨地区协同办理提供了良好的技术平台。全部省份通过部级待遇领取资格协助认证系统参与全国协助认证。29个省份建立了省内异地就医结算系统。社会保险关系转移系统本年累计办理业务82.5万笔，扩建了城乡养老保险制度衔接、军人退役养老保险关系转移功能。完善了养老保险待遇状态比对查询服务系统，本年累计响应查询请求3150万人次。

五　信息资源开发和共享取得新成效

就业、养老保险（职工和城乡居民）、医疗保险（职工和城镇居民）、失业保险、工伤保险和生育保险联网数据上报量分别达到3.17亿、7.83亿、5.7亿、1.66亿、1.7亿和1.44亿人。数亿人的信息正在汇聚成人社大数据，成为优质的资产宝藏。结合政策研究需要，推进联网数据分析利用。积极开展部本级联网数据探索性分析，为全系统提供了示范。积极推动全国数据分析工作，在分析主题设计、分析方法交流等方面加强指导，引导全国协作。印发了《关于加强就业失业登记、社会保险登记、劳动用工备案信息共享及业务协同工作的通知》（人社厅发〔2015〕66号），指导各地建立各业务的共享协同机制。参与国家人口基础信息库建设，完成了我部建设任务。人社部与中央编办等部门签订了数据共享协议，与财政、审计等部门开展了专项数据交换共享。

六　公共服务体系建设进一步推进

12333电话咨询服务覆盖面稳步扩大，规范化、一体化建设有序推进，349个地市级以上人社部门开通了12333电话咨询服务，开通率95.4%，年话务量9000万人次左右。以"走进大学生"为主题，举办12333全国统一咨询日活动。开展12333服务质量监控，完成质量监控软件开发。印发《人力资源和社会保障电话咨询服务规范》（人社厅发〔2015〕40号）。完成部级短信平台建设，发送150多万条短信，机关保系统、军转系统和掌上12333

等系统已接入短信平台。保障人社部门户网和中国就业网等网站稳定运行，加挂党政机关标识，新增专题 20 余个。优化办公管理系统，增设 7 个信息发布栏目。紧急开发部署了 G20 网站和工作平台。利用互联网开展中央机关及其直属机构 2016 年度考试录用公务员网上报名工作。完成国家公务员局门户网站的改版升级。

七　信息网络及安全支撑能力稳步加强

全国部省市三级网络覆盖 330 个（99.39%）地市节点。城域网覆盖 92.43% 的各类人社管理服务机构，93.43% 的街道、社区、乡镇，定点医疗机构网络联通率达 96.7%。督促各地开展业务专网 DNS 系统建设，31 个省份建立了 DNS 系统。10 个省份建立了全省集中数据级灾备，4 个省份建立了全省集中应用级灾备。开展全国信息安全等级保护调度，推动全国 1318 个重要信息系统进行定级备案和测评。加强人社系统信息安全漏洞监控和处置，全国本年累计发现并处置安全漏洞 325 个。开展人社业务专网安全专项整治工作。加快推进人社行业电子认证系统建设，8 个省份完成省级证书注册系统建设。部级签发数字证书 8.87 万张。完成各项安全检查，进一步提升了网络安全保密技术防护能力和管理水平。承担国密办人社领域国产密码应用课题研究，开展了信息化国产密码应用整体规划工作。

八　发展规划与重大项目建设取得明显进展

根据人社事业发展和改革的需要，敏感捕捉信息技术发展趋势，谋划"互联网 + 人社"发展蓝图，确定了"互联网 + 重点行动"、大数据、云计算基本思路。并在此思路的指导下，着手开展"十三五"信息化建设规划，稳步推进从"人社信息化"向"信息化人社"的转变。完成了金保工程二期项目建议书及 24 个共建省份建设方案，项目建议书已获国家发改委正式批复。完成了中央本级金保工程二期可行性研究报告并报国家发改委审批。推进了新农保信息系统试点工程建设。开展了国产化和云计算、移动互联网等技术应用的探索研究工作。

（人力资源社会保障部信息中心）

2015 年国土资源部电子政务发展概况

2015 年，国土资源部在信息技术手段规范和创新管理的理念引领下，继续以国土资源"一张图"及综合监管平台、电子政务办公平台、共享服务平台等三大平台和业务系统网上并轨运行为建设重点，不断拓展深化电子政务、门户网站、数据共享服务、网络安全等方面的建设与应用，全面开展"国土资源云"和不动产登记信息基础平台建设，取得了显著进展。

一　国土资源电子政务建设情况

（一）网上办公、网上审批应用深化扩展，四级全业务流程网上运行基本实现

国土资源部本级实现行政办公和所有审批事项的网上运行。在统一的政务办公平台上，建立和运行了办公自动化系统和行政审批系统，公文运转全流程实现无纸化，所有行政审批事项实现网上运行，各项业务基本实现信息化管理。部机关办公自动化系统进一步完善，建成新版国土资源部绩效管理信息系统、基于互联网的非涉密政务信息报送系统；上线运行部行政审批信息公开查询系统，实现9类24子类35项具体事项审批信息的公开，开展涵盖40余项行政审批事项的部网上申报系统建设。根据行政审批制度调整，新建行政审批事项综合统计分析、规划规模边界调整审批、开发区规划审核等子系统，完善建设用地审批子系统。启动国土资源信访信息系统建设，通过政务外网实现部信访办和国家信访局之间的联通。

各省（区、市）行政办公和行政审批等主要管理业务实现全流程网上运行。全国31个省（区、市）和新疆生产建设兵团办公自动化系统全部实现上线运行。网上办公和网上审批业务覆盖面进一步扩大，行政办公和行政审批业务网上运行加速向乡镇国土所延伸。

（二）国土资源综合监管平台持续完善，全程、全覆盖动态监管初步实现

国土资源部本级建成覆盖土地和矿产资源管理、开发利用全过程的综合监管平台，实现常态化应用和持续完善拓展。深化综合监管平台应用、新上线采矿用地方式改革试点监管、执法监察案件台账管理等系统，完善农村土地整治监测监管、矿业权统一配号、出让转让公示公开、矿业权设置方案报备、卫片执法检查等系统；融入"互联网＋"理念强化监管机制，新建土地市场诚信管理子系统，开发失信行为联合惩戒名单管理功能，实现监管平台与发改委"投资项目在线审批监管平台"对接，联合监管投资项目审批进度；加强监管信息分析挖掘，开展年度变更调查用地管理信息套合标注、建设用地项目占补平衡情况业内核查、卫片执法检查数据比对核查和京津冀退耕还林符合性分析等工作。

30个省份建立覆盖本辖区的综合监管平台，得到初步应用。北京、天津、上海、重庆、广西等省份综合监管平台已基本上实现常态化应用，融入土地和矿产资源开发全程监管业务中。市、县级综合监管平台建设步伐加快，广西、吉林、湖南采取省级统一部署、市级辅助建设的方式，推动市级综合监管平台建设与应用。

二　政务大厅和网站建设情况

（一）政务大厅职能不断强化，服务口碑进一步提升

全面实行"一个窗口"受理，不断提升窗口服务质量。2015年将国土资源部12项行政审批事项全部纳入政务大厅集中受理，目前政务大厅接收报件的业务已达12大类26小类84项。国土资源部政务大厅荣获由中央国家机关工委、紫光阁杂志社评选的全国行政服务大厅"十佳"典型案例，树立了国土资源部服务社会、便民为民的良好窗口形象。

（二）国土资源公共服务逐渐完善，网站服务水平不断攀升

国土资源部门户网站信息服务不断丰富，政民互动能力进一步强化。新改版部门户网站正式上线，建设多维度精确服务搜索，开发客户端、手机版，开通微博、微信，构建国土资源移动互联服务新常态，在政府信息公开、强化国土资源信息整合方面取得新进展。全年共发布各类国土资源信息55.4万条。建设国土资源部微门户，开发客户端、手机版，开通微博、微信，构建国土资源移动互联服务新常态。进一步完善对公众意见的收集、处理和反馈机制，"部长信箱"累计处理邮件4743封，编发《部长信箱邮件摘编》3期，提供部领导参阅。跟踪国土资源工作热点，报道部主要活动50余次。继续整合集成地方各级国土资源主管部门土地、矿产、地质、科技等各类国土资源信息，为社会提供国土资源"一站式"服务。

各地国土资源公共服务网站逐步完善，政务服务水平进一步提升。全国所有省级和市级单位、92%的县级单位实现了不同程度的政务公开，23个省的县级政务信息网上公开覆盖率达到100%，信息公开的规范性、准确性、及时性和有效性明显提升，信息公开内容更加丰富，在线服务形式不断创新，政民互动渠道逐渐健全、便捷。

三　数据资源建设与信息共享

（一）国土资源"一张图"核心数据库体系基本建成，数据内容不断扩充更新

国土资源部本级"一张图"核心数据库进一步完善拓展和深化应用。强化"一张图"核心数据库服务，初步建成国土资源数据中心智能分析环境；持续丰富"一张图"核心数据库内容，建设用地审批、矿业权等22类管理信息纳入"一张图"；新增新一轮土地利用规划数据等18个数据服务接口，为政务管理和综合监管提供数据支撑。

31个省（区、市）初步建立了覆盖本辖区的"一张图"。基本建成了较为完整的"一张图"数据库架构，初步形成规划、调查评价、监测、管理与国土资源数据库建设和更新同步的机制，构建了覆盖全域全流程的土地、矿产和地质环境等主要业务的核心数据库和统一的管理平台，实现了各类数据的统一管理及与审批系统的对接，为行政审批、监测监管、辅助决策、综合事务等各项业务提供全面、精准的数据支撑。

（二）国土资源信息数据共享不断深化，社会化共享服务局面逐渐展开

全国地质资料信息集群化共享服务平台开创地质资料管理与服务的新思路，成为国土资源信息化的重要突破。通过共享服务平台在全国地质资料馆、国土资源实物地质资料中心及全国31个省级地质资料馆的部署和应用，以国土资源部门户网站为总入口，初步构建了互联互通的地质资料网络服务体系。2015年全年发布38.6万条目录数据，14.7万个电子文件。

各地国土资源数据社会化共享服务逐步深入。在全国105个重点城市推广应用的银行国土信息查询系统，全年完成银行提交查询请求400多条。辽宁等地形成了完善的地质资料集群化服务体系，为地质找矿、抗震救灾、抗旱找水、国家和行业重大项目规划提供了有力的

支撑。一些地方还利用网络或离线方式为其他行业部门或社会提供多种形式的公益性信息服务，增强了国土资源部门的公信力。

四　网络、安全及标准化建设

国土资源业务网接近全覆盖。除青海外，31个省（区、市）覆盖全部市级，新疆生产建设兵团覆盖到师级。29个省区市覆盖全部县级，18个省区市不同程度地延伸到乡镇国土所，黑龙江等9个省区市已实现省、市、县、乡四级全覆盖。网络互联覆盖面的扩大有力地支撑了视频会议、电子数据远程报送和联网审批。

网络安全建设进一步推进。完成国土资源业务网双向光闸部署，进一步加强部机关涉密内网与业务网之间的信息安全交换能力，为不动产统一登记平台的正式运行提供了满足国家安全保密要求的网络环境。进一步扩大国土资源部重要信息系统主动防御范围，完成农村土地整治监测监管等四个信息系统的操作系统安全加固工作，实现基于强制访问控制的安全机制，满足国家等级保护安全要求。

五　"国土资源云"与不动产登记信息基础平台建设全面开展

印发实施《不动产登记信息管理基础平台建设总体方案》，制订并试行不动产信息平台建设相关的6项技术标准；2015年11月20日不动产信息平台正式上线试运行，通过统一门户向各级不动产登记机构提供三大应用板块，功能基本覆盖不动产登记机构全业务；国家林业局、国家海洋局等部分登记数据纳入平台统一管理。推进"国土资源云"网络与安全建设，全面开展国土资源国家级机房改造。

（国土资源部信息化工作办公室）

2015年环境保护部电子政务发展概况

2015年，认真学习贯彻十八大，十八届三中全会、四中全会和五中全会的精神，主动适应环境保护和社会经济发展新格局，紧紧围绕环境保护重点工作，以重大专项、业务应用、标准建设、信息安全为抓手，以"互联网、内网、专网"三大网络资源平台为依托，推动各项环境信息化工作取得显著成效。

一　信息化工程规划实施取得进展

1. 探索生态环境大数据建设，推动数据资源整合共享

启动生态环境大数据建设工作，配合办公厅，完成《生态环境大数据总体方案》、《数据整合集成工作方案》、《生态环境大数据管理平台建设方案》、《政府网站大数据应用建设方案》、《环保云建设方案》编制工作，组织评估中心、监测总站、应急中心分别完成环评、监测、应急大数据应用方案编制工作。牵头编制完成《2016 年度生态环境大数据工作方案》。组织地方申报大数据应用试点。完成大数据与环境管理专题培训，环保部系统近 5000人参加。

开展数据资源整合工作。完成涉及环保部总量司等 6 个业务部门 15 个业务系统的数据整合和接入工作，完成 14 类业务数据入库工作，整合结构化数据量达 3.36 亿条，初步形成业务数据应用基础条件。

完成 2015 年度环保专网信息资源中心（三期）项目建设工作，编制形成多维度信息资源目录体系；与全国组织机构代码中心合作，完成基于 2015 年国控重点源名录的污染源主数据库建设；引入互联网等外部数据，进一步扩大资源中心数据范围。

2. 推动生态环境保护信息化工程项目立项

围绕当前国家生态环境保护工作重点，结合国家重大信息化项目申报要求，组织协调工信部等九个共建部委开展了生态环境保护信息化工程项目立项工作。组织完成项目建议书（环保分册）和项目可行性研究报告（环保分册）的编制工作。协调组织项目共建部委完成项目建议书（总册）和可行性研究报告（总册）的编制工作。编制了生态环境保护信息化工程信息共享协议，并组织共建部委完成会签。

3. 完成环保部电子政务内网建设项目立项工作

根据中办、国办对国家电子政务内网平台建设工作的有关要求，编制完成《环境保护部电子政务内网建设方案》、《国家电子政务内网建设集中立项初步设计文件》并报送发改委，完成部门立项工作。开展国产化软硬件的调研工作，编制完成环境保护部电子政务内网建设技术方案。

二 网络建设与运行维护稳健推进

1. 专网建设与运维管理

完成"环境保护部派出机构及直属单位网络和安全系统建设项目"建设，实现所有部署直属单位和派出机构接入专网。成立集中运维组，启动统一运维体系建设。规范环境保护部到 32 个省级节点、5 个计划单列市节点 100M 互联网及 VPDN 业务网络建设。组织各省完成 2015 年度线路租用工作。实施各省连通率年度考核，推动省市县采用专线方式接入专网。对部机关到网控中心线路，网控中心到卫星中心、监测总站和核安全中心三个分资源池线路升级至千兆裸光纤。

2. 内网建设与运维管理

完成部机关身份证书管理系统升级改造工作，实现内网身份证书统一管理。对网络设备和服务器进行梳理，实现统一管理和监控。根据内网运维要求，部署相关管理工具，增强网络智能化运维水平。

3. 互联网接入管理

调整互联网出口带宽资源、流量控制和负载均衡设备配置，提升互联网出口带宽承载能力和利用效率。保障联通 VPDN 网络正常运行，重新规划流量池应用，加强了移动办公上网卡管理。采用双运营商策略，新建电信 VPDN 网络，保障移动办公应用。

4. "环保云"建设与运维管理

根据"环保云"建设思路，实施软硬件基础资源的集约化建设。以中心业务系统"云化"为目标，实现服务器虚拟化率90%以上，初步形成"一朵云，两个资源池"的基本架构。截至2015年底，环保云平台共部署业务系统44个，承载逻辑服务器128台（不含测试开发服务器），仅计算能力一项统计，产出效益达1280万元（相比传统架构经费节约一半以上）。

5. 基础设施改造与日常维护

组织实施环境保护部应急视频会商系统改造项目，完成环境保护部四楼中厅和二楼多功能厅会议室改造并投入使用。承担会议室多媒体技术支持工作，保障多功能厅、四楼中厅及其他小型会议室正常使用1330次（比2014年增加3%），支持重要会议召开共计264次。承担部机关客户端维护工作，处理解决客户端问题5418次，同比上年增加260次。

三 政务系统建设运维进一步加强

1. 保障电子政务综合平台及内网核心政务系统运行稳定

完成416个环境保护部内网栏目调整。对使用频繁的6个公文文种发文代字进行调整和修改，增加为120种代字。落实运维规范化管理，实行"申请－审核－确认－存档"的运维管理流程，基本实现运维工作标准化、规范化。开展内网运维管理系统建设。2015年共计组织日常巡视700余次，处理运维服务工单2000余条，处理故障事件6次，保障了部机关内网办公平台及相关应用系统的稳定运行。

2. 专网电子政务信息交换平台及业务应用系统运行维护

承担专网各应用系统运行维护工作，共完成巡检3000余次，处理故障近200个，响应用户服务咨询6000余次，处理运管平台工单71条。积极开展应用系统的建设和专网应用推广工作。完成电子政务信息交换平台与值班管理等7个系统的集成，累计整合办公厅、人事司、总量司、国际司、宣教司等系统15个。开展专网用户管理系统建设，实现全国环保系统23万工作人员的信息整理和入库。完成了环保部机关、派出机构、事业单位及省级环境保护厅（局）、计划单列市环境保护局全部接入电子公文传输系统的工作，实现电子公文单轨制传输。完成建设项目行政审批系统与投资项目在线审批监管平台对接工作。组织电子政务应用系统培训班、专网运维工作培训班，累计培训220人左右。

四 部网站管理运维水平不断提高

1. 加强部政府网站管理与运维

贯彻落实政府信息公开工作要求，确保信息发布及时准确有效。配合环境热点及重要活动，适时推出专栏专题，开展主题活动宣传。1～11月，网站新增发布文章17000余篇，政府信息公开目录新增公文1384篇，新增7个专题栏目，转载国务院重要会议、领导人活动以及政策解读等信息830余篇。网站数据中心完成水质周报GIS发布系统；新增数据近312万条，其中全国重点城市空气质量小时报数据新增294万条；发布城市空气质量日报的城市由2014年的174个扩大到367个。英文网站累计发布全英文信息586篇。加强网站运维，保障部网站安全稳定运行。全年实行 7×24 小时安全监控并有针对性地开展安全巡检。编制完成《环境保护行政主管部门网站建设与维护技术导则》（已发布）。启动政府网站升级改版工作。

2. 推进政府网站栏目和互动渠道建设

配合办公厅开展部系统网站整改工作，整改 17 个部门子站。开通部长信箱，配合纪检监察部门开发纪检举报平台，并与 12369 污染举报平台进行整合。

3. 开展政府网站普查自查和整改

配合开展第一次全国政府网站普查，承担自查和整改工作。整合调整 120 余处不再产生信息和内容更新不及时栏目，处理 30 余处不可用链接，完善 2 处网站互动功能。

4. 开展网站群建设与维护

开展网站群研究建设工作。编制《环境保护部网站群建设方案》，以派出机构为试点，陆续启动华东站、华南站、西北站、西南站和东北督查中心网站建设工作。

五　信息安全保障能力进一步巩固

1. 做好特殊时期网络与信息安全保障工作

加强"两会"与"抗战纪念日"期间网络与信息安全保障工作。"两会"期间，对十家在京重要直属单位网站进行远程监控，每日向国家网络与信息安全信息通报中心汇报安全动态。"抗战纪念日"期间，安排专业安全技术团队，对部网站与各派出机构、直属单位网站进行远程检测，发现问题，及时要求整改，并加强网站 7×24 小时的安全监管。

2. 开展环境信息安全"十三五"规划研究与编制工作

制订环境信息安全规划项目实施方案；研究起草《环境保护部信息化建设审核管理办法》等文件；制订《环境信息安全"十三五"规划》大纲，明确"十三五"期间信息安全工作指导思想、总体目标与具体任务。

3. 积极开展行业信息安全检查工作

制订 2015 年度检查工作方案；收集整理各单位自查报告，启动远程技术检测工作，编制现场抽查工作手册，制定现场抽查工作方案；制定现场安全检查实施计划，分 5 组完成 17 家单位现场检查工作；完成《关于 2015 年环境保护行业信息安全检查情况的报告》、《2015 年环境保护行业信息安全检查总结报告》并上报办公厅。

4. 认真做好数字证书管理工作

配合人事司、评估中心、固废中心，完成 601 个用户证书制作和发放；配合环监局完成 VOC 排污收费征收管理系统建设，研究 RA 系统升级改造方案及证书服务模式；梳理各系统接入专网用户管理要求与 RA 制证流程，起草《环境信息专网用户管理办法》；研究起草《环境保护部 RA 系统管理方案》等；完成基于互联网身份认证的认证网关与 RA 服务器采购，拓展 RA 系统认证功能。

5. 积极发挥行业安全技术引领先导作用

编制完成环保行业信息安全综合监管平台建设方案，完成平台架构初步构建。编制完成《环境保护部电子政务内网普通密码设备配置方案》并上报办公厅。加强重要信息系统安全监管，2015 年 1~3 季度对部派出机构、直属单位与省环保厅（局）共计 62 个网站进行远程监控，形成风险报告，通知各单位安全扫描情况并要求整改。组织召开首次环保行业信息安全培训班，培训规模约 70 人次。

六 信息化交流与宣传不断创新

组织召开全国信息中心主任会、环境信息资源开发应用研讨会等；配合国际司完成部领导接访 IBM 总裁事宜，完成 IBM 副总裁接访工作；完成赴英国剑桥访问联合国环境署 – 世界保护地监测中心、赴美访问美国环保局以及 ADMI 公司等学术交流任务；积极开展部委、地方调研，不断加强环境信息化工作交流与创新。与《中国环境报》开展合作，全年完成 49 期"数字环保"专版报道。

（环境保护部信息中心）

2015 年交通运输部电子政务发展概况

2015 年，交通运输行业转变发展方式成果显著，坚持以智慧交通为转变方式的主攻方向之一，大数据、云计算、物联网、移动互联网等新技术在行业内得到充分利用，线上线下结合的商业模式蓬勃发展，着力抓好重大工程、重大项目、重大政策的督促实施，围绕支撑国家战略、政策标准制定、信息资源整合、管理系统建设、信息服务能力提升、技术创新应用、信息安全保障等重点方向，较好完成各项任务。

一 服务国家"三大战略"，发挥信息化支撑引领作用

1. 服务"京津冀一体化"发展战略

一是编制了京津冀交通信息共享机制建设工作实施方案，按照"统筹推进、急用先行"的总体原则，研究提出了京津冀跨区域信息交换共享方式，为京津冀三地实现交通运输协同管理、一体化服务奠定了基础。二是启动实施政企合作模式的京津冀综合交通出行服务信息共享应用示范工程，推动形成京津冀交通出行服务信息的数据开放与数据应用环境，为提升京津冀区域综合交通出行信息服务提供支撑。三是在北京、河北等 26 个省实施了省域道路客运联网售票系统建设工程，发布了建设指南，实现京津冀主要客运站联网售票，实现公众出行更加便利，企业运营成本有效降低。

2. 支撑长江经济带发展，统筹推进长江航运信息化建设

一是开展长江航运信息化顶层设计，编制长航信息资源规划和长江航运信息化规划实施方案，为推进长江航运资源整合和应用协同，促进长江航运电子政务、公众服务、电子商务发展，引导和服务好长江航运提供指引。二是启动长江干线下游段（南京以下）治安防控视频监控系统建设，为长江经济带发展提供了安全监管基础。

3. 支撑"一带一路"战略实施，充分发挥信息化支撑作用

组织编制了"一带一路"空间信息走廊需求分析报告，围绕提供"多元化、立体化"

（七）着力推动其他重要信息系统的建设和应用

1. 推动水利高分遥感业务应用示范系统（一期）深入应用

目前已完成16项关键技术研究、28项软件模块研发和25种专题产品研制工作，3个业务子系统开发项目通过了初验，并在科研单位进行了安装部署和应用。水资源监测评价和管理业务、水旱灾害监测业务、水土保持监测和评价业务分别实现了对示范区监测产品的按周期生产和发布，形成了专题产品生产的流程和规范，有效地保障了2013年黑龙江大洪水、2014年鲁甸红石岩堰塞湖的应急监测。项目通过了高分办组织的第二次中期检查。

2. 推进水利普查成果查询及服务系统持续发挥成效

系统在水利业务网和水利政务内网分别部署运行，为部机关司局和相关直属单位提供了水利普查成果查询及服务。数据成果在水资源监控能力建设等项目中得到应用，在历次地震等应急工作中及时提供震区水利工程设施基础信息。

3. 水利安全生产信息上报系统稳定运行

构建了全面覆盖部、省、市、县各级水行政主管部门和全国水利企事业单位的用户体系，收集了水利企事业单位及所管工程的基本信息、隐患排查治理信息和事故信息，成为多项水利安全生产监督工作的重要平台，系统用户近7万个，系统高峰期同时在线用户超过3000个。

（八）水利信息系统运行维护保障达到新水平

一是保障国家防汛抗旱指挥系统等的正常运行。完成部机关服务器网络安全整合，对服务器网段进行更为细致的功能划分，设置边界防护，保证了防汛信息的及时准确送达。

二是保障异地会商视频会议系统的正常运行。水利异地会商视频会议系统的应用范围不断扩大，视频会议系统使用日益频繁。2015年共召开异地视频会议26次，参加会议的人数约7.7万人次。异地会商视频会议系统的技术升级完成。

三是保障水利通信、水利电子政务和水利部网站等系统正常运行。

（九）水利网络安全明显增强

水利网络安全监督检查机制基本形成；水利部涉密网络、国家级重要信息系统、重点网站以及水利信息网等安全检查全面完成，并通过公安部现场执法检查，获得肯定；7个流域机构等级保护改造全面完成；水利网络安全顶层设计顺利启动。

（水利部网络安全与信息化领导小组办公室）

2015年农业部电子政务发展概况

2015年，农业部电子政务建设成效明显。农业信息化顶层设计工作稳步推进，通过金农工程一期项目实施的深入和创新应用，"用数据说话、用数据决策、用数据管理、用数据应急空间信息服务，推动各方应急、救助、通航等数据高效共享，实现海上险情有效快速救助等提出需求，积极争取国家资源支持。推进交通运输物流公共信息平台互联共享标准在东盟和东北亚地区的应用，实现中日韩19个港口的集装箱船舶动态信息和13个港口的集装箱状态信息共享和查询。

二　强化顶层设计，着力加强智慧交通发展统筹规划

（1）开展《公路水路信息化"十三五"规划》编制工作。梳理了"十三五"时期公路水路交通运输信息化发展需求，提出了发展目标、主要任务和建设重点，将有效指导"十三五"公路水路交通运输信息化发展，已经部务会、专题会多次审议研究，将于近期报批。

（2）参与编制了《关于积极推进"互联网＋"行动的指导意见》、《关于运用大数据加强对市场主体服务和监管的若干意见》、《促进大数据发展行动纲要》等国务院文件，开展了交通运输"互联网＋"行动方案的专题研究，明确了行业相关发展目标和主要任务，有效指导行业应用新一代信息技术，推进政府职能转变和依法行政，提升政府治理能力。

（3）组织开展《交通运输行业网络和信息安全总体规划》编制工作，立足行业网络安全和信息化发展现状，通过深入分析和把握网络安全形势，提出了行业网络安全工作的指导思想、发展目标、主要任务和保障措施，将对指导"十三五"交通运输行业网络安全发展具有重要意义。

（4）加强标准制修订工作。一是推进信息化工程技术要求的编制和应用。组织编制并发布安全应急重大工程第一批技术要求、城市公交智能化应用示范工程11项技术要求，完成市场信用重大工程第一批技术要求的征求意见。二是进一步丰富物流信息互联共享标准。编制发布了《物流园区互联应用技术指南》、《交通运输物流信息互联共享标准（2015版）》。三是组织集装箱海铁联运标准编制。四项集装箱海铁联运数据交换规则和30项数据交换服务报文标准完成草案，在示范工程中开展实验性应用。

三　注重综合效益，建立信息数据整合应用体系

1. 加强行业信息资源体系建设

一是组织开展数据资源共享与整合应用需求调研，分析了行业信息资源交换共享存在的主要问题及产生的原因，提出了提升行业信息资源交换共享水平的对策建议。二是直面难题，认真研究解决行业信息资源整合问题，编制印发了交通运输行业信息数据资源整合问题治理工作方案，编制了"十三五"治理方案，为着力突破深层次制度和技术障碍、加快推进行业信息资源共享开放体系建设指明了方向。

2. 推动信息资源整合应用

一是着力推进海事业务数据整合应用，成立了海事船舶动态监控中心，开展了海事业务数据的统一汇聚、统一管理和统一服务；逐步实现海事应用系统"统一门户、一次认证、全网通行"。二是完成部级道路运政管理信息系统建设，初步实现了道路运政基础数据的整

合和部分省份跨省业务协同。三是开展物流信息互联互通应用，组织相关部门和企业与国家物流平台技术互联对接。

四　聚焦服务民生，完善便民出行信息服务体系

一是 ETC 基本实现全国联网，纵贯南北、互通东西的联网格局已基本形成，为提高高速公路收费效率和车辆运行效率发挥重要作用。二是加快推进国家交通运输物流公共信息平台建设，研究编制了《国家物流信息平台"十三五"建设方案》，确立了总体思路、建设目标和主要任务、重点工程；三是推进"互联网＋便捷交通"实施，大力推动政企合作模式的综合交通出行信息服务科技示范，编制发布《政企合作模式的综合交通出行服务信息共享应用科技示范工程实施指南》，搭建开放式交通出行信息云服务基础平台，研究汽车电子健康档案系统建设的顶层设计，启动试点工程，将有效提升交通行业公众服务水平和社会满意度。

五　突出创新驱动，推进新一代信息技术应用

一是组织开展城市智能交通、船联网、国家远洋运输管理和集装箱铁水联运等国家物联网应用示范工程实施工作，形成了大量技术水平高、应用前景好的科研成果，有效地支撑了示范工程的建设实施，取得了良好的示范效应；二是推进高分辨率对地观测卫星在交通运输行业的应用工作，在路网规划、道路勘察设计、路网监控与应急等交通运输行业的重点应用领域，结合工程建设项目，开展了示范应用，效果良好；三是有序推进基于北斗的中国海上搜救信息系统示范工程建设，印发相关管理办法，编制了总体工作方案、资金使用方案和工作计划，并完成终端研制，为推动示范工程建设奠定了基础。

六　提高防护能力，保障行业网络与信息安全

在行业网络与信息安全方面。一是根据国家相关部门的总体部署，精心谋划，严密组织，以"零事件"的成绩，顺利完成抗战胜利 70 周年纪念活动网络安全保障专项工作；二是启动了信息安全等级保护测评机构筹建工作，强化行业网络安全技术支撑；三是组织开展全覆盖、多维度的行业网络安全检查工作，实现了以查促改、以查促建、以查促管；四是组织开展行业网络安全管理与技术专题培训班，提升了行业网络安全人员的意识与水平；五是开展了部机关、直属海事等单位专网及信息系统等级保护测评等工作。

七　推进电子政务发展，创建新常态下服务型政府

一是做好国家电子政务内网建设工作，提出我部国家电子政务内网工作方案，梳理了相关业务需求，并编制《交通运输部国家电子政务内网建设集中立项初步设计》等文件。二是积极落实部巡视整改要求，完成行政许可审批事项"一个窗口"网上办理平台第一阶段的优化工作，实现了部现行政许可事项网上申请登记、受理状态查询、办理结果公示等三个

关键环节统一在平台办理，并上线运行。三是加强部政府网站建设，按照国家政府信息公开工作要求，全面加强政府网站内容建设和信息公开，组织完成政府网站普查整改和第七次改版工作，部政府网站在2015年部委网站绩效评估中取得第四名的好成绩。

（交通运输部科技司）

2015年水利部电子政务发展概况

2015年是"十二五"的收官之年，也是谋划"十三五"的关键之年。在国家电子政务大框架下，水利部网络安全与信息化领导小组办公室（以下简称"网信办"）认真落实部网络安全与信息化领导小组的各项部署，紧紧围绕和服务水利中心工作，坚持统一技术标准、统一运行环境、统一安全保障、统一数据中心和统一门户的"五统一"原则，全面推进水利电子政务建设，基本形成水利信息化综合体系，初步建成了比较完善的水利信息化基础设施体系、比较完备的水利业务应用体系和比较有力的水利信息化保障环境，水利信息化整体水平全面提升，全国水利电子政务呈现持续健康发展的良好局面。

一　水利电子政务建设与管理迈上新台阶

（一）工作会议圆满召开

2015年9月23日，部信息办在湖北武汉组织召开了全国水利信息化工作会议。会议全面总结了水利信息化"十二五"期间在发展理念、发展状况、应用效果等三方面取得的扎实成效，系统分析了影响"十三五"水利信息化发展的服务中心工作、资源整合共享、水利网络与信息安全、信息新技术应用、建设与管理等五方面问题，明确提出了加强基础设施、信息资源、业务应用、网络与信息安全、信息化保障等五大体系建设的目标，确定了"统筹协调、融合创新、整合共享、安全发展"的基本原则，并部署了近期水利信息化重点任务。

会议安排了长江委、江苏、上海、浙江和湖北等单位分别就信息资源整合与共享、"十三五"信息化规划思路、重点信息化工程等方面进行了交流发言与成果展示。会议正式发布了"水利一张图"，开通了"水利信息化"微信公众号，并首次尝试了"无纸化"会议，通过"水利信息化"微信公众号进行议程通知、会议签到、材料发放等，受到与会代表一致好评。

（二）规划编制有序开展

1.《全国水利信息化发展"十三五"规划》编制即将完成

该规划作为《全国水利发展"十三五"规划》的专项规划之一，目前已完成工作大纲审查、专家咨询、相关单位征求意见等阶段任务，近期将提交审查并报部。该规划回顾总结了"十二五"期间水利信息化进展，分析研判了信息化发展国家战略和水利中心工作方向，查找梳理了全国水利信息化发展问题，强化创新信息技术与水利业务深度融合，深度优化水利信息资源配置，明确了"十三五"水利信息化的目标、任务与重点工程项目。

2. 抓住机遇争取将水利信息化建设需求纳入国家级规划

在《"十三五"国家政务信息化工程建设规划》编制中，对我部拟纳入项目进行了梳理，已形成建议并上报。在《国家民用空间基础设施中长期发展规划》编制中，争取成为"十三五"期间发射的 3 颗科研星的主用户，落实将我部主导的陆地水资源星纳入"十四五"规划。在《航天发展"十三五"规划》编制中，组织编制了《水利航天发展"十三五"规划思路》和《水利航天发展"十三五"规划》并报送国防科工局。在《国家应急通信"十三五"规划》编制中，上报了水利应急通信现状及需求，完成水利无线电频率使用情况统计汇总工作。

（三）整合共享初见成效

1. 信息化资源整合共享工作在全国水利系统扎实推进

《水利信息化资源整合共享顶层设计》（以下简称《顶层设计》）经部长办公会审议通过后，于 2015 年 4 月 7 日以水利部文件正式印发；同时，于 2015 年 7 月正式发文部署省级以上水利部门开展水利信息化资源整合共享实施方案编制，要求在《顶层设计》指导下，梳理资源，摸清家底，落实资源整合共享的技术实现方法、路径以及组织领导、资金投入、队伍建设和进度计划等保障措施。目前七个流域机构和部分省级水利部门已完成方案上报工作。

2. 资源整合共享试点工作取得实效

长江委作为流域资源整合共享的试点单位，经过近两年的建设，主体工程基本完成，按照"整合已建、完善在建、规范新建"的思路，长江委计算资源池、存储资源池已搭建完成，综合管理信息资源整合初步完成，门户集成基本实现。部信息办高度重视长江委试点工作，从建管机制探索、技术指导、试点总结等方面主动跟进，与长江委探索了整合与共享、安全等保、指挥系统二期、山洪灾害等在建项目的统筹建设机制，成立了基础设施、信息安全、数据资源、业务系统建设等方面的对口技术指导工作组，并通过专题会等形式及时了解试点推进情况。江苏省作为省级水利信息化资源整合共享的试点单位，目前工作稳步推进。

3. 水利一张图正式发布，管理办法即将印发

水利一张图于 2015 年 9 月 23 日正式发布。作为开展水利信息资源整合共享的重要抓手和水利业务应用协同的关键措施，水利一张图是利用第一次全国水利普查成果，结合水利业务工作实际，经过多年不懈努力而形成的，内容包括国家基础地理数据、水利基础空间数据、水利业务专题数据和水利遥感数据等，具有系统性、权威性、现势性和合法性，是提高水利业务和政务应用水平和能力的重要支撑。《水利一张图管理办法》经过初稿咨询、相关单位意见征询、技术审查等程序，已经部领导签署同意，正与部保密办进行沟通，即将印发。《水利一张图技术规范》编制完成。近期，已与国家测绘局正式签署了地理信息共享合作框架协议，确保了水利一张图运行过程中相关数据的及时更新。

4. 依托在建项目先行启动部机关信息化资源整合共享工作

按照云架构理念，在水利部业务网和政务内网初步搭建了水利部的基础设施云，部署了水利规划计划直报等多套信息系统，节省了大量投资，初步建设了一批通用的水利应用服务，包括统一数据交换、统一地图服务、统一用户管理服务，并在国家水资源监控能力建设等项目中得到应用。

5. 第一次全国政府网站普查顺利完成

按照国务院办公厅关于开展第一次全国政府网站普查工作的要求，召开内容保障与普查专题会议，建立普查沟通联络答疑平台，进行自查检查工作，统一机关司局网站域名，集约整合网站内容管理平台。统计185家水利部及流域机构所属参公管理事业单位，向国办上报40个具有行政管理职能的单位网站。在普查过程中，有效解决了各单位政府网站的更新不及时、发布不准确、互动不回应、服务不实用等"四不"问题，全面提升了水利部各级政府的权威性和影响力，切实维护了水利部各级政府的公信力。

（四）项目前期稳步推进

1. 组织开展了水利部政务内网接入国家政务内网项目的相关工作

组织七个流域机构共同编制上报了《水利部电子政务内网建设方案》，已通过国家电子政务内网建设和管理协调小组办公室的审核。水利部机关政务内网接入国家政务内网项目已明确由中办集中立项，初步设计已上报中办和国办。各流域机构政务内网接入国家电子政务内网项目可行性研究报告均已报部。

2. 组织开展了2016年度小基建投资计划前期工作

组织完成了涉及水利部机关各司局、部水文局和7家流域机构的"水利部行政审批监管平台"可行性研究报告和初步设计的编制，已获水利部批复；组织完成《水利部水信息基础平台可行性研究报告》编制，近期将组织立项审查，争取列入2016年度小基建投资计划。

3. 组织开展了纳入国家政务信息化工程建设"十二五"规划项目的前期立项工作

按照国家发展改革委的部署，组织开展了安全生产监管信息化工程、生态环境保护信息化工程、国家自然资源与基础地理信息库建设项目（二期）的前期工作。其中安全生产监管信息化工程可行性研究报告已获国家发展改革委批复，正在组织开展初步设计；生态环境保护信息化项目建议书已上报，跨部门信息共享协议已完成签署工作；国家自然资源与基础地理信息库建设项目（二期）完成了有关司局和单位的需求调研，并将需求调研成果反馈到国家发展改革委。

（五）制度标准更加完善

1. 积极完善管理制度

印发了《水利信息网身份认证和数字身份证书管理办法》，《水利一张图管理办法》即将颁布，正在组织修订《水利信息化建设管理办法》。

2. 积极完善水利信息化标准体系

结合水利技术标准体系修订工作，完善和形成了与水利技术标准体系相衔接、反映信息化工作迫切需求的水利信息化标准体系，体系中共包括77项标准，其中已颁标准43项，在编标准3项，拟编标准9项，拟增标准22项。督促在编标准编制进度，正式颁布近10项信息化标准。

（六）审查验收严格把关

1. 受部委托组织开展相关技术审查咨询工作

组织召开了《长江委信息化顶层设计》技术审查会，组建了由汪洪总工程师为组长、国内相关行业知名专家组成的专家组，出具了专家审查意见，提出了具体修改意见。组织完成了水规总院"水利水电工程规划设计管理平台"可行性研究报告的技术审查工作。

2. 受水利部委托组织开展部属单位信息化项目竣工验收工作

组织完成了水利报社"新办公楼新闻采编信息系统建设、办公自动化系统、水利部音像宣教系统"、水科院"水利枢纽自动化控制系统仿真中心设备购置项目"和中国灌溉排水发展中心"全国农村水利管理综合数据库建设"等项目的竣工验收工作。

3. 强化对流域机构和地方水利信息化工作的技术指导

对流域机构信息系统等级保护改造项目从立项、实施到测评，进行了全过程的协调与督导；组织和参加了流域机构、省（直辖市）信息化建设项目的审查、咨询、验收工作。

（七）宣传交流再创佳绩

1. 水利部网站再获殊荣

2014 年，水利部网站发布信息 22800 余条，访问量达 3130 万人次。绩效评估位居部委网站第四名，透明度评分居部委网站第三名，"农村饮水安全"和"水情预警信息发布"获评"2014 年政府网站信息公开精品栏目"，"在线访谈"获评"2014 年政府网站政民互动精品栏目"。

2. 宣传和调研工作成果丰硕

完成了《2014 年度水利信息化发展报告》的编制与出版，印发 4 期《水利信息化工作简报》，出版 6 期《水利信息化》杂志。围绕工作重点和热点问题组织专题调研，2015 年，到山东、上海、太湖局和海委等地就水利信息系统运行维护机制体制进行了专题调研。

3. 积极报送水利信息化材料

向中央网络安全与信息化领导小组办公室、国家保密局、工业和信息化部等部门报送工作总结、检查材料等；定期向公安部通报中心报送季报，每周向水利行业通报网络安全威胁及趋势情况；向《中国信息化年鉴》、《电子政务年鉴》、《水利年鉴》、《中国水利发展报告》编制单位报送了水利信息化发展相关内容。

4. 加强与相关部委的交流沟通

积极参与国家发展改革委牵头的促进智慧城市健康发展部际协调小组、中央综治办牵头的加强公共安全视频监控建设联网应用部际协调工作组，接待国家密码管理局、国土资源部、中国工程科技知识中心等多家兄弟部委及长江委、黄委、淮委、珠江委、太湖局、上海、江苏、贵州等流域机构和省（直辖市）水利部门到水利部的信息化工作调研，主动到国家统计局、国土资源部、国家气象局等部委考察学习。

（八）人才队伍不断壮大

从事水利信息化工作的人员数量在近几年间持续增长。据不完全统计，2014 年全国从事信息化工作的人员达到 3216 人，其中全国省级以上水利部门从事信息系统维护保障工作的人员达 2013 人，网站专职运维人员 127 人，并通过信息化知识和技能培训，提高水利职工的信息化素质。

二 水利电子政务重点项目取得新进展

（一）持续推进国家防汛抗旱指挥系统二期工程建设

国家防汛抗旱指挥系统二期工程加大建设管理力度，强化整合共享，项目招投标和合同签订工作稳步推进，各单项工程进展顺利。

（二）扎实开展国家水资源监控能力建设项目建设

项目基本完成三大监控体系和三级信息平台主要建设任务，水利部本级和流域机构建设任务全部完成，即将进行终验，省级项目建设任务完成率约为85%，13个省级项目通过技术评估。

（三）继续完善全国水土保持信息化建设

部信息办积极配合有关工作，帮助联系调研单位，积极参与《全国水土保持信息化实施方案（2013~2020年）》和《全国水土保持监测和信息化"十三五"规划》的技术咨询工作，配合完成水土保持信息系统安全检查工作，积极协助依托水利基础地图完成监督管理系统的完善与升级。

（四）不断深化中国农村水利信息化建设

围绕农村水利重点工作开发了"管理与改革模块"，强化对基层水利服务机构、农民用水合作组织和灌溉试验站等信息管理，并定期通报各省管理信息系统使用情况和考核结果；在东北四省区节水增粮行动中，加强信息化示范县建设和管理工作，进一步推动节水增粮行动管理信息系统的深化应用和建设完善。完成了农村饮水安全管理相关系统的升级改造，该系统在向李克强总理汇报工作时发挥了重要作用。

（五）协同拓展水利电子政务系统建设

根据统一部署，水利部增设了行政审批受理处作为水利部行政审批受理中心，并根据批复的"水利部行政审批监管平台项目"初步设计组织开展预受理与预审查相关工作；组织完成了"水利政务内网园区网扩展改造及应用系统完善"项目的实施，政务内网综合办公系统升级后已上线运行；组织开展了国际合作与科技业务管理信息系统、水利信访系统升级改造；组织完成水利部水利政务内网及流域园区网加密系统普通密码设备换装实施。

（六）全力实施水利财务管理系统建设

根据2012年第10次部长办公会议精神，部信息办会同部财务司于2012年10月启动水利财务管理信息系统建设工作，经过前期准备、项目启动、需求调研、报告编制等阶段，2013年6月完成了总体设计，2014年开工建设，目前已完成系统开发部署工作，2015年8月1日开始全面试运行，计划2016年1月1日正式投入运行。系统采用大集中建设方案，面向水利部五级预算单位，功能覆盖水利财务管理全部业务，实现水利财务工作各领域和各类水利财政性资金的集中统一管理。

创新"的管理机制初步建立，基础设施优化升级，信息安全保障可靠有力，核心业务应用系统稳定运行，信息资源建设取得突破，全国农业视频会议系统作用突出，网站、舆情、12316等"互联网＋"公共服务创新应用成效明显。

一　农业信息化顶层设计工作稳步推进

农业部常务会审议通过的《农业部关于推进农业农村大数据发展的实施意见》已正式发布，将激发农业农村大数据的资源优势和巨大潜力。农业部办公厅组织开展"十三五"农业部电子政务工程建设规划编制工作，为"十三五"时期有计划、有步骤、有重点地开展农业部电子政务工程建设工作提供有效指导。《农业部办公厅关于进一步规范电子政务信息系统建设的通知》（农办办〔2015〕46号）将有力推动农业部电子政务横向协同、纵向联动、运转高效的协调发展机制，文件中首次明确了农业部信息中心在农业部电子政务信息系统建设中的技术审核职责。开展《农业部网络安全管理制度体系框架》研究与编制，加强网络安全顶层设计。在农业部市场与经济信息司指导下，启动农业部农业信息化标准化技术委员会筹建工作，开展农业信息化标准体系研究和《农用二维码使用技术规范》等标准规范制定工作。

二　基础设施优化升级

为支撑"互联网＋"现代农业和大数据行动计划有效实施，农业部开展国家农业电子政务云建设，完成了国家农业数据中心云化升级方案设计和异地灾备中心选址等工作。云化升级依托国家电子政务外网和现有资源，促进农业信息资源整合共享与开发利用，满足未来应用对国家农业数据中心基础设施环境的需求。异地灾备中心用于灾难性事故发生时，接替国家农业数据中心进行数据处理，支撑关键业务系统运行，保障行政管理和业务工作的正常开展，提高抵御灾难打击能力和灾难恢复能力。组织实施了国家农业数据中心综合运行监控大屏系统建设工作，实现对基础环境、网络系统、主机系统、数据库、中间件系统、业务应用系统的统一、实时监控，及时处理系统运行中出现的告警、问题和故障，有效提升国家农业数据中心运行监控与维护服务能力和水平，为保证农业部各重要业务信息系统高效稳定运行发挥重要作用。

三　信息安全保障可靠有力

认真落实中央网信办、国家保密局、公安部、农业部有关要求，组织力量对农业部系统网络安全和各单位网站进行抽查，提出针对性整改意见并督促落实，确保两会期间农业部网站和重要信息系统安全运行。加强农业部机关信息系统安全保密检查，全面排查安全隐患。对农业部政务外网进出口网络流量、安全设备运行状态、安全事件进行监测和分析，及时进行有效处置。对农业部门户网站群重要页面进行实时监测，定期检查门户网站的安全性、完整性和可用性。各项安全管理工作稳步实施、有效推进，为网络、信息系统和网站安全运行提供了重要保障。

四　核心业务应用系统稳定运行

农业部各类重要业务应用系统有效支撑了农业政务管理和"三农"服务工作。其中，农业部办公自动化系统改版升级已初步完成，进入试运行阶段，节约了办公经费，提高了办公效率，提升了办公质量；农业部决策服务系统正式进入项目实施阶段，预期实现小麦等重要农产品在生产、消费、价格、贸易等环节的全链条数据分析与展示；农业部行政审批综合办公系统新增行政审批综合查询及场景服务功能，在促进政务公开、提高行政审批工作效能、提升服务水平上发挥了重要作用；农业部应急管理信息系统正式进入项目实施阶段，初步完成了系统需求分析报告和原型设计；农产品和生产资料市场监管系统的农药网上审批子系统实现农药网上审批受理累计达5.8万件，向海关电子口岸发送放行通知单累计55.9万张；农机监理系统累计办理拖拉机等农机登记51万件，累计办理驾驶证申领66.4万件，累计处理农机许可品订单9427件；农业部绩效管理信息系统分解农业部21个司局、29个直属事业单位绩效指标2700多项，实现对300多家省级农业部门落实专项绩效工作的网络化和电子化管理；借助农业地理信息基础平台，通过对全国农产品批发市场位置数据进行补充完善，实现了全国农产品批发市场系统"一张图"集中展示。

五　信息资源建设取得突破

进一步加强信息资源建设工作，不断拓宽数据资源渠道，丰富信息资源内容，基于农业部自身应用系统，采集、加工、整理了大量一手信息。为加强农业系统内部信息资源整合与开发利用，启动了数据资源整合平台建设工作，统一规划、逐步实施，梳理农业部信息资源目录，搭建农业部基本农情动态数据库架构，建设农业部信息资源共享服务平台。选择重点领域、试点部门，逐步开展信息资源梳理、系统对接、数据清理、目录建设和综合应用等工作，以重点突破带动整体工作推进，从已经运行的业务应用系统出发，对农业部信息资源情况进行调查和梳理，初步形成了农业部应用系统资源目录。为农业部、国务院和中央宏观决策提供了有力的信息支持，为涉农企业、农民及社会公众提供了较好的信息服务

六　全国农业视频会议系统作用突出

在各省级农业部门的大力支持和配合下，以农业部为主会场、各地农业部门为远端会场共同组建的全国农业视频会议系统不断完善，为应对各类农业突发公共事件、部署"三农"重大工作、促进农业农村经济平稳较快发展起到了重要作用。目前视频会议的使用需求越来越旺盛，已有27个省市区将视频会议系统延伸到了地县级农业部门，地县级分会场数量合计已达1619个，召开一次全国视频会议直接参会人数可超过3万人，提高了工作部署的效率，为国家节约了大量的会议经费。据统计，2015年共计召开了11次全国视频会议，直接参会人数为11.6万人次，按照行业通常核算标准每人每次2000元计算，节约会议经费约2.3亿元。视频会议系统已经成为农业部门进行工作部署、监测会商、农情调度、应急指挥等的重要手段，有效地提高了工作协同效率，降低了行政成本。

七 "三农"舆情监测创新发展

"三农"网络舆情监测工作以《网情择要》日常监测为抓手，每日及时为部领导及相关司局提供涉农网络热点和敏感信息，年平均报送 150 多期。相继开展了周报、月报、季报、年报、手机报、24 小时应急报、不定期专报等业务，形成 6 大类 11 个舆情分析产品。深度分析产品涉及粮食安全、农产品质量安全、农业经营和土地管理、菜篮子产品价格、乳业、种业发展、转基因等农业部核心业务。"三农"舆情监测管理平台及移动客户端系统建成并投入试运行，监测站点覆盖主流网络媒体及各类新媒体 481 家，可抓取互联网信息，并与农业部 12316 "三农"综合信息服务平台体系实现互联互通，借助大数据分析手段，可提前发现基层"弱信号"，实现舆情监测关口前移，提高舆情监测的前瞻性和预警力。

八 网站宣传与影响不断扩大

开设了"部长信箱"回应栏等，有效解决了网站存在的一些问题。与国家气象局、文化部、中央农业广播电视学校、央视网、部分省区市农业信息中心等开展合作，整合共享信息资源，为行业生产者、加工者、销售者和农村、农民提供权威、及时、全面的信息服务。截至 2015 年 12 月 3 日，农业部网站群日均点击数 633 万次，日均独立 IP 访问者数达 15 万个，同比分别增长 3.5% 和 11.2%。在中国社会科学院举办的 2015 中国政府网站绩效评估活动中荣获国务院组成部门第三名，在 2015 中国"互联网＋政务"评选活动中被列入优秀实践案例 50 强。在第一次政府网站普查中，农业部被列为表扬对象之一，被抽查的包括农业部官网在内的 13 个网站全部合格。

九 信息服务能力显著提升

以 12316 "三农"综合信息服务平台为支撑，充分发挥组织、资源、专家等体系优势，形成了全国联动、资源共享、方式多样的农业信息服务格局。目前，12316 服务已覆盖了全国 98% 的省（区、市），中央平台已与 13 个省（区、市）实现了数据对接，汇集了 200 多万条知识库、案例库、专家库等数据资源，初步开展了数据资源的挖掘利用，及时发现当前热点问题、热点诉求，及时响应、争取工作主动。初步搭建了基于搜索引擎的 12316 数据共享平台，为全国信息服务体系建设奠定了数据基础。农业部司局和直属单位应用短彩信平台用户增至 82 个，全年发送短彩信超过 3000 万条，发送对象近 40 万人。在"互联网＋"大背景下，12316 "三农"综合信息服务开展多方合作，与成都市农委积极探索中央和地方联动创新服务工作机制，与中航安盟财产保险有限公司共同实施"互联网＋"、"三农"保险行动计划，与定州市试点 12316 信息服务落地。12316 正以"集中平台、集聚资源、集约服务、集群商务"为目标，以"需求引导、与时俱进、转型升级、探索试验"为路径实现转型升级发展。

（农业部信息中心　杜绍明　尹国伟　刘桂才）

2015 年文化部电子政务发展概况

2015 年，文化部进一步完善政府门户网站建设，创新电子政务云平台、网络安全管理和技术支撑平台建设，推动信息应用服务，大大提高了文化行业管理水平和公共文化服务效率。

一　文化部电子政务建设进一步完善

（一）加强文化部政府门户网站建设，发挥政务公开和新闻宣传效能

为进一步规范文化部政府门户网站建设，按照国办《关于开展第一次全国政府网站普查的通知》（国办发〔2015〕15 号）要求，文化部开展了政府门户网站自查整改工作，集中精力对部门户网站主站及子站近 300 个栏目进行地毯式自查。根据自查情况，关闭、调整 29 个子站，新设计制作栏目 4 个，迁移数据近 3 万条，修复或删除不可用链接近 400 条，补充更新内容近 200 条，大大提高了政府门户网站运行效率。一年来，政府门户网站以文字、图片、视频等形式对文化部重要会议、重大文化活动进行了内容翔实、形式多样、特色鲜明的宣传报道，成为公众了解文化部工作的窗口。2015 年，文化部政府门户网站共发布各类政务信息 8000 余条；积极开展对各类新闻发布会、通气会的宣传工作，共进行各类网上直播 11 场，同步访谈 7 次，制作各类宣传视频 15 个；推出"两会代表委员谈文化"、"国家级非物质文化遗产代表性项目名录——二十四节气"等热点专题 4 个；按照国办有关要求，加强政府网站的政策解读和意见征集功能，设计制作了《关于做好政府向社会力量购买公共文化服务的意见》政策解读图解，并开展意见征集 3 次，共征集意见 156 条。落实文化部党组关于中央巡视组反馈意见的整改工作要求，完成"文化部业务主管社会组织公众留言"栏目设计工作。

（二）实施文化部电子政务平台建设，促进信息交换共享

2015 年文化部开展了电子政务平台一期项目，主要工作内容包括两项，一是建设了电子政务云平台，为文化部机关工作人员统一配备云平台办公系统；二是建设了非涉密 OA、专网文件柜、即时通信工具等办公系统，通过信息化手段提高办公效率。电子政务平台一期项目以公文处理为抓手，通过配发终端，实现了办公系统从涉密非涉密混合到分网运行的转变，实现了终端电脑从物理机到云桌面的转变，提高了办公效率，减少了客户端操作的复杂性，提高了网络运行的安全性。为推动文化部电子政务各项业务系统的全面整合，促进信息交换共享奠定了基础。

（三）开展文化部政务信息资源数据库项目建设，提升政府治理能力

为进一步加强对文化部政务信息资源的电子化管理，充分发挥政务信息资源在科学决策、公共服务、信息共享、知识积累等方面的作用。以文化部政务资源目录为纲，依照《文化部政务信息资源目录元数据标准》、《文化部政务信息资源标识符编码标准》和《文化

部政务信息资源分类标准》等标准规范，对部内业务流程中产生的政务信息资源进行收集、整理、汇编，以及对外部相关政务信息资源进行关联、筛选、汇集，形成部内工作人员共同维护和受益的文化部政务信息资源库运行体系。项目一期主要开发建设文化法律法规文件数据库和文化部内部资料库。

（四）启动文化部网络安全管理和技术支撑平台建设，增强重要信息系统安全保障能力

针对全国文化系统信息安全形势日益严峻，安全建设管理相对滞后的情况，为切实提升文化部网络安全事件的预警和有效处置能力，文化部依托已有的信息化建设基础，研究启动了安全管理和技术支撑平台建设。该项目建成后的安全监测平台监测范围能够覆盖文化部直属单位和各级文化行政管理部门的网站和重要信息系统。目前已完成项目初步设计和概算，启动了安全管理和技术支撑平台机房建设工作；实施了数据保障中心建设工作，包括网络整合、服务器部署、存储部署、系统迁移和部分重要系统的等级保护等工作。

二 重点工程建设进一步强化，信息应用服务水平不断提升

（一）继续推进公共数字文化建设，积极构建现代公共文化服务体系

文化部通过陆续实施全国文化信息资源共享工程、数字图书馆推广工程及公共电子阅览室建设计划，已经初步形成了覆盖全国的公共数字文化服务网络。目前已经建成国家、省、市、县、镇、村6级网络，地市级以上的平台已经搭建完成；资源库群形成规模，截至2015年底，文化共享工程和公共电子阅览室数字资源总量达到532TB，数字图书馆资源总量达1129TB。公共服务文化模式有所提升，形成了一批公共数字文化品牌。结合公共文化服务标准化建设，《边疆万里数字文化长廊服务管理暂行规范》正式印发，形成了符合边疆实际的公共数字文化服务保障标准、技术标准和评价标准。

（二）完善文化市场、文化产业管理平台建设

文化市场技术监管与服务平台应用更加广泛，业务应用系统在356个地（市）、3321个区县上线试运行，采集经营主体数据56万家，推动了文化市场管理与执法业务的互联互通和数据共享。推进国家文化产业项目服务平台建设，依托平台建设特色文化产业、丝绸之路文化产业、藏羌彝文化产业走廊重点项目库和国家动漫企业项目资源库。采用线上线下相结合的方式，加强对入库项目的展示交流和宣传推介。国家动漫公共素材库建设顺利，目前已入库动漫素材3万多个。

（三）推进非物质文化遗产数字化保护工作

非物质文化遗产保护管理水平进一步提升。制定了《国家级非物质文化遗产代表性传承人抢救性记录工作规范》，研究起草了非物质文化遗产数字化保护专业标准。中国非物质文化遗产数字化保护工程升级完善了数字化管理系统，对天津、辽宁、上海等26个地区的88个非遗项目试点开展数字化采集著录工作。

（四）文化部各单位充分利用现代信息网络技术提升业务水平、促进业务发展

国家图书馆打造多元化社会教育服务体系，依托"国图公开课"，创新"互联网＋"时代下全民学习模式。故宫博物院设立文创体验馆并发布《韩熙载夜宴图》、《每日故宫》、《故宫陶瓷馆》、《清代皇帝服饰》等四款APP，端门数字博物馆已开馆试运行，那些宫殿建筑中小巧雅致的室内空间，年代久远难以展出的文物珍品，将通过"数字之门"与公众拉近距离，让观众在数字世界里与故宫亲密互动。全国美术馆藏品普查工作有序推进，研发了"全国美术馆藏品普查信息系统"，截至2015年10月，全国共有238家参普单位登录普查数据平台并完成了单位基本信息的初始化，已在线报送藏品总数91647件/套，上传图片154396幅。

（文化部信息中心）

2015年审计署电子政务发展概况

2014年，《国务院关于加强审计工作的意见》颁布。2015年，《关于完善审计制度若干重大问题的框架意见》及相关配套文件颁布。这体现出党中央、国务院对审计工作越来越重视，人民群众对审计工作越来越期待，审计工作在党和国家监督体系中的地位越来越高。当前审计面临的外部环境发生了巨大变化，这对审计信息化工作提出了新的要求，2015年度工作的重点内容为：积极组织金审三期工程立项，为开展审计大数据分析工作奠定基础；积极开展与审计信息化相关的制度清理工作；新技术应用取得突破性进展，计算机审计人才培养工作稳步推进。

一　积极组织金审三期工程立项

按照国家电子政务工程"十二五"规划和署领导指示精神，本年度审计署继续开展"金审工程"三期立项工作，取得了阶段性进展。主要工作包括项目建议书批复、可研报告评审及初步设计编写工作。

1. 项目建议书相关工作

完成项目建议书的申请工作，2015年4月28日国家发改委发文《国家发展改革委关于"金审工程"三期项目项目建议书的批复》（发改高技〔2015〕874号），批复了三期工程《项目建议书》，批复总投资24.1亿元。

2. 可研报告相关工作

（1）报告编制。2015年5月完成《三期工程社会稳定风险分析报告》的编制工作，并通过西城区维护社会稳定工作小组办公室审核，取得了审核意见。2015年6月完成《项目节能评估报告》编制工作。完成《可行性研究报告（中央本级建设部分）》编制工作。2015年7月3日，审计署发函（审函〔2015〕85号）正式向国家发改委报送可行性研究报告。

（2）报告评审。2015年7月14日，发改委节能中心评审处对"金审工程"三期项目

《节能评估报告》进行了评审，9月2日国家发改委发文《关于"金审工程"三期项目节能评估报告的审查意见》（发改办环资〔2015〕2322号），原则同意《节能评估报告》通过评审。2015年7月29日，发改委委托国家信息中心电子政务工程中心对《可研报告》进行了评审，评审后按照专家意见对报告进行了修改，同时与电子政务工程中心进行了10余次的沟通，11月中旬电子政务工程中心同意最终修改意见，形成可研报告评估意见并报送发改委。12月中旬，发改委通知对可研报告予以批复。

（3）地方审计机关可研报告编制指导与审核。2015年5月完成"金审工程"三期项目地方建设部分《可研报告简本》的编制工作，2015年7月7日，召开"金审工程"三期项目地方可研报告编制培训会，下发了资料，讲解了可研报告编制要求。根据三期项目批复中"地方可行性研究报告经审计署审批后，按程序报地方发改委审批"的要求，审计署成立了审核小组并组织开展了相关审核工作，截至2015年12月31日，共收到34个省及计划单列市审计机关报送的可行性研究报告。计算中心根据报送的先后顺序组织力量对报送的可研报告进行了审核。

3. 初步设计相关工作

2015年8月，编制完成初步设计咨询服务厂商招标文件并通过招标完成厂商的选择，10月开展初步设计的编制工作，目前已经基本完成初步设计的编制工作，待可研报告批复后，2周内可以报送初步设计。

4. "金审工程"三期建设前导性工作

顺利完成屏蔽机房、专网机房、指挥中心、模拟仿真实验室、审计视频会商室等分项目内容的建设工作，并通过设计院、监理、审计署、施工单位的四方验收。顺利通过国家机房协会对机房环境、配电等多项指标的检测，顺利通过国家保密科技测评中心检测。

二 以提高审计履职能力为重点，开展审计大数据分析工作

在大数据环境下，审计形式面临着新的挑战，为了适应审计信息化的发展新要求，落实刘家义审计长"要提高运用信息化技术查核问题、评价判断、宏观分析的能力，要积极运用大数据技术，推动组织模式创新，实现跨专业跨领域的数据融合"的要求，审计署信息化工作的主要职责发生了转变。计算中心杨蕴毅同志多次讲到要转变计算机审计观念，从以软件为中心向以数据为中心的建设工作转变，从IT向DT转变。在数据中心建设及管理工作中要树立大数据审计理念，树立为审计人员开展大数据审计服务的理念。

2015年全年开展了网络建设、硬件建设、软件建设、数据建设、数据运维与大数据分析建设等多项工作，适应审计形势的新发展。其中数据中心建设方案编制取得阶段性进展。审计署积极推进国产数据库的应用，开展了国家审计数据系统（中心）建设方案的研究编写工作，确定了数据中心、容灾备份中心的建设模式与技术路线，为今后国家审计数据系统的建设奠定了基础。

三 加强内部管理，推进制度建设，落实规章制度清理工作

在制度建设方面，2015年按照审计署办公厅的统一要求，在审计信息化方面开展了计

算中心承办的我署规章制度的清理工作。截至 2014 年 12 月 31 日，由计算中心承办的规章制度共计 36 项。根据中心会议研究，建议废止 9 项、保留 3 项；将其余 24 项合并修订为四项：《信息资产和网络管理规定》、《审计应用系统运行管理规定》、《信息安全管理规定》和《审计署"金审工程"三期项目建设管理规定》。通过计算中心相关人员对原有制度的逐项梳理并加入新的管理要求，经过多次征求意见、修改及律师审核，按时、保质保量地完成了审计信息化相关规章制度的修改，已于 2015 年 12 月 23 日发布，新修订的制度将对今后在全署范围开展审计信息化工作予以规范和指导。

四　开展科学研究，新技术审计应用取得突破性进展

2015 年中心继续紧密结合审计实践，积极运用大数据技术，推动组织模式创新，开展跨专业跨领域的数据融合，探索以数字化审计作业平台和数字化指挥系统为业务支撑的国家审计云，初步完成了一些具有代表性的前沿计算机审计工具，体现了中心仿真实验前沿技术研究与审计实践相结合的特色。

1. 部署了企业投资关系可视化分析工具

国家审计仿真实验室以工商管理数据为突破口，研发了企业投资关系可视化分析工具，实现了全国 1.3 亿余家市场主体和 9048 万个自然人间关系的可视化交互分析。该工具借助云计算技术向审计一线提供大数据分析服务，逐渐成为一线审计人员的必备审计工具，受到了广泛好评。

2. 完成了审计对象相关信息搜索工具的研究

由于互联网信息已逐渐成为审计线索的重要来源，为配合审计工作，中心开展了审计对象相关信息搜索工具的开发。借助元搜索技术和非结构化数据处理技术，初步实现了一个利用互联网大数据开展计算机审计的范例，该工具已开始小范围试用。

3. 完成审计指挥系统原型的探索

组织完成审计指挥系统原型"审计计划执行分析"系统的开发和部署工作，验证了可视化和 GIS 技术在审计指挥中的应用途径，该系统已被办公厅使用。

4. 积极开展计算机审计科研课题申报

组织中心同志申报国家自然科学基金 2 项，其中国家自然科学基金重大研究计划的培育项目"基于大数据的基本养老保险多主体行为演化机理与宏观效应研究"获批，是计算机技术中心开展计算机审计科研工作的良好起点。

5. 顺利完成国家科技支撑计划项目的结项工作

组织实施国家科技支撑计划"审计行业信息智能处理分析与预警系统及其应用项目"（项目编号：2012BAH08B00）及课题验收工作，完成 2 个课题及项目验收材料的编制，6 月分别召开课题及项目验收会，最终 2 个课题及项目通过科技部验收。

五　健全计算机培训体系，充实计算机审计指南与审计技巧

审计署历年来高度重视计算机审计人才培养工作，2015 年度在已有计算机审计培训体系的基础上，不断发展创新，梳理了历年来中级、数据分析师培训大纲及教程，结合近年来

的审计需求以及与中级班学员座谈的反馈，厘清了中级及数据分析师课程的统一关系，并以突出审计实用性、为审计大数据分析服务为宗旨，对计算机审计中级以及数据分析师培训大纲开展完善与修订改版工作。全年组织开展3期计算机中级培训，组织6次计算机审计中心水平考试；举办1期审计数据分析师高级培训；举办1期数据库应用骨干培训班。

此外本年度还按照《国务院关于加强审计工作意见》的要求，对《信息系统审计指南》进行了修订，并组织编制了包括《数据获取技巧》、《会计数据分析技巧》、《利用ERP审计的技巧》、《多维数据分析技巧》在内的一系列计算机审计技巧类丛书，为增强审计人员适应审计新常态、新形势，提升审计人员履职能力与实战能力打下了坚实的基础。

（审计署计算机技术中心办公室主任　曹洪泽）

2015年国家税务总局电子政务发展概况

2015年，国家税务总局将信息技术作为实现税收现代化的驱动力，坚持科技引领，服务改革发展，深入推进"互联网＋税务"行动，在信息系统建设与运维、数据管理和应用、基础设施管理、信息安全保障、队伍建设等方面取得了新的成效。

一　保障税收中心工作，支撑税制改革

2015年是全面深化改革的关键之年，税务总局围绕改革和发展出台了一系列改革措施，并提出多项重点工作任务。全年共组织开发各类需求87项，综合征管（国税）等12个系统发布升级补丁80个，下发了网上办税等相关业务接口200余个，全面保障了税制改革、政策调整、规范推行以及各种提质增效工作措施等的顺利实施。

全力推行和拓展增值税发票管理新系统，持续推动业务变革，切实发挥了科技引领作用。组织系统优化，功能完善，制定公布与开票软件、电子发票及税控收款机接口规范，保障了近800多万户纳税人的正常使用。目前，增值税发票管理新系统基本实现了对增值税纳税人的全覆盖，在防范利用发票偷骗税和腐败问题等方面成效初显。

二　积极落实"互联网＋"行动国家战略，
实施"互联网＋税务"行动

1. 完成顶层设计，制定了《"互联网＋税务"行动计划》

第一时间响应国务院《关于积极推进"互联网＋"行动的指导意见》，经过多次调研，多轮、多方征求意见，制定发布了《"互联网＋税务"行动计划》，推出了5个方面20项重点行动计划，为未来五年税收互联网应用的发展指明方向、提出目标、明确任务。

2. 大力推进"互联网＋发票服务"

将增值税发票与互联网技术相结合，研发增值税发票管理新系统，并在此基础上打出一

系列"组合拳"，在电子发票、移动开票、发票查验等方面取得了突破性进展，已完成相关系统的试点工作。

3. 统筹建设社会协作平台

"互联网＋应用广场"测试版上线运行，发布税务总局开发的 PC 应用软件 7 个，手机应用软件 4 个，为各级税务机关和社会力量开发的纳税人软件开辟官方软件发布渠道。

4. 深化对外协作

"互联网＋电子发票"已列入中办电子档案部际联席会议（电联办）重点推进项目。推动和落实与发改委在"互联网＋"和大数据应用的战略合作。与百度公司合作，推动建设"百度政务"入口，共建税务众包互助平台，打造中国税务统一的社会公众互助窗口。

三　全力以赴推进金税三期工程项目建设

金税三期工程优化和推广工作取得重大突破，已在 20 个省区市税务系统成功上线运行，将在全国范围内实现税收工作的业务流程、数据信息、表证单书等各方面的统一规范，加强了税收征收管理，提升了纳税服务水平，提高了征纳双方工作效率。

四　大力推进行政管理信息化工作，提升行政效能

持续优化完善绩效管理软件，理顺系统运维机制，全力保障了税务系统绩效管理工作的快速推进。稳妥高效完成"数字人事"软件开发试点工作，将税务干部的职业基础、业务能力、领导胜任力、日常绩效、公认评价、平时考核进行量化，建立个人成长账户及时予以记载，实现干部培养、选任和管理机制的重大创新。

五　加强基础设施管理工作，打牢税收信息化根基

打通国税、地税之间网络链路，实现网络互访，为实现国税、地税"服务融合、执法整合、信息聚合"奠定基础。组织推动税务系统通用软件的正版化工作。加强对省及省以下机房管理的指导，制定并印发了相关技术规范。推进税务系统数据备份和恢复验证工作，31 个省级单位建立异址灾备中心。

六　着力做好信息安全保障工作

制定"税务系统网络安全五年规划纲要"，开展信息安全规划顶层设计，对接国家网络安全战略要求，以安全保发展，以发展促安全。以"提升网络安全意识，保障税务信息安全"为主题，举办"首届税务系统网络安全宣传周"活动，涵盖全国 70 个省级、800 个地市级、6000 多个县级国、地税机关。深化网络安全纵深防御，开展税务系统网络安全年度检查和"三合一"评测，试点互联网网上办税系统安全监控和服务器信息安全加固，出台《移动办税应用安全规范》。

七　深化数据处理和挖掘

挖掘增值税发票新系统电子底账数据应用，建设增值税发票新系统数据处理利用平台，实现对电子底账的自动化查询统计功能，为堵漏增收、加强稽查管理和打击假发票提供了有力支撑，取得明显成效。

八　建设专业化人才队伍

在谋事创新中，加强专业技术队伍建设。依托"互联网＋税务"，强化能力建设，提升理念。在推进重点工作中，通过实践锻炼培养队伍。举办第 20 次电子工程系列技术职称评审，系统内共有 266 人获得中级职称。组织各类专业技术培训，推动全员信息素质提升。

（国家税务总局电子税务管理中心）

2015 年国家质检总局电子政务发展概况

2015 年，国家质检总局继续围绕党中央和国家信息化的一系列要求和部署，在实际工作中加快质检业务与信息化的融合。国家质检总局各部门、单位均按照各自职责开展相关工作在"大机制"、"大平台"、"大数据"、"大融合"、"大安全"五个方面均取得进展。

一　信息化工作机制逐步理顺

（一）信息化管理体制不断完善

在工作领导机构方面，研究起草了《关于调整总局信息化（信息安全）领导小组、信息化领导小组办公室人员组成方案》，同时信息办代总局起草了《质检总局关于成立网络安全与信息化工作领导小组的通知》。在部门联系方面，加强了与中央网信办、国家发改委、工信部等国家信息化主管部门的联系，共同研究起草了《中国－东盟信息港建设方案》、《昆山、福州（平潭）海峡两岸电子商务合作试验区建设总体方案》。在人才队伍建设方面，选派了系统内的技术骨干参加《基于质量安全保障信息资源整合与开发应用的大数据分析技术培训班》的学习，派员参加中央网信办组织中央和国家机关信息化工作处级专题班的培训，举办了 2 期质检信息化新技术培训班，共培训 200 余人次。

（二）科学编制信息化规划

一是编制完成信息化工程相关规划。经过系统内信息化专家研讨，编制完成了《质检信息化工程建设总体规划（2015～2020 年）》。印发了《落实"三互"检验检疫大通关信息化总体规划》（国质检通〔2015〕206 号）进一步促进通关便利化。二是积极推动"十二五"国家政务信息化工程项目建设。质检总局参与的相关项目的可行性研究报告都按时完成，并且向国家发改委报送了进出口食品安全监管信息化工程项目建议书。

（三）加强标准规范建设

一是组织召开 2015 年检验检疫信息化标准化专业技术委员会会议，完成检验检疫信息化标准体系目录修订。二是完成 2015 年检验检疫信息化标准的申报及评审工作，制定了《检验检疫电子证单报文设计规范》、《检验检疫业务信息系统 JAVA 编码规范》（征求意见稿），完善了《检验检疫数据元目录》。三是筹备成立全国质量信息标准化技术委员会，申报文件已提交国家标准委。

二　大平台建设进展顺利

（一）完成了质检云服务平台建设顶层设计

编制了质检总局信息化基础设施建设总体框架方案，对质检云服务建设的有关工作进行了详细的指导。总局马甸机房服务器虚拟化建设项目竣工并通过验收，总局机房迁移改造方案制定完成。检验检疫大通关项目"同城双活"数据中心硬件部署工作完成，基本实现网络、应用、存储、数据库四方面的"双活"。

（二）总局应急指挥中心建设进展良好

制定总局应急指挥中心建设方案，项目招标已经完成，进入项目实施阶段，总局应急指挥中心的装修和设备采购工作完成。

（三）12365 信息化平台不断完善

12365 信息化平台"执法管理"模块已经上线，《12365 风险信息分级和处置工作规范》印发实施，《12365 举报、投诉、咨询服务规范》正在报批国家标准，热线服务质量检查工作持续开展。

（四）电梯应急处置平台建设探索新模式

总局印发了《质检总局特种设备局关于印发〈电梯应急处置服务平台建设运行工作指南〉的通知》（质检特函〔2015〕14 号）和《质检总局特种设备局关于印发〈电梯应急处置平台数据归集规则（试行）〉的通知》（质检特函〔2015〕38 号）。信息中心积极推动"电梯物联网安全监控服务平台研制和应用试点"工作，与太原国家经济技术开发区合作探索推进产业化发展。

（五）总局电子政务内网建设进展顺利

成立了质检总局电子政务内网改建迁移工作领导小组，同时组织制定《质检总局电子政务内网建设方案》；制定总局电子政务内网涉密信息系统分级保护设计方案，通过专家评审后提交了集中立项初步设计方案。

三　大数据整合应用取得突破

（一）发布了信息资源整合与共享工作指导意见和顶层设计方案

正式发布了《全国质检信息资源整合与共享建设总体指导意见》（国质检办 401 号），明确了信息资源整合与共享工作任务和各部门的职责；发布了《质检信息资源整合与共享服务平台顶层设计方案》（国质检办〔2015〕514 号），完成了《质检基础信息资源目录和共享目录》的结构制定。

（二）加强部委间信息资源共享

与安监总局、环保部和卫计委等部委签订了信息共享协议；与国家发改委、国家信息中心建立的质量信用信息共享平台，初步实现与相关部委的数据交换和信息共享。

（三）积极探索数据资源整合

一方面，总局层面加大了行政审批数据资源的整合工作力度，已整合总局业务司局五年来的数据。另一方面，食品局完善进出口食品化妆品风险预警系统 RASFC，加大对有关信息的收集力度，已完成对贸易信息、检验检疫不合格信息、境外通报不合格信息、风险监控信息等相关数据信息的整合。

四　质检业务与信息化融合不断推进

（一）质量监督信息化应用深化融合

一是配合总局行政审批标准化试点，对总局网上审批系统和行政许可电子监察系统进行升级改造，选取了动植司和特设局作为试点单位。二是推进特种设备信息化建设普查工作，增加特种设备行政许可系统境外模块，并经验收上线运行。完成工信部电梯物联网专项工程建设方案设计和系统开发，并在贵州省质量技术监督局开展应急救援试点应用工作。三是积极推进电子商务产品质量信息公共服务平台建设。研究制定了《电子商务产品质量信息公共服务平台运行管理办法》、《电子商务产品质量监督抽查及风险监测数据处理办法》等配套制度。四是加强国家质检中心管理信息化建设，开发完成全国质检系统国家质检中心动态管理系统，并对有关单位进行培训。

（二）检验检疫信息化应用取得重大进展

一是加快推进 E‑CIQ 主干系统建设，完成了主干系统在生产环境的部署和测试；在全国全面推广"三个一"统一版"一次申报"系统。全面完成了对 CIQ2000 等三大核心系统"三通"、"两直"通关一体化改造升级和部署。二是积极推进管理信息系统的升级应用。完成进口机动车智能监管系统升级需求方案；进口旧机电质量安全信息服务系统完成一期的升级及项目验收，同时收集了二期开发的需求；完成进出口工业品质量安全风险预警平台升级改造方案。三是开展了动植检业务需求调研，形成《数字动植检调研报告》，组织编制了《数字动植检平台建设方案》，优化升级并推广应用粮食、奶牛、出境动植物产品违规信息等检验检疫管理系统，优化了旅邮检信息化系统和进境动植物检疫审批系统。四是积极做好口岸公共卫生风险监测预警决策系统建设的前期工作。五是建成并启用进口食品全程公共信息追溯平台，健全追溯机制；推进进口食品、化妆品标签管理系统优化升级；开展了进口荷兰乳品官方卫生证书无纸化试点工作；完善进出口食品化妆品风险预警信息化平台（RASFC），整合安全风险评估信息资源。

（三）国家质量基础信息化应用不断完善

一是认真梳理计量信息化工作现状和需求，研究拟订全国计量信息化建设总体规划草案，并征求了地方计量院（所）的意见。二是开展全国标准信息导航网站的整体规划和设计，完成了主体架构的搭建和部分页面设计。三是完成认证机构管理大数据业务模型构建以及大数据系统基础功能开发。"电商认证信息平台（一期）"系统已上线试运行；发布了《认证认可创新评价调查指标》报告。四是积极推进质检科技管理信息化建设。完成质检科研管理信息系统开发完善工作，并在2015年总局科技计划申报和科技奖励评审中应用。五是深化纤维质量公证检验数据应用，纤维质量公证检验数据质量控制的视频监控系统完成建设，各地机构逐步接入。

（四）总局门户网站建设取得重大成效

完成了总局网站服务平台需求设计分析工作；努力提升网站办事服务能力和政务服务水平，总局门户网站在71个国务院部委中获得政府网站绩效评估第2名。开展了第一次全国质检系统政府网站普查工作；完善了质检系统网站绩效考核指标体系，并完成质检网站绩效评估工作方案。

五　守住"大安全"底线，保障质检信息化健康发展

（一）认真落实国家信息安全重点工作要求

一是总局信息办组织部署开展了质检系统网络安全检查工作，编写了《质检系统信息安全态势分析报告》，报告显示，总局负责运维的重要信息系统安全风险与2014年同比下降了19％，地方两局的信息系统抽查出各类信息安全风险118项，比2014年同期增加了53％。质检系统在公安机关备案的等级保护信息总数与2014年同比增加了7％。2015年度总局信息安全等级保护测评中共发现87个不合规项，与2014年同比下降了53％。二是总局信息办组织部署开展了质检系统信息安全通报工作，在"抗战胜利70周年"、"十八届五中全会"等国家重大时期内，质检基础网络和重要信息系统均保持平稳运行。

（二）积极做好质检信息安全监测预警工作

开展质检系统政府网站信息安全监测预警工作，提升质检信息安全态势感知能力。监测

数据显示，在 2015 年质检系统 69 家单位共 73 个政府门户网站中，存在紧急风险的网站与 2014 年同比下降了 57%。

（三）认真做好信息安全应急处置工作

2015 年总局信息办共接收到中央网信办、公安部等国家信息安全监管部门通报的质检信息安全事件 15 例，如"部分省市特种设备安全监察动态监管系统存在 SQL 注入漏洞"、"某单位服务平台被反共黑客篡改"、"总局电子商务产品质量信息公共服务平台存在严重漏洞"等。面对严峻形势，总局信息办积极组织开展应急处置，及时通报预警并监督落实整改，提高了质检系统信息安全应急处置能力。

（国家质量监督检验检疫总局信息化工作领导小组办公室）

2015 年新闻出版电子政务发展概况

2015 年是国家加强信息化建设和网络安全管理的关键一年，是落实新闻出版信息化"十二五"时期发展规划的收官之年，是新闻出版信息化"十三五"时期加快发展的布局之年。国家新闻出版广电总局（新闻出版方面）深入学习贯彻党的十八届三中、四中、五中全会精神和习近平总书记系列重要讲话精神，深入开展"三严三实"专题教育，围绕新闻出版电子政务建设规划，全面完成电子政务各项年度任务，为进一步提升新闻出版行政管理和公共服务水平提供了有力支撑。

一　电子政务基础建设有序推进

新闻出版电子政务综合平台项目在 2013 年完成顶层框架设计的基础上，2015 年继续围绕国家电子政务工作要求，统筹规划，有序推进。

（1）主要业务系统建设取得阶段性成果。外网门户系统、财务决策支持系统、印刷复制委托书备案系统处于试运行阶段；新闻出版专业技术人员职称评审管理系统已完成需求规格说明书及系统安全等级保护定级报告专家评审，正筹备概设评审。

（2）安全保障体系进一步完善。网络中心机房扩容工程建成，电子政务外网门户系统实现了统一身份认证、统一接入控制、统一展现平台；内网门户建立了统一规范的信任服务体系，安全监管和文件信息交换平台实现了对政务内网实施及时有效的安全监管。

（3）国家版权监管平台（二期）项目第一阶段已完成全部建设工作，并通过了项目终验，国家版权监管平台（二期）项目第二阶段已完成初验工作，正在进行试运行工作，预计 2016 年完成终验。

（4）新闻出版项目信息管理平台（一期）项目建设内容和空缺经费来源得到明确。截至 2015 年底，项目概要设计说明书、信息系统安全等级保护定级报告和系统安全设计方案已完成，正在筹备相关评审工作。

二　重大工程研发取得新进展

1. 复合出版工程研发工作全面启动

为开展复合出版工程研发管控，成立了国家数字复合出版工程管理办公室，完成复合出版工程全部分包的合同签订工作，遴选了 57 家工程应用试点单位，并召开了工作推进会和工程启动大会。成立组建工程专家咨询团队，制定发布了三项工程管理制度，在沟通协作和阶段评审等方面建立了长效工作机制。积极开展复合出版工程宣传工作，确定在北京印刷学院部署工程验证测试环境，并着手相关软件采购工作。

2. 数字版权保护技术研发工程建设加快推进

版权保护工程总体组完成了第二批工程补充协议的签订，明确了工程后续进度计划。编制《新闻出版重大科技工程项目验收暂行规定》，开展经费检查和审计。

3. 中华字库工程研发秩序逐步恢复

完成了中华字库工程第 20 包项目合同书签订工作，解决了影响工程正常实施推进的困难和问题。

三　政务网站及新媒体提升总局传播力与公信力

1. 网站建设及内容维护稳步推进

新闻出版门户网站继续围绕总局工作大局推进工作。在宣传引导方面，做好日常信息维护的同时，继续配合总局重要工作，制作了"'三严三实'专题教育"、"4·23 全民阅读"等多个专题。国家版权局网站继续发挥信息发布第一平台作用，首发多条政策通知、重点活动信息，制作了"剑网 2015 专项行动"、"第四届版权金奖"等专题，网站社会影响力显著增强。全面接手中国扫黄打非网以及相关微博微信的日常运维工作，围绕"扫黄打非"工作部署，认真做好"清源"、"固边"、"净网"、"秋风"、"护苗"等专项活动的舆论宣传引导工作。全民阅读网站经过一年多的筹备建设，于 2015 年 11 月上线，成为总局在全民阅读方面的权威网络发布指导平台。

2. 新媒体宣传服务功能更加凸显

2015 年，"@悦读中国"微博、"国家版权"微博、"扫黄打非护苗 2015"微博组织开展多次微访谈活动，先后邀请国家新闻出版广电总局领导及相关业务司局领导，分别以网络音乐版权、数字出版、"扫黄打非"等重点工作为题开展微访谈，解读相关政策，回应社会关切，阅读量均超过千万，取得了良好的社会反响。"中国新闻出版"、"国家版权"、"扫黄打非"微信公众号继续做好重要文件、重点活动的首发工作，单条信息阅读量和公众号关注人数均稳步增长，公众影响力显著增强。

四　电子政务信息安全保障平稳有力

1. 全面排查网络系统隐患

充分利用现有线路进行改造，实现机房环境一体化实时监控；及时更换老旧、故障核心网络安全设备，确保机房网络平稳运行；加大机房巡检力度，严格履行关键时间节点值班制度，第一时间上报，迅速处理。通过开展等保测评、网络安全检查、信息系统等级保护自查等工作，以查促管、以查促改、以查促防，全面排查机关电子政务内外网网络安全隐患，有效预防和减少网络安全事件的发生。

2. 确保重点业务系统平稳运行

对总局（新闻出版方面）网站、记者证核验系统等 20 余个电子政务应用系统统筹安排，重点保障，最大限度发挥其效能，提供技术保障。

3. 不断提升技术服务效率

对总局机关及社会公众的技术服务请求实现了一站式受理，及时响应，全年累计提供各类服务 10000 余次，客户满意度有了显著提高，多次获得用户肯定。

五 行业信息化持续推进

新闻出版行业信息化的发展与新闻出版电子政务建设密切相关。行业信息化水平的提升有利于提供互联互通、覆盖全面的信息资源，有利于深化新闻出版电子政务的业务应用。2015 年，重点在标准研发、信息规划等方面持续推进行业信息化建设。

1. 信息标准研发促进产业转型升级

全国新闻出版信息标准化技术委员会简称（"信标委"）正式成立。2014 年信标委由行业标委会升格为国家标委会，2015 年 4 月 10 日，信标委成立大会在京召开，信标委主任委员、国家新闻出版广电总局副局长孙寿山指出，出版信标委的工作关系到新闻出版业的转型升级和融合发展，事关新闻出版强国建设，要以高质量的工作成果推动新闻出版信息标准化建设取得新成绩。

信息标准化工作有序推进。有的行业系列标准已经报批，有的形成征求意见稿，还有的正在起草阶段。国家科技支撑计划项目"面向专业领域的定向投送服务技术与系统研发及应用示范"圆满结项，"动态数字出版关键支撑技术研发与应用示范"项目进入结项验收阶段。

多项标准宣贯培训成功举办。2015 年，信标委分别在北京、兰州、成都、长沙成功举办了多项标准宣贯培训班，这些标准培训为行业转型升级提供了强有力的支持，对重大工程建设具有重要推进作用。

2. 信息规划提升行业信息化水平

新闻出版数据体系建设工作取得突破性进展。总局（新闻出版方面）开展了新闻出版数据服务体系预研究与出版发行数据服务中心机构建设研究工作，启动了出版发行数据交换与共享试验系统的建设工作。目前出版发行数据公共服务平台项目已获得财政部资金支持，正在积极推进平台的建设与运维工作。

文资办资助项目申报和执行工作顺利开展。为深入贯彻落实《关于推动传统媒体和新兴媒体融合发展的指导意见》，组织开展了国家数字报刊融合发展项目的预研究和申报工作。该项目已成为新闻出版改革发展项目库入库项目，并获得了 2015 年财政部文化产业发展专项资金 1000 万元的支持。

新闻出版业"十二五"时期信息化发展情况总结评估圆满完成。全面总结了行业"十二五"时期信息化发展情况和建设经验，提出问题并分析原因，结合国家信息化发展战略规划，重点关注如何推进传统媒体与新兴媒体融合发展、新闻出版行业数字化转型升级、新闻出版业与相关产业融合发展等方向，积极为行业信息化发展建言献策。

新闻出版业融合发展相关指标体系研究工作基本完成。信息办围绕新闻出版融合发展中的示范单位、示范项目、示范基地（园区）的发展要求，研制了一整套统一的、可遵循的综合性评价指标体系，为新闻出版业传统媒体与新兴媒体融合发展评估工作提供了指导和参考依据。

作为总局（新闻出版方面）电子政务的建设单位，2015 年，新闻出版总署信息中心按照国家电子政务发展战略及《新闻出版信息化"十二五"时期发展规划》要求，以促进电子政务建设为抓手，以工程研发为基础，以加强技术服务为切入点，以促进网站高水准运维为目标，以提升信息标准研发水平为标志，进一步推动政府职能转变，维护网络信息安全，提升网络信息传播力，力促产业转型升级，助推"两个融合"快速发展，为"十三五"时期新闻出版电子政务建设的可持续发展奠定了坚实基础。

2016 年，新闻出版电子政务建设将紧紧围绕中央要求的"打造法治政府、创新政府、廉洁政府和服务型政府"这一目标，大力推动新闻出版"互联网＋政务"的落实，持续推进信息化及电子政务建设，全面助力政务公开和简政放权，助推行业转型升级和融合发展，为不断提升网络时代新闻出版行政治理能力和服务水平做出更大贡献。

（新闻出版总署信息中心）

2015 年国家安全监管总局电子政务发展概况

信息化是当今世界发展的大趋势，也是推动经济社会变革的重要力量，是我国产业优化升级，实现工业化、现代化的关键环节。安全生产监管监察信息化是国民经济和社会信息化的重要组成部分，是政务信息化不可缺少的内容，对保证国家经济健康发展、政治和社会稳定以及国家安全有着十分重要的意义。2015 年按照国务院"加强安全生产信息化建设，建立健全信息科技支撑服务体系"的总体要求，国家安监总局加大信息化建设力度，不断提升安全生产电子政务发展水平，有力地促进了安全生产信息保障能力的提升。主要成效表现为以下几个方面。

一　基础设施建设取得显著成绩

1. 顶层设计得到进一步加强

总局发布了《国家安全生产监管信息平台总体建设方案》、《国家安全监管总局关于进一步加强国家安全生产应急平台体系建设的意见》，围绕隐患排查、危化品和非药品类易制毒监管、应急管理等业务编制了 19 项标准规范，有力促进了各级安监机构之间的互联互通和信息共享。

2. 国家支持的重大工程项目获得立项建设

由国家安全监管局牵头组织住房城乡建设部、交通运输部、水利部、质检总局、国家能源局、国家邮政局与国家铁路局等七个部门共建的"安全生产监管信息化工程"，已相继完成了项目建议书和可研报告的批复。"矿井安全监管物联网应用示范工程"列入了国家物联网七大示范工程之一，国家安全生产物联网检测认证公共服务平台项目被列为国家三大认证平台之一，为进一步推动利用物联网技术开展安全生产工作奠定了基础。

二　核心业务得到广泛应用

国家安全监管局核心业务分为五大类，一是行业监管业务：主要包括煤矿、非煤矿山、危化品、烟花爆竹等四小类业务监管；二是煤矿安全监察业务：主要包括煤矿行业安全基础管理、安全准入、监察执法、事故调查与统计分析等五小类业务；三是综合监管业务：主要包括事故网上报送、信息共享与交换、统计分析、重点行业领域综合管理、特别重大事故调查挂牌督办、业务协同等六个子类；四是公共服务业务：主要包括科技支撑管理、宣教培训、企业服务、互联网服务等四个子类；五是安全生产大数据业务：主要包括企业安全生产基础库、监管监察库、辅助决策库、公共服务信息库和安全生产共享信息库等五大类。

通过五类核心业务及其信息化应用的进一步深化，构建了一批核心应用系统支撑安全生产监管监察工作。建立了"全国的工贸行业企业安全生产标准化达标信息管理系统"和"烟花爆竹企业安全生产标准化达标信息管理系统"，实现了网上企业注册、企业评审资格审核申请等全流程的网络申报、审核和办理。建立了"全国隐患排查治理信息系统"，通过试点、示范工作，推动部分地方安全监管部门建立"地方隐患排查治理信息系统"、带动部分企业建立"企业隐患自查自报系统"，并实现了信息联网上报。实现了煤矿安全生产许可证审批、全国统一配号管理、煤矿安全监察执法统计和安全生产调度统计等基础业务的网上办理。建成了以安全生产网络舆情监测分析系统为核心、包括事故信息实时监测预警系统、事故调查报告监测分析系统在内的舆情系统体系，为及时了解民情民意、正确引导社会舆论创造了必要的条件并取得了良好的效果。在十个重点示范地区实施了与总局互联互通试点工程，围绕隐患排查治理信息系统建设与应用工作，在基础数据采集标准、信息交换、互联互通、企业自查自报、隐患整改和行业监管等方面进行了推广应用。

北京、福建等省市监管监察机构建立了与重点企业安全监测系统的实时互联，初步实现了对煤矿、非煤矿山等企业的远程巡察，对尾矿库、烟花爆竹贮存仓库等危险源的动态监管。近70%的省级安全监管监察机构根据自身需要建立了涵盖行政许可、监管执法、应急救援、隐患治理等业务的综合业务系统，"一库四平台"，"一平台，三覆盖"等信息化建设模式取得良好的应用效果。

三　利用"互联网+"使公共服务能力和水平进一步提高

全国省级以上安全监管监察机构中有96.5%基于互联网络建成了政府网站系统，提供"一站式"服务窗口，实现对安全生产政策法规标准、事故与事故调查处理、科技成果、安全生产专家、安全生产许可、安全评价报告等 12 类信息网上查询服务。微信、微博等新媒体服务的应用，为安全生产工作提供了便利、快捷的沟通交流平台。

四　信息安全保障体系得到加强

国家安全监管局结合 ITIL 标准和 ISO 20000 质量管理体系，建立了较为全面的运维体系和标准化的管理流程，逐步落实了"统一用户管理、统一监控管理、统一服务流程、统一安全管理、统一门户管理"五个统一运维体系，实现了各类 IT 资源的集中监控、各类管理数据的集中处理和呈现，加强了对网络、应用、服务器、终端等的日常维护，强化了以预防攻击、身份认证、访问控制、安全审计、病毒防护等为主要内容的网络信息安全防范体系建设。

五　结论

国家安全监管局杨焕宁局长指出，安全生产责任重于泰山，我们要认真贯彻落实党中央、国务院的决策部署和习近平总书记、李克强总理的重要指示批示精神，做好全国安全生产监管监察电子政务顶层设计，完善相关制度、标准，做好"安全生产信息化工程"，利用信息化手段提升监管执法水平，推动全国安全生产形势持续稳定好转。

（国家安全监管总局通信信息中心）

2015 年国家林业局电子政务发展概况

2015 年，林业信息化深入贯彻党中央、国务院关于林业改革发展和信息化建设系列战略部署，紧紧围绕推进生态文明建设、加快国有林场林区改革等林业中心工作，以"互联网＋"指导意见、大数据行动纲要等国家信息化战略为指引，以提升林业现代化水平为目标，全面推进智慧林业建设，各项工作进展顺利、成效显著，获得诸多荣誉，受到广泛关注和赞誉。中国林业网四次蝉联"中国最具影响力政务网站"，并荣获"2015 年政府网站政务微信卓越奖"。中国林业数据库入围首届中国"互联网＋政务"优秀实践案例 50 强并获"最佳政务治理数据化平台"第一名。

一　完成"十三五"顶层设计

2015 年 9 月，国家林业局在湖南长沙召开了第四届全国林业信息化工作会议，张建龙局长出席会议并做重要讲话，对"十三五"全国林业信息化工作做出"大力推进'互联网＋'引领林业现代化"的战略部署。按照《国务院关于积极推进"互联网＋"行动的指导意见》等要求，在专题调研的基础上，认真研究和吸纳了各方面意见和建议，完成了《"互联网＋"林业行动计划——全国林业信息化"十三五"发展规划》的编制工作。同时编制完成《"十三五"政务信息化工程项目建议》、《中国林业云框架设计》、《中国林业物联网框架设计》等，基本形成国家林业新一代信息技术顶层设计。

二 "互联网＋"行动进展顺利

国家林业局积极贯彻落实国家"互联网＋"行动计划，在11个"互联网＋"发展领域中，成为现代农业、益民服务、绿色生态等领域的负责部门之一。在"互联网＋"行动部际联席会议确定的44项"互联网＋"行动重点工程（2015～2016年）中，林业占有"互联网＋生态红线保护"、"互联网＋林业资源监管"、"互联网＋生态旅游"、"互联网＋现代林业"等4项，为"十三五"林业信息化建设和林业现代化建设打下坚实基础。

三 大数据建设广受关注

2015年国家启动大数据战略，林业大数据被列为《国家大数据战略及行动纲要》重要建设内容，国家林业局积极开展林业大数据战略研究，完成了《中国林业大数据发展战略研究》专题报告。实施了"明天去哪儿"、"果子熟了"等林业大数据试点项目，通过大数据分析，用户可以很容易地查询到所需的有关生态旅游和经济林产品等方面的信息。启动了互联网林业态势分析项目，利用大数据技术，从互联网抓取海量数据，进行国有林区林场改革、生态环境变化、数说"十二五"等林业重大政策和态势分析，及时发现苗头性、倾向性和潜在性问题，提出应对建议，并编发《林业大数据》专题报告，为林业决策提供科学依据。林业大数据建设受到国内外广泛关注和好评，在"2015中国智慧政府发展年会"上，中国林业数据库荣获首届中国"互联网＋政务"优秀实践案例50强，并获"最佳政务治理数据化平台"第一名，印度尼西亚环境与林业部代表团专程前来调研交流政府数据开放建设。

四 项目建设成效显著

林业信息化重点项目稳步推进、成效显著，有力地提升了林业各项核心业务的现代化水平。研究制定了《国家林业局网上行政审批平台建设方案》，完成了项目招标，启动了建设工作，为2016年6月底国家林业局25项行政审批全部实行网上审批打下坚实基础。积极推进"金林工程"相关工作，完成工程可研报告编制上报工作。"林业生态建设与保护北斗示范应用"项目获得正式批复。中国林业数据库二期、林业财政专项资金信息管理系统、林木种苗工程项目管理系统、全国竹藤资源培育与产业发展基础数据平台等建设完成。开展第二批全国林业信息化示范市、县和首批全国林业信息化示范基地建设，新增全国林业信息化示范市10个、示范县15个、示范基地25个，强化示范单位的技术培训。

五 网站建设继续领先

按照智慧化、国际化的新理念，中国林业网持续深化网站建设，继续保持部委领先水平。站群规模进一步扩大，纵向积极推进市、县、乡级网站群，横向积极推进国有林区、重点龙头企业、重点科研单位等网站群建设，站群规模近 4000 个，名列部委前茅。开展网站智慧化提升建设，完善无障碍系统，提升中国林业网公共服务能力。完成中国林业网智慧决策系统和智能搜索平台建设，为广大网民提供智能检索服务。丰富网站内容、提高信息质量，中国林业网百度收录量已达 75 万条，网站访问量近 20 亿人次，日均访问量 100 万人次，日均信息发布量已超过 100 万字，大大提高了网站社会影响力。制定了《中国林业网站群域名命名规则》，完成《中国林业网管理办法》等办法的修订。开展了 2015 年全国林业信息化发展水平评测和全国林业网站普查工作，在国务院办公厅第一次全国政府网站普查情况通报中，中国林业网全部达到普查要求。举办"寻找最美古树名木"第三届美丽中国作品大赛，广泛征集古树名木作品，为公众提供了尊重自然、热爱自然的网络文化平台。中国林业网"三微一端"影响力稳步提升，微信关注人数达到 2 万人。中国林业网四次蝉联"中国最具影响力政务网站"；在中国电子政务理事会举办的 2015"互联网＋"政府网站精品栏目建设和管理经验交流大会上，中国林业网荣获"2015 年政府网站政务微信卓越奖"。

六 林业"双创"有效推动

多种信息惠林富民措施顺利实施，推进全产业链、多元化信息服务，提高了林业产业效益，消除了行业壁垒，降低了创业门槛，为林业行业大众创业、万众创新提供新空间，开辟林区就业增收新渠道，推动林区服务业转型升级，带动林农致富、林区繁荣，进而促进林区生态改善。积极推进林业电子商务建设，编制林业电子商务规划和指导意见，建设林业电子商务平台、基于微信的"微商"平台等互联网营销平台，拓宽了销售渠道、改变了销售方式、提高了销售业绩。继续完善林权交易管理平台，全国现有 20 多个省级林权交易中心，31 个省（区、市）和新疆生产建设兵团中，约 20% 的地区建设了林权管理信息系统，山西、浙江率先发放了"林权一卡通"，下一步将推广至全国。林业生产智慧化取得实效，林地测土配方系统确保林农足不出户只需输入地块林权证号即可了解自家山头地块适合种什么、怎么种、有问题向谁求教、到哪儿能买到放心农资，探索出智慧果园、智慧苗圃、智慧林场等各类林业生产的智慧流程，让农民和职工不懂技术也能成为行家里手。

七 智慧机关创新开展

开展以树树"一扫通"、人人"一卡通"、处处"一网通"为核心的智慧机关建设，推动机关管理高效智能。树树"一扫通"让局机关大院及周边所属区域 40 多个树种近千棵树木都获得了唯一电子身份证，通过扫描电子身份证二维码，每棵树木的科属、花期、形态特征、生长习性、地理分布、栽培技术、主要价值等信息一目了然。人人"一卡通"让局机关每个工作人员凭一张卡即可方便实现出入、用餐、图书借阅、职工健身等的身份识别，以一卡代多卡，体现以人为本、方便快捷的机关管理。处处"一网通"为国家林业局大院及主楼一层大厅提供无线网络服务，通过短信认证、扫描二维码等多个形式，即可享受安全快捷的免费网络。

八 安全运维保障有力

着力强化网络安全和日常运维，努力做好服务保障工作。完成国家林业局运维呼叫中心建设，整合各项运行维护和服务工作，打造统一运维平台，提高工作的协调性和管理的有效性，实现运维管理流程电子化。强化网络安全，完成《林业信息系统测评通用要求》、《林业系统等保定级指南》标准框架，加强软件及网站测评，建立安全测评准入工作机制，提升网站及信息系统安全。加强国家内外网、专网扩建和管理，实现了专网互通，确保信息系统稳定运行，保障网络安全无事故。开展网络安全及软件正版化检查，进一步增强了干部职工的软件正版化、安全意识，达到了以查促管、以查促改、以查促防的目的。

九 智力建设持续加强

着力强化林业信息化专业技术培训，呈现出规模化、规范化、体系化新态势。加强培训力度，2015 年林业信息化累计培训林业行业干部职工 1000 多人次，成功举办了第三届林业CIO 高级研修班、中国林业网信息员能力提升培训班、中国林业网站群信息员培训班、智慧林业示范培训班等，对各省级林业主管部门和国家林业局各司局、各单位分管信息化工作的领导同志、中国林业网各子站的信息员等进行培训，提升了学员的互联网思维和能力。完成了 3 个行业标准报批，启动了新立项 6 个标准的编制工作，不断完善标准项目储备。

十 智慧办公初步实现

升级优化国家林业局自动化办公系统，显著提高智慧水平和服务水平。对现有移动办公系统进行优化升级，实现 4G 移动办公，打破传统办公方式的时空界限，实现随时随地办公新模式。完成 OA 群改造，通过集约型建设、分布式应用的方式，确保局直属行政事业单位均能享受现代自动化办公的便利。开展直属单位电子档案系统建设，为 36 家直属单位提供电子文档一体化管理新方式，便利了各单位电子文件的永久保存和高效利用。

（国家林业局信息化管理办公室）

2015 年国家旅游局电子政务发展概况

历年来，国家旅游局在各项主体工作中积极落实中央方针政策，稳步推进政务信息公开。各业务司室通过网站主动公开的政务信息的内容和数量有所增加，重视度加强，对政务信息发布时间、位置和质量提出新的标准。国家旅游局官网（www.cnta.gov.cn）作为国家旅游局发布政府信息的官方渠道，一直坚持正面宣传为主，主动肩负社会媒体责任、接受社会监督。近期国务院办公厅、国务院新闻办关于进一步加强政府信息公开，推进新闻发布制度化等工作提出更高要求，每月定期汇总上报国家旅游局重要政务信息公开情况，官网日常运维工作接受了更高考验。官网在网络领域高效、高速传播主流信息，成为国家旅游局对外的第一时间发出的声音。

官网2015年共发布信息16244条，其中政务信息1739条，行业动态2061条，地方新闻9677条，专题专栏信息2767条等。

@中国旅游官方微博2015年度共发布消息836条，粉丝数近540万。2015年3月开设官方微信"中国旅游"，截至2015年11月，已发36期消息，粉丝数达到10544人次。

一 利用官网平台，做好信息发布和网站普查

（一）明确任务，完成官网中英文改版

国家旅游局官网2015年年初启动改版工作，成立专门项目组，经过调研、设计、开发及测试，新版中文网站于7月1日正式上线试运行。

新版官网重点强化信息公开、在线办事、公众参与三大功能。新版官网共设有一级栏目10个、二级栏目40个，内容主要分为新闻类信息、政务类信息和专题专栏类信息，另包含12大旅游行业应用系统。9月完成手机WAP版的开发和官网英文版的数据迁移，英文版采用跟中文版相同栏目和架构模式，共设有8个一级栏目、23个二级栏目。

改版后的官网，在内容集中度、网站浏览体验上得到了较大改善和提升。在近日发布的《2015中国政府网站发展研究报告》中，官网在全国72个部委网站中的排名为第20位。

（二）狠抓落实，确保普查工作有效开展

国办于3月印发《关于开展第一次全国政府网站普查的通知》对全国政府网站开展首次普查。为确保普查工作落到实处，信息中心制定了网站普查工作方案并成立专项工作小组，并委托专业测评公司协助展开工作。以"普查摸底全面、问题查找清楚、整改落实到位"的标准，全网梳理网站栏目并自查评分，对网站内容陈旧、更新不及时的栏目予以更新调整。截至目前，已彻底解决了网站存在的互动回应差、栏目不更新和严重错误等单项否决问题，并组织改错字1000多个，改错链5000多个，紧急开设互动栏目10多个。网站的信息更新和互动回应状况得到有效改善。根据测评机构报告，官网普查预测分数优秀，符合国办普查标准。

二 扎实推进政府网站信息内容建设重点工作

加强专题制作。围绕局内工作重点和旅游热点，官网新栏目《主题报道》今年共策划制作专题9个，内容涉及李金早局长出席汤加国王加冕典礼、援疆工作会议、精准扶贫、红色旅游、世界旅游发展大会和中美、中印、中韩旅游年等。《重点专题》制作《贯彻实施515战略》、《厕所革命》、《中国旅游志愿者》等8个新专题；首页《中国旅游之声》、《旅游外交参考》均已刊发至最新一期。《新闻发布会》涵盖了从2014年12月至今15场国家旅游局召开的新闻发布会；《视频专栏》涵盖了中央权威媒体对旅交会、旅游市场监管等重大

新闻报道；《旅游图库》目前有《丝绸之路》、《红色·井冈山》主题照片 11 期。通过数字化、图表图解、音频、视频等方式予以展现，增强政府网站的吸引力、亲和力。网站的"行业动态"栏目被电子政务理事会评为"政府网站信息公开类"精品栏目。

创新新媒体融合发展。2015 年度，"中国旅游"官方微博共发微博消息 836 条，粉丝数近 540 万。其中原创微博 507 条、转发 329 条，微博消息主要摘录中国旅游官网新闻、各省旅游局公告、旅游活动及游客提示等。平均每天粉丝数增长 300 人次左右。多次联合气象局举办微博直播活动。2015 年 3 月开设官方微信"中国旅游"，截至 2015 年 11 月，已发 36 期消息，粉丝数达到 10544 人次，先后为监管司提供"中国旅游志愿者"征集标识投票服务等。

政府网站是信息化条件下政府同群众密切联系的新桥梁，是打牢政府施政民意基础和社会基础的新渠道，是网络时代政府履行职责的新平台，是打造法治政府、阳光政府的新载体。我们将进一步深化电子政务应用，创新为民服务，促进行政体制改革和政府职能转变。着重建设政府门户网站的信息公开、网上办事、政民互动等方面，通过网络倾听民意、体察民情、维护民生、服务民众，成为政府面向社会公众和企业提供服务的重要平台和窗口。

（国家旅游局信息中心）

2015 年中国银行业监督管理委员会
电子政务发展概况

一 银监会电子政务发展基本情况

2015 年中国银行业监督管理委员会（以下简称"银监会"）大力推进电子政务稳步发展，着重夯实基础设施、健全完善应用系统、优化整合政务信息资源、全面加强社会管理和公共服务、切实保障网络与信息安全，在推动各项决策部署贯彻落实过程中，积极发挥电子政务的保障支撑作用。

二 银监会电子政务工作主要进展

（一）推动电子政务平台优化，增强平台实用性

1. 优化调整银监会官方网站

银监会根据新的"三定"方案，对官方网站栏目进行统一调整，关停 17 个二级栏目，同时对保留栏目进行逐个优化，一方面明确各个栏目的责任部门，要求各单位、各部门确定一名局级干部作为栏目和子网站负责人；另一方面详细规定各类栏目的更新时限和频率，建立健全了政府网站管理工作机制，从平台建设方面保证银监会官方网站信息发布及时、准确、实用。

2015 年，银监会在官方网站共发布信息 24860 条，较上年增加 1853 条，文章点击量约 14839 万次。

2. 统一梳理银监会内网系统

为适应银监会监管架构改革后新的部门职责分工和工作需求，银监会采用关闭、变更、优化的方式对内网各系统进行统一梳理，以"信息共享、互动交流、传播知识、培训教育"为宗旨，坚持"统一规范、分级建设、互联互通"原则，整合内网网站资源，发挥内网信息共享平台作用，规范内网网站的建设和管理，明确职责，保障运行，促进内部信息交流和共享。

（二）拓宽公众信息获取渠道，扩大社会参与度

1. 开设"政务咨询"和"调查征集"专栏

银监会根据国务院办公厅《关于开展第一次全国政府网站普查的通知》（国办发〔2015〕15 号）的要求，在官方网站首页开设了"政务咨询"和"调查征集"专栏。"政务咨询"专栏与政府信息依申请公开相互呼应，为公众获取政府信息、解答疑难问题拓宽渠道，真正做到行政为民、行政便民。"调查征集"专栏不仅实现了在线调查和民意征集的目的，还为听取民意、征求大众意见开辟了新途径，使银监会制定的制度更加完善，获得更高的社会认可度。

2. 完善政府信息公开指南

银监会根据《中华人民共和国政府信息公开条例》（以下简称《条例》）第十九条规定，对官方网站《政府信息公开指南》进行了全系统自上而下的调整，一方面对现有《政府信息公开指南》内容进行更新和完善，另一方面补充各银监局辖区内银监分局的受理路径（主要为独立受理和地方政府代为受理两种方式），为公众获取政府信息提供全方位、立体化的申请渠道，确保公众的政府信息公开申请得到及时回应。

3. 发布各类服务指南

为更好地发挥银监会官方网站公示作用，服务于银行业金融机构，银监会在官方网站"行政许可办事指南"栏目相继发布了《中国银监会行政许可事项服务指南》、《中国银监会行政许可程序标准流程图》、《中国银监会办公厅关于印发行政许可事项申请材料目录及格式要求的通知》（银监办发〔2015〕118 号）以及中资商业银行、农村中小金融机构、外资银行、信托公司、非银行金融机构的行政许可事项申请材料目录及格式要求（2015 年版）。

（三）搭建政府信息公开平台，提高行政透明度

1. 建设行政许可受理大厅，推动行政许可系统成功上线

2015 年，银监会按照《国务院关于规范国务院部门行政审批行为改进行政审批有关工作的通知》中关于"全面实行一个窗口受理"的要求，建设行政许可事项受理大厅，并在此基础上依托内网综合办公平台，建设与之配套的行政许可事项审批系统，实行网上审批、专人管理、及时跟进督促，并嵌入统一格式的受理通知书、不予受理通知书、补正通知书、行政许可决定书等文件模板，确保审批事项依法、统一、规范、公开办理。

2. 开设"建议提案复文公开"栏目

2015 年 3 月，银监会"人大代表建议"、"政协委员提案"网上办理系统正式运行，同时，根据《国务院办公厅关于做好全国人大代表建议和全国政协委员提案办理结果公开工作的通知》（国办发〔2014〕46 号）的要求，银监会在官方网站"银监会政府信息公开系统"专题下增加"建议提案复文公开"栏目，保证建议和提案办理结果公开工作有序开展，

及时回应社会关切，进一步提高行政透明度，提升政府公信力。

3. 优化"公开目录"栏目，加大行政处罚信息公开力度

为进一步提高银行业监管工作的透明度和公信力，促进依法行政和依法监管，银监会根据《关于运用大数据加强对市场主体服务和监管的若干意见》（国办发〔2015〕51号）、《关于认真做好行政许可和行政处罚等信用信息公示工作的通知》（发改电〔2015〕557号）、《关于深入推进行政许可和行政处罚等信用信息公示工作的通知》（发改电〔2015〕687号）中关于行政处罚信息公开时限以及公开原则的规定，于2015年7月在官方网站发布了《中国银监会行政处罚办法》（银监会令2015第8号），对行政处罚公开提出了新的要求，并对"公开目录"栏目进行扩展，使该栏目同时包含行政许可和行政处罚两类信息，全方位推动行政处罚信息公开工作顺利进行。2015年，银监会全系统共在银监会官方网站"公开目录"栏目发布行政处罚信息304条。

（四）加强网站安全防护和管理，提高安全管理水平和安全防范能力

根据公安部等四部委《关于印发〈党政机关、事业单位和国有企业互联网网站安全专项整治行动方案〉的通知》（公信安〔2015〕2562号）要求，银监会开展了银行业金融机构互联网网站安全专项整治工作，着重建立健全网站安全管理的长效机制，提高安全管理水平和安全防范能力，切实保障网站的安全运行。一是推动各银行业金融机构将分支机构的网站上收至总行（总部），建设网站群，实现"统一管理、统一防护、统一监测"，缩减互联网出口，实现对网站的物理集中或逻辑集中管理。二是要求各银行业金融机构按照"谁主管、谁负责，谁运营、谁负责"的原则，明确网站安全保护责任，建立并落实网站安全管理制度和责任追究制度。三是敦促各银行业金融机构完善安全防护措施，积极查找网站安全隐患并及时整改，提高网站抵御外部攻击破坏的能力。四是强调各银行业金融机构抓紧网站外包管理，加强对外包服务商的尽职调查和实地检查，有效开展外包风险评估和风险防控，及时消除外包风险隐患。五是明确各机构要按照国家信息安全等级保护制度有关要求，及时做好网站的定级、备案和测评工作。

三　2016年银监会电子政务工作规划

1. 完善电子政务平台管理制度

银监会将根据日常工作中网站及综合办公平台应用方面遇到的新问题和新需求，对现行《银监会内网网站管理办法》、《银监会官方网站管理办法》和《银监会机关综合办公平台运行管理办法》进行补充和完善，构建更加科学合理的管理架构和考核机制，为促进银监会电子政务健康发展提供完备的制度基础。

2. 加强电子政务专业人才培养

随着信息技术应用领域的不断扩大，银监会将着重培养具有较强政治思维能力、行政管理能力和组织协调能力的电子政务专业人才，形成一支能够熟练掌握政府网络构建与运行技术的现代电子政务管理团队，为保证银监会电子政务可持续发展提供源源不断的智力支持。

3. 引导新技术与政务相融合

现阶段，各类社会管理和公共服务创新应用不断涌现，银监会将借鉴各单位电子政务发展经验和新技术应用的成功案例，根据自身工作需求，积极探索云计算、大数据、移动互联网等新技术的应用，在网络舆情引导、政民互动、市场监管和为民服务等方面发挥作用，为拓展银监会电子政务发展道路汲取经验、勾画蓝图。

（中国银监会办公厅）

2015 年国家认证认可监督管理委员会电子政务发展概况

2015 年，根据国家认监委信息化工作国家质检总局支树平局长提出的"创优服务，创新治理"的指示精神，围绕开创认证认可服务新格局、激发事业发展新活力、完善监管新模式、构建行业治理新秩序、展现队伍新风貌的五个新要求，积极融入认证认可事业改革发展大局，不断创新、探索，力求更好地发挥信息化的服务、支持、保障作用。

一　积极贯彻落实全国认证认可工作会议精神，努力完成认监委重点工作任务

（一）落实认监委促进电商创新发展要求，推动"良好电子商务规范"认证工作

为落实国家和质检总局促进电子商务行业创新发展的相关举措，在国家认监委指导下，认监委信息中心会同国内权威认证机构和主流电商企业，自 2014 年下半年开始着力推动"良好电子商务规范"认证体系研究。2014 年 11 月完成"B2C 商品类电商交易服务认证"认证技术规范和实施规则初稿。2015 年 5 月该认证技术规范通过 TC83 和 TC261 的联合审查，6 月完成认监委认证技术规范备案。2015 年 6 月 26 日认监委信息中心会同中国质量认证中心、方圆标志认证集团产品认证有限公司、中国信息安全认证中心、上海质量体系审核中心、广州赛宝认证中心服务有限公司、杭州万泰认证有限公司 6 家认证机构正式发起成立了"中国电子商务认证联盟"。近一年来，电商认证联盟在电子商务认证技术规范、组织建设、合作推广三方面取得了积极进展。11 月 6 日，全球第一张电子商务认证证书正式发出。12 月 24 日，"中国电子商务认证联盟"举行了首批电商认证获证企业发证仪式。

（二）认证认可检验检测大数据示范应用建设初见成效

根据国家全面深化行政体制改革要求、质检总局及国家认监委加强事中事后监管的工作部署，认监委信息中心开展了认证认可检验检测大数据示范应用建设，围绕"认证机构分类管理"和"电子商务服务认证"等重点业务，运用大数据技术，深入挖掘认证认可检验检测数据价值。该系统通过对认证机构等基础数据的大数据分析，通过"机构监管异常模型"、"机构健康度模型"、"机构画像"、"证书全生命周期管理"、"人员活跃度模型"等模型的构建，利用大数据技术进行了信息化、自动化分析及风险预计，实现机构监管工作风险

评估、质量分析和信息化建设的紧密结合。在9月召开的认监委第十一次信息化领导小组会上，各成员单位对"认证机构分类"等业务模型和系统设计阶段性成果进行了审议，并给予高度肯定。2015年年底大数据示范应用功能开发完成，并上线试运行。

（三）认真落实国家检验检测服务业统计调查制度，推进完善检验检测服务业统计直报系统建设

上半年已基本完成检验检测服务业统计直报系统2.0版的建设开发工作，并于3月18日正式上线运行。下半年起，组织开展全国范围内的填报和统计工作，并积极配合统计直报工作在重点地区与行业的宣贯和培训。现已按时完成2014年度的数据报送工作。

二　融入大局，服务改革，开拓创新，努力做出新贡献

（一）开通认监委"云桥"，积极推进认证认可结果采信，服务新常态下监管方式改革

为落实国务院促进电子商务发展的相关政策及总局"推动认证认可结果采信，促进质检监管方式改革"的重点任务要求，认监委信息中心构建了认监委"云桥"（认证认可检验检测信息公共共享服务平台），并针对新常态下互联网经济和电子商务的凸显作用，积极与国内大型电商平台加强沟通，提供认证结果信息服务的方式，促进大型电商平台加强质量内控，采信认证结果，反馈相关情况，并配合认监委开展相关电商执法检查。2015年12月24日，认监委"云桥"举行了开通仪式，在仪式现场认监委信息中心与阿里巴巴集团签署了"云桥"合作框架协议，并实现了"云桥"与阿里巴巴电商平台的数据对接。该活动被中央电视台、新华社等主流媒体广泛报道。

（二）全力推动进口食品境外生产企业注册备案通关验证工作落实，积极参与总局跨境电商监管改革

认监委信息中心积极配合认监委进口食品境外生产企业全注册工作推进，并努力参与质检总局跨境电商监管改革，解决了大量政策沟通、试点运行、系统改造和借口衔接问题，各检验检疫局开展CIQ2000系统软件升级，该项业务的通关验证工作圆满落实。质检总局将进口食品境外生产企业全注册监管纳入总局跨境电商监管改革工作中。

（三）整合信息资源，创优服务、创新治理

1. 开展统一上报系统和统一查询系统建设

根据质检总局关于认证认可工作服务质检整体工作、服务检验检疫大通关工作的要求，为提升认证认可治理体系和治理能力现代化，更好地服务社会公众与业务监管用户，满足信息查询要求，2015年，认监委信息中心继续推进数据治理和整合统一数据上报系统建设以及统一查询系统建设，分别上线了管理体系和服务认证证书数据上报模块、强制性产品认证工厂检查计划上报模块。8月份上线了自愿性认证规则备案信息上报/公开、分包境外机构业务、非法人分支机构备案、认证机构年度工作报告、社会责任报告信息公开等模块，9月份上线了强制性产品认证证书数据上报/信息公开模块，11月份上线了管理体系和服务认证

审核计划上报等功能模块，初步实现了认证机构通过"认证认可业务信息统一上报平台"报送业务数据、社会公众通过"认证认可业务信息统一查询平台"获取认证结果、认证规则、认证机构、年度报告、人员信息的目标。通过近一年的持续整合改进，现统一上报系统汇集合并了大量业务数据报送、验证和信息、通知下达，基本实现了认证认可相关证书数据、实施规则、技术规范、机构信息、年度工作及责任报告信息的资源整合，为认证认可管理的科学化和现代化提供强有力的技术支撑，为用户提供了更加优质便捷的服务。

2. 开展综合监管系统建设

为提高地方监管部门工作效率，加强事中事后监管，2015 年开展了面向认监委、地方两局的综合监管系统建设，建立了国家、省、市、县四级认证监管账号，将用户、组织、角色和所辖行政区划、岗位职责进行了重新配置。完成了认证结果查询、本行政区划内认证结果数据下载、认证结果统计报表、认证机构信息查询、审核人员信息及审核经历查询、认证活动检查、认证活动比对分析、认证活动违规统计等功能开发。初步实现了地方监管部门通过"认证认可业务综合监管平台"获取认证结果、开展认证活动监管工作的目标，对于加强认证认可业务监管效能、推进事中事后监管体制机制改革创新发挥了巨大作用。

三　扎实开展信息系统建设，努力为认证认可业务提供信息化支撑

（一）适应食品农产品认证业务改革，提升信息化覆盖和服务能力

1. 开展中国食品农产品认证信息系统 V3.0 升级改造

上半年，完成了该系统 V2.4 的风险预警、综合统计等功能开发以及审核计划上报数据字段和接口调整。基于完善系统的需求，该系统 V3.0 计划新增六大功能模块，实现对接系统接口 8 个。目前已完成需求规格说明书的编制，实现了系统原型设计。

2. 完成出口食品生产企业备案管理系统 V2.0 项目建设

年初，该系统已正式上线运行，在全国 35 个直属检验检疫局全面推广应用，覆盖全国所有出口食品生产企业，实现出口食品生产企业备案工作的全国统一管理，并在备案管理、短信管理、查询统计等系统功能和用户体验上不断优化和升级。

3. 积极推进进口食品注册信息化管理系统建设

年初，完成了进口食品境外生产企业注册管理系统（一期）建设并投入试运行，建立了进口乳品境外企业数据库和主任评审员数据库，从无到有建立了进口乳品境外企业"户口簿"，为实现进口乳品产品的境外追溯奠定基础，落实了境外食品企业安全信用责任。7月，为进一步推进进口食品境外生产企业注册工作，在现有注册类别的基础上扩大范围，实现全类别注册，启动了该系统（二期）建设，完成公共功能、境外企业端填报、境外主管机构处理、与第三方系统数据交换接口等功能建设，并于 10 月 20 日上线试运行。

（二）开展认监委网站建设，加强政务公开和行业信息服务，力争扩大认证认可社会影响

2015 年，组织开展了认监委新版网站建设，包括法律法规与政策研究、党建与群工文化建设、国际合作专栏建设、强制性产品、自愿性产品、食品农产品、出口食品生产企业等

业务专栏及相关热点专题。下半年，完善了新版网站页面设计，同时完成了新媒体平台建设，包括认监委官方英文网站设计以及认监委微信平台建设。

（三）不断夯实业务统计工作基础，强化统计服务能力

1. 扎实落实日常统计保障工作

2015年继续保障日常统计服务，为《认证认可业务质量数据分析报告》和《认证认可业务发展报告》提供数据支持，并积极配合委相关部室以及相关单位，提供应急统计服务30余次。

开展专题统计分析，结合当前业务关注点，以及认证认可当前形势，编制了《食品农产品认证专题统计分析》和《强制性产品认证专题统计分析》，以图文并茂的形式对各个维度进行了全面分析。

为方便领导及时了解和查阅各业务数据，编制了统计手册，该手册以业务覆盖面广、数据及时准确、展现形式新颖、方便携带为特点，根据领导需要定期提供。

2. 积极开展认证认可服务业统计指标体系建设

2015年，根据委领导和各业务部门相关意见，对认证认可服务业统计指标体系进行修改完善，目前已形成《认证认可服务业统计指标体系构建研究报告》。同时完成了专题性关键统计指标的研究与测算，选取"认证认可创新评价调查指标"为测算主题，通过对行业内认证机构的调查及数据统计，完成了相关统计指标的测算和分析工作，同时征集了业务部门的相关建议，完善形成了《认证认可创新评价调查指标报告》，并在信息化领导小组会上发布。

（四）进一步提升运维保障能力和信息安全水平

加强灾难备份系统和应急预案建设，制定了灾备管理和演练制度，完善了认监委网站等重要系统异地灾备切换演练方案，新制定了重要系统的切换演练方案；制定备份管理制度，明确了备份内容、方式和存储介质，为业务系统、管理系统、网络配置等不同备份内容制定了不同的备份目标和策略，并拟定了实施计划和初步的管理制度；开展系统和数据库优化工作，分析数据库运行情况和常用数据库操作执行效率，提出数据库结构及操作的优化建议，形成具体文档反馈给开发人员。相关工作取得了较好效果。

（国家认证认可监督管理委员会信息中心）

2015年国家测绘地理信息局电子政务发展概况

2015年，国家测绘地理信息局深入贯彻党中央、国务院有关信息化一系列决策部署，紧密围绕国务院办公厅《关于促进电子政务协调发展的指导意见》，认真落实深化行政审批制度改革的一系列重大举措，不断推进测绘地理信息电子政务发展应用，各个方面工作取得进展。

一　深化电子政务应用，提高行政审批效能

1. 全面实现行政许可网上集中预受理和预审查

为贯彻落实《关于规范国务院部门行政审批行为改进行政审批有关工作的通知》中"积极推行网上集中预受理和预审查，创造条件推进网上审批"的要求，根据《国家测绘地理信息局2015年推进简政放权放管结合转变政府职能工作实施方案》安排，在已实现在线办理的甲级测绘资质审批、地图审核基础上，启动剩余6项行政许可项目的在线审批系统建设，完成我局全部行政许可事项从"线下"模式向"线上"模式的转变，实现网上提交申请、网上预受理和预审查的工作模式，避免申请人反复送材料、改材料，有效简化办事流程，提高办事效率，这成为国家测绘地理信息局贯彻国务院政放权放管结合转变政府职能的总体要求的重要举措之一。

2. 大力推动非行政许可业务应用系统建设

2015年国家测绘地理信息局加大了业务应用系统建设力度，电子政务应用系统建设发展迅速。组织开展测绘地理信息行业信用管理平台（一期）建设，及时有效地配合《测绘地理信息行业信用管理办法》和《测绘地理信息行业信用指标体系》的出台，为完善行业信用管理机制、加强事中事后动态监管提供支撑；继续推进基础测绘项目管理系统建设，实现了国家级基础测绘项目从国土司到省局再到生产单位的任务下达、进度监控、文档报送等全流程的信息化管理；组织开展统计网络直报系统升级改造，解决现有系统存在的技术问题，实现与电子政务应用支撑平台的集成，做到与测绘资质管理系统的管理数据共享共治；完善局机关新内网办公系统功能，完成定期上报、督查督办等新功能需求的开发工作；启动国家测绘地理信息局人事人才管理信息系统（一期）建设，拟建立覆盖国家局、直属局及各直属单位的人事人才信息库，实现对人员信息、岗位设置的等日常管理。

3. 启动建设国家测绘地理信息局网上办事服务大厅

网上办事服务大厅作为国家局网上办事服务窗口，从服务对象角度出发，全面梳理服务需求和服务资源，构建面向社会公众的统一对外服务门户，为办事人员提供"一站式"测绘地理信息应用和信息服务窗口，提高网上办事的便捷性和实效性。

二　推进应用系统集成，加强信息资源整合

国家测绘地理信息局按照国办66号文关于推进信息资源共享共用和数据开放利用的要求，积极推进政务信息资源中心建设，梳理履职所需信息共享需求，明确共享信息的有效需求和提供方式，逐步建立信息共享平台，为数据集中整合利用提供支持。

1. 稳步推进电子政务应用支撑平台建设

完善《数据交换技术规范》、《数据信息管理办法》等规范，为各应用系统实现信息共享提供保障；加强政务信息资源集约化管理，建成国家与行业基础代码、数据字典、行政区划等标准数据库，供各应用系统统一使用；建成行业人员库、行业机构库等基础数据库，实现各应用系统中单位人员信息的互联互通和同步共享，保证关键数据来源唯一，避免了各系统的数据重复采集、来源多头、存储差异等问题，着力打造政务信息资源数据中心。

2. 开展管理信息化顶层设计研究

从现状调研、业务需求调研入手，梳理并分析业务流程模型，分析业务管理活动中的各类信息资源，研究管理信息的元数据模型、管理信息资源数据交换模型和方法，以及应用运行支撑环境与安全保障体系，最终为指导"十三五"测绘地理信息电子政务建设提供参考和依据。

三 强化基础设施建设，提升安全保障能力

1. 创新基础设施建设新模式，促进电子政务集约化发展

进一步优化基于云计算架构的政务应用运行环境，加大基础设施建设力度，为重要应用系统的平稳上线运行提供保障。2015年，国家测绘地理信息局机房总计算资源和存储资源均有明显增加，虚拟服务器已增至175台，比2014年增长65%，总存储量由45TB增加至87TB，比2014年增长93%；服务器资源进一步得到充分利用，增加了服务器快速部署模板，满足应用系统快速部署的需求；采用高效备份软件，进行服务器整机的备份，实现了集约化建设方式，为国家局机房基础设施建设节约了资金，为国家局各应用系统的稳定运行提供了坚实保障。

2. 开展测绘地理信息系统网站安全及网络安全检查工作

根据公安部和中央网信办的有关要求，开展国家测绘地理信息局及所属单位门户网站和网络安全检查工作。坚持重点整治与源头治理相结合、安全管理与技术防范相结合、督促整改与依法打击相结合，建立完善我局机关、事业单位和国有企业网站安全保护工作机制，全面加强互联网网站安全保护，加强网站安全监测、应急处置和责任追究，全面落实网站安全责任制。安全管理水平明显提高，安全技术防范能力明显增强，抵御攻击、篡改、破坏的能力显著增强，网站运行安全和数据安全得到切实保障，同时确保了门户网站及网络在纪念抗战胜利70周年等重大活动期间的绝对安全。

四 加大行业指导力度，提高整体信息化水平

1. 通过组织召开省级部门管理信息化工作座谈会，加大对测绘地理信息部门的电子政务工作指导力度

会议从基础设施、安全保密、应用系统、应用支撑四个方面对当前测绘地理信息管理信息化现状进行了介绍，结合《测绘地理信息部门信息化建设指导意见》的有关要求阐述目前面临的形势，并阐述了管理信息化顶层设计的主要原则和方法、架构设计和任务。会议了解了地方测绘地理信息部门管理信息化现状，初步建立了沟通机制，为编制测绘地理信息管理信息化发展规划做准备，为编制测绘地理信息发展"十三五"规划提供素材，进而为测绘地理信息管理信息化发展确定路线和方向。

2. 发布《信息化测绘体系建设技术大纲》

《信息化测绘体系建设技术大纲》（以下简称《大纲》）提出，面向国家与经济社会信息化对测绘地理信息的重大需求，贯彻信息化测绘体系建设的指导思想，以"加强基础测绘，监测地理国情，强化公共服务，壮大地信产业，维护国家安全，建设测绘强国"为战略方向，加强测绘科技创新与能力建设，到2020年建成完整的信息化测绘技术体系。《大纲》明确提出建设

标准化、集中式、开放式、智能化的测绘地理信息管理与交换技术体系，多级管理信息互联互通的测绘业务信息管理技术体系，切实提高测绘地理信息部门管理的信息化水平。

（国家测绘地理信息局管理信息中心）

2015 年海关总署政府门户网站发展概况

2015 年中国海关门户网站重点做好网站普查工作，完善信息发布功能，做好精品栏目建设。全年共发布新闻 1689 条，发布海关、署令、法规公告等 168 条，发布新闻发言人资讯 18 条，发布统计信息 450 条，发布政策解读 6 条。

1. 加强海关自有媒体建设，网络阵地建设取得新成果

推出移动平台新闻 APP "海关发布"，实现海关门户网站群的动态信息即时推送给社会公众，与现有的网站内容管理平台无缝集成，实现主站与 APP 站点的资源共享，并支持分享至微博、微信等新媒体平台。积极推进微博、微信公众号建设，建设"海关发布"官方公众号，每天推送海关重大新闻等，各项建设均收到良好效果。

2. 寻求突破，做好门户网站精品栏目建设

完成在线访谈系统升级改造，举办了"海关总署解读《关于改进口岸工作支持外贸发展的若干意见》"等 11 期在线访谈。2015 年度首次联合人民网、中国政府网共同举办访谈，首次邀请国际同行策划举办"第一期《中俄边境海关高效合作促进贸易便利化》国际合作方面访谈"，并强化图文解读，利用新媒体客户端等扩大影响力。

3. 做好新闻宣传重点专题建设

2015 年根据宣传工作需要推出了"西安'一带一路'海关高层论坛"、"全国海关'三严三实'专题教育"等五期专题，利用门户网站扩大宣传效果。

4. 扎实做好门户网站应用项目建设

推出移动新闻客户端，推动网上虚拟博物馆上线、网上地图二期测试并上线提供服务。一是结合海关博物馆的实体馆，采用虚拟现实的技术，实现网上数字博物馆的展示与管理。该项目采用三维全景拍摄和后期三维全视角展示工作，实现海关博物馆外景及三层展厅的前进、左、右、上、下等虚拟浏览操作，以及相应的物品点击浏览和交互操作，实现任意角度的旋转，并可以随意对该海关文物的局部细节进行放大浏览。二是网上地图二期项目采用最新电子地图技术，增加各直属海关现场办事指南和统计数据的展示，方便民众集中查看现场的交通状况、办理时限、需提供的材料等，采用图表方式多维度展示各直属海关的进出口统计数据。

2015 年，中国海关门户网站贯彻落实"国办发〔2015〕15 号"文件精神，做好政府网站普查工作。结合海关系统实际，办公厅建立了普查工作组，明确了普查工作组织领导机制，并根据实际情况组织了普查工作会和培训班，顺利完成海关系统政府网站普查工作。

在中国软件评测中心发布的绩效评估中，中国海关门户网站在新委网站排名中名列第十。

（全国海关信息中心）

第四篇

地方政府电子政务
发展概况

2015 年地方政府电子政务发展评述

2015 年是完成"十二五"规划建设的收官之年，是加强网络安全与电子政务转型的关键之年，也是推进大数据、"互联网＋行动计划"的启动之年。全国地方电子政务在各地党委、政府的领导下，更加突出集约建设、资源共享、安全保障、创新应用，以提升城市管理和社会现代化治理能力为目标，在电子政务应用、公共服务、信息资源以及基础环境建设等方面取得成效，在提高行政效能、创新公共服务模式、提升社会治理水平等方面发挥了重要作用。

一　电子政务应用主潮流：横向互联、纵向贯通、内部优化

2015 年，各地积极开展部门内部数据优化与多部门间业务横向协同共享，并与纵向贯通，并联审批模式逐步成为电子政务建设应用的主流。

（一）横向多部门并联审批成为电子政务的主潮流

各地政府依托"互联网＋"、云计算以及逐步提升的大数据处理能力，积极推进各横向部门信息共享整合，着力突破行政隔阂，简化、整合、再造原有行政审批流程，推出基于"并联审批"的电子政务一站式服务，促使政府部门联动创新、优化服务，使企业和个人避免信息的重复填写和到处跑路提供证明的烦琐，真正通过"数据多跑腿"实现了"百姓少跑腿"。

1. 四川省依托省级电子政务体系，大力推动行政权力依法规范平台建设

四川组织省直各部门统一清理本系统的行政权力事项，省本级 5248 项，同比减少 27.1%；市（州）6244 项，县（市、区）6192 项，基本实现了省级权力清单目录"全省统一、同级一致"的目标。督促行政权力上网运行，修订并印发《四川省行政权力依法规范公开运行电子监督办法》，定期组织专项督查通报，除了行政审批，全省上网运行行权事项超过 70 万件。升级优化平台功能，研究制定升级改造总体规划，开发行政审批通用软件三级联审、并联审批、一照一码等新功能，完善公安网等业务专网与行权平台对接，初步实现6 个部门业务系统与行政审批通用软件对接。

2. 河南郑州市积极开展政府资源共享，着力探索并联审批，取得实效

2015 年郑州市出台了《郑州市政府信息资源共享管理办法》，规范和促进政府信息资源共享，推动政府信息资源优化配置和有效利用。目前，各部门间信息共享的内容、范围、方式和效率都取得很大进展，涌现出一批效果显著的跨部门业务协同效应，在社会保障、综合治税、行政审批和电子监察、城市管理和服务、人口管理、空间地理信息共享、法人管理与服务、信用管理、司法管理、财政管理、安全生产、食品安全等专题领域信息共享与业务协同成果较为明显。行政审批改革全面运行，实行并联审批新机制，一个中心（部门或窗口）协调、组织各责任部门同步审批办理的行政审批模式，做到"一窗受理、并联审批、统一

收费、限时办结"。企业服务"三证合一"全面推行，将"工商营业执照"、"组织机构代码证"、"税务登记证"合并为一个证照，改为由工商部门一次性核发营业执照，打破工商、质监、税务部门的"信息孤岛"，让企业信息在三个部门之间实现流转。市本级、县（市、区）、乡镇（办事处）、村（社区）"四级联动"工作有序推进，政府上下级统一联动、跨部门跨行业的办事服务整合能力大大提高，促进政府职能的有效整合。

（二）纵向贯通、事项整合逐步被纳入各地电子政务的重点工作

随着政府信息化基础设施条件不断优化，电子政务外网已在各级基层部门逐步实现普及，配合原有的中央级传输骨干网，使得电子政务从中央、到部省、到地方、再到基层面向群众服务的纵向贯通成为可能，实现电子政务多级贯通也被纳入各地重点工作之一。同时，党中央、国务院围绕协调发展、简政放权，从优化服务流程、政务公开等多个层面，密集出台了一批相关配套政策文件，强力支持电子政务发展。各地以此为契机，利用信息化手段加快转变政府职能，借助"互联网＋政务"不断健全监督制约机制，加强对行政审批权运行的监督，不断提高政府管理科学化、规范化水平。

1. 浙江在全国率先实现省市县三级行政审批事项的一站式运行

全面推行行政权力在线运行，通过优化网上服务资源，不断深化政务公开，提升网上政务服务水平。省级部门及各市、县（市、区）基本完成除行政处罚之外的各类权力事项网上运行实施工作，实现统一认证、统一申报、统一查询。网上跨层级联动审批、商事登记多证合一、审批中介、网上超市等试点工作取得显著成效。完成全省统一的电子监察系统升级改造，实现对全省网上审批办件全流程监督，并逐一发短信请办事对象给予满意度评价。行政权力事项库功能不断完善，省市县三级事项规范比对工作全面展开。加大网上服务资源整合力度，不断叠加便民服务应用项目，推动省市县三级政府部门各类专题网站及网上便民服务应用无缝整合至政务服务网。

2. 安徽借助审批事项整合下发，逐步统一电子政务平台，核心业务应用广度和深度不断提升

按照推行权力清单制度的总体要求，依托全省电子政务外网，建立省、市、县三级标准统一、资源共享、业务协同的政府权力清单运行平台，实现政府权力运行数据电子化、流程标准化、办理网络化、信息公开化、监督实时化。截至2015年12月21日，政府权力项目库完成省级政府权力清单和责任清单、办事指南信息，以及合肥市、芜湖市等12个地市和瑶海区、庐阳区等58个县区政府权力清单和责任清单的入库工作。电子政务服务大厅已开通55家省直单位服务窗口，9个市级分厅和31个县（区）级分厅，共发布省级政府权力清单1712项，责任清单12000余条；省级办事指南信息2838项；省级涉企收费清单174项。

（三）内部优化，把电子政务作为推进行政管理改革创新的重要内容

1. 青岛市把电子政务应用作为加强党的执政能力和政府行政能力、推进行政管理改革创新的重要内容进行部署和推进

到2015年，青岛市机关已经和正在利用政务云公共服务平台实施的信息化项目达2000多个。电子政务总体整合度达87.1%，其中网络整合度达95.6%，机房和服务器整合度达84.5%，应用系统整合度达91.6%，网站整合度达55.9%。网上办公已在市、区市、乡镇

街道三级机关全面普及，网上办公有效人数达到 33982 人，5258 人开通移动办公，每年网上公文信息流转量达 2000 万件次，形成了全市大一统的一网式协同办公环境。网上审批平台按"全市统一、两级分建，一网式流转、一站式服务"模式建设，目前已覆盖市级 300 多项、区市 3600 项行政许可、非许可审批服务事项。网上执法平台也实现了市级 45 个执法部门的 8290 项处罚权共被拆分为 45934 个裁量阶次，纳入统一网上执法平台，实现规范透明运行。网上办事服务按开发平台、身份认证、内容管理、服务展现、信息交换、申报、反馈、搜索、支付、评价"十统一"的要求，建成了包括"市民一站通"、"企业一站通"和"我的政府一站通"三大服务体系的网上便民服务大厅，市级网上便民服务大厅共整合发布 2241 项政务服务事项，综合网上办理率达 64%。建成手机版网上便民服务大厅，通过淘宝、支付宝、微信服务平台发布公安、市政、社保、志愿者服务等各领域服务 20 余项。在全国率先开展网上政务服务专项绩效评估。网络问政按外网受理、专网办理、外网反馈机制，建立了 60 多个部门和 10 个区市政府统一的政府信箱体系，每年受理市民诉求 5 万多件。同时利用全市统一的网上访谈平台，组织 57 个部门定期上网实时解答市民问题，2015 年组织政府部门网络问政 495 场次，参与网民 34.1 万人次，提出问题建议 10846 个，部门回复率达 98.7%。信息资源共享取得初步成效，除各部门内部资料信息共享外，全市统一的人口、法人、空间地理、批文证照、档案等基础数据库建设取得重大进展。2015 年，部门和区市通过交换共享管理系统提报信息资源共享需求 38 件，其中共享 32 件，共享需求满足率为 84%；交换共享管理系统共办理需求 162 件，其中共享 93 件，共享需求满足率为 57%，信息交换总量达 2.5 亿条；汇集 44 个部门 1330 项信息，初步建成公共信用信息数据库，包括 776 万条个人基础信息和 14 个部门 191 项 37 万条的个人信用信息、34 万条企业基础信息和 44 个部门 910 项 11 万条的企业信用信息、4.3 万条非企业法人基础信息和 30 个部门 2.5 万条的非企业法人信用信息，将有关信用信息在"信用中国"网站进行公开公示。青岛市不仅有全市统一的网上办公、网上审批、网上执法、网上便民服务、信息公开、网络问政的体系，还有电子监察、医疗卫生、旅游、安全生产监管、食品安全监管、文化市场执法等多个专项，电子政务应用体系基本形成，与行政管理改革创新实现了较深层次融合，在横向互联、纵向贯通和内部优化等方面成为典范，被业界誉为"青岛模式"。

2. 江西省为推进政府系统电子政务发展方式转变，提高电子政务建设、管理和应用水平，有效服务于创新政府、廉洁政府、法治政府建设

出台了《关于促进电子政务协调发展的实施意见》，要求坚持需求导向、统筹整合、创新驱动、协调发展、安全可控的原则，用 5 年左右的时间，全面建成统一规范的电子政务网络体系，有效提升信息共享、业务协同和数据开放水平，全面普及政府公共服务网上运行，显著增强网络信息安全保障能力，夯实全省电子政务发展基础。

3. 江苏省按照党中央、国务院关于简政放权深化行政审批制度改革工作部署

江苏省委、省政府印发了《关于进一步简政放权加快转变政府职能的实施意见》，提出以建立 5 张清单、搭建 1 个平台、推进 7 项相关改革措施为主要内容的简政放权、转变政府职能的改革架构。大力取消和下放行政审批事项，清理取消省级 224 项非行政许可审批事项，彻底废除"非行政许可"这一审批类别。省政府共取消下放调整行政审批事项 308 项，保留行政许可事项 375 项和临时性行政许可事项 8 项，实际取消下放调整数占原行政审批事项总数的 56.9%，提前完成本届省政府取消下放 1/3 以上行政审批事项的目标。同时，省政务服务平台正全面推进"四个一体化"，即"线上线下"一体化；政务服务和公共资源交易的一体化；权力事项和服务事项的一体化，除了375项行政许可事项全部进入，还引入个人信用查询等便民服务事项；政务服务与政务公开一体化。

4. 广西壮族自治区积极抓好顶层设计、统筹建设资源、推动信息共享、巩固信息安全，推进全区电子政务网络建设工作，电子政务在政府治理体系和治理能力现代化建设中的作用得到不断增强

制定《广西壮族自治区人民政府办公厅关于促进电子政务协调发展的实施意见》，强化基础信息资源开发利用，建设人口库、法人单位库和空间地理信息库。建设政府系统信息资源共享和数据交换体系，各部门根据工作职能建设本部门业务应用系统和自治区、市、县三级统一的业务应用数据库；按照自治区信息资源共享和数据交换规范标准，建立本部门信息资源目录和数据交换规范，积极推进电子政务的应用。

二 公共服务主潮流：政务公开、服务上网、线上线下联动

2015年7月，国务院印发《关于积极推进"互联网＋"行动的指导意见》，指出加快互联网与政府公共服务体系的深度融合，推动政府公共数据资源开放。同时，贯彻落实《国务院办公厅关于促进电子政务协调发展的指导意见》（国办发〔2014〕66号）文件精神，各地政府公共数据资源开放服务工作全面启动，优化公共服务环境，政务公开工作深入开展，电子政务建设越来越注重服务统筹、一站汇聚，从而形成服务合力，快速提升政务服务能力。

（一）政务公开扎实推进，网站公共服务环境不断优化

1. 新疆维吾尔自治区加强信息资源整合，继续提升应用水平，积极推进政府网站建设

2015年各级政府网站进一步健全完善网上政民互动应用规范、制度和机制，办好、用好、管好领导信箱、领导微博（微信）、在线访谈、民意征集等政民互动栏目，政民互动工作水平得到进一步提高。阿克苏地区"专员信箱"、"专员微博（微信）"累计受理群众有效来信619件、办结619件，办结率100%，阿克苏地区各县（市）"领导信箱"受理来信1555件，办结1480件，办结率95.2%；配合地区经济社会发展工作，开展地区经济发展软环境、城市交通建设等专题网上民意调查6次；采用网站视频直播方式组织开展部门领导干部在线访谈节目，面对面、键对键向网民介绍部门职能、解读相关政策、回应群众关切，目前已成功举办市政建设管理、扶贫开发、支农惠农为主题的在线访谈节目8期；并配合做好新广行风热线"地州领导接待日"、"走进阿克苏地区·交通万里行"活动的网上直播工作。继续推进政务微博和微信等新媒体政务应用。截至目前，已有18个地州（市）、50个政府部门及直属机构、86个县市（区）政府本级开通政务微博，各地各部门通过政务微博、微信应用继续加强政府信息公开渠道和网络问政平台建设，在与民众沟通、改善政府形象和推进社会管理创新等方面发挥了重要作用。和静县政府开通官方认证微博、微信"大美和静"，同时开通了"和静－其米格"县长个人政务微博，并制定了相关的制度，快捷、有效地与民众进行互动，着力提高公众参与度，增强政府服务透明度。

2. 内蒙古自治区认真开展政府门户网站建设

2015 年内蒙古自治区政府门户网站进行了全新改版，所有内容重新设置、定位和采集，突出了政务信息公开和政民互动等内容，网内信息做到了及时、准确、完整、实用。网站提供规范详细的办事服务内容，加强与群众的互动交流。开设内蒙古要闻、领导活动、政府常务会议、专项工作会议专栏，及时向社会公布 3929 项自治区本级行政权责清单，开设财政资金等 12 项群众密切关注的重点领域信息公开专栏，提高政策宣传的主动性和服务性。开设"重点办事服务"栏目，对 25 项与群众生活密切相关的服务事项，按照责任部门、申请条件、设定依据、办理条件、办理流程等 14 项具体内容分类，通过统一的表格形式予以呈现，确保每项内容完整、准确、实用。内蒙古自治区政府门户网站（蒙古文版）于 2015 年 7 月份正式上线，初步统计发布信息 1800 条，提供办事服务事项 228 项，在线访谈 35 期。该网站旨在提升政府服务蒙古族群众的能力，搭建政府与蒙古族群众的沟通桥梁。

3. 石家庄市积极推进政府与市民互动交流应用工作

一是积极开展以"政府信箱"为重点，包括"意见征集"、"在线访谈"、"网上调查"等多种形式的政民互动交流活动，取得良好的效果。"政府信箱"收到公共留言 20598 条，有效留言条 16077 条，公开处理答复 15956 条，处理答复率 99.2%。对群众反映的意见和问题，做到了件件有答复，事事有回音。许多单位对群众咨询的问题，即问即答，当天回复，助力了政府工作，便利了百姓生活。二是积极开展网上听政活动。通过市政府门户网站，广泛征求社会各界的意见、建议。开展了 72 期意见征集活动，为相关工作的开展提供了科学决策依据。同时，将市政府各部门负责的行政管理审批业务事项的办事指南、办事表格全部组织上网发布。目前，网上有各类办事指南 468 项，办事表格 504 项，业务查询 19 项，在线办理 34 项，结果公示 12 项。对在线申报和查询应用进行了全面检查核查，确保每项应用能够正常访问，提高了办事服务的实用性。三是实现一批与市民生活密切相关的政府业务信息资源的上网查询，极大便利了广大市民的工作生活。

4. 长沙市加强网站建设和管理，优化公共服务环境

一是加强政民互动交流，提供及时高效的咨询服务。2015 年，"市长信箱"共收到有效信件 8458 封，办结回复 8365 封，信件回复率为 98.9%；"人民网"市长留言 51 条；完成"在线访谈"21 期，"新闻发布会"在线直播 10 期，开展了"民意征集"9 期；"有请发言人"发布视频新闻 70 期。二是深化政务信息公开，提供权威的信息查询服务。2015 年，主动公开各类信息 10.1 万余条，发布《政府公报》10 期，长沙新闻联播 365 期，上报省政府门户网站信息 2250 条，转载中央门户网站重大决策信息 6830 条，更新维护市门户英文网站信息 837 条，重点信息公开专栏公开重点领域信息 10065 条，建设与维护专题栏目 16 个。三是强化网上办事能力，提供方便快捷的办事服务。建设"重点办事服务专栏"、"四清单"等栏目，不断拓展官方微信、微博等新技术办事渠道，强化网上办事能力，为公众提供方便快捷的办事服务。率先在市政府门户网站建设了"四清单"专栏，梳理公布 3612 项权力清单，300 项（含子项）行政审批流程清单，4417 条责任清单，22 项禁止类、4 项限制类试点负面清单，建立了"权界清晰、分工合理、权责一致"的政府权责体系，为公众办事提供了精准化的办事指引。同时在综合治税、商事服务、网上政务、电子监察和基层服务取得成效。2015 年开福区开通了开福居民网上家园网站，下沉了 70 项事项至社区，实现了社区事务"一窗受理，一网协同"。

（二）政务数据逐步开放，服务功能网上全面汇聚

1. 北京市经济社会领域智慧应用深入推广，城市和社会现代化治理能力和"互联网＋公共服务"水平实现双跃升

截至2015年，北京市初步完成了10个城市安全运行和应急管理领域物联网试点示范工程，实现了对水、电、燃气等12个方面316项城市运行日常信息监测和数据统计分析。建成全市实有人口管理信息系统和区县级实有人口管理信息系统，涵盖区域内的主要人口，实现了人－户信息关联、人－房信息关联。建成综合交通监测调度指挥体系，整合了2800多项数据，接入6000多路视频，服务能力覆盖65%的公交车辆、6.66万辆出租车、长途客运、旅游客运和危化品运输车辆。建成北京市食品安全监控系统，实现了16个区县政府和工商、质检、卫生、城管等食品安全委员会相关成员单位的信息资源共享。建成地下管线数据共享平台，实现管线数据信息共享与实时互查和从规划审批到实施运营的全流程管理。建成了PM2.5监测网络，覆盖全市的35个监测站点，并通过空气质量发布平台实时发布监控数据。依托首都之窗建设网上政务大厅，整合48家单位的2400项办事事项，涉及11个企业服务领域7条服务链、12个民生服务领域5条服务链，为全部事项提供了办事指南服务，近1700项事项提供了表格下载服务，1070余项事项提供了网上申报服务，1200余项事项提供了办理状态查询服务，1300余项事项提供了结果公示服务。开通了"北京服务您"移动信息服务，完成28家委办局、65类政务信息的接入工作，共发送信息1万余条，近24万用户下载了客户端。丰富拓展了市民主页的各项服务，使服务接入量达到了245项，覆盖用户达到1000万人，页面访问次数超过1100万，独立访问用户数达到427万人。北京微博发布厅上线运行，开通70多个政务微博，粉丝520多万人。建成1033个星级智慧社区，覆盖全市40%的社区。换装200万具智能电表，整体采集覆盖率提升至80%，构建"六位一体"智能互动服务平台，打造全方位互动服务新模式。

2. 浙江加大网上服务资源整合力度，不断叠加便民服务应用项目，推动省、市、县三级政府部门各类专题网站及网上便民服务应用无缝整合至政务服务网

浙江省通过加快推进移动端政务服务资源整合，搭建了全省一体化的移动端应用汇聚平台，接入省公安厅等8家省级部门的14项便民应用。利用微信、支付宝等公共平台不断拓展和延伸移动政务服务，成功在支付宝、微信等平台全面推出11个设区市的"城市服务"，由政务服务网统一输出交通事故快速处理结果，以及机动车违法、驾驶员记分、出入境办证、台风路径、新生儿重名等查询服务，浙江是全国第一个实现该服务功能的省份。政务服务网统一公共支付平台应用有效推广，实现政府性收入一站式缴纳，已上线高速公路违章缴费、会计考试、公务员考试、自学考试等收费项目。同时，整合优化各类政务咨询投诉举报载体，以12345等市长热线和浙江政务服务网为基础，除110、120、119等紧急类热线以外，整合工商、质监、食品药品、价格、医疗卫生、人力社保、环境保护、旅游、文化、知识产权、国土、城市管理、交通等领域涉及的政务咨询、投诉举报等非紧急类政务服务热线，同时，整合网上信箱、网民留言、政务微博、QQ和微信等受理群众政务咨询、投诉举报的网络渠道，建设统一的政务咨询投诉举报平台，实现投诉举报事项的统一流转、统一查询、统一督办等功能。依托全省政务服务网，在开展"大家来找茬"活动、省政府为民办实事项目意见征集和网络投票的基础上，2015年新开辟"简政

建言"专栏，广泛征求网民对深化政府自身改革的意见和建议，开展了"交通治堵"、"污水治理"等网上调查活动，并正式启用政务服务网呼叫服务热线，有效推动政民互动持续深化。

3. 贵州建设全省政府系统"一网打尽"的省级电子政务网，并打造统一对外服务的中国·贵州政府门户网站云平台

贵州省面向全省公务人员，基于电子政务外网，构建一网式智能化云端政务工作平台，整合各政务应用模块和系统，为管理决策、办文、办会、办事、信息共享等各种政务工作提供支撑，是全省公务人员工作、学习、管理的总平台，并于 2015 年 7 月 27 日正式上线运行。实现了"一项改革，两大创新"。一项改革是指解决了原有办文、发文两张皮的模式，实现公文流程各环节无缝衔接，全省公文跨地区、跨部门、跨层级全流程打通。两大创新，一是引入"以人为本"的互联网思维，实现业务流程和人员权限分离和灵活定制；二是公文运转处处留痕，客观准确反映公文运转全过程，实现责任到人。大力推进电子政务网信息共享门户应用。截至 2015 年 12 月，贵州省电子政务网开通信息共享门户4624 个，实现省级政府组成部门 100% 全覆盖，省、市、县三级政府 100% 全覆盖，涵盖全省 8.4 万名公务人员，发布信息 60.57 万条，访问量达 142.38 万人次。在面向公众服务方面，依托全新构建的中国·贵州政府门户，打造集信息公开、便民服务、互动交流、网上办事为一体的一网式服务平台，整合了网上办事大厅、交通云、旅游云、商务云、多彩贵州网等数据。中国·贵州政府门户网站云平台包括政府网站群平台、统一数据平台、政务应用商城平台三个子系统，于 2015 年 7 月 6 日上线运行。通过打造中国·贵州政府门户网站云平台和省电子政务网两大平台，初步形成了全省政府系统对外统一公共服务出口和对内统一行政办公入口的"两张网"工作格局，构建起了独具贵州特色的电子政务体系，成为促进政府行为规范、推动政府职能转变、提升依法行政水平、增强服务社会能力、提高政府行政效能的重要举措。依托互联网、电子政务外网，利用大数据、云计算等技术，围绕全覆盖、全联通、全方位、全天候、全过程的"五全服务"工作目标，打造覆盖省、市、县三级，集政务、事务、商务服务"三务合一"的全省统一网上办事平台。贵州省网上办事大厅包括互联网服务系统、审批服务系统、监管服务系统和辅助服务系统 4 个系统。2015 年底，贵州省网上办事大厅完成省级、9 个市（州）、贵安新区、95 个县（市、区、开发区、综保区）全部开通应用的任务，纳入省、市、县三级 3800 多个行政审批服务部门共计 5.8 万余项行政审批服务事项，贵州省网上办事大厅访问量达 50 多万人次，全省每天新增业务量 3 万余件，在贵州省网上办事大厅交换调用，每天约 2 万名审批人员通过统一办理平台在线办理申请业务与响应公众咨询投诉。2015 年 8 月，中央改革办就贵州省政务服务"贵州模式"向党和国家领导人进行专题报告，党和国家领导人就推动"互联网＋政务服务"做出重要批示，并将贵州省有关经验做法向全国转发推广。2016 年 1 月，贵州省被国务院确定为"互联网＋政务服务"试点示范省。

（三）线上申请和现场办理相结合，公共服务效率大幅提升

互联网发展的核心在于用户思维，而"互联网＋公共服务"的核心则务必以需求为核心，努力创新服务模式，提高服务效率。除开展基于互联网的"一体化"公共政务服务外，各地还细致研究面向社会公众的基础性服务需求，探索既符合当前现状又能满足公众需求的服务提供模式，将线上申请与线下现场办理相结合的"政务O2O"多元电子政务服务模式推而广之，为解决电子政务服务面向群众"最后一公里"问题提供了有效途径。

1. 上海市深化网上政务大厅建设，初步形成"单一窗口"，全力打造群众满意的政府网站群，进一步发挥新媒体的政民互动作用

围绕"互联网＋政务服务"新模式，以"中国上海"为标志的政府网站群构建起集网上办事、政府信息公开、便民服务、政民互动等功能于一体的新型政务服务门户。"中国上海"进一步突出"网上政务大厅"功能，区县政府和市政府的各部门网站深化网上办事核心功能，提升网上审批、服务事项覆盖面和融合度，探索APP、微信等移动应用，打造网上办事"单一窗口"，为市民提供公共服务的互联网窗口。市政府部门审批事项以数据对接方式统一接入网上政务大厅，实现相关数据上下贯通，推进行政审批标准化，为下一步跨部门、跨层级业务协同打下坚实基础。2015年，全市政府网站群首页访问量4.5亿人次，页面访问量113.3亿人次。市政府网上政务大厅访问量突破245万人次，网上办理事项4.5万件。15个区县政府网上政务大厅（静安区有待进一步整合）确定接入的6707项审批事项中，已完成4892项，占总量的73%。"中国上海"门户网站在全国性第三方省级政府网站绩效评估中继续名列前茅，全市政府网站工作保持全国领先水平。同时，市、区县两级政务微博、微信、门户网站等新媒体以有效引导舆论为宗旨，坚持把公信力放在首位，及时、权威发布政务信息。2015年，"上海发布"政务微博发布各类信息近9000条，粉丝约1172万，继续在全国省区市政务微博中居于首位；微信用户突破170万，日均阅读量达45万次，影响力位列全国省区市政务微信订阅号第一，被国家网信办评为"全国政务微信优秀公众账号"，并在人民网发布的政务新媒体指数排行榜上名列全国第一。2015年各类办事查询功能日均访问量达31万次，取得了良好的社会效应。

2. 黑龙江依托省级政府网站开展"互联网＋"公共服务创新应用，有效提升公共服务质量

2015年，围绕提升发布信息、解读政策、回应关切和引导舆论"四种能力"，突出信息发布、互动交流和公共服务"三个平台"建设，积极推进了黑龙江省政府网站改版工作。省政府网站设置省情、省政府、政务发布、专题专栏、办事服务和互动交流6个频道，已于2015年9月1日正式运行，同时推出了手机版网站。为逐步完善政府网站网上办事功能，提高公共服务能力，省政府网站在办事服务栏目中创新使用了智能主题服务系统，并整合了权力流程、政务审批等内容。主题服务按照面向公众、面向企业、面向其他三大分类，梳理整合了全省各地市及职能部门的各类行政事项的办事指南、表格下载、常见问题、在线办理、政策法规及网上申报等内容。面向公众和面向企业分别按照生命周期设置主题服务分类，并按照特殊服务对象和重点办事服务内容进行划分。采用了智能主题服务系统，自动采集网上办事数据信息，对采集的数据进行业务梳理及主题梳理，形成智能知识库。权力流程整合并公示了全省13大类3052项行政权力的运行流程。政务审批平台是覆盖省政府各部门的网上审批综合服务平台，旨在通过平台实现规范权力运行，强化权力监督，提高行政效能，方便企业和个人办事。由审批业务系统、电子监察系统和法制监督系统三大系统组成，政务审批"虚拟大厅"共有36个部门的500余项行政许可事项和非行政许可审批事项在此办理，设置了网上申报、网上咨询、投诉举报、并联审批、办件查询等11项功能。

三　基础环境的建设主潮流：网络大提速、设施大集中、安全大统一

（一）网络提速全面开展，信息网络进入高速时代

2015 年，电子政务基础网络的提速升级依然是各地信息化基础设施建设的主流之一。为进一步适应当前电子政务管理服务需求，各省级电子政务骨干、节点网络纷纷扩容升级。同时，各地落实国家"宽带中国"战略和"提速降费"工作部署，进一步深化"三网融合"、移动 4G 网络建设等重点工作，不断扩大基础网络覆盖面积，持续提升网络服务能力。

1. 黑龙江骨干网扩容升级，电子政务外网网络基础建设成效显著，为提升网络办公效率保驾护航

2015 年，黑龙江省电子政务外网完成了骨干网升级工作，各个地市到省级联网骨干带宽升级为 12 条 155M，各个县区连接到上级地市带宽升级为 100M；各个部门与本级骨干节点联网带宽升级为 100M。本次升级改造全面更新了骨干广域网，使之性能全面提升、全面支持 IPV6 技术、带宽全面提高、实施骨干全网分层的一体化管理、支持多媒体应用、支持流量工程实施、网络安全性全面改善和提高、为将来应用云服务提供发展接口和预留，并设计出扩展到乡镇和街道的网络技术方案以指导后续建设。升级改造后，政务外网能满足当前各种应用的运行，能支持各种未来技术和应用的承载和发展，基本满足未来 5 年的使用需要，政务外网会为黑龙江经济发展、政府转型、实现廉洁政府、实现政务公开透明发挥极其重要的作用。

2. 吉林省积极推进电子政务内网建设，不断完善省政府专网，已实现省电子政务外网在各市（州）、县（市、区）的网络覆盖

首先编制完成了吉林省电子政务内网建设总体方案，并通过国家子政务内网建设和管理协调小组的审核。其次会同相关部门推进吉林省电子政务内网建设总体方案的立项工作。同时，不断完善省政府专网，一是推进省政府专网、骨干网带宽升级改造，省政府专网带宽升级前，省到市（州）骨干网带宽为 155M，市（州）至县（市）骨干网带宽为 10M，随着专网应用系统的增多和高清视频会议系统的开通，带宽不足已成为省政府专网应用的瓶颈，经与省财政积极沟通、协调资金，实现市（州）到县（市、区）骨干网带宽由 10M 升级为 50M，省至市（州）骨干网带宽由 155M 升级为以 50M 为基数乘以市（州）所辖县（市、区）数量的总数；二是积极协调省联通公司对省政府专网传输设备和路由设备进行升级改造和更新事宜，将原来市（州）到县（市、区）通过 E1 叠加的传输设备更换为支持以太网的传输设备，对县（市、区）路由器采取部分进行更换，部分进行端口扩容的办法，以适应带宽升级和用户增加的需要；三是协调省联通公司对省政府机房与省联通 IDC 机房之间的光纤路由进行优化，原来省政府机房与省联通 IDC 机房之间的光纤是双线路，但不是全程双路由，经过与省联通公司协商、沟通，将原来省政府机房到省联通公司青岛路机房之间单路由调整为双路由，新铺设了光纤，确保省政府专网的线路畅通和安全；四是推进省政府专网信息系统三级等保相关工作，拟通过安全评估和现场巡检、测评，全面掌握信息系统的分布、业务类型、应用或服务范围、系统结构等基本情况，梳理市（州）级和县（市）级

政府接入网络和接入终端，排查网络和系统安全隐患和薄弱环节，规范省政府专网接入管理，达到网络边界清晰、网络和应用系统安全局面。通过安全评估和现场巡检，健全信息系统安全保护管理措施和制度、规范人员管理、完善省政府专网巡检机制、优化网络安全策略、提升网络安全保障能力等措施，使省政府专网信息系统达到国家信息安全等级保护第三级定级标准要求，实现省政府专网接入网络和终端可管可控，防止非法外联，确保省政府专网信息系统安全、可靠运行。截至目前，初步建成了全省政务部门接入公共服务的承载网络，省直30多个部门通过省电子政务外网实现与国家部门的网络连接。同时，完成了吉林省电子政务外网数据交换中心建设，并对省电子政务外网县（市、区）设备进行了端口扩容。省政府门户网站互联网出口带宽达到650M，其中联通出口带宽500M，电信出口带宽150M。

（二）数据中心大整合，基础设施进入云环境时代

近年来，在工信部的推动及技术日趋成熟的双重作用下，云计算在电子政务领域得到了广泛应用，促使"政务云环境"逐步演变为电子政务的新型基础设施。截至2015年8月，全国已有超2/3的省份对"政务云环境"建设进行了专项规划，电子政务基础设施进入云环境时代。

1. 北京市信息基础设施建设实现跨越式发展，融合集约的大数据发展格局初步形成

2015年，北京市"光网城市"基本建成，光纤到户覆盖家庭达738万户，固定宽带10M以上家庭用户占60.3%，家庭接入互联网带宽能力超过20M，具备光纤接入能力家庭累计达到805.26万户。无线城市建设成效显著，实现重点区域WLAN全覆盖，3G基站规模达到2.3万个，4G基站规模达到2.9万个，全市移动通信用户达到4043.96万户，其中3G用户1889.28万户，4G用户超过428.9万户。"三网融合"成果显著，基本完成了城区有线电视双向网络改造，全市双向网覆盖达460.8万户，高清交互数字电视用户达420多万户，居全国城市之首。电子政务网络建设保持领先，建成了以电子政务有线专网和800M无线专网为基础的电子政务网络体系，完善了800M数字集群通信网，基站达到380多个；政务外网接入单位7400余家，承载业务300多个，保障了6000多个电子政务应用；建成政务物联数据专网，共建成基站330多个，室外宏站覆盖面积达1565平方公里，覆盖北京五环内、石景山区主要区域及部分远郊区县主城区，五环路内网络覆盖率达到约86.37%，基本具备了物联网用户接入和提供服务的能力。统筹建设了市级政务云平台，形成总数超过1300个标准云主机、220T以上存储规模，为接近100家各级政府单位提供服务。建成北京市政府数据资源网，汇集了35个政府部门的255类，共计约22万条地理信息数据，441项软件信息服务业政策文件和1064项文化创意产业政策文件。建成北京市政务信息资源共享交换平台，共接入了79个市级政务部门和16个区县，接入系统达到172个，支撑了900余项跨部门、跨层级信息的共享交换工作。在全国率先建成大数据交易服务平台，致力于为政府机构、科研单位、企业乃至个人提供大数据"交易服务"，盘活数据资产，实现数据资源的有效利用。

2. 广州市集约打造电子政务云平台，集约化管理政府信息资源，进一步建设、夯实电子政务基础设施

广州市积极贯彻落实《基于云计算的电子政务公共平台顶层设计指南》，搭建电子政务云平台，实现市级财政部门信息化项目物理基础设施、基础软件统一采购和统一服务，改变

了过去"建一套业务系统,购一批服务器"的分散建设模式,在全国超大规模城市率先推广"平台即服务"的先进理念。截至 2015 年 12 月电子政务网络工程联通单位 780 家,43 家单位 70 个业务系统租用了硬件资源服务,共交付了虚拟主机 177 台、各类存储近 200TB,为 2016~2018 年开展大规模系统迁移奠定基础。同时,发布了《广州市政府信息共享目录》,包含来自 38 个政府部门的 936 个共享信息资源,建立 1811 万自然人和 130 万法人信息的基础信息数据库,汇集超过 38.82 亿条政府部门数据,日均交换数据 343 万条。信息共享平台有效支撑了市综合治税、中小客车总量调控、居民家庭经济状况核对、行政审批、商事改革、积分入户、社区管理等 30 多项政府重点工作和民生热点工作。

湖南省根据《国务院关于促进云计算创新发展培育信息产业新业态的意见》(国发〔2015〕号)等文件的要求,积极推进云计算在电子政务建设中的推广应用。省政务外网机房已经初步完成了云改造,目前已具备了 200 个虚拟机、140TB 存储的规模,初步具备了为省本级政务部门部分业务系统运行提供支撑的能力。省公安厅、省国土资源厅、省交通运输厅等省直部门已逐步整合内部信息资源,向云计算平台迈进。衡阳市、常德市、永州市、湘西州等地市云计算中心建设进展迅速。长沙县等部分县市区也开展了云计算中心建设的探索。

3. 长春市构建全市电子政务综合支撑平台——长春信息港

已建成以光纤城域网为主,覆盖全市各县(市)区、开发区、市直机关、主要公益部门、财政拨款事业单位及各社区的内外网物理隔离、平行的两套城域网络。建设了公务员驾驶舱系统、电子档案远程利用系统、社区信息化服务平台、移动政务平台、医疗救助平台等一批重点应用项目,为优化机关办公流程,提升机关办公效率,促进政府职能转变发挥了重要作用。

(三)安全意识日益加强,信息安全不断加强

党的十八届五中全会提出的"创新、协调、绿色、开放、共享"五大发展理念,随着信息不断开放、共享力度逐步加强,信息安全意识也不断地加强。网络安全和信息化是一体之两翼、驱动之双轮,目前,通过进一步完善安全保障管理机制,提升核心芯片、高端服务器,以及操作系统、数据库等基础软件的整体发展水平,推进重要领域的软硬件国产化替代工作,统筹构建国家统一的、立体的电子政务安全保障体系。

1. 北京市围绕首都政务信息化面临的形势和发展需要,着力打造集组织、政策、机制、人力、技术为一体的信息安全保障体系,信息安全保障能力持续增强

随着电子政务建设不断蓬勃发展,信息安全服务需求日益迫切,首都信息安全保障能力面临严峻挑战。针对这一形势,北京市围绕信息安全服务应用需求,从三个方面提升电子政务信息安全应用服务水平。

政策保障方面,紧密依据国家相关政策法规和相关精神,以及北京市信息安全面临的形势和发展需要,在北京市党政机关信息技术外包服务管理、工业控制系统信息安全管理、政府网站安全管理、灾备中心管理等方面出台了一系列法规政策,为北京市信息安全工作扎实推进提供了政策依据和保障。强化电子政务信息化项目全生命周期管理,进一步推进全市电子政务信息系统安全等级保护。健全和完善了应急保障体系建设,完成了北京市大部分重要信息系统容灾设施的引入和保护。

基础设施方面,北京市重要信息系统的同城异地灾备基础设施落成并投入使用,为北京市

重要信息系统提供了集中容灾备份所需要的机房、网络、电力等基础环境和基础运维保障服务，极大地提升了北京市重要信息系统应对灾难风险的能力，弥补了北京市信息安全基础设施的不足。此外，北京市信息安全应急响应中心、测评服务中心、国家保密科技测评中心（北京市）分中心、互联网舆情监控中心等信息安全基础设施都得到了进一步的发展和完善。

综合应用能力提升方面，持续开展政府部门信息安全员持证上岗培训工作，召开年度电子政务信息安全人员持证上岗培训大会，培训内容覆盖了信息安全保障体系建设、信息安全等级保护等相关内容，同时组织持证上岗考试，持续组织了电子政务信息安全持证人员的专项提高培训和新安全技术培训。加强北京市电子政务领域信息安全应急队伍建设，以政务信息安全应急处置中心为"核心"，整合北京市信息安全优势资源，加强政治素质高、专业覆盖面广、技术力量强的政务信息安全应急团队建设，为北京市政务网络与信息安全突发事件的应急处置工作提供了坚强、可靠的团队保障。

建立了以北京市信息安全专业队伍为依托，以相关国家专控队伍为支撑的长效合作机制的重大信息活动保障专业队伍，为抗战胜利日阅兵等重大活动制定了详细的工作方案和应急预案，对相关信息系统开展了全面的安全性测试和 7×24 小时重点监控，建立了全天候待命的安全保障应急队伍，确保第一时间发现问题和迅速处置，保障了重大活动的顺利进行，积累了重大活动的信息安全保障经验。

2. 上海市信息安全意识不断加强，扎实开展信息安全保密工作通过完善信息安全基础设施、健全信息安全管理制度、强化安全监督检查，扎实开展信息安全保密工作

根据中央和市委、市政府要求，完善了《机关计算机信息系统安全保密管理制度汇编》，修订了《上海市政务外网网络与信息安全事件应急预案》。制定印发了《2015 年上海市网络与信息安全专项检查实施方案》，对上海市 266 家单位的重要信息系统和重点网站开展网络与信息安全检查。组织完成国家保密局 2015 年全国保密普查工作、实施了政务外网网络安全专项检查，针对问题及时督促整改，信息和网络安全保密工作总体平稳可控。

3. 成都市不断加强电子政务支撑体系建设，优化电子政务发展环境

按照"以应用聚资源、以资源促应用"的思路加快推进政务信息资源的开发利用，政务服务水平和行政效能得到了显著提高。为成都实施"五大兴市战略"，促进"五个转型升级"，打造西部经济核心增长极，建设国际性区域中心城市发挥了重要推动作用。实现了全市政务外网互联网出口的集中接入，对电子政务外网进行安全评估并启动安全加固建设，持续强化全市网络安全。

四 信息资源主潮流：大数据规划、大数据汇集、大数据分析

自此，2015 年 8 月，《国务院关于印发促进大数据发展行动纲要的通知》（国发〔2015〕50 号）发布，大数据将对政府部门的行政管理和公共服务产生深刻的影响，各地方开始积极探索大数据规划和应用。

（一）数据资产化意识不断加强，大数据规划研究工作全面推进

1. 广东通过一系列决策，从顶层规划入手，实现全流程的大数据战略实施

广东省从规划、标准到组织实施做了较为深入的研究与实践。首先起草了《广东省大

数据发展规划（2015～2020年)》，提出广东省大数据发展的指导思想、发展目标和重点任务等。其次从制定实施大数据发展规划、推进政务大数据建设、推进企业大数据工作、推进社会大数据应用等四个方面制定了《2015年广东大数据行动计划》，明确了2015年大数据工作的发展目标和具体工作计划。开展大数据领域相关标准研究：一是开展信息技术及大数据标准体系和工作路线图研究，发挥大数据标准战略引领作用，推动全省大数据产业发展；二是推进大数据标准化工作，加强电子政务互联互通测评、智慧城市评价指标体系、智能移动终端安全规范、数据开放和共享标准、电子证照数据等标准的编制工作。深入开展大数据战略研究，组织开展《广东大数据发展白皮书》、《广东省大数据标准体系研究报告》等项目研究。组织编制了《广东省政务大数据应用需求目录（一期)》，目录涉及26个部门提出的423项大数据应用需求，分析各部门大数据应用需求中对数据的需求和数据在各部门的分布情况，为政务大数据总体设计以及政务信息资源整合行动计划的制定提供编制依据。组织实施政务信息资源大数据总体设计，建立政务大数据建设推进机制，搭建政务大数据基础平台，从政务大数据顶层设计角度统筹考虑和解决政务数据的开放问题。全面推动大数据政务应用试点和政务大数据开放应用试点，从省直部门政务信息资源数据子库数据组织、大数据政务应用、政务大数据开放应用、云计算和数字证书应用五大方向入手和建立政务数据开放工作机制，提升省直部门分析管理决策水平和服务公众的能力。启动"开放广东"全省统一数据开放平台建设，开展省级政府部门政务数据资源开放梳理工作，建立政府数据资源对外开放和鼓励社会开发利用的制度规范，搭建广东省政务数据资源开放平台，为各级政府部门提供向社会发布可公开数据和服务的统一平台，为社会公众、企业获取可公开的政府数据资源提供便捷通道。组织大数据应用推广，2014年首批大数据应用示范推荐工作确定了南海区电子政务数据统筹等5个大数据应用示范项目。2015年大数据应用示范推荐工作也已正式启动，在智能交通、智慧医疗、O2O、社区服务等领域征集和推荐15个左右大数据应用示范项目。组织开展行业数据应用试点，针对高分辨率对地观测数据应用、纺织、交通、社会和人口等领域，研究制定行业数据资源统计和共享规范，提高相关行业领域的大数据综合应用能力。

2. 河南省加快推进全省大数据工程建设

2015年，河南省发布《河南省人民政府关于推进云计算大数据开放合作的指导意见》（豫政〔2015〕64号），对河南省云计算大数据发展的总体架构、重点方向做了全面部署。2015年10月底，南阳市互联网大数据态势综合展现平台建成。该项目利用国家信息中心现有基础设施，基于南阳市政府网站群用户行为数据和互联网相关数据资源，结合国家信息中心时事探针技术，实现对互联网舆情的精准分析、科学研判、全面掌握和综合展现，为市委、市政府领导科学决策提供数据支持。目前，河南省信息中心正在积极申请共建国家发展改革委互联网大数据分析中心地方中心。2015年安阳市大数据云计算中心正式开通；南阳已完成市政府网站群大数据分析云中心建设，并在云中心对接河南省网站普查监测数据。

3. 武汉市积极适应互联网时代的要求，充分利用云计算、大数据、现代移动通信等为核心的新一代信息技术加强电子政务建设

利用已部署的市政务服务中心（市民之家）软硬件资源和市电子政务网络，建成由市统一的数据资源目录体系、应用支撑平台和应用系统构成的市政务云（数据）中心，打通政府办事环节，实现信息资源整合与共享，全面完成服务型政府、创新服务体系所需的信息资源平台建设。"云端武汉·政务"采取全国首创"虚拟化、分布式、软件定义"的政务云架构和建设模式，仅投资 500 余万元，实现市直部门行政审批资源整合与共享，构建起市政务大数据中心主体框架，解决了长期阻滞全市经济和社会发展的"信息孤岛"的问题，开全国电子政务建设之先河。同步出台《武汉市政务数据资源共享管理暂行办法暂行办法》，建立起政务数据采集、共享和开放机制，成为全市政务数据采集、共享和开放机制的重要政策文件支撑。

（二）数据资源整合力度不断加强，大数据体系逐步成型

1. 浙江省依托政务服务网，建设省级电子证照库，基本建成综合监测分析平台，依托"五大平台"，促进政务数据整合共享与开放应用

浙江省依托政务服务网，建设省级电子证照库，汇聚 32 个省级单位、135 类证照信息，为跨部门业务协同提供数据比对、查询等服务。综合监测分析平台基本建立，形成财政专项资金管理、经济运行监测、地理空间数据管理等系统。依托"五大平台"建设，实现政务数据整合，数据指标共计 62 万项，数据总量 14.74 亿条。其中，人口、法人、项目、宏观经济等基础数据库数据量 3 亿条，监测预测、信用信息、项目管理、应对气候等专题数据库全国领先，数据量 11.04 亿条。完成省级政务信息资源目录梳理，夯实政务数据整合基础。政务服务网"数据开放"板块于 2015 年 9 月 23 日正式上线，这是国家《促进大数据发展行动纲要》发布后，全国各省份中第一个推出的政府数据统一开放平台。开放的数据资源包括 68 个省级单位提供的 350 项数据类目，涵盖工商、税务、司法、交通、医疗、教育等多个民生领域，其中包含 100 项可下载的数据资源，137 个数据接口和 8 个移动 APP 应用。推出 8 个专题数据应用板块，其中，在"电子证照"专题，用户可查询全省政府机关面向个人、法人单位核发的 102 种证照信息，包括教师证、导游证、工商营业执照、税务登记证等信息；在"法人信息"专题，可查询全省政府机关、事业单位、社会团体和企业 4 类共计 249 万法人主体的 5509 万条数据信息；在"信用信息"专题，可查询全省企业、政府机关、事业单位、社会组织和个人等 249 万法人、5612 万人口的信用信息。基于"五大平台"建设，实现"浙江指数"、监测分析报告、信用报告、项目监测报告、企业碳排放报告、政府网站评价报告等数据产品有效创新，为政府宏观决策、社会治理和公共服务提供有力支持。

2. 陕西省以"大数据挖掘分析"为推动力，大力提高基础资源使用效率

陕西省紧紧围绕"经济社会发展"和"便民利民服务"两个中心，以"大数据挖掘分析"为推动力，着力加强全省电子政务工作的统筹规划和顶层设计，大力提高基础资源使用效率，促进业务协同和信息共享，加快推进"数字陕西－智慧城市"建设。印发《陕西省党政部门基于信息化公共平台购买云计算信息技术服务实施办法（试行）》、《陕西省信息化公共平台定级与评定规范（试行）》及《陕西省信息化公共平台分级管理规范（试行）》等文件，为开展电子政务创新发展示范试点工作提供政策依据。在现有平台基础上进一步深化云计算技术和大数据应用，提升平台系统、基础资源、安全保障和运行维护等方面的服务能力。推进公共信息资源共享开放，加快开展省级各部门业务梳理、信息资源设计、政务和公共数据资源开放试点工作，促进各级党政部门业务协同和信息资源共享，建立健全政务数据资源开放共享长效机制。渭南以各部门业务协同为重点、政务数据资源开放共享和大数据为手段，推进 12345 政府服务呼叫中心、网络舆情处置指挥中心、公交车站调度等应用项目建设，促进社会管理能力和公共服务水平的提高。到 2015 年底，以"两网四库三平台"为支撑的电子政务公共平台服务体系发挥重要支撑作用，全省电子政务建设发展进入以政务数据资源开放利用推动政务公开、

提升公共服务能力，以信息化驱动新型城镇化、新型工业化和农业现代化协调发展的新阶段。

3. 沈阳市努力探索符合沈阳实际的建设道路，开创了智慧城市建设与大数据产业互相推动、融合发展的"沈阳模式"

提出了以大数据发展为主体，智慧城市建设和传统产业转型升级为两翼，彼此支撑、互为动力、协同发展的智慧产业新思路。2015 年成立了以市长为组长，市相关领导为副组长的智慧沈阳建设工作领导小组，下设领导小组办公室，成立了大数据管理局，组建大数据运营有限公司来负责智慧沈阳运营和管理，协调政务数据资源有序开放，推动全社会大数据采集、挖掘、整合与应用。市委、市政府做出了加快智慧沈阳全面建设的重要部署，明确了智慧沈阳建设"惠民、兴业、善政"的总体目标，通过了《智慧沈阳建设实施方案（2015~2017年)》，完成了《沈阳市智慧城市总体规划（2016~2020 年)》，明确了"统一规划、集中管控、共建共享、协同推进"的总体思路。印发了《市智慧沈阳建设工作领导小组办公室关于规范智慧沈阳建设项目申报工作的意见》、《沈阳市人民政府办公厅关于合力推进电子政务协调快速发展的实施意见》、《关于加快推进智慧沈阳有序建设的指导意见》、《沈阳市信息通信网络基础设施建设实施方案（2016~2017 年)》、《"智慧沈阳"云计算中心建设及管理规范》、《公共区域免费 WIFI 网络建设管理规范》、《沈阳市促进大数据产业发展的政策措施（征求意见稿)》等规范性文件，智慧沈阳顶层设计初步完成。组建的沈阳市大数据管理局由 6 个处室构成，是市政府专门批准的正局级机构，在全国城市中率先实现了大数据发展与智慧城市建设职能的"四统一"，即统一归口管理、统一规划布局、统一平台建设和统一机构运营。各区县（市)、市直各部门信息中心等相关单位统一更名为大数据中心，搭建了智慧沈阳建设的工作体系和跨部门协调管理机制。成立沈阳市大数据运营公司、沈阳东大智慧城市研究院和东北大数据产业联盟，建立了智慧沈阳建设运营管理架构体系。改变过去单纯靠政府花钱建设运维的模式，探索了通过政府投资，吸纳社会资本，采取 PPP 模式等建设运维新模式。

4. 山东省坚持以《山东省电子政务"十二五"规划》为指导

2015 年重点推进人口、法人数据共享工作，印发了《关于启动省级政务信息资源共享工作的通知》（鲁经信政〔2015〕239 号)、《山东省人民政府办公厅关于印发山东省政务信息资源共享管理办法的通知》（鲁政办发〔2015〕6 号）等文件。

五　问题思考

（一）关注应用系统建设的同时，更要关注系统的应用实效

各地对信息化工作日益重视，积极开展各类信息系统的建设和整合。但同时我们也注意到，很多信息化的推进工作同业务需求的贴近程度不够，应用推进力度不强，重建设、轻应用的情况仍然存在。这就造成信息系统建设后没有融入实际业务工作中，价值无法有效发挥的问题。因此，各地在开展信息化工作中，要在关注建设的同时，更关注系统的培训、推广、应用。系统建设不求全，而求用，做到系统能用、好用、实用。

（二）数据集中带来风险集中，要高度重视云计算信息安全

云计算和虚拟化技术的出现和应用，为解决信息化建设中的重复建设问题提供了有效的

技术支撑，各地也积极利用虚拟化和云计算技术构建集约、统一的数据中心。在极大提升系统集约化建设能力的同时，统一集中的数据中心也带来了风险集中的问题。由于所有物理设备、数据资源、应用系统集中于统一的中心，数据中心的物理设备、网络环境一旦受到入侵和损害，受影响的将不再是一个部门的系统，而是某一地区的大批信息系统。因此各地在开展数据中心建设的同时，要高度重视容灾备份和网络信息安全，从基础设施、网络环境、应用系统、数据资源等各个层面，充分考虑潜在安全问题，合理设计，有效防控安全问题。

（三）大数据应用分析虽然重要，但基础数据汇集整合仍要先行

大数据的潜在价值得到各地高度重视，大数据应用工作如火如荼地开展。但同时，我们也应该理清思路，大数据价值的发挥要建立自己的数据资源体系。没有可以持续更新的数据资源体系，大数据分析将是无源之水。这就要求各地政务部门将分散在各个部门、各个系统的数据资源进行梳理、整合、关联，建立有效的数据共享交换机制，逐步建立区域或行业大数据资源体系，并探索形成数据资源的长效更新机制。

（电子政务理事会副理事长　倪东）

2015年北京市电子政务发展概况

2015年是"十二五"建设的收官之年，按照全市智慧北京和信息化建设的总体要求，结合国家最新发展战略，北京市电子政务实现了创新快速发展，在基础设施建设、核心业务信息化应用、信息安全保障等方面取得了突破性进展。

一　信息基础设施建设实现跨越式发展，高速泛在的公共信息网络和融合集约的大数据发展格局初步形成

光网城市基本建成，光纤到户覆盖家庭达738万户，固定宽带10M以上家庭用户占60.3%，家庭接入互联网带宽能力超过20M，具备光纤接入能力家庭累计达到805.26万户。无线城市建设成效显著，实现重点区域WLAN全覆盖，3G基站规模达到2.3万个，4G基站规模达到2.9万个，全市移动通信用户达到4043.96万户，其中3G用户1889.28万户，4G用户超过428.9万户。"三网融合"成果显著，基本完成了城区有线电视双向网络改造，全市双向网覆盖达460.8万户，高清交互数字电视用户达420多万户，居全国城市之首。

电子政务网络建设保持领先，建成了以电子政务有线专网和800M无线专网为基础的电子政务网络体系，完善了800M数字集群通信网，基站达到380多个；政务外网接入单位7400余家，承载业务300多个，保障了6000多个电子政务应用；建成政务物联数据专网，共建成基站330多个，室外基站覆盖面积达1565平方公里，覆盖北京五环内、石景山区主要区域及部分远郊区县主城区，五环路内网络覆盖率约86.37%，基本具备了物联网用户接入和提供服务的能力。

统筹建设了市级政务云平台，形成总数超过 1300 个标准云主机、220T 以上存储规模，为接近 100 家各级政府单位提供服务。建成北京市政府数据资源网，汇集了 35 个政府部门的 255 类、共计约 22 万条地理信息数据，441 项软件信息服务业政策文件和 1064 项文化创意产业政策文件。建成北京市政务信息资源共享交换平台，共接入了 79 个市级政务部门和 16 个区县，接入系统达到 172 个，支撑了 900 余项跨部门、跨层级信息的共享交换工作。在全国率先建成大数据交易服务平台，致力于为政府机构、科研单位、企业乃至个人提供大数据"交易服务"，盘活数据资产，实现数据资源的有效利用。

二　城市经济社会领域智慧应用深入推广，城市和社会现代化治理能力和 "互联网 + 公共服务" 水平实现双跃升

初步完成 10 个城市安全运行和应急管理领域物联网试点示范工程，实现了对水、电、燃气等 12 个方面 316 项城市运行日常信息监测和数据统计分析。建成全市实有人口管理信息系统和区县级实有人口管理信息系统，涵盖区域内的主要人口，实现了人 – 户信息关联、人 – 房信息关联。建成综合交通监测调度指挥体系，整合了 2800 多项数据，接入 6000 多路视频，服务能力覆盖 65% 的公交车辆、6.66 万辆出租车、长途客运、旅游客运和危化品运输车辆。建成北京市食品安全监控系统，实现了 16 个区县政府和工商、质检、卫生、城管等食品安全委员会相关成员单位的信息资源共享。建成地下管线数据共享平台，实现管线数据信息共享与实时互查，实现从规划审批到实施运营的全流程管理。建成了 PM2.5 监测网络，覆盖全市的 35 个监测站点，并通过空气质量发布平台实时发布监控数据。

依托首都之窗建设网上政务大厅，整合 48 家单位的 2400 项办事事项，涉及 11 个企业服务领域 7 条服务链、12 个民生服务领域 5 条服务链，为全部事项提供了办事指南服务，为近 1700 项事项提供了表格下载服务，为 1070 余项事项提供了网上申报服务，为 1200 余项事项提供了办理状态查询服务，为 1300 余项事项提供了结果公示服务。开通了"北京服务您"移动信息服务，完成 28 家委办局、65 类政务信息的接入工作，共发送信息 1 万余条，近 24 万用户下载了客户端。丰富拓展了市民主页的各项服务，使服务接入量达到了 245 项，覆盖用户达到 1000 万人，页面访问次数超过 1100 万，独立访问用户数达到 427 万人。北京微博发布厅上线运行，开通 70 多个政务微博，粉丝 520 多万人。建成 1033 个星级智慧社区，覆盖全市 40% 的社区。换装 200 万具智能电表，整体采集覆盖率提升至 80%，构建"六位一体"智能互动服务平台，打造全方位互动服务新模式。

"221 信息平台"得到广泛应用，信息化在农业领域辅助决策支持和公共服务能力进一步提升"北京健康云"服务平台已对接 12 家穿戴终端设备厂商，辐射全国共计约 21 万人；中关村"创新云"发布，提供四大类 30 余种服务应用；云计算产业园迈入京冀协同共建新阶段，国电通张北云产业基地计划建成容纳 20 万台服务器规模的数据中心；北斗卫星导航应用 11 个示范项目顺利开展，北斗产业公共平台加快建设，平台的用户数达到 34 万户；北京元心科技公司发布了首个自主可穿戴设备平台和首款可穿戴设备、全金属的 Tick 智能手表，打造国产智能移动终端开放平台，并推出手机操作系统，推动北京市信息消费产品升级；跨境电子商务、互联网金融、互联网租车发展迅猛，北京市跨境电子商务公共信息平台、多家互联网金融平台建成上线，神州租车通过互联网实现了"汽车共享"，服务网络覆

盖全国；建设了北京市"工业云"服务平台，完善跨境电子商务支撑体系；2014年度，北京市网络零售额增长69.7%，对全市零售额增长贡献率超过80%；软件和信息服务业营业收入5400亿元，增长约11%。

三　信息安全保障能力不断增强，集组织、政策、机制、人力、技术为一体的信息安全保障体系初步形成

紧密依据国家相关政策法规和相关精神，以及北京市信息安全面临的形势和发展需要，在北京市党政机关信息技术外包服务管理、工业控制系统信息安全管理、政府网站安全管理、灾备中心管理等方面出台了一系列法规政策，为北京市信息安全工作扎实推进提供了政策依据和保障。强化电子政务信息化项目全生命周期管理，进一步推进全市电子政务信息系统安全等级保护。健全和完善了应急保障体系建设，完成了北京市各委办局大部分重要信息系统容灾设施的引入和保护。对工业控制信息安全领域的信息安全专项进行了扶持，举行了北京市安全生产宣传咨询日活动。

北京市重要信息系统的同城异地灾备基础设施落成并投入使用，为北京市重要信息系统提供了集中容灾备份所需要的机房、网络、电力等基础环境和基础运维保障服务，极大地提升了北京市重要信息系统应对灾难风险的能力，弥补了北京市信息安全基础设施的不足。此外，北京市信息安全应急响应中心、测评服务中心、国家保密科技测评中心（北京市）分中心、互联网舆情监控中心等信息安全基础设施都得到了进一步的发展和完善。

持续开展政府部门信息安全员持证上岗培训工作，召开年度电子政务信息安全人员持证上岗培训大会，培训内容覆盖了信息安全保障体系建设、信息安全等级保护等相关内容，同时组织持证上岗考试，持续组织了电子政务信息安全持证人员的专项提高培训和新安全技术培训。加强北京市电子政务领域信息安全应急队伍建设，以政务信息安全应急处置中心为"核心"，整合北京市信息安全优势资源，加强政治素质高、专业覆盖面广、技术力量强的政务信息安全应急团队建设，为北京市政务网络与信息安全突发事件的应急处置工作提供了坚强、可靠的团队保障。

建立了以北京市信息安全专业队伍为依托，以相关国家专控队伍为支撑的长效合作机制的重大信息活动保障专业队伍，为党的十八大、APEC会议、抗战胜利日阅兵等重大活动制定了详细的工作方案和应急预案，对相关信息系统开展了全面的安全性测试和 7×24 小时重点监控，建立了全天候待命的安全保障应急队伍，确保第一时间发现问题并迅速处置，保障了重大活动的顺利进行，积累了重大活动的信息安全保障经验。

（北京市经济和信息化委员会）

2015年内蒙古自治区电子政务发展概况

2015年是"十二五"收官之年。内蒙古按照自治区党委、政府的工作部署和要求，认

真开展信息基础设施建设和"互联网＋"电子政务建设、云计算大数据发展、网络信息安全保障等项工作，并取得了较大成效。

一　电子政务基础网络设施继续完善

"十二五"期间，自治区电子政务外网为自治区本级政务部门业务系统运行提供有力支撑，2015 年已覆盖 108 个部门和单位。环保、社保、卫生、公安、司法等一批部门业务信息系统建设和应用成为全国试点示范。依托政务外网，建成了自治区电子政务云中心，目前已部署 57 个部门和单位的 400 多项业务系统。呼和浩特、包头、通辽、乌兰察布引进国内知名 IT 企业开始建立政务云中心，呼和浩特、包头、鄂尔多斯、乌海、呼伦贝尔等市成为全国智慧城市试点城市。

全面推进国家电子政务内网内蒙古自治区政府管理区的建设工作。

二　电子政务应用工作稳步推进

（一）继续推进办公核心业务

在现有运行的公文、会议、督查、信息、政务公开等多个办公业务系统的基础上，为进一步提高办公效率，强化办公业务的协同兼容，2015 年以公文一体化平台为基础，逐步推进智能化、集群化的政府综合办公业务平台构建。继续扩大电子公文应用范围，同时有序拓展电子公文交换部门和单位。设计开发"政务即时通"手机 APP 应用，满足自治区政府领导及时掌握各盟市、各部门的重点工作、重大项目、重要网络舆情等信息的需求。

（二）政府网站服务平台建设不断优化升级

紧紧围绕政务公开、办事服务、互动交流三大功能，按照及时、规范、开放的要求，努力打造政府网站服务平台。根据国务院办公厅对政府网站的新要求，2015 年内蒙古自治区对政府门户网站进行了全新改版，所有内容重新设置、定位和采集，改版后的网站确定三大主题、26 个一级栏目、66 个二级栏目，网内信息做到了及时、准确、完整、实用。

1. 及时、准确发布政府权威信息

进一步强化新闻宣传和政府信息公开两大职能，及时报道自治区党委、政府重大政策措施和重要政务活动，发布政府规范性文件和自治区经济社会发展情况。通过抓取新闻网站信息，采集地方政府及其部门报送信息，在实现重大信息与新闻媒体同步发布的基础上，加大独家信息发布数量。突出政务特点，开设内蒙古要闻、领导活动、政府常务会议、专项工作会议专栏，及时向社会公布 3929 项自治区本级行政权责清单，开设财政资金等 12 项群众密切关注的重点领域信息公开专栏，提高政策宣传的主动性和服务性。

2. 深入浅出地做好政策解读，回应社会关切

通过政策解读、在线访谈、新闻发布会等栏目，多渠道、多角度对重大政策和重要举措进行分析解读，力求用通俗易懂的语言，为群众提供简洁明了的政策服务，使国家和自治区方针政策深入民心。关注重大舆情动向，第一时间发布权威信息，澄清事实，引导舆论导向，回应社会关切。

3. 提供规范详细的办事服务内容，加强与群众的互动交流

开设"重点办事服务"栏目，将25项与群众生活密切相关的服务事项，按照责任部门、申请条件、设定依据、办理条件、办理流程等14项具体内容，通过统一的表格形式予以呈现，确保每项内容完整、准确、实用。

2015年国务院办公厅组织开展了第一次全国政府网站普查。普查工作实质上是针对群众反映强烈的"不及时、不准确、不回应、不实用"问题开展的一次网站工作大整顿。目前普查工作已经全部结束，内蒙古自治区共有2208个网站参加普查，普查抽查合格率为89.26%。通过此次普查，内蒙古自治政府网站整体建设水平得到了大幅提升。

推进了内蒙古自治区政府系统蒙古文政务网站群建设。内蒙古自治区政府门户网站（蒙古文版）于2015年7月份正式上线，初步统计发布信息1800条，提供办事服务事项228项，在线访谈35期。该网站旨在提升政府服务蒙古族群众的能力，搭建政府与蒙古族群众的沟通桥梁。

加强新媒体建设。为落实国务院办公厅和内蒙古自治区关于开通即时通信工具的要求，开通了内蒙古自治区人民政府发布微信，收到了较好的公开效果。

三 加强信息安全保障工作

"十二五"期间，自治区政府批准自治区经信委、财政厅采取政府主导、服务外包的模式，统一建立了自治区政务信息安全灾备中心，现已覆盖17个厅局110个信息系统。几年来，累计为7个厅局进行数据应急恢复27次，避免了数据丢失事故的发生，提高了各部门信息安全应急处置能力。2015年，建成了政务信息安全预警监测平台，为政务部门信息安全提供了有效服务。

着力推进软件正版化工作。结合保密检查，认真组织软件正版化自查工作，消除盗版软件生存土壤。

（内蒙古自治区人民政府办公厅）

2015年吉林省电子政务发展概况

吉林省政府系统的电子政务工作，在省委、省政府的正确领导下，按照国务院办公厅电子政务办公室和省政府办公厅党组的安排部署，经过全省政府系统办公部门及电子政务工作人员的共同努力，取得了较好成绩。

一 完善基础设施

（一）积极推进吉林电子政务内网建设

按照国家要求以及省电子政务内网建设和管理协调领导小组的统一安排部署，积极推动省级网络中心和安全体系建设有关工作。一是编制完成了吉林省电子政务内网建设总体方案，并通过国家子政务内网建设和管理协调小组的审核。二是会同相关部门推进吉林省电子政务内网建设总体方案的立项工作。

（二）不断完善省政府专网

一是推进省政府专网、骨干网带宽升级改造。省政府专网带宽升级前，省到市（州）骨干网带宽为155M，市（州）至县（市）骨干网带宽为10M。随着专网应用系统的增多和高清视频会议系统的开通，带宽不足已成为省政府专网应用的瓶颈，经与省财政积极沟通、协调资金，实现市（州）到县（市、区）骨干网带宽由10M升级为50M，省至市（州）骨干网带宽由155M升级为以50M为基数乘以市（州）所辖县（市、区）的数量。二是积极协调省联通公司对省政府专网传输设备和路由设备进行升级改造，将原来市（州）到县（市、区）通过E1叠加的传输设备更换为支持以太网的传输设备；对县（市、区）路由器采取部分进行更换，部分进行端口扩容的办法，以适应带宽升级和用户增加的需要。三是协调省联通公司对省政府机房与省联通IDC机房之间的光纤路由进行优化。原来省政府机房与省联通IDC机房之间的光纤是双线路，但不是全程双路由，经过与省联通公司协商、沟通，将原来省政府机房到省联通公司青岛路机房之间单路由调整为双路由，新铺设了光纤，确保省政府专网的线路畅通和安全。四是推进省政府专网信息系统三级等保相关工作，拟通过安全评估和现场巡检、测评，全面掌握信息系统的分布、业务类型、应用或服务范围、系统结构等基本情况，梳理市（州）级和县（市）级政府接入网络和接入终端，排查网络和系统安全隐患和薄弱环节，规范省政府专网接入管理，达到网络边界清晰、网络和应用系统安全。通过安全评估和现场巡检，健全信息系统安全保护管理措施和制度、规范人员管理、完善省政府专网巡检机制、优化网络安全策略、提升网络安全保障能力等，使省政府专网信息系统达到国家信息安全等级保护第三级定级标准要求，实现省政府专网接入网络和终端可管可控，防止非法外联，确保省政府专网信息系统安全、可靠运行。

（三）省电子政务外网已实现各市（州）、县（市、区）网络覆盖

截至2015年12月底，初步建成了全省政务部门接入公共服务的承载网络，省直30多个部门通过省电子政务外网实现与国家部门的网络连接。同时，完成了吉林省电子政务外网数据交换中心建设，并对省电子政务外网县（市、区）设备进行了端口扩容。省政府门户网站互联网出口带宽达到650M，其中联通出口带宽500M，电信出口带宽150M。

二　推动业务应用的开展

（一）贯彻落实国办关于促进电子政务协调发展的指导意见

为进一步推动政府系统电子政务科学、可持续发展，逐步建立与政府履职相适应的电子政务体系，有效服务于创新政府、廉洁政府、法治政府建设，不断提升信息化条件下政府治理能力，根据国办的有关要求，结合吉林省实际，印发了吉林省促进电子政务协调发展的实施意见，确定了5个方面，14项任务，明确了负责部门，并要求12个负责厅局按照任务分

工提出落实方案，将任务细化分解，明确责任分工，提出年度计划安排。根据部门提出的年度计划安排，逐步推动各项任务的落实。

（二）完善了业务应用系统

升级完善省政府办公厅工作网，集成了公文处理、秘书函件、公务接待活动、省政府督查管理等应用系统，涵盖信息发布、学习和资源共享、内部通讯等内容。省政府专网承载了语音、数据、视频等多种业务，公文传输、信息报送、网上督查、视频会议、IP电话等系统得到较好应用。升级改造后的高清视频会议系统在节省行政成本、提高工作效率、转变工作方式等方面发挥了重要的作用。省政府政务资源网网站整合了省政府专网应用的多个系统，系统底层支撑平台和信息数据库的更新和维护得到加强。省政府门户网站集约化建设进一步推进，网上宣传、信息公开、在线办事、互动交流等功能不断完善，网站应用支撑和安全防范能力大幅提升，围绕"信息公开、在线办事、公众参与"三大功能定位，进一步完善了网站功能，提升了综合服务能力。

（三）开展了吉林"四张清单一张网"建设

根据省政府关于"四张清单一张网"建设的总体要求，省政府领导带队组成调研组赴浙江省考察了政务服务网建设运行情况，并形成《关于浙江省政务服务网建设情况的调研报告》，在此基础上制定了吉林省政务服务网工作方案，吉林省政务服务网拟依托省电子政务外网和互联网进行建设，实现各级政府及部门业务系统互联互通，数据信息交换共享。目前，各项工作正在有序推进中。

三　加强安全保密工作

充分发挥省政府安全支撑平台、证书注册审批系统的重要作用，通过在省政府专网、办公厅局域网及门户网站部署防火墙、安全审计系统等，实现对网络核心资源和信息的有效防护，加强了安全保密关键部位的管理，完善了机房、会议室等安全保密场所的技术保障措施，通过有效利用"机房环境集中监控系统"和"IT综合管理平台"等信息化手段，实时监控防火墙、漏洞扫描、安全审计、网络存储等系统的运行状态，实现了机房环境指标的集中监控和智能化管理，加强了门户网站数据库异地容灾，强化防病毒、防篡改、防攻击等安全措施，制订了安全、可靠、高效的备份策略，为基础数据的安全保密提供有力保障。

四　健全组织机构

省政府办公厅主要职责之一是负责全省政府系统电子政务总体规划建设，指导全省政府系统电子政务工作。具体工作由电子政务办公室、省政府网站管理办公室和信息技术室三个处室承担。电子政务办公室负责全省政府系统电子政务建设总体规划的制定、组织实施和督促检查，指导全省政府系统电子政务网络建设、资源整合和技术应用。省政府网站管理办公室负责省政府门户网站的建设、管理和运行维护，负责全省政府网站建设总体规划的制定和管理，负责网络信息本级的组织编发和向上级网站的报送。信息技术室负责省政府和办公厅业务应用系统及其支撑环境的运行保障、维护管理，承担省政府和办公厅信息技术服务等工作。全省各市（州）政府、长白山管委会办公厅（室）均设有负责电子政务工作的处（科）室，县（市、区）政府办公室普遍设立或明确了负责电子政务工作的科室。

五 加强人才培训

通过培训、研讨、交流等方式加强对电子政务工作人员进行有针对性的培养，不断提高电子政务建设、管理和使用人员的业务素质及运用信息技术的能力。在工作中不断提高这支队伍的技术水平、组织、协调和落实能力，努力打造出一支想干事、善干事、能干事的工作团队，以适应电子政务工作的需要。

（吉林省政府办公厅电子政务办公室）

2015 年黑龙江省电子政务发展概况

2015 年，黑龙江省电子政务建设工作在省委、省政府的正确指导下，积极贯彻党中央、国务院有关信息化建设工作的方针政策，精心组织、狠抓落实，大力推进电子政务建设工作，各级政府机构办公系统不断完善，基础网络和信息安全建设、网站建设都取得了较大成绩，全省电子政务体系稳步发展。

一 黑龙江省电子政务管理机构和队伍建设情况

黑龙江省电子政务建设与日常管理工作主要由黑龙江省政务信息化管理服务中心（以下简称"中心"）承担。中心是隶属于省政府办公厅的全额拨款事业单位，按处级单位管理，核定编制 57 人。中心内设综合培训部、网络安全部、政府网站部、政务网站部、应用推广部、运行维护部、多媒体会议部、电子认证部、舆情监测部 9 个管理部门，具体承担政务专用宽带网络及政务办公资源网络平台的建设、运行、维护和管理工作，政务信息化办公应用软件开发和技术推广工作，政务电子数据收集、处理和收发传输工作，政务信息综合数据库的建设和管理工作，电子认证服务工作及全省政务办公自动化和信息化建设有关人员的培训工作。

二 电子政务外网网络基础建设成效显著

黑龙江省电子政务外网（简称"政务外网"）是按照中办发〔2002〕17 号文件要求建设的黑龙江省电子政务重要基础设施，与互联网安全逻辑隔离，是黑龙江省各个政务部门的最重要的办公网络。政务外网是省、地市、县三级结构，本着"一个网络，一个平台"的建设原则，为各委办厅局提供自上而下的业务网络（纵网）和各委办厅局之间的互联网络

（横网）服务。该网络覆盖面广，承载内容日趋增加，信息交换、信息利用、信息共享局面基本形成，各级政府部门政务信息化的应用水平明显提升，目前接入的部门总节点数约2000个（省级150多个），还在逐步扩展之中。

（一）骨干网扩容升级，为提升网络办公效率保驾护航

2015年，我省电子政务外网完成了骨干网升级工作，各个地市到省级联网骨干带宽升级为12条155M，各个县区连接到上级地市带宽升级为100M。各个部门与本级骨干节点联网带宽升级为100M。本次升级改造全面更新了骨干广域网，使之性能全面提升、全面支持IPV6技术、带宽全面提高、实施骨干全网分层的一体化管理、支持多媒体应用、支持流量工程实施、网络安全性全面改善和提高、为将来应用云服务提供发展接口和预留，并设计出扩展到乡镇和街道的网络技术方案以指导后续建设。

本次升级改造后，政务外网能满足当前各种应用的运行需求，能支持各种未来技术和应用的承载和发展，基本满足未来5年的使用需要，相信政务外网会为黑龙江经济发展、政府转型、实现廉洁政府、实现政务公开透明发挥极其重要的作用。

（二）电子政务信任体系建设有序推进

电子认证服务系统作为网络信任体系的重要组成部分，是身份认证的执行系统，是实现电子政务外网可信、可控、可管的前提条件。我省自2006年正式开展电子政务电子认证工作以来，充分认识到数字证书在电子政务安全保障方面的重要性，逐步开展公务员数字证书和公众服务数字证书的应用推广工作。目前，电子政务外网已具备了数字证书管理和认证服务的条件，建立了对有关应用和信息资源服务进行身份认证、授权管理、访问控制的网络信任机制，为整个电子政务外网互联互通、互信互认奠定了安全保障基础。2015年，全年增发数字证书5000余个。截至目前，全省电子政务数字证书累计发放52900余个。

三 电子政务业务应用工作进展顺利

黑龙江省构建了覆盖全省统一的电子政务网络，承载了多种应用，分跨部门、跨部门跨地域、部门专网下单部门跨地域三种类型。典型的应用包括：政务外网信息发布和公开网站、政务值班、电子公文传输、网上行政审批、网上电子监察、政务信息传输系统、基础数据库、办公自动化系统（本部门和跨部门）、视频会议系统、IP电话系统等，各项基础应用广泛使用。同时构架在政务外网上的统计、工商、审计、住建、技术监督、检察院，法院等专业应用已形成规模。

（一）基础业务系统广泛应用，作用发挥显著

全省电子公文传输系统已经应用了12年，经过两次升级改造，功能不断完善，应用效果明显。2015年通过该系统，省政府办公厅共下发了包括黑政办发、黑政办函、政府令、内部情况通报、会议纪要等14个文种，共计487个电子公文。各单位都能及时接收电子公文，认真办理，极大地提高了工作效率。省直各单位、各部门通过政务信息报送系统向省政府办公厅报送信息21175条，通过办公厅信息处梳理、汇总、编辑，共编发信息1729期，

共计 2363 条。政务信息报送与管理系统已经成为办公厅采集省直各部门政务信息的主要来源之一。黑龙江省政府办公厅值班室按照国务院总值班室的工作要求,通过值班信息报送系统进一步加强值班信息的报送工作,全年共形成了市地值班信息 308 期,及时、准确上报了突发事件信息,为相关领导和部门开展工作赢得了主动权。

(二) 启动应急会商平台特色应用建设,提升应急保障

2015 年,按照黑龙江省应急会商平台体系建设要求,根据省政府应急管理工作的现实需要,依靠科技创新,建设了省政府应急会商平台。实现对突发事件的预测预警、信息报告、协调指挥、监测监控、辅助决策和总结评估等基本功能,满足了省政府日常值守应急和对突发事件应急处置的需要;实现了与国办应急会商平台、省级各委办厅局的互联互通。目前,全省已有 7 个市地政府(哈尔滨、牡丹江、佳木斯、大庆、鹤岗、双鸭山、大兴安岭)建设了应急指挥中心,12 个中省直单位(公安厅、民政厅、交通厅、国土资源厅、卫生厅、安监局、省地震局、气象局、通信管理局、测绘局、林防指、防汛抗旱指挥部)建设了应急指挥平台。1 个省直管县(抚远)和 49 个县(市)政府部署了小型移动应急平台,应急保障信息建设进一步加强。实施"互联网+应急"工程,重点在"互联网+应急指挥平台"建设上迈出新步伐,全面加强对全省应急管理资源的整合,把省政府应急指挥中心建成全省的应急核心枢纽。

四　"互联网+公共服务" 创新应用再创佳绩

"中国·黑龙江"省政府网站由省政府主办,省政府办公厅承办,黑龙江省政务信息化管理服务中心与东北网负责维护、管理和技术支持,省直各单位及地市政府提供有关内容保障。

(一) 助推公共服务创新,成绩喜人

2015 年,按照国家有关要求,黑龙江省借鉴中国政府和有关省市政府做法,围绕提升发布信息、解读政策、回应关切和引导舆论"四种能力",突出信息发布、互动交流和公共服务"三个平台"建设,积极推进了黑龙江省政府网站改版工作。改版后,省政府网站设置省情、省政府、政务发布、专题专栏、办事服务和互动交流 6 个频道,已于 2015 年 9 月 1 日正式运行,同时推出了手机(WAP)版网站。省政府网站的"办事服务"和"政府信息公开"栏目被全国电子政务理事会、《电子政务》杂志社评为"2015·政府网站精品栏目"。在中国社会科学院信息化研究中心与国脉互联政府网站评测研究中心发布的《2015 年省级政府门户网站绩效评估结果》中,黑龙江省网站排名第 19。黑龙江省政府网站获"2015 年度中国政务网站领先奖",在全国省级政府网站中排名第 5。

(二) 创新服务方式,提升公共服务质量

为逐步完善政府网站网上办事功能,提高公共服务能力,黑龙江省政府网站在办事服务栏目创新使用了智能主题服务系统,并整合了权力流程、政务审批等内容。

主题服务按照面向公众、面向企业、面向其他三大分类梳理整合了全省各地市及职能部

门的各类行政事项的办事指南、表格下载、常见问题、在线办理、政策法规及网上申报等内容。面向公众和面向企业分别按照生命周期设置主题服务分类，并按照特殊服务对象和重点办事服务内容进行划分。采用了智能主题服务系统，自动采集网上办事数据信息，对采集的数据进行业务梳理及主题梳理，形成智能知识库。权力流程整合并公示了全省13大类3052项行政权力运行流程。政务审批平台是覆盖省政府各部门的网上审批综合服务平台，旨在通过平台规范权力运行，强化权力监督，提高行政效能，方便企业和个人办事。由审批业务系统、电子监察系统和法制监督系统三大系统组成，政务审批"虚拟大厅"共有36个部门的500余项行政许可事项和非行政许可审批事项在此办理，设置了网上申报、网上咨询、投诉举报、并联审批、办件查询等11项功能。

电子政务是社会信息化的重要组成部分，是信息技术在政府管理中的具体应用，电子政务大大提高了政府部门的工作效率。2016年，黑龙江省将按照党中央、国务院的总体部署，结合本省实际，积极促进黑龙江省电子政务协调可持续发展。

（黑龙江省政务信息化管理服务中心）

2015 年上海市电子政务发展概况

2015年，在市委、市政府的统一部署下，上海市电子政务工作围绕构建"建设集约、资源共享、应用深化、环境完善"的发展框架，继续强化基础设施支撑、不断优化政府业务流程、大力推进电子政务应用，在提高行政效能、创新公共服务模式、提升社会治理水平等方面发挥了重要作用。

一　深化网上政务大厅建设，"单一窗口"初步形成

1. 推进单部门审批事项接入网上政务大厅

市政府部门审批事项以数据对接方式统一接入网上政务大厅，实现相关数据上下贯通，推进行政审批标准化，为下一步跨部门、跨层级业务协同打下坚实基础。截至2015年底，除涉密和对内审批的事项以外，确定接入市政府网上政务大厅的829项市级部门审批事项中，已完成675项，占总量的81%，超额完成60%的年度目标。其中，18个部门实现审批事项100%接入市政府网上政务大厅。市政府网上政务大厅访问量突破245万人次，网上办理事项4.5万件。15个区县政府网上政务大厅（静安区有待进一步整合）确定接入的6707项审批事项中，已完成4892项，占总量的73%。

2. 推进服务事项和服务功能网上汇聚

针对以往网上办事服务事项"散、浅、少"的现象，各部门、各单位进一步增加办事服务事项，增强办理服务深度，为群众提供更加优质、高效、便捷公共服务。目前，市政府各部门已有100多项要素完整齐备的政府服务事项链入市政府网上政务大厅。市政府网上政务大厅还集中提供了四项服务功能：一是预约先办功能，提供网上预约后的窗口优先办理；

二是查询反馈功能，提供全市统一的办件状态查询以及实体办理点信息查询；三是评价分享功能，提供办事满意度评价和经验分享；四是互动问答功能，融合智能机器人的自动问答和"12345"市民服务热线的人工在线服务等。

3. 推进事中事后监管内容整合

做好对市场主体的事中、事后监管，提高服务水平和监管效能，扩充网上政务大厅监管栏目内容，重点推出企业信用信息公示、餐饮服务食品安全等级查询等50多项监管服务内容。同时，建设公共权力专栏，汇集41家市级部门的行政权力清单、责任清单和各部门的价格收费、行政处罚信息，依托公共信用平台为市民和法人提供信用信息服务。

4. 探索构建贯通三级的网上政务服务体系

构建市、区县、街镇联动的"集中＋分布"式网上政务服务共享体系。在市级层面，建设了集中式服务的网上政务大厅，改造市政府部门网上办事平台和业务系统，逐步实现各类审批业务数据融合，全面拓展功能。在区县级层面，按照统一架构，各区县建设网上政务大厅与市政府网上政务大厅数据对接，探索与实体办事大厅办事服务互动。在街镇层面，社区事务受理中心"一门式"系统等汇集了184项针对市民个人的政府服务事项，通过"前台一口受理、后台协同办理"，为市民提供就近便捷的政务服务。

二　加强政务数据资源利用，数据红利逐步释放

1. 建立全市政务数据资源共享管理机制

根据国家规划和战略方向，成立了上海市政务数据资源开放共享推进专家组，并通过召开专题工作会议，明确了各单位政务数据资源共享开放具体实施计划。作为上海市第一个关于政务数据管理的规范性文件，《上海市政务数据资源共享管理办法》即将出台，在制度、管理、操作层面进行全面规定和指导，将进一步打破上海市部门间信息壁垒，连通"信息孤岛"，推动业务协同和公共服务整合，并为基于数据的社会治理模式打下基础。

2. 加强全市政务数据资源管理和维护

在基础数据资源积累方面，目前已初步建立了实有人口库、法人库、空间地理基础信息库，汇聚全市2500万人口数据，160万户法人单位数据，形成了全市陆域高分辨率空间地理基础信息，基础数据丰富。在数据资源目录建设方面，各政府部门已累计完成70%业务系统目录编制工作。现共有48家市级预算单位累计编制资源目录数1.1万条、数据项14.58万个，初步建立起政务数据资源目录体系。在数据质量管理方面，将"一数一源"列为数据采集的首要目标，并通过建立相应机制，促进各部门在数据的提供、使用过程中加强对数据质量的管控，提高上海市政务数据的准确性、完整性、规范性。

3. 推进社会信用体系建设取得成效

初步形成以制度为核心、以数据为基础、以平台为抓手、以应用为关键、以行业为支撑的信用建设运行体系。2015年，上海市在不断完善市级信用平台各项功能的同时，将子平台和服务窗口建设作为支撑区县和重点部门数据归集与应用的重要载体。浦东新区公共信用信息服务平台完成与市公共信用信息服务平台对接，同时，深化自贸试验区信用建设，完善对重点领域信用信息的归集和应用。区县子平台已建和在建15个，覆盖率达90%。应用推进方面，上海诚信网日均点击量从2014年的2400次增加到2015年的10640次，平台累计法

人信息查询 358 万次，累计自然人信息查询 1127 万次；市公共信用信息服务平台服务社会机构 19 家，市场主体的法人、自然人信息查询均在 80% 以上；政府部门应用事项近 200 项；完成"为全市法人和市民在线免费提供一次信用查询报告"年度市政府实事项目，多渠道实现信用报告在线查询，自然人累计查询 531 万人，法人累计查询 106 万家。

三　深化政府信息渠道建设，服务深度广度有效延伸

1. 全力打造群众满意的政府网站群

围绕"互联网 + 政务服务"新模式，以"中国上海"为标志的政府网站群构建集网上办事、政府信息公开、便民服务、政民互动等功能于一体的新型政务服务门户。"中国上海"全新改版，进一步突出"网上政务大厅"功能，区县政府和市政府各部门网站深化网上办事核心功能，提升网上审批、服务事项覆盖面和融合度，探索 APP、微信等移动应用，打造网上办事"单一窗口"。政府网站作为政府信息公开的第一平台，健全内容更新保障机制，深化重点领域信息公开，市级政府部门和部分区县网站发布本单位权力清单和责任清单。全面落实国务院办公厅关于开展第一次全国政府网站普查工作的要求，有效解决群众反映强烈的政府网站"不及时、不准确、不回应、不实用"等问题。2015 年，全市政府网站群首页访问量达 4.5 亿人次，页面访问量达 113.3 亿人次。"中国上海"门户网站在全国性第三方省级政府网站绩效评估中继续名列前茅，全市政府网站工作保持全国领先水平。

2. 进一步发挥新媒体的政民互动作用

市、区县两级政务微博、微信、门户网站等新媒体以有效引导舆论为宗旨，坚持把公信力放在首位，及时、权威发布政务信息。2015 年，"上海发布"政务微博发布各类信息近9000 条，粉丝约 1172 万，在全国省区市政务微博中继续保持首位；微信用户突破 170 万，日均阅读量达 45 万次，影响力位列全国省区市政务微信订阅号第一，被国家网信办评为"全国政务微信优秀公众账号"，并在人民网发布的政务新媒体指数排行榜上名列全国第一。微信"市政大厅"进一步纳入了市旅游局、市地税局、市公积金管理中心等多个部门办事查询功能，大大提高了新媒体服务的实用度。2015 年各类办事查询功能用户日均访问量达31 万次，取得了良好的社会效应。17 个区（县）政府，利用微博、微信发布网民和市民群众集中关心的热点信息，将复杂难懂的政策进行通俗化解读，得到网民广泛认同。

3. 全面提升"12345"市民服务热线工作水平和办理成效

推进市民热线与网格化平台的整合互动，全面完成区县热线与网格化平台机构整合与机制融合，贯通了市、区县、街镇（社区）三级热线平台纵向到底的工作通道，全面形成对外一口受理、内部分类办理的综合管理服务体系。进一步拓展网上受理口径，开通市民热线网站和手机 APP 受理平台，实现门户网站自助受理与办结反馈查询等功能。2015 年，上海市市民热线共接听市民电话 200 余万个，当场解答咨询 102 万个，当场解答率达51%，解决市民求助、投诉事项 55 万件，回访市民综合满意率达 91.3%。推进一号受理，先后归并公安热线、残疾人服务热线等，全市政府服务热线数量从 2012 年的 234 条减少至目前的 62 条。

四　推进各领域应用建设，社会治理能力有效增强

1. 提升经济发展与市场监管领域信息化水平

遵循市场运行机制，建立公平开放透明的市场规则，运用信息化手段，创新事中、事后监管和服务方式，为经济发展创造更加良好的环境。围绕自贸试验区建设，加快建设企业准入"单一窗口"平台，初步建立了自贸试验区信用体系，打造符合国际惯例的贯穿企业全生命周期、前后联动的"单一窗口"体系和事中、事后监管机制。根据国家"三证合一"、"一照一码"登记制度改革要求，加强跨部门系统对接，改造企业信用信息公示系统，升级与市法人库的数据交换系统，落实"一证通"更新工作，实现了由工商统一核发加载统一社会信用代码的营业执照，充分体现了市场准入的"便利化"。市税务局积极推广电子发票，加强日常风险监控，在试点中较大程度地解决了开票难、假票多、电商税收不规范等问题。

2. 加强城市建设和管理领域信息化建设

从特大型城市管理实际出发，通过加强各行业监管信息化应用建设，提升了行业监管过程中的业务协调能力，提高了各行业管理效率和服务水平。市住房城乡建设管理委员会建成了全市领先的城乡建设和管理领域数据资源共享交换平台，形成了汇聚城市建设和交通领域多专业、多类型的图形数据、属性数据、元数据及数据目录等内容的核心载体，初步实现了跨行业、跨部门基础数据共享交换的应用目标。市规划国土资源局完成了本市不动产登记系统的开发以及房、地、农、林、海不动产登记信息初始建库工作，在闵行区和奉贤区进行了试运行，即将在全市推开。市环保局运用北斗定位系统、移动互联等新技术，建立废弃油脂管理系统、生活垃圾物流管理系统、建筑渣土运输申报系统和城管综合执法管理信息系统等一系列应用系统，为解决行业管理难点问题提供了有力支撑。

3. 深化信息惠民应用

以保障和改善民生为根本出发点，深化各领域信息惠民应用，切实为百姓解决最关注、最现实的问题。市民政局优化社区事务受理信息系统，完成了全部 9 个条线部门 18 个系统共计 184 项事项的对接工作，极大方便了群众社区办事。升级改造了养老、救助、优抚、婚姻等业务系统，为群众提供更高效的服务。市卫生计生委完成国家"电子婚育证明"试点改革，实现了省际计划生育信息、出生医学证明信息的互联互通。持续推进市"疾病控制子系统"和"妇女儿童保健子系统"建设工作，配合家庭医生制度试点工作，优化家庭医生信息化工作平台，开展社区"1＋1＋1"分级诊疗试点。

五　促进政府工作方式转变，行政效能持续提升

1. 深入推进无纸化办公

各部门、各单位重点围绕文、会、报业务系统，完善配套设施，加强技术支撑，无纸化工作向纵深发展。2015 年，17 项无纸化办公措施实现阶段性目标，降低了人力物力成本、提升了工作效率、规范了公文办理。政府简报 100％实现了电子化上报，各类红头文件的印数比实施无纸化前减少了 70％以上。政府系统公文上报、文件流转基本实现电子化流转，有效防止了政府内部丢文、漏文等现象的发生，进一步遏制越级行文和审批倒置等行为。一

些区县实现会议服务管理数字化，在节约耗材、降低会议成本的同时，提升了会议效率，加强了会议可控性。

2. 积极推进移动政务应用

2015 年，市、区县两级移动政务应用逐步进入日常工作范畴，促进了公务随时、随身处理，切实提高了工作效率。市安全监管局积极推广使用移动执法终端，实现了企业数据、现场取证、文书打印、文书归档、数据同步、法律法规与权力清单查询等功能，建立了安全监管执法全过程记录系统，提高了执法监察工作效率和透明度。黄浦区建成移动政务系统，实现了电子邮件收发、机关通讯录查询、普发文件和简报信息查阅、领导一周安排、两办会议通知、工作短信群发等移动办公功能。杨浦区开发了移动办公平台，为区领导、各部门办公室及时推送待办事宜、会务安排、内部邮件、简报参考等时效信息，成为领导及办公室工作人员的必备移动工具。

六　健全配套保障措施，电子政务工作有力推进

1. 建立健全体制机制

2015 年，成立了上海市网上政务大厅建设与推进工作领导小组，由杨雄市长任组长，形成了有效的顶层设计和工作机制，有力推动了全市网上政务大厅建设工作。贯彻落实《国务院办公厅关于促进电子政务协调发展的指导意见》（国办发〔2014〕66 号），研究制定上海市落实方案，明确通过政务服务体系、政民互动体系、政府治理体系等领域的信息化建设，最终构建安全可靠的政务信息运行网络，搭建共享开放的政务协同工作平台，建立完善便捷的网上公共服务体系，形成智慧高效的政府决策管理支撑。

2. 深化信息化基础设施建设

电子政务外网建设方面，至今已覆盖近 1400 多家市级单位，接入终端超过 17000 台，区县级政务外网总接入单位约 7400 家，终端超过 113000 台，覆盖范围不断扩大的同时，政务外网网络承载和应用支撑能力也得到增强。灾备中心建设方面，目前全市已有 7 家单位实现应用级灾备、32 家单位实现数据级灾备，全年完成数据级容灾作业涉及容灾数据 783TB，并完成了应用级灾备机房建设，灾备能力整体提升。

3. 扎实开展信息安全保密工作

通过完善信息安全基础设施、健全信息安全管理制度、强化安全监督检查，扎实开展信息安全保密工作。根据中央和市委、市政府要求，完善了《机关计算机信息系统安全保密管理制度汇编》、修订了《上海市政务外网网络与信息安全事件应急预案》，制定印发了《2015 年上海市网络与信息安全专项检查实施方案》，对上海市 266 家单位的重要信息系统和重点网站开展网络与信息安全检查。组织完成国家保密局 2015 年全国保密普查工作、实施了政务外网网络安全专项检查，针对问题及时督促整改，信息和网络安全保密工作总体平稳可控。

4. 科学开展全市电子政务项目审核和预算管理

根据全市电子政务项目"统筹规划、规范标准、集约精简、协同共享、安全高效、公开透明"的建设原则，各有关部门协同配合，从立项、评审、项目开发、验收等各个环节，进一步提高了项目管理的科学性。建设目标更加侧重社会民生、公共服务、行政公开等领

域，切实发挥了电子政务的社会、经济效益；项目类型更加注重跨部门、跨领域应用，促进部门间信息共享和业务协同；建设方式更加强调平台化、集约化，具有基础性、共性的功能和服务得到有效复用，硬件资源潜能进一步发挥，项目投资建设绩效不断提高。

5. 加强课题调研和前瞻性研究

各部门、各单位密切关注现代信息技术和先进理念，积极开展热点问题研究和实践。为了整合本市政务信息资源、促进电子政务集约化发展、倒逼行政体制改革、提升政府现代治理能力，开展了本市政务云建设研究工作，通过调研国际先进国家及国内领先省市情况，立足于本市电子政务现状，初步形成建设本市政务云的设想与建议。探索运用 GRP（政府资源计划），结合政府信息资源载体、流程以及生命周期等，建立有效的 GRP 实施平台，推动政府提升行政效能。

2015 年，本市电子政务工作取得了很大成绩，但也面临着一些问题：部门间业务协同能力需要进一步增强、电子政务项目绩效有待提高、部门和区县发展不均衡等。2016 年，本市电子政务工作将全面贯彻落实国办发〔2014〕66 号文件精神，按照市委、市政府统一部署，积极实践、开拓创新，推动网上政务大厅建设等重点工作向纵深发展，进一步发挥电子政务在提升行政效能、增强公共服务能力、实现治理体系和治理能力现代化中的作用。

（上海市人民政府办公厅电子政务办公室）

2015 年江苏省电子政务发展概况

江苏各地、各部门认真贯彻落实党中央、国务院和省委、省政府有关文件精神和工作部署，创新发展思路、加强统筹谋划，充分发挥电子政务在转变政府职能、推动体制创新、优化业务流程、提升行政效能、创新服务方式、提高服务水平等方面的支撑作用，科学开展项目建设，不断深化业务应用，为全省经济社会发展做出了积极贡献。

一 持续深化政务公开

江苏省认真贯彻落实《政府信息公开条例》和《国务院办公厅关于印发 2014 年政府信息公开要点的通知》（国办发〔2014〕12 号）精神，坚持以公开为常态、不公开为例外原则，深入推进行政权力运行、财政资金使用、公共资源配置、公共服务和公共监管等重点领域信息公开，及时发布各类政府信息，主动回应社会关切，做好信息解读工作，加强平台建设、制度建设和基础建设，充分发挥了信息公开对建设法治政府、创新政府、廉洁政府的促进作用。

1. 深化行政审批信息公开

按照党中央、国务院关于简政放权深化行政审批制度改革工作部署，省委、省政府印发了《关于进一步简政放权加快转变政府职能的实施意见》，提出以建立 5 张清单、搭建 1 个平台、推进 7 项相关改革措施为主要内容的简政放权、转变政府职能的改革架构。大力取消和下放行政审批事项，清理取消省级 224 项非行政许可审批事项，彻底废除"非行政许可"这一审批类别。省政府共取消下放调整行政审批事项 308 项，保留行政许可事项 375 项和临时性行政许可事项 8 项，实际取消下放调整数占原行政审批事项总数的 56.9%，提前完成本届省政府取消下放 1/3 以上行政审批事项的目标。

2. 推进行政处罚信息公开

按照全国打击侵权假冒工作领导小组办公室部署安排和省政府要求，积极推进制售假冒伪劣商品和侵犯知识产权行政处罚案件信息公开。截至 2014 年底，除依法需要保护的涉及商业秘密和个人隐私的案件外，共在各级行政执法部门门户网站公开适用一般程序查办的行政处罚案件信息 631 条，主动公开案件名称、被处罚者姓名或名称以及主要违法事实和处罚种类、依据、结果等信息，并及时回应社会关切。

二　不断加强政务服务

加快省级机关转变职能、简政放权，全面推进政务服务效能提升，全面深化行政审批制度改革的总体要求，省政务服务中心、省公共资源交易中心（一期）建成运行。省政务服务中心首批将有 53 个部门 386 项行政许可事项进驻办理，其中 375 项是省政府发布的《省政府各部门行政审批事项目录清单》中的所有行政审批事项。省公共资源交易中心（一期）5 家交易中心先期进场交易，其他 5 家省属交易中心作为分中心并行。网上政务大厅——"江苏政务服务网"已上线运行，推出了审批服务、公共资源交易、政务公开、便民服务等栏目。江苏政务服务网将成为我省政务服务的总门户，涵盖省、市、县、乡、村五个层级的政务服务体系，并不断延长服务链条，努力提供及时精准的贴身服务。

省政务服务平台正全面推进"四个一体化"，即"线上线下"一体化；政务服务和公共资源交易的一体化；权力事项和服务事项的一体化，除了 375 项行政许可事项全部进入，还引入个人信用查询等便民服务事项；政务服务与政务公开一体化。

继续推进政务微信微博应用。由腾讯研究院发布的首个《微信政务民生白皮书》显示，江苏政务微信账号 3000 多个，居第三位。省市级部门是政务微信的先行者和主力军，开通政务微信占比达 84.7%。从开设主体看，公安、医疗、党委政府办的政务微信规模位居前三。政务微信已成为政府、公共服务与民众之间的"连接器"。江苏是开设政务微博最多省份，2014 年达 10025 个。

三　发展和改革信息化推进

"阳光发改"省市县三级联网建设，构建层级监察惩防体系，进一步统一了全省发改系统的行政权力事项，优化了多层级业务审批流程，完善了层级监察体系，为推动全系统权力在阳光下运行，加快职能转变提供了基础平台。2014 年完成了 13 个市 17 个县（市）联网联调工作，基本实现了省市县三级"阳光发改"业务和数据的贯通。加强应用基础平台建设，整合内部应用系统，建立内网统一应用支撑平台，形成集"信息共享、应用集成、集中展现、协同工作"为一体的统一综合业务协同工作门户，为今后各业务应用系统的开发提供统一的基础构件、统一的应用服务以及统一的集成服务，并通过数据交换平台实现不同应用系统之间的信息交换和资源共享。强化信息公开和公众服务，提升门户网站内容建设水平，截至 2014 年底，全年网上办件总数为 4175 件，已经办结数为 3464 件，系统发出各类告警（含预警报警）共 2507 次，涉及办件 893 件，监察室发起督办 2 件（办结 2 件）；全年共向社会公开政府信息 1218 条，其中工程建设领域项目审批、备案、核准信息 905 条；接受并处理依申请公开信息 111 件，比 2013 年增加 15.6%，全部按时办结；全年共收到咨询反馈类有效来信 168 封，回复率 100%。

四　国土资源信息化

通过印发《江苏省国土资源"一张图"工程建设指南》等一系列技术文件，规范"一张图"工程建设。"一张图"核心数据库在原有基础上，完成了土地利用现状和土地利用规划等主要基础数据的更新，并在质量评估基础上，对基本农田划定、土地整理项目、建设用地项目、矿业权和地质环境管理等专题数据进行了补充完善。"一库三平台"（即"一张图"核心数据库、政务办公平台、综合监管平台、信息服务平台）成果上线运行。在全省国土资源系统推广"四全"服务模式，即全流程优化审批、全区域便民服务、全业务网上办理和全节点效能监管。江苏省国土资源综合监管系统启用，初步实现了国土资源基本省情实时查询以及建设用地、矿业权审批情况的跟踪监管。江苏土地市场网和矿业权市场网调整完善，全年共发布地块信息 150 余条，其他土地和房产信息 5000 余条，矿业权市场信息 500余条。

五　水利信息化

进一步完善江苏省防汛防旱指挥系统。全省 852 座小型水库防汛通讯预警系统基本完成，进一步完善小型水库水雨情及部分水库工情信息采集系统；完成省中心、9 个市分中心、9 个市水文分局和 21 个县分中心和信息传输与交换系统建设，实现省中心与市县分中心之间的数据交换共享；49 座小型水库增建视频监控点已基本完成并接入江苏省重点水利工程防汛视频监控系统；基本完成小水库业务应用系统建设及全省防汛防旱指挥系统的集成和整合。国家防汛抗旱指挥系统二期工程（江苏部分）正在分步实施。正式启用江苏省水资源管理信息系统，该系统包括 1 个省中心和 40 个分中心，构建了省、市、县三级水资源管理应用平台和水资源基础数据中心，重点对取水大户 3800 个、地下水位监测点 500 个，80% 的非农业用水量进行了实时监控，实现了水资源基础信息管理、实时服务、取水许可、地下水控制、节约用水、水资源保护、水资源规费征管、水务管理、综合统计、水资源预警、应急服务等业务功能，为实行最严格水资源管理和考核提供辅助决策支持。

六　财政信息化

进一步完善部门预算系统，完成人员动态管理、专项管理、政府采购审核、政策依据库、资产审核、政策试算等 6 类 27 项功能的修改，为严格审核与把关部门预算提供技术支撑，保证了 2014 年对省级部门预算专项支出中用于"三公"经费和会议费等方面的一般性支出压减 5%。以省级系统为例，系统支撑省级 122 个部门、779 个预算单位，编列年度预算 920 亿元。完善预算执行系统，在工资统发中增加单位重报编办审核环节功能，同时强化预算编制、预算执行与机构编制部门实名制的人员信息比对，对未经核编的人员一律不安排经费，堵塞"吃空饷"漏洞。2014 年省级预算执行系统支撑 1357 个单位的支付业务，全年完成支出 71 万多笔，其中集中支付金额达 1170 亿元。部署实施省级部门决算网络版软件，进一步加强预决算公开，为全面公开政府预决算、部门预决算及"三公"经费预决算提供技术支持。实施完成多个面向公众的信息化系统项目，完成省级国库集中支付电子化项目并正式上线运行，截至 2014 年底，电子支付总笔数超过 12 万笔，总额近 460 亿元；完成江苏省政府采购服务门户网站和政府采购执行交易子系统开发建设，为促进政府采购管理更加科学化和精细化提供技术支持。启动信息化系统整合优化工作，进一步提升系统一体化程度。

七　司法行政信息化

市级"12348"公共服务平台建成并在全部省辖市部署上线。平台整合法律咨询、法律援助、人民调解、公证、司法鉴定等多项职能及资源，形成 40 多种司法服务产品，为群众提供即时性、一站式公共司法服务，获得人民日报、新华日报等中央和省级媒体广泛报道。推进司法行政工作管理平台建设。启动建设省市县乡四级工作管理平台，横向整合集成条线业务数据，强化分级应用，满足一个平台分别满足不同部门不同层级的工作需求；已完成省、市工作管理平台开发，后续将推进县乡工作管理平台建设。启动省市两级数据中心建设，已实现省级中心数据协同流转部分功能，完成数据挖掘和数据清洗体系建设，实现跨条线的信息实时抽取及共享；推动对接系统外相关单位数据完善，已制定与监狱、戒毒部门的数据对接方案；市级数据中心建设已制定规划建设方案，苏州市完成市级数据中心一期建设，数个试点地市也已着手启动建设工作。

八　审计信息化

继续加强数字化审计平台建设、审计数据中心建设。在已建成的省级和市级数字化审计分析平台基础上积极开发行业审计子系统。省级平台开发了地税审计和部门预算执行审计子系统并投入使用；盐城市、南京市、无锡市、连云港市等审计局主要完成了财政、地税、公积金和社保四大行业审计子系统部署。积极开发实用审计软件和工具。在全国保障性安居工程跟踪审计中，江苏省开发的数据汇总和校验工具，得到了审计署社保司的肯定并作为审计署唯一指定验收工具在全国推广；南京市、盐城市和常州市审计局开发的政府投资审计系统软件，提高了投资审计覆盖广度；镇江市审计局开发的工程造价结算软件，提高了工程审计的效率和准确性。继续推进审计信息化应用工作。针对省地税局地税大集中数据，省审计厅开发地税审计子系统投入使用，共采集、处理、转换 4.35TB 数据，提高了审计效率和深度；开发部门预算执行审计子系统投入使用，共采集、处理、转换了 120 多家省级部门的财务数据和预决算数据，完成对省级部门财务审计的"全覆盖"；宿迁市审计局在区县财政联网审计系统上进行探索，逐步深化联网审计的应用；南通市审计局利用数字化平台在三公经费审计、村镇集体资产审计与拆迁资金审计、红十字会审计等多个审计业务和日常的数据联查工作中得到了广泛应用；苏州市审计局开发的网上审理、绩效管理子系统，提高了审计管理效率和审计质量。

九 工商管理信息化

全国企业信用信息公示平台（江苏）上线运行，提供市场主体的登记信息、变更信息、股权信息等查询；以省局和南京、无锡、扬州等工商部门为试点，在全国率先开展企业年报工作；对现有内外资登记软件进行修改完善，为全省启用新版营业执照做好技术支持；完成软、硬件运维和软件项目监理服务的招标工作，保障业务工作和信息化系统的正常运行；完成良好信息管理软件、家庭农场登记软件、公司股权出质网上设立、分公司网上设立等软件的开发。

十 质量技术监督信息化

建立省级产品质量监督管理智能化平台，充分挖掘、整合和利用省局已有的信息资源，建立风险评估、产品监督、企业信息、承检机构、后处理"五位一体"的省级产品质量监督管理智能化平台。建立全省定量包装商品净含量计量检验系统，主要用于对定量包装商品进行抽样及相应方法检验登记，实现了抽样单号单条管理，样品批号批量管理和抽样检验报告管理，并实现了综合分析查询功能。完善"12365"打假投诉举报系统，利用质监专网实现省级集中部署、数据集中管理，并完成向国家质检总局的定时数据上报工作；与行政执法系统的进一步融合，实现了工作模式由"分别受理，独自办理"向"统一受理，协同办理"转变，形成了举报、立案、处罚、反馈的闭环管理，提高了投诉、举报处理质量与效率。优化服务，创新工作模式，开通"江苏质监"微信公共服务平台。

十一 统计信息化

启动《江苏省经济社会发展数据中心项目》立项审批工作，全面促进全省经济社会发展数据资源的整合应用。制定下发了《江苏省统计信息化建设指导意见》，明确近几年全省统计信息化工作目标和任务。继续巩固统计"四大工程"，加强平台整合和功能拓展，除劳动工资专业按照国家统一进度安排外，其他面向企业的统计调查已整合到国家联网直报平台中，面向部门及统计机构的统计调查已整合到省级平台中。认真组织做好全国第三次经济普查数据处理工作，制定了《江苏省第三次经济普查数据处理实施细则》，对数据处理模式、环境、质量控制与安全防护等进行全面布置，明确普查数据处理工作的标准、职责分工、操作流程和工作进度，确保普查任务的顺利完成。加强可视化统计产品的开发应用，"数据江苏"上线运行，为社会各界提供更加及时、方便的统计信息服务。加强统计数据管理工作，做好统计数据收集、整理、备份工作，综合数据库报表数 35000 多张，数据已达 518 万笔。

十二 物价管理信息化

积极推进江苏"数字物价"建设，对"数字物价"软硬件平台进行逐步完善和提高，不断加强在系统中的推广使用。开发完善价格信息应用系统，以价格业务工作需要为中心，重点开展开发全省价格诚信平台、粮油批发市场预期指数、中药饮片采报价等 7 项任务，并对有关信息系统进行完善。建设全省价格视频会议系统，建设省物价局到国家发改委、省辖市、省直管县物价局的二级高清视频会议系统，建设省物价局国家发改委视频会议系统分会场 1 个，省级主会场 1 个和分会场 16 个，实现远程视频会议、业务交流、工作培训和应急指挥等应用，成为全国物价系统第一家接入国家发改委视频会议系统的单位。

（江苏省信息中心）

2015 年浙江省电子政务发展概况

　　2015 年，浙江省按照党中央、国务院和省委、省政府决策部署，围绕政务主题、服务宗旨，加快转变政府职能、创新行政管理方式、优化政务服务流程，着力推动全省电子政务发展迈上新台阶，确保全省电子政务建设继续走在全国前列，为促进政府治理体系和治理能力现代化提供了有效支撑。

一　推动政务数据共享开放和开发应用

（一）促进政务数据整合共享

　　依托政务服务网，建设省级电子证照库，汇聚 32 个省级单位、135 类证照信息，为跨部门业务协同提供数据比对、查询等服务。综合监测分析平台基本建立，形成财政专项资金管理、经济运行监测、地理空间数据管理等系统。依托"五大平台"建设，实现政务数据整合，数据指标共计 62 万项，数据总量 14.74 亿条。其中，人口、法人、项目、宏观经济等基础数据库数据 3 亿条；监测预测、信用信息、项目管理、应对气候等专题数据库全国领先，数据 11.04 亿条。完成省级政务信息资源目录梳理，夯实政务数据整合基础。

（二）推进政务数据开放应用

　　完成法人基础数据库、人口基础数据库、公共信用数据库等向政务云平台迁移，推进政务数据集中开放。政务服务网"数据开放"板块于 2015 年 9 月 23 日正式上线，这是国家《促进大数据发展行动纲要》发布后，全国各省份中第一个推出的政府数据统一开放平台。开放的数据资源包括 68 个省级单位提供的 350 项数据类目，涵盖工商、税务、司法、交通、医疗、教育等多个民生领域，其中包含 100 项可下载的数据资源，137 个数据接口和 8 个移动 APP 应用。同时，依托法人、空间地理基础数据库和信用浙江、电子证照库等成果，推出 8 个专题数据应用板块。其中，在"电子证照"专题，用户可查询全省政府机关面向个人、法人单位核发的 102 种证照信息，包括教师证、导游证、工商营业执照、税务登记证等信息；在"法人信息"专题，可查询全省政府机关、事业单位、社会团体和企业等 4 类共计 249 万法人主体的 5509 万条数据信息；在"信用信息"专题，可查询全省企业、政府机关、事业单位、社会组织和个人等 249 万法人、5612 万人口的信用信息。基于"五大平台"建设，实现"浙江指数"、监测分析报告、信用报告、项目监测报告、企业碳排放报告、政府网站评价报告等数据产品有效创新，为政府宏观决策、社会治理和公共服务提供有力支持。

二　提升网上政务服务水平

（一）全面推进行政权力在线运行

在全国率先实现省市县三级行政审批事项的一站式运行，省级部门及各市、县（市、区）基本完成除行政处罚之外的各类权力事项网上运行实施工作，实现统一认证、统一申报、统一查询。网上跨层级联动审批、商事登记多证合一、审批中介网上超市等试点工作取得显著成效。完成全省统一的电子监察系统升级改造，实现对全省网上审批办件全流程监督，并逐一发短信请办事对象给予满意度评价。行政权力事项库功能不断完善，省市县三级事项规范比对工作全面展开。

（二）着力优化网上公共服务

加大网上服务资源整合力度，不断叠加便民服务应用项目，推动省市县三级政府部门各类专题网站及网上便民服务应用无缝整合至政务服务网。加快推进移动端政务服务资源整合，搭建了全省一体化的移动端应用汇聚平台，接入省公安厅等 8 家省级部门的 14 项便民应用。利用微信、支付宝等公共平台不断拓展和延伸移动政务服务，成功在支付宝、微信等平台全面推出 11 个设区市的"城市服务"，由政务服务网统一输出交通事故快速处理，以及机动车违法、驾驶员记分、出入境办证、台风路径、新生儿重名等查询服务，是全国第一个实现该服务功能的省份。政务服务网统一公共支付平台应用有效推广，实现政府性收入一站式缴纳模式，已上线高速公路违章缴费、会计考试、公务员考试、自学考试等收费项目。

（三）政务公开不断深化

在政务服务网开设"政务公报"栏目，全面及时公布地方性法规、政府规章、行政规范性文件和部门文件并做好政策解读工作，可查询、下载 2008 年以来出版的所有浙江省人民政府公报。

三　健全社会治理体系

（一）政府网站建设全国领先

全面贯彻落实国务院办公厅第一次全国政府网站普查工作要求，有效开展浙江省政府网站普查工作，对全省各级政府机关 4500 余家政府网站进行了普查整改，取得显著成效。根据《国务院办公厅关于第一次全国政府网站普查情况的通报》（国办函〔2015〕144 号），我省政府网站合格率超过 95.77%，仅次于北京市、上海市，居全国第三、各省区第一。

（二）建立全省统一政务咨询投诉举报平台

整合优化各类政务咨询投诉举报载体，以 12345 市长热线和浙江政务服务网为基础，除 110、120、119 等紧急类热线以外，整合工商、质监、食品药品、价格、医疗卫生、人力社保、环境保护、旅游、文化、知识产权、国土、城市管理、交通等领域涉及的政务咨询、投诉举报等非紧急类政务服务热线，同时，整合网上信箱、网民留言、政务微博、QQ 和微信等受理群众政务咨询、投诉举报的网络渠道，建设统一的政务咨询投诉举报平台，实现投诉举报事项的统一流转、统一查询、统一督办等功能。

（三）政民互动持续深化

依托全省政务服务网，在开展"大家来找茬"活动、省政府为民办实事项目意见征集和网络投票的基础上，2015 年新开辟"简政建言"专栏，广泛征求网民对深化政府自身改革的意见和建议，开展了"交通治堵"、"污水治理"等网上调查活动，并正式启用政务服务网呼叫服务热线，有效推动政民互动持续深化。

四　提升公共服务水平

（一）智慧城市建设国内领先

智慧健康、智慧安居、智慧高速等全省 20 个智慧城市示范试点项目基本建成，建设进度走在国内前列。同时，智慧城市建设成效逐步显现，在公共服务中发挥越来越重要的作用，如智慧高速在投入运行后，在总车流量以每年 15% 的速度增加的同时，拥堵时间同比下降了 21 个小时，事故率下降了 10% 以上，在缓解交通拥堵状况方面效果十分显著。智慧城市建设标准体系建设走在全国前列，2015 年 6 月，印发《浙江省智慧城市标准化建设五年行动计划（2015～2019 年）》（浙信办发〔2015〕10 号），全面启动智慧城市标准化 5 年行动计划。

（二）信息惠民有序推进

有序推进我省杭州、宁波、温州、嘉兴全国首批信息惠民试点城市建设，强化城市信息化顶层设计，不断创新建设服务模式，加强信息资源的开放和社会化利用，推动网上办事、一站式办理、就近服务、全城通办等综合性服务建设，优化办事流程，努力提高市民满意度。及时组织试点城市参加国家年度评价工作，试点城市在评价中获得了好评，杭州、嘉兴市获得国家年度补助资金各 3000 万元。

五　加强基础设施建设和网络信息安全保障

（一）提升基础设施建设

顺应互联网发展趋势，推动无线网络覆盖，有效提升网络信息基础设施建设。2015 年，浙江省先后印发《关于推进全省无线局域网（WiFi）建设和免费开放的指导意见》（浙政办发〔2015〕73号）、《关于加快推进无线宽带网络建设的实施意见》（浙政办发〔2015〕90号）。目前，全省已建成各类WiFiAP30万余个，其中i-Zhejiang免费WiFiAP近7.5万个。

（二）保障网络信息安全

建立健全网络信息安全法规制度体系，网络信息安全顶层设计趋于完善。2015年2月，浙江省印发《浙江省电子政务云计算平台管理办法》（浙政办发〔2015〕8号），要求政务云平台供应商落实国家信息安全相关规定，加强政务云平台的安全防御，监控网络行为，阻断网络攻击，做好数据备份，每月定期发布安全公告、每年开展应急演练，确保政务云平台安全运行。

（浙江省经济信息中心　王进　应瑛　杜伟杰）

2015年安徽省电子政务发展概况

2015年，在省委省政府的正确领导下，全省各地各部门扎实推进信息化建设与应用，落实"十二五"信息化规划，在多个领域取得突出成绩和明显成效。

一　电子政务基础设施建设不断完善

（一）政务外网建设取得重要进展

目前，安徽省电子政务外网基本形成上联中央，下覆盖市、县的基本框架，完成了"四大班子"的办公厅、省发改委、省财政厅等60多家省直单位的外网接入；省市广域骨干网完成了网络结构改造升级，在与16个市政务外网互联互通的同时，提高了网络连接的可靠性；按照国家政务外网标准规范，目前已经完成全省61个县级节点的建设，芜湖、黄山、滁州政务外网已经延伸到乡镇。此外，政务外网承载的部门应用不断增多，国家应急指挥中心应急指挥平台、监察部纠风业务系统等20个部委的23项业务应用已成功在我省落地运行。

（二）政务外网安全保障系统初步建立

初步建立了安徽省政务外网安全保障体系，包括省直政务外网网络防护系统、安全管理系统、网络管理系统，并按照国家的统一要求，对省政务外网实施了信息安全等级保护，有效实现了政务外网与互联网的安全逻辑隔离，为各级政务部门开展社会管理、提供公共服务提供了有力的安全保障。截止到2015年12月，安徽RA总共发放证书16954张，其中正在使用证书10702张。

（三）政务专网建设和应用稳步推进

省政务专网是党委和政府部门内部办公的专用网络，与互联网物理隔离。省级网络平台覆盖整个合肥市区，建设了连接省直党政机关政务的城域光纤网络，横向用100M带宽分别连接了省委、省人大、省政府、省政协、省法院、省检察院及省直 100 多家单位，截至目前，省级政务专网已经实现 109 家省直单位的接入。

（四）"滨湖中心"网络设计规划基本完成

围绕省委、省政府"滨湖中心"建设，确定了"滨湖中心"园区政务外网设计方案和招标方案，为"滨湖中心"省直各单位使用电子政务外网开展相关应用工作奠定基础。在"滨湖中心"建设统一的外网数据中心机房，为"滨湖中心"各入住单位提供公共非涉密机房服务。已完成机房前期建设项目建议书、可研报告、初步设计的编制和报批工作，组织外网机房招标，外网机房已进入施工建设阶段。

二　核心业务应用广度和深度不断提升

根据省委、省政府部署，目前我省承担建设的信息平台有省统一电子政务平台（包括政府权力清单运行平台、公共资源交易监管平台、公共信用信息共享服务平台和涉企收费监管平台）和省投资项目在线审批监管平台。

（一）政府权力清单运行平台

按照推行权力清单制度的总体要求，依托全省电子政务外网，建立省市县三级标准统一、资源共享、业务协同的政府权力清单运行平台，实现政府权力运行数据电子化、流程标准化、办理网络化、信息公开化、监督实时化。

截至 2015 年 12 月 21 日，政府权力项目库完成省级政府权力清单和责任清单、办事指南信息，以及合肥市、芜湖市等 12 个地市和瑶海区、庐阳区等 58 个县区政府权力清单和责任清单的入库工作。电子政务服务大厅已开通 55 家省直单位服务窗口，9 个市级分厅和 31 个县（区）级分厅，共发布省级政府权力清单 1712 项，责任清单 12000 余条，省级办事指南信息 2838 项，省级涉企收费清单 174 项。

（二）公共资源交易监管平台

按照"省市共建、集中监管、统一公开"的原则，建设公开透明的公共资源交易信息管理平台，平台包括公共资源交易业务处理系统、交易监管系统、公开服务门户和综合评标专家库。在充分调研的基础上，编制《安徽省公共资源交易监管平台（一期工程）可行性研究报告》，并于 4 月 10 日通过了专家评审。目前省公共资源交易监管平台（一期工程）项目建议书和可研报告已通过审批，初步设计方案已通过专家评审并批复，投资计划已下达，正在进行招投标采购的准备工作，预计 2016 年 3 月完成平台建设。

（三）省公共信用信息共享服务平台

目前省公共信用信息共享服务平台已经初步建成，利用省电子政务外网部署"信用安徽"网站、数据交换、信用数据库、信用信息服务等系统。截至 11 月底，平台已归集 33 个部门公开的 169 类 800 万条数据，覆盖 438 万户法人和 96 万个人，依托信用安徽网站开通了社会法人和特定自然人信用信息查询服务。

（四）涉企收费监管平台

依托安徽省电子政务外网平台和省政府门户网站，运用现代信息技术，建立省、市、县三级标准统一、资源共享、业务协同的安徽省涉企收费监管平台。目前平台已编制完成省涉企收费监管平台一期工程可研报告，并通过专家评审。目前，省涉企收费监管平台可研报告及初步设计已获批，投资计划已下达，正在进行招投标采购的准备工作，预计2016年3月完成平台建设。

（五）投资项目审批在线监管平台

按照国家要求，2015年5月，我省启动建设投资项目在线审批监管平台建设。2015年11月底，按国家要求完成省市县三级技术平台初步建设工作，完成省直单位，试点市、县的审批事项梳理和入库工作，并完成与中央平台的对接，平台正式上线试运行。召开全省平台启动暨培训工作会，进一步推进平台在全省各市、县（市、区）以及省直有关部门的使用，投资项目在线审批监管平台应用工作全面启动。

（六）信息惠民

我省信息惠民有关建设走在全国前列，合肥、芜湖、阜阳被选入信息惠民国家试点城市，其中芜湖市在专家评审中得分进入全国前十名，得到国家专项资金补助和阶段性支持。我省正以芜湖、马鞍山、铜陵三市为试点，进行市级社区公共服务综合信息平台建设，争取用三到五年的时间基本完成全省综合信息平台建设任务，实现平台向全体社区实有人口开放，为所有面向居民、保障民生的政府公共服务项目提供支持，确保居民群众可在平台有效覆盖的任意网点提交服务申请、查询服务进度、获取服务结果。

三　网络与信息安全保障

（一）组织开展全省重点领域网络安全检查

我省由省经信委牵头，会同省委网信办共同组织实施。在组织各地区、各部门自查基础上，依托技术支撑机构，对12家单位重要网络信息系统开展安全抽查。通过检查，不仅强化了各单位安全防范意识、提升防护水平，也为国家和省委网络安全和信息化领导小组进行重要决策提供了参考。检查汇总分析后，已形成报告上报中央网信办。

（二）扎实做好政府网站和重要信息系统安全保障工作

为创新电子政务服务模式，深入推进电子政务云服务应用国家试点工作，8～9月份，在全省范围开展了基于云计算的电子政务公共平台安全建设巡讲活动，摸清了我省电子政务云服务应用现状、为进一步规范电子政务云服务相关工作奠定基础。同时，着力推动全省网络安全应急响应体系建设，加强应急处置各项协调工作，协调公安、网宣部门，对省干部教育在线系统、省交通运输厅质监站等网络安全事件进行查处，组织应急支撑服务机构开展应急救援。

（三）完善全省网络信息安全服务支撑体系

建立完善服务全省网络信息安全支撑体系。一是协调推进网络信息安全服务专业技术机构建设，为我省开展信息安全等级保护、风险评估、应急处置等工作提供重要支撑；二是成立省网络安全和信息化专家委员会，召开省网络安全和信息化专家委员会第一次工作会议；三是调整省财政信息安全专项资金支持方向，对开展信息安全服务的机构或企业给予补贴。

（四）强化网络与信息安全宣传培训

为加大网络宣传教育和培训力度，先后举办了电子数据与数据取证、基于云计算的电子政务安全建设等高级研修班。为有效应对信息网络安全面临的威胁，举办企业信息网络安全暨治理能力现代化培训班。开展首届网络安全宣传周活动，重点开展了专家在线访谈，网络知识大讲堂等活动。举办国家级北斗卫星导航与车联网安全保障技术高级研修班，促进导航等相关产业快速发展。

四　加强电子政务组织保障

（一）成立电子政务协调领导小组办公室

为贯彻落实《安徽省人民政府办公厅关于促进电子政务协调发展的实施意见》（皖政办〔2015〕25号）要求，统筹推进全省电子政务工作协调发展，省政府成立省电子政务协调发展领导小组，主要职责是贯彻落实国家有关电子政务发展的工作部署，研究制订全省电子政务协调发展战略及政策措施，审定电子政务总体规划，研究解决电子政务协调发展工作中存在的重点、难点问题，指导、督促推进全省电子政务协调发展工作。

（二）成立安徽省电子政务中心

按照省政府关于省统一电子政务平台建设专题会议和省政府领导相关批示精神，省编办正式发文同意在安徽省经济信息中心加挂"安徽省电子政务中心"牌子，主要负责全省电子政务外网、政务专网运行维护管理和安全保障，负责省统一电子政务平台建设、运行维护管理和安全保障等。成立安徽省电子政务中心，将有利于集中力量推进全省统一电子政务平台建设，整合各部门政务信息资源，促进全省电子政务协同发展，为实现政府治理能力现代化提供重要技术支撑。

（安徽省经济信息中心）

2015年江西省电子政务发展概况

2015年，全省电子政务工作围绕政府职能转变和公共服务需求，提升对政府治理的支撑作用和服务群众的应用效能，推动基础设施和信息资源整合，着力促进电子政务集约发展。

一　电子政务环境不断优化

为推进政府系统电子政务发展方式转变，提高电子政务建设、管理和应用水平，有效服务于创新政府、廉洁政府、法治政府建设，我省出台了《关于促进电子政务协调发展的实施意见》，要求坚持需求导向、统筹整合、创新驱动、协调发展、安全可控的原则，计划用5年左右的时间，全面建成统一规范的电子政务网络体系，有效提升信息共享、业务协同和数据开放水平，全面普及政府公共服务网上运行，显著增强网络信息安全保障能力，夯实全省电子政务发展基础。各地各部门着力健全体制机制，制定了一批有关信息公开、网站管理、网络安全等政务信息化的配套制度和措施，进一步夯实了规范全省电子政务和政府网站建设的基础。

二　网络平台建设取得实效

全省电子政务网络支撑能力不断加强，外网覆盖全部乡镇，重要业务系统实现从省到乡的联网运行。江西政务服务网正式开通，按照"统一导航、统一认证、统一申报、统一办理、统一查询、统一互动、统一评价"的要求，在省级部门、市、县（区）政府服务窗口和平台已设立近400个重点服务项目，并对各类服务事项要素进行了规范和完善，使其能够为社会公众提供"一站式"服务。南昌市等设区市逐步启动电子政务云平台建设，有的已具雏形，可按需提供包括基础设施、信息资源、支撑软件、应用部署、信息安全、运行保障等在内的七大类服务。依托电子政务平台加强县级政府政务公开和政务服务省级试点工作已全面完成，赣州大余县、吉安安福县、新余渝水区、宜春上高县、九江修水县、南昌西湖区、景德镇乐平市、鹰潭贵溪市和抚州黎川县等试点县（市、区）积极作为、稳步推进，目录内政务公开事项全部公开，目录内政务服务事项全部上线，行政处罚事项梳理公布全部得以开展，80%以上的省级试点电子政务统一平台建设和应用取得实效，100%乡（镇、街道）和40%村（社区）实现窗口服务延伸，县、乡、村三级互联互通的政务公开和政务服务体系初步形成。

三　电子政务应用持续深化

各地各部门加强电子政务应用，在经济和社会管理的不同领域取得显著成效，为保障和改善民生发挥了积极作用。为强化对市场主体的管理，探索实行营业执照、组织机构代码证和税务登记证"一表登记、三证合一"的登记制度，省工商局、省国税局、省地税局、省质监局、省政府法制办、省编办等职能部门共同联手，加强了登记管理信息平台的信息采集、共享和查询功能建设，加大了对行政服务窗口软硬件投入；省农业厅依托"互联网＋现代农业"启动智慧农业建设，包括涉及农业生产、项目管理、资金监管、综合执法、行政审批、市场信息、农技服务、政务办公等近50个子系统，已布点建设益农信息社100家，"百县百园"农业物联网和系统搭建工作顺利推进；省新闻出版广电局试运行版权公共服务平台，带动版权作品登记数量翻番；鹰潭市成功举办"互联网＋创新"峰会，力求将"建设智慧鹰潭，实现信息惠民"落到实处。

四 政务服务范围逐步拓展

引导县级政府通过统一的电子政务平台受理和办理行政职权事项，使得县级政务部门的政务公开更加有效，政务服务更加优化，权力运行更加透明，逐步解决办事程序繁、成本高、效率低等问题。通过电子化手段大幅改造和优化传统政务工作流程，打破层级、并联审批、向下兼容，县、乡、村三级共享信息数据，实现跨部门、跨区域、跨系统的全流程互联网办理。鹰潭市、吉安市、抚州南丰县、南昌东湖区、南昌高新区等入选国家智慧城市试点，上饶和鹰潭两市成功入围全国信息惠民国家试点奖励城市名单并获专项资金支持，为提高社会管理和政务服务水平积累经验，引领和促进全省城镇化发展质量全面提升。

五 政府网站普查成绩可喜

省市县三级上下联动、形成合力，聚焦政府网站存在的"信息更新不及时、信息发布不准确、互动情况不回应、办事服务不实用"等突出问题，加大人力和物力投入，分阶段、按步骤地协调推进政府网站普查工作。针对不同阶段的重点和难点，制定详细的、操作性强的普查方案，明确具体事项、整改措施和时间节点，对省直部门、设区市及县区的两千多家政府网站逐一进行全程跟踪督导。经过整合，我省政府网站从 2265 家减少到 1694 家，借助先进的技术手段进行精确筛查，基本消除"僵尸"和"睡眠"网站，整体面貌焕然一新。在国务院办公厅 2015 年终的普查情况通报中，我省政府网站抽查合格率为 92.68％，列全国各省（区、市）第 9 位。各级政务部门在网站建设中更加注重体现为民服务，并围绕省委、省政府决策部署和经济社会发展认真开展在线访谈等政民互动，民生领域热点问题得到特别关注。据不完全统计，2015 年全省政府网站共开展在线访谈 453 期，共收到提问数 8115 个，现场回复 5397 个，访问量近 52 万人次。

（江西省工业和信息化委员会电子政务与信息资源处）

2015 年山东省电子政务发展概况

2015 年，在工信部、国家网信办的指导下，在省委、省政府的正确领导下，山东省认真贯彻落实《国家电子政务"十二五"规划》要求和省委、省政府的重要战略部署，以现代信息技术与政务工作深度融合应用为方向，以提升整体政务服务水平为目标，充分利用云计算、大数据等新兴信息技术，全力推动电子政务集约化建设，重点推进各部门间信息资源共享和跨部门业务协同。电子政务集约化发展机制不断完善，政务信息资源开发利用成效显著，电子政务信息安全保障能力持续提升，有效推动了我省的经济和社会快速、健康发展。

一　基本情况

1. 基础设施建设持续完善

利用云计算、大数据等新兴信息技术，在充分利用原有机房及硬件设备的基础上，采用"企业投资建设、政府购买服务"的方式建设山东省电子政务公共服务云平台，引导政务部门将信息系统部署或迁移到云平台运行，推动电子政务向集约化、专业化、市场化方向发展。

2. 信息资源共享和业务协同实现新突破

依托省级政务云平台完成省级电子政务综合服务平台建设，为政府部门提供更多的信息资源共享服务形式，提供较为完善的应用支撑，使社会公众、政府部门能够更便捷地获取所需信息资源。目前，已初步实现了公安、人社、民政、计生、工商等 5 个部门的 13 类人口信息共计 144 个信息项的共享与交换，工商、质监等 9 个部门参与的法人基础信息共享交换项目正在建设中。

3. 电子政务应用水平不断提高

省本级、17 地市、140 余县（市）区的信息化覆盖率有了明显提升，政务微博、微信等新媒体手段在深化政务信息应用方面发挥了突出作用。"金质"工程实现了 23 项行政审批事项网上办理、特种设备动态监管和预警预测、质量产品监督及缺陷产品召回。"金审"工程实现了对被审计单位财务收支的真实、合法、效益进行实时、远程检查监督。阳光民生救助系统整合社会各种救助资源，避免了由部门之间信息共享不畅通导致的重复救助等问题，通过救助指数排名扩大了救助范围，使有限的救助资源得到了更加合理的分配。

4. 政府的社会管理能力和公用服务能力得到明显增强

全省各级各部门将电子政务作为促进社会管理方式创新的有效手段，不断深化电子政务在社会管理各领域的应用，推动了社会管理方式的创新，促进了社会和谐稳定。部分省直部门真正实现了各类行政审批事项的网上申请、办理和结果公示，提高了办事效率，规范了办事流程，满足了社会公众的基本需求，受到了人民群众的广泛好评。同时，我省加快完善基层电子政务体系建设，积极推进政务服务应用系统建设，通过业务系统应用改进服务方式，全面提升政府的公众服务能力。积极推动具备一定条件的城镇社区开展民政、卫生、计生、公安、劳动等部门综合性数据库建设，满足网络化管理和协同式服务的需要。

5. 电子政务信息安全保障能力持续提升

山东省坚持电子政务建设与信息安全保障并重，不断提高基础信息网络和重要信息系统的安全保护水平，进一步完善信息安全管理体制和应急机制。同时，继续推进信息安全风险评估和等级保护制度，抓好网络与信息安全应急处置体系建设。开展数据容灾备份中心建设，实现对重要数据、设备的异地存储与备份。目前，面向全省的电子政务灾备平台已经建设完成并投入应用，未来可以满足全省的灾备需求，提高整体电子政务体系的安全级别。加强和规范电子政务网络信任体系建设，实现数字证书应用的统一管理。

二　电子政务集约化建设取得良好成效

为有效解决我省电子政务长期存在的多头管理、分散建设、重复投资等问题，2015年1月，我省印发《山东省人民政府办公厅关于加快我省电子政务集约化发展的实施意见》。按照省政府统一部署，省有关部门和部分地市积极探索、现行先试，推动电子政务建设由传统的自建、自管、自用，向统一设计、统一建设、统一管理、统一运维服务、统一安全保障的集约化方式转变。目前，山东省省级电子政务公共服务云平台已启动试运行，整合部署了19家省直机关、22个业务应用系统，初步实现了系统部署周期大幅缩短，参政预算和运维费用明显降低等良好效果。

1. 省级各类信息系统部署周期大幅缩短

2015年以来，省政府办公厅的山东省省级电子政务服务平台、省信访局的山东省网上信访信息系统和省口岸办的山东省电子口岸公共平台等重大项目在省级云平台部署后，迁移调试平均仅耗时3个月，即可投入使用，较传统建设模式缩短工期60%以上。

2. 财政预算和运维费用明显降低

2015年、2016年省级电子政务信息系统软件开发（非涉密项目）投资预算节省分别达45.7%和44.7%。通过政府购买云服务，运维费用大幅降低，以2016年省级电子政务建设项目为例，采用购买云服务方式年可节约投资超过2000万元，节约财政资金30%以上。

3. 部分市工作有序推进效果良好

目前，济南市已实现50多个部门机房、通信网络、支撑平台、运行管理集中统一，300多项业务应用和十余项跨部门应用在统一的云平台上运行，年节约财政经费20%以上；青岛市基于市电子政务云平台部署的信息系统达110多个，年节约运行维护费用约3000万元；潍坊市电子政务公共平台实现了为40多个部门的60多个业务系统和政务信息数据库提供共享共用服务；威海市依托电子政务公共云平台建设完成公共服务和政务服务应用100个以上，预计每年减少财政预算2000万元。

三　信息共享和业务协同得到长足发展

1. 加强政策推进，注重抓手建设

以《山东省电子政务"十二五"规划》为指导，2015年重点推进人口、法人数据共享工作，印发了《关于启动省级政务信息资源共享工作的通知》（鲁经信政〔2015〕239号）、《山东省人民政府办公厅关于印发山东省政务信息资源共享管理办法的通知》（鲁政办发〔2015〕6号）等文件。

2. 做好基础数据库建设，完善共享平台交换体系

根据人口、法人、行政审批等共享应用主题，在共享平台建设完成了人口、法人共享交换基础数据库、电子证照信息库、网上办件信息库等共享主题数据库，为各部门信息资源共享和业务协同提供了基础支撑。并根据山东省省级政务服务平台等项目建设需求，进一步完善了共享平台实时交换体系建设，以满足相关部门对共享平台实时性共享交换需求。同时，结合山东省省级政务服务平台建设需求，先后开展了人口、法人、办件库、证照库等资源目录和共享目录的编制工作。

四 下一步工作

1. 进一步统一思想、开拓创新

我省电子政务快速发展，在促进经济、改善民生等方面发挥了重要的作用，已经成为提升党的执政能力和建设服务型政府不可或缺的有效手段。但我们也要清醒地看到，受到早期规划理念和建设模式的限制，电子政务发展中的瓶颈问题也随之而来。一是信息共享程度差，二是设备资源利用率低，三是安全隐患风险大。要突破电子政务建设过程中的瓶颈障碍，加快电子政务创新发展、加大力度推进电子政务集约化是根本解决途径。当前，以云计算、大数据、物联网和移动互联网为代表的新技术已进入实用阶段，我们需进一步统一思想、开拓创新，抓住机遇，完成电子政务发展的转型升级。

2. 加快电子政务云平台的推广应用

按照"试点先行、稳步推进"的原则，继续鼓励支持各有关部门基于电子政务云平台积极开展试点应用，尤其要重点推动交通、市政、城管、教育等涉及民生领域的应用优先在各级云平台上部署，让信息化成果更多地惠及广大人民群众。

3. 深化政务数据资源的共享应用

经过多年的发展，我省的政府部门已经形成了海量的政务数据资源，宏观经济、地理信息等基础数据库已经建成，并在不断地更新完善。电子政务云平台在实现各类业务系统逻辑集中的同时，有效推动了业务流程的规范化、数据资源的标准化，共享交换和业务协同的障碍基本消除。同时，加强各级各部门政务数据资源的汇聚集中，在继续做大数据规模的基础上，更要在分析、挖掘与开发上下功夫。进一步梳理信息共享需求，建立政府信息共享机制，明确共享信息的提供方式、流程及标准。

4. 确保信息安全可控

采取制度和技术相结合的方式，建立安全防控机制，切实保障云平台的物理安全、数据安全和运行安全。将建立健全安全保密管理制度作为重点，明确相关机构职责和人员责任，定期监督检查制度执行情况、技术防范措施落实情况，及时发现消除安全隐患。加强对网络使用、管理，注重对运维人员的教育、培训、考核，增强安全保密意识，提高安全防范能力。加强对重要信息系统的安全评估和监测预警，及时处置重大网络安全事故。同时，充分发挥省内的技术优势、人才优势，整合利用现有资源，进一步完善全省统一的云灾备中心建设，逐步满足各级机关对信息系统和数据资源快速恢复的需求。

（山东省经济和信息化委员会）

2015 年河南省电子政务发展概况

2015 年，在省委、省政府的领导下，河南省按照《国务院办公厅关于促进电子政务协调发展的指导意见》（国办发〔2014〕66 号）和《河南省人民政府办公厅关于促进电子政务协调发展的实施意见》（豫政办〔2015〕121 号）文件精神，进一步推进全省电子政务建设，在信息基础设施、业务系统应用、政务资源共享、网络信息安全保障、人才队伍建设等方面取得显著成效，提升了信息化条件下政府治理能力和公共服务水平。

一 加强信息基础设施建设，促进全省电子政务发展

河南以实施"宽带中原"等工程为抓手加强信息网络系统建设，推进郑汴电信同城建设，推进智慧城市、无线城市和光网城市建设，推进三网融合，开展物联网应用示范，信息基础设施得到明显改善。郑州国家级互联网骨干直联点建设已经完成，网络疏通能力大大提升。全省宽带网络已覆盖城乡，随着 3G/4G 网络建设的快速推进，移动互联网用户蓬勃发展。鹤壁市作为河南省首批"全光网"城市，宽带 IP 骨干网总带宽达 200G，互联网接入端口 45 万个，4G 信号已覆盖全部市区。河南省政务网络建设有序推进，目前，省电子政务外网省直城域网接入省直单位 110 个，横向覆盖率达 94.8%，省政务外网广域网设备已落地到 18 个省辖市和 10 个省直管县联通公司机房，实现了与 11 个省辖市（郑州、洛阳、平顶山、安阳、鹤壁、新乡、焦作、濮阳、漯河、南阳、济源）政务外网及所属 56 个县级政务外网的对接，纵向覆盖率达 61.1%。29 个省级部门的业务系统通过政务外网与部委互联互通。

二 深化电子政务应用，提升政府治理能力和公共服务水平

（一）政务业务系统应用成效显著

我省政府信息化应用深入全省经济发展各领域。特别是以"金"字工程为代表的电子政务应用，取得了显著成效。"金税"工程实现了征管数据省级"大集中"，网上申报、扣税工商户比例分别达 60% 和 40% 以上；"金保"工程实现了全省 470 万名在（退休）职人员、80 多万名城镇居民、1500 多家定点医疗机构和定点药店的全程信息化管理；"金审"工程全省审计管理系统（OA）部署率达到 100%，建成了对全省审计项目统一组织管理和决策指导的大项目管理系统，构建了电子审计体系；"金盾"工程累计汇集各类信息 2 亿多条，为一线民警执行打击、防范、管理和维稳工作发挥了重要作用。河南省投资项目在线审批监管平台于 2015 年 12 月正式运行并与国家平台贯通，共有 15 个省直联审部门、288 个市级联审部门、180 个直管县（市）联审部门和 2516 个县（市、区）联审部门纳入投资项目在线审批监管平台实行并联审批，实现了非涉密投资项目和非涉密审批事项的"一窗受理、并联办理、限时办结、依责监管、全程监察"。有效解决部门放权不够协同、基层承接能力不足、监管机制不健全、监管手段不完善等突出问题，更好地巩固了简政放权成果，更好地释放了改革红利。

（二）省市县三级政府网站体系建设日臻完善

围绕"政务公开、网上办事、政民互动"三大功能，网上服务质量稳步提高，100% 的省辖市政府、99% 的省直部门和 87% 的县（市、区）政府建设了门户网站。南阳市政府正在建设智慧政务门户网站，新版门户网站具备热点自动探测、服务智能推送、资源精准衔接等指挥化功能，为下一步政府网站和协同办公系统等互联互通打下基础。

（三）信息资源开发与共享水平不断提高

全省在科学、教育、医疗、卫生、文化等各类社会领域信息资源开发与利用稳步推进。全省人口信息资源库、法人单位信息资源库、空间地理信息资源库和宏观经济信息资源库的建设与应用取得重大进展，实现了信息资源的集中整合和共享利用。

三　推进电子政务应用建设，创新社会管理方式

（一）加快推进全省统一政务云平台建设

在省级层面，依托河南省与阿里巴巴合作建成运行的"中原云"，建设了全省统一的政务云平台，并积极推动电子政务应用系统迁移"上云"。梳理出了政务部门迁移"上云"政务应用系统，并逐步实现在"中原云"上的部署。市级层面，推动与互联网企业合作搭建市级云平台，统一将所辖县（市、区）纳入服务范围，实现市级云平台与"中原云"互联互通。2015 年 2 月，安阳市与中国移动通信集团河南有限公司签订了安阳市大数据云计算中心建设战略合作协议。7 月 14 日，安阳市大数据云计算中心正式开通。2015 年，开封搭建了政务云平台，依托电子政务网络、云数据交换和云应用支撑，形成全市政务办公、全市党政门户网站群、统一身份认证和政务数据交换四大应用系统。2015 年，南阳已完成市政府网站群大数据分析云中心建设，并在云中心对接河南省网站普查监测数据。2015 年 1 月，鹤壁城市云计算中心正式启用，为全市智慧城市应用提供全层次的云计算服务，实现计算资源的有效整合，促进数据融会贯通，全面提升了鹤壁市信息化建设应用水平。目前，鹤壁建设了电子政务外网和政府专网两个云，峰值计算能力达到 50 万亿次/秒，存储容量达到 300TB，是全省首个市场化运行的云计算中心。

（二）加快推进全省大数据工程建设

2015 年，河南省发布《河南省人民政府关于推进云计算大数据开放合作的指导意见》（豫政〔2015〕64 号），对河南省云计算大数据发展的总体架构、重点方向做了全面部署。2015 年 10 月底，南阳市互联网大数据态势综合展现平台建成。该项目利用国家信息中心现有基础设施，基于南阳市政府网站群用户行为数据和互联网相关数据资源，结合国家信息中心时事探针技术，实现对互联网舆情的精准分析、科学研判、全面掌握和综合展现，为市委、市政府领导科学决策提供数据支持。目前，河南省信息中心正在积极申请共建国家发展改革委互联网大数据分析中心地方中心。

（三）加快推进河南省信用体系建设

按照国家和河南省委、省政府的工作部署，在省社会信用体系建设领导小组的指导下，河南省公共信用信息平台建设工作取得阶段性成果。2015 年底，实现与国家信用信息交换共享平台的连通。郑州市公共信用信息平台升级建设稳步推进，洛阳、濮阳、新乡、南阳、济源、兰考等市县公共信用信息平台也在加快建设。2015 年 11 月，"信用河南"网站开通，实现了与省政府门户网站和"信用中国"网站的链接和数据对接。郑州、濮阳、南阳、济

源等市也开通了信用网站。12月底已有36个省直部门、6个省辖市、2个省直管县向"信用河南"推送行政许可和行政处罚等信用信息。

（四）加快推进河南省公共资源交易电子化平台建设

根据国办《整合建立统一的公共资源交易平台工作方案》（国办发〔2015〕63号）文件，我省制定了《河南省公共资源交易平台建设实施方案》（豫政〔2015〕49号），旨在加强我省省级公共资源交易监督管理，规范公共资源交易活动，维护公共资源交易市场秩序，提高公共资源交易质量和效益。2015年底前实现了省公共资源交易平台的全面运行。2016年将在全省范围内形成规则统一、公开透明、服务高效、监督规范的公共资源交易平台体系。

四　完善网络安全防护体系，提高电子政务安全水平

严格落实涉密信息系统分级保护和非涉密信息系统等级保护要求，加强网络安全监测、通报预警、应急处置，及时解决政务信息网络出现的安全问题。继续完善信息安全技术手段，落实信息安全管理措施，强化信息安全监督检查，提高全省网络与信息安全防控能力和保障水平。一是组织开展全省信息安全检查。按照"开办有责、属地管理""谁主管、谁负责"的原则，采取现场检查、远程技术检测等方式，开展政府系统和重点领域信息安全检查，抓好整改措施制定与落实，消除网络与信息安全隐患。二是继续推进全省非涉密信息系统等级保护测评工作。督导重要部门和重点行业开展信息安全等级保护测评工作，督促其抓好整改落实。三是建立网络与信息安全信息通报机制。积极推进"平安网络"建设，建立省、市两级网络与信息安全通报机制，组织开展网络与信息安全监测、通报预警、应急处置、调查侦查、督促整改等工作。

五　重视人才队伍建设，保障电子政务持续健康发展

为了保证电子政务建设的先进性与高效能，保持和提升电子政务人才的竞争力，我省建立了电子政务专业人才与信息技术领域、非公共部门之间的人才交流和互动机制。同时组织各级电子政务人员加强交流沟通，通过召开全省性电子政务专题研讨会、片区会议、培训会，选派人员参加国家信息中心举办的电子政务培训班等措施，不断提高电子政务专业人员素质。

河南省信息中心（电子政务外网网管中心）

2015年湖南省电子政务发展概况

2015年，在省委、省政府的正确领导下，我省电子政务工作围绕强化基础设施建设、推动政务应用服务、促进信息资源整合、确保网络信息安全等方面积极工作，进入一个全面整合、深度共享、共同推进、快速发展的阶段。

一　电子政务基础设施建设情况

1. 省电子政务外网网络日趋完善

根据国家电子政务网络建设的相关要求，我省积极推动外网网络建设。截止到 2015 年末，全省电子政务外网网络实现横向到边、纵向到底，接入量全面提升，省市县连通率达到 100%，省直部门及二级机构已接入 127 家，市州、县市区部门接入 10800 余家，有 94 个县市区延伸到乡镇一级。

2. 省电子政务云基础设施建设稳妥推进

根据《国务院关于促进云计算创新发展培育信息产业新业态的意见》（国发〔2015〕号）等文件的要求，我省积极推进云计算在电子政务建设中的推广应用。省政务外网机房已经初步完成云改造，目前已具备 200 个虚拟机、140TB 存储的规模，初步具备了为省本级政务部门部分业务系统运行提供支撑的能力。省公安厅、省国土资源厅、省交通运输厅等省直部门已逐步整合内部信息资源，向云计算平台迈进。衡阳市、常德市、永州市、湘西州等地市云计算中心建设进展迅速。长沙县等部分县市区也开展了云计算中心建设的探索。

二　电子政务应用建设情况

1. 政府网站建设成效显著

2015 年，我省政府网站的建设和管理取得重大进展，政府网站信息发布质量和更新频率明显提升，信息公开不断深化，在线办事服务更加实用，回应社会关切更加积极，社会影响力不断扩大。在国办组织的政府网站达标普查中，我省摸底调研了全省各级政府网站 4255 家，合格率为 95.2%，全国排名第四。在全国政府网站绩效评估中，省政府门户网站连续八年排名全国前十，长沙市、衡阳市、常德市和郴州市政府门户网站连续获评全国优秀政府网站，长沙市政府门户网站排名全国省会城市第二，全省共有十家市州政府门户网站跻身全国百强，天心区、长沙县、岳麓区等县市区政府网站稳居全国县市区政府网站百强。省政府门户网站形成了覆盖中、英、法、日、韩等语种，包括手机版、电视版、微博、微信公众号和 APP 在内的全媒体格局，14 个市州政府门户网站大都开通 Wap 门户，新媒体应用已成为政府网站创新发展的风向标。

2. 重点综合应用系统进展顺利

全省网上政务服务和电子监察系统继续发挥政府一站式服务的优势，网上办事服务成绩显著。2015 年，我省网上政务服务大厅注册用户总数超过 393 万，其中企业用户数 58.6 万，个人用户 334.6 万，全年办件数超过 1570 万件，比 2014 年增长 10.56%。全省工程建设领域项目信息公开和信用信息共享系统继续稳定运行，信息公开总量跃居全国前列。截至 2015 年底，全省共公开工程建设项目 15.7 万余个，公开从业单位 10.1 万余家，公开从业人员 26.7 万余人。省市两级商事服务平台建设全面启动，"三证合一"顺利推进，通过共享工商、质监和税务部门的审批数据，实现了商事服务工作的"一窗受理、一窗办结"、"统一发照、统一赋码"，有效支持了商事改革。省"两法衔接"信息共享平台建设以省中心平台为应用和数据服务中心，省市县各级行政执法单位和刑事司法单位通过政务外网直接访问进行业务处理和数据共享，实现行政执法和刑事司法衔接工作的流程处理和行政执法案件、移送案件等数据的流转处理，为全省"两法衔接"信息共享协同工作提供有力的支撑。

3. 部门电子政务系统建设成效明显

省发改委采用服务外包方式启动全委电子政务系统建设，省投资项目在线审批监管平台已经建成，适用于省、市（州）、县（市区）三级，实现了"一网告知、一网受理、一网办结、一网公开、一网监管"。省教育厅将教育电子公文系统延伸至县市区教育局，扩大了电子公文覆盖范围，增强了办文效率和用户体验。省财政厅依托信息技术，将财政预算、收入征管、预算执行、财政监督和绩效评价、政府采购、项目管理等纳入信息化轨道，建设财政应用支撑平台，依托平台的庞大数据为财政科学决策提供了有力支撑。省国土厅优化升级了国土资源"一张图"管理系统，完成了省、市、县三级数据情况的收集和整理，实现了地图瓦片数据的共享和地形三维展示功能，建成了以"一网一库一平台"为核心的全省基础地理控件框架体系，1:1万DOM成果实现了全省90%以上的覆盖，纸质版基本比例尺地形图已经达到全省100%覆盖。省住房和城乡建设厅完成了全省统一的不动产登记信息系统的建设，开始省不动产登记数据报送，不动产登记数据库在土地、房屋等现行数据库基础上，按照先建标准化的原始库、整合中间库、最终建成成果数据库的思路进行建设。省交通厅道路运输省、市、县三级业务基本实现协同办理，市场诚信系统实现多个运输业务领域的在线考核。省商务厅开展湖南中小商贸流通企业公共服务平台建设，实现了集信息发布、形象展示、服务对接、信息咨询、数据统计、运行监控和绩效评价等多重功能的平台建设。省卫生厅不断完善人口健康区域信息平台，顺利与医院系统对接，网上预约挂号平台、预约挂号监管平台建设顺利实施，极大地方便了群众取号就医。省地税局综合治税信息平台建设在全省全面推进，充分利用计算机高速处理数据的能力，解决人工难以胜任的海量数据比对问题，实现了跨部门涉税信息的网络采集和实时共享，成效明显。省质监局建成了省法人单位基础信息库，已实现与人口库、空间地理库以及金融、税务、统计、社保、公积金等业务系统的对接，解决了我省不同行业、不同部门、不同地区对单位和机构基本信息的共性需求。

三　信息资源整合情况

2015年6月23日和7月7日，省政府主要领导组织召开两次专题会议，研究省电子政务建设应用和资源整合等有关问题。针对电子政务建设顶层设计不够完善、项目建设和应用开发缺乏统筹、公共基础平台支撑能力不强等问题，为推进政府系统电子政务可持续发展、逐步建立与政府履职相适应的电子政务体系、不断提升信息化条件下政府治理能力，提出了我省电子政务建设的总体思路：坚持统筹整合，提升电子政务基础设施利用效率，推动信息资源开放共享，促进电子政务集约化发展。根据会议要求，我省决定完善省级电子政务外网建设应用和资源整合工作协调机制，在数字湖南建设领导小组领导下，成立由省政府办公厅牵头的工作小组，负责相关工作的统筹协调。由省发改委牵头完善电子政务顶层设计、制订"十三五"电子政务发展规划。由工作小组牵头组织省级电子政务外网统一云平台建设。整合部门网站，省政府部门原则上不再单独建设部门网站，现有的部门网站逐步撤并整合到省政府门户网站，部门负责内容保障和信息更新。

按照省政府的统一部署，我省加快了省级电子政务统一云平台的建设。2015年下半年，省本级统一云平台建设正式启动，按照新建系统纳入统一云平台、急用系统充分利用现有外网云平台的原则，部分省直单位相关信息化项目纳入统一云平台建设，共享基础设施。按照"一级政府一个网站"的整合目标，各级各部门加强政府网站资源整合，全省政府网站群建设合力不断凝聚。省政府门户网站采用网站群的建设与管理模式，通过统一后台、统一部署、统一管理，截至2015年底，已经完成20家省直部门网站的整合工作，540多家政府部门网站整合至同级政府门户网站统一技术平台，部分县市区整合度达到80%以上。按照统一互联网出口的要求，我省省直部门互联网出口整合工作进展顺利，已完成省政府办公厅、发改委、经信委等20家单位的互联网统一出口整合。部门专网的整合并网工作也在有序进行，目前，我省电子政务外网已承载了27个中央到省市、14个省到市县的纵向应用。

四　网络信息安全保障情况

随着信息技术的发展和资源整合的深入，网络与信息安全面临前所未有的新挑战。2015年，我省严格按照信息系统等级保护要求及相关信息安全标准完善相关基础设施，强化网络平台、重要信息系统、重要数据的安全防护能力，加强安全监测系统建设，提高安全管控和运维管理水平，落实应急处置机制，做好全方位安全保障。

2015年，为提高我省重点行业重要信息系统与基础信息网络安全服务水平，为重要经济领域信息安全监督管理和应急指挥工作提供基础平台支撑，我省启动建设了湖南省重点行业网络与信息安全公共服务平台项目。预计项目将在2016年上半年完成基本建设。

（湖南省经济和信息化委员会）

2015年广东省电子政务发展概况

2015年，我省认真贯彻落实党的十八大和十八届三中、四中、五中全会精神，深入学习习近平总书记系列重要讲话，紧紧围绕省委、省政府重点工作要求，高度重视电子政务、大数据发展、农村信息化和网络信息安全等工作，并取得长足进展。

一　抓好顶层设计

（一）抓好电子政务建章立制工作

编制《广东省促进电子政务协调发展实施意见》（粤府办〔2015〕57号），出台《广东省政务信息资源共享实施细则（试行）》（粤经信电政函〔2015〕1895号），规范和促进政务信息资源共享，推动政务信息资源优化配置和业务协同。编制《广东省电子政务云平台管理办法》，规范省直单位电子政务云平台申请和管理。编制《市场监管信息平台建设业务需求管理办法》、《市场监管信息化项目建设管理办法》、《市场监管业务需求梳理指导意见》等规范性文件，对各业务部门就业务需求梳理的原则、要求、对象、形式、机制、步骤等方面提出指导性意见。

（二）抓好电子政务网络信息安全的规范制度工作

完成《广东省电子政务网络与信息安全"十三五"发展规划》、《广东省电子政务信息安全管理办法》、《广东省电子政务敏感信息分级管理暂行办法》、《广东省电子政务公务邮箱安全建设和使用规范》、《广东省电子政务项目信息安全建设运维管理规范》的调研和编写。制订《广东省电子政务信息系统和接入网络安全测评规范》，指导省直单位电子政务系统政务外网安全接入测评。完成移动电子政务信息安全、电子政务大数据安全访问管理、电子政务云平台信息安全的研究。

（三）抓好"互联网＋"建设实施工作

制定实施《广东省"互联网＋"行动计划（2015～2020年）》，重点实施"互联网＋创业创新、先进制造、现代农业、现代金融、现代物流、现代商务、现代交通、节能环保、政务服务、公共安全、惠民服务、便捷通关、城乡建设"等13项行动。

二 推进信息基础建设

（一）提升宽带网络建设

出台《宽带广东发展规划（2014～2020年）》、《关于全面推进我省宽带网络基础设施建设的意见》和《广东省信息基础设施建设三年行动计划（2015～2017年）》，加快推进城市光网和无线城市建设，信息基础设施快速发展。2015年1～9月，全省宽带网络建设投资达到293亿元，全省新增光纤接入用户355万户，累计达1021万户。新增3G/4G基站12.5万座，累计达48万座，规模全国第一。WLAN热点累计达9.69万个，AP数达44.1万个，每万人口拥有热点数国内领先。全省电话用户总数1.79亿户，较上年底仅新增29.4万户，约占全国11.7%，普及率为167.1部/百人。移动电话用户1.5亿户，其中4G移动电话用户3887万户，同比增长501.8%，规模全国第一。三网融合全面推广，全省IPTV用户数达357.9万户。

（二）推进智慧城市建设

印发实施《广东省促进智慧城市健康发展工作方案（2015～2017年）》，成立省促进智慧城市健康发展部门协调工作组，落实各部门建设任务和目标。出台实施《广东省智慧城市评价指标体系（试行）》，开展智慧城市水平评估工作。指标体系共设置4项一级指标、10项二级指标和32项三级指标，涵盖光纤入户、WLAN发展、信息技术改造、智能制造、机器人应用、两化融合贯标、网上办事等方面，逐步提升我省智慧城市发展水平。大力推进广州南沙、深圳前海、珠海横琴国家中欧智慧城市试点等试点建设，推动智能交通、智慧物流、智能制造、智慧医疗、食品安全溯源等智慧城市重点领域应用快速拓展。

（三）推进畅通工程建设

2015 年，我省积极推进电子政务畅通工程建设，通过建立省、市、县三级的政务信息资源共享交换体系，推进跨地区、跨部门的数据交换和共享，减少数据重复录入，节约行政成本，解决了跨部门、跨层级信息，以及非结构化数据的共享和实时交换等问题，提升各级政府的社会管理、公共服务和辅助决策等信息交换和共享服务水平，更好地支撑省网上办事大厅电子证照库、省企业情况综合数据、省"信用广东"网、社会信用网等信息的交换服务。通过畅通工程完善政务信息共享平台，梳理公共信息，加强各省直单位的协调衔接。

三　提升网上办事服务力度

省网上办事大厅取得了重要阶段性成效，已搭建全省统一的网上办事大厅框架系统，重要业务指标稳步提升，制定统一的网上办事大厅事项目录体系，提高企业投资申办效率，拓展完善了网上办事功能。从根本上解决信息共享难、企业审批难、群众办事难等问题，将坚定不移务实推进工作，打造快捷高效的网上政务体系。围绕构建全省高度统一的网上办事逻辑架构，为群众提供集中的政务服务，实现"一门式"、"一网式"办事。加快推广应用省网上办事大厅手机版，逐步推进企业专属网页和市民个人网页建设，丰富服务内容，推进网上缴费。

四　抓好政务大数据战略实施

（一）编制大数据发展规划

根据大数据实施战略工作要求及《广东省信息化发展规划纲要（2013～2020 年)》，我省起草了《广东省大数据发展规划（2015～2020 年)》，分析在当前我省大数据发展的现状与形势要求的基础上，提出我省大数据发展的指导思想、发展目标和重点任务等。

（二）制定大数据行动计划

紧紧围绕省委、省政府重点工作要求，从制定实施大数据发展规划、推进政务大数据建设、推进企业大数据工作、推进社会大数据应用等四个方面制定《2015 年广东大数据行动计划》，明确了 2015 年大数据工作的发展目标和具体工作计划，把我省实施大数据战略工作推进到全面部署落实阶段。

（三）强化大数据标准支撑

开展大数据领域相关标准研究。一是开展我省信息技术及大数据标准体系和工作路线图研究，发挥大数据标准战略引领作用，推动全省大数据产业发展。二是推进大数据标准化工作，加强电子政务互联互通测评、智慧城市评价指标体系、智能移动终端安全规范、数据开放和共享、电子证照数据等标准的编制工作。

（四）深化大数据战略研究

广泛动员各地经济和信息化主管部门、各有关行业协会组织、相关企业和机构开展大数据发展情况和信息化领域标准应用情况调查，摸查我省大数据应用、大数据有关研究机构的建设、相关人才资源的配备、大数据应用企业的需求和未来发展思路等情况，并在此基础上正在组织开展《广东大数据发展白皮书》、《广东省大数据标准体系研究报告》等项目研究。

（五）编制政务大数据应用需求目录

为提升政府部门利用大数据技术提高社会治理和公共服务的水平，统筹解决各部门大数据技术应用过程中面临的政务数据信息资源共享难题，我省组织编制了《广东省政务大数据应用需求目录（一期）》。该需求目录涉及 26 个部门提出的 423 项大数据应用需求，分析各部门大数据应用需求中对数据的需求和数据在各部门的分布情况，为政务大数据总体设计以及政务信息资源整合行动计划的制定提供编制依据。

（六）谋划政务大数据平台建设

组织实施政务信息资源大数据总体设计及平台建设，同时，组织制定政务大数据建设相关规范，建立政务大数据建设推进机制，搭建政务大数据基础平台，从政务大数据顶层设计角度去统筹考虑和解决政务数据的开放。

（七）建立健全政务大数据服务机制

全面推动大数据政务应用试点和政务大数据开放应用试点，从省直部门政务信息资源数据子库数据组织、大数据政务应用、政务大数据开放应用、云计算和数字证书应用五大方向入手建立政务数据开放工作机制，提升省直部门分析管理决策水平和服务公众的能力。

（八）建设统一的数据开放平台

启动"开放广东"全省统一数据开放平台建设，开展省级政府部门政务数据资源开放梳理工作，建立政府数据资源对外开放和鼓励社会开发利用的制度规范，搭建广东省政务数据资源开放平台，为各级政府部门提供向社会发布可公开数据和服务的统一平台，为社会公众、企业获取可公开的政府数据资源提供便捷通道。

五 组织大数据应用推广

（一）推进大数据应用示范工作

为落实省政府推进大数据战略实施的精神，充分发挥应用示范效应，我省积极推动大数据应用示范项目征集工作。2014 年首批大数据应用示范推荐工作确定了南海区电子政务数据统筹等 5 个大数据应用示范项目，2015 年大数据应用示范推荐工作也已正式启动，在智能交通、智慧医疗、O2O、社区服务等领域征集和推荐 15 个左右的大数据应用示范项目。

（二）推动大数据行业应用

组织开展行业数据应用试点，针对高分辨率对地观测数据应用、纺织、交通、社会和人口等领域，研究制定行业数据资源统计和共享规范，提高相关行业领域的大数据综合应用能力；推动数据银行研究，研究数据银行在数据交易中信用中介、支付中介、信用创造等方面的定位和作用，制定数据银行组织和建设方案。

（三）建设企业情况综合数据平台

建设企业情况综合数据平台，为各级经济和信息化部门提供数据采集、存储、分析等服务。一是建成企业数据采集系统，为企业提供网上注册、填报数据服务，为各级经信机构提供数据审核等应用，有力保障了企业采集工作的顺利推进。二是整合企业数据资源形成数据库。清洗省政务信息资源共享平台的100多万家企业基本信息，并以此为基础，整合自行采集的企业生产经营数据以及在互联网上挖掘的企业活动信息，初步建成企业情况综合数据库。

六 加强网络安全工作

（一）推进电子政务网络信息安全保障体系建设

出台《广东省电子政务信息安全管理暂行办法》。率先建成覆盖全省的信息安全协调工作系统，初步建立了中央、省、市、县四级网络信息安全预警通报反馈机制，将网络信息安全检查工作体系化指标化。推进数字证书交叉互认试点建设，实现了多CA与多应用系统间的数字证书认证互联互通。绝大部分政府部门配备了网络安全防护产品，开展了信息安全等级保护工作。各类网站和信息系统具备了基本的安全防护能力。电子政务网络骨干节点和互联网出口部署了统一的网络监测预警设备，具备了基础的监测预警能力。

（二）推进电子签名应用

粤港电子签名证书互认工作取得突破进展。我省与香港政府核准四家电子认证服务机构具备粤港电子签名证书互认资质，并同步发布《粤港两地电子签名证书互认信任列表》。开展跨境电子签名证书互认政策和实施细则研究，开展"粤港网上服务自由办平台"和"粤港网上贸易便利化平台"建设，完成《粤澳电子签名证书互认证书策略（初稿）》的起草，完成数字证书交叉认证平台试点工作。推广数字证书在省直和地市应用，专项资金支持7家省直部门和地市主管部门开展数字证书的应用。

七 抓好信息化先导村试点建设

加快实现城乡"四化共进"，提升农村信息服务水平，提高农村互联网普及率，缩小城乡信息化水平差距。依托"信息兴农"工程，在9个地市36个镇村开展信息化先导村试点建设。重点扶持建设农村基层公益性、基础性公共信息资源数据库，加强基层政府电子文档、电子证照、服务事项、业务流程等政务资源数据库的建设，融合人口、企业、自然资源、宏观经济等信息。充分利用新型信息化技术，推动社会治理向基层延伸，推动政务服务信息进村入户，切实满足农民信息服务的需求。加快信息化先导村实现与省、市级视联网对接，依托互动式数字机顶盒等技术推动政务服务进村入户。

（广东省电子政务协会）

2015 年广西壮族自治区电子政务发展概况

2015 年，我区按照《国务院办公厅关于促进电子政务协调发展的指导意见》（国办发〔2014〕66 号）文件精神，抓好顶层设计、统筹建设资源、推动信息共享、巩固信息安全，推进全区电子政务网络建设工作，电子政务在政府治理体系和治理能力现代化建设中的作用得到不断增强。现将 2015 年我区电子政务工作总结如下。

一 电子政务基础建设基本情况

（一）组织架构和管理机制

按照自治区统一部署要求，自治区人民政府办公厅承担全区政府系统电子政务的统筹、规划、指导和组织实施等工作职责，自治区发展和改革委负责全区电子政务项目的审批和指导以及广西电子政务外网的规划、建设和管理，自治区公安厅负责信息系统安全相关案件的依法查处，自治区财政厅负责电子项目资金的分配和安排工作；自治区工业和信息化委负责协调全区信息安全和信息安全保障体系建设。

（二）抓好顶层设计、统筹电子政务协调发展

1. 广西电子政务内网建设情况

广西电子政务内网平台，上接国家，下联全区各级各部门，打通了政令上传下达的网络通道。按照国家的统一规划和部署，自治区努力完善各市、各级各部门电子政务内网，为各市和各级各部门内部办公、管理、监督、协调、决策等业务应用提供安全可靠的网络支撑。

2. 广西电子政务外网及其云计算中心建设管理情况

我区积极加强广西电子政务外网建设和管理。建成广西电子政务外网纵向骨干网和自治区级横向城域网，纵向自治区连接 14 个设区市，113 个县（市、区）；横向接入区直部门单位 113 个，设区市 8 个，县（市、区）8 个。建成广西电子政务外网安全管理平台，建设广西电子政务外网数字认证中心。建设广西电子政务外网云计算中心，为各级政务部门提供云计算、数据存储和数据灾备等服务，该项目于 2015 年 1 月开工，计划 2017 年 3 月前竣工建成，项目一期建筑面积约 7 万平方米。

3. 积极推动各地区各部门业务专网应用迁移和网络对接

自治区第一批上网试点单位有计划地将办公内网、办公外网、门户网站以及政务信息公开

统一平台分别向电子政务内网和电子政务外网及其云计算平台迁移，完成自治区52个政府部门的门户政府网站和政府信息公开统一平台向广西电子政务外网云计算平台迁移部署运行。

4. 强化基础信息资源开发利用，加强数据库建设

强化基础信息资源开发利用：一是建设人口库，目前已建设完成了全区常住人口、流动人口的基本信息库。二是建设法人单位库，"国家法人单位信息资源库（一期）广西项目"的电子政务重点项目建设正在落实，《国家法人单位信息资源库（一期）广西项目建设方案》的编制已完成。三是建设空间地理信息库，目前建成了权威的、通用的地理信息公共平台。

5. 建设政府系统信息资源共享和数据交换体系

各部门根据工作职能建设本部门业务应用系统和自治区、市、县三级统一的业务应用数据库，按照自治区信息资源共享和数据交换规范标准，建立本部门信息资源目录和数据交换规范。如纪检监察业务信息应用平台、公共就业服务平台等。

6. 改善信息安全环境，确保网络信息安全

自治区高度重视网络安全工作，严格按照等级保护的要求制定规章制度，配备相应的设备，落实安全策略部署。加强计算机网络保密管理。坚持涉密信息不上网，上网信息不涉密，做好非涉密网络和办公计算机的日常管理。完善信息系统安全保护工作，在各应用系统的服务器端上安装了杀毒软件。

7. 加强保障措施建设，完善标准规范

出台《广西壮族自治区人民政府办公厅关于促进电子政务协调发展的实施意见》，加快推进我区电子政务工作建设。部分设区市、区直部门按照《意见》，结合自身的实际情况，制定了相关的信息化建设工作要点。

（三）深化应用，提升社会管理和公共服务水平

1. 深入开展跨地区跨部门之间的信息共享和业务协同工作

2015年6月，广西社会保障"一卡通"管理系统正式上线运行，实现互联互通定点医疗机构1924家，占比为78%。9月，广西投资项目在线并联审批监管平台开始建设。10月，广西全面实施"三证合一、一照一码"登记制度，实现了工商、质监、国税、地税部门的三证合一办理。11月，平台一期建成并上线试运行，涵盖自治区、市、县三级。全区各级公共就业服务机构和部分基层公共就业服务平台已统一应用广西公共就业服务信息平台，实现了"一站式"综合服务和全区就业信息共享。

2. 完善办公业务应用，提高行政办公效率

我区完成了电子公文系统建设，实现了无纸化办公。《广西壮族自治区机关公文二维码使用规范》加快推进了我区电子公文信息系统建设。财政厅、审计厅等多个部门通过微信、微博、手机APP等新媒体公开政务信息和创新服务。水产畜牧兽医局、柳州市政府等单位建立了统一的电子印章、电子签名体系，加强电子公文上传下达的安全传输能力。在全国政府网站普查中，我区抽查政府网站合格率为90.37%，列全国32个省市自治区第16位，西部省区第4位，5个少数民族自治区第1位。

3. 推进政务信息公开建设，建立公共资源交易监管体系

我区依托门户网站及政府统一信息平台推进政务信息公开，依法按程序公布行政权力清单和责任清单，完善信息化事前事中事后和网上、网下一体化的应用及监督管理。自治区与

14个设区市依托电子政务平台逐步实现了行政权力网上公开透明运行，形成了自治区、市、县（区、管理区）、乡镇（街道）、村（社区）五级联网的政务服务体系，促进全区"一服务两公开"的建设。我区结合实际情况，积极推进公开、公平、公正和高效廉洁的公共资源交易监管体系建立，提高公共资源配置效率和净化市场环境。

4. 建设突发事件应急体系，为应对突发事件提供技术支持

2015年，广西交通应急指挥系统加入全区应急平台体系。自治区工商局在南宁、桂林市试点推行"天眼工程"，推动智慧城市建设。广西特种设备及安全应急援救指挥系统加快了新时期应急指挥信息化建设工作。

5. 强化保障措施建设，促进电子政务工作落实

自治区人民政府办公厅印发了《2015年全区政府网站绩效评估实施方案》，对全区的区直、中直单位网站和各市、县（市、区）人民政府门户网站开展绩效评估，推进全区政府网站建设与管理，加强政府网站绩效评估和日常监测常态机制建设。

二　电子政务建设工作亮点

1. 提高行政办公效率，降低行政管理成本

通过办公自动化系统，推行公文电子化处理，整合优化公文办理、督察督办等日常工作流程，有效地提高了行政效能。

2. 抓技术创新，确保持续发展

积极探索采用新技术，探索利用云计算模式的电子政务体系建设。通过微信公众号、官方微博、移动终端APP提供创新服务。

3. 抓统筹管理，抓科学规划

坚持发展、改革、管理并重。设区市在充分借鉴其他地方先进经验的基础上，结合实际，组织编制规划性文件，形成了"党政一套网络，一个管理机构，一套管理办法"的工作格局。

4. 信息化建设进步明显，政务信息公开工作全面加强

政府机关各类信息资源整合力度增强，政务信息公开专栏的科学性和便捷性明显提高，信息公开工作机制健全、责任明确，信息发布、流转归档等及时高效。

三　存在的主要问题和困难

1. 电子政务统筹协调难度大

全区电子政务和政府网站管理体制机制有待完善，市、县两级负责的电子政务工作机构各不相同，主管部门分散、技术人员缺乏等问题。

2. 电子政务发展不平衡，信息资源整合难度大

全区统一规范的电子政务网络尚未形成，信息孤岛大量存在，网络安全形势严峻，法律法规和标准规范滞后。

3. 政府网站"四不"问题不容乐观

政府网站"不及时、不准确、不回应、不实用"等问题依然存在，特别是一些基层网站"开天窗"、"睡眠"现象突出。

4. 政务信息公开工作力度不够

由于信息公开工作点多面广，政策性、时效性和敏感性强，涉及部门较多，出现制度落实不严、公开内容不够全面细致等问题。

四 下一步重点工作

（1）加快推进《广西电子政务"十三五"规划》实施，制订自治区电子政务重点项目建设实施方案，明确责任单位和时间要求，推进各项工作任务落实。

（2）推进"互联网＋政务服务"创新实践，打造广西"网上政府"。建立和完善广西政务服务网，实行行政审批、公共服务网上办理"一窗进出"，线上、线下服务"双线协同"，自治区、市、县"三级联审"。积极拓展政务服务网络功能和作用，逐步形成全区统一规范的"互联网＋政务服务"体系。

（3）加大政务数据资源交换体系建设，推进信息共享开放和业务协同。针对长期以来的信息孤岛格局，要大力推进政务数据的集中共享，加强数据资源共享交换和开放体系建设，列出"共享清单"和"开放清单"，解决政府履职因信息不对称而"盲人摸象"的问题，并将公共数据向社会开放。

（4）加强全区政府网站的管理。强化政务信息内容建设，建立完善信息发布机制，第一时间发布政府重要信息。做好社会热点回应，公布客观事实及后续动态信息。加强与公众的互动交流，倾听意见建议，接受社会监督。完善政府网站体系，优化布局结构。建立政府网站日常监测和绩效评估常态机制。

（5）推动政府网站建设迈上新台阶。各地区、各部门要切实办好政府网站，提高政府网站信息内容质量。各级政府办公厅（室）要切实承担起政府网站信息内容建设组织领导的核心作用。建立健全政府网站绩效评估和日常监测常态机制，加强督查考核，坚守政府网站底线，巩固政府网站普查成果。

（6）加强公共资源交易信息化建设。加强公共资源交易信息系统的研究，开展全区公共资源交易信息化总体框架和系统的设计与建设工作。理顺现有平台运行模式，探索公共资源交易"标前"、"标后"信息化监管模式，构建全区统一的公共资源权力运行电子化监管平台，选取有条件的设区市试点。

（7）加强贯彻落实《国务院办公厅关于促进电子政务协调发展的指导意见》（国办发〔2014〕66号）文件精神，进一步推动我区政府系统电子政务科学、可持续发展。

（广西壮族自治区人民政府办公厅电子政务处）

2015 年四川省电子政务发展概况

2015 年，在省委、省政府的带领下，四川省以贯彻落实国办《关于促进电子政务协调发展的指导意见》（国办发〔2014〕66号）为主线，不断完善电子政务基础设施，深化政务应用，强化安全保障，为支持政务服务、提高政府运转效率、提升行政效能等方面提供有力支撑。

一 总体规划日趋完善

深入领会国家电子政务顶层设计，制定出台我省《促进全省电子政务协调发展的实施意见》（川办发〔2015〕50号），提出未来电子政务发展方向和系统性工作规划，确立各级政府办公厅（室）统筹电子政务的工作格局。同步制定年度工作安排，狠抓文件落实、细化分解任务、协调组织推动，有效突破重点工作。

二 电子政务网络逐渐壮大

政务外网骨干网络覆盖接入范围不断扩大，实现省市县政府部门100%接入政务外网，乡镇接入率提高至80%，9个市（州）延伸至村组（社区）；统一认证、安全接入、统一域名等公共服务能力持续提升，其中数字证书数量超过5万，占全国总量15%；出台《政务外网运行维护管理办法》，运维管理进一步规范。

三 省级政务云建设顺利推动

科学部署推动，按时保质完成省级政务云一期"1+2"建设任务，建成1个云监管平台和2个云服务商平台，2016年1月20日正式启动，面向全省提供服务。同步推动云安全运维等标准体系建设，选取服务社会公众、有一定影响力和代表性、具有技术参考价值的27项业务应用首批云上部署。提前布局，积极协调支撑涉税信息交换与共享建设，搭建共享交换平台，利用云平台统筹探索开展涉税大数据分析。跨运营商互联网出口深度融合、多运营商广播模式、独立监管平台等多项关键技术实现有效突破。

四 政府网站建设再创佳绩

（一）开展全省政府网站普查工作

组织召开全省政府网站普查培训会，协调指导各地各部门做好政府网站统计摸底和检查整改，同步做好省政府网站自查整改，按时完成各项普查任务，中央人民政府网对我省政府网站普查的做法进行了全面报道，省政府门户网站绩效评估获得全国第三。

（二）着力加强全省政府网站管理

贯彻落实《国务院办公厅关于加强政府网站信息内容建设的意见》（国办发〔2014〕57号），出台我省《加强政府网站信息内容建设的实施意见》（川办发〔2015〕53号），制定《2015年全省政府网站绩效评估指标体系》，以评促建，不断提高全省政府网站质量和办网水平。

（三）加大重要政府信息宣传力度

推进省委、省政府中心工作和群众关心、社会关注的重点领域信息公开，通过专栏、专题等形式，及时发布解读政府常务会议等重要会议、重要决策信息；推进政府网站与传统媒体和新媒体融合发展，省政府门户网站采编、整合相关文字、图片、视频信息近 3 万余条，52 个省政府部门开通政务微博、政务微信，通过技术手段拓展传播渠道。

五 政务服务应用体系建设初步完善

（一）大力推动行政权力依法规范平台建设

组织省直各部门统一清理本系统的行政权力事项，省本级 5248 项，同比减少 27.1%；市（州）6244 项，县（市、区）6192 项，基本实现了我省权力清单目录"全省统一、同级一致"的目标。督促行政权力上网运行，修订并印发《四川省行政权力依法规范公开运行电子监督办法》，定期组织专项督查通报，除了行政审批，全省上网运行行权事项超过 70 万件。升级优化平台功能，研究制定升级改造总体规划，开发行政审批通用软件三级联审、并联审批、一照一码等新功能，完善公安网等业务专网与行权平台对接，初步实现 6 个部门业务系统与行政审批通用软件对接。

（二）稳步推进四川省公共资源交易电子化平台建设

以贯彻国办《整合建立统一的公共资源交易平台工作方案》（国办发〔2015〕63 号）为主线，专题考察公共资源交易中心电子化系统（平台）建设及运行情况，组织协调四川省电子招投标系统试运行，研究完善《关于加快整合建设全省公共资源交易电子化平台（系统）建设方案》。

（三）加快推进应急指挥平台建设

继续督促各省直机关部门加大推进本行业（领域）应急平台建设力度，协助指导 7 个省级部门实施应急广播系统、预警发布系统、应急通信保障能力工程、应急综合指挥系统和应急移动指挥系统等项目建设。继续推动各市（州）级政府平台建设进度，在全省 7 个市（州）级政府平台建成基础上，督促指导 5 个市（州）完善应急平台建设，协助阿坝州、凉山州、甘孜州启动应急平台建设。

六 安全防线更加巩固

坚持政务外网安全监测通报机制，定期对数据中心、门户网站等重要信息系统进行监测和远程漏洞扫描，开展应急演练，网络和各项业务系统全年正常运行；有序开展省级网络安全专项检查，做好党政机关互联网网站安全专项整治行动。政务外网安全防护体系逐步完善，等级保护工作进一步深化，7 个市（州）完成备案测评；在 6 个市（州）扩大政务安全邮箱应用试点范围，用户总数超过 6000；在市（州）和省级部门拓展政务外网移动安全接入平台，有力保障边界安全。

七　队伍整体素质不断提升

组织各级人员加强交流沟通，协助国家外网办召开全国政务外网运维工作会议，全年召开全省性电子政务建设会议、培训会、片区会议共计 13 场次，参训人员近 700 人次，积极协调市（州）、县（市、区）参加国家政务外网 CIO 培训班、电子政务与网络信息安全高级研修班、电子政务技术峰会等活动，开阔视野深化认识。

（四川省人民政府办公厅电子政务处）

2015 年贵州省电子政务发展概况

近年来，贵州省大力实施大数据产业发展战略，明确提出实施"电子政务云工程"、"打造电子政务云服务平台"、"推动电子政务及信息资源共享"等内容，以贵州省电子政务网、中国·贵州政府门户网站云平台、贵州省网上办事大厅、贵州省公共资源交易平台、贵州省人民政府应急平台等为主要内容的电子政务云建设快速推进，有力提升了政府决策能力、管理能力和服务能力，成为助推政府转型的重要手段。

一　基础设施建设进一步完善

贵州省电子政务外网及骨干传输网基本建成，初步形成横向覆盖省直各部门、纵向连接市、县及部分乡镇，向上连接国家电子政务外网，对外按国家安全标准实现与互联网逻辑隔离的电子政务外网体系，为全省跨部门、跨地区的信息资源共享创造了条件。贵州省互联网出省带宽能力达到 3000Gbps，光缆线路总长度达到 73 万公里，91.6% 的行政村通了宽带，贵阳市、遵义市、安顺市、贵安新区本地网并网升位，实现通信同城化，贵阳市全域实施了公共免费 WiFi 城市项目建设。中国电信、中国移动和中国联通等运营商数据中心落户贵州，为深化政务服务应用提供了丰富的计算和存储资源。基于行业领先的云计算架构打造"云上贵州"系统平台，实现了计算、存储、中间件等远端资源的动态分配和统一管理，进一步降低了行政成本，提升了安全保障能力，为各电子政务应用运行提供统一基础支撑。

二　电子政务生态框架建设快速推进

（一）建设全省政府系统"一网打尽"的贵州省电子政务网

基于电子政务外网，面向全省公务人员，构建一网式智能化云端政务工作平台，整合各政务应用模块和系统，为管理决策、办文、办会、办事、信息共享等各种政务工作提供支撑，是全省公务人员工作、学习、管理的总平台，2015 年 7 月 27 日正式上线运行。①重点开发完善了跨地区、跨部门、跨层级的公文处理和事务办理系统。实现了"一项改革，两大创新"。一项改革是指解决了原有办文、发文两张皮，实现公文流程各环节无缝衔接，全省公文跨地区、跨部门、跨层级全流程打通。两大创新，一是引入以人为本的互联网思维，实现业务流程、人员权限分离和灵活定制；二是公文运转处处留痕，客观准确反映公文运转全过程，实现责任到人。②大力推进省电子政务网信息共享门户应用。通过层次分明的信息展现，打造了立体式、全方位的交流学习平台。集成和打通了现有的督查、信息、值班、建议提案、目标绩效管理等15个全省政府办公厅（室）通用系统。从公务员个性化角度入手，增加了使用统计、个人工作台、台账和领导工作榜等数十个方便公务员日常工作和行为管理的功能模块。通过数据统计分析，实现对公务员日常网上工作行为的量化统计。③统筹建设安全移动政务平台。集中解决了移动终端、移动应用和数据传输安全问题，为全省公务人员摆脱时间和空间的制约、实现有线与移动并行的无障碍办公打下坚实基础。截至2015年12月，省电子政务网开通信息共享门户4624个，实现省级政府组成部门100%全覆盖，省、市、县三级政府100%全覆盖，涵盖全省8.4万名公务人员，发布信息60.57万条，访问量142.38万人次。

（二）建设统一对外服务的中国·贵州政府门户网站云平台

面向公众，基于互联网，依托全新构建的中国·贵州政府门户网站云平台，打造集信息公开、便民服务、互动交流、网上办事为一体的一网式服务平台，2015年7月6日上线运行，初步整合了网上办事大厅、交通云、旅游云、商务云、多彩贵州网等数据。中国·贵州政府门户网站云平台包括政府网站群平台、统一数据平台、政务应用商城平台三个子系统。①政府网站群。对全省政府门户网站软硬件资源进行统一规划、管理，建设包含省、市、县三级政府网站的站群平台。依托云上贵州大数据交换平台统一数据标准、集中存放，促进贵州省各级政府网站建设、管理和运营水平提升。②统一数据平台。借助平台解决目前全省各级政府网站在整合过程中的"利旧"问题，最大程度发挥已建政府网站功能，避免资源浪费。通过制定科学规范的数据标准，打通数据壁垒，无障碍实现数据间调用，汇聚已整合和未整合到网站群的网站以及不同信息系统的数据，资源弹性扩展，提高信息资源共享和使用效率。③政务应用商城。通过搭建政务应用商城，用数据"招商"，让应用开发商以最低的成本和最高的效率为政务服务提供更加丰富的产品，从而让整个平台成为一个"能够成长的技术平台"，同时注重培育新的产业模式。在2015省级政府网上政务服务能力排名中，贵州省位列全国第七；在2015中国政府网站绩效评估中，中国·贵州政府门户网站云平台获得省级政府网站全国第七名，首次进入全国前十。

通过打造中国·贵州政府门户网站云平台和省电子政务网两大平台，初步形成了全省政府系统对外统一公共服务出口和对内统一行政办公入口的"两张网"工作格局，构建了独具贵州特色的电子政务体系，成为我省促进政府行为规范、推动政府职能转变、提升依法行政水平、增强服务社会能力、提高政府行政效能的重要举措。

三　"互联网＋"公共服务能力显著提升

（一）打造覆盖省、市、县三级集政务、事务、商务的贵州省网上办事大厅

依托互联网、电子政务外网，利用大数据、云计算等技术，围绕全覆盖、全联通、全方

位、全天候、全过程的"五全服务"工作目标，打造覆盖省、市、县三级，集政务、事务、商务服务"三务合一"的全省统一网上办事平台。贵州省网上办事大厅包括互联网服务系统、审批服务系统、监管服务系统和辅助服务系统四个系统。互联网服务系统包括全省统一的行政审批和公共服务互联网门户及移动版，具有网上申报（PC端、移动端）、事务及商务事项办理、办事查询、权力清单公开、审批信息公开、政务中心网站群、"贵博士"智能服务等功能。审批服务系统实现了电子化流程审批和审批信息存储，包括一般程序的行政审批、并联审批、联动审批、移动审批、证照共享等功能。监管服务系统包括全过程电子监察、特殊环节监管、投资项目监管、政务服务大厅服务评价、投诉举报等功能。辅助服务系统包括微信服务、短信服务、呼叫服务、数据分析等功能，辅助省网上办事大厅的运行。截至 2015 年底，贵州省网上办事大厅完成省级、9 个市（州）、贵安新区、95 个县（市、区、开发区、综保区）全部开通应用，纳入省、市、县三级 3800 多个行政审批服务部门共计 5.8 万余项行政审批服务事项，贵州省网上办事大厅访问量达 50 多万人次，全省每天新增业务量 3 万余件在贵州省网上办事大厅交换调用，每天约 2 万名审批人员通过统一办理平台在线办理申请业务与响应公众咨询投诉。2015 年 8 月，中央改革办将我省政务服务"贵州模式"向党和国家领导人专题报告，党和国家领导人就推动"互联网＋政务服务"做出重要批示，并将我省有关经验做法向全国转发推广。2016 年 1 月，我省被国务院确定为"互联网＋政务服务"试点示范省。

（二）打造覆盖全省的公共资源交易互联互通服务平台

围绕"交易统一进场、信息统一发布、程序统一规范、专家统一抽取、监管统一实施"的"五统一"模式，促进公共资源交易由分散交易向集中交易转变，由管办不分向管办分离转变，由政府主导向市场配置转变，由人防向技防转变。一是实现全省交易信息统一发布。上线运行以来交接数据 128 万余次，推送项目交易信息 2989 条。二是实现全省数字证书兼容互认。数字证书实行全省"一证通"，目前已支持 4 家 CA 证书机构 6.12 万余个数字证书在 11 个交易平台互联互认。三是实现全省交易数据聚集分析。依托交易数据聚集分析系统对全省分散交易数据进行全面汇集和深度分析应用，为行政主管部门提供监管依据，提高了评标的质量和效率。四是实现全省交易远程智能监督。依托远程电子监督系统实现交易事项备案、辅助决策分析、在线投诉受理、远程异地监控等功能，对项目进行远程智能化跟踪和监管，有效弥补现场监督、人工监督等存在的不足，实现了公共资源交易由传统监督向智能化监督的转变。五是实现全省评审专家资源共享。依托远程异地评标系统，将投标人、招标人和评标专家在地域上进行隔离，通过对评标行为全程录像监督，保证评标过程的客观公正。截至 2015 年底，全省累计完成交易项目 5.73 万个，交易金额达 9328.45 亿元，节约和增值资金 204.87 亿元。

四　构建符合发展需要的综合性社会管理平台

作为国家应急平台体系建设项目组成部分之一，贵州省人民政府应急平台围绕构建符合发展需要的综合性社会管理平台，2015 年完成了《贵州省人民政府应急平台规划建设总体方案》的编制并报国务院办公厅备案，印发了《贵州省应急平台体系建设指导意见》等方案，正在开展全省应急平台体系应急应用系统软件的开发、省级政府指挥场所建设和基础支撑系统、主机存储系统、视频会商与巡查系统的招标工作。2015 年 9 月，贵州省"应急平台体系数据采集软件 V1.0"获国家版权局颁发的计算机软件著作权登记证书。

（贵州省人民政府办公厅电子政务处）

2015 年陕西省电子政务发展概况

　　2015 年，陕西省深入贯彻落实党的十八大和十八届三中、四中、五中全会及省委十二届六中全会精神，紧紧围绕"经济社会发展"和"便民利民服务"两个中心，以"大数据挖掘分析"为推动力，着力加强全省电子政务工作的统筹规划和顶层设计，大力提高基础资源使用效率，促进业务协同和信息共享，加快推进"数字陕西 - 智慧城市"建设，深化"互联网＋"创新智慧应用项目，进一步提升政府管理和服务水平，不断探索和完善电子政务建设和发展模式。在各级各部门的共同努力下，全省信息化建设工作成效显著，到 2015 年底，以"两网四库三平台"为支撑的电子政务公共平台服务体系发挥了重要支撑作用，全省电子政务建设发展进入以政务数据资源开放利用推动政务公开、提升公共服务能力，以信息化驱动新型城镇化、新型工业化和农业现代化协调发展的新阶段。

一 加强信息基础设施建设，打通全省电子政务发展的大动脉

　　组织协调通信、广电等行业管理部门，继续实施"宽带中国"战略，加快推进城镇光纤到楼入户，扩大农村宽带网络覆盖，加快 4G 网络和城市移动互联网接入热点建设。全省光缆新增 9.7 万公里，总长达到 67.8 万公里，固定宽带接入用户达到 700 万户，90% 城市家庭宽带接入能力达到 20Mbps。全省通宽带行政村新增 2500 个，比例超过 92%，75% 农村家庭宽带接入能力达到 4Mbps，进一步缩小城乡数字鸿沟，信息惠民成效显著。推动宝鸡、渭南两市申请创建"宽带中国"示范城市，促进城市宽带普及提速，引领示范我省宽带整体水平不断提升。杨凌区 71 个行政村实现光纤到村全覆盖，公益 wifi 全覆盖，并免费向公众开放。

二 推进智慧应用普及，提升城市运行效率和公共服务水平

　　加大统筹协调和指导力度，加快推进智慧应用试点，引领全省信息化应用加快发展。

1. 支持地市和省级部门惠民项目建设

　　渭南市按照"政府＋通信运营商＋内容服务商"的建设模式，启动智慧畜牧、智慧民政等 16 个试点项目。铜川市打造的"智慧照金"已通过验收。延安市制定了《关于改进延安市网络管理和信息化工作"六个一"方案》。广电新闻出版局与潼关签署《互联网信息惠民"1＋X"工程协议》，启动基于"互联网＋"和"电视＋"的智慧潼关建设，并向长武、白河等县推广。

2. 推进智慧应用普及

继续开展基础信息数据库共享应用，启动基于空间地理数据库的政务信息资源"一张图"二期建设。建设智慧信用企业信用监管与公示系统，健全失信惩戒机制，引导促进企业诚信守法；在铜川、延安、汉中等市开展区域卫生信息化试点，加快社会公共服务卡管理平台建设，拓宽为民服务渠道，提升服务能力；建设交通物流信息公共平台，规范物流市场秩序，促进物流业加快发展。

3. 加快便民服务体系建设

充分发挥统筹协调全省电子政务发展职能，加快电子政务公共服务普及，实现信息利民、信息惠民。督促安康市、城固县等市县完成公共服务平台建设，支持各市县开展社会城市管理、为民服务等业务应用试点工作；王益区等以社区养老、卫生医疗、群众办事等业务应用为突破，完成基于县（区）级平台的社区（镇）为民服务业务应用项目建设，提高基层为民服务水平。

三 创新电子政务公共服务发展，推进公共信息资源共享开放

1. 完善信息化创新发展环境

贯彻落实中央网信办要求，印发《陕西省党政部门基于信息化公共平台购买云计算信息技术服务实施办法（试行）》及《陕西省信息化公共平台定级与评定规范（试行）、陕西省信息化公共平台分级管理规范（试行）》等文件，为开展电子政务创新发展示范试点工作提供政策依据。

2. 强化公共平台服务能力

在现有平台基础上进一步深化云计算技术和大数据应用，提升平台系统、基础资源、安全保障和运行维护等方面服务能力，扩大省级互联网统一出口带宽到4G，推进电子政务骨干传输网和市县接入网建设，加快电子政务骨干传输网向乡镇延伸，基本完成全省70%县（区）的城域网横向接入工作，乡镇政务网接入率达到40%，进一步加强三级平台服务体系等级管理、运维保障、资源统计和资产监管。渭南市级信息化公共服务平台与监控运维平台全面建成，面向全市提供资数据储、资源共享、安全运维、设备托管等服务。西咸新区智慧云计算中心已投入运行并接通省电子政务外网。

3. 推进公共信息资源共享开放

加快开展省级各部门业务梳理、信息资源设计、政务和公共数据资源开放试点工作，促进各级党政部门业务协同和信息资源共享，建立健全政务数据资源开放共享长效机制。完成省人社厅等部门的业务系统部署迁移及网络优化，引导鼓励各级各部门基于公共服务平台开展应用系统建设，提升基础资源共享率。商洛市初步形成了基于云计算网络架构下的商洛电子政务云，为国家和省市县四级业务系统部署和数据资源有序共享奠定了基础。西安海关强化数据共享力度，先后完成与省信用办、省商务厅以及铁路部门的数据对接，实现数据实时、安全共享。

4. 利用"互联网＋"手段推进公共服务能力和治理体系现代化

协调省政务公开办集中整合各级各部门和社会公共服务类资源，努力实现"网上受理、后台办理、网上交付"新型治理服务模式。指导渭南以各部门业务协同为重点、政务数据

资源开放共享和大数据为手段，推进 12345 政府服务呼叫中心、网络舆情处置指挥中心、公交车站调度等应用项目建设，促进社会管理能力和公共服务水平的提高。

四　强化网络安全监督检查，提高电子政务安全防御水平

1. 坚持多措并举，筑牢网络安全防线，推动建立网络安全管理联动机制

深入开展重要信息系统定级备案、安全测评和风险评估等工作。建设完成省、市、县三级基于统一身份认证和访问控制管理认证应用平台，颁发应用数字证书超过 30 万张。我省西电捷通自主研发的物联网安全关键技术首次也是全国唯一被纳入国际标准的省份。

2. 突出问题整改，切实维护网络安全

组织开展全省党政部门和重点领域网络安全专项检查和抽查，历时 4 个多月，重点抽查了 3 市 4 县的医保、社保系统，完成 89 家重点政府部门网站安全监控，全省党政机关网站安全漏洞比上年同期减少 34.5%。

3. 加强安全事件应急演练和宣传培训，不断提高安全保障和处置能力

组织开展陕西省网络安全事件应急演练，锻炼应急响应队伍，完善应急预案。组织开展陕西省第二届网络安全宣传周活动，共设置启动日、金融日等 7 个主题宣传日，4 场网络安全知识讲座，全省参与人员达 1000 万余人。举办全省党政机关网络安全技能大赛和中国·西安"华山杯"网络安全技能大赛，共 860 支队伍 2500 余人参加比赛。

五　重视人才队伍建设，努力营造良好发展环境

按照习总书记"关于建设一支高素质的网络安全和信息化人才队伍"的要求，我省主要从人才结构，高端人才引进，人才培养和发展环境等方面加快人才队伍建设。

1. 加强网络人才培养与引进

引导人才向产业流转，设立专项资金并优化分配机制，避免顶端人才资源的过多占用；调整优秀人才评定机制，区分科研和产业，科研注重基础科学，产业注重应用和效益；建立更加广泛、有层次、实际的人才选拔方式；成立高端人才合作发展基金，鼓励人才间相互协作，开展跨企业、跨区域的合作，引导和激励创新；加强教育培训，制定完善培训计划，分领域、分层次、分批次地进行大规模培训，着力提高政治素养、业务素质。

2. 改善产业和科研环境

设立资金和政策引导网络安全与信息化企业通过技术合作、产学研结合等方式，开展自主创新，开发具有自主知识产权的安全产品和技术，寻求产业突破和快速发展；开展创新人才工程和高技能人才工程，积极争取国家资金扶持，依托我省科教资源优势，培养引进高层次创新人才。

3. 重视实践和产业应用

推动企业与高校合作建设实习基地，加强学生动手能力的培养；开展攻防演练平台建设，组织攻防竞赛，锻炼攻防能力，更大范围的选拔优秀人才；继续实施"网络秦军"建设工程，按照分领域、分类型、分层次建设思路，创建作风好的强大网军队伍。

（中共陕西省委网络安全和信息化领导小组办公室）

2015 年新疆维吾尔自治区电子政务发展概况

2015 年，新疆维吾尔自治区各地各部门不断完善工作协调指导，认真抓好电子政务基础设施的健全完善，加强信息资源整合，继续提升应用水平，积极推进"互联网＋政务服务"应用开展。

一 进一步推进政府网站的规范化管理和应用水平，促进"互联网 ＋政务服务"的发展

（一）完成国务院办公厅安排的政府网站普查工作，推进全区政府网站的规范化建设和管理

认真落实领导批示，建立工作推进机制。根据国务院办公厅的统一部署，认真落实自治区主要领导关于政府网站普查工作做出的重要批示，积极组织推进政府网站普查工作。自治区人民政府办公厅印发了《关于开展第一次全区政府网站普查工作的通知》，对全区政府网站普查工作作出安排部署。全区各级政府建立了以办公厅（室）为组织单位、负责政府网站管理的电子政务工作机构为责任单位和普查单位的工作推进机制。

1. 加强培训，抓好指导

针对网站整改阶段的问题，自治区政府电子政务办公室先后 2 次组织举办大规模的全区网站普查培训会，赴伊犁州、哈密地区、喀什、克州及所属 8 个县市检查调研网站普查工作中面临的问题、提供解决问题的思路，通过交流座谈、视频会议方式对 112 家政府网站的检查整改情况进行指导。

建立工作交流平台和工作通报制度。自治区政府电子政务办公室及时建立全区网站普查工作交流平台，积极做好上传下达工作，答疑解惑，指导各单位做好网站普查工作。通过下发《关于全区政府网站普查整改工作情况的通报》，引起了相关政府部门及地州主管领导的重视，对推进工作开展具有积极效应。

2. 针对问题，抓好整改

一是认真部署整改阶段工作。自治区政府电子政务办公室专门下发通知要求各地各部门全面核查本地本部门政府网站，做好网站补报漏报的信息上报工作。二是组织自查，针对问题开展整改。根据网站监测通报及自查情况，认真制定网站整改方案并逐一整改，保障我区政府网站率先达到国办合格要求。三是通过技术监测深入发现问题。采用人工和系统扫描技术手段对 93 家政府网站进行多次检查评测，发现各网站存在的问题并及时督促整改。

充分利用社会资源和社会服务推进普查工作。积极贯彻国家提倡的政府依托社会资源购买社会服务开展工作的指导原则，在政府网站普查工作中积极与社会有关评测和技术监测机构合作，利用社会资源，安排专项经费购买网站普查相关评测和监测的技术服务。

3. 加强宣传，形成工作合力

一是与自治区网信办、通信管理局和网络运营商等政府网站工作相关单位就如何做好普

查工作与各相关单位进行了交流讨论，形成政府各部门共同推进普查工作的合力。二是注重加强网站普查工作的信息上报和宣传工作，积极向中国政府网和新疆日报等媒体提供我区政府网站普查工作开展的情况供选编发布。

严格规范做好网站"关停并转"工作。为规范我区网站"关、停、并、转"工作，自治区政府电子政务办公室率先制定了关停网站的工作规则和程序，对于正式提交自治区申请关停的网站，按规范进行了逐一审核批复。

组织完成了我区1963家政府网站普查各阶段的工作任务，按时完成自评工作并提交了工作总结。针对抽查中发现的问题，组织对相关网站进行了专项整改。通过网站普查，全区各级政府网站应用管理水平得到有效提升，政府信息公开、政民互动、网上审批办事服务进一步开展，全区政府网上服务平台不断健全完善，有助于推进我区阳光政府、廉洁政府建设，为我区开展"互联网＋政务服务"奠定良好基础和平台。

（二）健全工作机制，持续推进自治区各级政府网站应用工作发展

建立自治区各级政府网站重要政策信息协同联动发布工作机制，率先构建起"千网联动，上下呼应"的我区政府网上服务格局；制定政府网站在线访谈工作方案，推进网站政民互动应用；完成自治区政府网站无障碍系统第三期建设工作，积极开展自治区政府网站政务客户端（APP）建设工作，扩大政府网站服务范围和影响力；及时完成自治区政府网站信息系统等级保护测评及软硬件升级加固工作，有效保障政府网站安全稳定运行；继续做好政府网站高考查分服务，探索建立云服务模式下的高考成绩查询。

1. 依托电子政务平台深化政府信息公开工作

2015年各地各部门共上报自治区政府网站供信息公开发布用的政务动态35209余条，发布7000余条，上报网站专题130余个，采用网站专题65个，各地各部门网站数据更新更加及时、网站内容更加丰富，政府信息公开进一步加强。

积极做好自治区政府部门权力清单发布工作。根据自治区人民政府《关于推进自治区本级政府部门行政权力清单和责任清单制度的通知》（新政发〔2015〕72号）文件要求，自治区政府电子政务办公室积极配合自治区编办，及时完成自治区政府52个部门的2569项行政权力清单数据在自治区政府网站上的建库和页面展示工作，促进我区阳光政府的建设。

2. 进一步提升网上政民互动水平

2015年以来，各级政府网站进一步健全完善网上政民互动应用规范、制度和机制，办好、用好、管好领导信箱、领导微博（微信）、在线访谈、民意征集等政民互动栏目，政民互动工作水平得到进一步提高。2015年，阿克苏地区"专员信箱"、"专员微博（微信）"累计受理群众有效来信619件、办结619件，办结率100%，阿克苏地区各县（市）"领导信箱"受理来信1555件，办结1480件，办结率95.2%，配合地区经济社会发展工作，开展地区经济发展软环境、城市交通建设等专题网上民意调查6次，采用网站视频直播方式组织开展部门领导干部在线访谈节目，面对面、键对键向网民朋友介绍部门职能、解读相关政策、回应群众关切，已成功举办市政建设管理、扶贫开发、支农惠农为主题的在线访谈节目8期，并配合做好新广行风热线"地州领导接待日"、"走进阿克苏地区·交通万里行"活动的网上直播工作。

3. 继续推进政务微博和微信等新媒体政务应用

截至目前，已有18个地州（市）、50个政府部门及直属机构、86个县市（区）政府本级开通政务微博，各地各部门通过政务微博、微信应用继续加强政府信息公开渠道和网络问政平台建设，在与民众沟通、改善政府形象和推进社会管理创新等方面发挥了重要作用。和静县政府开通官方认证微博、微信"大美和静"，同时开通了"和静－其米格"县长个人政务微博，并制定了相关的制度，快捷、有效地与民众进行互动，着力提高公众参与度，增强政府服务透明度。

（三）推进"互联网＋政务服务"应用发展

1. 积极做好行政服务和公共交易中心电子政务信息化系统的规划建设及保障工作

自治区政府电子政务办公室全面开展全区各级政府行政服务中心信息化系统建设情况摸底调查工作，积极起草完成"两个中心"信息化支撑系统技术需求及建设方案，为推进自治区政务大数据中心的建设奠定基础，保障自治区政务服务体系建设和简政放权工作的开展。

2. 保障各级行政服务中心的高效运行

博州电子政务办公室全力保障技术支持博州行政服务中心工作。积极协助行政服务中心做好审批流程优化工作，将原有297项行政审批和管理服务事项优化为237项，实现集中受理，限时办结，截至12月25日，累计受理审批服务事项109895件、办结109272件。积极做好公共资源交易系统问题整改工作，为进一步发挥公共资源交易系统的作用奠定了基础。自2014年5月博州公共资源交易中心挂牌运行以来，已将建设工程、政府采购、水利、交通、国有资产等五大类纳入公共资源交易中心交易，截至12月25日，累计资源交易1347宗，成交额51.11亿元。

二　政务业务应用系统建设和应用工作继续发展

支持和保障自治区党委组织部和自治区住建厅依托自治区电子政务网络部署建设自治区房产信息查询系统。

（一）自治区国土资源管理全业务网上运行体系和综合监管体系应用全面开展

自治区国土资源电子政务平台以全疆国土资源"一张图"、综合监管系统和三级网络互联互通为基础，构筑以科技信息手段为支撑的国土资源管理运行体系，实现国土资源的全程监管和高效配置。平台实现采探矿权业务的查询统计、批量导入、统计分析和建设用地业务检查规则、缴费通知单自动计费，督办信息查询统计分析，在公文传输系统应用中启用CA认证登录、电子签名审批等功能。完成了全疆国土资源三级电子政务系统建设用地报批，新疆国土资源违法行为在线查询等。

（二）哈密地区电子政务应用建设不断拓展

哈密地区网络纵向已经连通两县一市，横向实现了与地直83个单位（部门）及60个街道社区的对接，已开展金审工程、电子监察、行政审批、数字社区、政法综治、水利监控、扶贫业务专网、党务公开、政务公开、政府网站群、在线访谈、编制信息系统、在线举报系统、视频会议、协同办公系统等应用，实现了各级政务部门的互联互通、信息共享、数据交换和业务互动，避免了各部门网络建设的重复投资，节省网络管理和运行成本，为各级政府部门依法行政、政务公开、协同业务处理提供了有力保障。

三　加强协调指导，抓好培训和交流

加强调研和指导，推进电子政务工作进一步发展。自治区政府电子政务办公室前往6个地州及所属8个县市，40个政府部门及直属机构调研，检查调研电子政务工作中面临的问题、提供解决问题的思路。全年针对政府网站、专网建设及应用、网络安全等方面发文17件，为各地各部门提供电子政务工作发展指导。

加强培训交流工作，提升电子政务工作队伍水平。自治区政府电子政务办公室召开2次全区范围的电子政务工作培训班、3次视频会议，组织各地各部门参加2次论坛，全年累计培训830余人次，进一步提升了全区电子政务工作队伍水平。

四　积极探索实践推进智慧城市建设

（一）奎屯市"数字城管"建设效益初显

奎屯市于2013年被列为全国首批90个智慧城市管理试点城市之一，智慧城市创建－数字城管先行启动。"数字城管"信息平台使用无线传输图传设备加强对市容环境秩序、园林绿化、市政设施等城市部、事件问题巡查监控和上传，执法取证效果显著，并通过奎屯市城市管理局门户网站拓宽受诉信息渠道，指挥大屏接入环卫车辆GPS定位轨迹，可实时调度和岗位督查环卫垃圾清运车、扫雪车等作业车辆运行情况。该平台整合城市管理资源，通过万米单元网格管理法，结合奎屯市实际现有的5个街道37个社区，以社区为网格管理单元，城市管理局监督指挥中心编制联动机制及部、事件立结案工作标准，对市民诉求和日常巡查管理的部、事件问题，建立采集、立案、转办、审核、结案、反馈、评价7个步骤处置处理后同时生成及时率、办结率、满意率的"三率"评价。截至2015年12月1日共计受理2726起市民各类诉求，已办结2695起，及时率72.55%、满意率98.27%、办结率97.17%。平台对城区城市管理情况通过多元化监控系统，使城市管理工作状态以及城市部件事件可视化，把各项管理置于全方位无盲区监管之下，对确保市政设施完好运行、加强执法管理监督及预防突发事件发挥了重要作用。

（二）"智慧库尔勒"初步实现信息兴业、惠民目标

库尔勒市电子政务云数据中心自2013年启动以来，已先后测试迁移九大类业务系统，包括市政府门户网站、食品药品监管系统、智慧社区试点、数字城乡、农业局、图书馆、菜篮子办等信息化项目。通过项目成果的使用，节约小机房建设8个，节约信息系统维护人员8个，节约服务器、交换机等硬件约30台（每个小机房服务器3~4台，交换机1台，防火墙1台），节约宽带费用80M/年，每年节约用电690288度以上（按每个小机房6kW单冷精

密空调估算）。综合来看，除节约财政一次性投资 338.2 万元（传统情况下每个局委办需要自建一个 20 平方米左右小机房，基础建设、装修、消防和制冷等成本按照 20 万进行估算）以外，每年可节约电费 69 万元以上、节约综合人力资源成本 8 万元以上，两项合计 77 万元/年。还可继续为十余项应用提供支撑，此项费用合计节省保守估算为 500 余万元。

（三）"无线城市"为若羌县城增值

为进一步提升城市功能，提高群众幸福指数，同时为外来游客提供良好的网络体验，也为智慧城市提供足够的网络支撑，若羌县于 2015 年 6 月启动无线若羌建设项目。项目已于第十届中国若羌楼兰文化·红枣节期间基本完工，并在节日期间发挥了明显作用，取得了较好的反响效果。无线若羌覆盖若羌县城的各公共场所以及乡镇政府，采取手机号加验证码进行验证，并免收网络使用费，同时还将为下一阶段智慧城市的建设提供相应的网络环境。

（新疆维吾尔自治区政府电子政务办公室）

2015 年青岛市电子政务发展概况

2015 年，青岛市认真学习贯彻党的十八大和十八届三中、四中、五中全会精神，发挥体制、队伍、平台和应用优势，加强电子政务工作建设，各项工作取得了新的进展。市政府门户网站在第十四届全国政府网站绩效评估中，列副省级城市第二名。在首次全国政府网站普查中，普查全市 407 个政府网站，关停并转不合格网站 25 个，各项指标达国家要求，全市所属 382 个政府网站全部合格。

一 发展现状

经过 20 年发展，青岛市电子政务形成鲜明特色，被业界誉为"青岛模式"。这一模式的顶层设计，主要包括五个方面的内容：一是清晰的目标和思路，二是高度集中统一的管理体制，三是整体配套且高度一体化的技术体系，四是集约化的资源配置使用模式，五是与政务管理改革创新深度融合。2015 年 12 月，两办联合印发《青岛市"互联网＋政务"行动计划（2016～2020 年）》，推动政务管理和服务与互联网深度融合，形成"互联网＋政务"创新发展新模式和城市竞争力新优势，促进法治政府、创新政府、廉洁政府和服务型政府建设。为维持高度集中统一的管理体制，推行集约化模式，青岛市一直高度重视集中统一的电子政务技术支撑体系建设，按照需求导向、适度超前、整体配套、节约投资四项原则，经过多年扩展完善，形成了由 6 个基础平台、8 个共性关键应用平台、6 个功能中心组成的"686"核心技术体系，成为全市电子政务云公共服务平台，为各部门乃至各区市的信息化应用提供技术支撑。

青岛市一直把电子政务应用作为加强党的执政能力和政府行政能力关键环节，推进行政管理改革创新的重要内容进行部署和推进。目前，全市机关已经和正在利用政务云公共服务平台实施的信息化项目达 2000 多个。电子政务总体整合度达 87.1%，其中网络整合度达 95.6%，机房和服务器整合度达 84.5%，应用系统整合度达 91.6%，网站整合度达 55.9%。比较重大的项目，除了全市统一的网上办公、网上审批、网上执法、网上便民服务、信息公开、网络问政以外，还有电子监察、医疗卫生、民政、旅游、应急、安全生产监管、食品安全监管、药品安全监管、财政专项资金监管、政府投资项目监管、文化市场执法、机关资产管理、财源建设等方式，电子政务应用体系基本形成，与行政管理改革创新实现了较深层次融合。例如：

网上办公已在市、区市、乡镇街道三级机关全面普及，网上办公有效人数达到 33982 人，5258 人开通移动办公。全市（含区市）有 1500 多名副局级以上领导在网上实现了文件批阅，批阅量达到了 62 万件。每年网上公文信息流转量达 2000 万件次，正式启用市级机关无线局域网，目前用户约 2500 人，日常在线约 1200 人。形成了全市大一统的一网式协同办公环境。

网上审批平台按"全市统一、两级分建，一网式流转、一站式服务"模式建设，目前已覆盖市级 300 多项、区市 3600 项行政许可、非许可审批服务事项。

网上执法平台也是按"全市统一、两级分建"模式建设，市级 45 个执法部门的 8290 项处罚权共被拆分为 45934 个裁量阶次，纳入统一网上执法平台，实现规范透明运行。

网上信息公开依托全市统一的网上办公和信息发布平台，实现了统一管理和备案、集中发布、实时公开、永久在线、一站式服务，成为政府信息公开主渠道。目前，已形成包括 7 项共性目录、1183 项个性化目录的政府部门信息公开目录体系。2015 年，市政府和各部门通过全市统一的信息公开平台公开各类政府信息 1 万余条，备案依申请公开和不予公开信息 1.1 万条，网上受理依申请公开申请 1300 余件。形成包含 38 个部门 361 类数据资源的首批"政府数据开放清单"，建成全市统一的政府数据开放管理平台和"青岛市政府数据开放网站"，发布 37 个部门 321 个数据集。

网上办事服务按开发平台、身份认证、内容管理、服务展现、信息交换、申报、反馈、搜索、支付、评价"十统一"的要求，建成了包括市民一站通、企业一站通和我的政府一站通三大服务体系的网上便民服务大厅，市级网上便民服务大厅共整合发布 2241 项政务服务事项，综合网上办理率达 64%。建成手机版网上便民服务大厅，通过淘宝、支付宝、微信服务平台发布公安、市政、社保、志愿者服务等各领域服务 20 余项。在全国率先开展网上政务服务专项绩效评估。

网络问政按外网受理、专网办理、外网反馈机制，建立了 60 多个部门和 10 个区市政府统一的政府信箱体系，每年受理市民诉求 5 万多件。同时利用全市统一的网上访谈平台，组织 57 个部门定期上网实时解答市民诉求，2015 年组织政府部门网络问政 495 场次，参与网民 34.1 万人次，提出问题建议 10846 个，部门回复率达 98.7%。

网上督查集决策督查、领导批示督查、专项督查、实事督查于一体，可以快速进行督查事项立项、分办、督办、反馈和汇总，2015 年办理督查事项 2 万多件。

网上公务员平时考核可进行考核体系定制、周纪实、月小结、季度工作完成情况上报、季度评议与民主测评、量化考核、考核结果自动生成和公示等，显著提高了考核工作效率和质量。

建议提案管理系统是对人大代表的建议和政协委员提案进行收集、办理的综合管理的系统。

信息资源共享取得初步成效。除各部门内部资料信息共享外，全市统一的人口、法人、空间地理、批文证照、档案等基础数据库建设取得重大进展。2015 年，部门和区市通过交换共享管理系统提报信息资源共享需求 38 件，共享 32 件，共享需求满足率为 84%，交换共享管理系统共办理需求 162 件，共享 93 件，共享需求满足率为 57%，信息交换总量达 2.5 亿条；汇集 44 个部门 1330 项信息，初步建成公共信用信息数据库，包括 776 万条个人基础信息和 14 个部门 191 项 37 万条的个人信用信息、34 万条企业基础信息和 44 个部门 910 项 11 万条的企业信用信息、4.3 万条非企业法人基础信息和 30 个部门 2.5 万条的非企业法人信用信息，将有关信用信息在"信用中国"网站进行公开公示。

二　取得效益

1. 节省投资

2001 年以来，青岛市用于电子政务核心技术体系（包括网络）和云公共服务平台的建设投资约为 1.2 亿元，但由于核心技术体系以集约化模式为众多部门提供共享服务，已节省一次性建设投资 4 亿多元。核心技术体系每年的运行维护费（含网络线路租用费）不足 1000 万元，但每年为部门节省运行维护费约 3000 万元。电子政务的"资金黑洞"基本被堵住。

2. 节省人力资源，降低安全风险

在集中统一的体制和模式下，部门一般不需要成立专门的信息技术机构，减少大量人员配备，而且均能享受到市电政信息办提供的专业服务和 24 小时 ×365 天的可靠运行保障。不仅节省了部门的人力资源，而且避免了部门因专业技术人员缺乏带来的信息系统管理运行中的安全风险。

3. 推动电子政务发展方式由孤岛式向互联互通转变

青岛模式最重要的效益是实现了信息化系统由过去的作坊式建设转变为规模化发展。推进应用的速度快、范围广、规模大，对政务模式创新影响深刻。特别是由于使用统一的网络和软件平台，非常有利于实现信息资源集中管理和多级政府、多部门之间的大规模业务协同和联合服务，显著降低信息共享和流程互通的障碍，有效遏制"信息孤岛"和"业务割据"带来的管理风险，为实现网络环境下的"一体化政府"和"一站式服务"创造了条件。

（青岛市电子政务和信息资源管理办公室）

2015 年长春市电子政务发展概况

2015 年，我市根据全市电子政务工作总体部署，以积极探索新形势下电子政务工作新规律、新特点、新方法为着力点，牢牢把握政务主导的基本原则，扎实推进电子政务工作向前发展，重点开展了以下几个方面工作。

一　构建信息共享和业务协同体系，电子政务应用成效显著

全市电子政务综合支撑平台——长春信息港，现已建成以光纤城域网为主，覆盖全市各

县（市）区、开发区、市直机关、主要公益部门、财政拨款事业单位及各社区的内外网物理隔离、平行的两套城域网络。建设了公务员驾驶舱系统、电子档案远程利用系统、社区信息化服务平台、移动政务平台、医疗救助平台等一批重点应用项目，为优化机关办公流程，提升机关办公效率，促进政府职能转变发挥了重要作用。推动建设了全市统一的政务信息资源信息交换平台，启动了国家政务信息资源目录体系试点城市建设，初步构建起全市统一的政务信息资源目录体系平台和交换体系平台。集中开展了通用办公业务系统推广应用效果评估有关工作，有针对性地提出系统完善意见。为了适应近几年通用办公业务系统在我市的推广应用，提出了分级部署、分块管理、根据需求明确主体的管理原则，有效分割日常事务和重大事项的管理权限，简化管理流程、提高管理效率。

二　全市政府网站集群已初步形成，城市管理及政府公共服务领域信息化水平大幅提升

经过多年规划和建设，截至目前，我市已建立了涵盖城市管理及社会服务领域的业务应用系统 68 个，主要业务信息化覆盖率达到 80%。在城市管理领域，数字长春地理空间框架建设初具规模，城市规划空间信息覆盖 20604 平方公里；城区 350.9 平方公里实现了三维地籍数据信息管理，建立三维立体模型 13 万个，形成楼面纹理信息 1040 万个；市政公用综合监管信息系统涵盖八大专业 14 个子系统；公安部门"天网"工程安装监控探头 10.5 万个，实现了重点区域的全覆盖；长春市社会服务管理综合信息平台对全市 12000 多个网格实施精细管理。社会公共服务领域，建立了劳动和社会保障信息系统、医疗保险管理信息系统；全市县及县级以上医院 100% 建立了医院管理信息系统，为 515 万居民建立健康档案信息。这些举措实现了全员人口信息、流动人口及人口健康的信息化管理；城区中心校以上小学及初高中 100% 实现"校校通"；市档案馆馆藏档案 100% 实现文件级目录计算机检索。初步构建了市、区、社区三级网络的社区信息化服务体系。

三　加强网络安全意识，完善安全保障体系

网络的安全与稳定关系着全市政务工作的有序、有效开展，不可疏忽大意，为切实提高政务网络的运行效能，我们坚持一手抓发展、一手抓安全，进一步完善管理制度，不断提升电子政务信息安全保障能力。为加强政府网站安全管理，加快网络安全基础设施建设，完善网络安全保障体系，年初制订了《政府网站安全责任书》，由市电子政务协调领导办公室与我市 14 个县（市）区、开发区及 48 个市直部门签订责任书，进一步强化有关领导的安全意识，明确责任、细化要求、层层落实责任，以促进其完善网站安全管理制度和安全保障体系，提高安全防御能力和系统管理水平。

四　坚持以职务需求为导向，不断提高电子政务建设效率和应用效能

我们始终坚持以政务需求为导向，规划先行、科学论证，先易后难，循序渐进，典型引路，分类指导，高位统筹，协同推进，将电子政务的工作重心从主抓建设转向主抓应用。

2015 年，我市公务员驾驶舱系统、社区信息化服务平台、移动政务平台、医疗救助平台等一批综合性重点应用项目纷纷建成使用，有力促进了政务工作的开展；市政府门户网站整合了市政府各部门千余个服务事项，为广大市民提供"一站式"网上办事服务。视频会议系统覆盖全部各县（市）区，切实转变了会风，节省了行政成本，提高了工作效率。为进一步推进公务员驾驶舱系统在我市党政机关的全面普及和应用，长春市电子政务协调领导小组下发了《关于加快推进我市党政机关通用办公业务系统应用工作的意见》。

五　加强服务保障工作，为电子政务工作健康发展保驾护航

一是抓组织保障。我们加强对电子政务工作的组织领导，巩固管理体制，强化对电子政务工作的组织协调、统筹规划和监督管理。加强电子政务管理体制建设，由市政府办公厅牵头，业务、技术、财政等相关部门各负其责。二是抓人力保障。电子政务既是综合的工作，又是技术性很强的工作，不仅需要了解业务、掌握技术、又懂得管理的复合型人才，更需要团队必须有足够的高素质的人才队伍做支撑。我们组织了相关业务专家、技术专家充分利用"外脑"，切实发挥电子政务专家咨询组的"智囊"作用。同时，注重党政机关内部电子政务的人才培养，通过电子政务讲座、专业培训、专题研讨、实际应用等多种方式开展培训工作，努力培养电子政务建设所需的创新型和复合型高级人才。三是抓经费保障。我们积极争取财政资金的支持，并千方百计地提高资金的使用效益。合理地安排资金的投资方向，保证信息化基础设施和信息系统的运行维护费用。四是抓技术保障。我们认真把握好重大项目建设时技术路线、技术方案选择的合理性等方面，做到开发规范、使用规范、维护规范。

六　全面开展以评促建，确保电子政务相关工作落到实处

全市政府网站的考核评议工作以评促建，对提升我市政府网站的整体服务能力，发挥了良好作用。我们认真总结了经验，已着手研究全市政府系统的电子政务综合绩效考评指标体系，将应用项目、管理机制、制度建设、安全体系、技术保障等各个方面的内容充实到考评体系中，同时努力与市人社局沟通协调，争取提高电子政务考评内容在绩效考评中的分值，以进一步提高各应用部门和单位做好这项工作的积极性和自觉性。在工作实践中摸索和积累，逐步建立起一套较为全面、科学的电子政务绩效评价机制，定期评估部门、县（市）区电子政务发展水平。利用科学规范的评估机制，去更好地发现问题，继而采取有针对性的整改措施，从而推动全市电子政务工作更好开展。

搞好电子政务工作，对于加快转变发展方式与行政体制改革，提高行政质量和效率，增强政府监管和服务能力，促进社会监督，具有十分重要的意义。今后我们将牢固树立大局意识，以高度的责任感和迫切感，全面推进我市的电子政务工作发展，全面提升全市党政机关信息化应用能力，全面拓展覆盖民生的电子公共服务体系，全面实现社会建设和城市管理的数字化和智能化，以电子政务促进长春市的经济发展和社会进步。

（长春市政府办公厅电子政务处）

2015 年沈阳市电子政务发展概况

2015 年 3 月 3 日，市政府通过了《智慧城市建设 3 年实施方案》，做出了加快智慧沈阳全面建设的重要部署，明确了智慧沈阳建设"惠民、兴业、善政"的总体目标，开启了智慧沈阳建设元年。按照"规划引领、基础先行、创新驱动、应用示范"的总体思路，努力探索符合沈阳实际的建设道路，开创了智慧城市建设与大数据产业互相推动、融合发展的智慧城市"沈阳模式"。提出了以大数据发展为主体，智慧城市建设和传统产业转型升级为两翼，彼此支撑、互为动力、协同发展的智慧产业新思路。"智慧沈阳"各项建设稳步推进，成效显著。现对智慧沈阳建设 2015 年工作总结如下。

一 健全组织机构，形成智慧沈阳建设合力

成立了以市长为组长，市相关领导为副组长的智慧沈阳建设工作领导小组，下设领导小组办公室，成立了大数据管理局，组建大数据运营有限公司，负责智慧沈阳运营和管理，协调政务数据资源有序开放，推动全社会大数据采集、挖掘、整合与应用。

市政府高度重视智慧沈阳建设工作，多次召开市长办公会对各项工作进行跟踪部署。3 月 3 日，市政府做出了加快智慧沈阳全面建设的重要部署，明确了智慧沈阳建设"惠民、兴业、善政"的总体目标，通过了"智慧城市建设 3 年实施方案"，明确了市经信委作为智慧沈阳建设的牵头部门，做出了制定总体规划、加快基础设施建设、强化财政投入、制定完善建设实施方案、成立领导小组，各有关部门积极配合，各单位和各地区尽快明确实施项目的重要部署。4 月 9 日市政府常务会和 4 月 24 日市委常委会，审议并通过了《智慧沈阳建设实施方案（2015～2017 年）》，以市委办公厅和市政府办公厅名义下发。5 月 5 日市长办公会对进一步推进智慧沈阳建设进行了再部署，并做出了组建大数据管理局的重要决定。6 月 1 日，沈阳市大数据管理局正式揭牌成立。市长办公会议研究审议与新加坡合作开展顶层设计、推进运营管理架构的搭建、加快信息基础设施、先行推动一批试点项目等相关工作。6 月 18 日，市长办公会议审议通过智慧沈阳建设管理运营架构的工作方案。10 月 19 日市长办公会，听取各项工程项目进展情况，对制定大数据行动方案、成立大数据交易所、推进智慧城市统一平台建设等下步工作做了明确部署。确保了智慧沈阳建设快速起步，高效推进。

二 以顶层设计为重点，打造"智慧沈阳"新模式

完成了《沈阳市智慧城市总体规划（2016～2020 年）》，明确了"统一规划、集中管控、共建共享、协同推进"的总体思路。印发了《市智慧沈阳建设工作领导小组办公室关于规范智慧沈阳建设项目申报工作的意见》、《沈阳市人民政府办公厅关于合力推进电子政务协调快速发展的实施意见》、《关于加快推进智慧沈阳有序建设的指导意见》、《沈阳市信息通信网络基础设施建设实施方案（2016～2017 年）》、《"智慧沈阳"云计算中心建设及管

理规范》、《公共区域免费 WIFI 网络建设管理规范》、《沈阳市促进大数据产业发展的政策措施（征求意见稿）》等规范性文件，智慧沈阳顶层设计初步完成。

共出台各类文件 11 份，其中顶层设计类 4 份，分别是《沈阳市智慧城市总体规划（2016～2020 年）》、《智慧沈阳建设实施方案（2015～2017 年）》、《沈阳市智慧产业发展规划（2016～2020 年）》、《沈阳市促进大数据发展行动方案》；分项设计类 5 份，分别是《沈阳市信息通信网络基础设施建设实施方案（2016～2017 年）》、《沈阳市人民政府办公厅关于合力推进电子政务协调快速发展的实施意见》、《市智慧沈阳建设工作领导小组办公室关于规范智慧沈阳建设项目申报工作的意见》、《关于加快推进智慧沈阳有序建设的指导意见》、《沈阳市促进大数据产业发展的政策措施》；标准规范类 2 份，分别是《"智慧沈阳"云计算中心建设及管理规范》、《公共区域免费 WiFi 网络建设管理规范》。

三　创新建设、运营和管理模式，"智慧沈阳"制度框架基本确立

组建了沈阳市大数据管理局，沈阳市大数据管理局是市政府专门批准的有 6 个处室构成的正局级机构，在全国城市中率先实现了大数据发展与智慧城市建设职能的"四统一"，即统一归口管理、统一规划布局、统一平台建设和统一机构运营。各区县（市）、市直各部门信息中心等相关单位统一更名为大数据中心，搭建了智慧沈阳建设的工作体系和跨部门协调管理机制。

明确智慧沈阳建设工作架构，智慧沈阳建设、管理和运营的主体架构根据功能划分为四部分：宏观管理和组织协调，责任主体为大数据管理局；互联互通平台搭建、数据的集中和预处理，责任主体为数据平台公司、电信运营商；纵向业务系统及应用，责任主体为市直各部门、各区、县（市）以及各类互联网公司；大数据运营，责任主体为大数据运营管理公司。分别组建了大数据管理局和大数据产业联盟的专家委员会。

成立沈阳市大数据运营公司、沈阳东大智慧城市研究院和东北大数据产业联盟，建立了智慧沈阳建设运营管理架构体系。改变过去单纯靠政府花钱建设运维的模式，探索了通过政府投资，吸纳社会资本，采取 PPP 模式等进行运营管理的建设运维新模式。

四　加快完善信息基础设施，为"智慧沈阳"建设提供支撑

为推进智慧沈阳建设进程，加快高速宽带网络建设，促进信息通信网络提速降费，我们与联通、电信、移动、广电、铁塔等五家电信运营商签订了《智慧沈阳战略合作协议》，按月先后五次组织全市 13 个区、县（市）人民政府及五家电信运营商召开基础设施建设推进调度会，组织区县及相关领域协调调度会十余次，其间下发了《沈阳市智慧沈阳建设工作领导小组关于强化电信运营商在基础设施建设过程中规范文明施工的通知》、《沈阳市智慧沈阳建设工作领导小组办公室关于落实"光纤进小区"相关工作的通知》等 6 份文件。完成了全市 4900 余个点位改造，城区全部具备 100Mbps（兆比特每秒）光纤接入能力，光纤网络覆盖率达到 99.3%，宽带用户平均接入速率达到 30Mbps，有线电视用户光纤到楼，入户双向覆盖率达到 100%，4G 无线网络覆盖率达到 99%。我们还代表市政府与北京国创科视公司签署了《关于 WiFi 网络覆盖的战略合作协议》，已完成了 9 个区、县（市）政务服

务大厅、新行政中心和部分商场的覆盖工作。同时，启动包括城市级数据共享交换平台、数据清洗融合平台、城市级数据库等内容的智慧城市统一平台建设。

五　着眼实现"惠民、兴业、善政"，
"智慧沈阳"重点应用广泛推进

1. "惠民"目标取得阶段性结果

"我的沈阳"智能门户测试版上线运营，完成对"公共查询、生活缴费、贴心服务、沈阳易行、意见反馈"等功能测试；智慧医疗扎实推进，浑南区和大东区开展云医院和蓝卡模式试点；全市19家市属三级医院开启智慧医院建设；智慧交通水平提升，对全市停车场进行了信息化改造，"沈阳易行"和"我的沈阳·乘车易"手机APP开通上线；智慧社区创新服务，融合政务公开、民生服务、新型媒体等多种功能的"沈阳新社区"政务新媒体，解决群众反映的各类问题1.7万多件，建成开通2家线下"智慧屋"试点，社区事务一口式办理平台、市级社区网格管理服务平台和居家养老智能电视服务平台已在部分社区试运行；智慧教育快速推进，全市公办中小学全部达到数字校园一星级标准，教育资源公共服务平台基本建成，制作并发布3000余节网络公益学堂课程，启动建设电子学生证；智慧旅游覆盖沈阳经济区，以"一卡、一网、一中心"为核心，有效整合各类旅游资源，在沈阳、鞍山、抚顺、本溪等8城市发行40万张居游卡，开通居游微信公众平台。智慧体育助推全民健身，"运动汇"APP建成运行，签约社会场馆350家，提供预定场馆、预约教练、购买赛事门票、赛事报名、赛事组织等多项功能，该平台还是国内最大的足球O2O服务平台；打造智慧就业平台，"就业通"试运行，助力个人就业、企业人力资源管理、政府决策分析；区级公共服务平台成效显著，沈河区对所有诉求和投诉热线，统一受理、统一调度、统一监督，所有涉及百姓利益的民生问题"一站式"办理解决，并在浑南、于洪、沈北、和平、新民等区县（市）推广该模式。

2. "善政"成效初步显现

形成了"一网、一云、三中心、四平台"的电子政务体系，一网即市电子政务网，完成了市级部门和13个区、县（市）政府的全覆盖和市级312个部门互联网统一出口；一云即市政务云，承载了全市10余项公共应用，以及20多个部门30余项政务应用，实现了各部门政务应用的节约建设、快速部署、高效运行和统一安全保障；三中心即市政务数据交接中心，市信息共享服务中心，市信息安全支撑中心。市政务数据交换服务中心，已有44个部门实现政务信息交换，累计交换数据3.15亿条。市信息共享服务中心已对15个部门的1600余万条数据进行了统一的信息资源编目，实现了政务共享信息的识别、定位、检索和管理。市信息安全支撑中心实现了密钥管理、电子认证、授权管理和安全域划分，基本做到了"进不来、看不懂、改不了、拿不走、赖不掉"的信息安全防护体系；四平台即①市协同办公平台已有79家单位，6000多用户实现了多级跨部门综合办公、联合会签和即时协作沟通；②公共空间地理信息平台完成了全市1.3万平方公里基础地形图和影像数据、280平方公里三维城市模型数据，通过政务版和公众版为全市政府部门和公众提供服务；③政府网站平台已有13个部门实现统一建站，并与沈阳市政府门户网站建立了实时信息采集的关联模式，为政府门户网站提供站群化技术支持；④资源管理平台已实现1200万条人口信息、

92.5万条法人信息的统一管理，为全市信用系统、社会信息资源整合系统、居民收入核对系统提供数据支撑。此外，市并联审批平台、智慧房产网上交易平台、应急指挥系统升级和宏观经济与社会发展基础数据库正加紧建设。

（沈阳市电子政务管理办公室）

2015年广州市电子政务发展概况

2015年，广州市贯彻落实《国务院关于积极推进"互联网＋"行动的指导意见》，紧密结合市委、市政府相关部署，以"互联网＋政务"建设为引领，以便民利民为核心，大力推进互联网与政府公共服务体系融合，促进公共服务创新供给、服务资源共享整合，提升政府科学决策能力和社会治理水平。市网上办事大厅在省现场考核中综合排名全省第一，市民网页累计开户量突破1168万，同比增长18%，市民邮箱累计开户量共1286万，同比增长25%，企业用户覆盖全广州90%以上纳税企业，企业网页开户量突破23万家，自贸区企业网页开通量超过1.3万家，全市640个政府网站顺利通过国办的抽查核查，网上政务公开、政务服务、政民互动、业务管理等信息化水平居全国领先地位。2015年，广州12345政府服务热线共有367.6万个电话呼入，接通率98%。

一　顶层设计构建电子政务总体框架

以"为公众服务"为主轴，融合"互联网＋"开展广州市电子政务框架体系的整体规划和顶层设计，编制《关于贯彻落实电子政务协调发展的实施意见》，并着手开展《广州市电子政务"十三五"发展编制》规划，以扁平化思维勾勒电子政务发展总体框架（业务、技术、组织、制度、标准）。制定印发《广州市"五个一"社会治理政府公共服务平台建设工作方案》，推进整合全市现有政府服务资源，建设全市"五个一"平台，在全市实施"一卡通行、一号接通、一格管理、一网办事、一窗服务""五位一体"的新型社会治理政府公共服务模式，实现全市政府服务管理工作的资源整合、流程再造、数据共享、业务联动。

二　集约建设夯实电子政务基础设施

（一）集约打造电子政务云平台

贯彻落实《基于云计算的电子政务公共平台顶层设计指南》（工信信函〔2013〕2号），搭建电子政务云平台，实现市本级财政部门信息化项目物理基础设施（基础网络、服务器、存储设备）、基础软件（操作系统、大型数据库软件、中间件）统一采购和统一服务，改变了过去建一套业务系统，购一批服务器的分散建设模式，在全国超大规模城市率先推广

"平台即服务"的先进理念。截至 2015 年 12 月电子政务网络工程联通单位 780 家,43 家单位 70 个业务系统租用了硬件资源服务,共交付了虚拟主机 177 台、各类存储近 200TB,为 2016~2018 年开展大规模系统迁移奠定基础。

(二)集约管理政府信息资源

经市政府批准,发布《广州市政府信息共享目录(第一版)》,包含来自 38 个政府部门的 936 个共享信息资源,建立 1811 万自然人和 130 万法人信息的基础信息数据库。广州市政府信息共享平台接入单位 89 家,建立信息资源主题 1386 个,同比增长 28%,汇集超过 38.82 亿条政府部门数据,日均交换数据 343 万条。信息共享平台有效支撑了市综合治税、中小客车总量调控、居民家庭经济状况核对、行政审批、商事改革、积分入户、社区管理等 30 多项政府重点工作和民生热点工作。中小客车总量调控专项,已为 78.5 万市民和 3.3 万个企业提供信息共享服务,8 个单位累计返回资格审核复核结果信息 533.3 万条。

三　"互联网+"创新政府服务治理

(一)"一卡通行"便利居民办证用证

一是有序开展日常申领及机关事业单位人员集中申领工作。至 2015 年 12 月,社保(市民)卡发行累计 1127 万人,为下一步全省启动通过社保卡发放养老金、实现社保(市民)卡一卡多用奠定了坚实基础。二是积极推广一卡多用,着重民生领域深度应用。实现人力资源、社会保障、民政、卫生、公积金、文化、体育等 11 个业务领域共 109 项应用. 在人社领域落实培训就业、养老保险、医疗保险等 10 类子业务领域 77 项具体业务的应用全覆盖,在全国率先实现老年人乘车、看病、消费、优待一卡通。2015 年新增实现凭卡预约体育场馆运动场地并刷卡享受分类分时折扣优惠,车辆停放刷卡自动计时计费,以及由省人社厅统一推进的省内跨行取现免手续费等应用。至 2015 年 12 月,社保(市民)卡个人医疗账户累计交易 8836 万人次,年满 60 周岁户籍老年人凭卡享受公交优惠累计 19 亿人次。三是健全信息化服务渠道,至 2015 年 12 月完成铺设覆盖市、区、街道基层、10 家合作银行的 1027 个现场办理网点,按不同人群分类提供就近日常服务。提供包括 4169 台自助服务终端、服务热线、服务网站、微信公众号在内的,24 小时信息化服务手段开通手机短信等服务渠道,为市民提供高效优质的便利服务。

(二)"一网办事"畅通公共服务渠道

至 2015 年 12 月,广州市级网上办事大厅进驻 41 个市级部门,对外发布事项 1033 个,全市 11 个区级分厅共发布 5474 个事项,建成全市 170 个街(镇)网上办事站,发布街(镇)事项 11503 项,建成全市 2613 个村(居)网上办事点,发布村(居)事项 60861 项,基本实现市、区、街(镇)、村(居)四级网上办事服务。一是加快电子证照系统建设。结合广州市"一卡通"工作,初步建成广州市电子证照系统建设,推进现有证照电子化转化应用,开展与市人社局、市残联、市质监局、市卫计委、市民政局、市交委、市城管委、广州港务局等多个单位的联调对接工作。二是优化统一身份认证平台。将市民邮箱账号与平台用户相融合，提供与微信等第三方平台的用户绑定功能，并与省认证平台对接。2015年平台接入共计39个委办局的52个应用系统，新增注册35536人，使用统一身份认证平台登录次数达33万余次。三是引入政务快递服务。与广州邮政速递企业（EMS）开展战略合作，建设政务服务快递调度平台供给全市部门使用，有效减少了企业及市民办事的到场次数，提高了用户办事便捷度。目前，已在市公安局、市交委、市教育局、市水务局等6个部门应用政务快递服务，2015年快递寄送量达688189件（不含出入境业务）。

（三）"一窗服务"提升办事服务水平

一是"集成服务"改革有序推进。以荔湾区为试点，全国率先推出"一窗式"政务服务改革，制定《广州市推进行政审批"条块结合、四级联动、以区为主、重心下移、集成服务"改革实施方案》，开展市政务中心"一窗式"改革，建成全市"一窗式"综合受理审批系统，建设完善综合受理、排队叫号及审批系统，全市已有荔湾、海珠、天河、南沙、越秀、白云等6区落地实施"集成服务"改革。二是建设工程项目审批改革便民惠民。推进实行"一窗、一表、一图、一平台、一套管理机制"的审批管理新模式，制订《广州市外商投资企业登记多证联办工作方案》、《关于推进落实2015年便民服务措施的工作方案》等，组织市相关审批部门、各区推行企业登记多证联办、开展好各项便民服务工作。三是市区业务联动深入推进。初步完成"全城通办"网上预约功能，天河区统建"五个一"平台系统试点已上线，完成荔湾、白云、花都、从化和增城统建"五个一"平台系统上线部署及海珠区自建系统与市系统的对接应用试点工作。

（四）"一号接通"集中聆听群众诉求

2015年，广州市12345政府服务热线全面拓宽服务领域，大力提升服务水平，促进"互联网＋政务"深度应用，一是开展热线电话、专栏网站、微信、APP、知识库、微客服、智能机器人等多渠道服务建设应用，提高12345系统智能化程度。二是大力推进12345系统与市、区相关部门业务系统互联互通和数据共享，完成与市工商局、消委会、公安局、卫生局、物价局、质监局、来穗局、人社局、城管委等13个部门的业务系统对接和数据共享等工作。三是依托网上办事大厅实现了与12345热线专栏网站、热线知识库及基于移动端的微信、手机应用程序等渠道的整合，提高了诉求多渠道服务响应效率；通过与商事主体信息平台对接，实现了12345网站消费维权及商事主体信息的互联共享。荣获国内呼叫行业"中国最佳客户联络中心奖"、"年度中国最佳客户体验中心奖"和"年度卓越语音服务客户中心奖"三项大奖，热线服务工作得到业界高度关注和社会充分肯定。

（五）"一格管理"精细社会治理能力

根据全市城市社区网格化服务管理工作的部署，制定《广州市城市社区网格化服务管理系统建设实施方案》，初步建成了具备信息录入、分流交办、通报反馈、督查督办、统计分析、决策参考、考核评价等功能的网格化服务管理系统，并在白云区部署实施和试点应用；以荔湾区为试点，完成了市区两级网格化应用系统的整合对接，已于9月上线试运行。同时，为构建政务服务统一指挥调度体系，根据网格化服务管理的业务标准、技术规范、工作流程及市区业务协同联动模式，整合12345系统与网格化服务管理系统的调度体系，以荔湾区为试点，初步建立了市、区两级平台统一受理和分派调度、各职能部门归口办理和按职处置的工作机制。

（广州市人民政府政务管理办公室）

2015 年武汉市电子政务发展概况

2015 年是全面完成"十二五"规划的收官之年，是全面加强网络安全和信息化建设的关键之年，也是全面推进"互联网＋"行动计划的开局之年。武汉市积极适应互联网时代的要求，充分利用云计算、大数据、现代移动通信等为核心的新一代信息技术加强电子政务建设。利用已部署的市政务服务中心（市民之家）软硬件资源和市电子政务网络，建成由市统一的数据资源目录体系、应用支撑平台和应用系统构成的市政务云（数据）中心，打通政府办事环节，实现信息资源整合与共享，全面完成服务型政府、创新服务体系所需要的信息资源平台建设。圆满完成"十二五"规划设定的目标。

一　打造政务共享开放服务平台

2015 年 7 月，成立了全市推进"互联网＋"行动委员会，启动"互联网＋11711 行动计划"，将市政务云数据中心建设系列工程命名为"云端武汉"，并设计了云端武汉"1＋3＋1＋N"（即 1 个总服务平台和 3 个分服务平台、1 个公共数据库、N 个专业子服务平台）体系。"云端武汉"系列应用项目以政务信息系统互联互通、资源整合共享和业务协同为目标，创新运用"云技术、云理念"、通过"物理分散、逻辑集中"的总体思路来构建武汉市政府数据资源管理和共享交换服务体系，搭建规范统一、数据共享、业务协同、安全可靠的全市政务云（数据）中心管理平台，紧紧围绕应用上云服务，开展数据共享交换的实施工作，向市民、企业提供政务资讯、行政审批、社保和健康等多个典型应用和个性需求服务，提升政府科学决策水平、社会治理能力和公共服务效能。

（一）政务共享开放服务

"云端武汉·政务"采取全国首创"虚拟化、分布式、软件定义"的政务云架构和建设模式，仅用 500 余万元投资，实现市直部门行政审批资源整合与共享，构建起市政务大数据中心主体框架，打破了长期阻滞全市经济和社会发展的"信息孤岛"，开全国电子政务建设之先河。已完成市政务云（数据）中心管理平台和门户的搭建，平台设计的 4 大服务功能模块（资源目录服务、共享交换服务、数据辅助服务、监管服务）已建成；完成了平台基础设施搭建和网络互联互通，对全市 41 个委办局（包含下属二级单位）的数据及近 800 项共享交换服务事项进行了清理、确认和登记，完成了政务信息资源目录和数据交换体系部署；配套编制了"一个暂行办法＋三大标准＋二大流程"的工作制度和标准规范体系，为政务数据资源的齐抓统管和有序共享提供保障。同步出台《武汉市政务数据资源共享管理暂行办法暂行办法》，建立起政务数据采集、共享和开放机制，成为全市政务数据采集、共享和开放机制的重要政策文件支撑。同时，以应用为抓手，边建设边部署，完成了市财源信息平台、云端武汉·一卡通、云端武汉·市民、云端武汉·企业、市工商注册先照后证、市民之家线上线下一体化审批平台共6个跨部门系统的上云交换，实现了部门间数据共享和有序交换，用"数据跑路"代替市民跑腿，为打造智慧型服务政府提供全面支撑。

（二）政府决策支持

以全市公共信息数据为基础，整合全市经济运行、社会管理、自然资源等各行业部门业务动态信息，构建跨部门的信息共享、交换和动态更新机制，面向政府管理决策需求建立决策支持服务系统，随时、随地、按需提供便捷的信息查询服务、智能分析及其他决策支持信息服务，及时、准确地为政府决策指挥提供综合信息服务。以政务、财税、交通、商事等领域为重点，探索推进应用大数据技术提升政府综合治理能力试点。市交管局与阿里巴巴集团旗下高德地图合作，通过数据的海量关联，路况准确率由原来的80%提升到95%，路况发布频率每2分钟刷新一次，提升了交通行业综合管理和服务能力。市工商局针对各类市场主体，通过开展投资、商标、广告、经济案件等商事有关大数据挖掘和分析，提供信息定制服务，实现监管预警，推动商事制度创新改革。

（三）政府数据公开

利用云计算、大数据等技术，建成"一套标准、一朵云、一个中心、一张图、一站式、一种模式"等"六个一"的公开数据服务平台，提供数据资源共837项，涉及政府部门48个，其中可以下载的数据集达到642项，可空间化数据307项，可下载的移动APP与微信应用31项，该项目被评为武汉智慧城市试点项目，被国家权威媒体《电子政务》评估为公开数据最多的政府公开数据平台。

二　提升和优化政务门户网站功能

将"互联网+"的核心理念贯穿于门户网站及网站群建设管理之中，打造"互联网+政务服务创新"。在发布的2015年全国副省级城市和省会城市政府网站评估结果中，"中国武汉"政府门户网站位列省会城市第三、副省级城市第四，排名分别较上年跃升三位和四位。"中国武汉"政府门户网站被评为进步最快政府网站之一。

（一）网站平台建设

通过运用云计算的技术和资源整合的理念，推进网站群集约化建设。搭建起基础架构云平台，将过去采用主机托管方式的40余家政府网站，统一迁移到集中控管云平台上，有效降低了网站运维成本，全面提升政府网站群整体安全防护能力，初步实现全市政府网站主站与子站的信息共享的格局。

（二）网站内容建设

通过用户行为大数据分析技术和需求导向的理念，推进网站内容优化升级。凸显网站

"信息公开、在线办事、公众参与"三大功能定位，不断完善信息公开体系，完成全年更新信息9万条任务目标。加强服务资源整合，出台政务网站建设指导规范，开展"图文访谈"、"实事征集"等互动专栏，满足公众参政议政需求。

（三）网站渠道建设

通过现代移动通信技术和广泛联结的理念，推进网站多语种和"两微一端"渠道建设。完成德文政府网站建设方案设计，各语种政府网站信息全年更新总量将超过20000条。"中国武汉"移动终端服务平台7月上线运行。通过多语种、移动政务和无障碍服务等途径，将"中国武汉"门户网站对外服务和宣传渠道，推向了全方位、多角度、立体化新模式，成为全国唯一的渠道最多、形式最丰富的门户网站。

（四）网站运维建设

建立网站运维分工责任制。落实国家要求，组织开展全市范围内第一次政府网站普查工作。主导建立快速响应工作机制，在线培训并指导全市网站群完成信息填报、自查评分等普查各阶段工作任务；运用智能监测系统对网站群日常运维状况进行在线监测，发布监测结果12期；严格审核把关，对整改未达标的网站予以关停；全市431家政府网站参与普查，关停62家。

三　加强政务网络系统建设和运维

管理保障好已建成的政务外网和专网"两张"基础网络，以及市级协同办公系统、视频会议系统、财政支持经济发展服务平台等应用系统全稳定运行，保证功能有效发挥。同时，着眼于构建"数据中心"的发展需要，积极谋划部署新的应用系统。

（一）市财源信息共享平台续建

优化全市5家单位的数据采集方式和更新速度，扩展平台功能到国税27个分局，开发完善财源信息交换监控平台，接入国土规划局"以地控税"系统，提出财源信息报送考核意见。实现19个部门数据交换，入库信息达5740万条。上线以来，利用平台信息，国税直接查补各类税款3.6亿元，地税各类税收共计增收44.79亿元。

（二）政务网络安全接入平台建设

平台通过安全防护技术手段，形成一套整体的、全方位、多角度的边界接入安全防御体系，统一为政务专网和政务外网的各类业务系统实时数据交换提供安全保障，已为线上线下政务服务系统等多个跨网络的应用提供数据安全交换服务，并通过第三方安全评机构的安全"等保三级"评定。

（三）推进政务中心机房运维建设

进一步理顺政务中心机房运维管理体制。2015年7月2日由市信息中心组织工作专班接管市民之家中心机房，承接核心信息化系统日常运维管理，与市民之家厘清信息化设施运维工作的职责和边界，建立安全管控的机制，制定设备和机房运维外包的方案。完成市信息中心三楼机房改造工程，新增精密空调、门禁系统、机房环境监控系统等，实现了对机房设备运行状况的全面管控。

（武汉市互联网信息办公室）

2015 年成都市电子政务发展概况

近年来，成都市不断加强电子政务支撑体系建设，优化电子政务发展环境，按照以应用聚资源、以资源促应用的思路加快推进政务信息资源的开发利用，政务服务水平和行政效能得到了显著提高。为成都实施"五大兴市战略"，促进"五个转型升级"，打造西部经济核心增长极，建设国际性区域中心城市发挥了重要推动作用。

一 加强政务外网集约建设

通过升级优化全市电子政务主干网络，加强光纤链路、部门业务专网互通、互联网出口带宽及配套设施等方面的优化提升工作，为全市电子政务公共平台及各级各部门业务提供弹性、稳定、安全、高性能的网络支撑平台。按照国家下一代互联网示范城市建设要求启动实施政务外网 IPv6 改造，进一步提升全市政务外网的支撑能力；关闭 7 个市级部门和 3 个区（市）县的自建互联网出口，实现了全市政务外网互联网出口的集中接入；对电子政务外网进行安全评估并启动安全加固建设，持续强化全市网络安全。

二 推进政务平台共建共享

不断深化政务云应用，优化完善全市政务云平台管理服务功能，拓展基于统一云平台的政务应用，全年新增 26 个、总计达到 136 个业务系统上线运行，有力支持市级各部门信息化应用；做好政务数据的灾备保障，提高数据安全保障能力，政务数据灾备中心为 65 套重要政务信息系统、超过 700TB 的政务数据提供集中存储和系统灾备；不断扩大视频云平台服务范围，气象系统新增 15 个点位加入应用，全市统一的视频会议系统终端达到 152 套；完成市应急通信网三期工程建设，进一步提高网络覆盖范围和服务能力；全年圆满完成重大活动应急通信保障 13 次，顺利完成第九届残奥会暨第六届特奥会信息系统建设及通信保障。

三 促进信息安全保障

加强全市重要信息系统建设方案的信息安全审查，全年对市工商局、市房管局、市工商联等部门的 5 个信息网络建设方案及互联网出口迁移项目进行了安全审查，确保信息安全与信息化建设项目同步规划、同步建设、同步运行；健全信息安全风险监测机制，大力推进信息安全监测管理暨应急响应平台建设，对电子政务外网、21个重要应用系统、155个政府网站开展了日常安全监测，对发现的安全事件、安全漏洞及时进行通报，有效处置市级部门门户网站发生的安全事件，在重大活动和敏感时期对150余个政府重要信息系统进行24小时不间断监控扫描，有效保障了全市各信息系统的安全；推进统一网络信任体系建设，持续开展数字证书应用推广，为全市11个部门、15个业务系统提供统一数字认证服务，累计签发近4.5万张数字证书；开展信息安全教育培训，举办了信息安全培训班，加强在媒体和重要会议期间的信息安全宣传工作，提高信息安全管理和技术队伍的信息安全意识及保障服务能力，增强企业和公众的信息安全意识。

四 加强电子政务项目管理

认真贯彻落实国务院办公厅《关于促进电子政务协调发展的指导意见》（国办发〔2014〕66号）文件精神，参与编制全省促进全省电子政务协调发展的实施意见，并研究制定本市贯彻实施意见，积极推进全市电子政务规划工作。按照全市电子政务外网项目管理办法，做好全市电子政务专项经费的计划、管理。顺利完成全年电子政务项目的申报、评审工作，有序推进全市电子政务项目。

五 提升政府门户网站服务能力

持续加强全市政府网站建设管理工作，完成市政府门户网站平台优化升级，完成网站移动版、手机客户端、英文版、无障碍版建设；开展网站可见性优化、访问数据监测和绩效评估，促进全市政务服务网站群成为网上政务公开、政民互动和政务服务的主要平台；全力推进全市政务网站群IPv6升级改造及政府网站统一平台建设，项目建设已进入招标阶段；按照国务院办公厅开展全国政府网站普查的要求，做好迎检工作，组织市级部门和各区（市）县开展政府网站普查，开展对全市各级政府、各部门网站自查整改，有效解决部分网站存在的"不及时、不准确、不回应、不实用"等问题，顺利通过第一次全国政府网站普查。成都市网站在省政府办公厅组织的全省测评中蝉联全省第一名，在中国软件测评中心组织的全国2015年度政府网站绩效评估中，取得省会城市第一名，副省级城市第三名。

六 推进行政权力依法规范公开运行

基于全省统一行政权力依法规范公开运行平台完成全市电子政务大厅和移动电子政务大厅优化完善，提升电子政务大厅功能，为市民和企业提供更加便利的网上查询、办事和互动渠道；通过购买服务，组建技术团队加强对市级部门和各区（市）县技术咨询、培训，针对重点难点问题提供一对一指导服务；建立健全行政权力清单制度，督促市级有关部门和各区（市）县按期完成全市行政权力清单清理和公布工作；采取通报、约谈等措施推进行政权力网上运行，督促市级有关部门和各区（市）县提高平台办件数量和质量，全市全年办件（不含行政审批）超过6万件；印发《成都市行政权力依法规范公开运行电子监督办法》，初步建立起了行政权力运行监督机制。

七 加强公民信息管理系统建设推广

2013 年，成都市已建立起以公民身份号码为唯一标识，覆盖全域成都的集居住、婚育、就业、纳税、信用、社会保险等信息于一体的公民信息管理系统。近年来，全市持续强化公民信息数据归集力度，截至 2015 年底，系统已归集各类数据 600 余项近 4 亿条。2015 年，全市进一步加强系统建设推广工作，通过不断梳理已归集数据业务规则，加强数据质量分析，持续提升数据质量；完善公民信息管理系统数据维护更新和数据共享管理制度，持续规范、推广跨部门数据共享应用，不断督促、推动应用试点项目建设；结合全市信息惠民国家试点城市建设、信用体系建设示范城市创建、民生领域证明材料清理规范等工作，积极推进全市行政区域内公民基础数据信息的跨部门互认，让"个人声明"逐步代替"部门证明"，让成都市民少跑路、少受累。

（成都市人民政府政务服务管理办公室）

2015 年南昌市电子政务发展概况

2015 年，我市坚决贯彻"发展升级、小康提速、绿色崛起、实干兴赣"十六字方针，以打造核心增长极为主线，以全面深化改革为动力，以践行群众路线为保障，全力推动电子政务建设，各项工作进展顺利。全市电子政务发展水平迈上了一个新的台阶，有力的支撑了全市经济社会的快速发展。

一 信息平台建设创新

抓资源整合，政务云计算中心启动建设。作为首批基于云计算的电子政务公共平台建设和应用试点示范地区，我市在现有基础上努力建设集中统一的区域性电子政务云平台，支撑各部门业务应用发展，防止重复建设和投资浪费，促进互联互通和信息共享，增强电子政务安全保障能力，推动电子政务朝集约、高效、安全和服务方向发展。以"智慧南昌"政务云计算中心建设为抓手，推动全市信息资源共享，统筹全市信息化项目建设。打破各部门资源共享的基础设施障碍，构建全市统一建设和运行维护的政务云平台，以购买服务的方式向各部门提供便捷的开发环境、强大的支撑环境和公共服务，已完成了《南昌市基于云计算的电子政务公共平台顶层设计方案》并组织实施。

二 城市管理创新

以智慧城市建设为抓手，整合政务、公共和便民服务资源。红谷滩新区成功入选首批 90 个国家智慧城市（区、镇）试点，2014 年 12 月，智慧红谷滩指挥运营中心正式投入运行；

2015 年 4 月，东湖区、高新区继红谷滩新区之后入选第三批国家智慧城市试点。短短 2 年时间里，智慧电网、智能楼宇、智慧照明等智能设施如雨后春笋般涌现，南昌"智慧城市"建设迈出了坚实的步伐。作为全国首批智慧城市试点，红谷滩新区利用地处南昌 CBD 集中区的优势，依托信息化手段、大数据支撑，加快建设智慧城市，积极打造智慧产业，为辖区群众带来别样的"智慧"生活。2015 年年初，智慧红谷滩顶层设计完成，"一个中心、两个平台、一个体验馆、一条热线和六大系统"建设正在稳步推进。目前，红谷滩智慧城管系统已覆盖红谷滩中心区、凤凰洲和红角洲建成区约 50 平方公里，涵盖社区 46 个。"智慧社区"里还有公共场所免费 WIFI、健康小屋、智慧社区卡、便民支付、智能家居和社区助老服务等。整个"智慧社区"系统围绕"一卡一库"为核心进行管理和服务，智慧社区卡基本实现与社区门禁系统、志愿者管理系统、社区便民健康服务系统等应用系统的部分功能对接工作。"智慧社区"的各种智慧服务，影响了身处其中每位居民的生活，"宅"在家中就能便捷办事。

智慧城市建设不仅仅限于红谷滩，东湖区、高新区也相继开建"智慧社区"。东湖区计划以智慧社区综合信息服务平台为支撑，让社区治理和小区管理现代化，促进公共服务和便民利民服务智能化。在智慧城市建设试点中，东湖区为城市旧城更新的示范试点；高新区智慧城市建设分为方案规划、试点建设和全面推广与营三个阶段完成相应的建设任务。

2015 年 4 月 27 日，南昌市数字城管中心正式开通微信投诉举报平台。市民可关注"南昌数字城管"微信公众号，对城市管理问题进行举报和建言献策，并随时查看问题处置进度。南昌数字城管微信平台的受理范围覆盖全市 8 个行政区域，受理市民对环境卫生、市政设施、垃圾广告、占道摊点、出店经营等城市管理问题的反映，相关城区或有关责任部门在规定时限内进行处置，案件处置结果以短信方式反馈至市民。

积极推进"天网工程"建设。由市级财政投资 4000 万元，将城区摄像探头增加至 4836个，在全市主要路段和进出城卡口改造高清探头 1000 个，不断拓展系统功能，使得天网不仅能看、能说，群众还能用它报警、咨询、投诉、办理证件和互动，极大提升"天网"实用性和服务性。

三 便民服务创新

南昌旅游集团于 2013 年 12 月正式发行了集食、宿、行、游、购、娱于一体，服务多元的"南昌旅游一卡通"。"南昌市民只要花 80 元办理旅游一卡通，即可在一年内免费游玩 44家景区，还可在 32 家农家乐、42 家三星级以上酒店享受优惠。"其中，九江加盟景区 15家，农家乐 3 家，星级酒店 4 家。截至目前，"南昌旅游一卡通"的发行量超 5 万张。为了吸引更多的年轻人使用"南昌旅游一卡通"去旅游景点游玩消费，今年 10 月发行网络电子旅游一卡通，通过移动终端，下载二维码足不出户，在家扫二维码就可购买，进入景区时，只需出示手机和身份证即可。

中科九峰第一个省级移动医疗线下中心落户我市。中科九峰公司用"互联网＋"思维开创网智医疗模式，由祖籍江西的原西门子医疗东北亚区首席执行官吴文辉等联合中科院等国内国际精英科研团队发起，在天使轮就获得著名的泰山投资和美国灰鸟基金的青睐。该模式对平衡医疗资源向基层倾斜、帮助老百姓解决"看病贵、看病难"的难题有显著帮助。

加快推进"南昌智慧人社"二期开发工作。推进社保卡金融功能开发，并推动基本养老金资格认证的人脸识别系统认证方式。

2015年在青云谱区选择周边人口较为密集的象湖农贸市场和京山农贸市场试点建设"智慧农贸市场"，市场内接入了移动的百兆光纤专线，免费wifi全覆盖。消费者挑选好肉菜、水果后，只要用手机扫一扫摊主的支付宝二维码，输入金额就能付钱，不用专门携带现金来支付，还省去了找零钱的麻烦。象湖农贸市场56家商户中，目前已经安装使用支付宝二维码的有49家。交易量也是快速增长，10月8日手机支付开通的第一天只有21笔交易，第二天就有110笔，到10月18日，用手机支付达到了700多笔，交易金额1.5万元。下一步，在象湖和京山两个智慧农贸市场营运成功的基础上，推广"智慧菜场"全覆盖，并适时推出"掌上市场"，利用手机APP打造"智慧"菜场，启动网上定菜服务，线上下单，线下配送，实现线上线下同步运营，为消费者提供更便捷的买菜体验。

四 推动云基地建设

1. 中国电信中部云基地

中国电信集团中部云计算基地成功落户南昌，项目选址南昌市高新区。中部云基地的建设落成将是我国中部地区最大的云计算资源池提供地、云服务基地、互联网数据（中心）汇聚地、大型数据灾备中心，也是移动互联网、云计算、大数据、物联网等新一代信息技术应用基地。通过该基地，分别为政府部门提供云数据中心、政务应用云等服务；为行业用户重点构建视频、医疗、教育、物流等云服务平台；为个人用户提供云存储、云桌面、云宽带、云手机等服务；为中小企业提供云主机、云存储、云呼叫中心等服务。

中部云计算产业园区总占地300亩，建设总投资概算25亿元左右。该基地的建成，将我省信息化基础设施建设水平提升到全国领先的战略高度，将有助于我省加快推进智慧城市建设，促进信息消费和产业加快转型升级，吸引覆盖中部、辐射全国的信息产业链的厂商和企业的云业务进驻南昌，带动信息产业链在我市的聚集，为南昌"十三五"乃至未来更长时期的信息化发展，注入强大的信息化技术动力。

2. 江西航天云

落实省政府与中国航天科工集团在南昌签署的合作框架协议，动员广大中小企业参与，共同打造满足中小企业发展需求的服务链。运用云计算、大数据、移动互联网等信息技术，为中小企业的研发、管理、生产、营销和物流等核心业务提供信息化服务。江西航天云网分为线上、线下两大部分。线下为江西航天云网产业辅导中心，将引进航天科工深圳集团创新研究院江西分院、航天科工深圳集团江西院士工作站、航天科工深圳集团江西博士后工作站等，进行系列高新技术研发工作。线上则为江西航天云网平台项目。目前，航天云网已开设以创新创业辅导为主的小微企业服务模式，促进企业从工业2.0向工业3.0升级为主的中小企业服务模式，促进大企业从工业3.0向工业4.0转型、政府产业发展等的大客户服务模式，促进制造业国际合作、出口方式转变以及本土企业向跨国企业迁移的跨国企业服务模式。

五 政府网站运维管理、公共服务水平不断提高

一是加强政府网站日常监管。每日对全市政府网站运行情况进行监测，针对网站访问异

常的单位及时通知其网管人员进行处理；每周编辑发布病毒预警，指导各网站管理人员及时做好防范措施；每月统计下发全市政府网站工作通报，督促各单位加强网站运维管理工作，了解政府网站建设、运维和安全情况，及早发现并解决政府网站存在的问题，提升政府网站的公共服务水平。二是组织开展全市政府网站普查。召开全市政府网站普查第二阶段工作会议，通报省政府网站普查工作培训班主要精神，解读政府网站普查指标体系，督促各单位在规定时限自评打分提交，并严格对照网站普查扣分细则对全市市直部门和各县区的政府网站进行检查评分。三是加强政府网站业务建设，推动全市电子政务建设，切实提高政府服务水平。

六　加强信息系统安全管控，努力营造良好的政务网络环境

一是完成网络安全事件应急处置工作。2015 年 1～10 月，发现并及时处置了系列网络安全事件，其中"挂马"事件 8 起、网站 SQL 数据库注入 14 起，网站页面遭篡改 11 起，发现网站存在安全漏洞 15 起。发现问题第一时间通知相关单位，并指导其做好处置工作，降低了病毒和黑客入侵概率，避免了网络安全事件对政府信息系统造成不良影响。二是组织开展全市政府信息系统安全评测工作。为进一步提升我市政府信息系统安全管理水平，及时发现和消除不良隐患，确保各政府信息系统安全平稳运行，更好的服务全市经济社会发展，同时编制了《2015 年南昌市政府信息系统安全评测总报告》，对全市网站整体风险进行统计分析并提出安全建议。三是开展全市 2015 年全市重点领域网络与信息安全检查工作，通过开展安全检查，增强安全意识，落实安全责任，深入分析安全风险，全面排查安全隐患，以查促建、以查促管、以查促改，进一步健全安全管理制度，完善安全防护措施，提升自主可控水平和安全防护能力，预防和减少重大网络安全事件的发生，切实保障重要网络与信息系统的安全稳定运行。

（南昌市工业和信息化委员会）

2015 年长沙市电子政务发展概况

2015 年，长沙市电子政务工作在市委、市政府的正确领导下，各级政府部门和电子政务工作机构立足我市经济社会发展实际，紧紧围绕全市发展的中心工作，创新发展思路，强化发展举措，积极推进电子政务应用建设，优化网站管理服务，完善电子政务网络体系，加强政务信息资源统筹规划，在改善公共服务、加强社会管理、服务科学决策、节约财政资金等方面发挥了重要作用。

一　加强网站建设和管理，优化公共服务环境

通过不断深化重点领域信息公开，强化重点办事服务，拓展网络问政功能，强化新技术

应用，积极回应社会关切，正确引导网络舆情，2015年，长沙市政府门户网站不断优化公共服务环境，在全国政府网站绩效评估中荣获省会城市第二；"网络问政平台"、"四清单"和"有请发言人"等栏目被评为"2015年政府网站优秀创新案例"和"2015年度政府网站精品栏目"；公共服务建设管理受邀在2015"互联网＋"政府网站精品栏目建设和管理经验交流大会上作典型发言。天心区、长沙县、岳麓区稳居全国县市区政府网站百强。

1. 加强政民互动交流，提供及时高效的咨询服务

市政府门户网站开通了"市长信箱"、"咨询投诉"、"民意征集"、"在线访谈"、"新闻发布会"、"有请发言人""民意征集"等网络问政栏目，搭建了全市统一的党政网络问政综合管理平台，及时回应市民关切，实现政府与网民的良性互动，为公众提供及时高效的咨询服务，被人民日报等媒体重点推介。2015年，"市长信箱"共收到有效信件8458封，办结回复8365封，信件回复率为98.9%；收到表扬信件13封；"人民网"市长留言51条，已回复47条，4条正在处理中；完成"在线访谈"21期，"新闻发布会"在线直播10期，开展了"民意征集"9期；"有请发言人"发布视频新闻70期。

2. 深化政务信息公开，提供权威的信息查询服务

市政府门户网站通过"回应关切"、"政策解读"、"便民查询"、"智能知识库"、"重点信息公开专栏"、"专题专栏"等栏目，及时公布政策法规解读信息，深化公共服务等重点信息，发布社会热点难点信息等，为公众提供24小时的权威信息查询服务。2015年，主动公开各类信息10.1万余条，发布《政府公报》10期，长沙新闻联播365期，上报省政府门户网站信息2250条，转载中央门户网站重大决策信息6830条，更新维护市门户英文网站信息837条，重点信息公开专栏公开重点领域信息10065条，建设与维护专题栏目16个。

3. 强化网上办事能力，提供方便快捷的办事服务

建设"重点办事服务专栏"、"四清单"等栏目，不断拓展官方微信、微博等新技术办事渠道，强化网上办事能力，为公众提供方便快捷的办事服务。一是提供标准、规范的服务资源，打造"重点办事服务专栏"，对11个重点办事服务专题和办事六大核心要素进行标准化梳理，为公众提供标准、规范的服务资源。二是优化权力流程清单，提供精准化的办事指引。率先在市政府门户网站建设了"四清单"专栏，梳理公布3612项权力清单，300项（含子项）行政审批流程清单，4417条责任清单，22项禁止类，4项限制类试点负面清单，建立了"权界清晰、分工合理、权责一致"的政府权责体系，为公众办事提供了精准化的办事指引。三是拓展办事渠道，提升用户良好体验。运营官方微博和官方微信账号，提供"人性化"、"一体化"高效、便捷的服务，目前，官方微博粉丝量达26099，官方微信粉丝量达10984。

二 推进信息资源共享互通，提高应用的经济社会效益

建设和完善多部门的综合性应用系统，推进信息资源之间的共享互通，强化数据的综合利用价值，进一步发挥应用的经济和社会效益。

1. 完善综合治税信息平台，提高税收收入

社会综合治税信息平台通过共享全市41家部门的涉税信息，进一步拓宽财税部门获取纳税人涉税信息的渠道，实现立体化、全方位的"信息管税"，解决纳税和征税之间信息不

对称等问题，加强漏税征管，提高税收收入，营造公平的税收环境。2015 年，社会综合治税信息平台查补入库 9.95 亿元，累计成果为 20.78 亿元。2015 年 8 月 1 日上线试运行的综合治税移动终端应用，通过共享税务、财政、统计等部门信息，为领导提供了方便快捷的决策服务。

2. 完善商事服务管理信息平台，激发创业活力

2014 年 8 月 1 日上线试运行的商事服务管理信息平台实现了 29 家部门的信息共享，有效支持了全市商事改革，降低创业门槛，有效激发了创业活力。2015 年新设立了商事主体 10.7 万户，增长 8.7%。2015 年 4 月 1 日上线试运行的"三证合一并联审批系统"，通过共享工商、质监和税务部门的审批数据，实现"一窗受理、一窗办结"，提升了审批效率，受理办结办件 10599 个。9 月 1 日上线试运行的"一照一码"，实现"统一发照、统一赋码"，2015 年共办理办结件 29373 个。2015 年，基于市政府门户网站展现的"长沙市商事服务管理信息平台"被电子政务理事会评为优秀案例，被中国软件测评中心评为"2015 年政府网站优秀创新案例"。

3. 完善网上政务服务和电子监察系统，提速政府效能

2015 年，在原 169 项行政许可和 50 项非行政许可办事事项的基础上，实现了全市 46 项行政确认、271 项（包括子事项）行政许可项目、133 项行政备案、4 项其他事项共计 454 项事项的在线办理。2015 年度共受理办件 293.5 万件，办结 293.5 万件，办结率为 100%。按照市委、市政府行政审批效能整体提速 50% 的要求，我市启动了政务服务一体化管理平台建设工作，升级网上政务服务和电子监察系统，提升审批效率，提高政府效能，助推服务型政府建设。

4. 筹建长沙市基层工作平台，提升基层服务能力

按照智慧城市的建设要求，为加强基层服务和创新社会治理，我市积极筹建基层工作平台，通过在全市范围内共享审批、服务等相关信息，在四级（市级、区县级、街镇级、社区级）实体大厅、网上大厅、移动大厅实现各类政府服务、行政审批的"一窗办理、共享联动（后台协理）、全城通办"，加强基层服务能力，进一步打通政府服务"最后一公里"的距离。2015 年在多轮调研的基础上，完成了项目的方案论证和编制工作，即将启动建设。

2015 年开福区开通了开福居民网上家园网站，下沉了 70 项事项至社区，实现了社区事务"一窗受理，一网协同"；岳麓区网格化管理平台整合了全区 80 万人房户数据，实现了与应急联动平台、12345 市民热线、三服务一线工作系统的整合应用，积极推动湖南首个智慧街道服务平台"咸嘉里手"顺利上线。

5. 推广网上办公，提高政府内部工作效率

利用协同办公系统和政务信息专报系统，实现公文交换、会议管理和信息报送的在线办理，实现办公信息的上传下达，提高了会议通知收发、公文传输、领导信息报送的效率。2015 年，通过协同办公系统发送会议通知 1885 条；市政府公文传输系统收文 110937，发文 5169 条；市委公文传输收文 25634，发文 427 条；政务信息专报系统中市委信息报送 585 条；政务信息报送 3042 条。

三　加大资源整合力度，实现电子政务集约建设

通过筹建全市统一的政务云平台加、强项目技术评审、统一线路租赁等方式，提升电子

政务建设技术服务能力，实现共建共享，减少财政投资，加速电子政务的集约发展。

1. 筹建全市统一的政务云平台，提升电子政务建设技术服务能力

为有效解决我市电子政务信息孤岛林立、财政重复投资、服务效能偏低等问题，大幅提升电子政务建设技术服务能力，我市拟依托电子政务已有资源，构建高度集约、高效利用、广泛协同的政务云平台，全面支撑部门业务应用发展，推动政府部门之间的资源共用、信息共享和业务协同，实现应用与网络、技术、产业、安全协同发展，创建电子政务发展新模式。2015 年进行了项目可行性研究报告的编制，2016 年将全面启动项目建设。

2015 年长沙县已建成了全省首个公共信息平台；整合了全县 100 余个县直部门的政务网络，新建乡镇（街道）、行政村（社区）光纤专网，形成覆盖全县的"县－乡镇（街道）－行政村（社区）"三级电子政务内外网；新建了云计算中心机房，将县内所有软硬件设备全部集中到新建机房内；搭建了长沙县政府网站平台集群系统，20000 余台电脑终端接入县政务网站，充分满足各级政府部门的网络带宽、信息安全等需求。

2. 加强电子政务项目统筹管理，实现共建共享

加强对全市电子政务项目的技术评审工作，2015 年对全市 10 个重点项目提出了项目评审意见，在统一机房、统一网络、统一网站集群、加强数据整合的指导原则下，有效防止重复建设，促进共建共享。同时，雨花区信息化项目已实现扎口管理，由区财政局会同区电子政务办，对区级财政投资的信息化项目进行审核、把关，节约了财政资金，确保了信息化项目规范、有序推进。宁乡县出台了《关于进一步加强政府投资信息化项目管理的通知》，加强了县政府信息化项目的规范化、集约化建设，避免了重复建设，提高了财政投资效益。

3. 统一线路租赁，减少财政投资

采用"整体打包、统一招标，分散采购"的方式，统一全市各市直部门的线路租赁，有效降低了采购价格，减少了财政投资。2015 年，根据市直部门调研结果，新增了部分网络通信租赁服务品目，丰富了定点品目，营造更好的竞争环境，提升网络的可靠性，有效减少了财政投入。

四 完善信息基础设施建设，提高基础支撑能力

完善信息基础设施建设，推动网络基础、机房建设和视频会议室等建设，提供良好的网络、机房等基础条件，进一步提升电子政务的基础支撑能力。

1. 推动网络基础建设，确保网络互联互通

根据市政府领导的批示，启动了三办网络建设项目，基本实现了三办公楼与市电子政务外网和党政工作专网的互联互通。为适应移动互联网的发展，启动了市委、市政府办公区域无线网络建设，以实现无线网络办公区域的全覆盖，目前已在市纪委试点试用，系统运行稳定后再逐步推广使用。为确保国家网络安全，根据《关于进一步加快全省政府系统电子政务内网建设的通知》（湘政办函〔2015〕55 号），我市已着手筹建电子政务内网平台，目前该项目已通过了省级评审，2016 年将全面启动。

2. 加强机房建设，提供良好的环境支撑

为统筹分配机房资源，改善机房支撑环境，我市启动了市电子政务中心机房改造项目，2015 年完成了可研方案编制和论证工作，并进行了深化设计。

3. 建设远程幻真呈现系统视频会议，提高沟通效率

为方便省市领导的工作交流，提高工作效率，我市建设了远程幻真呈现系统视频会议室，并全力做好会议保障，确保了市领导如期参加省长召开的全省市州长工作调度视频会议。

五　加强安全管理，提升网络信息安全保障能力

为提高网络信息安全保障能力，加大网站安全检测力度，启动政府网站支撑平台升级及安全防护保障项目，防御市电子政务外网大规模攻击，确保政府信息安全。同时做好日常运维工作，全年度共发现并处理安全事件 70242 起，未发生重大网络安全事故。

1. 启动政府网站支撑平台升级及安全防护保障项目，提升门户网站的安全抵抗能力

为加强政府部门门户网站的安全管理，提升门户网站的安全抵抗能力，我市启动了政府网站支撑平台升级及安全防护保障项目，升级改造市政府网站安全支撑平台、市政府网站服务器群和存储等硬件支撑保障平台。

2. 防御市电子政务外网大规模攻击，确保政府信息安全

2015 年，我市电子政务外网遭受了来自互联网的针对骨干网络负载均衡设备拒绝服务的大规模攻击，致使网络出现拥塞。为确保网络及业务安全稳定运行，我市启动了电子政务网络安全事件应急预案，有效地抵御了多次网络攻击，确保了政府网站没有遭受篡改和信息泄露，最大限度地减少了攻击造成的不利影响。

3. 加大网站检测力度，确保机关事业单位网站未出现重大安全事件

为确保我市机关事业单位网站的安全稳定运行，对全市机关事业单位网站开展了 4 次全面安全检查，对我市 328 个重要网站定期进行安全检查，共发现 148 个单位存在漏洞，并督促其限期整改，确保了本年度我市机关事业单位网站未出现重大安全事件。

六　紧抓电子政务顶层设计，促进电子政务的统筹发展

为促进智慧长沙建设，以电子政务现状和实际发展需求为基础，结合智慧长沙中智慧政务建设的核心内容，紧抓电子政务顶层设计，促进电子政务统筹发展。精心编制了《长沙市电子政务"十三五"发展规划》，统一规划和指导未来五年全市电子政务建设。出台了《关于加快推进党政电子政务发展的若干意见》和《关于印发〈2015 年长沙市电子政务工作要点〉的通知》，明确电子政务近期发展任务，对全市电子政务发展提出指导意见。

七　2016 年重点工作计划

2016 年，市电子政务办将围绕"一云三政策，一站一标准，两网两库多应用"的总体建设目标，努力开创电子政务建设新局面。

"一云"即长沙市"政务云"，2016 年将启动政务云平台建设，搭建云资源池和信息共享交换平台，努力破除政府部门信息"孤岛"，让数据多跑路、群众少跑腿，推进智慧政府建设。"三政策"，即出台《长沙市电子政务十三五发展规划》、《长沙市政务信息资源共享管理暂行办法》、《长沙市电子政务项目联合审批管理办法》三大引领电子政务发展方向的政策文件，

为推进电子政务建设提供指导。"一站"即做大做优做强我市政府网站集群。"一标准"即争取出台我市电子政务建设的地方标准中的重点模块。"两网"即按照中办和省委办的要求建设和完善我市电子政务内网（涉密网），升级改造电子政务外网。"两库"即启动人口库和法人库建设。"多应用"即根据党的十八届三中全会精神，对外启动便民服务和政务数据公开服务平台建设，对内强化行政审批系统、协同办公等系统建设，同时进一步完善和升级综合治税和商事登记平台，逐步提高行政效能与政务服务水平，创造更大社会和经济效益。

（长沙市人民政府电子政务管理办公室）

2015 年郑州市电子政务发展概况

近年来，郑州市按照党中央、国务院和省委、省政府关于电子政务建设的一系列部署和工作要求，在市委、市政府的正确领导下，围绕市政府中心工作，进一步推进政府信息资源整合、数据交换和互联共享，为政府职能的持续转变和政务流程的不断优化再造、电子政务便民惠民能力的创新发展提供了重要支撑。

2015 年，郑州市着力构建政务骨干环网，打造政务网络核心双出口，搭建完成市级电子政务网络综合管控平台与政务虚拟平台集群，全市政务资源容灾备份和双活中心建设加快推进，政务云中心一期投入使用，保密网、政务网、公众服务网及数字证书认证中心建设完成。承载全市五单事项运行的政务服务网 2016 年 1 月 1 日正式上线。《郑州市政府信息资源共享管理办法》颁布实施，政务信息资源共享工作取得重要突破，电子政务工程集约化建设成效显著。

一 电子政务基础支撑力持续提升

经过"十二五"期间的建设，郑州市电子政务网络基础设施建设取得了积极进展，网络支撑能力不断加强，保密网、政务外网、资源专网基本建成，为电子政务的发展奠定良好网络平台支撑。

一是电子政务网络资源配备等级较高。郑州市政府各委办局和各县（市、区）政府都有独立机房，大多使用双回路电路、专用后备电源、避雷系统、专用消防设施，达到 B 级机房要求，并普遍应用网络交换设备、路由设备和网络防火墙，绝大部分基于 X86 结构。二是国家互联网骨干直联点开通运行。2013 年 10 月，工业和信息化部批复在郑州增设国家级互联网骨干直联点，将于 2014 年 9 月 11 日正式开通运行。互联网能力达到 800G，开通网间互联带宽达到 200G，彻底改变了河南省互联网网间流量需经过北京、上海、广州长途绕转的格局，郑州信息集散中心和通信网络交换枢纽地位进一步提升。三是国家下一代互联网试点积极推进。2013 年 12 月 11 日，郑州市成功获批建设国家下一代互联网示范城市，基于 IPv6 电子政务网络及应用系统等五个项目经国家发改委审核通过，成为国家下一代互联网示范城市建设重点工程项目。构建承载政务办公、民生服务的 IPv6 电子政务网络，改造完成政府南院网络和业务系统支持 IPv4 与 IPv6 双栈运行。

二　市级电子政务云平台一期建设完成

作为国家首批基于云计算的电子政务公共平台建设和应用试点示范地区，着力建设集中统一的市级电子政务云平台，支撑各部门业务应用发展，防止重复建设和投资浪费，促进互联互通和信息共享。当前，郑州市电子政务云平台一期已经建设完成，云平台建设二期正在规划，设有备份机房、云计算机房以及托管机房三个机房。

信息资源中心是电子政务的主要载体，采用云架构构成云平台，为电子政务公共平台提供基础资源和环境支撑，集中为电子政务公共平台提供支撑与服务，实现电子政务公共平台数据的交换、保存、更新、共享、挖机、分析等功能和电子政务的各种应用服务，同时为电子政务提供超强的计算能力，数据灾难备份中心负责电子政务相应的应用、数据和系统的灾难备份与恢复。通过郑州市信息资源中心的建设，建成基于云计算的郑州市电子政务云平台的信息网络基础设施，各委办局、各县（市、区）涵盖全市各政务部门的统一的互联网出口。

三　政府门户网站群建设成绩显著

郑州市政府系统门户网站群已经基本形成，包含政府信息公开、公共服务、交流互动、政府部门、全景郑州五个板块，以郑州市人民政府网站为门户，连接各县（市、区），各部门网站，初步实现了政务信息统一发布，公众咨询统一办理。政府职能公开部门逐步增加，包括40个工作部门、10个直属事业机构、12个市县区、6个派出机构，实现所有部门单位的服务在线公开，发布权威信息，加大政府工作宣传力度。政府信息公开力度不断加大，涉及财政、保障性住房、食品药品安全、环境保护、公共资源配置等重点公开目录，时效性不断增强，政府信息公开向着规范化和制度化方向发展。在线服务功能进一步增强，互动交流渠道进一步拓宽，通过市长信箱、政务咨询、在线访谈、在线投诉、意见征集倾听民众呼声，了解民众需求，有些网站还提供了功能较强、内容丰富的民意论坛，积极探索利用网络新媒体技术，加强网络舆情引导，"双微"并行，表现形式多样，互动程度较高。在线办理回复更加及时，办事结果在线公布，接受民众监督。促进为民服务更加人性化、个性化，大大提升为民服务的实用性、便捷性，提升民众对电子政务以及政务服务的满意程度。

四　政务应用集成效果不断显现

目前，郑州市大部分部门已具备在线办公能力，政府部门电子化办公水平显著提高，网上办事率逐年提升。网上行政审批系统，可提供400多项政府网上服务，业务涵盖40多个委办局。建立网上"联审联批"机制，推进一站式服务、场景式服务、全流程服务，70%的行政许可实现在线办理。就业服务、社保服务基本实现了全程信息化，劳动保障用工备案管理信息系统规范了劳动用工秩序，保障劳动者和用人单位的合法权益。房地产市场信息系统通过商品房合同网上签订及联机备案业务系统有效解决传统办理模式难以解决的一房多卖问题。12316"三农"热线系统，受理"三农"投诉、举报和咨询。通过"班班通""校校通"教育信息化工程的实施，实现学校、社会、家庭教育的三教融合和教育资源共享与互用。郑州市数字城管建成辖区300多平方公里数字化城市管理底图数据库。

五 政务信息资源实现初步共享

2015 年郑州市出台了《郑州市政府信息资源共享管理办法》，规范和促进政府信息资源共享，推动政府信息资源优化配置和有效利用。目前，各部门间信息共享的内容、范围、方式和效率都取得很大进展，涌现出一批效果显著的跨部门业务协同效应，在社会保障、综合治税、行政审批和电子监察、城市管理和服务、人口管理、空间地理信息共享、法人管理与服务、信用管理、司法管理、财政管理、安全生产、食品安全等专题领域信息共享与业务协同成果较为明显。行政审批改革全面运行，实行并联审批新机制，一个中心（部门或窗口）协调、组织各责任部门同步审批办理的行政审批模式，做到"一窗受理、并联审批、统一收费、限时办结"。企业服务"三证合一"全面推行，将"工商营业执照"、"组织机构代码证"、"税务登记证"合并为一个证照，改为由工商部门一次性核发营业执照，打破工商、质监、税务部门的"信息孤岛"，企业信息在三个部门之间实现流转。市本级、县（市、区）、乡镇（办事处）、村（社区）"四级联动"工作有序推进，政府上下级统一联动、跨部门跨行业的办事服务整合能力大大提高，促进政府职能的有效整合。

六 2016 年工作展望及基本思路

2016 年是"十三五"的开局之年，推动政务资源集约共享，促进信息技术优政惠民的任务艰巨。需要凝心聚力，全面贯彻落实网络强国战略、国家大数据战略和国家"互联网＋"行动计划，着力夯实网络发展基础，营造安全网络环境，创新政府服务模式，提升公共服务水平，积极培育智慧经济新生态，推动经济提质增效和转型升级，为加快推进以国际商都为统揽的郑州都市区建设提供强力支撑。

加快推进郑州市信息安全容灾中心、双活中心建设，搭建完成四级政务外网管理架构。建立健全政务 IDC 机房信息系统的多层次容灾备份体系，推动政务 IPv6 网络、政府资源专网、无线 4G 网络及视频专网等网络及信息安全综合服务体系建设，进一步强化政务应用系统与网络安全保障，政务网络和信息共享交换实现全面可控。以网站集约化建设为突破口，大力推动"五单一网"及政务资源目录体系建设，完成地名地址、信用专题等基础信息数据库以及共享交换平台、公共服务平台建设，为我市电子政务创新发展提供保障。

（郑州市数字城市办公室）

2015 年石家庄市电子政务发展概况

2015 年，石家庄市政府门户网站"政民热线"栏目被电子政务理事会评为"2015 年政府网站精品栏目"。人民网地方领导留言板回复工作突出，被人民网评为"2015 年全国网民留言办理工作先进单位"。市政府门户网站建设管理工作突出，被河北省电子政务研究会评为"全省电子政务先进单位",继续排设区市第一名。第一次全国政府网站普查工作圆满完成。

一 政府门户网站及网站群管理和应用水平进一步提升

1. 强化网站建设与管理

一是在认真研究《2015 年中国政府网站绩效评估指标体系》的基础上,对市政府门户网站栏目进行了调整和完善。二是严格履行网站群和信息安全管理制度,进一步强化安全措施、技术管理手段和安全防护手段,认真做好网站群系统的日常管理维护、市政府门户网站运行状态的检查和各应用系统数据备份工作,有效保障网站群系统安全畅通、稳定运行。三是进一步强化对各部门和县(市)、区政府网站的督促检查,积极指导县(市)区和政府部门网站改版及日常维护管理工作。组织各县(市)、区和部门对各自网站进行调整完善。四是依据国家和省有关文件的指导精神,起草了《关于加强政府网站信息内容建设的意见》,以市政府办公厅名义正式下发。同时,对制定的《石家庄市政府网站群信息发布制度》、《互动交流管理制度》、《市政府门户网站群应急预案》等制度也进行了修改完善。

2. 网站信息维护更新及时

一是信息维护及时准确,格式规范,对我市政务要闻及时发布,维护信息 23500 多条。我市报道的政务信息、专题信息、政策文件在人民网、新华网和燕赵都市报网站都有不同程度转载。二是紧紧围绕市委、市政府的重大决策部署和公众关心的热点问题,及时组织制作并维护了 20 多个特色专题栏目,对反映市委、市政府中心工作,传递市委、市政府的决策部署都发挥了重要作用。三是全力做好省政府门户网站信息维护保障工作。高质量、高标准完成了省政府门户网站石家庄要闻栏目信息维护工作,全年共维护动态要闻信息 7380 多条。省政府网站"公众留言"互动栏目,基本做到了回复及时,内容具体。

3. 政民互动应用成效显著

继续推进政府与市民互动交流应用工作,一是积极开展以"政府信箱"为重点,包括"意见征集"、"在线访谈"、"网上调查"等多种形式的政民互动交流,取得良好的效果。"政府信箱"收到公共留言 20598 条,有效留言条 16077,公开处理答复 15956 条,处理答复率 99.2%。对群众反映的意见和问题,做到了件件有答复,事事有回音,许多单位对群众咨询的问题即问即答、当天回复,助力了政府工作,便利了百姓生活。二是积极开展网上听政活动。通过市政府门户网站,广泛征求社会各界的意见建议。开展了 72 期意见征集,为相关工作的开展提供了科学决策依据。11 月份,我市政府门户网站"政民热线"栏目被电子政务理事会评为"2015 年政府网站精品栏目"。

4. 网上办事服务进一步强化

一是按照国办网站普查指标要求指导政府部门认真做好网上办事服务工作。目前,各部门网上办事指南、办事表格、在线查询、在线办理数量明显增多、质量大大提高。二是将市政府各部门负责的行政管理审批业务事项的办事指南、办事表格全部组织上网发布。目前,网上有各类办事指南 468 项,办事表格 504 项,业务查询 19 项,在线办理 34 项,结果公示 12 项。对在线申报和查询应用进行了全面检查核查,确保每项应用能够正常访问,提高了办事服务的实用性。三是组织一批与市民生活密切相关的政府业务信息资源实现上网查询，极大便利了广大市民的工作生活。

5. 政府信息公开平台维护工作扎实推进

我市各级各部门充分利用市政府信息公开平台，及时发布政府文件、工作动态等各类信息，主动公开的数量增多，信息内容不断丰富，发挥了政府网站作为信息公开第一平台的作用。公开信息 15523 条。一是全力做好政府信息公开平台系统的日常运行、维护和管理，确保系统正常运行，保障全市信息公开及时有效。二是维护办公厅信息公开专版，共发布信息5609 条。三是主动配合办公厅做好信息公开的推动、督促和通报工作，将信息公开工作推向深入。

6. 政府门户网站群升级改造项目有序推进

一是完成市政府网站群整体升级改造项目一期工程。二是积极谋划市政府网站改版升级工作。三是谋划市政府网站群整体升级改造项目二期工程。

7. 网站普查工作取得良好效果

一是强化对各部门和县（市）、区网站的检查、督促和指导。二是及时下发通知，对普查工作进行安排部署，提出要求，确保各个阶段，各个环节按时保质保量完成。共下发各类通知文件 27 个。三是建立全市政府网站普查工作 QQ 群，对普查工作中的问题进行在线交流、答疑、提醒和指导，督促整改。四是组织召开全市政府网站普查工作推进会，邀请国务院办公厅政府网站普查指标设计人员对政府网站普查指标体系进行解读培训。对各单位先后进行了 8 期调度，将检查出的问题进行一一点评，对照整改。8 月，又组织召开全市政府网站普查整改工作培训会议，对全市政府网站进行机器扫描、人工检查，进行现场整改。五是采取随时抽查和集中检查相结合，除日常随机抽查外，先后三次集中对各单位网站进行检查、督促、整改、再检查，直至所有问题全部解决。

通过今年政府网站普查整改，全市政府网站建设水平有了明显提升。一是信息维护及时性明显提升。二是错链断链大大减少。三是办事服务进一步规范。四是互动交流回应及时。有效解决了群众反映强烈的政府网站"僵尸"、"睡眠"等问题，政府网站管理服务水平不断提高，社会公信力稳步提升。12 月，省政府转发了"国务院办公厅关于第一次全国政府网站普查情况的通报"，河北省共运行 1988 个政府网站，合格率 89.94%。我市 189 个政府网站，合格率 100%。

8. 人民网地方领导留言板的回复工作取得良好成效

2015 年市长共收到 458 条留言，公开答复 260 条，其他均已交办相关单位进行处理。人民网地方领导留言板回复工作突出，11 月份，我市被人民网评为"2015 年全国网民留言办理工作先进单位"。

一年来，我市政府网站服务水平不断提高，在老百姓生活中的作用日益显现。目前，市政府门户网站月访问量在 210 万人次左右，政府网站群月访问量突破 2200 万人次。政府网站对宣传石家庄、服务百姓等方面都发挥了明显的作用。

二　政务办公平台继续稳定运行

政务办公系统主要功能主要包括公文管理、通知管理、信息采编、专送传阅、建议提案管理、短信平台、信息管理等功能。2015 年办公厅通过公文管理下发公文近 450 余件，常务会议纪要 14 期，上报请示报告近 600 件；通过通知管理下发通知 5700 余件；通过信息采编对各县（市）区政府、市政府各部门上报信息 6000 余条，合成期刊 84 期；通过专送传阅功能传阅信息 7500 余条；通过建议提案管理完成网上交办、接收承办事项 433 件；数据资料库新增加数据 6000 余条；通过短信平台发送会议通知的短信提醒近 30 万条，保证值班人员及时接收办公网通知。通过县级平台全面开展应用的主要有鹿泉、新乐、赞皇等 3 个县（市）区政府。其中鹿泉区下发公文 384 件，通知 9214 件，专送 9244 条，信息采编合成期刊 58 期；新乐市下发公文 439 件，通知 716 件，专送 400 条，信息采编 128 条；赞皇县下发公文 90 件，通知 888 件，专送 67 条，信息采编 246 条。网上办公应用的开展，为提高政府工作效率，降低行政成本发挥了重要作用。

三　细化网络管理，确保网络运行安全畅通

1. 加强网络日常监控及管理，确保网络运行安全畅通

定期审查网络设备的配置及策略，根据需要随时进行必要的修改调整，发现网络中断或接到故障申报尽快及时处理解决。

2. 完成政务专网到县（市）、区网络线路的升级改造

将点对点 MSTP 线路的带宽由现有的 2M 扩容为 10M，解决了带宽过窄在网络业务高峰期时的网络拥塞问题。

3. 完成政务外网联网工作

根据国家、省、市统一安排部署，年底前各级发改部门需要联通国家电子政务外网，进行三年滚动投资计划项目填报和网上并联审批工作。研究确定组网方式、线路类型及带宽，协调运营商核实线路资源，然后组织 25 个联网地区的信息中心技术人员，安排布置工作内容及工作要求，迅速开始中心和分支点的联网工作，按时完成了联网工作。

4. 招标实施了政务网络安全设备项目

对风险最大、最薄弱的网络安全进行了招标建设，加强了技术防护措施，完善了 WEB 防护、流量管理、漏洞扫描、网页防篡改等功能，整体加强了网络的出口安全防护及政府门户网站群的基础防护。

5. 做好重要时期的网络安全保障工作

在今年"纪念抗战胜利 70 周年大阅兵"以及"第二届世界互联网大会"期间，加强网络与信息安全的入侵监控、隐患排查及漏洞防护，防护各类网络突发故障及攻击事件，确保网络与信息的安全。

6. 认真研究分析，做好新区机房设计

专门成立专项工作小组，并聘请省内权威专家，参与指导、把关。经多次现场实地勘察、与政府相关部门沟通座谈、两次向国内大厂商公开征询价格及解决方案、多次与设计院智能所讨论研究完善各个分项设计，收集掌握了新区机房及网络建设所需全部第一手资料，并完成《石家庄市正定新区市级电子政务外网平台建设暨网络应用系统迁移技术方案》的编制工作。

四 办公厅交办的工作

2015 年，《昨日要闻》共编辑报送 249 期，信息总条目近 2000 条，内容涉及国家、省、市重大会议、重要文件、重要决策、重大事件，国内其他城市的先进经验及做法，我市近期热点社会问题等信息。为领导决策提供了大量翔实资料，充分发挥了参谋助手的作用。目前，《昨日要情》成为市领导每天必看的信息材料之一。

协助办公厅机关做好软件正版化工作。按照国家及省、市正版软件工作领导小组要求，对办公厅机关计算机进行认真核查，为推进办公厅机关使用正版软件工作做出了贡献。

做办公厅日常电脑及网络的维护工作。工作中还担负着办公厅内外网网络、计算机系统及外设的维修维护工作，克服人员少、工作量大的困难，指定专人负责办公厅的维护工作，不分节假日，服务及时周到，平均每天电话指导或现场处理网络及计算机系统故障 5~8 人次。

（石家庄市信息中心）

第五篇

"互联网＋公共服务"
城市专项成果

"互联网 + 公共服务" 专项成果综述

党的十八届四中全会明确提出"要深入推进依法行政，强化省级政府统筹推进区域内基本公共服务均等化职责，强化市县政府执行职责。"2015 年国务院连续发布了《国务院关于积极推进"互联网 +"行动的指导意见》和《促进大数据发展行动纲要》等文件，明确强调："互联网 +"益民服务，要充分发挥互联网的高效、便捷优势，提高资源利用效率。按照中央与国家的部署，各城市基于信息技术，在互联网环境下积极探索与实践公共服务的应用，其便捷性深受公众的欢迎，取得了成效。

一 探索 "互联网 + 政务服务" 的新思路

北京市紧密结合"大城市、小郊区"得特点，将互联网技术和模式应用与传统产业相结合，创新"互联网 + 农业"的新思路，加快推进农业发展方式的转变，提高农业生产资源的规划管理效率和产出效益，创新农产品流通模式，推动农业电子商务和现代农业产业发展，将为保障食品安全、农民增收、促进城乡一体化建设发挥重要的作用运用云农场体系。打造数字化农场保"质"，借助全程冷链配送体系保"鲜"，联合生鲜电商提供会员直供保"价"，最终实现北京农产品的"优质优价"。在生产端利用云农场管理系统打造数字化智慧农场，通过遥感、云、大数据等技术自动生成土地、农资、人力、田间记录等数据，统筹资源，规划生产，指导产销平衡，形成农产品可追溯绿色履历；运输环节实现全程冷链直供；消费端建立社区直供体系，并对接京东、本来生活等电商平台，通过电子商务实现生鲜农产品的优质优价。

沈阳市创新实践科技医保，实现足不出户刷卡购药。依托信息化技术打造医保移动购药平台，将医保与网上药店相连接，启动用药入户配送服务工程，参保人员可以刷社保卡买药，即参保人员登录医保移动购药平台进行选药下单，医药电商接单后安排配送，配送人员直接将订单药品送至购药者家中，并通过无线 POS 机进行社保卡刷卡交易，避免了参保人员到实体药店进行购药人力和时间的浪费，做到了真正的足不出户。

长沙市借信息管税之翼，夯综合治税之基。针对地方税源的隐蔽性日益明显、偷、逃税多样化、智能化的新特点逐渐呈现等问题，依托市政府电子政务系统，构建了社会综合治税信息平台，整合市工商局、市国税局、市地税局、市财政局、市交通局、市公安局、市商务局、市住建委、市国土局、市统计局 10 家市直部门 60 项涉税数据 4558 万条存量数据库记录。研发了手机移动端的应用，上线运行取得实效。社会综合治税作为一种全新的治税理念和征管模式，实现了由单纯的税收征管到源头控管和征收管理并举、从小征管到大征管的转变，一是提高税源监控水平，促进税收收入增长。二是促进税收征管不断向纵深延伸，对税收征管质量起到监督作用。三是增强纳税人的税收意识，改善治税环境。四是为推广大数据应用奠定了基础。

柳州市大力推行电子政务在互联网领域中的应用，以电子政务云平为主要基础建设，实施"一号四网"（"一号"指一个账号，完成所有服务的连通；"四网"分别指柳州门户、柳州网上办事大厅、柳州网上市民中心和柳州企业服务平台）的"互联网＋公共服务"模式创建，完成了网上办事大厅、市民卡等基本的信息化互联网应用。2015 年，中柳州市民卡工程共为 130 多万市民制发了专属个人的柳州市民卡，项目服务从政务大厅延伸到基层社区，促进公共交通、菜市、商业街以及全市 2500 多家商户的信息消费，项目成果惠及数十个行业和超过百万名市民，取得阶段性成效；市民中心在 2015 年整个年度的运营期内，在没有任何媒体、线下宣传的情况下，共吸引两万多市民访问。市民使用各类便民应用达到两万多次，产生十多万访问量。其中 3000 多位市民成了中心长期用户，并且很多用户选择通过订阅账单了解自己的社保水电情况，而市长信箱也是颇受用户关注的功能之一。

二 实践"互联网＋政务服务"的新方法

青岛市研究突破了网上审批工作中存在的"身份认证、电子文件有效性、证照数据共享、非税收入电子支付"等一些关键性问题，实现了"互联网＋行政审批"工作模式。

郑州市创新"智慧人社＋互联网"新方法，破局人社服务瓶颈，构建公共服务新体系。充分利用微信、支付宝服务窗、手机 APP 等传播方式，大力开展基数申报、信息查询、消费变动记录推送、预约办事和各项工作的个人基本信息采集工作，覆盖人群已达 45 万余人。同时，有效利用自助一体机、智能答复机器人和立式自助查询触摸屏等新型服务手段，开展基于用户自助服务的拓展工作。郑州市人社局通过数据智慧匹配分析技术，基本完成了五险数据整理整合和社会保障卡发放工作全覆盖的工作任务，同时依托对服务对象人社业务数据的不断匹配比对逐步实现向人事人才、就业培训等其他人社业务领域的横向延展。总之，积极打造线上线下一体的"智慧人社"新局面，"智慧人社＋互联网"行动计划初见成效。

广州市荔湾区加强电子政务应用创新推行"一窗式政务、一网格监管、一队伍执法"。利用信息技术推进政府转型升级，充分运用"互联网＋"思维，发挥信息产业竞争优势，有序推进政务服务改革，全面推行网格化服务管理，实现了大厅服务"一窗式"、网上办事"一网式"、自助终端服务"一机式"、上门服务"网格式"、咨询服务"视频式"、查询服务"微信式"等多元化、个性化政务服务，并逐步向事中事后监管功能延伸，形成了"一窗式政务、一网格监管、一队伍执法"三位一体的联动特点，推动了全区社会治理的精细化。

汕头市把电子政务作为建设阳光服务法治政府的重要手段和途径，以建设"汕头政府在线"为抓手，坚持四个创新，全力推进"互联网＋"网上审批、网上服务和网上办公，加快实施以转变职能、依法行政、公开政务、提高效能为主要内容的行政管理创新，着力推进阳光、服务、法治政府建设，全市电子政务管理与建设工作取得明显成效。

三 创新"互联网＋政务服务"的新局面

上海市以互联网思维打造网上全市统一的网上政务"单一窗口"，按照"统一标准、分级建设；市区联动、同步实施；资源整合、信息共享；需求导向、以人为本"的原则，坚持重实现信息资源全网络互通，注重实现并联审批全流程固化，注重实现网上审批全过程办理，注重实现审批业务全周期监督为特色。推动信息资源整合共享和数据开放利用，拓展行政审批、办事服务、事中事后监管等多种功能，提升行政管理和为民服务水平。

武汉市用开放的互联网思维，服务民生的设计理念，向技术创新要效率，向应用创新要实效，通过"一卡、一库、一平台"建设构架起了具有武汉特色的"云端武汉·市民一卡通"应用体系。市民卡的易用性、多用性；一卡通应用的广度、深度，都可居于全国前列。至2015年12月，已有31个部门（单位）的172项业务可凭市民卡办理，现了市民之家办事大厅办事一卡通行，社会保险、就业、人事人才、残疾人服务、保障房申请等多项应用，深受市民欢迎。

宜昌市运用"互联网＋"创新普惠职工服务新模式。紧紧围绕"工会组织全覆盖、企业职工（农民工）全入会、基础信息全掌握、线上线下全服务"的目标，以工会职工服务系统平台建设为载体，建立了一套较为完善的基础信息系统和快速服务系统，职工（农民工）网上提交的诉求和服务需求信息在10秒钟内即可同步到服务平台系统，简化工作流程和层级，实现了信息多跑路，职工少跑腿，走出了一条"互联网＋"普惠服务职工的新路子。

沈阳市浑南区大力推行"互联网＋服务"，让"互联网＋"进政府，主要体现在两个方面：一是信息采集、信息监控等技术手段上的创新、创意，信息通过互联网被采集、输送，大大舒缓信息传递的资金、人力、时间成本，同时高效快捷的满足人民群众的投诉、出行、教育、医疗等生活基本需求。二是"互联网＋政府服务"概念，体现了"简政放权"中"放、管"结合的理念，让政府的服务功能得到提高，实现部门间数据共享，让居民和企业少跑腿、好办事、不添堵。

潍坊市以"互联网＋"模式打造公众指尖上的智慧城市。整合全市电子政务平台和各业务部门信息化建设成果，融合"互联网＋"理念，开展了以"潍V"公共服务平台为总体框架的智慧潍坊建设，以"便民、利民、惠民"为出发点，创新"互联网＋公共服务"建设模式，打造了公众指尖上的智慧城市和网上政务，推动了智慧潍坊转型发展。

公共服务是现代政府的基本职能之一，城市基本公共服务满意度是城市公共服务能力的重要标志，也是政府履行职责能力的反映。党的五中全会在"中共中央关于制定国民经济和社会发展第十三个五年规划的建议"中提出了我国基本公共服务均等化水平稳步提高的建设目标，明确在"十三五"在城镇要努力实现基本公共服务常住人口全覆盖。李克强总理在国务院常务会议又提出"互联网＋公共服务"的工作目标，用"新药方"治"懒政"。全国各城市落实中央规划部署，抓住互联网环境下电子政务的发展的新机遇，创新电子政务公共服务新模式，积极开展推进"互联网＋城市公共服务"能力提升的实践，正是面对挑战，探索总结切实可行的实施方案，提高行政效能，促使政务信息共享与业务协同，保障基本公共服务的均等供给，提升为民服务的质量和效率，对提高政府公共服务职能具有十分重要的意义。

（电子政务理事会副理事长　倪东）

北京市级政务云开启电子政务变革新篇章

近年来，伴随着云计算技术、产品和服务的日愈成熟，开展政务云建设已经成为国内外各级政府部门的普遍共识。北京市早在 2011 年就启动了政务云的相关试点工作，在市财政局、市委组织部等 20 余个部门的大力支持下，试点工作取得了良好成效，北京于 2013 年 10 月被确立为工信部试点城市之一，并于 2014 年 1 月通过工信部评审。为顺利完成北京市政务服务中心市级政务云的规划、建设和管理奠定了基础，积累了宝贵经验。

试点政务云 4 年来的实践证明，依托政务云解决电子政务孤岛林立、数据分散、功能碎片以及木桶效应等问题，实现应用的快速部署、安全的整体防护、资源的统一调配是完全可行的，北京市开展政务云大规模建设和应用的条件已经成熟。正因此，北京市市长王安顺在相关文件上批示："利用政务云推进市电子政务集约化发展势在必行"。

2015 年以来，北京市经济和信息化委员会在北京市财政局、北京市发展改革委等部门的大力支持下，以市政务服务中心建设为契机，系统地开展了市级政务云规划、建设的各项工作。随着政务云平台搭建工作的完成和准备工作的逐步就绪，2015 年 12 月，北京市经济信息化委向市政府呈报了《关于全面推进市级政务云应用有关工作的请示》，王安顺、李士祥、隋振江等市领导相继圈阅批示，要求"加大推进力度"，这标志着北京市政务云的全面推进工作正式摆上日程。

2015 年 11 月，北京市经济和信息化委员会完成《政务云管理办法（试行）》征求意见稿，并广泛征求全市各相关单位意见。2015 年 12 月 31 日，两家政务云服务商完成平台建设，业已具备提供服务能力。两家云平台服务商可形成应用级双活，保障业务系统安全稳定运行。目前，北京市级政务云已为 20 余家单位提供云服务，如北京市首都之窗运营管理中心（首都之窗主站平台）、北京市信息资源管理中心（共性组件、地理空间平台、北京市数据资源网）、北京市公共信息服务中心（信用北京网）、中共北京市委组织部、北京市人大常委会（北京市选民登记信息管理系统）、共青团市委（青少年帮扶系统）、北京市政务服务中心管理办（行政审批系统）、北京交通发展研究中心（智能交通大数据分析平台）等，到 2015 年 4 月政务云试点虚机规模达 1300 多个。市政务服务中心机房总建筑面积约 5500 平方米，政务云一期已具备 CPU5760C、内存 26880G、存储容量 3045T 的规模和能力。并且可在 7 日内实现快速扩容，能够满足未来几年内北京市政务领域全部的新增政务云需求，未来也可结合北京市通州行政副中心建设拓展政务云规模，满足所有部门新增需求，在可用性、可靠性以及安全性等方面达到国内领先、国际一流的水平，被国家认定为全国绿色数据中心试点单位。

北京市级政务云软硬件产品均采用国产厂商成熟产品，自主可控，并按照公安部国家信息安全等级保护三级建设，此外，还与密云灾备中心对接，实现数据异地灾备，形成两地三中心政务云布局。技术领先，兼容国内外主流操作系统，采用节能环保设备，PUE 达到 1.5，旨在打造绿色政务云数据中心。服务能力良好，实现政务云平台可用性 99.99%，数据可靠性99.9999%，并且标准服务价格低于市场公有云价格，可满足80%以上用户需求。

北京市级政务云的建设目标为"集约建设、共享开放、创新发展"，这意味着北京市经济和信息化委员会将全力建立"一套安全体系、两个核心机房"的政务云布局和建设安全、自主可控的政务云，还将依托政务云，支撑大数据产业发展，不断带动政府数据的开放与共享；创新"轻资产、买服务"的电子政务发展新模式，推动云计算相关领域企业的发展壮大，全面促进北京市云计算产业快速发展。这不仅是北京市电子政务发展方式的一大变革之举，更为最终形成北京市级层面综合立体、统一整合的良好的电子政务基础运行环境奠定了基础，随着硬件、平台、资源的逐步集中和汇聚，为北京市真正形成基于大数据的电子政务应用与服务格局创造了先决条件，从而实现真正的城市管理精细化、民生服务便捷化和领导决策科学化。该机房及政务云平台的建成，标志着北京市电子政务集约建设和科学发展进入一个新的历史时期。政务云机房在建设成效上具有较高的先进性，政务云平台购买服务的建设模式具备创新性，对于北京市建设通州行政副中心具有十分重要的借鉴意义，同样在全国具示范效应。下一步，北京市政务云平台将进一步完善和升级功能，逐步整合形成"政府靠云、市民靠卡"的电子政务科学发展格局，实现高效、便民、可信、可靠的发展目标。

（北京市经济和信息化委员会）

"北京通"集合20余种公共服务
让信息跑市民不跑

什么是北京通？

"北京通"是北京市市民社会服务一卡通的简称，是基于市民唯一性服务编号、为市民提供政府公共服务和个人信用管理的集合应用。"北京通"的技术标准早在2014年就已制定完成，并已获得技术监督局认定，处于全国领先水平，目前，已经发放了535万张"北京通"，包括46万张残疾人一卡通、50余万张张北京通·养老助残卡和439万张京医通卡，融合了银行卡、身份证明、缴费等多种功能。

对政府部门而言，依据"北京通"标准，按照"小卡片、中平台、多应用"思路，对北京市现有社保卡、交通卡、就诊卡等卡的应用进行融合，解决多卡并存、公共服务分散的问题。以"北京通"编号为载体，整合身份证件、社保、健康、教育、交通等各类信息，建立"公民电子档案"，支撑领导辅助决策和信用体系建设，提速信用社会的建设进程，实现"记录一生、服务一生、管理一生"的市民精准化服务管理目标。

对市民而言，"北京通"将信用管理、政府公共服务、社会公用事业服务等多种服务集合在一张卡上，将政府面向老弱病残等特殊群体的各项优惠政策通过一张卡实现精准便捷的落实，通过部门间的数据共享和服务协同，使得公众办理个人事务时更为简单便捷。对市民而言，告别一事一卡、一人多卡、携带多卡的烦恼，充分享受到北京城市综合服务和信息化带来的便利，改进百姓的生活品质，逐步提升生活的幸福感。依附于部门间"北京通"的数据共享和服务协同，市民在办事、办证时，也将真正实现让"信息跑"而不让"居民跑"。

一　卡片种类

（1）社保卡（社保、信用、健康、金融、交通等功能）发放对象为在京缴纳社保的常住居民（含北京户籍人口和非北京户籍人口）；

（2）普通卡（信用、健康、金融、交通等功能）发放对象为在京未缴纳社保的常住居民（含北京户籍人口和非北京户籍人口）；

（3）临时卡（交通、医疗等功能）发放对象为临时来京人员。

二　北京市经济和信息化委员会服务内容

（一）统一发卡标准

制定《"北京通"卡片技术标准》，2015年4月30日发布。标准规范了卡片种类、号码规范、卡片样式、应用构成、密钥管理、数据规则和安全机制。

（二）统一服务号码

"北京通"号是每位市民的唯一服务性编号，由身份证号码通过密码算法生成12位编号，从编码本身无法获知持卡人所在区域、出生日期等个人隐私信息。编码具有创新性、唯一性和保密性。编码的创新性是指对每位市民赋予一个基于身份证号的编码、并据此对市民提供政府公共服务。编码的唯一性是指每位市民的"北京通"号都不相同，即使身份证号相同，"北京通"号也会经过技术处理而不同，编码标识具有唯一性。编码的保密性是指编码数字排列毫无规律可言，编码本身不会泄露持码人籍贯、年龄、性别等隐私信息，最大限度地对持码人进行敏感信息保护。

（三）用卡数据沉淀，大数据分析服务

1. 用卡数据共享沉淀

内网个人信息集中、外网脱秘数据共享、互联网脱隐私大数据分析，数据共同使用，通过叠加可最大程度发挥数据作用，解决数据烟囱的问题。

北京市经济信息化委制定数据共享流程和规范，包括数据目录、分级标准、交换流程等，并与北京市各委办局签订数据共享协议。各委办局围绕"北京通"号码，将于与"人"有关的数据梳理后，按照数据目录，选择相关安全策略（例如是否脱敏、是否抽样等）后上传到"北京通"大数据平台上，上传后数据仍由各委办局管理，没有授权别人无法使用。

各委办局申请数据使用时，在数据交换系统的数据目录中查找所需的数据，找到之后，在线提出申请，经数据所有者同意后，方可使用，为保证数据的绝对安全，数据使用时"可用不可见"。

2. 大数据分析应用

"北京通"将充分运用大数据、云计算在政务信息资源开发利用中的重大作用。"北京通"信息系统管理平台将与北京市人社局、市卫计委、市交通委、市民政局等主发卡单位关联，将市民的个人教育背景、计生信息、民政信息、社保基础数据等静态的数据，以及个人公共交通过程数据、水电缴费数据、金融消费数据等动态信用数据共享沉淀至北京通信信息系统管理平台，并在此基础上建立集身份证号、学籍号、社保号、税号、信用卡号、证件等为一体的社会服务"虚拟档案"，采用有卡、无卡多种使用模式，最终实现市民凭号无卡享受政府提供的公共服务。同时，以此开展基于大数据的人口信息服务，如电子证件照服务和个人信用服务，为政府精细化管理，和市民精准化服务提供支撑，不断提高政府公共服务水平。

三 "北京通"针对发卡单位的行业应用要求

1. 发卡要求

按照行业应用需求，选择"北京通"社保卡、"北京通"基本卡或"北京通"临时卡标准。原则上不发单应用卡。发卡单位需遵循"北京通"卡片技术标准，选用符合要求的国产芯片。各功能应用分区独立，密钥各部门自管。发卡主体，运营体系不变。服务体系与"北京通"对接，现有交通、社保、银行等服务体系将新增基于"北京通"标准的新卡办理、挂失补办、业务咨询等用户服务。

2. 数据共享

按照职能提供个人基础信息和各行业持卡人动态用卡数据。

无卡应用

无卡应用是指市民无须通过实体卡而完成相关的业务应用。通过技术手段将"北京通"实体卡信息加载到手机 USIM 卡中，通过 NFC 手机来实现市民卡身份认证和各种应用。无卡应用是实体卡应用的延伸，是利用新的技术向市民提供方便快捷服务的一种新方式。无卡应用不是完全取代现有的实体卡，而是实体卡应用的一个必要补充，向市民提供简单、安全的发卡、挂失、用卡流程和用卡体验。

公共服务的全闭环效应

"北京通"将充分利用现有交通、社保、银行等服务体系，重点还将通过政府集中办公大厅（北京市政务服务中心）、桌面端和移动端的综合信息服务门户，建立起全方位的统一的市民卡服务管理体系，尤其是建立实名网上政务服务平台，设置网上办事和建议反馈窗口，为市民提供各类公共服务。

充分发挥数据的价值，从数据采集到政府服务形成闭环；转变政府执政理念，要让"信息跑"不让"居民跑"，寓管理于服务。将以往以事为中心转变为以人为本，面向百姓提供"一站式"服务。

通过"北京通"号实现持卡人多维度、全方位的信息共享，真正实现数据的动态化、评估的立体化，最终实现政府服务的全面化。

（北京市经济和信息化委员会）

"互联网+"北京市智慧公交出行

一 项目建设背景

北京市政府在《北京交通发展纲要（2004～2020年)》提出建设"人文交通、科技交通、绿色交通"的行动计划，其中"科技交通"突出"科技创新"的要求，把信息化技术应用到交通规划、建设、运营、管理和服务各环节，按照科技支撑交通、科技服务交通、科技创新成果惠及市民的原则，推进交通科技进步、高新技术应用和交通产业化发展，全面提升交通系统运行效率和服务水平。

北京市2012年政府工作报告中提出"以科技支撑和精细化管理为依托，着力提升交通服务保障能力，力争中心城区交通拥堵指数控制在6以下，公交出行比例提高到44%"，"建成2万辆规模的公共自行车服务系统"，"引导鼓励绿色出行"。

在此背景下，公共交通一体化出行信息服务系统建设与示范应用项目于2013年开始，借助已有的公共交通基础设施及运营数据体系，建设基于海量交通数据的公共交通信息服务系统，通过研制公共交通信息服务终端软件，提供一体化公共交通信息服务，服务于北京市每日2000万人公共交通出行人群，提高出行效率，从而提升公共交通吸引力，协助政府早日实现提高公交出行比例目标，促进北京"公交城市"的建设，缓解交通拥堵，推动产业化发展。

二 项目建设情况

在北京市科委和北京市交通委员会等单位的大力支持下，项目开展了"公共交通一体化服务范围与接口规范研究"、"一体化出行服务支撑框架"、"公交一体化换乘诱导技术"等多项课题的研究和示范。围绕研究一体化出行信息服务支撑框架提供细粒度服务封装容器，支持各类出行信息服务应用的快速低成本研发部署；制定交通信息服务规范和开放式服务访问接口，支持创新服务模式的推广应用；构建分布式可扩展的系统架构，支撑高性能高可靠的服务计算；研究公共交通一体化信息服务换乘诱导系统方案，通过软件自动定位，实时查询到目前全市公交车的交通状况以及运行线路，方便乘客根据出行需求选择公交线路，提高出行效率，服务于乘客绿色出行；提出公交信息服务质量的验证和评价方法，保障高质量信息服务应用。研制基于多源海量数据的公共交通一体化出行服务系统和终端软件，整合公交到站预测、动态公交换乘规划等功能，提供多交通模式一体化的出行服务。开展智能公众出行服务示范应用，推动公共交通信息服务产业化发展。

项目实现了公共交通位置数据预处理模型、分布式可扩展支撑架构和公共交通信息服务质量评测，发布了公交到站时间预测等实时动态信息服务，并以手机为移动终端平台，开发了适应iOS、Android操作系统的公共交通信息服务系统和终端应用软件，具备服务千万级用户的能力,并且通过互联网、移动互联网等通信方式,在智能手机、门户网站、枢纽场站大屏进行应用示范,为公众提供一体化出行导航及位置服务。系统支持的终端覆盖主流移动终端平台,通过终端查询服务内容超过80%以上的地面公交、地铁线路以及枢纽,通过终端查询北京600条以上的主要公交线路、地铁线路及北京周边城际公路。

三 应用示范

项目借助已有的公共交通基础设施及运营数据体系,在接入公交集团、祥龙公交800多条线路,2万余辆公交车实时GPS数据的基础上,完成了线路、站点、停车场等基础数据梳理和校正,GPS设备覆盖率、数据传输间隔等实时数据的分析统计。开展了公共交通信息服务模型研究,进行公交到站预测关键技术研发和示范系统的建设工作,将GPS点高效匹配到实际行驶线路,对公交车在路段上的旅行时间进行计算和填补,并对红绿灯延误影响公交到站时间进行预测,实现实时变化的城市公交车辆时空分布状态和未来发展趋势预测,支持精细化、人性化的动态信息服务。并于2013年11月14日发布了基于IOS、Android智能手机终端软件"北京实时公交",通过该软件可以查询公交车实时动态信息,进行公交信息服务示范应用。

北京实时公交应用场景:在家或者单位就能查询公交车离我要去的站点有多远,大概需要多长时间。乘客通过手机打开它,可以看到距离自己最近的公交车的位置,可准确地查询车辆实时信息。

使用方法:先选择公交线路,然后选择上行还是下行方向,最后选择站点。此时,页面上就会直观地显示所选择的公交车距离选择的站点还有几站,有多少公里,预计什么时间能到。除此之外,还可显示途中几辆车的实际位置。该功能让人们更好地享有公共交通信息,提高出行效率,通过手机可以查看公交车的位置,让人心里有数,有利于更好地进行出行时间管理,减少等车时间。

"北京实时公交"手机软件于2013年11月14日向社会免费发布,引起了媒体的广泛关注和报道,并且得到了用户的积极评价和肯定。截至2016年1月,北京实时公交已发布示范线路550条,覆盖29745个站点和1万余辆公交车,手机软件累计下载量230余万,每天使用量达12万余人,年累计启动1亿次,取得了良好的示范效果。

四 项目创新点

1. 创新提出公交 GPS 数据处理技术

形成以采样点为基础,与地图无关的公交基础数据格式,通过坐标点投影及匹配算法检查和校正站位数据。根据线路序列化审核校正程序,检查和修复线路路段缺失。

公交路况计算,结合实时公交车GPS数据在道路上的匹配信息,提出了利用实时更新的道路路链速度进行公交车辆的到达时间预测。

2. GPS 误差处理技术

缺失数据的处理,根据相邻两个GPS定位点的距离关系,利用外推法计算所丢失的数据信息。

GPS漂移数据的处理，采用建立直角坐标系，并将出现"漂移"的数据点在坐标系上进行投影。用投影点代替漂移点。

3. 创新提出公交路况填补方法

根据实时获得的大量浮动车数据，对其进行分析建立模式库，并相应的提出了基于时空相关性的填补模型。

4. 创新提出应对红绿灯处理技术

经分析，红绿灯相位变化是影响公交到站时间预测的主要原因，根据获得的公交车历史数据，提出了基于灯前排队距离和时间特性的红绿灯等灯时间延误模型。

5. "北京实时公交"实现以下三方面的技术突破

第一，实现公交到站时间的预测。公交实时信息服务对公交车数据质量要求高，已有数据存在较多问题：站牌数据中站点名称已经变更，公交站点的位置与实际位置不符合等。针对这些问题我们从公交车站点线路数据入手，把20000多个公交站点和800多条公交线路进行了核对，这样来确保基础的数据的精准。依次完成线路匹配、行为识别、路链速度计算的模型研究，让公交车GPS数据经过地图匹配、上下行及下一站判定算法修正得到可用的车辆信息。然后利用实时更新的道路公交车运行速度进行时间的计算。最后通过系统测试，我们的预测准确度达到85%以上。

第二，实现了红绿灯的延误预测。公交车在行驶过程中的运行时间除了受道路长度、交通流量、通行时段、路链速度、道路等级等主要因素的影响外，交叉口的红绿灯也会对公交车运行时间产生重要的影响。为此，我们依据特征日分时段为每一个红绿灯建立了延误模型，解决了公交车因为等红绿灯而造成的时间延误问题。通过测试，预测误差80%以上在30s内。

第三，实现了公交路况的填补。如果道路上公交车很少或者没有，我们没法实时获取公交的路况，这种没有公交路况的情形，在平峰时期时常出现。没有前方路况无法计算公交到站时间，影响系统服务效果。针对这种情形，我们利用浮动车技术设计相应的模型把出租车的速度用来进行计算，实现对没有公交车的路段的旅行时间填补，得到了很好的预测效果。

五　下一步推进思路

随着信息化技术的高速发展，交通行业企业信息系统的不断完善，上级主管部门对交通运行监管及调度提出新的要求，出行者对交通信息服务精细程度、质量和便捷性需求不断提高，对动态交通信息服务及资源整合领域的信息化工作也提出了新的要求。

北京实时公交将继续扩大示范线路范围，积极开展机场巴士以及北京市行政副中心实时公交示范服务推广工作，提高公交服务便捷化水平，最终覆盖全北京市所有公交线路。

继续完善服务系统，优化公交到站预测处理模型性能，引入大数据存储和处理挖掘技术，提高数据处理效率和准确度；完善手机终端软件功能和用户体验，并定期向公众发布更新版本。

提高精准化水平，与公交运营企业紧密合作，接入运营调度数据，实现实时公交处理发布系统与调度系统联动，进一步提高实时公交服务精准化水平。

引入公租自行车、一卡通、停车场等动态数据，推动面向行人导航的公共交通一体信息服务，最终实现覆盖公共交通人群整个出行链的一体化换乘出行服务，并提供多种渠道形式的服务。

六 社会效益分析

1. 带动交通信息应用发展，提升交通整体服务水平

为交通服务应用提供者提供交通出行数据支撑，引导交通出行服务产业增长，整体提高交通出行应用的服务水平，是交通信息服务惠及民生的重要举措，推动着交通信息相关产业链的形成，改善城市投资环境，实现经济又好又快地全面发展。

2. 增强公共交通吸引力，提升公交出行率，提高机动车服务水平，缓解机动车拥堵，改善城市交通状况

建设一体化出行服务系统，通过为公众在出行各个阶段规划路线、换乘、选择交通工具、避开拥堵等提供信息来源，有助于实现准时高效舒适的公交出行目的，从而大大增强公交出行吸引力，有利于提升公共交通出行比例，同时也有助于机动车出行规避拥堵路段，提高路网通行能力，缓解城市交通拥堵状况，促进城市经济持续、稳定、健康的发展。

3. 降低能源消耗，改善市区空气质量水平

由于提升了公共交通出行比例、规避交通拥堵，提高了路网系统的通行能力，从而可有效降低环境污染，降低能源消耗，改善市区空气质量。研究表明，平均车辆速度从15km/h提升到40km/h时，排放平均降低250%，油耗平均降低67%。从能源消耗方面，以北京为例按照目前使用强度测算，公共交通出行比例由50%提升至60%，相当于全市每日减少50万辆私人小汽车出行，每年至少减少6.75亿升的燃油消耗。

（北京市交通信息中心）

基于创新2.0的"我爱北京"智慧城管系统建设和应用

北京市城管执法局依托感知、分析、服务、指挥、监察"五位一体"城管物联网平台全面建设首都智慧城管，不断夯实城市环境秩序和资源感知平台、云到端基础支撑平台、综合应用平台三大平台架构，推进巡查即录入、巡查即监察，感知数据驱动的高峰勤务，基于创新2.0的公共服务三大业务新模式，推动了城市管理精细化、智能化、社会化的发展进程。2015年，在"互联网＋"行动计划推动的工作背景下，北京市城管执法局进一步深化以基于创新2.0的"我爱北京"智慧城管系统为基础的"互联网＋"公共服务工作，取得了良好的服务效果。

一 项目背景与需求

（一）"互联网＋"公共服务强调管理与模式创新，强调人的参与

在 2015 年 3 月 5 日上午十二届全国人大三次会议上，李克强总理在政府工作报告中首次提出"互联网＋"行动计划，重点推进智慧城市建设，把物联网发展和智慧城市建设提升到国家高度。"互联网＋"是创新 2.0 下的互联网发展新形态、新业态，是知识社会创新 2.0 推动下的互联网形态演进，也是智慧城市的基本特征。"互联网＋"有利于形成创新涌现的智慧城市生态，从而进一步完善城市的管理与运行功能，实现更好的公共服务，让人们生活更便宜、出行更便利、环境更宜居。

李德仁院士从技术发展与应用的视角提出，数字城市＋物联网＋云计算＝智慧城市。中国互联网之父陆首群先生强调，"互联网＋"时代不仅仅是以互联网为载体的技术创新，而是科学与技术创新以及面向知识社会的制度与管理模式创新的协同作用，"互联网＋创新 2.0＋传统行业"将重构新业态。也正因为此，清华大学孟庆国教授强调，以物联网为代表的"新一代信息技术"和"创新 2.0"是智慧城市的两大基因，缺一不可。物联网作为"互联网＋"的重要内容，不仅仅是互联网在技术上能移动泛在了、能感知了，更重要的是它给"互联网＋"时代的管理、服务模式创新提供了新机遇。所以"互联网＋"的"＋"，不仅仅是技术上的"＋"，也是思维、理念、模式上的"＋"，其中以人为本推动管理与服务模式创新是其中的重要内容，强调人的参与。

（二）北京城管开展基于五位一体物联网平台的智慧城管建设满足公众参与需求

城管物联网平台建成于 2012 年 9 月，是北京市第一批物联网应用示范项目，在党的十八大前投入运行，初步实现了智能感知、分析研判、公共服务、指挥调度、巡查监察五大核心功能，初步构建了城市环境秩序和资源感知平台、云到端基础支撑平台、综合应用平台三大平台架构，通过物联网平台三大平台建设实现感知、分析、服务、指挥、监察，支撑城管巡查监察、指挥调度、公共服务三大业务，推动了城管内部的业务流程再造，初步探索形成了巡查即录入、巡查即监察，感知数据驱动的高峰勤务，基于创新 2.0 的公共服务三大业务新模式，推动了城市管理精细化、智能化、社会化的发展进程。

加强智慧城管建设的最终目标是通过城管系统内部的业务再造和管理重塑，改变日常巡查检查、勤务指挥和处置的工作模式，更好地开展城市环境秩序维护工作，更好地为社会公众提供多方面服务。在推进城市管理公共服务的过程中，北京市城管执法局更注重创新 2.0 理念的应用，将公众参与落实到系统建设过程中，同时系统在为公众提供服务的过程中也注重参与互动。通过信息化平台建设，促进政府信息公开，公示城市管理相关职能部门责任清单，接受社会各界监督，利于更加高效地提供公共服务。

（三）北京城管通过 96310 城管热线等手段坚持做好送上门的群众服务工作，为"互联网＋"公众参与和公共服务奠定基础

96310 城管热线是北京市城管执法局设立的一条专门受理群众举报、投诉、咨询和建议

的综合性热线，是 2001 年市政府为市民办的六十件实事之一。其主要职责是受理人民群众对于涉及城管职能的违法行为的举报，受理关于城管队员违纪问题的投诉，负责与城管相关的一般性、简单性问题的咨询，同时负责收集社会各界对城管工作的意见和建议。截至 2015 年底，96310 城管热线共受理群众举报、咨询、建议 450 余万次，2015 年处理群众举报 56 余万件，与成立初相比，增长了 40 倍。其中，处理的 12345 热线转办件 11 万件，占总量的 26.8%，96310 城管热线已经成为市政府倾听百姓呼声的重要窗口和判断全市环境秩序治理好坏的晴雨表，得到了人民群众的广泛认可。强大的群众诉求处理能力，为新形势下开展公共服务工作奠定了坚实的基础。

二 解决方案和业务创新

（一）基于创新 2.0 的"我爱北京"智慧城管系统建设情况

北京市城管执法局利用新一代信息技术，在建立并完善城市环境秩序和资源感知平台、云到端基础支撑平台、综合应用平台基础上，通过信息化建设推动内部业务流程再造。巡查即录入、巡查即监察的工作模式的建立，实现了北京市城管执法局对全市环境秩序微观层面及时发现问题、及时跟踪问题并督促问题的要求。包括整合北京市城管执法局自建以及市公安局、市建委等多方共享的视频监控、噪声感知等物联网感知设备，实现了城市环境秩序的智能巡查，以及通过"执法城管通"支撑的一线巡查队员的街面巡查，通过巡查录入，形成全市城市管理综合监管任务单，跟踪督导各主责部门落实解决问题，发挥监察作用。感知数据驱动的高峰勤务模式建立，实现了城管执法局对全市环境秩序宏观的把控以及科学的决策、布控。通过对环境秩序和执法资源的感知以及三高数据分析，更好地把握城市运行规律，用数据驱动勤务，从而做到把有限的人力投入需要的点位，提前布控、精准指挥。

巡查即录入、巡查即监察的工作模式和感知数据驱动的高峰勤务模式，是对城管系统内部进行了业务再造和管理重塑，改变了日常巡查检查、勤务指挥和处置的工作模式，最终是为了更好地提供对市民的服务。在前面两个工作模式创新的基础上，北京市城管执法局积极探索基于创新 2.0 的公共服务模式，开展基于创新 2.0 的"我爱北京"智慧城管系统建设，具体落实为"我爱北京"城管地图公共服务平台、"我爱北京"城管政务维基、"我爱北京"市民城管通等系列服务，同时建设了"我爱北京"系列服务提供支撑的 96310 城管热线系统、勤务指挥系统、决策分析系统、巡查监察系统等一系列内部业务系统。

"我爱北京"城管地图公共服务平台以电子地图为载体，以创新 2.0 和"人民城市人民管，我的城市我做主"为理念，以政府 2.0 背景下的知识管理为理论内涵，以政务公开为基础、以政务服务为核心、以政民互动为前提、以平台整合为目标，融合了热线电话、门户网站、城管微博、"市民城管通"移动终端、政务维基等多模态输入渠道，构建了社会协同共建、共享、共治的城管公共服务新模式，形成了"城管专题"、"便民服务"、"公众参与"等品牌栏目。

面向共建、共享、共治，"我爱北京"城管地图公共服务平台四项主要功能：一是办事交流服务，市民进行点图举报、咨询、建议、数据和内容挑错，查询热线电话、门户网站、移动终端反馈问题的处理结果；二是疏堵结合的信息服务，发布共建便民菜市场、早晚市信息，市民可针对菜市场评价打分、补充市场、完善信息和纠错、还可就缺少公共设施的地点提出建设便民菜市场的建议；三是政务维基系统，邀请大众就城市管理直接提出政策建议，并参与官方文件的共同编辑、参与决策，汇聚群体智慧管理城市；四是初探数据开放策略，形成城管专题数据，并面向公众开放，提供给个人、企业、机构下载使用及进行相关的应用开发；同时，梳理并公开北京市城市管理责任部门清单及其执法职责和查处标准、网格化机制及责任人和"月检查、月曝光、月排名"等得到的数据，接受全社会共同监督，促进相关政府部门更好地服务社会公众。

另外，将所有服务都延伸至掌端，开发"我爱北京"市民城管通。市民可通过政府官网和苹果商店下载安装，提供点图咨询举报、政务信息查询、政务维基以及便民菜市场等服务。"我爱北京"APP目前包括Android和iOS两个版本，后期还将开通"我爱北京"城管地图公共服务平台微信公众号，方便微信用户的使用。

（二）北京城管"互联网＋"公共服务的创新情况

1. 推动内部业务流程再造

通过"我爱北京"智慧城管系统建设，进一步提升内部管理水平，初步建立了市区街三级的勤务报备体系，巡查即录入、巡查即监察的工作模式以及基于三高分析的决策部署模式。勤务报备通过执法队员与执法车、数字集群终端和执法城管通等装备信息的关联，实现人、车等资源的准确定位，随时知道人在哪、车在哪、车上都有谁、带的什么装备、周边都有哪些资源。巡查即录入、巡查即监察的工作模式通过城管执法通以及指挥调度系统，完成城市环境秩序问题的发现、填报、派遣、反馈和查询，实现问题的及时跟踪和闭环管理。城市环境秩序问题高发时间、高发地点、高发违法形态的三高分析已成为市城管执法局局长办公会的首要议题，在当前城管执法力量严重不足的情况下，通过环境秩序和执法资源的感知以及三高数据分析，可以更好把握城市运行规律，用数据驱动勤务，从而做到把有限的人力投入需要的点位，提前布控、精准指挥。

2. 注重多方参与和用户体验

积极吸纳城市管理一线人员以及市民的参与，借鉴Living Lab、Fab Lab等面向知识社会的创新2.0方法论，致力于将基于物联网的智慧城管建设作为开放创新空间构建的载体，为城市及生活其间的市民塑造公共价值、创造独特价值。系统建设过程中成立了由市局指挥中心、科技信息中心、西城执法局及广外执法队、广外街道及所辖部分社区市民代表、一线执法人员、外部专家和技术团队组成的建设工作组，共同推动系统建设工作，并在系统应用过程中积极沟通协调，不断完善系统功能和用户体验效果。

3. 创新业务支撑疏堵结合工作

北京市城管执法局以政府实事为牵引，听民声、解民忧，全力解决群众身边的问题和需求，坚持开展疏堵结合工作，协调街道和相关部门建立便民菜市场、微循环运营线路、信息发布栏等便民设施。在系统中公示疏堵结合便民菜市场信息，市民可针对菜市场评价打分、补充市场、完善信息和纠错、还可就缺少公共设施的地点提出建设便民菜市场的建议，城管部门将根据需求进行协调建设，满足市民生活需求。

4. 应用维基技术创新互动交流方式

政务维基，是以创新 2.0 背景下的政府知识管理为理论内涵，借鉴全球范围具有权威性和影响力的维基开放文档管理技术，开发基于维基的政府知识管理对外应用体系，体现政府职能的服务化，创造政府内部以及政府、企业和个人连成一体的新的合作机会，实现知识和服务共享。系统开辟了"官方发布"、"问计一线"、"热点解读"三大服务板块，通过政务维基征集的意见和建议 400 余条，形成 7 小类 150 多个政策文本和热点词条，知识点涉及城市管理、行政执法、信息技术、物联网、智慧城市等方面，创新了政民互动交流方式，促进了公共服务社会化进程。

5. 积极推进政府开放数据进程

积极推动政府开放数据工作进程，初探数据开放策略，形成城管专题数据，并面向公众开放，提供区城管局、基层执法队、便民菜市场三类数据给个人、企业、机构下载使用及进行相关的应用开发，公开的数据也在北京市政务数据资源网（北京 data 网）上提供下载应用。

6. 促进政府信息公开和履职效果

建设了北京市城市管理综合行政执法"四公开、一监督"专栏，包括政策文件、考评通报、网格化工作、工作动态、法律依据和理论研究等模块，通过网络公开 50 家成员单位的职责关系、每月执法数据等信息，接受社会监督，有助于解决部门之间相互推诿、管理不到位的问题，促进各职能部门严格履职，同时便于督促城市管理相关部门在社会公众的监督下，更加有效地开展各项城市管理工作，更好地为公众提供服务。一是公开部门职责及查处标准信息：公开非法小广告等 9 类违法形态对应的责任主体部门、行业主责部门、行业主体部门、其他职责部门以及对应的职责及查处标准。具体的责任部门横跨区（县）、街（乡）以及城管、市政市容、公安、工商、农委等 30 个职能部门。二是公开考评通报信息：按月统计 322 个街（乡）属地及市区街三级职能部门在 9 个监管方面 270 多个考核指标项相应的月执法数据，每月可采集 854 个单位的 1 万多条数据，约 10 万个月执法数据。2015 年共采集（2014 年 1 月~2015 年 12 月）24 个月份数据，约 240 万个月执法数据；并公开"四公开一监督"专刊信息，截至目前已发布 14 期。三是公开市、区、街、社区四级网格责任信息：公开非法小广告等 9 类违法形态在责任主体部门、行业主责部门、行业主体部门和其他职责部门相应的主要领导及主管领导的姓名及电话信息。其中包含约 80 个市级网格责任人信息、约 1800 个区级网格责任人信息、约 40000 个街道级网格责任人信息、约 800000 个社区级网格责任人信息。四是动态发布市城管执法协调办"四公开一监督"工作动态信息、政策文件信息、理论研究信息等。

三 实施效果与社会效益

（一）"我爱北京"系列服务覆盖北京市，服务人群数量大

2015 年市民进行热线电话或点图举报、咨询、建议、数据、内容挑错、浏览查询、市民城管通下载及使用、政务维基编辑等互动数量达到 248.4 万次，累计互动量达到 464.5 万次，解决了大量市民反映的突出社会环境秩序问题。

（二）基于互动数据分析，推动疏堵结合公共服务

发布市民共建便民菜市场、早晚市信息2000余个，市民可针对菜市场评价打分、补充市场、完善信息和纠错、还可就缺少公共设施的地点提出建设便民菜市场的建议，有效化解城管两难境遇。

（三）"我爱北京"城管政务维基正尝试"以政府为中心"向"以市民为中心"转变、从管治向治理的转变，进一步激发广大市民的城市主人翁意识，促进社会共建、共享、共治进程

2015年系统新增信息近400条，政务维基数据更新和互动总量同比增长985%；北京市城管执法局重点开展"北京城市管理综合行政执法'十三五'工作规划意见和建议"征集工作，累计浏览量达到44250人次，累计编辑版本达到413次；开展"2016年加强和改进首都城管执法工作的意见和建议"征集工作，累计浏览6298人次，累计编辑746次。由于在政务维基意见征集工作方面所取得的积极成效，2015年11月，北京市城管执法局荣获2012~2014年度"北京市人民建议征集工作先进集体"。

（四）持续推进基于创新2.0的公共服务，对"互联网＋"背景下的政府公共服务工作发挥了积极的引领作用

2015年4月，国家行政学院"创新战略与国家繁荣：创新2.0"司局级公务员研讨班在我局举行，该班安排两个关于经济发展和政府治理的现场参观和一个现场研讨，现场参观分别是中关村创业大街和北京智慧城管，并在北京城管组织现场研讨。进修班学员对北京智慧城管建设给予了高度评价，表示希望今后加强交流，同时也围绕如何整合政府部门间的信息资源、如何推动大数据的应用、如何强化公众参与以及数据驱动的政府治理与经济发展创新等话题进行了热烈的讨论。国家行政学院惠双民教授认为北京智慧城管建设是政府治理创新的典型案例，对利用信息技术创新政府管理、社会治理具有极高的示范价值和引领作用。

"我爱北京"城管地图公共服务平台建设和运行成效显著，北京市城管执法局申报的"基于创新2.0的城管地图公共服务平台的研究、开发和应用"获得2015年北京市科技进步奖三等奖。

联合国开发计划署在2015中欧城市可持续发展论坛上发布了《重识智慧城市：以科技推进中国基层公众参与及新型城镇化》报告，旨在研究中国智慧城市自下而上的探索，即地方政府借助科技促进公众参与方式，《"我爱北京"城管地图公共服务平台和手机应用》作为第一个案例入选报告。

英特尔和英国国家科学艺术基金会等机构在2015中欧城市可持续发展论坛上发布了《重塑智慧城市》白皮书，将智慧城市定义为以人为本的智慧城市，或"智慧城市2.0"，不仅仅是物联网等新一代信息技术的智能化应用，而是超越技术层面、面向创新2.0的以人为本的开放式城市创新生态系统，目标是优化人的生活方式，解决人们生活的后顾之忧，激发人们的创新意识和能力，提高市民的生活品质。"我爱北京"亦入选该白皮书的典型案例。

北京市城管执法局《大数据实现"智慧城管"新模式》作为案例入选人民出版社2015年《大数据领导干部读本》，在"大数据与政府治理"章节讲述了面向知识社会的"创新

2.0"模式下智慧城管的探索和实践，并结合"探索政府数据开放策略，实现数据共建、共享、共治"要点详细阐述了北京城管公共服务工作的情况和效果，得到业界的高度认可。

市城管执法局创新基于感知、分析、服务、指挥、监察"五位一体"物联网平台的智慧城管，得到住建部、中编办、国务院法制办、北京市等部门领导的高度关注和肯定，建设经验在中央文件中予以了明确和推广。《中共中央国务院关于深入推进城市执法体制改革改进城市管理工作的指导意见》（2015 年 12 月 24 日）中明确要求，"加快数字化城市管理向智慧化升级，实现感知、分析、服务、指挥、监察'五位一体'"。2016 年，北京市城管执法局将全面升级服务工作，在"互联网＋"行动计划的大背景下，全面深化智慧城管建设，不断对基于创新 2.0 的"我爱北京"智慧城管系统进行升级改造和功能完善，增加更多与市民群众息息相关的服务功能，全面提升政府公共服务能力和服务效果。

（北京市城市管理综合行政执法局）

北京 12316 农业服务热线

一 建设成果

（一）应用分布式共享机制，全面整合实用农业信息资源

项目应用分布式共享方式，将市级中心数据和郊区信息资源数据、部级信息资源数据进行全面整合，实现了信息一地更新、全网使用，全面实现了资源的共享与联动交换。目前，热线已构建起包含行政许可、农业政策、生产、科技、市场、质量追溯、郊区特色产业等的 15 个基础信息数据库，共收集农业技术、农业专家、农业政策法规信息 20 多万条和农产品市场行情信息 1200 多万条，建设形成了农业信息资源数据中心。

（二）切合农业产业需求，建设各层次信息服务队伍

1. 建立热线座席受理队伍

热线受理是 12316 热线直接对外服务的窗口，受理人员的服务水准直接代表热线的服务形象，为此在局相关部门的大力支持下，成立"12316"热线服务中心，设立受理座席 11个，其中班长席 2 个，座席主要负责受理与市农业局系统行政执法事项相关的投诉举报案件，并按照有关规定转交有关部门办理，向当事人反馈办理结果，对所转交案件进行督办；收集、整理、汇总、分析涉农信息查询、投诉、举报的各类信息，定期向领导和有关部门反馈。业务座席 9 人，主要负责对公众咨询的问题现场解答或协调市农业局系统有关部门或专家予以服务；对各类涉及农业信息咨询的采集、整理、分析、录入和公布等工作。

2. 组建了农业信息专家咨询服务队伍

热线聘请了来自北京市农业局、中国农业大学、北京市农林科院等不同单位、不同领域

的农业专家，建立一个由192人组成的农业信息咨询专家服务队伍，其中面向社会聘请涉农专家11名，来自农业局系统农业专家和技术能手85名，农科院林果专家8名，区县直聘专家38名，区县自聘专家50名，涉及蔬菜、林果、粮食、植保、畜禽养殖、节水、农业环境、农业政策等27个专业。这些专家都长期在农业生产、科技推广、科研和教学第一线工作，为开展农业信息咨询服务奠定了良好基础。热线每个工作日安排三名专家现场值班，其他专家均通过"三方通话"及"视频服务"的方式开展场外服务，确保信息咨询质量和效率，有力支撑热线咨询服务工作。

3. 构建了郊区信息员服务队伍

基层信息员队伍是连接农业信息服务机构与广大农民的桥梁和纽带，围绕热线的建设与应用推广，我们与区县农委合作，借助三电合一工程、全科农技员体系、农业部信息进村入户工程益农信息社的建设工作，逐步形成了一支500多人的分工明确、专业素质较高的信息员队伍，针对京郊农户、合作社、村镇企业提供信息服务。信息员主要工作一是结合当地农业生产实际，收集科技、市场、政策等农业信息，并通过多种信息传播渠道传递给农业生产经营者，解决农业信息传播途径中"最后一公里"的问题；二是通过信息员与生产经营者的紧密联系，全面收集和掌握当地农业信息，并利用现代信息传播途径，向全社会发布，解决了农业信息服务中"最初一公里"的瓶颈。

（三）集成各类信息技术，建立现代农业综合服务平台

建设电话、语音、视频、短信、网络等农业信息系统，形成"五位一体"的现代农业综合服务平台。

1. 现代农业呼叫服务中心

项目应用IVR（自动语音应答）＋人工座席＋CTI（计算机与电话集成）＋Internet（互联网）为一体的先进信息技术，创建了市级呼叫服务中心，并在10个区县设立了呼叫服务分中心，形成了市区联动、集中管理的现代农业呼叫服务中心。

2. 手机短信收发系统

热线开发手机短信收发系统，并与电话语音系统、农产品质量追溯系统有机结合，实现各类信息的及时发布，并实现用户上行进行信息定制、咨询和查询质量追溯信息，便捷信息服务。

3. 双向视频系统

为使农资投诉举报、农业信息咨询更加直接、顺畅，开发了远程双向视频服务系统。该系统通过互联网可实现多人实时在线咨询和投诉举报功能。

4. 热线专业服务网站

结合现代化农业呼叫中心建设需求，热线开发建设了热线专业信息服务网站，内容包括农业动态、农业知识课件、双向咨询系统、科技信息、市场信息、区县特色产业、质量追溯等服务内容。通过网站将热线语音与网络有机结合，可以网上咨询、查询信息，并可以网上订制信息、发布信息，实现信息服务有效延伸。

同时，为将电话语音咨询服务与区县网络服务更好结合，热线还在10个郊区县开发建立了区县农业特色信息网站，实现了听、看、查三种方式获取信息的设想。区县网站的栏目设置与语音系统的电话按键栏目保持一致，并提供每条信息的固定唯一编码，方面农民使用。

（四）制定各项规章制度，规范热线管理与运行

1. 制订了热线受理制度

为了规范北京市12316农业服务热线管理工作，确保服务热线的顺利运行，制定了《北京12316农业服务热线工作管理办法》、《北京市"12316"农业服务热线人工座席工作守则》、《北京市"12316"农业服务热线值班交班制度》、《北京市"12316"农业服务热线重大事项请示报告制度》、《北京市"12316"农业服务热线安全保密制度》，对于热线的组织领导、热线受理人员的工作职责、工作方式做出了明确规定。为规范北京12316农业服务热线投诉举报案件处理的工作程序，根据有关法律法规和我局的相关制度，制定了《北京12316农业服务热线投诉举报案件处理程序规定》。为了规范热线服务用语，制定了《北京市"12316"农业服务热线文明用语》、《北京市"12316"农业服务热线服务禁语》。

2. 制订了专家咨询制度

为充分发挥12316农业服务热线咨询专家的作用，确保12316农业服务热线专家咨询工作规范、高效的开展，结合北京市实际，制订了《北京市12316农业服务热线咨询专家管理办法》，对专家的聘任原则、专家资格的审定程序、专家咨询原则、标准化的信息服务原则、考核原则等做出了明确详细的规定。

（五）融汇多种渠道，开展农业信息服务

1. 专家服务

通过热线电话，在农户与专家间搭建起沟通交流的桥梁，农民在生产生活过程中，可以随时与不同领域的农业专家交流与沟通，交流内容涉及蔬菜、林果、粮食、植保、畜禽养殖、节水、农业环境、农业政策等各个方面，农民可以在农作物选种、种植、生产技术、管理、收割以及畜牧养殖管理、养殖技术等环节上遇到问题当场致电12316跟专家探讨，寻求专家帮助，热线开通以来，先后帮助农民解决农业科技咨询3.4万余次，取得了良好的效果。

2. 语音服务

农民拨打12316热线电话，就可以得到专业化的农业信息咨询服务，也可以根据语音提示音选择感兴趣的服务类别，就可以便捷的收听30多万条农业科技信息、1200万条农产品市场价格信息、4000条分析预测文章。其中科技信息包括：农作物种植、病虫害防治、农药化肥施用方式；畜禽养殖、疫病防治、兽药使用方式；最新研制的新品种新良种推荐；市场信息包括：全市24家农产品批发市场近700个品种的价格信息、市场行情分析、农产品价格走势预测。农（市）民还可收听10个郊区县的特色信息、龙头企业、民俗旅游等区县特色信息以及北京市农业局77个大项、99个小项的行政许可事项流程咨询信息；农产品质量追溯查询等语音信息。热线自开通以来共提供了43.1万次语音咨询服务。

3. 网络服务

12316综合服务平台在原有农业网络资源的基础上开发建设了科技服务和郊区资源版块。形成科技服务、市场行情、郊区资源、质量追溯、政务服务、行政办事六大版块信息内容，农民可以随时通过互联网络随时查阅最新的农业新品种新良种信息、农业种养殖技术信息；实时的农产品的价格信息、市场行情分析、农产品价格走势预测、农业新闻、民俗旅

游、农业法律法规、农村生活常识等全方位的农业信息，了解北京农业发展现状，并提供网上受理假劣农资投诉举报和提供信息咨询服务。截至目前，网站点击率达 1.1 亿次，在同行业网站中居前列。

4. 双项视频服务

利用双项视频系统，农民可以通过互联网与农业科技专家"面对面"交流，进行远程科技咨询答疑，及时询问各种农业科技知识，专家可以马上通过系统观察田间病虫害样本实物，对农民提出的问题进行科技指导，还可以针对不同情况对某一个农民群体进行科技专题教育。热线开通以来，先后提供视频解决农业生产技术问题 12681 次，视频咨询服务为农民和专家之间搭起了一个实时的、无障碍的沟通渠道，送农业科技服务到农民眼前。

5. 手机短信服务

热线整合北京移动农网手机短信息发送功能开通手机短信服务，给每位来电咨询的农民进行登记注册，根据所从事的农业行业，分为种植业及养殖业两大类，根据不同的农业生产季节情况的变化，及时请专家组编辑提醒短信，定时向农民发布农业科技信息。热线开通以来，共面向 3000 多个农业企业、合作组织、种植大户和农民发布市场、实用技术等信息 400 多万条次。

6. 专家下乡服务

为使热线信息更好落地，项目组织开展了热线服务下乡的"互动村"活动，组织农业专家进乡村、进农家、进农田，针对以各行政村农业特点开展服务，发放 12316 宣传材料。对以设施大棚种植蔬菜为主的村，瓜菜种植专家主动进入大棚，检查蔬菜作物成长情况，针对管理提出意见或者建议，现场指导病虫害防治，解答农民咨询；针对从事畜牧养殖为主的村，专家深入养殖场检查圈舍管理，对养殖品种、饲喂特点进行分析指导，对畜禽成长进行评价，现场解决病害问题；针对从事蘑菇产业的村，专家现场指点品种生长特点及栽培注意事项，帮助提高管理水平，促进增产增收。先后开展活动 266 次，发放材料 20 万余份，活动受到农民的欢迎，取得了良好的效果，为农业增效、农民增收提供了技术、信息保证。

（六）创新服务形式，提升政务服务水平

1. 整合农资执法资源，建立新型农资打假投诉平台

热线建立假劣农资投诉举报管理系统，有效统一了北京市农业投诉举报窗口，成为我市农资执法渠道的补充，系统立足于农业局执法职能，整合农业方面六大行业执法资源，将种子执法、肥料执法、兽药执法、畜牧养殖执法、水产执法、农机执法通过热线融为一体，实现所有案件网上流转，并对案件办理过程进行监督和管理，有效促进了农资执法效率和案件办理质量，为维护农资市场秩序发挥了积极的作用。热线开通以来，累计受理投诉举报受理统计 4668 例。

2. 拓宽行政许可服务渠道，建立新型社会化服务窗口

结合北京市农业局职能，面向社会提供行政许可服务，在人工办理行政许可事项的基础上，建立网上办事系统，实现人工办理和网络办理相结合的全方位服务模式。自 2004 年开通行政许可服务以来，先后受理行政许可服务近 20000 件，并按照监察局的要求，对行政许可事项的办理进程及结果进行公示，建立了信息时代社会化服务窗口。开通网上办事系统后，实现了 107 小项行政许可事项申请、其中 99 项服务事项可在线咨询、在线申报、网上

反馈、网上公示等。

3. 注重热点情况监测分析，做好领导决策信息支持

热线设置 7 号键为"为首都农业科学发展献言献策"键，接纳社会各界人士对北京农业发展建言献策。与此同时，热线加强网络舆情监测，掌握有关农业舆论的第一手资料。热线结合农民来电反映出的农情信息以及当前农业舆情，共编写简报 109 期。为领导以及相关处室提供动态农情；日定期监控百度、新浪网、搜狐网等社会网站，搜索农业相关舆情 393 篇。

二 亮点描述

（一）建立了全市统一的农业综合服务平台

应用现代化服务热线建设模式，通过各级农口部门的共同合作，联合共建了全市统一的农业综合服务呼叫中心。呼叫中心开通的 12316 电话短号码，填补了北京市农业系统公益服务短电话号码的空白，有效解决我市现有农业系统公益服务号码分散和形式不统一的问题，为有效开展农资投诉举报或农业信息咨询服务创造了有利条件。

（二）构建了一体化的农业信息综合服务体系

通过整合服务资源、服务系统、服务队伍、服务手段和服务渠道，建立了信息咨询服务、农业执法服务、技术研发服务、决策支持服务、行政许可服务、质量追溯服务和区县特色服务为一体的农业信息综合服务体系，满足了生产技术、市场流通、政策指导、农民生活等农业产业的各个方面需要，全面推进了科技与市场信息在郊区的推广和应用。

（三）创建北京都市型现代农业信息服务新模式

借助农业部信息进村入户工程，北京市益农信息社建设紧密结合北京"大城市、小郊区"、郊区信息化基础较好、城乡一体化发展较快等特点，重点在整合资源、服务农产品产销对接、连接城乡方面下功夫，形成了自己的特色模式。专业型益农信息社运用云农场体系打造数字化农场保"质"，借助全程冷链配送体系保"鲜"，联合生鲜电商提供会员直供保"价"，最终实现北京农产品的"优质优价"；标准型益农信息社的建设，充分利用北京市农业局行政资源、12316 专家团队和在京农业科研院所等资源，根据农民需求整合相关资源，帮助村里发展特色产业，提供便民服务。形成了农村与城市实现双向需求与资源对接（简称"V2C"模式）。标准型益农信息社采取"特色农村资源＋智慧营销＋社区驿站＝品质生活"的模式建设和运营，努力实现城乡信息服务同质化。

三 效益分析

（一）经济效益

通过北京 12316 农业服务热线，面向京郊农（市）民提供跨地区、跨行业、跨媒体的全方位科技和市场信息服务，成为农业行业内最权威、覆盖面最广、信息量最大的服务形式。项目推广期间，热线受理农业信息咨询43.1万次，其中咨询种养殖技术和新品种占53%，咨询农产品价格信息的占20%，咨询农业政策和科技信息占17%，其他类咨询10%。热线开通以来，累计受理假劣农资投诉举报案件4668例，累计为农民挽回直接经济损失6200余万元。

（二）社会效益

北京12316农业服务热线适应了当前社会主义新农村和都市型现代农业建设发展形势需要，一方面，热线应用现代信息技术建设了全市统一的农业呼叫中心，整合了全市信息、服务、执法等各类信息资源，建立起便捷畅通的农业信息综合服务平台。另一方面，益农信息社的建立集中了各类公益和社会资源并实现了城乡信息服务同质，并通过信息化手段实现农村与城市双向需求与资源对接帮助农民增收，畅通了政府与农民之间的咨询服务通道，促进了农业政策、科技、市场信息等的广泛传播，并力求满足农民生产生活中的所有信息需求，让农民能够足不出户享受与城市居民一样的社会化信息服务。不光关注生产，还将工作重点放在改善农民生活上，将原有复杂传统的信息服务模式转变为简单、直接、流畅的信息"互动服务"，使信息服务更加贴近农民生活和农业生产经营，在为企业服务方面，农场云的推广和应用，不光提升了园区整体管控的数字化和智能化水平，还为园区与大渠道商、生鲜电商创造了直供平台，为解决农产品"优质优价"问题打下了坚持基础。与此同时，搭建了全市统一的农资投诉举报平台，全面提升了农业执法效率，为农资市场健康发展发挥了重要作用。并且热线充分发挥了捕捉社会舆情、关注农业发展热点的作用，为领导开展决策提供了有效的信息参考。总之，通过北京12316农业服务热线建设与应用项目的实施，提升了我市农资投诉打假水平、创建了新型农业信息进村入户的模式，辅助了农业产业发展决策，进一步满足了城乡一体化建设和现代农业发展的需求，同时也有效促进了全市农业信息化建设与应用水平，实现了"信息强政、信息富农"，社会效益十分显著。

（北京市农业局信息中心）

上海市大力推进网上政务大厅建设

为落实中办国办《关于深化政务公开加强政务服务的意见》（中办发〔2011〕22号）和国办《关于促进电子政务协调发展的指导意见》（国办发〔2014〕66号）文件精神，建立与政府履职相适应的电子政务体系，形成网上服务与实体大厅服务、线上服务与线下服务相结合的一体化新型政府服务模式，根据市政府第71次常务会议要求，市政府启动网上政务大厅建设。

一 指导思想

深入贯彻落实党的十八大、十八届三中四中全会和习近平总书记系列重要讲话精神，按照市委、市政府关于创新驱动发展、经济转型升级的总体要求，紧密围绕"服务政府、责任政府、法治政府、廉洁政府"建设，牢固树立互联网思维和大局观念，以提高政府为企业和市民服务水平为核心，以转变职能、优化流程，拓展应用、融合数据，依法行政、创新服务为主线，充分发挥电子政务的支撑作用和应用效能，不断提升信息化条件下的政府治理能力，打造"行政效能最高、行政透明度最高、行政收费最少"行政区，促进本市经济社会全面、协调、可持续发展。

二 建设内容

按照"统一标准、分级建设，市区联动、同步实施，资源整合、信息共享，需求导向、以人为本"的原则，力争用3年时间，建成全市统一的网上政务"单一窗口"，推动信息资源整合共享和数据开放利用，拓展行政审批、办事服务、事中事后监管等多种功能，提升行政管理和为民服务水平。

1. 升级改造网上政务大厅

扩大市级网上政务大厅服务范围，提升服务能级，建设并完善区级网上政务大厅。实现市级网上政务大厅、市政府各部门网上办事平台、区级网上政务大厅相互之间一口受理、身份认证、数据对接，探索建立网上支付系统。

2. 改版"中国上海"门户网站

对原有的网站栏目体系进行系统整合，在更加突出网上政务大厅的同时，优化网上办事、信息公开、公众服务、效能监察等核心栏目的设置，并为公布权力清单、责任清单、开展事中事后监管预留栏目空间，同步开展微门户建设和移动应用服务。

3. 推进单部门审批事项统一上网

全面梳理审批事项，优化审批流程，编制办事清单和服务指南。研究出台网上预约、窗口优先办理等措施，培育网上办事服务理念和习惯，扩大经济效益和社会效应。以现有运行模式与技术标准为基础，按照数据对接方式，逐步将审批事项统一接入网上政务大厅。

4. 深化拓展重点协同应用

深入推进企业设立、建设工程并联审批，在全市范围内推广企业设立、变更的网上办理。研究遴选其他与企业日常经营和市民生活密切相关的事项，推动管理流程再造，集成以行政相对人办理事件为核心的协同应用。进一步推出市场统一管理、事中事后监管等领域的优化措施，扩大协同办事覆盖面。

5. 推动政务信息资源整合与共享

研究制订政务信息资源共享管理办法。系统梳理各类审批、办事、监管等事项，摸清底数，编制政务信息资源目录体系，分类列表，编目注册，提高数据质量，加强整合，扩大共享，促进开放利用。

三　工作保障

1. 制度保障

协调推进组负责建立领导小组及办公室会议、汇报、协调、督办等工作制度。筹备领导小组全体会议，组长、副组长、秘书长、副秘书长专题会议，办公室主任办公会议和专题协调会议。汇总上报工作信息。落实专题协调决定。督促检查重点任务。研究制订本市网上政务大厅运行管理办法，完善单个部门审批事项上网建设规范、审批平台接入技术规范、统一编码规范，编制区级网上政务大厅建设指导意见等文件，出台相关地方性标准。

2. 法制保障

审改业务组、依法行政组负责与网上审批和办事服务相关的机构、职能、权限、程序、责任法定化工作，确认行政权力清单、责任清单。研究、制定、审核有关法规、规章及规范性文件。

3. 技术保障

协调推进组、重大项目组、信息共享组负责完善市区两级网上政务大厅信息资源交换体系，确保各级政府部门业务平台间的互联互通、业务协同、市区联动和信息共享等工作有效开展。

4. 安全保障

协调推进组、信息共享组负责加强网上政务大厅应用安全建设，建立健全统一身份认证服务、网上支付服务、信息安全监测预警和数据灾难备份等，确保网络环境畅通、安全、可靠。

5. 经费保障

经费保障组负责建立经费保障机制，落实网上政务大厅建设与推进所需经费渠道建设，确保重大项目立项实施和相关配套改造及日常运维资金到位。各区县政府负责做好相应资金安排，保障网上政务大厅各项工作顺利开展。

6. 监督保障

协调推进组负责研究建立本市网上政务大厅建设与推进工作的长效监管和评估机制。结合政府年度绩效考核，制订操作管理办法，强化内部督查和社会监督。

四 特色创新

市网上政务大厅建设和应用，强化了行政审批规范性，优化了行政审批流程，提高了行政审批效率，增加了行政审批透明度，增进了政民互动，改进政务服务水平。在一定意义上讲，这些工作成效的取得，都与注重某些工作环节上的特色创新关系密切相关。

1. 注重实现信息资源全网络互通

构建了覆盖区县和全市各业务条线的审批信息交换体系，在打破困扰电子政务发展的"信息孤岛"方面取得了实质性的突破。实现了各条线业务系统之间的实时数据交换和业务协同，以及区县相关数据落地和信息共享。

2. 注重实现并联审批全流程固化

将操作规程固化在网上政务大厅中，将并联审批流程嵌入条线审批业务，建立硬性约束，规范业务操作；满足网上政务大厅和条线业务系统之间数据实时交换，直接从条线系统获得业务操作信息，避免二次加工带来的信息不一致的问题。

3. 注重实现网上审批全过程办理

实现行政审批网上申请和网上办理，在方便行政相对人的同时也减轻了政府内部业务人员的工作量，提高了办事效率。同时，协同审批部门之间通过网上实时交换审批信息，提升了协同审批信息传递效率。

4. 注重实现审批业务全周期监督

申请人可通过门户网站全程查询办理状态，并可以给出满意度评价或提出投诉，强化了外部社会监督。同时，监察部门可实时掌握全市范围内业务办理情况，全程跟踪具体业务办理过程，拓展内部监察手段。

五 经验体会

本市网上政务大厅建设，是基于"制度+科技"的理念，将现代信息技术和网络技术等综合应用于审批业务的一次有效工作尝试，分析总结其建设运行的有关经验，主要有以下几方面。

1. 组织领导是关键

网上政务大厅建设与推进工作得到市领导的高度重视和相关部门、区县领导的大力支持。成立了由市长亲自挂帅，两位副市长指挥部署，市政府委办局和区县政府主要领导亲自参与的市网上政务大厅建设与推进工作领导小组，确保了网上政务大厅建设工作的层层推进、层层落实。

2. 部门配合是基础

在网上政务大厅的建设和推进过程中，市政府办公厅、市经济信息化委、市发展改革委、市审改办、市财政局、市政府法制办等相关部门各尽其责、通力协作，进一步理清工作思路，落实相关责任，强化工作措施，确保项目建设稳步推进。根据项目推进需要，建立健全了定期的工作会议制度，及时沟通、研究和协调项目推进中的具体问题。

3. 加强督导是保障

网上政务大厅的建设和推进离不开监督机制的建立与完善。市政府办公厅通过上门指导、进度通报、工作专报、专题会、交流会、督办会等形式，加大项目建设推进力度，推动市政府部门和各区县政府按照工作方案要求，根据时间节点完成各阶段工作任务。

4. 以人为本是活力

网上政务大厅的建立，始终落实"以人为本、执政为民"的理念，无论是审批流程的整合优化，还是审批要件的梳理确立，或是网站页面的构架设计，都致力于使整个审批与服务过程更加亲民、便民、利民。同时，在建设过程中，还经常根据市民企业的需求和建议，及时调整工作方案，使得网上政务大厅更加实用、好用。

5. 标准规范是捷径

在网上政务大厅建设的同时，市政府办公厅积极开展《单部门审批事项上网建设规范》、《区级网上政务大厅建设指导意见》、《并联审批系统数据对接要求》等专项规范标准研究。通过建立技术规范、数据规范、操作规范，充分发挥各类规范的导向作用，以确保其技术上的协调一致和整体效能的实现，并为彼此间的协同工作提供技术标准。

（上海市人民政府办公厅电子政务办公室）

松江区网上政务大厅延伸网上政务助力产业转型

近年来，我区在市网上政务大厅建设与推进工作领导小组办公室的指导下，在做实行政服务中心的基础上，积极探索，扎实作为，延伸网上政务服务，助力产业转型发展。

一 坚持以"服务产业转型发展"为主线，突出重点推进网上政务大厅建设

2012 年起，我区围绕产业项目开展审批制度改革，强化行政服务中心的载体建设，承诺在法定时限内压缩审批时限 2/3，大幅提高了审批效率。2014 年，我们又提出了"四全"目标，打造"全事项网上运行、全方位效能监督、全流程公开透明、全过程动态查询"的智能化政务服务平台。区行政服务中心网上办事大厅项目于 2015 年 4 月上线试运行。

在市政府做出网上政务大厅建设统一部署后，我区围绕新要求不断修改完善，提出以网上政务服务的提质增效，促进产业转型发展的提质增效。2015 年 11 月，本市第一批区县网上政务大厅试点，与市级网上政务大厅同步上线。

目前，松江网上政务大厅梳理并公布本区审批事项 504 项，其中 421 项为面向企业审批事项，占全部事项的 83.5%；市民服务类事项 60 项。同时，我们着眼于优化产业审批服务，以环保、水务部门为试点，落实可在线申报事项 6 项，并率先完成了与市级网上政务大厅统一用户中心、统一审批编码等技术对接工作。

二　坚持以"贴近企业现实需求"为导向，突出特色丰富网上政务服务内容

松江网上政务大厅在标准功能模块的基础上，形成以"特色松江"为主题的系列"自选动作"。

1. 阳光交易更规范

我们将全区政府采购、建设工程、房屋修缮工程、农林水利项目等一系列招标项目信息和招投标结果进行公示，确保信息公开透明。同时将上年松江建设领域招投标改革的成果——"小型建设工程交易平台"、"政府投资建设工程项目数据库"以及"建设工程投标保证金管理系统"等整合到阳光交易服务平台，初步构建覆盖松江公共资源交易领域的权威信息发布平台，得到了供应商和施工投标单位的广泛关注和好评。

2. 项目服务更聚焦

针对区内重点产业项目的审批流程规范，提供数据采集、分析、统计及报表功能，全方位掌握重点产业项目区域分布、资金投入、审批环节及进度等信息，为决策部署、督促推进以及接受群众监督提供信息支撑。

3. 政企互通更密切

一方面，我们以网站电子表单或在线应答方式接受企业咨询或求助。另一方面，通过政府购买服务，项目化推送企业服务。与国家级示范平台——得民颂中小企业综合服务平台合作，集中提供企业关心的政策分析汇总和精准推送服务。2015年下半年推出的市场监管改革和人才扶持新政培训项目，受到区内高新技术企业的广泛欢迎。我们还通过政企合作，以"企业网互联、技术云互通"的云计算技术模式，启动推广企业重点产品在线展示。

三　坚持以"线上线下互动融合"为目标，突出创新不断深化网上政务服务

网上政务服务无止境。我们提出"易服务"的理念，即以代表信息技术的字母"e"为基础，以线上线下互动融合，容"易"办事为目标，适应服务需求的不断变"易"。

2015年4月，我们根据临港松江科技城的实际需求，设立了行政服务中心分中心，集中提供窗口服务，并在网上政务大厅为园区提供专属通道，进一步方便园区企业办事。此外，我们还通过走访调研，在了解分析全区17个街镇39个经济园区需求的基础上，在行政服务中心设立了经济园区"企业服务共享空间"，为办事人员提供多种共享的网上政务服务环境，协调解决企业发展中遇到的具体问题。

下一步，我们将在基础工作和拓展服务两个方面，继续深化网上政务服务。基础工作方面：一是丰富完善网上政务大厅办理事项，实现审批事项全覆盖，服务事项无遗漏；二是强化事中事后监管，便于群众通过网上政务平台实现阳光监督；三是着力推进区级部门自建系统的对接互联以及无系统事项的统一模块应用，继续推进审批服务事项网上申报、审批、办结的流程；四是密切联系市级网厅，及时跟进新要求、新标准，做好市

区两级联动及数据共享。拓展服务方面：我们将通过区行政服务中心物理大厅的智能终端、多媒体设备、手机 APP 等外延媒介，形成多渠道、方便快捷、公开透明的服务，在大数据分析基础上，使企业和市民随时都能咨询、预约、查询所办事项，提供全方位的"易服务"。

（上海市松江区人民政府办公室）

借力自贸区改革，打造浦东新区网上政务大厅

2015 年是浦东新区自贸区扩区之年，按照中央和上海市政府关于推进政府职能转变，减政放权后加强事中事后监管的总体要求，新区政府于 2 月在新区政府网站上推出了第一版的权力和责任清单。5 月，上海市政府制定了网上政务大厅建设的工作方案，提出了以"互联网＋政务服务"的理念，依托政府网站，全面打造上海市网上政务大厅这一重大举措。按照市政府的工作部署，浦东新区政府结合自贸区改革的特点，全面启动了新区网上政务大厅的建设工作。形成了"全面完成市部署的建设任务，着重推进审批事项的网上办理和信息共享，创新便民服务和事中事后监管方式，探索'互联网＋政务服务'下的政府管理和服务模式，为群众提供优质高效便捷的公共服务"的工作局面。初步实现了网上政务大厅的三层体系构架，新区网上政务大厅于 12 月 11 日正式通过新区政府网站面向企业市民提供各项政务服务。

一 形成了以"网上服务窗口、审批办理核心系统、信息共享平台"三位一体的总体构架

浦东新区行政审批体系作为新区"政务云"体系"1310"构架中的一个重要组成单元，目前已初步形成新区门户网站"网上政务大厅"的网上服务窗口，新区并联审批系统、审批信息共享服务平台和"小博士"智能审批基础数据系统三位一体的构架体系，集线上线下服务窗口、内部审批业务联动、审批结果数据共享、审批依据一口管理为一体的、全方位审批服务。目前"网上政务大厅"已实现 369 项行政审批事项、115 项服务事项的网上在线服务。并联审批系统着重针对企业设立、基本建设等两个重要审批领域实施"一口受理、一网办理"的全过程并联审批。作为新区"权责清单"的基础数据平台，"小博士"智能审批基础数据平台不仅实现对新区行政审批和服务事项的全口径一口维护管理，同时新区审改部门通过全面梳理审批的前后置关系，为市民提供了审批事项按办事主题和全生命周期智能导航服务。同时依托新区并联审批系统，初步实现了与市网上政务大厅和新区 8 个区级部门自建审批系统的数据交换功能，经交换落地的各类审批结果数据初步完成了按企业（统一信用代码）、证照、项目（统一 28 位编码）等编码规则的数据共享目录的发布和共享平台的建设，并与新区公共信用服务平台实现了数据共享，为各部门简化行政审批、加强事中事后监管提供了较为全面的审批情况数据支撑。

二 依托审批制度改革，推出了一批特色政务服务

（一）开展业务梳理和改革，推进网上政务窗口服务能级

目前，浦东新区共有369项行政审批事项，其中使用国家级业务系统的17项，使用市级业务系统的177项，使用区级自建业务系统的71项，无业务系统的105项。同时，2016年浦东新区重点推进行政审批事项改革，部署实施"证照分离"改革试点。对369项审批事项按照强化市场准入管理、取消审批、审批改备案、实行告知承诺制、提高透明度和可预期性等五种方式进行了全面改革，目前已形成初步成果，流程改革为网上政务大厅优化，降低审批门槛，提升服务能级提供了更好的条件。在此基础上，浦东新区以"方便快捷"为核心，进一步探索特色便民服务功能。

1. 开发行政审批智能导航系统

作为政府行使审批的权力依据，在审批事项办事指南的基础上，新区部署完成了"行政审批智能导航系统"，进入系统，申请人输入事项关键字，不仅可以查询该事项的信息，还可以查询到所有前置审批事项的信息，让申请人一次性获知办理该事项的全部环节以及要做的准备工作。如要办理人力资源服务许可证，可同时查询到两个前置事项（即各类企业及其分支机构营业的许可、组织机构代码登记的确认与发放）的相关信息，并且可以直接下载这3个事项的办事指南。可以说，办事指南只是告诉了申请人"目的地在哪里"，智能导航系统还可以告诉申请人"如何到达目的地"，发挥了地图导航作用，更方便群众办事。

2. 开发"1＋7＋36"网上统一预约系统

浦东新区实行扁平化审批体制，审批服务窗口主要集中在1个区级行政服务中心，7个开发区行政服务中心和36个街镇社区事务受理中心。为此，新区计划统一规范各中心排队叫号系统技术规范，部署"1＋7＋36"的网上统一预约系统，实现"线上统一预约、线下分厅办理"。目前已经实现了区级行政服务中心的建设工程规划许可证、公共场所卫生许可证、印铸刻字准许证等96个事项的网上统一预约，即申请人在网上预约成功后，可以凭收到的手机短信，按照预约时间地点，窗口实施优先领号办理，大大节约了申请人排队等候的时间。

3. 单部门审批事项的网上办理

按照市网上政务大厅制定的五级办理标准（即查询反馈、网上申报、网上预审、网上受理、网上全程办理）整体提升审批事项的网上办理水平。根据369项审批事项的情况，71项使用区级自建业务系统的审批事项，以三级办理（网上预审）为起点进行升级改造，争取实现部分事项的五级办理（网上全程办理）。105项无业务系统的审批事项，统一定制开发业务系统，并按照三级办理的要求推进网上办理；177项使用市级业务系统的事项，按照上海市统一部署，由市级部门接入市网上政务大厅，并与区政务大厅实施数据和服务共享。

根据自贸区"证照分离"改革的要求，首先推进153个区级许可证事项的网上办理，目前已经试点了6个许可证事项的网上办理定制开发，其中出版物展销的备案、出版物网上发行的备案等4个事项实现了网上全程办理，即申请人不需要到实体大厅，只要通过计算机

终端就可以实现网上申报、提交申请材料，政府对申请信息比对核实后进行审批，形成的批文或证照可以通过快递形式直接寄送给申请人。

（二）全力推进跨部门审批事项的协同办理

在推进单部门审批事项网上办理的基础上，进一步探索多个事项跨部门的协同审批。目前在市场准入领域，开发部署了"浦东新区外资企业七证联办系统"；在基本建设项目领域，开发了"浦东新区基本建设项目网上联合审批系统"；在保税区特殊监管范围，依托保税区域企业准入"单一窗口"功能延伸，与工商、税务、公安等部门信息共享，实现对企业网上申请的一口受理，并在9个工作日内统一发放各类证照。

1. 浦东新区外资企业七证联办

区级行政服务中心在借鉴自贸区的成功经验，实行企业设立"一口受理"的服务模式，将区政府有关企业设立的审批事项由原来的有关职能部门分别受理，改为在行政服务中心实行"七证联办"，对外商投资企业批准证书（商务委）、企业营业执照、餐饮服务许可证、食品流通企业许可证（市场监管局）、上海市印铸许可证（公安部门）、自理报检企业备案登记证明书（市出入境检验检疫局）、海关注册登记证书（海关）5部门7张证照，实行"一表申请、一口受理、一次审核、信息共享、证照同发"的机制。

本项目依托新区并联审批平台，在内资企业"三联动"审批系统的基础上，升级改造完成浦东新区外商投资项目准入系统，通过业务流程梳理，优化信息填报，打通了商务委、市场监管、公安、检验检疫、海关等5个条线系统的数据，审批信息同步反馈浦东新区外资项目准入系统。实行部门并联审批，实现浦东新区外商投资企业联动登记。

首先，在新区网上政务大厅建设"企业设立专栏"，将其作为公众与政府交互对话的服务门户。浦东新区的企业可以通过网站在网上进行一表填报设立信息，新区范围内所有新登记内、外资企业都可以在专栏内进行查询、结果反馈等。包括区级行政服务中心，各开发区服务中心，都可以在"企业设立专栏"进行网上申请。

其次，为内、外资企业提供场景式服务，一步一步引导用户完成外资企业注册登记的信息填写，并最终列出需用户提交的材料清单。在业务梳理的基础上，通过菜单式、向导式提示信息，引导企业办事。比如企业在申请准入设立时，首先选择是内资开业还是外资开业，然后是公司类型选项，接下来选择前置审批事项，后置审批事项，然后进入一表式填报，实现外资企业网上申请导航。

一表登记是指通过对企业营业执照申请表、食品流通、餐饮服务（许可证）、外商投资批准证书、出入境登记证、海关报关单位注册登记证书、印铸准许证等7个申请信息进行梳理，合并共性信息，分录个性信息，一表填报。并且用户可以通过唯一的审批编号实时查询申请事项的办理状态。

同时，系统具备延伸扩展特性。将会根据业务的需求，如果有其他审批部门及事项加入联办流程，网上申报阶段将会根据一次申请，流程优化的原则，整合新加入事项。

系统在信息共享方面，按照业务主管部门的要求，所有纳入联动并联审批的部门，都能够利用本项目累积的权威数据，比如商务委系统可以在营业执照审批完成后，自动获取企业登记的经营范围等。在审批监管方面，所有事项的审批时限都能进行监管，无特殊情况不能超时超期，并对超时、超期的办件进行公示、提醒。

2. 浦东新区基本建设项目网上联合审批系统

作为新区并联审批平台一项重点内容，新区基本建设项目网上联合审批系统由项目信息跟踪和网上并联审批两大服务功能组成。项目信息跟踪系统，目前涵盖了从发改委项目立项、环保局环评审批、规土局规划设计方案审批和建交委报建、审图、施工许可等开工前期的主要审批环节。网上并联审批系统，实现设计方案审批、设计文件审查、停车场竣工验收、雨污水纳管征询等7个环节一口受理，一办到底。其中，设计方案审批和设计文件审查环节，由线下纸质审批转为网上协同审批，多部门的意见征询过程也全部实现网上办理。以设计文件审查为例，目前已有520多件项目在批或已完成审批。其主要作用体现在以下方面。

其一，实现了多业务对接。

新区建设项目审批具有区级层面和开发区层面的特点，为此联合审批系统在充分了解掌握两级层面的审批特点的基础上，建设了符合各自层面要求的两套系统业务版本。特别是设计文件审查，新区业务模式不同于市级层面，系统从实际出发，定制了一套完全符合新区业务模式的审批版本。以往，建设单位需要跑多个审批部门，提交材料，提出审批和征询申请，有时较复杂的特殊项目甚至需要建设单位跑十多家审批部门。对建设单位而言，费时费力，办事复杂。现在，设计文件审查已经实现了一口受理、并联审批的新型审批模式。设计文件审查由建交委牵头，建设单位只需带齐所有材料，在建交委窗口进行一口受理，递交材料，窗口受理人员在信息系统上录入信息，完成申请；再由建交委统一分发材料，各相关审批部门在审批系统上进行并联审批；各部门意见统一汇总到建交委，最终由建交委对建设单位进行统一答复。

其二，实现了数据交换和信息共享。

目前项目信息跟踪系统包含从项目立项到施工许可证核发中的16个审批环节节点。发改委、建交委的所有节点数据全部来源于数据交换，设计方案审批和设计文件审查等节点直接与网上并联审批系统数据交换。

联合审批系统实现了与市建交委系统，与区发改委系统、区政务信息门户、区审计局系统等市区两级多家部门审批系统的业务数据交换。另外，网上并联审批系统实现了设计方案审批的意见征询，设计文件审查的技术指导的协同并联发起和审批，所有业务数据和审批数据实现信息共享，为大数据建设打下了坚实的基础。

其三，实现了项目跟踪管理。

联合审批系统以28位码为基础，实现从立项到施工许可等跨部门主要环节节点的跟踪管理，并设置了绿灯（代表该环节已办理完成）、蓝灯（代表该环节正在办理中）、红灯（代表办理已超期）和灰灯（代表该环节尚未申请），实行实时效能监督。其中，与市建交委系统实现了在项目报建、四个招标、报监、合同备案和施工许可证核发审批的无缝对接和数据落地。目前已有2000多件项目在网上进行实时跟踪和监督管理。

（三）探索审批数据的信息共享

探索办事部门通过与其他部门信息共享获取相关信息的办法，从而减少申请人提交的申请材料，为群众办事提供便利。在网上政务大厅的开发设计中，我们通过对新区公共信用信息服务平台与网上政务大厅实施信息共享，申请人在网上政务大厅只需要输入社会统一信用代码，就可以自动生成相关基础登记信息，无须重复填写。办事部门在网上处理时，也可以自动获取电子版本营业执照，比对企业信息，不仅减轻了申请人的负担，也强化了部门联动，降低了行政成本。

三　工作体会

1. 改革是动力，设计是关键

推进网上政务大厅的建设，不仅仅是为了完成上海市政府布置的任务，同时也是新区建设自由贸易区，对标国际规则、优化营商环境的一项重要举措，如何将这项工作做得圆满、扎实，如何实现"互联网＋政务服务"要求下办事服务事项的流程设计是关键之所在。新区应对网上政务大厅的建设要求，对新区审改部门、电子政务管理部门，行政服务中心管理部门实施了一口管理，充分把握业务和技术的融合，形成了合力。同时，作为新区推进政府职能转变和先试先行的重点事项，推进的动力得到充分的保证。

2. 方便是目的，制度是保障

网上政务大厅的出发点就是方便市民和企业，全力打造网上服务功能，简化企业的申报材料和审批手续，减轻窗口受理的负担和申请人等待时间。为了达到目的，就必须在部门联动、数据共享、安全控制等关键环节方面形成制度保障，将改革的成果作为制度固化下来，才能持之以恒，并形成可复制、可推广效应。

3. 协同是路径，共享是生命

要彻底解决老百姓办事难，难办事的问题，避免各部门各自为政、重复采集信息，加强部门间的协同是一个有效的路径。作为一个区县级区域，新区在取消前置、推进告知承诺和并联审批、推进审批集中等方面进行了一些探索。同时，如何解决减政放权后加强事中事后监管，是摆在政府面前不可回避的问题。我们建设网上政务大厅，另一个重要任务就是要实现审批结果数据为政府日常监管领域提供信息保障，要进一步推进行政审批、市场监管、城市管理、综合执法、信用服务等综合平台的数据融合，以协同促共享，以共享促创新，提升政府依法行政的生命力。

（浦东新区电子政务管理中心）

徐汇区推动线上线下融合联动
打造新型政务服务模式

2016年是"十三五"规划全面启动实施之年。徐汇区政务大厅将深入贯彻党的十八届五中全会及习近平总书记系列重要讲话精神，全面落实十届市委十次全会要求，以"三严三实"教育活动为推动力，以互联网思维为引导，全面推进"服务意识、服务事项和服务体验的互联网化"，打造"一网运行、一个窗口、一办到底"的"互联网＋政务"服务平台，让数据多跑路、群众少跑腿，推进行政审批标准化、政务服务便利化、信息共享平台化、社会治理精细化，强力支撑现代化国际大都市一流中心城区建设。

一 创新理念，以互联网思维打造网上政务"单一窗口"

徐汇区主动顺应互联网时代政府治理面临的新挑战和社会公众对政府服务的新期待，遵循"让群众满意，使企业受益"的目标，围绕服务型政府建设，着力以信息化助推政务服务现代化，积极运用互联网思维，推动网上政务服务从"信息发布1.0"向"在线办事2.0"转型，实现"建设集约化、服务规范化、流程标准化、体验便捷化、数据共享化"。

（一）坚持用户至上，建立服务质量和满意度为重的标准体系

根据"边运行边优化"的工作要求，实体大厅坚持问题导向、需求导向，以创新为目标，推进服务机制、管理机制和运维保障机制等方面的持续性改进和提高。根据市相关建设运行管理规范，制定了《徐汇区行政服务中心服务规范》、《徐汇区行政服务中心工作人员管理办法》等制度，及时改进完善窗口服务。同时，以"互联网＋"政务为引导，重点在流程、办事和窗口等方面开展系列优化服务。

在流程优化上，实体大厅会同相关部门，将数字证书申领纳入企业设立一口受理直通车；户外广告审批事项的协调审批实现一次收件、一次发证模式；整合招标办与安质监站受理窗口，压缩行政审批环节，提高了受理效率。

在办事程序优化方面，实体大厅在网站、手机微信平台开通基础上，开发苹果及安卓版手机APP，让多种网上服务渠道为百姓提供网上全天候服务。以微信发布为例，实体大厅围绕市民办事的指引需求，先后策划推出交通、通讯、设备和预约等专题服务指南；围绕市民办事的咨询需求，对常见问题进行收集，并分门别类，推出企业注册、档案查询、人才服务、就业服务、居住证积分等专题答疑。同时借助"徐汇发布"平台进行再宣传、再发布。目前，微信订阅人数突破2,300人，点击率突破7万次。

此外，徐汇区还同步提升线下办事服务体验度。实体大厅内实现WIFI网络全覆盖，市民可通过手机等无线终端免费上网；积极对接群众办事"最后一公里"的交通问题，利用大数据技术对中心交通方案作了进一步优化；印制《行政服务中心服务指南》手册1.2万册，根据中心服务动态，做到印量少（每次3000份）、更新快（每月一更新），至今已是第四次更新版本；大厅内提供了金融服务咨询点、商务中心、便利超市、咖啡吧、书吧、ATM机、自动贩卖机、报刊阅览等配套服务设施，让用户在休息之余体验办事服务。

（二）坚持平台化思维，形成网上政务服务"统一门户"

借鉴"12345"市民服务热线经验，以"新媒体＋平台化"为重点，推动目前分散的服务资源向网上政务"单一窗口"集中，坚持高位统筹，实现政务公开、行政审批和市民办事服务做到四个"一"：即全区网上政务由区府办"一体统筹"、互联网和移动端服务"一口统筹"、内部协同审批"一网到底"、市民办事服务"一办到底"。

1. 区府办"一体统筹"

徐汇区从体制机制方面突破，以区府办牵头，集合了电子政务科、审改办等部门，统一调配，各司其职，共同推动政务服务便利、精准化。

2. 互联网和移动端服务"一口统筹"

网上政务服务采用统一的后台管理，不同的终端推送模式，使不同终端显示的信息能够在后台分渠道、分栏目、选功能。统一管理信息资源，减少信息报送环节，降低信息发布错误率。

3. 内部协同审批"一网到底"

徐汇区将积极推进办事服务"网上走"。不仅便于行政人员将办事信息"留存"，同时它将各种分散的、不规则存在的信息整合成一张"信息网"，每个信息节点之间依靠某种、或某几种业务逻辑关系进行关联，有效摆脱信息孤岛的困扰，在这张信息网中获取相关的信息。

4. 市民办事服务"一办到底"

徐汇区一直在积极探索为民提供便利的办事服务。通过统一的平台，市民可以在手机端微信进行预约办事、查询办事进度，到实体大厅提交材料，领取证件。线上线下服务关联，市民可以在不同时间和地点查询所办事项的情况。

（三）坚持"OTO"模式，促进网上服务与实体大厅服务"一体化"运行

2015年5月，徐汇区行政实体大厅建成运行，145个窗口、354项审批服务事项"集中受理、协同办理"，同步开通网站、手机APP、微信和自助服务终端，"五位一体"实现网上服务与实体大厅服务、线上服务与线下服务"一体化"运行，实现7×24小时全天候、全覆盖政务服务，年服务量约一百万次。

1. 不断深化单部门网上审批，积极拓展多部门协同应用

2014年7月，开通"企业设立一口受理直通车"，打通"工商、质监、税务、商务和统计"条线系统，建立"一表填报、一口收件、协同办理、限时办结、统一发照"运行机制，实现"少跑路、减材料、省时间"。企业申报材料从43份精简到27份，往返次数从七八次减少到"交件、领证各一次"，外商投资批准证书、工商营业执照、组织机构代码证、税务登记证、统计登记证办理时间从一个月压缩到四个工作日。

2. 推进跨系统"单一窗口"试点，形成以行政相对人办理事件为核心的协同应用

以户外广告行政审批为试点，推进绿化市容局与市场监管局合作建设跨系统"单一窗口"，推行户外广告"一次收件、一次发证"新模式。在此基础上，将着手建立"户外广告审批业务全程网上办理"机制，以审批流程"简化、优化、标准化"和审批信息共享为支撑，最终实现"网上先行受理、网下当场办结"。

除网上服务外，实体大厅还配备了多种自助服务机，为现场服务提供便利，如出入境自助取证机、自动签注机等。随着电子执照等改革举措落地，通过"形式审批＋告知承诺"，实体大厅还将会同相关入驻部门，积极探索实现全程网上办理。

二 深化改革，推动审批流程优化和政府职能转变

徐汇区树立互联网思维，优化调整政府传统的组织架构、运作程序和管理服务手段，创新一批基于互联网技术的政务服务新机制、新模式、新形态、新标准、新规范，加快简政放权、改革创新步伐，运用"互联网＋主题服务"模式，以行政审批制度改革

为核心推进政府职能转变，充分释放网上政务大厅建设的机制活力。以服务对象为核心，深化拓展单部门网上审批和跨部门、跨层级协同审批，让企业、群众"少跑路、减材料、省时间"。

（一）构建开放体系，促进互联互通

在市相关部门的大力支持下，目前已有 12 个条线专网接入徐汇区电子政务外网，继续深化"迁网行动"，让部门审批事项全面从封闭专网接入政务外网，并逐步向互联网开放。同时，对接 73 个业务系统，根据每个系统的特点采用不同的方式"连接"，有效进行业务系统间的"互联互通"。

（二）完善共享平台，深化联动联办

按照"连接一切"的理念，利用技术手段推动跨部门、跨层级的数据共享与协同，积极构建"市区联动、全区共享"的行政审批联动体系，让群众可"一门办、就近办、网上办"。

1. 推进建设市、区数据共享模式

一方面通过市、区两级网上审批平台，以"市区联动"模式将市平台已对接部门的业务数据落地；另一方面主动对接市平台尚未打通的条线业务系统，以"条块结合"模式实现审批信息共享。同时，本区各部门凡是利用区级财政资金建设的信息化项目，均主动纳入全区统一架构的政务信息资源体系，实现"集约管理、全区共享"。

2. 加强政务服务平台向社区延伸

以区行政服务中心、13 个街道镇社区事务受理中心和居民区延伸办理点为载体，构建"1＋13＋X"区域化政务服务体系，形成"政务服务集中办理、民生服务下沉社区"格局。重点依托市"法人一证通"和市民云，全面打通网上与网下资源，试行"网上认证、申请预约、窗口优办"模式，促进线上办理与线下窗口服务有机融合。目前，已有 10 个部门 54 个事项可在网上受理或办理，2014 年提供便民服务 2602 次。

（三）探索政社合作，实现多方共赢

徐汇区在社会效益明显、政务服务带动性强、示范作用突出的若干重点领域推动公共数据开放、信息技术资源整合，加强政府与企业、社会跨界合作，探索"企业服务企业"机制，借鉴电子商务模式，推进网上政务跨越式发展，让更多企业、群众享受到信息化的便利和改革的实惠。徐汇区与腾讯公司合作，在微信"民生"页面开设了徐汇智慧政务服务；引入中智、百事通等社会化服务机构，建立企业服务随心选平台，通过"在线认证、信息共享、服务反馈"等机制，提供口袋律师、智能人事代理、移动 OA 等专业高效服务，并向小微金融、信息服务等延伸，重点助力"草根性"中小企业创新创业；将重点推进科技创新在线服务，通过政府购买"科技创新服务券"，使科技型企业获取法律、人力资源、财务管理、人才医疗、检验检测、科技金融和知识产权等八大专业服务，串联起全区创新企业、创新园区、众创空间、孵化基地等创新服务产业链。下一步还将与医疗、养老、交通等信息服务商合作，共建网上政务超市。

三　破解瓶颈，建设整合开放共享的政务信息资源管理体系

政务信息资源是电子政务的核心资产，也是全社会的共同财富。徐汇区牢牢把握关键环节，管好、用好政务信息资源，促进信息资源跨部门共享使用以及向社会开放利用。

（一）加强顶层设计，推动信息资源整合

以"规范、共享、协同"为原则，统筹全区政务信息资源集约化管理。结合本区实际，制定了《区政务公开和政务服务技术规范与数据标准》，对新建信息系统，进一步规范各部门网上行政职权事项的数据格式；对已建成的信息系统，则采用开放式标准以兼容不同条线、不同格式、不同内容的行政数据信息。建立统一标准后，本区各职能部门的网上工作信息可通过转换，成为标准格式信息，便于数据的相互沟通和交流，为推动行政数据信息共享提供了有效途径。

（二）加强实践创新，深化信息资源应用

加强对基础数据库、主题数据库和行业应用数据库的开发，充分挖掘政务信息资源的价值。

1. 深化主题数据库应用

着力构建行政审批大数据共享应用平台，不断提升行政审批和公共服务效能。以法人库、人口库、地理信息库为基础，加快条线系统数据落地应用，推动基本信息、证照信息、资质信息、监管信息、信用评价信息等跨部门跨层级共享，以大数据为手段，辟通行政审批管理服务的信息高速公路。坚持执法资源与强化科技支撑相结合，促进行政审批阳光运行、规范运行，逐步推进所有行政审批事项在网上全程、闭环操作，精简审批环节，共享审批信息，提高审批效率，并同步建立电子监管系统。目前，平台共发布服务事项信息 145 项，其中行政职权 113 项、便民服务 32 项；梳理政府公开信息 22 类 5320 条；采集行政审批、社区服务等办件信息 160 万件。

2. 深化基础数据库应用

积极推进市法人库、人口库、空间地理库数据的全面落地，同时结合网格化综合管理工作，目前已经实现了城市管理领域 92 类数据落地，实现公安、小区 4600 路视频监控联网，极大提高了城市管理的精细化水平。

3. 深化行业应用数据库开发

积极回应社会关切，探索汇聚医养结合、民生服务、基层治理和应急管理等跨行业数据，支撑政务公开、公共服务和社会再开发增值服务。

（三）加强安全认证评估，促进信息资源开放

一方面，加快电子政务软硬件国产化，夯实信息安全基础，全区电子政务外网达到三级等保要求。另一方面，完善第三方身份认证体系，加强信息安全分级分类管理，通过合理评估信息安全风险，推动政府部门向社会开放更多数据资源、数据服务。

（徐汇区人民政府办公室　徐汇区行政服务中心）

统筹整合注重实效，打造一站式
网上政府服务新窗口

近年来，青岛市电子政务和信息资源管理办公室坚持把建设网络环境下一体化政府作为重要任务来抓，以向市民提供一站式、高质量的网上政务服务为目标，大胆探索，勇于创新，聚力打造"互联网＋政务服务"新模式，实现政务服务零距离，网上办事一站通。

一　工作背景

党的十八届三中全会提出了"完善和发展中国特色社会主义制度，推进国家治理体系和治理能力现代化"的总目标，各级政府部门通过电子政务创新，开展网上政务服务。这是信息时代对公共管理发展客观需要的现实选择，也是转变政府职能、建设服务型政府的重要路径。青岛市委、市政府在《第十一次党代会重大战略实施方案》中，提出了2016年"政府公共服务网办率达到70％"的目标。为加快实现这一目标，市政府下发《青岛市网上便民服务体系建设方案》，通过改革和制度创新推动形成"互联网＋政务"新模式，降低办事成本，更好地满足社会和公众需求。

二　主要做法

（一）创新一体化平台建设，实现政务服务大聚合

互联网技术飞速发展的今天，网上购物简单便利，各类商品应有尽有。能不能像"淘宝"一样，把各级政府的政务服务都拿到网上来——展示并提供网上办理的服务，成为软件系统管理处近年来工作重点。为实现这一目标，该处制定统一梳理标准，组织市、区（市）、镇（街道）、村（社区）四级机构开展便民服务事项梳理。通过搭建全市统一的网上便民服务大厅，实现了四级政务服务事项大聚合。2013年11月，青岛市网上便民服务大厅上线运行，目前已整合发布市级53个部门2200余项和10个区市1万余项各类政务服务事项。

网上便民服务大厅事项展示突出便民利民。按照个人办事、企业办事和部门窗口分成三个板块，每个事项分门别类、对号入座。在网上大厅显著位置推出买房子、办户籍、公积金、企业开办、机动车管理等专题服务，让广大网民各取所需。

（二）致力一站式在线办事，促进政务服务零距离

所谓一体化政府，就是在政府内部实现跨层级、跨部门的资源共享和业务协同。在推进一体化网上政务服务工作中，软件系统管理处精心组织，团结协作，建成全市统一网上办事

服务平台。整合 60 多个部门的政府信箱，实现服务一站式提供，诉求一站式回应。创造性提出网上办事"十统一"建设标准，为各级各部门网上办理事项提供基础的业务支撑功能。

网上办事服务平台建成以来，极大方便了企业和市民办事，促进了政府部门业务流程再造和工作效率提高。与市民生活息息相关的便民卡缴费、抄收数据查询、公积金查询、商品房预申请登记等多项应用以及审批服务大厅中 400 多项审批事项的网上预约、办理服务都已实现一站式服务。青岛市级 2000 余项政务服务事项综合网上办理率从 2013 年的 37%，提高到 2014 年的 53%，截至目前已达 64%。

（三）突破一系列工作难点，建成为民服务新窗口

为推进全流程网上审批，针对网上审批工作中存在的"身份认证、电子档案、证照共享、电子支付"等一系列难点问题，青岛市处研究制定了《青岛市网上行政审批服务实施方案》，提出了系统有效的解决路径，推动全市网上审批工作提速增效的进程。

为顺应移动互联网发展趋势，青岛市以"互联网＋政务"为方向，依托各级审批大厅和社保、公安等重点民生部门，推进行政审批和政务服务事项的网上深度办理和便民服务建设。结合实际制定网上支付平台建设机制和技术方案。建成手机版网上便民服务大厅。对接微信、支付宝等社会互联网平台，开通淘宝"便民服务" 20 项、支付宝"城市服务" 24 项、微信"城市服务" 14 项等一批互联网服务窗口，将公安、市政、社保、志愿者服务等各领域服务事项与城市生活服务集合到一起，成为手机里一站式、全天候的民生服务大厅。

（四）构件科学评估体系，推动网上政务服务健康发展

为加快实现 2016 年"政府公共服务网办率达到 70%"的工作目标，市电政信息办通过构建服务型政府导向的绩效评估体系，引入第三方评价机构，在全国范围内率先开展网上政务服务专项绩效评估工作。全面监测青岛市各部门在网上便民服务大厅中发布的所有政务服务事项，坚持从用户的视角采集信息，做出独立评价，确保整体评估的客观性和权威性。通过评估，有效督促带动了各级各部门开展网上政务服务的积极性，为实现全市行政运行机制和政府管理方式的规范有序、公开透明运转，发挥了积极作用。

三　取得成效

（一）网上政务服务工作开展更加规范

2015 年以来，全市 53 个部门、单位和 10 个区、市网上政务服务工作全面展开，市电政信息办精心组织了两轮对市级各部门网上政务服务体系建设工作的问题排查，共排查发现各类问题 176 个，向各部门逐一下发问题整改函，提出整改建议 130 余条。作为网上政务服务主要载体的青岛政务网，在 2014 年底国家组织的第三方评估中，总分列全部省级、副省级和地级政府网站第一名。

（二）政务服务事项网上办理率明显提高

2014 年，全市各部门通过网上便民服务大厅共梳理发布政务服务事项 2446 项，其中办

事类1838项，查询类608项，全市综合网办率仅达53%。截至今年底，全市共整合发布的2241项政务服务事项，综合网上办理率已达到64%，网上办理率明显提高。同时，青岛市作为"中国政务服务平台建设框架研究"工作试点单位，以网上政务服务为抓手促进全市行政运行机制和政府管理方式的规范有序、公开透明运转的工作方式，取得了良好效果。

（三）网上政务服务重点工作率先突破

今年来，通过重点工作突破，初步解决了网上审批工作中存在的"身份认证、电子文件有效性、证照数据共享、非税收入电子支付"等一些关键性问题。目前，市行政审批服务大厅387项审批事项实现了网上办理，100%达到一二级标准，33.8%达到三级标准，11%达到四级标准。我市开展的网上审批工作全国领先，新华社记者对我市网上审批工作进行了专题采访，并以内参专报的形式报中央有关领导。郭树清省长、孙伟常务副省长对我市"互联网＋行政审批"工作模式给予批示加以肯定。

（青岛市电子政务和信息资源管理办公室）

青岛市人社局大力推进网上
办事便民服务体系建设

近年来，我局紧紧把握人社业务发展方向和规律，顺应国家"互联网＋"发展趋势，以"互联网＋"和"大数据"技术为创新驱动，遵循"内在统一、外在多元"的一体化建设原则，提前谋划，科学布局，以高起点、高标准推进网上办事便民服务体系建设，在提升政府工作效能、提高公共服务效率等方面成效明显，其中主要工作包括以下几方面。

一 创新服务， 推进网上办事便民服务体系建设

（一）梳理业务办理流程，为实施网上便民服务奠定基础

人社领域的业务条线众多，各个业务的独立性强，社保、就业、人事人才、劳动关系等业务仍然有着相对独立的运行方式。从业务经办的角度来看，打破业务条线壁垒，实行广泛而有效的业务协同缺少驱动力十分必要。我局"网办平台"业务组织突破了传统的以业务条线和业务系统为线索的方式，增加了以服务对象所属人群的社会属性为主的业务服务。我们将所有的服务人群分为不同的社会人群，然后将人社领域的所有服务重新梳理、组合，定向绑定到社会人群，比如：参保人员，如果其办理了失业登记，那么从他成为失业人员的那一刻起，针对他现时和今后所应该享受的培训服务、考试服务、职介服务、就业服务、参保服务都会与该类用户绑定，让他可以便捷地办理、享受这些服务。这种组织方式使得某一类社会人群的所有能享受、该享受的社会服务突破业务条线的限制，在服务对象这个层面实现了业务协同。"网办平台"业务协同机制的建立，使得各个业务系统针对同一个服务对象的基

础信息同时进行验证，打破业务条线对信息共享的阻碍，有效地提升信息准确性和信息共享水平，加强部门间的信息共享，提升信息的准确性，让信息在安全的前提下流动起来。

人社业务基本涵盖了人的全生命周期，关系到群众的方方面面，形成一条完整业务链。我们抓住社保、劳动就业、人事人才、劳动关系等业务作为网办系统建设的几个关键点，由点及线，带动整条业务链，最大限度的简化办事流程，减少办事环节，实现数据顺向流转，以及数据共享、业务协同，极大地降低了办事成本，提高了办事效率。

（二）转变政府服务方式，变被动服务、等待服务为主动服务、贴身服务

"数据向上集中，服务向下延伸"一直是人社领域工作的重点目标。我局"网办平台"借助于互联网的广泛性使得网上经办项目的服务范围跨越了之前现场办理或内网办理的物理环境，使得我们的服务触角延伸到青岛市的每一户家庭、每一个单位。对于上了网办平台的业务而言，整个互联网环境就是一个统一的"办事大厅"，这个大厅不但物理空间广阔，而且可以一年365天无休，使得人力资源和社会保障服务真正突破时间、空间的限制，为广大市民和企业提供全天候、全时空、全方位服务，"网办平台"极大地延伸政府服务的覆盖范围，提升了人社部门的社会服务能力。

随着移动上网和新兴媒体的普及，我局开发建设了移动版门户网站及网办大厅，继续完善集12333热线电话、在线问政、政务微博、政务微信、短信平台和民生信箱在内的"六位一体"的公众咨询服务平台。打造政务微博、政务微信等新媒体互动交流新渠道，提高新媒体在发布民生信息、引导社会舆论、实现政民互动的作用，健全线上线下协同运作、良性互动的新机制。在服务范围上实现从有限场所到随时随地的扩展，在服务手段上实现从电脑单一载体到利用移动终端和电脑并举的转变，便民性、互动性、时效性进一步提高，充分实现我局网上服务从被动信息发布向主动公开转变，从互动表达向参与决策转变，从在线服务向网上独立办事转变。

（三）构建全局信息系统一体化综合体，实现一站式服务

"一站"即所有网办项目均整合发布在青岛市人社局门户网站网办大厅专区，办事人员通过登录网办平台，选择拟办业务，进行网上申报、网上咨询，并可通过登录网站查询办理状态和结果，实现一站式服务。业务部门通过内网业务办理平台，审核网上申办信息和材料，根据网上提报信息资料和规定要求，予以审核通过或发回修改，同时解答办事人员网上咨询；"一体化建设"，即全局内、外网一体化规划建设，构建全局信息系统一体化综合体，做到网办平台与业务系统完全融合，互为补充，互为依托，网办平台是业务系统在网上的窗口，业务系统是网办平台的支撑和保障，实现一体化建设目标。

通过网办平台，全局范围内将网上办事作为"创新工作模式，优化服务手段"的重要途径予以推广，以网办为原则，不网办为例外，推动所有对外事项逐步开设网上办理窗口，实行网上办事，逐步建成"全业务、全流程、全覆盖"的网上便民服务体系，打造公开、透明、便捷、高效的办事环境和氛围。通过规范工作流程，简化办事程序，实行"一站式"服务，各业务部门相互配合、相互衔接，上级节点部门审核结果直接作为下级节点部门审核依据，不再让办事人员重复申报，实现网上业务联合审批、协同办公。同时通过统一认证体系和指标体系，以及数据顺向流转运用，实现资源共享。

二 科学布局，"互联网＋"应用普惠全民

（一）推进人事业务智能化水平，"机关事业人事管理系统"服务规范

为规范全市机关事业单位人事业务管理，我局积极推进全市机关事业人事管理系统一体化建设，完善我市机关事业人事管理业务网上办理体系，抓住人事业务的"进、管、出"三大环节，科学制定流程，以"规范、畅达、精准、快捷"为目标，建立起涵盖公务员及事业单位人事管理的办理系统，诸如考录（招聘）、军转安置、人员调配、人员计划、奖惩考核、岗位聘用、工资审核、保险核算等各项人事管理业务，实现由单一审批向协同政务的转变，逐步形成相互协调配合的一体化工作机制。加快推进全市机关事业单位人事管理系统一体化建设，实现市、区两级机关事业单位人事业务并联审批，信息数据串联互通。

（二）创新线上线下模式，"智慧人社"服务普及

为提高服务对象参与度和信息化服务普及度，我局面向青岛市民开发的"智慧人社"手机 APP 建设取得突破性进展。前后制订了 12 个相关技术方案、接口规范、办法协议等，组织银联、万达、支付宝、医保城、青医附院、眼科医院、交通银行及其他相关机构共计 17 家单位参与系统建设，目前就业、社保、培训、缴费、就医、购药、医保、移动支付、便民服务、实名认证、消息推送等功能基本实现。能够实现"预约挂号、处方推送、诊间付费"，缓解医院"三长一短"问题；"比价购药、送货上门"，不但方便百姓购药，还提高医保账户使用率；以及"社保缴费、个人查询"等随时、随地的惠民服务。

（三）顺应移动互联发展，"移动办公"服务便捷

为提高人社工作质量和效率，我局统一设计开发了基于 4G 网络的移动办公应用支撑平台，针对不同服务群体，有侧重地开发了不同的移动办公应用。一是面向全市街道、社区工作人员统一开发了"基层手机移动业务"APP，在全市劳动力资源调查、企业用工需求调查，上门为群众送政策、送岗位、送培训等方面发挥了积极作用；二是面向劳动执法部门开发了掌上"监察通"APP，各级监察员依托智能化移动终端，直接到企业监管、核查，在年底农民工工资清欠方面发挥积极作用，有效提高工作效率；三是面向基层社区医疗长期护理工作人员，开发了"移动医疗护理"APP，实现了老年人长期医疗护理的精准化服务和科学化考核。

（四）提升用户体验感知，"民生 e 站"服务高效

为解决老年群体、外来务工人员、失业人员和知识层次较低等弱势群体信息服务手段不足，信息参与度较低的问题。我局开发了基于智能手机平台的自助服务一体机，部署在各基层街道、社区，目前全市已经部署 100 余台，110 余项人社业务实现了自助经办。目前，又与市电政办、青岛新闻网、青岛银联进行了全面合作，将一体机进行了升级，业务功能扩展到了公用事业缴费、银联支付、交通服务、医疗保健等 10 余个领域的便民服务事项，打造成了全市统一的政务便民自助服务品牌——"民生 e 站"，受益群体进一步扩大。

（五）加强服务重心下沉，"基层平台"服务便利

为推进城乡一体化建设，我局积极推进了"窗口、自助、大屏、移动"四位一体的基层信息平台建设，突出发挥了街道、社区基层触角功能，动态掌握劳动者就业需求、技能培训需求、创业需求、企业用工需求四种需求信息，开展"就业援助和需求匹配"两大配置服务，建立了"4＋2"基层人社服务机制，65 项市管业务下沉到街道、社区办理，基本实现了"小业务不出村、大业务不出镇"的服务目标，人社城区"一刻钟"服务圈、农村"半小时"服务圈初具雏形，基层便民服务效率大幅提高。

（六）深挖数据利用价值，"大数据"服务智能

为加快政府向智慧化服务方向转变和发展，我局在全国人社行业率先开展了大数据的应用和开发。一是将大数据应用于基金监管。我局构建成了集征缴预警、支出报警和全过程审计的基金监管信息平台，抓实了社保基金源头、过程和出口三个重要环节，实现了社保基金业务经办"管钱不见钱，收钱不摸钱"的业务模式，确保百姓"养老钱"、"救命钱"的运转安全。二是将大数据应用于医疗服务领域。以全国首批医疗服务监管系统试点为契机，开发上线了青岛市医疗服务监控系统实现了"诊疗行为提醒、结算报销控制、疑点审核稽查"等全过程医保监控，目前，已有 45 家医院、8 家社区医院纳入我局医保基金实时监控范围，医保监管进入"智慧监管"时代。三是将大数据应用于决策分析。针对当前社会关注度较高的11 项人社业务领域，开发了包括机关事业养老改革测算、公共就业监测分析、各大险种收支平衡分析、劳动能力鉴定分析、高技能人才分析、养老保险弹性退休等在内的统计监测分析系统，实现了全方位，多维度的信息数据动态监测分析。四是加强了同社会第三方的大数据合作应用。同青岛广播电视台、青岛新闻网等多家媒体的深度合作，发挥出了政府和社会信息数据在公共服务领域间的互补优势，多层次实现了"智慧人社"与"智慧青岛"的高度融合。

三 科学谋划，推动"互联网＋公共服务"再上新台阶

（一）注重顶层设计，推动"互联网＋政务"建设广度与深度进一步延伸

2015 年，为顺应国家"互联网＋"发展战略，落实青岛市委、市政府创新驱动发展要求，我局出台《青岛市人力资源和社会保障"互联网＋政务"实施方案》，以方案来指导全局信息化建设与公共服务的融合。我局"互联网＋政务"实施方案，紧密围绕人力资源社会保障事业的发展规律和趋势，遵循"服务导向、民生为本、开放创新、保障安全"的基本思路，以信息惠民为出发点、以智能化管理服务为重点，以智慧监管为支撑，以机制适应性与改造为突破口，实现全市人力资源社会保障系统履职过程中的信息资源充分共享、互联网在提升政务服务便捷性和政民互动过程中发挥更加重要作用、基于信息化形成的大数据在决策分析过程中成为重要支撑的总体目标。

（二）深化"智慧人社"建设，迈向大数据新时代

继续整合各类数据资源，特别是政府其他部门数据和互联网数据，形成人社领域内总体

数据，利用大数据分析和挖掘技术，更深层次的获取在社会保险、就业、劳动关系、人事人才等领域的业务洞察力，在社会民众关注度较高的社保征缴费率、养老延迟退休、医疗服务监控、基金收支平衡、就业形势预测、人才流动趋势、投诉维权焦点等热门领域实现感知和预测，提高全局性决策管理水平，提供更加智能的人社公共服务。

（三）坚持一体化网办平台建设思路，实现业务协同、资源共享

近年来的实践证明，一体化建设是我局重中之重的信息化建设指导原则，是当前和今后我局信息化建设工作的发展方向。一体化建设的精髓体现在"统一规划、统一平台、统一建设、统一标准、统一管理"。坚持一体化建设可有效规避信息化建设的各自为政和重复建设问题，避免资金和资源浪费，以及数字鸿沟和信息孤岛的形成，便于资源共享、业务协同、均衡发展。可以说，一体化建设是我局信息化建设工作不断取得进步的根本保障。我局网办系统一体化建设为网办业务资源共享、业务协同和集约化发展打下了坚实基础。

（四）实施业务申报和审核分离，提高办事效率

在网办系统建设过程中，我们提出了"报审分离"建设思路。"报、审"分离即业务申报和审核分离，只有分离才能实行网上远程申报和异地审核。业务申报信息由办事人员录入提交，再经窗口人员审核把关，一方面可减少办事窗口工作量，另一方面可提高办事效率。信息经过录入和审核两个关口，数据出错率大幅度降低，规避了窗口录入带来的风险和纠纷。网上办事是报审分离的典型实例，它通过泛在的网络终端实现远程申报和异地审核，通过"数据替人跑"实现申报、审核有效分离，即用数据在网络上跑，代替人在马路上跑，让"数据多跑路，群众少跑腿"。充分利用网络优势，打破时空限制，将办事窗口开设到服务对象电脑上，业务报审由面对面转向键对键，实现办事效率大幅提高和办事成本大幅降低。

（五）拓宽网办事项覆盖广度，提高网办事项办理深度

全局行政审批和政务服务事项梳理工作保持常态化进行，除涉及国家机密等不适合网上办理的事项外，凡是符合网上办理条件的事项要全部实现网办，并在现有所有事项基础上，拓宽网办事项覆盖广度和业务范围，提高网办事项办理深度。全局行政审批和政务服务事项在2016年要力争实现100%达到二级标准，30%达到三级标准，并且需实时跟进、定期督查，具备条件马上推进至更高级别标准。

目前，网上办事便民服务体系已成为我局重要的服务窗口，成为每天24小时在线服务的办事引导者、信息提供者和业务受理者，有效地发挥了网上办事相互促进、协同发展的整体优势和规模优势，是新业务成长的孵化器和催化剂，能大幅缩短新业务的孵化、培育周期，促进新业务快速成长。通过我局网上办事便民服务体系建设的实践，我们认为：经办是基础，网办是趋势。发展的路径是：做强经办、做实网办、发展移动应用，以网办带动和促进经办，不断探索和发展移动应用，提供更加便捷、高效和泛在的服务渠道。

我局网上办事便民服务体系建设高度契合国家规范行政审批要求、切实方便群众的要求，是我局践行群众路线创新工作方式的具体实例，它的建设运行使我局在内部管理、服务

层次、服务效率、业务监管等方面发生了明显变化，简化和规范了业务流程，避免了重复申报和审核，大幅度提高了业务申报和审核效率；创新了服务方式，拓展了服务渠道，打破了时间、空间等瓶颈障碍，减少了窗口业务受理、审核时间，全方位提高人力资源社会保障工作服务群众的能力和水平。

（青岛市人力资源和社会保障局）

青岛公安在为民服务中打造互联网服务品牌

近年来，青岛公安秉承"以人为本、执法为民、服务为先"的理念，以提升人民群众的安全感和满意度为目标，紧紧围绕群众需求，以服务为民作为网上服务的出发点和落脚点，坚持巩固提升、创新发展，积极借力互联网推动青岛警务管理服务工作转型升级，着力打造信息化条件下的青岛公安网上服务3.0。

一　创新工作理念，以"互联网＋"推动公安管理服务改革

青岛公安将互联网作为推动自身管理服务转型发展的新引擎，坚持民意导向、问题导向，针对制约公安工作、群众反映强烈的问题，以技术倒逼机制体制创新，以技术倒逼工作流程再造，做到"线上"与"线下"有机衔接，切实将互联网成果深度运用到公安工作中。

（一）拓展网上办理深度，实现政务服务"一站式"

深入分析群众需求，全面梳理公安业务职能，运用互联网手段强化信息共享、推动流程再造、简化审批手续，全面提升公安管理服务信息化水平，确保公安管理服务工作在阳光下运行。2015年，先后梳理完成权利清单、责任清单、审批清单，并主动依托青岛政务网、青岛公安外网向社会公开。在进一步推进行政审批事项进驻大厅集中办理的基础上，深化行政审批网上办理，加强与市级行政审批平台对接，实行并联推进审批、"一站式"办理，为企业提供高效快捷服务。截至目前，青岛公安局承担的41项行政审批已全部实现了"两集中、两到位"。其中，在限制、禁止区域或路段通行、停靠机动车许可，临时占用道路从事大型活动审批两项行政审批已具备全程网办条件。群众通过网络按要求提供相关电子材料即可进入办理程序，其间可通过网络查询办理状态，进行业务咨询，并可按需选择办理结果通过物流渠道获取，全程无须进行现场办理。

（二）启用城市智能交通系统，实现交管工作"科技化"

近年来，青岛公安依托大数据、云计算等信息技术，建设完成青岛智能交通管理与服务系统，进一步提升了我市道路交通管理水平。一是交通警情处置快捷化。依托智能交通系统青岛市区交通警情可实现5分钟内自动报警，警情发现时间缩短75%、发现准确率达90%。二是分析研判高效化。该系统每天可自动采集1800万条过车数据，并可对其进行深度分析

研判，5秒钟内完成任意车牌检索，从而为优化交通组织、追踪嫌疑车辆等工作提供科学准确的数据支撑。三是自适应信号控制科学化。通过该系统对全市36个早晚高峰交通流量超负荷路口实施"瓶颈溢出"控制，对主干路口和周边路口实现信号关联远程控制。全市主要路口通行效率提高13~30个百分点，交通高峰持续时间缩短20%~37%。四是交通违法查处精准化。重点对闯红灯、违反禁止标线、违法停车10种常见的交通违法行为进行实时抓拍取证，交通违法查纠率提升了近40倍。在规划公交车道的基础上，利用固定及车载抓拍系统，查处违法占用公交车道交通违法行为，市区公交车车速提高34.7%。五是交通组织方案评估规范化。利用平行管控3D仿真系统，在不占用道路，不影响车辆通行的情况下，对全市路网进行模拟仿真和推演，形成科学系统、完整准确的分析报告，使交通组织更加有的放矢，高效规范。

（三）打造"五网合一"平台，实现外国人管理服务"精细化"

为进一步提升青岛外国人管理服务水平，青岛公安出入境管理部门围绕在青境外人员"人"、"财"、"物"、"技"四大重点环节，立足信息共享互通，建立"五网合一"外国人管理服务综合研判信息系统，有力提升了境外人员管理服务能力。一是方便境外人员证件办理。通过"五网合一"系统客户端，申请人就可以方便地在公司或居所根据自身实际预约证件办理时间，查询证件办理进度，大大减少了申请人"往返跑"的路程和排队等候的时间，人均办证时间较以往节约近3小时。该系统还设计"证件逾期短信提醒"功能，有效避免了部分申请人由于疏忽签证有效期限，造成非恶意逾期居、停留违法问题的发生。二是进一步简化办事手续。依托"五网合一"平台，公安出入境管理部门可以直接获取工商、税务、质监、外事等政府部门的工商注册、税务登记、质监登记、境外人员劳动就业等信息，既简化了申请人办证手续又提高了公安机关掌握数据的真实性、准确性和权威性，有效提升了外国人签证证件签发质量。三是进一步优化涉外经济环境。该系统中引入信誉等级评定功能，通过将涉外企业、个人办证信息与工商、税务、社会劳动和保障等部门的相关信息进行关联比对后，按照相关法律、法规进行信誉等级评定，并据此对其办理业务的种类和类型进行优化或限制，从而起到了奖优罚劣，鼓励合法、打击非法的积极作用，进一步改善了我市涉外经济环境。青岛韩商协会的会长林永喆先生在写给青岛出入境管理局的感谢信中表示："青岛市公安局出入境管理局为青岛外籍人员提供的优质高效的服务以及出台的签证方面的便利措施，在吸纳外籍高层次人才和外资、促进青岛市产业升级、经济发展方面发挥了巨大的促进作用，极大地增强了外国人在青岛工作、投资的信心。"

二 创新工作思路，以"互联网＋"推动公安网上服务交流共享

青岛公安网上服务建设过程中，始终坚持跳出公安看公安、跳出公安求发展的思路，主动在互联互通、交流共享上下功夫，在做强做大公安自身网上服务的基础上，主动借力政府资源、社会资源为公安网上服务谋求更大、更广的发展平台。

（一）推动公安网上服务优化升级

积极推动公安网上服务由 PC 端向移动端延伸，推动市局公安外网、青岛公安微信、青岛公安微博、手机版网站、手机客户端一体化建设。加快推动青岛公安微信平台建设，以"青岛公安"微信为核心，以市局、警种部门、分市局、派出所、社区民警（警务室）五级微信服务体系，上下呼应、整体联动。在栏目设置上，按照"规定动作"与"自选动作"相结合、"共性栏目"与"特色服务"互补的原则，以"青岛公安"微信设定栏目作为基础，由局直单位、分（市）局、派出所及社区民警（警务室）根据各自实际，自主选择在各自微信中开设个性化栏目，作为其微信特色服务。如，交警部门立足自身特色，开通"青岛交警"微信，为群众提供实时路况、车驾管信息查询、违法信息主动提醒、交通事故快处、行政审批事项网上办理、公示公告以及交通法律法规宣传等服务，实现了交通信息服务的精准化、定制化、个性化。截至 2015 年底，"青岛交警"微信平台绑定机动车、驾驶证 38 万人，总关注量已达 39.5 万人，且以每天 1000 人的速度持续增长。此外，青岛公安创新网上服务功能，主动围绕交管、户政、出入境等覆盖面广、办理频率高的服务事项，开通轻微交通事故网上快处、交通违法网上缴费、身份证办理进度查询、出入境网上办理APP、"青岛智能交通"手机 APP，将网上服务向移动端延伸。

（二）推动公安网上服务与全市政府网上政务服务对接

积极推进公安网上服务进驻青岛政务服务"云平台"，全面打通公安网上服务大厅与全市网上办事大厅间壁垒，推动公安网上服务全面融入全市网上办事服务平台，实现基础平台集约管理、服务事项集聚展示、信息数据集中共享、管理运行集成高效。建立完善公安网上服务用户体系，收集完善公安网上服务用户数据，并与全市政府用户体系实现信息共享。

（三）推动公安网上服务与互联网应用对接

借助微信、支付宝"城市服务"版块，开通公安交管、出入境、户政等服务。积极借鉴O2O 运营方式，改变原有政务网上服务模式，在淘宝网上开立了"青岛车管淘帮办"，成为全国第一家利用电商平台为群众办理业务的政府机构。目前，"青岛车管淘帮办"店铺共提供补换驾驶证、行驶证、机动车号牌、临时号牌、异地委托函、6 年免检合格标志等 6 项服务商品，在线接受群众服务评价，进一步方便了群众办事，扩大了公安网上服务影响力和辐射面。

（四）积极推动公安数据资源开放

目前，依托青岛数据资源开放平台向社会主动开放市内三区占路收费停车场、市区单行线道路、全市交通事故快速处理保险理赔服务中心、全市出入境业务受理点等与群众生活关系密切、群众关注度高的公安数据信息 16 项。通过公安外网、微博、微信及青岛智能交通等网络渠道，主动为群众提供机动车、驾驶证、交通违法信息在线查询。2015 年，通过青岛公安外网、微博、微信等渠道为群众提供数据资源信息查询、提醒服务 3173 万余次，公布交通抓拍设备点位 500 余处。向青岛新闻网络传播有限公司、青岛广播电视台等开放智能交通数据资源，不仅可以通过第三方开发软件为群众提供更加多元化的网上服务选择，也为公安机关服务经济社会发展、服务大众创业、万众创新提供了全新途径。

三 创新工作模式，以"互联网+"推动公安
网上服务一体化运作

青岛公安在推进公安网上服务过程中，立足自身实际、突出本地特色，着力在融合发展上下功夫，以民生警务平台为切入点和立足点，运用信息化手段，将民生警务平台、青岛公安外网、青岛公安微信、青岛公安微博等公安对外服务媒介进行有机结合，初步建立起具有青岛特色的"两微一网一平台"网上服务工作模式，实现了民生诉求多渠道收集、平台数据综合研判、业务工作跟踪改进的良性循环。"两微一网一平台"工作模式以服务民生为立足点和出发点，旨在整合公安网上服务资源，并最大化发挥其服务效能。2015年，通过民生警务平台研判分析发现群众青岛新户籍政策关注度高，反映问题较为集中。对此，青岛公安一方面主动依托青岛公安外网、青岛公安微博、青岛公安微信等渠道主动发布政策解读信息的同时，积极争取青岛政府电政办及热线办支持，协调青岛市发改委、青岛市人力和社会资源保障局等相关单位开展联合在线问政、进行专题解读。活动现场，通过网络、热线、短信等渠道共收到群众提问270余个，现场答复142个，共有约1400余名网友参与网络在线问政。青岛公安微博、青岛新闻网均对此次网络在线问政进行了全程跟踪报道。

在"两微一网一平台"工作模式中，民生警务平台是"中枢"主导。依托民生警务平台将青岛公安微博、青岛公安微信、青岛公安外网以及其他涉及公安的民生诉求全部汇集到民生警务平台，通过该平台进行流转、办理、反馈、评价、研判、考核。一方面规范了民生诉求办理工作，提高了办理效率，另一方面多渠道汇集了民声民意，便于公安机关进行分析研判、查找工作差距、改进自身工作、更好回应民意。青岛公安外网是基础。在继续发挥其信息发布主渠道作用外，青岛公安外网工作重心主要侧重于公安网上服务功能发挥，为PC端、微博、微信等渠道开展网上政务服务提供基础平台，打通公安网上服务与全市网上政务服务的壁垒，为公安网上服务拓展提供坚实基础。2015年，青岛公安外网用户日均访问量达3.2万人次，青岛公安外网网上服务工作在全市始终名列前茅。青岛公安微博、青岛公安微信是生力军。两者充分发挥自身优势，与青岛公安外网相互协作、互为补充。以青岛公安微博为发布平台，强化微博矩阵建设，创新开通私信服务功能，做到了"人无我有，人有我优"的特色。这一服务举措，被新浪政务微博学院纳入政府微博的经典案例。发挥微信可二次开发叠加整合各类应用的特点，以青岛政务微信为应用平台，开通微信自助服务，进一步强化两微联动，并与青岛公安外网、民生警务平台相互促进，更加丰富新媒体服务功能作用。2015年，青岛公安微博荣获"2015山东十大公安系统政务微博"、"山东最佳创新应用政务微博"两个奖项。青岛公安微博、微信共有粉丝、订阅用户141.5万余个，各类资讯7000余条，为群众提供网上自助服务44628万余件。

四 创新工作机制，以"互联网+"推动公安
网上服务工作 "规范化"

（一）建立民意研判会商机制

青岛公安依托"两微一网一平台"多渠道收集民意民情，将切实解决好老百姓反映的

问题作为工作重中之重，坚持源头治理、系统治理，做到举一反三、综合施策，在决策层积极改进自身工作、密切警民关系，从而进一步提升群众安全感和满意度。其间，围绕政府职能转变，"两微一网一平台"主动梳理出交通管理、证明开具、证件办理及网上服务等四大类28小项群众反映强烈的突出问题，为全局制定出台《青岛市公安局简政放权转变职能进一步服务企业服务群众的意见》提供了方向和依据。其中，针对群众反映的证明开具难问题，主动将违法犯罪记录查询和无违法犯罪记录证明出具权限下放到派出所；推行无重大交通事故证明就近办理，将证明开具权限下放至各业务窗口及交警中队，进一步方便了群众。

（二）建立网上民生诉求办理机制

青岛公安依托市政府金宏网和公安网的安全接入平台，在公安内网建立网上受理事项流转平台，网上受理的诉求事项通过安全接入平台自动导入民生警务平台，进行推送办理、答复反馈、回访评价、分析研判和监督考核。目前，青岛公安共为群众网上办理32.4万余件，网上查询620余万次，网上答复解决群众诉求1.3余件，群众满意率达98.9%。积极组建"市局、各分市局和局直有关单位、基层科所队"三级运行管理团队，专人负责网上受理事项的办理和答复工作。

（三）建立网上舆情应对处置机制

牢固树立"舆情就是警情"的工作理念，准确把握公安工作和新闻传播规律，多部门全渠道联动协作，科学规范处置涉警舆情，提升公安机关网上舆情导控能力。2015年，青岛公安在应对"十一黄金周天价虾事件"、"郝某某涉嫌强奸罪被刑事拘留"等舆情事件中，第一时间进行发布、回应和舆情导控，有效遏制了谣言和负面舆情的传播。10月14日，"某网报"工作人员在《新浪微博》发布题为《微博"郝医生"被曝性侵女患，办公场所已人去楼空》、《多部门调查"郝医生"事件，有患者称收到6.5万退款》等多篇微博。对此，青岛公安立即启动舆情应对处置机制，第一时间成立专案组开展案件侦破。10月17日，郝某某被查获并刑事拘留。案件侦破后，青岛市局及时向市政府主管部门汇报，10月19日晚7时，经市政府多部门研究确定发布口径后，通过@平安市南微博发布了"郝某某涉嫌强奸被刑事拘留"的信息。破案信息发布后，社会反响良好，共有近千名群众跟帖点赞。

（四）建立信息发布选题策划制度

青岛公安定期召开警种部门调度会，研判分析近期社会关注热点，围绕公安工作实际，认真策划发布主题，根据发布内容精确选择发布形式和风格，做到重要警务信息发布及时、准确、权威，体现法律的尊严和执法的权威；服务提示类信息的发布做到生动、鲜活、感人，体现便捷、平易、亲民的特点。其间，青岛公安围绕"智能交通"、"户政新措"、"服务企业、群众70条"、"刑事警情下降"、"新年政策"、"养犬管理"等群众关注度高的热点问题，在依托青岛公安外网发布相关政策解读的同时，主动依托微博、微信等新媒体，开辟专栏，用通俗易懂的"提问＋回答"方式进行解读和提醒，群众足不出户即可在第一时间了解公安工作动态。

（青岛市公安局）

建设以居民健康信息服务为核心的
区域诊疗一号通

为贯彻落实《国务院关于积极推进"互联网＋"行动的指导意见》（国发〔2015〕40号），加快推进青岛市医疗卫生信息化建设，2014年12月30日，青岛市卫生和计划生育委员会与中信银行青岛分行签署战略合作协议，正式启动青岛市居民健康信息服务平台建设。项目的主要内容是建设一个汇集了预约挂号管理、健康账号管理、结算支付管理、健康档案管理、健康教育咨询等功能模块的平台，为居民提供健康档案查询和自主管理、健康知识在线咨询与互动、诊疗信息推送、检查检验结果查询、就诊预约排队、预交金和第三方支付等服务，实现全市各级各类医疗机构医生号源集中管理、区域诊疗"一号通行"、预交金跨院使用即时结算。居民通过PC端和手机端APP、微信等方式登录平台。

2015年7月30日，青岛市居民健康信息服务平台试点在青岛市妇女儿童医院正式上线，标志着我市区域医疗迈入一个新的历史阶段。

青岛市居民健康信息服务平台总体架构如图。

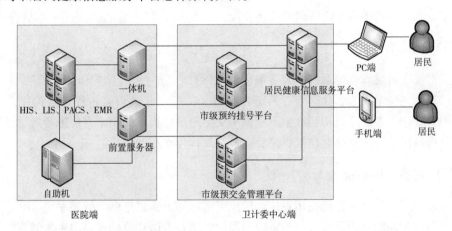

预约挂号服务通过市级预约挂号平台资源实现。各医院可以建设自己的预约挂号系统，但是号源集中到市级预约挂号平台，保证居民通过市级预约挂号平台获得最准确的号源信息。

居民健康信息服务平台支持银联卡、社保卡、第三方支付（支付宝、微信支付）等多种支付结算方式。市民也可以通过市级预交金管理平台存取预交金，在不同医疗机构之间跨院使用。各医院收取的预交金统一存放于市级预交金管理平台账户，居民诊疗费用从平台账户拨付到费用发生地医院结算账户。

居民健康信息服务平台的检查检验结果查询、健康档案查询服务通过医院内部署的一体机实现，医院内HIS、LIS、PACS、EMR等信息系统提供数据库只读用户，一体机通过该只读用户主动抓取医院内信息系统中相关数据，保证居民能够查阅个人在医院内的检查检验结果、健康档案数据。

一　服务平台

（一）健康账号"一号通"管理系统

建立全市统一的居民健康账号管理系统，方便平台将居民接受医疗保健服务全流程中产生的健康信息（电子病历、电子健康档案）进行归集，实现电子健康档案和电子病历的连续记录以及不同医疗机构之间的信息共享。居民持诊疗卡或社会保障卡可在全市范围内各医疗机构预约挂号、就诊缴费，并为青岛市居民健康信息服务平台提供身份识别，实现区域诊疗"一号通行，信息共享"。

（二）预约挂号系统

整合全市各医疗机构的医生号源，建立全市预约挂号系统，实现所有预约方式与现场挂号共享号源，预约平台与各医院 HIS 系统互通互联。推行分时段预约，居民登录平台可预约全市各医院的科室和医生，具体就诊时间精确至一刻钟以内。结合智能应用系统的在线支付和消息提醒功能，逐步解决传统预约后须二次确认、重新挂号、排队等问题。设置智能推荐功能，当期望预约的医院专家号源已满，系统可智能推荐就近范围内其他医院的同等级别、相同科室专家，实现优质医疗资源的有序分配。

（三）支付结算管理系统

建立市级支付结算管理系统，大力推行"先诊疗、后付费"。过渡时期，实行多方式诊间自助结算，支持银联卡、社保卡、第三方支付（支付宝、微信支付等）自助结算。市级平台集中管理全市各医疗机构预交金，实现预交金跨医疗机构使用，方便患者随时预存或清退预交金；各医院自主选择合作银行来负责各医院诊疗费用的结算。

（四）智能应用系统

建立统一后台管理的智能应用系统，居民可随时随地通过电脑、智能手机 APP、微信公众号登录平台，调阅自我及家人在指定时间段内各级各类医疗机构提供卫生保健服务流程中产生的健康信息（电子病历、健康档案等），实现健康档案信息查询和维护、健康知识浏览、健康咨询与专家互动、预约挂号、检验检查结果查询、诊疗费用查询等功能。手机端应用支持诊间移动支付（支付宝、微信支付等）、排队叫号提醒等功能。医生在经过患者授权后可跨医疗机构调阅、使用该患者的健康信息、诊疗信息。建立疾病群组互动应用，实现同病种患者之间的互动交流以及医生、相关医药工作者与疾病群组患者之间的互动交流。

建立"工作台"定制服务应用系统，支持多种分类方式和动态指标设定，满足不同用户的个性化需求。各级医疗卫生行政主管部门根据业务范围，定制相应的"业务监管工作台"，实现对辖区内公共卫生、疫病预防、妇幼保健、药品使用、诊疗服务等分类监管；各级各类医疗健康服务机构根据服务内容，定制相应的"服务监管工作台"，实现对机构内诊疗服务各环节的监管；医生及科研人员根据专业和研究范围，定制相应的"业务应用工作台"，实现全市范围内按病种、治疗方式等分类数据研究和分析应用。

（五）标准规范体系

依据国家数据标准和行业标准，结合青岛市工作实际，建立起以国家、行业标准为基础，地方规范为补充的青岛市卫生健康领域标准规范体系，保障青岛市居民健康信息服务平台的系统接入与整合、数据交换与信息共享。

（六）安全保障体系

建立青岛市卫生健康领域信息安全保障体系，保障居民隐私信息安全；建设应急预案和避险机制，确保平台网络发生故障时各医院作为信息化单体正常运转。

二 成果创新

青岛市居民健康信息服务平台建设立足"便民、惠民"，加强"顶层设计"，其总体思路以满足群众健康需求、优化医疗服务流程、强化政府监管为出发点和着力点，以信息化和医疗健康的深度融合为主线，推广在线医疗卫生新模式，搭建医患政沟通新桥梁，实现信息惠民，智慧助医，为深化医药卫生体制改革、提高人民健康水平提供有力支撑。平台项目按照"统一规划、统一平台、统一标准、统一专网、统一实施"的基本原则，实现"便民、惠医、助政、兴业"总体目标，建设全市统一的居民健康信息服务系统。

平台项目是集线上居民健康档案管理和线下智慧医院于一体的新型医疗服务模式。具有"五统一"优势，即一号通（多卡合一、统一编码，统一注册，全程通用），一池通（区域统一号源池，实现多医院、多渠道的挂号平台管理），一程通（优化流程、全程畅通、方便患者），一键通（移动医疗、便捷高效），一账通（统一支付、统一结算）。汇集了预约挂号管理、健康账号管理、区域跨院结算支付管理、健康档案管理、健康教育咨询、运维监控等功能模块，并与其他基础医疗信息平台互联互通，协同应用。

三 成果效益

（一）"一号通"效益

截至2015年10月15日，健康账号"一号通"累计注册用户数13.8万，日均1300张卡左右。前期参考青岛市妇女儿童医院日均门诊量3000～4000人次，使用老医院诊疗卡时的日均发卡量为日均门诊量的一半，即1500～2000张。新的健康账号"一号通"以区域诊疗卡或社会保障卡为卡介质载体，采取实名制，前期规划预计物理卡介质比医院原就诊卡重复使用率高、废弃率低，物理卡介质日均发放量应小于原就诊卡日均发放量，实际效果与预期相符。

启用新的健康账号"一号通"后，打破了各家医院诊疗卡各自为政的局面，待青岛市全市范围内医疗机构都接入青岛市居民健康信息服务平台后，老百姓可以不必再手里拿着一堆不同医院发放的就诊卡。而且，健康账号"一号通"考虑了对青岛市社会保障卡的兼容问题，对于大多数青岛市民，可以直接使用社保卡进行挂号、就诊，而不必重复办理区域诊疗卡，使就诊者真正能够实现就诊一卡通、一号通。

健康账号"一号通"以区域诊疗卡或社会保障卡为卡介质载体，其中，区域诊疗卡使用 8KBits EEPROM 非接触式 IC 卡（简称 M1 卡）标准，兼有方便使用、价格适中、相对安全的优点；试点医院读卡器的选择上使用了青岛市人社局公布的社保卡入围读卡器之一的华大 HD－100，同时满足区域诊疗卡或社会保障卡的读取需要。

（二）预约挂号效益

目前已在医院所有全功能自助设备和互联网电脑端、手机端 APP、微信服务号上实现了试点医院的分时段预约挂号功能，并且所有预约方式与现场挂号共享号源。基本解决了传统预约后须二次确认、重新挂号、排队等问题。

项目实施前，医院内挂号排队时间长现象严重，医院内人工窗口 37 个，患者平均挂号时间为 15 分钟，预约方式也使用的是比较落后的电话预约和青岛新闻网预约，均需要二次确认、重新挂号、排队；项目实施后，医院内人工窗口减少为 9 个，下降 75%，患者平均挂号时间缩短为 2 分钟，减少了 13 分钟，极大地降低了患者的排队时间和医院的运行成本。

医院内预约挂号通过自助挂号缴费设备实现，机柜外形新颖美观，具有 17 寸触摸液晶显示屏，支持手写、键盘双输入；互联网预约挂号通过 Web、手机 APP、微信服务号等多种方式实施，手机 APP 支持 Apple iOS 和安卓两种主流的手机操作系统，基本覆盖了目前主流的互联网应用方式。

（三）便捷支付效益

目前已经建立了市级支付结算管理系统，并在青岛市妇女儿童医院试点推行了"先诊疗、后付费"的理念。诊间自助结算已支持银联卡、区域诊疗卡内预交金账户自助结算并支持费用发生地预交金实时结算。患者能够随时预存或清退预交金。

项目实施前，医院内缴费必须到人工窗口，. 医院内专门的收款人员 67 人，患者一次就诊需要数次到人工窗口排队缴费，缴费次数多、排队时间长，患者平均缴费排队时间 10 分钟；项目实施后，医院内部署大量自助设备，同时各费用发生地均配备了电脑、读卡器，支持费用发生地诊间缴费和自助设备上自助缴费，患者平均缴费排队时间缩短为 1 分钟，比之前减少了 9 分钟，医院的收款员数量也减少为 24 人，比之前减少了 43 人，极大地降低了患者的排队时间和医院的运行成本。

市级支付结算平台集中管理全市各医疗机构预交金，提供统一的数据接口，并通过医院内部署的前置服务器对医院内信息系统和自助设备提供服务。预交金可以随时预存、清退及跨医疗机构使用，体现了平台的开放性和扩展性。

（四）智能应用效益

计划建立统一后台管理的电脑、智能手机 APP、微信服务号三大智能应用系统，主体均已完成并上线运行，居民可随时随地通过电脑、智能手机 APP、微信服务号进行预约挂号；健康信息调阅、健康档案信息查询和维护、检验检查结果查询、诊疗费用查询、诊间移动支付、排队叫号提醒等其他大部分功能正在陆续上线运行。

实现了精确至一刻钟以内的在线预约，解决了传统预约方式需要二次确认、重新挂号、排队的问题，方便了患者；智能手机 APP、微信服务号等移动应用方式的引入，为后续全面实现智能应用系统的预期目标奠定了基础。

智能应用系统的后台数据中心依托中信银行主机房和青岛市卫计委信息中心灾备机房搭建的虚拟化硬件平台，通过负载均衡技术保证系统在大访问量下的可用性和稳定性。

（五）标准规范效益

2015 年 10 月 9 日，青岛市卫计委印发《青岛市居民健康信息服务平台实施方案（试行）》，指导各单位接入青岛市居民健康信息服务平台，实施方案中包含了区域诊疗卡相关标准、卡信息采集器标准、自助设备标准、前置机及一体机参考标准、网络及安全要求、医院信息系统要求等标准规范。同时，依托于国家数据标准和行业标准，结合我市工作实际，正在整理规范青岛市卫生健康领域标准规范体系。

《青岛市居民健康信息服务平台实施方案（试行）》的下发，以及青岛市卫生健康领域标准规范体系的建立，对全市医院接入青岛市居民健康信息服务平台具有重要的指导作用，方便医院结合本地、本单位实际，加快信息化建设，尽快接入青岛市居民健康信息服务平台，实现便民惠民目标。

（六）总体社会效益

青岛市居民健康信息服务平台试点正式上线后，改变了医院传统的就医流程，为医院节省了大量的人力物力，在惠医方面效果显著。从以下一组数字，我们还可以清楚地看到，市民在医院看病时的效率比之前有显著提高，在便民方面效果显著。

（1）患者到达医院到完成诊疗后离开医院在医院内的逗留时间从平台上线前的平均 3 小时缩短为平均 45 分钟（预约方式）和平均 2 小时（非预约方式）。

（2）患者在医院内重复排队次数从平均 5 次减少为平均 2 次。

我们可以预计，在"互联网＋"医疗健康蓬勃发展的大背景下，随着时间的推移，青岛市居民健康信息服务平台将成为国内区域健康信息平台的标杆工程，为医疗普惠，健康民享目标发挥更大的作用，为青岛市区域内居民的健康信息记录一生、管理一生、服务一生。

（青岛市卫生计生委）

市南区政府运用"互联网＋"理念推进网上审批

近年来，青岛市市南区紧紧围绕建设服务型政府的目标，充分发挥信息化建设的优势，依托全市机关统一电子政务平台，积极探索"互联网＋行政审批"的有效途径，将所有行政许可事项纳入网上办理，按照标准化管理方式，全面推进网上审批试点工作，初步构建起"审批标准化、流程最优化、服务便捷化、监督常态化"的网上审批运行体系，为加快转型发展、打造国际国内一流的宜业宜居幸福城区提供有力保障，受到社会各界的普遍欢迎和支持。中央、省、市给予充分肯定，中国日报网、中国经济网、青岛日报、青岛电视台等 15 家新闻媒体予以宣传报道。有关情况如下。

一 主要背景

随着"互联网＋"新时代的到来，加快建设网上审批大厅，进一步提高审批效率和审批质量，已成为互联网时代政府管理模式创新的必经之路。

（一）"互联网＋"时代引领网上审批

2014年11月，李克强总理出席首届世界互联网大会时指出，互联网是大众创业、万众创新的新工具。2015年3月，李克强总理在政府工作报告中首次明确提出了实施"互联网＋"行动计划。与此同时，随着经济社会的快速发展，大众创新创业活力竞相迸发，行政审批业务量日益增加、市场主体和群众的审批需求不断提高，与实体审批大厅空间和审批力量明显不足的矛盾日益突出。因此，"互联网＋行政审批"已成为顺应时代大潮，推进简政放权，转变政府职能的重要举措，充分体现了政府在行政审批事项中的公开、公平、公正，是深入推进行政审批制度改革的必然选择。

（二）良好的电子政务基础催生网上审批

根据市委、市政府工作部署，依托全市统一的电子政务平台和政府数据开放管理系统，我区坚持将网上审批建设作为深化行政审批制度改革的重要内容，纳入全区信息化建设总体布局，筑强硬件、升级软件、配备人才，以技术创新推动政务创新，推进审批业务专网信息资源共享和业务协同，用技术手段改善政务环境，完善审批监督机制，实现所有行政审批事项"外网受理、内网审批、外网反馈"。

（三）破解行政审批难题，呼唤网上审批

目前，传统模式下的实体大厅，尽管形式上实现了"两集中、两到位"，但实际运行中，仍然存在一些顽疾。一是不同程度存在"前店后厂"、"厅外循环"等问题，一些服务窗口仅是"收发室"，具体审批还是在部门相关业务科室，审批项目往往无法现场办理，群众在大厅和部门业务科室之间来回跑，负担较重。二是由于部门之间数据不能共享，造成申请人重复提报材料、审批人员重复审核，影响审批效率。三是内部流转过程中审批部门、人员之间存在责任不清，推诿扯皮问题。四是审批监督措施不够完善。存在录入信息不及时、办件超期及随意要求申请人追加提报材料等自由裁量权过大的问题，甚至存在权力寻租的倾向。因此，通过网上审批，将行政审批权置于阳光下运行，使审批主体和行政相对人能够在网络上共同完成审批行为，这不仅能有效破解当前行政审批中存在的诸多难题，进一步深化政务公开工作，而且能大大方便企业、老百姓办事，使党群干群关系更加融洽。

二 主要做法

区委、区政府高度重视行政审批制度改革工作，针对行政审批中存在的困难和问题，在深入调研、科学论证的基础上，审时度势，抢抓"互联网＋"的战略机遇，在扩容升级改

造实体审批大厅的同时，建设网上审批服务大厅，以互联网手段推动政务创新，用信息技术改善政务环境，让老百姓享受到实实在在的改革红利。

（一）加强组织领导，明确责任分工

明确职责是前提，方法科学是保证。通过积极探索、大胆创新，努力改进和创新工作方法，特别是对涉及多个职能部门的一些重点难点问题，牵头组织力量、协同攻关、重点突破。

1. 健全组织

成立以常务副区长为组长，区编委办、区政务服务管理办、区电政办、区监察局、区政府法制办等部门为成员单位的网上行政审批服务系统建设工作领导小组。制定实施方案，明确目标任务和职责分工，建立完善成员单位间的协调配合机制，落实综合协调、流程设计、信息共享、电子监督、审批标准化、技术支持等有关责任主体，切实保障审批系统建设在需求分析、总体设计、在线调试、正式运行等各阶段任务的落实，形成了网上审批系统合力建设。

2. 明确目标

按照青岛市网上审批四级标准，在对我区审批事项网办深度逐项充分分析的基础上，确定了2016年全区审批事项实现一、二级网办率达100%、三级达70%，四级达20%的建设目标。

3. 强化保障

区政府投入专项资金200万元，组织50多名技术人员集体攻关，确保集信息处理、审批运行、实时监督于一体，支撑事项管理、政务服务和信息共享三大平台的网上审批运行系统建设如期完成，并实现了身份验证、微信支持、短信推送等方面技术的突破，形成全区一网式协同审批环境，为网上审批大厅建设和充分发挥作用奠定了良好基础。

（二）优化流程设计，强化标准管理

审批流程设计是网上审批系统建设的关键环节，也是落实审改要求、体现审改实效的重要抓手。为此，我区从依法、便民、透明、高效出发，依据有关政策法规和改革要求，在对审批要素和流程全面梳理分析的基础上，抓住审批的核心要件和关键环节，进行提炼、优化、整合，实施流程再造，形成了审批流程内外分开、外部流程便民化、内部流程规范化、监控手段电子化的行政审批运行机制。

1. 外部流程便民化

一是精简办事环节。将申请人的办事流程简化为注册和申请两个环节，申请提交后申请人可以通过系统或短信实时了解事项办理动态。二是精简事项要件。对审批事项的审批条件、需提交的材料等要件精简整合，对无法律依据、与转变政府职能相悖的申请材料一律取消。三是简化审验手续。在青岛市电政信息办的支持下，充分利用政府内部信息共享资源，破解网上申报材料信息验证难题，实现了网上提报的个人、企业基本信息能够即时与青岛市人口库、企业数据库进行比对、验证。以前群众申请办理审批事项时，感觉手续很烦琐，现在简化外部流程后，为群众提供了方便。

2. 内部流程规范化

一是审批环节标准化。将内部审批流程规范为受理、审查、决定、制证、送达五个环节。二是信息告知实时化。系统根据用户需求，可实时发送受理、审查、勘验、补齐补正、决定等环节的办理信息。三是并联审批协同化。对于区、市重点项目，实行一门受理、抄报相关、信息共享、同步审查的并联审批模式。以前，群众提交申请后不清楚办理动态，事项涉及多个部门的，还要在不同的部门之间奔波，现在通过规范内部流程，实现了全程透明、一站式服务。

3. 监控手段电子化

一是自动计时、预警。申请人网上提交申请后即启动审批程序并及时，超时报警。二是实时监控。对审批过程、行政收费、干部廉洁度、群众满意度等方面实时监控，并具有预警纠错、综合查询、统计分析功能，监督部门可以随时了解全部审批情况。三是全程留痕。全市记录各环节的办理情况，提供第一手资料，解决了传统审批方式下监督手段缺失的问题。"写在纸上、挂在墙上"是对有些制度流于形式的真实写照，如今采用电子监控手段，避免了监督受客观环境、人情干扰等因素的影响，彻底解决了审批监督难的问题，强化了责任追究。

（三）创新体制机制，提高服务效能

从深化行政审批制度改革的要求出发，将创新机制作为行政审批标准化管理的重要举措，贯穿于网上大厅建设的始终，促进了网上审批长效管理机制建设，提高了行政审批的质量和效率。

1. 建立审批标准化机制

依托审批事项管理平台，对照《市级行政审批事项目录》、参照《山东省市县行政许可通用目录》，对我区行政审批事项进行了再梳理、再核实，并将《市南区行政审批事项目录》面向社会公布，施行动态管理、实时更新。进一步精简审批要素、取消兜底条款，通过编制业务手册、服务指南，保障事项行政审批标准化、规范化。

2. 建立"一站式"服务机制

依托网上政务服务平台，整合各部门审批网络，向申请人提供网上咨询、网上预约、网上申请、网上办理、网上评议、网上投诉、网上查询、网上反馈、网上下载等"一站式"审批服务。利用微信平台、手机 APP 建设"指尖上的大厅"，提供预约、申请、办件查询以及证照免费快递服务，打通服务群众的"最后一公里"。

3. 建立信息共享机制

为解决审批信息电子验证难题，依托全市统一的信息共享平台，在市相关部门的大力支持下，加强审批信息资源的采集、交换、共享、利用，及时将有效期内的存量证照信息整理入库，建立了覆盖41类证照、16类批复文件信息的共享库。推进部门间、市区间信息资源互联共享，消除影响网办的信息壁垒和障碍，实现信息验证电子化，使网办率有效提高。

三　主要成效

网上审批作为一项新生事物，之所以在我区能够得到较快的试点探索和逐步推广，得益于互联网时代的来临，得益于市委、市政府的高度重视，得益于社会各界的关心与支持。

（一）审批效率持续提高，发展环境显著优化

目前，全区81项行政许可事项中，网办率一级已达到100％，二、三、四级分别达到了90％、52％、15％，审批时限比法定时限均提速30％以上，其中《外商投资企业设立》及《合同章程许可》、《户外广告登记》等8项审批事项提速超过50％，四级网办事项的办结期限最短仅1日。2015年7月以来，审批大厅网站点击量达123万余次，现已累计受理事项62933件，办结62895件，通过快递送达审批证照6000多个。其中，供水单位卫生许可、出版物零售经营许可、企业名称预先核准登记等四级网办事项办结的数量为5574件。

（二）群众办事更加便捷，政府形象显著提升

随着网上验证、预约、申请等业务的开通，申请人可随时网上提交申请、了解事项办理状况，审批流程内、外分开，申请只要网上提交了申请即可坐等结果。以办理"公共场所卫生许可为例"，以前至少需要到大厅两次（申请、取证），如果材料不齐、填写不准确，还需往来多次；现在对于四级网办的事项，材料可以从网上申报，证照可通过快递送达，全程不需到现场，网上审批缓解了实体大厅的空间压力，降低了社会成本，拓展了方便群众办事的渠道。

（三）廉政建设不断深化，政务公开成效显著

系统的查询功能使企业和群众可随时通过网站、微信、查询机等查阅审批条件、审批流程、申请材料、时限要求、收费标准等要素内容和审批进度，促进了政务公开的进程。对各环节的审批情况实现了全程留痕管理、全方位实时监控，还采用红黄灯警示、短信告知、多级评价、提交监察部门等措施，及时提醒和纠正审批程序中存在的问题，强化了过程监督。四级网办事项全程"见事不见人"，如同一道"防火墙"，有效避免了审批过程中的腐败隐患，通过共享平台实施审批，自由裁量空间进一步压缩，杜绝了随意审批，实现了审批信息的双向互通透明，真正做到了"阳光政务"。

四 主要体会

在网上审批推行工作过程中，我们感悟颇多，其中最重要的有以下三个方面。

（一）要始终坚持以深化行政审批制度改革为核心

大势所趋、势在必行。网上审批绝不仅仅是信息技术在政务服务中的应用，其本质就是以审批制度改革为核心的政府职能的转变。我区网上审批工作始终围绕"简政放权、服务发展"的改革目标，从解决群众反映强烈的问题着眼，从审批标准化管理入手，解放思想，突破陈旧观念的束缚，确定推进网上审批建设的重点、措施和路径，发挥网络技术优势，规范内部办理程序，实现审批要素规范化，推动审批标准化建设，使审批各环节职能清晰、责任明确，着力解决审批环节多、时间长、随意性大等问题，为促进经济社会平稳较快发展奠定了基础。

（二）要始终坚持以群众满意为标准

民之所望、施政所向。网上审批工作必须坚持问题导向，从群众需求出发，以提升政府管

理服务能力和水平为着力点，加强顶层设计和流程的优化，统筹各方资源，实现平台融合，机制衔接和数据共享，不断提升和完善系统的功能，简化程序，强化监督，提高效能，实现了咨询服务多样化，社保材料简约化，网上服务个性化，让群众充分享受改革的成果。

（三）要始终坚持以长效机制建设为保障

任重道远、再接再厉。为加强行政审批监督管理，提高行政效能，我区先后制定了《行政审批首问责任制度》《申请人评议制度》《服务承诺制度》等20多项规章制度，改变了以往"碎片化"服务方式，构建了"一网式"政府服务新模式。同时，加强信息公开、信息共享、信息反馈、电子监督等机制建设，将网上审批工作纳入了区法治政府指标体系和科学发展观综合考核，切实强化责任，严格责任追究，完善的制度体系建设，保障了我区网上审批工作的健康发展。

下一步，我们将进一步解放思想，不断破解网上审批的难题，提高网上审批三级、四级网办率，推动政府职能向创造良好发展环境、提供优质公共服务转变，为实现全区科学发展新跨越提供有力保障。

（青岛市市南区电子政务办公室）

城阳区简政便民全程网办努力打造服务型政府

城阳区位于青岛市北部，设立于1994年5月，目前辖区面积378平方公里，下辖6个街道、195个社区，常住人口68.8万人。近年来，城阳区在市委、市政府的领导下，自觉践行"三严三实"要求，勇于担当，求真务实，开拓创新，克难而上，加快推进经济转型、新型城镇化、民生保障和改善、社会治理创新等工作，全面完成"十二五"时期各项任务目标，开创了全区经济社会发展新局面。先后荣获国家可持续发展实验区、全国科技进步示范区、国家生态区、中国人居环境范例城市、全国绿色小康县、全国文化先进区、全国社区教育示范区等60多项省级以上荣誉称号。

创新公共服务管理，提升公共服务质量，是我国政府职能转变的核心内容之一。随着新一轮信息技术的不断普及和应用，"互联网+"成为政府提供公共服务的重要手段。李克强总理在2015年的政府工作报告中特别提出要推广电子政务和网上办事，2015年7月发布的《国务院关于积极推进"互联网+"行动的指导意见》要求加快互联网与政府公共服务体系的深度融合，在这种形势下，城阳区政府抓住难得的历史性机遇，响应上级号召，乘势而上，充分发挥自身优势，借助互联互通，大胆进行制度创新、服务创新，加快推进政府职能转变，简政放权，将"互联网+政务服务"网上办事作为提高政务服务效能的好帮手和抓手，努力打造服务型政府，不断提高政府工作效率和为民服务水平，实现了简政便民。

一　网上办事工作取得的成效

城阳区按照依法规范、全面完整、准确细致、便民利民、公开透明、统筹整合的原则，明确目标，创新思路，统筹部署，在政务服务中强化"互联网思维"，探索"互联网＋政务服务"网上办事新模式，推进网上办事服务体系建设，取得了显著成效。

（一）网上行政审批

截至 2015 年 12 月，城阳区将正在实施的 289 项区级行政审批事项全部通过官方门户网站"便民服务大厅"进行发布，可进行网上咨询、预约、申报、办理和回复，实现了"外网申报、内网审查、外网反馈"网上行政审批服务，事项的网上办理深度 100％达到一级标准，70％达到二级标准，24％达到三级标准，7％达到四级标准。

（二）网上便民服务

截至 2015 年 12 月，通过官方门户网站"便民服务大厅"发布正在实施的区级行政审批以外的便民服务事项 363 项，其中有 254 项办事类服务事项可进行网上四级办理；同时，全区 6 个街道和 195 个社区（村）全部开通网上便民服务站，共发布街道级便民服务事项办事指南 270 余项、社区级便民服务事项办事指南 12000 余项。

目前，全区有 22 项行政审批事项与 41 项便民事项可通过互联网实现四级网办深度，即公民法人和其他组织通过网上办事，全程不需要到实体大厅办理，足不出户即可送证到家，真正做到了简政便民。

二　创新"互联网＋政务服务"网上办事新模式

（一）网上行政审批服务

近年来，城阳区深化行政审批制度改革，加大政务公开力度，积极开展网上审批工作。

1. "实体＋网上"，构建网上行政审批服务系统

2008 年城阳区成立了区行政服务中心，建立了专门的行政审批实体大厅。2012 年开发建成了"城阳区网上行政审批系统"，将全区实施中的行政审批事项纳入系统运行。随着审批事项越来越集中到审批大厅办理，原有的网上审批系统已满足和适应不了工作需求。2015 年年初，区政府投资 60 万元对网上审批系统进行升级改造，进一步完善了系统性能，部署网上办事平台功能，支持网上咨询、网上预约、表格下载、申请资料上传和网上办理等功能。系统升级后，将最新公布的 289 项行政审批事项全部纳入网上办理，实现行政审批实体大厅和网上大厅同步建设，现场审批和网上审批同步推进，形成"实体大厅＋网上大厅"双重集中统一的行政审批模式，构筑了线上线下、虚实一体、互为补充，集政务公开、权力运行、便民服务、法制监督、效能监察等功能"五位一体"的网上办事服务体系。

2. "规范＋定制"，搭建"一站式服务"平台

一是规范行政审批事项。根据青岛市网上办事服务四级标准和工作目标及要求，区政府组织各部门各单位通过"行政审批和便民服务事项梳理系统"，对审批目录管理和审批事项登记里的目录编码、目录名称、项目属性、批后监管部门、法定期限、承诺期限、是否收费、设定依据、审批条件设定依据、申请材料设定依据等信息逐项进行梳理和统一规范。二是审核发布行政审批事项。通过"行政审批和便民服务事项梳理系统"，对照区政府公布的

"区直部门（单位）行政审批事项目录"，对各行政审批实施机构录入的审批目录管理和审批事项登记里的信息进行逐项审查，确保信息的准确可靠。审核通过后，依托"网上便民服务大厅"，按照网上审批"四级深度"标准的要求，以构建"审批规范化、流程最优化、服务便捷化、监管常态化"的网上审批运行体系为目标，对全区行政审批事项进行了网上流程定制，做到"外网申报、内网审查、外网反馈"，实现全程网上办理。

2015 年 10 月份，网上审批新平台运行后，不但满足了办事群众通过外网进行网上咨询、网上申请、网上办理的需求，还可实时查询事项办理进程，实现了审批服务的便捷化，促进了从"群众来回跑、事情办不了"到"群众动动手、办事不出门"的转变。

3. "平台＋整合"，推进行政审批电子证照数据库建设

一是整合现有各业务专网建设。按照项目、法人、自然人等不同路径建立行政审批电子证照数据库，收录项目审批资料和证照，提供具体证照办理全过程查询和统计功能。依托各系统新审批办结的证照，随有随传，扩大证照数据库存量，保障网上办理对审批资料的调用。二是依托网上审批新平台建设。目前启用的建设类行政审批事项电子证照数据库通过扫描仪、快拍仪、手机拍照等途径共收录审批证照资料 2205 项，其中 2015 年 7 月新平台证照库启用以来，新生成 340 项。证照模板数量和证照存量居青岛市各区市之首。

4. "网络＋督查"，实现重点项目审批全面提速增效

为了做好网上审批的监督落实，城阳区依托"重点项目全过程控制"网络平台，以重点项目全过程监管为突破口，促进行政审批事项跟踪落实、提速增效。一是平台分解计划。每年度市、区级重点项目（实事）确定后，在全过程控制平台上分别建立相应的模块，由各项目主抓单位负责，逐一将所承担的项目信息录入平台系统，并分析项目的建设条件以及可能遇到的问题和困难，牢牢把握拆迁腾地、手续办理、基础施工、主体建设、竣工验收等关键环节，将年度建设内容合理分解到月计划、周计划，全部录入重点项目全过程控制平台。二是网络调度进展。由项目主抓单位负责，每周通过网络平台对所承担的重点项目进展情况、投资完成情况和存在问题及下步措施进行填报、更新。对正在办理前期手续的项目明确具体办理的事项。对已开工建设的项目明确具体建设进度，并上传项目施工现场照片和视频。对建设过程中出现问题的项目注明遇到的具体困难和问题。三是过程监管督导。凡纳入全过程控制平台管理的项目，根据进展情况实行"红、橙、绿、蓝"牌管理。每周对所有重点项目本周进展情况进度调度、审核，对照年初确定的每周建设计划，未达计划进度的项目发红牌，达到计划进度但推进中存在困难和问题的项目发橙牌，达到计划进度且正常推进的项目发绿牌，事项全部完成的项目发蓝牌。

全过程控制平台管理的项目全部纳入"项目审批绿色通道"，施行并联审批、容缺受理（审查）快速审批模式，全面提高重点项目审批时效，促进项目早开工、早建成。目前，政府投资类重点项目审批由 144 个工作日压缩为不超过 92 个工作日。社会投资类项目由 134 个工作日压缩为不超过 67 个工作日。工业、服务业项目由 31 个工作日压缩为不超过 18 个工作日。

（二）网上其他便民服务

近年来，城阳区不仅开展了网上审批工作，还结合本区实际，利用互联网，搭建网上四级便民服务平台，积极开展审批外的其他便民服务，为群众提供办事便利。

1. "实体＋网上"，构建网上四级便民服务平台

一是升级新的网上梳理系统。把原有的依托内网建立的"行政审批和便民服务事项梳理系统（以下简称梳理系统）"重新优化，依托互联网升级为科学、规范、互联互通的新系统，并组织各个相关单位进行数据梳理与录入，为网上便民服务奠定良好基础。二是搭建网上四级便民服务平台。应用电子政务新技术，建设了区网上便民服务大厅，与市大厅互联互通，实现了本区政务服务事项（含审批事项）目录和办事指南在全市统一平台的集中分类展现，实现统一办理入口，统一用户体系，一站式查询、预约、申办。同时积极整合社区网络，建设了街道和社区便民服务站，实现了四级便民服务平台的互联互通。

2. "梳理＋审核"，提高便民服务事项实用性

一是梳理便民服务类事项。组织全区各部门各单位结合区政府公布的区级行政审批清单和权力清单、责任清单，结合本单位具体实际，对正在实施的便民服务类事项进行了全面梳理，对涉及民生、公众需求大、关注度高、办理量较多的事项进行了重点梳理，只要能为公民、法人和其他组织提供便民服务的事项均要求逐项梳理，优化服务流程，全程纳入网上办理。二是细化规范办事指南。要求各部门各单位逐项梳理规范事项的实施主体、审批条件、申报材料、审批期限、事项归并等属性。站在方便申请人的角度，遵循便民利民的原则，统筹考虑、科学设置。三是做好事项分类审核发布。按照业务主题和服务对象两个大类对所有事项进行逐一分类，经层层审核把关后，通过"网上便民服务大厅"进行发布，群众可以通过自身所属群体和所办业务方便快捷地查询到所需服务。

3. "服务＋延伸"，实现最后一公里无缝隙便民服务

一是梳理街道、社区便民事项。根据群众需求和关注热点，组织全区街道和社区，结合各自实际进行了认真梳理与研究，做到实事求是，准确细致，凡是能为群众提供的服务事项全部纳入网上办理。二是审核发布办事指南。统一审核街道和社区便民事项办事指南，同一事项在不同街道、社区（村）办理的，办事指南做到规范化、便民利民。审核后通过"网上便民服务大厅"对外发布。三是开通街道、社区便民服务站。全区6个街道和195个社区全部开通网上便民服务站，不管哪个区域哪个小区的群众随时随地可上网查询身边的服务事项，实现了最后一公里无缝隙便民服务。

三　推进网上便民服务大厅建设，创新服务，提高公共服务满意度

（一）应用新技术，升级完善网上便民服务大厅

1. 对政府官方网站进行整合改版

2015年城阳区对政府官方网站进行了改版，将原有"网上便民服务大厅"进行了升级完善，将本级梳理完成的政务服务事项目录和办事指南信息在网站显要位置集中发布；以统一需求规划、统一数据存放、统一开发技术、信息充分共享的方式开发建设了城阳区政务网站平台，对现有的31个部门网站进行统一的整合建设，搭建一站式政务网网站群；开发建设城阳政务网无障碍功能，方便残疾人浏览；开发建设城阳政务网手机APP，将办事指南在手机APP中体现，以更好的服务市民。

2. 建立服务事项动态维护管理机制

城阳区将各单位网站信息、信息公开系统、审批系统和事项梳理系统等信息有机整合，明确要求所有事项以"行政审批和便民服务事项梳理系统"为准，各单位须确保所有系统中事项内容一致。对梳理工作形成的行政职权和服务事项库实行动态维护机制，对各部门、各单位进行责任分解，安排专人负责事项信息的实时更新，确保相关数据及时、准确、可靠。

3. 统一信息服务系统

依托青岛市统一建设的网上政务服务平台，实行开发平台、身份认证、内容管理、服务展现、信息交换、申报、反馈、搜索、支付、评价等"十统一"。要求各有关单位原有的政务服务系统必须开放接口，统一整合到青岛市网上政务服务平台，并将各类政务服务事项及其办理过程和结果信息纳入青岛市网上政务服务平台信息共享数据库系统，促进办事部门公共服务相互衔接，变"群众奔波"为"信息跑腿"，变"群众来回跑"为"部门协同办"，从源头上避免"奇葩证明"、"循环证明"等现象，为群众提供更加人性化的服务。

（二）整合渠道，打造民声服务平台

为加强网上便民服务大厅与市民的交流互动，解决市民办事过程中可能出现的投诉、咨询等问题，城阳区围绕加强和创新社会管理，科学整合渠道、创新办理模式、强化科技办件，高效回应群众诉求的中心，在全国县市区中率先整合了区长公开电话、市长公开电话等6条电话渠道；网上区长信箱、市长信箱等5条网信渠道；民生在线、行风在线等4条政民互动渠道和网络舆情渠道共4类16条群众诉求渠道，建成了区政务诉求综合性服务平台，有效解决了同一问题多头管理、工作交叉、环节过多、答复口径不尽一致等问题，构建起"一个部门集中受理，一个部门协调办理，一个部门统一答复"的群众诉求办理新机制。国内同行业率先研发和启用了百万量级的城阳区民声服务大数据分析与应用平台，将市民诉求分为9类5级176个子项，实现了对政府职能的全覆盖和市民诉求管理的精细化。该平台依托云数据分析模式，实时抓取市民诉求信息进行大数据分析，达到预测热点问题、研判事态趋势、调度协调工作、辅政为民办事。经权威科技成果评价机构认定，该平台整体水平达到国内领先水平。自成立以来，共接处群众诉求12万件次，限时办结率为100%。

（三）邀请第三方监测评估，提高群众满意度

邀请第三方对我区网上办事服务进行了测评，对发现的问题限期整改完善，不断提高服务水平，办事群众满意度高。

（四）服务向基层延伸，基层满意度高

推进业务系统向基层延伸，逐步实现网上直办进街道、入社区（村），全区6个街道195个社区全面建成街道和社区网上便民服务站。依托社区中心开展三级便民服务建设工作，发挥社区和村级服务组织的作用，按照每个社区1~2人标准，由政府购买285个公益性岗位，面向居民提供代办服务，基本实现"居民办事不出村"。让那些不能上网、不会上网的群众也能通过基层组织享受政府提供的网上服务。让老百姓真正享受到了网上办事带来的便利，受到群众欢迎。

（城阳区政府办公室　城阳区信息中心）

沈阳"互联网+医保"足不出户刷卡购药

沈阳市自2001年启动基本医疗保险以来，逐步建立起以职工医疗保险、城镇居民医疗保险、生育保险三大险种为主，以大额补助医疗保险、企业补充医疗保险为辅的多层次医疗保障体系。经过多年的探索、改进和创新，目前沈阳市已经形成了覆盖市内七区及六个单独统筹县区的医疗保障网，创建了以数字电路网络为基础、社会保障卡为载体的全民持卡就医大环境，涵盖了城镇职工、居民医疗保险及生育保险的申报、征缴、审核、就医、结算、监察等实际管理业务。

而伴随着全民医保基本实现、参保人员持卡就医即时结算等工作的推进，参保人群的就医、购药需求迎来集中释放，迫切需要更多深层次、综合化、便捷可及的公共服务渠道。为给广大参保人员提供更加便捷的服务，我局本着便民利民的服务宗旨，与东软公司、成大方圆、天士力和博康天天好等医药集团三方共同推出医保网上移动购药服务平台，并于2015年4月20日正式上线。

一 建设背景

随着社会经济的发展和国家各项改革的推进，社会医疗保险正在逐步全面推广。根据国务院《关于积极推进"互联网+"行动的指导意见》、《关于促进大数据发展行动纲要的通知》的相关要求，各地政府积极利用新技术、新模式推进医疗保险和健康产业的换代升级，满足广大参保人群不断增长的网上健康服务需求，实现信息化与民生领域应用的深度融合，加速驱动经济转型升级和社会发展进步。

一直以来，参保人员在医保定点药店购药时可以使用社保卡进行支付，但绝大多数网上药店并未与医保平台对接，网上购药无法使用社保卡支付。为大力拓展社保卡应用范围，我局先试先行，充分发挥互联网的规模优势和应用优势，坚持改革创新和市场需求导向，在"互联网+医保"方面开展技术应用创新，推出移动购药服务平台，探索通过互联网、移动互联网和物联网的创新应用来深化医保改革，全面提升公共服务质量水平。这是全国首个面向社保卡网上购药的解决方案，沈阳市成为全国首个实现用药入户配送能够直接使用社保卡的城市。

二 建设构想

我局依托信息化技术打造医保移动购药平台，将医保与网上药店相连接，启动用药入户配送服务工程，参保人员可以刷社保卡买药，做到了真正的足不出户。

——打通线上线下购药渠道，为参保人员提供更快捷、更便利、更安全的购药方式，政府职能部门提升市民公共服务质量，利用信息化手段便民、惠民、利民。

——利用医保移动购药平台结合医保数据分析与挖掘，进一步完善购药合理性及有效的监控。

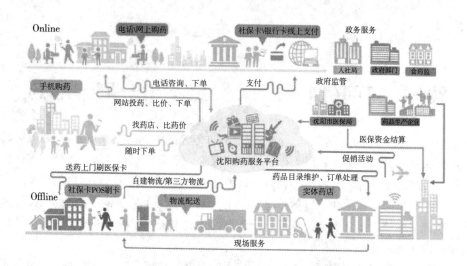

该平台以医保线上结算为核心，对医药电商网站、药店配送供应链、POS终端支付、金融支付、医保结算系统等业务进行改造、提升，整合成为一个便民利民的服务平台。目前，沈阳市社保卡持卡人可通过电话、手机APP、医药电商网站等多种渠道享受网上选药、在线下单、送药上门、医保卡实时结算服务。

三　项目建设过程中遇到的困难及解决办法

移动购药作为一种创新服务模式，在模式设计和推广实施过程中，在管理制度和技术等方面遇到诸多困难，通过我局的不懈努力，很多问题迎刃而解。

对互联网药品零售业务建立高门槛、严要求准入制度与管理规范。为保证药品安全与使用秩序，建立定点零售药店管理服务协议和互联网药品交易补充协议，严格按照现行医保政策、国家药品管理的相关法规进行管理，规范药店经营，确保服务质量。

严控药店准入门槛，网上药店全部来自于具有定点资格的大型连锁实体药店，具备互联网药品信息服务与交易相关认证资质，同时还对药品的销售、物流数据进行监控，创新式的提出对送药服务进行定位监控，在便民惠民的同时保证用药安全，避免医保违规行为发生。

在医保账户的安全性和真实性方面，采取敏感信息加密/脱敏、数字证书、手机验证码、社保卡密码等多种技术手段，保证医保结算的安全可靠。

四　目前取得的成效及社会意义

目前，沈阳市具有互联网药品交易许可的连锁药店品牌包括成大方圆、天天好、盛生堂、天士力、百草堂、海王星辰等均已推出网上购药服务。

作为医保移动支付的首次尝试，我局创新了社保卡的购药结算服务模式，丰富了社保卡的应用目录，为人社系统"加快推进社会保障卡应用"提供了强有力的案例支撑，极大提升了公共服务水平。通过对移动POS终端管理模式和网上购药行为监控的配套监管措施，该平台的推出也规范了社保卡基金的使用。

五 下一步工作设想

未来,从政策走向来看,药品去中心化、医药分离是必然趋势,以现有移动购药服务平台为基础,以网售药品医保支付为切入点,可以将服务延伸至整个医药健康服务领域。对慢性病患者提供健康档案管理,面向特定人群,对部分处方类药品免处方调配,提供干预性的、个性化的、有针对性的用药服务和健康服务;在产业链上游与医院合作,将医疗服务数据与在线药品购药服务进行共享对接,用户在享受在线问诊服务后,电子处方流转到线下药店,享受足不出户的送药上门服务。

医保网上便民购药平台服务是我局将"互联网＋医保"信息化技术应用到医保领域的推新尝试,是通过互联网、物联网的创新应用深化医保改革的全新探索。沈阳社会医疗保险管理局在今后的工作中会继续做出更多的探索和努力,为老百姓提供更多深层次、综合化、便捷的公共服务渠道,方便老百姓的生活。

(沈阳市社会医疗保险管理局)

沈阳市浑南区加强应用创新
推行"互联网＋服务"模式

沈阳市浑南区利用电子信息技术推进政府转型升级,结合李克强总理在政府工作报告中的讲话,浑南区大力推行"互联网＋服务",让"互联网＋"进政府,主要体现在两个方面:一是信息采集、信息监控等技术手段上的创新、创意。信息通过互联网被采集、输送,大大舒缓信息传递的资金、人力、时间成本,同时高效快捷的满足人民群众的投诉、出行、教育、医疗等生活基本需求。二是"互联网＋政府服务"概念,体现了"简政放权"中"放、管"结合的理念,让政府的服务功能得到提高,实现部门间数据共享,让居民和企业少跑腿、好办事、不添堵。

一 以"惠民"为目标, 实施浑南特色的
智慧应用项目服务人民群众

浑南区在沈阳先行起步,开始搭建七大特色智慧应用平台。以"惠民"为例,搭建浑南区公共服务中心平台方便群众的民生诉求;在10所学校试点建立智慧教育平台,共享国内优秀教师课件资源并全程记录学生成长历程,有效促进了教育均衡发展和个性化教学;在65所基层医疗机构试点建立"云医院"平台,与北京、上海和省内三甲医院实现远程会诊,使百姓能够就地就近享受到高水平的诊疗服务;在河畔新城等10个社区试点建立"易社区"平台,通过网络精选、整合与百姓生活密切相关的各类服务资源,为社区居民提供足不出户的便捷服务。

（一）建设浑南区公共服务中心平台

（1）搭建了民生服务网络，建立了以浑南公共服务中心为一级平台，功能区、委办局（含驻区企业）为二级平台，社区、功能区处室为三级平台的网络大联动管理体系。

（2）建立了统一受理平台。将全区 15 个委办局公开投诉电话整合到系统平台，建立"31314949"浑南区民生诉求热线电话，形成全区一站式受理，提高政府服务效能。

（3）建立了民生服务平台，建立了浑南区公共服务中心网站，可以实现投诉求助、便民服务、信息查询、政策咨询等服务。

（4）建立了应急指挥系统。将全区 200 余个各类突发事件应急预案，森林消防、医疗等 8 支应急救援队伍，应急物资储备及应急专家等基础数据录入中心系统平台，便于指挥调度。

（5）建立了大联动机制。我们会同城管执法局建立了联动机制。将全区执法、环卫、绿化、城管人员纳入城市市政设施和突发事件巡查体系，通过安装手机客户端即可实现上传城市管理案件，逐步形成全民参与的城市管理新常态。

（6）完善绩考系统。建立了自动考评系统，对超期案件以短信形式自动逐级向上级领导推送，达到及时督办考核的目的，目前平台运行情况良好。

（二）建设浑南易社区平台

浑南易社区平台是充分利用物联网、移动互联网等新一代信息技术的集成平台，为社区居民提供一个安全、舒适、便利的现代化、智慧化生活环境，从而形成基于信息化、智能化社会管理与服务的一种新的管理形态的社区。

浑南易社区平台是通过综合运用现代科学技术，整合区域人、地、物、情、事、组织和房屋等信息，统筹公共管理、公共服务和商业服务等资源，以智慧社区综合信息服务平台为支撑，依托适度领先的基础设施建设，提升社区治理和小区管理现代化，促进公共服务和便民利民服务智能化的一种社区管理和服务的创新模式，也是实现新型城镇化发展目标和社区服务体系建设目标的重要举措之一。在前端，建立微信平台，面向社区居民提供社区消息、社区活动、社区电商等有针对性的服务；在后端，建立网格化综合管理平台，面向社区工作者，实现社区日常工作全记录、社区服务对象全覆盖、社区任务消息全打通。

浑南易社区平台改变百姓城市生活、提高百姓生活质量，加强了党和政府密切联系群众、服务群众的程度。浑南区各部门加强信息资源整合，建设一个统一共享的信息平台，更好地发布政务信息和便民措施，同时不断研究群众需求，增加智慧社区的服务内容，完善服务功能，方便群众使用。

（三）建设智慧教育平台

首批 10 家实验学校，利用两月的假期时间，每天到浑南三小学习智慧教育云平台操作方法，上传老师的第一手资源内容，率先形成本校资源库。将国内优秀教师的课件资源在全区共享，促进教育均衡。同时，对学生表现进行记载、跟踪、分析，提高了教师和家长对学生教育的针对性，促进了个性化教学。

浑南推进教育信息化旨在通过信息技术手段共享优质教学资源，提高教学质量和学习水平，最终达到教育公平化的目标。教育云平台是一站式教学服务平台。以教育资源共建共享为切入点，提供区域信息化系统门户、公有云资源展示、区域资源管理等平台，以及教学、学习、交流工具等。解决区域教育信息化、资源共建共享等问题。云资源中心主要：设有精品资源、备课中心、同步导学、班级圈、学科工具等功能分区；为教师提供备授课所需的资源，实现轻松备课的教学支撑环境；提供校本资源、区域资源、学校管理、教师管理、学生管理、统计等功能；为管理员提供资源审核管理、教师学生信息管理；提供教材资源、班级圈、校本微课等功能；为学生提供自主学习所需的资源及工具，也即是学生的学习支撑环境。

（四）建设"云医院"平台

浑南区卫计委、卫生局和东软熙康长期协调合作。目前，沈阳云医院的实际服务人口约20万，其中浑南地区约19万人口，这与浑南区的云医院业务开展最早、最成熟密切相关。随着其他起步较晚的地区业务开展，人数会迅速增加。目前浑南区已经签约的医生约200人，共覆盖63个医疗机构：浑南区医院、桃仙卫生院、深井子卫生院等。

在东软熙康的技术支持下，浑南区卫计委搭建了沈阳云医院智慧医疗服务系统，通过一系列沈阳云医院的产品和服务来营造"互联网＋"的市场环境。具体服务如下。

（1）云医院线下服务包：门诊信息系统、远程门诊协同业务、远程阅片、影像预约会诊、交互式临床会诊、远程培训、云药房；

（2）云医院线上服务包：主要包括私人医生服务、孕产妇专科服务（实现中）、慢性病专科服务（实现中）等；

（3）健康教育服务。与东软集团合作建设了"云医院"平台。目前已与13家社区卫生服务站和涉农社区卫生院实现了网络连接，可实现基层卫生站、卫生院与区医院、市第三医院和省医院的远程会诊，大幅提升了基层医院的诊疗能力，方便百姓就近就医。

浑南区"云医院"项目基本完成了云医院的初步部署，初见成效。信息化能支撑区域内医疗机构、卫计委等部门之间业务开展需求，同时满足区域内居民医疗卫生健康服务对信息化的要求，实现了医疗和公共卫生信息资源区域内外共享、信息互通，区域内外各医疗卫生机构间横向、纵向的检验、检查检验结果的互认互通和共享。卫生数据中心的建设，实现了医疗卫生数据的全面管理和数据服务；通过云医院服务，基本实现全区医疗机构以及卫生部门之间在云模式下系统互联互通和信息共享。

（五）"行车易、停车易"项目

"行车易"项目可适时查询路况情况，"停车易"项目可查询停车场信息。该项目由市公安局开发。浑南区交警大队为"行车易"项目重新确认了我区的道路重点楼宇的名称、位置等相关信息，为"停车易"项目提供了30个停车场的数据，可实时查询停车场的入口位置及所剩车位数量等信息。

浑南区交通局在全市智慧交通总体建设大框架下，与市局联合搭建了5个互联网信息服务平台。

（1）交通运政管理服务系统。功能：道路交通运输行业的日常管理，包括：新增业户准入、登记、备案、审批、年审、考核等多种网上办理服务项目。

（2）公共交通指挥监控调度管理系统。功能：公交车辆日常营运监管。

（3）客运出租汽车安全监管系统。功能：出租汽车日常营运以及出租从业司机人身安全监控。

（4）道路运输监控系统。功能：长途客车、旅游包车和危险货物运输车辆的日常安全监控。

（5）"乘车易"系统。功能：出行信息查询、沿途公共服务信息查询、公众动态监督等。

（六）"乘车易"项目

该项目由市交通局建设，主要对公交线路进行查询。浑南交通分局对我区 30 条公交线路 GPS 设备进行筛选，选取了 20 个条件较好的线路在我区先行先试，已于 2015 年 9 月 1 日上线试运行。

完善"乘车易"系统功能。系统计划设立"信息发布"、"分享给好友"、"检查更新"及"意见反馈"等功能。在"信息发布"界面，系统将为用户提供公交调流、站位调整、道路拥堵、出租车失物招领、天气预报等公众出行服务信息，以及其他社会公益宣传信息，包括公益口号宣传、社会求助信息、行业新闻动态及政务公开信息等。在"分享给好友"界面，用户可将"掌上交通"手机 APP 客户端软件通过微信、二维码等方式分享给亲朋好友。在"意见反馈"界面，用户可对"掌上交通"软件在实际使用过程中发现的问题，提出改进意见或建议。意见或建议将反馈到系统开发建设单位，以便进一步改进和完善"掌上交通"系统，从而向市民提供更便捷、更有效的出行信息服务。

在公交车上加装 WiFi 系统，为乘客提供更好信息服务。

二 以"善政"为目标，使政府的服务功能得到提高

（一）建设智慧政务平台

浑南区智慧政务平台与以往提出的搭建政府网站、政府平台完全不同。传统的政府机构条块分割，政务流程复杂且地方分散，整个业务数据流不得不按地理位置和人力分配被分割在多个部门。从一个部门转到另一个部门，增加了交接环节和复杂程度。浑南区打破政府部门的条块式划分模式、地域、层级和部门限制，为政府业务流程的重组和优化提供全新的平台，使得提供更完备、全面、无边界的服务成为可能。

浑南区智慧政务平台既涵盖了工作任务分配、公文流转、汇报请示、信息发布、跟踪督办等综合办公功能，又可作为各部门独立业务系统的支撑载体，实现政务数据的累积、联动和互通，提高了工作效率。区领导使用手机端，可满足移动办公的需要；各部门人员使用电脑端，便于各类材料的编写制作。

（二）建设网上并联审批平台

浑南区网上并联审批平台投入使用后，不仅将满足新成立的审批局日常办公需要，同时将借助与区内其他部门间进行工作联动，打破原有体制、空间上的制约，实现办事过程简单化、监管透明化，达到缩短办事周期的目的。

该平台改变过去各审批环节前后等待、按顺序排队进行的模式，通过网上同时受理各环节要件，实现审批事项同时进行、并联审批，大幅缩短审批时长。该系统主要包括审批流转系统、信息公开系统、协同办公系统、远程预审系统、流程监管系统、智能辅助系统等六大部分。

浑南区在智慧城市建设过程中以惠民为目的，善政为基础，在方便人民群众的同时提高政府服务功能。浑南区在智慧城市建设这一过程中，"惠民、善政"原则将逐渐凸显，群众的感受也将越来越直观。浑南区在智慧城市建设过程中遵循"惠民"原则，推动公共服务便利化，让群众办事不求人；浑南在智慧城市建设过程中遵循"善政"原则，推进政府各项改革，转变执政理念，创新治理方式，由电子政务向智慧政务升级，不断提高政府工作的效率和效能。

（浑南区人民政府）

沈阳市和平区城市协同服务综合信息系统

创新公共服务管理、提升公共服务质量，是我国政府职能改革的核心内容之一。本着"以人为本"的原则，和平区创新公共服务手段，先行先试，强化实践实施，提高管理效能，开发了协同服务综合信息系统。

一 概述

城市协同服务综合信息系统把井盖、路灯等城市元素均纳入城市信息化管理范畴，给每样公物配上"身份证"。街道上的井盖坏了，家门口的路灯不亮了，不用打投诉电话，协管人员利用移动执法终端记录事件，并通过 GPS 定位系统定位事件地点，发回协同服务监督指挥中心，中心利用该系统对整个城区的社会管理与城市管理的问题进行统筹并进行分类整合，将问题分配到相关责任单位，并规定主办、协办单位在协同配合的基础上划清各自责任与规定完成时限，并由协同中心进行考核与监督，建立监督与管理相对分离的双轴心管理体制，实现政府对城市部件与事件的精细化管理，形成指挥有效、监督有力、分工明确、处置及时、运转高效、制度完善的城市管理长效机制及奖惩分明的运行机制，为驻区居民与单位提供综合、协调、及时、准确的政府服务。在简化运行流程的同时建立了 3DGIS 协同服务信息系统，通过三维图对事件发生的位置进行精确定位，并快速反应，从而加快部门处理速度，高效地保障了城区工作的正常运行。

二 协同服务系统建设的必要性

随着城市建设的飞速发展，城市管理日趋复杂化，现代城市管理需要改变传统的粗放式管理的方法，向精细化管理发展。目前和平区已完成网络基础设施的建设，但对于城市管理尚存在信息滞后、管理被动、管职责不明，缺乏有效的监督和评价机制等课题。

1. 城市化进程发展的迫切需要

随着城市化进程的加速推进，城管工作的种类、数量、问题日益复杂繁多，而目前管理方式主要以突击式、专项性、集中性整治为主，管理理念上存在"重建轻管"思想。因此，我们必须更新观念，创新管理模式和手段，努力为广大居民创造更和谐、舒适的生活环境。

2. 提升城市管理水平的现实选择

近年来，和平区城管工作虽取得了较大进步，但仍存在处置不及时、联动不畅、监督评估不合理等问题。时间快速响应和空间精确定位，实行"部件管理、事件管理相结合，指挥、监督相分离"的运行机制，为城管工作走出被动、低效、粗放的困境找到了出路。

3. 提高市民生活质量的有效途径

在传统的管理体制下，城市管理往往投入成本高、保持时效短，并且关乎民生的许多事项，解决起来常常很难，各部门相互推诿，经常出现百姓办事难、解决问题难的情况。城市管理监督员进入社区，在责任网格内不间断巡回采集信息，保证城市运行中出现的问题以及百姓生活中息息相关的问题能够及时发现、及时处理、及时解决。

三　建设内容

（一）基础数据建设

按照建设部颁布的《城市市政综合监管信息系统技术规范》（CJJ/T106 – 2005）、《城市市政综合监管信息系统单元网格划分与编码规则》（CJ/T213 – 2005）、《城市市政综合监管信息系统管理部件和事件分类、编码及数据要求》（CJ/T214 – 2007）、《城市市政综合监管信息系统地理编码》（CJ/T215 – 2005）等标准，建立以1∶500城市地形图、正射影像图等基础地理信息为主要内容的城市基础地理信息数据库，建设基于城市基础地理信息的单元网格数据库、城市事部件数据库以及地理编码数据库。

（二）信息系统建设

按照《城市市政综合监管信息系统技术规范》（CJJ/T106）标准，在共享市人防办现有光纤网络平台、视频监控资源、安全防护系统、后备发电系统等资源及各区相应资源的基础上，建设数字化城市管理监督指挥中心大屏幕显示终端系统、指挥调度系统、UPS供电系统、图像接入和传输系统、网络基础设施、数据库系统、地理信息系统等基础软硬件平台。市级平台建在市人防办。

1. 基础数据资源管理子系统

该子系统可适应空间和属性数据管理和数据变化要求，通过配置快速完成空间及属性数据库维护和管理工作。

2. 监管数据采集子系统

主要用于实现协管员在自己的管理单元网格内巡查过程中向监督指挥中心上报区内管理问题信息，通过城市部件和事件分类编码体系、地理编码体系，实现对区内管理问题文本、图像、声音和位置信息的实时传递。

3. 协同工作子系统

基于 Browser/Server 体系架构，采用角色网络、WebGIS 技术，通过浏览器完成城市协同服务管理各项业务的具体办理和信息查询。系统提供了基于角色网络的面向 GIS 的协同管理、工作处理、督察督办等方面的应用，为各类用户提供了城市协同服务管理各类信息资源共享查询工具，可根据不同权限编辑和查询基础地理信息、地理编码信息、城市管理部件（事件）信息、监督信息等，实现协同办公、信息同步、信息交换。

4. 综合评价子系统

按照工作过程、责任主体、工作绩效、规范标准等系统内置评价模型，对数据库群中区域、部门和岗位等信息进行综合分析、计算评估，生成以图形表现为主的评价结果，充分体现对区政监管工作中所涉及的监管区域、政府部门、工作岗位动态、实时的量化管理。

5. 呼叫中心受理子系统

通过信息传递服务引擎将监管数据采集子系统报送的问题信息传递到接线员工作平台，接线员通过系统完成信息收集、处理和立案操作，为"协同工作子系统"提供区内管理问题的采集和立案服务，保证问题信息能及时准确地受理并传递到监督指挥中心。

6. 系统维护子系统

由于系统运行模式、机构人员、管理范畴、管理方式、业务流程在系统运行、应用过程中需逐步调整变化，因此，要求系统具有充分的适应能力，保证在各类要素变化时，可快速通过系统维护子系统及时调整，满足管理模式发展的需要。

（三）系统改进

在系统运行后，通过在完善平台性能和管理运行机制的同时不断丰富系统功能、探索其在更多领域的更好应用。

1. 办结反馈系统

案件上报人登录系统对所上报的且进入反馈环节的案卷进行办结反馈，需上传附件填写必须信息等。指挥中心人员或协管员可登录系统对所有进入反馈环节的案卷进行办结反馈。

2. 呼叫中心录音系统

呼叫中心电话录音系统不仅可对通话内容进行录音，还可第一时间在接线人员的显示器上弹出来电号码，若此号码曾参与过案件报送还可同时显示报送人的姓名及所在单位。

3. 建立质量反馈机制

通过搭建短信满意度反馈系统，在案件办结阶段，向案件上报人发送案件办理结果满意度采集短信，有效促进了和平区居民参与城市管理工作的积极性，提高案件办结质量。

4. 搭建统一展示平台

运用 GIS、GPS 技术，以和平区二三维地理信息系统为基础，以实际需求为出发点，灵活定制各类统计报表，并根据标准门牌地址信息库，实现案件分布、协管员轨迹查看等展示功能，方便各委办局了解全区各类案件办理情况，同时辅助领导决策。

（四）运行管理模式建设

系统运行将依托市、区两级管理平台完成。区级平台采用单元网格法和城市部件事件管理法，通过信息收集、案卷建立、任务派遣、任务处理、处理反馈、核实结案和综合评价7

个环节，完成区级城市管理业务流程。市级平台履行对各区及相关市直部门的监督、评价和指挥调度职能，并通过考核评价子系统中的考评数据，形成内部考核与外部评价相结合的综合评价机制。

（五）制度体系建设

监督制度建设。按照《城市市政综合监管信息系统管理部件和事件分类、编码及数据要求》（CJ/T214－2007）标准规定，制定《城市管理部件、事件监督手册》，构建以问题发现、核查结案为核心内容的城市管理问题监督制度体系。

处置制度建设。制定《城市管理部件、事件处置（指挥）手册》，构建以处置职责重新确认、处置结果规范、处置时限精准为核心内容的城市管理问题处置执行的制度体系。

考核制度建设。按照《城市市政综合监管信息系统绩效评价》（CJ/T292－2008）标准规定，制定《城市管理综合绩效考核办法》，构建对各执行部门和监督机构的考核制度体系，形成监督轴驱动多部门组成的处置轴。

长效机制建设。积极推进将数字城管考核结果纳入全市绩效考核、行政效能监察及干部考核等制度体系，以保证监督、处置、考核机制长期发挥效能。

（六）专职队伍建设

针对市、区两级管理平台的功能定位，市级平台配备考评员、呼叫中心座席员和指挥中心派遣员，区级平台配备信息采集员、呼叫中心座席员和指挥中心派遣员。

四 建设特色

（一）"大城管"概念设计

和平区协同服务综合信息系统，参照"大城管"概念，将平安社区、安全生产、应急指挥、民情热线、社区服务、数字城管、城市管理等内容纳入同一平台，包括给水、电力、通信、垃圾收运处理、供水等城市基础功能，以及城市公共空间。如果街道上的井盖坏了，家门口的路灯不亮了，不用打投诉电话，协管人员利用移动执法终端记录事件并通过 GPS 定位系统定位事件地点，发回指挥中心，有关部门就会在第一时间发现并把问题解决掉。居民也可以通过网络平台或96127热线，上报水管爆裂、井盖错位、路面塌陷等与自己生活息息相关的事项，协同中心会第一时间将案件分配相关部门进行解决。

大城管概念的提出，其核心就在于将市民的客观需求、必要的授权过程与政府及时、精确的社会服务相统一，以面向社会提供全方位城市服务为宗旨，将管理范围延伸到和平区社会管理的方方面面。打破了委办局各自为战、推诿搪塞的现状，督促各职能单位主动及时地做好本职工作。大城管的实质就是要促进政府职能从以管理为中心向以服务为根本的转变。该模式变城市管理为城市协同服务，变城市管理为社会管理，促进城市管理由滞后到实时、由粗放到精确、由被动到主动的转变，切实增强政府社会管理和公共服务职能，体现城市管理和公共服务的发展方向，构建了具有和平特色的协同服务模式。

（二）信息资源高度共享

城市协同服务综合信息系统的共享性表现在：组织机构是和平区共享的组织机构平台，为全区各系统建设提供统一的组织机构平台；系统运行所需网络借助区视频监控系统网络，所需硬件借助现有硬件资源；地址门牌、GIS 地图等信息既是该系统信息，也是"数字和平"建设其他系统共享使用的信息；人员共享即监督，不仅是城市协同服务系统的监督员，还是平安社区建设的监督员。

（三）灵活的流程定制

基于城市管理的复杂性、精细性和多变性，在系统中开发了灵活的流程定制功能，通过该功能不仅可以新建流程，也可根据实际情况任意调整已有的流程节点。

（四）监督指挥分离，实现闭环控制

传统城市管理模式下的管理效果经常力度很大，结果距社会的需求相差也很大，其原因之一是忽视了结果控制，这种管理模式在控制论上属于典型的"开环控制"。和平区的城市协同服务综合信息系统，形成了由协同指挥中心协调联动相关委办局以及街道办事处的工作模式和信息共享机制。监督指挥中心的主要职责是对全区城市协同服务过程中发现的各种事项行使发现处置、指挥协调与监督考评权，指挥中心运用数字化城市管理平台履行对城市管理责任主体的监督、协调和指挥职能，在系统中发现案卷申告时，及时对各委办局实现派遣处置并进行指挥协调，并根据办结时限及各环节处置程度对各委办局进行监督，起到了端正管理理念、规范管理行为的功效，防止各部门推诿责任，实现了有效的"闭环控制"。

（五）真正的两轴管理

和平区城市协同服务监督指挥中心通过系统执行指挥工作，纪委监察局通过在线监察系统对协同服务系统中事项的处置过程进行全程的在线监察，实现了指挥轴和监督轴的"物理隔离"管理方法，形成真正的两轴管理。

（六）实现最大的投入产出比

作为一项社会事业与民生工程项目，要充分考虑经济效益与社会效益。和平区坚持用最小的代价实现最大社会效益的理念，充分利用现有资源，降低建设成本，控制系统运行和使用成本。截至目前，系统建设费用 20 万元，城管通手机费用 40 万元，城管通手机客户端软件开发费用 20 万元，与市接口费用 50 万元，总计成本不到 150 万元，较好实现了以最小的代价实现最大的社会效益的设计理念和实效目标的设想。

五 打破权力壁垒 推动政府体制机制创新

城市协同服务综合信息系统，专项建立统一的社会服务热线，并通过电话连线、指挥中心、专员巡查、事件处理、效果反馈五个流程，科学高效地为居民提供服务。只要百姓有需要，拨打统一数字热线将会开通数字化坦途获得帮助；只要接到数字热线，指挥中心就将对热线中的问题进行最快的处理和解决；只要确定问题出现的位置，调查专员将会第一时间进行调查，传递回真实信息；只要下达命令和传递相关信息，各个部门的协同联动便可由此实现。人性化的事后调查，严谨的效果反馈，只要处理完问题，事后调查员就将收集热线问题反馈，提供让百姓满意的服务。

与传统的运维模式相比，这种务求实效的运维新模式对更多资源进行整合压缩，实现了和平区政务管理的集约化、强化了和平区政府服务保障能力，增强人民群众的安全感与归属感，在节省了大量建设资金的同时实现了一站式的服务模式，从而能够更好地为驻区居民服务。2014年我区共处理通过电话热线、网络、协管员手机等途径上报的各类案件181240件，2015年上半年处理案件48958件，有效提升我区硬环境建设水平，在推动行政体制机制创新的同时，有效提升政府形象，实现了社会管理工作的有益探索。

六　运维保障

1. 统一认识，加强领导

在系统建设的第一时间成立了领导小组，专门负责项目的推进落实，搞好组织协调工作，与监督、检查、验收、推进运行的落实情况。

2. 建立机构，完善运行机制

筹办协同服务指挥中心并培养了一批包括协同服务协管员和呼叫中心接线员在内的专业人才。

3. 落实资金，保障运行

按照区政府的统一部署，设立专项资金为系统建设及应用提供充足系统建设、应用推广和运行维护等经费保障，保障此项工作的顺利进行。

4. 技术支持，确保安全

定期安排专业技术人员对指挥中心和各处置单位的网络运行情况及设备运行情况进行安全检查，确保协同服务综合信息系统运行稳定、畅通。

5. 密切协同，通力合作

系统运行涉及众多部门，所有涉及分工的部门和单位都要增强全局观念，积极配合、密切协同，确保高标准、高质量、高效率完成各项工作任务。

（沈阳市和平区"数字和平"管理办公室　刘永霞）

云端武汉·政务项目

一　项目介绍

云端武汉·政务项目是武汉市推进"互联网＋"产业创新工程"11711"行动计划2015年完成的重点项目之一,现已完成管理平台和门户的搭建;项目涉及的40家单位全部按要求提供了数据,收集到的数据已经清理并登记到平台系统中;公开数据网、市民之家行政审批系统、政务服务O2O系统、财源信息共享平台、市民卡后台管理系统等已整合入市政务云体系运行;《武汉市政务数据资源共享管理暂行办法》于2015年11月20日正式印发,成为政务数据共享的规范性文件。

二　主要做法

(一) 加强领导,成立攻坚作战小组

由于项目时间紧任务重,武汉市网信办主任兼宣传部副部长黄长清同志亲任指挥长,并抽调市信息中心8名技术骨干组成战斗小组,按照项目建设的时间和质量要求,倒排完成时限,明确责任分工和工作目标。同时小组与项目实施单位紧密配合,具体指导、督办、协调项目建设相关工作,深度参与项目各工作环节。项目实施单位也高度重视市政务云(数据)中心建设,为本项目安排了近50人的实施和研发团队,进行现场集中服务,为项目的顺利实施提供了时间、人员和技术保障。

(二) 制订标准,规范数据共享交换流程

为保障项目建设工作的顺利实施,编制了"一个暂行办法＋三大标准＋二大流程"的工作制度和标准规范体系,强化项目建设保障力度和推进力度。一个暂行办法即《武汉市政务数据资源共享管理暂行办法》,于2015年11月20日由武汉市政府办公厅正式印发;三大标准、二大流程即以《武汉市政务数据资源共享管理暂行办法》为依据,遵照国家和行业相关标准,在实施数据梳理和管理平台建设的基础上,编制了《信息资产目录建设标准》、《服务目录建设标准》、《数据共享交换服务技术接口标准》、《数据共享交换服务流程》、《数据共享交换管理流程》等。

(三) 同步推进,落实各项保障措施

按照行动委员会第一次会议的部署,向武汉市政府报送了《关于印发〈武汉市政务数据资源共享管理暂行办法〉的请示》和《关于申请市政务云(数据)中心建设资金的请

示》，在市财政的支持下，尽快落实了项目资金，启动招投标程序，并同步开展《暂行办法》征求意见及修订工作。二是及时下发了《武汉市互联网信息办公室关于开展市政务信息资产清查工作的通知》，指导各单位清理数据资产，按时限要求认真填报，对项目所涉及的 40 家委办局的信息化现状及信息资产完成了全面调查，为项目启动做好前期调研准备工作。

（四）细致扎实，逐一清理数据和业务

数据调研是本项目的基础性工作，是本项目的重点和难点，为了做好这项工作，成立了由 1 个专班人员牵头，4 个承建单位人员组成的 5 个调研小组，分别负责 41 家单位的数据调研工作，截至目前，对项目所涉及的 41 个委办局（包含下属二级单位）进行了近 500 人次的上门调研，收集各类应用系统 85 个，涉及 2409 个数据表、40878 个数据项；收集的业务表单 1200 个，涉及 19361 个数据项；梳理了服务项 1152 个，涉及数据项 8328 个。

（五）科学筹划，高效稳步推进平台建设

为确保项目进度和质量，严格按照信息工程的实施方法，以不低于 CMM3 的质量标准进行项目的组织与管理，编制了《武汉市政务云（数据）中心项目建设方案》、《武汉市政务云项目需求规格说明书》、《武汉政务云（数据）中心概要设计》，并按监理程序对项目全过程实行监管，完成了政务云数据中心的门户建设。政务云（数据）中心管理平台所涵盖的 4 大服务功能（资源目录服务、共享交换服务、数据辅助服务、监管服务），资源目录服务和共享交换服务 2 个模块的开发工作已基本完成。

（六）应用先导，加快部署实施应用服务

政务云（数据）中心管理平台搭建后，采取边建设、边服务的方法，紧紧围绕应用云服务，开展数据共享交换的实施工作。配合市人社局完成了"云端武汉·市民一卡通"在市民之家统一审批平台的认证工作；配合汉口银行完成了"云端武汉·市民（企业）"的数据共享交换需求调研与确认工作，并同市工商、市公安等主要部门进行了数据对接；配合市工商局完成了先照后证信息的推送服务工作；配合市民之家完成了政务服务 O2O 系统在政务云（数据）中心部署及相关数据共享交换服务工作。

（七）夯实基础，政务云平台硬件实现扩容

为适应政务云（数据）中心部署应用的不断增多，以及政务云平台存储容量和内存资源需求的不断增长，在整合原有资源存量后，将政务云平台进行扩容，存储容量由原来的 20T 增至 60T，内存资源由原来的 384G 增至 1892G，计算资源通过云平台的优化提升 40%。

三　项目实施经验与创新

（一）实施经验

本项目在"互联网＋"行动委员会的总体部署下，在市网信办具体组织协调下，在各部门紧密配合下，通过各参与公司及相关人员的共同努力，项目建设较为顺利，取得了一定

阶段性成果，摸索了一些实施经验，具体总结如下：

1. 顶层设计先行

本项目提出运用"云技术、云理念"、通过"物理分散、逻辑集中"的总体思路来构建武汉市政府数据资源管理和共享交换服务体系，在设计上是一个大的突破和创新，因此，我们从顶层设计上下足功夫，充分吸取以往建设经验，充分借鉴其他城市的建设成果，从项目需求、设计规范、管理模式、实现路径、流程模型、标准制定等各方面进行深化设计，确保应用、服务、信息资产、数据及相应技术之间的深度融合，为整个项目的持续建设和推进提供依据和指南。

2. 组织协调有力

本项目面临涉及面广、任务重、工期紧、参与人员众多等问题，必须依靠严密的组织和管理进行保障。因此我办组织建设单位及承建单位共 60 人的项目团队，分成项目设计组、数据调研组、技术开发组、监理和测试组，采取多任务并行、关键节点汇聚、增量迭代式推进、分层多频次沟通等方法和措施，每周召开例会，每周进行项目总结，每周向领导汇报，做到充分的沟通和协同，项目开展井然有序。

3. 政策保驾护航

本项目被列入"互联网＋"行动计划"11711 工程"，得到了市委、市政府的高度重视，多次召集市常委扩大会进行专题研究部署，消除了项目建设所遇到的各种阻力和障碍，我办借此加大推行力度，抓紧制定出台了《武汉市政务数据资源共享管理暂行办法》，为项目的顺利实施提供了切实保障。

4. 技术保障合理

本项目是建设一个政务数据资源服务平台，在技术上采用了面向服务的开发松耦合架构（SOA 架构）进行设计，在充分利用原市民之家数据交换中间件 SIP 和企业服务总线的基础上，构建武汉市政务云数据中心，充分利用现有资源，保证平台的开放性和扩展性，以满足未来众多、不同应用的数据交换需求。

5. 联合监管到位

为了保证项目如期、按质保量完成，我办、市信息中心、项目建设单位等各方组成联合监管小组，深入项目的需求、方案设计、数据资产梳理、标准制定等重要工作中，实行全程监督和管控，保证了项目实施的进度和质量。

（二）项目创新

1. 思路创新

武汉市政务云平台采用"物理分散、逻辑集中"的信息共享模式，把分散的政务数据通过行政机制、云技术手段进行逻辑集中，实现数据共享交换的集中管理和调度，解决了原有部门之间各自交换、数据责权不明、数据共享困难等问题，大大减少了应用系统的建设经费、行政成本。

2. 标准创新

本项目在国家政务资源目录和交换体系标准的基础上，提出信息资产目录和服务目录的建设标准，依托云技术、云交换的技术理念提出了数据共享交换服务技术接口的标准。这三个标准分别从政务数据资源的建立、管理、应用等方面进行了标准化诠释，通过后期不断地完善、补充和修订，该标准不仅适用于本项目，今后将为各部门在政务资源的管理和利用上提供参照。

3. 方法创新

政务云（数据）中心管理平台的建设紧紧围绕"服务好应用、服务好部门"这个目标和任务，我们提出"以应用为导向，服务为驱动，实现数据共享交换"的方法和原则，在项目的设计和建设上充分贯彻这个原则，通过几大应用的部署和实施，充分体现了平台的这个功能，得到了市工商、市社保以及汉口银行的充分认可。

（武汉市互联网信息办公室）

云端武汉·易行江城项目

云端武汉·易行江城项目以公众便利出行需求为导向、互联网企业投资为主体、缓解城市道路交通拥堵为目标，运用"互联网＋"和移动终端 APP 应用，形成覆盖全市的智慧交通诱导服务。

一　项目实施情况

（一）瞄准需求，确定方案

按照 2015 年重点项目建设要求，武汉市交管局广泛征求社会各界意见，以"需求"为导向，确定智慧交通诱导系统的行车、停车两个重点，该系统既要服务市民智慧出行，又能服务交管部门分析决策。我们会同有关政府部门、研究机构及互联网、智能交通企业进行反复研究，制定方案，明确目标任务和完成时限，倒排工期、项目推进。

（二）拓宽思路，寻求合作

武汉市交管局积极探索基于"互联网＋"的智慧交通诱导系统建设方式，联合阿里、高德，在国内率先采用"互联网＋"技术建设智慧交通诱导系统，有效解决传统建设方式存在的投资成本较高、数据利用能力不强、标准规范不足、共享应用不够、专业应用不深等问题，在硬件资源管理、海量数据处理、数据共享服务、业务应用创新等方面具有行业引领作用。经多次接洽磋商，阿里集团表达为交管部门提供无偿服务、共同建设武汉市智慧交通的意愿。

（三）整合资源，建设平台

利用交管现有计算、存储资源，阿里云提供技术支撑，建立了"武汉交管数据云平台"。云平台的"专有云"设在交管局，服务智慧交通诱导系统的数据挖掘和分析、处理、发布。"武汉交管数据云平台"运行监测系统设在交管局，负责对云资源进行调度管理。

（四）定制官微，便利使用

定制了"易行江城"APP，作为提供全市智慧交通诱导的官方微门户。市民可以通过手机等移动互联设备,"一站式"享受行车、停车诱导和交管政务服务。"易行江城"具有交管新闻公告、出行服务、业务办理、警民互动等四大类服务功能。目前,"易行江城"已经在各大平台上线使用,上线一月内下载次数突破 5000 次,日活跃用户过千人。

二 项目完成进度

通过利用互联网思维,与阿里巴巴合作,将动态与静态结合、传统与现代结合、管理和服务相结合,在有限的资金投入条件下,智慧交通诱导系统实现了多项功能。

(一)服务市民智慧出行

目前,行车诱导方面已有三大类共 11 项功能投入使用。一是交通路况实时发布。全市域路网路况实时发布(分色显示道路通行状况,每 2 分钟刷新一次)、路面诱导屏实时显示(130 块路面交通诱导屏上实时显示周边路况及交通信息)、交通热点实时路况图片(用实时图片展示当前道路通行状况)、交通预测发布(对节假日等重点时段的交通状况做出预测)。二是引导市民畅通出行。个性化避堵导航(提供三种出行线路选择,分别标注距离、时间和目的地停车场,自动避堵)、路况订阅推送(每天推送定制线路的路况信息)、拥堵排名提示(当前及历史拥堵道路排名)、交通信息预报(实现"一月一发布、一周一预报、天天实时知")。三是交通安全信息提示。施工及交通管制提示、语音播报交通违法高发点位、事故多发路段提示。

在停车诱导方面:组织协调市城投停车管理公司和无线飞翔联合开发,利用"武汉停车・停哪儿"APP 为市民提供停车诱导服务,并接入"易行江城"APP 模块。一是推进停车场接入。与黄鹤楼、天河机场、高铁站、国博中心等 600 家停车场达成合作意向,进行改造联网,正在改造 126 家。二是试点无人值守停车。在万松园片区的路内临时停车泊位安装198 套地磁传感设备,近日投入试运行。三是服务专项活动。围绕园博会交通保畅,已联网接入园博园 12 个停车场、10246 个泊位信息,向游客推送停车诱导信息。

(二)服务交管分析研判

目前,已有三大类十项功能投入使用。一是交通信息实时采集。路况信息采集(运用"互联网＋"技术,采集流量、流速)、热点商圈路况监测(各大商圈交通流的监控)、异常事件报警(及时发现道路异常事件)。二是堵点堵段分析研判。路网拥堵延时指数(展示全路网运行情况)、异常拥堵排名(展示全市最拥堵的路段排名,为治堵提供依据)、拥堵分析(实时监测路网状况,并回放拥堵产生过程)、分区分类数据综合研判分析(分辖区、道路、类别展示道路当前拥堵延时指数,提供历史拥堵延时指数对比分析)。三是扩展交通管理手段。大型活动支持(为大型活动期间提供针对性的区域交通引导方案)、交通事件发布、管制信息发布(发布交通事件、管制信息,并在地图标注)。

三 建设成效及创新特色

通过与阿里集团合作建设武汉市智慧交通诱导系统,全市交通数据采集、分析、应用从无到有、从有到优，准确性、实时性、覆盖面基本达到全国同类城市现有水平。通过众包的方式，资源共享，数据量倍增，实现了数据的海量关联；路况准确率由原来的80%提升到95%，且随着用户的增加，准确率将进一步提高；覆盖范围从少数主干道扩展到全市域路网；路况发布频率每2分钟刷新一次；交通信息受众从41万增长到200万用户，为群众出行带来全新体验。在服务交管工作上，形成了系列新机制、新战法。看得见：市区两级交管指挥中心通过应用该系统看路况，第一时间发现堵情和交通异常状况；调得动：两级指挥中心第一时间调度警力到场处置，路面民警通过手机实时在线了解责任路段的道路情况，及时发现堵情，赶赴堵点进行处置；分析得清：对周期性堵点堵段进行大数据挖掘，发现堵因、分析堵情、缓解堵源，采取改善交通组织、完善交通设施、调整信号配时、优化勤务设置等多种方式，每月对5~10个周期性堵点堵段进行改善，需要工程化改造的，报市治堵办协调实施；处置得好：运用该系统考核交通大队排堵保畅、事故处置、信号配时等工作效果，提高处置速度和水平。经过不断优化、应用、创新，我市智能交通诱导水平已跨入全国第一方阵，比肩北、上、广等一线城市。

在智慧交通诱导系统的建设中，借助"互联网＋交管"模式，有"两加、两减、两变化"六点创新。一是数据增加。通过整合公共数据（手机信令、高德用户等移动互联网用户位置信息）、行业数据（公交、出租车等浮动车数据）、交管部门数据（交通事件、流量、管制、事故、图像、交通违法等六类），运用科学的算法，为我市提供精确的实时路况，通过多渠道实时发布。二是功能增加。利用大数据、云平台技术，增加实时路况发布等11项社会服务功能、拥堵分析等10项交通管理功能，智能交通建设效率成倍增加。三是减少投资。经过测算，新增功能如按照传统方法建设，至少需要投资数亿元。如：利用"互联网＋"技术在全市130块诱导屏实时发布路况及交通信息，仅此一项就节省投资约1.3亿元。四是减少周期。按照传统建设模式，达到现有建设水平需要3~5年时间。现在仅花了几个月时间，达到了同等效果。五是改变了建设模式和运作方式。由政府包揽转变为政企共建、资源共享、市场运作，创新和改变了交通数据采集（变以前在路面埋设感应线圈采集为移动互联网信息采集）、分析、发布的传统运作方式，利用企业优势，弥补了政府部门建设涉及的技术、人才、运维、服务等难题，更加有利于智能交通建设的延续、发展、创新。六是改变市民的交通出行习惯和公众治理模式。在移动互联网的支持下，市民通过手机客户端查询出行建议、查看定制的路况信息，"时空无限"地根据需要选择时间、路程最优的方式、线路出行。治理城市拥堵的模式从原来的部门管理为主向市民公众参与共同治理的转变。

（武汉市公安局交管局）

云端武汉·一卡通项目

将新一代互联网信息技术广泛应用于社会管理和公共服务领域，利用科技惠民、服务便民，是"互联网＋"时代赋予政府部门的一项重要任务。"市民一卡通"工程由此应运而生。2015年7月29日，在我市召开的推进"互联网＋"行动委员会第一次工作会上，"市民一卡通"被正式列入武汉市实施"互联网＋"产业创新"11711"行动计划，并确定为年内必须完成的 11 项重点项目之一。

虽然"市民卡"不是全国首发，"一卡通"也不是全新的概念，但我们用开放的互联网思维，服务民生的设计理念，向技术创新要效率，向应用创新要实效，在不到半年的时间里就通过"一卡、一库、一平台"建设构架起了具有武汉特色的"云端武汉·市民一卡通"应用体系。市民卡的易用性、多用性，一卡通应用的广度、深度，都可居于全国前列。至 2015 年 12 月，已有 31 个部门（单位）的 172 项业务可凭市民卡办理。

2015 年 12 月 24 日，在由武汉市推进"互联网＋"行动委员会办公室组织的项目评审会上，专家组对"市民一卡通"项目给予了高度评价：项目以社保卡为身份识别和个人信息载体，实现以市民卡（社会保障卡）为电子凭证的"政务和公共服务一卡通达"，通过构建"一卡一库一平台"，即建设统一的市民卡（社会保障卡）、统一的市民卡资源数据库、统一的市民个人信息共享交换平台，形成全市网上网下相结合的"一张实名卡＋一个虚拟账户"的市民"一卡通"创新体系，在互联网与经济社会领域深度融合发展中具有推动和示范作用。项目深度整合各部门现有资源，开展信息共享和业务协同，实现了市民之家办事大厅办事一卡通行，社会保险、就业、人事人才、残疾人服务、保障房申请等多项应用。技术标准规范，架构合理、技术成熟。项目经试运行，系统稳定，使用效果良好，达到设计要求。

一　武汉市市民卡，在现有资源上开出的创新之花

选择社会保障卡作为武汉市市民卡，是由于社保卡和身份证是目前我国仅有的两张"国"字号卡，与身份证相比，社保卡除具有电子凭证、信息记录等基本功能外，还加载了金融功能，更便于扩展应用到其他公共服务领域。

武汉市于 2001 年起开始社保卡的发行工作，至 2015 年全市持卡人数已超过 745 万，拥有广泛的使用人群；在医疗保险结算、社保待遇领取等领域应用多年，积累了丰富的应用经验。

随着"市民一卡通"项目建设的推进，现有的社保卡已经实现了在政务、公共服务和金融领域的应用。为满足公共交通、日常消费等更广泛的应用要求，我们在社保卡芯片中成功加载了"武汉通"应用，同时，赶搭国家人社部推出双界面社会保障卡的"头班车"，利用双界面社会保障卡具备的非接触用卡方式来满足电子现金等小额快捷支付功能。2015 年 10 月 23 日，经国家人社部批准，武汉市被正式列为全国推行双界面社会保障卡的首批试点城市之一（全国共确定 4 个试点地区）。

我们以双界面社会保障卡的标准规范为基础，整合"武汉通"应用，确定了武汉市市民卡的技术标准，并于 2015 年 12 月初完成了样卡的试制和初步测试。12 月 23 日，完成首批全功能市民卡的制作，标志着全国首张同时兼容接触与非接使用方式的双界面"市民卡＋社会保障卡"在我市正式发行。全功能市民卡在一颗国产芯片上同时兼具社保、金融、住建三大标准，也属全国首创。全功能市民卡实现了政务、公共服务与金融领域以及日常消费闪付功能的无障碍应用，为武汉市市民"一卡在手、通行无忧"提供了载体和基础。

为使市民卡更好地反映武汉风貌，发挥"城市名片"的效用，全功能市民卡卡面样式将在征询各方意见后尽快确定，进入正式发行。

二　市民信息共享交换平台，推动管理与服务创新

市民卡是载体，依托的是数据资源与应用系统的支撑。我们通过社保卡持卡人信息库与公安部门人口信息、银行等系统的相关信息的逐一比对核查，形成真实准确、实时有效的市民卡资源数据库。与"云端武汉·政务云"建设相融合，借助我市政务云平台，完成了市民卡资源数据后台的搭建，构筑了统一的市民卡资源数据池，开发和建立了"市民一卡通"数据共享交换机制，为各部门（单位）开展"一卡通"应用提供了规范、安全的标准接口。按照建立在市民个人信息共享平台基础上的"卡片功能集成，管理服务分工"的运行模式，各应用参与部门（单位）不用对各自的现有系统做大的升级改造，与市政务云平台通过网络互联，并通过市民个人信息共享交换平台完成信息交换，所有的数据交换处理都通过标准接口实现，保证了各部门（单位）后台系统的安全性，系统之间低耦合度互联，降低了复杂度，方便了"一卡通"应用的实现。

市民卡，承载的是城市管理现代化水平的提速，城市生活便利性的提高和市民幸福感的提升。在项目前期需求调查的基础上，我们根据现有基础条件、应用紧迫程度等实际情况，按照以点带面，急用先行的原则，确定了武汉市政务服务中心（"市民之家"）、人社局、交管局等31个部门（单位）为"市民一卡通"首批试点单位。至2015年底，市民卡可在"市民之家"办理事项查询；服务大厅内的26个部门（单位）46个对外服务窗口101项并联审批项目均可持市民卡办理；人社部门在就业、社保等业务领域已开展查询、业务经办、待遇领取、费用结算等"一卡通"应用63项；交管部门机动车定期检验、电动自行车上牌、简易程序事故处理等9项业务可凭市民卡办理；房管部门、市残联、市图书馆也都相应推出了各自的市民卡服务项目。

随着"市民一卡通"建设的推进，越来越多的潜在应用部门（单位）从观望转为主动参与。市民卡应用功能和场景的不断拓宽，推动更多的部门（单位）对市民卡的应用态度发生了从"要我用"向"我要用"的趋势转变。以省人民医院为试点单位的"银医通"项目经过功能测试，已实现了在普通门诊就诊时，使用市民卡完成挂号、就诊直到缴费结算的"全程通"，该项目近期将正式推出。环投公司就市民卡应用于公共自行车租用领域的数据交互、业务模式等相关工作进行着积极的准备。

三　站在项目建设新起点的小结和展望

武汉市"市民一卡通"项目通过坚持科学的建设原则，得以在较短的时间内取得较为明显的成效。

——建设经验

标准化。"市民一卡通"项目坚持标准化的建设模式，遵循国家、省电子政务相关业务、管理与技术规范，制定本项目的相关标准规范，避免了走弯路、走岔道，为应用范围的不断扩展提供了统一的标准，也为一卡通应用逐步向全省、全国辐射奠定了基础。

兼容性。充分满足各部门（单位）在"一卡通"应用方式上的差异性，既在共享交换平台设计开发了适应不同应用方式的标准接口，采用双界面卡技术也为不同应用场景提供了

全方位的技术支持。

经济性。遵循保护前期投资的原则，充分利用了现有的社保卡数据资源和市级政务云已有设备、系统和网络资源，缩短了建设周期，节约了建设资金。

——前景展望

便民惠民。随着市民卡应用范围的不断拓展，以社会保障卡为"底本"的市民卡，既是持卡人享有各类政府服务的电子凭证，也可以在公共交通、旅游景点、文化教育等公共服务领域支持移动金融小额支付，并可作为银行卡使用，用于领取各类待遇或缴纳各类费用，让武汉市市民实实在在感受到"一卡在手，通行无忧"。

提升服务。通过武汉市市民个人信息共享交换平台的建立，有力地推动各部门（单位）间的信息共享。在市民信息共享的基础上，有利于推进各类证照电子化进程，实现电子证照在各部门（单位）办事过程中"一次采集，多次应用"，提升多部门协作能力，节约行政成本，提高办事效率，让武汉市市民享受到"互联网＋"政务带来的"一站式"服务的便捷。

结 语

武汉市"市民一卡通"建设永远走在满足人民群众日益增长的应用需求的路上。随着"一卡通"应用的不断拓展和深入，武汉市市民卡必将成为一张展现"追求卓越"精神的城市名片。

（武汉市人社局）

长沙市借信息管税之翼夯综合治税之基

随着我市经济社会的不断发展，税源构成和税收环境发生了深刻变化，地方税源的隐蔽性日益明显，偷、逃税多样化、智能化的新特点逐渐呈现。手工填报、人工对比等传统的税收征管方式已无法适应税收征管新形势，妨碍了公平税收的有效实现。为了提高税收征管质量，营造法治、公平、有序的税收环境，实现"信息管税"，长沙市人民政府电子政务管理办公室根据市政府领导的指示、在市政府办公厅的组织领导下，在市财政局、地税局、国税局等部门的配合下，依托市政府电子政务系统，构建了社会综合治税信息平台。

一　建设情况

（一）一期建设情况

2013 年 3 月正式启动了社会综合治税信息平台的一期建设工作，并于 2013 年 7 月 1 日上线试运行。项目一期采集了市工商局、市国税局、市地税局、市财政局、市交通局、市公安局、市商务局、市住建委、市国土局、市统计局 10 家市直部门 60 项涉税数据 4558 万条存量数据库记录。

（二）二、三期建设情况

社会综合治税信息平台二、三期（二、三期同步建设）于 2014 年 8 月份启动建设，市本级平台于 9 月 25 日上线试运行，区县（市）社会综合治税信息子平台于 2015 年 1 月 1 日上线试运行。项目二、三期共采集了 31 家市直部门 44 项涉税信息 270 万条存量数据库记录。

（三）手机移动端应用上线运行

随着手机终端应用的普遍推广，为进一步发挥社会综合治税信息平台的价值，我办开发了社会综合治税信息平台移动终端应用，并于 2015 年 8 月 1 日上线试运行。通过移动终端应用 APP 可以向市领导及时提供全市财政收入、经济指标分析、财政收入结构分析和企业纳税查询等服务。

二　主要经验及做法

（一）成立相应机构

为加强对全市综合治税的领导，2011 年市政府建立了由市政府分管副市长任组长，市政府秘书长、市财政局局长、市国税局局长、市地税局局长任副组长，市公安局、市住建委、市电子政务办等 40 多家单位为成员的社会综合治税工作领导小组，领导小组下设办公室，办公室主任由市财政局局长担任。领导小组负责组织领导全市综合治税工作；领导小组办公室负责各相关部门和单位开展综合治税工作；税务部门负责社会综合治税信息平台的差异数据核查工作；市电子政务办负责社会综合治税信息平台的建设、运行、维护工作。

（二）领导高度重视

社会综合治税信息平台自正式启动建设以来，得到了市领导的高度重视。陈泽珲常务副市长组织召开了社会综合治税信息平台一期的动员会议，并对社会综合治税信息平台的工作进行了长篇批示。凌勤杰秘书长和杨小林副秘书长多次组织召开了涉税部门调度会议。各涉税部门均明确了相应的负责领导和具体联络员，形成了领导亲自抓、亲自过问、亲自督察的工作机制。

（三）部门密切配合

我市社会综合治税信息平台自启动以来形成了一个较为完整的工作链条和顺畅的运转体系。面对一期建设工作时间紧，落实任务重等困难，各成员单位团结协作、积极配合，主动提供涉税信息。一是财政、地税、国税、市电子政务办紧密合作，在项目需求调研、数据采集、软件开发、模型建立等方面积极作为；二是住建、公安、国土、交通、商务、统计、工商等部门大力支持，每月 20 日之前主动向社会综合治税信息平台提供涉税信息，形成了数据共享的长效机制；三是地税、国税根据平台提供的差异数据进行积极核查反馈，每季度定期反馈核查结果，取得了显著的成效。

（四）加强制度保障

社会综合治税信息平台建设的难点问题在于涉税信息准确、及时的采集。为确保数据及时、采集到位，市政府办公厅颁布了《关于做好社会综合治税平台信息采集和成果运用有关工作的通知》（长政办函〔2013〕175 号）；明确将综合治税平台信息提供和成果运用工作纳入政府年终绩效考核与督查范围。2014 年 4 月 16 日，以长沙市社会综合治税领导小组的名义印发了《长沙市社会综合治税信息平台工作规定》（长治税〔2014〕1 号），明确了各涉税部门的主要任务和相关的奖惩措施等。

（五）实现信息共享

在社会综合治税信息平台中，市电子政务办加大了信息化建设力度。建成了"集中管理、数据规范、信息共享"的综合信息库，建立了涉税信息资源目录部门涉税信息和交换共享制度，制订了《社会综合治税信息平台数据共享方案》。综合治税数据分为 A、B 两类，A 类为非受限信息，B 类为受限信息。A 类数据统一授权至市电子政务办，由市电子政务办组织各单位之间的数据共享。目前，市公安局、市审计局、芙蓉区、天心区、雨花区已与市电子政务办签订了涉税信息保密协议，共享了社会综合治税信息平台的涉税信息。

三 主要成效

社会综合治税作为一种全新的治税理念和征管模式，实现了由单纯的税收征管到源头控管和征收管理并举、从小征管到大征管的转变。2013年7月1日上线试运行至2015年12月31日，市国税局、市地税局根据社会综合治税信息平台提供的差异数据共计查补税收20.78亿元，入库20.18亿元，调减以前年度亏损0.6亿元；其中2014年查补税收8.8亿元，2015年查补税收9.95亿元。主要成效如下。

（一）提高税源监控水平，促进税收收入增长

实行综合治税能有效解决税源不清、监控不力、税基不明等问题，打破"收死税、死收税"的税收困局，加强户籍管理和对社会经济各环节的税收监控，直接增加税收收入。

（二）促进税收征管不断向纵深延伸，对税收征管质量起到监督作用

社会综合治税工作的深入发展，可带动税收征管不断向多税种、多行业和征管真空区域延伸，使税收管理模式从广度向深度、从粗放向精细转型，促进税收管理水平的全面提高。

（三）增强纳税人的税收意识，改善治税环境

社会综合治税工作的推行，提高了社会各界对税收工作的认识，增强了公民的税收法治认识，打破了税收工作唱"独角戏"的局面，形成社会各部门配合管理搞"大合唱"的良好氛围，促进税收秩序和经济秩序的好转，推动全市经济健康发展。

（四）为推广大数据应用奠定了基础

社会综合治税信息平台利用大数据运算原理，对涉税信息进行综合分析、统计、研究、挖掘和利用，建立涉税信息的税收分析模型，为税务部门提供税收参考，有效提高了税收征管质量，是应用大数据背景的典型探索，为推广大数据应用奠定了基础。

（长沙市人民政府电子政务管理办公室）

长沙社会保障卡网双剑合璧
共助便民服务"一卡通"

近年来，随着新型城镇化深入推进，物联网、大数据、云计算等信息技术迅猛发展，人民群众的生产生活发生深刻改变，对政府公共服务的需求急剧增长。人社服务作为公共服务的重要内容，长沙市人社局在市委、市政府领导下，市发改委、市电子政务办等市直部门的支持下，以社会保障"一卡通"建设为抓手，以公共服务需求为动力，以人社公共服务为切入点，借助信息化手段，逐步整合民政、公积金、卫生医疗、交通等多政府领域的资源和应用，构建社会保障"一卡通"便民服务体系，实现公共服务便捷化。

一 社会保障 "一卡通" 服务体系建设情况

（一）筹备阶段情况

2010 年，按照人社部、省人社厅统一部署，我市启动社会保障卡建设前期准备工作。2012 年 6 月《长沙市社会保障"一卡通"工程可行性研究报告》通过市发改委组织的专家评审。2013 年 6 月，长沙市人社局信息中心加挂长沙市社会保障卡管理服务中心牌子，标志着长沙市社会保障卡建设工作正式启动；同年 10 月，市政府召开市长办公会议，明确提出"长沙市社会保障一卡通工程"将整合社保、医疗、民政、公积金等业务，在合作银行分担资金的基础上财政投入 1656 万元。

（二）基础工作情况

卡数据采集和社会保障卡发放是推进社会保障卡应用的基础。2014 年底，我市举行社会保障卡首发仪式，发卡工作稳步推进。2015 年 4 月，在岳麓区、望城区开始社会保障卡集中发放试点工作。截至 2015 年底，累计提交 563.18 万制卡数据，提前、超额完成"十二五"规划任务；累计发放社会保障卡 240.1 万张，已发卡的金融激活率、社保激活率均为 100%，通过发卡采集了 230 余万人的人脸、指纹、指静脉三项生物特征信息；在全市部署 1000 余台社会保障卡自助服务一体机。

（三）应用拓展情况

目前，可持社会保障卡在社保自助服务一体机查询个人社保信息、档案信息等查询功能，在部分定点医疗机构实现就诊、住院、购药、结算等全流程应用。同时，借助互联网与人社微信公众号关联，通过手机 APP 终端进入社保服务，用户即可实现随时随地社保查询和缴费，进入城市服务区便可享受出行、吃喝玩乐购等便民服务。

二 社会保障"一卡通"服务体系的运行成效

长沙市社会保障"一卡通"自启动以来，实现了牵一发而动全身的效应。"一卡通"的发行应用直接促进了我市人社系统和业务的整合，为省市二合一打下基础；加强了政府部门信息共享，业务联动；搭建起一条便捷畅通的社保服务通道，开通线上服务，线上线下服务模式，为群众节约了办事成本和时间，减轻了人社经办大厅业务压力，提高了服务效能和群众满意度。随着社会保障卡的推行应用，经济和社会效益将进一步扩大。

三 主要经验和做法

（一）政府主导，全市合力

2013 年 10 月 24 日，市委、市政府召开了会议，听取了市发改委关于《长沙市社会保障"一卡通"工程可行性研究报告》的汇报，确定了"统一平台，分步实施；信息共享，预留接口；统筹运作，加快推进"的建设思路，并同意成立综合协调工作组，相关工作由市发改委牵头，市人社局具体实施。2014 年，长沙市人民政府办公厅印发《长沙市人民政府办公厅关于开展全民社会保险参保登记推进社会保障"一卡通"建设的通知》（长政办函〔2014〕188 号），确定了社会保障卡的业务内容、地位、作用，并强调全市各职能部门之间的协同关系，将社会保障卡建设纳入全市重点建设项目。政府主导，人社牵头，各市直部门协同配合的形式，为我市社会保障卡发行和应用工作提供了坚强的后盾。

（二）精心组织，夯实基础

数据采集和发放社保卡是推进社保服务全覆盖的基础工程。为全面保障数据采集的准确性和全面性，确保社会保障卡发放到个人，市人社局扎实开展信息确认和发卡工作。数据采集方面，积极组织广大基层工作人员、局信息中心党员下村组、进社区，通过人社、公安、城管、计生、教育等信息平台采集、比对、校验制卡数据，为社会保障"一卡通"实现全市覆盖打好坚实的数据基础。社会保障卡发放方面，为切实保证社会保障卡发放到个人手中，促进卡功能激活和后期应用工作的推广，探索出一条"先农村试点发卡，再全市全面发卡"的发卡道路，同时形成了一套"提前对接勘点、组织本人发卡、金融社保双激活、生物特征采集"的发卡服务规范，让群众在领卡的同时体验、享受到用卡带来的便捷。

（三）线上线下结合，创建社保综合服务体系

市人社局实行线上线下服务同步推进，在市本级和区县共建立起 11 个社会保障卡管理服务中心和以长沙银行等七家合作银行营业网点为依托的服务大厅，稳步推进人社业务网上经办，搭建起覆盖全市的社保自助服务一体机、银行自助服务一体机、手机微信等终端自助平台，不断优化人社 12333 电话咨询服务平台，形成了门（政务大厅）、网（网上大厅）、端（自助终端）、线（12333 平台）、卡（社会保障卡）五类服务载体互联互通、优势互补、协同办理的综合服务体系，为群众提供了广覆盖、多层次、差异化、高质量的服务。

（四）建立信息共享机制，推进政府公共服务"一卡通"

推进政府公共服务"一卡通"关键在于打破政府信息藩篱，建立信息共享机制。由市发改委、市电政办牵头，搭建政府信息交换平台，人社、财政、公安、民政、卫计、公积金、残联、国安、国土、住房保障、文化、教育、城管等近 20 个部门参与，根据各自的业务需求，设立数据共享交换的数据边界，提供数据服务目录，已初步建立市级"政务云"信息交换共享平台雏形。目前，长沙市人社局已与公安、民政、卫计、国土、交通等多个部门签订或正在签订信息共享框架协议，努力打破信息壁垒，促进部门联动。现已在社保卡数据比对、医疗保险和民政待遇发放等业务方面发挥了积极的作用。

（五）突破身份识别壁垒，创新"互联网＋社会保障卡"应用

"人卡合一"是拓展社保卡金融应用的重要前提。长沙市在发放社会保障卡过程中采集领卡人的人脸、指纹、指静脉三项生物特征信息并将信息加载到社会保障卡中，同时在卡中引进 CA 认证技术，保证"人卡合一"，解决身份识别难题。基于此，依托互联网构建以社

保卡为载体、有卡与无卡相结合的"一卡通"应用新模式，在人社自助终端、移动终端、官方网站、微信平台、自助服务一体机上，增加金融支付功能，将银行复杂的前台支付校验体系改为便捷的社银联动后台校验体系，在人社应用环节轻松进行金融支付。其次，充分发挥社会保障卡在公共服务方面的承载能力，发挥互联网的广连接特点，促进互联网与社保卡的应用融合，拓展社保卡应用范围与服务体系。在社保卡实体卡发行的同时，利用微平台发行虚拟电子社保卡，为长沙市"互联网＋社会保障卡"应用拓展打通了关键环节。再次，通过与腾讯深度合作，长沙市微服务平台入口嵌入微信"城市服务"和"卡包"，接下来将继续以市民需求为导向，进一步拓宽微服务平台入口，如腾讯新闻 APP、手机 QQ、支付宝等，将社会保障卡拓展更多便民应用，和人社其他服务平台一起组成人社一体化信息服务平台，为群众提供安全、便捷的服务。

四　主要成效

社会保障"一卡通"是一项整合人社服务并逐步加载其他公共服务且由政府、企业、民众共同参与的系统工程。随着卡的发行应用，经济和社会效益逐步彰显，主要体现在以下几个方面。

（一）促进政府服务方式转变，提高公共服务效能

发行社会保障卡，促使人社业务经办部门梳理、优化业务流程，使面对面的服务逐步转变为自助服务和远程服务，减轻了实体服务大厅的经办压力，极大提高了人社业务经办效能。大力推进公共服务"一卡通"，逐步加载民政、卫生、公积金、交通等功能，将促进政府部门的信息共享、业务协同，提高了公共服务效能。

（二）提升公共服务水平，提高群众满意度

发行社会保障卡，逐步取代了医保卡、医保手册、失业证、诊疗卡等各类业务资料和证件，有效节约了社会资源，减少了办事手续。"人卡合一"和社保金融双功能的优势，为待遇领取和金融支付提供了安全保障，也为流动人员享受人社服务提供了便利。多渠道的服务平台，实现服务到家、服务零距离。随着服务范围的扩大、服务方式的多元、服务流程的优化、服务内容的拓展，人社服务及公共服务水平将不断提升，群众满意度也将不断提高。

（三）弥补农村公共服务短板，促进城乡同步发展

农村地区广、人口多，但公共服务和金融服务基础薄弱。为消除城乡差异，促进城乡同步发展，社会保障"一卡通"采取政府和银行合作模式，优先优化农村应用环境，让合作银行将网点、服务向广大农村延伸，在积极参与和承担农村地区金融服务的同时，将公共服务向农村地区延伸，在进行各项社会公共服务的同时，又能更多地促进各项金融服务的开展，打造城乡一体的公共与金融服务体系，让广大城乡居民能够享受更多、更便捷的公共服务与金融服务，最终实现政府、银行、群众三赢局面。

（四）推进人员信息库的建立，促进大数据应用

随着社会保障卡的发行和应用，社会保障卡管理服务平台将成为个人身份信息、金融信

伙伴，广泛吸纳"腾讯公益"等10余家优质社会组织，联合伯明汉教育等优秀企业，以及湖南师范大学等高校，形成了全社区共同参与的平台共建模式。比如"公益行"板块，探索试行"网上道德银行"模式，在居民志愿者、公益组织和爱心企业的支持下，实现了社工、社团、社区的"三社"联动，务实开展了贫困儿童关爱等慈善活动。未来，平台还将陆续推出各类邻里活动和游记的展示，增强趣味性和互动性，实现"两多两全"，即多维度、多种类、全应用、全覆盖，真正做到便捷、时尚、现代、专业化地服务居民。

（三）以促进发展为目的，实现互惠共赢"嘉生活"

随着信息网络化的纵深发展，通过互联网帮助传统行业升级换代越来越成为政府和企业的选择。"嘉生活"板块充分利用街道自身的商贸优势，将"互联网＋"概念引入企业服务中，营造健康的商贸环境，为企业提供优质服务，打造咸嘉商业精品，逐步实现政府与商家、居民与商家、商家与商家之间的快捷互动。一是打造平台，产生聚合效应。充分整合辖区企业、商家资源，致力于打造"咸嘉网上商城"，基于企业特点推出相应的特色增值服务，形成商业合力。目前，平台已与"58到家"实现无缝对接，同时正在与"鲜开心"等优质果蔬生产配送企业进行洽谈。二是搭建桥梁，激发商业活力。"咸嘉里手"智慧服务平台搭建起企业与企业、消费者与企业之间的桥梁，一方面审核并发布辖区企业、商家的各类信息，为他们提供一个正规有效的"掌上宣传"平台，推介优质、特色产品和服务；另一方面结合微信城市服务功能，为居民提供专家门诊、活动场馆、培训、家政、餐饮、娱乐等各类服务的线上预约。此外，平台不定期推出优惠秒杀活动，目前，已经开展了面膜、自助餐券等活动，优惠推出不到一分钟就被一抢而光，有效激发了辖区群众的消费需求。目前，街道正重点在辖区商户中完善微信支付、支付宝支付等智能支付方式，打造"移动智能支付街区"，使居民朋友们不带钱包也能在辖区内轻松消费。

二 下一阶段的工作设想

"咸嘉里手"智慧服务平台是咸嘉湖街道在创新社会治理上的一次全新尝试，也是街道运用互联网思维和技术手段，盘活公共资源，解决服务群众"最后一公里"问题的有效探索。下一阶段，街道正积极向上级有关部门争取，实现街道辖区WiFi全覆盖，让居民更加便捷地享受互联网生活。街道还将建成智慧服务中心，结合现场"一口式受理"、"自助式服务"，形成全方位、全渠道、全场景的"互联网＋"政务服务模式。以医疗卫生资源便捷化为方向，推出"家庭医生"，增设"医生预约"、"健康签约"功能，打造咸嘉掌上医疗服务圈；改版升级"我是党员"，整合归类为"微支部"、"微心愿"、"微监督"、"微党课"几大板块，进一步提升"智慧党建"含金量。同时，将对辖区内覆盖盲区增设360度全向摄像头，基本实现街道范围内公共区域实时监控，并在平台上实现实时查看，建立"天网"；充分整合辖区综治、城管队伍力量，通过治安巡防站重点监控、巡逻车路面巡防的有机结合，形成重点部位、重点路口、重点区域、重点场所24小时"警灯闪烁"的"地网"；通过整合公安、交警、计生等领域资源，形成人户关联、人房关联、人车关联的"人网"；进一步细化"三服务"一线网格工作，发挥党员带头示范作用，充分调动志愿者队伍、律师等能够促进社会和谐的一切力量，形成"和网"。通过天、地、人、和的有机融合，形成实时监控、联网布控、定向防控的智慧服务新格局，逐步建立智慧链接示范片区。

（中共岳麓区咸嘉湖街道工委

岳麓区咸嘉湖街道办事处）

长沙县智慧城市让生活更美好

不久以后，长沙县人民的生活将是这样的——孩子要办理入学登记，教育部门需要公安、房管等部门配合出示本人及孩子的身份、房产等资料，通过云数据中心，只需在云平台上向有关部门提交申请，相关部门就能迅速在数据库里调阅、授权，市民无须再去费时费力开具各种证明。而这样的改变，与在县电政办牵头建成的湖南省首个智慧城市公共信息平台息息相关。随着城市发展的加快，城市建设与发展面临着前所未有的挑战。2007 年，全球城市人口首次超过 50％，被称为城市千禧。预计到 2050 年，世界上的城市人口比例将达到75％。截至 2014 年，中国城镇化率已达 54.77％，城市发展正寻求着新的突破口。

一　公共信息平台的建设情况

2013 年 8 月 1 日，长沙县获批 2013 年"国家智慧城市"试点。所谓智慧城市，就是运用物联网、云计算、大数据、空间地理信息集成等新一代信息技术，促进城市规划、建设、管理和服务智慧化的新理念和新模式。建设智慧城市，对加快工业化、信息化、城镇化、农业现代化融合，提升城市可持续发展能力具有重要意义。而当前，通过智慧城市建设实现对大数据深度利用，将是一个城市重大的时代转型。

2014 年 2 月 19 日，在长沙县第十六届人民代表大会第三次会议开幕式上，县委副书记、县长张庆红在《政府工作报告》中指出，2014 年主要工作中需要深入"开展智慧城市创建工作"，创新社会治理方式，在解放思想改革创新上始终与时俱进。2015 年 2 月，长沙县县长办公会通过《长沙县智慧城市顶层设计》，并要求在"十三五"时期强力推进智慧城市建设。县电政办全面开展智慧城市创建工作，并率先启动智慧城市公共信息平台规划、设计和招标、采购准备工作。

二　主要经验和做法

创新采用 PPP 模式建设公共信息平台。2015 年 7 月，长沙县通过公开招标确定湖南电子信息产业集团为该项目的社会资本合作方和系统集成建设方。2015 年 9 月，长沙县星城建设投资有限公司（县政府出资代表）与湖南电子信息产业集团共同投资 5000 万元成立"长沙星城智慧科技有限公司"项目公司。项目公司负责长沙县智慧城市公共信息平台项目的初始投资建设和十年运营维护，并通过政府购买服务和政务大数据特许经营权两种方式获得运营收入和投资回报，运营期满后无偿交付政府。该项目是湖南省首个采用 PPP 模式建

构建多层次热线服务体系
助力提升政府公共服务水平

经广州市政府批准，2014年1月2日，以原12345市长专线为载体建设的广州12345政府服务热线正式上线。近两年来，12345政府服务热线全面拓宽服务领域，大力提升服务水平，促进"互联网＋政务"的深度应用，强化信息共享、业务协同和互联互通，在来电保障、信息化建设、协调督办、数据分析、联合共建等方面积极推进，全方位、多角度、深层次推进热线服务，取得了明显的成效。2015年荣获国内呼叫行业"中国最佳客户联络中心奖"、"年度中国最佳客户体验中心奖"和"年度卓越语音服务客户中心奖"三项大奖，热线服务工作得到业界高度关注和社会充分肯定。

一 建设目标和功能定位

（一）建设目标

贯彻广东省关于建设统一、便民、高效的投诉举报平台的精神，以广州市深入开展"三打两建"工作为契机，打破分散的部门服务专线格局，整合政府非紧急类及公共服务专线为广州12345政府服务热线，建立全市"一号受理、按责转办、限时办结、统一督办、统一考核"的有效工作机制，依托各区政府、市各职能部门、相关公共服务企事业等承办单位，做到"事事有回音、件件有结果"。逐步实现与紧急呼叫中心、政务服务中心、网上办事大厅、网格化服务管理、政府门户网站等信息平台的互联互通，为群众提供全方位、多渠道、一体化的政府服务，形成覆盖全市、协调互动、便捷高效、保障有力的政府公共服务体系。

（二）功能定位

广州12345政府服务热线平台是集"政务咨询、民生诉求、政民互动、投诉举报、效能监察"为一体的统一规范、便民高效的公共服务平台，通过建立有效的转办督办和监管考评机制，发挥处置非紧急事项的指挥调度中心作用，使之成为党和政府密切联系群众、广泛收集社情民意、梳理政府工作薄弱环节、检验政府工作绩效、服务领导决策、推动社会管理创新、提升政府服务效能和软实力、促进广州经济社会发展的有力抓手。

二 工作和成效

（一）严格服务标准，提升热线服务成效

广州12345政府服务热线坚持"易、多、快、实、高"的"五字服务标准"，提升政府

服务热线水平。

1. 热线整合顺利推进，市民拨打更容易

12345 热线整合之前，全市政府热线共有话务座席近 1000 个，话务人员 1000 多人，话务资源较为分散，存在"号码多，难记住，打不通"等问题。广州市分阶段逐步推进热线整合，目前已整合全市 39 个市直部门、11 个区共 62 条服务专线，实行"7×12 小时统一接听"模式，基本形成广州市非紧急热线以"12345"一个号码对外的工作格局。整合后，资源配置得到优化，话务座席缩减至 300 多个，话务员缩减至 500 人以内。通过建立话务日常保障、话务高峰应急处置预案等机制，保持较高的接通率。2015 年，广州 12345 政府服务热线共有 367.6 万个电话呼入，比 2014 年（212 万个）增长 73.4%，日均呼入 1 万余个；接通 358.6 万个，比 2014 年（152.5 万个）增长 135%，接通率 98%，同比提高 3 个百分点。

2. 服务渠道多样，热线服务更便捷

广州 12345 政府服务热线改变"政府热线只能靠打电话"的单一模式，开通网上办事大厅、广州 12345 微信公众号、12345 微信在线客服、广州政务微信等多渠道服务平台，将服务推送到群众身边，市民动动手指，即可了解政务资讯、最新政策法规，对事项进行投诉举报、对政府工作提出建议，实现了资讯、投诉、建议等热线功能"触手可及"。把 12345 政府服务热线由"听得见的服务"提升为"看得见的服务"，推进热线服务向便捷化和多元化发展。2015 年，广州 12345 政府服务热线通过省网上办事大厅广州分厅受理工单 4925 件，微信受理 5288 件，微信客服受理 1948 件，12345 微信公众号共推送信息 26 期 130 条，关注人数 66038 人。

3. 实行工单不过夜，工单流转更高效

按照广州 12345 政府服务热线工单办理规则，话务员接听市民来电后，记录生成工单，再按照部门职能分工，将工单转派至相关的承办单位办理。因此，工单流转效率直接决定了热线服务的水平。为提高工单办理效率，广州 12345 政府服务热线实行"工单不过夜"工作制度，将当天受理的所有办理类工单均于当天通过系统转派至承办单位，为尽快解决群众问题提供了时间保证。热线系统 2015 年共向各承办单位转派工单 33 万件，比 2014 年（19万件）增长 73.7%，平均每天派单 904 件。

4. 建立满意度回访机制，促使市民感知更满意

广州 12345 政府服务热线以办理出实实在在的结果为导向，通过建立满意度回访机制，将评价权交给群众，由群众对话务员服务水平和承办单位办理工单的时效、办理质量进行满意度评价，倒逼承办单位提高办理工单的责任心和服务效能，推动工单办理质量的提高。在开展以城管队列和人社队列为试点对话务员满意度回访工作中，群众的满意率达到 98% 以上。

5. 强化应急处置能力，推动联动协作更紧密

广州 12345 政府服务热线建立了与市直职能部门、各区政府及公共服务机构的突发事项联动处置机制，充分发挥热线平台信息收集和突发事项应急预警功能。2015 年共转派突发类工单 1706 件，高效率处理了暴雨后水浸街、树木倒塌和停电停水等突发类事项。建立 110 接处警系统平台与 12345 政府服务热线系统平台之间的联动协作机制，110 报警中心将已先期处置的非警务类紧急事项通过系统转给 12345 热线，由 12345 热线转派给相关职能部门办

结合 GIS 地图的应用，生成实时动态路网图。形成规范合理的交通流采集、处理与发布的基础地图数据标准，完善道路等级基础数据库，明确信息发布段、发布区域的定义、编码标准和扩展规范。

（3）建立交通信息发布系统，全面提供交通信息服务，构建规范、完整的交通信息发布平台，形成交通信息采集、处理、审核、发布、管理功能，通过多种渠道、多种形式向公众发布动、静态交通信息。

①通过"广州市公众交通信息服务"网站，发布动态交通路网图，提供交通状态、交通图形、交通图像、交通事故、交通管制、道路施工等交通信息服务。

②开发手机终端软件，除提供互联网站发布的交通信息外，还支持丰富的定制功能，在特定的时间段内，自动推送图文交通信息，开通"网上车管所"业务办理渠道，提供个性化的机动车相关业务。并结合智能终端应用，支持 Android 和 iOS 系统。

③手机终端软件可与"广州交警"微博互动，随时分享交通信息、提交改善交通管理的建议，通过平台与交通指挥综合系统连接，在交通指挥综合系统可以往"广州交警"微博、用户终端发布图文并茂的交通短讯。

④随着智能手机的不断普及，使用微信的用户越来越多，庞大的用户群体为"微信公众平台"提供优质的用户资源。"微信公众平台"支持发送语音短信、视频、图片和文字等，建立交警微信号，可以为微信用户提供交通信息，拓展和提升广州交警信息发布、业务办理和交管政策宣传的渠道及服务能力。

⑤手机终端软件提供"一键"功能，可以方便地向交警报告交通事故、交通拥堵等信息。"一键"功能还可以报告交通设施故障，包括图片和 GPS 位置或文字描述信息，反映更加复杂的问题和建议，这些信息通过后台发送给"智能交通运行管理平台"，自动进入故障处理流程，提高发现故障和问题的及时性，提供运维管理水平。

（4）提供开放的系统接口，扩大信息服务功能。

①提供开放的系统接口，提供按标准封装的交通信息内容，给汽车导航、手机导航的运营商，以及电信、移动、联通、电台等，使动态交通信息有更大的受益人群。

②提供系统扩容接口，满足交警内容部其他业务的未来使用。

（5）完善系统后台管理，监控系统运行状态。

提供系统后台管理功能，在运行情况监控方面包括数据查询与统计、专题报表、数据分析与图形显示、查询结果打印和导出等，反映平台及交通信息的运行状态；在用户管理方面包括用户注册、用户管理、权限管理、日志管理、参数配置等功能。

二　项目建设情况

（一）项目采用的技术路线

1. 交通流检测技术

交通信息采集技术的研究已经开展多年。时至今日，已有多种交通信息采集技术在实际中应用。通过这些技术采集到的交通信息主要包括各车道的车流量、车道占有率，车速、车型、车头实距等。

2. 多源数据融合

目前广州市交警支队建设了交通监控系统、电子警察系统、SCATS 系统、交通流检测系统和交通指挥综合系统，掌握的交通信息资源较丰富。但由于各系统间的信息缺乏充分的整合，未能为公众提供多元化的信息服务。数据融合（data fusion）也称作信息融合，是一个信息综合与处理的过程，不同来源的采集数据和信息是数据融合的加工对象，协调优化和综合处理是数据融合的核心。在交通信息采集尤其是动态交通信息采集中进行融合是十分必要的，主要由数据融合的优点和交通信息的特点共同决定。在交通信息采集系统中应用数据融合技术，可以使采集系统具备以下优点。

（1）提高交通信息采集系统的鲁棒性。由于采用了数据融合技术，减小了因为环境的突然变化对整个信息采集系统性能的影响，系统对环境变化有很强的适应性。

（2）扩展交通信息采集系统的空间覆盖能力。传感器在空间的交叠，扩展了系统空间覆盖范围。利用定点检测器可以实现对主要路段和节点的信息采集，而利用移动采集方式可以实现对整个道路网络的信息采集。

（3）扩展交通信息采集系统的时间覆盖能力。交通信息采集工具的性能不一样，当某些采集工具不能工作时，其他采集工具仍能继续保持对交通信息的检测。

（4）增强交通信息采集系统的可信任度。用多个采集工具对同一个交通信息进行判断和确认，可以实现优势互补，增加了交通信息结果的可信度。另外由于交通数据的多源性、异构性、多层次性、不完整、不一致、具有时间与空间等特征，必须采用数据融合技术提高智能交通信息的可靠性，利用多源信息互补提供交通信息的可靠性，将不精确、不完整、不一致、不可靠，甚至相互矛盾的交通信息转化成对目标或现象直观性的解释和描述。

（二）系统功能

移动互联网交通服务项目主要包括多源信息采集、交通信息融合处理、"广州交警"微信、交通信息发布、信息统计与分析、系统管理等功能建设，实现了基于网站（公众交通信息服务网）、智能手机（广州出行易）、平版电脑 ipad、交通信息板等的信息发布，为出行者提供较为完善的出行信息服务，其中交通信息发布子系统主要功能如下。

1. web 网站

网站包括 7 个功能模块，首页、路况地图、监控照片、简图快览、交通资讯、交警微博和 APP 下载。

2. 智能手机客户端（广州出行易 APP）

系统提供基于 iOS 和安卓两个系统的版本，主要发布内容包括：广州市区主干道路路况、监控照片、简图、交通资讯、我的路线、网上车管、一键报料、交警微博、设置等功能。详细功能见表 1。

表 1

序号	功能模块	子功能	功能描述
1	首页	主功能导航栏	路况地图、监控照片、路况简图、网上车管、我的路线
		出行 MEMO	最新交通路况提示，并具有语音播报功能
		其他功能导航栏	交通资讯、一键报料、交警微博和设置

续表

序号	功能模块	子功能	功能描述
2	路况地图	路况	以地图的方式显示路况信息
		POI查询	主要POI包括：监控照片、交通事故、道路施工、车友分享、高速出入口、电子眼的分布
		附近监控照片	提供快速查询附近监控照片
		一键报堵	车友上报道路拥堵信息，上报信息包括位置、拥堵信息或者道路照片
3	监控照片	照片浏览	具有浏览、下载、刷新、收藏、分享功能
		照片收藏	具有删除功能和刷新功能
		查询	可以按道路查询监控照片
4	简图快览	简图快览	刷新、收藏、分享功能
		简图收藏	具有删除和刷新功能
		简图查询	通过列表查询简图
5	交通资讯	整点播报	以文字形式报告实时的路况信息
		突发事件	突发事件信息
		计划事件	文字列表方式，包括道路施工和交通管制等计划性事件
		交管新闻	交管新闻、交通宣传、政务公开
6	一键报料	一键报堵	用户上传拥堵路况，包括拥堵类型和现场照片
		一键报障	用户上传道路设施的故障，包括故障类型和现场照片
		车友分享	车友浏览其他人报堵的信息，有与GIS交换显示功能
7	交警微博	交警微博	集成交警的官方微博，用户可直接浏览交警微博
8	网上车管	登录	用户登录界面、机动车违法查询以及用户实名注册提示信息
		首页	包括我的驾驶证、我的车辆、业务办理进度等信息查询
		机动车业务	机动车业务申请，包括补领机动车行驶证、换领机动车行驶证、补领机动车号牌、换领机动车号牌、申领机动车临时行驶证号牌、换领机动车登记证书、补/换领机动车合格标志、委托核发机动车检验合格证标志、变更机动车所有人联系方式
		驾驶证业务	驾驶证业务申请包括补领机动车驾驶证、有效期满换证、达到规定年龄换证、自愿降低准驾车型换证、驾驶证转入换证、驾驶人信息发生变化换证、驾驶证损毁换证、提交驾驶证人身体条件证明、变更驾驶人联系方式
		交通违法	包括本人车辆在线办理、其他车辆在线办理、交通违法代缴款记录查询、交通违法查询
		设置	包括用户基本信息、修改用户昵称、修改手机号码、修改密码、修改收件地址、机动车绑定、驾驶证绑定、银行账号绑定
9	设置	用户信息	用户登录信息
		意见反馈	用户反馈意见输入
		关于我们	系统介绍
		服务条款	服务条款浏览
		清理缓存	清理用户手机缓存
		新版本检测	检测最新版本
		推荐应用	用户可将本应用通过新浪微博或者复制链接分享给朋友

3. 运维监控系统

TCSS运维监控系统是负责交通信息采编、发布和管理的综合信息系统。它通过监控外场交通流设备的数据以及状态,查看、制定、审核、发布事件信息,以交通视频、交通快拍、GIS作为辅助技术手段,实现综合监控运维的一体化管理。

运维监控系统主要包含以下9个功能:电子地图、视频管理、事件管理、路况采编、交通流管理、简图管理、统计分析、系统管理和数据同步功能。

4. 广州交警微信号

广州交警微信号基于"微信公众平台",提供交通新闻资讯、快撤理赔、车管业务办理等实用性功能,方便用户获取最新交管资讯、业务办理等。

表2

序号	功能模块	子功能	功能描述
1	快撤理赔	拍照上传	根据交警定义的拍照内容上传作为后续进行违法处理的依据
		查询	违章处理、进度查询
		帮助	快撤理赔流程介绍
2	资讯服务	最新资讯	提供本地新闻、交管新闻等
		微视频	以视频方式向用户提供交通资讯服务
		车主攻略	业务办理等攻略
		业务指南	业务办理流程、方式等
3	业务办理	账号关联	关联网上车管所账号
		年审预约	年审预约
		交通违法	交通违法情况查询、处理进度查询、缴纳罚款等

(三)项目取得的成效

1. 职能部门的业务管理水平有所提高

(1)综合运用GIS技术、视频检测技术、WEB技术等先进的IT技术解决交通问题,有效提高广州市智能交通管理的现代化水平。

(2)移动互联网交通服务项目的建设,使得实现全局优化和区域协调的交通疏导成为可能。有利于交通管理部门及时、准确了解整个路网交通状况,也使交通参与者及时掌握适时交通情况,提高广州市道路交通的运行效率,为创造一个有序、安全、畅通的道路交通环境做出重要贡献。

(3)本项目整合的各种交通信息可提供给其他有需要的政府部门、运营商等,实现资源整合和信息共享。

2. 公众服务渠道和形式多元化

(1)通过智能终端(手机、网站、微信等),以图、文、视频等多种媒体形式为公众提供多元化的交通信息服务、交管资讯等,提高公众对交通出行的满意度。

(2)市民和出行者通过本平台获取实时交通路况信息,合理选择出行路线,避开事故和拥堵路段,从而达到均衡路网交通流量、缓解道路交通拥挤的目的。

(3)微信年审预约使车主可自由把控年审时间。为拓宽机动车年审预约的办理渠道,2013年10月15日"广州交警"微信的机动车"年审预约"功能正式上线,市民可登录"广州交警"微信,轻松办理机动车年审预约,并可办理查询及取消。市民通过年审预约系统按照自己车辆的类型对应安检机构的检测资质和检测能力进行自由选配，提前预约好机动车检测站点和检测时间，定时定点前往办理机动车年审业务，既方便群众办理机动车年审业务，又能优化检测资源的有效配置，避免"年审扎堆"造成排队等候的情况，提高年审过线效率和服务工作效能，还有效挤压了"黄牛党"的生存空间。原来半天乃至1天办结的业务，到现在仅需1个小时左右就可办结，最快甚至半小时就可以办结，年审效率大幅提高，车主也可以更加自主的选择和把握年审的时间。

微信"年审预约"功能的推出，引起社会广泛关注，2013年12月13日，央视新闻频道也专门对"广州交警"微信进行了报道。央视报道后，全国各地的公安交警均纷纷来到广州与广州交警进行学习交流，其中最重要的一项内容就是微信的开发与应用。目前，"广州交警"微信的"年审预约"功能也被其他省、市政府部门广泛应用到自身的业务功能中。如深圳交警的"预约处理交通违法"等。

（4）全国首创微信快撤理赔，通过协调保监会联合保险公司，开展了轻微交通事故快撤理赔的业务，对于人未伤、车能动的交通事故，双方当时人可以自行协商处理，并拍摄现场照片，记录双方资料，共同前往快撤理赔点办理理赔手续。但很多驾驶员发生轻微事故后，不了解具体的办理流程，不知道如何规范拍摄现场照片，不知道快撤理赔点的位置和联系电话，拖延了轻微事故撤离现场的时间，造成不必要的交通拥堵。

为解决上述问题，广州交警联合协调省保监会和保险公司于2013年9月1日推出了微信"快撤理赔"的服务。驾驶员在发生人未伤、车能动的轻微交通事故时，双方当事人在确保安全的情况下，可立即登录"广州交警"微信，利用"快撤理赔"功能，按照提示上传位置信息，并拍摄两张现场照片上传系统，即可撤离现场，自行到快撤理赔点办理理赔手续。

作为广州交警的官方微信，快车理赔功能的推出，让市民在使用快撤理赔时可以有据可查，出现纠纷或意见分歧也可以及时查看备案资料，解除了市民对轻微事故快撤理赔程序的担忧，让更多广大市民发生轻微交通事故时使用快撤理赔程序处理，有效地节省了警力，也大大地减少了二次事故的发生，保障了广大市民生命财产安全。

3. 服务用户数快速增长

移动互联网交通服务项目建成后，通过提供实时交通信息、网上车管所等业务办理便捷性、人性化的服务，受到了社会公众的极大关注。

（1）广州出行易APP于2013年1月上线，截至目前APP下载量约34万，其中安卓APP累计用户约16万，iOS版本累计用户约18万，发布交通事件信息8万余条，突发事件信息2.5万条，施工计划信息181条。市民通过"警民通"查看路况信息近3亿人次。

（2）广州交警打破以往"重发布、轻服务"的局限，以打造智慧"微警"、服务"微窗口"的新理念，于2013年9月1日开通了"广州交警"微信，并逐步推出了"快撤理赔"、"年审预约"、"交通违法提醒"、资讯服务等业务功能，树立了集管理、服务、宣传功能于一体的广州交警"微警"形象。截至目前"广州交警"微信公众号的关注用户已有40.5万余人，累计使用快撤理赔2万次，年审预约办理43.8万次，交通违法推送提醒超过10万次（接收交通违法推送信息的用户必须绑定网上车管所账号）。

4. 走在行业前沿

（1）在第九届中国智能交通年会暨智能交通创新成果展上，经过来自科技部、交通部、公安部、民航局等部门的领导、高校和研究机构的专家、业内知名企业等500多位代表评审，"广州出行易"APP获评"全国十佳交通信息服务手机软件"。在行业中，在全国属于领先位置。

（2）"广州交警"微信公众号获评2013年广东"十大最具影响力政务微信"称号，是2013年《微信派》年度评选"最具影响力公众账号"之一，荣获2013年全国微信公众号评选50强的"最佳轻应用"称号，是入围2013年全国微信公众号评选50强唯一一个政务微信。2014年度被评为"广东十大区域特色微信"。

5. 与互联厂商的数据深度合作

（1）与第三方地图厂商合作，提升交通静态信息发布的深度和广度，将交通管制、交通事件、施工计划、常规拥堵和异常拥堵信息等及时提供给出行易和其他平台用户，从而引导市民合理选择出行时间和出行方式。

（2）地图展示升级，基于GIS地图，展示广州市路网信息、道路上的交通设施信息、交通事件信息等，支持导航模式，主要应用在导航过程中，根据用户的行车信息，快捷、方便地提供用户所需的综合信息。在过程中可自行定义语音播报路径，比如上下班路径，播报交通设施、实时路况、吃喝玩乐介绍等。

（3）人机对话服务，对APP用户以语音方式、文本方式等提出的交通管理问题，能够自动识别、分析关键字，为用户提供实时信息、业务知识问答、业务查询和业务办理引导等服务，实现智能交互。

（4）携手第三方大数据厂商，融合交通大数据，预测后续交通路况和个人出行耗时，便于广州出行易APP用户合理选择出行时间。

（广州市公安交通警察支队）

"广州公安"基于微信平台开展公共服务

"广州公安"政务微信于2012年11月18日开通，成为公安宣传工作的新尝试和新平台。目前，"广州公安"微信关注用户超过50万人。其中，广东地区关注用户数占关注用户总数的65%。"广州公安"微信日均粉丝增加量达300人，每日接收用户咨询、举报、投诉等问题消息约300条。关注用户提出的问题中，以交警、出入境、户政业务咨询占大多数，如"如何通过微信查车辆违章"、"办理港澳通行证再签注的流程"，还有社会治安问题的举报、投诉等。

微信平台大大缩短了政务机构与受众沟通的时差，政务微信的关注用户可以24小时随时向公安机关发问并在最短时间内得到答复，充分发挥了微信"秒速传播，高频互动，点对点服务"的性能优势。2013年4月"广州公安"微信平台建立自动回复口径库，设置198条公安主要业务自动答复，用户在界面输入阿拉伯数字指令或是"消防、交通、护照、身份证"等关键词，便能立即获得涵盖"招警、消防、交通、出入境、户政、刑事侦查、报警投诉"等业务解答。

2013年6月6日，"广州公安"政务微信与腾讯公司合作，领全国之先，推出交管、出入境、户政业务的查询和办理功能，成为全国首家实现综合查询和网办业务的政务微信平台。"广州公安"政务微信平台开通的查询和网办功能，以"警民通"智能手机应用为基础，向市民群众免费提供13项业务查询、4项预约服务、1项网办服务，包括全市电子警察分布图、路况快照、路况地图、实时交通动态信息，交通违法查询、车辆及驾驶证状态查询等，出入境、户政业务办理进度查询，出入境和户政业务网上预约功能、往来港澳通行证再次签注业务办理，以及完备的业务指南为关注用户提供各类办事指引和办事网点信息。市民群众关注"广州公安"政务微信后，在界面下方的导航栏中点击所需服务，便能实现上述所有功能，十分便利。

2014年6月6日，"广州公安"政务微信继续增加和完善服务群众功能，在原有基础上推出新的交管和出入境查询及办理业务，向市民群众免费提供23项业务查询、7项预约服务、21项网办服务。升级后的"广州公安"微信菜单界面新增了许多栏目：通过"警方新闻"栏目可以了解到广州警方最新动态资讯，通过"广州金盾网"栏目可以浏览广州市公安局官方网站的最新信息，通过"防骗专区"和"平安宝典"栏目可以获取防范诈骗、安全出行、防火防盗等小知识，通过"警视"栏目可以观看由广州市公安局和广州电视台联合推出的《警视》电视节目。这些资讯会不定期更新，同时也不会对用户产生"信息骚扰"，这是广州警方立足微信平台，不断拓展网络问政的深度与广度的又一创新，"既重服务，又重发布"，使市民获取警务信息的途径更加多样，方式也更加亲民。

"广州公安"政务微信在运营中，时常会收到市民的举报和报警信息，但是由于时效性可能会导致市民报警无法得到及时的跟进。为了能给市民提供更便捷的服务，"广州公安"微信特别新增了"举报或报警"栏目，该栏目系统后台直接与市公安局110指挥中心接报警平台对接，让市民的报警信息能第一时间得到警方的跟进，既保证了时效性，又保证了报警程序的严肃性。除此之外，改版升级的"广州公安"政务微信平台还推出了"平安地图"栏目，用户可以查询到距离最近的派出所地理位置、路径导航、街景图片、联系电话等，进一步方便市民向属地派出所报警求助。

2015年，广州警方立足微信平台，主动适应政府服务发展建设需要，进一步回应广大群众对于网上办事特别是掌上服务的迫切需求，不断推进"广州公安"微信办事服务的深度和广度，创新性地推出了"广州微警"服务平台，在全国公安便民服务中实现"三首一最"，即"首"家实现在微信支付环节中车主、驾驶人与银行卡持卡人身份信息有效性、同一性验证，"首"家针对微信公众平台研发"微警"专有硬件，实现车管所与非税平台实时、有效对接，光纤直连广州金盾网及银行专网，保证信息传递快速、安全，"首"创公安业务微信端"一口受理，一键办结"，"最"快办结交通违法业务。用户通过"一个入口"查看车辆交通违法通知单，通过确认加缴罚"一个按键"30秒内办理完结确认违法信息、扣除驾照分数、缴纳罚款、解档违法记录等交通违法业务办理全部流程。"广州微警"的推出，实现了政务微信业务查询、业务预约、业务办理到最后业务缴费的完整服务闭环，实现公安业务移动互联网"一口受理，一键办结"，在全面提升警务工作效能的同时，给广大市民群众带来最便捷的警务服务。同年12月底，"广州公安"还成功打通出入境业务微信支付渠道，市民通过微信便可以缴纳出入境业务办理费用。微信支付渠道的成功打通，标志着"广州公安"微信实现完整的服务闭环。

2013年，"广州公安"政务微信被评为年度"广东十大政务微信"。2014年，"广州公安"微信荣获"广东省十大区域特色微信"特别奖。2015 年 11 月 25 日，在由广东省经济和信息化委员会、广东省互联网信息办公室、南方报业传媒集团、中山大学传媒与设计学院、腾讯大粤网共同主办的"互联网＋智慧粤政"2015 广东互联网政务论坛上，"广州公安"政务微信获得"十大最具影响力政务微信公众号"荣誉称号。2015 年 12 月 15 日，以"微信·连接改变城市"为主题，世界互联网大会微信城市服务分论坛在浙江乌镇召开。"广州公安"微信公众号在这一世界级的大会上获得了"2015 年微信城市服务最受用户喜爱公安服务奖"的荣誉。2016 年 1 月 11 日，在 2016 年微信公开课 PRO 版"微信之夜"盛典晚会上，"广州公安"微信荣获"微信年度最受欢迎公共服务"奖。

微信是一种充满活力、深得民心的沟通平台，一旦与政府机构相结合，就应冲着为民服务、为民办实事的方向去发展和完善。"广州公安"政务微信平台以前端主动推送警务信息、警情预警、政务公开、新闻发布等信息，中端建立智能化信息库，后端整合警务资源开通综合查询和网办服务的三级模式，不断增强"广州公安"政务微信平台的互动性与服务性。随着网络科技的不断发展，"广州公安"政务微信将继续推出更多的网办服务，最大限度地贴近社会，贴近群众，不断扩大政务微信的深度和广度，为广大市民提供越来越多创新且多元化的"微服务"。

（广州市公安局）

荔湾区推行"一窗式政务、一网格监管、一队伍执法"

荔湾区利用信息技术推进政府转型升级，充分运用"互联网＋"思维，发挥信息产业竞争优势，有序推进政务服务改革，全面推行网格化服务管理，实现了大厅服务"一窗式"、网上办事"一网式"、自助终端服务"一机式"、上门服务"网格式"、咨询服务"视频式"、查询服务"微信式"等多元化、个性化政务服务，并逐步向事中事后监管功能延伸，形成了"一窗式政务、一网格监管、一队伍执法"三位一体的联动特点，推动了全区社会治理的精细化。

一 建立"前台统一受理、后台分类审批、统一窗口出件"的政务审批模式，提升行政效率

荔湾区政务服务中心自 2010 年 11 月实行对外服务后，也和全国各地政务服务部门一样，发生"门难进、脸难看、话难听、事难办"等"四难"问题，同时，还产生了窗口之间忙闲不均，新增服务就"增窗增人"的问题。因此，荔湾区以破除长期困扰政务服务工作的"五难"，打通为服务群众"最后一公里"的问题为"一窗式"政务改革目标和任务，在全国首先实施"前台统一收件、后台分类审批、前台统一出件"的"一窗式"政务服务模式。该模式先后受到省、市简报的多次介绍，接待国家、省、市领导以及全国各兄弟单位

的政务改革调研逾 90 次，被《人民日报》、中央电视台等主流媒体报道。

1. 首创"统一收件、分类审批、统一出件"的"一窗式"政务服务模式

在流程再造上"抓两头放中间"，将受理、审批分离，由政务服务中心综合窗口统一受理，后台各职能部门分类审批，政务服务中心出件窗口统一出件，53 个窗口压减为 9 个统一收件窗口和 2 个统一出件窗口，综合受理所有部门的 977 项业务，提高了窗口统筹利用效率，避免忙闲不均。

2. 直属"正规军"坐窗

综合收件和出件窗口工作全部由政务办下属公益一类事业编制人员承担，统一身份、统一服务标准，便于直接对其服务态度、服务效率进行考核管理，从而实现服务水平的大幅提升。

3. 推行"清单式"受理

在受理上实行标准化"流水线"作业，按单验货收件。后台审批人员接收到前台窗口人员推送的收件材料后，不能再随意要求增减清单所列内容而退回材料，必须直接进入受理审批程序，在规定期限内完成审批。这样按单受理，一方面杜绝了人为因素的影响，把好入口关，起到预防审批人员不作为、乱作为现象，避免腐败发生。另外一方面大幅降低非专业审批的窗口工作人员的收件难度，通过简单的系统操作培训，即可上岗服务。

4. 立审管分离模式

推行受理与审批分离、审批与监管分离，实现部门负责决策、执行，政务服务中心负责管理、监督，互相分离、相互制约、相互协调，统一提升窗口服务质量。

5. 实施联合勘查验收

在政务审批一站式办理的基础上，推进项目审批后的验收工作改革，变以前的多头、分头验收，为多部门一起的综合式验收。杜绝企业未全面验收就经营的现象，也解决企业时常反映的政府部门就验收反复折腾的问题，切断验收部门的具体工作人员从中寻租腐败的路径。

6. 首创推出图表版的办事指南

定制了以事项为入口的"办事指南"，采用以"办理事项—办理流程—办理事项的要件资料—办理窗口地点及时间"，使各种层次的办事群众易懂易看。在办事大厅办事查询机实现可查可打印，并同步在"广州荔湾"门户网站和荔湾政务微信平台发布。

二　创新推行线上线下一体化服务，打造政务服务 O2O 模式

在改革过程中，荔湾区反复比对新加坡、中国香港以及天津、上海、深圳自贸区政务服务模式，复制海门市联合勘察验收模式和南海自助终端模式，结合荔湾实际调整优化，并充分运用大数据、移动互联等现代信息技术提升公共服务质量水平，打造政务服务 O2O（线上线下）模式，实现公共服务创新。

1. 网上办事大厅与现场办事"线上线下"互动

做到网上和现场办事"三统一"（统一材料、统一标准、统一时限），区级 381 项行政审批事项和社会服务事项进驻网上办事大厅，全面开通计生、劳动就业、养老保险等公民类服务事项的网上办理功能，完成 22 条街道 918 条服务事项在受理审批系统的数据录入，网

办深度、网办率均达 99.17%。

2. 首创远程视频实时在线咨询受理系统

开发采用远程视频实时在线方式实现点对点的业务咨询和办理。即当办事群众对涉及非常驻部门业务需要咨询时，无须等到非常驻部门人员值班时间来咨询，只要是工作日来到政务服务中心办事大厅，就可以通过设在大厅的视频系统直接连通所要咨询部门，实现面对面的文件资料传输、问题咨询与解答。

3. 首创开通跨市级行政区域广佛跨城通办

率先突破行政区域和服务时间的限制，推出"广佛同城，服务先行"的"市民之窗""一机全能"自助服务终端系统，全天候向广佛两地市民提供异地办理服务。同时，从 2016 年 2 月 1 日起，率先实现 14 个行政审批服务事项在两地实体窗口的"广佛通办"，正式提供广佛联动 O2O（线上线下）服务。广佛两地市民只需到就近的政务服务中心提交申请及领证，中间环节就可由区政务服务中心全程跟办。

4. 提供移动化的政务服务

开通"荔湾政务"微信公众号，与荔湾区网上办事大厅、荔湾区综合受理系统互联互通，以服务为主、信息推送为辅的模式，为公众提供办事指南查询、办事进度查询、办事预约、在线办事等服务，并新增信用等级查询、微信报税、机动车违章等 15 项业务。

5. 首创"两网一平台"的信息共享模式

开发建设"荔湾区一站式行政审批系统"公共平台，在公共平台上，全流程实现"公众外网咨询、查询、预约，区一站式行政审批系统平台综合受理，内部专业网分类审批"，要求各部门将相关审批基本数据同步推送至该平台。该平台在收件受理、审核审批、批件完成、批件取件等每个环节均主动推送短信到办事群众手机上，实现全流程贴心告知。

6. 不断扩大"互联网＋政务"应用范围

将"互联网＋公共服务"的运营通过服务租用、服务代理合作等方式由具备竞争力和竞争资源的企业（包括广州邮政等大型国企）承担，通过新媒体、手机、自助终端、智能机器人等新事物将核心基础平台系统与互联网服务联通。在中国邮政放置在各社区的"蜜蜂箱"中接入政务服务网上办事大厅，将政务服务送至家门口。在政务服务中心大厅引入小I机器人，实现政务咨询服务智能化，让市民在轻松流畅的环境下体验新的互动形式。

三 构建"巡查＋举报"全方位事中事后监管体系，率先推行 "一窗式政务、一网格监管、一队伍执法"模式

以"一窗式"政务改革为切入点，配合市推进"一卡"、"一网"工作，创新推动"一格"与"一号"深入联动，建设以大数据为基础的、集数字城管、政府热线、信访诉求、监管联动、社区服务功能为一体的网格化综合平台，从而实现"一窗式政务、一网格监管、一队伍执法"，构建集审批、监管、处罚联动于一体的新型社会治理体系。

（一）抓好机制

1. 理顺机制

鉴于城市社区网格化建设工程并非某单项职能的工作，而是一项涉及城市管理、综治维

稳、信访诉求、监管联动、社区服务的综合性社会治理系统工程。同时也为了防止出现"齐抓共管、谁也不管"和"政出多门、难以统一"的扯皮现象，我区在制定总体工作方案中明确，由具有协调职能的政府派出机构政务办为主牵头，负责具体日常管理工作，负责统筹全区城市社区网格化建设工作，区社工委、民政局等有关部门全力配合。

2. 落实机构编制

我区率先在政务管理部门增设网格化管理科（挂 12345 政府服务热线管理办公室牌子）为日常管理机构，并成立公益一类正科级事业单位——区城市社区网格化服务管理中心作为具体承办机构，配备编制 20 名，为区政务办直属管理单位。并通过选调、招聘等方式，目前已选拔出网络工程师、业务协调员、数据分析员等 12 名素质高的人员上岗工作。

3. 实现区街两级覆盖

全区 22 条行政街道都同步建立了社区网格化服务管理中心，并配备专门的工作场所和专职工作人员负责承办该项工作。

4. 处置流程逐步优化

采用"一口受理"，即"12345"政府服务热线事件、网格事件、各职能部门监管和处罚案件统一接入网格化信息系统入口，建立由网格化平台统一受理和分派调度，各职能部门归口办理和按职处置，网格员复查核实的网格化工作流程。对事件受理、处理调度、监管和处罚联动全程实施信息化"痕迹"管理，实现政府监管、处罚有迹可循、有据可依。通过一个系统运作，深入联动，将群众的主动举报、网格员的巡查发现和执法队伍的专业处罚结合起来，构建"一号接通，一格管理，全覆盖、无缝隙"的社会治理模式，为完善事中事后监管、创新社会治理打下了坚实的基础。

5. 监督考核机制全面加强

我区完成了管理工作流程设计及操作说明，制定了相关管理制度 9 项。对网格事件全程纳入纪检监察范围，建立日报、周报、月报制度，每日、每周、每月定期一次对事件数量及内容进行分析，每天通过短信平台对工单数量、事件数量和通过视频巡查发现问题数量排名前五的部门和街道向区委、区府主要领导以及部门、街道负责人进行通报，并进行督办。以压减工单量为考核结果。建立由区政务办和创建办组成的网格督察队伍，根据事件分析结果，对市民举报和巡查发现问题突出的区域进行实地巡查，并对全区网格员工作进行抽查。

（二）抓实平台

考虑到城市社区网格化是一项综合性的社会治理工程，必须充分运用"互联网＋政务"的新手段。我区借鉴先进地区的好经验，结合新常态社会治理的需求，将城市社区网格化信息系统定位为以大数据为基础，集数字城管、政府热线、信访诉求、监管联动、社区服务功能于一体的综合平台。通过半年的运行，系统运行顺畅，网格化事件处置效率大为提高，杜绝了一些推诿、扯皮的现象发生。

1. 信息资源整合提速

我区网格化信息系统于 2015 年 6 月投入运行并逐步得以完善，在事件上报、分类处置的基础功能上，新增事件分析统计、考核、督办的功能。完成社区网格员信息的二维码制作，通过"挂门户网、上社区墙"来公示宣传，共配置网格员手持移动终端 1450 台（含部门网格员）。整合公安、城管以及网格视频共 6000 余路，在原有的社会治安和城市管理视频体系的基础上，对地铁口、天桥等一些盲区进行补点，通过视频巡查，提高快速感知并处置的能力。将城管、治安视频资源共享至街道网格指挥中心，建立起区、街两级视频监控体系，发挥出"天眼"与"地网"的互补优势。充分运用我区率先已建设完成的云中心，加快推进部门间城市社区网格化数据资源的共享速度，建立了全区统一的电子地图、人口、户籍、房屋、出租屋、来穗人员、企业法人、商事登记、税收、党建等基础数据库，并与网格化服务信息管理系统互通。截至目前，系统共处理网格事件 26854 条，已办结 25313 条，按时办结率达 100%。

2. 网格与热线的联动效果良好

我区非紧急类政府热线已切割并入 12345 政府服务热线，实现"一号接通"。并在全市范围内率先实现了区网格化信息系统与市 12345 政府服务热线系统对接，服务热线的工单进入荔湾后通过区网格化管理信息系统进行处置。自区 12345 热线业务由区信访局整体划转至区政务办负责后，共接收市 12345 派单 18347 单，按时办结率为 98.25%。

3. 事中事后监管作用凸显

发现机制得到完善，我区在市确定的 170 多个入格事项基础上，结合 12345 热线和群众的实际诉求，根据采办分离的原则，逐步完善和细化事项清单，按服务、投诉、管理三个板块共梳理 16 大类、60 小类，确立了 989 项入格事项。以城市社区网格化信息综合平台，采用"一口受理、分部门处置"模式，构建"一号接通，一格管理，全覆盖、无缝隙"的综合行政执法的运行流程，即 12345 政府服务热线工单、社区网格员上报、部门专业网格员上报、群众自助上报案件统一接入区网格化服务管理信息系统，建立由区网格化指挥平台统一受理和分派调度、各职能部门归口办理和按职处理、专业网格员复查核实的网格化工作流程。对事件受理、处理调度、监管和处罚联动全程实施信息化"痕迹"管理，实现事事有监管、步步有痕迹、宗宗有数据。与区"一窗式"行政审批信息系统和大数据云中心对接，通过构建双向告知、证照衔接、监管联动、执法协作等机制，完善支撑事中事后监管体系。同时，我区是全市唯一建立网格化 7×24 轮班工作制度的区，区级网格指挥平台也可主动通过 24 小时实时视频监控系统巡查，发现问题截图立案，实现了网格事件实时发现举报、实时处理。由市职能部门管理的事项，也可通过网格信息系统上报至市 12345 热线，转派至市部门，事件发现机制得到全面的完善。正在探索利用信息化手段加强对残疾人车辆的管理。采集全区 1593 辆残疾人车辆信息（包括驾驶者姓名、照片、车牌号码、残疾人证号），制作胸卡和二维码，对接社区网格化信息系统人口数据库，执法时可通过扫描二维码核查车辆信息并进行处罚登记，有效解决残疾人车辆信息不共享造成交通执法难的问题。预计本月内扫描执法将可全面铺开使用。

（三）抓优队伍

我区社区网格化队伍的组建采用专兼结合的模式。整合社区专干、出管员共 1363 名，组建社区网格员队伍，我区从实际出发，让经常为社区居民提供服务、为居民群众所认同的社区专干主要承担"上得了门、说得了话、办得了事"的职责。同时，食药监、安监、市场监管、司法、综治维稳、城管等职能部门发挥专业协管员、监督员的作用，组建专业网格员队伍，弥补社区网格员在专业监管方面的不足。并以区城管局组建 20 名专职网格员负责对全区城市环境进行不间断巡逻上报，为确保 7×24 小时的运行机制，从优化资源出发，组建一支夜间综合快速执法队和一支城市环卫保洁队，统一负责全区夜间从22点到凌晨6点期间的工单承办，大大节省了行政成本，并取得明显实效。

目前，我区初步建成了具有城市社区网格化管理行政指导职能和服务职能的独立机构，实现了区、街两级全面覆盖，以大数据为基础，集数字城管、政府热线、信访诉求、监管联动、社区服务功能于一体的综合平台、专兼结合网格员队伍的新型城市网格化格局，保证了网格化服务管理事件全流程、全天候都有专人跟进、协调、督办。

（广州市荔湾区人民政府政务管理办公室）

郑州市四级联动一张网　五张清单促便民

近年来，郑州市委、市政府认真贯彻落实党中央、国务院、省委、省政府简政放权工作部署，坚持把加快政府职能转变作为自身发展的重要任务，继 2013 年启动实施行政审批制度改革、2014 年推行"两集中两到位"改革之后，于 2014 年 11 月，全面启动"五单一网"制度改革，2015 年 6 月，正式向社会公布"五单"改革成果。经过半年的"清单全面入网"建设，2016 年 1 月 1 日郑州市政务服务网正式上线运行。一网打通上下四级、一网覆盖五张清单、一网融合六大功能，这标志着郑州市政府职能转变供给侧改革取得突破性进展。

一　政务服务网建设情况

"五单一网"，是我市深入贯彻党的十八届三中、四中、五中全会精神，在当前深化政府自身改革的总抓手。其中"一网"即政务服务网，是我市积极顺应新兴信息技术和互联网发展趋势，按照"互联网＋政务服务"发展理念建设的综合型政务服务平台，是以互联网思想和现代信息技术推动政府职能转变的重大举措，也是展示和体现"五张清单"成果的总平台。

2015 年 6 月，市级 7478 项行政权责事项目录、147 项行政审批事项目录、11 项政府性基金事项目录、74 项行政事业性收费事项目录、106 项企业投资项目管理负面清单目录全部通过政务服务网对外公布。2015 年 8 月，县乡两级权责事项目录也相继在政务服务网公开，理顺了政府与市场、政府与社会、政府层级部门之间的关系，初步构建了法治、责任、服务、诚信、阳光、廉洁政府。

2016 年 1 月 1 日，市、县（市）区、乡（镇）办、村（社区）四级联通的政务服务网正式启动运行，"五个清单和一张网"相互关联，形成事前、事中、事后具有内在逻辑的、链条式管理要素，有效破解了服务群众"最后一公里"的梗阻问题。

二　政务服务网取得成效

郑州市着力打造集"行政审批、便民服务、政务公开、效能监察、资源共享、互动交流"等功能于一体的政务服务体系，取得了阶段性成果。

（一）三网实现无缝融合

通过郑州市政务服务网实现两级政府门户网、政府服务网、信息公开网顺利融合，政府信息公开、办事指南、便民服务集中在一个平台。全市 86498 项权责事项全面公开公示，3.8 万条政府信息实时公开，市本级 705 项行政审批和公共服务事项全部入网到位。

（二）政务资源互联互通

根据五单编制成果，对 59 个市直部门信息资源目录进行梳理，基本摸清了全市信息资源底数，为政务信息资源共享打下了坚实基础。首批77种、20074项证照信息已经录入证照共享系统，新办证照实现实时入库，历史证照正在分批录入，政务资源共享率大幅提升。

（三）审批服务四级联动

政务服务网已经联通全市15个县（市、区）开发区、179个乡（镇、街道办），市县两级1816项政务服务事项开通网上申报，其中市级137项（行政审批事项34项，基本公共服务事项103项），县（市、区）1369项，乡（镇、街道办）310项，群众办事可以网上预约、网上提交、网上查询。首批8项行政审批和公共服务事项已经实现四级联动。

（四）处罚系统试点运行

市县两级64034项行政处罚事项已经配置到位，初步选取新郑市、金水区、市地税局、市人社局、市公安局5个试点单位，探索行政处罚全程网上办理，过程留痕。

（五）权力运行全程监管

以行政审批权力运行监管为重点，逐步拓展电子监察系统覆盖面。电子监察已经覆盖市县乡三级，平均每月累计监察行政审批和公共服务事项10万余次，对接近时限要求的业务发出预警提醒，并自动生成绩效考核结果，对市直各部门、各县（市、区）进行实时排名。

三　政务服务网建设创新点

（一）一网把握四项原则

政务服务网建设，是运用云技术、大数据、智能化等手段，用互联网思维对传统政府治理方式进行的全方位改造与重塑。政务服务网功能定位要把握四项原则，即通、融、延、优。

通：就是利用政务服务网，联通市县乡各级各部门，实现职能通、职权通、责任通，理顺政府与市场、政府与社会、政府层级部门之间的关系，加速构建法治、责任、服务、诚信、阳光、廉洁政府。

融：就是"单""网"全面融合，打破上下层级、左右部门之间的信息孤岛，实现数据实时交换、资源信息互通共享，变"群众跑腿"为"信息跑路"。

延：就是利用网络延伸，打通政务服务神经末梢，推进服务重心下移、受理端口前移，破解服务群众"最后一公里"。

优：就是优化服务、优化流程，并利用电子监察系统，对权力运行进行实时监控、预警纠错、绩效评估，推进行政权力阳光透明运行。

（二）一网集合六大功能

打造集行政审批、便民服务、政务公开、效能监察、资源共享、互动交流等功能于一体的政务服务综合平台。一是信息公开公示的窗口。各级各部门的政府信息通过系统平台依法公开公示，行政权力运行全程公开透明，阳光运行。二是信息资源共享的桥梁。除国家规定的涉密信息外，所有的证照信息和数据全部入网入库，分级管理，申请人需要提交的相关证明材料可以由系统自动获取。三是权力透明运行的载体。每个权责事项的名称、编码、实施机构、法律依据、办理时限、责任人、办理流程、办理时限等信息全部通过网络监管。四是上下左右联通的纽带。通过"互联网＋政务"，实现主要政务服务事项的网上申报、网上受理、网上流转、网上审核、网上反馈。五是服务集中提供的平台。首批选取婚育、教育、求职、住房、医疗、社保、缴费等 15 类民生服务事项，形成了菜单式服务生活宝典，为群众提供个性化定制服务。六是政府与群众互动交流的媒介。通过提供办事咨询、申办查询、预约办理、投诉建议等服务，及时回应群众关切，实现群众办事过程中的一站式交互服务。

（三）一网再造政务流程

政务服务网以群众办事流程为主线，按照方便群众办事的原则，通过收集整理用户在办事过程中提出的咨询投诉建议，将原先不合理的流程清除，将合理的流程移植到网上，将复杂的流程简化，将效率不佳的流程整合优化。

运用大数据手段，对所有权责事项进行梳理甄别，实行星级管理。一星事项可以网上公示、下载表格，二星事项可以网上预约办理，三星事项实现申请材料电子化上传、申请人到窗口二次办结，四星事项全流程网上办理、申请人到窗口一次办结，五星事项全部不用到窗口即可办结领证。同时，根据事项运行情况，逐步提升事项评星等级建设，以网上办事倒逼行政权力流程再造。

（四）一网强化全市政务大数据共享及应用

一是完善全市基础数据库。政务服务网打通各个层次的数据壁垒，分期分批录入各部门历史证照信息，完善人口、法人、空间地理等基础数据库，提升信息共享的广度和深度。全面贯彻落实《郑州市政府信息资源共享管理办法》（郑州市人民政府令第 213 号），建立健全政府信息资源目录体系，明确各部门数据共享的范围边界和使用方式，厘清各部门数据管理及共享的权利和义务，建设全市政府数据统一共享交换平台。二是深化政务大数据应用服务。运用大数据汇聚整合和关联分析技术，以政务服务网平台为基础，逐步打造大数据资源池，完善政务大数据各类应用服务，建设企业信用信息公示系统，开发各类便民应用，构建智能防控、综合治理的公共安全体系，建立宏观调控数据体系，为政府各类决策提供支撑。

（五）一网建立政务服务管理政策法规体系

为全面推进郑州市"五单一网"制度改革，规范和促进政务服务网建设，实现政务服务一站式办理和全流程效能监督，保障公共服务平台的有效运行。一是出台《政务服务网建设管理办法》，将政务服务网的网络、数据中心、云平台、数据、流程、项目、信息安全等纳入管理体系，规范监督检查机制，有效推进政务服务网的持续建设和使用。二是出台配套的技术规范。网络层制定政务服务网入网技术规范，平台层制定政务云平台技术规范，数据层制定政务信息资源共享目录等。三是结合《政务服务网建设管理办法》，出台政务服务网考评考核细则，纳入全市绩效考核体系。

（郑州市数字城市办公室）

郑州市推行政务微信　强化联系群众服务群众

微信是目前移动互联网技术中最具生命力的应用载体，据统计，截至 2014 年年底，微信活跃用户数超过 5 亿。作为新兴的流媒体平台，微信公众号发送图文、音频、视频都非常便捷，能更好地吸引用户、提升用户体验。微信公众号的兴起，为政府行政、公众问政和服务提供了便捷广阔的平台。2015 年 5 月，郑州市下发了《关于在网格化管理工作中推行政务微信的通知》，要求全市各乡（镇）办建立政务微信公众号，有效延伸网格化管理触角，拓展群众参与网格化社会管理渠道，加强联系群众和服务群众，有效提升基层管理服务水平。

一　特点

政务微信有着独特的传播优势。覆盖精准、点对点的信息传播提高了信息的到达率；一对一的对话拉近了政府机构与百姓之间的距离；对话私密性、隐蔽性强等特点，更容易建立亲密的沟通关系。借助微信平台，政府部门可以拓展新的用户人群，拓宽政务信息受众面，打造移动化的民生服务平台、精准化的信息传播载体、零距离的官民互动频道和创新型的公共服务空间。

微信公众号类型分为"订阅号"和"服务号"，主要区别是：订阅号每天可群发 1 条图文消息（单图文或多图文信息，多图文信息最多含 8 条信息），消息显示在订阅号文件夹中；服务号每月能群发 4 条图文消息，消息可直接显示在好友对话列表中，服务号支持多种接口，便于将来的业务拓展和功能延伸。

如果有重要消息需要经常推送，如各级政府，宜申请创建"订阅号"；如果承担大量政务办事功能，想为市民提供网上便民服务的，如政府职能部门，则可以申请创建"服务号"。

二　工作开展情况

（一）开通情况

郑州市部分乡（镇）办在 2014 年就开始在推进网格化管理工作中结合政务微信的应用，强化联系群众、服务群众，如上街区中心路街道办事处、荥阳市高村乡等。2015 年 5 月 11 日郑州市相关文件下发后，政务微信的建设和应用进入快车道。据统计，截至当年 8 月底，全市乡（镇）办开通政务微信 141 家，占全市 186 家乡（镇）办总数的 75.8%。

（二）栏目设置规范，内容丰富

按照相关文件要求，各乡（镇）办政务微信栏目设置普遍都比较规范，设立了政策宣传、工作动态、办事指南、网格管理、互动交流等板块，及时发布政务信息，整合便民服务资源，受理咨询、投诉，进行政民互动，发起主题活动，开展政民合作，内容丰富，形式多样，各具特色。

金水区经八路办事处政务微信"经八路街道幸福家园"分便民服务、网格正能量、动态交流三大模块，涵盖了便民查询、公共服务、办事指南、一刻钟服务、社区服务、网格典型、社区网事、网格在线、新政发布、领导活动、留言板、社区活动、联系我们13个子版块，内容丰富，信息更新及时。

管城区西大街办事处政务微信"管城西大街"建设了社区公告、常用查询、社区活动、建言建议、社区调查、投诉举报、意见反馈等数十个功能模块，涵盖综合、民政、党务、计生、社保劳动监察、民事调解、生活服务等18项应用。通过整合资源，实现了政务服务和社会服务的线上、线下资源共享，为社区居民提供文化娱乐、教育培训、医疗救助、家政服务等综合服务，精心打造小区移动智能生活。

荥阳市高村乡政务微信"美丽高村"将微信编辑内容分为微动态、微播报、微课堂、微服务四类主题。其中"微动态"通过主动发布信息，着力畅通工作渠道。如发布的"政府忙些啥，拿出来晒一晒"，劳保所实行的"代办员"制度、综治办开设的"民生热线"等，成为展现政府工作的窗口。2015年9月19日，第一届中国石榴博览会在荥阳举行，为了宣传高村乡河阴石榴产业基地，"美丽高村"9月15日发布了"石榴博览会大幕将启靓丽榴乡喜迎八方来客"微信信息，并精心策划了如"河阴石榴购买指南"、"河阴石榴营养价值"、"河阴石榴基地游玩攻略"等一系列专题，全方位推介了河阴石榴。

荥阳市广武镇政务微信"今日广武"主要由网格服务、动态交流、便民服务三个版块组成。栏目和内容建设立足广武镇情，结合网格化管理特点，通过发送语音、文字、表情、图片、视频等形式，发布各类政务、社会信息、政策解读、网格动态、民俗风情、文化旅游，提供便民业务咨询以及民生事项办事流程指南，加强网格与群众的互动，解决群众诉求、意见和建议。"今日广武"成为辖区干部群众日常生活中重要的"手中的名片集装箱"、"可移动的信息中心"、"有价值的沟通工具"。

（三）采用多种形式，强化推广应用

为了提高政务微信的知名度、群众的关注度，各乡（镇）办采用了丰富多彩的推广形式，如通过网格长主动宣传、张贴宣传海报、电子屏滚动播出等形式主动宣传，通过在便民服务中心、社区（村）公告栏、网格长公示栏、小区（楼院）公示栏等地方张贴微信二维码等形式，使政务微信二维码随处可见，触手可及，方便群众添加关注。

荥阳市高村乡设计了"美丽高村"宣传海报150余份，在镇区及二、三级网格内张贴宣传，还利用有线电视、镇区商户电子屏滚动播出信息。同时，积极有效结合网格化管理，要求网格长到所属网格主动宣传微信，同时在下沉人员及群众工作队中积极宣传微信。通过全乡推广微信的"微行动"，"美丽高村"微信粉丝已达到5000人。

紫荆山南路办事处为了提高群众对政务微信的认知度和关注度，采取了通过后台推送的方式向辖区范围内的微信用户发送好友申请，即微信上的"打招呼"，接收到好友申请的用户只需轻轻一点即可轻松关注。此外，制作微信二维码，印制在街道各类宣传资料当中，进行持续推广；设计制作宣传海报，张贴于办事处办事服务大厅以及辖区各个社区宣传栏、楼道内，让更多人加入微信中。政务微信服务平台以其及时性、便捷性和互动性吸引了辖区群

众，街道办原来组织各类活动，来参加的都是清一色的老年人，少见年轻人的面孔，但在试运行微信公众平台后，吸引了辖区内不少年轻人参与。

（四）整合服务资源，实现了政府服务的延伸

通过微信平台整合政府服务和社会服务资源、便民服务信息，各乡（镇）办在这方面都进行了有益的探索，实现了政府服务职能的延伸。一是将政府服务资源以"办事指南"的形式在微信平台上进行信息发布和办事预约；二是引导和整合辖区商户、企业、社会团体等社会力量，参与到社区服务中来；三是整合、收集辖区便民服务信息，并提供基于地理位置的服务，用户可查询自己所在位置附近的公交线路，文化体育、商业服务网点等信息。

金水区经八路办事处政务微信"便民服务"包含便民查询、公共服务、办事指南、一刻钟服务圈、社区服务5个子版块。一方面将街道科室、社区的服务内容、服务地址、办事流程、联系方式等进行公示，让居民就近接受服务，并体验到"上网一看，一目了然"的便捷，真正做到少跑路就能办好事。另一方面，通过整合政府、驻区各企事业单位等资源，挖掘资源优势，打造特色服务项目。在公布辖区"三级三类"便民服务设施的基础上，结合街道商会，将辖区长期以来诚信经营、愿意回馈群众的各类门店进行归类展示，定期发布门店优惠信息，努力实现商户和辖区群众之间的"双赢"，使群众足不出户就可以享受到购物、餐饮、家政、维修等贴心的服务。

管城区西大街办事处将政务微信的"便民服务"平台与"便民＋生活站"服务项目相结合，采取"网上交流、实体服务"的形式，形成了虚拟世界和现实社会的良性互动，突出政务微信平台的服务性。辖区群众通过微信服务平台即可了解"便民＋生活站"服务内容，预约各项便民服务，如物业服务站、家政公司、"胡东乔"理发工作室、衣物救助站等10余项服务项目，群众就近即可享受"看单点菜"式的生活服务。办事处提供的各类服务都秉承"低偿、自愿、优质"的原则，在立足于服务辖区居民群众的基础上，对孤寡老人、残疾人和困难家庭减免费用。

（五）联系群众解民意，服务群众解民忧

移动互联网时代，微信是最便捷的互动渠道。大部分乡（镇）办的政务微信都开通了互动功能，实现了政府和辖区群众之间的"指尖"沟通，既方便了群众反映问题和诉求、咨询政策和业务，又有效地拓展了网格长发现问题的渠道，延伸了网格化管理触角，提升了基层管理水平和服务效率。

荥阳市高村乡积极将政务微信和"社会公共管理信息平台"业务协同，一是每天将群众通过微信留言反映的问题进行归类、梳理，通过信息平台反馈给网格长进行核实办理；二是网格长发现并通过信息平台上报的问题，也能应用微信传播的及时性、便捷性特点，加以传播和解决。如某网格长在巡查中得知家住高村村5组的王志6月3日吃过晚饭后出门，10余天未归，因王志自幼即患有精神疾病，神智时清时不清，家人心急如焚，并前往上街、荥阳等地苦寻，但仍未有任何消息。该网格长通过平台及时上报乡政府，乡政府通过微信平台发送了"爱心接力——帮帮王志回家"微信信息，得到了社会各界的广泛关注，短短三天时间内，点击量超过8500次，转发数达960次，顺利帮助走失群众王志回到家里。

荥阳市广武镇通过政务微信平台留言的方式，使群众的诉求足不出户便能得到解决，打通了联系群众、服务群众的"最后一公里"。如有群众对唐垌社区分房办法存在疑问在微信平台留言咨询，镇政府通过微信对其提出的疑问进行一一解答，并通过微信平台及时将唐垌社区房子分配的原则和办法进行了详细的公示。对群众留言反映的樊河村经常停电问题，镇政府积极联系镇农电所，对线路进行检查，找出原因，及时解决。有群众留言反映家电维修难，镇政府积极与荥阳市团委沟通，联系郑州黄河科技学院黄河源电器义务维修服务团来到广武，义务为群众修理家电。在为期一周的服务中，共为群众修理家电、小电器600余件，受到了群众的广泛好评。今年7月3日，微信平台收到群众留言反映广武村退伍老战士毛海坡不幸罹患白血病的信息后，镇党委书记周培山和镇长张佳涛发起了"用美德修身，以真情行善——广武镇爱心募捐"活动，共募得6370元，加上镇政府捐出的4000元，周培山和张佳涛代表镇政府和全镇人民将10370元现金送到了毛海坡手里，鼓励他树立信心，积极治疗。同时，"今日广武"微信平台又将毛海坡的妻子王地勤十几年如一日照顾瘫痪在床的婆婆的感人事迹讲述出来，使更多的人加入这场爱的接力。

金水区经八路办事处政务微信运行4个月以来，共受理解决各类咨询、投诉42件，已全部处理完毕。2015年8月3日有群众留言反映纬一路两侧环境脏乱差问题，并拍摄了一些照片和视频上传至微信平台。办事处接到投诉后首先做好解释工作，由于纬一路全段封闭施工，垃圾清扫设备无法进入正常开展工作，导致垃圾积存；同时安排网格长利用网格巡查加强对周边商户的宣传教育，要求沿街商户切实履行好门前"五包责任"；此外办事处还积极联系金水区城管局下沉人员，要求对纬一路两侧人行道加大清扫保洁力度。仅仅用一天时间，便将此问题解决，取得了群众对办事处工作的理解和信任。

管城区西大街办事处在微信中设置了"联系我吧"、"我要反映"、"建言建议"等互动模块，及时收集居民在微信中留下的各类意见与建议，并针对微信平台上的问题细化分类，按板块和职能分工交由相关人员进行答复和办理，并通过微信、电话、网格长上门三种渠道进行及时回复和沟通，群众满意度非常高。

（六）开展主题活动，不断凝聚正能量

利用微信传播的快捷性、参与的便捷性等特点，部分乡（镇）办创造性地通过微信平台开展主题活动，吸引辖区群众积极参与社区事务、社区活动，宣传典型，凝聚正能量，促进社会和谐，效果非常显著。

荥阳市高村乡结合"修身行善，明礼守法"宣传，通过开展"十大道德模范"、"十大岗位标兵"、"十大发展功臣"等主题活动，利用微信宣传身边典型，引发了高村"好人"效应。如提供开水的"一碗热干面"小吃店，收入微薄却慷慨为养老院送烧饼的烧饼摊夫妇，捡到钱包归还失主的环卫工于小国，坐轮椅为全村百姓送报纸的张留根等，形成了崇德向善、明礼修身的良好社会氛围。

通过高村志愿者风采栏目，招募"红旗飘扬"志愿者800余名，开展志愿活动90余次。2015年3月21日，高村乡"红旗飘扬"志愿服务队队员、镇区"领秀"理发店老板谢国强、杨新夫妇自发为敬老院里30多位老人免费理发，并承诺今后每隔一个月上门服务一次；3月31日，高村中心幼儿园"红旗飘扬"志愿队走进了高村乡敬老院，他们细心地给老人们喂饭、洗脚、剪指甲，热情地扫地、洗衣、铺被，温柔地陪老人聊家常、晒太阳。

2015 年高村乡还通过政务微信平台策划了"微校园"、"春游高村"、"放飞梦想"、"穹顶之下、高村之上"等系列专题活动，受到了群众的一致好评。特别是 6 月份"放飞梦想"活动共筹集善款 16230 元，接收爱心书桌、自行车、各类书籍等物品 30 余件，帮助 67 名同学分赴海洋馆、科技馆、动物园、郑州大学等梦想地参观，受到了群众的广泛赞誉。

三　总结与展望

2015 年，郑州市在网格化管理中推行政务微信，加强联系群众、服务群众的工作应用效果显著，但也存在发展和应用不平衡，部分政务微信活跃度、互动性不高，以及在辖区老百姓中影响力不够等问题。

2016 年，郑州市将对全市政务微信的栏目建设、内容发布、诉求处置等方面进行进一步规范，同时出台政务微信的考核评价机制，通过在活跃度、影响力、互动性、服务性等方面设置科学的考评指标，推进各单位建立健全管理服务运行机制，以实用、实际、时效为原则，真正把政务微信建成联系群众、服务群众的重要渠道。

（郑州市社会公共管理办公室　郑州市电子政务中心　盛铎）

推进"智慧人社＋互联网"
构建公共服务新体系

郑州市人力资源和社会保障信息化建设工作在部、省、市各级部门的关心指导下，结合郑州市人力资源和社会保障总体规划及要求，紧紧把握当前人社业务发展方向和规律，充分利用移动互联网、云计算、大数据等新一代信息技术手段，有效整合各类信息资源，持续提高智能化服务水平，积极打造线上线下一体的"智慧人社"新局面，"智慧人社＋互联网"行动计划初见成效。

"智慧人社"是郑州市为建设国际商都向郑州市人社事业提出的客观要求，也是"信息化人社"和"智慧化管理"的有机结合。胡晓义部长指出，"信息化人社"是"互联网＋"在人社领域的具体体现，意味着信息化不是仅作为外在的、辅助性、技术性工具，而是内在的、总体性、机制性构成。信息化建设必须高举创新的旗帜。一是思想理念创新。要坚持互联网思维，以服务对象为中心开展建设。二是体制机制创新。政策的制定和完善、业务模式的设计和优化、管理体制的改革和调整，都要从信息化的角度来思考和践行。三是工作内容创新。要推动云技术、大数据、移动技术的应用，在人社领域实现从传统信息技术向数据技术的转变。四是工作形态创新。要以"人本人社""智慧人社"和"透明人社"的目标引领业务创新。"互联网＋"随着新一轮信息技术的不断普及和应用，已经成为提升公共服务的重要手段。郑州市提出"智慧人社＋互联网"就是要创新公共服务管理、提升公共服务质量，促进政府职能改革，构建公共服务新体系。

当前，经过信息化建设工作的不断助推和影响，人力资源和社会保障各项业务手段齐全、设备完善、服务层面广泛。已基本形成了全面完善的人社业务社会化服务体系。然而随着各项工作不断深入，仅能满足可办理、能完成的工作目标是不够的，还需要进一步着力解决当前人力资源和社会保障业务普遍存在的办理时间周期长、信息采集比对难度大、工作环节联动因素影响较复杂、大量业务工作通过窗口办理不便捷、各项便民惠民服务不智能不易用等问题，破解人社服务瓶颈，实现人社服务向便捷性延伸、向智慧化延伸、向群众身边延伸。

一 "智慧人社＋互联网"的工作模式有力推动了社会保障卡发行、应用、管理、服务、宣传工作

结合包括数据匹配分析、大数据智慧挖掘、生物特征识别、移动互联网应用、对象行为分析等多种"互联网＋"技术，引入如微信、支付宝、APP应用等多种形式的"互联网＋"产品，利用"智慧人社＋互联网"工作模式，采用融合的、开放的、以人为本的"互联网＋"思维，创新理念，发挥社保卡在服务方面的承载能力，结合互联网的广连接特点，促进互联网与社保卡的应用融合，拓展社保卡应用范围与服务体系，取得了惊人的工作成果。

（1）在社会保障卡发行方面基本实现了郑州市全覆盖，目前持卡总数已达652万，超额完成了目标任务。

（2）在应用方面强化了互联网环境下的社保卡应用，借助互联网平台及金融机构等社会资源，建立完善跨界融合的用卡环境，构建更为安全高效的社保卡服务体系。

（3）在社会保障卡管理和服务方面改进了社保卡应用方式，依托互联网，以物联网技术创新构建以社保卡为载体、有卡应用与无卡应用相结合的"一卡通"应用新模式，为社保卡承载更多的政府公共服务、为下一步提供社会化服务奠定坚实基础。

（4）在宣传工作方面通过社会保障卡在"互联网＋"各项产品中投放效果明显，社会影响显著。

二 "智慧人社＋互联网"的工作模式有力增强了社会保险工作的扩展、发放、稽核、监督

通过一体化信息平台、数据交换总线、统一监管平台、稽核结算云、移动互联网应用等"互联网＋"技术产品，将传统窗口业务经办、人工处理流程和制度制约机制转变为精细化、便捷化、个性化的管理服务模式，利用"智慧人社＋互联网"工作要求，采用融合的、开放的、以人为本的"互联网＋"思维，革新思路，解决社会保险工作业务分类细、服务对象广、稽核任务重等方面的实际困难，结合互联网的便捷易用特点，促进互联网与社会保险工作的有益结合，建立起了社保大厅、自助服务、网上联动互相补充的业务经办服务体系，取得了显著的工作成果。

（1）充分发挥"互联网＋"技术高效便捷、精准定向的信息传播优势，引导参保对象根据自身情况、家庭人员构成、健康状况、职业工种、收入水平等，选择层次化的社会保障，拓宽社保覆盖面。

（2）结合"互联网＋"技术衍生的各类工具和应用的多样性与创新性，推动开展基于互联网技术多种形式的权益信息查询、参保登记、缴费结算、待遇支付等服务。

（3）积极探索改进服务模式，学习融汇"互联网＋"技术特点和创新思维，积极转变守成被动的业务经办模式为主动推送服务模式，积极转变坐守固定业务经办时间的服务形式为全天候、全方位、足不出户、随时随地开展业务办理形式。

（4）基于"互联网＋"智慧数据分析技术特点，开展多样化的互联网应用研发推广，实现对社会保险服务体系的监管和绩效评估，完善社会保险反欺诈机制，增强社会保险基金的风险防控能力。

三 "智慧人社＋互联网"的工作模式有力提升了就业促进工作的落实、强化、规范、完善

利用图像交互平台、智能应答系统、轨迹分析系统、"两网化"管理平台等"互联网＋"技术产品，将集中式、分发式和普查调查式工作方法向虚拟化、定制化和分类层次化的新工作方法转变。

（1）根据"智慧人社＋互联网"工作思想，采用融合的、开放的、以人为本的"互联网＋"思维，转变观念，逐步消除就业促进工作中存在的"排大队""赶大集""天女散花"式的工作现象，助推"互联网＋"技术和就业促进工作的快速融合，建立起了包含立式显示屏、"两网化"监测站、移动终端、一体机等多种渠道的服务体系。

（2）在全市劳动力资源调查、企业用工需求调查、企业薪酬调查一级送政策、送岗位、送培训等工作方面发挥了积极作用。

（3）充分发挥微信、微博、支付宝、APP应用等互联网形式形态、新媒体产品和"互联网＋"技术的创新驱动作用，激发了就业活力，形成了一些新的就业增长点。

（4）采用互联网智慧数据技术，助推就业数据联动和挖掘分析，打通业务部门间的信息壁垒，全面了解就业趋势需求，分析就业形势。

（5）利用"互联网＋"思维和技术特性，助推简化了政策实施程序，提高了就业政策的落实力。

（6）通过"互联网＋"建设项目和有关方案实施，将政府公共服务资源与社会服务资源有效整合，客观形成了各类"互联网＋"形式的就业服务信息对接平台，促进求职与招聘、创业与扶持、创新与研发等要素资源的服务对接。

（7）利用"互联网＋"思维和技术特点，智慧地解决困难群体、失能群体和特定群体的各类就业难题，排解各类急难险重劳动关系问题和社会就业风险。

四 "智慧人社＋互联网"的工作模式有力强化了人才引进、技能提升工作的开拓创新

通过聚合包括微信、微博、支付宝、APP应用等多种互联网形式形态、新媒体产品和"互联网＋"技术的优势互补，促进了人才培养与社会服务资源的整合，提高了人才资源开发使用效率。

（1）依托"互联网＋"技术创新引领、便捷易用的特点，探索网络化人才培养新模式，促进了线上线下资源对接，推动了各类人才培养工作的在线资源共享，开展网络公开课学

习、考试报名认定、网上办事预约、在线职称评审及技能鉴定认证等互联网应用，让广大服务对象足不出户、随时随地接受人社部门的服务。

（2）借助互联网信息集聚优势，聚合各类人才项目需求信息，建立起了人才项目对接平台，有效促进了人才、资本和项目资源的整合，充分发挥了郑州市人事人才方面的资源优势；同时深入探索网络化人才管理服务新模式，通过社会服务资源的整合，对各类人才提供形式新颖的涵盖就业、社会保障、教育提升、资格认定等方面的服务。

五 "智慧人社＋互联网"的工作模式产生的社会效益

（1）通过移动互联网创新服务。郑州市人社局充分利用微信、支付宝服务窗、手机APP等传播方式，大力开展基于移动互联网的公共服务工作。目前传统互联网已经开始向移动互联网延伸和转变，依托移动互联网开展公共服务具有随身随时随地的特点，十分有利于将现有的公共服务延伸送达到每一个服务对象身边。郑州市人社局基于移动互联网开展了基数申报、信息查询、消费变动记录推送、预约办事和各项工作的个人基本信息采集工作。目前社会反响强烈，覆盖人群已达45万人。

（2）提供多种新型的自助服务。郑州市人社局有效利用自助一体机、智能答复机器人和立式自助查询触摸屏等新型服务手段，开展基于用户自助服务的拓展工作。自助服务有利于用户根据自身需要调取对应服务，可以有力完善当前窗口式人工服务的一些不足。郑州市人社局通过智能应答改善传统语音服务常见的座席忙、人工解释不完善等问题；通过自助一体机改善了证书发放等大批量工作开展中人力不足的问题；通过立式发卡柜解决社会保障卡发放工作中身份证人工校验程序烦琐、工作人员匮乏的问题。在提升公共服务水平方面，通过自助服务的大力拓展取得了较好的社会效果。

（3）智慧数据发挥作用。郑州市人社局信息化工作重要任务包含推进信息数据整合和社会保障卡工作开展。结合当前"互联网＋"技术，郑州市人社局通过开展智慧数据分析，采用信息比对、智能匹配和用户对象轨迹追踪技术，完善用户基础数据和业务应用数据，形成用户业务办理轨迹，并将用户产生的信息数据进行集中汇集，通过监测分析辅助信息数据整合工作的开展，取得了较好成果。通过数据智慧匹配分析技术，郑州市人社局当前已基本完成了五险数据整理整合和社会保障卡发放工作全覆盖的工作任务，同时依托对服务对象人社业务数据的不断匹配比，逐步实现向人事人才、就业培训等其他人社业务领域的横向延展。目前已经通过移动终端、监测站和就业服务网点形成了覆盖全市范围的服务体系，下一步即将在社会保险和就业服务之间形成业务联动工作模式，开拓人社工作新局面。

总的来说，在经济发展进入新常态的背景下，为了有效利用"互联网＋"技术，更好地服务郑州市广大人民群众，推动郑州市人力资源和社会保障领域公共服务水平的高质量发展，郑州市人力资源和社会保障局创新思路，结合郑州市智慧城市建设和人社信息化建设的总体要求，开展了"智慧人社＋互联网"工作新模式的转型转变工作。利用"互联网＋"技术，依托市级集中的统一数据中心，建设网上服务、大厅服务、自助服务、电视服务、大屏服务、移动服务和决策支持服务等多项应用服务载体，构建了公共服务新体系，使人力资源和社会保障公共服务更加多元化，线上线下结合更加紧密，确保公众在滑动手指间就能享受到更加公平、高效、优质、便捷的服务。这不仅突破了郑州市人力资源和社会保障工作的服务水平发展瓶颈，而且对于促进整个郑州市社会资源高效配置和综合利用、提高郑州市自主创新能力、推动智慧城市建设具有重要意义。

（郑州市人力资源和社会保障数据管理中心）

"互联网 +" 住房公积金公共服务创新

2015 年 7 月 1 日，国务院下发了关于积极推进"互联网 +"行动的指导意见，指出"互联网 +"是把互联网的创新成果与经济社会各领域深度融合，推动技术进步、效率提升和组织变革，加快推进"互联网 +"发展，有利于创新公共服务模式，并提出了"互联网 +"益民服务的具体要求：充分发挥互联网的高效、便捷优势，提高资源利用效率，降低服务消费成本，创新政府服务模式，提升政府科学决策能力和管理水平，加快互联网与政府公共服务体系的深度融合，促进公共服务创新供给和服务资源整合，构建面向公众的一体化在线公共服务体系。

"互联网 +"住房公积金公共服务，是互联网技术与住房公积金行业融合发展、线上线下互动的重要便民举措。住房公积金缴存单位和个人通过互联网，就可以办理住房公积金缴存登记、缴存基数调整、新增职工开户、账户封存/启封、账户转移、提取预约、贷款预约、信息查询等业务，方便快捷，实时高效。

一 多措并举，便民利民

互联网技术在住房公积金行业的开发应用，主要体现在以下几种为民服务方式：门户网站、网上营业厅、手机客户端、微信、微博。这些服务方式受软件环境和硬件设备的影响，各有利弊，只有综合利用才能全方位服务于住房公积金缴存单位和职工个人。

（一）门户网站

门户网站是住房公积金管理机构对外进行信息发布交流的窗口，通过门户网站可以展示中心形象，发布公告和工作动态，公示办事流程，查询业务信息，解答职工疑问，受理投诉建议，解读政策法规，回复在线留言。在业务办理方面，受网络信息安全技术的影响，门户网站只能做一些辅助性的业务处理，比如业务表单下载、业务预约受理、信息查询等。

住房公积金门户网站的主要栏目包括：政务信息公开、行政审批网上公示、办事网点公示、银行代办网点公示、政策法规指引、办事指南、政务要闻、中心简介、管委会介绍、公示公告、主任信箱、市民留言、常用工具使用与下载、常用表单下载等。

（二）微博

微博的好处在于其良好的互动性，因为其参与人数众多、传播速度快、信息发布的方式简便快捷，在政策宣传、业务引导和事务指导方面优势明显。住房公积金缴存单位和职工通过公积金微博，可以及时获取最新业务资讯，也可以通过微博与住房公积金管理机构互动交流。

住房公积金微博的主要功能包括信息发布、政策解读、业务讨论、在线咨询、业务指导、投诉建议等，投入使用以来，年访问量超过 80 万人次。

(三) 手机客户端

随着 3G、4G 通信技术的发展，智能手机已经普及和应用，通过软件技术把住房公积金业务政策、业务流程、业务指南等服务内容和业务办理程序安装于客户的手机上，形成互动服务模式，是当前较为流行的住房公积金公共服务方式。利用手机客户端为民服务，因其安全性高、易于操作，而且不受地点、场合限制，向住房公积金缴存单位和缴存职工提供综合性、交互式服务，具有灵活便捷、按需定制、体验良好等特点，深受广大住房公积金缴存职工喜爱。

住房公积金手机客户端，可以根据行业特点制作出最符合自身需求的程序，从而开展相应的移动服务业务，规避掉网站表现方式单调、不能满足个性化需求的缺憾。

通过手机客户端，可以进行个人公积金缴存、提取、贷款等方面的业务信息查询和政策法规查询，也可以进行个人信息（密码、手机号、邮箱等）变更，还可以申办个人委托缴存绑定业务、个人提取业务和贷款业务。具体功能主要有：账户查询、在线预约、网点查询、缴存咨询、提取咨询、贷款咨询、账户变动提醒、贷款进度查询、账户明细查询、账户查询、业务动态、业务申办、最新政策、最新公告等。

(四) 微信

官方微信是当前住房公积金管理机构为民服务的重要渠道之一，利用微信功能，通过跨通信运营商、跨操作系统平台，向缴存单位和缴存职工快速发送住房公积金政策和业务文本、音频、视频和图片，提供综合性和交互式服务。

住房公积金微信公众平台，主要包括四个方面的功能：权威信息发布、微信办事大厅、群众互动对话、便民服务平台。具体解决以下问题：身份注册绑定、预约排号、贷款规划、互动对话、办事指引、缴存信息查询、支取信息查询、贷款信息查询、政策法规时时发布。

通过微信号、手机号、住房公积金账号的捆绑，还可以解决账户信息变动提醒、贷款还款提醒、贷款逾期提醒、个人信息（密码、手机号、邮箱等）变更等缴存类信息更改业务。

住房公积金微信开通以来，关注人数快速上升，月访问量逾万人次，特别是预约排号和业务办理网点的合理调配，全面方便了办事群众。

(五) 网上营业厅

网上营业厅，是住房公积金管理机构面向缴存单位、缴存职工及相关单位开展归集、提取、贷款等业务，实现业务在线办理的服务方式，主要功能除了各种信息查询以外，还包括：住房公积金缴存类业务的汇缴、基数调整、封存、启封、转移、人员增加、信息维护、对账、数据下载等，提取类业务的自助办理，贷款类业务的自助办理，个人账户信息管理类业务的手机绑定、密码管理、开通/取消短信、电子信箱管理等。

网上营业厅的优势在于业务功能集中、功能描述精准、页面交互便捷、安全性能良好。

网上营业厅的高交互性操作更有利于住房公积金缴存单位的使用，因为缴存单位既要履行为本单位职工缴存住房公积金的义务，又要对本单位职工的住房公积金信息进行管理，使得信息处理更为集中。

表1 住房公积金网上营业厅为民服务功能简表

序号	功能大类	业务功能	业务描述
1	基数调整	个人基数调整	对单位职工的月缴额进行调整
2		新增人员	对增加单位职工信息管理
3	变更清册	封存人员	对职工账户进行封存
4		启封人员	对职工账户进行启封
5	转移申请	转出申请	可将单位职工转到其他单位
6		转入受理	受理转入本单位的职工
7	数据下载	基数下载、上传	下载、上传单位缴存基数
8		对账单下载	下载结息情况、单位明细账和个人余额等数据信息
9		初始化汇缴书	首次使用该系统时，初始化月缴额和人数等
10		填写汇缴书	按月填写单位汇补缴、批量补缴书
11	缴存提交	批量补缴清册	填写多个职工的补缴清单
12		个人补缴清册	填写单个职工的补缴清单
13		补缴下载、上传	以.xls格式批量上传下载补缴清册
14	票据打印	票据打印	打印汇补缴书、变更清册、转移等凭证
15	一人多账号	一人多账号合并	将同名同身份证号职工进行账号合并
16		一人多账号查询	查询本单位职工多账号信息
17		职工信息查询修改	查询并修改本地单位职工的基本信息
18		单位信息查询修改	查询并修改本单位的基本信息
19	查询修改	职工明细账查询	查询职工业务办理明细
20		单位明细账查询	查询单位业务办理明细
21		业务进度查询	查询汇缴、补缴、转入/转出等业务办理状态
22		支取资格查询	查询个人用户的支取状态和相关信息

就郑州住房公积金管理中心而言，2015年通过网上营业厅缴存的住房公积金与柜面缴存的住房公积金缴存比为1.6∶3.6，网上营业厅缴存比率为45%，其快捷性、便捷性、高质量、高效率的优势得以充分体现。

二 信息安全，不容小觑

住房公积金管理机构实现"互联网＋"住房公积金公共服务，必须正确对待基于互联网的信息安全问题。在互联网环境下，只有相对的安全，没有绝对的安全系统。

"互联网＋"住房公积金公共服务的实施，会产生更大量的业务数据和相关数据，这些数据除业务管理系统正常存储以外，还广泛存在于各个网络节点，很容易被截获和收集，通过互联网与住房公积金管理机构进行业务咨询、信息查询、业务办理互动的职工个人信息，也将裸露于公共网络，对职工个人的信息造成泄露并产生威胁。尤其是数据的积聚效应和关联性作用，很可能被挖掘出整个住房公积金管理信息系统的安全缺陷，促成数据型灾难，从而产生毁灭性安全威胁。

把住房公积金服务业务部署于互联网，各种网络欺诈、计算机病毒入侵、木马程序攻击、黑客威胁会随之而来，如果没有一个强大的技术团队作安全支撑，仅靠信息安全产品的被动防护是远远不够的。信息安全的关键因素包括专业化核心技术团队、领导层的安全意识、全体操作员的安全认知、先进的信息安全设备和完善的信息管理系统，各种因素综合协调，共同形成一个强大的安全防护体系，才能确保信息安全。

三 新技术深度应用，任重道远

"互联网＋"住房公积金公共服务创新，是一项不断发展、不断完善的信息化工程。互联网的新技术深度应用，是住房公积金管理机构长期面对的创新问题。我们不能简单地把建设网站、开通微博微信理解为"互联网＋"公共服务，而是应该基于互联网技术，结合移动设备的特点，重构业务管理信息系统，切实建立一套安全、合理、前沿、易用的为民服务系统。

1. 要做到用户操作便捷化

"互联网＋"住房公积金公共服务，所面向的服务对象是一个缴存住房公积金职工的庞大群体，无论采取哪一种服务方式，都要做到所有程序操作简便，易学易用，甚至做到让大家一看就会，切忌复杂和烦琐。一个让大家看不懂、学不会、用不成的公共服务系统不是一个好系统。

2. 要做到业务处理智能化

在大数据技术快速发展的今天，对住房公积金大数据的深度挖掘、精微分析和面向未来的预测，将会对住房公积金业务在高速处理、准确判断、统计分析和风险防范方面具有广泛的指导意义和促进作用，新技术应用推进住房公积金业务处理智能化，特别是防范骗提、骗贷住房公积金和控制资金流动风险的作用更为明显。智能终端应用将是提高工作效率、减轻劳动强度、切实为民服务的唯一途径。

3. 要做到安全管理动态化

面向互联网用户的住房公积金公共服务，其信息安全管理面临着异常严峻的考验。确保信息安全的重要保障不是花了多少钱，买了多少主流设备，而是一定要有一支技术过硬的专业团队。信息安全管理是动态化管理，只有专业技术人员才能完成信息安全管理工作，而不能依靠安全设备进行被动防护。

4. 要做到业务管理智慧化

住房公积金业务经历了起步阶段、探索阶段、提速阶段和快速发展阶段，目前已经进入了高速发展阶段。随着住房公积金缴存单位和人数的增加，住房公积金归集、支取、贷款的业务量越来越大，各种业务的风险指数也会越来越高，对住房公积金业务的规范管理、科学调控和资金风险管控，是住房公积金管理机构面临的新课题。住房公积金管理工作必须依靠先进的信息系统和专业化的技术团队，充分利用互联网技术和大数据技术，只有做到让数据活起来、动起来、用起来、说出来、展现出来，才能科学决策，智慧管理，健康发展。

5. 要做到系统发展可持续化

住房公积金业务管理信息系统，是一套不断发展和完善的系统，系统的建设规划必须充分考虑硬件的可扩展性、网络的融合性和应用软件的延展性。随着住房公积金业务的发展、政策的调整以及新的需求变化，住房公积金管理信息系统将会随时增加新的设备，应用程序升级的可能性也时时存在，信息系统必须做到可持续发展、不能僵化和被动，坚决规避一遍又一遍推翻重来的任性现象发生。

（郑州住房公积金管理中心　杨凌宇）

宜昌市的公共信息平台建设与实践

宜昌市以深化公共信息跨部门跨层级共享为抓手，按照《智慧城市公共信息平台建设指南（试行）》，整合共享各级政府部门和公共服务机构的公共信息资源，稳步推进城市公共信息平台建设，应用初见成效，在提升政府管理和公共服务水平、降低行政成本、提高行政效率、方便市民办事等方面发挥了关键性作用。

一　案例创建背景

我国信息化是从部门、行业信息化率先起步的，在基层社区形成了由多个部门建设的互不兼容的多张网、多台电脑、多个应用系统，在有的一个单位由上级分别下发落地了多个互不兼容的信息应用系统，部门之间又设了层层信息壁垒，形成了"纵强横弱"、"条块分割"和"信息孤岛"，自成体系、重复建设问题未能得到根本解决，部门信息壁垒难以突破，由此造成了公共信息难以共享。

二　问题需求识别

公共信息交换共享是信息化建设普遍存在的一个老大难问题，部门之间的层层信息壁垒，形成了无数行业和部门的信息烟囱和信息孤岛链。而公共信息交换共享又是智慧城市重要基础性工程，如果不能有效解决信息采集难、信息动态难、信息准确难、信息应用难等问题，不能对公共服务的对象做到底数清、情况明，就不可能实现真正的智慧城市。

（一）数据采集难

数据采集是公共信息数据来源之一，部门除了通过日常工作中产生大量业务信息，还在基层采集大量基础信息。如公安部门在社区采集"两实"信息（实有房屋、实有人口），人口计生部门采集全员人口信息，人社部门采集居民信息，民政部门采集社区人口信息等人口基础和人口变动信息。各部门在基层开展了大量的信息采集，由于基层工作人员少，而信息采集工作量大，多头采集、重复采集，同一信息采集不一致、动态更新不及时和准确性不够的问题，造成采集的信息质量很差。

（二）信息动态难

信息的动态、鲜活是公共信息共享和应用价值的关键，而实时交换共享是保障信息动态、鲜活的关键。由于部门分割形成的理念、体制、技术等方面阻力和壁垒，数据也仅仅是一次性拷贝或很长时间交换一次，或者今天交换明天不交换，使得交换的数据成为"死数据"。

（三）信息准确难

公共信息准确直接关系到共享的信息能不能用，数据准确难问题就是要解决数据不一致和数据准确性的问题，但部门之间数据标准不一致、数据口径不一样，其关联比对结果相去甚远。同时，对于不一致或者错误的数据，没有一个部门愿意、也没有一个部门有能力进行核查纠正，原因是核查纠正数据工作量大。

（四）信息共享难

公共信息共享主要有两大障碍。一方面是理念与体制的障碍，大多数部门领导都认为本部门的信息资源归自己部门所有，总是找出政策、制度、安全等种种理由来阻止信息交换与共享。另一方面是技术性障碍，多个部门由不同公司开发的业务系统，交换双方需要重新开发接口实行数据交换共享，其组织协调难度相当大。

（五）信息应用难

一是由于不能建立全市统一的动态、完整、准确的人口、法人等基础数据库，不能为各级、各部门提供动态、真实、可靠共享信息，最后逐步成为"死数据库"无法共享应用，使得信息应用无从谈起。二是政府及政府部门自身没有信息开发利用的专业技术和人才，使得在信息的开发利用上力不从心。三是由于信息的保密性、隐私性，加上相应法律法规不健全，政府及政府部门对信息向第三方开放存在"怕出事、怕担责"的思想，宁愿不开放也不开发利用的思想普遍存在，造成信息资源开发利用少。

三　案例创建实施工程

如何破解城市公共信息平台建设难题，需要根据其不同情况有针对性的采取措施，宜昌的实践和取得的实效来看，主要从三个方面着手。

（一）重点突破、示范带动

公共信息平台建设不是技术问题，而是难在组织协调上。2009年初，宜昌开展了以人口、法人、空间地理信息为重点的公共信息平台试点工作，人口信息选择了市公安局试点单位，法人信息选择了市工商局为试点单位，空间地理信息选择了市规划局为试点单位。为什么选择公安、工商和规划部门为突破口，一是人口信息以身份证为唯一代码，其身份证信息掌握在公安部门，如果不能交换共享，就无法鉴别身份证信息的真伪，人口基础数据库建了也不能用。法人信息最大一块是市场主体，其信息掌握在工商部门，其信息真实性也直接关系法人基础数据库的建设。空间地理信息是基础信息，建设城市空间基础地理信息库，特别是1∶500地形图和电子地图，是数字城市建设基础之一。二是公安、工商是典型垂直纵向管理强的部门，其中公安专网是涉密网，规划部门空间地理数据是涉密信息。因此，其数据交换工作最难，协调工作的工作量也最大。只有重点突破，其他部门工作才好做，才能起到带动作用和示范效应。

（二）以用促建，边建边完善

公共信息平台不是"建"的问题，而是"用"的问题，要树立"以用促建"的理念，通过应用需求来驱动建设需求，通过公共信息共享不断促进公共信息应用。

1. 以用促建，既能在大统一建设机制下帮部门在信息化建设上台阶，又能实现双赢和多赢的局面

2009 年市人社局准备建设面向市民信息查询系统和面向企业网上社保申报系统，由于社保业务专网没有互联网出口，需借助市电子政务统一的互联网出口。通过与市人社局多次沟通，达成共建协议：由市电子政务办负责建设社保查询和申报这两个系统，市人社局负责建设数据交换公共信息平台，将人社业务及数据通过交换平台与公共信息平台打通，并通过电子政务专网与互联网开展社保应用。最终，市人社局将所涉及到的社保业务数据交换到市公共信息平台，市电子政务办开发了社保信息查询系统。通过社保信息查询系统建设，既解决了部门自建在技术、安全认证、出口、维护等方面存在的能力不足的问题，达到了信息实时交换的目标，又大大方便市民网上查询社保信息，一举多得。

2. 以用促建，既能解决建了怎么用的问题，又能通过应用进一步加固公共信息平台加速部门进一步信息交换共享，通过边用边完善，使得信息交换共享工作成为常态化，具有长期可持续性，同时为支撑部门之间业务协同打下基础

2009 年，宜昌开通了社保信息网上查询后，市民反响很好，希望能在网上查询更多的个人信息，我们在社保个人基本信息查询、养老年账、医保账户、医保三大目录（诊治费、床位费、医药）、医保定点机构等基础信息查询上，逐步开通了社保缴费记录、医保个人消费记录、退休养老金支付记录、失业保险待遇支付等查询。当年电子政务公共信息平台与人社局之间的数据量从 2 千余万条增加到 2.8 亿条，而交换频次压缩到 5 分钟每次。通过网上社保信息查询的不断应用扩展，进一步巩固和优化了信息交换机制，促使公共信息平台建设工作快速步入良性循环。

2010 年底，通过与市交警支队沟通，将全市车辆违章信息通过公安信息数据交换平台交换到公共信息平台，市电子政务办建设网上车辆违章查询系统，用于市民在线查询。2011 年 4 月，又开通了车辆和驾驶员信息查询，市民可以网上查询个人机动车和驾驶证基本信息和年检信息。通过为市民提供车驾信息查询服务，既推动了部门信息交换共享，也实现了便民惠民的工作目标。

（三）建立机制，规范管理

2011 年，宜昌被确定为全国社会管理创新试点城市之后，探索了网格化社会服务管理新模式，在公共信息平台建设上，建立了宜昌特色网格综合动态采集、部门共享交换、关联比对、核查修正、一数一源等工作机制。基本解决了公共信息的采集难、动态难、准确难、共享难等问题。

1. 建立网格综合动态采集机制

宜昌通过实施社区网格化管理，建设了社区综合信息采集核查系统，各部门不再在基层社区多头采集，由网格员综合采集，通过公共信息平台提供部门共享，实现了"网格一次采集，部门多方共享"，解决了基层动态采集、多头采集、重复采集的问题，同时解决了部门采集数据不一致问题。

宜昌按照"街巷定界、规模适度、无缝覆盖、动态调整"的原则，把城区划分为1421个网格，每个网格配备一名网格员，网格员作为基层社会工作者，统一培训，统一管理，负责公安、综治、人社、民政、计生、城管、食品安全等信息综合采集和社区服务，每名网格员配备社区e通，将社区综合信息动态采集，及时上传到社区综合信息数据库，实现了基础工作信息化、信息工作基础化。

目前，社区e通主要功能包括：楼栋信息采集、门牌信息采集、户信息采集、居民信息采集、特殊人群关照、法人采集、信息核查、矛盾收集、食品安全、城管上报、门前三包、日常巡查等23个功能，网格员通过社区e通将各类基础信息和事件信息实时上传，建立"综合采集、多方共享，动态更新、实时处理"的信息采集机制，为政府部门提供第一手的动态的基础信息，成为政府部门的"眼睛和耳朵"。

2. 建立部门公共信息实时共享交换机制

部门与部门之间不再开展点对点的数据交换，建立了基于公共信息平台的一对多的交换共享模式，解决传统的点对点数据交换模式存在的多头交换、重复交换、交换接口开发多、交换维护工作量大的问题。同时，保障公共信息动态、鲜活的关键在于建设实时交换共享机制。通过公共信息平台，与25个部门建立了共享交换机制，其中采用前置交换方式，将公安、工商、人社、民政、卫计、教育、司法、房管、住建、城管、国土、规划、地（国）税、质监、公积金中心15个部门信息每天定时交换到公共信息平台，同时将部署在中心机房的综治（网格采集）、电子政务（市民查询）、消防、水利、环保、食药监、民宗、残联、工会、公共资源交易等10部门应用系统产生的数据，通过公共信息平台实时交换，解决了部门信息共享交换难的问题。

3. 建立关联比对核查修正机制

通过网格化管理，将网格采集人口、法人的基础和变动信息，以及空间位置信息，与公安、人社、卫计委、房管、工商、质监等部门交换的数据开展数据关联比对，比对不一致的下发网格员社区e通进一步核查，只有关联比对后的基础数据才能入库。通过周而复始的网格采集、部门交换、关联比对、核查修正，才能在此基础上建立动态、完整、准确的人口、法人等公共信息数据库，最终为各级、各部门提供动态、真实、可靠基础信息，从而真正解决公共信息准确性的问题。

4. 建立数据清洗处理机制

将网格采集和部门共享交换的基础信息，按照一数一源的原则，经过专业数据工程师团队清洗处理入库，建设了动态、完整、准确的宜昌市人口、法人等公共信息数据库。

5. 建立公共信息有关标准规范

利用已有国家、省的相关标准，制定和完善了宜昌市公共信息资源有关标准规范，以及公共信息共享与开发利用管理办法等12项。

四 案例效果

目前，宜昌18个部门间利用公共信息平台，开展了业务协同，取得了一定成效。

（1）卫计委通过公共信息平台，将全员人口基础数据的动态更新，由社区计生专干负责变为网格员动态采集更新，网格员漏采的计生专干可以要求补采，解决原来全员人口信息库动态采集难、准确难的问题，全面反映和掌握人口计生情况。其次，通过共享孕妇B超孕检、产妇及新生儿的信息，系统与网格采集的房户人信息自动比对，将妊娠、新生儿核查及服务任务指令下发到对应社区和计生服务站，同步反馈到区、街办计生部门，计生专干在接收指令后，在规定时间内有针对性地开展上门信息核查和随访服务，使基层计生服务管理工作更规范、更高效、更有针对性。

（2）教育部门通过公共信息平台，共享人口基础信息核对学生、教师的姓名、身份证号码、民族、家庭住址基础信息的准确性，建设了完整、准确的学生、教师数据库。利用人口空间信息，开展了划片招生、就近入学和学校布局规划调整。

（3）公安部门根据网格员采集的常住、流动人口和出租屋信息，通过信息公共信息平台交换到公安警综平台，保证了公安"两实"信息的全面收集掌握和动态更新。通过与公安业务数据进行关联比对，对在逃人员、违法犯罪前科、吸毒、刑释解教人员情况可以在第一时间掌握，及时进行跟踪管理服务。同时与公安部门对接建立了房屋门牌管理信息系统，由社区民警带领网格员对不规范、无编号的地址、门楼牌等逐一现场确定命名，将房屋门牌信息与空间地址进行匹配，建立了全市标准统一的房屋门牌地址信息库，并交换到宜昌市人口基础信息系统和房屋管理信息系统。

（4）消防部门、120急救中心通过公共信息平台，共享人、房空间定位信息和城市部件、道路信息，由原来的模糊救援方案变成了可以迅速制定精准的救援方案。

（5）人社部门在开展社保卡换卡和开展新农保工作，通过公共信息平台，共享公安二代身份证照片信息，为300多万市民减少了照登记照片，为市民节省了2000多万元费用。

（6）民政、房管、工会部门通过公共信息平台，分别在开展低保核查、廉租房资格审核、困难职工申请审查中，直接从信息公共信息平台核对申请人的户籍、房产、社保、就业、车辆、公积金、工商登记、个税等信息，系统对不符合条件的自动预警，对已经领取低保、困难补助的进行清退。

（7）民宗通过公共信息平台，共享人口、法人基础信息，对本地少数民族人口的居住分布、就业、生活等情况，对宗教场所、宗教企业的分布，可以做到底数清情况明，有针对性地进行跟踪管理服务。

（8）残联通过信息公共信息平台，关联人社部门的养老保险、医保信息，以及民政部门低保信息，摸清了全市残疾人养老、医保、低保情况，联合市人社局、民政局，开展针对性帮扶服务。

（9）民政部门在开展老年优待证办理中，网格员通过公共信息平台，在系统中调用老年人的身份证、户籍信息、照片信息，不需老年人再提交资料和照片，老年人既省事又省钱。

（10）民政、人社、公安部门通过公共信息平台共享死亡人口信息，及时开展办理殡葬服务和养老金账户核查注销、户籍注销等人的生命终点的业务信息服务。

（11）房管部门通过公共信息平台，利用网格采集房、户、人信息，与房产登记信息进行关联比对，比对不上的由网格员上门核查，形成了较完整的宜昌市房屋基础信息系统。

（12）公安、教育、民政、人社等18个部门通过共享公共信息平台的空间地理基础信息开展部门专业GIS应用。

（13）充分利用公共信息平台，开发移动互联网应用——宜昌"市民 e 家"，可随时查询水费、电费、燃气费、社保、公积金、个人所得税、车辆违章、企业信息等 12 类信息，还能根据市民需求定制专属的账单推送服务。

五　思考与启示

公共信息平台建设不是一次性项目建设，而是长期的可持续发展的服务工程。因此，需要建立一系列保障机制来维护和巩固，确保公共信息平台建设的有效性、可持续、可发展。

（一）建立大统一工作机制，才能消除或避免信息孤岛产生

宜昌智慧城市建设办公室（信息惠民办、信用办、电子政务办）统筹负责项目建设，实行"两个凡是"：凡是财政支出的项目实行"六统一"：统一规划、统一立项、统一招标、统一监理、统一验收、统一资金拨付；其他社会投资建设项目，实行统一规划审核、统一技术支撑、统一资源共享。凡是部门新建业务系统，必须统一规划建设并部署在三峡云计算中心。

（二）建立共建共享机制，才能不断扩大公共信息共享覆盖面

宜昌建立了"共建共享"的机制，坚持"共享其他部门的信息必须先提供本部门信息数据"原则，通过不懈努力，逐步发展到现在有 20 多个部门的业务数据实时交换与共享。

（三）建立公共信息开发利用机制，不断深化提升公共信息共享应用水平

公共信息共享不是目的，是为了下一步的公共信息开发利用。通过公共信息的开发利用，才能发现和挖掘公共信息利用价值，才能促进公共信息共享的不断深化。

（四）建立绩效考核机制，才能促进公共信息平台可持续发展

宜昌市将公共信息共享和利用情况纳入每年的党政综合目标考核。

（宜昌市智慧城市建设办公室）

民政局推进信息惠民　提升服务效能

近年来，宜昌市民政局按照宜昌市建设信息惠民城市的总体要求，抢抓机遇，主动作为，内挖潜力，外求支持，倾力打造以信息共享、资源整合、服务优质、管理优良为特点的民政惠民工程，实现了民政服务效能的跨越式跃升。

一　着力抓好"五个对接"，抢占信息惠民发展先机

我们紧抓宜昌被列为信息惠民国家试点城市的重大契机，着眼于加快提升民政公共服务

能力，及时准确地把握信息惠民建设的总体要求、工作重点和内容方法，认真研判民政事业发展面临的新形势、新任务、新要求，紧密结合工作实际，首先致力于实现"五个对接"，努力以信息惠民建设引领民政事业发展，奋力在全市信息惠民建设中抢占先机。

1. 抓好思路对接

我们把宜昌市委、市政府建设信息惠民城市的战略思路与全市民政工作推进和实现"三个最大化"的发展思路紧密结合起来，站在建设服务型政府的高度全面审视各项民政工作，确立了"建设信息民政、提升服务效能"的发展思路，找准了在全市工作大局中加快民政事业发展、更好的服务人民群众新的切入点和着力点。

2. 抓好制度对接

按照宜昌市政府《关于加快实施信息惠民工程的意见》，我们在湖北省民政厅和宜昌市电子政务办的大力指导下，对民政发展现状进行了系统研究和梳理，先后对涉及养老服务、老龄服务、社区建设、社会救助、流浪乞讨救助等领域的 12 项制度进行了修订完善，对 7 项业务流程进行了改造优化，为实现民政事业的信息化转型发展做出了制度安排。

3. 抓好系统对接

在宜昌市电子政务办的高度重视和大力支持下，我们着力抓好信息惠民基础工程建设，于 2014 年初建成了宜昌民政综合服务平台，并有效实现了与部省业务系统、宜昌市人口基础信息系统、相关业务部门信息系统、社区 E 通业务系统和中国宜昌门户网站系统的互联互通，从而使民政信息惠民融入了"大环境"、连通了"大数据"，实现了资源共享和业务协同。

4. 抓好体制对接

我们主动将民政信息惠民体系与宜昌市网格管理体系全面对接，按照网格化管理要求对现行民政行政管理体制和工作运行机制进行调整、优化，依托网格化管理体系把服务触角延伸到社区，贴近了基层、贴近了群众。

5. 抓好考核对接

我们把国家信息惠民试点城市考核评价指标体系有机融入民政工作绩效考核评估总体系，通过细化任务、落实责任和制定具体化的考评办法和标准，全面实施，同步跟进，促进了信息惠民城市建设各项任务要求的落地生根。

二 着力实现"三大变革"，不断创新运行体系机制

在推进信息惠民建设工作中，我们始终把体制机制创新放在首位，坚持"制度围绕需求改、服务跟随群众走"的工作方针，全面推动服务模式、服务方式的转变和变革，扫除了体制机制方面的障碍，打破了条块分割的局限，不断开创了信息惠民建设的新局面。

1. 审批模式向联动化变革

改变以往社区申报、街办审核、区级审批、市局备案、逐级上报的固有模式，实行社区和网格员前台受理，街道、区、市网上联动审核审批的管理模式，实施扁平化管理，提升了审批效率，缩短了审批时间。如，以往社会组织审批需用时 1 个月，如今只需 7 天就可办结。

2. 服务方式向信息化变革

改变以往服务对象上门申请、民政部门纸质审批的传统方式，在社会福利、社会事务、老龄服务等领域全面实行信息化服务，并辅之以上门服务、代办服务、联动服务、精细化服务等特色项目，让群众足不出户就能享受到贴心服务。

3. 服务窗口向一站式变革

针对以往民政公共服务分散办理的情况，我们按照社区（网格员）受理－后台办理－社区（网格员）反馈的模式，将民政公共服务的末端统一对接到社区和网格员，让社区成为民政公共服务的统一窗口，群众办理民政事务、咨询民政政策只需要找到所属社区或网格员就可以办成，真正实现了民政公共服务的"一门受理、一站式服务"。目前，民政部门共有 12 项业务与社区实现了无缝对接。

三 着力推进"六大服务"，开辟民政工作新的路径

近年来，我们以信息化建设大力开辟民政工作的新路径，陆续推出了六大信息惠民服务项目，大力提升了民政服务效能，受到社会各界和人民群众的一致好评。

1. 老年优待证上门办

针对过去群众办理老年优待证时间跨度长、提交资料多、收取工本费等问题，我们争取湖北省民政厅支持，在宜昌市本级单独设立了办证中心。如今，依托开发的老年优待证代办系统，老年人办理优待证全部由网格员实行上门代办服务，省去了老年人"为办一个证，来回跑断腿"的大麻烦。同时，我们还多方筹措资金，全部免除了办理老年优待证的工本费用，减轻了老年人的经济负担。

2. 高龄补贴网上审

针对过去高龄补贴申请难、审核慢、发得迟的问题，我们通过建立的高龄补贴信息管理系统以及对接的人口基础信息系统等，对符合条件的高龄老人由网格员上门核实后直接进网审批，快捷、高效、准确地落实了高龄补贴政策。

3. 居家养老电子化

我们建立起居家养老服务平台，将居家养老服务的各个环节全部纳入电子化管理，实现了申请、审核、审批、服务、监督、评估等全程信息化。目前，宜昌城区享受居家养老服务的 4129 名老人，人人都得到了优质的生活照料，日子过得无忧无虑。

4. 慈善超市一网通

我们在湖北省首创宜昌市慈善超市信息管理平台，将该平台与民政综合服务平台和加盟宜昌市慈善超市体系的 13 个超市网点实现联网对接，低保对象在慈善超市加盟店购买生活必需品均可实时享受总金额减免 20% 的优惠。同时，我们还利用信息网络管理，建立了慈善超市统一的捐赠款物管理平台。2015 年 12 月，湖北省民政厅专门在宜昌市召开现场会向全省推广了"宜昌经验"。

5. 流浪乞讨救助高精度

我们充分利用网格管理系统末梢功能，依托已建立的救助管理信息系统，将流浪乞讨人员救助工作流程与网格管理体系全面对接，在社区 E 网通中开发了流浪乞讨人员信息定位和信息上传模块，网格员发现流浪乞讨人员后，只要拍照上传，获取信息的市救助管理站就

会在第一时间前往"目标点"救助，从而大大提高了救助的及时性和准确率。为此，宜昌市救助管理站被民政部确定为全国民政救助管理工作实践性培训基地。

6. 居民家庭经济状况核对智能化

为彻底改变申请享受低保的群众和已享受低保的对象家庭经济状态核对难的问题，我们在宜昌市政府的强力推动下，在湖北省率先建立起与公安、人社、房管、公积金、工商、税务等部门的信息共享机制，实现了居民家庭经济状况核对智能化，从而进一步规范了涉及面广、社会高度关注的低保工作，完善了困难群众的兜底保障，促进了社会公平正义。

（宜昌市民政局）

打造智慧人社 增进民生福祉

近几年来，宜昌市人社局以智慧城市建设为依托，以信息惠民、服务民生为目的，大力推进智慧人社惠民服务体系建设，取得了一定成效。

一 智慧人社惠民服务体系建设基本情况

（一）夯实基础，建立智慧人社数据网络和基本业务应用平台

1. 完成了智慧数据中心的建设

建立了统一的人力资源和社会保障数据中心平台，实现了设备资源、技术资源、数据资源的统一管理。除作为宜昌市本级的业务应用数据中心外，在数据交互方面，纵向实现了省、市、县三级信息数据的传输对接，横向与宜昌市电子政务数据中心对接，发挥着极为重要的数据枢纽中心作用。

2. 完成了智慧网络通道的建设

按照智慧城市关于建设智慧网络的有关要求，经过多年努力，宜昌市人力资源社会保障专网平台建设已基本完成，市级网络中心纵向与省人社厅、所有县市区人社局等联通，横向与市电子政务办、财政、税务等有关部门联通。宜昌市本级已覆盖到 22 个街道、234 个社区（村）、600 个医疗网点，县市区也已覆盖到所有业务网点，基本实现了全域整体覆盖。

3. 开发了一批面向业务应用的智慧信息系统

主要包括社会保险信息管理系统、劳动就业服务信息管理系统、城乡居民养老保险信息系统、城镇居民医疗保险系统、社保基金风险监控系统、定点医疗机构结算系统、医疗保险监管系统、公务员管理系统、劳动用工备案管理系统等。

（二）聚焦民生，建立智慧人社信息服务平台

近年来，我们在拓展数据网络和基本业务应用平台的基础上，重点建设了一批便民惠民信息系统：

1. 社保电子证明暨社会保险网上查询系统

该系统主要通过互联网向参保人提供基本信息、缴费信息、个人账户信息、养老待遇信息、医保消费信息等方面的查询，同时，参保个人还可以根据自己的需要打印参保信息。目前已有 16 万多人进行了网上查询注册登录，社保电子证明开出 1000 多份。

2. 社会保险网上申报系统

主要为用人单位提供网上参保服务，包括人员增减、基数调整等业务。目前已有 2000 多家单位实行了网上申报，涉及参保人员 30 余万人。

3. 灵活就业人员银行交费系统

宜昌市人社局联合市地税局、三峡农行，共同开发了农行代核代征灵活就业人员社保费系统。通过该系统，灵活就业人员只需凭社会保险证、身份证等证件，就可直接到农行缴纳社保费，而无须在三个部门之间往返奔波。据统计，仅 2014 年度，灵活就业人员在农行缴纳社会保险费缴费超过 17 万人次，征收社保资金近 4.6 亿元。

4. 异地就医联网结算

该项目是宜昌市医保结算"一卡通"建设规划中的重要组成部分。建立了宜昌市级医疗统筹数据交换平台，实现宜昌市两定机构定点信息、三大目录数据共享，并与湖北省厅实现异地结算。目前，宜昌市参保人员可持卡在指定的省、市、县定点医疗机构直接购药或就医，并实行实时结算。

5. 人脸识别资格认证系统，主要为退休人员提供生存认证服务

该系统在城区 238 个社区安装人脸数据采集设备，方便退休人员就近就地进行领取养老金的身份信息采集。对于居住异地的退休人员，通过在网站设立接口，通过互联网实现网上认证。该系统解决了退休人员须到业务经办大厅集中经办耗时费力的弊端，特别是在解决异地人员认证难题上发挥了关键作用。2014 年通过该系统完成 10 万余名退休人员身份信息采集工作，从源头发现冒领养老金 201 人，追回冒领养老金 230 万元。

6. 社保电子化转移

宜昌市从 2013 年实行社保关系实行网上转移后，通过网上平台，实现了全国社保数据交换和资源共享，无须参保人员办理社保关系时往返奔波，与此同时，信息化转移模式也有效规避了手工录入造成的人为差错，真正实现了社保关系的"无障碍"接续。截至目前已有 6000 余人办理了此项业务。

7. 手机 APP 社保查询应用

随着技术的不断进步，手机功能越来越强大，基于手机等移动平台的应用也越来越多。手机等移动应用服务日益成为服务领域的一种重要手段。在市电子政务办的统筹下，本着资源共享的原则，将人社查询业务纳入"市民 e 家"APP 移动应用终端，通过该系统，参保人可以在手机登移动终端上查询到自己的各类社保参保信息和医保消费明细，通过和其他部门的资源共享还可查询到个人公积金等信息，同时可定制账单推送功能，系统定时将你定制的账单推送到你手机端。

8. 城镇居民医保系统

2014 年，实现了社区居民医保的申报、居民养老的街道办理以及城乡居民养老缴费、待遇享受等情况的社区网上查询。居民可在社区、街道办理相应业务。2015 年，我们计划将居民医保的非特殊人员的参保核定、征收、缴费、划账等业务下放到社区，预计可以惠及

20 余万人。

9. 公共就业和人才服务系统

主要以互联网为依托，向社会提供公共就业和人才工作方面的服务，用人单位可通过该系统发布招聘信息，劳动者则可以通过网站找到、应聘自己需要的工作。该系统替代了传统的劳动力市场集中招聘模式，在促进人力资源流动方面发挥着巨大作用。

二 主要成效

从总体上看，人社惠民服务体系的建设，不仅极大方便了人民群众，同时也极大地促进了人社事业的发展。

1. 有力促进了人社信息化建设的发展

我们原来的信息系统建设，着重关注业务的应用，即只要把系统建起来，能够保证业务正常开展即可。智慧城市建设的提出，要求我们更多地从"智慧"的角度考虑信息化建设，不仅要把系统建起，更要建好，要高效化、智能化、便民化。

2. 有力提升了人社服务水平

智慧信息服务平台通过提供就近就便的服务，保证老百姓足不出户即可知晓相关信息或办理相关业务，极大地提升了我们服务公众的能力。

3. 有力增强了主动行政的能力

智慧城市的建设，赋予了我们管控日常事务的更多手段，主动行政，防范风险能力得到进一步增强。如社保基金风险监控系统对可能出现的基金风险提前提出预警，确保及时提出应对方案；医疗监管系统、人脸识别养老资格认证系统，对可能出现的危害社保基金行为起到了很好的防范作用。

（宜昌市人力资源和社会保障局）

融入"智慧宜昌" 运用"互联网＋"
创新普惠职工服务新模式

2012 年以来，在宜昌市委、市政府的正确领导和相关部门的大力支持下，宜昌市工会主动融入和对接宜昌市社会治理创新、"智慧城市"服务体系和"信息惠民"工程，积极适应"互联网＋"和做好网上群众工作的新要求，紧紧围绕"工会组织全覆盖、企业职工（农民工）全入会、基础信息全掌握、线上线下全服务"的目标，以工会职工服务系统平台建设为载体，建立了一套较为完善的基础信息系统和快速服务系统，走出了一条"互联网＋"普惠服务职工的新路子。中华全国总工会副主席、书记处第一书记李玉赋做出批示，要求在宜昌召开现场会推广"宜昌模式"；湖北省总工会两次召开推进会，要求在全省工会系统开花结果。

一 运用智慧宜昌大数据，构建"互联网＋"精准化服务的信息支撑

1. 打造基础信息管理系统

依托宜昌市公共信息化平台，以准确的职工身份证号和企业组织机构代码为唯一标识，通过共享交换平台，使工会所需的包括农民工在内的职工个人信息及企业组织信息与宜昌市直相关职能部门基础信息即时对接、关联比对，实现职工社保、医保、公积金、低保、房屋、私家车等信息直观反映、同步显示、同网比对，并在全市电子地图上准确显示。

2. 建立动态实名制数据库

以宜昌市人口、社保、法人等基础信息库为基础，健全完善全市职工（农民工）实名制数据库和基层工会组织信息库，对工会组织和职工信息进行集中归纳和实时、动态、精确服务，精准掌握全市（职工）农民工的行业分布、整体数量等情况，实现从静态、单项管理到动态、综合管理。今年，湖北省总工会在全省范围内启动关爱农民工"送文化"、"送服务卡"、"送法律维权服务"等"十送"活动，我们利用大数据，准确摸清了农民工的个体诉求、工作单位等情况，真正把关爱送到农民工心坎上。

3. 延伸基础信息采集触角

积极争取宜昌市委、市政府支持，将工会服务纳入网格员工作职责，全市网格员成为工会工作的有力助手。开发工会服务模块并将其置于网格员手持e通手机中，网格员每季度定期走访所辖网格困难职工、劳动模范，每半年核实所辖网格企业建会建制数据，日常工作中承担困难职工申报、职工就业服务等工作任务，并通过e通手机将信息实时推送至工会服务平台系统。在此基础上，针对"互联网＋"职工服务的信息资源具有动态和互动的特点。我们还采纳和应用三个方面的信息资源。一是来自所有职工通过网上传递而来的信息；二是来自工会系统传输而来的相关信息；三是来自网络信息的采集和筛选。多方面的信息为普惠职工提供了基础条件。

二 运用信息服务大平台，构建"互联网＋"多元化服务的工作载体

1. 开发职工服务新平台，实现工作高效率

建立宜昌工会职工服务网，将多项职工服务内容和困难帮扶内容置于服务平台，并与微信公众号、手机客户端同步关联，着力打造数字化、规范化和智能化的综合服务平台，促进工会工作由线下向线上拓展。职工（农民工）网上提交的诉求和服务需求信息在10秒钟内即可同步到服务平台系统，由网络平台统一调度，由专人进行办理，按照分配权限进行操作。平台系统中设置了短信提醒、在线查询、亮灯提示、痕迹管理、回复评价等程序，简化工作流程和层级，实现了信息多跑路，职工少跑腿。三年来，宜昌市总通过信息平台系统为2.5万名职工（农民工）提供了困难帮扶、生活救助、就业援助、技能培训、法律咨询等方面的服务。包括农民工在内的职工提出的1.7万条维权和服务诉求，99%以上得到圆满答复

和解决。

2. 开辟微信服务新阵地，实现服务全方位

根据微信普遍使用的新潮流，我们及时开通官方微信公众号"宜昌工人"，并与工会服务平台系统同步关联，将问题咨询、找工作、会员服务卡、劳模、维权、法律援助、找家政、困难帮扶以及"市民e家"模块置入其中，职工可享受近30类服务项目，通过手机就可满足相关服务需求。微信平台每周定时推送资讯，向职工传递工会动态、解读相关政策、展示基层亮点、普及工会知识、宣传模范人物、梳理生活贴士。开放职工热点事件评论，引导职工舆论。截至目前，"宜昌工人"关注数近6万人。

3. 开创线上线下入会新方式，实现入会全覆盖

着力开创网上入会新途径，职工（农民工）在输入个人姓名和身份证号的基础上，只需输入企业名称，即可自动在宜昌市法人数据库中检索企业信息，提交后，入会申请即时同步到服务平台系统进行分派处理。如果所在单位已建会，要求所在基层工会把提交入会申请的职工（农民工）纳入工会；如果所在单位没有建会，将入会申请人员会籍挂靠在市总工会，等上门指导所在单位建会后实行凭证接转。截至目前，宜昌市职工（农民工）线上入会规模已超过2万人。同时，运用网格化方式创新工会组织形式，以社区网格为基本单元，按照"覆盖辖区企业及个体工商户、覆盖辖区职工"的原则，分类建立"区域型"、"行业型"、"联建型"、"楼宇型"等网格工会，实现工会组织全覆盖。

三 运用智能平台新载体，构建"互联网＋" 普惠化服务职工的新模式

1. 矛盾化解扁平处理

我们将职工来访、来信、来电和服务诉求等同置于服务平台系统，通过构建"线上受理、后台分派、三级联动"的新机制，彻底地改变了过去逐级上报、受理、办理传统工作方式，实现了信息同步送达、工作动态及时反馈、工作进程全程掌握、工作成效准确评估的扁平化服务模式。对于可以立即办理的服务内容进行即时信息配置和服务对接；对于需要相关部门联动办理的服务内容，启动"联动机制"；对于存在"不会办理"等实际困难的职工，由网络统一调度，实现"点对点"服务。2015年以来，宜昌市化解处理职工劳动争议案件248件，其中农民工案件70件，为农民工挽回损失318万元。

2. 服务需求双向互动

主动适应职工时间碎片化和职工需求多元化的要求，利用建立的"互联网＋"大平台，尤其是微信等新媒体，着力构建工会与职工之间信息快递、互动便捷的纽带，实现信息共享和互联互通。一方面，及时向广大职工宣传工会服务项目和普惠项目信息，让他们更好地了解工会、认知工会和享受优惠服务。另一方面，他们也能第一时间将服务需求、意见建议等第一时间传达到工会，形成良性互动机制，拉近工会与职工之间的距离。针对各类信息，坚持及时发声，传播正能量。截至目前，宜昌市总本级接受职工诉求、资讯4200条，网格管理员通过手机e通上传信息11000余条，全部得到分派处理。

3. 多样服务普惠职工

在做实送温暖、金秋助学等传统服务职工项目的基础上，联合湖北银行、三峡工行及100多家商户在全省率先推出普惠全体职工的"三峡职工服务卡"项目，为职工提供人身意外伤害、财产损失的补偿保障。我们还将原来组织开展的职工医疗互助保险搭载入卡内，广大职工会员发生重大疾病，互助医疗的保障费用就可直接打到卡上。已累计发卡14万张，职工累计享受优惠1.5亿元。

（宜昌市总工会）

柳州市民卡工程

一 柳州市民卡工程公共服务成效

（1）交通方面。市内的公交路线、计程车都已正式开通市民卡应用，此外市民卡还具备公共自行车租赁以及水上巴士乘坐等功能。

（2）卫生方面。目前已经实现了市内卫生机构的初步应用，其中市人民医院和柳铁中心医院的市民卡应用系统已经正常启用，市妇幼保健院的应用系统也将立即上线，下一步还将推广至其他各大医院。

（3）支付应用方面。在合作银行的支持下，目前市民卡已经能够支付水、电、气、电视、网络费及手机话费，同时，全市可受理柳州市民卡电子钱包支付的特约商户已拓展至1900 家。柳侯菜市场应用于 11 月正式上线，下一步我们还将推广至黄村、广雅等市内各个主要菜市场。

（4）服务网点建设方面。随着今年为民办实事社区服务中心建设项目的开展，我们将市民卡服务网点由政务服务中心拓展到了基层社区。金沙角社区服务中心是其中一个综合性、示范性试点，设有 24 小时自助服务区、市民健康屋、环保体验以及便民服务四块功能区，可提供市民卡咨询办卡、自助圈存、借阅图书、自助挂号、健康检查等便民服务，能够引领柳州市民进入更加智能化的社区生活。我们还在不断调研，力争把更多更好的服务延伸到其他社区服务中心。

（5）扩展和优化各个行业应用。如做好市民卡公交车优惠包活动的规划及建设，将市民卡业务和 NFC、无线 WIFI 项目进行结合，跟进 NFC 市民卡钱包应用建设。

二 柳州市民卡工程公共服务创新

（一）加速政府职能转变

随着市民卡工程的深入推进，许多便民项目对政府服务的效率和质量提出了更高要求，促使政府部门转变职能、提高效能，进行更为精细化、人性化的管理。另一方面，随着市民卡工程信息系统的建立和完善，政府可以及时掌握不同特征人群的准确信息、迅速实现部门间的数据共享和协同服务，为政府制定政策提供数字依据，为政府服务提供信息技术支持，良性、持续性地提高政府效能。另外，市民卡工程将大幅普及、推广智能 IC 卡小额支付服务，并可以为各行业提供支付清算、数据联网等服务，进而减少管理漏洞，杜绝贪污挪用及假币假票现象，提高相关行业信息化水平和劳动生产率，加快柳州市信息消费试点城市建设。

（二）加强部门沟通协作程度

从项目建设理念来看，市民卡工程的本质其实是各类信息系统的建立与整合，在柳州市基于云平台的大数据管理及数据交换平台的建设基础上，市民卡工程通过整合行业应用，不断优化、改造和整合各政府部门的信息系统，构筑信息数据交换、共享的基础平台，将分散在各部门的基础数据进行有效整合，实现各部门各领域信息和服务资源的有序共享、协同服务，打破当前部门信息分隔造成的信息化发展瓶颈，消除"信息孤岛"，搭建部门之间沟通协作的"高架桥"。

（三）深化便民服务改革

一方面，随着各类便民行业应用的建成以及完善，市民卡服务网点建设不断铺开，各类民生服务将以更快捷、优质的形式送到群众家门；另一方面，通过现有的行业服务，加上市民卡网络应用 APP、网上市民中心、柳州市便民 WiFi 等服务渠道，市民卡工程在面向公众提供服务的同时，也能够开辟社会监督和评价的新途径，进一步掌握基层群众生活情况，收集各类意见，切实成为一项"接地气"的惠民工程。

三　柳州市民卡工程公共服务得到市民肯定

市民卡工程以深化政府职能改革、激活信息消费市场动力、推进惠民利民项目建设的"三位一体"模式为总体布局，整合多种公共服务和行业应用，得到广大群众的欢迎。截至目前，已累计为市民制卡 130 多万张，柳州市民卡电子钱包累计激活 80 万张，功能已经覆盖、连通数十个部门和行业，促进了公共交通、菜市、商业街以及全市 2000 多家商户的信息消费，项目服务已经从政务大厅延伸到基层社区，直达市民家门，惠及百万市民，覆盖便民生活的方方面面。

（柳州市民卡公司）

柳州网上市民中心

一　柳州网上市民中心公共服务成效

"柳州网上市民中心"是基于柳州电子政务云平台，充分利用和整合已有的政府和社会信息化资源，创新结合"互联网＋公共服务"的模式，大力发展政府的信息化公众服务。市民中心的建设，是推动"智慧柳州"建设的重要组成，也是柳州市在信息化发展道路上的一个重要里程碑。

"柳州网上市民中心"借助云平台、大数据以及物联网等先进信息技术手段，与多个政府单位与公众服务机构合作，汇集市民城市生活最息息相关的核心信息数据资源，为每位柳州市居民建立个人专属网页，并推出了民生轻应用、市民办事攻略、市民每月账单等二十多项服务。市民在账号登录认证后，可以在任何时间、任何地点、通过手机应用、微信、自助设备等多元化的服务渠道，享受便捷、优质、均等的社会保障、生活周边、公共交通、医疗卫生、文化教育等公共服务。市民中心通过信息化手段，一改以往群众办事奔波劳碌的窘境，切实有效地提升了柳州市民的生活品质。

二 柳州网上市民中心公共服务创新

市民中心的建设在柳州市政府和工信委的统筹部署下进行，依托电子政务外网，利用云计算、大数据及物联网等技术手段，按照统一规划、统筹建设、信息共享、资源共用的原则，在市统一的电子政务平台下推进市民中心的建设工作。

1. 有效推进全市统一认证服务应用

市民中心作为市公共服务的首批核心应用系统，在建设的初期就已经考虑与相关系统的融合应用、数据共享等问题。

柳州市信息化建设的总体规划，将在电子政务云平台中依托网上市民中心的统一用户库和云平台的统一认证平台，打造一个面向公共服务应用系统的、统一的用户认证管理与服务平台。基于该平台，市民通过一个"中心"即可访问各类公共服务应用。

以市政府为主导，市民中心作为示例应用，能有效地在柳州市推动统一认证服务的应用，并通过标准与规范的制定，为后续其他电子政务系统的建设提供足够的经验与技术支持，切实提高信息化管理水平，有利于提高整个柳州市电子政务信息化建设融合互联程度。

2. 利用物联网手段优化公共服务的体验

市民中心在政务服务方面，通过与实体政务大厅智能设备的结合，能有效实现线上线下的信息交互及同步。

而在公共服务方面，市民中心除了常见的 O2O 模式之外，还充分利用物联网的技术手段，以地图及 POI 数据构成直观的信息数据展示，能实现更有针对性的使用需求，也使各个民生应用功能的交互更加人性化。

3. 开放性的平台有利于持续运营

市民中心在公共服务应用的建设上，充分结合社会各方的信息化资源，以完成多个民生应用专题的功能建设。不过在依赖第三方应用的同时，市民中心平台本身也需要积累一定量的数据资源，才可以实现广泛的、本地化的公共服务应用。鉴于市民中心项目的性质，只依靠项目建设过程中所采集的数据是无法满足市民中心作为公共服务平台本身的数据需求的。因此，市民中心采用了开放平台的思路，通过第三方开发者接入规范的制定，能根据权限设置对外开放平台数据，同时也允许外部提供数据接入平台内，使后续市民中心在数据补充以及应用功能的扩展上无须再进行复杂的定制开发，均能通过接口和规范实现，有利于平台的运维实行，并且保障了平台向"PPP"（公私合作）模式转变的可能性。

4. 基于应用对平台进行推广

市民中心投入运作后，需要进行有效的推广才能为柳州市市民所用。除了常规的推广手段外，市民中心平台模块化的设计思路，使中心内的各个主题应用服务能够单独抽离出来，并集成到其他网页以及应用之中，因此，市民中心可以利用市政府的引导，通过为各单位部门以及外部第三方的网站与应用提供不同的民生应用集成服务，以其他渠道铺开市民中心的应用覆盖，从而推广市民中心，使更多柳州市民了解市民中心，有效提升市民中心的认知度及影响力。

三　柳州网上市民中心公共服务普遍满意

市民中心在 2015 年整个年度运营期内，在没有任何媒体、线下宣传的情况下，共吸引了两万多市民访问。各类便民应用使用量达到两万多次，产生十多万访问量。其中 3000 多位市民成为中心长期用户，并且有很多用户选择通过订阅账单了解自己的社保水电情况，市长信箱也是颇受用户关注的功能之一。

从上述数据可以看出，柳州市民当有办事需求的时候会在网上进行搜索，他们有不同的途径知悉市民中心。在 2015 年的访问量之中，虽然只有约 5% 来自于搜索引擎，但是有 18% 是来自于柳州其他政府网站的链接，如政府门户、网上办事大厅等等。由此可见，市民对于政府所提供的公共服务还是有一定的期待和需求量的。而在所有的访客当中，有超过 10% 成了市民中心的注册用户，并实际享受到了中心所提供的服务。比较热门的应用，分别是公积金相关的应用，水电费账单的查询以及市长信箱。

在 2016 年，市民中心将正式进行宣传推广，市民中心的定位是由政府提供公共服务的、偶发性的刚需型网络应用产品，因此用户在使用上并不会花费太多的学习时间，市民中心将在交互设计上进行不断改进与优化，务求让用户得到最便捷和直观地使用体验，满足用户最贴身的实际需求。配合中心线上线下的推广，增加中心的影响力，并激发运营活力，形成良性循环，打造真正为民办实事的市民中心，成为柳州市"互联网＋公共服务"建设的重要里程碑。

（柳州市工业和信息化委员会）

柳州中小企业服务平台

一　柳州中小企业服务平台公共服务成效

"柳州中小企业服务平台"严格贯彻落实国家的《中小企业促进法》，以企业为主体，以市场为导向，以为中小企业提供优质服务为目标，按照政府引导，旨在建立起一个面向中小企业的统一的企业网上办事与服务门户。其基于"互联网＋公共服务"的模式，凝聚政府与社会上各种服务资源，为柳州市的中小企业提供畅通全面的服务信息交流平台，目的在于解决中小企业发展中的各种诉求与难题，从而促进城市整体产业结构与经济水平的良好发展，也是柳州市在推进"两化融合"进程中的重要战略部署。

平台开设了电商模式服务超市，政企可以进驻超市，现已可以提供十多类数百项服务。企业通过账号登录认证，即可轻松使用。服务过程中有多种渠道，可让双方及时协作。平台有强大的服务支撑系统，包括服务超市管理、融资管理、活动管理、项目评审和验收等，服务人员能高效处理业务流转，节省时间与人力成本。得益于大数据技术，平台能够自动累计服务过程中的企业数据，可为城市经济分析提供重要的决策数据支持。

二 柳州中小企业服务平台公共服务创新

企业服务平台，作为智慧柳州具有典型代表意义的电子政务项目，应充分调研分析实际状况（政策、机构、体制、现有应用系统状况、网络状况、社会信息化程度等），把握信息化发展规律，横向调研，分析、借鉴国内外同业经验，遵循国家、省、市电子政务建设规范和相关标准，理清网上大厅、实体大厅、各部门业务系统、项目申报平台等核心组成部分的定位以及彼此关系，确立具有柳州中小企业服务中心特色的建设模式，以此为基础，制定可操作的设计和规划，并在实际的建设过程中不断地调整优化，以保证系统的建设动态良性发展。

1. 多元化的政企交互渠道

企业服务平台，为企业所提供的政企互动手段，比起市民中心要丰富得多。除了基本的写信、投诉反馈之外，还有投票互动、培训会议通知与预约，以及在线的视频直播等，多元化的政企互动手段，能加强政府对中小企业的信息化支持以及统筹管理，另一方面也能切实为中小企业提供实际的援助及反馈渠道。

2. 规范的代理和中介服务管理

企业服务平台除了为企业提供信息化的办事指引与渠道之外，还涵括了政务代理平台服务，通过信息化手段，一方面对政务代理及中介服务机构进行公示公开的规范化管理，另一方面使得企业在需要代理或中介帮助的时候能有更清晰的指导。整体来说中介代理更规范，企业办事更便捷，大大提升了企业政务业务流转的效率。

3. 更贴近的智慧园区服务

企业服务平台除了建设基于网站的应用服务外，后续还将结合智能化设备，推广智慧园区服务网点。企业服务平台将进入各具体园区内，通过各种智能化设备以及园区独立管理，建设一套综合的、智慧的园区管理与服务支撑平台，以帮助园区政府在加强内部管理的同时，与企业的沟通协作更加顺畅，同时更好地体现对中小企业信息化方面的支持，解决实际工作中的关键问题，支撑园区内各企业的综合信息化发展。

三 柳州中小企业服务平台公共服务很受欢迎

柳州中小企业服务平台在2015年底完成初步建设并进入试运行阶段。在建成之初，平台已经能够为企业提供11项中小企业服务中心原有的服务，并且结合柳州市网上办事大厅的服务事项，构成了一个比较完整的中小企业"服务超市"，并通过合理的归类和梳理，优化企业的使用体验，"服务超市"的建设受到了本地企业的欢迎。

除了服务超市以外，平台还为企业提供了专门针对企业的培训及活动等资讯，结合基础的新闻和公告中心，通过平台，中小企业服务中心能够充分发挥自身的职能，及时且有效地为企业提供各类信息支持。同时结合"政企互动"模块的意见征集、企业百问、信件公开和互动会议等功能，构成了一套相对完善的互联网政企互动体系。

柳州市中小企业服务平台的建设，是柳州市在创建"互联网＋公共服务"进程中的一次创新尝试，是积极响应"两化融合"建设的举措，取得了突破性的成果。在针对企业服务的方面，灵活有效地运用先进的互联网信息技术，充分发挥了中小企业服务中心各项对外公共服务的职能，受到众多柳州本地企业的青睐与期待。

在 2016 年，企业服务平台将正式投入运营并开展宣传推广工作，后续还将结合智能化的设备，推广智慧园区服务网点，使企业公共服务的线上与线下服务渠道趋于完善，同时在应用的交互设计上进行持续优化，使之贴合柳州本地中小企业的使用习惯，实际地满足企业的政务服务需求，形成一套完整的并且具有柳州本地特色的企业公共信息化服务体系，成为柳州市"互联网＋公共服务"建设的中坚力量。

（柳州市中小企业服务中心）

"互联网 +" 模式打造公众指尖上的智慧城市

潍坊市积极落实国家和山东省的智慧城市、信息惠民、信息消费、电子政务云平台等试点任务，坚持以智慧城市统领全市信息化工作，整合全市电子政务平台和各业务部门信息化建设成果，融合"互联网 +"理念，开展了以"潍 V"公共服务平台为总体框架的智慧潍坊建设，以"便民、利民、惠民"为出发点，创新"互联网 + 公共服务"建设模式，打造了公众指尖上的智慧城市和网上政务，推动了智慧潍坊转型发展。2015 年，潍坊市荣获了"2015 中欧绿色和智慧城市推广奖"、"中国智慧城市示范城市奖"，并成功入选"2015 中国智慧城市惠民发展优秀城市"。

一 "潍 V"公共服务平台简介

"潍 V"公共服务平台是定向潍坊开发的智慧城市综合平台和手机门户型 APP，以"互联网 +"思维，从重构城市生活服务的全新角度，通过云服务模式，整合潍坊医疗、健康、养老、教育、旅游、社保等民生服务领域以及电子商务等信息和服务资源，构建面向市民的一体化在线公共服务体系，让公众通过手机即可体验"吃、住、行、游、娱、购"的智慧城市便捷生活。该平台是潍坊市落实国家信息惠民试点、信息消费试点和电子商务示范城市的新实践，也是国内智慧城市建设的创新性成果。2015 年 4 月，潍坊市政府和杭州银江股份合作成立了"潍坊城市云网络科技有限公司"，负责开展"潍 V"平台的研发、推广、市场运营及相关智慧城市项目建设，目前已推出了"潍 V"1.0 和"潍 V"2.0 两个版本。

"潍 V"1.0 版本主要为公众提供全面的城市生活服务，包括：朋友群、网上政务厅、云支付、掌中宝、健康宝、我的 E 天、城市管家等版块。"潍 V"2.0 版本除进行了功能与界面的调整和优化外，更加注重市民的主体地位，创新了三分页（三屏布局）设计，新增了"主页"和"我的生活"两大模块，使得全程信息一目了然，增强了公众体验感，突出了智慧生活的"工具"功能：提供云支付（电子钱包）、公共自行车（手机一点通）、"潍 V"无线热点（免费 WiFi）三大便民服务。

二 "潍 V"公共服务平台主要功能

"潍 V"是一个"互联网 + 益民服务"平台，本着"接地气、惠民生"的理念，融合了微信的社交、淘宝的购物、支付宝的支付功能，结合了潍坊本地的医疗、教育、同城购、公共服务等功能，从全新角度重构了网上城市生活服务，为公众提供智慧潍坊建设成果的种种便捷体验；"潍 V"还是一个"互联网 + 政务服务"平台，通过手机"一点通"和电脑"一站通"的电子政务功能设计，实现了部门与公众随时随地的互动以及"单位群"即时办公交流等功能，塑造了一种新的行政生态，也是潍坊市落实国家电子政务云平台建设应用试点的创新实践；"潍V"还是创新性的"互联网＋现代金融"平台，即借助第三方支付牌照，打造了潍坊市本土化的资金池，实现了潍坊市内互联网支付资金的闭环流动，将成为能够培植潍坊市新的财政增长点的有力抓手。

（一）丰富社会公众信息服务，打造"互联网＋益民服务"平台，提升政府服务能力和普惠水平

整合各政府部门、各公共事业部门涉及的便民服务，建设潍坊市市级公共服务平台，逐步建成智慧社区、公共查询服务、智慧交通、智慧教育等面向百姓生活的民生服务体系。以移动互联终端（手机APP）的表现形式，实现对公众的无障碍服务，使公众充分享受便利的信息和智能的服务，实现"一点接入，全程通达，统一管理"。

1. 依托"潍V"热点认证和管理体系，为市民提供安全可靠免费无线上网服务

采用"超级WiFi"技术，建设覆盖主城区的免费无线高速宽带网络，建立起智慧潍坊建设成果、普惠民生的网络通道，提供统一标识、统一标准、统一管理、安全可靠的无线上网服务，让市民享受到无处不在、无时不有的"WiFi"网络，为各行各业与"互联网＋"融合发展提供有力支撑，市民可以通过"潍V"手机APP的"V热点"模块进行免登录链接，体验高速免费无线网络，畅享无线上网服务。通过"潍V"使用无线免费网络的同时，市民已通过手机号进行实名登录，监管部门可实时监管上网信息，确保市民上网安全。

2. 打造智慧教育监控平台，为家长提供个性化视频服务，实现了家校、师生良性互动

通过在校车、幼儿园安装打卡、视频设备，配备专用的软件服务平台，将幼儿园、校车实时监控接入"潍V"，家长通过手机即可观看孩子在校、在途实景视频，还可即时与老师沟通，真正让家长放心。同时，通过视频开放能够有效加强对学校教学、管理的监督，督促学校、校车管理部门加强内部管理，提升教学质量和教育安全，为孩子提供更加优质的教育成长环境。

3. 利用"GPS定位"等技术，建设智能交通服务网络

以"潍V"平台为基础，结合公共自行车管理技术，开发"手机扫码租车"功能，公众使用"潍V"扫码就可随时借还公共自行车，省却出入携带自行车卡的麻烦。利用定位技术，将道路导航、自行车桩查询、公交车即时定位、公共停车场、停车位定位查询、公共场所定位等功能整合到"潍V"平台，为公众提供驾车、骑车、乘坐公交车等多种交通出行实时查询服务，最大限度地提高路网的通行能力与安全系数，方便公众出行，提高公众生活舒适度与幸福感。

（二）打通政务"大数据"，建设"互联网＋政务服务"平台，搭建阳光政务服务平台

以"潍V"手机APP为载体，通过与行政审批平台互通共享，搭建"潍V"网上政务厅，有效整合全市50多个部门的2000余项政务服务和400多项公共企事业单位服务事项，开辟了手机APP网上行政审批和实时响应、有问必答的政民沟通渠道，实现了企业、公众和政府部门的网上实时沟通。在网上行政审批方面，进一步完善了网上行政审批系统设计，实现了行政审批事项申报、受理、流转等环节的数字证书、电子印鉴导入和对比确认，为行政审批全流程网上运转提供技术支撑。同时开发了"潍V"电脑网页版，将网上政务厅与

"协同办公系统"以及"网上审批系统"嵌入电脑桌面系统，打造潍坊市公职人员的桌面浏览器，推广建立"潍V"通知群和工作群，为推进无纸化办公提供了技术支撑，有效提高了政务办事效率，拉近了公众、企业、政府之间的距离，提高了城市和谐管理水平，提升了政务公开的广度和深度，支撑了智慧服务型政府建设。

（三）融合"云支付"技术，打造"互联网＋现代金融"平台，建设区域性第三方支付系统

创新性地融合"云支付"技术，开设区域性互联网支付平台，对接银联、民生银行潍坊分行、建设银行潍坊分行等多种第三方支付平台，建立了支持多种渠道付款的本地支付中心。结合线上线下大量商家和公共服务部门的接入，实现了公众日常购物、消费、旅游、医保和各项公共事业缴费，以及公交车、出租车等手机便捷支付，让公众真正享受"出门不用带钱包，理财不用跑银行"的便捷服务。还为潍坊商家提供新的产品销售、品牌推广网络平台，消费者和商家可以实现在线互动、在线结算，引领新的消费模式。同时，通过建立区域性第三方支付系统，形成了潍坊市云支付中心和本地支付资金沉淀池，实现了本地互联网支付资金的闭环流动。

三　"潍V"公共服务平台建设方向

"潍V"公共服务平台涵盖智慧政务、智慧医疗、智慧教育、智慧旅游、智慧城管以及智慧商务等应用领域，对于增强城市协调沟通能力，提高民生公共服务水平，支撑两化融合、电子商务、信息消费发展，对促进经济社会发展转型、升级跨越都有积极作用。

下一步潍坊市将继续融合"互联网＋"理念，以打造"潍V"成为智慧潍坊品牌为总抓手，以大数据整合、开发、利用为主线，通过行政推动和市场化运作两条路径，提升信息基础设施支撑能力，完善以智慧政务、智慧民生、智慧商务和智慧产业为要件的智慧潍坊总体框架，推进建设以"互联网＋公共服务"为核心的公共服务体系，大力发展信息惠民、信息消费，使公众更广泛享受智慧城市建设成果，实现智慧潍坊全景式发展，争创国家新型智慧城市试点和国家信息惠民示范城市，支撑和引领城市转型、产业转型和社会管理转型。

（潍坊市智慧潍坊建设办公室）

潍坊市公共司法服务体系建设的探索与成效

构建覆盖城乡、惠及全民的公共司法服务体系，是十八届四中全会提出的重要任务，是全面深化改革、全面推进依法治国的重要内容，是司法行政机关的重要责任。当前，推进公共司法服务体系建设有着良好的理论和实践基础，同时也面临着许多困难和挑战。本文旨在深入分析公共司法服务体系的内涵和意义，总结潍坊市公共司法服务体系建设的基本成效，并对加快推进公共司法服务体系建设提出了相应思路和对策。

一　公共司法服务体系的内涵和重要意义

对公共司法服务的内涵，目前为止，国内没有一个明确、权威的表述。我们认为，公共司法服务是指在政府主导下，由司法行政机关统筹提供，旨在保障公民基本权利，维护群众合法权益，实现社会公平正义和保障人民安居乐业所必需的司法服务，是公共服务的重要组成部分。主要包括：为全民提供法律知识普及教育和法治文化活动；为经济困难和特殊案件当事人提供法律援助；开展公益性法律顾问、法律咨询、辩护、代理、公证、司法鉴定等司法服务，以及依法预防和化解各类民间矛盾纠纷的人民调解活动等。建设公共司法服务体系，顺应社会治理法治化的时代潮流，符合加快政府职能转变和公共行政日益兴起的新趋势，具有很强的现实必要性。

（一）构建公共司法服务体系，是全面推进依法治国、保障公民基本权利的必然要求。法治是治国理政的基本方式

司法服务作为一种职业性、专业性服务，贯穿于立法、执法、司法、守法等法治建设和法治实践的各个环节，是法治建设的重要推动力量，是促进和保障公民权利的重要手段。公共司法服务以保障公民基本权利、维护群众合法权益、实现社会公平正义为首要追求，以公共性、无偿性、普惠性、便利性为基本特征，在保障基本人权、调节社会关系、规范社会秩序、促进社会和谐中发挥着重要作用。享受基本公共司法服务是现代法治国家公民应有的基本权利，为公民提供均等化、便利化的公共司法服务是法治政府的重要职责。因此，把司法服务作为一项基本公共服务产品纳入国家基本公共服务体系，对落实依法治国基本方略、保障公民基本权利、促进社会公平正义具有重要的现实意义。

（二）构建公共司法服务体系，是满足群众司法服务需求、实现城乡公共司法服务均等化的现实需要

随着经济社会的快速发展和公民法治意识的增强，公民除了教育、就业、社会保障、医疗卫生等公共服务需求外，对司法服务的需求呈现日益增长的态势。然而，我国受城乡二元结构影响，城乡司法服务供给水平差距较大，基层特别是农村司法服务资源相对匮乏，司法服务有效供给不足，直接影响到"公民在法律面前一律平等"宪法原则的落实，影响到公共服务均等化目标的实现。因此，加快推进公共司法服务体系建设，最大限度地将司法服务触角延伸到基层，是顺应人民群众期盼、落实宪法平等原则、更好地满足基层司法服务需求、实现城乡司法服务一体化、均等化的有效举措。

（三）构建公共司法服务体系，是创新社会治理方式、依法化解社会矛盾的有效手段

当前，改革进入深水区和攻坚期，由利益格局调整引发的社会矛盾多发频发。在处理复杂多变的社会矛盾中，突出"预防、教育、感化"的治本性措施取得良好社会效果。通过深化法治宣传教育，可以促进全社会法律素质的提高和法治意识的养成，特别是通过推进领导干部和公务员普法长效机制建设，能够有效提高领导干部运用法治思维的能力；通过普遍建立法律顾问制度，能够提高基层政府依法行政水平，促进基层民主法治建设，夯实社会管理基础；通过律师、公证、人民调解等参与调处重大、群体性敏感事件，能够引导群众依法理性化解纠纷，将矛盾纠纷化解纳入法治化轨道；通过法律援助，能够帮助弱势群体依法维护权益，促进社会公平正义。因此，加快推进公共司法服务体系建设，适应当前社会治理方式转变的新要求，有助于从源头上预防和化解社会矛盾，促进社会和谐稳定。

二 潍坊市公共司法服务体系建设的现状

近年来，潍坊市司法行政机关以经济社会发展需求为导向，不断健全公共司法服务网络，拓展公共司法服务领域，公共司法服务体系建设取得了新成效，在服务中心工作、服务民生改善、促进社会和谐稳定等方面发挥着越来越重要的作用。

（一）公共司法服务网络体系逐步健全

一是推进司法服务全覆盖。高标准建成市共司法服务中心，集法律援助、公证服务、法治宣传教育、协会等功能于一体，是综合性管理服务平台和便民服务示范窗口。强化"互联网＋"思维，开通"潍坊市司法局'互联网＋'服务平台"，整合"12348"热线在线解答法律咨询、申请法律援助，依托视频系统远程调解纠纷，开通"公证云服务"在线办理公证业务，积极推进"两微一端"建设，初步实现了管理服务的网络化、便捷化、高效化。目前，潍坊市共有律师、公证、司法鉴定、基层司法服务、司法服务中心等各类司法服务机构322个，司法服务站点、律师工作室等78个，初步建立了以司法行政机关为主导、各类司法服务机构为主体、司法服务中心和站点为支撑的覆盖城乡的司法服务网络。二是推进法律援助全覆盖。潍坊市县级法律援助机构普遍在临街、一层设立"便民服务窗口"，在工青妇老残和看守所、消防、军分区等部门单位设立法律援助工作站点260多个，"城区半小时、农村一小时"法律援助服务圈初步形成。三是推进调解组织全覆盖。实施人民调解组织"网格化"管理，建立健全镇街、村居（社区）和行业性、专业性调委会，在道路交通、医疗卫生、劳动人事、住房建设等行业领域实现了调解组织和调解工作的全覆盖。四是推进普法教育全覆盖。潍坊市共建立普法志愿者队伍75支，组建法治文艺团体158个，成立普法讲师团18个，建设法治广场33个，开设"律师说法"、"法律在线"等法治栏目26个，实现了司法服务的便捷化、高效化。

（二）公共司法服务领域不断拓展

一是全力服务中心工作。围绕招商与转调创及"突破滨海"等重点战略实施，成立专项司法服务团，建立司法服务包靠对接机制，全力服务经济转型升级；与中小企业局等联合开展"服务中小企业管理提升年"活动，帮助企业防范和化解法律风险；在中心城区打造综合性司法服务中心，提供便捷化、"一站式"服务。近三年来，共组建司法服务团62个，开展专项服务1280余次，办理经济类服务事项3.8万件，避免和挽回经济损失25亿元。二是积极服务依法行政。实施"法律顾问全覆盖工程"，市县镇三级政府全部建立法律顾问制度，法律顾问领域逐步向企事业单位、社会团体等拓展。近三年来，在服务依法决策、依法行政中发挥了重要作用。三是努力服务民生改善。加强民生领域司法服务，创新实施"律师值周"、公证机构双休日和节假日办证、12348热线律师全天候值班等措施，开展"进百企包千村联万户"、"司法服务百日行"等活动，依法维护群众权益。近三年来，共办理民生类服务事项 6.5 万件，解决法律援助案件 13580 起。四是创新服务方式，维护社会稳定。推进矛盾化解与法制宣传、司法服务"一体化"建设，推广"听证法"、"警民联调"、"律师参与"等矛盾化解机制，取得明显效果。近三年来，司法服务人员共参与普法宣传活动 3856 人次，协助化解矛盾纠纷和信访案件 3226 起。

（三）司法服务管理进一步加强

一是建立健全执业准入制度。加强司法服务执业申请审核力度，严格准入条件、程序和实习鉴定，严把"入口关"。二是严格落实监管措施。采取随机抽查案件、征求意见、现场观摩点评等方式，对司法服务机构执业管理和司法服务人员执业情况进行检查，潍坊市律师案卷质量评查工作连续多年位列全省前茅。制定落实律师业务案卷归档管理、公证质量监督、司法鉴定管理、基层司法服务管理、法律援助质量监督等制度，司法服务质量不断提升。对法律援助案件实施 100% 质量评议、100% 回访受援人，满意率达 100%。三是完善考核评价和执业退出机制。建立健全执业档案、违法违纪问题通报等制度，完善惩戒处罚程序，加大违法违纪问题查处力度，有效净化了司法服务市场。四是狠抓教育培训。深入开展党的群众路线教育实践活动，引导司法服务人员增强责任意识、法治意识，做到守纪律讲规矩，自觉践行法治。持续开展职业道德教育，对发现的问题建立台账、抓好整改。每年定期举办各类培训班，邀请专家解读最新政策规定，讲解业务知识，提高业务水平。推进司法服务行业党建工作，增强了司法服务队伍的凝聚力。

虽然潍坊市公共司法服务体系建设取得了初步成效，但仍处在初级阶段，在顶层设计、发展布局、体制机制、保障水平等方面还存在一些不适应、不到位的地方。主要是公共司法服务体系建设尚未形成社会共识；公共司法服务资源布局难以满足需求，运用"互联网＋"模式优化服务需要加强；司法服务业务存在"短板""瓶颈"；公共司法服务队伍专业化程度不高；对公共司法服务体系建设的投入不够等，制约了公共司法服务的健康发展。

三　加快推进公共司法服务体系建设的对策建议

（一）坚持规划先行，搞好公共司法服务体系总体设计

一是顶层设计上要加大政策扶持力度，加快推进公共司法服务相关立法，为公共司法服务体系建设提供法律依据。二是积极争取党委、政府支持，把公共司法服务体系建设纳入当地经济社会发展规划和公共服务体系建设规划，纳入党委政府科学发展和党政领导干部绩效考核内容，结合实际制定出台规划纲要或具体实施意见。三是加强组织协调联动。成立统一的公共司法服务体系建设推进工作领导小组制度，办公室设在司法行政部门，负责日常事务。领导小组负责组织领导，研究决定重要事项，统筹协调解决工作开展的突出问题。建立与相关部门联动机制，形成工作合力。四是加大宣传力度。充分利用各类媒体，大力宣传公共司法服务体系建设的经验、举措和先进典型及服务成效，营造公共司法服务体系建设的良好氛围。

（二）转变发展理念，调整优化公共司法服务发展布局

牢固树立"互联网＋"思维，注重运用信息化手段，全面优化公共司法服务发展布局，提升公共司法服务水平。一是壮大机构队伍。争取优惠政策，为司法服务机构设立创造有利条件，促进司法服务机构数量稳步增加，特别是要积极引进和培育一批高资质、高水平服务机构和优秀人才，提升司法服务整体品质。二是突出发展重点。县域层面，大力发展律师事务所、公证处、司法鉴定所，注重由"单兵作战"向"集团化"发展，形成"规模效应"；镇街层面，重点规范和发展基层司法服务所、公共司法服务工作站等，与政务服务、综治维稳等工作相结合，推动基层司法服务下沉社区；村居（社区）层面，进一步抓好司法服务站室建设，推动司法服务全覆盖，打造一小时（半小时）司法服务圈。三是有效整合资源。出台扶持保障政策，引导司法服务资源在城乡之间合理流动，满足城乡基层群众司法服务需求。以"四个中心"建设为抓手，整合律师、公证、基层司法服务、法律援助、司法鉴定等资源，为群众提供便捷高效的服务。加强与工青妇老残、信访、社会组织等部门社团的工作对接，增强公共司法服务建设合力。

（三）搭建服务平台，推动公共司法服务向高层次宽领域延伸

一是搭建面向政府的服务平台。选派专业律师、基层司法服务工作者等担任政府法律顾问，为政府宏观调控和经济决策提供法律咨询，为全面深化改革、重大项目建设、拆迁改造、招商引资等中心工作提供司法服务。建立完善律师陪同领导接访、参与矛盾纠纷和信访案件化解工作机制，强化司法服务人员在办理重大敏感案件、群体性事件中的作用，确保依法处置、定纷止争，最大限度化解社会不稳定因素。二是搭建面向企业的服务平台。引导司法服务人员担任企业法律顾问，参与企业项目可行性论证、企业改制、知识产权保护、合同审查等，为企业转型发展保驾护航。三是搭建面向基层的服务平台。深化司法服务进基层活动，推行"所所结对"、"联所驻村"等做法，丰富服务方式。实施"法律顾问进村入户工程"，推行村（居）委聘任法制副主任制度，为村（居）重大项目谈判、签订重要经济合同和其他重大决策提供法律意见。引导基层司法服务机构拓展非诉讼业务，为镇街党委政府、村居依法自治、群众依法维权提供服务。四是搭建信息化服务平台。加强与新闻媒体的合作联系和信息平台建设，推动网上咨询、网上服务，为广大群众提供便捷高效的服务。

（四）壮大工作力量，完善公共司法服务人才培养机制

一是充实加强公共司法服务队伍。充分利用考核任命公证员政策，推广聘用公证员制度，解决县域公证员短缺问题；用好政府向社会力量购买服务政策，做好公益性岗位开发使用，充实司法所工作力量，扩大专职调解员队伍；广泛吸收具有一定法律知识的在职和离退休法官、检察官、警察、退休干部、教师、大学生村官等作为司法服务志愿者，壮大公共司法服务力量。二是提升公共司法服务队伍素质。加大教育培训力度，有计划、有针对性地组织司法服务人员进行职业道德和业务技能培训，提高职业素养和业务水平。三是提高司法服务队伍专业水平。优化公证员队伍年龄和文化结构，大力实施"素质强处计划，提高公证员队伍职业化程度。推进高端法律人才培训工程，实施专业化、规模化、品牌化战略，培育一批高端复合型法律人才和品牌化、专业化司法服务机构，为经济社会发展提供有效司法服

务。四是加强监督管理。健全完善司法服务执业公示、服务质量跟踪反馈、责任赔偿及不良执业登记制度，完善诚信档案。加强监督检查和投诉查处，创造公平竞争、规范有序的市场环境。

（五）强化经费保障，为公共司法服务体系建设提供有力支撑

一是稳步推进公共司法服务产品政府购买机制。落实人民调解、法律援助、法制宣传等专项业务经费，明确量化标准，建立动态增长机制，逐步提高经费保障水平；落实《政府向社会力量购买服务办法》，探索编制公共司法服务产品"政府采购目录"，将司法服务人员担任政府法律顾问、参与矛盾纠纷化解、参与信访接待、办理法律援助案件、参与社区司法服务站点值班接待等列入采购目录；加强与法制、财政、物价等部门的沟通协调，研究论证政府购买司法服务的价格、标准、程序，健全政府购买司法服务准入退出、监督、评估和激励机制。二是探索建立政府公共司法服务基金。通过财政支持、行业协会会费划拨、司法服务机构及司法服务人员或其他社会团体捐助等途径募集资金，弥补司法服务经费缺口。三是建立健全公益性司法服务经费补偿机制。对参与公共司法服务的司法服务机构，在税收、社会保险和劳动社会保障等方面给予扶持；通过表彰、奖励、培训等手段，建立参与公共司法服务的激励机制；优化转移支付资金分配方式，加大对民生领域司法服务工作的政策倾斜和财政支持力度，逐步缩小地区差距，有序推进公共司法服务均衡协调发展。

（潍坊市司法局）

潍坊市"互联网＋"地理信息公共服务平台

为了提升测绘地理信息服务大局、服务社会、服务民生的能力和水平，更好满足城市对测绘地理信息保障服务的旺盛需求，2010年6月，山东省国土厅向国家测绘地理信息局转报了潍坊市政府《关于将潍坊市纳于国家地理空间框架建设推广计划的函》。该计划建设内容包括城市基础地理信息数据库、城市地理信息公共服务平台、典型应用示范系统等。2010年7月，国家测绘地理信息局正式批复，将潍坊列入了2010年数字地理空间框架建设推广计划。这标志着，地理信息公共服务平台正式进入建设阶段。2011年12月，经过各方面的共同努力，数字潍坊地理空间框架建设基本完成，数字潍坊地理信息公共服务平台上线试运行。2012年2月，项目通过了省国土资源厅组织的验收。潍坊市在"数字潍坊"建设成果的基础上，开展了时空数据建设、时空信息云平台开发、支撑环境完善等工作，探索智慧城市时空信息云平台的建设模式、共享模式和服务模式，凝练工艺流程和标准规范进行了探索，2015年智慧潍坊时空信息云平台建设项目被列入国家测绘地理信息局试点计划。

目前，智慧潍坊时空信息云平台一是根据潍坊市实际充分利用潍坊市电子政务网机房云计算中心，搭建时空信息云服务运行环境。二是数据类型逐渐丰富，建立了矢量数据、正射影像数据、三维数据、2.5维数据、全景数据、街景数据、点云数据、地下管线数据和地名地址数据等在内的基础空间数据体系并更新及时，统一了城市测绘基准、数据和标准，全面

梳理城市地方坐标系统,并统一到国家坐标框架;形成了一整套城市地理空间框架设计、建设、应用、服务标准,建立了标准一致、内容丰富的数据库,完善了数据体系,形成了服务政府、企事业单位及社会公众的地理信息公共服务平台。三是平台推广应用效果显著,在全市得到了广泛应用,先后在全市政务云建设、城市管理、规划管理、国土资源管理、公安、经信、交通、社保、农业、教育、旅游、社保、水利、物流等30个部门76个系统得到广泛应用,预计为市财政节约经费1.4亿元。"天地图·潍坊"点击率已逾403万人次。同时,各县市地理信息公共服务平台应用的也不错。四是我们不断探索创新,在市县一体化、二三维一体化、地上和地下一体化、三维地理信息在实际工作中的应用等方面进行了创新,多项测绘地理信息科技创新成果获部、省奖励,先后有7个项目获中国地理信息科技进步奖,22个项目获全国地理信息产业优秀工程奖、8项获得山东省国土资源科技进步奖等。

一 建设成果

在上级部门的支持下,潍坊市委、市政府领导以及项目组的共同努力下,智慧潍坊时空信息云平台不断完善并在城市管理、智慧警务、智慧国土等方面得以推广应用,建设了高标准机房,形成了集数据、软件、技术、网络、服务、标准于一体的综合体,依托电子政务网,实现了与政府各部门的互联互通,依托互联网为企业、社会公众提供地理信息服务。

1. 运行环境与平台搭建情况

针对时空信息云平台提供的3S(Iaas,Paas,Saas)在服务规模、能力、功能方面的不同,支撑环境考虑硬件选型和服务器虚拟化技术。根据潍坊市实际充分利用潍坊市电子政务网机房云计算中心,在现有基础上采购华为云服务平台,搭建了地理信息云服务硬件平台。

2. 地理信息数据资源情况

通过历年的数据积累和平台升级建设,集成了矢量数据、正射影像数据、三维数据、2.5维数据、全景数据、街景数据和地名地址数据等在内的基础空间数据:主要包括市区150平方公里精细三维建模、300平方公里2.5维建模、中心城区194平方公里地下管线数据、400平方公里的高分辨率影像以及全市域历年1.6万平方公里航摄、卫星遥感影像数据,1200公里街景数据,涵盖全市城区、镇区991平方公里以及8496个行政村1283平方公里的1:500大比例尺矢量数据,全市主要地名、地址数据200万条。统一了城市测绘基准、数据和标准,全面梳理城市地方坐标系统,并统一到国家坐标框架。形成了一整套城市地理空间框架设计、建设、应用、服务标准,建立了标准一致、内容丰富的数据库,完善了数据体系,形成了服务政府、企事业单位及社会公众的地理信息公共平台。这极大地丰富了基础地理信息资源,填补了潍坊市地理信息空白。

二 特色创新

(1)平台实现了异构平台、异构数据的无缝集成,结合程度达到全国领先,同时为用户提供了统一的三维地理信息服务或接口,供异构系统的访问和调用。

(2)通过软件负载均衡等技术手段,在互联网等带宽有限的网络环境中引入三维地理信息服务,三维覆盖范围大、展示效果及运行效率良好。

（3）通过研究构成电子地图的基本图元模型、各图元模型的贝塞尔曲线绘制方法及其符号化方法，解决了电子地图系统在不同平台下的失真问题，为电子地图的跨媒介显示提供了可能。

（4）探索了三维地理信息系统在实际工作中的应用，建设了全国地级市面积最大的三维地理信息模型，并在规划、数字社区管理、土地登记发证、智能交通等方面展开应用，取得良好效果。

（5）集成了土地利用现状和规划、城镇地籍、矿产资源等国土信息，构建了国土资源数据中心，240 个图层，35 个地图服务，数据量近 2000G，供 6 个主要业务系统调用，形成国土资源管理"一张图"，数据内容、开发应用手段丰富，并提供了链接、接口开发和服务调用三种应用方式，为国土资源"一个平台、两个市场"提供统一的全业务空间支撑。

（6）基础数据及平台服务覆盖市、县、乡镇、村，县级节点的建设与市级节点高效融合，为平台市县一体化做出了良好示范。

（7）基于云计算技术构建了智慧城市基础时空大数据中心，集成了多时态、多尺度的矢量、影像、三维、三维仿真等异构的数据资源，实现了国产化大型服务型的地理信息系统 NewMap 为基础的时空信息云平台（政务版和公众版），提供地图门户、资源中心、集成应用等功能，支持桌面端和移动端多种方式，实现了国家、省、市、县多级信息和应用的互联互通。相关成果已在公安、规划、国土、市政等智慧城市领域得到示范应用。

（8）提出并设计了 GIS 时空大数据引擎和地图综合计算模型，完成了多时态、多尺度、多类型数据的统一管理与发布应用，实现了不同比例尺数据的自动缩编处理，并以潍坊市数据为例进行了验证和应用。

（9）利用时空数据集搭建了智慧城市基础时空信息云平台，实现在云环境支撑下，更快速、按需、自主地为各类用户提供相应服务。提供了移动开发接口包括三维仿真的移动端开发接口。

（10）提出并设计了 GIS 时空大数据引擎和地图综合计算模型，完成了多时态、多尺度、多类型数据的统一管理与发布应用，实现了不同比例尺数据的自动缩编处理，并以潍坊市数据为用例进行了验证和应用。

（11）提出了基于 SOA 的地理信息服务组织与业务构件的应用管理策略，建成了城市地理信息服务公共资源系统，为普适化利用平台的数据成果应用提供了支撑。

三　推广应用

（一）在潍坊市级平台建设同时，积极推动县级平台建设

在全市 8 县 9 区得到全面应用，先后在 30 个市级部门、事业单位以及近 40 个县级部门建立了应用系统，公众系统点击率已逾 403 万次。仅市级平台不完全统计，就节约财政资金 1.4 亿元。

（1）公安警用方面，依托平台地图服务建立了实用人口管理、校园安保等 27 个警务系统，在 110 报警服务、巡逻车科学化管理等方面应用广泛，其中报警人定位全国领先。发生重大紧急警情，可在地图上点击警情地点，实时调整警力布控，为民警破案、维持社会治安

提供了强有力的支持。系统投入运行以来，警务管理实现了从平面到立体，从模拟想象到具体可视化的改变，缩短了破案周期，节约了办案资源，提高办案效率15%以上。

（2）城市管理方面，以平台提供数字潍坊电子地图服务和单元网格划分为基础，为中心城区60万个市政部件建立了电子档案，形成了128个部件图层，建立了38个市政系统，其中城市供热、供水、供气、污水处理等公用产品质量在线监测监控和环卫作业GPS监控系统均获得了国家专利。环卫作业车统一安装GPS车载监控，中心城区道路每天的清扫情况和趟数在地图上一目了然。借助电子地图对城市部件无缝巡查，累计处办城市管理案件320余万件，日均处理2000件，相配套的城市管理质量考核评价系统保障了案件办结率99.2%，市民满意率达99.9%，全面提高城市管理和政府公共服务水平。

（3）规划管理方面，三维规划决策支撑平台借助三维数据，实现了建设方案管理、浏览、审核、分析、量测和信息查询等功能，真实再现规划地块周边场景，通过对审查方案与周边现状的对比分析，相较于纸质出图，规划审查更加科学，突破了传统领导决策模式，得到了市委、市政府主要领导一致肯定。

（4）智慧环保管理方面，基于智慧潍坊时空信息云平台建立了潍坊市高分辨率遥感污染源排查与空气污染物迁移监测系统，主要利用高分辨率卫星遥感数据进行污染源的排查，实现对各类烟气污染源的准确定位及其信息的管理，通过气象实况、环境实况、遥感资料、气象预报以及基础数据库和模型数据库的有机结合，新建并应用符合新标准的、动态建模的更高预测精度的潍坊市重污染源天气预警平台，并探索利用了3S技术研究空气污染物的迁移过程，为空气环境改善提供了科学决策支持。

（5）智慧街道管理方面，社区综合服务数据与空间地理信息相结合，实现了带有空间位置属性的社区服务新模式。通过输入社区住户姓名可以在二维地图自动标注出其住所位置及相关信息，结合三维数据能够更直观、准确地定位到该住户窗户的具体位置，真正做到"公共服务全覆盖，社区管理无死角"。

（6）智能交通管理方面，道路交通智能管理系统整合交通管理资源，将涉及交通管理决策的所有信息收集到一起，搭建起集九大系统于一体的智能管控平台，对重特大案件、事件和日常交通管理实行点对点指挥，形成了纵到底、横到边的"扁平化"指挥机制。在道路交通管理工作中发挥了巨大的作用。通过扁平化指挥，民警的反应能力同比提高了50%，道路的通行效率同比提高了40%，管理效能明显提高。系统为侦破交通肇事逃逸案件以及其他治安、刑事案件提供了大量有效线索。

（7）国土资源管理方面，土地登记系统、建设用地审批系统完和矿业权等审批业务完成网上审批2.6万件，工作效率提高了30%，准确率和群众满意率达到100%；测量标志网上监管系统，管理了全市721个D级以上测量标志，大大节省了测量标志巡查的工作量，提高了效率，受到省厅测管处的高度评价，被列为省厅测量标志信息化管理的典型；执法车辆上安装GPS定位系统，实时显示全市执法车辆轨迹，配置了便捷式移动终端，提高了执法巡查效率。国土资源网上交易系统的运行，实现了土地使用权和矿业权全自动网上交易，成交2000多宗，交易金额达到500多亿元，从制度上、程序上和科技上最大限度杜绝人为因素干扰，维护公开、公平、公正的市场秩序，受到社会好评；建成内外网并行的国土资源执法监察系统，国土资源执法监管的信息化、科技化、智能化程度高，创新了执法监管新模式，进一步促进了依法行政。

（二）县级数字城市在推广应用也取得了显著成效

在环境监测、社会管理、农村土地承包经营权登记发证、地税宗地查询等方面探索了不同领域应用，在蔬菜地理信息服务、畜产品监管、花卉管理、恐龙国家地质公园地理信息等方面突出了地方特色。

（1）寿光市自平台建设以来，已有国土、住建、规划、环保、水利、民政、交警、公安、农业等九个单位的十个系统实现了在线应用，累计节省资金1亿多元。

（2）诸城市平台建成以来涉及了国土、农业、畜牧、旅游等政府部门及社会公众的9个示范应用项目的开发或对接。据初步估算，仅数据资源共享就为市财政节约经费2000余万元。

（3）昌乐县基于平台开发建设了昌乐县林业地理信息系统、昌乐县土地开发整理管理信息系统、昌乐县教育地理信息系统、天地图．昌乐（地理信息公众服务系统）、昌乐县城市三维规划系统等示范项目，并融合"智慧昌乐"，推进智慧城管、智慧市政、智慧交通、平安社区、土地整理项目档案管理系统等项目的开展。

（4）青州市基于平台建设了国土资源综合管理系统、土地综合整治管理系统、领导辅助决策系统、花卉产业地理信息服务系统等应用示范项目。尤其是青州市花卉产业地理信息服务系统上线运行以来，青州市花卉交易额比上年同期增加4900万元。

（5）安丘市基于平台开发完成了数字国土地理信息系统、城市三维规划地理信息系统、安丘市全域旅游地理信息服务系统、安丘市数字化城市管理平台和安丘市智慧城建管理系统等多个应用系统。据初步估算，仅数据资源共享就为市财政节约经费1000万元。

（6）昌邑市本着建设边应用的原则，基于平台开发完成了国土资源综合监管信息系统、城市三维规划地理信息系统等应用系统，并紧密衔接智慧昌邑建设，为十几个已完成的应用系统提供数据服务。据初步估算，仅数据资源共享就为市财政节约经费1800万元。

（7）高密市基于平台先后开发了国土、城管及公众服务等应用系统，包括市情管理系统、国土资源综合服务管理平台、领导决策辅助系统、数字环卫管理系统、国土资源综合监管平台、供水管网资源管理系统。

（8）临朐县基于平台先后开发了数字国土地理信息系统、领导辅助决策系统、数字旅游信息系统、数字城管信息系统、城市三维规划地理信息系统、乡镇综合管理地理信息系统等多个典型应用示范系统，实现了地理信息资源的开发利用与共建共享，促进了临朐县的信息化建设，提高了城市公共管理、公共服务的能力和水平。

平台推广应用取得了明显成效，截至今年，来自福建、江苏、黑龙江、吉林、辽宁、浙江等30多个省、市（县）的超过800人次到潍坊考察学习。

（潍坊市国土资源局）

以"汕头政府在线"为抓手
建设阳光服务法治政府

近年来，我市把电子政务作为建设阳光服务法治政府的重要手段和途径，以建设"汕头政府在线"为抓手，坚持四个创新，全力推进网上审批、网上服务和网上办公，加快实施以转变职能、依法行政、公开政务、提高效能为主要内容的行政管理创新，着力推进阳光、服务、法治政府建设，全市电子政务管理与建设工作取得明显成效：制订实施《汕头经济特区电子政务建设管理办法》，进一步规范电子政务建设管理工作，建立健全政府行政管理和社会管理的长效机制；规划建设的"汕头政府在线"项目荣获"2012年度电子政务创新应用奖"和"地方最佳实践奖"，并作为优秀案例入选国家电子政务理事会编撰的《地方电子政务十大应用丛书》，该项目为我市申报并荣获"全国年度39个"宽带中国"示范城市（城市群）之一"的荣誉称号做出积极贡献；该项目的重要组成部分——"广东省网上办事大厅汕头市分厅"于2013、2014连续两年荣获"政府门户网站精品栏目奖"。

一 "汕头政府在线"基本情况

（一）建设思路和系统构架

"汕头政府在线"整合了原有的行政审批、电子监察和政府办公资源网，把"网上办公、并联审批、电子监察、公共服务"等功能汇总集中，构建了全市统一的电子政务外网平台，体现了"一个网络、两个窗口、三类应用、四项支撑"的鲜明特色。项目建设以政府招标购买服务的方式实现，系统相关软件、硬件及网络由中标方提供，信息资源的管理和维护由市政府负责，做到充分利用和共享社会的信息化资源和技术力量，并可根据需要随时增加应用模块，有效地防止重复建设和浪费。

一个网络，即整合汕头市政府办公资源网，构建全市统一的电子政务外网网络平台。

两个窗口，一是物理窗口，以市行政服务中心为依托，建设面向企业和市民提供公共服务的实体大厅；二是网上窗口，整合市政府门户网站，建设网上办事大厅，接受企业和市民网上事项申报和反馈。

三类应用，一是办公自动化系统，建设全市统一的办公自动化系统，建立全市数据交换中心，消除信息孤岛，整合全市各部门横向、纵向的信息资源，实现各政府部门之间的数据交换、协同办公，为全市公务员提供网上统一办公平台，实现办公自动化以及远程移动办公；二是行政审批系统，整合全市各部门行政审批业务，建立行政审批平台，实现"外网受理、内网办理、多渠道答复、全方位监督"的多部门联合审批，把各部门分散办理的行政审批、办证、收费等服务事项集中起来，统一办理，统一监督，方便群众办事，提高行政效率，进行"阳光"操作；三是行政电子监察系统，继续推进行政电子监察系统的应用，对运行在市行政审批和公共服务综合信息系统上的各项业务活动进行实时监察，实现实时监控、预警纠错、绩效评估和信息服务等功能。

四项支撑，一是应用支撑，主要是对电子文件库、政策法规库、办事指南库和行政审批库等公共资源数据库的建设，同时构建汕头市电子政务平台基础框架，为各应用系统提供基础服务支撑；二是基础设施支撑，即加强网络、服务器等硬件基础设施建设；三是安全平台支撑，即建立全市统一的安全平台；四是运维体系支撑，即建立完善的运维管理体系。

（二）建设运行情况

我市坚持抓顶层一体化设计、集约化建设，侧重跨部门业务协同。2009年开始规划建设汕头市行政审批和公共服务综合信息系统，2012年9月启动建设"汕头政府在线"。经过两年多的建设，搭建起覆盖面广、功能齐全、安全可靠的电子政务系统，有效整合了全市各部门的政务资源和公共服务资源，部分重要应用系统实现互联互通，信息资源公开和共享机制初步建立，运行管理机制逐步形成。通过建设全天候"网上政府"，构建"对内一张网办公、对外一站式服务"的电子政务模式，实现全市办公自动化系统、网上审批网络系统、电子监察系统统一架构，逐步实现政务网络系统建设从局部向整体统一规划转变、应用系统建设由单一向资源整合转变、系统建设从重视基础设施投入向重视应用水平提高方向转变，避免重复建设，消除信息孤岛，为实现条块综合联动、构建无缝政府奠定了基础。

首先，在基础网络建设方面，"汕头政府在线"项目总体建设应用单位共134个，其中，应用接入单位61个、数据交换单位31个、终端接入单位42个。目前已完成所有单位的线路建设工作，网络设备与安全设备也已安装调试完毕，各单位均已具备访问、应用"汕头政府在线"的条件，并已全部上线应用。全市6区1县也已铺设电子政务专线，联通各区县政府和"汕头政府在线"核心网络，实现市政府办、市直单位与区县政府办之间的网上公文交换工作。为做好全市统一的电子政务外网进一步向区县、镇街、村居的延伸建设，市电子政务办组织制订了《汕头市政务外网区县网络建设指南》，向各区县征求意见，并举办专家论证会，形成专家组意见，指导区县政务外网的建设工作。其次，在应用系统建设方面，截至2015年12月底，各单位累计登录办公自动化系统约63万人次，累计办文约15万件，网上公文交换约25万件，完成行政审批业务约4.7万件。此外，系统还开发了移动办公功能，自2015年启用以来，累计移动办公约15万件，初步构建"全天候、全区域"的办公模式。目前，系统应用情况良好，已成为各单位对内办公和对外服务的重要工具，特别是在办文方面，已产生了一定的规模效应，有力地推进了机关无纸化办公，提高了办事效率。

二　配套措施和做法

（一）推进电子政务立法，为建设服务型政府提供信息化支撑

我市在推进全市电子政务发展的过程中，坚持制度先行，积极探索通过立法手段，专门就全市统一的电子政务外网平台——"汕头政府在线"的性质和应用要求作出规定。通过立法，对该系统所确立的行政流程进行固化，从源头上减少人情办事、违纪违法审批等问

题，为建设阳光法治服务政府构筑良好的信息化支撑环境。《汕头经济特区电子政务建设管理办法》（汕府令第164号）已于2015年8月28日经市政府第十三届70次常务会审议通过，于9月4日公布，于10月10日起施行，内容涵盖了电子政务建设的规划、审批以及网络信息资源、业务应用和安全系统的建设管理等方面内容，同时，该办法参照国内外电子政务建设管理经验，在电子政务项目评审上进行大胆创新，如将电子政务申报制度与财政部门的预算草案编制工作有机结合，引入项目第三方评审机构等，将在电子政务的统筹规划、资源整合、提高资金的使用率等方面发挥重要作用。为更好地贯彻实施该办法，市电子政务办联合市财政局印发了《关于贯彻落实〈汕头经济特区电子政务建设管理办法〉进一步加强电子政务项目管理有关工作的通知》，完善项目征集、申报、评审、立项、建设、验收等环节的管理流程，进一步规范项目的建设管理工作，促进电子政务健康持续发展。

（二）加强"汕头政府在线"信息安全管理，探索构建电子政务安全服务体系

在推进"汕头政府在线"系统建设过程中，我市高度重视信息安全工作，在该项目所有应用单位中启用个人数字证书和桌面终端管理系统，在各接入终端部署安全防病毒系统。登录办公自动化系统须通过用户密码和数字证书PIN码双重安全认证，接入"汕头政府在线"的终端须先经过注册、审核方可使用系统，以确保各接入终端"专机专用"。同时，制订实施《关于加强"汕头政府在线"安全管理有关工作的通知》、《"汕头政府在线"运维工作八项规定》、《"汕头政府在线"故障应急处理制度》等方案，为系统的安全应用和运维管理提供制度保障，也为构建电子政务安全服务体系积累经验。

三 取得成效

我市以建设"汕头政府在线"为契机，为全面深化改革，建设阳光服务法治政府进行了积极有效的探索和实践，取得了"四个创新"的成效。

（一）创新政府行政管理模式

"汕头政府在线"将服务公务员的内部办公系统、服务公众的行政审批系统和全流程监督的电子监察系统整合在一起，打造覆盖市级几千个公务员应用的综合电子政务系统，其实质就是在网络时代构建一个网上政府，实现实体政府的网上延伸和服务的全天候。首先，实现了机关公务人员"全天候、全地域"的办公新模式；其次，严格按照中央、省的工作部署，对全市行政许可、非行政许可事项及其他公共服务事项进行全面梳理，特别是对涉及投资、社会事业领域和非行政许可审批项目进行梳理和改革，及时组织清理、确认应进驻网上办事大厅事项，对办事流程进行优化和再造，通过法制化梳理，设定行政机关的职权范围、办事的程序和时限，统一组织上线，确保事项应进尽进，实现了审批事项流程法制化、规范化、标准化；再次，汕头将完善综合政务服务体系、电子政务、行政审批电子监察等工作纳入《汕头经济特区预防腐败条例》中系统推进，并将"汕头政府在线"建设纳入"汕头市委、市政府重大决定事项电子监察系统"实行专项效能督办，确保各项任务按时保质落实到位。通过"汕头政府在线"的建设和运行，全面提高政府部门依法行政的能力，强化行政组织管理，形成高效、廉洁的工作机制，构建政府行政管理新模式。

（二）创新政府公共服务模式

"汕头政府在线"通过整合资源，挖掘拓展新的便民服务应用，实现后台审批、前台服务的全程电子化公共服务模式，全面创新政府公共服务模式。将综合政务服务工作从"实体大厅"向"网上大厅"延伸，有效地突破了行政服务中心"前店后厂"的物理障碍，为民众提供"一站式"无缝服务，避免出现政出多门、"门难进、脸难看、事难办"等情形，变8小时政府为24小时服务的"全天候政府"。积极推进街道、镇网上办事站建设，加快推动公共服务向基层延伸，实现群众办事"大事不出镇，小事不出村"。与此同时，目前项目正在开发自助服务终端，包括可以通过 Ipad 版、智能手机版、社区柜员机等服务终端访问网上办事大厅，为公众提供更多的便民服务渠道，并将与政务微博、短信、微信等信息化方式结合起来，贴近公众开展政民互动和公共服务。同时，紧跟省的建设步伐，积极推进电子证照库的建设应用，以突破申报材料和证照电子化瓶颈，进一步提高网上办事的便捷性和安全性；积极探索市民个人网页和企业专属网页建设，推动政务服务和公共服务的惠民应用，构建政府公共服务新模式。

（三）创新政府向市场购买服务机制

"汕头政府在线"的建设是通过市政府公开招标购买第三方服务的方式实现的，是电子政务建设模式的创新。系统的软件、硬件及网络由服务提供商提供，信息资源的管理和维护由市政府负责。政府向市场购买服务的机制，其优势体现在以下三方面：一是充分利用和共享社会的信息化资源和技术力量，大大减少政府的一次性财政投入，并能有效地借助第三方的技术、资金、运维力量，快速实现政府的需求。二是各部门不再自行开展软硬件投资建设，有效地防止了重复建设和资源浪费，最大限度地提高了资金利用率。而且，市财政不再拨款给各部门独立建网，所有的电子政务建设都归口到市的统一网络上来统筹安排建设，既有效地革除了信息孤岛的基础，又能真正实现电子政务的统一规划、统一网络和统一管理。三是这种建设模式具有动态成长的特性，可以根据实际需要随时增加应用模块，让信息化系统逐步成长、逐渐完善，为我市政府的办公、管理、服务工作提供强有力的支撑。随着"汕头政府在线"项目建设和应用工作的不断深化，我市电子政务网络覆盖建设不断完善、各种应用不断成熟，这项创新性的电子政务建设模式的优越性将不断彰显，政府向市场购买服务的机制将不断优化并得以推广。

（四）创新电子政务管理体制机制

我市专门成立了"市电子政务管理办公室"，负责全市电子政务的规划、管理和推进工作，并与"市行政服务中心管理办公室"（市政府 12345 热线管理中心、市公共资源交易管理办公室、市企业投资管理服务中心、市企业投诉中心）合署，将网上、网下的政务服务统一整合为一个部门协调管理，将电子政务与政务服务、公共服务、公共资源交易管理有机结合起来，有效促进网上大厅与实体大厅的协调联动和融合发展，创新综合政务服务体系的管理机制，极大地提高管理效能。

目前，"汕头政府在线"已基本完成全面覆盖期建设各项任务。我市将通过该项目的建设和长期运行，逐步建立健全电子政务的长效管理机制和运行机制，全力构筑一个"低成本、高效率、重法治、可持续"的信息化支撑环境，全面提高政府部门依法行政和公共服务的能力，构建集政府行政管理、社会管理和便民服务于一体的新模式，推动汕头加快振兴发展，同时也为全市深化改革，推进综合政务服务体系，建设阳光服务法治政府提供新经验。

（汕头市电子政务管理办公室）

汕头市政府为群众提供"一号式"热线服务

为认真贯彻落实省委、省政府开展"两建"工作有关部署，围绕建设统一、开放、竞争、有序的市场环境的总目标，全面提升消费维权效能，根据《广东省市场监管体系建设工作方案》、《广东省消费维权和社会监督体系建设工作方案》和《关于贯彻落实省政府领导同志重要批示精神加快推进消费维权投诉举报统一话务平台建设的通知》等文件要求，汕头市政府决定建设集办事咨询、社会救助、投诉举报、意见建议为一体的"汕头市政府12345热线"综合性政府语音服务平台。根据汕头市人民政府第38次常务会议和《市政府工作会议纪要》精神，2013年9月初，汕头市行政服务中心管理办公室与中国电信股份有限公司汕头分公司达成合作协议，正式启动汕头市政府12345投诉举报统一话务平台的建设。按照实现"一号对外"、推行"两级管理"、打造"三层网络"、建设"四个平台"、制订"五项规范"的总体建设思路，整合全市非紧急类政府服务热线为"汕头市政府12345热线"，组织协调市各职能部门、各区县政府，按照"事事有回音、件件有落实"的工作要求，统一负责办理社会公众通过热线电话提出的办事咨询、社会救助、投诉举报和意见建议，切实解决当前政府部门对外公布的热线电话过多、遇到跨部门、跨层级问题难以协调解决、现有热线电话缺乏统一的服务标准等有关问题，提升政府部门对外服务热线的服务效能，推动政府部门依法行政和科学决策，推进我市服务型政府建设。

2013年12月31日，汕头市12345投诉举报平台暨汕头市政府12345服务热线（以下简称汕头市政府12345热线）正式开通，标志着汕头市政府政务服务迈入一个新的阶段。

一 服务平台

随着改革开放的不断深入，汕头市政府12345热线平台有助于政府职能由过去的"管制型政府"逐步向"服务型政府"转变。平台推动实现政府职能部门政务公开的服务、管理和保障，为企业和公众提供高质量的公共服务，是政府最重要的职责之一。

（一）统一话务受理平台

除110、119、122、120等报警和紧急救助热线以及纪委、检察院、法院的举报投诉电话外，将全市各政府部门对外公布的各类咨询、投诉、举报电话整合到汕头市政府12345热线的综合性政府语音服务平台，统一接听社会公众反映事项、统一向社会公众反馈办事结果。较好解决了目前政务部门的服务热线多而乱，市民有事不知打哪个部门的电话、知道部门又记不住号码、查到号码又可能打不通的问题。

（二）统一服务管理平台

根据汕头市政府 12345 热线具体业务涉及"接、转、办"的工作实际，接听工作采取服务外包形式，由项目服务外包单位负责。交转和办理工作的组织协调，由汕头市政府 12345 热线管理机构负责，具体组织架构是：一是在决策层面，成立市政府 12345 热线管理委员会，作为议事协调机构，负责全市热线建设管理工作的规划决策、组织协调、检查督促。二是在执行层面，设立市政府 12345 热线管理机构，主要负责 12345 热线话务平台的建设和日常管理；制定 12345 热线的发展规划、工作规范、服务标准、业务流程、监督措施和考核办法；组织开展 12345 热线业务事项的接收、受理、交办、直办、呈办、督办、重办、核查、终结等日常工作；检查、督促、跟踪、回访、考核各承办单位办理 12345 热线业务事项的工作情况；定期汇总、统计、分析、通报 12345 热线受理和办理的各类政务服务诉求信息及话务平台的运行情况；收集反映社情民意，为市委、市政府提供决策参考。

热线话务员受理市民电话诉求，认真登记和与诉求市民确认后形成诉求工单保存在系统，12345 热线管理机构核查系统保存的每一张诉求工单，按工单的诉求内容转派工单到相应的职能部门，职能部门接到诉求工单后在规定的时限内落实解决，并通过工单系统把办理结果反馈到 12345 热线管理机构，12345 热线管理机构对职能局办理情况进行审核、督办、统计、分析，定期向政府门户网站公开办理结果。

（三）统一保障的知识库和信息平台

各单位将本单位有关政策信息、热点问题、办事指南、服务信息等政务公开的内容，统一储存在 12345 服务器的知识库平台，知识库内容的采集、整理、更新、修改由相应的各职能局负责，供汕头市政府 12345 热线用于解答社会公众提出的各类政策和公共服务咨询。设立信息平台，负责"汕头市政府 12345 热线"的信息化建设，定期汇总、统计、分析、通报汕头市政府 12345 热线受理和办理的各类社会公众反映诉求及话务平台的运行情况；研究分析汕头市政府 12345 热线中群众关心的热点、难点问题，及时掌握社情民意，反映群众呼声，为市委、市政府提供决策参考，由市政府 12345 热线管理机构负责。

（四）统一监督平台

汕头市政府 12345 热线设立监督平台，由市政府 12345 热线管理机构和市效能办负责，负责检查、督促、跟踪、回访、考核各承办单位办理 12345 热线业务事项的工作情况，并对违反规定的行为发出指示信号，实施预警和纠错。对诉求处理的过程进行实时跟踪和监察，监督各单位按规定流程办理每单投诉的登记、受理、办理、答复。监督平台可根据职能部门处理工单的响应时间、处理时间、处理个数、服务质量、满意度以及红黄牌的警示次数等指标形成多维度的统计报表，对 12345 业务进行日常管理、协调、督办、测评，效能监督单位可根据统计报表对各职能部门进行考核和评分，并做出相应的处理措施对职能部门处理市民诉求的结果进行考核。

（五）安全信息保障体系

平台实现客户数据与平台资源的相对独立性，不同的客户拥有独立的管理权限，数据及录音文件保存在各自独立的存储空间，互不干扰，确保不同客户数据的信息安全。

政府各职能部门访问平台时，先连接到边界防火墙，通过 NAT 地址转换成平台的内部地址，经过 10 兆 MSTP 数据专线，抵达平台下沉资源的 3 层交换机，访问平台的工作及知识库系统。而且在不同地市之间也安装了防火墙，防火墙限制各地市应用服务器地址段的访问，未经授权允许不能访问，确保了平台的工单安全和政府信息保密。

二　成果创新

汕头市政府 12345 热线平台分为：服务平台、话务平台、流转平台、监督平台、保障平台（知识库），是一项将传统政府公共服务管理与信息技术紧密结合体制创新的系统工程，也是一项需要不断投入人力、物力长期建设的系统工程。平台是在构建热线电话 12345 嵌入式的政民互动平台，依托电话、短信、手机等信息技术手段，为市民提供了良好的政府公共服务，拓展市政府与广大人民群众沟通渠道，实现"民有所呼，我有所应"，以信息技术积极推动和谐社会和阳光政府建设。

三　成果效益

（一）统一平台"一号对外"效益

汕头市政府 12345 热线平台整合政府 59 个部门，共 69 条服务热线。平台的建成，实现了政府"一号对外"，为广大市民提供全方位的服务，建立"集中接听登记、按职分转办理、定期反馈回访、应急指挥调度、信息汇总分析"的高效、便民的处理机制，深受市民的赞许。截至 2015 年 12 月 31 日，共受理市民来电 44.11 万宗，办结 42.72 万宗，办结率96%，群众对政府服务的满意度逐年提升。

下一步在传统电话服务的基础上将逐步发展微博、微信、网页等多种手段，方便群众进行办事咨询，行政投诉，维权申诉等，打造"12345，有事找政府"的服务品牌。

（二）统一平台经济效益

汕头市政府 12345 热线平台将有利于整合行政资源、规范服务流程，提高公共服务效率和质量。很大程度上避免了各职能部门因独立建设而造成的重复投资浪费，降低总体建设成本，减少财政浪费。同时，在项目建设运营中提供了数量可观的技术岗位，服务岗位，较好地促进了本地的劳动就业工作。

通过 12345 统一平台的建设，有效地提升了城市综合管理能力及城市服务水平，拓宽了为民服务渠道，使政府各职能部门更广泛地了解民情、倾听民意、集中民智，搭建百姓与政府之间最有效的沟通桥梁，改善经济发展环境，促进经济社会发展。综合而言，12345 统一平台有效地促进了服务型政府建设，具有良好的社会效益。

（三）统一平台接通效益

汕头市政府 12345 热线平台采用集中管理的本地座席部署方式，由咨询代表负责提供咨询、投诉、举报等服务。实现部分话务外包，彻底解决人力不足与话务需求逐年递增的矛盾，提供充沛的热线资源，让接通率始终运行在 95% 以上，从根本上解决热线难打问题。

（四）统一平台服务效益

汕头市政府 12345 热线平台提供职能局登录，职能局直接获取相关的工单信息。原职能局的话务系统座席升级为专家座席，有效处理疑难诉求问题；原职能局中无话务系统的统一使用新的 12345 政府服务热线系统。

（五）统一平台社会效益

汕头市政府 12345 热线平台是通信与计算机技术相结合的产物，以信息技术为核心，以公众电话网为基础，提供 24 小时的市民服务平台，相对单一的媒体或网络而言，具有快速、高效、适时、全方位的信息服务优势。12345 政府服务热线平台是电子政务的拓宽和延伸，有效疏通了市民与政府的沟通渠道，重点解决了 8 小时、节假日以外的服务问题。12345 服务热线将新型的服务理念与模式应用到政府工作中，是政府与群众沟通、倾听群众意见和建议、便民利民的有效渠道。12345 服务热线的建设，对全面提高依法行政、促进政务公开，加快建设廉洁、勤政、务实、高效政府，改善经济发展环境具有重要意义。

四 结论

汕头市政府 12345 热线平台，通过信息化手段与政府服务的有效结合，集中受理群众的意见、建议和投诉，及时解决群众反映的热点和难点问题，为群众提供"一号式"政府服务。同时，通过对市民诉求信息的收集、储存、汇总、分析，使政府职能部门有效地对群众反映热点和难点问题进行量化的总结和分析，及时发现工作中存在的问题，有效地提高各职能部门的工作效率、改善各相关部门的工作作风。

汕头市政府 12345 热线平台，打造"12345，有事找政府"服务品牌，充分发挥政府服务热线的功能和作用，提高民众对政府工作的满意率，加强市民对政府的信任度，增强党和政府的"为人民服务"的良好形象。

（汕头市行政服务中心管理办公室）

优化代表委员提案流程，打造参政议政便捷平台

为推动人大、政府、政协系统信息化建设，优化工作流程，提高议案提案办理工作的质量和效率，为人大代表、政协委员参政议政提供更加便捷高效的渠道，2006 年底，在汕头市政府办公室（以下简称"市府办"）的牵头协调和市人大办、市政协办、市信息中心的共同参与下，我市启动建设"汕头市议案提案网上交办系统"，并于 2007 年初市"两会"前夕投入使用，实现了议案提案在线撰写提交和办理流程自动化。为适应代表委员参政意识增

强、履职能力提高对议案提案办理工作智能化、透明化提出的新要求，2012 年系统升级改造为"汕头市议案提案动态管理系统"，实现了议案提案从撰写、提交到办理全过程的实时跟踪。

一 系统基本情况

（一）系统用户

包括议案提案工作主管部门（市府办、市人大办、市政协办）、承办单位（目前有 83 个党政部门）、代表委员（共 439 名）、系统建设维护单位（市信息中心）以及部分授权用户（如媒体记者等）五大类。

（二）系统组成及功能

1. 专用管理终端

分别由市府办和市人大办、市政协办使用，用于议案提案的正式提交、校对、分办、交办、办理情况跟踪督办、答复反馈情况跟踪、检索查询、统计分析、报表打印、通知下发，以及议案提案资料管理、代表委员和承办单位信息管理等。

2. 承办单位网站

由各承办单位使用，用于议案提案的签收、办理、答复、与代表委员沟通、查看反馈意见等。

3. 代表委员网站

由人大代表和政协委员使用，用于议案提案的撰写（修改）、征集联名、提交、查看立案情况、查看承办单位答复、与承办单位沟通、对答复进行在线反馈等。

4. 公开查询网站

由"两会"现场代表委员、记者及相关人员使用，用于查看可公开的议案提案。分为人大查询网站、政协查询网站、综合查询网站；通过授权访问，进行安全控制。

5. 绩效评估网站

由市府办和市人大办、市政协办使用，分为汕头市议案提案动态管理系统提案办理绩效评估（政协）和汕头市议案提案动态管理系统议案办理绩效评估（人大）。系统根据主管部门设定的绩效评估标准，对每件议案提案的办理情况进行全面考核，最后以每个承办单位办理的所有议案提案平均分作为考核结果。办理数量较多的单位给予适当加分。

（三）业务流程

针对代表委员信息化应用水平的差异，系统提供两种途径供代表委员提交案件，一种是网上提交（在线撰写议案提案后，可选择直接提交和暂时保存、待修改完善后提交），一种是现场提交（包括电子文档和纸质文档，由录入员协助将其内容录入系统后提交）。经交办部门审核、校对、分类后，确定为议案、议案转建议、建议、提案等。

交办部门根据议案提案的内容、类别确定承办单位和办理类型后交办到各承办单位（当分办件有误时可重新分办），承办单位接收议案提案后进行签收（包括签收、拒收、退回等），然后开始具体办理、建立答复，并将答复情况告知代表委员和交办部门。

代表委员通过登录办公系统（代表委员网站）在线填写对承办单位答复的反馈意见，完成办理流程。

（四）运行数据

从2007年到2015年，我市"两会"的议案提案办理工作（包括提交、分办、交办、受理、催办、答复、反馈）均通过该系统顺利完成，共交办人大议案（含议转建、建议）670件、政协提案（不含意见、信函）1581件。

二 系统特点

（一）采用先进的智能全文分析引擎和内容相似度计算等技术，为提高议案提案撰写和分办交办质量提供了可靠的依据

在撰写议案提案时，系统能根据代表委员提出的案由，即时检索出往届与该案件内容相同或相似的已经立案的议案提案，并按相似程度从高到低排列，供代表委员参考。同时，代表委员可以登录网站，随时根据关键词查找政策法规，了解所提内容是否符合相关法规和政策的规定，从而准确把握所提案由的社会关注度和政策允许度以及发展现状，自行决定是继续提交该案件、还是补充材料后再提交或者重新选题，大大提高了议案提案的撰写质量。交办部门在分办案件时，系统也会根据智能全文分析引擎计算的内容相似度结果，从高到低列出历届两会类似的议案提案分办情况，大大提高了分办准确率和交办人员工作效率。

（二）通过对议案提案办理情况进行全程跟踪，并对违反程序要求的行为自动进行提醒、警示，为加快办理进度、提高办理效率提供了有效的手段

主要体现在三个环节。

1. 交办受理跟踪

系统实时跟踪议案提案的分办情况，当案件交办或重交办到某单位后，会发送短信通知承办人。对超过10天还未签收的案件，系统会再次发送短信提醒承办人及时受理。

2. 办理答复跟踪

系统实时跟踪议案提案的答复情况，当某案件半个月后将达到办理期限，系统即自动对承办人发送短信提示；当案件超过办理期限时，系统将自动发送短信给承办单位领导和承办人予以警示。

3. 办结反馈跟踪

当承办单位对议案提案进行答复后，系统自动跟踪答复超过20天的案件，并发送短信通知提案人及时登录代表委员网站对答复情况进行反馈，为评价和改进承办单位工作提供重要的民意参考。

（三）对议案提案办理的质量和成效进行全面综合评估，为准确掌握议案提案办理绩效提供了量化的依据

绩效评估主要包括四方面内容。

1. 重视程度评估

根据是否落实分管领导、承办科室以及具体承办人员进行评估。

2. 办理程序评估

根据议案提案是否及时签收并制定办理方案、是否与提案人沟通并及时答复、是否落实反馈情况进行评估。

3. 工作量评估

根据案件的办理性质（主办、承办、分办、会办）和重要程度（是否属于大会议案或重点提案）进行评估。

4. 办理实效评估

分两个层面：一是单位自评，承办单位根据是否已经采纳落实提案人意见建议、是否将有关意见建议列入工作计划或吸纳到有关法规规章、是否就不同意见与提案人沟通并达成共识做出自我评价；二是提案人评价，即对议案提案办理结果满意、基本满意或不满意。

（四）系统为管理终端用户（市府办、市人大办、市政协办）提供多种辅助功能

这些功能主要包括历年议案提案的统计、综合分析信息，在办议案提案的实时显示，报表打印、通知下发等，便于主管部门随时查询了解有关信息，更好地指导和开展工作。

三 取得成效

议案提案工作是代表委员履行参政议政职责，反映民情民意、监督政府工作的重要手段。我市积极顺应信息时代民主政治发展的新形势、新要求，利用互联网等技术优化政府流程、提升服务能力，为代表委员参政议政提供高效便捷的技术平台。"汕头市议案提案动态管理系统"已成为我市"两会"重要的业务和技术支撑平台，成为连接人大、政协、政府部门和代表委员的重要桥梁。

（一）提高了政府部门的行政效能和服务水平

通过议案提案办理流程的梳理和网络化、智能化，对主管部门、承办单位的现实业务流程起到了优化和再造的作用，促进了各部门管理理念的转变，变"代表委员跑腿"为"主动为代表委员服务"。同时，通过智能分办、实时跟踪等手段，辅以资料查询、统计分析、报表打印、短信通知等功能，大大减轻了交办部门和承办单位的工作压力，提高了交办的准确率和沟通的有效性，加快了议案提案办理速度，交办时间从原来手工操作的3个月缩短为一周甚至两三天。此外，满意度评价、绩效评估功能也为代表委员监督政府部门提供了有力的技术手段，敷衍应付、推诿拖拉等现象得到有效遏制，代表委员对议案提案办理工作的满意度逐年上升。

（二）增强了代表委员履行职责的自觉性和积极性

该系统的建成改变了传统的参政议政方式，代表委员可以不受时间地点限制在线提交议案，并就承办单位的办理情况提出质询、进行满意度评价，促进了交办部门、承办单位与代表委员间的沟通联系，有效调动了代表委员参政议政的积极性；通过实时跟踪、提供政策法

规查询、内容相似度比较等，为代表委员认真履行职责、提高参政议政水平提供了有力的技术手段。同时，主管部门加大信息公开力度，将每年两会收到的议案提案内容在市政府门户网站公开披露，公众可对代表委员履职情况进行监督评议；对新进代表委员和承办单位开展系统业务培训，进一步规范了代表委员的参政议政行为。近两年"两会"收到的案件数量明显增多，质量也不断提高，特别是代表委员利用现代信息技术手段的意识和能力逐步增强（从开始不足10%的网上提交率到目前100%实现网上提交，关注的领域和问题也更加广泛、深化），促进了我市议案提案工作整体水平的提升。

（汕头市信息中心）

第六篇

"互联网 + 诉讼服务"
专项成果

"互联网＋诉讼服务" 综述

2015 年，最高人民法院紧紧围绕全面推进依法治国战略部署，以"四五"改革纲要为指导，以实现审判体系和审判能力现代化为目标，强力推进全国法院信息化建设。各级法院高度重视、主动作为，依托"互联网＋"、大数据、云计算等技术，促进法院工作线上、线下融合，基本建成以互联互通为主要特征的人民法院信息化 2.0 版。

一 北京市高级人民法院

按照最高法院部署要求，北京法院在全国率先建成全市三级法院统一的司法公开和诉讼服务平台，实现了裁判文书、审判流程、执行信息三大公开和各类审判动态信息、审务信息全公开，并依托全市统一的审判信息资源库，建立了法院内网、互联网、移动互联网"三网合一"基础上的立体化诉讼服务平台，实现了"服务对象全覆盖、服务手段多元化、服务内容同质化"。

目前，北京法院已经建成了立体化诉讼服务平台，有效促进了全市三级法院诉讼服务水平的提升，使其运转更加顺畅、办事更加高效、服务更加贴心，为当事人、律师和社会公众提供全方位、多层次、立体化的诉讼服务。

二 山西省祁县人民法院

祁县法院通过建立 8 套科技法庭和 1 套远程提讯视频庭审终端，打破时间和空间因素对庭审活动的限制，实现庭审过程公开、公正、高效、真实、透明，最大限度规范了庭审活动，提高了庭审效率。

科技法庭的建设极大地方便了法院工作人员、其他司法人员、普通民众借助信息化网络和信息终端，实时了解庭审过程，体现了法院审判的公正与透明，充分展现和提升了法院的司法形象，成功塑造了司法公平、公正和公开及阳光审判的形象。

三 吉林省蛟河市人民法院

吉林高院在提出建设吉林电子法院的工作目标后，于 2015 年 6 月 19 日正式开通吉林电子法院，标志着国内首家电子法院建成。

蛟河法院作为全省电子法院建设的试点单位，率先进行了电子法院系统基础建设，并在短短三个月的时间内进行了有效的铺开，完成了以诉前教育电子系统、立案环节电子系统、审判环节电子系统等七大电子诉讼系统和公文管理电子系统为基础的电子法院建设，成为全省率先全面应用电子法院系统的基层法院。

四　黑龙江省鸡西市鸡冠区人民法院

黑龙江省鸡西市鸡冠区人民法院在信息化建设上，一直坚持高起点规划、高标准配置、高效率运行、高质量服务的建设原则，先后引进了各类信息化应用系统40余款，形成了"审判科技化、管理智能化、办公集约化、便民高效化"的信息化应用格局。

目前，信息化服务于法院工作的各个方面，提高法院工作质效，审判执法透明公开，提升群众满意度，推进审判工作走向了现代化，极大促进了鸡冠区法院打造公信法院的进程。

五　上海市高级人民法院

为解决立案难、诉讼难、联系法官难等突出问题，落实市高院崔亚东院长提出的"把方便留给群众，把困难留给自己"的要求，2013年8月初方案启动，到2013年12月上海法院已在全国法院率先建立了12368诉讼服务平台。

上海法院12368诉讼服务平台是将热线、短信、网络、微信、移动APP、律师服务平台等应用和窗口服务融为一体的综合性诉讼服务平台，具备联系法官、查询案件、法律咨询、投诉信访、材料递交等18项功能。同时将全市法院原有的70多条热线全部并入12368，实行一号对外，方便群众。

六　江苏省高级人民法院

为了让社会了解法院、理解法院、支持法院，提升司法透明度和司法公信力，江苏省高院积极推动司法公开。近年来，江苏各级法院认真贯彻最高法院的政策要求，积极推进庭审实况视频直播的组织实施，庭审公开工作取得长足进步。

目前全省法院都已建成互联网庭审视频直播平台，支持法院官网、微博、微信、手机APP等多平台直播。随着司法公开的深入推进，近两年直播案件数量呈现爆发式增长趋势，2015年直播案件超过16000件，江苏法院庭审公开工作得到了社会各界的认可和好评。

七　浙江省高级人民法院

为顺应互联网和电子商务发展的需求，深化"互联网＋审判"改革，浙江法院推出电子商务网上法庭，以互联网技术和电子商务交易数据为依托，实现从立案、送达、证据交换、庭审、调解到判决、执行每一个环节全流程在线解决的审判新模式。

电子商务网上法庭充分运用电子商务的在线证据，发挥网上调解、裁判的便捷优势，不受时间、空间、地域限制，实现"网上纠纷网上解，网上纠纷不下地"，契合电子商务与司法的跨境、跨行政区划发展，有利于规范电子商务交易行为，维护电子商务的法治秩序和诚信环境。

八 安徽省合肥市中级人民法院

近年来,合肥中院深刻认识到:信息化是法院未来发展的重要增长点,只有牵住了这个牛鼻子,才能实现和促进法院工作的科学发展。合肥中院以服务群众诉讼、服务法官办案为中心,大力推进法院信息化建设转型升级,将互联网技术与法院工作进行深度融合,做好"互联网＋"大文章,全面打造智慧型法院。

信息化的深刻变革带来了审判质效的显著提升,2015年合肥中院审结案件21506起,同比上升11.58%,法官人均结案236件,继续保持"三升一降"的良好态势。

九 福建省泉州市中级人民法院

"互联网＋"是这个时代一个重要的机会和使命,"＋"代表一种突破自我的附加值,"＋"代表相互连接,"＋"代表携手合力。

2015年泉州中院经过深入研究论证,在全国首创推出"家门口诉讼"新模式,即将案件审判执行的各流程、各环节、各节点涉及当事人的所有事项,按照不同的性质进行剥离重组、区别处理,分解、分流到管辖法院与各协作法院之间进而实现重组、重建,建立中院及全市基层法院、人民法庭连锁联动、互联互通的诉讼流程运行新机制,最终形成"家门口诉讼"的新模式。

十 广东省深圳市中级人民法院

破产案件信息公开是服务"供给侧"改革的重要手段,是深化司法公开的重要举措。建立破产案件信息公开平台主要着眼于增强破产审判工作的透明度和公开性,保障社会公众对破产审判工作的知情权、参与权和监督权,充分发挥破产审判净化市场、服务经济的职能。

深圳中院开发建设的破产信息公开平台,已上线试运行。这是继其推行审判流程公开、裁判文书公开及执行信息公开三大平台之后,在司法公开领域实施的又一创新举措。

十一 重庆市高级人民法院

为进一步贯彻司法为民宗旨,提高巡回办案能力,加大普法力度,延伸诉讼服务,重庆法院践行群众路线,融合互联网、物联网等现代信息技术,研发出"互联网＋诉讼服务"的巡回审判系统,走出了一条适应重庆大农村、大山区的司法便民之路。

该系统以部署在法院办公内网、互联网的巡回审判管理平台为支撑,以流动车载法庭、便携式数字巡回审判包等为载体,把诉讼服务高效便捷地延伸到老百姓家门口,真正实现了办理一案、教育一片的司法服务目的。

十二 新疆维吾尔自治区高级人民法院

新疆法院信息化建设起步于2003年,历经十多年的发展,已经实现了三级专网全覆盖。

2015 年，新疆维吾尔自治区高级人民法院党组决定通过三年的时间将新疆法院信息化建设提到一个新的层次、踏上一个新的台阶，达到全国法院中等以上水平。

经过 2015 年一年的努力，新疆维吾尔高级人民法院共向信息化建设项目，投资近 8000 万元改造中心机房、升级核心应用系统。信息中心的建设，使得新疆法院审判执行搭乘信息化快车提速，司法提质增效，落实阳光审判，服务各族群众的"最后一公里"打通并愈加顺畅。

（最高人民法院信息中心供稿）

北京法院立体化诉讼服务平台

按照最高法院部署要求，北京法院在全国率先建成全市三级法院统一的司法公开和诉讼服务平台，实现了裁判文书、审判流程、执行信息三大公开和各类审判动态信息、审务信息全公开，并依托全市统一的审判信息资源库，建立了法院内网、互联网、移动互联网"三网合一"基础上的立体化诉讼服务平台，实现了"服务对象全覆盖、服务手段多元化、服务内容同质化"。

一　建设背景

随着信息技术的迅猛发展和在社会生活中的广泛应用，人们的思维方式和行为习惯受到了深刻的影响，人民群众的司法需求呈现出新的特点。实现司法服务的零距离沟通、即时性互动、无障碍共享，成为新时期司法系统服务于人民群众的新要求。传统的诉讼服务方式已经难以适应时代的需要。互联网时代背景下，法院诉讼服务的内涵和外延产生了新的变化。作为首都法院，诉讼服务不能再仅仅满足于一杯热茶、一次搀扶、一个微笑，还要不断延伸服务，努力为诉讼群众提供迅速、便捷、无时差、跨地域的全方位服务。

二　建设路径

按照最高人民法院"大服务""大平台""大辐射"的工作要求，北京法院积极回应群众关切，坚持以群众需求为导向，探索符合首都特点的便民措施，将信息化技术与诉讼服务深度融合，依托全市统一的审判信息资源库，建立了法院内网、互联网、移动互联网"三网合一"基础上的立体化诉讼服务平台，实现了诉讼服务大厅、审判信息网、12368 热线、移动客户端等服务平台的无缝对接。

一是通过移动诉讼服务 APP，实时发布审判信息，使诉讼当事人能随时随地获得有关诉讼的静态信息和动态服务。

二是以北京法院审判信息网为载体，打造网上法院，为当事人参与诉讼提供便利，搭建当事人与法院沟通的桥梁。

三是以北京法院 12368 人工语音诉讼服务平台为核心，建立督办检查和绩效考核机制，有力促进司法作风转变，提升工作质效。

四是着力推动"互联网＋"与诉讼服务的结合，通过建设诉讼服务自助平台，提升诉讼服务的能力和水平。通过与审判信息网相互关联的诉讼服务自助终端，实现跨行政区划的文书打印、视频留言、材料上传、网上阅卷等诉讼服务，为诉讼群众提供司法人文关怀。

三 取得的成效和特点

目前，北京法院已经建成了立体化诉讼服务平台，有效促进了全市三级法院诉讼服务水平的提升，运转更加顺畅，办事更加高效，服务更加贴心，为当事人、律师和社会公众提供全方位、多层次、立体化的司法公开和诉讼服务。

（一）诉讼服务自助终端实现远程时空交流

2015 年 9 月 6 日，北京法院诉讼服务自助终端全面启动，该终端包括"公共信息"、"诉讼服务"、"我的案件"三大功能模块，为当事人和社会公众提供了 12 项诉讼服务。其中，"公共信息"模块提供法院指引、法院地图、法官信息、诉讼指南 4 类信息查询；"诉讼服务"模块提供网上立案、预约阅卷、诉讼咨询、意见反馈等 4 种诉讼服务；"我的案件"模块提供案件信息查询、裁判文书打印、诉讼材料递交、给法官留言等 4 种诉讼服务，为当事人提供了涵盖诉讼各个环节的一站式服务。

与以往相比，诉讼服务自助终端主要有三方面特点：一是跨区域、同质化服务。依托全市统一的审判信息资源库，诉讼服务自助终端实现了跨行政区划服务功能，在每一台自助终端上都能查询到北京高院下辖的任意一家法院承办的案件信息和各类审务信息，并能进行相应的诉讼活动，实现了"少跑路、少花钱、多办事"，极大地方便了群众诉讼，特别是减轻了远郊区县当事人往返法院的诉累。同时，三级法院统一的诉讼服务自助平台，也有利于促进诉讼服务的标准化和同等化，提高诉讼服务水平。二是互动式、人性化服务。通过诉讼服务自助终端，当事人能够及时跟踪了解所申请案件的处理情况，并能进行视频或语音留言，对每次请求做出满意度反馈；法院和法官可以实时接收到当事人的反馈信息，进行互动式沟通，能够有效地督促提升审判质效和服务效能，真正搭建起了法院、法官与人民群众之间沟通的桥梁。同时，自助平台提供了个性化服务，自动关联用户账号和案件信息，只需轻刷身份证，即可快速识别，显示开庭时间、审理法官、裁判文书等相关信息。三是全流程、精细化服务。通过建立数据采集、管理、挖掘、应用机制，打破数据壁垒，实现互联互通。自助平台与法院各业务系统相关联，实现了各类数据的交叉使用和"全流程、全业务"覆盖，不仅能够及时、准确查询到案件流程信息，还能查阅电子档案，打印裁判文书，扫描和上传诉讼材料，为当事人提供了更加丰富、实用的诉讼服务。

诉讼服务自助终端的设计，缩短了时空的距离，特别是为北京远郊区县年岁较大的当事人参与诉讼带来了极大便利。

王大爷居住在北京市密云县太师屯镇的一个村子里，近日有个欠款纠纷正在北京市大兴区人民法院审理。作为原告，王大爷有一份证据想向法官提交，还想对法官说明一下情况。可是王大爷腿脚不方便，太师屯镇和大兴法院位于北京市的一南一北，两地距离将近 150 公里，坐公交往返得用将近一天的时间，十分不方便。借助诉讼服务自助终端，王大爷来到离家五里地的密云法院太师屯法庭，在法庭工作人员的帮助下，顺利地将材料通过机器扫描传输给了远在150公里以外的大兴法院的法官，还通过视频把想说的话一起传送了过去。就在王大爷点击上传后，经过数据的传导，远在"南城"的大兴法院，承办王大爷案件的李法官的手机便自动予以提示。李法官打开电脑里的审判系统，点开王大爷的案件，立即看到了王大爷提交的材料和视频留言，当即对王大爷进行了回复。

儿女都在外地工作的退休工人李大爷居住在大兴区，跟着旅游团去密云旅游时出了车祸。近日，大兴法院审理这起旅游服务合同纠纷案时，需要李大爷出示此次事故的责任认定书。承办法官得知密云法院已开庭审理过司机朱某缘于此次事故的运输合同纠纷案，马上通过诉讼服务大厅的法官联系到密云法院。几分钟后，这份证据材料就从诉讼服务一体机中打印了出来。李大爷欣慰地说："你们这'一站式'服务带来的'一堂清'效果实在太好了！"

目前，北京法院已在全市23家法院和63个人民法庭部署了108台诉讼服务自助终端，实现了人民法庭的全覆盖和全市辖区的全覆盖。截至2016年2月20日，全市累计使用已达4.5万人次，其中跨区域服务6000余人次，应用效果显著，得到了诉讼群众的一致称赞。

（二）12368人工语音实现"没有当事人找不到的法官"

早在2007年，北京法院就率先在全国法院开通12368司法公益服务热线，为社会公众提供各类诉讼知识、北京市各级法院的地址路线及联系方式等静态信息。随着人民群众司法需求的多元化发展，2014年12月，北京法院正式开通了12368人工语音诉讼服务平台。通过该平台向当事人、社会公众、律师提供包括诉讼咨询、案件查询、联系法官、意见建议、投诉举报等全方位的诉讼服务。

依靠互联网的先进技术，通过北京法院安全交换平台，实现法院内网和互联网信息的交互，建立了一套完整的工作任务流转和反馈程序。它将高院总平台和各院分平台、各平台和各审判业务庭之间串联了起来。咨询诉讼事宜的电话打入后，总平台座席员会在电话界面上填写详细的来电人信息、来电描述、解答内容等，并伴有同步录音。随着电话的切转，相应的文字、音频信息同时传送。如果来电人的请求不能当时予以答复的，总平台座席员还可以向高院各相应部门、各分平台派发工单，所记载的文字、音频信息自动形成网络工单，派发至各部门、各院的联络人。各院的联络人根据工单记载的内容，可以将工单派发至案件的承办法官。

为防止接受任务的法官因工作繁忙忽略查看工单，保证服务质量，12368系统会对接受者发出短信提示，法官处理的结果，也会以短信的方式发送给当事人，真正实现了无缝对接。同时，工单处理全程留痕，派单人点击电脑就能看到工单流转、处理的全过程，此外，该平台还实现了对座席员、法官诉讼服务绩效的可视化管理，起到了监督、督促的作用，真正实现了"没有当事人找不到的法官"，让当事人的每一条咨询都能得到及时的回复。

近日，香港居民任先生在接受了北京法院12368人工语音平台提供的帮助后，向12368平台寄来感谢信。任先生在感谢信中写道："国家设立语音诉讼平台，一叶知秋，让我深深感到社会主义的优越性。"为了表达他的感谢之情，任先生还专程送来锦旗说："作为一名香港居民，感受到祖国大陆优质高效的司法服务，内心非常感激。"

12368 人工语音自运行以来，共接听来电 11 万余个，日均接听电话近 350 个，切实保障了社会公众和当事人对司法工作的知情权、参与权、表达权、监督权，积极发挥纽带作用，获得了当事人和社会公众的普遍认可。北京市委书记郭金龙在北京法院调研时充分肯定了此项工作。

（三）审判信息网让信息公开更加便捷

2014 年 1 月 1 日，北京法院正式开通北京法院审判信息网，在全国率先建成全市三级法院统一的司法公开与诉讼服务平台，实现全部生效裁判文书上网公开，立案、审判、执行、审限、结案等 8 大类流程信息全公开，和失信被执行人信息、执行惩戒信息的全公开，具体包括面向社会公众公开 73 项，面向诉讼当事人公开 93 项。通过信息共享向北京市各委办局单位公开了 195 项信息。开通 2 年以来已有 80 万当事人、2.6 万名律师注册，总访问量达到 2.07 亿人次，日均访问量达到 26 万人次。在司法公开的基础之上，北京法院审判信息网还开通了网上诉讼服务平台，架设"点对点"网上服务渠道，为当事人、律师提供了网上立案、案件查询、法院指引、网上阅卷、法规查询、预约递交材料、查看法官信息、联系法官、电子送达、纪检投诉、信访投诉等 15 项对外诉讼服务。开通以来，共接收网上缴费111 万元，网上立案申请 1 万余件，网上阅卷申请 500 余件。通过互联网、微博、微信和移动客户端等方式推动全方位公开，北京高院"京法网事"微博粉丝数已突破 420 万。建立庭审直播常态化机制，实时发布案件平均审理用时等审判动态信息和各类审务信息，2015年，北京法院选取了 374 个典型案件进行了庭审直播，提供了 419 件典型案件庭审点播，切实增强了司法透明度。在北京大学公众参与中心发布的《中国司法公开观察报告（2014～2015）》中，北京法院得分 74.83 分，位居全国第一，也是唯一一个得分超过 70 的法院。审判信息网诉讼服务栏目获得 2015 年度政府网站精品栏目奖。

（四）移动客户端让诉讼服务无处不在

运用移动互联网技术，北京法院建设了移动诉讼服务、移动案件查询和北京法院审判信息网三个移动客户端，只需将手机对准相应的二维码轻轻扫描，便可将移动 APP 软件下载到手机上。其中，移动诉讼服务、移动案件查询这两个 APP 主要为当事人、律师和社会公众提供诉讼服务，当事人、律师和社会公众可以足不出户或随时随地获得有关诉讼的静态信息和动态服务，免去了当事人往返法院的奔波之苦。审判信息网 APP 主要服务法官，手机 APP 的功能与电脑软件的功能相同，而且信息互通，法官即使没有在办公室，不坐在电脑前，也能通过手机处理工作，而且处理结果会在第一时间通知到当事人。例如，法官在外地出差时，有当事人在北京法院审判信息网上留言，询问案件进程。那么，法官的手机短信会自动收到提示，打开手机里北京法院审判信息网的 APP 查看，就能收到当事人的留言，并能通过手机 APP 及时进行回复。留言的当事人在网站上和手机上能够实时、同步收到法官的回复内容，大大缩短了法官和当事人之间的时空距离，有效提高了司法效率。

（北京市高级人民法院）

祁县大力加强科技应用　倾情打造阳光法院

本文从祁县人民法院信息化建设的现状及特点、以"司法公开三大平台"为例的实际效用、祁县信息化建设未来规划展望等三个部分着手，以"祁县人民法院信息化建设特点"和"司法公开三大平台实际效用"为核心，大力推进基础设施、应用系统、数据资源和保障体系建设，全面展现祁县人民法院在"十二五"期间，在最高院、山西省高级法院的指导下，在该院党组领导的大力支持和积极推进下所取得的信息化建设成果。

一　规范审判工作，创新管理，全面开展信息化建设

信息化建设对于促进法院工作现代化，推进国家治理体系和治理能力现代化具有十分重要的意义。当前以大数据、云计算、物联网、移动互联和人工智能为代表的新兴信息技术风起云涌。近年来该院在上级法院的指导下，坚持业务先行、技术跟进，不断加快步伐、提升水平，实现了法院工作内容与信息技术有机融合，基本建成覆盖全业务、全流程的法院信息化系统，目前祁县人民法院信息化建设已初具规模。

（一）通过信息化技术，优化业务流程、简化业务操作，减轻干警负担

该院目前使用了数字法院业务应用系统、电子签章系统、电子卷宗系统、便民查询系统等共计 18 类司法审判应用系统以及 OA 数字办公系统、文书校对系统等共计 12 类司法政务应用，覆盖我院各项主要业务。通过功能全面、操作便捷的信息系统，辅助干警完成日常审判执行工作，减少干警在重复工作和日常琐事上的精力投入，切实提高了工作效率和质量。

（二）通过信息化技术，加强业务监督、实施动态监控，促进规范执法

该院通过建立数字法院业务应用系统，一是实现了对审判流程的管理。该院相关领导可随时查看案件详情，全面了解案件办理进度，对临近审限的案件，及时提醒并督促案件承办人如期审结案件，通过案件的事前、事中严格监督，有效避免了超审限情况的发生。二是实现了对案件的常规评查。在案件评查系统中设置各类案件的评查标准，由审监庭牵头每季度对各类案件的基本信息在网上进行抽查评查，通报评查结果，奖优罚劣，通过对案件质量的例行检查，倒逼审判执行干警严格规范办理每一个案件，促进了案件质量的稳步提升。2015年底，该院荣获"全市法院审判质量先进集体"的荣誉称号。三是实现了对案件审批的统一管理。在案件办理期间，干警对涉及的需审批的每个审判执行事项，均可提请到审批平台中统一予以审批。

该院通过建立 8 套科技法庭和 1 套远程提讯视频庭审终端，打破时间和空间因素对庭审活动的限制，达到了庭审过程公开、公正、高效、真实、透明的要求，最大限度规范了庭审活动，提高了庭审效率。

科技法庭的建设极大地方便了法院工作人员、其他司法人员、普通民众借助信息化网络

和信息终端，实时了解庭审过程，体现了法院审判的公正与透明，充分展现和提升了法院的司法形象，成功塑造了司法公平、公正和公开及阳光审判的形象。

（三）借助互联网平台，方便服务群众、节约司法成本，实现为民司法

该院有效利用"互联网 + 诉讼服务"，促进了互联网技术与司法活动的深度融合，提高了法院司法活动对广大民众的服务能力。

该院目前在省高院的统筹下，建设了诉讼无忧服务平台，实现了三公开、电子送达、网上信访、网上立案预约等各种互联网司法渠道。利用互联网技术拓宽了司法活动的渠道、减轻了当事人的诉累、节约了司法成本、提升了司法公信力。

二 推进司法公开，立足长远，倾情打造阳光法院

近年来，祁县法院按照最高院《关于加强人民法院审判公开的若干意见》、《关于司法公开的六项规定》、《关于推进司法公开三大平台建设若干意见》精神，遵照《人民法院第四个五年改革纲要（2014～2018）》和《人民法院信息化建设五年发展规划（2016～2020）》的要求，以"全省司法公开示范法院"为平台（2014 年 1 月，省高院确定该院为"全省司法公开示范法院"），把信息化建设作为推动法院科学发展的重要工作来抓，把推行司法公开作为推进司法规范化建设和实现阳光透明、促进司法公正的重要切入点，不断创新工作思路，为该院各项工作顺利开展提供了强有力的技术支撑和保障。2015 年，该院荣获省高院"信息化建设先进集体"荣誉称号。近期，该院获中国法院网、人民法院报社评定的"全国法院网络宣传先进集体"。

（一）精心规划，定准目标，显见宏观未来

在办公、审判、执行均要求实现信息化管理的大背景下，祁县人民法院克服起点低、底子薄、资金不足等困难，按照"全面推进、全程留痕、权责分明、高效便捷"的信息化建设思路，以最高人民法院提出的信息化工作方向为指导，以法院实际现状为基础，以全体法院干警的工作愿望为己任，建成的"司法公开三大平台"信息化建设项目，与三级法院联网无缝衔接度达到99%以上，软硬件的应用个性化突出，灵活度相对较高，符合法院信息化长远发展目标。

（二）渗透管理，全程留痕，搭建中心枢纽

在"司法公开三大平台"建设的基础上，该院立足未来，目标定位长远。完成"司法公开三大平台"的建设只是完成了一项任务，如何让信息科更充分地发挥职能，如何让"平台"起到更大的作用，是该院一直思考的问题。近年来，该院根据各部门的运转方式，以及各部门干警的工作愿望以及习惯，以有效管理为目标，对法院工作的方方面面进行了扫描，坚持利用信息化工具能用尽用的原则，将法院的审判管理、政务管理迁移到"平台"中来。目前，该院的主流工作已经在"平台"上高效运转，特别是政务办公的文件审批工作、诉讼费及案款的退费工作等，一改以往的杂、乱工作局面，不但做到有序规范管理，而且提高了工作效率，得到了领导和当事人的一致认可。审判管理中，通过以月报、季度报、

半年报的方式通报审判各流程节点，不但完成了对审判执行人员的部分绩效考核，同时也促进了审判执行效率的提高。另外，从法院静态标示的加载与显现方面来看，以法院各部门的职能为例，人员结构的调整、人员权限的分配均按照实际工作的情况一一落实，为未来搭建法院工作中心枢纽打好了基础。

（三）主抓应用，分类培训，提高平台效能

2015年1月，"司法公开三大平台"基本建设完成，面对新配备的数字法庭、电子签章、电子卷宗、电子办公系统以及升级的新版数字法院业务等应用系统，让每个干警能够熟练使用是急需解决的问题。因此，该院制定培训计划，将全院干警按照工作性质的不同进行了分类，因人而教、因岗而教，针对不同的应用系统进行了集中培训，针对岗位职能不同的人员进行了分类现场培训，并在不断地测试中摸索制定了《信息化业务系统操作流程规则》，基本做到了让初学者看到流程就可以操作成功。2015年后半年，通过以考核带动学习的方式分类进行了数字法庭操作以及案件流程点结，并将考核结果纳入了绩效考核。目前，该院数字法庭应用已经达到590余次，所有文书盖章已经全部启用电子签章，电子办公系统流转各类审批事项1270余次。"平台"带给工作的高效、便捷已经悄然渗透到法院工作的方方面面。

（四）微博微信，互联互通，彰显司法权威

截至目前，官方微博转发信息条目14000余条。"祁法数字化"微信订阅号设置了法院官方网站链接以及祁县法院互联网直播点播网站链接、微博账号链接等，使该院在互联网的各类工具互联互通，信息发布互为映衬，彰显司法权威。2015年，该院各类裁判文书上网711篇，均分别上传于祁县人民法院官方网站以及中国裁判文书网，2015年年底，该院被晋中市中院授予"裁判文书上网先进集体"的荣誉称号。

三 依托"互联网+诉讼服务"，展望法院信息化3.0

法院信息化建设，是实现由传统管理向智能管理转变的必由之路，更是提升法院管理水平的重要途径。法院应积极带头适应信息化时代新途径、新要求，全面落实责任，逐步改变信息化建设滞后、发展不平衡状况。下一阶段，祁县法院将着重从以下四个方面入手，紧随人民法院信息化建设"十三五"规划的脚步，努力向"互联网+"和"数字法院3.0"时代迈进。

（一）优化信息化设施

信息化建设中硬件配备是基础，该院将继续加大经费投入，及时优化更换软硬件办公设施，努力形成领导带头、全员参与的信息化工作局面。

（二）强化信息化应用

继续加强审判执行干警信息化知识学习培训，针对计算机操作不熟练的人员进行培训，确保人人都能熟练运用电脑。在未来几年，该院信息化的工作重心将由不断建设转移到业务应用上。

（三）强化信息平台建设

（1）完成执行指挥中心建设，围绕"服务业务、服务管理、服务当事人"的理念，利用云技术、大数据挖掘技术等先进计算机技术，构建智能化执行办案平台、可视化执行指挥管理调度平台，为法院执行工作服务。

（2）完成诉讼服务中心建设，通过建设诉讼服务中心服务平台，融合网上诉讼服务平台、12368 热线与移动通信服务平台三大诉讼服务平台，搭建接待大厅窗口服务、触摸屏自助服务、互联网服务、移动终端 APP 服务、12368 移动通信服务等渠道，拓展该院诉讼服务覆盖范围，实现通过信息科技手段提高诉讼服务的能力和水平，满足人民群众司法需求。

（3）完善现有各项平台建设，不断升级改进现有各个业务应用平台建设。特别是业务应用系统将持续升级，努力提高业务系统的易用性。同时依托移动互联技术，不断完善移动办公办案系统的建设，支持干警在外出情况下，随时随地处理办公业务。

（四）加强信息化安全保障

进一步增强干警网络安全意识，加大网络安全防范力度，定期更新杀毒软件，做好安全检测，防止病毒感染，确保网络安全。

总之，信息化建设是一项基础性、战略性、全局性的系统工程。该院将以信息化建设为契机，积极适应社会发展的需要，努力创新信息化建设工作机制，把推进信息化建设与服务审判执行工作以及服务人民群众相结合，扎实推进信息化建设，全面提升法院信息化水平，实现法院工作和信息化建设的深度融合，推动人民法院科学发展。

（山西省祁县人民法院）

蛟河市人民法院电子法院建设与应用

一 电子法院简介

20 世纪 90 年代以来，随着信息技术不断创新、信息产业持续发展、信息网络广泛普及，信息化成为全球经济社会发展最显著的时代特征，并逐步向一场全方位的社会变革演进。

吉林高院坚持以审判为中心、以服务为导向、以科技为手段，提出了建设吉林电子法院的工作目标，并于 2015 年 6 月 19 日正式开通吉林电子法院，这标志着国内首家电子法院建成。按照最高人民法院院长周强提出的"全面覆盖、移动互联、跨界融合、深度应用、透明便民、安全可控"的要求，精准对接吉林实际，做严做细做实。吉林电子法院建设体现了以下四个特点。

1. 全业务覆盖

针对当前法院信息化建设中业务系统分散孤立的问题，吉林电子法院严格规范标准接口，把已建成的业务"孤岛"串联起来，统一合并到电子法院平台，实现了法院工作全部业务的网上办理。在审判业务方面，横向包括了网上立案、网上审理、网上执行、网上公开、网上阅卷等办案全流程，纵向包括了一审、二审、申诉、再审、信访等诉讼阶段，内容包括了民事、行政、刑事等案件类型。

2. 全天候诉讼

吉林电子法院打通了内外网，实现了外网平台与内网平台数据的实时交换，确保了全部诉讼业务的网上办理。与传统的诉讼方式相比，吉林电子法院把法官、律师和当事人的诉讼活动从线下搬到线上，律师和当事人彻底摆脱了打官司受时间、空间和法官工作等因素的影响，可以随时随地连接法院，即时接收诉讼服务，做到了"让信息多跑腿，让百姓少跑路"，实现了当事人24小时立案。同时，吉林电子法院开通了移动办案系统，为法官配备了移动办公终端，使法官办案办公也不再受时间和空间限制，可以随时随地全天候进行办公。

3. 全流程公开

吉林电子法院把案件审理的全过程置于当事人和社会公众的监督之下，通过对诉讼活动的实时记录、全程留痕、动态跟踪，实现了对案件审理流程和法官办案的留痕监督，进一步拓展了司法公开的广度和深度。吉林电子法院整合了审判流程、裁判文书、执行信息三大公开平台，实现了法院办案从立案、审理、执行到文书的全部公开。

4. 全方位融合

吉林电子法院实现了全省三级法院专网的互联互通和数据实时更新。重点推进了与兄弟政法机关的跨界融合，推动实现案件信息网上传输、刑事案件远程提讯和网上开庭、减刑假释案件网上办理、电子卷宗网上移送。与全省21家银行和工商、房产、车管、税务等政府部门共建信息互通共享平台，实现了当事人案件资产的即时查询和对失信"老赖"的网上惩戒。与最高人民法院、省人大、省委政法委、省检察院等有关单位的信访部门和省信访局共建信访信息互联互通平台，实现涉诉信访信息的网上推送和即时调取。

二 蛟河市人民法院信息化建设以及应用的情况

（一）蛟河法院信息化建设发展的基本情况

1. 七大电子诉讼系统

2015年，蛟河法院作为全省电子法院建设的试点单位，率先进行了电子法院系统基础建设，并在短短三个月的时间内进行了有效的铺开，完成了以诉前教育电子系统、立案环节电子系统、审判环节电子系统等七大电子诉讼系统和公文管理电子系统为基础的电子法院建设，成为全省率先全面应用电子法院系统的基层法院。

（1）数字化审委会。数字化审委会除必要的电脑终端之外，还应配备高保真吸顶音箱，高灵敏度台式话筒，混响，功放，录音笔，投影仪，电子桌牌等辅助设备。

（2）科技法庭。应严格按照最高院下发的科技法庭建设的标准实现法庭科技化。其中要有必要的法庭可以通过远程交互板卡，支持远程视频庭审，满足最高院互联互通标准。全部科技法庭可采用广角高清云台摄像机，有效像素达到270万以上，支持720p、1080p视频的采集和录制，支持10倍的光学变焦，可配置最大拍摄角度高达70度的广角镜头。

（3）现代化机房。机房隔断采用12mm厚防爆、落地大玻璃窗，四周配备高强度的钢板框架、不锈钢包边，保障隔断不仅美观，而且结实耐用。机房配备UPS持续电源，可供机房所有设备在交流电断电的情况下继续工作长达8小时。

（4）电子卷宗和电子档案。采用高清拍摄仪和高速扫描仪相结合的扫描方式，使卷宗扫描录入更加快捷方便。采用服务器挂接磁盘阵列的存储方式，有效地保证了电子档案的存储量。

（5）远程接访系统。根据最高院及省高院下发的关于远程接访的设备建设的标准，建设现代化的信访中心。现代化的远程接访中心，配备远程接访设备，能够实现与上级法院的无缝对接，快捷回应当事人上访的诉求。

（6）电子法院体验区建设。电子法院建设初期，大力推广电子法院的实际应用，配备高拍仪、外网、电脑、摄像头等硬件设施。

（7）案前教育工作室，也是诉前教育电子系统的重要载体。我院始终坚持无讼思想，坚持从源头化解矛盾。通过近几年的案件审理我们发现，涉及道德类、婚姻家庭类、诚信类案件占我院受理案件总数的70%，三年共审理了此类案件1436件。一个离婚案件看似简易平常，但是一个家庭的解体会给孩子带来无形的巨大伤害，更会对社会造成无形的影响。因此我院针对这三类案件制作了三类宣传片在此滚动播放，促使当事人常思不和之害，常怀帮人之心，常修为善之道。诉前教育电子系统的应用，促使多起尤其是离婚、赡养、家庭、民间借贷类纠纷案件的当事人主动和解、撤诉，运行诉前教育电子系统后，我院有112件离婚案件、20件赡养案件撤回起诉，收到了较好的社会效果。

2. 信息化体系：两网、两大系统、一中心

"两网"：一是局域网，即法院法官服务平台，法院办公和管理工作网络系统；二是外网，即互联网，主要用于登录电子法院及宣传法院工作信息、进行队伍建设等。

"两大系统"分为电子诉讼系统和电子公文管理系统。

电子诉讼系统由七大部分构成，分别为诉前教育电子系统、立案环节电子系统、审判环节电子系统、执行环节电子系统、信访接待电子系统、档案管理电子系统和公益普法电子系统。其中诉前教育电子系统和公益普法电子系统为选建内容，是全省电子法院试点单位蛟河市人民法院的首创，目前应用状况良好。

电子公文管理系统是指运行我院统一组织研发的吉林省法院公文处理系统（简称OA系统），实现无纸化办公。

"一中心"是网络管理中心，配备相应技术人员，100多平方米的办公室，独立的供电系统。

（二）电子法院应用情况及效果

1. 网上立案及举措

网上立案实行三步走，针对有知识技能的人群网上立案，对于缺乏一定知识技能的人群窗口指导立案，对于行动不便的人群上门立案。我院2015年共收案3189件、电子送达62件、预约立案1578件、网上立案1279件。

（1）具体措施包括：①召开信息化背景下如何构建法律职业共同体法官、律师座谈会，利用知识群体推进电子法院网上立案。②针对有条件的单位，我院立案庭积极上门服务，推广网上立案及缴费，为我院电子法院建设营造了良好的外部环境。③针对大多数人并不了解网上立案及操作的现实情况，我院制作了电视宣传片及宣传手册。在立案庭设立了电子法院体验区，提供高拍仪、外网、电脑及摄像头。便于当事人真正感受和应用网上立案及网上诉讼。

（2）取得的效果。2015年4月中旬，蛟河市辖区内因某企业拖欠农民粮款、工资，发生涉诉案件120多件。为了有效化解社会矛盾、提高诉讼效率，蛟河法院充分利用电子法院的优势，引导当事人在蛟河市法律援助中心的协助下，开展了网上立案。在该系列案件的立案工作中，电子法院充分发挥了既便捷当事人，又便捷法官的优势。一方面，当事人无须来院立案，突破了来院诉讼在时间和空间上的局限，在法援律师的有序协调下，在很短时间即将诉讼材料通过网络递交到法院。另一方面，作为立案法官，感受到的便捷更加明显。如依照以往传统窗口立案程序，大量当事人涌入立案大厅，不但极易引起群体事件，不利于案件的有效处理。而且，因集团诉讼案件往往比较类似，立案法官一次性审查百余件案件，会造成极大的精力消耗和耗材浪费，工作效率很低，同时法官在审查材料时容易出现瑕疵，给案件下一步处理带来隐患。而现在，经当事人细致核对后通过网络递交的诉讼材料，蛟河法院一名立案审查法官仅用时三个多小时即完成了以往可能要有多名法官加班加点两三天完成的工作量。这不但极大地节约了司法资源，便捷了立案法官工作，也有效提高了司法效率，在当事人心中树立了良好的司法形象。

2. 电子法院网上审理带来的益处

电子送达将送达方式进行了深刻变革。

（1）电子送达突破纸质文书的限制，有效助推无纸化办公。传统的办案方式我们知道法院诉讼过程中需要送达的纸质文书有许多，每一次诉讼都会因此浪费大量纸张，并且耗费人力物力，在这里我们可以向当事人电子送达传票、通知书等除裁判文书以外的一切法律文书，节省了司法资源、降低了诉讼成本。

（2）电子送达突破了送达方式的限制，有效便捷群众诉讼。法院再也不必专门指派办案人员满世界地寻找原、被告送达文书，办案法官再也不必花费大量时间等待特快专递的回执，电子送达确保了当事人无论身在何处，或打开手机或轻点图标就能及时接收法院相关诉讼文书，方便之处可想而知。

"立案后，再也不用一次次地跑法院签收相关诉讼材料，捧着一摞摞纸张回行里了……"蛟河市某银行切实体会到了电子送达带来的便利。日前网上立案的23件借款合同纠纷案件，我院将传票、应诉通知书、诉讼风险告知书等相关法律文书全部使用电子送达，未使用一纸一墨，不仅节省了诉讼成本，也真正实现了便民。

网上证据交换让当事人和法官实现了双赢。

（1）网上证据交换打破了传统质证模式，让当事人打一场明明白白的官司。案件进入办案法官系统后，我们运用法官内网进行电子送达证据，交换质证通知书，告知当事人通过证据交换平台进行质证的有效期限，逾期证据交换平台将自动关闭。以往当事人受庭审时间限制，需要在庭审的有限时间内查阅对方证据并发表质证意见，由于事先没有心理准备，不少当事人庭审后反映，"当庭只是大概看了一下证据，根本没有时间好好研究证据的实质性内容，尤其对于案情复杂案件，证据数量多，短时间内只能粗略查阅，很难提出准确完整的质证意见"。电子法院实行网上证据交换后，当事人有充足的时间查看证据并发表质证意见，准确地了解对方的事实依据，做到心中有数，并且有效地防止以往一方当事人在庭审中进行证据突袭，保障了庭审顺畅，提高了庭审效率。

（2）网上证据交换打破了以往的庭审模式，让法官充分受益于现代庭审的便捷性。以往案件开庭审理，主要大部分时间用于证据举证、质证的过程，而证据交换实现了当事人一步到庭，举证、质证过程均在网上进行，庭审中对无异议的证据再无须进行罗列、质证，节约将近2/3的庭审时间，并且办案法官通过证据交换可以明确争议焦点，提高庭审效率，有更多时间去研究案件。

可视化视频调解让"互联网＋"模式得以深刻演绎。

视频调解突破跨地域限制，切实减少当事人诉累。

我院审理的一起物业服务合同纠纷案，被告王某打来电话称自己和爱人已经在山东将近八年了，蛟河的房子一直没人住，不知道不住还要交物业费，自己现在给儿子看孩子不能回来开庭。经过简单询问后，其表示虽然没有居住，但如果法律有规定可以适当交纳相应的物业费用，后我院向其介绍登录电子法院进行视频调解，可以不到庭审现场，并将操作方法及视频调解时间、关联案件查询码短信发到其手机中，10月9日上午九点被告在其儿媳的帮助下如期进行视频调解，最终达成调解协议，被告于次日将2007～2014年物业费合计1500元打入物业公司账户中，该案结案处理。事后王某打来电话表示："现在法院真是跟以前不一样了，通过网上就可以审理案件，不用往返于法院应诉开庭，不仅节省了大量时间，还节省了2千多元的路费，真的是太感谢法官了。"

三　关于电子法院建设存在的问题及建议

（一）电子送达的现实困难

1. 送达账号的获取困难与送达对象的不确定性

电子送达首先需要明确受送达人的账号或号码，不然就没有送达的方向，无法实现送达。虽然电子法院自动关联了免费的邮箱及密码，但当事人真正适用电子法院接收法律文书的甚少。我院实践中，主要依据向当事人送达电子法院适用通知书，争取当事人同意使用电子法院后，才进行电子送达，但往往电子送达后当事人不登录电子法院查收，又无法律依据规定当事人在规定时间内不登录查收则视为送达，故为保证庭审程序正常进行，仍需要线下进行纸质文书的送达。所以电子法院电子送达法律文书，当事人实际获取的概率较低。

此外，在登录电子法院签收文书后，明确其真实身份困难。实际中，因当事人没有实际登记注册的邮箱，人民法院通过关联的免费邮箱不能确定电子送达实际接收人确系受送达人。特别是在电子送达人意图逃避诉讼时，否认人民法院已实现送达，法院证明困难。

2. 实现送达证据难以明确与收集

受送达人否认人民法院已送达或人民法院缺席审理的案件，人民法院要证明其实现了电子送达较为困难。主要表现在以下两个方面：其一，电子法院关联的免费邮箱未实行当事人实名登记时，法院无法收集证据证明电子送达相对人为受送达人；其二，由于当事人点击接受文件时，显示的接收人是系统随机生成的虚拟代码，无法证实是当事人本人接受。

3. 现实物质条件的限制

电子送达基于其技术性，需要相应的技术来予以实现。从物资设备上来看，电脑与网络，虽使用范围逐渐扩大，但仍有部分个人或群体未使用，从而影响电子送达的实现。从使用情况上来看，即便具备相应的电子设备，但由于个人知识水平不同、个人喜好差别等原因，影响相应的电子设备或技术的使用，进而影响电子送达的实现。

4. 简单而严格的法律规定限制电子送达的有效实现

最高人民法院《关于适用简易程序审理民事案件的若干规定》中对电子送达的规定相对简单，对实现电子送达以及对实现电子送达依据的收集和保存等方面均未做出规定，操作性、实用性低。司法实践中，需要"经受送达人同意"，且才能适用电子送达。

（二）关于电子送达的建议

电子送达，因其本身优势特性以及其契合时代发展的要求，将逐步取代传统送达方式，成为人民法院的主要送达方式。现各种原因的制约，影响其有效适用。提供以下意见或建议以供参考。

首先，我国现行法律虽已就电子送达做出规定，但其规定过于严格与简单，实用性、可操作性低，不利于电子送达的发展。其次，送达的目的和价值在于告知当事人，维护当事人的知情权，保障当事人及时有效地实现诉求，维护其自身合法权益。因此，关于电子送达的立法规范也应当围绕送达的这一目的和价值取向来予以规定与细化。

取消电子送达需"经受送达人同意"的前提要求，采用当事人实名登记制注册邮箱，向其邮箱内送达，逾期不予查收，即视为送达。

电子送达应按照不同的送达方式保存相应的送达凭证。比如电子法院向当事人手机发送的相应信息，均应在电子法院卷宗中予以保存，虚拟的邮箱用户名亦应当与当事人进行关联，该用户名签收的法律文书即视为当事人本人签收。可以建立统一的电子邮箱与电子送达平台，不仅保障电子送达的真实性、可信度，还有方便受送达人核实查验，让法院及受送达人更全面直观地了解送达内容和送达情况。

我国的立法中对电子送达尚未给予足够的重视，仍然缺乏清晰可依的规定。我国新民事诉讼法第 87 条第 1 款仅笼统规定"经受送达人同意，人民法院可以采用传真、电子邮件等能够确认其收悉的方式送达诉讼文书"，但是，对电子送达程序如何启动、送达回证如何证明、送达不能证明责任的承担等法律问题，均缺乏具体细致的规定。此外，我国民事诉讼法第 84 条第 1 款规定："送达诉讼文书必须有送达回证，由受送达人在送达回证上记明收到日期，签名或者盖章。"而在新型的电子送达实践中，由于受送达人与人民法院之间仅仅通过电子数据送达系统进行联系，因此并不能取得传统送达方式中的书面签章或者邮局回执。

（吉林省蛟河市人民法院）

鸡冠区立足科技载体
创新司法理念　全力打造公信法院

近年来，黑龙江省鸡西市鸡冠区人民法院在信息化建设上，一直坚持高起点规划、高标准配置、高效率运行、高质量服务的建设原则，先后引进了各类信息化应用系统 40 余款，形成了"审判科技化、管理智能化、办公集约化、便民高效化"的信息化应用格局。信息化服务于法院工作的各个方面，提高法院工作质效，审判执法透明公开，提升群众满意度，推进审判工作走向了现代化，促使鸡冠区法院打造公信法院。

一 科学前瞻规划，统筹合理部署

"加快信息化建设，是适应新形势、新任务、推进人民法院审判体系和审判能力现代化的必然要求。"鸡冠区法院树立"大数据"理念，以全视角、全流程、全覆盖、全互通的软硬件要求，全面推进信息化建设。

（一）重视与投入，夯实信息化基础

为了把握信息化应用方向，鸡冠区法院充分调研上级法院要求的信息技术发展方向，并结合法院工作实际，确定了信息化建设工作的重点，科学制定整体工作规划。院党组高度重视信息化建设工作，给予多方面政策支持。自 2012 年以来，为信息化建设投入资金 1200 多万元，尽最大努力为信息化建设工作创造最优的工作环境，优化人员配置，注重信息中心个人素质、能力的提升，通过公务员招考、社会招聘等形式充实信息化建设队伍，组建了工作能力强、业务素质硬的网络维护队。现有专业人员 4 人，以满足法院信息建设的需求。

（二）规范化管理，加快信息化步伐

为保障信息化建设有序推进并有效投入使用，需创设相关制度。根据信息化建设项目的分类，将信息化工作制度分为六大类共 36 项，形成《鸡西市鸡冠区人民法院信息化管理制度汇编》并装订成册，使信息化建设操作规范、管理严格，为信息化建设和信息化软件应用提供制度保障。成立工作小组，成立信息化建设推进小组，统筹信息化建设全面工作。下设办公室，由信息中心成员与各庭信息化小组成员构成。各庭信息化小组成员，是各部门推荐的具有一定的信息化应用能力的干警，承担推进信息化应用的带头作用。通过每周例会，汇总各部门信息化建设的推进情况，收集和整理存在的问题，提出解决问题的意见和方法。自 2014 年成立以来，信息小组办公室解决各类疑难问题 150 余件次，有效推进各项信息化软件的应用。

二 立足实际应用，确保审判质效

鸡冠区法院将信息化应用水平作为检验信息化建设效果的标准，强化软件应用，注重实施操作，不断完善信息化体系建设，全院上下形成统一的思想认识，上下联动，齐心协力完成信息化建设目标。

（一）多维应用，高效司法运行

为保障日常办公和业务审批的即时性与有效性，定制电子签章 APP 和引进审务通 APP，使工作不再受时间、地点的限制，随时随地进行审批操作，提高工作效率；开通律师诉讼服务平台，实现网上立案、接转材料、网上送达等服务，创造良好的职业共同体氛围；完善电子送达系统，拓展短信、下载、邮件、传真等多种送达方式，引进集现场拍照、录音、录像等功能于一体的留证送达 APP 软件，办案人员可以随时随地对送达时间、人物、场所以及其他在场人等送达现场情况进行记录，一定程度上解决了送达难题，通过不断完善信息化应用的方式和范围，大力提升了信息化应用水平。

以"服务审判管理、优化办公办案"为目标，积极完善"一个中心、五大系统"建设。一是信息集控中心，引进双机热备及云存储技术，建成包含服务器群集和磁盘阵列柜群集的"云计算"平台，打造一流的信息化基础设施，保障司法信息资源的安全可控；二是办公办案系统，通过各项审判管理软件和 OA 自动化办公系统，审判签章应用、请休假审批、信息报送等工作流程全部实现网上报送、网上审批，使办公办案更便捷；三是远程监控指挥系统，执行指挥、远程提讯、视频接访、庭审监控等功能完善，提升法院工作效率；四是数据库和数据分析系统，整合审判管理、卷宗档案、安全保卫等六方面的数据库，对各类数据进行计算、分析、评估，为审判决策提供数据支持；五是便民诉讼服务系统，以便利当事人诉讼为理念，开通诉讼服务网站、网上预约立案、电子送达、律师服务平台、诉讼服务动画等，构建人性化、标准化、网络化的特色服务体系；六是司法公开和司法宣传系统，充分利用"两微一网"的新媒体优势作用，加强法院宣传，促进司法公开，提升司法公信力。

（二）多元培训，驱动实效提速

培训是促进信息化软件从理念转为现实的重要保障。因此，根据软件的应用范围，确定不同的培训方式。一是集中培训。对全院范围内应用的软件，做好培训内容和培训人员的规划，组织全体干警进行集中培训，用原理讲解和实际操作相结合的方式，推动软件应用；二是部门分批培训。针对审判应用软件，根据各部门的人员和时间调配，进行分批培训。各部门可及时反馈操作中遇到的问题，便于及时解决，确保应用效果；三是业务骨干培训。针对应用过程中逐步解决和完善的信息化应用问题，对信息化推进小组成员进行培训，成员熟练掌握后，进行部门内部培训，逐级培训，为信息化软件的应用打好基础；四是个别专门培训。针对个别干警的计算机水平和实际困难，进行单独培训，确保每名干警对每一项应用软件都能够做到熟知功能与熟练操作，实现信息化提高工作效率的目标。2014 年以来，该院共组织各类集体应用培训 56 次。

三　运行阳光司法，打造公信法院

鸡冠区法院以"办公全覆盖、办案全流程"为工作要求，将信息化建设服务于日常办公、审判执行、便民服务等法院全面工作，结合实际，充分发挥信息化高效、便捷的优势作用，推动法院审执工作走向科技现代之路。

（一）智强科技，高效管理，筑牢公信

将各办公节点与信息化相融合，形成信息化管理系统，进一步规范各项工作的管理。一是财务管理信息化。开通了网银业务、引进 POS 机，当事人缴款、支款均通过网上银行进行，实现各种款项收支全程留痕，规范了财务管理；二是日常考勤信息化。将考勤机与局域网连接，考勤情况每日公布，明示干警请销假情况、明示干警工勤状况，便于干警了解相关

信息，促进内部管理公开；三是安全保卫信息化。在法警指挥中心配备 LED 拼接屏及监控人员，动态监控各项安全隐患，设置 60 处电子巡更点，法警每日定时巡察，纳入考评；四是档案管理信息化。设置电子档案查询室，将 7.6 万卷宗扫描成电子卷宗，实现电子录入、电子保存、电子查档，规范档案管理，提升安全系数；五是图书管理信息化。引进数字化图书管理系统，可在局域网进行图书查询，同时公开借阅期限、图书在架情况，方便干警借阅、归还；六是教育培训信息化。建成由多媒体电脑及多种先进的视听设备组成的电教室，用于教育培训、业务研讨、学术理论研究等，拓展形式，提高教育培训的效果。2015 年以来，分别针对人身保险合同纠纷案件及自媒体时代司法审判舆情等工作举行了多次专题讲座，受到干警的好评。

（二）重在建设，贵在应用，增强公信

鸡冠区法院将信息技术引入审判执行各个领域，透明案件审理过程，让案件审理环节留痕，责任能落实到位。每一个案件从立案到归档的每一个节点都在网上同步记录，管理主体通过记录可以实施有效的监督。全程实现数字化管理，为审判监督、质量评查、绩效考核等提供了适时、动态的信息支持，为审执工作提质提效提供技术保障。

1. 设置科技审判法庭

17 个数字化审判法庭，所有案件在院内局域网每台电脑上都能实现庭审的直播与点播，全程同步录音录像并当日制成光碟存档，使庭审"可定格"、"可再现"、"可复制"，加强了对案件的全过程监督和全方位管理，促进庭审规范化，提升一次庭审成功率。

2. 设置审判管理信息平台

通过信息平台实现对案件信息的全面掌握，包括审判流程的节点管理、案件评查的有效监督、质量效率的准确评估、审判态势的全面分析等，减少了衔接环节，节约了司法资源，降低了当事人的诉讼成本。

3. 引进多功能办案辅助系统

包括审执计算系统，帮助法官完成劳动纠纷赔偿、人身损害赔偿、迟延履行利息、违约金等涉诉计算，使法官摆脱烦琐的手工计算，同时避免差错；文书上网屏蔽系统，在文书上网的过程中能够按照敏感信息屏蔽规则，快速、准确地自动屏蔽敏感信息，保证文书上网工作快速、上网信息安全；审判质效评估系统，通过建立案件质量评估的指标体系，对业务庭、法官等考核对象从质量、效率、效果三个方面进行综合评估，促进审判工作的全面提高。

4. 引进电子签章系统

为提高文书签批效率和解决异地办案履行签批手续不便的问题，鸡冠区法院引进带有二维码防伪的电子印章系统，实现文书签批程序网上流转，使烦琐的签批手续便捷化，提高工作效率。

5. 建成执行指挥中心

外出办案时，通过执行指挥车辆和执行单兵系统，将现场画面实时传输到指挥中心，院领导在指挥中心对现场情况进行全程监督，遇有突发情况及时做出最有效的行动部署。同时，指挥中心兼顾对执行程序各环节、各节点进行精细化管理和监控，形成一体化执行工作格局，规范执行工作，提高执行效率。

6. 注重人民法庭信息化

人民法庭的信息化建设与院内同步建设、同步推进、同步管理，数字法庭、审判流程管理、OA 办公系统、电子签章、电子扫描等均与院内无缝对接，统一使用和管理，把法庭建设成管理规范、信息化水平一流的现代化法庭。

（三）实时互动，公开透明，提升公信

紧紧围绕"公正司法、司法为民"工作主线，以群众需求为导向，以科技化、信息化理念实现服务平台的无缝对接。建立"两微一网"新媒体工作格局。

1. 官方微博、微信公众平台

在省内率先开通官方微博、微信公众平台，制定了《鸡冠区法院微博、微信工作实施方案》，设立管理员、舆情监督员，建立考核评比、实行责任追究等机制，保证消息的质量和数量。2014 年最高法院微博、省法院微博分别直播了鸡冠区法院"带着微博去执行"、"带着微博看法庭"工作，阅读量近 1000 万人次，官方微博被评为 2015 年黑龙江十大司法政务微博。

2. 建立法院门户网站

通过工作动态、开庭信息、庭审录播、裁判文书、审判执行信息等工作消息在网站的公开，法院工作、审执信息等情况一目了然，登录网站可以了解法院工作全貌，门户网站已成为鸡冠区法院司法公开的主阵地。仅 2015 年已发布各类消息 13259 条，在全省法院网站发稿量排名中位居第一。

3. 创建微信群

为充分发挥微信的即时通讯功能，扩大司法公开的范围和影响力，创建法院干警、人民陪审员、职业共同体、乡村调解员等微信群，加强同事间的沟通，增进司法与群众的互动。

4. 开通网站、微博、微信预约立案

为方便当事人立案，先后开展了上门立案、电话立案，又于 2012 年开通网上预约立案，并在微博、微信增设预约立案栏目。三年受理网上预约立案 203 件，均于当日受理完毕。

5. 制作诉讼服务动画

制作鸡冠区法院享有版权的诉讼服务动画，又设计了象征公正的独角兽，使动画形象更加生动。在诉讼服务中心循环播放，使当事人清楚地了解立案流程、便民措施、投诉方式等内容，以全新的创意，达到细化服务的效果。

6. 引进手机 APP 诉讼服务平台

当事人或诉讼代理人通过手机扫描二维码安装软件后，可足不出户实时查询案件进展情况，同时了解法院司法公开及便民服务等内容，确保当事人在第一时间了解审理动态。

7. 设置信息查询系统

提供电话查询、网上查询、查询机查询等多种查询案件信息的方式，当事人可根据不同情况选择具体方式，满足了当事人的查询需求。

8. 为当事人提供免费 WiFi

通过手机微信关注鸡冠区法院微信订阅号，进入法院官网，即可享有免费 WiFi，同时通过微信获得法院最新动态资讯、庭审案例，实现随时随地与法官"零距离"互动。让服务内容细于"微"时、服务方式化于"微"形、服务监督晒于"微"处，让司法阳光在微

信中传递。

在"互联网＋"时代背景下，"＋"是跨界，是变革，是开放，是重塑融合。法院变革了，创新的基础就更坚实；融合协同了，群体智能才会实现。鸡冠区法院正是通过信息化这个载体延伸司法服务，创新司法理念，将公正司法与便民服务融为一体，不断以发展的眼光、前瞻的站位推进信息化建设，夯实信息化应用基础，提升司法服务水平，全力打造公信法院品质。

（黑龙江省鸡西市鸡冠区人民法院）

上海法院 12368 诉讼服务平台

近年来，上海各级法院认真贯彻人民法院信息化工作战略部署，坚持"科技强院"方针，以信息化为引领，以"大数据、大格局、大服务"理念为指导，落实高院崔亚东院长"向科技要警力、向科技要效率、向科技要质量"的要求，按照《上海高级人民法院信息化建设三年规划（2014～2016）》，大力加强软硬件建设。上海法院已建成由六大系统、133 个应用软件、标准化专业化中心数据库（57 个子库）等组成的"上海高级人民法院综合信息系统"，推出了 12368 诉讼服务平台、律师服务平台、法官办案智能辅助系统、裁判文书智能分析系统等在全国法院有较大影响的系统，完成了现代化数字机房、集约化云平台、千兆级网络带宽、标准化法庭、高清视频会议、信息管理中心等基础设施建设，形成了网络顺畅安全、应用全面覆盖、数据即时生成、信息高度聚合、资源共享互通、管理三级联动的信息化大格局，做到了执法办案"全程留痕、全程可视、全程监督、全程公开"，实现了法官办案智能化、司法公开常态化、司法为民便捷化、司法决策科学化、法院管理可视化、司法监督系统化。

为解决立案难、诉讼难、联系法官难等突出问题，落实市高院崔亚东院长提出的"把方便留给群众，把困难留给自己"的要求，2013 年 8 月初启动，2013 年 12 月上海法院在全国法院率先建立了 12368 诉讼服务平台。

"12368"号码是全国法院系统的专用特服号，部分法院开展了自助语音查询服务，少数法院开发了其热线电话功能。2012 年底上海法院开发了 12368 短信服务，2013 年创建了 12368 诉讼服务平台。

上海法院 12368 诉讼服务平台将热线、短信、网络、微信、移动 APP、律师服务平台等应用和窗口服务融为一体的综合性诉讼服务平台，具备联系法官、查询案件、法律咨询、投诉信访、材料递交等 18 项功能。同时将全市法院原有的 70 多条热线全部并入 12368，实行一号对外，方便群众。

上海法院 12368 诉讼服务平台，采取总平台集中接听接收，分类分层分职责处理的方式，即涉及需要具体法院或法官服务的，直接转接相应法院或法官进一步咨询或处理，形成横向联动、纵向贯通、线上线下协同的全方位、立体化的诉讼服务、司法便民工作新模式。

一　上海法院 12368 诉讼服务平台的基本功能

1. 联系法官

帮助当事人、代理人以及其他诉讼参与人通过电话联系立案法官、审理法官、执行法官或提供留言服务。

2. 案件查询

当事人凭案件 8 位查询密码，可以查询包括案件受理与否、案号、案件审理或执行进程、开庭日期、承办法官、工作电话、诉讼材料送达等依法可予公开的信息，并通过短信、微信、移动 APP 等自动推送。12368 热线自助服务中具有案件查询的文本语音播报功能，还具有分析研判自动推送信息短信落实情况功能，进一步发挥主动推送信息点的功能作用，确保司法公开要求和当事人诉讼监督权、知情权落到实处。

3. 诉讼咨询

可提供包括各级法院案件管辖规定、法院案件立案条件、诉讼费收费规定、法院案件审理期限、司法救助等常见程序性法律问题的咨询。

4. 信访投诉

接听并记录涉及不立案、执行拖拉、司法作风、司法态度、违纪、违法问题等方面的信访投诉，并转入信访投诉系统及时处理。

5. 意见建议

接听记录当事人或社会公众对法院或法官提出的意见、建议等，定期汇总形成专报，供领导参考和改进工作使用，对价值重大的意见进行及时反馈并感谢。

6. 心理疏导

由心理咨询师对相关来电人进行释明解惑，在司法认知、诉讼心理、诉讼常识、纠纷解决方法、心理减压等方面展开心理疏导。

7. 社会评价

根据 12368 诉讼服务平台中来电评价、意见建议、信访投诉等信息，定期对全市法院和相关部门进行社会满意度的综合评价，实现社会评价与法院内部评价的有效衔接。

8. 督察考核

根据 12368 诉讼服务平台中来电评价、意见建议、信访投诉以及来电事项是否获得及时处理等情况，进行实时分析，定期形成对各法院、各部门、各法官的内部考核数据并反馈。

二　上海法院 12368 诉讼服务平台的功能拓展

1. 对接律师服务平台

为改善律师执业环境，保障律师权益，上海法院 2011 年开通基于 PC 互联网的律师服务平台，后对其进行整合升级，2015 年 1 月纳入 12368 诉讼服务平台运行管理，提供网上立案、网上办理、网上沟通、网上辅助、网上评价等五大类 24 项功能。在严格身份认证的前提下，为律师提供网上直接立案、缴纳诉讼费、网上申请、递交材料、网上阅卷、网上送达、网上证据交换、网上调解等诉讼活动，达到既为律师喊累又为法官减负的实际效果。

2. 推出上海法院 12368 诉讼服务 APP

为进一步拓展便民服务方式，上海法院 12368 对接移动网络，开设了上海法院 12368 诉讼服务 APP，除了联系法官、案件查询、材料递交、诉讼咨询和网上立案五大功能，还增设我的案件、我的关注、我的意见、我的咨询、我要立案五个功能通道。

3. 设立上海法院 12368 微信公众号

充分运用最流行、最经济的新媒介，开通微信服务模块，当事人可以通过微信平台了解诉讼知识、法院资讯、查询案件审理执行进度等，当事人可以通过微信平台提交的联系法官、投诉、意见建议工单等。

三 上海法院 12368 诉讼服务平台运行的基本保障机制

为了保障平台畅通、高效、有序运行，上海法院 12368 诉讼服务平台实行一号对外、方便群众的工作机制。目前已经出台了上海法院《12368 诉讼服务平台管理暂行规定》、《12368 诉讼服务平台热线工作实施细则》、《关于律师服务平台管理暂行规定》等。

主要特点如下。

一是上下联动，整体服务。平台通过技术线路连接到三级法院、每位法官、每位书记员，调度着全市法院审判、执行、信访等每一案件及其每一环节千余万条的信息，共同为当事人提供联动服务。

二是功能整合、多元服务。平台对外提供了人民群众最需要的联系法官、案件查询、诉讼咨询、网上立案、律师服务等功能，同时发布法院公告、执行公开以及法院新闻宣传资讯，对内还可提供社会评价和督察考核等基本的管理功能。如此集多功能为一体的服务，使得 12368 的服务功能可以基本满足社会对司法服务的需求。

三是途径多样、便捷服务。平台整合提供网站、电话、短信、微信、微博、APP、邮件等多样化途径的服务，线上线下协同，向当事人提供在线服务、推送审判执行流程中重要节点的变化信息，使得服务更加便捷、更加高效。

四是机制得力、扎实服务。平台采取"一号对外、集中受理、分类处置、统一协调、各方联动、限时办理"的工作与保障机制，确保服务扎实、落到实处。市高院成立了平台建设领导小组、设立了平台专门管理部门、组建了诉讼咨询问题处理联络员团队及资深法官兼心理咨询师座席、明确了各级法院各部门负责平台电子工单处理的责任人及平台交办事务处理的时效以及相关评价考核机制等。

四 12368 诉讼服务平台取得的成效

上海法院 12368 诉讼服务平台的运行，是上海法院落实司法为民的新举措，体现了上海法院司法服务理念的新转变，是上海法院司法公开的新抓手，更是上海法院联系人民群众的新纽带。随着平台功能的拓展、应用的扩展，成效越来越显著。

2015 年，上海法院 12368 诉讼服务平台共提供人工服务 21.6 万件、自助服务 88.7 万次，同比 2014 年上升 88% 和 208%。同时，平台服务质量不断提升，经对来电当场测评和随机回访，人民群众对诉讼服务满意率达 99.9%，对处理结果满意率达 95%。上海法院律师服务平台自2015年1月改版升级后，上海1411家律师事务所中已有1289家使用，占总数的91.4%，平台提供各类服务48万次，日均1300余次，其中网上立案1.3万件。APP和微信平台发布开庭公告42.9万余条、执行公告（含限高令、网上追查、曝光台、限制出境、评估拍卖）10万余条、法宣资讯3万余条。

2015年2月，上海市委书记韩正到上海法院调研，对上海法院12368诉讼服务平台给予了充分肯定：法院自我加压，极大地方便了人民群众。

2014年4月，最高人民法院院长周强在视察上海法院12368诉讼服务平台后指出：这是一项运用现代信息技术实现司法便民利民的成功举措，要认真总结经验，不断加以完善，适时予以推广。2014年7月，最高人民法院将12368诉讼服务平台写入了"四五改革"纲要，作为司法改革的重要内容，在全国法院推进。

上海法院12368诉讼服务平台本着阳光司法真情服务的理念，充分运用现代信息技术，不断探索和建立灵活多样、行之有效的多元化诉讼服务模式，认真履行审判职能，为人民群众的诉讼活动提供更为便捷的条件，提供更为优质高效的服务，更好地实现人民法院司法为民、公正司法的庄严承诺。

（上海市高级人民法院）

江苏法院庭审实况视频直播平台

一 建设成果

近年来，江苏各级法院认真贯彻最高法院的政策要求，积极推进庭审实况视频直播的组织实施，庭审公开工作取得长足进步。

在江苏省高院的统一要求和整体推动下，目前全省法院都已建成互联网庭审视频直播平台，支持法院官网、微博、微信、手机APP等多平台直播。随着司法公开的深入推进，近两年直播案件数量呈现爆发式增长趋势，2015年直播案件超过16000件，江苏法院庭审公开工作得到了社会各界的认可和好评。

二 发展背景

（一）社会期待

长期以来，人民群众渴望了解法院庭审、了解司法程序，去追寻正义实现的脚步。为回应人民群众对"阳光司法"日益增强的期待，基于互联网多渠道的庭审公开是时代发展的必然趋势。在"互联网＋"时代，如何更好地利用拥有亿万用户和快速传播机制的微博等新媒体平台对庭审进行直播，方便人民群众观看、了解和监督庭审，充分保障人民群众和诉讼参与人的知情权、表达权、监督权，是新形势下人民法院司法公开的时代主题，也是广大人民群众的殷切呼声。

（二）政策导向

庭审公开是司法公开的一项重要内容。最高法院颁布的《关于推进司法公开三大平台建设的若干意见》中，明确要求积极创新庭审公开的方式，以视频、音频、图文、微博等适时公开庭审过程，这为庭审公开事业的发展指明了方向。

（三）省高院力推

为了让社会了解法院、理解法院、支持法院，提升司法透明度和司法公信力，江苏省高院积极推动司法公开。2011年10月，江苏省高院制定下发了《关于组织开展全省高院互联网庭审直播工作的通知》，要求全省各级法院逐步推广建设网络直播平台，积极推进庭审直播的组织实施。此后，江苏各级法院庭审直播工作进入了快速发展阶段。江苏各级法院也根据自身情况制定相应配套措施，积极推进庭审视频直播工作。目前，全省所有法院已全部完成庭审实况视频直播的接入工作。

三　直播平台介绍

（一）建设模式

1. 技术方案

一是依托科技法庭。2011年之前，江苏各级法院的科技法庭建设和改造工作基本完成，这为庭审直播业务的开展打下了良好基础。根据发展规划和业务需求，江苏法院为需要直播的科技法庭部署直播编码设备，把庭审直播的音视频信号接入互联网，以最快速度和最小成本部署庭审直播系统。

二是采用直播云平台。南京新视云是新浪公司专注于法院互联网业务的子公司，其拥有高性能的司法云平台。江苏法院的庭审实况视频直播业务基于该司法云平台进行部署，系统整体技术架构如图3-1所示。

江苏法院通过互联网线路将庭审实况的音视频流发送到司法云平台，由司法云平台负责通过分布在全国各地网络节点进行就近分发，确保各地网友观看庭审直播时，具有良好一致的用户体验。

三是实现信息安全隔离。庭审视频直播系统与法院内部科技法庭系统完全隔离，确保法院信息安全。同时，法院庭审视频直播的数据可以通过云平台进行备份存储，并可以动态调度资源和弹性扩展。

2. 建设内容

江苏法院庭审直播系统主要由庭审直播内网管理平台和庭审直播互联网播报平台两部分组成。庭审直播内网管理平台由音视频编解码系统、庭审直播内网管理软件和庭审直播内网集成接口系统组成。庭审直播互联网播报平台由庭审直播云平台、庭审直播互联网管理平台、庭审直播互联网流媒体平台和庭审直播互联网集成接口系统组成。

3. 系统对接

江苏法院庭审视频直播系统可以实现与法院现有信息化系统无缝对接。本系统具有内网集成接口，实现与全省科技法庭音视频系统和法院综合信息管理系统的无缝对接。

通过系统对接，江苏法院庭审视频直播系统可以最大限度地与现有系统进行工作联动，提升庭审直播的整体工作效率。

（二）运营模式

一是购买社会化服务。对政务信息化项目和社会公共事业项目，国家提倡通过购买社会化服务或采用PPP模式来进行建设。江苏法院的庭审直播项目，即是采用购买社会化服务的方式来实现落地的。

在本项目中，江苏法院仅需拿出少量投资采购编解码设备和流媒体网关，其他采取购买社会化服务的方式来实现庭审直播，包括购买云平台服务、网络分发服务等。

二是支持按需扩容。相比传统的整体投资建设模式，江苏法院采用按需建设按需扩容的方式，这不仅节省了大量投资，而且还借助专业化的社会力量实现了庭审直播的良好效果。随着庭审公开的逐步深入，未来江苏法院可以按需购买相应数量的社会化服务，提升财政资金的使用效率。

（三）平台特点

1. 高效适用

江苏法院庭审实况视频直播系统由江苏省高院各业务部门从实际工作出发，联合社会力量合作研制，充分体现法院工作的适用性和高效率。

庭审现场无干扰。庭审实况的音视频信号与科技法庭系统紧密集成，避免传统的电视转播模式因人员和设备的部署对庭审秩序的干扰。

直播过程可管可控。庭审实况音视频信号采用30秒延时处理，法院干警及直播服务人员根据庭审情况控制直播进程，并可及时应对庭审突发状况。

业务过程高效运转。案件直播从选案、审批、播出、录像等一系列过程全部基于信息系统完成，自动化程度高，避免直播工作对法院造成的额外工作。

充分兼容法院系统。对各级法院的标清高清视频系统统一兼容，支持根据案情和播出需要自主选择单画面多画面等不同模式，与法院的科技法庭及宣传需要紧密配合。

2. 多渠道直播

基于不同终端设备进行庭审直播。江苏法院的庭审直播，可以基于固定宽带通过PC、触控终端等进行直播，也可以基于移动互联网通过手机、Pad等进行直播。

基于不同媒体渠道进行庭审直播。江苏法院庭审视频可以基于江苏法院庭审直播网、新浪法院频道等传统网络媒体进行直播，也可以基于微博、微信、手机APP等新型网络媒体进行直播。其中，考虑到开放性、传播力、新闻性等因素，新浪微博是庭审直播影响力最大的媒体平台。

江苏法院开发了"江苏法院庭审直播网"，对全省各级法院的庭审视频进行统一播放。

另外，江苏各级法院还在官方微博上开通了"司法公开"功能，实现基于微博的庭审直播。

3. 创新形式直播

定制开发定向直播。对涉及当事人隐私的案件，江苏法院采用司法邮箱等方式进行定向直播，将司法公开与保护隐私并重考虑。

适时采用短视频直播。对社会关注度高、案情复杂、直播风险高的案件，江苏法院采用短视频形式对关键环节进行庭审公开。

注重结合网络调解。考虑到社会转型期诉讼案件激增导致司法资源紧张等问题，江苏法院联合南京新视云将庭审直播案例导入互联网调解平台，为当事人提供同类参考案例。

4. 全面运营监控

江苏法院配备有专门人员对庭审直播系统进行运营监控。同时，南京新视云公司组建专业服务团队、四百平方米监控中心，支撑江苏法院的庭审直播系统良好运转。

5. 平台数据支撑

江苏法院庭审直播系统支持收集、存储、分析庭审视频在各个渠道播放时产生的过程数据及公众评价反馈，生成实时数据汇总及各类分析报告，服务江苏法院的案件审判管理和案件质量评价工作。

四 发展历程

2011 年，江苏省高院充分利用科技法庭的现有设备，通过增加直播导播设备并利用南京新视云的云计算资源和内容分发网络，开通庭审视频直播业务，并选择省高院和连云港中院的部分案件在"江苏法院网"进行庭审视频直播，实现了基于互联网进行庭审公开的重大突破。

2012 年，在总结试点经验基础上，省高院积极推动全省各级法院开通庭审直播业务，完成 50 家法院的庭审视频信号接入互联网。基于公有云建成"江苏法院庭审直播网"，实现全省高院庭审直播"统一播出、统一回放、统一管理"，本年度累计播出案件 344 件。其中省高院直播的"阅城国际杀人案"引起当地媒体和民众的广泛关注，网友观看人次首次突破万人。

2013 年，移动互联网的快速兴起给法院新闻宣传工作带来新的发展机遇。江苏法院开全国庭审直播应用之先河，首次实现全面移动终端直播，让智能手机成为庭审公开的新窗口。最高院三大公开平台建设文件明确提出庭审直播要求，在江苏省高院的推动下，全省各级法院加大力度推进庭审公开。仅连云港灌云县法院，当年就实现庭审直播案件 80 余件，网友观看人次达 10 万人。

2014 年，经过连续三年的快速发展，江苏法院庭审直播平台已经覆盖全省所有法院。各地先进经验在实践中不断涌现。镇江开发区法院以公开为原则、不公开为例外，首创全院十个法庭同时进行庭审直播，努力实现所有公开审理的案件都在互联网上进行直播。庭审直播在江苏法院已逐步制度化、常态化，并在当年实现庭审直播案件 3580 件，网友观看人次破百万。

2015 年，为适应媒体融合发展的新形势，省高院精选 70 个具备教育意义的典型案件在新浪微博视频直播，将已经成熟运用的网络视频直播与微博新媒体融合发展，大量的微博粉丝与法院互动交流，新媒体的互动传播优势将庭审直播推向更大范围、更高水平。法院对直播的成熟运用与民众的认可期待相匹配，新媒体的快速传播渠道与司法云平台的支撑能力相衔接，江苏法院全年庭审案件直播总量同比增长 400%达到 1.6 万余场，网友观看人次月均达到 20 万。

五　经验总结

（一）强化责任，切实重视庭审直播工作

五年来，省高院每年通过各类通知、通报、会议等形式对全省各级法院庭审直播进行考核，以政策推动发展。省高院印发了《关于运用信息技术深化司法公开的若干意见》，明确提出"要实现符合条件的案件庭审全部互联网直播、点播"的总要求。

省高院推动提高各级法院和法官对庭审直播的认识，强调互联网庭审直播突破了传统庭审公开方式的内容、时间和空间限制，对于维护司法公正、提升司法透明度具有积极促进作用。各级法院认识到互联网庭审直播是推动司法公开、实现司法公正的重要手段之一，是让社会了解法院、理解法院、支持法院，进而树立司法公信力的重要途径。

（二）完善机制，确保庭审直播有序进行

积极推进互联网庭审直播工作，是江苏法院运用信息技术深化司法公开的重要举措之一。全省各级法院高度重视，加强组织领导，制定工作方案，审判业务部门、技术部门、新闻宣传部门密切协同配合，确保互联网庭审直播依法、有序运行。省高院新闻办会同技术处、审管办，加强全省高院互联网庭审直播工作的指导和督促，定期对"江苏法院庭审直播网"直播案件庭审情况进行检查通报，各级法院也及时检查本院审判业务部门庭审直播任务的落实情况。

（三）整合力量，不断扩大传播力和影响力

在庭审直播业务推进方面，江苏法院成功解决了庭审公开事业发展与专业人才紧缺的矛盾。通过技术服务外包，由南京新视云等专业力量长期协助法院开展庭审直播的运营支持和宣传推广工作，在不增加各级法院业务负担的同时，提升了其工作效率和审判质效。

同时，江苏法院注重技术创新和直播渠道创新。五年前江苏法院选择公有云平台为庭审直播提供支撑，为全省庭审直播的快速发展奠定了坚实基础。近年来，江苏法院牢牢把握移动互联网和网络新媒体的发展方向，变单渠道直播为多渠道立体直播，庭审直播的传播力和影响力不断扩大。目前，江苏法院正在推动科技法庭视频系统的高清化改造，并对庭审直播系统进行全面升级，这将进一步提升江苏法院庭审视频的直播效果，为下一个跨越式发展打下良好基础。

（江苏省高级人民法院）

浙江先行先试电子商务网上法庭效果显著

浙江省是全国互联网、电子商务发达的地区，省会城市杭州，素有"电子商务之都"之称，被国务院确定为"中国杭州跨境电子商务综合实验区"和"国家自主创新示范区"。

随着电子商务的高速发展，涉电商纠纷呈逐年大幅上升态势，而网络交易"跨地域"的特点，使得异地诉讼差旅费和时间成本极高。浙江法院电子商务网上法庭，正是顺应互联网和电子商务发展的需求，深化"互联网＋审判"改革，以互联网技术和电子商务交易数据为依托，实现从立案、送达、证据交换、庭审、调解到判决、执行每一个环节全流程在线解决的审判新模式。电子商务网上法庭充分运用电子商务的在线证据，发挥网上调解、裁判的便捷优势，不受时间、空间、地域限制，实现"网上纠纷网上解，网上纠纷不下地"，不仅方便了熟悉互联网的当事人解决纠纷，极大地节约当事人诉讼成本，体现诉讼便利，又方便人民法院及时进行审理，契合电子商务与司法的跨境、跨行政区划发展，有利于规范电子商务交易行为，维护电子商务的法治秩序和诚信环境。最高人民法院院长周强批示指出电子商务网上法庭是"重大创新举措，意义深远"，要求全国各高院学习借鉴。

一 主要做法

2015年4月，浙江高院确定杭州市余杭区法院、西湖区法院、滨江区法院和杭州中院作为电子商务网上法庭首批试点，分别审理网上交易纠纷、网上支付纠纷、网上著作权纠纷及其上诉案件。电子商务网上法庭建设的总体思路和基本原则是，在充分保障当事人的诉讼权利和实体权利的基础上，以互联网技术为手段，建立一套与涉互联网纠纷特点相适应的，方便当事人诉讼、提升审判质效、保障人民法院司法公信力的纠纷解决机制和途径。与传统的诉讼模式相比，电子商务网上法庭具有以下几个突出的优势和特点：全流程在线、多平台对接、结构化指引、智能化应用、开放式服务、多元化解纷。

1. 全流程在线

电子商务网上法庭突破了过去法院仅是利用互联网辅助进行诉讼，上升到将法庭搬到网上，直接利用互联网审理案件，从立案、送达、举证、质证、庭审、调解到判决、执行，司法的每一个环节全流程在线上实现，诉讼参与人的任何步骤即时连续记录留痕。法官的自由裁量权也将得到有效约束，有利于司法公信力的持续提升。

2. 多平台对接

电子商务网上法庭充分利用各电子商务平台现有的技术优势和数据资源，实现无缝对接、数据共享，相关信息云端读取、一键引入，当事人的一份诉状只需5分钟即能在线提交。原告在电子商务网上法庭注册登录在线发起诉讼后，系统会自动提取电子商务平台的当事人身份信息、网上交易过程及各类表单数据，并利用独立第三方的技术平台，对全部数据进行保全固定，法院在线完成送达和开庭。同时，借助电子商务平台的即时交流工具，向当事人"瞬间"即时送达。网上法庭还将面向律师事务所、公证机构、鉴定评估机构等开放对接端口，判决执行将与相关征信平台以及国家不动产登记、金融等部门的系统进行对接，实现在线"一键"执行。

3. 结构化指引

为最大限度地方便当事人诉讼，电子商务网上法庭除了自动提取电子商务平台的有关数据外，同时将管辖法院的选择、诉讼请求的提出、赔偿数额的计算、法律依据的引用等诉讼事项进行了全面结构化，当事人一般只需勾选相应的选项即可完成起诉、应诉等过程，足不出户即可参与全部诉讼活动，实现"网上诉讼与网上购物一样简单、便捷"。一般庭审活动在 30 分钟内即可完成。

4. 智能化应用

充分利用互联网大数据的优势，通过不断提炼和丰富裁判规则，开发和运用诉讼结果预判、律师评价推荐等功能，自动向当事人推送同类型案例，分析胜诉率，为当事人诉讼、调解提供参考，引导当事人正确评估案件走向，既能够体现专业化的审判优势，又有利于消费者及其他电子商务参与者依法、理性、便捷维权，推进网上争议诉前多元化解。

5. 开放式服务

一是系统平台的开放性。目前电子商务网上法庭已实现与淘宝、天猫、聚划算、蚂蚁金服小额贷款平台、浙江网商银行、阿里巴巴中文站以及浙江赶街农村电子商务平台（赶街网）等电商平台的对接，并逐步向其他电商平台和电子商务纠纷较多的其他法院开放。目前，除 4 家试点法院外，浙江省另有 24 家法院将入驻网上法庭，省外法院也陆续申请入驻。二是处理纠纷类型的增长性。电子商务网上法庭坚持先易后难，逐步增加试点的案件类型。目前主要先从交易数额小、法律关系相对简单、证据容易固定且电子化程度较高的三类纠纷类型开始，逐步总结出可复制的经验，下一步将扩展至支付令、道路交通、信用卡、消费贷款等其他纠纷类型，还可将熟悉互联网的当事人之间的线下纠纷，在征得同意的基础上通过网上法庭审理。三是平台服务资源的可扩展性。电子商务网上法庭部署在浙江法院"审务云"上，可按需实现硬件、软件、网络资源的云端动态分配。

6. 多元化解纷

电子商务网上法庭充分利用在线调解不受地域限制的优势，引入律师、仲裁、行业协会等调解力量，对接互联网调解中心，建立一支跨区域的在线调解员团队，开创"互联网 + 审判"模式下的多元化矛盾纠纷解决新机制。当原告把起诉状提交后，系统会自动发送信息给调解员，调解员根据案件情况提供音视频在线调解。目前，电子商务网上法庭正在进行在线调解流程的标准化和调解内容的结构化设计，以进一步提高调解效率，并为今后的机器人智能调解奠定基础。

电子商务网上法庭在运作上严格遵照诉讼法的规定，坚持司法独立性和中立性，尊重当事人约定与选择，依法推行电子商务的网上审判，确保当事人诉讼权利不因诉讼流程网络化操作而有所折扣。自 2015 年 8 月 13 日正式上线至 2016 年 3 月 10 日，电子商务网上法庭已审理涉网购、网络支付等纠纷 5261 件，其中余杭法院 3276 件，西湖法院 1845 件，滨江法院 138 件，杭州中院 1 件，遂昌县法院 1 件。

二 取得的成效

电子商务网上法庭运行以来，功能不断迭代，用户体验不断提升，收案量持续攀升，取得了显著成效。

1. 极大节约当事人诉讼成本，体现诉讼便利

电子商务网上法庭的开通，使全国各地的消费者可以零在途时间、零差旅费用支出，随时针对遍布全国各地的卖家提起诉讼，显著降低了诉讼维权成本。这种"零支出"和"24 小时全天候"的体验贯穿于网上法庭诉讼始终。2016 年春节期间，共有 99 名当事人通过电子商务网上法庭发起诉讼。据统计，电子商务网上法庭开庭平均用时仅 0.5 小时，为当事人减少差旅费开支数百万元，减少涉及全国二十余个省市当事人的往来奔波。

2. 方便人民法院及时审判执行，提升办案效率

电子商务网上法庭的运行，使法官从审查立案环节直至案件审判执行，均在网络上进行核查、操作，当事人的各项申请可在第一时间抵达，与案件承办人的交流可线上实时沟通；一键生成的电子化的诉讼文书可即时进行电子送达；诉讼费通过支付宝等网络支付工具随时缴退；开庭时间仅需20至30分钟；庭审录像和庭审笔录可以随时点击查阅等等。电子商务网上法庭不仅突破了诉讼信息的传递时间和空间障碍，极大地提高审判效率，同时使诉讼全程及时连续记录留痕。结构化的模块设计使案件基本信息等可自动生成裁判文书，免于手工录入之繁杂，极大方便法官办案。特别是借助互联网技术优势，无缝对接电商平台和互联网支付平台，可最大限度地破解"送达难"、"退费难"、"保全难"、"执行难"等难题。

3. 有效发挥风险警示作用，规范电子商务交易行为

电子商务网上法庭与电商平台无缝对接，可以实时反映电子商务的发展状况，掌握易发诉讼交易、多次涉诉店家、涉嫌虚假宣传用语等大数据信息，有利于人民法院及时向行业监管部门和电商平台发出司法建议，促进电商平台及时调整平台规则，对部分店铺进行重点管理和监督，起到预警诉讼风险，规范经营行为的作用，同时可为电子商务立法提供第一手资料，促进电子商务健康发展，维护电子商务的法治秩序和诚信环境。

浙江法院电子商务网上法庭推出以来，引起社会广泛关注。中央电视台《经济与法》、中央教育电视台《法治天下》栏目作了专访报道。《民主与法制》杂志推出封面系列文章以"网上法庭的先行者"为题对网上法庭进行了全面介绍。人民网、新华网、浙江日报、浙江电视台等媒体也纷纷进行报道，全国各网络媒体转载文章百余篇。一些专家学者专程赴浙江法院调研网上法庭运行情况。体验过网上法庭审理的原被告均对网上法庭的便捷化体验给予高度评价。

三 发展规划

电子商务网上法庭，体现了互联网思维，顺应了电子商务的无边界性和网络化社会、数字化生活的新特征、新要求，代表了互联网司法的发展方向。浙江法院将在最高法院的指导下，进一步完善拓展网上法庭的功能，更好地发挥网上调解、裁判的便捷优势，努力让人民群众在每一个司法案件中感受到公平正义。

1. 加快功能迭代，提升用户体验

在现有的支付宝身份认证基础上，推出法官线下认证、公证处线下认证、人脸识别等更多便民的身份认证方式。将原告"5分钟完成起诉状，7×24小时可提交起诉"模式普及到更多案件类型，从目前主要以电子商务的买家（自然人）与卖家（小企业）之间，扩展到企业与企业、企业对个人的诉讼类型，针对不同类型设计不同解决方案。站在当事人的角度，推出面向当事人找律师的司法服务平台，面向律师与法院交流的律师工作平台，面向当事人与公证处的公证服务平台，促进人与人、人与机构、人与法院高效连接，更好地发挥律师、仲裁、行业协会等调解力量的作用，推动纠纷多元化解。进一步优化诉讼过程结构化模块，推出案件结果智能预判、相似案例自动匹配、裁判文书智能辅助生成等功能，不断降低当事人诉讼难度和法官工作强度。力争2017年，平台支撑案件20万件。借助网上法庭，办案法官年人均办案量实现稳步大符提升，希望2017年可达到600件/人，2018年达到1500

件/人，2019 年达到 3000 件/人的目标，大幅领先线下纠纷解决机制。

2. 探索跨区域的电子商务网上法院（法庭），实现案件和法官资源在线跨区域调配

受限于现有管辖规定限制，目前试点法院之间收案数量极不均衡，而且法官只能承办本院案件，未能充分发挥电子商务网上法庭的优势，既影响纠纷的及时解决，也不利于法官能力的培养。下一步，浙江法院将探索利用电子商务网上法庭平台，试行案件跨区域调配，统一受理互联网金融、网络著作权、电子商务和跨境电商等涉网无边界的案件，统一调配法官资源。今后，还可探索线下案件跨区域网络化办理。

3. 开展互联网公告送达，破解送达难题

实践中，一些被告对于在电子商务网上法庭上发起的诉讼，不予响应，导致案件需要公告送达。但在纸质媒体刊登公告，费时费力费钱。随着互联网新媒体的发展，为实现"零费用、即时性、全覆盖"的互联网公告模式创造了条件。目前，浙江法院正在开发"一键网络公告送达"功能，探索在电子商务网上法庭案件中开展互联网公告送达，公告可瞬时同步推送到全国性大型公众新闻网站和被告所在地的地方网站。

4. 探索电子公证

网上法庭在试点著作权侵权纠纷时，发现大量作品和侵权行为，需要出示公证书。当事人必须扫描几百页的文件，上传到网上法庭，同时还得将纸质公证书邮寄到法院。当事人费时费力，法官则担心当事人自行上传的公证书扫描图片被伪造和篡改。为此，电子商务网上法庭将与公证机构在线对接，方便当事人通过网络向公证处申请调取公证书。公证处将公证书的电子函，通过云端服务器，瞬间转交到法院系统，当事人只可以查看，不可编辑，无污染的线上流转。

5. 探索电子归档

针对网上法庭办案全流程都是电子数据的特点，电子商务网上法庭将探索电子归档新模式。对原被告当事人，除非必要证据线下提交外，答辩状等电子格式的材料，不要求线下再提交。此外，还可允许当事人在线授权委托律师，无须线下签署一份纸质委托函，采用线上账号授权模式，生成电子委托函。

涉互联网纠纷、互联网金融以及电子商务网上法庭，都是"互联网＋"时代对人民法院提出的新课题，也是人民法院面临的新机遇。浙江法院将直面互联网时代的新变化，认真研究互联网时代对司法提出的新问题，积极探索解决互联网问题的新途径、新思路，更好地贯彻落实国家"互联网＋"战略，更好地为互联网行业的创新发展提供优质高效的司法保障和服务。

（浙江省高级人民法院）

合肥中院借力"互联网＋"打造智慧法院

近年来，合肥中院积极把握信息化高速发展的时代机遇，以服务群众诉讼、服务法官办案为中心，大力推进法院信息化建设转型升级，将互联网技术与法院工作进行深度融合，做好"互联网＋"大文章，全面打造智慧型法院。

一 创新引领，全面进入 E 时代

2015 年 5 月 21 日，安徽阜阳利辛县安徽恒享和公司厂区内，执行人员携带执行单兵系统，分赴执行场所的重要位置，将执行现场情况实时传送回合肥中院的信息控制中心，分管领导同步观看并通过网络对讲机进行现场指挥，成功执结了该起全省最大的异地执行案件。

该执行单兵系统是合肥中院与解放军陆军军官学院、中科院智能所等单位协同开发，借鉴军队特种作战的单兵系统，将执行现场采集的音视频信号发射到车载设备，再利用移动互联技术将执行现场音视频信号传回到信息控制中心，实现对执行现场的实时监控和指挥。该系统的投入使用，极大提升执行人员的协同合作能力，最大限度提升了执行效果。

"以前只知道公安的信息化搞得好，3 年没来，想不到法院的信息化建设水平也这么高。"驻足在合肥中院的执行指挥中心，安徽省委常委、政法委书记徐立全有感而发。2012年，合肥中院在全省率先启动司法查控网建设，先后完成与在肥 19 家省级商业银行及国土、房产、工商、公安等部门的网络专线连接联通，立案后系统即自动发起查询并接受反馈，一改以往"两个人、一台车、到处跑"的工作模式，在快速有效查控财产的同时，也极大节约了司法资源。

在全省法院半年工作总结会上，合肥中院率先在 PPT 工作汇报中引入实时系统，在省高院汇报会的现场就可以看到全市法院诉讼服务中心、各科技法庭的实时画面，引起与会人员强烈反响。

信息化是法院未来发展的重要增长点，只有牵住了这个牛鼻子，才能实现和促进法院工作的科学发展。早在 8 年前，合肥中院党组就明确提出，坚持"人无我有、人有我优"，以拓宽网络应用和加强基础设施建设为抓手，将信息化建设作为法院发展的重要支撑，走"科技强院"的发展之路。

正是在这种思想的指导下，合肥中院在信息化的道路上努力探索，并实现了一次又一次超越。

加强建设就要加大投入，用钱还要用在刀刃上。近年来，该院大力争取财政资金支持，持续加大信息化投入，每年项目投入 1500 万元，信息化水平日新月异。2014 年，该院诉讼服务网投入使用，打通全流程网上办案的"最后一公里"，实现立案、案件移送、案件审理、材料交换、归档调卷、司法统计和质效评估全流程网上操作。目前，该院已建成和整合包含综合办案系统、办公自动化系统在内的 14 个应用系统，并实现单点登录。

二 深度公开，让公正看得见

2015 年 6 月 19 日，合肥中院立案大厅，当事人王芸来了解案件进展情况。在工作人员的指导下，王芸在自动终端机上刷了自己的身份证，随即，案件审理的流程信息出现在屏幕上，一目了然。工作人员告诉王芸，其实可以不用特意过来，在法院的网站上就可以直接查询。

近年来，合肥中院继续发挥"全国司法公开示范法院"的引领作用，以信息化为支撑，全面推进审判流程、执行信息和裁判文书公开的三大平台建设，依法及时公开司法依据、程序、流程、结果和生效法律文书，让公开成为法院工作新常态，让司法在阳光下运行。今年初，新改版的合肥中院官网正式上线试运行，在功能上全面推进公开，并与安徽省诉讼服务网进行无缝对接。2015年上半年，最高人民法院对全国法院裁判文书上网工作情况进行了通报，在全国397个中级人民法院中，合肥中院上网生效裁判文书26123篇，总数位居第一。

2015年12月2日上午8点30分，合肥中院第8法庭，原告艾影（上海）商贸有限公司诉合肥保利和恒房地产开发有限公司和合肥保利房地产开发有限公司著作权权属、侵权纠纷一案公开开庭审理，法庭内座无虚席，庭审直播同步进行，画面流畅，语音清晰。与此同时，新浪微博同步推送。在1个多小时的庭审中，合肥中院官方微博关注度持续上升，大量粉丝用户积极参与，纷纷为合肥中院加大司法公开、通过微博直播方式普法的做法点赞。网友"Lucien_1008"留言说："看庭审学法律。"网友"刘达0123"评论："赞一个，支持法院公开透明审理。"网友"徐徐－df"则表示，"法院也高科技了嘛，都可以庭审直播了，支持。"

据了解，合肥中院的21个法庭均为科技法庭，均具备庭审直播和录音录像记录"三同步"功能，并可对全市科技法庭资源进行统一调度和管理。2015年，该院先后开展庭审直播265场次，让群众足不出户即可直击庭审全过程。充分保障人民群众对司法活动的知情权、参与权、监督权，构建开放、动态、透明、便民的阳光司法机制。

三 方便群众，群众说好才是好

2015年11月25日上午，在合肥参加全国法院诉讼服务中心建设推进会的近200名代表，专程来到合肥中院，现场观摩诉讼服务中心建设情况。代表们对综合服务区内的信息化设备和人性化服务举措十分感兴趣，每到一处都认真观摩，生怕漏掉了好经验、好办法。前一天，最高法院周强院长亲临合肥中院，视察诉讼服务中心，并对该院积极探索"互联网＋"的做法给予了充分肯定。

以"为群众贴心服务，为法官增效减负"为宗旨，合肥中院在便民服务方面开展了全面探索和努力。配备视频调解室、360院景全景展示，二维码导诉牌、电子触摸屏、网上自助立案、自助查询打印、诉讼动漫、银行ATM、自动售货机、恒温饮水机等现代化的便民服务设施，切实服务群众，减少当事人诉累。完成12368语音平台建设。在中院诉讼服务中心安装12368语音服务PC＋Phone座席4个。同时按省高院12368语音平台建设要求，辖区11个基层法院都提供了12368号码转接服务，并将转接号码作为本地12368语音服务电话。拓展微领域应用，推广以法院公众号、微博、微导诉以及诉讼服务手机APP的应用，开辟了司法为民的领域和窗口，创新了公众沟通的方式和渠道。

升级远程视频调解室，在原有的基础上进行升级改造，开发专用软件，兼容当前手机、平板、电脑上主流的即时通讯软件，并与数字法庭对接，实现全程录音录像，法官可灵活地开展调解工作，极大方便当事人在异地参与调解。2015年5月27日下午，合肥中院远程视频调解室，一起商事案件的远程视频调解正在进行，法官与分处两地的原被告在"隔空对话"。经法官耐心调解，案件当事人达成调解意向。在调解协议顺利履行完毕后，双方当事人一起送来锦旗，表达对法官高效办案、便民为民的敬意。

"金杯银杯，不如群众的口碑"。群众说好，才是真的好！把群众的需求放在心上，把信息化作为推动引擎，合肥中院实现了诉讼服务"从后台到前台、从分散到集中、从多点到一站"的升级优化，提供多渠道、一站式、综合性的诉讼服务，让群众能够"走进一个厅、事务一站清"，努力满足群众多元化的司法需求。

四　提质增效，用数据来说话

2015 年 9 月 8 日，蜀山监狱通过网上办案信息平台向合肥中院报送了 256 件减刑案件和 36 件假释案件。该院立案人员点击系统界面上的"接收"按钮，案号自动生成，监狱的案件数据通过接口，批量转换成法院审判系统的立案信息以及电子卷宗数据，整个立案过程仅用了几分钟。据介绍，如果在以前，这些工作则需要一天的时间。

由于巢湖区划调整和安徽省女子监狱整体搬迁至合肥，目前，合肥中院管辖的监狱达到 11 所，所受理的减刑假释案件每年突破 1 万件，占全省该类案件的 60%。

面对繁重的办案任务，合肥中院积极探索利用信息化手段，向科技要生产力。2014 年 3 月，合肥中院减刑、假释网上办案信息平台正式上线试运行，并完成减刑假释办案平台二期建设，如今已经与全市 9 家监狱实现联网办案，功能日趋完善。在监狱管理系统配合下，减刑假释办案平台将各个监狱信息系统中上报的数据采集后，通过接口批量转换成我们法院审判系统所需要的立案信息以及电子卷宗数据，以实现批量立案、网上审理等功能，并通过数据匹配生成减刑裁定书模板，审判人员只需要进行简单审核修改即可定稿，审理结束后将裁判文书加盖电子印章直接回传给监狱打印，彻底改变过去手工录入立案，法院监狱抱卷往返的传统模式。除此之外，还通过法院庭审系统与监狱审讯系统的对接，开展远程庭审建设，目前已在巢湖监狱、白湖监狱建成远程开庭系统并投入使用，节约了大量的人力、物力，同时实现全程留痕，节点防控，也确保了案件审理公开透明。

2015 年 5 月 27 日上午，合肥中院第 11 法庭，该院首次通过远程视频系统对远在庐江白湖监狱服刑的 10 名服刑人员减刑、假释案进行开庭审理和提审。远程开庭，大大节省了办案时间、提高了办案效率，之前去白湖监狱开庭光路途时间就要 4 个小时。

根据案件的数据，系统还可匹配生成减刑裁定书模板，审判人员只需要进行简单审核修改即可定稿，审理结束后将裁判文书加盖电子印章直接回传给监狱打印，并委托宣判。2015 年，合肥中院审结减刑假释案件 10296 件，法官人均结案数 2024 件，法官最高办案数 3136 件，不但案件量呈现出不断增长态势，而且审判质效也在不断提升。提速增效，这就是实实在在的生产力。

无论是办案还是办公，信息化正在对合肥中院产生深刻的影响。将信息化日常维护外包给科大讯飞公司，让专业人做专业事；将档案装订扫描进行外包，每年 2 万个案件实现纸质和电子同步归档；对监控系统进行大规模升级改造，并建立大楼实景监控点模型，实现管理调度高效化；建成信息控制中心，对法院的庭审、监控、会议等各种音视频资源以及各个应用系统数据资源进行集中控制和管理；建成手机一卡通系统，依托 4G 网络和 NFC 技术，将考勤、门禁、消费等功能集成到手机上。建成办公 OA 和移动办公系统，可以在手机上随时随地进行公文、请假、会议、车辆等事务的操作。

信息化的深刻变革带来了审判质效的显著提升，2015 年，合肥中院审结案件 21506，同比上升 11.58%，法官人均结案 236 件，继续保持"三升一降"的良好态势。

高起点规划，高标准管理，高效能运转，高质量保障。当法院遇上"互联网＋"，智慧法院不是梦想，勇于作为就能飞跃！

（安徽省合肥市中级人民法院）

泉州法院"家门口诉讼"平台

"互联网＋"是这个时代一个重要的机会和使命，"＋"代表一种突破自我的附加值，"＋"代表相互连接，"＋"代表携手合力。2015 年泉州中院运用"互联网＋"整体观和方法论，经过深入研究论证，在全国首创推出的"家门口诉讼"新模式：即将案件审判执行的各流程、各环节、各节点涉及当事人的所有事项，按照不同的性质进行剥离重组、区别处理，分解、分流到管辖法院与各协作法院之间进而实现重组、重建，建立中院及全市基层法院、人民法院连锁联动、互联互通的诉讼流程运行新机制，最终形成"家门口诉讼"的新模式。当事人打官司从诉前咨询到立案、审判、执行、信访等各个环节的数十项诉讼事务，都可以就近选择或自愿选择任何一家法院或人民法庭办理，从制度上、源头上破解群众反映强烈的异地立案难、诉讼难等问题，最大限度地释放了司法改革的创新红利，以面对面、家门口、零距离的诉讼服务，真正打通了服务群众的"最后一公里"。平台推行以来运行良好，获得最高人民法院领导的高度肯定和社会的普遍赞扬。最高人民法院院长周强先后两次对平台建设做出重要批示，指出"平台是有益的探索，具有深远的意义"，要求"总结完善，适时推广"。《人民日报》、中央电视台、新华社、《法制日报》、《人民法院报》、《福建日报》等主流媒体纷纷予以报道。全国人大代表戴仲川、李转生等认为泉州法院打破行政区划限制，方便群众"家门口"打官司的做法应在更大范围内推广，使更多群众受惠。截至 2016 年 2 月底，全市法院已通过平台为当事人提供异地立案 19786 件，提供异地法律咨询 22370 次、材料收转 20456 次、诉讼指引 13414 次、判后答疑 817 次、信访接待 153 人次、立案调解 206 件、诉前调解 57 件。2015 年 10 月平台在福建全省进行推广，目前平台已从原有泉州地区 12 家法院 54 个诉讼服务窗口扩大到全省 96 家法院 300 多个诉讼服务窗口，平台的影响力以几十上百倍地发挥着更大的价值。

一 平台的模式先进性及做法

泉州法院按照"连锁经营"的模式，打破传统上诉讼服务需限定地域、限定对象的思维定式，构建起"跨地域服务"的诉讼服务全新格局——法院不再囿于区划阻隔、层级限制和标准差异，每个法院的诉讼服务中心、每个人民法庭不仅是本院法院的服务窗口，更是全市法院的"分店"和"代言"，均承担着互相代为对外提供诉讼服务的职责。平台运用"互联网＋"思维，坚持业务需求为导向，从服务群众诉讼、服务法官办案、服务司法管理三条主线为出发点，抓住窗口互联化和办案自动化两个核心：对外推进不同法院窗口互联网化、创造诉讼服务任意法院窗口接入办理的需求链；对内实施法院办案全流程自动化、建立及时准确全面的诉讼服务内容供给链。打通法院内部与外部的各种技术及业务障碍，形成窗口与专网、线下线上、内外联动、互联互通和业务协同。

1. 诉讼服务窗口互联化

平台将泉州两级法院所有诉讼服务窗口实行互联化经营，连锁为当事人提供诉讼事务的一站式办理，诉讼事务的办理不再受管辖既定原则的区域阻隔、层级限制和标准差异的限制，每个法院诉讼服务中心、每个人民法庭既是本院管辖案件的诉讼服务办理窗口，同时也是非管辖法院诉讼事务提交办理、获取诉讼服务结果和获得法官诉讼指导的窗口，均承担着互相代为对外提供诉讼服务的职责。对于所诉案件不属于自身管辖范围、但又上门求助的当事人，任何一个法院诉讼服务中心或人民法庭需为当事人办理诉讼事务提供方便，不得推诿拒绝，做到"谁来办事都一样对待、哪里办事都一个标准"。具有管辖权或案件所在法院称为"管辖法院"，提供事务办理的非管辖法院称为"协作法院"。

2. 诉讼事务剥离重构

平台将诉讼事务办理剥离为四个方面：事务登记、事务办理、结果反馈、法官帮助。平台坚持管辖既定原则，将涉及管辖权核心的事务办理从诉讼事务中剥离出来，由管辖法院严格执行，将事务登记、结果反馈与法官帮助等不涉及实质性司法权运作的事务性工作，从管辖法院剥离出来，由社会公众及当事人根据自身需要就近或任意选择诉讼服务窗口进行办理。

（1）事务登记，是指对当事人请求的从诉前、立案到审判、执行、信访等各环节的数十项诉讼事务办理登记和流转的工作，事务登记由各诉讼服务窗口导诉登记岗负责，包括来访人员身份核实登记、服务类型选择、办理案件选择、具体请求事务登记、核对扫描上传诉讼文书及材料、系统自动派单分流到本院或者其他法院对应责任人员等环节，并统一出具登记收据，统一的事务登记确保诉讼服务控制有效性和服务连续性。

（2）事务办理，是指管辖法院运用司法权对当事人请求的诉讼事务进行的实质性办理的过程，对来自不同法院诉讼服务窗口线上推送的诉讼事务及时、规范办理，提出办理意见和结果。

（3）结果反馈，是指当事人获取诉讼事务办理结果的方式和渠道，包括诉讼事务办理进度查询与诉讼事务办理结果获取两个方面，当事人在任意窗口通过身份证识别可查看诉讼事务办理进度项下的法院、部门、具体责任人员及办理状态。对已经办结的，管辖法院工作人员可直接送达结果，也可通知当事人到任意窗口办理结果领取，窗口工作人员依当事人的请求，在当事人身份证件自动识别后，系统自动显示办理结果，窗口工作人员协助管辖法院为当事人办理告知、打印、送达等后续工作。

（4）法官帮助，是指在诉讼事务办理过程中由协作法院窗口法官、法院其他工作人员以及进驻该窗口的律师、代表委员、调解组织、志愿者等外部司法服务资源，依当事人申请就其所办理的诉讼事务和获取的诉讼服务结果所提出的问题，提供法律咨询、诉前调解、庭外调解、诉讼指引、诉讼指导和释明答疑等实质性的诉讼服务。

上述四个方面，除"事务办理"因涉及实质性司法权必须由受诉的管辖法院行使外，其他三个方面依当事人之请求，可以在包括非管辖法院在内的任意诉讼服务窗口获得平等、同质的办理。

3. 诉讼服务组织重构

平台内两级法院诉讼服务中心及人民法庭在窗口设置导诉登记岗，根据窗口提供服务的工作量，配置 1～2 名法官及若干名辅助人员，统一负责诉讼事务入口及出口的运行维护和管理，基本工作是办事身份登记、事务登记、材料扫描、结果打印、材料流转等辅助性工作，确保案件数据在诉讼服务窗口与各审判执行部门以及不同法院之间的实时畅通，具体职能包括：负责所有跨域诉讼事务的统一登记及流转、负责接收其他法院窗口跨域推送登记立案案件的立案审查及后续工作；负责本院案件诉讼事务导诉、登记、流转以及帮助当事人获取本院诉讼服务办理结果；负责所有当事人提交给本院或异地法院的诉讼文书及诉讼材料的扫描、纸质材料收转，以及依当事人之请求，办理其在本院或异地法院案件项下的电子卷宗、法律文书和案件进度信息表的下载、打印、送达等文印送达工作；对异地法院在规定时间内未能完成或者较长时间未能完成诉讼事务办理并反馈结果的，可在诉讼事务登记形成的任务项下进行提醒催办，提醒事项全程留痕；负责诉讼事务形式审查、法律咨询、诉讼指导、庭外和解、释明答疑等实质性诉讼服务。泉州中院成立诉讼服务中心，统一对辖区内各法院的诉讼服务窗口的导诉登记岗人员及业务进行统一指导和管理，保证导诉登记岗相对独立于各个法院，通过抓入口、出口控制及过程管理，确保与诉讼服务相关所有数据的及时、准确、全面，并以此驱动各法院及时、规范、有效办理诉讼事务。

二 平台的信息化建设及思路

1. 平台的软件系统开发设计上遵循信息化的基本规律：控制与利用，确保司法活动的连续性规律

首先抓好控制，确保依当事人请求的诉讼事务以及法官依职权启动的诉讼事务在源头上能够全面掌控，为诉讼服务奠定基础；其次抓好过程利用，通过对当事人请求诉讼事务的逐一登记、分类以及系统自动派单流转等一系列的标签化管理，为管辖法院及其部门的事务办理提供精准的法律法规、文书模板、线上审批、期限预警、电子卷宗、电子盖章、案例推送等智能化支持与服务；最后是抓好结果的利用，通过源头及过程的严格把控，建立起能用、敢用、易用的数据互信机制，实现案件信息数据百分之百的及时、准确和全面，达到服务群众诉讼、服务法官办案、服务司法管理之利用目的。

2. 平台的软件系统设计始终坚持低成本、可复制、易用性的目标方向、是法院统一业务软件系统的一次有益探索和实践

平台的系统软件的设计理念与传统模型有根本性的不同，这种不同来自于跨院异地诉讼的迫切需求、来自于诉讼窗口服务内容体丰富性的迫切需求，平台系统设计既考虑跨域诉讼服务无障碍实时通讯传输能力的技术要求，同时也坚持单一法院在信息管理系统方面的基本特征，模型涵盖上下两级 12 家法院包括 54 个诉讼服务窗口在内的所有审判执行部门，实现部门全覆盖、业务全覆盖，同时系统运用了电子卷宗、网上审批、电子盖章、文书智能生成等办案自动化信息技术，对内是上下单线型，对外是任意交互型，在法院专网的平台上支持任一法院全部门、全业务的接入。系统支持当事人在任意诉讼服务窗口提交诉讼事务办理，实时推送到管辖法院，管辖法院对案件做出处理意见后，系统根据处理意见的表现形式分别自动同步到案件项下的案卡信息、电子卷宗和文印送达模块。系统支持当事人在任意诉讼服务窗口通过身份证识别，由窗口工作人员协助办理信息查询、卷宗查阅及文书领取和送达等工作。目前系统运行良好，具备很强的复制和推广价值，已在全省96家法院、300多个诉讼服务窗口推广运行。

三 平台的互联网基因及价值

平台不是简单的诉讼服务在不同法院窗口间的相互协作，也不是简单的信息技术在不同法院之间的应用，而是对法院诉讼服务、审判执行、队伍管理和司法改革的统筹运用，是传统诉讼服务资源与信息技术与"互联网＋"的全新运用。在未来，随着更多法院的加入、更多业务的开通，在深度、在广度上将在下列几方面持续产生深远的影响，推动"互联网＋"时代诉讼服务的升级转型。

1. 建立新型诉讼服务平台

平台在现代司法史上率先开创将分属于不同法院的诉讼服务机构及事务性工作与管辖权相对剥离重整，实行窗口互联网化服务、运维和管理服务，在现有各种诉讼服务平台之外，创造了一种全新型的诉讼服务平台。

2. 建立新型诉讼服务组织

平台将两级法院所有诉讼服务窗口的诉讼服务资源及社会要素通过法院专网相互连接、互为办理，强化作为统一入口登记及任意出口办理的导诉登记岗在人员和业务上全市统筹管理，创造了一新型的诉讼服务组织，不仅是本院案件诉讼服务窗口，也作为其他法院案件诉讼服务窗口，满足了诉讼组织所在区域所有社会公众的诉讼服务需求，同时该组织对各法院及时、规范、有效办理诉讼事务进行了适当有效的规制。

3. 建立新型诉讼服务权利

赋予社会公众及当事人到任意窗口自由自主选择办理的权利，以及享受非管辖法院提供实质性诉讼指导的权利，避免了传统单一法院诉讼服务存在的"红白脸"、"主客场"等服务标准差异化，为当事人创造了一种新型的诉讼服务权利。

4. 建立新型诉讼服务关系

在当事人与管辖法院传统的诉讼服务关系之外，引入协作法院第三方角色参与，通过协作法院及进驻窗口律师、调解组织、志愿者等外部力量的协助办理和实质性诉讼指导服务，创造了一种新型的诉讼服务关系。

5. 建立新型诉讼服务能力

平台构建了区域内所有法院及其所有部门之间的任意型交互技术模型，诉讼服务数据实现从任意法院的任意窗口或部门实时流转到任意法院的任意部门或窗口，实现当事人与法院、法院与法院之间的实时数据交换，通过信息技术的运用，盘活区域内所有诉讼服务资源，带动司法数据生产力的全面爆发式运用，创造了一种新型的司法服务生产能力。

6. 建立新型司法诉讼场域

打破传统诉讼服务窗口仅服务于本院或本庭管辖案件所涉及的当事人的对象受限，各诉讼服务窗口内包括法院工作人员、律师、代表委员、调解组织等外部社会力量在内的各种诉讼服务资源的服务延伸到其管辖地域内的所有社会公众，其间各种关系相互交织、相互作用、相互制约、相互借鉴，不断持续发生各种形式的"化学反应"，形成了一种新型的司法诉讼场域。

泉州法院"家门口诉讼"平台在现代司法史上开创了不同法院诉讼服务窗口互联网化经营的先例，在司法体系上创造性地提出协作法院的概念，在管辖制度上实现管辖法院诉讼事务院外剥离重组，创造了一种新型的诉讼服务平台，让传统诉讼服务窗口焕发出强劲的生命力、实现互联网时代的升级转型。平台突破了单个法院在管辖地域与服务职能的受限，赋法院以能、赋公众以权，使泉州范围内800多万群众不受地域、不受审级限制，在全市任何一家法院的诉讼服务窗口都享受到平等、同质、高效乃至溢价的实质性诉讼服务，是人民法院诉讼服务领域对"互联网＋"的创造性运用，是发挥诉讼服务基础配置地位与坚持人民法院工作整体性的统筹运用，是体制优势同信息技术优势的结合。平台的使命是要成为更多法院及其诉讼服务窗口的连接器和稳固的助推器，推动更多法院驶入信息化快车道、推动传统诉讼服务升级转型、推动人民法院整体工作优化。

（福建省泉州市中级人民法院）

深圳中院破产案件信息公开平台

破产案件信息公开是服务"供给侧"改革的重要手段，是深化司法公开的重要举措。为满足市场了解破产案件信息、进度的需求，进一步深化司法公开工作，深圳中院开发建设了破产信息公开平台，并已于2016年1月上线试运行。这是继我院推行审判流程公开、裁判文书公开及执行信息公开三大平台之后，在司法公开领域推出的又一创新举措。

一　建设背景

在法律上，破产案件具有很强的对抗效力和吸收效力，在市场领域，破产是一个企业走向死亡或迈向重生的重要节点。长期以来，法院审理破产案件基本均以登报公告的形式向社会广而告之，但随着互联网的兴起，传统纸媒越发少人关注，公告的意义大打折扣。且各利益关系人和正在处理相关案件的法院缺少了解破产案件的渠道导致了一系列法律问题和社会问题的产生。

建立破产案件信息公开平台主要着眼于增强破产审判工作的透明度和公开性，保障社会公众对破产审判工作的知情权、参与权和监督权，充分发挥破产审判净化市场、服务经济的职能。

一是有利于市场主体及时行使权利。在该平台下法院区分主体，适度、全面公布破产案件的文书、相关法律法规、管理人规章制度，利用信息化手段，方便普通群众了解破产案件，及时获取与自身有关的案件节点信息。

二是有利于案件及时归口处理。方便兄弟法院第一时间掌握案件情况，促使案件归口处理，避免产生破产案件与诉讼、执行案件的司法冲突，损害司法公信力。

三是促进征信体系完善。社会征信评级机构可以在该平台提取数据、采集信息，及时调整债务人的信用评级。

四是提升破产案件的质量与效率。信息公开平台将案件基本信息、案件文书等均公诸于众，促使法官积极推进案件进度，注重文书质量，进而提高破产审判工作质量和效率，促进破产审判工作公正、高效地运行。

二 建设情况

2015年5月6日，为满足市场了解破产案件信息、进度的需求，进一步深化司法公开工作，深圳中院将建设破产信息公开平台列入市重大调研项目，开始着手建立破产信息公开平台。

2015年5月18日，成立破产信息公开平台建设领导小组，由一名党组成员、副院长任组长，公司清算和破产审判庭、公共关系处、审判管理办公室、立案第一庭、立案第二庭、科技信息处主要负责人为小组成员，负责平台建设工作的策划、统筹、组织和协调等工作。平台建设正式展开。

2015年10月12日，破产庭经过4个多月的调研，在总结深圳法院网上诉讼服务、司法公开平台运行经验特别是执行信息公开运行情况的基础上，结合破产审判实际，初步形成破产信息公开平台建设实施方案（征求意见稿）和破产信息公开实施细则（征求意见稿），并向全院征求意见。

2015年10月26日，破产庭根据全院反馈的意见和建议，修改并印发破产信息公开平台建设实施方案和破产信息公开实施细则。

2015年11月30日，科技信息处完成技术框架开发搭建，并在内部试运行。

2016年1月21日，深圳中院召开新闻发布会，正式公布破产信息公开平台上线，社会公众和破产案件当事人可以通过登录深圳市中级人民法院网（www.szcourt.gov.cn），查询破产案件审理的相关规定及审理进展情况，并可根据公开的联络方式直接与承办法官联系。

2016年3月，与深圳市人力资源和社会保障局实现平台信息共享。

三 技术特点

深圳中院破产案件信息公开平台以公开透明、服务市场为宗旨，依托深圳市中院数据中心，在互联网和法院内网同时进行破产案件信息公开，支持多种信息公开受众、确保案件数据安全，建立了完善的破产案件信息公开体系。平台建设在司法公开的总体框架下，综合法院信息化建设服务社会大众、服务法院工作人员并确保信息安全等多种目标，具备如下特点。

1. 内外网"融合"的应用架构

破产案件信息公开平台同时在法院内网和外网（互联网）提供服务：在内网面向法院工作人员、在外网面向社会大众和案件当事人。内网和外网应用系统均为典型的B/S应用架构，内外网应用服务、数据库服务功能一致但独立部署，实现了专用的内外网双向数据同步系统，在内外网之间交换包括案件数据、当事人诉求、法律文书等多种数据，在内外网系统独立部署运行、确保数据安全的前提下，实现内外网的一体化运作。

2. 统一规划的司法公开和诉讼服务

破产案件信息公开平台基于深圳中院统一规划的司法公开和诉讼服务平台，在该平台除了提供破产案件信息公开服务外，还支持包括审判流程公开、裁判文书公开和执行信息公开等其他司法公开服务，以及包括网上立案、诉讼咨询等在内的其他诉讼服务，为社会大众、案件当事人和法院工作人员提供了统一的访问入口，并可根据需要提供其他服务。

3. 与数据中心的安全隔离和数据无缝对接

破产案件信息公开平台公开的破产案件信息都来自于深圳中院数据中心，而数据中心作为中院数据仓库，其中存放了深圳两级八家法院的案件数据、法律文书等，在实现信息公开的同时确保数据中心数据的安全、无疑是系统最重要的设计目标之一。为此，破产案件信息公开平台搭建了独立于数据库中心的专用数据库、并设计与数据中心之间专用的数据读取接口，定期从数据中心获取信息公开所必需的各类数据，从而实现了破产案件信息公开平台的运行与数据中心的安全隔离，在确保数据安全的前提下实现信息公开。

4. 多层次信息公开体系

破产案件信息公开平台实现了对社会公众、对案件当事人和法院工作人员三个层次的信息公开体系，根据信息公开平台访问者的类型、自动为其展示不同内容、不同粒度的公开内容，并提供不同的司法服务。

四　平台内容

深圳中院破产信息公开平台主要设置"破产公告"、"破产案件信息"、"破产法律法规"、"破产案件审理制度"和"破产管理人管理制度"五个栏目。其中，"破产公告"、"破产法律法规"、"破产案件审理制度"和"破产管理人管理制度"栏目针对当事人、社会公众及法院内部均予以公开；"破产案件信息"栏目根据公开对象的不同而对公开的内容予以区分。

"破产公告"栏目的内容主要包括：受理破产案件公告，宣告破产公告，重整公告，批准、不批准重整计划或重整计划草案并终止重整程序公告，和解公告，终止和解程序公告，终结破产程序公告等。

"破产案件信息"栏目对社会公开的内容主要包括：当事人名称、法定代表人、组织机构代码及其代理人的姓名、案号、案由、申请日期，审判长、承办法官、合议庭其他组成人员及法官助理的姓名，破产案件受理日期、受理裁定书，指定管理人决定书、更换管理人决定书，驳回破产申请裁定书，宣告破产裁定书，重整裁定书，终止重整程序并宣告破产裁定书，终止重整计划的执行并宣告破产裁定书，和解裁定书，破产结案日期、终结破产程序裁定书，确认重整计划执行完毕裁定书、确认和解协议执行完毕裁定书等；对当事人公开的内容除对社会公开的内容外，增加公开以下内容：当事人的身份证号码及联系方式，承办法官和法官助理电话，指定债权人会议主席决定书，确认债权表裁定书及债权表，债务人自行管理决定书，批准、不批准重整计划或重整计划草案并终止重整程序裁定书，延长重整计划执行期限或监督期限裁定书，认可、不予认可和解协议裁定书，认可破产财产分配方案裁定书及破产财产分配方案等。

"破产法律法规"栏目的内容主要包括：中华人民共和国企业破产法，最高人民法院关于适用《中华人民共和国企业破产法》若干问题的规定（一），最高人民法院关于适用《中华人民共和国企业破产法》若干问题的规定（二），最高人民法院审理企业破产案件指定管理人的规定，最高人民法院审理企业破产案件确定管理人报酬的规定等。

"破产案件审理制度"栏目的内容主要包括：深圳市中级人民法院破产案件立案规程，深圳市中级人民法院破产案件审理规程等。

"破产管理人管理制度"栏目的内容主要包括：深圳市中级人民法院破产案件机构管理人名册编制办法，深圳市中级人民法院破产案件管理人分级管理办法，深圳市中级人民法院破产案件管理人工作规范，深圳市中级人民法院管理人报酬确定和支取管理办法（试行），深圳市中级人民法院破产案件管理人援助资金管理和使用办法，深圳市中级人民法院破产案件管理人考核办法等。

五　主要功能

1. 围绕服务群众主题，实行案件信息分类公开

该平台主要分为对当事人公开、对社会公开及对法院内部公开三个层次，并在公开内容上予以区分，做到既公开信息又提供服务。对当事人公开的破产信息，当事人可凭身份证号和预留手机号码查询，或凭法院提供的密码查询；对社会公开的破产信息不设查询技术限制。

2. 及时提示，避免相关案件冲突

该平台除了对外公开信息，也对法院内部进行破产案件相关提示。在破产案件受理后，将会及时提示相关部门对有关债务人的保全措施应当解除，执行程序应当中止；对已经开始而尚未终结的有关债务人的民事诉讼应当中止，在管理人接管债务人财产后继续进行；有关债务人的民事诉讼，只能向受理破产申请的法院提起等等，以保证破产案件全体债权人能够公平受偿。对于劳动仲裁等行政机关，将会及时提示仲裁程序应当中止。

3. 普及法律知识，让市场主体了解、学习破产法

平台不仅包含了破产相关的法律、法规，更包括深圳中院审理破产案件的一系列审判规范。市场主体登录查看即可明确破产申请需要提交什么材料，申报债权应当如何进行，重整自救需要满足哪些条件，最大限度的方便当事人学习、了解破产法律、法规，让市场主体根据自身需求选择适用程序。

4. 方便信息采集，充实征信平台内容

征信评级机构、工商管理部门可以通过后台通道查询破产案件受理、指定管理人、驳回破产申请、宣告破产、终结破产程序等情况。除上述信息外，经案件承办法官批准同意，前述机构还可查询债权表确认、重整计划、和解协议、破产财产分配等情况。最大限度实现与市场管理、征信评级机构间的互联互通，确保市场信息体系完善、真实。

六　应用效果

深圳中院开发建设的破产信息公开平台已于 2016 年 1 月上线试运行。目前已经录入了近三年的破产审判相关数据，既往历年的数据和文书材料也正逐步上传。从试运行情况看，系统稳定，发挥了其设计作用。主要表现在以下方面。

1. 增强了监督能力

全程、全面的公开破产审判节点和相关文书，不仅方便了当事人查阅，方便了问题的发现，更提高了案件监督的水平。当事人、部门分管领导、监督检查机关均可以通过信息公开平台实现实时、动态监督，也形成了当事人监督、法院内部监督和监督机关监督三股合力，承办法官和法官助理推进案件的效率更高、自觉性明显加强。

2. 规范了工作程序

破产法是实体法与程序法的结合，既要开庭也要开会，既要办案也要办事，其中各个流程环节的时效性很强，需要严格把握程序的推进。全面地公开不仅让老百姓直观的了解了破产程序如何推进，更促使案件承办法官在进行每一项程序时均严格把握法定审限和法定议程，促使了破产程序的顺畅流转，提升了工作程序的规范性、及时性。

3. 促进了工作交流

虽然我国现行破产法自 2007 年就开始施行，但不少法院审理经验仍显不足。破产信息公开平台上线运行后，兄弟法院可以直接根据案件类型查找相应案例，对于处理同类问题提供了鲜活的范例。现已有北京、上海、杭州、无锡、西安、桂林等 20 余家法院通过该平台参考我院处理破产案件的具体办法，并与我院联系希望就个案进行深入沟通。同时破产信息公开平台集中展示了深圳中院关于破产审判的各类审判规范，涵盖了流程管理、管理人监管、裁判尺度统一等各个方面，为其他法院构建规范的破产案件审判管理体系提供了参考。

4. 畅通了市场退出渠道

通过直观的展示破产案件的申请、受理、审理和终结的过程，揭开破产审判的神秘面纱，引导市场主体根据需要合理选择程序，保护自身权益。系统试运行后，各承办法官从繁重的咨询电话中解放出来，专心办案，当事人申请破产的数量开始上升。从系统试运行后，短短一个月时间破产申请数量就达到 24 宗，同比上升 380%，为净化市场、清理"僵尸企业"畅通了渠道，为供给侧改革提供了有力的司法服务配套。

（广东省深圳市中级人民法院）

重庆法院践行司法为民延伸诉讼服务

如何让老百姓更加真切地感受到党的群众路线教育实践活动效果，是人民法院在新常态下必须面对和解决的一项新课题。为进一步贯彻司法为民宗旨，提高巡回办案能力，加大普法力度，延伸诉讼服务，重庆法院践行群众路线，融合互联网、物联网等现代信息技术，研发出"互联网＋诉讼服务"的巡回审判系统，走出了一条适应重庆大农村、大山区的司法便民之路。该系统以部署在法院办公内网、互联网的巡回审判管理平台为支撑，以流动车载法庭、便携式数字巡回审判包等为载体，把诉讼服务高效便捷地延伸到老百姓家门口，真正实现了办理一案、教育一片的司法服务目的。

一 坚持问题导向，按需定制开发

法院如何便民？打通老百姓诉讼服务的最后一公里，各地法院举措层出不穷，新建法庭、丰富便民诉讼联络点、开展巡回审判等，投入大却收效甚微。随着网上电子政务发展潮流，法院好像找到了服务老百姓的新模式。重庆法院于 2013 年 1 月上线"重庆法院公众服务网"，向社会公众提供交互式诉讼服务，并多次优化改版同时提供手机 APP 等功能来方便老百姓打官司，但并未达到预想效果。2013 年 1 月到 2014 年 12 月的数据表明，除三大公开平台的点击量大外，其余诉讼服务版块处于无人问津的尴尬境地，如网上立案仅有 263 件申请，退回和未提交 178 件（大部分为测试信息），审核通过 85 件主要集中在主城 9 区占 62 件，审核通过的案件仍需要立案法官多次网上指导才能提交符合立案条件的材料，充分证明诉讼需要法律专业知识引导，想通过简单的"触网"来实现便民诉讼不太现实，且立案后的办理、庭审、文书送达等工作仍要求当事人要不断往返法院才能完成整个诉讼。经广泛征求社会公众、人大代表和政协委员的意见，普遍认为司法便民还得下基层，让法官动、老百姓不动的巡回审判方式才最得民心。但现有巡回审判的模式，仅仅解决了整个诉讼过程中的庭审环节，诉讼服务范围和数量还极其有限。为此，2015 年重庆高院决定构建新型巡回审判模式，将流动的法院搬到老百姓家门口，由专业法官上门引导老百姓诉讼，提供立案、审理、文书送达、执行、接访等诉讼活动，并兼具法律咨询、法制宣传等普法功能。

巡回审判是人民法院的光荣传统和神圣使命，是人民法院为实现司法为民、便民、利民的根本表现，是继承和贯彻马锡武同志坚持群众路线和减轻群众诉累的一种审判方式。新中国成立后，这种审判方式得到传承和发展，成为人民法院特别是基层人民法庭，深入农村及交通不便、人员稀少等偏远地区，开展案件审理工作的一种审判方式。重庆法院的巡回审判起步早、效果也不错，但和兄弟省份一样，仅限法官下乡开个庭，完全和现代信息技术无关，老百姓并未从中感受到便利。

2014 年 5 月 15～17 日，最高人民法院院长周强在视察调研重庆法院工作时，对重庆法院的信息化建设予以充分肯定，要求重庆法院"要以规范司法行为为重点，加强审判流程管理，推进数字法庭建设，对庭审乃至审委会全程录音录像，实现对审判执行工作全过程、全方位、实时化的监督，确保司法公正"。为贯彻落实周强院长视察调研重庆法院工作的讲话精神，2014 年 7 月 1 日，重庆市高级人民法院院长钱锋在全市法院庆祝建党 93 周年主题党课视频会议上，举行了题为《坚持好传统与高科技并举，推动法院内涵式发展》的主题党课，深刻阐述了好传统和高科技这两者在互联网时代与法院审判工作的关系，明确提出了只有将高科技应用定位于服务群众诉讼和法官办案，才是真正弘扬焦裕禄精神和传承马锡五审判方式。2015 年 4 月，重庆市高级人民法院印发了《关于进一步优化巡回审判工作的意见》通知，明确提出：人民法院应当充分发挥"便携式巡回审判包"的作用，着力解决巡回审判中现场立案、同步录音录像、无线传输、电子签章等问题。有条件的人民法院可以购置"巡回审判车"，提升巡回审判的装备水平。

信息化如何满足新型巡回审判业务的拓展带来的一系列现场立案、文书送达、庭审记录、电子签章、全程留痕、巡回审判管理等信息化需求。秉承重庆法院"同一平台、同一系统""问题导向、按需定制"的信息化系统建设指导思想，本着实用、好用、管用的建设原则，通过深入调研，整合现有系统和设备，重庆法院设计并试用定型了重庆法院巡回审判管理系统，该系统由后台巡回审判管理系统和前端流动车载法庭、数字巡回审判包组成，满足多元化执法办案需要，流动车载法庭到场镇进行现场立案、审理、结案、普法宣传，法官随身携带数字巡回审判包进入百姓家中、田间地头直接立案并现场办理案件，老百姓也可以直接在互联网上预约提出诉讼需求，由法官择机进行现场办理，具有极大的社会价值和现实意义。

完善的系统架构解决数据采集、系统互通等问题，同一系统方便了法官使用和信息共享，全省统一的平台方案极大地降低了建设、运维和管理成本。

融合"自主软件＋专有设备＋通用设备"的流动车载法庭和数字巡回审判包支撑起不同场景下的巡回审判工作，功能设计和产品研发完全遵循实际，符合一线法官和书记员的使用需求。

系统引入"互联网＋"思维，具有很强的创新性和可移植性，解决了以前巡回审判管理系统和巡回审判载体存在的问题和弊端，管理方便、操作便捷，两个载体均充分考虑到应用场景和人员操作。

流动车载法庭功能强大，但要求交通便捷，场地要求高，整体展开耗时（约 15 分钟），用于当地重大案件的庭审、执行指挥、普法宣传和跨行政区域审理案件等。

巡回审判包接地气，不受场地环境限制，无须连线，架设方便快捷（约 2 分钟），辅助法官化解邻里纠纷。

二　功能全面实用，应用初见成效

重庆法院巡回审判管理系统合理利用"互联网＋诉讼服务"的思维，通过软、硬件的整合，通过不同载体（车辆和箱包）建成了一个个流动的诉讼服务中心，具备派出法庭，甚至一个法院的所有功能。配合已有的重庆法院公众服务平台和巡回审判管理系统，具有立案受理、诉讼材料收转、现场庭审记录、庭审直播点播、法律文书送达、案件进度查询、裁判文书制作、诉讼档案查阅、远程视频接访、执行指挥取证、现场普法宣传等功能。通过"诉讼服务中心"的流动，实现了当事人的"不动"或"少动"。完全不受天气、时间、场地、环境、电力等因素的影响，提高巡回审判效率，弥补传统巡回审判在规范性、权威性上的不足，增强司法威仪。

1. 解决了广大农村的司法诉求

伴随新农村建设和经济发展，农村纠纷类型更为多样、案件数量逐渐增多，群众的司法需求日益增长。巡回审判弥补了广大农村司法资源配置稀缺的弊端，采取就地收案、立案，就地办案和就地执行等方式，及时高效地实现案结事了，恢复社会秩序，促进邻里和谐，降低了当事人的诉讼成本，提高了诉讼效率。

2. 规范了巡回审判工作流程

现场直接规范化远程立案让流程更为标准，数字化庭审可实现全程记录、异地观摩和数据回传，现场文书制作和送达可利用系统集成的文书离线制作电子签章系统当场制作调解书、裁定书及允许电子签章的判决书，并当场送达当事人，免除当事人往来奔波之苦，彻底解决了"巡而不判"的问题。

3. 扩展了法制宣传模式

利用巡回办案时开展法律咨询，播放法治节目、典型案例，介绍法律法规和现场庭审释案，让普法成为常态。同时，法官到当事人所在地或案件发生地进行巡回审判对当地百姓的影响和教育比较深刻，容易形成较好的规模效应，让老百姓从身边小事获得法律知识，减少矛盾纠纷的产生。

4. 提高了裁判的公信力

偏远地区的诉讼当事人与旁听群众可以近距离感知举证、质证、认证、辩论等庭审流程，消除其与法官之间的隔膜，并让法官可以亲临现场了解真实案情。对于当庭裁判或达成调解协议的案件，主审法官除现场宣读判决书及调解协议的主要内容外，还会对其中的说理部分予以重点阐述，让诉讼当事人、旁听群众了解判决依据，增强裁判结果的可接受性，有利于裁判结果的执行。

5. 增强了矛盾化解能力

先进的远程接访功能让老百姓在家就可以和上级乃至最高法院法官面对面交流、多方接访，在多方共同参与下，有效缩短信访案件处理时间，把矛盾直接化解到信访人家门口。

6. 提升了巡回审判的管理水平

强大的后台管理功能让巡回审判不再流于形式，社会公众可以在互联网上查询巡回办案的基本情况和观看庭审直播、点播，并直接预约巡回审判。管理人员可以通过内网平台掌握全市法院巡回办案的数据和统计，实时了解远程立案数、巡回次数和实时的巡回审判地点、提取庭审录音录像、庭审笔录等审判信息和记录，基本实现了对审判工作全过程、全方位、实时化的管理和监督。

通过前期的试用，重庆巡回审判管理系统已进行巡回审判和法治宣传活动 120 余次，执行指挥 2 次，远程视频接访 1 次，系统功能已经完备，完全满足各种场景下的巡回审判工作需要。《人民日报》、《人民法院报》、《中国青年报》、《重庆日报》、《重庆卫视》等国家级、省市级媒体多次予以专题报道。2014 年 5 月最高人民法院院长周强在江津区塘河镇石龙门村现场视察了流动车载法庭庭审后指出："车载巡回法庭利用科技手段把司法服务送到群众身边，真正做到了便民利民，而且在群众中举行公开庭审也起到了很好的法制宣传作用，是一项司法为民的重要举措，要认真总结经验，不断予以完善。"同年 7 月，在第三次全国人民法庭工作会议上，周强院长要求："要进一步加强巡回审判工作，大力推广车载法庭等巡回审判模式，让'流动的人民法庭'最大限度满足人民群众便利诉讼的需求。"2015 年 11 月，中共重庆市委在《关于依法治市的实施意见》中明确把"推广车载法庭巡回审判"列为推进依法治市的重点工作。

三　加强制度管理，实现跨越发展

目前重庆法院已拥有标准化的巡回审判车 3 辆，另有 1 辆在建，已采购数字巡回审判包 150 套，部分法院已开始常态化使用，市高法也正在制定配套的服务办法、管理机制和评估体系，并探索跨区域调度和管理巡回审判，助推巡回审判实现跨越式发展。我们坚信，在互联网和大数据这一历史背景下，通过信息手段来加强和完善审判工作，把高科技融入审判的基础环节，切实服务大局、服务群众、服务基层，必然会生机蓬勃，巡回办案和诉讼服务将借助"互联网、物联网"等先进信息技术在全重庆地区遍地开花，将开创重庆法院利用信息技术服务审判、服务社会的新篇章。

（重庆市高级人民法院）

新疆高院信息化让审判执行快起来

2015年10月23日，是新疆维吾尔自治区高级人民法院信息化建设具有里程碑意义的一天，中央政治局委员、新疆维吾尔自治区党委书记张春贤和最高人民法院院长周强共同启动了新疆维吾尔自治区高级人民法院信息中心，标志着新疆法院信息化建设转型升级进入了一个新的阶段。

新疆法院信息化建设起步于2003年，历经十年的发展，虽然实现了三级专网全覆盖，但由于缺乏统一规划、统一建设，导致应用系统单一、功能落后，数据不集中、无法共享，司法统计和审判管理的信息化技术手段应用不够，司法公开和诉讼服务平台无法为人民群众提供更为方便快捷的通道。2015年，新疆维吾尔自治区高级人民法院党组决定通过三年的时间将新疆法院信息化建设提到一个新的层次、上一个新的台阶，达到全国法院中等以上水平。通过摸底调研、考察学习、研讨论证，制定下发了《新疆维吾尔自治区人民法院信息化建设三年发展规划（2015~2017)》，按照最高人民法院服务人民群众、服务审判执行、服务司法管理的信息化建设理念确定了新疆法院"一个中心、两大平台、六个系统"的信息化建设目标，具体内容为：一个中心指的是全区法院信息中心，系全区集中与管理、服务与应用、效果与评价的中心枢纽，并通过信息化展示平台，实时在线查看多种信息资源管理、运行应用、安全管理，实现远程指挥；两大平台指的是内网网站和外网网站，对内实现审判执行业务和日常管理的无纸化，对外实现司法公开和诉讼服务功能；六个系统指的是审判管理信息系统、为民服务信息系统、司法公开信息系统、政务管理系统、队伍人事管理系统和信息技术管理系统。通过网上办公、网上办案提高法院各项工作质效，通过数据集中、决策分析提高法院自身管理能力，通过为民服务、司法公开使当事人参加诉讼更加便利。为了确保各项信息化建设目标的实现，确定2015年为夯实基础年，重点搭建基础设施和确保核心应用系统的一体化。2016年为司法服务年，重点搭建司法公开和诉讼服务平台。2017年为精细管理年，整合"六大系统"实现各项服务功能。经过一年的努力，新疆维吾尔高级人民法院共向信息化建设项目，投资近八千万元改造中心机房、升级核心应用系统，特别是随着新疆法院信息中心的启用，新疆法院审判执行搭乘信息化快车提速，司法提质增效，落实阳光审判，服务各族群众的"最后一公里"打通并愈加顺畅。

一 网上办案实现审判管理的一体化

2015年6月，新疆维吾尔自治区高级人民法院率先启动了"六大系统"的第一个系统——新版审判信息管理系统的升级改造，由原来的分级部署变为集中部署，技术架构由

C/S 变为 B/S。经过一个月的努力，全区 116 个法院分四批进行了部署、培训、上线，新版审判信息管理系统集中部署在高级人民法院近两百平方米的中心机房，审判流程、法官工作平台、信访管理等应用系统集中部署在高级法院，质效评估、电子档案、司法统计、数据中心等应用系统分级部署在中级人民法院，形成了全区近万名法官在同一平台立案、办理、结案、归档的审判流程。目前，全区法院各族法官办理案件的首要工作是打开电脑进入平台，任何一个案件的任意一个信息都实时进入系统，实现即时更新。

新版审判信息管理系统突出两大功能，一是为全区法院各族法官办案提供更为快捷、高效的辅助工具。以前由于没有辅助办案系统，法官都认为信息录入是一件"额外"任务，目的就是为审判管理服务，于是采取审判员纸质程序办案、书记员网上录入结案的"两张皮"方式，新版审判信息管理系统部署完成后，提出的服务口号为："让系统成为法官办案的科技助理"。上诉信息自动导入、关联案件自动调阅、裁判文书自动生成、一键排版、自动纠错、电子卷宗自动生成、裁判文书上网隐名处理、法律法规库查询等办案辅助工具嵌入在流程管理系统之内，随案随使用，不用打开多个页面操作，使法官的精力仅关注于庭审和裁判，自动生成和文书纠错又提高了裁判文书制作质量，辅助办案工具使法官越来越感受到运用审判信息管理系统办案的方便快捷；二是为精细化审判管理提供更为快捷、高效的分析平台。三级法院院领导进入平台首页，分别看到的是全区法院、辖区两级法院和本级法院的案件数据统计（旧存、新收、已结、未结），并提供下钻功能查看业务庭室、法官的案件详情。每个案件根据节点信息自动形成流程图，何时立案、何时开庭、领导审批意见一目了然。质效评估系统自动生成下级法院质效结果，审管办不再每月手动计算各类公式，系统提供基本数据分析报告，审判管理部门的工作重心已经向补齐短板的决策分析转移。高级法院、中级人民法院均可结合审判执行工作实际，随时修改完善质效评估公式，系统自动计算生成结果。新版审判信息管理系统上线运行后，高级法院党组会议室、审委会会议室、视频会议室等均挂接大屏连接审判信息管理系统，院领导不再通过纸质版材料查看案件数据、听取各类汇报，而是直接从审判信息管理平台查看实时数据，真正实现了"数说审判"。

二 远程提讯实现审判工作的高效率

新疆地域辽阔，点多线长，中级人民法院与最远的基层法院距离上千公里。以往传统的刑事案件讯问调查，需要办案法官带上书记员远赴被告人羁押地提讯，往返最快都要三四天。为节省资源、时间和费用，刑事审判法官多采用集中讯问或羁押地就近巡回讯问方式，多数案件都会超过法定审限。

2010 年 4 月，新疆维吾尔自治区高级人民法院启动了全区法院远程提讯系统建设，共建成具有远程提讯功能的科技法庭 115 个，实现每个法院都有一个远程提讯科技法庭。经过几年的发展，南疆偏远的喀什、和田、阿克苏、克孜勒苏柯尔克孜自治州 4 地（州）法院相继与 15 个看守所建成了互联互通的远程提讯系统。远程提讯系统建设初期，由于"建"与"用"的分离，远程提讯系统的普遍使用率不高，导致了很长一段时间网络不稳定、设备无人维护、系统无人用。2014 年，高级法院信息技术部门与刑事审判庭紧密配合，逐个法院排查、测试，确保每个科技法庭的远程提讯功能畅通无忧。当年 5 月，自治区党委根据新疆反分裂、反渗透、反渗透斗争需要，决定开展为期一年的"严打暴恐专项行动"，新疆法院刑事案件收案大幅上升，人民法院打击暴力恐怖犯罪的职能发挥受到极大的挑战，特别是在案件审限上更为严格。各级法院充分运用远程提讯调查提高工作效率，刑事办案法官只需填写一张远程提讯申请单，写明提讯时间和被告人羁押地，与信息技术保障部门联络，远程提讯即可实现。

2014年11月27日，最高人民法院刑二庭5名法官来新疆高院远程提讯。6案被告人分别羁押在4个不同的看守所，为了保证远程提讯顺利开展，最高人民法院与新疆高院就远程对接、被告人押解、提讯室准确以及时间安排、提讯顺序都做了精密部署。当天下午，6案分别在高级法院两个科技法庭轮序进行，新疆高院组织本院及中院刑事法官随庭观摩，最直观地学习最高法院刑事法官远程提讯的技巧。自"严打暴恐专项行动"开展以来，仅高级法院运用远程提讯系统提讯被告人就近200人（次），圆满完成对被告人的讯问，无一案件超审限。目前，刑事案件的法定审限内结案一直处于各类案件的首位。

2015年7月，新疆维吾尔自治区高级人民法院党组书记闫汾新在北京全国高级法院院长座谈会现场，与最高人民法院和其他兄弟高院现场连线观看了新疆高院对羁押在阿克苏地区沙雅看守所被告人的远程提讯，展现了办案法官与被告人的"面对面"，画面清晰、音画同步。

三 网络执行实现执行工作的快节奏

与传统刑事案件的讯问方式相同，以往新疆法院的各族执行干警采用的是"放羊式"的工作方式，案件能否执结完全取决于路途的远近，办公室门上经常贴着"外出执行"的字条。但是，如此辛苦的工作，换来的却是被执行人找不到、财产查不到，执行标的实际到位率的低数值徘徊，以及"执行难"的种种责难。

2015年6月，新疆维吾尔自治区高级人民法院召开全区法院信息化工作推进会，提出全力推进"总对总"网络执行查控系统建设。高级法院执行局与信息技术部门密切配合，制定工作方案、技术要求和责任单位、完成时限，并且组织联合工作组分赴各地法院现场指导、技术核查和验收上线，确保"总对总"网络执行查控系统的全面覆盖。在不到两个月的时间里，就全面完成了新疆法院系统的"总对总"网络执行查控系统建设。阿克苏中院利用网络查控系统成功完成了谢某与西安某公司执行一案，该案于2015年7月21日立案，当日11时58分通过"总对总"网络执行查控系统发起查询，2分钟后系统提示被执行人在4家银行有大额存款，9分钟后协助银行按照法院冻结指令将账户冻结，又过了8分钟协助银行按照法院扣划指令将90万元存款划到法院执行款专户。本案全额执行到位，用时不足20分钟。

"总对总"网络执行查控系统的开通，解决了被执行人财产查不到的"瓶颈"，执行案件的实际执结率有了较大的提高。目前，新疆法院各族执行干警利用"总对总"网络执行查控系统发起查询29607件，共查询到被执行人疆内账户65737个、疆外账户20108个，标的总额达到5.57亿元。共减少派员15776人（次），节省路途奔波达1137多万元。这样的工作效率在以前是不可想象的，尤其是疆外账户的查询，按照每案2人4天工作量计算，至少花费在3万元以上，可能的结果还是"无功而返"。"总对总"网络执行查控系统的上线运行，让新疆各族执行干警"尝到了甜头"，纷纷通过各种媒体平台宣传自己的工作成绩，以致于最高人民法院院长周强在全国高级法院执行局局长座谈会上专门提到，新疆法院有个执行干警在微博上细数"总对总"网络执行查控系统的提速功能，说明新疆法院执行信息化建设一点儿都不比内地法院落后。最高人民法院专职审委会委员、执行局局长刘贵祥也对新疆法院"总对总"网络执行查控系统建设之快、覆盖之全、成效之明显提出了表扬。

通过执行信息化建设，司法资源获得极大节约、执行成本降低、效率显著提升，这个成绩让执行法官和申请执行人实现了"双赢"，对于最大化保护债权人利益具有显著的作用。可以说，现代信息技术手段让执行工作插上了飞翔的翅膀，彻底改变了"执行难"的被动局面。

（新疆维吾尔自治区高级人民法院）

第七篇

"互联网＋税务服务"
专项成果

"互联网 + 税务服务" 综述

税收是国家为满足社会公共需要，凭借公共权力，按照法律所规定的标准和程序，参与国民收入分配，强制取得财政收入的一种特定分配方式。作为公民和企业要享受公共服务理应履行纳税义务，那么作为纳税主体的税务机关，如何为纳税人提供方便快捷的纳税服务和有效的征税监管？我国税务机关在信息化条件下，不断创新"互联网 + 税务"的服务模式，有效提供了信息化纳税智慧服务。本专栏通过 6 个实例向你介绍了"互联网 +"条件下的智慧纳税服务。

手机 APP 为你带来便捷的纳税服务。深圳市国税局为方便纳税人，研制了电子税务局和纳税服务微信公众号，为纳税人提供 6 类智慧服务：①"扫一扫，事办了"，便知该项业务办理流程、所需资料、填写表样等相关事项，并可直接进行预约办税和网上办税；②"摇一摇，全知道"，便可获知最新最全的税收政策和新闻；③"显一显，填单免"，就是在窗口显示手机上绑定账号后生成的身份二维码，便可获得纳税人历史数据信息并自动填写相关资料，可以不用重复填单了；④"联一联，我要问"，便可在线咨询相关政策或流程，也可与其他纳税人问答交流。⑤"点一点，我评价"，在办完涉税事项后点击扫描税务人员的身份二维码，就可以对办税服务质量进行评价；⑥"拍一拍，监督来"，遇到税务人员工作作风差、违规违纪，纳税人可以用手机拍照进行投诉并根据受理单号对处理情况进行查询和跟踪。

"测图精灵"为土地使用税税源管理大显身手。浙江省地税局为促进企业集约用地，管好城镇土地使用税税源，研制了基于手机的"测图精灵"软件，提供方便的服务：①精确测量功能。软件具有实时实地 GPS 功能，可以对企业所在地进行直接定位（实地测量法），或通过输入目标企业经纬度进行间接定位（纯图测量法），借助在线地图对所定位目标企业的占地面积进行精确测量，测量精度可达到土地权属证件标注面积精度的 99% 以上。②方便企业确认，避免征纳矛盾。测图软件对已测量过的土地进行截图、存储，测量结果经企业核对确认，作为土地使用税税种税源登记申报依据，避免土地使用税的征纳矛盾。③提高服务效率，有效管好税源。税务人员可以将原本需要实地测量核实的工作变成利用测量结果，足不出户地对企业土地使用情况进行案头对比分析，提高了服务效率，降低了税收成本。

"扫一扫"便知发票真伪。1994 年我国实施"营改增"税制改革后，国家税务总局为保障增值税专用发票的"以控税"和真伪票查验的需要，研制了"增值税专用发票管理系统"，之后又建立了全国增值税发票电子底账库。随着增值税专用发票业务的发展，各地税务部门在不同范围内建立了发票查验系统，但存在全国查验入口不统一、跨省发票需要查验人自行甄别、查询条件烦琐、查询结果展现方式各异等问题。为解决此类问题，国家税务总局利用云平台、大数据和互联网移动等技术，基于 PC 机、智能手机、PAD（平板电脑）等客户端，开发了全国统一入口的"一站式"发票查验系统，提供多种智慧服务：①通过智能手机或 PC 机等登录发票查验系统门户，填报发票信息或"扫一扫"二维码，即可接收发票真伪信息，彻底改变了以往需要通过登录多个基层税务机关网站进行发票查验的烦琐方式；②净化发票空间，增强守法纳税行为。由于从源头上遏制企业接受虚假发票、填开不规范、申报数据不准确等问题，压缩了企业开具"阴阳发票"和买卖假发票的空间，促进了纳税行为的规范，确保了税基的稳固。

"票e送"变"群众跑腿"为"信息跑路"。北京国税局为解决传统发票管理模式下纳税人领用发票要到办税服务厅的"群众跑腿"问题，研究解决纳税服务"最后一公里"的"信息跑路"，研究提出"推行现代物流配送，改革发票领用模式"即"票e送"的解决方案。目前，"票e送"系统已在北京市4500户企业中成功使用，为纳税人带来了福音。例：2015年第一场大雪时，正值周末，位于昌平区一纳税人由于工作需要急需在周日开具发票，但是手中发票已经用完了，带着试试看心理，从网上办税厅申领发票，结果不到3个小时，快递将发票准确地无误送到她的手中，她感慨地说，自己申请的时候也没敢想真的能够送来，只是尝试一下，真是要感谢税务机关提供这么好的便民服务。

构建机动车"一条龙"新生态，变"群众来回跑"为"部门协同办"。云南省国税局为解决公众购车落户和车辆年检过程中，要到公安部门办理车辆落户和年检、国税部门办理征收车辆购置税、地税部门办理征收车船使用税等的"来回跑"，协同地税部门、公安部门、人民银行、银联公司等，率先在全国打造机动车"一条龙"新生态：公众购车落户和车辆年检时可以任选一个智能手机入口（手机APP、微信），用手机号码注册，绑定银行卡、身份证、车架号，即可实现自助缴税、购买保险，凭"二维码"落户、年检和理赔，实现车辆保养、维修预约的机动车"一条龙"服务。"一条龙"服务还提供车辆购置税和车船使用税缴纳到期自动提醒、车辆年检到期自动提醒、车辆年检代理网上预约、优质口碑车辆服务商自动推荐、交通违章信息主动推送等服务。

创建"互联网＋税务"成效显著。深圳地税局坚持"互联网＋"新理念，创建"全渠道、全覆盖、全天候、零距离"的新型互联网办税新模式：在全国率先实现"互联网＋一照一码"，统一社会信用代码，解决了各部门数据相互割裂封闭、信息孤岛等问题，实现部门间信息交换、互联互通，为税务部门开展信息管税提供有利条件；构建"互联网＋多样化办税服务"体系，融合开发12366纳税服务热线、门户网站、网上办税、移动APP、微信、微博等平台，纳税人只需"指尖操作"，即可办理线上纳税等各类业务；率先建立"互联网＋多元化缴税扣税"渠道，积极推进与银行、银联、腾讯、第三方支付机构的合作，在全国税务系统率先实现微信支付、网银缴税和POS机缴税的新渠道，2015年协议缴税550万笔1432亿元、网银缴税3万笔1300万元、POS机缴税152万笔45亿元、储蓄扣税5.7万笔3600万元；搭建"互联网＋实时咨询管理"平台。整合网上办税、移动APP、微信、QQ等互联网常用渠道，建立与纳税人的实时在线连接，统一规范税收知识，与纳税人多渠道互动，随时随地解决疑难问题，2015年通过该平台解答纳税人问题2.4万条，处理系统运维类问题5400条；创建"互联网＋发票服务"新模式，实现线上申请、线下配送，纳税人足不出户即可领购和验销发票，2015年网购发票订单共2.3万条253万本，发票查验量日均5万次，日均抽奖次数10万人次以上；创新"互联网＋批量纳税辅导"模式，通过统一纳税服务平台为纳税人和税务人员提供统一规范、内外一致、同步更新的纳税辅导服务，2014年以来已主动推送新办纳税人辅导信息30万条；探索创立"互联网＋风险管理"新模式，积极推进与深圳市国土资源、市场监管、人力资源社会保障、国税、经贸信息等第三方单位的数据共享机制，开展风险大数据分析和识别，2015 年向纳税人推送低风险疑点信息 1809 条；开展"互联网＋精准定向服务与管理"，利用纳税服务平台为享受税收优惠政策的对象定向推送提示信息，2014 年以来已定向推送税收优惠政策 130 万户次，信息提示 2726 万条；首创"互联网＋个人微平台"，建立个人办税"微平台"，实现自然人互联网实名认证开户、涉税信息实时查询、完税证明开具打印、个人涉税信息采集与维护等功能；建立"互联网＋移动办公"，提升税收工作的协作和办理效率；创建"互联网＋云计算"，发票真伪在线查询单笔耗时从平均 5 秒大幅缩短至 0.12 秒，性能效果明显提升；创新推出"互联网＋涉税信息抓取"模式，实现对互联网数据的抓取、存储、优化、分析和展示，目前已实现在深圳市规划与国土资源委员会网站专区抓取一手房成交明细数据用于房地产项目征管；推出"互联网＋税务信息共享平台"，实现涉税信息互联网化和社会化，鼓励社会力量挖掘和利用税收信息的深层价值，共建协税护税的良好环境。

（电子政务理事会常务副理事长　周德铭）

国税总局：随时随地"扫一扫"
发票查验新体验

一　基本情况

国家税务总局是国务院主管税收工作的直属机构，省及省以下税务机构分设为国家税务局和地方税务局两个系统。税务管理机构自省级以下按照行政区划设立国家税务局系统和地方税务局系统（西藏自治区仅设立国家税务局）。

"互联网＋发票查验"项目由国家税务总局电子税务管理中心承担。国家税务总局电子税务管理中心是具有行政管理职能、参照公务员法管理的国家税务总局直属事业单位，是税收信息化建设和运行保障的主要承担部门。电子税务管理中心依托增值税发票管理新系统开展"互联网＋发票查验"项目，承担相关系统推行、技术管理和软件系统运行保障工作。

二　主要做法

（一）实施背景

1994 年我国实行以增值税为主体税种的税制改革，建立了凭增值税专用发票抵扣制度。为保障新税制的顺利实施，按照国务院统一部署，税务总局建立了"金税工程——增值税专用发票管理系统"，依托该系统实现了增值税"以票控税，网络比对，税源监控，综合管理"的闭环管理，有力打击了利用增值税专用发票的违法犯罪，保障了新税制的顺利实施。

随着国家经济结构的重大战略性调整和"营改增"税制改革的逐步推进，增值税纳税人的户数在急剧增加，与此同时发票开具的量级也增长迅猛，预计增值税发票的年开具量将超过300亿元，并且每年有5%～10%的增长幅度。2014年，国家税务总局推出了"增值税发票系统升级版"，依托互联网技术实现开票数据实时上传，建立了全国增值税发票电子底账库。

近年来，各地税务部门在不同范围内建立了发票查验系统，一定程度上净化了发票的生存空间，保护了纳税人的合法权益，但存在全国查验入口不统一、跨省发票需要查验人自行甄别、查询条件烦琐、查询结果展现方式各异等问题，纳税人和社会公众需自行辨别并分别登录不同的税务网站查验发票，十分不便，效率不高，发票查验需求难以满足。同时，由于查验结果、展现方式不统一，也不便于查验结果与企业财务系统的自动对接，增加了企业的管理负担和涉税风险，基层和广大纳税人强烈反映迫切需要一个统一的查验平台解决日常的发票真伪鉴别问题，打造"一站式"发票查验系统十分必要。

（二）建设内容

顺应纳税人和社会公众方便快捷查验发票的需求，税务总局在增值税发票管理新系统基础上，引入互联网、云计算、大数据等技术，建立了全国统一入口的"一站式"发票查验系统，纳税人和社会公众可通过电脑、智能手机、PAD（平板电脑）等各类互联网终端，通过税务总局统一网站、移动APP、微信公众号等互联网渠道，对发票二维码"扫一扫"后即可轻松、高效地完成发票真伪查验，有效解决了发票"查验难"问题。

1. 关键技术设计

针对发票查验的实际需求和发票数量庞大的实际情况，发票查验系统创新性的采用当前解决大数据应用的分布式计算存储技术进行数据库部署，缓解单点数据库的压力，即在36个省各部署一套发票查验服务和数据库系统。此种部署模式的优点是整体可用性相对较高，某个省出现单点问题不影响全局用户的使用。

为了有效应对纳税人或社会公众多点并发进行发票查验的实际需求，发票查验系统创新采用分布式数据缓存模式进行应用部署。缓存技术主要适用于对数据的低时延和高吞吐量的访问需要，通过缓存需要频繁访问的对象和数据，减少后端数据源的负载，大幅度提升应用的整体性能。采用这种内存缓存技术进行数据管理，能够大幅提高数据访问的性能，且因其平台开放性，部署时不用对现有框架做大的调整等优点，在复杂的系统设计中被越来越多地应用，逐渐成为当前互联网应用IT架构中的一种标准化选择。发票查验业务符合常见的互联网应用单个交易时间短、处理并发量大的特点，采用分布式缓存技术可以大大提高业务处理的性能。

2. 主要功能实现

"互联网＋发票查验"系统包括查验终端、互联网端和税务专网端三个部分：分别承担纳税人和社会公众、税务局统一门户和后台数据管理功能。

查验终端：用户可通过智能手机或PC机等登录总局发票查验系统统一门户系统，把用户填写的发票信息发送到互联网端查验请求处理服务器，并接收及展示返回结果信息。

互联网端：互联网端为用户提供发票查验静态页面发布和访问、日志、恶意行为判断等服务，接收查询终端发票查验请求，访问控制（授权、限流、降级）、查验结果返回等服务。

税务专网端：包括各省发票查验系统和电子底账数据库，负责接收互联网端处理发票查验请求信息并反馈发票查验结果信息。

（三）解决的主要问题及方式方法

"互联网＋发票查验"的查验网站和移动 APP 应用已经完成开发建设工作，并于 2015 年 12 月在北京、上海、深圳试运行。

试点企业和税务干部纷纷表示，此种方式改变了以往只能通过少数途径进行增值税发票查验的种种不便，不仅减轻了各地税务机关增值税发票查验窗口的压力，统一了各省查验系统的入口，也强化了纳税人对发票信息的查验意识，有效促进了税务机关增值税发票管理工作。

三　经验效果

"互联网＋发票查验"的上线运行，彻底改变了多年来需通过登录多个基层税务机关网站进行发票查验的烦琐方式，社会公众只需通过税务总局网站一个入口即可查验全国各地的增值税发票信息。同时，统一开发了手机 APP 软件，免费提供给社会公众使用，实现了"扫一扫"即辨真伪，极大地方便了社会公众对发票的查验，大大提升了发票查验的效率，促进了对增值税发票使用的监督和管理。"互联网＋发票查验"有利于加快推进我国电子政务、电子商务的发展，既有长远的战略意义，又有当下的现实意义，社会效益和经济效益均十分显著。

（一）净化发票空间

"互联网＋发票查验"能够对纳税主体进行有效监督，从源头上遏制企业接受虚假发票、填开不规范、申报数据不准确等问题，大大压缩企业开具"阴阳发票"和买卖假发票的空间，使得企业的税务管理更为规范，确保了税基的稳固。

（二）促进纳税公平

发票信息能够体现商品的实际交易情况，在一定程度上引导和约束商家的诚信运营，创造了商家之间公平竞争的氛围，堵塞了税收管理的漏洞，促进了税收诚信和纳税公平。针对电商平台的商家而言，可杜绝空刷交易额虚增信誉度的行为。

（三）提高经济效益

"互联网＋发票查验"有效规避了因纳税人接受假发票所带来的损失和不必要的麻烦，使得各类商务交易活动更为透明，促进电子商务产业的健康向上发展。为企业大大降低了实际成本支出，一方面可提高企业利润率和竞争力，另一方面可提高企业信息化和管理水平，促进企业的发展。

（国家税务总局）

北京国税："票 e 送"服务项目

一　项目背景

北京市国家税务局所辖开业登记纳税人，以年均 12.82% 的速度递增，截至目前已近 130 万户，其中申领发票业务占北京国税整体业务将近30%，随着办税服务厅窗口工作压力不断加大，纳税服务体验和税收征管效率急需提升。优化税收征管体系是破解北京国税征管难题，落实简政放权，提升纳税服务，成为实现税收现代化的必然选择。

2015 年初，北京市国家税务局以互联网思维为先导，以工作痛点为导向，利用云平台和大数据，将信息化与各项税收征管业务高度融合，深入优化税收征管体系，北京国税优化税收征管体系工作通过"北京国税局税收优化办公室统领、税收业务处室逐项把关、税务骨干集中办公、技术单位强力支撑"的多元化工作方式，制定了北京国税局税收征管体系发展规划，将信息化与各项税收征管业务高度融合，确立了 12 个重点优化项目，其中发票领用模式改革，确定为重点研究课题。

在北京国税局日常征管工作中，在众多办税服务厅受理业务事项过程中，发票领用是一项耗时较长、发生次数最多、自动化处理机制较低的工作。而传统发票管理模式下纳税人领用发票要亲自跑到办税服务厅，在信息化时代为纳税人彻底减负，解决纳税服务"最后一公里"问题，成为重中之重，经过技术研讨、方案论证，确定项目核心解决方案是"推行现代物流配送，改革发票领用模式"，项目命名为"票 e 送"。目标是利用现有互联网技术、内外部做系统整合、实现全天候的对外服务模式的终极目标。

二　项目基本情况

（一）技术实现

1. 发票网上自动验旧

要想实现网上申领发票，还有一个至关重要的前置条件就是"发票验旧"必须网上办理，只有通过网上验旧处理后，纳税人才能进行申领下一次的发票，为此北京国税局首先进行了网上自动验旧处理系统的研发，目的是将原来的发票验旧工作从大厅窗口操作移植到系统自动接收数据自动完成验旧。

发票网上自动验旧功能，充分发挥技术优势，创新技术手段，利用升级版开票系统客户端的网络处理机制，实时进行开票信息采集上传，并自动完成与国税征管核心系统（CTAIS）自动验旧处理。

该功能 2015 年 4 月开始运行，实现了包括增值税专用发票、增值税普通发票、货运专票等共 9 种发票的自动验旧。将原来的发票验旧工作从大厅窗口操作移植到系统自动接收数据自动完成验旧，大大减轻窗口人员工作压力的同时，更为纳税人带来了优质办税体验。达到优化纳税服务，提高征管水平，堵塞征管漏洞的目的。目前，网上发票自助验旧率比例接近98%，为"票e送"的最终实现提供了必要条件。

2. 虚拟全市网上申领发票主库房

发票管理无小事，为了实现税务征收机关和纳税人"双减负"，北京国税局采取系统虚拟税务机关，发票实物库房委托安全等级较高的发票印刷单位管理，同时负责协助税务部门完成发票调拨管理、发票出入库管理、发票发售管理、后期快递交接等工作。把涉及发票管理的工作从税务干部中解脱出来，为下一步实现全流程无人工干预、全天候的对外服务奠定了坚实的基础。同时也制定了各种相关管理制度、应急预案，确保管理流程上的万无一失。

3. 优化工作流程。

随着设立虚拟全市网上申领发票主库房模式的确立，针对工作流程信息进行了优化，优化后的流程为纳税人在网上办税厅提交申请后，资质审核、发票发售各个系统操作均由系统自动完成－信息传递主库房进行分拣备票－快递交接－配送等一系列流程。

4. 整合现有系统

该项目涉及六个税收应用相关系统，其中包括北京国税局网上办税厅系统、核心征管管理系统（CTAIS）、防伪税控系统、货运机动车管理系统、与库房对接发票分拣管理系统、与EMS/顺丰快递对接系统。通过技术手段，将专网与互联网传输安全限制问题、数据交互的时效性问题、异常情况处理问题、各系统之间信息传递交互问题，逐一进行解决。为该项目成功提供了技术可能。

5. 解决票务安全问题

票务安全管理是这个项目中的重中之重，如何对发票在库房、分拣、交接、物流、签收过程中实现全流程的监控监管是需要破解的难题之一。经过反复论证，确定在整个发票实物管理流程增加RFID电子标签，全流程通过监控检测程序监控实物发票动向，通过实时扫描箱包RFID标签内容，了解其在各环节的状态，不论大箱还是按不同票种分装的小包均通过一次扫描即可获取全部整箱整包的发票明显信息。降低了各环节人为确认带来的错误风险，也解决了交接过程中需要进行拆箱再次封装的不便，规范统一包装安全送到纳税人手中，从而解决了票务安全问题。

三 项目亮点

"票e送"，旨在解决纳税人前往办税服务厅路程远、耗时长、排队难等问题。该项目一共分三期，第一期采取内外网交互，人工操作发票发售的机制实现网上配送流程；第二期，实现了全程无税务干部干预，系统自动校验处理，数据传递库房进行备票、快递发送的机制，也实现了设计的初衷，打造365×24小时服务的这一品牌目标。下一步，计划实现北京国税纳税人的发票申请在网上办理，使得发票业务在互联网上形成一条龙服务的闭循环系统，彻底将涉及面最广的业务移到网厅处理，同时打造出具有北京局特色的一个服务品牌。该项目最具特色的四大亮点。

一是运用"互联网＋"时代先进技术。依托"云平台"和"物联网"技术，实现了全流程信息化和自动化。纳税人网上申领发票后，系统自动处理订单，自动触发物流配送，并且全流程跟踪监控，确保发票安全、及时送达纳税人。

二是提供 365×24 小时不间断服务。"票 e 送"服务全年无歇，解决了以往节假日纳税人领不到发票的困难，激发纳税主体经营活力。

三是全市发票库房大集中。全市发票库房统一集中在发票承印单位，从发票承印单位直接发"货"给纳税人，省去了以往发票承印单位到税务机关库房的物流配送环节。

四是税务干部零操作。省去了基层税务机关以往发票库房管理、发票发放、系统录入等人工处理环节，降低执法风险，促进征管资源更加合理有效配置。

目前，北京国税网上办税服务厅"申领发票"功能，已经实现了全部增值税专用发票升级版涉及的四大类七个票种的网上申领。

四　综合效益

北京国税局优化工作的目标是最大限度地减轻纳税人负担，最大限度减轻税务人员压力，实现征纳双方双减负，实现征管资源合理配置。票"e"送，充分发挥了互联网信息化技术，也打破了原来征管工作中一成不变的发票管理新格局。实现了深化纳税服务，充分利用社会资源、整合服务平台、创新服务方式，充分发挥社会力量对纳税服务的促进作用。北京国税局"票 e 送"项目上线后，目前正式在全市范围［限制条件为一般纳税人、开业三年（含）以上的企业］进行推广宣传应用，已有 4500 户企业成功申请使用"票 e 送"系统。

不仅如此，由于推出的服务是 24 小时模式，如同网上购物一样，不论工作日、非工作日、工作时段、非工作时段随时可以在网上进行发票的申领，解决了纳税人在大假期间、周末急需用票的难题。例如：在 2015 年第一场大雪时，正值周末，位于昌平区一纳税人由于工作需要急需在周日开具发票，但是手中发票已经用完了，带着试试看心里，从网上办税厅申领了发票，结果不到 3 个小时，快递将发票准确无误送到她的手中。她事后感慨道："自己申请的时候也没敢想真的能够送来，只是尝试一下根本没有抱太大希望。"她为税务机关提供多样化的服务措施点赞，并表示会将此便民服务分享给其他分公司的财务人员，让更多的人受益。

为给纳税人提供多样化的服务，北京国税局制作了大量宣传辅导资料，在各个办税厅发放，通过易拉宝方式宣传该项目，开通了"票 e 送"项目专用公众号，制作了用于局端税务干部了解的尝试问答，对纳税人进行的申领流程、客户端操作流程的辅导资料，还建立了一个配套的专职"票 e 送"电话客服团队，并加强纳税服务中心热线 12366 信息交换和互动，为纳税人提供更及时更精准的后期运维服务。

（北京市国家税务局信息中心）

浙江地税：小精灵施展大身手

一　基本情况

浙江省地税系统自 1997 年国税、地税机构进一步分设后，实行省以下垂直管理，浙江省地方税务局下设 11 个地市局、65 个县市局、328 个基层分局，负责全省地方税费和各项费、基金的征收管理以及相关税收法律、法规、政策的执行。目前，全省地税系统共管理企业纳税人 157 万户、个体工商户 284 万户，管理个人所得税纳税人数 1600 万、社会保险费缴费人数 1619 万。2015 年浙江地税局共组织各项收入 6280.2 亿元。全省一般公共预算收入的 2/3 以上由地税系统贡献。

浙江地税局近三年组织收入情况

单位：亿元，%

年度	组织收入	增长	税收收入	增长	社保费收入	增长
2013	5019.9	11.3	3067.0	9.7	1635.9	15.8
2014	5644.9	12.5	3329.5	8.6	1976.4	20.8
2015	6280.2	11.3	3608.8	8.4	2303.2	16.5

浙江地税局围绕政府中心工作，紧紧依托信息化手段大力推进税收管理现代化，制定"互联网＋税务"实施方案，以便利纳税人、提高管理质效为导向，聚焦互联网创新成果与税收工作深度融合这一核心，完善制度供给、落实具体举措，为纳税人"办税"、基层地税部门"管税"做好顶层设计，创新服务纳税人方式，为纳税人提供公平、高效的纳税环境，全面提升各项工作水平。

二　主要做法

近年来，随着城市化建设的快速推进，各地的城镇建设用地大量增加，但供地用地矛盾仍十分突出，为促进土地集约节约利用，各级政府对城镇土地使用税的税源管理提出了更高要求。由于历史原因，纳税人取得土地的方式多种多样，一些土地权证不齐全户及无土地权证户在向税务部门申报登记土地计税面积时，普遍存在着少报、瞒报、漏报的现象，受囿于缺乏有效的测量工具和核实手段，加之人力、物力、精力的不足，税务部门在日常征管上往往只能停留在企业自行申报、案头书面审核、个别实地核查的现状上，每年的土地使用税税源调查往往不彻底、不深入，实际成效不理想，已成为地税税收征管工作的一个老大难问题。不能准确有效核对企业土地使用面积，一方面造成土地使用税的大量流失，损害税法的严肃性和公平性，另一方面给地方政府调整土地使用税政策，实行差别化税收优惠工作带来很大困难。

按照省地税局夯实城镇土地使用税税源基础、促进企业节约集约用地的要求，地税系统的基层税务人员主动发挥聪明才智，转变工作思路，利用独立运转的互联网应用创新地税管理和数据采集手段，利用测绘、定位、图像采集等移动互联网、物联网 APP 工具提升管理的效能和质量，开拓性地使用"测图精灵"软件对企业实际使用土地面积进行定位、测量和计算，堵塞企业应税土地面积登记信息不完整、不正确的漏洞。

"测图精灵"是苹果 IOS 操作系统的一款应用软件，它带有实时实地 GPS 功能，可以对设备所在地进行直接定位（实地测量法），或通过输入目标企业经纬度进行间接定位（纯图测量法）。借助在线地图对所定位目标企业的占地面积进行精确测量，操作使用简单、直观。测量人员携带 iPad 或 iPhone 设备到需要测量的企业，现场运行"测图精灵"软件，用软件所带的 GPS 定位功能确定企业在卫星地图中所处的位置，通过实地查看后确定企业在卫星地图上的占地范围，然后在卫星图片的占地边界放置大头针，测图精灵自动计算出企业的实际使用土地面积。对需要调整的大头针，可以进行调整。在"测图精灵"软件中，可以逐一对完成测量的企业地图资料进行下载保存，方便今后随时提取企业土地信息。

通过"测图精灵"软件进行土地实测有以下几方面优点。一是成本低，效率高。运用"纯图测量"的方法，税务人员足不出户就可以随时对企业的土地使用情况进行对比分析，可以将原本需要实地测量核实的工作变成案头分析工作。既提高了工作效率，又可以减少征管成本。二是操作方便，客观公正。测量软件实地操作时不受天气、环境影响，操作快捷、方便，与测亩仪、卷尺等测量工具相比工作强度大大减轻，且直观性强、精度高，客观公正，能最大限度地减少人为因素干扰。经过反复实践验证，"测图精灵"的测量精度能达到土地权属证件标注面积精度的99%以上。三是有利于取证和记录。测图软件自带截图存储功能，可以对已测量过的土地进行截图、存储，方便事后调取和记录。测量结果经企业法定代表人核对确认，由其填写相关土地使用情况资料并签字，作为土地使用税税种税源登记申报依据。该方式容易取得被调查对象的认可，有利于减少征纳矛盾。

三　经验效果

浙江地税局运用开放共享的互联网思维，主动对接互联网应用的最新成果，创新服务和管理模式，获得了微小投入巨大产出的经济效益以及政府满意、纳税人认可、地税部门操作简便，三方共赢的社会效益。"测图精灵"软件应用被国家税务总局列为第一批"互联网＋税务"示范项目向全国税务系统推广。

（一）经济效益分析

2014年，在部分县市地税局成功试点应用的基础上，浙江省地税系统全面推广利用"测图精灵"软件开展土地实测工作，全省共实测企业21236户，实测增加应税土地面积1230万平方米，增加土地使用税8065万元。通过实测，2014年实际入库土地使用税9331万元，其中嘉兴市地税局利用测图精灵开展土地实测，查补税款1047万元。2015年，全省有17个县市地税局城镇土地使用税同比增长率超过30%，部分县市增长率超过100%。

与此同时，"测图精灵"软件使用成本低，提供免费下载使用，功能丰富的收费版每套仅12元，而且可以无限次使用，有效降低了管理成本，产生了明显的经济效益。

（二）社会效益分析

利用"测图精灵"软件开展对土地权证不齐全和无土地权证纳税人的土地实测，夯实了城镇土地使用税税源基础。地税部门还将土地测量结果与地理信息系统结合，进一步查找漏征漏管或申报面积不实的应税土地，从而全面、准确、及时地掌握城镇土地使用税信息，实现"以地控税"。同时，准确的土地税源信息为国土等部门强化土地调节职能、提升土地利用效率提供了有力抓手，有效控制部分纳税人囤积、浪费土地的行为，缓解因土地闲置导致的土地供应紧张情况，达到"以税节地"。

在此基础上，浙江省地税系统积极开展调整城镇土地使用税政策，促进土地集约利用工作，截至 2014 年底，16 个市县地税局通过调整城镇土地使用税区域范围税额标准，增加税收收入 18.57 亿元，年净增城镇土地使用税收入 9.62 亿元。协助政府盘活存量和收储土地 75856 亩，有力地支持了优质高效企业的发展，提高了企业加大有效投入的积极性，倒逼企业加快对低端低效产能的腾退与淘汰，促进了土地的集约节约利用。

（浙江省地方税务局）

云南国税：携手多部门构建机动车
"一条龙"新生态

一 基本情况

（一）系统概况

云南省国税系统下辖 16 个州（市）局、140 个县（区）局，省局机关共有 25 个内设机构，截至 2015 年底，全省国税系统在职干部人数为 11377 人。

（二）收入概况

2013～2015 年，云南省国税系统累计组织国税收入 4871.04 亿元。其中，2013 年完成国税收入 1548.6 亿元；2014 年完成国税收入 1674.11 亿元；2015 年完成国税收入 1648.33 亿元。2015 年，云南国税局收入总量在全国 36 个省（市、区）和计划单列市国家税务局中排名第 13 位，在西部 12 个省（市、区）国家税务局中排名第二位。

（三）税源概况

云南省国税系统税务登记为正常状态纳税人（不含车辆购置税纳税人），2013 年底 70.57 万户，2014 年底 84.65 万户，2015 年底 112.45 万户，三年内增长了 59.35%，年均增长 19.78%。

2013～2015 年，增值税收入完成 1844.36 亿元，占总收入的 37.86%；消费税收入完成 2085.91 亿元，占总收入的 42.82%；企业所得税收入完成 724.65 亿元，占总收入的 14.87%；车辆购置税收入完成 215.57 亿元，占总收入的 4.43%；个人储蓄存款利息所得税完成 780 万元。

（四）车辆购置税征收情况

2013～2015 年，云南省国税系统累计征收车辆购置税 214.54 亿元，合计各类车辆达 375.27 万辆，其中，2013 年 122.11 万辆；2014 年 129.9 万辆；2015 年 123.26 万辆。

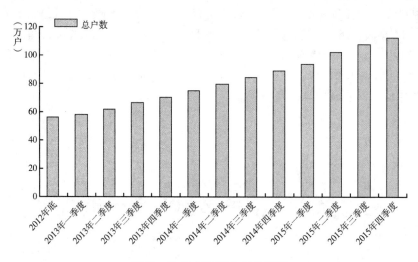

2013～2015 年纳税人增长情况

近年来，随着信息化建设的深入推进，云南国税局征收的主体税种（增值税、消费税、企业所得税）电子申报率已达 95%，有效缓解了纳税人数量迅猛增加带来的征收压力。但车辆购置税的征收客观存在涉税信息分散、征税对象主要是自然人等原因，征收方式仍然保持到国税局办税服务厅、汽车销售市场征收点进行申报或由公安部门代征等传统方式，需要投入大量人力物力，已成为国税部门税收征管的"痛点"和"堵点"。《"互联网＋税务"行动计划》的贯彻实施，为运用信息技术手段缓解这一矛盾提供了有利契机和方向指引。

二　主要做法

（一）实施背景

1. 税款征收成本高

以 2015 年为例，云南省国税系统税务干部为 11377 人，其中 1058 人在车辆购置税征收管理岗位工作，占总人数的 9.3%。车辆购置税总收入 67.3 亿元，仅占云南省国税局税收总收入 1648.33 亿元的 4%。此外，每年还需要向汽车销售专业化市场支付 500 万元左右的场地使用费。

2. 社会公众满意度低

社会公众购买车辆时，需携带汽车销售商提供的四份纸质材料到国税部门缴纳车辆购置税。工作人员逐项核实无误后录入系统，购车人用现金缴税或者 POS 机缴税后获取车辆购置税完税证明。因审核资料和现金点验耗时，购车人约需 30 分钟才能办理完车辆购置税缴纳手续，排队等候时间长，且经常出现因资料不全等各种原因反复跑的现象，纳税人意见大。

3. 税款流失风险大

落户过程中，由于数据不共享，一方面交警部门可能面临着购车人使用假的车辆购置税完税证明落户的执法风险，另一方面国税部门存在税款流失的风险。

4. 公众购车落户和车辆年检需要"多部门跑"

在购车到落户使用的整个过程中，环节多，国税部门负责征收车辆购置税，地税部门负责征收车船使用税，公安部门负责车辆落户和年检等管理。因为信息不对称，常常导致纳税人在几个部门间来回跑，造成极大不便，还常常出现车辆销售商把电子合格证信息"张冠李戴"、发票填开有误、缴税证明丢失等情况。

（二）建设内容

云南国税局结合现状，深度运用互联网技术的创新成果，携手云南省地税局、公安局、人行昆明支行、银联云南分公司等部门，率先在全国打造机动车"一条龙"新生态：社会公众任选一个智能手机入口（手机 APP、微信、阿里服务窗），用手机号码注册，随后绑定银行卡、身份证、车架号，即可实现自助缴税、购买保险，凭"二维码"落户，凭"二维码"年检，凭"二维码"理赔，实现车辆保养、维修预约的机动车"一条龙"服务。基于机动车整个生命周期的大数据，构建车辆购置税和车船使用税及时足额入库、缴税凭证比对不符自动预警、车船使用税到期自动提醒、车辆年检到期自动提醒、车辆年检代理网上预约、优质口碑车辆服务商自动推荐、交通违章信息主动推送的新生态。

（三）互通互联，共享共治，构建机动车"一条龙"新生态

（1）以"ESB（服务总线）"技术，打通云南国税局内部的"金税三期"系统和"增值税发票管理新系统"之间的通道，让购车人通过手机"一键"生成纳税申报表，实现"互通"。车辆购置税申报表需要的信息来源于三个系统，其中，工业和信息化部中机车辆技术服务中心实时下发的车辆电子合格证信息通过"外部数据交换系统"获取；车价信息由国家税务总局定期下发至"金税三期系统"；机动车销售商开具的机动车销售发票信息在"增值税发票管理新系统"中产生。针对三个"数据孤岛"，云南国税局创新构建"ESB 服务总线"，购车人从手机端"一键"发起指令，服务总线收到指令后从三个系统中提取数据，生成申报表存储到税收征管系统，并根据车辆销售价格和最低计税价格产生应缴税款，实现申报表的"智能审核"，应缴税款的"智能判断"。

（2）以"反向请求"模式，打通"财税库银专网"和"移动互联网"之间的通道，让购车人可以通过手机缴税，实现"互联"。增值税等其他主体税种的缴税模式是用"财税库银"横向联网模式实现，即：国税端主动向人民银行端发起缴库请求，人民银行端接受请求后根据三方协议（纳税人、税务、银行签订）发给对应商业银行端进行扣款。由于车辆购置税缴纳是一次性行为，若签订三方协议耗时且无必要，一般通过现金缴税或者 POS 机缴税，这将产生现金管理风险和汇总缴纳税款滞留风险，云南国税局联手人民银行昆明支行、银联云南分公司，打通"移动互联网"和"财税库银专网"之间的通道，采取反向操作，购车人利用手机通过移动互联网向银联端发起请求，银联端向人民银行端转发请求，人民银行端向国税端转发请求，查询应缴税款信息，返回购车人手机端，购车人"一键"确认后，实时缴税入库。

（3）以"ESB－ESB（服务总线互联共用）"模式，打通云南省国税局"金税三期系统"和云南省地税局"金税三期系统"之间的"最后一公里"，让购车人在同一个入口，通过一次注册和绑定，同时缴纳完成车辆购置税和车船使用税，实现"共享"。车船使用税是由保险公司或车管所代征，排队现象突出。手机缴纳车辆购置税开通以后，汽车销售商和购

车人迫切希望车船使用税也能实现手机缴纳。基于用户需求，云南国税局和云南地税局联手实现手机缴纳"两税"，互联双方服务总线，共享入口、注册信息、绑定信息、缴税通道。

（4）以"税务身份认证"方式，云南国税局、云南地税局联合打通与云南公安部门之间的"最后一公里"，让购车人可以凭"二维码"上牌落户、凭"二维码"年检车辆，实现"共治"。根据道路交通法的相关规定，云南国税局、云南地税局、云南公安局、云南法制办四部门携手，创新探索"无纸化落户"的可行性，通过国家税务总局的税务身份认证系统主动推送完税证明电子信息给公安车管部门，实现购车人凭手机"二维码"落户，公安车管部门"扫一扫"办理落户上牌手续。购车人凭"二维码"年检，公安车检部门"扫一扫"办理车检手续，实现对机动车的共同治理。

三　经验效果

（一）便民服务，公众满意度明显提升

云南国税局联合相关部门，共享渠道、整合资源，面向公众构建一体化在线服务体系，使购车人从传统的"多部门跑"、"多部门等"，演变为坐在新买的车里，拿出手机，通过"一个入口"、"一键式"办理相关事项。云南万福汽车销售服务有限公司销售人员感叹："机动车'一条龙'服务真不错，缴税从30分钟缩短到5分钟，点个赞！"

（二）降低行政成本，优化人力配置

传统模式下，云南国税局用9.3%的人力资源征收4%的税款，成本在所有税种中最高。当前，机动车"一条龙"在昆明主城区试点，2017年底有望全省覆盖。当全省推广运行以后，从事车辆购置税征收工作的税务干部80%有望调整到其他岗位。昆明市盘龙区国税局车辆购置税征收点负责人感叹："互联网＋车购税"推行后，我们的大部分税务干部将从车辆购置税征收转为从事其他税收管理和服务工作。

（三）确保税款及时入库，促进传统保险行业转型升级

传统的车辆购置税使用现金（T＋1天入库）或者POS机（T＋3天入库）缴税，车船使用税由保险公司代征（T＋30天入库，甚至T＋365天入库）。车辆购置税"一条龙"新生态的建立，保障税款T＋0实时入库。同时，代征手续费的逐渐减少将促使保险行业加入生态系统，通过产品升级和优化理赔服务来提升竞争力。

（四）提升车辆购置税和车船使用税征收率，防范税款流失

传统模式下，车辆购置税、车船使用税征收率均不到80%。存在不缴税不上牌的"山区车"、伪造完税证落户上牌的"逃税车"等情况。随着机动车"一条龙"新生态的建立，这些情况将被杜绝。

（五）执法风险得到有效控制，从"治标"到"治本"演变

传统的机动车业务涉及环节多，各环节操作人员都不可避免地存在执法风险。虽然相关

部门从机制、制度上进行了一定的控制，但是通过人工手段始终难以完全杜绝这些风险。只有通过信息资源的整合利用，运用信息技术减少人工操作，环环相扣，在关键环节严格比对，才能从根本上防控风险。

（六）为"互联网＋政务"建立"样板间"

在机动车的整个生命周期里，发展改革委、国税部门、地税部门、公安部门、人民银行处于机动车生态链的核心环节，缺一不可。云南省云计算学会副会长、云南省电子商会秘书长、云南大学李浩教授认为，云南国税局在机动车生态链上所处位置，既不是开始环节，也不是核心环节，但是主动作为，立足用户需求、找准"痛点"，携手相关部门，精准发力，不但将松散的机动车政务服务进行整合再造，还共享了入口和渠道，极大地方便了社会公众。纵观全国各行各业现状，云南国税正在率先贯彻国务院、国家税务局、云南省人民政府"互联网＋"行动计划的相关要求，成为打通政府部门间的数据壁垒、提升政府部门协同治理能力的生动案例，具有行业及技术的典型运用推广价值。

（云南省国家税务局）

深圳国税：运用"互联网＋"思维探索智慧服务新模式

一　基本情况

深圳市国家税务局是深圳市主管国家税收工作的职能部门。随着商事登记制度改革和全国营业税改征增值税改革试点工作的开展，深圳国税局纳税人规模快速增长，税收收入总量、增量和增幅屡创新高。"十二五"期间，深圳国税局服务纳税人户数从 46 万户增长至 156 万户；累计组织税收收入 14096 亿元，比"十一五"增长 79.8%。

纳税人的迅猛增长，对纳税服务、征收管理、信息系统建设运行等各方面均提出较大的挑战和压力。深圳国税局面对新的形势，紧紧依托"互联网＋"，创新税收管理，立足推进税收现代化，搭建"互联网＋税务"平台，促进互联网应用与税收管理工作深度融合，多措并举大力打造"互联网＋税务"的新格局，以电子税务局为依托推出了六项智慧服务，并打造了一组"互联网＋税务"品牌，得到了国家税务总局、深圳市委、市政府和广大纳税人的高度评价。

二　主要做法

（一）基于"互联网＋"的六项智慧服务

深圳国税局践行"互联网＋"理念，打造"互联网＋"形式下的智慧服务新模式，通过信息技术提供的支撑平台，把握办税关键，提升办税体验，将"互联网＋"的理念贯穿"方便办税、政策宣传、服务评价、权益维护、税务咨询"等环节，打造线上线下的纳税服务移动平台，实现了纳税体验的新提升。2015 年 4 月 1 日，基于"互联网＋"的六项智慧服务正式推出。深圳国税局以电子税务局和纳税服务微信公众号为平台，整合了离线和在线、虚拟和实体税务资源，充分利用移动互联网的优势，从小处着手，以小见大，从纳税人的需求出发，开发实现了智慧服务六项功能，涵盖了办税、咨询、宣传培训、投诉评价等方面的业务。

深圳国税局智慧服务六项功能如下。

1. 怎么办理涉税事项——"扫一扫，事办了"

将各类业务办理指引与二维码配对，纳税人只要通过手机 APP 或者微信，扫一扫二维码，便可获取该项业务办理流程、所需资料、填写表样等相关事项，并可直接进行预约办税和网上办税。

2. 解决资料重复填报——"显一显，填单免"

在窗口显一显手机上绑定账号后生成的身份二维码，自动识别并带出纳税人历史数据信息自动填写相关资料，实现免填单功能。

3. 欲知涉税最新政策——"摇一摇，全知道"

随时随地摇一摇手机就可以获知最新最全的税收政策和新闻。

4. 评价窗口服务质量——"点一点，你来选"

纳税人可在办理完涉税事项后，扫描税务人员的身份二维码就可以对窗口的服务质量进行评价。

5. 遇不满意投诉渠道——"拍一拍，监督来"

遇到税务人员工作作风差、违规违纪，纳税人可以用手机拍照进行投诉并根据受理单号对处理情况进行查询和跟踪。

6. 碰到问题需要咨询——"联一联，我在线"

遇到不明白的政策或流程，可以随时打开手机进行在线咨询，甚至纳税人之间也可以互问互答。

（二）基于"互联网＋"的智慧服务总体架构

基于"互联网＋"的智慧服务是成长于深圳国税局电子税务局基础上的互联网创新应用，以电子税务局的体系架构为依托，通过手机 APP 和微信实现智慧服务功能，主要架构如图所示。

1. 系统架构上，内外网应用分离、系统耦合度低

外网主要提供对公众服务的新闻、通告、法律法规查询、帮助等；内网则提供消息管理、任务管理、后台管理、知识库、内容发布等功能模块。外部应用、内网应用以及业务系统之间通过 ESB（EnterpriseServiceBus，企业服务总线）提供支撑和集成，达到系统之间低耦合、应用与数据分离、服务组件化、可高度复用和扩展的目的。

2. 应用架构上，集中部署与云计算部署相结合，集群和负载均衡相结合

外网部分的公众服务和办税服务的应用部署在 DMZ 区（Demilitarized Zone，网络隔离区），纳税人学堂和国税 12366 在线客服则部署在阿里云服务器，外部应用的数据库和内网

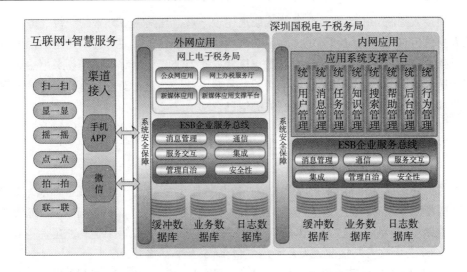

应用则部署在内网区域，应用服务器和数据库服务器均使用了集群。

3. 对外服务上，手机 APP 与微信是智慧服务最主要渠道

通过六项主要服务功能，提供对外互联网服务。

（三）智慧服务的"三个关注"

基于"互联网＋"的智慧服务作为深圳国税局新兴的移动互联网应用，在技术实现上坚持"三个关注"。

1. 重点关注用户体验

深入研究微信底层接口，充分使用了拍照、选图、位置等手机系统的能力，实现拍一拍、扫一扫、办税厅导航等功能。对智慧服务应用页面均进行了浏览器兼容性开发，大量使用了 jQuery，AJAX 等页面技术为用户提供美观的界面和良好的使用感受。采用了最新的网页标准 HTML5 技术，减少对外部插件的需求，很好地兼容了苹果手机和安卓手机之间不同版本、不同硬件、不同平台、不同浏览器的差别，实现了摇一摇的功能。大量采用了二维码技术。通过将纳税指南 URL、纳税人识别号、服务评价 URL 等信息编入二维码中，结合查询、预约、办税、点评等后台服务，通过手机扫码，实现实体办税服务厅和网上办税服务厅的融合。

2. 重点关注新技术的应用

应用新的技术手段，在设计中采用了比较前沿的开发技术，体现了框架化、技术多样化的特点。采用了基于 SSH（Struts＋Spring＋Hibernate）的成熟框架技术，严格按照 MVC 模式进行分层设计。手机 APP、微信采用统一的接口进行后台业务数据访问，保证了数据操作的一致性和完整性。引入开源搜索引擎，实现了全站搜索功能。采用了数据库读写分离技术，对关键数据库通过复制技术分为生产库和归档库。设计缓冲数据库，把常用查询或大数据库查询的结果缓存在缓冲数据库中，避免了对关键数据库的性能压力冲击。

3. 重点关注移动终端的安全规范

做到功能设计和安全设计同步考虑、同步设计、同步实施。采用分级管理安全规范，编制了以分级管理为原则的移动应用安全规范，根据不同的系统、功能、操作对安全措施进行分级。采用接入控制，由于智慧服务接入渠道比较丰富，凡是需要办理的涉税业务，均要求对纳税人身份信息进行验证和绑定，绑定手机号码或微信号。办理时要求使用纳税识别号及密码进行登录查验，并输入验证码，以防止机器人暴力破解。针对办税业务采用端对端的加密数据传送方式，客户端特别是手机端必须和系统服务器端建立安全通道。用户退出网页或手机客户端、微信，内存中关于密码等关键信息自动清除。

三　经验效果

深圳国税局运用"互联网＋"思维，打造智慧服务新模式，实现服务体验如影随形。除了六项智慧服务，深圳国税局陆续推出多个"互联网＋税务"品牌，包括：在全国率先推出"微信缴税"，纳税人"足不出户"即可办税；2016年1月1日推出"互联网＋有奖发票"，共有207万人次参与摇奖，发放微信红包49.5万个，奖金369万元；与深圳银监局及9家银行联合推出"互联网＋税银合作"，为持续推动小微企业健康发展提供资金支持；推出"问税"平台，实现纳税人自助、互助、税助咨询，"问税"平台日均访问量突破1万次。深圳国税局基于"互联网＋"的做法，成效显著。

（一）办税流程得到简化

在"互联网＋"推动下，深圳国税局在简化21项办税业务、29个办税环节、19种办税资料的基础上，开发实现22项文书免填单功能，通过简化办税流程切实将简政放权落到实处。

（二）办税效率明显提高

通过全面推行纳税人依申请涉税事项集中办理工作，主要业务文书审核平均提速40％；通过在办税服务厅和银行网点投放自助办税设备，累计分流纳税人25万户次，实现纳税人办税效率有效提升。

（三）服务质量大大改善

纳税人满意度排名从2011、2012年全国国税系统连续两年排名倒数第一，提升到2014年的第18位，2015年的第12位；微信服务用户23万人，宣传税收知识，推广纳税服务；12366纳税服务咨询热线接通率从不到40％提高到80％。

（四）数据应用得到推广

深圳国税局以税银信息自动化平台和大数据分析作为支撑，探索拓展应用纳税人税收信用数据，联合银行推出"税贷易"税银综合服务，中小微企业最快三天可以获得无抵押无担保、最高200万元贷款的授信，切实解决中小微企业融资难题。

深圳国税局做法得到各级领导充分肯定。税务总局党组书记、局长王军在我局"互联网＋电子税务局"工作汇报上批示："两会期间，我同范立新局长及马化腾董事长谈事时，建议他们合作在'互联网＋税务'上做些探索，没想到他们这么快就落实了，而且落实的步子和成效不小，值得表扬……"深圳市委书记马兴瑞同志在深圳国税局工作报告批示：

"市国税局坚持问题导向，积极应用'互联网＋'思维，大胆探索智慧服务新模式，有效提升了办事效率和服务质量，为纳税人提供了更加全面周到的服务……"2015年9月全国税务系统司局级主要领导干部"互联网＋税务"专题研讨班上，深圳国税局作了重点发言，得到税务总局认可、系统好评。

在"互联网＋"的风口上，深圳国税局将与时俱进、拥抱创新，积极打造"互联网＋税务"的新格局，力争在税收现代化建设和征管改革的大潮中再创佳绩。

（深圳市国家税务局）

深圳地税：共享共创共赢
开创"互联网＋税务"新局面

一 基本情况

深圳地税局成立于1994年9月28日，负责营业税、企业所得税、个人所得税、房产税、印花税（不含证券交易印花税）、城市维护建设税、土地增值税、契税、耕地占用税、车船税、城镇土地使用税11个税种，以及教育费附加、文化事业建设费的征收管理。全局管理对象包括177万企业纳税户和1400万自然人。全市共设置了12个处室、21个基层局及3个事业单位，税务干部职工2265名。管辖范围包括6个行政区域和4个新区，管辖面积1991平方公里。深圳市是改革开放前沿地区，市场经济活跃，经济发展快速，尤其是随着互联网技术的发展，传统经济结构和组织管理方式正在发生颠覆性的改变。近年来，全国各行各业积极推进互联网与金融、制造、商贸、医疗、教育等的融合。以深圳市为例，深圳市目前P2P平台有400多家，贷款累计额300亿元；前海蛇口自贸区注册成立的互联网金融公司近500家；2014年电子商务交易额15070亿元，同比增长58.43%；跨境电商交易额170亿美元；网络零售额944亿元。深圳市已逐渐成为全国互联网最发达、最活跃的城市之一。

五年来，深圳地税局纳税户从2010年的80万户增加到2015年的177万户，管理对象数量翻了一倍多，年均增长20%以上，深圳地税局税收管理人员增长不足10%，人均管理约781户。人少户多、管理与服务不对等、征纳双方信息不对称等问题突出，税收征管面临着严峻的考验。如何适应和运用互联网，改进传统的税收管理和服务，是摆在税务机关面前的新课题。

深圳地税局根据经济社会转型升级的发展要求，深入开展税收征管体制改革，构建以信息化为依托、以风险管理为核心、以事项专业化管理为特征的税收管理新模式，形成"征管流程顺畅、纳税人体验良好、税收质量全面提升"的现代征管架构。尤其是及时跟进互联网发展趋势，秉承"共享、共创、共赢"的理念，以"互联网＋"思维推动新理念、新技术、新模式与税收工作的深度融合，全面提升现代税收管理和服务水平。

二　主要做法

深圳地税局深刻领会"互联网＋"在税收管理和服务中的重要作用，以用户思维倾力打造互联网办税体系，在办税的各个环节中均体现"以用户体验为中心"，广泛开展与腾讯、中兴、华为等互联网企业的合作，为纳税人提供办理税收业务的最佳途径和最佳体验。融合开发12366纳税服务热线、门户网站、网上办税大厅、移动APP、微信、微博等互联网办税平台，形成"全渠道、全覆盖、全天候、零距离"的新型互联网办税体系。

（一）全国率先实现"互联网＋一照一码"

与深圳市场监督管理、国税、人力资源社会保障、公安等部门密切合作，在全国率先实施"多证合一、一照一码"，并实现全流程无纸化网上办理。统一社会信用代码，解决了各部门数据相互割裂封闭、信息孤岛等问题，实现五部门间信息交换、互联互通，为税务部门开展信息管税提供有利条件。向社会公众提供商事主体的信用信息，有助于诚信守法的纳税人在发票申购、办税时限、信用融资等方面享受便利。

（二）构建"互联网＋多样化办税服务"体系

以提升纳税人体验为导向融合开发12366纳税服务热线、门户网站、网上办税、移动APP、微信、微博等平台，形成完整的"互联网＋多样化办税服务"体系，让纳税人只需"指尖操作"，即可办理线上申报、缴税、发票、索取凭证、享受服务、订阅信息等业务。在互联网办税应用中创新引入电子印章技术，为纳税人提供在线打印纳税证明、缴款凭证等功能，极大地方便了纳税人。微信税务局定期推出微信红包，通过微信广泛的群众基础加强税法宣传，改进征纳关系。目前，通过多元化办税渠道可办理95%以上税收业务，纳税服务平台在2014年全国税务创新项目评比中荣获一等奖。

（三）率先建立"互联网＋多元化缴税扣税"渠道

在协议缴税、储蓄扣税等传统缴税方式的基础上，积极推进与银行、银联、腾讯、第三方支付机构的合作，在全国税务系统率先实现微信支付、网银缴税和POS机缴税，建立完整的"互联网＋多元化缴税扣税"渠道。尤其是微信支付缴税开创了移动支付的先河，突破了服务地点、服务时间的限制，满足纳税人自主办税、全球缴税等实际需求。2015年协议缴税550万笔1432亿元、网银缴税3万笔1300万元、POS机缴税152万笔45亿元、储蓄扣税5.7万笔3600万元。

（四）搭建"互联网＋实时咨询管理"平台

整合网上办税、移动APP、微信、QQ等互联网常用渠道，建立与纳税人的实时在线连接，统一规范税收知识，与纳税人多渠道互动，随时随地解决疑难问题。2015年，通过该平台解答纳税人问题2.4万条，处理系统运维类问题5400条。

（五）创建"互联网＋发票服务"新模式

创新推出互联网发票服务模式，实现线上申请、线下配送，纳税人足不出户即可领购和验销发票。推出具备发票二维码扫描、真伪查验、在线抽奖、实时兑奖等功能的移动 APP，通过移动 APP 扫描发票票面二维码在线查验发票真伪，同时参与发票抽奖，奖金实时通过微信红包自动发放至纳税人微信账户。2015 年，网购发票订单共 2.3 万条 253 万本，占全市发票销售量的 13.62%。发票查验量日均 5 万次，日均抽奖次数 10 万人次以上，有奖发票微信红包日均发放 1 万个。

（六）创新"互联网＋批量纳税辅导"模式

通过统一集成的纳税服务平台，为纳税人和税务人员提供统一规范、内外一致、同步更新的纳税辅导服务，批量、定向推送信息。2014 年以来，通过纳税服务平台主动推送新办纳税人辅导信息 30 万条。

（七）探索创立"互联网＋风险管理"新模式

充分利用互联网深化风险管理应用，积极推进与第三方单位合作，与深圳市国土资源、市场监管、人力资源社会保障、国税、经贸信息等 15 家单位建立数据共享机制，采集 29 类、70 余项共计 1.4 亿条第三方信息。利用第三方数据和征管数据建立云数据，开展风险大数据分析和识别，使风险管理向纳税人端延伸，将纳税人作为风险应对环节纳入风险管理体系，实现低风险事项通过移动互联网渠道，主动推送到纳税人端，引导纳税人及时了解风险、开展自查自纠。2015 年向纳税人推送低风险疑点信息 1809 条。

（八）开展"互联网＋精准定向服务与管理"工作

根据享受税收优惠政策的对象特征，通过数据分析，主动筛选纳税人清单，利用纳税服务平台定向推送提示信息。2014 年以来，定向推送税收优惠政策 130 万户次，信息提示 2726 万条。

（九）首创"互联网＋个人微平台"

充分发挥移动互联网的优势，率先创新个人所得税税收管理，与金融结算中心和腾讯深度合作，建立个人办税"微平台"，实现自然人互联网实名认证开户、涉税信息实时查询、完税证明开具打印、个人涉税信息采集与维护等功能。

（十）建立"互联网＋移动办公"

创新开发移动办公 APP，分为行政管理业务、征收管理业务、税务知识、功能设置四大版块，共计 29 个功能点。行政管理业务包含收发文查阅处理、文件签发、会议信息、邮箱、日程安排、通信录等功能。征收管理业务包含待办、一户式、纳税排名、管户总览、税源监控等功能。移动办公 APP 使税务人员随时随地便捷开展涉税事务管理与行政公务办理，突破税收管理工作在时间、空间的限制，提升税收工作的协作和办理效率。

（十一）首创"互联网＋云计算"

为应对税务信息系统基础数据量大、数据增速快、数据库访问频率高导致的数据查询执行效率低、数据库压力大等问题，以互联网发票真伪查询应用为突破，采用 Hadoop 分布式计算技术与非结构化数据库 Hbase 相结合的方式，搭建云计算基础平台，在处理 5000 万条的存量数据情况下，每秒事务量可达到 756 条，发票真伪在线查询单笔耗时从平均 5 秒大幅缩短至 0.12 秒，性能效果明显提升。

（十二）创新推出"互联网＋涉税信息抓取"模式

积极探索利用网络爬虫技术获取外部数据，以深圳互联网信息协同技术及应用重点实验室（归属哈工大深圳研究生院）的系统原型为基础，合作建立互联网涉税数据采集平台，实现对互联网数据的抓取、存储、优化、分析和展示。目前已实现在深圳市规划与国土资源委员会网站专区抓取一手房成交明细数据用于房地产项目征管；在中国招标网、深圳市采购中心等相关网站抓取企业中标信息，为企业所得税、营业税征管提供数据基础；在深圳市规划与国土资源委员会、市统计局网站抓取房地产成交统计数据和各行业经济运行数据，为计划统计部门税收分析和预测提供数据支持。

（十三）突破性地推出"互联网＋税务信息共享平台"

该平台是全国首个通过互联网向外发布和共享纳税人涉税信息的平台。经过纳税人授权和加工整理，企业基本信息、信用等级评定信息、申报纳税信息、违法违章信息、税务稽查信息和财务报表信息等涉税信息，通过互联网共享给电子商务、征信平台、中介服务等第三方平台或机构，实现涉税信息互联网化和社会化，鼓励社会力量挖掘和利用税收信息的深层价值，共建协税护税的良好环境。

三　经验效果

在实践过程中，深圳地税局始终将"互联网＋税务"行动摆在战略地位，充分发挥"互联网＋"的引领作用，带动和促进传统管理理念、模式、方法的创新重构，实现税收工作的整体变革。深圳地税局"互联网＋税务"的实践，使传统税收工作发生了革命性的变化，税收管理、纳税服务、政策落实等各项工作质效显著提高。更为重要的是，"互联网＋税务"行动的实施，税收征管业务逐步与互联网深度融合，形成了全新的"移动互联＋大数据分析＋智能管理"的税收管理服务新局面，体现为"五个显著转变"。

（一）税收收入从税收数量向税收质量转变

深圳地税局组织税收收入从 1995 年的 55.95 亿元增长到 2015 年的 2276.2 亿元，20年增长 40 倍，年均增长 17.7%，每平方公里产出的税收高达 1.14 亿元，税收规模连续9 年排名全国大中城市第三。近几年在全国经济下行压力加大的不利形势下，仍然保持每年 20% 以上的增长率，特别是 2015 年，税收收入实现新的历史性突破，达到 2276.2亿元，同比增长 32.9%，增速居全国之首。税收遵从度、收入质量、优惠政策落实程度均大幅提升，正常户比例高达 90% 以上，有税申报户年均增加 3%，税收减免年均增长50% 以上，2015 年落实研发费用加计扣除政策减免 35 亿元，落实小微企业税收优惠减免 2.4 亿元。

（二）管理模式从"人力扩张式管户"向"技术应用式"转变

深圳地税局依托互联网，将大量的基础性工作通过互联网各类渠道广泛地推送给纳税人，引导纳税人自我管理，主动参与到税收管理中，税务人员从大量的传统事务性工作中解放出来，专注于税源专业化管理，有效提升管理水平。目前深圳地税局税务人员专业化管理程度已达90%，是以往的2倍，2015年在业务量增加12%的情况下，工作耗时整体下降13%，业务办理提速15%，人均征税1亿元，税收遵从度明显提升。

（三）管理手段从"个人经验判断"向"数据驱动决策"转变

深圳地税局充分运用大数据思维，重塑税收征收、管理、服务的方式方法，建立税收收入、征管状况、政策效应等大数据分析、决策、落实、跟踪、反馈的闭环管理机制。大力开展风险管理，开发建设风险管理系统，建立了7类137项风险指标，包含营业税、所得税等税种，覆盖登记、发票、申报等所有征管环节。充分利用互联网渠道，获取相关涉税信息，开展第三方数据分析利用。2015年通过各类渠道推送风险疑点信息16.32万条，定向推送税收优惠政策130万户次，信息提示2726万条，纳税辅导信息30万条。

（四）管理形式从部门间"单打独斗"向"综合治税"转变

互联网为开展涉税信息的挖掘、分析、利用提供了广袤的空间。深圳地税局以"共享、共创、共赢"的理念广泛开展与第三方的合作，建立完整的数据管理闭环：通过外部数据交换平台，实现与各部门涉税信息的共享和传输；通过数据资源平台，实现涉税信息的整合、加工、分析、利用；通过税务信息共享平台，将涉税信息用于社会化分析利用，发挥税收数据的价值。目前深圳地税局与国土资源、市场监管、人力资源社会保障、国税、经贸信息等15家单位建立数据共享机制，采集29类、70余项1.4亿条第三方信息，利用互联网爬虫技术抓取110万条房地产涉税信息，利用第三方信息比对分析出40项8万条风险疑点。

（五）征纳关系从"被动式的行政管理"向"主动式的行政服务"转变

深圳地税局以纳税人需求为导向，以纳税人办税体验为中心，充分利用互联网、移动互联等新技术，将纳税服务延伸到12366热线、门户网站、网上办税大厅、手机终端、微信、微博等平台，整合纳税服务资源，形成了渠道多元、内容完整、便捷高效、内外一致的纳税服务体系，纳税人足不出户即可在线办结20类涉税业务，办税时间较以往缩短50%以上，互联网办税业务量占全部业务量的80%以上，有效贯彻简政放权的要求。同时为纳税人提供精准的个性化定制服务，通过数据比对主动向纳税人推送政策服务和涉税信息提示，对5类12项税收优惠政策，做到分税种、分项目、分区域的多维度统计分析，对30多类业务及时生成提示信息，2015年累计通过互联网推送2000万条以上，让纳税人时刻感受到贴身服务。

（深圳市地方税务局）

第八篇

年度电子政务试点示范优秀案例

国家林业局："互联网+"数据开放

一 基本情况

2013年开始，国家林业局以公众需求为主导，以数据资源为社会提供信息服务为目标，在广泛调研、充分论证的基础上，开始建设中国林业数据库。2015年，根据《国务院关于积极推进"互联网+"行动的指导意见》（国发〔2015〕40号）、《国务院关于印发促进大数据发展行动纲要的通知》（国发〔2015〕50号）等文件精神，按照数据共享开放的设计理念，对国家林业局各司局、各直属单位以及全国各级林业主管部门多年形成的各类数据成果资料、国内外各类公开的林业信息资源进行整合，同时开放数据上传平台，丰富各类林业数据，打造"互联网+"数据开放建设模式，搭建了中国林业数据开放共享平台。

中国林业数据开放共享平台以其丰富的信息资源、便捷的服务、多渠道的接入方式为用户构建了一个便捷的网络服务平台。主要包括数据统计图、数据统计表、专题分布图、数据预测分析、按行政区划、按业务类别、重点数据库、数据定制采集、我的数据库等栏目，让公众可以从各个类型、各个专题、各种数据形式了解林业数据，主要涉及林业新闻、政策法规、林业标准、林业文献、林业成果、林业专家、林业科研机构等诸多领域的信息，是国内林业行业中信息量较大、涵盖面较广的权威性行业专题数据库，目前已有资源数量18万条。

二 主要做法

（一）实施背景

1. 顺应全球发展方向

放眼全球，政府数据开放已在全球范围内迅速兴起。2009年1月，美国总统奥巴马签署了《开放透明政府备忘录》，同年，数据门户网站 data. gov 的上线标志着全球开放数据运动由此展开。2011年9月20日，巴西、印度尼西亚、墨西哥、挪威、菲律宾、南非、英国、美国等8个国家联合签署《开放数据声明》，成立开放政府合作伙伴（OGP, Open Government Partnership）。2013年6月，法国、美国、英国、德国、日本、意大利、加拿大和俄罗斯承诺，制定开放数据行动方案。目前，已经有超过65个国家和组织加入了开放数据运动，建立了数据开放门户网站。

2. 符合国家治理需要

2007年，我国通过了《中华人民共和国政府信息公开条例》，要求各级政府也大力推行政务公开工作。2015年，《国务院关于积极推进"互联网+"行动的指导意见》（国发〔2015〕40号）提出着力创新政府服务模式，坚持开放共享基本原则，《国务院关于印发促进大数据发展行动纲要的通知》（国发〔2015〕50号）中指出，加快政府数据开放共享，推动资源整合，提升治理能力。2018 年底前，建成国家政府数据统一开放平台。

3. 响应广大公众呼声

在国家大力推进生态文明建设的当下，林业部门作为生态文明建设的重要组成，推进数据开放将对生态文明建设起到重要作用。同时，我国集体林权改革已初见成效，国有林场和国有林区改革正在深入进行，开放林业政府数据是深化推进林业改革的催化剂和助推剂。做好林业部门政府数据公开，可以盘活林业行业数据资产，开展林业大数据领域创新创业，激发出数据产业的活力。

（二）建设内容

中国林业数据开放共享平台主要功能包括数据统计图、数据统计表、专题分布图、数据预测分析、按行政区划、按业务类别、重点数据库、数据定制采集、我的数据库等 9 个栏目，让公众可以从各个类型、各个专题、各种数据形式了解林业数据，主要涉及林业新闻、政策法规、林业标准、林业文献、林业成果、林业专家、林业科研机构等诸多领域的信息，是国内林业行业中信息量较大、涵盖面较广的权威性行业专题数据平台。

1. 数据统计图

提供饼状图、柱状图等统计图的方式对林业统计数据（森林资源、沙化荒漠化、湿地资源数据）进行统计展现，便于为领导、各级业务人员、公众提供直观的统计信息。

2. 数据统计表

按照时间、区域以及其他各类条件，进行数据的统计汇总，便于了解各个时间段、各个区域林业各类资源信息的情况。自行定义统计字段进行统计汇总，便于了解林业各类资源信息的情况。

3. 专题分布图

分布图提供按照时间、政区提供分布图的方式，查看各类林业资源的变化情况，并与通过 GIS 按照区域更直观地展现各类数据统计情况。

4. 数据预测分析

基于历史库数据以及现势库数据，基于统计分析模型，进行数据分析预测，形成新的数据成果和分析结果，为科学研究和领导决策提供数据支撑。

5. 按行政区划

提供按照行政区划分类方式，从世界林业、国家林业、省级林业三个类别对现有资源进行划分，展现各类林业数据。

6. 按业务类别

展示森林资源数据、湿地资源数据、荒漠化资源数据、生物多样性、林业重点工程、林业从业人员数据、林业产业数据、林业投资数据、林业教育数据、森林灾害数据等十大类数据。

7. 重点数据库

整合了林业年鉴数据库、林业标准数据库、历年统计数据库、林业资源数据库、林业基础知识数据库、林业科研机构数据库等 17 个数据库，方便公众进行检索查找。

8. 数据定制采集

根据需要创建数据结构，设定数据结构的分类、元数据信息，数据结构的定义以及数据表的创建，为信息录入提供基础数据表，并实现数据的录入或批量导入。

9. 我的数据库

针对注册用户，提供对自身感兴趣的资源分类管理，提供个人资源使用的门户，方便用户的使用。

（三）创新点

1. 超前谋划，快速迭代

2013 年开始，率先尝试建设行业数据库，建设了中国林业数据库。在建设过程中，根据用户的需求变化和数据开放程度，不断完善林业数据库建设，未来还将继续利用新技术加强林业数据库建设。

2. 整合开放，功能多元

对国家林业局各司局各直属单位以及全国各级林业主管部门经过多年形成的各类数据成果资料、国内外各类公开的林业信息资源进行整合，同时向公众开放数据上传平台，丰富各类林业数据。建立了包含统计图、统计表、建模预测等功能的数据分析工具。

3. 社会采集，共享建库

充分利用互联网优势，调动广大公众参与数据库建设，发动网民的力量逐渐丰富林业数据库的内容，林业数据库针对林业资源数据库、林业重点工程和社会经济效益数据库等结构化数据库，提供数据采集定制功能，满足各级林业管理部门信息填报和数据更新的需要，以及通过信息录入和数据导入等模式，满足公众注册用户对林业数据库内容的完善、更新。

三 经验效果

（一）数据覆盖范围大

中国林业数据开放共享平台从现有的分散环境中提取相关、可靠、全面的数据和信息，整合各种林业资源，形成涵盖范围广（国内、国际）、类型全面（资源、统计、科研、动态等）的历史与现时数字化、结构化的数字数据库。系统将所有数据按行政区划分为世界林业、国家林业、省级林业三大类别；按业务类别分为森林资源数据、湿地资源数据、荒漠化资源数据、生物多样性、林业重点工程、林业从业人员数据、林业产业数据、林业投资数据、林业教育数据、森林灾害数据等十大类数据，公众同样可以直接在线浏览查看。

（二）数据内容类型多

中国林业数据开放共享平台建设主体包括文字数据库和数字数据库，文字数据库建设主要以文字资料为主，将 pdf、txt 等格式的数据资源进行整合展示，包括中国林业发展报告、林业重大问题调研报告、林业重点工程与社会经济效益报告、中国林业年鉴数据库、历年统计分析报告等几大类型数据，各大类型数据基本囊括了迄今为止各年份的资源数据，公众可以直接在系统中进行在线浏览、收藏，更可以直接下载到本地。数字数据库建设是在文字资源数据库基础上，针对历年统计数据库、林业资源数据库以及林业重点工程与社会经济效益报告等资源，进行数据的分析处理，收集整理国际林业相关的数字资料，扩充林业数据库的内容和范围，形成以数字为主的林业数据库，并提供丰富的数据检索、统计分析以及预测，满足各级林业工作者和公众应用需要。

（三）数据来源渠道广

随着林业信息化建设的不断推进，积累了丰富的信息资源内容，中国林业数据开放共享平台将中国林业的各类数据甚至国际林业数据都集成在平台中。数据来源主要有三个方面：一是来源于国家林业局各司局各直属单位以及全国各级林业主管部门经过多年形成的各类数据成果资料；二是从国内外各类公开的政府或相关机构网站发布的林业信息资源；三是来源于社会公众，依靠网民的力量逐渐丰富林业数据库的内容。

（四）查看数据方便快捷

中国林业数据开放共享平台以其丰富的信息资源、便捷的服务、多渠道的接入方式为用户构建了一个便捷的网络服务平台。在后台管理系统中，记录了数据的下载次数、浏览次数，并根据数据的浏览次数，在林业数据库的浏览排行榜中进行前15名数据推送，可以在浏览排行榜中直接浏览查看。在前台展示页面中，各种分类栏目让用户可以一目了然地找到需要的数据资源。

（五）满足各类用户使用

中国林业数据开放共享平台为社会公众以及林业从业者提供了丰富的在线林业资源，满足他们快速搜索、在线浏览、下载收藏的需求，同时在数字数据库的基础上，基于林业资源历史和现势数据，基于统计、分析、预测等手段，进行数据的深入挖掘，为林业科研人员科学研究以及领导辅助决策提供数据支撑，从现有的、分散在各个应用系统中的数据库中提取相关的、可靠的、全面的数据和信息，为构建翔实、准确、有效的决策分析提供有用的依据，促进林业综合信息资源的广泛应用。

（六）提供信息促进共享

中国林业数据开放共享平台注重数据共享、信息共享以及资源共享。一是可以从国家林业局各司局级单位、全国各级林业主管部门以及国内外各类公开的政府或相关机构网站获取林业信息资源，并为各单位搭建共享平台；二是将收集的林业信息无偿共享给公众，为公众提供在线浏览、下载等服务；三是提供接口，可以将公众提供的资源数据纳入系统中统一管理，并支持其他平台通过接口获取资源数据。

（国家林业局信息化管理办公室）

国家林业局："互联网+"生态旅游

一 基本情况

2014年，国家林业局启动了"明天去哪儿"生态旅游大数据建设项目，充分运用位置大数据技术，整合森林公园、湿地公园、沙漠公园、自然保护区等全国生态旅游信息数据，形成集分析、预测、服务为一体的综合型大数据生态旅游平台，实现生态旅游数据的实时开放共享，为公众提供出行提示及旅游指南等服务。

多年来，以森林公园、湿地公园、自然保护区为依托的森林旅游业一向保持着15%左右的年增长速度，森林旅游年招待人数超越4.5亿人次，占国内旅游人数的1/5，生态旅游已成为我国旅游行业的重要组成部分。开展生态旅游所依托的最核心的资源就是生态资源。丰富的生态旅游资源，独特的森林与植被分布格局，丰富的、特有的动植物资源，以及与此相对应的人文生态资源，使生态旅游开发具有良好的基础条件。在国家林业局的支持下，退耕还林等一系列生态工程的实施，不仅改善了生态环境，同时也促进了生态旅游的产业化发展。到2020年，各类森林旅游景区总数达到8000处，构建起以森林公园为主体，湿地公园、自然保护区旅游小区、森林植物园（树木园）、林业观光园等森林旅游发展体系，形成较为完善的森林旅游基础设施和服务接待能力，为开展以林业为特色的生态旅游提供了坚实基础。

二　主要做法

（一）实施背景

当前，互联网旅游公司基本都是经营周边游、国内游、国外游，同质化竞争严重，网站内容架构相似度较高，内容和信息来源主要来自相关的旅行社和客户的反馈信息，以推销机票、酒店住宿和餐饮服务为目的，商业气息比较浓厚，以生态旅游为主要特点的社会公共服务型的旅游网站目前还较少。此外，由于缺少从景区管理部门推送的真实数据信息（景区流量、门票销售量、景区活动、景区折扣信息等），相关的商业旅游网站还不能实时反映景区的实时流量和景区动态，这也是导致节假日景区拥堵的主要原因。

（二）建设内容

项目运用互联网思维作为总体思路，通过广泛收集林业和互联网相关的生态旅游数据信息，对大数据应用于林业领域进行有效的探索和尝试，运用位置大数据分析关键技术，解决现有林业信息数据的挖掘、处理及分析，构建生态旅游智慧化预测平台，建立林业大数据应用示范试点，为用户提供一站式生态旅游配套服务，也为后继林业大数据的深入拓展及广泛应用积累建设经验，奠定基础，主要的建设内容包括以下方面。

1. 建立林业生态旅游基础信息处理平台

建立"明天去哪儿"的数据采集平台入口，对数据的类型进行分类，充分考虑感性数据与理性数据、自然数据与人文数据、正常数据与异常数据，制定数据采集规范。数据源主要有景区数据、天气数据、交通数据、酒店数据、互联网数据和异常数据，搜集的原始数据质量经常参差不齐，从数据来源的权威度、数据内容的可信特征、时效性等几个方面来计算数据的可靠度，筛选和鉴别那些不可靠的数据，对有效数据进行加载、规划、元数据抽取、噪声清洗、数据归一化等处理，最后应用于"明天去哪儿"示范平台。

2. 基于位置大数据的林业生态旅游用户行为挖掘

通过分析收集的游客数据，利用协同过滤、内容相似计算、图片相似计算等算法，通过综合分析海量用户的各种历史数据，从而计算出每个用户对每个景区的偏好。通过统计分析历年林区景区游客人数的统计以及海量的实时位置大数据（第三方开放平台），发现其与天气、季节、节假日、生态种类等因素的关联关系，基于机器学习、人工智能等方式统计分析林业景区系统中节点与链接的关系，然后根据用户的偏好，为用户推荐合适的生态旅游景区。

3. 建设"明天去哪儿"林业生态旅游门户

以"明天去哪儿"为主题切入点，结合位置大数据分析技术以及关联挖掘分析技术，从时间和空间维度重点突出当前适合旅游的景点，突出林业生态旅游的公益服务性质。

（三）创新点

通过对位置大数据的处理分析，使得传统测绘强调的物理世界的测量结果（即位置）可引申到对森林生态旅游的某些动态情况量测中去，这极大地促进了林业生态旅游的信息的双向流动，基于位置分析，"明天去哪儿"生态旅游平台创新主要体现在以下两个方面。

1. 技术创新

基于位置信息，从时间维度和空间维度对生态旅游景点进行挖掘，并从内容维度对数据再次划分，向用户提供最直接的出行参考。

2. 服务创新

基于第三方位置数据开放平台和位置聚合分析，获得景点实时人流趋势和热力图，为用户出行提供参考。

基于数据聚类分析的各省级行政区的美丽国家指数、各项分指数（生态、社会、经济等）及其排名，为出行者提供参考。

基于空间媒体数据关联挖掘分析，为用户提供直观的出行参考。

三　经验效果

与森林旅游行业整体快速增长相比较，生态旅游信息化建设相对滞后，旅游系统现有游客采样分析以问卷调查、交通票务统计和酒店入住统计等方法为主，总体上讲具有统计周期长、成本高、信息不准确和游客细分能力差等缺点。

通过利用运营商级的位置大数据资源打造实时数据分析的信息化基础平台，通过对游客信息进行多维度的精准分析和有效预测，可以为用户提供舆情分析、事件预警，同时可以通过有效整合旅游监管数据、旅游行业数据，为政府、旅游企业制定宣传营销策略提供有效的数据支撑，真正实现"智慧旅游"，实现林业生态旅游的"互联网＋"。

（国家林业局信息化管理办公室）

中国林业网智慧网站群

一 建设背景

放眼全球，智慧化浪潮正迎面而来，云计算、物联网、大数据、移动互联网等新一代信息技术，正在构建立体感知、管理协同、服务高效的智慧化新模式。电子政务适应时代潮流，正在进入以智慧政府网站为主要平台的新阶段。

2014 年以来，国务院办公厅相继印发了《国务院办公厅关于加强政府网站信息内容建设的意见》（国办发〔2014〕57 号）、《国务院办公厅关于开展第一次全国政府网站普查的通知》（国办发〔2015〕15 号）、中共中央办公厅国务院办公厅印发《关于全面推进政务公开工作的意见》对政府网站建设的重点内容、更新机制、公开范围等都做了详细要求，进一步推进了政府网站建设，提升了政府网站的公信力和权威性。

二 建设历程

2000 年，伴随全球互联网和信息化发展浪潮，顺应时代和林业发展要求，中国林业网应运而生。时至今日，经过了 15 个春秋的洗礼，中国林业网不断探索和创新，走过了一个不平凡的发展历程，实现了由弱到强，由小到大，由分散到集群，由落后到领先的跨越发展。

中国林业网 1.0 阶段（2000~2005 年）。这是国家林业局政府网的初创探索阶段。2000 年 11 月，中国林业网建成开通时，网站功能单一，只能进行简单的文字信息发布。每天发布信息 10 条左右，年发布信息量只有 3000~5000 条，人力和信息资源严重不足。网站的社会关注度低，日访问量仅 500 多人次，还没有成为政府信息发布的重要渠道，无法满足社会和公众的多种需求，网站绩效水平较低。

中国林业网 2.0 阶段（2006~2009 年）。2006 年以来，社会各界广泛关注政府网站发展，网站功能逐步提升，进入建设发展阶段。中国林业网进行了技术升级和全面改版，网站功能由最初的信息发布逐步发展到具有视频点播、专题报道、交流互动、办事指南、数据查询、在线调查等多种功能，每天信息发布数量增加到 100 条以上，质量不断提高，吸引力不断增强，社会影响力显著提升。2008 年，获得了"特色与创新提名奖"，被列入业绩突出、进步较快的政府门户网站，开启了林业政府网站发展的新篇章。

中国林业网 3.0 阶段（2010~2013 年）。2009 年，国家林业局信息办成立，首届全国林业信息化工作会议召开，中国林业网进入了整合提升的新阶段。经过改版重建的中国林业网 2010 年初正式上线，实现中国林业网、国家生态网和国家林业局政府网"一网三名"，建成了集简体、繁体、英文三大版本，信息公开、在线办事、互动交流和林业展示四大板块，文字、图片、视频三种表现形式于一体的中国林业统一门户，子站数量达到 2000 多个，充分整合了全行业、各领域资源，网站功能和办事成效实现了质的飞跃。中国林业网在部委网站绩效评估中，实现了前10名、前5名、前3名的逐年跨越，先后获得"优秀政府网站"、"中国政府网站领先奖"、"电子政务管理效能提升奖"、"中国互联网最具影响力政府网站"等多个奖项，实现历史性突破。

中国林业网4.0阶段（2014年至今）。2014年以来，随着云计算、物联网、大数据、智能移动终端等的出现，互联网信息传播规律发生了新变化，对政府网站也提出了新要求。中国林业网顺应发展潮流，进行了全新改版。新版中国林业网采用了扁平化设计理念，保留了"信息发布、在线服务、互动交流"传统板块，设计增加了"走进林业"板块，建设了涵盖官方微博、微博发布厅、微信号、移动客户端的"林业新媒体"，构建了"纵向到底、横向到边、特色突出"的站群体系，立足"服务大局、服务司局、服务基层、服务群众"四个维度，全面提升服务能力，实现林业全周期"一站式"在线服务，使中国林业网进入智慧创新新阶段。

总之，历经15年发展和4次重大改版，中国林业网不断加强网站管理，丰富网站内容，扩展网站功能，整合服务资源，坚持智慧化、国际化发展，努力打造智慧政府网站。

三　主要内容

（一）网站群建设体系

中国林业网构建了"纵向到底、横向到边、特色突出"的站群体系。纵向站群建设了世界、国家、省级、市级、县级、乡镇林业等各层级网站，横向站群覆盖了国有林区、国有林场、种苗基地、森林公园、湿地公园、沙漠公园、自然保护区和主要树种、珍稀动物、重点花卉等林业各领域网站，特色站群突出了美丽中国网、中国植树网、中国信息林、网络图书馆、博物馆、博览会、数据库、图片库、视频库等。

（二）智慧化管理平台

为更好地推进中国林业网站群建设，准确掌握互联网用户需求和访问数据，进一步提升中国林业网智慧管理水平，自2014年起，国家林业局信息办启动实施中国林业网智慧决策系统建设工作。历时近一年半的时间，通过多次讨论座谈和专家论证，并经反复修改完善，中国林业网智慧决策系统正式建成上线。系统利用大数据技术对中国林业网站群用户访问数据进行全面收集和整理分析，将所有访问数据分类展示，精确跟踪用户需求和定位用户关注热点趋势变化，实现面向用户数据的实时监测、统一调度、集中管理，全面提升基于网站群数据的决策支撑能力。

中国林业网智慧决策系统包括站群详情、绩效概览、网站对比、地理分布、时间分布等5个功能模块。"站群详情"功能模块从集群概览、主站、纵向站群、横向站群、特色站群等5个角度，根据热门关键词、页面浏览量、站内搜索使用率、访问量、国内外访问分布、移动终端用户比、网站效能指数、站内搜索有效度、站群内联系等22个指标，对中国林业网站群用户访问数据进行集中展现。

系统将根据工作实际和用户需求变化，进一步完善和扩建各功能模块，提升网站智慧管理和决策能力。同时，系统将逐步向中国林业网各级子站管理员开放，以加强各子站运行管理，全面推进中国林业网站群建设，为加快推进林业现代化建设做出贡献。

（三）数据共享平台

2013 年开始，国家林业局率先尝试建设行业数据库，以公众需求为主导，在广泛调研、充分论证的基础上，建设了中国林业数据库。按照《国务院关于印发促进大数据发展行动纲要的通知》（国发〔2015〕50 号）的要求，2015 年在原有基础上，我们对国家林业局各司局各直属单位以及全国各级林业主管部门多年形成的各类数据成果资料、各类国内外公开的林业信息资源进行整合，同时开放数据上传平台，丰富各类林业数据，建成了中国林业数据开放共享平台。

中国林业数据开放共享平台以其丰富的信息资源、多渠道的接入方式，为用户构建了一个便捷的网络服务平台。平台包括数据统计图、数据统计表、专题分布图、数据预测分析、按行政区划、按业务类别、重点数据库、数据定制采集、我的数据库等栏目，内容涉及政策法规、林业标准、林业文献、林业成果、林业专家、林业科研机构等诸多领域的信息，是林业行业权威性专题数据平台。该平台可使公众从类型、专题、数据形式等角度了解林业数据。目前，平台已积累资源数量 58889 条。

平台将根据用户的需求变化和数据开放程度，进一步整合林业数据资源，充分挖掘数据价值，构建林业数据与社会数据交互融合的信息采集、共享和应用机制，提升林业科学决策水平，为全面开创我国林业现代化建设新局面做出新贡献。

（四）一站式服务平台

中国林业网立足"服务大局、服务司局、服务基层、服务群众"四个维度，全面提升服务能力。精选林业信息为领导提供决策支持，服务于大局；建设子站为各司局各直属单位提供展示平台，服务于司局；让省市县三级信息走到前台，服务于基层；整合上百项国家、地方审批事项和便民服务，结合场景式模拟，为群众提供林业全周期"一站式"在线服务。同时，新整合了全国林业行业优秀应用，按照"业务系统"、"公共服务"、"电商平台"三个维度，为广大公众提供林业在线服务平台。

（五）全媒体发布模式

中国林业网充分运用新媒体技术，实现主动推送服务，进一步增强与用户互动的功能。新增的"林业新媒体"涵盖了中国林业网官方微博、微信、微视、移动客户端，努力走向"全媒体"、"一站通"新阶段，方便公众随时随地了解林业行业信息、享受在线服务，建成了基于新媒体的政务信息发布和互动交流新渠道。陆续在新浪、人民、新华、腾讯等五大主流门户开通"中国林业发布"官方微博，已策划了多期微访谈、微直播、微话题活动，发布微博 7000 多条，粉丝数 50 多万，社会影响力与日俱增。开发定制了社会化媒体分享插件"正分享"，实现全站信息向新浪微博、腾讯微博、新华微博、人民微博、微信等国内 9 类主流社交媒体网站的自由推送，打通中国林业网和社交媒体信息共享通道，促进提升网站社交媒体影响力。

四 工作机制

（一）构建信息采集机制

互联网时代已经到来，应用互联网思维，建立通顺流畅信息采编渠道，成为新形势下政府网站良性发展的有效手段。目前中国林业网主站已经与各地、各司局、各单位建立起了良好信息报送采集机制。各子站可以参照这个机制，在本单位或者本区域，建立相应的政府信息采集报送渠道，为及时获取、权威发布政府重要信息奠定坚实基础。

（二）构建审核更新机制

政府网站信息的优劣、多寡及更新的速度，直接关系到网站的权威性和公信力。作为政府网站信息员，一定要严格按照"谁审核谁负责"的原则，进一步做好政府信息的接收、筛选、审核、发布等工作，确保所发布的政府信息内容合法、完整、准确、及时，杜绝"僵尸网站"、"睡眠网站"，共同做好中国林业网信息发布工作。

（三）构建协调发布机制

当前，政府信息日益公开透明，对政府网站信息内容建设提出了更高要求。建立网站信息协调发布机制，由中国林业网各地网站主管部门负责协调本单位其他职能部门，根据职责分工，按照"谁主管谁负责"的原则，督促发布本单位政务信息，认真回复公众关切问题，组织政策解读，全力做好网站信息内容建设。

（四）构建交流沟通机制

中国林业网是由主站与数千个子站所组成的庞大网站群。平时各子站信息员各自为战，相互之间缺乏沟通与交流。一旦发布重要信息，往往难以快速在整个行业网站之间传播。要充分利用培训、交流等形式，借助新媒体技术，为各子站信息员搭建信息沟通平台，相互沟通，互助互利，形成合力，共同做好中国林业网信息发布工作。通过这个机制，将重要信息及时发布、转载、传播出去。从主站到子站，共同弹奏出林业最强音，不断提升林业政府信息的影响力。

（五）构建考核评价机制

建立网站信息内容建设年度考核评估和督查机制，对中国林业网各子站建设管理情况进行年度考核，达到以评促建，以评助建的效果。通过评估考核，奖励和表扬信息更新及时、内容丰富好用的优秀网站和信息员，通报和批评信息内容错误、更新严重滞后的问题网站和信息员，保障中国林业网信息内容建设高质高效推进。

（六）构建学习培训机制

邀请信息采集编辑领域的权威专家来授课，为信息员讲授相关知识。同时，参加过培训的信息员要做好带头示范，为周边同事和所属各级部门信息员当好老师，不断壮大信息员团队，规范信息发布工作，形成国家培训省级、省级培训市级、市级培训县级的多级培训机制。

五　主要成效

目前，随着中国林业网不断加强建设，网站访问量不断提升，已经达到 19 亿人次。多次受邀到电子政务领域各类论坛、研讨会、经验交流会介绍中国林业网建设经验。同时，吸引了国内 20 多家部委单位参观、调研、学习。

下一步，中国林业网将继续扩大网站群建设规模，加大数据整合与开放共享力度，为公众提供更全面、精准的在线服务，全面提升中国林业网站群智慧化水平。

（国家林业局信息化管理办公室）

"互联网＋"北京市西城区城市管理领域的物联网技术应用

一 物联网在城市管理领域发展必要性分析

物联网被称为继计算机、互联网之后的世界信息产业的第三次浪潮。同时，互联网经过几十年发展也来到一个全新阶段和发展业态，互联网与传统产业、技术的紧密度进一步加深，即所谓的"互联网＋"。"互联网＋"结合社会知识创新又进一步促进了物联网技术和理念的发展，大数据是互联网智慧和意识产生的基础，物联网是互联网大脑的感觉神经系统，物联网是在互联网基础上，利用射频识别（RFID）技术、无线通信技术、红外感应器、全球定位系统、激光扫描器等信息传感设备，按约定协议完成物品与物品、人与物品、人与人之间的互联，进行信息交换和通信，实现智能化识别、定位、跟踪、监控和管理。在大型城市特别是北上广等超大型城市，城市管理面临着主体多元化和利益多元化等复杂形势的挑战，对参与城市管理的政府职能部门在精准服务管理、智能服务管理及加强与市民互动交流方面提出了更高的要求。物联网技术正是在新形势下进一步提升城市管理智能化、提升政府履职效率的重要手段。

二 西城区在城市管理工作物联网应用的初步探索

西城区充分利用社会科研机构的科技和人才优势，针对城市管理与公众服务中的难点、热点问题，不断创新物联网技术手段与管理模式，实现城市服务管理的全覆盖、全感知、全时空、全参与、全联动，有力地促进了"全面感知、快速传达、积极响应"的"全响应"网格化城市服务管理工作体系的构建，提升了西城区城市服务管理能力和水平。

1. 构建物联网监测平台，提升城市管理智能化水平

按照北京市城市安全运行和应急管理物联网应用建设总体方案要求，结合西城区城市运行与管理的需求，中心整合现有物联网系统资源，统一入口，构建了城市运行物联网监测平台，以提高城市运行动态监测、风险管理、突发事件预测预警和科学应对的能力。该平台主要包括雨雪水情实时监测与预警系统、广告牌匾智能监测系统以及二维码信息管理系统。

（1）雨雪水情实时监测与预警系统。雨雪水情实时监测与预警系统根据"均匀分布、重点突出、信息及时、管防结合"的原则，在西城区全境均匀部署了 37 个降雨监测点、3 个降雪监测点、8 个积水监测点，通过无线通信网络实时传输监测数据，实现了西城区降雨、降雪、积水信息的实时监测、快速预警预报等功能。自 2012 年投入使用以来，接收到数据共计 476828 条，发出大雨预警 21 次、中雨预警 46 次，在防汛工作中发挥了重要作用。

（2）广告牌匾智能监测系统。西城区作为传统商业区，广告牌匾数量庞大，人工监管效率低、难度大。大型广告牌匾倾角监测子系统利用高精度倾角传感器，对大型户外广告进行实时监测和预警，有效预防了倾倒事故的发生，目前已经在白云桥、北太平桥等 3 个人流密集场所进行了试点部署；沿街广告牌匾监测子系统利用射频识别技术，通过为每块沿街牌匾安装防私拆电子标签构建起传感监测网络，一旦牌匾被私自移动则第一时间自动报警，极大减轻了人工巡检的工作量，促进了沿街牌匾的有效监管，目前已选取一条大街进行试点。

（3）二维码信息管理系统。西城区是国内最早将二维码技术应用于城市管理工作的地区，通过为城市部件定制二维码，监督员利用城管通实现案件核查、证据采集和立案，市民通过手机扫码实现城市问题的发现与举报，并在早餐车管理中率先应用，目前二维码管理已基本覆盖了辖区所有早餐车，真正实现了人民城市人民管的效果。

2. 建立区域人流量监测系统，提升应急处置智能化水平

区域人流量监测系统基于公众移动通信网络信息数据和小区短信技术，借助数字地图技术平台等多种表现形式，通过基站定位，统计出区域中人流量信息，目前系统可按照 15 分钟频次更新数据，数据精确到本市与外省，其中外省数据可以精确到手机所属地市。西城区现部署了人流量监测点 28 个，共覆盖了西单、金融街、北京北站、动物园、什刹海等 15 个重点区域。在春节、国庆节、圣诞节等重大活动保障期间，区领导可通过人流量监测统计屏观测相关重点区域的人流密度和变化趋势，对人流激增地区提前预警并有效进行疏导和限流，为区内的安保工作提供支撑。

同时，该系统数据成果已经共享应用至区属职能部门及辖区各街道，极大地提高了系统效能。西长安街街道、牛街街道、金融街街道通过人流量统计平台实时观测重点区域及周边的人流聚集情况，并进行有效疏导和限流。区统计局利用人流量统计平台的历史数据进行分析，统计分析各个街道的常住人口、流动人口、工作人口，并分析人口变化趋势，为西城区人口疏解工作提供辅助决策支持。

3. 建设决策通和数字化视频应用系统，确保城市管理和社会管理工作可视化

"决策通"是为进一步促进城市服务管理工作移动化、便捷化而研发的一套移动应用客户端，该系统将日常办公、视频监控、城市运行状况、全响应信息以及雨（雪）量、交通流量、人流量、气象预警等物联网信息，整合至移动办公平台，各级领导可实时掌握辖区雨雪水情、重点区域人流量信息、各主要路线的交通拥堵情况、详细气象信息、城市管理案件发生地点和趋势等，做到对城市整体运行状态的有效监控。当紧急情况发生时，各级领导和工作人员能随时调看现场视频。

"全响应"数字化视频系统采用先进的全景影像技术，即将分布在不同地理位置的视频图像进行 360°有机拼接融合，实现全景展示，建立"天睿眼"全景视频系统，可有效掌握监控区域的全景态势，实现海量视频资源的统一管理、快速调看和智能分析。目前在北京北站等重点区域进行应用，下一步将扩大应用范围，逐渐提升地区视频监控和社会治理效率。

4. 搭建区级突发事件预警信息和气象灾害监测预警体系，提升气象服务对象的精准性

与市气象局预警发布中心对接，加强区县预警信息接收传递工作，探索建立气象安全社区的规范标准，逐步形成了"区—街道—社区—居民"直通的突发事件预警信息传播渠道，在突发事件及气象灾害发生前及时向各层级发布预警信息。

三 值得重视的若干问题

1. 重视创新，加强技术与应用结合

物联网技术作为一种新兴科技手段，创新是其灵魂和进步源泉，物联网对各领域的改造本身就表现为模式创新。各级政府部门应切实树立起运用物联网技术提升政府履职效能，加强政府与群众和企业互动的意识，用创新和改革思维统筹物联网技术应用工作。同时，要紧密结合政府重点、难点工作和问题，确保物联网技术的应用既有利于打造智慧城市，又能有效的服务于群众和社会组织。下一步西城区将以创新为驱动，重视运用前沿科技手段，深入探索物联网技术创新在精细化、智能化城市管理中可以发挥的作用，着力加强部门联动，以形成城市管理工作合力。

2. 深化工作机制，充分发挥物联网作用

只有建立长效的工作机制和清晰明确的运行制度，才能确保物联网技术应用在实际工作中有效发挥作用。物联网技术应用作为政府城市管理领域的一项新兴事物，随着其深入发展，必然会不同程度地对现有管理体制、运行机制产生冲击。这其中既涉及相关部门职能职责的重新定位，也涉及打破部门壁垒、加快社会治理体制改革与创新的步伐，因而物联网技术应用工作机制的建设深化应该在城市管理、社会治理体制改革领域给予充分考虑，并深入梳理相关机构职能职责，建立健全并尽快完善相关运行机制，使得各项工作流程更加顺畅。下一步西城区将以生态文明与城市管理体制改革和社会建设与社会治理体制改革为契机，着力健全完善物联网技术运用的现有运行制度和工作机制，加强对数据的挖掘分析，探索城市管理问题趋势和工作规律。

（北京市西城区城市管理监督指挥中心　北京市西城区科技和信息化委员会）

德胜街道全响应社会服务管理创新实践

在全球信息化浪潮中，智能化社会服务已经成为世界各国信息化的目标。尤其在如今"互联网＋"深入人心的时刻，作为政府，必然要积极适应新时代的要求，充分运用现代科学技术条件尤其是信息技术，提升社会服务管理手段的有效性，并以新的管理手段和技术的突破为契机，跟进管理主体、管理体制、管理制度、运行机制的改革和再造，使技术和制度形成良性互动，提升我国社会服务管理的水平。

德胜街道秉承科学执政的理念，以信息化建设为契机，以完备的地区基础信息数据库为根基，构建了具有前沿创新性的智能化3＋6＋N"全响应"社会服务新模式，为强化政府社会管理和公共服务职能，建设服务型政府和绩效政府，创新政府社会服务管理提供了一个具有示范价值的成功案例。

一 立足实际，顺应社会服务管理新需要

德胜街道位于西城区的北部，面积4.14平方公里，人口15万，地区单位5600余家。作为中关村德胜科技园区全覆盖区，德胜街道以"研发设计、高端交易、金融后台、文化创意"为功能定位，实现了地区经济跨越式发展。社会结构比较复杂，既有比较贫困的老德外居民，也有近些年人住的中央单位家属和现代白领等新居民，贫富差距比较大，同时还是多民族聚居区，是北京市13个民族重点街道之一。

经济的飞速发展和复杂的区位环境对社会服务管理工作提出了更高的要求，时代的不断进步呼唤着新的公共服务方式与政府管理理念。于是德胜街道以公共服务管理创新作为各项工作的出发点和落脚点，以科技手段为支撑，以体制机制创新为保障，按照"全面感知、快速传达，积极响应"的工作目标，建立起德胜街道网格化"全响应"社会服务管理体系，制定了《德胜街道智能化民生服务与城市管理行动计划》，通过顶层设计来全面有序推进基层社会服务管理。

二 科技支撑，搭建智能化社会服务管理新模式

德胜街道把地区的人、地、事、物、组织作为一个社会有机体，建立全口径数据中心，把服务和管理两大类工作全部纳入系统运行。德胜街道网格化"全响应"社会服务管理创新可以概括为"3+6+N"模式。

（一）搭建三个基础框架

1. 建设地区大数据中心

数据中心的建设是街道全面掌握地区人、地、事、物、组织的重要抓手，它并不重复采集数据，而是实现将市区街居多个业务系统、科室台账、社区数据与街道数据中心数据对接和实时更新，并与区人口库、法人库保持对接和共享，实现多来源渠道多技术标准的数据接入与共享。数据中心打通了政府部门之间的数据壁垒，融合了各类基础数据，建立一表式、关联式数据库，全面掌握地区信息变化趋势。

2. 打造多元化政民互动的工作渠道

多元的上下沟通渠道将更加人性化地了解百姓需求，德胜街道构建了面向公众的一体化在线公共服务体系，通过网站、短信平台、电话、PDA终端信息采集系统、视频、社区电子屏、物联网设备等方式，为辖区社会公众和企事业单位提供个性化、智能化的各类服务，拓宽地区百姓与政府之间的双向互动渠道，使双方的讯息能够快速畅通传达。

德胜街道还充分整合信息传输渠道，对地区各类数据进行广泛、及时、全面、准确地采集与发布。在整合信息流的过程中，德胜街道尤为重视信息节点的构建。一个监控摄像头是一个信息节点，它可以对地区的环境、路况、治安等信息进行实时记录；一块电子屏是一个信息节点，它可以将上级政府的通知公告、社会组织的活动信息、社区的热点新闻及时推送到社区里，推送到居民楼门前；一个楼门院长也是一个信息节点，他们可以通过各种手持移动终端将日常巡视中发现的特殊情况迅速上报，也可以根据工作需要进行入户的政令传达与

动员。遍布整个德胜地区的信息节点和顺畅多元的信息流动渠道，是德胜街道全面推进地区社会建设的坚实根基。

3. 建设社会服务管理指挥中心

在综合采集大量地区信息的基础上，德胜地区的"大脑"——全响应社会服务管理指挥中心应运而生。

全响应社会服务管理指挥中心通过地理信息系统、各类信息渠道汇集，绘制出一张特殊的"地图"：这张地图以地理信息系统为基础，按照"街道－社区－楼宇－院落"的层次范围，对地区特殊、突发或重点等一切有关注价值的事物进行明确标注，以最直观的方式呈现整个德胜地区范围内正在发生的事件，以更好地实现高效指挥。指挥中心打破了原有科室之间信息不互通、资源不共享、工作步调难以协调一致的局面，实现了事件的上报、接收、分流、处置等一系列业务高效流转。

在综合采集大量地区信息的基础上，指挥中心利用数据分析手段进行梳理、分析及归纳，形成《德胜地区社会管理分析研判报告》，并提取一般性规律，以此为依据制定针对各类常态事件的管理机制和预警指标体系。

（二）实现六大工作职能

在三个基本框架的基础上，全响应社会服务管理模式立足"民生服务、城市管理、应急处置、分析研判、绩效考核、统筹推进"等 6 大职能发挥作用。六大职能既包括传统的民生服务、城市管理，维稳应急职能，还包括精准化绩效考核、分析研判等提升政府科学决策能力和提升工作效率职能。统筹推进职能更是将全响应工作作为基层政府整体创新和改革的根基，在整合资源、调度力量、讨论问题的基础上集中解决难点问题，开发服务项目，以最优的方法找出各项工作的短板，统筹力量集中资源补齐充实，保障全局工作的整体推进。

（三）设计 N 个服务管理项目

"N"是指以地区居民关注问题和实际需求为出发点，设计梳理的 n 个服务管理项目。目前已实施 50 余管理类、服务类及社会参与类的项目，不断丰富和完善全响应体系，有效推动了城市管理和民生服务的体制创新。例如目前实行的德胜地区党员志愿者服务系统，充分利用互联网和移动互联网的技术，利用类似滴滴打车的撮合系统，实现志愿者和被服务人群之间快速精准的对接和互动，促进志愿者服务的创新供给和服务资源整合，从而达到良好的社会效益。我们也将继续根据居民和企事业单位需求和反馈不断增加、调整、改进项目。

三 创新体制，形成协调联动的全响应运行体系

全响应建设中，技术不是关键，关键在于基层体制机制的变革调整和基层治理结构的完善。体制机制的创新和制度的建设是德胜街道网格化全响应社会服务管理创新建设的核心。

（一）融合工作流程，实现业务处理标准化

将原来分散在各个部门工作流程进行优化和整合，实现业务流程再造，将事件按严重程度分为五级，每个级别分别对应着承担不同职责的责任人，不同级别的事件与不同的责任人

相关联。遇有事件发生，将按照事件级别快速传递到相应的责任人，实现事件的快速响应和处理的标准化，为深入推进行政体制改革做出了有益尝试。

（二）权责明晰，形成一体化的绩效考核机制

在业务流程优化的基础上，以事件的发生频次、处置质量和处置时效以及各类基础数据的更新频次和内容质量为抓手，梳理评价指标，建立针对所有业务科室、职能部门、社区、责任区责任人的评价体系。实现权责分布的明晰化与考核评价的即时化，提升了工作效率和工作质量。

（三）一格多员，推动社区治理模式变革

综合考虑居民户数、单位数量、业态情况、社区工作力量等因素，细分管理单元，实现精细化管理。按照完整性、均衡性的原则，将街道 23 个社区划分为 233 个网格化责任区，将社区居委会、服务站负责的各类服务管理业务下沉到责任区，实现业务的扁平化管理。

采用"一格一长、多员进格、全责管理"的模式，实行"组团式"服务，每个网格都由一名社区工作者担任格长，每天对责任区域进行巡视检查，同时建立岗位责任制，逐一明确在网格的工作人员及岗位职责，并以实名制方式公布。

此外，德胜街道通过综合受理、全程代办、一站式服务、区内异地受理等方式，冲破了业务层级界限，将就业、社会保险、计划生育、社会救助等事项延伸纳入社区服务站全程代办范畴，居民不出社区就可办理相关事务，凸显了市区街居四级联动的"协同效率"，真正通过智能化建设提升居民的幸福感以及对政府工作的满意度。

总结德胜街道网格化全响应模式，这一模式的核心是坚持了以人为本、服务为先的理念，重点是利用科技手段支撑突破体制壁垒，实现了集成政策、集中资金、集聚资源、集合力量；亮点是以地区需求为导向，积极响应居民和企业个性化、多样化的需求，较好地做到了社会服务管理"全感知、全参与、全联动"。该模式为基层政府在"互联网＋"时代的服务管理创新提供了借鉴和参考。

（北京市西城区德胜街道办事处　北京市西城区科技和信息化委员会）

朝阳区有毒有害气体防控物联网平台

一　项目背景

（一）社会背景

随着城市的发展建设，外来务工人员迅猛增长，北京城乡接合部成为绝大部分务工人员首选的居住地和生活区域，煤炉取暖成为冬季的主要取暖方式。然而这种取暖方式极易产生有害的一氧化碳气体（俗称煤气），该气体隐蔽性强且不易发觉，而防范技术和手段相对落

后，无法有效杜绝因一氧化碳致死致伤事故。结合各地区的实际情况，制定切实可行的对于一氧化碳中毒防范工作方案势在必行。

（二）政策导向

在 2006 年 11 月 9 日各大部委联合发布的《关于加强非职业性一氧化碳中毒防范工作的通知》（建城〔2006〕274 号）中，进一步细化了对于一氧化碳中毒防范工作的要求及部署安排。

2011 年 3 月，《北京市城市安全运行和应急管理领域物联网应用建设总体方案》出台，提出北京市城市安全运行和应急管理领域物联网应用"1 + 1 + 8"的总体框架，要求朝阳区政府负责在本区开展有毒有害气体监控物联网应用示范。

利用物联网应用技术，结合一氧化碳气体防控工作和使用环境的特点，北京市朝阳区信息化工作办公室推出了有毒有害气体防控物联网平台解决方案，进行了项目实施。该系统的建设和使用在原有的人防管理基础上，增加了技防管理，从根本上解决了一氧化碳防控难的问题。

二　项目建设情况

北京市朝阳区信息化工作办公室利用 800M 专用频点，采取 800MHz 专网与 GPRS 公网备份通讯的机制，通过物联网应用技术等高科技手段建立了有毒有害气体防控物联网平台，从感知监测、无线传输、数据处理到平台应用提出了一系列的解决方案，保障了检测的实时性，传输的稳定性，数据的精确性，以及事件处理的专业性。该系统采用"五级报警四级管理"的科学预警方式和处理模式，本着就近救助的原则，为自动监测一氧化碳浓度提供可靠的技术保障和依据，从而开创有毒有害气体无线防控管理的新理念，对于改善公共安全状况，预防并降低中毒事故损失具有十分重要的意义。

从 2009 年至今，该项目在北京市朝阳区 14 个乡 121 个村进行了网络覆盖，共部署 22 万支联网型一氧化碳报警器，惠及约 100 万人口。监控中心每年处理约 10 万次以上的预警事件，使用该系统的用户至今未出现一例煤气中毒致亡事故。

三　系统建设

（一）系统设计理念

互联网从 20 世纪 90 年代至今爆炸式的发展已经同每个人息息相关，成为 21 世纪人类最为依赖的工作方式和生活方式。随着社会的信息化、智能化的快速发展，通信技术的提高，物联网应用技术成为互联网新的发展阶段。物联网的核心和基础仍然是互联网，通过感知技术、智能识别技术、普适计算、通信技术等，融于网络应用中。利用局部网络和互联网将感知设备、智能控制、人及物紧密联系，实现信息化、智能化、可远程交互的网络。

物联网对创建服务型政府、提升政府公共服务、保障公共安全和社会管理能力有重要作用。利用物联网的感知技术可以实时感知或预知危及公共安全事件的整个过程；通过智能识别和数据处理为管理者提供处理方案和依据，提高公共服务的有效性。

北京市朝阳区有毒有害气体防控物联网平台就是基于以上理念而建设的。

（二）系统架构

北京市朝阳区信息化工作办公室组织建设的有毒有害气体防控物联网平台系统由三大部分构成，第一部分短距无线气体探测终端（即一氧化碳报警器），用于监测房屋内的一氧化碳浓度，同时与通讯采集终端（即微通站）组成感知局域网进行通讯；第二部分无线通信采集终端（即微通站），接收各个一氧化碳报警器的发送数据，通过 800MHz 专网和 GPRS 网与监控中心进行数据交互；第三部分监控中心，对各类报警信息和管理信息进行实时监控及管理，对前端数据进行统计分析、自动电话语音通知、短信发送、人工干预处理等。在技术架构上，体现了物联网技术的应用和理念。

（三）系统设计

根据应用场合的使用方式和管理特点，本系统在前端采用了短距无线通信技术，通过全新的自组网技术构建感知局域网，报警器与微通站进行实时数据交互。

微通站通过无线专网将采集的数据上传到监控中心进行分析处理，同时对无线信号覆盖区域内的无线探测终端进行管理，使其信息数据有效。

监控中心的平台管理软件采用 B/S 结构，方便用户的使用。功能模块化设计，使其维护灵活便利，增强了平台的扩容性。数据处理采用工作流技术，提高数据处理效率。

根据"四级管理五级报警"的管理方式，用户管理分为四级权限，分别提供给各级用户使用。

四　系统主要功能

（一）一氧化碳气体浓度超标报警监测

实时监测报警器使用环境的一氧化碳浓度，一旦超标即时产生本地报警和定时的网络远程报警。

（二）报警信息管理

监控中心对接收的报警信息实时分析，生成相应的工单进行自动处理和人工处理。

（三）电话语音通知管理

根据报警信息，系统可自动电话通知用户报警情况，提醒用户进行处理。

（四）用户信息常态管理

系统可根据设备 ID、区域、用户名等关键字查询用户的报警器基本信息。包括安装时间、设备期别、维修变更等信息。

（五）历史报表管理

系统可根据时间、区域、设备 ID 信息生成终端设备历史报警统计报表，为加强区域一氧化碳预警防控提供现场依据。

五　系统特点

（一）系统技术特点

（1）本系统一氧化碳报警器采用的传感器感应灵敏度和再现性突出，抗干扰能力强；低功耗设计体现了节能理念。

（2）一氧化碳报警器在设计上采用了巡航记录功能，记录该报警器一定时间内的运行状态的数据信息，该记录信息不可人工或设备修改，可作为历史数据追溯依据。

（3）感知局域网采用了基于全新的自组网技术，该技术是对 Mesh 技术的优化，使组网更为简洁和高效。

（4）800 MHz 专网采用了 DTOA 定位技术和 DSSS 通信技术。直接序列扩频技术，此技术直接序列扩频方式是直接用伪噪声序列对载波进行调制，要传送的数据信息需要经过信道编码后，与伪噪声序列进行模 2 和生成复合码去调制载波。随机产生的伪噪声序列不易解码，保证了传输的安全可靠。该技术抗干扰性好，误码率低，隐蔽性好。

（5）平台设计采用中间件结构，便于平台的功能扩展与外围接口的需求。

（二）管理模式特点

该系统是一种建立在物联网技术基础上的新型技术防控救助手段（"预警－报警－救助"的联网式"技防"手段），为有效预防一氧化碳中毒提供了可靠技术保障。

开创了有毒有害气体远程防控救助管理新理念，对改善公共安全状况，预防并降低中毒事故损失具有十分重要的意义。

根据"多级报警－多级救助"的管理理念，提出了合理的系统架构，实现了"五级报警，四级管理"的管理模式。通过逐级报警和救助，使用户在最短的时间内得到有效的处理，避免危害事件的发生或制止危害事件的继续，实现了政府、民众和技术提供方紧密结合的防控机制。

系统配备了专业的呼叫中心，提供全天候的接警和协助救助的服务，实现一氧化碳报警监控系统，从而实现"全面预警、综合救助"，最大限度的保护人民生命财产安全。

六　社会效益

项目实施后，充分利用技防手段，将救灾变为减灾，奠定了物联网产业发展基础，作为智慧朝阳的一部分，构建了朝阳区全模式下的城市管理体系。不但人民的生命安全更有保障，而且促发了居民间友好互助的氛围。最重要的是，体现出我国政府对广大人民的关怀，促进了社会的和谐发展。

（北京市朝阳区信息化工作办公室）

海淀区创建"互联网+智慧食安"

2013 年 9 月，海淀区食品药品监督管理局正式挂牌。新组建的食药监局，要进一步转变政府职能，落实属地责任，创新管理方式，优化资源配置，建立起上下联动、关系顺畅、运转高效的食品药品监督管理体制，确保人民群众食品药品安全。9 月 29 日，全区 22 个街道、7 个镇的食品药品安全委员会和食品药品监督管理所授牌，标志着海淀区的食品药品监督组织机构体系全部组建完成，新的食品药品监督管理机制开始正式运行。

海淀区食品药品监督管理局主要对海淀区行政区域内的生产、流通、消费环节的食品安全和药品的安全性、有效性实施统一监督管理工作，加强行业监管，为保障公众饮食用药安全起到"保驾护航"作用。《海淀区 2014 年为群众拟办的重要实事》中明确提出努力提升群众健康水平，组建"海淀区肉类批发市场肉类制品产销联合体"，对进入批发市场的牛、羊、猪肉分阶段实施产地与市场挂钩。开发"海淀区批发市场畜禽产品跟踪、溯源系统"，确保辖区百姓食品安全。海淀区食品药品监督管理局作为此项重点工作的责任者积极开展此项工作，将平时的批发市场监管工作利用信息化的手段，建立海淀区基于批发市场的畜禽产品溯源体系，批发市场中售出的畜禽产品能够被追踪或回溯，从而使批发市场的畜禽产品的整个经营活动始终处于有效监控之中。同时结合海淀区食药局的现有信息化现状和 2014 年新建的批发市场的食品溯源系统基础上，进行海淀区食药局各业务科室相结合的食药安全监督管理综合服务平台，为公众提供信息发布网站和信息沟通渠道。

海淀区食品药品监督管理局没有自身的业务系统，各科室平时工作使用市级垂直业务系统，工作主要存在与区内企业的沟通不便、管理难度大、现场勘验强度大、工作成果缺乏有效的记录与分析平台。各科室无法将数据进行分析或共享，导致给日常工作带来诸多不便。

食品安全已成为了我国目前最受关注话题，海淀区食品药品监督管理局加大监管力度，对海淀区行政区域内的生产、流通、消费环节的食品安全性、有效性实施统一监督管理工作，增加监管环节，确保辖区百姓肉类食品安全。

食品安全关系到公众健康，涉及民生问题多，协调难度大，面对问题琐碎复杂，处理不及时会引发巨大风险。针对这样的工作形势，提供群众业务咨询，快速反应处置，开拓与群众沟通新渠道，主动倾听了解群众诉求，建立快速查处反应管理体系，高效解决民生问题，在最前沿化解民生矛盾，避免社会隐患积压。

海淀区食药监局各业务科室对行业监管的同时，需要与企业及时的沟通，将文件、公告、法律法规、视频资料通过信息化手段下发给企业，并得到企业及时反馈，搭建与企业沟通互动的平台，对企业和内部工作人员进行远程在线培训，让工作人员监管和企业发展更加规范。

基于上述背景和现状，2015 年在"智慧海淀"的框架下，建设了"食药安全监督管理综合服务平台一期"项目。该项目以云计算为基础，物联网为工具，以为民服务，提高公众饮食安全为目标，以监管应用为中心的食药安全监督管理综合服务平台。平台将对食品实现科学监管，为企业提供快速申报营业执照，为公众提供获取食品安全信息的通道，促进体制改革，创新监管模式，确保人民群众饮食安全。

食药安全监督管理综合服务平台建设一期项目旨在解决食品在生产、流通、消费各环节中存在的安全问题，使政府机构具备更有力度的监管能力和手段，提高公众对食品安全的满意度，高效解决民生问题，为区内公众提供完整的服务链条，同时通过构建海淀区统一的食品安全数据中心，实现辅助决策管理，满足公众服务要求。

一 "互联网＋智慧食安"建设指导思想

《北京市食品安全行动计划（2011～2015年）》提出到"十二五"期末，建成较为完备的安全食品供给体系和现代化的食品安全保障体系，食品安全法规标准进一步完善，监管组织网络和责任体系进一步健全，重大突发事件得到有效控制，违法犯罪行为得到坚决查处，监督执法水平和技术保障能力明显提高，全社会食品安全和预防风险意识显著增强，形成政府、企业、行业组织、消费者和媒体共同参与的监管工作格局。食品安全总体保障水平进一步提高，食品安全抽检合格率达到97.5%；大米、小麦粉、食用植物油、蔬菜、猪肉、豆制品等重点食品的安全抽检合格率达到98.5%，不合格食品全部予以下架并退出首都市场。

二 "互联网＋智慧食安"建设目标

1. 以智慧监管为手段，实现科学监管

建设食品的监督管理平台，实现对食品在生产、流通、使用等各环节全覆盖、全过程、全方位、全封闭的网上监管，做到源头可溯、问题可控、全程监控的监管目标，从而实现科学监管。

2. 以智慧监管为纽带，促进体制改革

以食药安全监督管理综合服务平台为基础，提供技术和系统支撑，形成信息共享、决策统一、风险可控、部门联动的食药安全保障机制，进一步促进体制改革。

3. 以智慧监管为载体，创新监管模式

整合国际上先进理念和先进技术的食药安全监督管理综合服务平台，先行先试，积极探索创新，达成率先发展，建成高效的经营许可网上可视化勘验，成为北京食药监管改革示范区。

三 "互联网＋智慧食安"创建成果

食药安全监管服务平台利用信息化手段实现食药监局在农贸市场、超市、互联网、餐厅等各方面食品的监管，对货物进销存过程的跟踪，实现有源可寻的溯源。同时第一时间倾听公众的诉求，解决公众遇到饮食安全的问题，让公众明明白白地了解所购买产品的生产过程，实现真正为民办实事，让公众对食品消费有源可查，有渠道获取食品安全信息，公众查询的信息能以政府权威信息发布。开通食药监局监管的所有市场经营企业与政府的互通互联，企业通过政企互动服务及时获取政府下达的信息，同时把企业信息快速传递到政府，加强了政府和企业之间的互动和交流。建设整个区域内的数据中心，实现了对海淀区食品安全数据的归集，构建统一的食品安全共享分析中心，并基于食品安全共享分析中心实现辅助决

策管理，实现与食品安全方面的数据进行共享交换。提高公众在食品安全监管的满意度，高效解决民生问题，为公众提供形式多样的服务信息。完善监督管理机制，提高各部门协同工作效率，实现资源共享，为局内领导决策提供基础数据支持。

1. 全面感知

遍布市场各处的溯源秤和溯源码打印机和扫描枪、IC 卡读卡器等设备组成"物联网"主体，获取海量的监管检测追踪信息，对承载巨量数据运行的核心系统进行测量、监控和分析，对网内发生的问题做出快速的响应并追溯问题源头和流程，形成基于海量信息和智能过滤处理的新的管理模式。

通过平台和智能溯源秤等智能设备实现食品的追溯，可通过 WiFi 模块进行溯源秤的数据的实时获取和交易数据的实时上传。

该平台及物联网智能设备，将于 2016 年 3 月底在海淀区西二旗益民市场试点使用。届时，"互联网 + 智慧食安"将会为周边百姓提供更多的服务和便利，充分体现"互联网 +"优势，促进智慧民生工程落地。

2. 充分整合

除了高速网络之外，借助无线通信和射频设备，"物联网"与互联网系统完全连接和融合，将数据整合进入食药安全监管服务平台的整体平台，提供智慧的基础设施。

3. 协同运作

基于智慧的基础设施，食药安全监管服务平台中的各个关键系统和参与者进行和谐高效地协作，在此基础上，建立统一的食药监管标准，为推进行业的执法标准树立标杆，达成食药安全监管服务平台运行的最佳状态。

4. 智慧监管

借助云计算平台，将错综复杂的被监管对象和商品的各种关系和属性进行数字化，体现了"人"的主导地位，也展现技术的智能。使管理者对监管网络中的运动状态和规律获得更精准的感知，并对食药安全监管服务平台进行调控。目前，平台实现了对猪肉、牛羊肉、蔬菜、水果、水产、粮油等食品种类的监管和追溯。

5. 实时查询

售出或在售货物都可通过手机扫描二维码可随时随地查询货物生命周期内的溯源信息；也可通过售货所在地的查询机查询；同时可登录政府监管部门网站查询溯源信息。

6. 风险评估

建立面向生产加工、市场流通、餐饮消费、市场经营等环节相应的评估模型，录入相关的检验检测信息以及日常监管信息等，通过应用评估模型以达到风险评估目的。

7. 诚信管理

（1）监管依据管理：对现行法律、法规、规范性文件进行整理集中，掌握依据有效性。

（2）基础数据管理：生产加工、市场流通、餐饮消费、市场经营环节涉及的产品和市场主体基础数据的维护，包括产品分类信息，如按风险等级分类、重点市场主体分类信息等。

（3）日常监督数据管理。

（4）检验检测数据管理。

（5）信用辅助信息管理：动态管理部门确定的能够对市场主体信用评价产生影响的信息。

8. 诚信发布

以构建食药安全公共服务云平台的方式实现风险传播，主要涉及以下内容。

（1）食品安全白皮书。

（2）食品安全知识普及教育。

（3）食品安全消费引导。

（4）公众互动。

（5）企业互动。

（6）风险预警。

9. 应急指挥

以突发管理预案为模型，依托云计算平台和物联网技术，利用移动式感知设备，实现预案生成、协同指挥、上下实时联动的应急指挥管理体系。

10. 决策预警

以物联网技术和设备采集的数据、企业进货、出货、原料管理数据、从业人员健康在岗数据、大宗交易数据、索票索证数据等用云计算的方式实现海量计算，为决策分析提供各种分析报表、信息报警等。

11. 信息共享

以统一的云平台和云数据中心，实现部门之间、上下政府之间的互联互通、信息共享。

四 "互联网＋智慧食安"建设成效

2015 年食品追溯实现了锦绣大地和西郊鑫源两个大型批发市场的覆盖，市场内的重点溯源食品为猪肉、牛肉；西郊鑫源涉及商户共有 101 户，锦绣大地涉及牛肉商户共有 11 户。2015 年海淀区批发市场畜禽产品溯源系统一期工程整体规划、分步实施，采用对批发市场内的畜禽产品安全创新的监管手段，完成食品供应、流通、消费等诸多环节的信息采集、记录与交换，大幅提升食药监局的管理效率，海淀区批发市场畜禽产品溯源系统一期工程充分与现有工作职能进行结合，利用信息化手段实现了食药监局对批发市场畜禽产品的监管，间接降低政府行政成本。公众通过动检码查询畜禽产品的溯源信息。解决公众的食品安全疑问，让公众明明白白地了解识自己购买的产品的生产过程。

2016 年食品追溯覆盖西二旗益民市场，在益民市场内重点溯源食品为首农供应的蔬菜、水果，粮、油、米、面等，畜禽类重点溯源食品为猪肉、牛肉、羊肉和鸡肉。益民市场共涉及商户 50 户，厂家 15 户。

2016 年建设的畜禽类食品溯源系统将以精品交易市场为重点实施对象，基于物联网、溯源秤等信息化技术手段完成食品供应、流通、消费等诸多环节的信息采集、记录与交换，使监管工作更智能化、科学化，旨在为公众提供各批发市场的地图、每日交易量、不良商户等信息，提高公众对食品安全的满意度，高效解决民生问题，为区内公众提供完整的服务链条。

五 总结经验，开拓创新

2015 年是海淀区食药安全监督管理综合服务平台建设启动之年，在各级领导高度重视和大力支持下，我局全体干部职工通力合作、形成合力，全面完成了电子政务建设各项任务指标，机关效能建设取得阶段性成果，树立了良好的政府形象。

在取得成绩的同时，我们也清醒地认识到，食药监管工作作为民生和发展的重要交汇点，涉及问题多，协调难度大，处理不及时易引发巨大风险。因此，对于矛盾快速处置，行业监管和执法等工作还需进一步加强。

下一步，我局要总结经验，开拓创新，"互联网＋公共服务"创建工作是一项情系民心的工程，各部门要在实践中总结经验，努力探索，开拓创新，进一步完善各项制度，为海淀区食药工作更快更好地发展营造良好的条件。

（海淀区食品药品监督管理局）

海淀区房屋全生命周期管理系统

一　建设背景

随着信息技术的不断发展，城市信息化应用水平不断提升，智慧城市建设应运而生。2012年3月7日，北京市人民政府以京政发〔2012〕7号印发《智慧北京行动纲要》，正式启动智慧北京工作，推动管理型政府向服务型政府转型，以市民需求为中心，提高首都之窗网站群、政务服务中心、政府服务热线等多渠道、多层级联动集成服务能力，推动电子公共服务向基层延伸。

2012年以来，为贯彻落实区委、区政府关于网格化管理、管理职能下沉、推进精细化管理的有关工作要求，根据海淀区人民政府有关《智慧海淀建设工作方案》的总体方针，进一步转变政府服务理念，创新管理模式，提升管理效能及管理水平。按照京津冀协同发展纲要，结合海淀区的城市中心区的整体定位，按照疏解非首都功能，调控人口规模等工作的要求，充分发挥房屋数据资源的作用。房屋作为城市的重要基础设施，用于承载城市人口的居住、办公、商业等多种人类活动，是城市管理的基础。在区经信办的大力支持下，区住建房管系统开始建设房屋全生命周期管理系统。

二　系统简介

以房屋基础数据为基础，整合房产测绘、登记、执法、房屋安全、房屋物业、经纪机构、建设工程、征收拆迁等数据，运用BI、GIS、二三维地图等方式进行展现，从而达到管理的目的并支撑业务系统建设。

经过两年多的建设，已基本建成覆盖全区、统一规范、动态更新的房屋信息数据库，初步搭建智慧城市房屋基础框架。房屋全生命周期管理系统一期包括房屋综合管理平台、咨询投诉平台、住保后期管理系统、征收拆迁系统、建设工程系统。系统以房屋图元为支撑，房屋管理为主线，搭建海淀区房屋基础数据库，满足房屋管理业务的需要。

以房屋全生命周期系统为中枢，串联全局业务，强化局内各系统的横向数据交换，提升内部管理效能。公众按需登录相应业务系统进行操作，房屋全生命周期系统通过对汇集的数据进行分析、加工，并将公示、警示、提示等信息通过局门户网站向公众通报。例如，将咨询投诉平台接到的高频咨询问题进行梳理，调取知识库的口径汇总后，在局门户网站的政民互动专栏进行公示。

三 房管数据库成果

建立了海淀区的房屋信息数据库和空间信息数据库。

房屋基础数据库：房屋建筑面积1.4亿平方米（其中住宅7050万平方米，非住宅6950平方米），房屋2.5万栋，共99万户。

经纪机构：总店437个，分支551个，从业人员8412个。

物业：物业项目1363个（其中居住类项目649个，非居住类714个）。

住房保障：项目28个，保障对象48110人次。

建成全区房屋简体模型、32平方公里重要区域、重要点位的精细三维模型（涉及部分重点区域、主干道路两侧、园区等），建立全区行政底图、房管所、街镇、网格等管理图层，建设物业项目、经纪机构门店、普通地下室、房屋安全等业务图层。

四 内部应用效果

目前系统已在区住建委、房管系统广泛应用，为管理职能下沉，建立行业动态监管体系、辅助业务管理，建立行业监管体系，提高工作效率，全面提升管理效能等方面发挥了重要作用。

1. 工作侧重点发生转变

推动工作由阶段性向常态性转变，管理方式由消极等待向提前预防、由被动受理向主动服务转变。系统通过对汇集的数据进行深度整合、加工、抽取、分析、比对，形成成果性数据，为各项工作提供准确数据和直观展示，为实现对业务处理和监管创造了条件。

2. 工作效率不断提高

投诉事项的答复时间由15个工作日缩短为4.7个工作日。通过各业务系统建设，对全局业务流程重新梳理，在业务受理、投诉执法、行业监管等环节实现及时响应，多项业务实现动态监控，提高服务效率。

3. 绩效管理

通过系统实现投诉案件从受理直至办结的全过程记载。按照部门出具投诉案件转办、承办、退回情况排名、按照政风行风要求记录被投诉部门投诉案件的详细情况，目前投诉案件的数据已成为部门绩效管理的重要依据。

4. 实现业务数据沉淀，初步建立行业运行监管体系

通过系统，将存于市业务系统的海淀区房屋登记数据、交易数据、房地产经纪行业数据等核心业务数据下沉到海淀区，通过投诉平台、经纪机构、物业管理、住房保障、普通地下室、房屋安全等子系统的建设来逐步实现整个房管领域的数据汇集，真正做到了"底数清、情况明"，使其具备实时监控的能力，建立行业运行指标体系，可实现预警预报和指挥调度的功能。建立行业自律引导机制。建立房管局外网发布平台，实时发布行业动态数据，接受百姓监督，引导行业自律。数据汇集，从管业务转到管行业，管行为，建立信用评价体系，推动行业信息发布，提升透明度。

5. 房管领域管理职能下沉搭建系统支撑

结合海淀区管理职能下沉工作部署，在 2013 年房管领域管理职能下沉到七个房管所的基础上，搭建房管局 – 房管所 – 街镇 – 网格四级系统应用体系，据此开发相应功能，满足街镇和网格的管理需要，并为此建立了统一资源管理系统。

6. 全区提供房屋基础数据支撑和服务

实现了全区房屋管理的精细化，部分成果开始与公安、税务、质监、城市管理指挥等部门交换、共享。

五　利民、便民成效

（一）咨询投诉平台统一受理房管局全部咨询投诉业务，群众满意度高

平台统一受理房管局全部咨询、投诉业务，搭建起第一时间倾听百姓呼声、解答热点问题、受理百姓投诉的新型政务服务平台，建立起快速处置违法案件、应急调度指挥的处理机制，建设快速、畅通、高效的便民服务热线体系。平台自上线运行两年多以来，共接收来电来件 231190 件，其中咨询 196463 件，投诉 34726 件。

1. 统一受理咨询业务，群众满意度高

平台将房管局原有各个部门的对外咨询电话统一整合到了"海淀区房管局便民服务热线——82708600"上来，由 15 名座席人员统一接听受理、答复和解答问题。与市长信箱、区长信箱、区非紧急救助中心 96181 等多个系统实现了数据对接，结合完备的"知识库"查询检索功能，使得平台具有当场响应，当时解答的能力。对于百姓呼声和诉求，做到了在第一时间予以解答或指派相应部门快速处理。使与群众的沟通和交流实现了一个口入，一个口出，变群众找部门咨询为部门主动给群众答复，缩短了与群众之间的距离，经系统后台反馈，2015 年咨询电话呼损回拨量共 762 个，同比下降 52.3%，全年咨询评价率 47.8%，满意率 99.7%。

2. 知识库，再造工作流程，投诉案件办结时间由 15 个工作日缩短为 4.7 个工作日，高效保质服务群众

全局房屋管理服务职能重新整合和强化，建立起智能知识库，共积累了 470 种问题的答复口径和内容资料，并进行了详细的类型划分，制定出严格的派件流程。平台能够智能关联历史或相同信件，并自动筛选出重点重复的信件，反馈给相关管理部门进行重点处理。平台打破原有流程，按照"统一受理、分类处理、部门承办、座席回访"办理流程，按照"谁主管、谁负责"的原则来要求各部门按流程和标准来处理案件，对处理完毕的事项，平台回访来电群众，以群众满意作为考核工作效能的唯一标准，大大提高房管局政务服务的态度和效能。2015 年我局座席回访满意度达 84.9%。

3. 行业管理，初步建立对房管工作重点矛盾的预报预警体系

咨询投诉平台通过电话、网络、网站等各种方式，汇聚了海淀区房管领域的海量信息，这些海量信息通过平台的资源整合和数据分析，显示出各个领域的重点矛盾和发展趋势，使工作"早期发现、早期介入、早期预防、早期解决"。彻底转变了原来被动的工作局面，大大提高了工作效能。结合海淀区文明创建工作，平台对物业公司的投诉信息进行统计和分析，约谈了60余家被投诉的物业公司，并对投诉量大，影响严重的6个物业公司启动了执法程序，解决了很多群众关心的小区问题，取得了良好成效。

（二）建设海淀区经纪行业信息发布平台，初步搭建经纪机构信用体系

基于房屋管理综合平台中的经纪机构专题，在局门户网站上开设海淀区经纪行业信息发布平台，面向社会公众及时发布机构、业务员基本信息、投诉信息、成交量信息、排名等，并提供典型案例分析、通知公告、警示信息发布等信息。打破以往信息不对等、行业不透明的现象，通过我局门户网站的相应专栏使公众可以了解本区所有经纪机构、分支机构（门店）、经纪人和业务员的信息和二手房的撮合成交情况，查看信用情况，了解各家中介的排名情况，并可对违法违规行为进行投诉举报。经纪机构投诉案件由2013年1275件降到2015年106件，投诉量显著下降。

1. 从业人员佩卡上岗制度

无论是经纪人、经纪人协理还是普通业务员都将统一佩戴"信息卡"上岗，并用不同的颜色加以区别，例如经纪人为红色、经纪人协理为蓝色、一般从业人员为蓝色。公众可以凭信息卡的颜色来分辨从业人员的角色。并且"信息卡"上内嵌了二维码信息，通过手机扫描来查看该人的详细信息和业绩情况。至今累计发放人员信息卡6122张。

2. 信用评价体系，由"业绩"和"劣迹"两部分构成

业绩包括二手房撮合成交情况和租赁备案情况，而劣迹则有投诉举报、执法检查等发现并查实的违法违规行为来构成。推动行业信息发布，提升透明度，使群众可以实时了解到经纪机构的信用情况，并据此远离黑心中介，便于选择公司进行租、售房屋等事宜。

（三）住房保障专栏

基于保障项目、保障家庭的查询、展示，辅助建立完善的保障体系。建立海淀区住房保障数据库，记录申请家庭总数，从不同角度做好申请家庭分类，做好四房合一后申请家庭备案，配租后租金补贴计算、发放等。

通过保障性住房各业务系统在房屋全生命周期系统中汇总成大数据，全面掌握住房保障情况，增进宏观调控的主动性和科学性，提供保障房源供给的数量和质量，从而提高人民群众的满意度。同时，对保障性住房使用情况、保障性住房设备管理情况、保障资金的使用情况和申请轮候家庭情况的动态管理，推动保障性住房的公平分配和精细化管理。基于房屋管理综合平台中的住房保障专题，在局门户网站上开设海淀区住房保障专栏，面向公众及时发布保障性住房的政策法规及解读、申请家庭的审核公示、保障性住房项目公示等，2015年全年该专栏共发布179条。

1. 海淀区保障性住房意向登记系统，实现意向家庭线上申请参加摇号的模式

在摇号范围内的轮候家庭收到短信通知后，可通过住房保障专栏中的链接自行登录系

统，在线填报意向并进行信息确认，并自动将信息推送至区县启动复审流程，审核结束后，并将摇号情况在专栏中及时公示结果。通过轮候家庭线上填报，街道、区县两级复核登记意向，实现申请信息化，减少轮候家庭在街道、区县来回奔波的情况。

2. 海淀区公共租赁住房实时配租系统，采取"单套、实时"的线上配租模式

改原有集中配租的方式为线上实时选房，不同于以往的摇号配租，"有一套，配一套"，争取在最短时间内解决无房家庭困难。每套房源申请时间有限，从第一个人提交申请起，系统开始倒计时，其他人的申请时间将在 3 天后的 21 时截止；若同一房源申请家庭满 5 户时，系统自动关闭申请端口并进入下一阶段的资格符合流程。申请时间截止后，按照如下规则确定选房顺序：优先配租家庭在前、普通配租家庭在后；备案年份早的家庭排在备案年份晚的家庭前面；保障人口多的家庭排在保障人口少的家庭前面；申请登记提交早的家庭排在申请登记提交晚的家庭前面，以此保证配租公平。各轮候家庭在申请时可以实时关注公租房屋的动态选房和排号情况，及时选择并调整适合自身需求的房源。该系统简化配售流程、缩短轮候家庭申请时间，而且提高房源周转率、利用率，优化公租房配租的工作模式。

建设公共租赁住房实时配租系统，政府通过平台及时发布房源信息，保障家庭根据自身需求自行选择房源，按需配租提高匹配度，我局住保工作效率得到显著提升。

（北京市海淀区经济和信息化办公室　北京市海淀区住房和城乡建设委员会）

丰台区文化事业信息管理系统成果

一　项目基本情况

按照"智慧丰台"发展纲要，为进一步加强区域公共文化服务体系建设，强化文化市场监管，净化首都文化市场环境，提高政府机关服务效能和质量，推动政府电子政务发展，推进政府管理创新和文化管理体制创新。丰台区文化事业信息管理系统于 2013 年 6 月启动研发，2014 年 5 月正式投入使用。

丰台区文化事业信息管理系统是通过互联网、政府政务网等手段，以电脑、移动终端等设备，利用计算机网络系统，把相对独立的文化事业管理系统延伸至政务外网，建立区、街道、社区互通互联，机关部门间相互协作的内网与外网的公共文化信息共享系统，内容上相互补充，市民可远程访问，查询文化活动安排。系统集成公共文化信息检索、文化设施管理、文化团队建设、文化活动查询、文化政策指导、文化经营企业管理、文化遗产保护、文化文物市场执法监管等要素。通过信息资源共享、互联互通机制，实现区、街道、社区（村）三级文化事业信息联网，实现辖区公共文化设施、文化经营企业、文化文物执法监管的实时动态监控和精细智能化管理，全面提高区域公共文化管理工作效率和服务水平，可提供多层次、多样化的公共文化数字信息化服务。

二　项目模块组成

丰台区文化事业信息管理系统包括九个模块。

1. 文化事业管理共享模块

文化事业信息管理系统与丰台区文化委员会门户网站之间建立链接，实施共享数据抓取和信息实时显示，系统各模块之间共享数据可实施查阅和相互调用。

2. 公共文化信息实报模块

可实时查阅和调用公共文化、文物、非遗、文化执法、文化经营场所的综合统计数据，模块支持各类报表自动生成、导出，支持执法信息柱状统计图显示。

3. 公共文化设施管理模块

实现区－街道（乡镇）－社区（村）三级文化设施统计数据（含名称、详细地址、面积、主要功能区、详细说明、设施图片等要素）填报、上传、发布、共享和实时更新，支持数据审核、汇总、导入/导出、浏览检索和各类表单自动生成。各级文化设施具体位置和详细信息可在区域电子地图上实时显示。

4. 公共文化团队管理模块

实现区内各类文化团队统计数据（含名称、管辖级别、活动经费、人员构成、活动次数等要素）填报、上传、发布、共享和实时更新，支持数据审核、汇总、导入/导出、浏览检索和各类表单自动生成。

5. 文化活动管理模块

实现区内各类文化活动统计数据（含名称、活动级别、组织部门、投入经费、受众人数、内容描述等要素）填报、上传、发布、共享和实时更新，支持数据审核、汇总、导入/导出、浏览检索和各类表单自动生成。

6. 文化行政执法管理模块

支持登记执法检查活动、教育宣传活动开展情况，记录检查时间、检查人员、出动执法力量和涉案单位等要素，实现网上受理举报、网上受理案件管理，支持举报和案件数据检索查询，按用户需求自动生成和导出行政执法统计报表。实现执法分级分类管理、执法文书出具、任务提醒、历史处罚记录、通讯录、案件督办、政策法规、统计数据检索、公共在线查询等功能。

7. 文物保护单位管理模块

实现文保单位数据填报、审核、上传、发布、共享和表格自动生成。显示丰台区各级别文物及地下文物埋藏区名录、基本情况、保护范围和建控地带、地理位置、面积、平面图等，各级文物保护单位名称、地理位置、坐标、保护级别、历史年代、修缮情况、所属单位、公布批次、建控地带等详细信息可在区域大比例尺电子地图上实时显示。还可实现网上文保单位行政审批办理，信息检索查询，按用户需求自动生成和导出文物保护统计报表。

8. 物质文化遗产管理模块

按类别显示丰台区非物质文化遗产保护项目名录基础数据，包括批次、详情介绍、展演信息、图片、申请保护单位、传承人等。可实现非遗项目网上申请、审批、查看报批条件及进度、结果发布等，并提供非物质文化遗产代表作申报模板下载。按用户需求自动生成和导出非遗项目统计报表。

9. 文化经营场所管理模块

实现丰台区文化经营场所位置及文化经营场所基础数据网上填报、变更、审核、上传、发布、共享和数据实时更新，按用户需求自动生成和导出审批报表及各类统计表单。实现全区 12 类共 1082 家文化经营企业名称、类别、地理位置、坐标、联系人、电话等基本信息实时在区域大比例尺电子地图上显示。

三　项目实现的功能

1. 根据用户需求实现表单的自动生成

按照项目指标要求建成区－街道（乡镇）－社区（村）三级公共文化设施、文化团队、文化执法、文物保护、非物质文化遗产、文化经营场所基本资料数据库。支持数据填报、上传、筛选、统计、汇总，支持分项模块之间公用数据相互抓取，根据权限用户需求自动生成表单。支持文化执法对象（文化经营场所、文物保护单位）的设立、变更、备案、年检行政审批流程控制；支持非物质文化遗产项目申报流程控制。系统能自动分析、汇总和表单生成，实现全区文化数据的实时查询、统计与导出，月、季、阶段及年度报表自动生成，对上对下实时传输。可实现街（乡镇）、社区（村）文化设施、文化活动、文化队伍等文化信息数据填报（文字、图片）及对街（乡镇）、社区（村）填报的数据审核。目前，系统各模块已收录 2 个区级文化设施、21 个街（乡镇）级文化设施、371 个社区（村）级文化设施、全区 816 支文化团队、36 场文化活动、95 处文物保护单位和登记普查项目、33 个非物质文化遗产项目、12 类 1082 家文化经营场所的全部基础数据和实时更新，登记执法检查活动信息 321 次，教育宣传活动 5 次，受理举报 32 件，受理案件 5 件。

2. 实现文化监管数据地理信息抓取

利用丰台区域大比例尺电子地图，按照项目指标要求，完成地理信息监管模块建设（文化事业信息系统地图）。通过在地图上标记点位，精确化实时显示区－街（乡镇）－社区（村）三级所有文化设施近 400 处、文化经营场所 12 类共 1082 家、文物保护单位 35 处和文化执法监管对象实地位置、基本信息、规模、具体分布及周边设施情况。视觉一目了然，空间布局直观，位置信息显示翔实准确。支持菜单选项，分类显示，为政府部门动态监控和精细化管理提供了翔实信息和依据。

3. 实现多终端信息互通共享

升级改版的文化委机关门户网站与丰台文化电子地图、文化事业信息管理系统之间数据共享共用，分项模块公用数据互相抓取。项目能多家互通共享，支持信息群发和手持移动设备上传、智能化管理、网络化传输、数字化显示，信息化程度高，便于实施规范化管理、有效掌控文化执法监管对象，方便公众查询。

4. 实现机关办公网络化、传输信息化

文化事业信息管理系统的投入使用，可依托区－街道（乡镇）－社区（村）三级政务外网，确保全区文化系统网上办公全覆盖，便于全区公共文化设施、文化团队、文化活动、文化执法、文物保护、非遗保护、文化经营企业数据信息填报和实时更新，方便相关部门浏览、查阅和数据调用。可实现非遗项目网上申报、文化执法网上案件受理、文化经营企业网上审批，简化了机关办事流程，提高了政府部门办事效率。系统智能化、信息化程度高，交互性强，功能完备，数据翔实准确，操作简便，传输快捷，分项模块公用数据互相抓取，门户网站、文化地图、文化事业信息系统之间数据共享共用。有效推动了机关行政网络化、信息化，促进机关电子政务发展，积极推进机关无纸化办公模式。

5. 区域文化管理机制创新

通过整合区域现有文化资源，管理层级间的数据精准投放，点对点的任务抓取，按照工作需要的数据链导入与导出和数据表单的自动生成，业务系统数据对接和监管协同流程优化，实现了文化事业管理中的个性化、互动化、细分化的传播，实现公共文化信息共享、工作协同、数据分流、信息透明等功能，提高了政府办公和监管效率，提升了文化工作信息化管理效能，推进了政府电子政务和文化信息化管理水平创新。

四 下一步发展思路

为推进政府管理创新和文化管理体制创新，全面提升丰台文化事业信息化服务水平。一是对管理系统各模块进行功能升级和优化。二是依托区 - 街道（乡镇）- 社区（村）三级政务外网延伸工程，抓好 371 个社区（村）系统终端用户的使用和业务培训。三是完善平台系统管理使用机制，发挥平台系统的作用，提升政府服务效能和电子政务应用水平。

五 应用成效

1. 大力推进文化信息化建设

文化信息化建设作为公共文化服务体系建设的重要组成部分，是数字化、信息化、网络化环境下文化建设的新平台、新阵地，丰台区文化事业信息管理系统依托"互联网＋公共文化"，通过实施文化与科学技术、创新理念的结合，填补了丰台区公共文化事业信息动态、精细化管理和服务手段的空白，提升了文化精细化管理保障水平和政府文化治理能力。

2. 切实提升公共文化服务水平

落实北京市对加快构建本市现代公共文化服务体系中提升信息化服务水平，搭建数字服务平台的要求，应用现代信息管理技术，完善区 - 街道（乡镇）- 社区（村）三级公共文化服务统计数据报送机制，为构建公共文化服务平台提供了技术支撑。依托电子地图，达成文化设施精准定位与监管，实现文化团队动态管理与服务，确保文化活动信息实时掌握，保障公共文化服务供需有效对接。

3. 有效促进机关电子政务发展

积极推行文化事业信息管理系统，建立了以公共文化信息共享为核心的办公自动化系统，实现了办公无纸化、网络化、科学化。通过实行协同办公、电子地图定位、网络管理、无纸作业，提高了办事效率，改进了工作作风，提升了管理水平，促进了机关效能建设。

（北京市丰台区文化委员会）

"互联网＋"让怀柔卫计工作步入快车道

一　背景与意义

怀柔地处北京东北部，区域总面积2122.6平方公里，其中山区面积占89%，总人口38.1万。辖区内各级医疗卫生机构有疾病预防控制中心、卫生监督所、牙防所、精防所（精神专科医院）、爱卫会；三家二级医院、16家社区卫生服务中心、88家社区卫生服务站、208家村卫生室。分析我区卫生信息化建设的现状，全区3家医院（包括怀柔区怀柔医院、怀柔区中医院、怀柔区妇幼保健院）已具有一定信息化基础，建设了基本的医院管理信息系统，但各家医院的信息系统不统一，技术落后，功能不够全面。信息化建设总体水平与先进地区相比还存在较大差距，已不能适应社会经济发展和卫生现代化建设的要求。

根据《党中央、国务院关于深化医药卫生体制改革的意见》建立中国特色的医药卫生体制，逐步实现人人享有基本医疗卫生服务，提高全民健康水平的医药卫生体制改革目标，首次将卫生信息化确定为支撑医疗卫生体制改革四梁八柱的支柱之一。要求建设以电子病历和居民健康档案为核心，整合卫生行业全部业务，逐步建立统一高效、资源整合、互联互通、信息共享、透明公开、使用便捷、实时监管的医药卫生信息系统。

目前，"看病贵、看病难"已成为我国社会发展的主要问题之一，医疗卫生健康服务关系到国计民生，而目前我国医疗卫生行业存在服务发展不均衡、资源利用不充分、机制建设不完善等问题，导致医疗卫生体制改革推进缓慢，人民群众对医疗卫生服务满意度不高。如何解决目前医疗卫生服务的瓶颈呢？经过多年努力尝试实践，我们认为在现有资源情况下通过加强医疗协作和监督管理两手抓，才能平衡资源配置，优化服务流程，改善服务模式，提高医疗质量，从而实现医疗体制改革的目标。而要实现这个目标，则必须通过建立全地区统一的信息平台才能保证实现医疗协作和管理，信息化是医疗体制改革的手段和基础。卫生信息化建设在目前医疗卫生体制改革的背景下必要性极高。

2007年原卫生部信息化领导小组发布了《卫生信息框架标准》、《医院基本数据集标准》、《公共卫生信息分类框架和基本数据集标准》、《社区卫生服务功能规范和基本数据集标准》等标准的讨论稿，为卫生信息化建设提供了规范和标准。

综合上述人口健康信息化建设已成为国内外区域医疗卫生、人口健康管理现代化发展的必然趋势，是推动我国医疗卫生体制改革的技术手段和基础保障。

二　创新措施

按照我区人口健康信息化建设规划的要求，预计总投资6500多万元。2012年，我区先期已投入1800多万元，作为一期信息化建设的投入，将怀柔医院、二院、中医院、妇幼、喇叭沟门社区卫生服务中心作为试点，开展了以检验、影像的共享，医疗和健康管理信息化为核心的信息化建设工作，建设了《怀柔区区域医疗卫生信息平台》，实现了我区二级医疗机构、社区卫生服中心和站等各级医疗机构之间的互通互联和医疗、健康档案的信息共享，实现了怀柔医院、二院、中医院、妇幼、喇叭沟门社区卫生服务中心检验、影像数据的共享。2014年以后因卫生和计生合并，将《怀柔区区域医疗卫生信息平台》整合成《怀柔区人口健康信息平台》，怀柔区卫计委与北京农村商业银行正式合作，以服务居民为中心，根据国家卫生和计划生育委员会"健康卡"的统一标准，制作并向区内居民发行12万余张"居民健康卡"，实现了居民持"居民健康卡"在区内各级医疗机构就医挂号、缴费、健康和疾病诊疗信息查询的"一卡通"；随着怀柔区"居民健康卡"的推广使用，新农合针对一级社区卫生服务中心开通了门诊即时结算业务，并将陆续开通二级医院和民营医院的即时结算。参合农民持"居民健康卡"就医，实现了实时结算，极大地方便了参合农民看病就医。过去拿着药费单据逐级上缴，等候"补偿"款项到账的情况将成为历史；2014年建设了电子病历信息管理系统，通过《怀柔区区域医疗卫生信息平台》，实现了区内各级医疗机构的病历信息共享。2015年在区政府的支持下，投入600多万元建设了区域检验、影像系统，实现了区内各级医疗机构的检验、影像数据的共享。

通过建设怀柔区区域卫生信息数据中心和人口健康信息共享交换平台；推进区域内数字化医院建设，促进区域内医院与上下级医疗机构的合作；建设社区卫生服务信息系统，以居民电子健康档案和电子病历为核心，有效整合了全区乃至全市的医疗卫生信息资源，提升了怀柔区区域内医疗卫生信息资源的共享、医疗协同和公共卫生服务的整体水平。总体而言，怀柔区区域卫生信息化建设的主要内容包括以下方面。

标准体系建设：为了实现数据的交换和管理，按照卫生部及北京市有关要求，制定统一的标准规范，包括但不限于电子健康档案数据标准与信息交换标准、医疗卫生机构信息系统接入标准、医疗卫生资源信息共享标准、卫生管理信息共享标准等。

基于电子病历和电子健康档案的人口健康信息平台建设。构建全区统一的卫生信息平台，对软、硬件系统进行集成，清洗和导入现有数据，通过平台需包含注册服务、存储服务、医疗卫生信息共享和协同服务、全程健康档案服务、信息接口服务、统一的数据采集和交换、健康档案浏览器、数据质量控制、平台运行状况的跟踪管理等，以满足医疗卫生机构互联互通、数据共享和交换、区域信息共享与业务协作，以及医疗行为监管的需求。基于区域卫生平台我们又建设了以下应用系统：主要包括居民健康卡管理系统、医院管理信息系统、基于健康档案的社区卫生信息系统、区域医疗协作系统、新型农村合作医疗信息系统、统计查询信息系统、公共卫生应急信息系统（初步建设）、卫生公众信息服务系统、远程会诊系统、区域检验、影像系统等。

依托联通3G无线网络搭建了怀柔区卫生系统3G无线专网，通过3G无线专网与社区卫生服务中心院内信息系统有机结合，搭建了社区卫生服务中心到卫生服务站和村卫生室的社区卫生服务信息系统平台，在健康档案、慢病管理、日常诊疗活动等方面实现了网络移动办公。

卫生信息平台与外部机构、相关信息系统之间的整合和接口建设，如：妇幼、人才、计免等。

三　创新效果

通过信息化提升了医院和社区卫生服务机构的医疗卫生服务水平，同时实现了医保及新农合的实时结算，方便了居民就医，提高了医疗服务质量。

通过为辖区居民建立电子健康档案，实现了健康档案从纸质版向电子版的转变，健康档案由死档变成活档，保障了全区居民电子健康档案信息的自动采集，实现了所有电子健康档案的全区共享。通过基本医疗信息系统的整合，一方面，实现了全区基本诊疗信息的全区共享，即居民在区内任何一家医疗机构的就诊信息，在区内其他任何医疗机构都能调阅。另一方面，实现了城区三家二级医院、试点社区卫生服务中心检验、影像检查数据共享。即居民在怀柔医院、中医院、妇幼保健院、第二医院、喇叭沟门社区卫生服务中心所做的CT、核磁共振、B超、X光片及各种抽血等检查结果，可以在城区三家二级医院及十六家社区卫生服务中心实现检查检验结果的互相调阅，避免了重复检查，减轻了患者就诊费用负担，同时减少医生反复检查的工作量，缩短了病人就诊的等候时间。卫生管理部门通过统计查询功能，实现对辖区内居民健康情况、疾病分布、医疗机构的运营管理和绩效考核、群众满意度等情况实施全面了解、准确分析和实时跟踪，为卫生行政管理部门决策制定和政策实施提供了有力的信息保障。通过应急指挥功能，在突发公共卫生事件、重大传染病等发生时，可实现对全区的应急指挥和工作调度。

通过"健康卡"芯片中的客户信息，作为健康档案的身份识别标识，实现全区医疗卫生服务"一卡通"。

通过建设区域检验系统建立了以北京怀柔医院、中医院、妇幼保健院及汤河口二院四个临检中心辐射全区各乡镇社区卫生服务机构的区域检验模式，可使全区各社区卫生服务机构都能够开展高质量的检验服务，并对全区医疗机构检验服务项目及其服务质量进行规范和统一。

依托区域影像信息系统将北京怀柔医院与各社区卫生服务中心影像系统对接，实现北京怀柔医院对各社区卫生服务中心的远程阅片诊断、质控管理及教学指导。

人口健康信息化建设得到了各级领导的大力支持和关心。区政府对此非常重视，给予政策以及资金上的支持并纳入怀柔区政府折子工程，使我区率先在全市搭建起了人口健康信息化平台并进入运行阶段，得到市卫计委领导及相关部门的表扬和高度肯定。

四　推广价值

目前我国部分城市也已开始这方面的建设和试点工作。如上海市闵行区已率先为区内60多万居民建立了个人电子健康档案，利用全区统一的居民健康卡整合了区域的医疗卫生资源，建立了全区统一的卫生信息平台向居民提供健康管理到疾病诊疗的全程健康服务，同时利用信息平台加强医疗卫生机构的业务监督和绩效考核，提高医疗卫生服务的效率和质量，深化医疗卫生体制改革，有效推进了医疗卫生服务综合改革，从而提高了辖区内居民的健康水平和对医疗卫生服务的满意度。

根据怀柔区人口健康信息化发展规划，结合卫生事业的改革发展，怀柔区卫生系统全面实现由传统行业管理向高度信息化、数字化管理的战略转型，建立功能比较完备、标准统一规范、系统安全可靠，与卫生改革与发展相适应的卫生信息化体系。对辖区内的医疗卫生机构的信息系统进行全面整合，以服务居民为中心，以电子病历和电子健康档案（EHR）为核心，综合运用计算机技术、网络技术和通信技术，遵循卫生部统一标准，通过搭建区域卫生数据中心和数据交换平台，建设区域居民健康数据库，开发与整合集医疗服务、医疗保障、医疗协作、公共卫生与突发公共卫生事件应急和卫生行政管理等多种功能为一体的高效、快速、通畅的卫生信息网络平台，为终身式健康服务新模式和现代化医疗卫生管理模式的最终形成提供有力的技术保障手段。

随着区域医疗信息化建设的进一步完善，领导从宏观到微观的细致管理、大型医院和社区卫生服务机构各司其职的精确分工、辖区医生互助性的准确诊断和方便快捷的信息传输方式，使得病人有了一个良好的就诊环境，真正做到了"以病人为中心"，提高医疗水平和服务质量，这样就会产生一连串的社会效益，越来越多的人群也会因此享受到比以往更高质量和迅速的全方位服务，所以具有一定的推广价值。

按照国家深化医药卫生体制改革的总体部署和要求，全区统筹规划，明确各医疗卫生机构的信息化建设目标和任务；坚持以人为本，以需求为导向，把实用性和普适性放在第一位；卫生信息化建设必须强调"管理为主，技术为辅"的思想，遵循"一个中心、一网多用"的发展主线，强化行业管理，建立和完善卫生系统内重大信息化建设项目的立项审批、过程督查和验收制度，保证建设质量；以现有网络、业务系统和信息资源为基础，打破行业、部门、单位之间的界限，加强各单位和各业务系统信息资源的整合和信息公开，促进信息资源共享和信息系统的互联互通；正确处理重点突破与全面推进的关系，明确不同阶段卫生信息化建设的工作重点，集中力量，有所为，有所不为。只有这样怀柔区人口健康信息化建设才能达到以服务居民为中心，立足于社区，开创终身健康服务新模式和集团化医疗卫生管理模式的最终目标。

（北京市怀柔区卫生和计划生育委员会）

平谷区绿色数据中心示范项目

平谷区信息化建设从1999年开始，由区信息中心统一建设、管理和维护。在区委、区政府的坚强领导下，始终遵循实际、实用、实效的"三实"原则，为平谷区"生态绿谷、京津商谷、绿能新谷、中国乐谷、幸福平谷"建设提供有效的支撑，为实现"五谷"发展目标奠定坚实的基础。

截至2015年12月，平谷区政务网络已经覆盖110个政府单位，272个行政村，28个居委会，共有服务器56台，各类网络设备33台。运行区政务网站、政务公开、土地管理、人口管理、公积金管理、电大在线考试等业务系统163个。为了对业务系统提供更好的运行环境支持，根据平谷区信息化发展的长远战略要求，并充分考虑未来数年的IT系统发展应用需要。2015年，区信息中心在社会服务中心新建数据中心机房，总面积约为350平方米。该机房具备功能完备、安全可靠、设施先进、绿色环保等特点。为工作人员提供方便、快捷、舒适的工作环境，并提供安全、高效的管理手段。数据中心链路保障上使用链路负载均衡设备，首信、网通双链路备份，并通过流量控制设备对带宽进行分配，对部分用户进行流量保障。采用交换机访问控制列表与防火墙访问控制来对高风险的端口、地址、服务进行控制。在互联网出口架设行为审计设备，对网内用户访问互联网、发帖等内容进行条件限制和查询。

一　创建思路

随着我区数据中心规模的不断扩大，2016 年还将新增政法委应用系统、农村技防等，用电量在未来还会大幅提升。为有效降低数据中心的运行成本，我们收集了未改造数据中心之前运行的详尽数据，并对运行情况进行能源分析，得出机房能耗构成情况如下：IT 设备（包括交换机、服务器等）用电占总用电量的 45% 左右，空调用电占总用电量的 48% 左右，供配电和其他损耗占 7% 左右。

根据以上能耗构成分析，我们设计节能方案的重点将放在改造空调制冷系统、完善数据中心气流组织和改造供配电系统等几个方面。因此，提升平谷数据中心能效的途径主要有以下几条。

一是改造现有空调设备和机房环境，综合考虑设备安放位置，构建冷热通道，将恒温恒湿空调送出的冷风密闭在一个限制的区域内，彻底解决冷热气流混合问题。

二是改进数据中心机房 UPS 的供配电系统，采用集中供电方案，将数据中心分成数个区域进行供配电。

三是提升现有 IT 设备的使用效率，采用虚拟化的方式，降低设备的数量，提高单个设备的应用效率。

通过三个方面对数据中心进行改造之后，能耗至少降低 30%。

二　创建目标

1. 总体改造思路

我们通过对数据中心能耗结构进行了多次分析对比，空调冷却系统在数据中心的运行过程中是不可缺少的，约占数据中心总能耗的一半，冷却系统能效因子（CLF）是 PUE 值中权重最大的因子，降低冷却系统的耗能就是降低 PUE 值。因此，升级现有的空调系统，将耗能较大的普通工业空调系统更换为耗能较低的恒温恒湿空调系统，同时科学、合理设计冷热风道。增加冷通道封闭组件，将恒温恒湿空调送出的冷风密闭在一个限制的区域内，彻底解决冷热气流混合问题。

数据中心机房的供配电及辅助照明系统能耗约占数据中心的 7%。其能源损耗主要发生在电源转换、供电链路线损上。未改造前的 UPS 系统于 2008 年安装，到 2016 年已经使用 6 年多了，部分电池已经出现老化现象，耗能较高。为降低耗能，升级现有的 UPS 系统，更换为耗能较低的高性能 UPS 系统，在提供同等功率的情况下，耗能更低。

IT 设备（包括交换机、服务器等）能耗约占数据中心总能耗的 45%，处理器每减少 1W 能耗，整个数据中心供电链路可以减少 2.84W 能耗。由于 IT 设备能耗在数据中心的能耗比例越来越高，DCE 值将趋于最大值，因此降低 IT 设备的能耗才是数据中心节能的关键。为降低 IT 设备耗能，减少 IT 设备使用数量，提高单台设备的使用效率，升级耗能较高的老旧交换机、服务器等设备，采用政务云、虚拟化技术将大大降低电能消耗。

2. 设计依据

数据中心在节能低碳改造实施过程中遵循的依据首先是：

a. 国家标准《电子计算机机房设计规范》（GB50174 – 2008）

b. 国家标准《计算站场地技术要求》（GB/T2887 – 2000）

c. 国家标准《电子信息系统机房施工及验收规范》（GB50462 – 2008）

d. 国家标准《采暖通风与空气调节设计规范》（GB50019 – 2003）

其次是标准化、集成化、虚拟化、智能化、安全性、可靠性。

系统标准化：遵循国际标准协议的产品和技术可从根本上保证全网的兼容互通，依据标准接口的网管软件可以跨多供应商设备统一管理，采用标准化技术、协议的产品成熟、应用广泛、稳定性高，可靠性好。所有设备统一使用 IP 协议，减少各设备间使用私有协议导致的不兼容，减少因使用不同非私有协议需要额外采购的大量协议转换设备。使用标准以太网接口，减少不同接口间的转换。

组件标准化：提高设备的利用率，使组件易获得，降低采购成本，可以通过软件升级方式来提升设备性能、增加产品特性，满足不断更新的功能/性能需求。

集成化：通过集成化设计，整个通信产品的设备数量能够尽量地降低，通过减少设备总量、降低设备使用所需资源（空间、机架、线缆、电力、人力等），来达到节能减排的目标。

虚拟化：将共用的一套物理网络、客户端、服务器资源虚拟出多套逻辑资源，供不同的群组/部门、业务使用，实现根据业务和应用划分访问权限和业务流向、安全隔离，同时，也能根据需要提供灵活的互访控制。通过虚拟化技术实现终端接入的安全和访问权限控制、业务数据传输的安全隔离、应用资源的按需分配，提高了网络整体资源的利用率，降低用户投资，简化网络管理。

智能化：管理平台不仅提供常规网络管理和信息采集功能，还能自动进行性能分析、实时监控、集中权限管理和事件智能管理，提高网络管理水平和运维效率，间接降低能耗。

安全性：通过网络分层设计尽量隔离故障，把影响降到最低，通过 EAD 方案实现接入安全，针对边界、远程接入、内网控制、终端提供不同的安全方案，全面提升网络安全性。

可靠性：从分层、模块化、各层功能定义、冗余设计、特性部署等几个方面提升网络可靠性，针对不同应用场景提供最佳性能参数，从而提升方案可靠性。

三　创建工作实施内容

通过对数据中心的能耗结构、能耗逻辑、PUE 和 DCE 的分析，在确保使用产品成熟稳定的基础上，从源头推动制冷、电源、照明等相关子系统改造，改造内容如下。

1. 采用热管换热技术，充分利用自然制冷

升级改造现有制冷系统，采用高能效的热管换热空调技术，利用自然冷媒摄取室外低温，从而降低空调能耗。在适合的室外环境温度下利用室外冷源而无须开启压缩机，从而在降低空调运行能耗的同时，对机房内的空气洁净度不会产生任何干扰。在能耗不变的情况下，提升制冷量，充分利用室外自然冷源，达到最优的冷却效果。

采用高能效智能双循环型数据中心恒温恒湿空调（SDC）系统，在室外温度高时，SDC智能空调会自动切换，使用机械制冷（普通模式），在室外温度比较低时，使用机械制冷和自然冷却相结合，（过渡模式），当室外温度很低时，完全使用自然冷却（节能模式）。

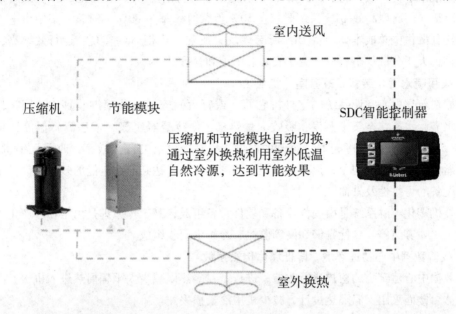

北京的春、秋和冬季，室外温度较低，在这种情况下采用换热器把室外的冷量通过冷媒间接引入机房内，空调系统总耗电量最大的压缩机就可以少开或者不开，节电效果明显。

2. 采用双排密封冷通道的方式部署模块化机房

考虑到机房现场环境，充分利用机房可用空间，本方案在主机房采用双排密封冷通道的方式部署华为模块化机房，采用一体化设计，高度集成机柜系统、供配电系统、制冷系统、监控系统和综合布线系统，同时为配合机房地板统一高度，将机房主体安装在机房架高支架上。在配电室部署供配电系统。

机房位于地下二层，可用面积（不含楼道）约400m²，分设8个区域：主机房172m²、配电间36.5m²、工具间17.8m²、通信机房32.3m²、非标机房29.6m²、机要机房21.5m²、监控室41.3m²、休息室20m²。

设计1个解决高热的微模块机柜系统，模块含28个IT机柜（功率密度4kW）、2个弱电配线柜、2个精密配电柜和4个35kW行级空调。根据B级机房标准，设计2台200KVA模块化UPS组成双母线系统，配置1台输入配电柜、1台输出配电柜和1台旁路配电柜，四个电池架摆放电池。IT负载功率28×4kW＝112kW（5kW为弱电负荷），112kW/0.9/0.8＝156kVA，建议选用UPS容量为：160kVA。考虑到系统可靠性，选择200kVA模块化UPS，冗余一个模块，两台UPS组成2（N＋1）系统。空调设计，112kW/35kW＝3.2，需要3台35kW行级风冷空调；考虑到系统可靠性，配置4台35kW行级风冷空调；双排机柜进行冷通道密封，冷热气流隔离，提升制冷效率。2路市电分别接到2台UPS电源，UPS输出分别接入模块内的 2 台精密配电柜，给 IT 设备供电；空调和照明直接从 1 路市电取电。

3. 规划和改进 UPS 供配电系统

采用集中供电方案、合理规划配电线路的路由走向，将数据中心分成数个区域进行供配电方案设计，缩短供配电的路径，降低损耗。将数据中心现有的老旧 UPS 系统改造为高可靠性、高效率、支持模块化热插拔的 UPS 系统，因为目前的 UPS 系统在 30% 负载时效率为 72% ~75%，而新型高效 UPS 系统要求在 30% 负载时效率为 89% ~91%。集中供电方案整体成本比分散供电总成本低，将 UPS 所有模块集成在一个柜体内实现，运行效率高，并且可靠性远远大于分散供电，便于集中安装、维护和管理。

4. 采用喷水雾化装置，改善室外机散热

我们在数据中心空调系统的室外机底部（或背后）安装雾化喷淋装置，利用雾化器喷出极细水雾，水雾在空气中蒸发，吸收大量热量，使冷凝器底部（或后侧）温度比正面温度低 3 ~5 度，从而降低冷凝器进风侧的温度，提高冷凝器的散热效率，改善压缩机工况，消除压缩机停机、跳机现象，提高空调系统的制冷效率，达到节约电能的效果，但又不会影响空调设备的可靠性及寿命。

室外机雾化喷淋系统是由硬件设备和软件设备组成，其工作原理是由水喷雾产生、喷雾量控制、水喷雾启停、自检告警和网管监控、冷凝水回收组成。

5. 改善数据中心物理环境，降低墙体传热系数

对数据中心建筑物的窗户进行改造，进行密封隔热以减少太阳辐射热进入机房，同时建筑内墙体、楼面采用保温隔热设计，减少机房冷量损失。

在材料的选择上，外墙体避免使用吸光材料或含有毒的塑料装修材料。尤其在机房内部，注重绿色和环保，吊顶和墙面装修材料和构架应使用阻燃型装修材料，表面要经过阻燃涂覆处理，数据中心内部采用隔音、防尘的双层合金玻璃窗。机房内采用节能照明灯具，合理考虑照明、空调和湿度设备的配置关系。

6. 降低 IT 设备使用数量，提升 IT 设备使用效率

我们经过分析对比，在 IT 设备节能方面，采用低功耗处理器、刀片式服务器、虚拟计算技术能显著提升 IT 设备使用效率。

低功耗处理器：利用超低功耗芯片替代高性能服务器芯片，每个低功耗芯片的功耗平均为高性能芯片功耗的 5%，所以整体上在消耗相同能源条件下，基于低功耗的服务器更有效率可提供更多的运算量。

虚拟计算技术：在一台物理服务器上设置多逻辑服务器，在运算低谷期减少物理服务器运算数量，将计算业务集中到少数物理服务器进行集中运算的一种节能技术。

7. 采用政务云平台，降低用电成本

智慧平谷总体架构，具体描述如下。

（1）区级云平台采用统一建设统一运营模式；各委办局原则上不再建设本地独立 IT 系统，互联网出口统一至区信息中心。

（2）云平台分为公众服务专区和资源共享专区，云资源共享专区与互联网通过安全措施有效隔离；各单位政务外网的业务系统应根据服务对象逐步迁移至公众服务专区或资源共享专区上。

四　效果分析

本项目自 2015 年 11 月份投入运行，至今运行 3 个月，IT 用电量达到了实际运行量的 65%，与一期的常规空调相比，冬季使用室外冷源时间延长了 42 天，同时整体的空调系统节能 15.7%，整个系统节能 21.3%。

（北京市平谷区信息化发展中心）

"内蒙古 12333 人社云"平台
开启"互联网 + 人社"

内蒙古人社厅在自治区政府和人社部的高度重视下，全面开展信息系统省级集中建设，经过 6 年努力，现已建成省级集中平台，在全国率先完成省集中建设任务。在此基础上，内蒙古人社厅顺应"互联网 +"战略部署，创新管理和服务理念，全面推进自治区人力资源社会保障网、内蒙古 12333 手机客户端、官方微信、"内蒙古 12333 人社云"平台及基层综合服务网点建设，加快推进覆盖全区、面向全民的服务体系建设。

一　建成省级集中平台，实现互联互通，信息共享

2009 年以来，按照软件统一、数据集中、互联互通、信息共享的原则，内蒙古自治区建成了全区统一的人力资源、社会保险和社会保障卡三大系统，搭建数据中心、灾备中心和监控中心为主体的基础环境，信息网络已延伸至全区嘎查村，建成规范统一的省级大集中平台，从根本上解决了各地分散建设、软件不统一、信息不共享等问题，为实现全区社会保障'一卡通'奠定了坚实基础。

（一）统一信息系统实现全覆盖

经过 6 年集中统一建设，2015 年 6 月 10 日以赤峰市医疗保险上线完成为标志，自治区全面实现了数据和应用大集中，提前 5 年完成人社部"实现核心业务系统在省级集中，实现省内业务协同和信息共享"的目标。全区社会保险系统已累计入库 1960 万人，数据量达 10TB。城乡居民养老保险信息子系统覆盖全区所有 1065 个苏木（乡镇），系统启用率 100%，入库 743 万人。人力资源信息系统覆盖 46 条业务线、603 个功能模块，共入库 1023 万人，单位 49.5 万家，实现对全区人力资源业务的全覆盖。其中，劳动就业子系统已全面实现"九项实名制"数据动态管理，通过系统发放就业创业证 563 万本，农村牧区劳动力资源入库 232 万人。通过劳动关系子系统完成了对 45.8 万家企业基本信息的实名注册，共有 4.3 万家用人单位自助开展了劳动用工备案系统登记，已申报录入 95.9 万人的备案信息和薪酬信息。全面启动地理信息系统（GIS）在劳动保障监察"两网化"中的应用，以旗县区为单位完成网格划分，正在开展企事业单位位置标注工作。建成全区统一集中的指纹、指静脉和人像信息数据库，并实现与业务信息系统的实时联动，有效支撑待遇领取资格认证、系统登录等身份识别应用。截至 11 月底，共采集 55.6 万人 138.9 万枚指纹信息、55.9 万人的人像信息、16.6 万人 31.2 万枚的指静脉信息。

（二）建立部门间信息共享机制，实现信息共享和业务协同

与自治区公安厅和质监局建立以公民身份号码和组织机构代码为唯一标识（ID）的部

门间实名信息共享机制。完成 1960 万参保人员、45.8 万法人单位基本信息的比对核实，实现个人和单位基本信息的真实、准确、唯一。其中，比对通过了 1170 万人的基本信息，清理了 24 万重复参保数据、13.1 万户籍注销数据，有效避免了全区社会保险基金的流失。在此基础上，建成自治区人力资源和社会保障人员基础信息库和法人基础信息库，全面开展了业务系统间个人和单位基本信息的整合工作，实现基础数据的准确唯一和业务数据的协同共享。与教育厅、民政厅和审计厅等部门建立信息共享接口，实现高校毕业生信息、低保优抚信息、在线审计信息的交互共享。

二　全面加快社保卡应用，稳步推进社会保障"一卡通"

2010 年，按照中国人民银行、人力资源和社会保障部联合下发的《关于社会保障卡银行业务应用有关事宜的通知》要求，自治区先后与中国银行、农业银行、工商银行、建设银行、光大银行、交通银行、农村信用合作社、内蒙古银行 8 家金融机构全面开展了具有金融功能的第二代社会保障卡建设工作。

一是加快第二代社会保障卡发放。在全区范围内全面推广"应用为先、自主申领、按需发卡"的模式，按照"全员登记、全员制卡、全员发卡"的原则，广泛宣传和发动参保人自主申领本人第二代社会保障卡。加快推进各盟市原有第一代社会保障卡、非部颁标准的社会保障卡及其他各类医疗保险卡的替换工作，逐步实现第二代社会保障卡全覆盖。建成内蒙古自治区社会保障卡个人化中心，通过对预制银行账户信息的"半成品社会保障卡"进行社保个人化，简化了制卡流程，缩短了物流时间，将原来一个月的制卡周期减少至一周以内。同步即为确保服务不间断，由合作银行统一为盟市配发了桌面制卡设备，开展即时补换卡试点，实现社会保障卡的"本地补换、立等可取"。截至目前，全区已建成 115 个社会保障卡服务网点。二是完善社会保障卡应用环境。统一为全区 1 万多家定点医院、定点药店、社保经办机构升级软件配发读卡机具，为社会保障卡的跨地区应用奠定基础。三是推进社会保障卡综合应用。做实社会保障卡本地就医直接结算，加快推进异地就医直接结算。加快推进全区城镇职工、城乡居民、灵活就业人员养老保险待遇通过社会保障卡发放。全面启动通过社保卡批量划缴城乡居民基本养老保险费工作。截至 2015 年底，呼和浩特市、鄂尔多斯市、锡林郭勒盟、乌兰察布市等地区已将养老保险待遇通过社会保障卡发放。9 个旗县已通过社保卡批量划缴城乡居民基本养老保险费。

三　全面推广一体化公共服务，积极推进人社大服务

为推进基本公共服务均等化，内蒙古积极创新工作思路，全面整合各项业务流程和服务资源，快速推进基层人力资源社会保障综合服务网点和农村牧区"社会保障卡综合服务点"建设。利用互联网、移动互联网、云计算、人体生物特征识别等新技术，全面推进"内蒙古 12333"门户网、手机客户端和官方微信等"人社云"平台应用，满足各类人群的服务需求，提升公共服务水平。

（一）全区统一部署，全面推广应用

2014 年 11 月 5 日，自治区政府召开了全区城乡社区治理和服务创新工作推进会，重点推广基于城乡社区的综合柜员制"一窗式"服务模式（人力资源和社会保障综合服务中心），实现"平台在社区，经办在家门，服务在基层"。

2014 年 12 月 25 日，自治区政府召开"十个全覆盖"互联互通惠民便民现场会，重点推广基于农村便民超市的社会保障卡综合服务点，通过社会保障卡实现"社保查询不出村、选档缴费不出村、资格认证不出村、待遇领取不出村"。为认真贯彻落实会议要求，我厅于 2015 年上半年，先后下发了《关于全面开展社会保障卡综合应用工作的通知》、《关于做好"内蒙古 12333"一体化公共服务平台应用推广工作的通知》和《关于加快"十个全覆盖和互联互通惠民便民"服务平台建设工作的通知》，全面部署了社会保障卡综合应用和"内蒙古 12333"一体化公共服务平台应用推广工作，这标志着全区全面启动了智慧人社建设。

2015 年底，我厅组织厅有关处室、单位负责人参观考察"十个全覆盖工程"建设情况，并重点考察了"内蒙古 12333"基层民生服务平台。常厅长在考察结束后召开的专题会议上明确提出，2016 年底前实现街道（乡镇）、社区（嘎查村）人力资源社会保障综合服务中心和农村牧区"社会保障卡综合服务点"的全覆盖。

2015 年底，我厅整体向自治区政府汇报了"十个全覆盖"工程建设情况，王君书记做了专门批示，充分肯定了我厅民生服务平台建设工作。

2016 年初，在全区人力资源和社会保障工作会议上，专题讨论基层人力资源和社会保障综合服务网点建设内容，对建设工作进行了整体部署，进一步明确基层人力资源和社会保障综合服务网点建设目标和任务要求。

（二）线上线下一体化服务平台日趋完善

一是全面推广线下服务，逐步实现服务全覆盖。全面开展基层"人力资源社会保障综合服务中心"建设，在街道（乡镇）人力资源社会保障服务所和社区（嘎查村）服务站，配备电脑、身份证阅读器、社保卡读卡器和人体生物特征识别仪等设备。建成全区统一的"人力资源和社会保障基层综合业务系统"，涵盖劳动就业、社会保险、劳动关系、人事人才等业务领域的基层业务，实现各项业务之间的信息共享和业务协同。解决了基层数据采集源头多，数据标准不统一、数据不共享等问题。截至 2015 年 12 月底，已在全区建成 1049 个城乡社区人力资源和社会保障卡综合服务中心。

内蒙古人社厅以脱贫攻坚、"十个全覆盖"等工程为主要抓手，依托覆盖农村牧区具有助农金融服务功能的便民连锁超市，会同本地农村信用合作社等合作银行，全面开展了农村牧区"社会保障卡综合服务点"建设。优先布放智能 POS 终端和人体生物特征识别设备，加快推进通过社会保障卡发放社会保险待遇、批量代扣缴费和通过智能 POS 终端自主缴费、资格认证等工作，真正实现持卡人员"社保查询、选档缴费、资格认证、待遇领取、持卡消费"五个不出村的便捷服务。截至 12 月底，已在全区建成 6516 个社会保障卡综合服务点。计划于 2016 年底，与自治区"十个全覆盖"工程同步，实现嘎查村的全覆盖。

二是稳步推进互联网应用，打造"人社云"线上服务。按照"一次注册　全网通行"

和"一次注册　终身服务"的原则，建成内蒙古自治区人力资源和社会保障门户网站（www.nmg12333.cn），开通政务公开、社保卡、个人服务、企业服务、培训考试和求职招聘专栏。面向全区所有服务对象开通养老保险账户、医疗保险账户、养老金发放明细、医疗保险消费明细、缴费明细及参保等信息查询类服务共计30项；面向服务单位及企业开通劳动用工备案、社会保险专管员变更查询、人员新参保登记等预约和办理业务共计24项。截至2015年12月底，已有7554家企业开展了社会保险网上申报、与自治区地税部门的统一认证和业务联动，实现社会保险基数申报和保险费征缴全程网上办理。人力资源社会保障网网上实名注册人数已超过160万，网站日均点击近5万次。通过服务网办理业务114.9万笔，通过定点照相馆上传照片41.5万张。

建成"内蒙古12333"手机客户端，作为网上服务大厅的重要补充，具有社会保障服务、民生钱包金融服务和便民生活服务。为每一位持卡人提供社会保障卡、求职招聘、民生查询、政策法规、培训考试、社会保险、认证服务等七大类的手机服务，提供养老、医疗、就业、低保、优抚、公积金等信息查询、社保缴费、身份认证等民生服务，提供基于社会保障卡的在线支付、金融账户管理和手机电子钱包应用。截至2015年底，已在安卓市场、苹果商城、百度手机助手等9个平台全面开放下载功能，累计下载量超过23万次。

开通"内蒙古12333"官方微信。开发了第三方手机应用开放接口，实现微信平台与业务系统的无缝对接，并已对接微信服务平台、自治区政府服务平台和银联服务平台，为社会公众提供基于第三方手机应用的人力资源社会保障政策、医保账户、医疗消费明细、社保缴费明细、社保卡制卡进度等信息查询服务。截至2015年12月底，内蒙古12333官方微信订阅量超过19万。

四　金保工程大集中建设成效及评价

我区通过大集中平台的集约化建设，实现对全区劳动就业、社会保险、劳动关系等业务的软件统一，集中了全区1960万人的参保数据，统一与自治区公安厅核实比对清理，为全区一体化公共服务工作的开展和社会保障"一卡通"建设奠定坚实基础。一是通过全区软件统一，既实现了全区数据规范的统一、电子经办流程的统一、统计报表的统一，全面提升了经办服务效能，杜绝了不规范业务的产生，又避免了盟市重复建设，节约了大量建设资金，实现了集约化建设。二是通过数据集中，对全区劳动就业、社会保险数据进行了全面清理，共比对清理24万重复参保数据，13.1万户籍注销数据，有效避免了全区社会保险基金的流失。基于自治区大集中数据库，积极配合自治区审计厅开展计算机审计，提供全区鲜活、真实、准确的实时数据，实现自治区对全区各盟市及所辖旗县区各项业务的实时监督。三是通过建设集中统一的12333电话、网站集群等一体化公共服务平台，发挥大集中优势，逐步实现劳动就业、社会保险、劳动关系等业务的"网上受理、协同办理、网上反馈"全流程网上经办，统一为全区社会公众和企事业单位提供便捷的在线服务，有效助力服务型政府建设。

我区金保工程大集中建设得到人社部的充分肯定。2012年8月，人社部专题调研组专程到我区全面了解并实地查看大集中建设思路和具体做法，就我区金保工程大集中建设撰写了题为《数据大集中、应用大集中、服务大集中》的专题调查报告，该报告发表在《中国劳动保障报》。报告中评价："内蒙古的成功实践验证了大集中系统建设方案的可行性，也为全国其他省区的省级集中系统闯出了路子"。2013 年 11 月，人力资源和社会保障部下发的《关于推进人力资源和社会保障信息系统省级集中的意见》（人社部发〔2013〕86 号）要求，以"省级物理集中、全国逻辑集中"为总目标，以整合资源、共建共享为核心，结合金保工程二期建设，到 2020 年，实现核心业务系统在省级集中，实现省内业务协同和信息共享，全面支持人力资源和社会保障事业发展，我区已在 2015 年 6 月全面完成此目标。

（内蒙古自治区人力资源和社会保障信息中心）

吉林电子法院

2015 年 6 月 19 日，吉林电子法院正式开通，将法院的诉讼活动由线下搬到线上，涵盖了网上立案、网上审理、网上执行、网上信访、网上阅卷、网上公开、网上办公、网上管理、网络互联等功能，以服务为导向，以科技为手段，实现了全业务覆盖、全天候诉讼、全流程公开、全方位融合。

一 建设背景与历程

党的十八大以来，中央和省委高度重视信息化建设，十八大报告把"信息化水平大幅提升"作为实现全面建成小康社会宏伟目标之一，十八届五中全会提出"大力推行'互联网＋政务服务'，实现部门间数据共享，让居民和企业少跑腿、好办事、不添堵"。吉林省委把创新发展作为吉林省"五大发展"战略之一。最高法院周强院长要求：2017 年底要建成具有中国特色的人民法院信息化 3.0 版。

自 2014 年 11 月，吉林高院院长、院党组书记王常松随最高人民法院考察团访问韩国，受韩国电子法院启示。利用与韩国邻居、友好和语言优势，吉林高院派团专赴韩国考察电子法院，并对美国、德国、日本、新加坡和台湾地区的法院信息化建设情况进行了专门研究。2015 年初，向最高人民法院、其他省高院、银行和通信企业考察学习了信息化建设情况，结合吉林法院实际，提出了建设吉林电子法院的工作方案，吉林电子法院于 2015 年 6 月 19 日正式开通。

2015 年 9 月 21 日，吉林省委书记巴音朝鲁专门听取了吉林电子法院建设情况汇报，并做出重要批示；9 月 29 日，吉林省委政法委在省高院召开全省政法机关信息化建设现场会，金振吉书记发表了重要讲话，总结推广了吉林电子法院建设经验，巴音朝鲁书记的重要批示和金振吉书记的重要讲话被最高人民法院转发全国法院；11 月 3 日全国法院信息化工作会议在吉林高院召开，吉林电子法院作为"互联网＋"探索案例向全国推广。在今年"两会"期间，周强院长在最高人民法院工作报告中，专门提到吉林"电子法院"在深化司法公开，推进阳光司法，方便群众诉讼方面进行的探索创新。

吉林电子法院选入中央改革办的 2015 年全国改革优秀案例，同时还获得"2015 年政府网站网上办事精品栏目"奖；《中国法治发展报告（2016）》中收录了《司法诉讼服务："吉林电子法院"分析》的专题调研文章；国家网信办、中国电子政务理事会对吉林电子法院充分肯定，认为有突破、有创新、有效果，是"互联网＋政务服务"的典型案例。

吉林电子法院是对人民法院信息化 3.0 版的探索，按照周强院长提出的"全面覆盖、移动互联、跨界融合、深度应用、透明便民、安全可控"的 3.0 版要求，做严做细做实。为了达到人民法院信息化 3.0 版的标准，电子法院在互联网上注册了域名 e‑court. gov. cn（专家表示这是法院信息化由内部管理型走向外部服务型的重要标志），并设计了网站 LOGO 和虚拟形象代言吉林包公，向国家专利局申请了电子法院网站的外观设计专利。

吉林电子法院建设体现了以下四个特点。

（一）全业务覆盖

针对当前法院信息化建设中业务系统分散孤立的问题，严格规范标准接口，把已建成的业务"孤岛"串联起来，统一合并到吉林电子法院平台。在审判业务方面，横向包括网上立案、网上审理、网上执行、网上公开、网上阅卷等办案全流程，纵向包括一审、二审、申诉、再审、信访等诉讼各阶段，内容包括了民事、行政、刑事等案件各类型。

（二）全天候诉讼

与传统的诉讼方式相比，吉林电子法院把法官、律师和当事人的诉讼活动从线下搬到线上，律师和当事人彻底摆脱了打官司受时间、空间等因素的影响，可以随时随地连接法院，即时接收诉讼服务，做到了"让信息多跑腿，让百姓少跑路"，实现了当事人24小时立案。同时，开通了移动办案系统，为法官配备了移动终端，使法官办案不再受时间和空间限制，可以随时随地全天候办理。

（三）全流程公开

除法律规定之外，吉林电子法院把案件审理的全过程置于当事人和社会公众的监督之下，通过对诉讼活动的实时记录、全程留痕、动态跟踪，实现了对案件审理流程和法官办案的留痕监督，进一步拓展了司法公开的广度和深度，并整合了审判流程、裁判文书、执行信息三大公开平台，实现了法院办案全部公开。

（四）全方位融合

第一，依靠最高人民法院专网，实现了全省三级法院专网互联互通和数据实时更新。第二，在吉林省委政法委的大力推动和政法机关的积极配合下，重点推进了与政法机关的跨界融合。第三，与最高人民法院、省人大、省委政法委、省检察院等有关单位的信访部门和省信访局共建信访信息互联互通平台，实现涉诉信访信息的网上推送和即时调取。同时，电子法院高度重视信息系统的安全保护，通过了公安部门国家信息安全等级保护三级标准认证。

二　吉林电子法院运行情况

吉林电子法院开通近一年，主要运行情况如下。

（一）网上立案

吉林电子法院打通了法院内外网，实现了外网平台与内网平台数据的实时安全交换，当事人在任何有互联网的地方登录电子法院即可完成网上立案。

为加大网上立案的推介和宣传力度，吉林全省各级法院先后多次召开大型推介会，邀请大型国企、民企、金融机构、律协等相关组织参加，着重介绍网上立案在实践中的具体应用。

电子法院还为律师设置了专门的登录入口,现已为全省 1700 多名律师发放了动态令牌,方便律师代理立案和办案。各级法院还在诉讼服务中心设立了电子诉讼体验区,配备专人进行讲解和指导,让来院群众了解并掌握网上立案的功能。

截至 2016 年 4 月 8 日,当事人和律师通过网上立案 55300 件,其中民事一审 48227 件,占同期全省法院民事一审案件收案总量的 37.4%。

(二)网上诉讼

吉林电子法院开发了原告、被告、法官三方可视的网上诉讼平台,当事人通过该平台实现诉讼材料的提交、网上交费、网上质证、网上签收和网上阅卷等诉讼活动。与传统证据交换相比,网上证据交换具有不受地域限制、不受时间限制、不受质证次数限制等明显优势,在案件开庭审理时,法官只需调出三方可视平台上的证据和质证意见,经过原、被告确认即可,大大节省了开庭审理时间。

为推进电子法院深度应用,结合吉林省实际,省高院民一庭将民事一审、二审庭前准备、庭审程序全部或部分进行拆分,凡是当事人不明确拒绝电子诉讼的,都通过系统平台以线上线下相结合方式进行审理,不断扩大线上审理民事案件数量,为促进民事电子诉讼规范有序进行,拟制了《电子诉讼审理民事案件操作规则》,对线上进行民事诉讼活动予以全面规范。截至 4 月 8 日,吉林电子法院处于网上审理阶段的案件 18748 件,已审结的案件 24111 件。

(三)网上执行

吉林电子法院依托最高人民法院网络执行查控系统,与 20 多家全国和省内银行进行了专线连接,实现了被执行人银行存款的网络查控。近期,正在与工商、税务、房产、车管等单位进行联网,实现对被执行人不动产和合同、税票真实性的查控,改变过去法官奔波各地的财产查控方式。截至目前,全省法院通过网络查控系统共查询案件 79695 次,查询到财产金额 35.01 亿元,网络冻结 2821 次,冻结金额 16.1 亿元,网络扣划 244 次,扣划金额 2130 万元。全面推行了网上拍卖,全省三级法院全部入驻淘宝网司法拍卖平台,成为全国第七家全省法院整体入驻淘宝网的省份。网拍次数 2867 次,成功拍卖标的 270 个,成交金额约 5.51 亿元,平均溢价率 6.69%。

同时,大力参与社会诚信体系建设,与省信用体系建立了信用交换平台,目前已向该平台推送失信被执行人信息 8463 人次,并进行失信被执行人惩戒,全省共录入失信被执行人信息 16667 件次。

(四)网上信访

吉林电子法院开通了互联互通单位信访案件网上查询功能,目前能提供近万件信访案件信息详情的查询和办理,包含 2014 年 943 件、2015 年 464 件进京信访案件和最高院审理的 268 件、最高院审结的 555 件终结的信访案件,避免重复办理,提高了工作效率。

(五)网上阅卷

目前,吉林省三级法院已完成了 2010 年以来审结案件的 100 万余卷电子卷宗,当事人和律师登录电子法院,就可以在网上阅览和下载电子卷宗,实现当事人足不出户查阅涉案卷宗。同时，为检察院以及其他政府机关建设了网上阅卷通道，2015 年 11 月组织了面向检察院的专场培训，检察官反响热烈，认为这一举措极大地提高了跨单位阅卷的效率。

（六）网上公开

加大司法公开透明力度，实现吉林电子法院平台、司法公开平台、法院官网的互联。根据《中国法治发展报告（2016）》公布的 2015 年度中国司法透明度指数评估结果，吉林省高院在全国 31 家高院中排名第三位，吉林市中院在全国 49 家较大城市中级人民法院排名中居第八位。

（七）智力支持

吉林电子法院开发了辅助法官办案平台，提供同类案例检索、法律查询、裁判文书制作等法官办案辅助工具，并为全体法官配备了移动办公终端，法官不论出差在外，还是下班回家，都可以进行网上办案、网上处理公文，提高了工作效率。

同时，吉林电子法院建成了全省法院数据集中管理平台，实现了全省三级法院案件数据的自动生成和实时更新，并与吉林大学共同组建了"吉林省司法数据应用研究中心"，充分运用大数据，对司法数据进行分析，及时发现社会治理中存在的普遍性、规律性、倾向性问题，向党委、政府提出相应的司法建议，发挥司法数据在服务党委、政府决策中的参谋作用。

2015 年吉林高院对全省法院涉诉信访案件进行了专项分析，巴音朝鲁书记主持召开省委常委会议，听取了法院涉诉信访工作专题汇报，就涉及吉林省农村信用社的贷款纠纷案件进行了专项分析，向省政府提出了分析报告，吉林省长蒋超良高度重视并做出重要批示。

（八）网上管理

吉林电子法院开发了审判管理应用系统和干警业绩档案系统，对全省每个法院、每个法官的立案办案情况进行实时显示和评估。省高院每月向全省法院公布结案率、结案数、超期未结案件数、涉诉信访案件数等司法数据。

（九）互联互通

按照孟建柱书记提出的政法机关合作、互通、共享要求，吉林省委政法委制定了加强全省政法机关信息化互联互通建设的意见，吉林高院主动加强与其他政法机关互联互通平台建设。省法院与省公安厅联合下发了《关于在看守所建设远程视频讯问室的通知》，全省法院符合建设条件的 40 个看守所已经全部建成了远程视频讯问室，并深入松原市宁江区法院、东丰县法院、蛟河市法院等多家法院，指导通过远程视频方式开庭审理了 72 起刑事案件，通过电视台、报纸、网络等媒体对远程视频开庭进行了广泛宣传，取得了良好的效果。

同时与司法行政机关和监狱管理局配合，在全省监狱建设电子法庭，实现减刑假释案件网上办理。

三 未来与展望

"人民法院信息化 3.0"是在现有信息化系统应用的基础上进行的一次革命性升级，全面提升人民法院的信息化水平。吉林电子法院就是在这样的时代背景下，吉林省各级法院积极探索和创新实践的结果。吉林省各级法院虽然在电子法院的建设和应用方面积累了一些经验，但下一步需要加强和完善的地方还有很多。

首先，要不断加强电子法院的推广和完善，并培养一支法院信息化人才队伍。吉林电子法院作为全省信息化的重点工作刚刚起步不久，进一步地推广与完善是重中之重，这就需要相对稳定和具有一定专业水平和技术实力的机构与工作人员。为全省各中、基层法院培养熟业务、懂技术的专业推广人才，满足吉林电子法院在推广应用上的需求。

其次，尽快完善电子法院在法律法规方面的相关合理化的政策支持。吉林电子法院作为信息化建设的创造性尝试，必然要经历从受到质疑到合理完善的过程。在电子法院的建设开发过程中存在一系列问题：案件的网上审理过程证据交换的唯一性、线下辩论记录和网上申诉辩记录的抵赖性，等等，这些问题需要从国家立法层面解决，吉林高院正在与相关高校或科研院所合作，对电子法院进行深入系统的研究，不断加强理论和实践基础。

再次，抓住"十三五"规划的契机大力发展电子法院建设。根据中国互联网络信息中心（CNNIC）发布的《第36次中国互联网络发展状况统计报告》全国网民规模达6.68亿，互联网普及率已经达到48.8％，人民群众在互联网上获取信息和服务已经是大势所趋。吉林电子法院为当事人、律师提供网上案件审理服务，已经做了大胆创新与细致的落地建设工作，形成了较有影响力的"吉林法院模式"与"电子法院现象"。2015年11月最高法院信息中心面向全国法院下发了《人民法院信息化建设"十三五"发展规划（征求意见稿）》，未来全国各级人民法院将通过"十三五"期间的落地建设，将吉林电子法院的建设模式在全国各级法院复制、扩充、发展，将吉林电子法院网上案件审理从亮点特色变为标准常态，迎合社会经济的发展，逐步改变人民群众参与诉讼的方式和办案法官的工作模式，促进国家审判体系和审判能力的现代化。

未来吉林法院将继续完善电子法院平台，让司法诉讼服务更公开、更透明、更便利，让百姓在心中建立"打官司不难"的想法，让我国司法机关在人民群众心中保有公平正义的形象，树立良好的司法公信力。真正做到习近平总书记所说的：让人民群众在每个司法案件中都感受到公平正义！

（吉林省高级人民法院）

榆树建设一流门户网站　服务全市百万人民

近年来，榆树市把加强政府门户网站建设作为推进政府管理方式创新、建设服务型政府的重要举措，不断加大投入和建设力度，切实增强服务功能。目前，榆树政务网已经成为对外宣传的重要窗口，为推动全市经济社会发展，取得了良好的政治、经济和社会效果。

一　着眼发展，不断提升政府网站建设水平

信息时代，信息化水平日新月异，榆树市时刻着眼于发展，着眼于服务民生。榆树市

委、市政府始终高度重视榆树市政府网站建设工作，把建设政府门户网站作为我市对外开放和服务民生的一个重要窗口，采取了积极有效的措施，不断提升政府门户网站承载能力和服务水平。

（一）排查整改，确保网站信息及时更新

按照"栏目完整、内容充实、更新及时"的目标要求，对榆树政务网进行了两轮排查整改。一是召开专题会议进行部署。召开全市信息工作会议，传达国家、省和长春市关于信息工作、政府网站建设文件及会议精神，就当前和今后一个时期的信息工作任务进行了安排部署。二是严格督促检查。信息中心按全市信息工作会议部署，对于内容无保障、更新不及时的"僵尸"网站予以关闭。关闭了1个空白的部门网站，关闭了10个更新不及时的部门和乡镇网站栏目。三是探索网站建管新举措。为了更好地建设管理榆树信息港网站，我们结合工作实际，探索实行榆树信息港"大编委"制度，向各相关部门单位聘用编委和信息员，同时向编委和信息员支付稿酬。

（二）关注时事，电子政务工作稳步推进

一是政务网、视频网改版升级。新版榆树政务网更加突出了公共服务，内容及表现形式更丰富，服务框架和便民信息覆盖市民生活各个方面，真正实现信息的互通与共享。改版视频网，采购了新的录像设备，并重新规划、建设网上直播厅，让其更好地发挥作用。新的视频网采用html5技术，支持手机端播放，视频清新流畅，更加灵活，无授权限制。二是及时发布、报送政务信息。2015年共发布政务信息7303条，在线访谈34期，录制其他视频345期。向省政府网站报送信息111条，采用61条，积分2690分，在全省县市级政府中排名第五；向长春市政府网站报送信息972条，采用516条。三是加强信息化考评工作。根据全市信息化考核细则，对各部门、各乡镇街道的信息化工作进行考评，并将考评结果按季度公示。

（三）突出专题宣传，提升社会影响

2015年共计自采新闻950条；新闻网新建8个新闻专题，包括"新蓝图 新征程——贯彻落实市委十三届四次全会精神"、"2015年春节基层慰问送关怀"、"抢抓农业农村经济发展机遇 打赢打胜土地确权这场硬仗"、"全市扎实开展'三严三实'专题教育活动"、"第十四届中国长春国际农业·食品博览（交易）会"、"学习习近平总书记在吉林省考察讲话精神"、"纪念中国人民抗日战争暨世界反法西斯战争胜利70周年"、"共青团榆树市第二十次代表大会"；转载市外媒体反映我市经济社会发展成果的稿件160篇；及时发布了领导讲话等，按时完成了新闻报道任务。

二 突出安全，强化技术保障

为保证政府网站安全，运转有序，一方面，我们加大了网络平台、管理平台、安全平台和培训平台的建设力度，在"硬件"上保证网络的安全有序运行。另一方面，加强了管理人员的培训与教育，提高相关人员的思想和业务素质，在"软件"上保证网络的安全有序运行。

（一）增强服务意识，提供有效便捷服务

坚持以公众为中心，以公众需求为导向，积极开展信息发布、网上办事、网上互动、网上监督等服务，为确保网络畅通，针对网站运行过程中出现的问题，我们举办了防病毒知识培训班，并积极地向他们介绍正版的杀毒软件，有力地提高了各部门的防护能力。网站各保障部门的微机，无论是硬件出现问题、程序出现故障还是网络使用受到限制，只要打一个电话，我们立即派人进行指导，及时帮助排除故障。强有力的技术支持，提高了网站栏目各保障部门上网效率，增强了网站栏目保障部门的积极性。

（二）招揽专业人才，确保网站安全

近年我们共招聘计算机专业、网络安全专业人才46人，为网站安全运行奠定坚实基础。实行"全年无假日，全天不空岗"，加强网络安全监管。精细部署常规工作，努力做好行政中心的网络及机房的日常维护。不定期对机房设备进行维护，提高设备的完好率，保证市行政中心、市政务服务中心信息网络有序进行；认真做好服务器的安全防护工作，保证每台服务器都在安全状态下运行，确保数据的安全。2015年，网管科共处理行政中心办公网络故障910次，为部门单位故障电脑安装操作系统127次，确保市行政中心、市政务服务中心网络运行安全正常；完成普通会议调试37次，保证各类会议顺利进行。

三　立足服务，丰富网站项目，提升服务水平

（一）架起政府与群众桥梁，增加网上办事项目

网上办事是榆树市政府立足"让群众少跑路，让数据多跑腿"的指导思想，落实便民利民措施，使信息化建设的成果惠及群众，一是全面梳理政府权力。弄清政府究竟有多少权力，摸清政府的权力家底，是建设网上办事大厅的基础。二是统一固化运行流程。对进驻的每个办事项，制定清晰的运行流程图，全面公开每个办事项的法定依据、实施对象、法定条件、申报材料、办理流程、收费标准、收费依据、承诺时限、联系方式和申报材料的格式文本等信息，群众在申办业务时，可以明确知道办事需要提交的材料、办结需要经过的流程，简单明白、一目了然。三是有效整合数据资源，推动数据互联互通、互享互信，充分挖掘大数据潜力。四是高效便捷服务群众。近年来，榆树政务网网上办事项目建设取得显著成效，网上办事能力明显提升。根据服务需要，共设"在线查询、在线举报、在线咨询、表格下载、办件查询"五种服务功能。按网上办事类别分别设立"部门办事、个人办事、企业办事"三大板块。其中：部门办事板块中发改局、经济局、教育局、公安局、民政局等26个部门单位共提供网上办事服务项目484项；个人办事板块中共提供生育、户政、教育、就业、医疗等15个方面的服务104项；企业办事板块中共提供设立变更、年审年检、资质认证等12个方面服务539项。为提高办事效率，根据办事人身份不同设立外国人、投资者等5类人员快速通道。

2015年，榆树政务网共实现网上办事5778件次，在线查询4509件次，在线举报32件次，在线咨询55件次，表格下载47项。

（二）"公共服务"全方位，为百万人民提供360°服务

创新公共服务管理、提升公共服务质量，是政府职能改革的核心内容之一。随着新一轮信息技术的不断普及和应用，互联网成为提供公共服务的重要手段。随着生活水平的不断提高，人们对于以教育、医疗、养老、交通等为代表的公共服务需求日渐扩大。实际上，大到个人的生老病死、婚丧嫁娶，小至水电燃气缴费、护照通行证办理、个人身份数据信息，等等，政府公共服务几乎囊括了一个人一生的一切活动。

为创新政府网络化管理和服务，加快互联网与政府公共服务体系的深度融合，加快推进政务新媒体发展建设，加强政府与公众的沟通交流，推动公共数据资源开放，促进公共服务创新供给和服务资源整合，构建面向公众的一体化在线公共服务体系。榆树政务网公共服务内容不断丰富，广大群众可以足不出户享受榆树政务网提供的文体教育、医疗卫生等12个类别的公共服务。其中：文体教育方面包含图书馆、书店等6个方面11项信息；医疗卫生方面包括医院、药店等4个方面8项信息；交通运输方面包括火车、汽车、公交、物流等7个方面16项信息；工商企业方面包括工厂、公司、商场、超市等5个方面13项信息；餐饮休闲方面包括宾馆、酒店、洗浴、歌厅等6个方面14项信息；家政旅行方面包括家政、婚庆、装潢、旅行等7个方面15项信息；金融房地产方面包括银行、证券、保险、房产等6个方面9项信息；信息中介方面包括电脑、手机、网吧、中介等6个方面9项信息；社会团体方面包括合作社、协会等3个方面9项信息。同时，还提供违章查询、便民电话、列车时刻、公路客运等10个方面的便民信息。

（榆树市信息中心）

黑龙江国土资源"互联网+电子政务"公共服务体系

按照省政府及省国土资源厅要求，我单位以"阳光行政、便民服务、群众参与、共同监督"为原则，以拓宽公开途径为抓手，以优化政务环境为目标，充分结合"互联网+"理念，建设完成黑龙江省国土资源"互联网+电子政务"公共服务体系。突出抓好在线项目申报、办理跟踪、结果反馈及政府公开工作规范运行，把实体政务大厅与互联网申报结合起来，推动政务服务向互联网办理延伸。

一 顶层设计，建设我省国土资源"互联网+电子政务"公共服务体系

（一）三级联动，我省首例政务审批工作机制

建设全省共用的金土工程系统平台，并在此平台基础上开发建设省厅的农用地转用和土地征收、用地规划预审、矿业权管理及网上收发文办公自动化系统，进而向全省市县级国土资源局推广应用。在同一平台的基础上，保证省市县三级系统互联互通、资源共享，实现全省国土资源主要行政审批业务网上运行。省厅在 2008 年投入正式运行，2010 年开始推广应用于 13 市地、省厅驻农垦国土资源局、省厅驻森工国土资源局，并于年底前完成部署培训等工作，2011 年投入运行。目前，已经推广应用至下属县级国土资源局共计 100 个节点安装部署了该系统，并全部投入正式运行。全省范围内的报卷、退卷、补正、审批、收发文件、通知公告等全过程在网上三级同步运行，取消了纸制报卷，每个运行环节意见、流程走向都在网上可见、可查；而且在省厅政务大厅配置了过程督办系统，超时办结的有红灯提示，发送催办通知等一系列督办措施，提高了行政效能，促进了阳光行政。

（二）统筹规划，明确任务

2013 年以来，按照国土部的要求，结合现有政务审批机制，深入推进简政放权、放管结合、优化服务，加强"一张图"和"三大平台"建设与深化应用，充分运用云计算、大数据、物联网等新一代信息技术和理念，规划和设计覆盖全省的国土资源"互联网+电子政务"公共服务体系。根据实际情况，制定完成全省国土资源申报数据内外网交换接口标准规范。最终实现国土资源审批报卷的在线组织、在线提交材料、在线补正等操作，为广大公众提供了便利条件。

二 结合实际，重点推进，加快"互联网＋电子政务"公共服务体系建设

（一）网上申报系统建设

将国土资源业务申报项目搬到互联网上，使项目管理工作更加科学、规范和公正，极大地方便了广大公众的项目申报、项目跟踪及项目信息的储存。因此，实施省国土资源网上申报系统建设是非常必要的。

从系统设计角度看，广大公众可以通过浏览器来方便地完成国土资源业务申报；也可查询用户自己申报过的报件进度及办理结果信息，极大地方便了广大公众，又减轻了国土资源实体政务服务中心的窗口压力，同时提高了我省国土资源系统的办公效率。

从系统应用角度看，将国土资源主要业务审批事项纳入网上申报系统中，满足广大公众利用互联网进行国土资源审批项目的在线申报的需求，充分体现了"互联网＋"给群众带来的便利和实惠。

把实体政务服务中心与网上办事大厅结合起来，推动政务服务向网上办理延伸。各地区各部门全面公开服务事项，编制发布办事指南，简化优化办事流程，让广大公众不跑冤枉路，办事更明白、更舒心。

据统计，黑龙江省国土资源网上申报系统的建设，每年可节省全省各市级、县级申报单位由于项目申报所产生的城市间交通费用和住宿费用的支出700多万元，获得了很好的社会经济效益。

（二）公众服务平台体系建设

通过创新公开载体，搭建公众服务平台，拓宽公众服务渠道，不断提高公众服务水平。我厅共使用省政府外网、厅门户网站和政务内网三套网络进行信息公开。2014年，启动了系统门户网站升级改版工作，将网站后台系统从5.2版本升级到7.0版本，新增了网上办事、审批结果查询、在线申报等12项主要功能，开辟了节约集约用地、矿业权招商引资、土地整治等专栏，制作了网上审批指南和矿业权招拍挂地图服务系统，设立了"我要办事"、"我要查询"、"我要交流"版块，网站设计更加新颖，信息量更加丰富，网站浏览率明显提高，充分发挥了与群众的互动平台作用。

公众服务平台体系建设以来，共向社会公开政务信息4万余条，向社会公开法律法规千余条，向社会公开各种挂牌公告500余条。设置农村集体土地确权登记发证工作专栏、土地日宣传专栏、世界地球日宣传专栏、找矿突破战略行动专栏。根据省纪检委、省工信部要求，在网站上设置了规范权力运行制度、工程建设领域项目信息和信用信息公开共享等专栏，同时向社会公开项目信息200余条，受到了省纪检委、省工信委等好评。

通过政务公开让公众更大程度地参与政策制定、执行和监督，汇众智、定政策、抓落实，不断完善政策，改进工作。研究探索不同层级、不同领域公众参与的事项种类和方式，搭建政民互动平台，问政于民、问需于民、问计于民，增进公众对政府工作的认同和支持。充分利用互联网优势，积极探索公众参与新模式，提高政府公共政策制定、公共管理、公共

服务的响应速度。

建设公众服务平台体系是推动科技创新，顺应时代发展要求的需要。近年来，我省信息服务平台建设在省政府的大力支持下，发展迅速、特色鲜明，为全省经济社会快速发展提供了强有力的信息与技术支撑。随着"互联网＋"被写进政府工作报告，上升为国家发展战略，只有积极主动地适应经济新常态，实现网上网下互相推动、同步发展、深度融合，才能在时代变革中立于不败之地。

因此，充分整合和优化国土资源的各类信息资源，建设一个社会化、网络化、专业化、多功能的"一站式"公共服务平台，这对于促进全省社会资源高效配置和综合利用，提高我省自主创新能力，推动智慧城市建设具有重要意义。

（黑龙江省国土资源信息中心）

"无锡交警" 微信平台

目前，整个社会的生产生活与交通出行已密不可分，社会公众比以往更加迫切地需要道路交通管理方面的服务，然而，传统的面对面式的服务显然已经不能满足社会公众激增的需求。为此，无锡交警支队依托微信新媒体信息传播优势，于2013年10月推出了"无锡交警"微信公众平台，并于2014年9月在省内率先将微信订阅号升级为服务号，为社会公众提供了全方位的交管信息服务。①信息推送服务，实现了19类交管信息以及交管工作动态的精准推送；②路况快照查询服务，实现了实时视频截图的发布以及定制路线路况推送；③信息查询服务，实现各类交管信息的快捷查询；④交通违法处理服务，实现交通违法记录查询、申诉、缴款一键快速处理；⑤交通事故快处服务，实现轻微交通事故线上快速处理；⑥车驾管业务办理服务，推出机动车年检预约、驾驶证审验、在线学习等多项车管业务办理；⑦警民互动服务，设置了交通违法申诉、交通信息"随手拍"、交管微社区等多渠道警民交流平台。目前，"无锡交警"微信公众平台用户数已近80万，影响力居全省政务及公安类微信平台第一位，并获得了全国"互联网政务服务奖"、江苏省"十佳公众号"、华东地区"亲民服务奖"等荣誉，在华东地区的政务微信中影响力位居前三。"无锡交警"微信公众平台上线以来，秉承网络发言、弘扬正气、警民互动、依法办事的工作理念，有效发挥了服务群众的作用，进一步展示了无锡交警的良好形象，畅通了与群众沟通的桥梁，提高无锡交警社会管理能力和为民服务水平，在全省率先打响交管微信服务品牌，取得了良好的社会效益。

一 项目背景

近年来，交管信息化迅猛发展，各类科技信息化系统的建设应用已基本覆盖交管业务的各条线，大量交管信息数据的采集融合为各级公安交管部门开展各项道路交通管理工作提供了有力的支撑。同时，随着汽车保有量的不断增长，整个社会的生产生活与交通出行已密不可分，社会公众比以往更加迫切地需要道路交通管理方面的服务。此外，在信息技术和网络应用大发展的技术条件下，传统的面对面式的服务显然已经不能满足社会群众激增的需求，因此，人民群众和广大交通参与者亟待通过最新技术、最简便的手续、最快的速度和最准确的出行提示了解交通信息。如何充分利用现有数据资源，进一步拓展为民服务的渠道，让数据多跑腿，让群众少往返，是目前各级公安交管部门积极努力的方向。近年来，无锡交警支队在社会管理创新、服务群众方面做了很多有益的尝试，例如开通了无锡交警互联门户网站"无锡公安交通信息服务网"、开通了"无锡交警"官方微博、96122交管电话服务热线，得到了上级公安机关和人民群众的充分肯定。随着移动互联网即时通信技术的飞速发展，加之交管服务工作与时俱进的要求，为展示无锡交警的品牌形象，拓展与群众沟通的渠道，提高公安交管部门社会管理能力和为民服务水平，支队依托微信新媒体信息传播优势，大力实施微警务战略，将微信与交管工作、公众服务相结合，于 2013 年 10 月推出"无锡交警"微信公众平台，平台开通后，支队针对广大市民群众对"无锡交警"微信平台的功能诉求，于 2014 年 9 月在省内率先将微信订阅号升级为服务号，各项交管服务内容进行了全面升级。

二　技术内容

（一）系统总体架构

"无锡交警"微信公众服务号系统总体架构涉及公安内网、视频专网、腾讯 VPN 专网三部分：公安内网与视频专网间通过网络边界接入平台互联，视频专网与腾讯 VPN 专网通过 VPN 专线互联。部署在视频专网上的中间业务数据库通过交换服务器定时与交管综合应用平台等业务系统实现数据交换，确保用户查询信息的实时性、准确性。路况快照截图服务通过数据总线存储至总线数据库。部署在视频专网的信息服务平台作为对外服务接口，实现微信平台以及其他外部业务系统接口和无锡交警支队内部业务交互。

（二）具体技术方案

1. 信息绑定

为保证信息的安全，避免出现恶意查询等情况的发生，对于部分功能的使用必须是注册实名用户，如违法告知信息定制、违法处理、车驾管业务等。同时，对于注册用户在平台的使用上也应提供更多的便利，引导、鼓励用户注册。

2. 信息推送

（1）交管"微月刊"。平台推出"无锡交警"微信月刊，月刊内容全面概括当前一个阶段交通管理工作的重点和亮点，既有交通管理工作动态，也有交管安全提示、以案说法、先进典型民警特写等专栏。

（2）告知服务信息推送。平台开放交通安全违法累计 12 分告知、交通安全违法记分临界告知、电子监控设备记录交通违法行为满 10 次告知、电子监控设备记录交通违法行为 3 同告知、机动车辆临界报废告知、机动车辆安全技术检验逾期告知、驾驶证审验、换发逾期告知、电子监控单次违法告知等 19 个信息推送模板，向用户主动推送交通违法、车驾管业务办理等告知提醒信息。

3. 路况快照查询

用户可以通过查询高速公路，市区主要路口、路段列表方式，点击进入后查看实时视频截图，截图设置每 5 分钟自动更新一次。

4. 信息查询

（1）交通违法及驾驶证状态信息查询功能。用户通过微信号直接查询其名下绑定机动车的违法记录及驾驶证状态；查询结果包括违法时间、违法地点、罚款金额、违法记分数、违法图片、审验情况、换证期限等信息。

（2）办事指南查询。一是车驾管业务办事指南，分机动车业务（如新车注册登记、外地车转入、注销登记等）、驾驶证业务（如换证、申请增加准驾车型、驾驶证审验等）、非机动车业务（如注册登记、补办号牌等）；二是行政许可业务办事指南（如通行证申领、三超证办理、停车场泊位申请、建设项目审批等）；三是交通违法处理业务办事指南（如常见交通违法行为处罚标准、违法告知相关规定等）；四是道路交通事故处理业务办事指南（如简易程序、一般程序事故处理流程等）；五是用户当前位置附近的交巡警部门违法处理点、快速理赔点，大中队、车管所服务窗口的位置、联系方式、办公时间等信息查询，查询结果以地图定位和文字列表的方式展示，还可以实现一键地图导航功能。

5. 交通违法一键处理

提供一键快捷处理交通违法记录服务，处理步骤分为交通违法查询、交通违法确认和缴款。交通违法一键处理首先允许用户查询指定车辆是否存在违法记录，如果存在违法记录，则可以显示该违法的详情，包括违法时间、违法地点、罚款金额、违法记分数以及交通违法取证的照片。进行处罚前告知用户输入驾驶人信息和享有的权利，要求用户对符合网上办理条件的违法记录进行确认后处罚生效。

6. 交通事故快处

车损在 5000 元以下，无人员伤亡，适用自行协商方式处理的两车事故，发生事故后，不需拨打 110 报警电话或保险公司理赔电话。首先由用户打开微信定位功能，发送事故所在地的位置信息，拍摄上传三张现场照片，系统自动回复该起交通事故的记录单号，双方即可快速撤离现场，再行快速理赔。该模块还有帮助功能，就交通事故处理方面涉及定责、理赔及系统使用等方面的常见问题提供帮助。目前，事故快处率已达 40%。

7. 车管业务办理

（1）机动车年检预约。系统自动统计分析，并提示用户市内各检测站年检预约情况，推荐一个最佳方案供用户选择。预约成功后用户可在规定的时间段内享受"免等待"服务。对于预约成功但未按时前往办理业务的，超过 3 次自动进入黑名单，不再接受预约服务。

（2）在线学习。驾驶人通过输入自己驾驶证号码和档案编号，进入在线学习相关的知识；系统自动记录驾驶人在线学习的时间，当学习内容和时间达到系统规定的标准，则提示驾驶人在线学习结束。

（3）变更机动车、驾驶证联系方式。系统通过两种方式进行机动车、驾驶证联系方式的变更。一是在新用户进行初次登记注册时，如填写的相关联系方式信息与"六合一"平台登记信息不符，主动询问当事人是否以最新登记信息为准；二是用户机动车、驾驶证联系方式在发生改变时，通过输入相关验证信息后，允许进行在线修改。为保护公民个人隐私，进行上述操作的必须是通过注册认证的用户。

8. 警民互动

（1）交通设施故障或设置不合理"随手拍"。为社会公众提供一个随手拍摄交通信号灯、交通标志标线等设施故障或设置不合理的手段。用户可以通过手机相机的拍摄功能记录所看到的故障，以照片、视频的方式结合拍摄时间上传到后台交通设施报障系统。同时，系统还会要求用户发送当前位置信息用于信息匹配。

（2）道路信息"及时报"。为社会公众提供一个随手拍摄、上传、分享路况及不文明行为的手段。用户可以通过手机相机的拍摄功能记录用户所看到的道路拥堵、事故等突发状况、交通违法行为，并以照片、视频的方式结合时间上传到后台系统。同时，系统还会要求用户发送当前位置信息用于信息匹配。

（3）交管"微社区"。"微社区"作为微信最新推出的服务功能，可以在自己的微社区内发布信息，用户登录这个公众号的微社区可以根据所看到的信息进行评论，也可以发帖，弥补了微信服务号一个月只能推送一次信息的缺点，可实时发布一些重要的信息，实现与用户间的互动交流，更好地了解群众的关注点和对交管部门的意见建议。

（三）与当前国内外同类技术主要参数、效益、市场竞争力的比较

1. 与同类政务微信平台比较

交管信息服务功能丰富。"无锡交警"微信平台在全国范围内率先推出了交通违法"一键处理"、路况快照信息发布、交通事故快处等功能，将各项与社会公众息息相关的交管业务全面的集成到微信平台，使得"无锡交警"微信平台在全省范围内的公安及政务微信中始终位列第一。

2. 与其他交管信息发布渠道比较

信息发布精准、及时，操作便捷，受众范围广。相较于传统的面对面式的服务以及电话、网站等信息发布渠道，微信平台能够针对每个交通参与者精准、及时地推送个性化的交管服务信息，各项功能操作简便。同时，腾讯微信是目前影响力最大的移动通信平台，且"无锡交警"目前"粉丝"已近80万，信息发布的受众范围十分广阔。

三　应用成效

"无锡交警"微信公众平台正式启动以来，已拥有"粉丝"近80万，日访问量20万人次，部分图文信息阅读量超过30万人次，转发量1万余次，日均受理各类交通管理诉求互动200余起，日均接受用户主动查询车辆和驾驶证信息1万余次，提供高速公路、国省干道及城区主要道路实时路况视频120个，"无锡交警"微信平台推出的各项特色服务，精准保障"粉丝"的驾驶安全，成为市民的私人专属交管"秘书"。同时，"交管动态"推送350余期的交管信息，内容涵盖交通安全法规和重大政策解读、安全驾驶普及知识、违法事故提示、典型案例剖析等方面，并成功举办了"春运在路上"问卷调查、违法严管大讨论、交警微信原创比赛等系列互动活动，不断提升平台活跃度，以权威专业的发布、开放坦诚的姿态、亲民幽默的风格受到了用户的厚爱。目前，"无锡交警"微信公众平台在江苏省政务及公安类微信平台位列第一，并获得了多项荣誉：①2014年5月，在南京举办的江苏首届政务微信峰会上被评为"务实模范号"；②2014年8月，在浙江杭州举行的华东政务双微峰会上，荣获华东政务微信"亲民服务奖"；③2014年11月，在北京召开的首届互联网政务峰会上，荣获"互联网政务服务奖"；④2015年12月，在乌镇举行的第二届世界互联网大会上，荣获最受用户喜爱服务奖；⑤2016年1月，在南京举行的江苏十佳公众号评选活动中，荣获江苏省十佳公众号。"无锡交警"微信公众平台上线以来，秉承网络发言、弘扬正气、警民互动、依法办事的工作理念，有效发挥了服务于社会公众的作用，进一步展示了无锡交警的良好形象，畅通了与群众沟通的渠道，提高了无锡交警的社会管理能力和为民服务水平，在全省率先打响交管微信服务品牌，取得了良好的社会效益。

（无锡市公安局交通警察支队）

张家港创建卫生公共服务管理新模式

一　成果简介

2015 年 7 月 4 日，《国务院关于积极推进"互联网＋"行动的指导意见》，提出加快推动互联网与各领域深入融合和创新发展，重塑创新体系、激发创新活力、培育新兴业态和创新公共服务模式，打造大众创业、万众创新和增加公共产品、公共服务"双引擎"，主动适应和引领经济发展新常态，形成经济发展新动能，实现中国经济提质增效升级。意见明确了如"互联网＋"益民服务的 11 项重点行动。

本项目将探索依托区域信息平台，以信息化为支撑，充分整合医疗服务、公共卫生、药品管理、医疗保障、综合管理等各方面的应用，持续完善全过程、全人群的公共服务应用体系。同时结合"互联网＋医疗"的思路，借助移动互联等技术，根据个体全生命周期不同的健康需求，提供在院内院外享受的各类健康服务及个性化健康管理，实现卫生服务的线上、线下有效整合，采用新技术创新探索行之有效的卫生公共服务管理新模式。

二　建设内容

（一）健康一卡通应用体系

张家港市委、市政府启动市民卡工程，至今张家港市市民卡发卡量超过 100 万张，发卡人群覆盖全市户籍人口及部分常住人口。张家港市民卡的应用范围包括政务应用、公共事业应用、商业应用和金融应用四大领域。"市民卡"系统和医疗机构的信息系统，以及公共卫生服务系统均实现了对接，信息以卡号为主索引，一方面实现了健康档案信息和社会保障信息的整合、交换共享，另一方面实现了医疗健康服务功能的全面整合，如医疗过程中的身份识别、健康档案调阅、健康服务、农合/医保实时刷卡报销。后续持续提升健康功能的应用价值。

（二）医疗服务应用体系

采用"技术＋科技"手段，张家港市多层次多角度推动医疗卫生服务应用体系建设。第一是改善医疗健康服务质量，建立张家港市电子健康档案信息总线，不仅收集患者的基本诊疗信息，同时收集患者的客观检查信息。通过电子健康档案浏览器，医生在诊疗时，可以跨院调阅病人的历史信息，还能够调阅影像、电生理等检查的原始图形数据，作为医生诊断的辅助参考。第二是扩大优势医疗服务半径，建立区域影像中心、检验中心、心电会诊中心，建立双向转诊系统，整合电子健康档案信息总线，患者信息通过健康档案跟着病人信息同源流转，形成上下级联动的诊断管理模式。第三是以推进电子病历应用水平评审为契机，提升医院信息化水平，改善市民就医体验。二级医院按三级电子病历、三级医院推进五级电子病历系统建设。建成移动查房、移动护理、移动心电系统、移动门诊输液闭环管理系统，进一步提升医疗服务效率。第四是优化就诊服务流程，全面实施公立医院"先诊疗，后付费"、门诊医技一站式预约服务、市级医院增设自主服务终端（提供给自助挂号、病历卡发放、报告打印、缴费等），减少门诊就医环节，使患者享受到方便、快捷、优质的诊疗服务。

（三）公共卫生应用体系

张家港市将电子慢病档案、老年人档案、妇幼档案等真正应用到实际业务工作，一是形成了健康档案居民自我管理，社区卫生服务站基础管理，社区卫生服务中心重点管理，疾控、妇幼等业务部门专项管理的多链管理体系；二是依托平板电脑，建立了先进、便于携带的随访系统，提供详尽的随访资料，支持实时录入，给慢病、妇幼等需要上门随访的工作带来方便；三是推动了公共卫生服务前移，直接通过互联网，将公共卫生服务前移至居民家中，并结合相关物联网设备，进行远程健康监测；四是通过系统对老年人进行了体检管理和健康评估管理，体检信息和健康评估信息均能通过健康档案进行调阅。

（四）公众服务应用体系

采用互联网技术，建设公共服务应用体系。第一是依托市民健康信息网创新性地打造"三网一线"预约服务体系，依托省挂号网、健康网、市民网、12345便民热线，手机应用、窗口、诊室、亲友代约等多渠道为患者提供分时段预约服务。二是实现"上医治未病"健康管理核心价值，市民通过市民健康信息网提供的信息对自我健康状况进行实时跟踪监测，实现疾病早期预警，培养健康生活方式，主动管理自身健康。三是建设互联网手机应用、微信、微博等应用系统，方便市民随时随处通过多渠道获取电子健康档案、预约挂号等医疗卫生服务。

三　服务创新

张家港市按照新形势下深化医药卫生体制改革的要求，利用云计算、大数据和移动互联网等技术，在充分保障系统安全性的前提下创新发展区域卫生信息化应用，为深化医改提供强劲动力。

（一）建立"五方面"信息应用

一是面向医院，建立远程会诊系统。建立区域心电、影像、检验三大会诊中心，基层医疗机构采集信息后通过该系统可向市级医院申请远程会诊并实时接收会诊结果，将优质医疗资源延伸至基层。二是面向社区，打造数字化社区系统，工作信息实时进入区域数据中心，基本公共卫生服务项目实现信息化管理。三是面向医疗保障，实现医保实时联网，参保患者可现场刷卡结算。四是面向政府监管，建立公立医院运行监管系统，自动获取各项运行指标；实时进行公共卫生服务工作全过程监管。五是面向公众，打造互联网服务系统，建立门户、互联网手机、微信、微博等应用系统，方便市民随时浏览电子健康档案、卫生动态、网上预约挂号。

（二）实现"五共享"业务协同

一是实现医疗和公共卫生的信息共享。在区域平台，慢病患者一经确诊，相关信息即通过医生工作站直接流转至市疾控中心，经审核后传送至相应关系社区，实现医院与公共卫生服务的互动及流程化管理；同时社区对患者采取的医疗服务和公共卫生服务信息，医生工作站能随时查阅；创新开展"高血压患者居家远程监测"，实现自测血压数据的无线传送，由社区卫生服务中心（站）医生对患者进行远程规范管理。二是实现检验检查数据跨机构共享。心电、影像、检验等信息通过区域会诊管理系统能够横跨医院、社区卫生服务中心进行共享调阅和实时会诊。学生体检、老年人体检和妇女病普查信息全部实现跨机构共享调阅。三是实现卫生信息跨部门共享。依托"市民卡"与人社、民政等相关部门共享居民基本信息，及时掌握市民基本信息的变动。四是实现健康服务多资源多站点共享。预约挂号资源实现健康网、市民网、江苏省挂号网、12345便民服务热线，三网一线共享，通过任何一个渠道都能获得统一预约资源。健康档案通过共享技术，实现健康网、市民网双公开。五是实现管理数据多条线共享。市疾控中心、妇保所能够通过市民健康信息网获取医院开展老人体检、学生体检、妇女病普查进度信息，进行实时管理；同时医院能实时获取相应指令信息，及时开展相关工作，通过信息共享实现业务协同、精细化管理，提升工作效率。

四　建设成效

（一）健康一卡通建设成效

张家港市构建了功能全面、高度整合的健康一卡通服务体系。

（1）健康一卡通基本实现全市的整体覆盖。张家港市市民卡的发卡覆盖全市全部户籍人口和部分常住人口。2012年张家港市市民卡发卡量超过100万张，其中户籍人口实现100%覆盖。

（2）实现健康档案信息和社会保障信息的整合。市民卡采用"双芯片、双界面"，社会保障功能使用32KB接触式芯片，医疗健康服务使用32KB非接触芯片，空间独立，互不干扰，基本信息通过技术手段在双芯片之间实现同步。居民的健康信息存储在医疗健康服务使用32KB非接触芯片上。

（3）实现医疗健康服务功能的全面整合。一是实现医疗过程中的身份识别。医院相关站点均配备读卡设备，通过读取获取居民基本信息，再和院内系统或区域卫生信息化平台匹配医疗和健康档案信息。二是实现居民健康服务。居民通过市民卡开通健康档案，实现健康档案调阅，享受健康服务。三是实现合作医疗、城镇职工医保实时刷卡报销。目前区域内所有医疗机构（含社区卫生服务站、村卫生室）以及药店，都可以使用该卡进行结算报销。

（4）实现公共卫生服务功能的全面整合。一是所有户籍人口和部分常住人口持卡就医，持卡享受公共卫生服务。二是"一卡通"系统和医疗机构的信息系统，以及公共卫生服务系统均实现了对接，信息以卡号为主索引，实现了交互共享。

（二）医疗服务应用建设成效

张家港市持续推进医疗服务信息化建设。目前全市所有医院已建成医院信息管理系统。

全市二级以上医院（含民营）均建立了电子病历。医疗服务信息化不断向智能化、无线化发展，同时也以患者为中心，推进了以下方面的建设。

（1）启用先诊疗后付费系统，节省患者院内滞留时间。省内率先全面实行公立医院先诊疗后付费便民举措，将多次付费简化成一次付费，突出方便、快捷服务理念。就诊者在门诊就诊时，挂号、就诊、检验检查等过程先不支付相关费用，直接就诊检查，所有门诊费用在拿药或者门诊手术前一次性支付，以此减少患者就诊往返次数，打造就诊费用快速支付模式。

（2）实现跨院诊疗信息共享调阅，提升医疗服务质量。依托市民卡串联起各个板块的应用系统，实现卫生信息跨条线跨机构跨部门共享。通过电子健康档案，医生在诊疗时，可以跨院调阅病人的历史信息，还能够调阅影像、电生理等检查的原始图形数据，作为医生诊断的辅助参考。

（3）扩大优势医疗服务半径，建立心电、影像远程会诊系统。使市民在家门口就能享受优质医疗资源，共完成心电远程诊断 856 例，影像远程会诊总计 1027 例。

（三）公共卫生应用建设成效

在张家港市卫生数据中心集中部署公共卫生管理系统，在苏州市率先开展健康档案、慢病管理、老年人管理、妇幼管理系统的整合运行，各项业务真抓实干，真正落到实处。实现了业务流程整合，实现了基本医疗与公共卫生服务一体化。目前共启用 12 套公共卫生管理系统，实现公共卫生全程信息化管理。公共卫生管理系统具有先进性。

（1）实现公共卫生全面管理：一是系统能够全面反映区域内各项公共卫生管理的真实数据情况，提供基本药物供应使用、居民健康管理、绩效考核、统计分析等功能，提升管理能力；二是系统能够全面反映居民健康数据，快速统计区域内居民疾病检出数，让业务人员快速应对；三是实现重点人群体检、慢病随访、健康评估、健康指导"一条龙"管理。

（2）实现公共卫生高效管理：一是支持辖区内居民电子健康档案的动态管理。二是社区卫生服务站、区卫生服务中心能够快速掌握本地区情况，开展业务工作。能够快速掌握管理人群的信息，重点人群的健康管理信息，等等，动态地了解本地区实际情况。比如，可以全面了解本地区老年人数量，老年人患病情况；动态了解老年人体检情况，结合体检进行健康评估和指导。三是系统建立了先进、便于携带的随访系统。10 寸的平板电脑能够提供详尽的随访资料，支持实时录入，给慢病、妇幼等需要上门随访的工作带来方便。四是慢病直报系统稳定运行，将疾病发现到管理的时间周期，从平均两个月，缩短至两天，全面提高了管理效率。

（3）实现了公共卫生细化管理：一是全过程对慢性病人、老年人等重点人群进行健康管理，全过程监管妇儿健康工程、妇女"两癌"初步检查等重大公共卫生服务。二是上级业务条线的管理者能够通过系统实时掌握工作动态。三是业务管理者能够快速生成统计报表，满足管理的需要。

（四）公众服务应用建设成效

张家港市公众服务应用，通过统一的对外门户（张家港市民健康网）、微博、微信等通道，提供多元化、全方位的对外公共服务，如电子健康档案调阅、网上预约挂号等，方便市民及时获取健康信息。

"张家港市民健康网"于2012年1月上线运行，服务于广大张家港市民，包括户籍人口与流动人口，目标是为市民提供便捷的网上预约挂号服务、健康管理服务、便民查询服务，构建"医患"互动平台。

在实名注册后，市民健康网不仅能够提供健康档案的浏览，还提供预约挂号功能。创新性打造预约系统，依托省挂号网、健康网、市民网、12345便民热线，手机应用、窗口、诊间、亲友代约等多渠道为患者提供分时段预约服务。

网站还提供健康管理功能和健康评测功能，实现居民健康自我管理。建成了互动交流平台，实现了居民和社区服务中心（站）医生的实时交流。

创新开展"高血压患者居家远程监测"，实现自测血压数据的无线传送，由社区卫生服务中心（站）医生对高血压患者进行远程规范管理。

五　社会满意度

（一）国内知名专家认可

张家港市的卫生信息化建设取得了很大进步，获得了广泛的认可。2011年6月，张家港卫生数字化工程一期取得阶段性成果，并由陈跃局长带队赴北京邀请国内知名专家对工程进行了专题研讨。与会专家李包罗、曹德贤、尚邦治、何雨生等对张家港卫生数字化工程给予了高度评价。

2012年5月，卫生部医院管理研究所梁铭会所长、卫生部统计信息中心王才有副主任、江苏省卫生厅信息中心刘晓强副主任、《中国数字医学》执行主编李华才、中华医院管理学会医院信息管理专业委员会何雨生等7位领导和专家对张家港市的卫生信息化建设进行了评审，并给予充分肯定，认为张家港市卫生信息化整体设计和建设方案内容全面、管理科学、部署合理，居民健康档案系统、公共卫生服务管理系统、居民健康服务等，达到了国内领先水平。

2012年5月，张家港市卫生局王建春副局长受邀在"中华医院信息网络大会"上作《以电子健康档案建设为抓手，提升公共卫生管理服务能力》的专题报告。张家港市是江苏省唯一一家作"区域卫生信息化专题"发言的城市，报告展现了张家港市在区域卫生信息化建设方面的特色优势。会议期间，卫生部信息化领导小组专家组成员李包罗教授高度评价了张家港市卫生信息化建设。

2013年，张家港市被评为江苏省卫生信息化工作先进市。

2014年，在江苏省卫计委组织的统一评审中，张家港市的区域健康信息平台首批达到三级以上应用标准。

2015年，国家卫生计生委指定张家港市卫生信息化工作成为全国县级公立医院综合改革典型案例。

（二）主流媒体广泛报道

2012年以来，张家港市卫生信息化建设的成果多次获得权威媒体的报道和关注，报道数量和规格名列前茅。

2012 年 1 月 5 日，《健康报》头版头条《三年医改　发展成果全民共享》中，专篇报道了我市的卫生信息化和电子健康档案建设工作；2012 年 11 月 1 日《健康报》3 版刊登《张家港免疫规划信息化管理到乡镇》的报道；2012 年 11 月 21 日《健康报》对张家港建居民自助体检屋、体检信息自动进入居民健康档案进行了报道。2015 年 9 月，信息化相关做法被中央级媒体中央人民广播电台《新闻和报纸摘要》报道。2015 年全年被《新华日报》、《扬子晚报》、《现代快报》等媒体报道。

（张家港市卫生和计划生育委员会）

张家港市"互联网＋城市治理"新模式

2014 年 1 月 15 日，张家港市"城市 e 管家"公众交互系统正式上线运行，该系统属省内首创，在市民与政府之间真正搭建起了沟通互动的桥梁。

一　项目实施背景

张家港市作为全国文明城市的典范，城市管理工作一直引领全国。我市自 2007 年被列为数字化城市第三批试点城市，2009 年正式建成投入运行，科技化手段的运用不仅大大提升了城市管理工作的效率，而且节省了人力物力，降低了管理成本。但在运行中，我们也发现一些问题，城市管理中的问题主要来源有市民来电来访、便民服务中心转接和城管监督员自行发现，其中城管监督员自行发现的占总数的 90% 以上。广大市民未真正主动自觉地参与到城市的管理活动中来，城市管理主要靠城管队员。城管监督员上报问题，主要参考《数字化城管工作手册》，问题的类别、种类主要集中于城市基础设施破损、乱张贴乱悬挂、建筑物外立面破损、流动摊等对市容环境影响较大的城市管理问题，与市民的关注点未必一致。因此，就造成我们的城市管理工作与市民切身利益产生偏离，导致不少市民认为城市管理工作就是"形象工程"、"面子工程"，而不能真正为市民解决问题。随着国民经济发展，城市管理需要为市民提供更优质的服务，城管管理更需要广大市民的参与。因此，迫切需要打造一个市民与政府新的沟通交流平台，便于市民广泛参与到城市管理中来，"城市 e 管家"公众交互系统应运而生。

二　项目基本情况

2013 年底，我市正式启动"城市 e 管家"公众交互系统建设，"城市 e 管家"公众交互系统，包括手机端 APP 软件、"城市 e 管家"公众交互平台以及与系统配套的数据中心。市民通过智能手机免费下载手机端 APP 软件，直接拍摄、自动定位、以文字描述与图片方式将各类城市问题上传，再充分利用数字化城管平台进行派遣，专业部门办理，统一反馈办理结果。2014 年 1 月 15 日，"城市 e 管家"手机端软件正式上线运行，该软件先后在安卓市场、91助手、苹果 App Store、豌豆荚以及360市场、安智市场等专业手机应用市场上架，开创了政府主导开发的软件在手机市场上架的先河；同时也可以通过目前流行的扫描软件"二维码"快速安装。手机端软件同时拥有公开回复、消息推送和用户评价等功能，提高运行质量；推出"城市e管家"核查核实版，方便城管队员每日大量的核查核实工作。2015年，我们还实现了利用手机端进行公共自行车借还的技术创新。而"城市e管家"公众交互平台，作为涵盖手机端APP软件"城市e管家"的后端交互系统平台，其建设包括门户网站、短信和信息处理中心，可以统一受理、处置和反馈通过"城市e管家"手机端APP、智慧城管网站和"张家港市民网页"、我的微观等发送上来的各类城市问题。

与传统沟通方式相比，"城市e管家"主要具备以下五大特点。可视性，市民上报问题时可以文字描述配发图片，图文并茂，形象直观；可证性，上报问题的图片，可用于处理取证；广泛性，对市民上报问题的种类不做限制，目前注册用户已达3.7万余人；参与性，市民的积极参与，使系统案卷的来源更加丰富，使问题的发现范围和数量都大大增加；和谐性，当前，我们根据市民诉求，依据法律法规对城市问题进行管理，从"我要管"转变为"要我管"，城市管理工作获得了市民的更多理解和支持。

与数字化城管相比，"城市e管家"具备以下优势：一是"监督员"的数量大大增加。系统引导全民参与城市管理，人人都是城管问题信息采集员和办理情况评判员。全市的城管监督员只有500多人，而"城市e管家"的用户是其70余倍；二是专业部门的数量大大增加。由于系统对市民上报问题的类别不设限制，均予以受理，因此突破了原先数字化城管平台的专业部门范畴，专业部门由原先的50家增加为现有的69家；三是技术门槛大大降低。数字化城管必须要借助"城管通"，且出于数据保密考虑，需要使用APN专网，才能上报问题，所以一般只有城管内部人员使用；"城市e管家"则只要求是智能手机，在有网络的情况下就可以上报问题，大大降低了参与城市治理的技术门槛。四是评价得分更加突出群众意见。数字化城管对专业部门的评价主要是由系统进行打分，"城市e管家"除系统打分外，更加突出市民满意率，仿淘宝评价模式，由市民对自己上报案件的响应及处理情况进行打星。五是解决了管理重心与市民利益偏差的矛盾。系统使政府部门可以掌握市民第一手的需求，从而更加有针对性地服务民生，使政府的工作方向与市民的利益趋同。

三 项目创新亮点

倾力打造的"城市e管家"公众交互系统创新亮点之处在于以下几点。

1. 应用更先进的科技打造"智慧城管"

"城市e管家"手机端APP软件，提供现场拍照和地理信息快速定位等多种采集手段，并依托手机的GPRS数据传输技术，通过城市地理编码体系，完成城市管理问题文本、图像、声音和位置信息实时传递。通过整合移动、电信、联通三大运营商平台系统，市民还可通过彩信方式反映问题。增设的公开回复、消息推送功能也便于实时掌握问题处理的每一个流程状态，实现了问题上报到最终处置的公开化、透明化，执行监督更加有力、问题处置更加高效、城市管理更加智能。

2. 建立更协调的机制实现资源共享

整合政府资源开发的"城市e管家"平台，科学合理架构，满足快速受理、派遣、督办、回复的需求。将市民通过"城市 e 管家"手机端软件、彩信拍摄、相关网络的城市管理问题发送至平台，平台通过智能分拣和人工分拣相结合的方式，分门别类将上报问题交由数字化城管、便民服务中心、环保局和 110 指挥中心四个中心，派发至各相关部门，由各部门办理后回复至平台，再由平台统一反馈市民，有效解决了市民重复投诉、专业部门多头受理问题，简化了办理程序，提升了行政效率和市民满意度。

3. 运用更优化的系统服务城市管理

"城市 e 管家"公众交互平台，涵盖了问题管理、系统管理、客户关系管理、统计分析与绩效考核、公众交互等五大子系统，更具先进性、实用性、开放性、可靠性、安全性、灵活性等特点，满足现有各项业务和今后拓展的新业务要求，更好地符合社会管理及社会服务的实际需要。更加优化的系统平台，完整反映城市管理动态，做到及时准确、真实有效。

四　项目运维情况

为确保"城市 e 管家"的高效平稳运行，以服务更多市民，我们从以下几个方面做好运维保障工作。

1. 设立高位协调机构

成立"城市 e 管家"公众交互系统领导小组，市长任组长，区（镇）和市相关部门负责同志任成员。同时下设办公室，设在城管局，负责平台运作、日常管理和监督考核。市民上报的问题上传至数字化城管平台后，经中心派遣，交至专业职能部门在规定处置时限内完成办理并反馈结果；遇有疑难问题，或职责不清，或涉及多部门职责，中心首先协调，协调无果的提交市分管领导现场办公；设立环境应急专项资金，财政每年划拨 300 万元专项经费，遇有确无明确责任部门的应急问题，由相关部门先行处理，经费从中列支。

例如，2015 年 5 月协调处理的一起建筑物外立面脱落引发的公共安全问题。位于张家港市东环路的莱福士大厦，外墙装饰大量采用 JRC 线条，最高处线条挑出墙面超过 1 米，挑出部分装饰条多处脱落，曾经先后砸坏了 4 辆汽车，危及公共安全，"城市 e 管家"也多次接到群众举报。该大厦产权单位较为复杂，因目前处于法院查封状态，故无单位出面维修，该问题一直被列为疑难问题。经协调，我们将该问题列入应急环境问题，由市房管中心负责具体落实，经费从环境应急专项资金中列支。

2. 建立完善制度体系

我们制定并印发《市政府关于成立"城市 e 管家"公众交互系统领导小组的通知》、《"城市 e 管家"案件派遣指南》和《"城市 e 管家"监测细则》等文件，强化考核结果应用。制定指南文件和考核细则，规范受理、派遣、处置等工作流程，对各专业部门和区镇的工作效率实施公式化量化监测，监测结果实行排名制，按月公布，并纳入市级机关考核评价体系和文明单位一票否决制，区镇考核情况则纳入绩效考核体系。

3. 加大宣传推广力度

为鼓励市民积极参与"城市 e 管家"，提高用户活跃度，我们向社会开展了形式多样的宣传推广活动。利用本地热门论坛发帖，申请了"城市 e 管家"微信、微博账号，方便与网民交流；开展了"城市 e 管家"进机关、进乡镇、进学校等系列活动，在社会各层面扩大影响力；成立了"城市 e 管家"志愿服务中心，利用志愿活动促进推广。我们还申请了流量池，移动用户在使用"城市e管家"上报问题时所用流量免费；进行话费奖励，市民使用"城市e管家"上报问题被立案处理后，每条给予1.0元的话费奖励，月底统一结算；自2013年开始，每年年终在全市热心市民中，开展百名"城市好管家"评选活动，前十名授予"十佳城市好管家"称号，给予1000元/人的奖励，其余90名授予"优秀城市好管家"称号，给予500元/人的奖励。所需经费均由市财政全额保障。

五　项目取得成效

"城市e管家"上线运行后的成效主要体现在以下方面。

1. 城市管理力量更加壮大

由原先仅有几十名数字化城管监督员巡查上报问题扩大到全民参与，人人都是监督员，大大增加了"发现问题的眼睛"。目前已处理各类民生问题12.6万余件，办结率在92%以上，市民满意率在95%以上。上报问题涉及城管、环保、食品卫生、治安等方方面面，社会力量已经成为城市管理的重要力量。同时，市民反映的问题得到及时解决与反馈，市民的认同感不断提高，由原先的被动消极围观转变为积极主动参与管理，有利于解决城市管理过程中利益冲突严重导致矛盾激化的问题，进一步提高城市管理工作的群众满意率。

2. 城市管理更加精细到位

由于市民的广泛参与，大街小巷、街道社区，城市角角落落，任何问题都能及时发现并解决，城市管理覆盖的范围更广泛，城市管理的力量更集中，城市管理的效能更高，城市管理更加文明和谐。通过定期分析研判系统数据，能较为全面地掌握某个区域某个阶段群众普遍关心关注的问题，为政府部门的城市管理乃至城市规划建设提供充分的决策依据。

3. 城市管理服务意识更强化

市民通过"城市e管家"反映民生诉求，并借助数字化城管平台督促政府各部门关注市民关心的热点难点问题，对照相关政策法规加以管理和解决，从而为市民提供了更高效、更优质的政府服务，有力地促进了管理型政府向服务型政府的转变。

此外，《人民日报》、《光明日报》等主流媒体都对"城市e管家"进行了宣传报道，全国各地有数百批次考察团前来参观。同时，系统还积极服务于我市的文明创建工作，在2014、2015年开展的"同创共建全民美城"行动中，全市二环路以内被划为50个网格，每个单位确定一个牵头单位，50家网格单位就借助"城市e管家"上报问题，有力推动了创建工作。

为了使"城市e管家"可以为市民提供更多更好的服务，今后我们还将继续推广"城市e管家"，通过开展志愿者活动，结合广告宣传，扩大"城市e管家"的影响力和知名度。"城市e管家"还是一个非常年轻的系统，还有很多不完善的方面需要改进，这也成为我们前行的动力。我们将继续以理念创新作为促进工作改革的动力，以信息化应用作为提高工作效能的手段，实现城市管理的新突破，推动服务品质的新提升。

（张家港市数字化城管监督指挥中心）

温州试点开展"网上开证明"

一 项目背景

温州市泰顺县地处山区，交通不便，很多乡镇群众到县城办理证明，需要几个小时的车程，仅仅为了递交材料、拿取证明，就需要来回跑好几趟。泰顺县常年外出人口超 14 万，占全县总人口的 1/3 以上，为了一张证明，不少人需要不远千里赶回老家，办理证明很费周折。由于该县日常开证明频率较高，办件量较大，造成办理窗口的拥挤，延误办理时间，降低了服务质量和效率，还造成群众开证明成本的提高。

为此，温州市按照国务院关于简政放权、放管结合、优化服务和《国务院办公厅关于简化优化公共服务流程方便基层群众办事创业的通知》（国办发〔2015〕86 号）的部署要求，积极探索破解困扰基层群众"办证多、办事难"问题的有效途径，2015 年 12 月 18 日在泰顺县率先推出"网上开证明"系统，进一步提升政府公共服务水平，方便群众办事。

二 主要做法

（一）编制证明清单，做到"清单之外无证明"

1. 摸清事项底数

自 2015 年 9 月开始，泰顺县对全县各乡镇、各部门和公共企事业单位的现行证明进行普查，普查内容包括证明名称、开具单位、使用单位、用途、依据、办件量等，共梳理出面向社会公众的证明事项 69 项。其中，县域内使用的证明 28 项，县域外使用的证明 41 项，如用于高校助学贷款的贫困证明、用于在外从事特殊行业的无违法犯罪证明等。全县每年共办理各类证明 5 万多件。

2. 开展清理规范

泰顺县对县域内使用的 28 项证明事项，按照"没有明确依据或者可通过政府部门制发的有效证照能够证明的一律取消，可通过各部门内部数据共享、内部沟通程序等形式进行验证的逐步取消"的原则进行清理，最终确定暂时保留 19 项。对确需保留的证明，规范申报材料和办理流程，尽可能简化程序和盖章环节，为推动网上办理打好基础。

3. 严格规范管理

泰顺县以县政府规范性文件形式向社会公布全县证明事项清单，自 2016 年 1 月 1 日起，各乡镇、各部门及县域内公共企事业单位必须严格按照清理结果执行，对于未纳入准予保留行使的证明事项，一律不得要求办事群众再提供。同时，证明事项清单作为公共服务事项纳入浙江政务服务网统一行使权力库进行动态管理，未经县政府同意，不得随意新增证明事项。

（二）开通网络平台，让群众足不出户办证明

1. 建立网络平台

专门开发"网上开证明"系统，同步推出网站和手机两个版本。凡是泰顺辖区内居民，包括在县外求学、工作的泰顺籍人士，都可以通过该系统（登录浙江政务服务网－泰顺县－我要办－网上开证明），提交有关证明申请。申请人在首次登录注册并进行身份验证后，即可选择对应证明事项，根据系统提示填写相关信息，提交相关材料。确认信息提交成功后，2个工作日内，相关单位完成审核并出具结果或做出办理意见，并以短信方式告知申请人，办理结果可以通过电子打印或快递邮寄方式获得。此外，系统还设置了在线验证功能，每份证明材料都标注了唯一编码，确认证明材料的真实性。

2. 分批开展试点

按照"试点先行、典型引路"的思路，泰顺县选择2个县级部门、2个乡镇、1个基层站所作为第一批试点单位，开通了贫困证明、无违法犯罪证明、房屋使用证明、房屋权属证明等4个办件量较大事项的网上办理。

3. 优化办理流程

为适应网上全流程办理的要求，泰顺县对办理程序进行优化，如办理贫困证明原来需要申请人先到村里盖章、再到乡镇盖章，最后还要到县民政局出具证明，现在改为统一由乡镇受理，征求村里意见后（由驻村指导员代办），直接通过网络上传给县民政局，办理证明申请人不再需要东奔西走。

三　取得成效

"网上开证明"系统的开通，真正实现了让群众随时随地、不出家门就可办事，为群众带来实实在在的便利。该系统开通运行2个月内，系统页面访问累计6.5万次、手机APP累计下载697次，移动端装机量630台，网络答复各类咨询2600多件，共办理各类证明25件。

下一步，在总结泰顺县试点经验的基础上，温州计划2016年在全市范围内推广。今后，凡是已经开通网上办理的部门单位证明，市民只需网上操作就可以异地申请办理拿到证明，在方便群众办事的同时，也提高政府服务水平，有助于切实转变政府服务模式。

（温州市电子政务中心）

台州市基于云架构的网站建设模式

台州市委、市政府信息中心于2015年对台州市政府门户网站进行重建。工作遵循"统一建设、集中管理"指导思想，基于云架构的集约化建设整合了约全市50个党政部门门户网站，统一提供各部门共享共用网站集群的软、硬件资源，对全市政府服务资源进行整合，最终打造了台州市服务型政府门户网站集群。

一　台州市政府门户网站集群建设背景

从 1999 年底的"政府上网工程"开始，我市政府网站建设与发展经历了风雨兼程的 15 年，现在正进入一个崭新的发展阶段，市本一级单位，区、县均建设政务门户网站，但这些网站大部分由各部门自行采用自建或者委托的方式建设，也有部分网站采用集中外包的方式建设，建设经费根据网站规模和功能等因素从几千到几十万元不等。虽取得一些成绩，但在快速发展阶段，也出现了不少问题，主要体现在以下三方面。

（一）规划和共享

目前我市政府部门网站信息化建设得不到统一的规划，部门之间条块分割，所采用的系统不一致、数据标准不统一，并且分布在各个相对独立的服务器中，大量增加了信息化建设的成本，资源浪费严重。在各职能部门的网络、网站系统的设计、开发与管理等各方面出现了信息难以交换，难以实现更高层次的信息处理，网站信息维护困难且信息缺乏有效的共享和管理的状况，在全市范围内人为地形成了一个个信息孤岛。

（二）安全保障

随着我市信息化工作的深入，各部门均已建立相应的网站，由于各部门网站建设比较分散，服务商的服务水平和技术能力参差不齐，因此政府部门的网站安全性和稳定性难以得到有效保障，经常出现部门网站打不开、链接错误、版面错位、被挂木马或非法链接、浏览器兼容性差等现象。在政府网站安全检查过程中，发现很多子站均托管在外地小型 IDC 服务商处，外地托管服务商水平低下，无专业管理制度，安全监管措施不到位，近年来部分政府网站曾多次遭境内外黑客攻击，安全防护水平亟待提高。

（三）运维管理

在非集中式的环境影响下，政府的管理体制相对松散，各部委之间具有相对独立性。并且，不同应用系统在不同时期由不同的人员开发，个体差异很大。许多单位和部门的网站界面和功能多年不曾进行过更新和升级，其原因之一就是系统更新和升级的成本高，对技术的依赖程度也越来越大。政府网站的绩效考核由网站内容服务指标、网站功能服务指标、网站建设质量指标三块组成，信息过于分散，技术手段不能集成化，政务公开和便民服务不能顺利施行，则不利于网站的绩效评估。

二　台州市政府门户网站集群建设关键点

（一）统一部署规划，集中打造台州市本级网站集约化建设平台

1. 依托运营商，云架构部署网站集群

作为我市最大的通信运营商，台州市政府智慧城市战略合作伙伴，台州市移动公司已经建成大规模集群化 IDC 机房，有 285 个机柜，城域级骨干线路接入，严格按照国际先进数据

中心标准建造，配备高端网络设备和先进完善的机房设施，安全措施到位，网络防护安全有效，符合等保三级要求，维护队伍专业、可靠。台州市政府网站集群，依托移动云平台，全新规划，其网站集群内容管理系统、政府信息公开管理系统、互动管理系统、全文检索系统等全部基于同技术体系，对全市政府部门门户网站进行集中建设，避开了现有多厂家、多系统、多架构的复杂建设模式，实现全市网站群规范化、一体化、标准化的管理体系。

2. 加强信息公开建设，推进政务公开

根据国家信息公开条例的有关规定，通过全市政府信息公开平台集约化建设，深化政府信息网上公开，确定行政权力政务信息公开模板，指导各部门完善政府信息公开目录，实现信息公开规范化和标准化。及时准确公开经济社会发展以及与群众利益密切相关的政府信息，加强财政资金、重大项目、公共安全事件信息公开，强化政府网站作为政务公开主渠道的作用。

3. 网上政务服务大厅整合

凸显服务为核心的理念，是当前政府网站建设的重中之重。浙江省政府已专门建设浙江政务服务网为民办事，力图打造全省统一的政务服务平台。作为台州市政府门户网站，同样需要在网站体现政务服务的内容，但并不是全部重新建设，而是在省政务服务网基础上打造台州个性化政务服务。因此，全面梳理整合市政府门户网站、市直部门门户网站以及各县市区门户网站的政务服务内容，按照不同的用户需求、服务部门、所属区域进行合理有效的整合，并与省政务服务网进行有效对接，解决公众最关心、最直接、最迫切的问题。每一项主题服务要素完整、丰富，方便公众查找所需的信息。并对个人办事、法人办事、便民服务等内容以链接、嵌套、数据调用等方式实现与政务服务网整合。

4. 拓展政民互动渠道，提升政府公信力

采用市级集中建设方式，建立全市各部门互动平台，拓展网上政民互动渠道，积极开展领导信箱、网上民意征集、网上调查等多种互动交流业务，提高政务决策的公众参与度和政府公信力。整合党政机关各部门网上信访和投诉处理渠道，实现投诉受理的全流程在线处理及监控，提高群众诉求处理效率和质量。

（二）贯穿"智慧"理念，构建智能化服务型政府门户

1. 智能导航

在设计上突破传统，网站首页采用一屏展现，从访问方式上去除所有的滚动条，并且适应常规分辨率和浏览器。首页展示的内容分类清晰，并且重点突出，特色的服务和内容要有专门体现。通过设计传递展示台州的城市形象和人文风貌，因此首页采用背景高清大图方式。

具体到首页的规划设计上，做到了一屏内整合信息类、服务类、网站特色的服务和资源，分别放置在页面左侧、底部和右侧的区域，顶部是常规的导航。

比如在左侧的区域，分别放置了资讯类的"走进台州"和"专题聚焦"，服务类的政务服务资源，以及新媒体微信、微博圈内容等，四类入口进入后分别是该类别的高度整合资源，方便用户一屏内访问所有的最新信息资源。

收缩在底部的服务导航，这是一个能够快速提供服务的导航区域，横向无限制板块切换，可以提供各种类型的快速服务导航，既可以是分类入口，也可以是热门服务，还可以是提交表单。展现样式灵活多样。

2. 智能图话

常规的网站发布图片只是一种发布模式，而在移动互联网发展的时代，读图成为获取信息更为直观的方式，因此，本次建设着力打造"智能图话"，让图片能够开口"说话"，通过"图说台州"栏目，以专业图片网站展现样式，对台州区域内图片资源进行合理分类、浏览，同时针对台州地区的用户，提供了注册、登录、上传等功能，最终打造了一个集城市宣传、图片资源共享、摄影爱好者相互交流于一体的综合政务图库平台。

3. 智能检索

智能检索服务通过网站群信息进行搜索、提取、组织、处理并提供检索服务，是门户网站的核心功能，是公众获取网站群信息服务资源的主要方式。智能检索服务的构建大幅提高网站的可搜索量与辨识度、拓展网站的用户覆盖面积、使网站符合用户搜索习惯与使用惯性。建设智能检索服务重新对数据本身的用途聚类，数据结构根据用户的操作习惯、思维习惯进行构建，并具备语言的分析、语义的分析、同义词库、百姓口语方言的识别、自然语言的识别、行业关键词自学习等功能，实现对结构化和非结构化的内容进行精确检索，通过相关度、时间等方式进行排序，信息挖掘时以多维度、立体化、不断逼近结果的方式对查询内容进行提炼，比如根据地区、行业、热词、热点等进行数据展现，使得数据挖掘查询越来越精准，用户满意度越来越高。

4. 智能问答

随着用户搜索行为的深化以及"以用户为中心"理念的深入，可见性逐渐成为对各大政府网站自身影响力的重要指标。智能搜索作为一种对网络信息进行搜索、提取、组织、处理并提供检索服务的工具，正成为互联网应用的核心功能，成为公众获取互联网信息资源的主要方式。台州政府门户网站提供了基于网站群资源的智能问答、智能标签、智能检索、智能导航、关联推荐、智能提示等服务。

5. 智能服务

按照"统一导航、统一认证、统一申报、统一查询、统一互动、统一支付、统一评价"的"七统一"建设目标，构建了台州智能服务频道，以为用户的服务需要为整合建设出发点，在开发过程中应关注用户行为，了解用户实际服务需求，以交互通畅为目标，打通在线服务的各个环节，形成在线服务的闭环。实现了用户从注册认证到办结评价的全流程业务功能，无缝衔接了各独立应用的数据传递，给用户提供一体化的访问方式。建设"我"的政务服务网，对于访问者来说，无论多少个统一，最终成果都是以网站在线服务进行呈现的，用户在经过实名注册登录后，将集中展示用户访问过和收藏过的事项内容，用户可以直接进入申报提交流程，受理后系统会将处理过程进行阶段性提示一直到办理结束的告知，并进行满意度的评价与回放，用户在办理过程中可以通过留言或者在线方式向办理单位进行直接咨询，从而实现了在个人中心中可以集中完成整个服务闭环的工作，并且集中整合了所有和用户自身相关的网内业务。

三　台州市政府门户网站集群建设模式的优点

网站集群建设模式遵循"统筹规划、分步实施，联合共建、互联互通，安全可信、先进可靠，经济实用、灵活方便，统一标准、统一规范"的指导思想，这种模式主要具有以下优点。

（一）独立设计，资源共享

统一的云平台建设既体现了"集中"的优势，又突出了"独立"的理念。站群内的每一个子网站在互联网上有自己的独立一级域名，相对政府网站群独立运行，拥有网站独立的数据结构和定义，在后台管理上实现一点登录，独立管理，与主站共享数据信息。采用应用型的开发管理平台将可实现门户及部门网站信息的共享共用，可以形成全市统一的信息交换平台，还可通过站点维护与内容管理权限的分配，使得管理规范化，实现集群化管理。主站还可直接从各子网站扫描抓取信息，以保障政府门户网站信息量，共享访问流量。

（二）简洁简便，访问更快捷

新的集群网站设计更简洁、交互流程更简化、用户使用更简便。网站首页设计风格遵循简约、扁平化风格，内容上合理规划，尽量将公众想看的信息放置在首页显眼位置，栏目设置清晰，减少访问点击次数。基于组件化的设计使得动态网站的开发从程序开发层面提升到应用层面，可在较短时间内建成各部门网站，协调部门建设网站步伐。基于云架构的技术，可以保障政府网站的高可用性，并具备灵活扩容的能力，快速响应网站的临时扩容需求，为台州市政府门户网站集群提供高品质服务。

（三）承上对接，拓展更丰富

在整个前台用户体系上面我们实现了与省政务服务网的对接，使得用户能够通过实名认证或者支付宝登录认证后获取相关的办事服务与互动服务。后期将对移动客户端进行同步提升，实现中国台州的客户端能够在用户体系、内容、服务、功能上和网站无缝对接，方便公众随时获取政府服务。结合移动端的一些特有技术，在集群的后期应用中，还可以有更进一步的拓展及深化。

（四）安全提升，防护更全面

台州移动在通信技术和 IDC 建设方面有着十分丰富的技术积累。云机房的实施和部署都按照国家标准的三级等保标准建设，在防护方面投入了更严格的安全设备，并区分独立的机房用于网站集群的运维，实行现场 7×24 小时全方位授权维护，有专人基于授权代理管理维护，确保系统正常运行。

（五）全市统筹，资金更节约

网站集群可使多个站点的网站内容、数据存储及运行处于同一个软硬件环境中，能节约大量的软硬件投资，并解决了各部门技术力量参差不齐和设备、信息管理在维护和更新上的投入不足等诸多问题。市财政及信息化主管部门可以在源头上做好全市的统筹，要求符合迁移的网站尽早地迁入集群，可提高资金的使用率，大大地节约宝贵的财政资金。

（台州市委市政府信息中心）

安徽政府权力清单运行平台

2015 年以来，安徽省紧紧围绕中央简政放权、放管结合、优化服务的决策部署，按照加快建设服务型政府和廉洁政府的要求，运用互联网和大数据技术，通过建设政府权力清单运行平台，简化办事流程、透明审批过程，在实现政府权力网上公开规范运行和提高网上政务服务能力方面进行了有益的探索。

一 积极推进"互联网＋政务"，提高政务服务水平

大力发展政府网上服务是新时期加快转变政府职能、建设服务型政府的必然要求。2014 年以来，我省各地围绕服务型政府建设，在"网上服务与实体大厅服务、线上服务与线下服务相结合的一体化新型政府服务模式"上积极实践，推动我省网上政务服务体系建设从传统电子政务向"互联网＋政务"的模式转型，由内部应用为主向社会治理和公共服务为主转变。结合行政体制改革的要求，重点建设能提升政府整体效能和全面履行政府职责的信息系统建设，注重业务协同、流程再造和服务创新。面临大数据等互联网新技术不断涌现的新形势，积极推进政务云建设，推动电子政务基础设施共建共享和共用，运用大数据技术，加快跨部门信息资源开发步伐，逐步提高行政效能，提升对居民和企业的精准化服务水平。

二 建设政府权力清单运行平台，进一步简政放权

针对当前行政审批制度改革中存在的问题，积极运用互联网和大数据等新技术，通过建设全省统一的政府权力清单运行平台，梳理政府权力事项，晒出政府权力清单和责任清单，固化权力流程，监督权力运行，在建设法治政府和服务型政府方面进行了有益的探索。

（一）主要做法

1. 搭建全省统一平台，集中提供政务服务

在推进简政放权的工作中，注重加强组织领导，强化顶层设计，以建设全省统一政府权力清单运行平台为载体，推动省市县三级政府权力网上运行。2014 年，安徽省政府召开推行政府权力清单制度会议，提出依托政务外网建设政府权力清单运行平台，确定了包括政府权力项目库、政务公开服务平台、政府权力网上运行办事平台、电子监察平台和法制监督平台总体建设框架。2015 年，省委、省政府将平台建设列入重点改革事项，定期检查工作推进情况。省政府召开多次专题会议，成立平台建设工作领导小组，协调省发展改革委、省编办等部门共同推进平台建设和应用，同时配套出台平台建设工作方案、建设指南和标准规范，指导和规范各地平台建设。平台通过建设全省统一的电子政务服务大厅，各地各部门开设分厅的方式，为社会公众提供统一申报、统一反馈和查询服务；通过建设全省统一的政府

权力项目库和法制监督平台，满足各地政府权力事项信息管理和法制监督需求；分级建设政府权力网上运行办事平台和电子监察平台，满足各级政府工作人员的政府权力事项网上办理和监督监察需求。

2. 全面梳理办事指南信息，提供办事指南信息服务

在制定政府权力清单和责任清单的基础上，全面梳理政府权力事项办事指南信息，大力推动政务服务事项在线办理。截至目前，对照保留的政府权力清单事项，逐一梳理了省政府各部门的行政审批、行政处罚、行政征收共10类政府权力和公共服务事项的办事指南信息2826项，包括申报材料、申请条件、实施依据、收费情况、常见问题等，为公众办事提供服务，并绘制了政府权力事项运行流程图，确保政府权力能够在网上运行。

3. 以全程上网办理为目标，推动权力公开透明运行

为推进政府权力网上规范运行，出台了地方标准《政府权力事项编码规则》，对权力清单中的所有政府权力事项逐项统一编码管理，使每项政府权力都有了唯一的"身份"，同时明确规定，没有编码的政府权力一律不得行使。通过政府权力清单平台中的电子监察平台，可实现对每个政府权力事项全过程的实时在线监察，实现权力运行公开透明、网上留痕、全程监控。政府权力运行坚持权责一致的原则，在编制权力清单的同时，一一对应建立责任清单，对每一个具体事项都建立了责任事项、追责情形、追责主体、追责依据和应负责任"五位一体"的责任体系，使行政监察方式由事后监察变为事前、事中、事后全过程监察。这一新的方式，不仅能够实现权力运行可视、可控、可查、可纠，而且能够有效解决有权无责、权大责小、责任不清、追责不力等问题，有效保障了政府权力公开透明运行。

（二）进展情况

1. 平台功能初步建成，政府权力网上试运行

截至2015年3月底基本建成政府权力项目库、政务公开服务平台和政府权力网上运行办事平台，2015年4月20日上线试运行，试运行单位包括省发展改革委、省公安厅、省环保厅、省交通厅、省文化厅、省质监局、省商务厅等7个厅局和合肥、亳州、蚌埠、滁州、芜湖等5个市。至2015年6月底，完成电子监察平台、法制监督平台功能建设。经过试运行，平台满足各地各部门实际业务需求，有效提高了政务服务水平。

2. 统一电子政务服务大厅，集中对外服务

截至2015年7月19日，电子政务服务大厅已开通55家省直单位服务窗口，6个市级分厅和13个县（区）级分厅，总访问量达64136人次。共发布省级政府权力清单1712项，责任清单12000余条；省级涉企收费清单174项。合肥、芜湖、蚌埠、滁州、亳州、铜陵市电子政务服务分厅分别发布政府权力清单和责任清单1458、2555、1750、1998、2878、1240项。试运行期间政府权力网上运行办事平台与政务服务中心实体大厅现有业务系统双轨同步运行，省直试点单位通过平台运行政府权力事项共73项，办件共4111个。

3. 完善政府权力运行考核机制，保障平台稳定运行

为做好平台应用推广工作，省政府办公厅初步制定《关于推进政府权力清单运行平台应用责任分工的通知（代拟稿）》，正在征求各部门意见。该通知中明确了各部门责任分工，保障平台稳定运行。省编办负责对全省政府权力清单运行平台应用情况从建设进度、服务广度、应用深度等方面对各地各部门推进应用情况进行监督，省政务服务中心负责政府权力网上运行考核工作，考核结果纳入机关效能考核，省监察厅负责政府权力网上运行的监督监察工作，省发改委负责政府权力清单运行平台的建设、技术管理和培训工作。

（三）运用大数据技术，创新服务方式

各地按照统一部署，开展政府权力清单运行平台建设，并运用大数据技术，提升政务服务水平。

省发展改革委按照"公开透明、规范流程、全程监管、阳光审批"的要求，开发建设了综合服务信息平台。该平台于2014年1月正式运行，覆盖省、市、县（区）发展改革系统。目前，职权事项包括项目审批、资金安排等在内71项行政审批和公共服务事项已全部纳入平台办理，涉及机关18个处室和能源局5个处室。平台通过全面公开权力事项的申报信息、办理信息、办结信息，使政府权力运行全过程透明；通过优化业务申报流程，提高了行政效能；通过审批前网上公示、网上全程留痕，有效地规范了政府权力运行过程，预防腐败。

亳州市打造功能齐全、操作便捷、覆盖城乡的"一站式、全天候"网上办事大厅，将3307项办事项全部梳理进驻网上办事平台，日均办件量2000余件，累计办结公众申报事项16万余件，公众满意率为99%以上。按照"集中建设、授权使用"的原则，整合市级32家单位4.9亿条数据到"亳州市数据中心"，构建了人口数据库、法人数据库和电子证照数据库。市网上办事大厅统筹将每个网上办事项的申请资料与市数据中心关联，实现了公众（企业）在亳州市网上办事大厅申办事项时，仅需通过强身份认证，就可以直接调用关联信息，运用大数据推进全市行政审批制度改革。如申办二胎生育证时，系统会自动识别用户身份证号，并以此为入口提取个人计生、公安、民政等信息填入对应表单中，申报时间从20多分钟降低到2分钟。

芜湖市通过加强社会服务管理信息化建设，以"不交换数据就交换干部"的坚定决心，强力推进政府部门数据共建共享，目前全市已整合共享交换包括省计生、民政、工商、质检以及人社、教育、财政等107个部门（大类）、共计27亿多条政府各类数据，并分类形成人口库、企业库、房屋库、地理信息库、行政权力库和电子证照库等专题库。大数据可以即时反映现有406.77万实有人口、42982家中小型企业、132456个个体户等宏观数据，也可以直观显示诸如全市受教育状况、老龄化现状等专题数据，还可以对具体企业经营现状、社区网格内社情民意和突发事件准确掌握。通过数据深化应用和分析，能"画像式"反映居民个人和企业综合现状，解决了政府管理底数不清、情况不明的问题，为政府决策提供了科学依据，也为基层社区应对具体工作任务提供了可靠帮手。通过开发建设为民办事"一站通"平台，按照"多点受理，受办分离"的办理模式，公众可以通过线上和线下申请事项办理，政府各部门通过对办事流程进行信息化再造，审批流程得到优化，办事效能提升了70%以上。截至2015年7月底，芜湖市"一站通"平台累计办理事项43.2万件，日均受理超过800件，规定时间办结率、满意率均为100%。

三 应用成效

（一）创新了政府权力运行方式和对外服务模式

"互联网＋政务"是传统政府在网络社会环境下的重塑，是建设服务型政府的重要依

托。首先，政府权力清单运行平台建设改变了传统的组织结构和权力运行模式，政府组织结构向更具有灵活性和适应性的扁平型发展，管理层次减少而服务的幅度扩大，横向沟通与协作变得更加重要，更符合服务型政府精简、合作的原则。其次，政府权力清单运行平台建设使政府职能"由管制行政向服务行政转化"，通过建立权力清单、责任清单、涉企收费清单等各类清单，实现政府职能的服务化、清单化、法治化。再次，政府权力清单运行平台实现了"全天候在线"政府的建设，使政府与社会组织、公众的即时交流互动成为现实，各项政务服务可以实现智能化、个性化。通过制定政府权力清单制度和政府权力清单运行平台建设，在打造服务型政府方面进行了有益的探索。

（二）推进了政府依法行政

在推进政府权力清单运行平台建设中，坚持法定职责必须为、法无授权不可为，一方面，实现了审批透明化、痕迹数据化、监控实时化，让办理过程可视、可控、可查、可纠，从源头上铲除了腐败的温床。另一方面，强化了政府权力监督，通过电子监察平台，可以对各部门网上办理事项进驻率、网上办理率、限时办结率、服务满意率进行督查监察，提高政府行政效能。

（三）提高了政务服务水平

借助大数据等新技术，政府可以科学配置政务资源，提升政务服务的用户体验，让政务服务朝着个性、规范和高效的方向发展。通过集中建设统一的政务服务平台，庞大的数据资源使得政务服务量化成为可能，并为进一步改革和创新提供决策依据。同时，开放政府掌握的大数据，能够促进经济社会发展，成为政务服务的新内容。对各级政府而言，大数据是一种全新的思维方式，颠覆了传统政务服务的理念和实践，为政务服务供给的创新与突破提供了有益的经验。

（安徽省经济信息中心）

亳州建设网上办事大厅创新公共服务模式

为群众提供优质高效便捷的公共服务，是加快转变政府职能，推进简政放权、放管结合、优化服务改革的重要内容。近年来，亳州市委、市政府不断强化互联网思维，积极推动互联网和大数据技术在公共服务、社会管理、市民生活等各方面的应用，在创新公共服务模式上进行了积极的探索，建设了网上办事大厅，取得了良好成效。

一　全面梳理政府权力，科学编制公共服务清单

如何以群众需求为导向、以群众满意为目标、以群众"点菜"为重要途径，梳理规范公共服务事项，建立公共服务清单，是我市编制"四个清单"体系的重要内容，对推进政

府职能转变、提升政府治理能力和公共服务水平具有十分重要的意义。

2014年8月，我市严格按照"法无授权不可为、法定职责必须为"的要求，根据中办、国办《关于推行地方各级政府工作部门权力清单制度的指导意见》，依据现行有效的法律、行政法规、国务院的决定和命令、地方性法规、国务院部门规章及省政府规章、省委有关文件等7类权力来源，将每项行政职权细化具体到条、款、项、目，系统梳理、编制了全市的行政权力清单及公共服务清单，共梳理出市级政府部门行政权力事项10421项、其中网上可运行的行政权力事项1234项，公共服务501项、其中网上可运行的公共服务事项254项；梳理出县级政府部门行政权力事项8559项、其中网上可运行的行政权力事项1184项，公共服务343项、其中网上可运行的公共服务事项219项；梳理谯城区政府部门行政权力事项6441项、其中网上可运行的行政权力事项917项，公共服务事项245项、其中网上可运行的公共服务事项187项；市经开区网上可运行的行政权力事项131项，其中网上可运行的公共服务事项24项。凡未列入清单的行政权力将不再行使，实现"政府权力进清单、清单之外无权力"。同时，为了更好地服务群众和企业，我市还同步编制了责任清单、行政事业收费清单。

"四个清单"的全面梳理，为网上办事的建设奠定了坚实基础，截至2015年9月底，亳州市将网上可办理的行政权力和公共服务事项全部入驻网上办事大厅共6956项，其中行政权力事项5834项，公共服务事项1122项，实现在线申办和网上监察追责，保障了就业服务、社会保障、文化体育、住房保障、司法诉讼等基本民生需求，让市场主体享有更加快捷方便的服务，让人民群众享有更多更好的改革获益感。

二　建设网上办事大厅，实现"数据跑腿"

为解决群众办事难、办事不方便的问题，我市不断探索和创新服务模式。2001年5月，成立市、县、乡三级行政服务中心，将群众办事由"四处跑腿"变为"一处跑腿"。2007年，在全市推行为民服务全程代理制，"群众动嘴、干部跑腿"的模式逐渐形成。2014年，亳州市以四个清单为基础，以信息化技术为支撑，统筹搭建了集信息公开、网上办事、效能监察于一体的"互联网＋政务服务"新平台——亳州市网上办事大厅，开启了"数据跑腿"新模式。

建设一个标准规范体系，规范"数据跑腿"标准

结合亳州实际，制订全市信息资源整合共享涉及的必须遵循的、唯一的标准规范，规范数据使用、传输标准，为智慧亳州建设搭建基础体系，确保智慧亳州的信息化项目资源共享。

建设三个基础数据库群，提高"数据跑腿"效率

以建设人口数据库群、企业数据库群和电子证照库群为主要内容，整合公安、工商、民政、人社等职能部门的数据资源信息，建设市数据资源中心，实现信息共享、业务协同，满足各部门间数据交换需求。网上申办事项实时调取申请人资料信息，实现一键式申报；部门审核时可实现实时调取、实时比对，解决上传材料多、资料真伪难辨等问题，提高群众办事效率。

建设三个支撑服务平台，保障"数据跑腿"流畅

三个支撑服务平台是指数据交换平台、信息资源服务管理平台、统一用户管理平台。数据交换平台实现各部门数据交换需求，独立于部门业务系统；信息资源服务管理平台以人口、企业、证照为核心主线，将数据交换平台汇集的数据进行整合，并向网上办事大厅以及其他部门开放；统一用户管理平台为政务应用提供统一的身份认证和权限管理，实现各系统用户的统一授权。

建设三个应用系统，全程践行"数据跑腿"

即网上办事大厅申报系统、审批系统和电子监察系统。申报系统为社会主体提供服务，设置了网上申办、一站式登录、事项模糊检索、在线咨询、在线评价、短信提醒等功能模块，系统以浏览器和移动终端应用两种形式实现。群众申报时可采用自主申报、代办点申报以及手机 APP 申报三种形式，群众可自主通过网上办事大厅注册、申请办事项，基本满足群众所有的办事需求。多种申报形式、统一申报入口、申报材料网上传输，实现"群众跑腿"向"数据跑腿"转变。审批系统为政府审批人员提供规范化业务审批流程，部门全程网上审批，真正实现了申办不下班、审批不见面。电子监察系统对办事项的办理情况进行全方位的监察。三个系统共同构成了政府服务管理事项的网上办事体系。

三 统一固化运行流程，源头预防腐败

推进行政审批改革，消除权力"暗门"、亮出权责"家底"，不能止步于数字的压减和简单的公开，更要做到行政权力运行流程的公开化、规范化、透明化。

办事要求全面公开，实现权力运行公开化

按照全面实行政务公开的要求，针对可以在网上办理的每一个具体事项，都制订了清晰的运行流程图，全面公开每个办事项的法定依据、实施对象、法定条件、申报材料、办理流程、收费标准、收费依据、承诺时限、联系方式和申报材料的格式文本等信息，群众在申办业务时，可以明确知道办事需要提交的材料、办结需要经过的流程，简单明白、一目了然，真正实现"办事有指南、填表有示范、政策能查询"。

审批流程操作规范，实现权力运行规范化

在保持行政审批主体资格、职能权限和法定程序不变的前提下，对每一个网上办事项，根据市直、县（区）、乡（镇、街道）、行政村（社区）的不同法定职责，分别为其设置相应账户，合理配置功能权限，为每个办事项设置了申请、受理、审核（审查）、审批、发证（发文）五个办事岗位。凡是实现网上办理的事项，原部门和实体性大厅窗口均不再受理，确保权力依法合规运行。

建立电子监察系统，实现权力运行透明化

网上办事大厅建设了电子监察系统，对每个审批事项进行全过程实时在线监察，确保权力运行公开透明、网上留痕、全程监控。通过平台的提醒、预警、超时警告等自动提示功能，对违规审批及时纠错。监察方式由事后监察变为事前、事中、事后监察，全程可视、可控、可查、可纠。网上办事大厅对每一个办事项均明确各个岗位的职责及其办理时限，并依据责任清单，针对不同追责情形予以相应的纪律处分。合理制定考核指标，对各部门事项进驻率、限时办结率、网上办理率、证件邮寄率等指标实行周通报、月考核制度，确保工作扎实推进，逐步让网上办事大厅成为联系群众的桥梁、为民办事的平台、改进作风的载体。

四　汇聚整合数据资源，推动政务信息共享

当前，"信息烟囱"、"信息孤岛"现象比较普遍，部门间各类数据信息无法互联互通，影响了政府效能提升。为此，亳州市专门成立市信息局，统筹管理全市政务信息化建设，建设"亳州市数据中心"，致力于打破信息"壁垒"，推动政务数据资源互联互通、互享互信。

建立数据标准体系

设计政策性和技术性两大标准规范，依据数据变化频率、有无主题数据库等特性，分类采取动态数据交换、离线数据上报、网站自动抓取等三种方式，将市级46个单位507类10.2亿条数据整合到市数据中心，构建了人口数据库、法人数据库和电子证照数据库，为公共服务事项网上运行提供标准、权威的基础数据支撑。

统一搭建服务平台

坚持"集中建设、授权使用"，由市财政投资5000多万元，建设全市统一云计算中心机房，为全市政府部门的信息化建设提供安全可靠的机房环境和IT技术支持服务，全市数据运维仅需一套软硬件设备、一个运维团队；市政府根据部门实际业务对相关数据进行授权，实现一数一源、动态共享，保障数据信息的及时性和准确性。

强化数据安全保护

遵循国家信息安全三级等保规范，采用先进的安全产品和技术，对数据关键性字段进行不可逆加密，对用户和字段建立了1~9级密级管理。根据数据涉密级别选择不同的网络和安全设备，对公安、人社、房产等数据采用点对点数据专线接入，对公积金、税务等数据采用内网加防火墙传输，对非涉密数据使用外网传输，打造了安全可靠的大数据发展环境。

推进数据关联应用

个人（企业）在亳州市网上办事大厅申办事项时，仅需通过强身份认证，就可以直接调用关联信息。部门开展网上审批时，系统会根据申办人提供的基础信息（身份证号）进入数据中心核查，保障电子资料的真实可靠，大大减少了部门人工核查电子证照的工作量，提高了审批效率。如个人在申办提取公积金业务时，系统会自动读取其公积金账户、社保卡及其他相关信息，资金将发放到申办人社保卡上，通过社保卡与身份证的一一对应关系，100%确保资金的发放安全。

五　立足群众办事需求，优化社会公共服务环境

亳州市建立的网上办事大厅紧紧围绕群众的办事需求，构建了"横向到市县（区）直部门、纵向到市县（区）镇村"的四级协同办事体系，实现了公共服务"全天候"、"全覆盖"、"全方位"。

为群众代办，打通服务基层"最后一公里"

在全市1341个社区（行政村）和市外亳州籍务工人员集中地点（如义乌）均设立代办点，由代办员代为网上申请，从而解决偏远地区上网难、部分群众不会上网问题。为解决服务群众"最后一公里"问题，采取政府购买服务的方式，与邮政速递公司合作，推行网上办事证件免费邮寄，让市域内群众"足不出户、足不出村"就可以办成事，让外出人员和

市外投资者远在千里之外也能办好事。

让群众点菜，打造一站式网上政务超市

网上办事大厅 Web 版市直、谯城、涡阳、蒙城、利辛、市经开区 6 个厅域名地址、界面风格、操作方式、身份认证等完全统一，凡是入驻网上办事大厅的"权力事项"和为民服务事项，均可通过在线申办或在线预审查等方式办理。无论是自然人还是法人，无论申办者身在何地，只要登录互联网，都能提交申办事项，真正体验到网上"一站式"政务超市的方便快捷。2015 年 11 月，亳州市网上办事大厅建设办公室面向社会开展了有奖征集网上办事项活动，开启了由"政府端菜"向"群众点菜"的巨大转变。

同步开发 APP，实现群众指尖办事

大力开发网上办事大厅手机 APP 版，大力推进运营商 3G、4G 信号市域全覆盖。截至目前，网上办事大厅手机版已实现 6956 项办事指南、办事流程的手机显示，Android 版已实现 3623 种事项的手机端申报，IOS 第一版 220 个办事项已在苹果市场发布，第二版 3623 个办事项正在向苹果公司申请发布。网上办事大厅日渐成为群众的"口袋大厅"，"指尖办事"成为新风尚。

六　创新服务模式，解决办事难题

亳州市网上办事大厅自 2014 年 12 月上线运行以来，已累计受理各类申报事项 120 余万件、办结 115 余万件，群众满意率在 99% 以上，变"群众跑腿"为"数据跑腿"，变"面对面审批"为"不见面审批"，变"办事求政府"为"政府帮办事"，解决了"门难进、事难办、脸难看"问题，受到了社会各界的广泛好评。具体来说，主要成效体现在以下几个方面。

（一）行政服务效率明显提升

在安徽省地级市中，亳州市机关事业编制和人员数量最少，单位和人员均处于高负荷运转状态。网上办事大厅运用现代信息化技术，极大地减轻了工作人员录入、接待、解答、求证和资料汇总的负担，点击鼠标就可以进行审核和审批，轻松完成数倍于传统方式的工作量，办事效率大幅提升，使紧张的人力资源得到释放，机构编制配置得到优化。例如：公共租赁住房分配事项，住建委需到工商、税务、房产、公安、住房公积金等 10 多个部门逐一核查群众财产信息，每年 5000 多份的申请，住建委要专门安排 2 名工作人员历时 2 个多月往返各部门查询信息，即便如此仍不能保证审批工作的及时、公正进行，现在仅需 2 名工作人员 2 天时间在网上大厅审批后台点击信息核查按钮，申请人财产信息一目了然、真实有效，行政效率提高 30 多倍，彻底将住建委工作人员解放出来，而且有效避免了人为因素、保证了公平、公正。

（二）党群干群关系进一步融洽

网上办事大厅搭建的"一站式、全天候、全覆盖"的便捷办事平台和遍布各地的免费代办点，畅通了公民与政府的沟通渠道，为基层干部服务群众提供了更加广阔的空间，为进一步密切党群干群关系搭建了桥梁。例如，蒙城县群众孟凡财因妻子患有癌症，30 多万元的治疗费用让他对生活失去信心，村干部得知后主动通过网上办事大厅为他申请了大病救助资金，县民政局 1 天之内审批办结，而原来层层上报审批至少需要 20 多天。当孟凡财收到救助资金打卡发放的短信时，激动不已，拉着村干部的手连声说："共产党好，村干部好，网上办事大厅真好。"

（三）群众办事成本大幅下降

除个别必须到现场抽血、验指纹的证件外，其余行政审批事项均能网上申请，证件免费快递到家，大量节约群众办事成本。以老年优待证为例，以前群众从乡村乘车到市县行政服务中心，复印身份证、拍摄照片，办理 1 个证件需支付交通和其他费用 50 元左右。现在实现了数据资源共享，只需在网上输入身份证号，申请表自动生成，照片从身份证数据库中提取，民政局免费打印，证件免费快递到家，无须群众支付任何费用。亳州市 60 岁以上人口 73.19 万，按 1/5 老人办证计算，可节约社会成本 700 万元左右。以往办理个体工商户营业执照群众至少要跑 4 趟等 5 天，按照人均日薪 200 元计算，捆绑个人近千元的工作价值；网上办事大厅运行之后，申请人网上自助核名，网上填报登记申请，工商部门网上审批，1 个工作日内办结发照，省时省力，节约成本。据统计，亳州市每年要办理个体工商户设立登记事项约 25000 件，按照 60% 从网上办理来计算，每年便可以节约经济成本 1500 万元。亳州市外出务工人员达 170 万人，以前返乡办证花费不菲，现在通过网上办事大厅实现无成本办事，节约社会成本可达数亿元。据分类统计估算，亳州市网上办事大厅运行以来，共为群众节约办事成本 1.5 亿多元。

（四）风清气正的社会环境逐步形成

在传统模式下，关系审批、人情办事、暗箱操作、"吃拿卡要"，让企业和群众叫苦不迭。通过网上办事大厅，变"面对面审批"为"不见面审批"。通过电子监察系统，对权力运行进行全过程、可追溯的监控，有效消除和防范权力寻租空间，从根本上杜绝了行政不作为、乱作为和"吃拿卡要"的不正之风。关系审批、人情办事、暗箱操作等违规违纪行为在网上办事大厅的建设中失去"温床"，营造了公平的竞争环境，重构了良好的社会秩序。

（五）市场活力得到充分激发

亳州市结合网上办事大厅建设，以深化行政审批制度改革为突破口，坚持"应减必减、该放就放"，不断"瘦身"审批权力，简化办事程序，缩短办事期限，实现了为企业"松绑减负"的目标。安徽三义堂中药饮片有限公司黄天慈表示：以前办一个企业由于不熟悉流程，不知道需要提交的资料，办理起来很不方便，而且老跑冤枉路，费钱又费力，现在实行"网上登记"后，不用再到行政服务中心，在办公室轻点鼠标就能完成所有审批程序，当天网上核名，第二天就拿到证照，现在政府为我们企业真是服务到家了。政府权力的"减法"换来了市场和社会活力的"乘法"，2015 年 1 月 1 日至 11 月 20 日，全市新增各类企业 7534 户，同比增长 52.99%，其中私营企业 7346 户，同比增长 56.1%；1～9 月，全市实现 GDP682.5 亿元，增长 9.3%，增速居全省第八位，较上年同期提升六个位次，为建市以来首次连续三个季度超过全省平均水平。如就业创业贷款发放：网上办事大厅上线之前，申请人需提供《亳州市小额担保贷款推荐表》、本人身份证原件及复印件、营业执照原件及复印件、就业失业登记证原件及复印件、税务登记证和户口本等材料到市人社局现场办理。上线之后，对申报材料进一步精减，申请人只需要将《亳州市小额担保贷款推荐表》、本人的身份证、就业失业登记证和营业执照上传到办事大厅，免去了申请人来回复印材料等繁杂手续。自2015年8月份上线以来，短短2个多月，共受理就业创业贷款申请1155件，发放贷款5775万元。

（亳州市信息局）

大武夷智慧旅游互联网公共服务平台项目

一　项目建设背景与需求

（一）旅游基本情况

大武夷地区建有 26 处 A 级旅游景区（点），其中国家 5A 级旅游景区 1 个（武夷山），8 个国家 4A 级旅游景区（武夷山大安源、顺昌华阳山、延平区溪源峡谷、邵武天成奇峡、邵武云灵山、邵武瀑布林温泉、邵武和平古镇、武夷山荣博园），16 个国家 3A 级旅游景区（建瓯根雕城、武夷源、卧龙湾、顺昌美丽张墩、武夷山东溪水库、武夷山玉龙谷、延平区三千八百坎、延平区杉湖岛、建阳区黄坑、邵武小隐竹源、武夷山齐云峰、建瓯湖头、顺昌乐活来布、浦城中国包酒文化博览园、政和石圳村、政和凤头楠木林），1 个国家 2A 级旅游景区（熙春园）。

初步建成 16 个福建省乡村旅游经营单位，其中四星级乡村旅游经营单位 6 处（顺昌华阳山畲族山庄、建瓯绿硒生态休闲园、光泽鸿建山庄、邵武瀑布林温泉旅游景区、延平杉湖岛旅游度假村、光泽亿帆水乡渔村），三星级乡村旅游经营单位 10 处（邵武市天缘度假村、顺昌香樟树度假村、溪源农家饭庄、建阳红旗度假山庄、浦城县南浦休闲山庄、南平三千八百坎双龙山庄、武夷山万鑫园农庄、松溪诰坪山庄、光泽神山景区、顺昌秋明山庄）。

初步形成 5 个工农业旅游示范点，其中国家级旅游示范点 2 个（中国茶乡武夷岩茶大观园、武夷山闽越城文化旅游有限公司），省级工业旅游示范点 2 个（福建省神六保健食品有限公司、隆合茶庄），市级工业旅游示范点 1 个（武夷山市遇林窑业工业）。

此外还有 10 个福建省乡村旅游休闲集镇、特色村（武夷山市星村镇、南平市顺昌县元坑镇、建阳市黄坑镇、政和县镇前镇、光泽县李坊乡管蜜村、东峰镇井岐村、浦城县富岭镇双同村、顺昌县埔上镇张墩村、延平区高坪村、武夷山市兴田镇南源岭村）。

全市已拥有各类旅游企业 700 多家，旅游从业人员 5 万余人；宾馆酒店近 600 家，总床位 4 万多张，具备年接待 1500 万旅游者的住宿规模；星级饭店 53 家，其中：五星级饭店 2 家、四星级饭店 9 家、三星级饭店 23 家；拥有旅行社 111 家，各语种导游员 2366 人，其中外语导游员 44 人。

2014 年，南平市全年累计接待游客 2503.1 万人次，实现旅游总收入 312.46 亿元，分别同比增长 18.9%、20.9%。在经济下行压力增大和会议商务受限等因素影响下，如何继续巩固武夷山的旅游龙头地位，并带动延平区、邵武市、顺昌县、政和县四个重点旅游区，保持旅游经济平稳较快发展，是当前大武夷旅游面临的重大课题。

（二）旅游规划发展目标

以建设国内一流、世界知名的中国式养生为特色的国际度假目的地和区域旅游集散中心为长期战略目标，围绕"世界双遗产、养生武夷山"的品牌形象，确立千亿旅游产业地位，出台政策，突出重点，全力推动，努力实现旅游跨越发展。到 2015 年底，基本建成立体化的大武夷旅游快速交通网络，力争大武夷旅游经济圈建设基本成型，武夷山基本成为区域旅游集散中心、两岸旅游集散地，延平区、邵武市、顺昌县、政和县四个重点旅游区基本形成，大武夷旅游经济圈影响力大幅提高。

（三）目标

形成面向智慧旅游服务的成套物联网、互联网技术，并转化为相关产品进行推广，促进科技、文化与旅游三者的融合，致力于旅游产业创新和结构升级，培育智慧旅游新业态，打造以武夷山为核心的大武夷旅游产业的"升级版"、"扩展版"。

1. 完善一个平台

以武夷旅游网为核心，融合智慧旅游触摸屏、智慧旅游手机随身游、智慧旅游电子商务平台、企业旅游门户等平台，建立统一的旅游信息综合服务平台，为游客提供"吃、住、行、游、购、娱"等各方面的"一站式"服务，同时完善旅游呼叫中心，进一步保障游客的权益，全面提升我市旅游服务水平。同时，制定南平旅游电子商务规范和接口标准规范；在旅游景区、旅行社、旅游酒店推广信息化建设理念，部分实现景点门票、旅游线路、酒店客房、餐饮美食和南平特产的网上预定和支付。

2. 确定一批试点

确立旅游景区、乡村旅游经营点、旅游酒店和旅行社的试点单位；大力推广普及旅行社OA、"导游助手"软件；试点旅游酒店根据需求开展信息化建设。

3. 开拓一块市场

借合福高铁旅游媒体联盟的机遇，以高铁沿线为目标客源地，招募一批联盟会员企业、打造一条精品高铁旅游路线、推出一场大型联合采风活动、发起一次"最美XX"评选活动。通过这些活动，向周边的浙江、江西、安徽等省份以及三明、福州、漳州、丽水等地蔓延，把旅游市场向更广范围延伸，展开广告业务洽谈工作。

4. 策划一场大型活动

依托自有平台优势，组织策划一场迎接高铁时代到来为主题的大型活动，通过活动使各个平台无缝对接、资源有机融合、团队深入配合，有效实现平台关注和知名度的提升。

5. 打造一批自有品牌

依托武夷旅游网、513 购平台以及武夷旅游微信，充分发挥合福高铁旅游媒体联盟、百代旅行 APP 等平台的影响力，整合部分优质媒体资源，通过策划各种线上线下活动，打响"武夷行　旅游伴手礼"、"武夷小导游"等品牌。

二　系统功能定位

发挥互联网辐射面广、带动力强的优势，面向国内外游客、旅游企业（景区、商家）、旅游主管部门、公众等提供旅游宣传、旅游电子商务、旅游行业管理、游客综合服务等公共服务。2015 年底，平台建成了以大武夷旅游网为核心载体，拥有闽北日报旅游周刊、大武夷旅游微信平台、大武夷智慧旅游集散中心线下体验馆等线上线下资源。平台的服务内容贯穿旅游全过程，涵盖"吃、住、行、游、购、娱"六大要素，通过整合大武夷旅游资源，为大武夷地区日益增长的游客、旅游企业提供旅游宣传促销、旅游电子商务、旅游产品线上体验等服务。

平台将发挥互联网"跨界融合、创新驱动、重塑结构"的作用，形成"旅游垂直门户＋电子商务"的一站式专业服务，带动各县区较小规模的旅游景区、旅游企业抱团发展，形成规模效益。

平台也致力于发展以旅游电子商务为核心的在线旅游。在线旅游已成为与传统旅游产业分庭抗争的旅游新业态，它借助互联网平台，在线旅游可一举囊括含航空公司、酒店、景区、租车公司、海内外旅行社等在内的旅游服务供应商，为游客提供一站式的"吃、住、行、游、购、娱"全方位旅游电子商务服务。

平台已拥有武夷旅游网、闽北日报旅游周刊、大武夷旅游和武夷旅游微信平台等一批开展宣传营销、电子商务服务的网站和宣传媒体。

平台通过在大武夷各县市区和大武夷智慧旅游集散中心设立实体门店，建立覆盖大武夷全境的线下旅游服务网点和展示窗口，以作为线上平台的补充，实现"线下体验、线上购买"、"线上下单、线下服务"的线上线下一体化无缝对接。

三　运行推广情况

围绕"将武夷旅游网打造成为'闽北携程网'"的目标，精心部署武夷旅游网的改版建设，在完善网站功能、优化网站架构、充实网站内容的同时，探索网站市场化、商业化运作发展模式。

现初步建立起一个"旅游垂直门户＋电子商务"的一站式平台：实现会员注册、资讯发布、票务预定、伴手礼采购一站式服务，2015年底拥有注册会员逾36万。平台收集全市推荐旅游线路约150条，完善旅游攻略20多份，通过踩线和洽谈推荐成熟乡村旅游路线近10条，收集特色小吃73样、特色餐馆99家，推荐特色菜品115个，各地名特优产品企业90余家。

同时，酒店、餐饮预定，伴手礼在线采购等电子商务招商工作取得新突破。现入驻酒店172家，其中可网上预定的星级酒店约40家；各地名特优产品企业70余家，可网上订购伴手礼300多种。截至2015年底，累计进行了13期闽北特产的特卖活动，销售产品300余种。

"最美武夷"随手拍创出多项新纪录：一是参与人数与上期腾讯大闽网协办的"我在大武夷"随手拍活动相比同比增长33％，二是自有智慧旅游品牌跃居第一，三是实现了PC端和微信端数据的联通开发，四是锻炼了一支自有的智慧旅游支撑队伍。

有效拓展了低碳旅游市场，发挥"随手拍"成果经验主动融入。参与初步对接低碳护照系统，督促软件开发商不断完善系统功能，及时响应各类技术保障。"513购"平台、手机WEB端正式对外推出低碳护照专区，开通申领购买功能。截至2015年12月6日，累计销售低碳护照1336本。

为确保"升级版低碳护照"、"畅游武夷　万元好礼"、"微信转发送好礼"等抽奖活动有序开展，咨询专业人士制定了相关活动规则，确保活动公开、公平、公正。其中，"畅游

武夷 万元好礼"抽奖活动每日在旅游政风行风评议监督小组参与下抽取 36 个奖项。至 2015 年 12 月 7 日，参与抽取"升级版低碳护照"用户共计 1624 人，共产生 621 本朱子版护照；参与"畅游武夷 万元好礼"抽奖用户累计 7331 人，获奖 216 人；参与"微信转发送好礼"活动累计用户 6059 人，获奖 1807 人。

平台自建设以来，可以提供旅游景点、酒店、餐饮、票务的宣传和预定，闽北特产的在线推广和销售，第三方在线金融支付，旅游资讯发布及旅游文化活动宣传，线下旅游产品体验。

（南平市数字办）

政务云助推九江电子政务转型发展

一 九江政务云建设基本情况

九江市的政务云建设源自于信息化需求的拉动。随着全市信息化的发展，电子政务应用系统尤其是跨部门系统建设日益增多，网上审批和电子监察系统、行政权力运行系统、综合治税系统、地理空间框架、数字城管系统、智能交通系统、工程建筑领域信息公开平台等一批项目相继启动建设，信息化投入不断加大，由此产生了大规模计算和存储资源的需求。由于过去这些应用系统都是按照传统的应用服务器＋数据库服务器＋存储的模式进行建设，不可避免地存在资源利用率低、业务上线慢、电能消耗大等问题，云平台建设自然而然提上议事日程。

2013年初，在江西省信息中心的大力支持和指导下，经报九江市政府同意，以市级统一电子监察平台和公共资源网上交易系统两个项目建设为契机，九江市政府信息办启动了引进云计算技术整合建设两个项目的工作。考虑到当时云技术在政务领域的应用起步时间不长，存在应用的潜在风险，为积极稳妥地搞好这项工作，制定操作性强的建设方案，九江市政府信息办开展了大量调研和技术交流，有针对性地赴北京、天津、杭州、宁波等地，多方位多角度地了解云计算新技术在政务领域的应用情况，比选不同厂商技术的性能、价格和服务，最后决定采用杭州华三通信技术有限公司（H3C）提供的云计算技术对电子政务统一监察平台和公共资源网上交易系统两个项目进行整合建设试点。经过近四个月的云计算技术工程实施和业务上线试运行，电子政务统一监察平台数据实现正常传输运行，公共资源网上交易系统通过模拟项目测试和真实项目试标，项目建设取得预期效果。两年来，九江市政府信息办一直坚持循序渐进的思路，不断扩大政务云试点成果，经过几期扩容，九江市政务云已初具规模，建设取得了"省资金、快部署、易管理、促安全"的效果，加速了全市电子政务的转型发展。

二 九江政务云建设的特点和成效

（一）以整合为抓手，有力促进厉行节约

九江市政务云建设伊始就带着鲜明的整合特色，整合的直接效果更加凸显了政务云技术在推行厉行节约上的独特优势。经对首批两个项目投资对比，采用传统独立建设方式，两个项目需投入332.5万元（其中电子监察平台89.9万元，公共资源网上交易系统242.6万元），采用云计算整合建设，两个项目节约投资100万元左右，占原投资的30%。此外，还节省了同比例的运维费用，机柜空间占用也压缩50%以上，节约效果更加明显，发挥了积极的示范作用。

（二）以项目为载体，不断扩大云规模

九江市政务云建设始终坚持以项目为载体、以需求为牵引的原则，带动规模的扩张，绝不搞盲目的贪大求全。九江市政府信息办按照由小及大、由新及旧、由横及纵的思路，循序渐进扩展政务云平台。从首批的6台服务器、两项业务开始，逐步扩大到目前的15台服务器，支持近20项业务上线运行；从原来只部署新业务系统，到陆续将老的业务系统迁移至平台；从最早只横向服务市本级，到逐步纵向承载县区电子政务统一监察平台、县区政务服务网分厅等业务系统。经过四次扩容，九江市政务云平台基础资源已达到计算量68颗物理CPU（600个VCPU），内存总容量5.5TB，数据存储总容量84TB，计算能力、存储能力不断提升，承载能力初具规模。

（三）以问题为导向，着力创新应用和管理

一是在机房搬迁中创新应用系统迁移方式。在2015年九江市委、市政府办公大楼搬迁过程中，九江市政府信息办充分发挥政务云平台的技术特点，创新工作方法，采用华三彩虹云功能在新老机房两个云平台之间建立数据通道，将部署在老机房的业务系统平稳快捷地迁移到新机房，仅用两个晚上就完成了原本计划需要两周的迁移工作量，既缩减了业务系统部署的时间，还保证了原有业务数据的完整性和安全性，破解了业务迁移这个老难题。二是挖掘云平台潜能提高安全管理水平。针对云平台业务系统承载量、信息量、数据类型不断增加的情况，利用业务服务管理（BSM）系统，从业务入手，统一管理网络、服务器、存储、应用等资源；通过内置业务健康评价机制，动态展示业务整体运行情况，量化分析业务健康水平，快速定位业务故障，实现云平台运维和业务系统的精细化管理；此外还部署了动态资源扩展（DRX）功能，全面实现业务资源的弹性扩展、动态分配，将可以有效解决诸如公共资源交易系统用户并发访问和网上招投标数据同时上传等高峰应用时的系统稳定运行问题。

九江市政府信息办尽管在探索政务云建设上取得了一些经验和成效，但他们清醒地认识到，九江市政务云建设的水平与"十三五"新形势新任务的要求还有差距，他们将在推进"智慧九江"建设的过程中，立足实际需求，进一步优化政务云的性能，不断扩充政务的规模，大力推动新建业务应用系统基于政务云进行部署，已建业务应用系统逐步向政务云迁移。

（九江市人民政府信息化工作办公室）

"互联网＋城管"：南昌县城市管理步入数字化时代

近年来，南昌县城市管理摸索着转型升级之路。在大城管、细管理的目标下，南昌县运用"互联网＋"思维，将数字化城管植入各个部门各个环节，全域改革，实现城市管理信息化、数据化与快捷化。

现在，市容秩序、环境卫生、市政设施、城市照明都纳入了城市信息化管理的范畴，井盖、路灯、道路、桥梁、果屑箱等每样公物都证件化，配有一个"身份证"，帮助城管准确"定位"。

南昌县数字城管项目由县信息中心作为业主单位，2014 年 5 月 30 日，《南昌县数字化城市管理信息系统建设方案》通过了专家评审。项目于 2014 年 7 月正式启动建设，总投资 1200 万元，覆盖范围为莲塘镇、小蓝经开区、东新乡以及银三角管委会，面积约 70 平方公里。2015 年 7 月，完成了数据普查，软、硬件部署及指挥中心场地装修。9 月完成了机构组建和人员招聘及培训工作，10 月数字城管系统正式上线试运行。截至 2016 年 2 月，共受理案件 5728 件，有效立案案件 5130 件，结案案件 4620 件，结案率超过 90%。在全县范围内推行数字化城市管理模式，已初步取得成效。

南昌县的主要做法如下。

一　搭建系统平台，为城市管理提供信息化支撑

南昌县数字城管项目采取万米单元网格运作模式，软件开发涵盖九大核心业务子系统和 16 个业务拓展子系统，共完成 70 余平方公里的外业部件普查及 40 余万个城市公用部件采集等工作，全部做到实景影像处理和事部件确权，其中 35 平方公里为实景三维影像采集。应用系统主要包含：部颁九大核心业务子系统（地理编码子系统、监督中心受理子系统、协同工作子系统、综合评价子系统、应用维护子系统、基础数据资源管理子系统、大屏幕监督指挥子系统、数据交换子系统、无线数据采集子系统）和 16 个业务拓展子系统（领导督办子系统、移动执法子系统、视频监控子系统、实景影像子系统、服务热线子系统、车辆 GPS 监控管理子系统、专项普查子系统、社会公众参与子系统、业务短信管理子系统、户外广告管理子系统、违章建筑管理子系统、违章停车管理子系统、环境卫生管理子系统、园林绿化管理子系统、文明测评子系统、城市部件在线更新子系统），以及相关接口系统。

二　建立工作机制，为数字城管运行提供制度保障

为加强工作人员管理，充分调动其工作积极性，按照公平公正、量化考评、奖罚分明的原则，制定了《南昌县数字城管信息采集员绩效管理办法》、《南昌县数字城管座席员绩效管理办法》。采取绩效考核的方式对信息采集员、大厅座席员进行管理，综合日常考勤、工作量、工作效率等指标计算绩效得分，分数作为核发绩效奖金的依据。信息采集员管理采取"管薪分离"的运作模式。数字城管监督指挥中心委托外包公司与信息采集员签订劳动合同，由公司为信息采集员发放薪资、缴纳社保。采集人员日常管理、培训、考核均由数字城管监督指挥中心负责。为规范信息采集员行为，采取技术监控和人工巡查的方式对信息采集员工作进行监管。通过手机 GPS 定位设备和内置的城管通软件对信息采集员出勤情况、巡查轨迹进行监控，监督中心不定期对采集员工作情况进行抽查，防止出现消极怠工、工作转包、违规操作等现象。为便于管理，将建成区分成三个区域，分别是莲塘、银三角区域、象湖区域、开发区区域，每个区域安排一名同志对区域内信息采集员进行管理，要求每天不定时查看 GPS 定位系统，每周对管辖区域进行实地检查，对人员出勤情况进行记录，作为核

发绩效奖金的依据。座席员方面，安排一名同志负责管理指挥大厅的日常管理，对座席员上下班考勤情况、工作情况进行统计，每天对回退案件、争议案件进行收集整理，并提请会议进行分析研究。降低案件的回退率。

为加强对城市管理职能部门的监督考核，制定了《南昌县数字化城市管理监督考核暂行办法》。

三 推进项目建设，丰富数字城管内容

1. 视频监控子系统

视频监控系统采用共享和自建两种模式。视频共享资源主要来源于公安天网，通过客户端远程可以调取天网视频监控画面。自建视频方面，建设了 80 个视频点位，目前正在进行安装部署。

2. 车辆 GPS 定位子系统

为加强对环卫作业车辆、执法车辆及渣余土车辆管理，第一批共采购 160 台 GPS 定位设备在城管委环卫车辆、执法车辆上进行了安装部署，将使用权限下放至各下属单位，各下属单位可通过软件客户端查看车辆运行轨迹，有效解决了车辆管理难的问题。数字城管监督指挥中心定期发布车辆监控数据统计报表，为领导提供决策依据。下一步，拟在全县清运公司的渣余土车辆上进行安装。

3. 12319 服务热线子系统

开通了 12319 服务热线电话，群众可以通过拨打电话将发现的城市管理问题反映至数字城管监督指挥中心，问题经信息采集员现场核实后均按照数字城管处置流程进行及时处理，有效解决群众诉求。

4. 移动办公系统

从便于工作的角度出发，为城市管理各处置单位配发了处置通手机，案件信息通过数字城管系统直接发送至处置通，案件处置人员可通过处置通随时随地查看案件信息，以便及时处置问题。相关领导可通过指挥通查看上报问题中的急要件，并可及时进行远程督办批示；随时查看案卷的统计分析数据，为决策提供依据。

5. 路灯智能监控系统

利用信息技术，整合现有的城市照明监控系统、数字城管 GIS 地图系统，开发了路灯监控系统，将路灯管理精细到单灯，实现县城建成区范围内路灯的遥控、遥测、遥信、遥调、遥视以及管理功能。完成了数字城管系统与路灯智能监控系统的数据对接，可通过数字城管平台远程查看路灯的运行状态。

四 加强队伍建设，夯实工作基础

一是强化指挥大厅座席员队伍建设。按照"懂规章、专业务、精管理"的要求，采取组织轮训、座谈交流、小组研讨等多种方式定期对座席员进行业务培训，使其熟悉、掌握城市管理各职能部门的工作职责和系统操作流程，不断提高案件立案、案件派遣的准确率。为数字城管工作的顺利开展奠定坚实的基础。

二是强化信息采集员队伍建设。信息采集员工作在第一线，在大街小巷巡查主动发现问题，是监督指挥中心面向社会、面向群众的触角。为此，中心通过定期召开信息采集员工作会议，就巡查中遇到的问题进行讨论研究，总结经验。充分发挥班组长带头作用，带领整支队伍做好巡查工作。

五　加大宣传力度，提升数字城管认知度

一是利用电视、电台、网站等媒体对数字城管进行广泛宣传，积极造势；二是开发手机应用"市民通"，群众通过手机将身边发现的城市管理问题拍摄下来上报给指挥中心，激发群众参与城市管理的热情；三是举办数字城管监督指挥中心市民参观日活动，组织市民参观数字城管指挥大厅，提升群众对数字城管的认知度。

（南昌县经济信息中心）

淄博推进"互联网＋"
提升国土资源公共服务平台

淄博市国土资源公共服务平台汇集国土资源数据，顺应"互联网＋"发展趋势，促进国土资源与各领域深入融合与创新发展，为经济社会发展构筑新优势和新动能。平台坚持改革创新和市场需求导向，引导社会资本参与公共服务建设，拓展"互联网＋"与经济社会各领域融合的广度和深度；提升公共服务水平，向政府机关及社会大众提供权威、高效、便捷的国土资源数据服务，加速"地理信息＋大数据"向社会各领域的渗透；创新政府服务模式，以融合促创新，最大限度地汇聚各类创新力量，推动国土资源管理与服务方式转型升级。国土资源大数据体系引领政务公开，实现信息互联互通、数据共建共享，在智慧城市、应急指挥、现代农业、城市管理、治安管理、税源管理、安全生产监察等领域广泛应用，充分发挥"互联网＋"对稳增长、促改革、调结构、惠民生、防风险的重要作用。

一 项目背景

国土资源信息数据是城市各类信息的空间基础，为国民经济、国防建设和社会发展提供基础支撑。随着高新技术的快速发展以及与计算机、网络等通用 IT 技术的深度融合，经济社会各领域对国土资源数据的需求日益迫切，对国土资源信息的实时、动态服务能力提出了更高要求。

建设国土资源公共服务平台，为全市政府部门、企事业单位和社会公众提供在线基础地理信息服务，形成权威的、唯一的和通用的地理信息公共平台，实现地理信息资源的共享与充分利用，对推动淄博市信息化建设进程、促进经济增长转方式、调结构具有重要意义。

二 项目概况

为进一步提升淄博市国土资源信息成果共享服务能力，消除信息孤岛、降低重复投入，淄博市于 2012 年正式启动淄博市国土资源公共服务平台项目建设。2015 年我市完成数字淄博地理信息公共服务平台建设、国土资源"一张图"工程等一系列项目，国土资源信息成果共享体系基本建成。建设成果得到了国土部、国家测绘地理信息局的专家、领导的一致认可和高度评价。

三 主要成果

淄博市国土资源公共服务平台不仅严格执行国家要求，按标准完成了全部建设工作，而且根据社会需求，按照实事求是的原则，进行了大胆创新。

（一）科学探索，创新建设天地图

天地图是国土资源公共服务平台的重要组成部分，承担着向社会大众提供国土资源信息的重要功能。在天地图建设过程中，我市充分考虑国家要求和淄博实情，在服务资源整合、数据资源整合、基础设施资源整合方面进行了探索，形成了前、中、后三端整合的建设模式，同时建成了市级和区县级天地图门户。

前端整合是指服务层面进行整合。在淄博市市级天地图门户上整合了各区县天地图门户入口，服务对象可根据接触渠道和使用范围选择与需求相对应的天地图平台。考虑到各区县资金人才相对匮乏，市级节点除对区县节点进行指导、协调外，还在用户服务方面进行了整合，以"多门户服务、一核心保障"的方式对淄博市所有天地图用户提供专业、优质、便捷的地理信息技术支持服务。

中端整合是指数据资源的整合。淄博市市级节点整合全市基础地理信息数据，负责在线服务数据的生产、各区县要素数据融合及数据分发工作；各区县节点负责分区域收集反馈要素数据、存储地理信息数据及发布相应服务。数据整合实现了市级和区县级节点不同角色的精确定位，达到了分工协同，统一建设，同步见效的良好效果。

后端整合是指充分利用机房、网络、主机、存储、备份等基础设施资源，构建能支撑市级、区县级天地图的安全、可靠、按需使用的硬件环境。利用主机虚拟化、存储虚拟化、网络虚拟化等技术，采用"物理集中、逻辑分离"的方式，建设了支撑市级天地图和八个区县级天地图的云环境，达到了集中部署、云端集成的建设效果，大幅降低区县天地图建设成本。

（二）拓宽思路，搭建移动新网络

为保证国土资源公共服务平台能够为社会提供实时化、全覆盖服务，我市除了建设互联网天地图和政务版地理信息公共服务平台之外，还与中国移动公司合作，在全国率先建设了市级地理信息专用平台。在该专用平台上，提供有线及无线政务版精确地理信息服务，地理信息专用平台的建设，有效填补了服务空白，使政府部门的无线设备通过地理信息专用平台享受到政务版高精度地理信息服务，真正实现了地理信息服务全覆盖。

（三）新上项目遴选管理信息服务

为了从源头入手做好建设用地报批前的用地管控、材料组织、用地报批的准备工作，完善项目用地批供用籍之间的关联关系，形成项目用地的全生命周期管理体系，公共服务平台集成了新上项目遴选管理信息系统，用于提供项目进度信息查询。

（四）数字档案信息服务

数字档案信息服务系统按照市局档案室确定的 12 大类、104 小类档案分类标准，对市局和各分（县）局的纸质档案进行数字化扫描入库，用于提供档案查询、下载等服务。

（五）国土资源门户网站集群

国土资源公共服务平台坚持"为民服务"宗旨，立足"政务公开"和"网上办事"，有效整合全市国土资源系统的信息资源，以市局门户网站为主网站，各分县局门户网站为子网站，构建了集政务信息公开、网上业务办理、公众投诉建议等功能为一体的综合公众服务平台。在 2015 年部、省两级国土系统政务信息网上公开检查评比中荣获部第三名、山东省第一名的好成绩，区县网站均跻身全省区县前 15 名。

自 2015 年网站改版以来，通过门户网站共发布各类政务内容 1308 条，其中国土新闻 400 余条，各类办事指南 50 余条，各级文件通知 65 条，涉及地政、矿政、测政的公示公告 450 余条，其他类 300 余件，国土资源政策解读类信息 4 条，让群众更加准确地了解相关政策的内涵和要义。在咨询投诉互动专栏中，全局共受理各类咨询建议 282 条、按时答复 276 条。同时在市政府网站发布各类信息 539 条，受理各类咨询投诉 12 条，回复 12 条，回复率达 100%。

（六）廉政风险防控系统

国土资源公共服务平台包含廉政风险防控服务。系统建成了集法律法规、党建知识、影视教育、图书阅览、案例警示、风险防范为一体的网上廉政教育基地和覆盖淄博市国土资源局各个工作岗位的廉政风险预警防控信息化平台，构建了我局"制度＋科技"廉政风险防控监督管理新模式。该项目已于 2015 年 7 月通过了验收，并荣获省厅科技进步一等奖。

四 资源共享现状

在数字城市阶段，我局建成了淄博市范围最广、分辨率最高、现势性最强的基础地理信息数据库，通过我市权威、唯一的基础地理信息公共服务平台发布数据，为全市各部门提供坚实数据后盾。平台上线两年来，为政府部门提供免费的数据共享，共服务市公安局、应急办、120 指挥中心、住建局、财政局、地下管线处等 10 余个市直部门，支撑市县 30 余个业务系统，累计节约财政经费 7000 万元以上，实现多个政府部门共享"一个平台"上的信息。

目前，智慧城市时空信息云平台正在建设中。项目采集并集成各时期的地理信息、现势地理信息、实时位置信息、多维度可视化地理信息和实时信息等，将信息进行存储、分析、挖掘后通过平台对外发布，供其他部门使用。

此外，我局还为农业局、财政局等单位提供土地利用总体规划、土地利用现状、建设用地审批、土地供应等各类业务数据的查询和分析服务，保障了农业局土地承包经营权数据库建库和财政局以地管税工作的顺利开展；为淄博市委、市政府提供新上项目选址、土地规划等信息；配合市发改委顺利完成全市规模以上工业企业聚集区及拟规划园区等工作；协助房管局进行棚户区改造项目选址；配合经信委开展全市三网综合基站规划工作，为其提供规划成果制图，为领导决策提供科学依据。

五 前景展望

淄博市国土资源公共服务平台是在淄博市政府领导下的"内抓效率，外树形象"工程，是贯彻落实科学发展观、促进淄博信息化发展的牛鼻子工程。通过项目的开展将极大地丰富淄博市基础测绘数据、促进测绘成果的分发和共享，实现淄博市信息资源共享、避免重复投入，同时项目建设提供有效地图和功能服务，统筹了国家与地方信息资源，加快淄博市政务信息化建设的发展。

今后，在国土部和省国土厅的大力支持和指导下，我们将继续深入挖掘国土资源公共服务平台潜能，组织协调政府各部门，切实做好项目的实施与推广应用工作，努力将国土资源公共服务平台建设成为一个资源整合、信息共享、服务便捷、安全可靠的示范工程，为政府宏观管理与决策提供全面、科学的地理信息支持，为企事业和社会大众提供多元化的地理信息服务，推动淄博经济社会的更好更快发展。

（淄博市国土资源局）

郑州开启智慧教育之路

党的十八大以来，党中央、国务院对网络安全和信息化工作的重视程度前所未有，"互联网＋"行动计划、促进大数据发展行动纲要等有关政策密集出台，教育信息化迎来重大历史发展机遇。郑州市教育局积极推动信息技术与教育融合创新发展，构建网络化、数字化、个性化、终身化的教育体系，致力建设"融合、创新、多元"的公共服务体系，在教育城域网建设、数字化校园管理、班班通提升工程、优质资源共享，以及信息化在教育教学方面的管理、应用、研究等方面成绩显著。

一 高起点打造高效教育网络平台

1. 以基础设施建设为抓手，形成了覆盖全市中小学校的高效网络平台

教育技术的信息化、现代化是从网络基础设施的建设开始的，十几年来，郑州市教育局按照"统一领导、统一规划、统一组织、统一实施"的原则，不断加强基础设施的投入。目前，全市高标准搭建7个县（市）级中心机房平台和635套校级平台，所有学校实现教育城域网和教学专网并行，市属学校千兆互联，其他学校全部百兆光纤宽带入校；郑州广电、中国联通、中国移动等运营商均为郑州教育开通了千兆骨干光纤和互联网出口，分别联通了全市1300余所中小学、2万多个班级，总出口带宽达到8.7G。2015年11月，郑州教育城域网互联网访问出口带宽扩充至2G，所辖六县（市）及金水区、惠济区互联网独立出口带宽已达到1G以上；其他各区将于2016年底实现1G以上互联网独立出口带宽。在"十三五"期间，县（市）、区教育局中心机房将扩展为万兆互联，部分县区学校将逐步升级为千兆校园网。同时，积极拓展网络服务延伸，65所市教育局直属学校和54所区属学校安装建设了无线校园网，实现了校内无线网络信号的全覆盖，广大师生拥有了一个良好的基于网络环境下的现代化教育教学环境。

2. "班班通"工程促进教育信息、资源共享

郑州市政府先后投资4亿多元推进郑州市中小学"班班通"提升工程项目。项目覆盖郑州市所有公办中小学及职业学校，共1364所学校、22419个班级，率先在全国建立了市级班班通运行维护服务中心。完成了郑州教育云资源公共服务平台、郑州教育云计算数据中心、郑州教育无线城域网、直属学校高清视频监控改造等重大项目的建设。该项目将市、县、乡、校融合为一个整体，一体化综合平台，一站式认证服务，让教师、学生、社会公众、教育管理者达到了无界沟通，促进了校园信息化共享，为教育均衡发展提供了强大动力。

二 拓展网络功能，建立了快捷有效的网络服务系统

1. 建设教育综合性网站

郑州教育信息网是进行教育教学的综合性服务平台。多年来，我们逐步建立并完善多层

次、智能型的管理信息系统和办公决策服务系统，完成对教育管理信息的收集、存储和传输，实现教育系统办公自动化、资源数字化、传输网络化与信息资源的共享化。郑州教育信息网已成为"教育资源中心"、"网络管理中心"、"远程教育中心"和"培训考核中心"。郑州教育信息网连续荣获教育部教育信息管理中心"全国地市教育网站五十强"、河南省委宣传部"百家重点网站"、郑州市"百家重点网站"等称号。

2. 搭建政务信息公开平台

郑州教育政务网是传播有关教育方针政策、公开政务信息、与公众交流互动，并提供在线服务的平台。整体建设以满足公众了解教育、参与教育、促进教育发展环境为根本，以为民服务为宗旨，全面满足市教育局政务工作需要，实现与公众的信息交互，汇集各类教育业务办理程序、指南以及招考试信息等。方便公众及时了解教育政策、教育动态，快捷有效解决社会普遍关心的热点难点问题，对改善教育发展环境具有重要意义。郑州教育政务网荣获教育部教育管理信息中心"全国优秀教育网站"，连续 9 年荣获郑州市政务优秀网站，"信息公开"、"在线服务"、"公众参与"栏目相继荣获电子政务理事会"精品栏目奖"。

3. 打造招考服务专题网站

依托便捷的网络，郑州市于 2004 年始连续 12 年开通中招直通车专题网站，在第一时间发布中招政策及招生快讯、提供中招成绩查询、分数查询、录取结果查询等。"中招政策"、"招考快讯"、"局长咨询岗"、"名师考前辅导"、"校园停靠站"等热点栏目广受社会以及广大师生、家长关注。并以此为窗口向社会全方位展示各招生学校的校容校貌、师资力量、办学特色等，加强了教育局、学校、社会之间的了解和沟通交流，进一步提高了招生工作的透明度。

4. 健全指导服务体系，完善民办教育服务网络

根据《国家中长期教育改革和发展规划纲要（2010~2012)》和《国务院办公厅关于开展国家教育体制改革试点的通知》（国办发〔2010〕48 号）精神，要求推进民办教育体制机制创新，强调公办与民办教育统筹发展，形成相互促进，和谐发展的良好格局。

市教育局于 2010 年 3 月开通运行了郑州民办教育专网、郑州市民办查询系统。网站主要提供民办教育动态信息、办学指南、政策法规等业务信息；民办学校查询系统提供办学信息查询服务，包括办学资格、办学内容、学校类型、主管部门、年审结果等详细信息。目前，已逐步成为郑州市民办教育政策发布、民办教育动态宣传以及民办教育查询的综合平台，受到社会各界认可和好评。

三 构建政务服务体系，提升教育行政效率

（一）网络政务信息平台增强教育政策和举措的透明度

教育工作涉及千家万户，历来倍受社会关注。郑州教育局一贯重视与公众的互动交流工作，通过在政务网站设置咨询、投诉栏目，以及官方微博、微信广泛听取市民建议，在线回复公众咨询和投诉。2013 年 4 月，郑州市教育局组建运行"郑州市教育局网络政务信息平台"，把民众通过来访、热线电话、传真、短信、网站、微博、新闻媒体、市长电话、市长信箱多渠道反映出来的对于郑州教育社情民意，纳入同一个平台进行分类，自动编号，统一

处置，第一时间回应公众对郑州教育的意见建议、政策咨询、问题反映等各种需求，形成双向信息沟通机制。

各县（市、区）教育局、局属各学校（单位）设置"网络政务信息平台管理员"，明确专门的机构和责任人，负责与市教育局"网络政务信息平台"进行业务对接，及时受理各类网络诉求问题。定期以信息通报形式，公布各问政平台信息类别、转办时间、转办单位、回复情况等。网络政务平台的良好运行，及时、有效地处置网络问政信息，了解人民群众切身利益相关的各类问题和需求，为领导、机关决策提供信息、数据，及时化解矛盾，避免出现舆情热点。

（二）高度整合，资源共享，形成规范统一的校务公开体系

郑州市教育局利用教育城域网的优势，将政务、校务公开与网络建设相结合，按照"网络突围"的理念，依托郑州教育政务网站建设郑州市教育局政府信息（校务）公开网站集群平台，实现内容高度整合、表现方式统一、资源全面共享，从源头上保障政务信息公开的规范、有效和及时，形成上下同步、规范统一的政府政务信息公开监管体系。

按照市教育局校务公开网站集群平台的建设要求，校务公开系统为各学校建立数据推送接口，各学校通过校务公开网中心端进行本校的校务公开信息整理、更新工作，由校务公开集群中心端直接推送给学校网站，使学校的政务公开信息在教育局政务公开门户上可以展示，也可在学校现有网站上进行展示。不仅充分、快速实现政务、校务信息资源共享，同时也合理节约资源，实现技术共享，提高教育系统政务信息公开体系建设水平。

（三）"绿城通"，打造学生公共应用服务平台

为推进智慧郑州建设，实现资源的有效整合，在郑州市政府的统一部署下，按照"统一规划、统一标准、统一名称、统一标识"的原则，2014年6月份，郑州市教育局和郑州城市一卡通有限责任公司联合制作郑州市中小学学生证（绿城通），为市区55万中小学生免费发行。"绿城通"依托一张非接触式CPU智能卡，实现了学生电子身份管理、教育管理、考试管理等教育行业应用，同时还兼有公共交通、地铁和小额支付等诸多社会功能。

"绿城通"整合了学生从小学一年级至高三毕业个人基本信息和教育信息，是学生在校期间的有效身份证明，具有电子识别功能；可用于教育管理、考试管理、各类比赛、竞赛及校园一卡通等应用；同时具有公共交通、地铁和电子钱包、小额支付等消费功能，真正实现了一卡多用的目的，为学生的学习、生活和出行提供便利。

1. 学生证（绿城通）应用之"中招体育测试"

2015年，郑州市区125所初中学校的46235名应届毕业生持学生证刷卡参加体育测试。刷卡检录、入场等待、考前身份确认、考后记录成绩等各个环节因为一张卡片而变得有序快捷。测试项目全部完成后，在考场出口处刷卡直接显示本人的全部成绩。

2. 学生证（绿城通）应用之"足球训练"

结合郑州市"校足办"的训练需求，中小学生利用学生卡在市内八所学校进行足球训练，训练前后分别刷卡，系统将自动记录考勤情况并进行积分。2015年9~11月参加训练的学生数据统计如下：参与人数累计2019人次，共5492.52小时。

3. 学生证（绿城通）应用之"学校管理"

门禁管理、考勤管理、图书借阅等一系列校园一卡通的应用在郑州七中、郑州九中等试点学校开展。以郑州九中为例，2015 年 10 ~ 12 月，全校约 3500 名学生在校利用学生卡实现了门禁考勤管理、图书借阅、食堂就餐和宿舍管理，为学校的日常教学和生活管理提供了极大便利。

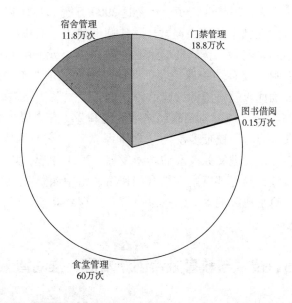

4. 学生证（绿城通）应用之"社会应用"

2015 年度约有 51 万名学生使用学生卡刷卡乘坐公共交通工具出行。学生全年累计刷卡乘坐公交车约 238 万次，平均每月使用近 20 万频次；刷卡乘坐地铁约 130 万次，平均每月使用近 11 万频次。

2015 年度学生卡使用公交及地铁使用频次

单位：万次

时间	第一季度	第二季度	第三季度	第四季度	全年
公交	55	63	56	64	238
地铁	32	35	30	33	130

四　协同建构，促进优质资源共建共享

2013 年，郑州市教育局建成三个资源应用平台——人人通学习平台、教育云资源公共服务平台、数字化阅读平台，通过开发、征集、引进、整合等手段，按照"规范、开放、协作、共建、共享"的要求和"平台 + 资源 + 服务"的模式，动态建设市级教学资源中心，制定完善的数字化教学资源建设标准和质量评价办法，探索"政府评估准入、企业竞争提供、学校自主选择"的教育资源准入机制，盘活数字教育资源，加快开放教育资源的汇聚速度，为郑州智慧教育建设打造一个优质共享的动态资源池。

目前，郑州市教育局构建了县级和校级教学资源库群，搭建了优质高效的郑州教育云资源服务平台，总容量8.6T，为全市幼儿、小学、初中、高中、职业教育提供了优质的教学资源达81万余条，在线习题资源达400万道、试卷10万套，覆盖了人教版、北师大版、西师大版等144个版本，此类资源每周都以8000条左右的数量在进行实时动态更新。目前，该平台已注册教师8万余人，2015年资源使用量达2900万次，人均使用353次。

为推动深度学习方式在教学活动中经常性、普遍性使用，不断扩大优质教育资源覆盖面，2016年，郑州市教育局将投入优质资源建设经费1200万元，用于开发优质数字教育资源；划拨500万元"一师一优课、一课一名师"授课教师、录课工作人员专项制作经费，用于加强版权保护、鼓励优质教育资源共建共享；印发了《关于录播教室管理和应用制度的通知》，充分利用已建成的176套标清智能录播教室和242套高清智能录播教室，引导全市各学校通过"一校带多点、一校带多校"、"名师课堂"、"名校网络课堂"等多种形式，提高优质教育资源覆盖面，促进义务教育的均衡发展。2011年起，郑州市教育局与河南省电教馆、新疆哈密地区教育局等部门紧密结合，利用"空中课堂"智能录播教学系统，通过班班通网络直播，与哈密地区的中小学校进行了空中课堂互动教研，填补了"新疆远程教育网"跨省直播的空白。

五　推动信息技术与教育融合创新发展，推动智慧教育发展

中央"四个全面"战略布局，对教育改革创新提出了新要求。以教育信息化带动教育现代化，确立了信息化在教育改革发展中的战略地位。在下一阶段的工作中，郑州教育局将从"不断探索新兴技术"、"坚持服务全局"、"坚持融合创新"、"坚持深化应用"、"坚持完善机制"等方面，积极推动信息技术与教育融合创新发展，全方位探索、构建"互联网＋"公共服务体系，围绕教育发展规律及趋势，以服务教育教学为根本，进一步提升政务、校务管理和服务的智能性、便捷性，进一步实现优质教育资源共建、共享。

（一）不断探索新兴技术

当前，云计算、大数据、物联网、移动计算、3D打印等新技术不断涌现，经济社会各行业信息化步伐不断加快，社会整体信息化程度不断加深，信息技术对教育的革命性影响日趋明显。运用这些新技术不仅可以改变教育管理服务的模式，同时所积累的海量教育数据，经过分析研究，能够为教育管理和决策提供超越经验判断的结论，从而大大提升教育管理和科学决策水平。这些新技术将成为加快推进教育信息化的创新动力，也将进一步加快智慧教育建设。

（二）坚持服务全局

要通过服务全局构建教育信息化新的发展格局。以信息技术为纽带，进一步加强教学和管理、行政部门和教育机构、教师、学生和教育系统之间的联结和互动；注重教师信息技术应用能力提升与学科教学培训的紧密结合，促进师生信息素养全面提升，不断优化教学、管理的流程和效能，使教学更加个性化、教育更加均衡化、管理更加精细化、决策更加科学化。

（三）坚持融合创新

要通过融合创新提升教育信息化的效能。通过深化信息技术与各级各类教育教学、管理的融合，强化教育信息化对"教改"、"课改"的服务与支撑，同时"教改"、"课改"也要放在信息化的背景下来设计和推进。要聚焦教育改革发展过程中困扰教学、管理面临的核心问题和难点，利用信息技术创新教学和管理模式，以应用促融合、以融合促创新、以创新促发展，有效促进教育服务供给方式、教学和管理模式的变革，形成具有本地特色的教育信息化发展路径。

（四）坚持深化应用

要通过深化应用，深度释放信息技术对教育教学改革和发展的作用，将应用作为教育信息化建设、科研、培训、评价等各项工作的核心驱动力。以建设营造应用环境，以教研、科研拓展应用渠道，以培训促进应用效能，以评价提升应用水平，依托教育信息化加快构建以学习者为中心的教学和学习方式。

（五）坚持完善机制

要通过深化改革和创新体制机制，解决推进教育信息化进程中遇到的各种问题。要协调好教育行政部门、学校和有关企事业机构的关系，形成统筹推进教育信息化的合力；要处理好政府与市场之间的关系，切实转变政府职能，充分发挥企业作用，充分发挥市场在资源生成和配置中的决定性作用，探索建立市场作用和政府作用有机统一、相互补充、相互协调、相互促进的教育信息化工作新格局。

（郑州市教育局　郑红　樊俊民）

郑州市借力"互联网＋"推行普惠金融发展

郑投网，全称"河南郑投网络信息技术有限责任公司"，是在郑州市政府支持下，由郑州投资控股有限公司发起，于2015年6月成立的河南首家国有控股互联网金融平台。郑州控股是郑州市国资委直属企业，市直属大型国有政策性投融资公司。

作为一个在"互联网＋"大潮下诞生的平台，一个体制内再创业的互联网金融公司，郑投网的成立可谓恰逢其时。

2015年，"互联网＋"第一次出现在国家政府工作报告中，从此掀起了整个年度"互联网＋"的热潮，各行各业都在积极拥抱互联网。

2015年7月，中国人民银行联合十部委下发《关于促进互联网金融健康发展的指导意见》，第一次从国家层面对互联网金融业指明"交通规则"。P2P网贷行业，在经过了多年野草式的生长之后，终于迎来"监管"的曙光。

随着《指导意见》的出炉，一批实力雄厚的国有公司开始大举进入这一领域，以P2P

为代表的国内互联网金融业迎来"监管和规范"下行业整合和洗牌期。

作为互联网金融里最为人熟知的 P2P 网贷行业，可以有效整合社会闲散资金，特别是可以有效解决中小微企业"融资难"、"融资贵"问题，对促进小微企业发展和扩大就业发挥了现有金融机构难以替代的积极作用，所以受到各级政府和资本青睐。

作为郑州市三大政府性投融资平台之一，唯一一个产业投资平台，郑州投资控股有限公司也在积极布局"互联网＋"大潮下公司的金融战略。郑投网正是在此大背景下应运而生。

作为河南第一家国有控股互联网金融平台，郑投网自成立之日起，就确立以"安全、规范、透明"的核心理念，致力于为投融资双方提供一个安全、便捷、高效的线上交易平台，重点支持河南中小微企业和创业企业发展，为中原地区的产业升级和创新驱动提供强劲的资本支持，成为国内领先的互联网金融服务平台。

因此成立以来，郑投网坚持高起点、高标准建设，在平台模式、运营管理、安全保障等多个方面进行了许多创新。

一 资金管理 河南首家开通银行托管服务平台

网贷平台非法集资，进而卷款跑路，是 P2P 网贷行业最受诟病的地方，因为它直接牵涉到投资人的利益，关系金融市场秩序和社会稳定。

而避免出现非法集资，最有效的方式就是通过资金管理实现。在 2015 年 7 月份央行发布的《指导意见》中，明确网贷平台只能作为"信息中介，不得提供增信服务，不得非法集资"，而且跟进一步要求"P2P 等金融机构应选择银行建立客户资金第三方存管制度。"。

2015 年 10 月，郑投网与兴业银行郑州分行签署资金托管协议，从而成为河南首家，也是国内最早一批实现资金银行托管平台，严格符合国家要求和规范。

具体来说，就是所有在郑投网注册的投资人资金以及每家合作机构缴纳的风险保证金，均在兴业银行郑州分行进行托管，这样有效避免了资金池的产生，从而远离非法集资红线，防范平台道德风险和投资风险。

二 法律保障 行业领先的高标准司法救助体系

针对 P2P 交易可能存在的法律风险，郑投网创新理念，把服务链条全面覆盖，改变过去很多平台不重视，或不注重法律保障的观念，从合同的确立、证据的保存到公证等各个环节，都与行业权威或国家机关合作，实施严格、规范、完整的司法救助体系，所有环节基本达到行业内目前领先水平，保护投资人、借款人的利益。

1. 债务关系

郑投网平台上所有债权债务关系均以签署电子合同的形式确立，所有电子合同均通过中国金融认证中心（英文简称 CFCA）的认证以确保电子合同的合法有效性、真实完整性和不可否认性。

2. 交易取证

郑投网平台上所有交易记录、电子合同等电子数据信息资料均实时存储于杭州安存网络科技有限公司的"安存电子数据证据保全系统"中进行专业的电子数据保管。

3. 依法公证

郑投网、郑州市绿城公证处、杭州安存网络科技有限公司针对郑投网电子证据保全事宜达成协议，一旦出现法律纠纷，郑州市绿城公证处可根据相关当事人的申请，在"安存电子数据证据保全系统"中对相关证据做保全证据公证，并出具公证书。

4. 诉讼保障

在法院诉讼阶段，相关当事人将公证书提交给法院，根据相关法律规定，"已为有效公证书所证明的事实，当事人无须举证。"即经公证机构公证的证据，具有较强的证明力，法院将直接采信，无需由当事人再举证、质证加以证明。由此，降低当事人的诉讼成本，增加了胜诉概率。

5. 投资安全　国有担保公司全额本息保障

投资安全，也就是网贷平台核心的"风控"环节，郑投网透过征信系统、实地考察、担保保障等多个环节，创新性构筑了一张严密的"安全网"。郑投网上的理财产品，除了强抵押类的之外，信用贷款都通过国有担保公司提供全额本息保障，并推出了专门针对中小企业融资的产品——国有担保贷，这也是河南唯一一个上线国有担保贷款的 P2P 平台。

同时，严格保护投资人的知情权，对投资流向和使用情况定期公开，做好信息透明，最大程度控制风险，保障投资人安全。

6. 征信评定

通过国家金融领域征信系统查询借款人借贷记录，降低借款风险。对借款人提供的信息和数据进行分析，核实其真实性，对企业的经营状况和发展进行分析，评定借款人借款额度及其还款能力。

7. 实地考察

派遣专人进行实地考察，通过走访工商部门或相关部门及公司员工，了解企业的真实状况，确保借款人个人或公司提供的信息和数据真实可靠。

8. 全面评估

对借款人的借款用途、经营状况、发展预期和还款能力等综合评估，只有收益和安全俱佳的项目，才会发布到平台供投资人选择。

9. 信息透明

为切实保障投资人的知情权，郑投网突破了很多互联网金融平台只在借款行为发生时披露借款人或法人信息的局限，把信息透明完全覆盖贷前、贷中和贷后，不仅会对借款人或法人贷前规模、经营等披露，而且会在贷后追踪资金使用、借款方经营情况，定时发布相关信息。

三　未来展望　普惠金融助力中原崛起

互联网金融是传统金融机构与互联网企业利用互联网技术和信息通信技术实现资金融通、支付、投资和信息中介服务的新型金融业务模式。互联网与金融深度融合在如今已是大势所趋，将对金融产品、业务、组织和服务等方面产生更加深刻的影响。互联网金融对促进小微企业发展和扩大就业可以发挥现有金融机构难以替代的积极作用。促进互联网金融健康发展，有利于提升金融服务质量和效率，深化金融改革，促进金融创新发展，扩大金融业对内对外开放，构建多层次金融体系。

通俗地讲，互联网金融的出现，第一次使"普惠金融"有了实现的可能，尤其是对于传统金融难以辐射的中小微企业、创业企业，是一个巨大的融资窗口，可以有效解决其"融资难"、"融资贵"的难题。

2015年10月8日，河南省人民政府正式印发《河南省"互联网＋"行动实施方案》，这是"互联网＋"概念提出之后，我省关于"互联网＋"最权威、最全面的一份文件，对河南整个社会经济领域"互联网＋"战略做了整体部署，并具体提出了十一个大类的互联网行动。

其中，《实施方案》在"互联网＋普惠金融行动"近期推进重点里明确提出"互联网借贷平台培育专项"：推动网络借贷机构在郑东新区集聚发展，到2018年，培育3～5家有影响力的法人网络借贷平台。2016年1月19日，郑州市人民政府也正式印发了《郑州市"互联网＋"行动实施方案》，更是明确提出"推动郑州市投资控股有限公司发起设立网络借贷平台、信用信贷服务机构"。

作为河南首家国有控股互联网金融平台，郑投网定位正是"普惠金融"，契合省委、省政府整体战略。未来，郑投网将以"安全、规范、透明"为核心理念，为全省的中小微企业、创业企业和广大投资人提供一个安全、便捷、高效的线上交易平台。郑投网依托郑州市政府、郑州投资控股雄厚的资源优势和强大的业务团队，致力于发展普惠金融，重点支持河南中小微企业和创业企业发展，为中原地区的产业升级和创新驱动提供强劲的资本支持，成为国内领先的互联网金融服务平台。

（郑州投资控股有限公司）

天心区发挥网络基础优势　推进智慧城区建设

十八大和十八届三中、四中、五中全会以来，中央拉开了全面深化改革的大幕，国家出台一系列政策措施，致力于发挥市场在资源配置中的决定性作用，进一步促进信息消费，提振经济信心，冲抵下行压力，释放市场潜力。相对于长沙市的其他核心城区，尽管天心区经济体量不够大、要素资源配置不够优，但我们也有独特的比较优势，有望在移动互联网时代，抢抓"双创"机遇，依托新的发展模式，在智慧城区建设上强力发力，做到后发制人、后来居上，抢占新常态发展阶段的新制高点。

一　天心区网络基础优势十分明显

近年来，长沙市天心区始终坚持信息化带动战略，大力推进电子政务建设，努力打造"数字天心、智慧城区"，特别是在基础网络平台建设上取得了显著成效，绩效评估水平名列全省 123 个县（市）区前列，湖南省电子政务外网平台建设观摩会在天心区成功举办。

区光纤网络项目暨区城域网自 2013 年 7 月启动分期建设以来，截止到今年 2 月，经过街道"骨干网"、教育"整合网"、社区"一体网"、新区划政务"合并网"、新区划教育"融合网"等五期项目建设，投资额已达 1600 万元，全区 56 个区属部门、14 个街道、96 个社区（村）、65 个教育系统学校单位等已相继接入统建网络，网络资源整合、融合和聚合效应显现，区城域网日均服务各类网络终端突破 10000 台，其"区域性基础平台"的地位不断巩固，对区域信息消费的提升作用日益扩大。由于高度重视网络的顶层设计，多次咨询省、市各级的电子政务建设专家，实施开门建网，特邀业内精英翘楚问计问策，做到了集思广益，汇聚了各方的经验和智慧。

一是建设思路清晰。按照"统一建设、整合资源、分类投入、集约应用"的原则，依托电信、移动、联通、有线等运营商线路资源，建设连接区治机关、院外部门、街道社区、区属学校的区域性网络，组建区网路调控和数据管理中心暨电子政务演示展示中心（简称"区数据中心"，下同），承载各类应用系统运行，统一互联网出口，实现网络信息资源的大整合、强管理、宽应用和全保障。

二是设计方案成熟。区电子政务外网平台采用标准的分层设计模型，裸光纤星状组网，将整个政务外网在逻辑结构上分为核心层、汇聚层和接入层三个层次：一是核心层。在区数据中心设置两台高端三层路由交换机，采用设备全冗余结构，将天心区电子政务外网接入市政务外网，同时为汇聚设备提供接入。二是汇聚层。在 14 个街道的行政办公楼内分别设置1 个汇聚节点，在教育局所辖中小学中选取 5 个（仰天湖小学、天心一中、红卫小学、湘府英才小学、桂井小学）设置为汇聚节点，同时在新城区多设置一台汇聚交换机作为接入备份所用。全区的街道、学校的汇聚节点，所配备的汇聚交换机（采用性能较好的三层交换机）采用两对裸光纤（一主一备组成双链路，共 38 条光纤）与区数据中心核心设备用 GE

口互联。三是接入层。社区单位、院外部门和中小学作为电子政务外网平台纵向网络接入点，以光纤作为传输介质，通过千兆光口就近接入汇聚层的街道、学校汇聚节点。每个接入单位各设置一台准三层交换机（带三层功能的二层交换机）作为接入层设备。

三是建设特色明显。最大限度利用现有软、硬件信息资源，部署分层的网络核心设备、网络汇聚设备、网络接入设备、传输线路、安全设备、外部数据中心及存储、系统软件与管理软件，以及与以上系统相关的软硬件系统集成等，依托运维软件实时监控和管理全网设备，实现实时故障报警和远程故障处理。特别是数据中心体现了"双空调、双电源、双显示、双安全"的区县级特色，即精密空调两个主机，两套 UPS 电源互为备份，展示幕墙加电、断电两种视觉效果，安全防护双机虚拟化，形成一个设备陈列、运行演示、智能管理"三位一体"的多功能机房。

二 天心区网络建设效益与日俱增

区数据中心及其延伸至全区域的光纤网络，已经成为全区线上、线下政务服务的"发动机"、"稳定器"和"资源库"。现有的区电子政务外网平台使全区各级各部门各终端用户实现横向互连互通，为纵向业务系统提供安全、快速、方便、经济、统一的网络通道，从根本上解决了各部门信息资源和数据无法共享、信息资源重复建设等问题。全区各部门、各街道、各社区和各学校等 240 个单位的信息资源实现统筹管理、业务系统安全统一防范，因统筹和整合而自然消减的信息管理人力资源和项目申报行政成本更是可观，形成了全区各级各部门带宽动态分配、安全防范到位、重复建设消减的信息资源管理新格局。以区治机关为基点，以区网控中心为核心，连接院外部门、街道社区（含村委会，下同）、区属学校的"全网千兆、主干万兆"电子政务外网平台，已成为中部地区信息资源整合度最大、利用率最高和传输率最快的区县级城域网项目，足以承载区域内各政务单位的光纤线路接入、刚性带宽扩容、海量信息存储、服务器虚拟、WiFi 覆盖等典型需求应用，为"互联网＋政务服务"发展提供了坚强有力的平台支撑。

三 天心区推进智慧城区建设的举措

当前，移动互联网发展方兴未艾，大数据战略实施、"互联网＋"行动计划如火如荼，信息消费理念已经深深嵌入和影响着我们的工作和生活，智慧城区建设前景广阔。我们依托网络建设优势，着力加快推进了以下几个方面的工作。

一是理顺外延型递进式体制机制。主要是实现三个转变。即主动对接顺应信息化时代的新需求，优化和完善部门职能，信息资源掌控从维护 – 调控 – 主导的转变；立足市场，拓宽渠道，架设通道，服务群体从公用 – 民用 – 商用的转变；借鉴和引入国家支持的有实力的运营商和投资商，在确保信息安全的前提下，探索资金筹措运营模式投资 – 合资 – 融资的转变。

二是打造区域级大数据应用中心。立足现有区数据中心在湖南省乃至中部地区的现实优势地位，主动推介、主动对接、主动扩张，全面强化信息安全防范和管控，进一步承载和汇聚全区各级各单位的应用，形成应用和安全并举的数据资源共建共享新格局。

三是铺设有线类无线化基础网络。在管理好已建的涉及全区光纤网络的同时，全面调研街道、部门和社区的电子政务需求，借力移动互联网新技术，最大限度整合互联网带宽和安全防护设备资源，在安全得到保障和用户体验良好的前提下，按地区、分阶段开放免费WiFi公共服务平台，吸聚人气、吸纳财气，促进信息消费，促进招商引资。

四是升级惠民生全覆盖政府网站。切实提高区政府门户网站暨区公众信息网的关注度和点击量，顺应政府网站普查工作新要求，改版升级政府门户网站，增强用户便民体验，打通微信社交管道，加大信息公开力度，夯实新兴媒体平台。

五是探索市场化共赢式项目机制。树立区域品牌意识，研判和分析新技术时代的应用需求，发挥区域智慧商圈、电子商务优势，节约财政资金，试水PPP建设模式，扩大项目影响，实现最大程度的信息惠民。

（天心区人民政府电子政务管理办公室）

深圳中院司法协同执行平台

一　项目背景

（一）问题背景——"执行难"损害司法公信力

司法是公平正义最后一道防线，法院执行工作是最后一道防线的最后堡垒。生效法律文书得不到兑现，不仅令公民和组织的合法权益落空，损害市场经济和社会环境，更严重的是削弱司法权威和国家治理能力。"执行难"，难在什么地方？中央1999年的11号文件明确指出，"执行难"的核心问题是被执行人财产难查。被执行人的财产登记在银行、车辆、工商、房产等部门，这些部门是法院以外的独立体系，其内部的信息和资源虽早已形成了完整的信息库，但却是"信息孤岛"，无法跟法院共享，法院在执行案件时只能就个案分别请求这些部门给予协助。在市场经济越来越成熟的深圳，执行案件激增，如何打破这些"信息孤岛"，建立一个以法院为核心进行调度和运用这些部门资源的一种全新司法机制，是深圳法院亟待解决的问题。

（二）实践背景——压力倒逼下的创新实践

2009年8月，在全国法院集中清理执行积案专项活动中，深圳法院与国土、工商、银行、车管等部门共同研发批量检索软件，采取"集中查询"模式，在半个月内完成3万多宗执行案件的财产查询工作，出色地完成了清理执行积案任务。该项活动经验启发深圳执行局寻找到一条查询和控制被执行人财产的新路径，即将"集中查询"的做法常态化，通过网络化、信息化创新工作机制，而不是依靠增加人财物的资源性方式，来解决"案多人少"矛盾。

二　项目内容

深圳法院用"互联网＋"思维创建鹰眼查控网，将传统的"人工＋文本"的查控模式转变为"网络＋信息"的模式，全面进入"互联网＋司法查控"时代。

（一）系统架构——建立查控信息集散平台

鹰眼查控网是全国法院首家涉案财产查控司法协同平台，该平台以法院司法查控业务为核心，是一个内联办案法官、外联协助单位的查控业务协同平台，它集开放性、易用性、拓展性、严密性和安全性等特性于一体，在遵循政府部门内外网物理隔离的情况下，通过移动保密数据交换介质实现法院与协助单位的联通和信息传递安全交换（见图1），平台以标准化的数据形式汇集、储存、检索、传输、反馈、管理查控信息。为保证各连接点异构数据的无缝安全接入，鹰眼查控网采用中心高内聚，各连接点之间松耦合的模式，同时，平台采用基于内容的数据转换和数据路由，将来自各连接点不同格式和协议的数据转换成统一的传输格式，并根据请求中的规则进行数据的组装和路由。该平台的工作方式是：以鹰眼查控网为信息集散中心，汇总全市司法查控请求，再将查控请求发送至协助执行单位，协助执行单位接收查控请求进行处理后，将结果通过网络反馈至执行局。

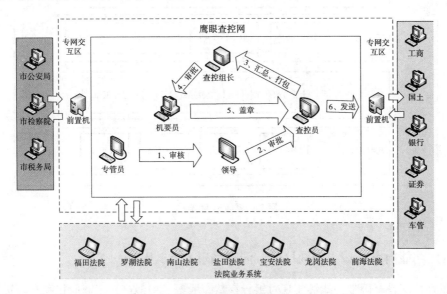

图1　系统总体框架

（二）系统特点——多层分布式软件应用模式

鹰眼查控网采用多层分布式软件应用模式进行部署，该平台结合当前计算机技术的最新发展，参照国家电子政务总体框架，遵循面向服务（SOA）的核心构架思想，采用组件化、面向对象的设计开发模式和基于J2EE、B/S/D三层结构的技术体系架构，采用以业务为驱动的自顶向下顶层框架设计方法进行总体设计，实现较好的高可靠性、稳定性和扩展性。平台总体技术架构从上至下由展现层、应用层、应用支撑层、数据层和基础设施层（见图2）。

整个技术架构集中体现：以基础层和数据层为依托，以应用支撑层和应用层为核心，通过展现层，全面为各层次客户提供高品质的个性化服务。核心功能包括基础功能组件、核心服务组件、数据转换组件等，实现统一的接口标准、统一的数据转换。

（三）运行流程——"鼠标控制一切"的极简主义

（1）登录。执行法官统一分配的用户号和密码登录鹰眼查控网。

（2）发起请求。查询和控制请求：执行法官通过鹰眼查控网，选择需要查询和控制的被执行人或其财产内容，提起请求，向相应的执行协助单位发送。在规定时间内，执行协助单位将查询和控制结果形成协助执行回执，加盖电子印章后反馈至鹰眼查控网。扣划请求：专指对银行存款的扣划。执行法官可以对一个或者多个账户已经被采取冻结措施的银行存款进行扣划，操作方式与控制措施类似。

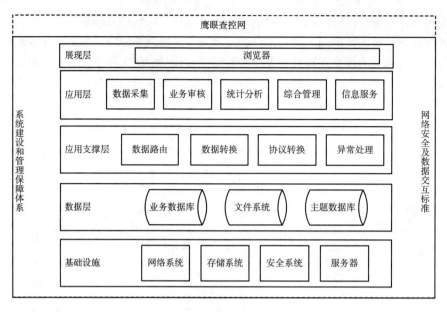

图2　系统软件架构

（四）功能内容——"一网打尽"涉案当事人及其财产

鹰眼查控网是全国唯一能够实现对银行存款、股票、房地产、工商股权和车辆进行一体化查询和控制的平台。

（1）查控被执行人财产。包括银行存款、房地产、工商股权、车辆、股票、基金、债券等，其中，对银行存款支持直接扣划。

（2）查控被执行人。查询被执行人及案件相关人员身份信息，对被执行人采取强制措施：通过边检实施边控，通过刑侦部门进行手机定位、监控等。

（五）安全保密——"双管齐下"保障信息安全

（1）物理保障。通过网络隔离系统，采用约定的接口规范进行数据交换，不直接进入对方数据库访问，保证了各自系统信息管理权的独立性，符合机要部门的保密要求。

（2）软件保障。信息系统服务器之间的相互访问，采用 IP 地址、物理地址双重绑定，并设定允许传输的数据标准，限制访问权限，防止网络黑客攻击；电子文书采用电子印章，文书一旦电子签章后即不能修改任何内容，如强行修改，文件即显示印章作废；通过电子证书、人员账号和 IP 地址等方式实现用户身份的识别，以便追溯；数据定时自动备份，并可实行数据审计，保证任何操作均有据可查。

三　项目创新点

（一）整合创新——打破信息孤岛，整合协助单位信息

整合就是创新。鹰眼查控网创新的实质是整合。以往在国内没有一个单位或部门可以独

立完成对涉案当事人财产的查询和控制，鹰眼查控网是深圳法院整合分散资源而建立的一种全新的一网打尽涉案当事人及其财产的工作平台。怎样将分散在各协助单位的信息集合到法院的平台上来？深圳法院以问题为导向，协助单位提出什么问题，就解决什么问题；深圳法院因势利导，将鹰眼查控网纳入市委"织网工程"。2010 年 10 月，深圳法院与第一家协助单位——深圳市房地产权登记中心连接；2011 年 3 月，完成了对银行、国土房产、车辆、工商股权、证券等协助单位信息资源的整合；截至 2015 年 12 月，鹰眼查控网的协助单位已经扩容到 43 家，成为全国查控财产面最广的平台。值得一提的是，2014 年 9 月，深圳法院与汇丰银行深圳分行签署协议，首次将执行网络查控的触角伸向外资银行领域。鹰眼查控网打开国际视野，成为名副其实的"全球鹰"。

（二）连接方式创新——安全与效率的完美平衡

"点对点"的连接模式。整合协助单位的信息资源采取什么方式连接？是鹰眼查控网创建必须解决的问题。深圳法院通过"点对点"模式与各协助单位进行对接和联通，实现"互联网＋"的"＋"。这一模式既联结"信息孤岛"，使执行查控工作充分利用"互联网＋"的优势，大幅提高执行查控效率，又巧妙解决网络安全隐患问题，实现安全与效率的完美平衡，为社会治理创新中"打破信息孤岛"提供全新的解决方案。

（三）管理创新——超越行政管理的封闭边际

创新的机构需要创新的管理。协助单位的人怎么管？协助单位不按时反馈请求怎么办？深圳法院创新了超越行政管理边际的管理模式——把不属于法院编制的协助单位操作员纳入执行局的业务体系中：一是将协助单位是否配合法院执行工作纳入"综治考核"；二是以市执行工作领导小组的名义通报不按时反馈查控信息的协助单位；三是定期协调、培训协助单位或操作员。目前，鹰眼查控网的人员结构是：中院两名负责人＋基层法院 11 名查控员（在查控网平台上班）＋协助单位 36 名操作员（在协助单位工作窗口上班）。

四　实施效果

（一）使用鹰眼查控网成为法院执行办案新常态

深圳法院传统人工查控模式是：50 余名工作人员＋20 余台车辆＋30 余家协助执行单位；鹰眼查控网工作模式是：七名工作人员＋一张网络。最近四年，共有 164369 件执行案件提起查询请求，查询房产 489031 套、车辆 513852 辆、股权 336428 个、银行账户 1890829 个、证券账户 278748 个，总计查询信息 5367356 条，相当于传统执行工作方式 50 年的工作量，节约司法经费近 10 亿元。

（二）司法为民便民利民，当事人满意度大幅提升

鹰眼查控网是司法为民理念在执行工作的创新实践。以前查找和控制被执行人财产的主要途径是申请执行人包括代理律师四处查找被执行人财产线索，法官核查财产线索后进行控制。鹰眼查控网创建以后，执行案件一立案，当事人不必请求法官，也不再需要费尽心思查

找被执行人及其财产，执行法官就会按照办案流程规定，启用鹰眼查控网查控被执行人财产线索，确保当事人合法权益得到最大程度实现，当事人对执行工作满意度越来越高，四年来，全市法院执行到位率从52.88%提升到78.1%，执行办案周期从六个月降低到四个月，执行信访率下降了63%。同时，执行法官的财产查询控制措施都在网上完成，全程留痕，保证案件执行的透明、高效、公正、廉洁，让一些不规范、不廉洁的执行行为"不能为"。2016年1月6日，中国社会科学院法学研究所等机构联合发布深圳市中级人民法院基本解决执行难评估报告，报告认为深圳中院之所以可以实现"基本解决执行难"的目标，鹰眼查控网发挥了关键性作用。

（三）成为全市司法执法单位办案共享的"信息枢纽"，促进了社会诚信体系建设

鹰眼查控网的创建使法院执行部门成为全社会中唯一能够掌控涉案当事人名下财产线索的主体。现在，有权部门可以利用这个"网"，将涉案人员的财产"一网打尽"。例如，2012年3月，在全市"三打两建"行动中，公安机关要对宝安区沙井黑社会组织的134名成员的财产进行查控，原本需要四个专案组历时三个月才能完成的工作，鹰眼查控网仅用了三天。最近四年，鹰眼查控网共控制33923套房产，控制车辆31449台，冻结股权17061个，冻结银行存款59亿元、扣划32亿元、边控1964人次、布控1277人次、手机定位23人次、拘留189人、追究刑事责任13人，大大增加"老赖"的失信、违法成本。其中协助公安、检察、海关、税务、证券监管等有权执法机关完成查询任务6000余项。鹰眼查控网的建设运行，为深圳参与全球经济竞争、防范经济金融风险、优化国际营商环境提供了有力保障。

五 推广价值

（一）"实现信息共享"的可复制模式

信息共享的通病是"内部共享，外部壁垒"，各"岛"之间的信息无法互通，究其原因除了理念之外，还有信息安全问题。鹰眼查控网"点对点"的连接模式，互不进入对方数据库，既保证了各自信息管理权的相对独立性，还确保了信息的安全性，这种信息共享的模式易于复制。该模式还是"小投入、大产出"的典范，整个平台软硬件投入不超过100万元，每年节约办案经费上亿元。截至2015年12月，先后有150家高、中级人民法院约900余人次前来参观考察。青岛、厦门、东莞等法院复制深圳模式并运行，最高法院借鉴"点对点"模式在2014年也开通了全国查控系统。

（二）"联动机制建设"的典型范例

看病难、上学难等社会"诸难"问题都要通过社会治理创新——联动机制创新来解决，这已成为理论界和实务界共识。但怎么联动却是横亘在各方面前的巨大难题。各部门都有其独立的利益诉求，如何化解阻力，创造出为各部门所接受的多方共赢机制呢？鹰眼查控网的创建提供了一种可资借鉴的模式。在创建过程中，以市执行工作领导小组为依托，连续五年每年召开协助单位年会，针对性解决执行联动工作中存在的问题；依靠协助单位的支持成功创建后，又毫无保留的为协助单位服务。鹰眼查控网的创设是一个"多方接受、多方认可、

多方受益"的联动机制创新的范例,为我国其他领域和部门解决社会"诸难"问题起到示范作用。

(三)"不增加机构编制"的改革示范

鹰眼查控网是利用互联网思维整合传统执行查控模式,为司法执法机关提供服务的新平台、新场所。协助单位的操作员在各自单位上班,通过"互联网+"整合协助单位信息资源,实现了查询和控制涉案当事人财产的强大功能,但它并没有增加一个编制或机构。在当前推进司法体制机制改革和社会治理创新的过程中,不增加机构编制的改革创新,具有特别的推广价值。

鹰眼查控网编织了一张恢恢法网,它能查询到被执行人名下的全部记名财产,让"老赖"的财产无处可藏,还能通过手机定位、监控手段查找"老赖",让"老赖"无处遁形。鹰眼查控网——深圳首创的涉案财产司法协同"互联网+"平台,并非改革顶层设计在深圳的"落地",而是改革原创精神在深圳的又一次"起飞"。它是深圳法院近年来最有示范效应的改革,它是诞生于深圳、影响于全国的改变法院传统执行模式和解决"执行难"问题的司法机制改革和社会治理创新。它"一网打尽"涉案当事人及其财产的功能不仅为深圳率先基本解决"执行难"问题奠定坚实基础,还广泛应用于审判、检察、公安、国安、狱政等司法执法单位和维稳综治、反腐倡廉、缉私缉毒、反恐扫黑等重大敏感业务领域。其发挥出来的效能已远远大于解决"执行难"本身,更直接惠及于社会诚信体系建设,促进国家治理体系和治理能力现代化。

(广东省深圳市中级人民法院)

珠海网上综合服务平台

珠海市以打造阳光高效的便民惠民服务工程为目标,立足实际,锐意创新,以电子商务理念打造电子政务的思路,紧紧围绕市委、市政府建设"生态文明新特区、科学发展示范市"和"珠江口西岸核心城市"的工作重心,通过建立标准高效的公共服务体系,公开透明的公共服务监管体系,公开畅通的政府信息交互平台和建设统一规范的政务信息共享平台,积极推动政府职能转变、规范行政公权力运行、大幅提升行政效率,充分发挥电子政务平台的社会综合效用,有效推动"智慧珠海"建设。

一 政务服务改革创新驱动,全力打造便民利民网上综合服务平台

我市网上办事大厅于2013年9月全面开通,在全省实现"三个率先",连续两年(2013和2014年)在全省考评名列前茅。2015年,珠海市网上办事大厅"三率一数"、镇街办事站、与主厅连通等基本情况在全省21个地市中排名第二,"一机两页"、统一身份认证平台接入、特色创新等重点工作在全省综合排名第三,并多次受到省纪委办公厅、省府办公厅通报表扬。

（一）构建虚实结合的政务服务体系，实现网上办事大厅延伸到基层

珠海市以推进行政管理体制改革为抓手，构建了以网上办事大厅为龙头，以市、区政务服务机构为主体，以镇（街）、村（居）政务服务机构为基础的四级政务服务体系。网上办事大厅与实体服务窗口虚实结合，有机融合，实现了"大事不出镇，小事不出村，政务服务到家门"。

一是在市、区网上办事分厅基础上，开通镇街办事站，村居办事点，镇街、村居事项进驻镇街办事站、村居办事点，提前实现基层网上办事服务全覆盖。目前，全市22个镇街、317个村居已全部开通镇街办事站、村居办事点，共进驻镇街事项606项、村居事项2609项，并提供网上办理。

二是市、各区（经济功能区）成立政务服务管理机构，各镇（街）建立政务服务中心，各村（居）建立公共服务站。目前，市级政务服务窗口、8个区级政务服务窗口、24个镇（街）政务服务窗口和317个村（居）公共服务站已全部建设完成。

（二）构建一网式综合网上办事平台，实现市、区、镇街、村居事项全部进驻

一是"两页"实现实名认证和服务定制。"两页"通过与自然人库、企业法人库数据对接，已开通市民个人网页约60万，企业专属网页约13万，同时，推行新生儿上户口即开通儿童网页，以充分发挥专属网页"伴随一生、记录一生、服务一生"的作用。"两页"与网上办事大厅深度对接，互联互通，市民、企业登录"两页"后，即可实名网上办事。除事项办理外，"两页"还提供了事项收藏、证照上传、政务信息订阅等服务，实现了从"人找信息"到"信息找人"的转变。

二是政务服务自助终端向社区延伸。珠海市网上办事大厅配套的政务服务自助终端，其基础平台框架由市级统一提供，硬件由各区自行采购，目前已在全市范围内安装部署227台，投放点主要为镇街、村居，以方便基层群众自助办事。其中横琴新区、金湾区、斗门区、高新区已实现政务服务自助终端镇街、村居全覆盖（保税区无镇街、村居）。目前，终端已提供市区两级网上办事大厅进驻事项的办事指南查询、办理进度查询以及部分便民服务，如路桥通行费缴交、医院预约挂号、学区查询、社保信息查询打印、无房证明打印、网上车管所等服务。此外，金湾区25台自助终端个性定制开发了网上办事功能，申请人可通过终端打印、扫描上传各类申办材料，通过政务服务自助终端实现"24小时政务服务"。

三是移动终端版实现接入渠道的拓展。为顺应互联网发展趋势，方便企业、群众通过手机、平板电脑等移动终端访问网上办事大厅，珠海在WEB版基础上，开发了移动终端WAP版和应用APP（包括Android版和iOS版），为企业、群众提供办事指南查询，简单事项的手机办理并接入省网上办事大厅手机版。

（三）积极创新拓展政务服务便民举措

一是积极推动横琴自贸区企业专属网页建设，整合省直相关部门、珠海分厅、横琴分厅与企业有关的628个行政审批事项，并实现企业信息、资质信息、材料信息的共享。

二是将公共资源交易纳入网上办事大厅服务范畴，实现了建设工程、政府采购、产权、土地房产矿业权交易等公共资源交易信息"一网公开"，公共资源交易事项"一网查询"、

"一网通办"。

三是通过网上办事大厅开发的公办幼儿园电脑摇号排位系统，顺利保障了 2014 和 2015 年市直属公办幼儿园网上报名和网上录取工作。

二　构建快捷、畅通、高效的一站式综合服务热线，推动政府服务前移，提升社会管理水平，促进民生事业进步

按照省委、省政府"两建"工作和珠海市"两建"工作部署要求，2013 年 3 月 1 日，珠海市政府决定开通"一号对外"的市民服务热线，整合优化各职能部门的咨询、投诉、举报平台功能，建立"集中接听登记、按职分转办理、定期反馈回访、应急指挥调度、信息汇总分析"的便民、高效、权威的处理机制。

按照省、市开展"两建"工作的有关部署，结合珠海智慧城市建设，我市 12345 市民服务热线中心建立集信息管理、政务数据整合、GIS 地理信息、用户行为分析、新媒体渠道监控和统计等功能为一体的市民服务热线综合业务平台。同时引入基于数据挖掘技术的热线数据运营能力，加快服务信息化的综合能力提升，发挥 12345 市民服务热线平台同市民直接接触，获取民生信息的优势，为深化社会民情的研判处理、社会风险的预警防范提供更完善的服务。

珠海市 12345 热线服务平台基于基础云平台建设，建立统一数据库进行数据管理，提供电话话务平台、网络平台，集知识库系统、工单系统、大数据分析、内部系统于一体的业务系统，通过政务网关和数据交换平台，实现与阳光问政、网上信访、职能局业务系统和工单系统、网上办事大厅、电子监察等外部系统进行交互。

12345 热线是珠海市行政职能单位和部门的"一号对外"电话服务热线，平台可提供知识管理、大数据分析、工单管理、效能监察等功能，建立话务、网络、掌上 12345、短信、微博、微信等多位一体的 12345 热线，帮助政府提高服务能力与办公效率，实现以管理为中心向以服务为中心的跨越。

平台集"政务咨询、民生诉求、政民互动、投诉举报、效能监察"为一体，建成之后，解决了政府的热线电话过多，各部门间职责分工不清、协调困难、缺乏统一的监督管理和服务标准等问题，提升了政务服务质量和服务效率。

2015 年 4 月，独立第三方调查机构——零点研究咨询集团针对全国 333 个地级行政单位（地级市、自治州、地区、盟）的 12345 政府综合服务热线开展第三方调查中，珠海 12345 以 91.9 分排名全国第一。

12345 市民服务热线积极发挥"民生直通车"、"发展助推器"、"决策信息源"的作用，整合各政府部门热线达到 30 条，实行"一号对外、集中受理、分类处置、统一协调、各方联动、限时办理、定期回访"的工作机制，基本建成全市集政策咨询、消费维权投诉和经济违法举报受理登记为一体的热线平台，在持续打造政府服务明星热线上做到了以下几点。

（一）坚持"一号对外"的建设原则，全力做好 12345 市民服务热线的综合服务平台

2015 年，市民服务热线加大热线整合力度，顺利完成了市残联 12385 残疾人服务热线、香洲区公安分局刻章热线的整合工作，并完成了与 12358 全国价格举报管理信息系统的对接工作。

（二）实施规范化的服务流程，市民获取政府服务更加便捷、诉求办理更加规范

市民服务热线已开通话务座席 83 个，话务员 134 人，提供 7×24 小时的热线服务。大力构建方便群众反映诉求的"绿色通道"，建成集电话、网上信箱、市政府门户网站、微信"四位一体"的综合受理平台。2015 年热线呼入量达 1585819 个，同比增长 3.56 倍，人工接通话务总量 759724 个，同比增长 1.2 倍。其中咨询类电话约占 84%，市民咨询问题的 92.5% 由话务员直接解答，同比增长 10.7%，市民诉求处理满意率 97%。

（三）加强话务团队文化建设，营造良好工作氛围，提高热线服务质量

在内部培训师定期开展业务培训和考试基础上，定期举办知识竞赛，建立员工激励机制，活跃话务工作氛围。通过在工作场所布置市民服务热线历程墙、员工照片墙、心里话分享板、团队板报长廊，开设减压室、图书室，配置跑步机、游戏机等，有效舒缓话务人员的工作压力，增强员工归属感。2015 年 12 月，市民服务热线员工图书室通过自主申报、市总工会审批评选，成为珠海市职工书屋示范点。

（四）紧密围绕市委市、政府的工作部署，积极落实全市重点工作

一是积极配合省、市"两建"工作的部署，建立统一高效的消费投诉、经济违法行为举报和行政效能投诉的平台。二是全面开展质量强市示范点创建工作，积极参加珠海市创建全国质量强市示范市宣传服务活动，开展市民服务热线"市民开放日"，提高市民对质量投诉平台的认知度。三是加快智慧城市建设工作，对照《智慧珠海 2015 行动计划》所列的重点建设项目任务分工安排，建设快捷、畅通、高效的市民服务热线体系。四是落实《珠海市 2015 年重点改革事项绩效评估工作》，总结经验、查找不足、打造亮点，进一步推进 12345 热线改革工作；五是部门白皮书考核及各区科学发展观考评。由热线平台提供的部门按时办结率、提前办结率和群众满意度三个数据作为《2015 年度政府部门责任白皮书考评方案》"解决群众诉求情况"的指标及各区科学发展观考核指标。

三 推动公共资源交易管理体制改革，打造统一规范的公共资源"阳光交易"平台

为进一步推动公共资源交易管理体制改革，促进公共资源交易市场规范化，交易流程标准化与电子化，实现政府对公共资源交易的一体化管理及运作，提高政府监管工作效率，推进公共资源交易的公平、公正、公开，珠海市政府开展了公共资源交易一体化平台建设。通过整合已有信息化系统，提供完整的公共资源交易管理工具，将交易过程中涉及的当事人和各个环节整合到同一个平台，从而打造出一个公正开放、竞争有序、服务到位、监管有力的公共资源交易管理和服务平台。

（一）构建统一的公共资源交易网站，实现交易中心统一窗口对外服务

珠海市公共资源交易一体化平台建设了统一的公共资源交易网站，形成了珠海市公共资源交易中心对外统一的公共服务窗口，通过呼叫中心、短信、电脑、手机、触摸屏、IPTV

等多样化的接入手段，促进公共资源配置、公共资产交易、公共产品生产领域的市场运行机制的完善，推进了公共资源交易统一集中管理，实现了公共资源交易全过程电子化和标准化。

（二）建设交易综合资料信息库，实现公共资源交易信息的统一管理，推进公共资源交易防腐体系的建设

珠海市公共资源交易一体化平台通过统一数据接口的建设，打通了多个异构业务系统，实现了招标项目、招标人、招标代理机构、项目交易、投标人、评标专家等公共资源交易中各类综合信息的汇集，促进了公共资源交易信息资料库的统一管理。汇聚来的数据作为平台的基础数据，可为公共资源交易业务办理提供实时的信息查询调用和数据对比分析，有助于及时发现非法交易并加以标记，从而解决了交易公正性监管难和信用管理难的问题。

（三）统一公共资源交易业务管理过程，解决公共资源交易内部监管难的问题

公共资源交易一体化平台基于统一框架与标准进行公共资源交易过程管理与对外服务。对珠海市所有公共资源交易活动实行统一进场受理、信息发布、规范流程、服务标准、专家管理、场地安排、资金管理，从而为公众提供了更透明、更公正的公共资源交易服务，解决了公共资源交易内部监管难的问题，推进了公共资源交易管理体制的改革，在珠海全市形成"公正开放、竞争有序、服务到位、监管有力"的公共资源交易新格局。

（四）打造交易保障、公共服务和监督支撑三大核心能力，构建"四位一体"的市、县、镇、村四级公共资源交易服务体系，实现公共资源交易活动的精细化和规范化管理

公共资源交易一体化平台搭建了交易平台、服务平台、监管平台及基础支撑平台框架，为客户构建了交易保障、公共服务和监督支撑三大核心能力。平台横向上连通部分市级专业交易平台，纵向上连通省级公共资源交易平台，打通若干行政监督部门的监管通道，建成了四个支撑体系，为监管部门、主管部门、市场主体、专家、社会公众提供完善的公共服务，建成了"四位一体"的市、县（区）、镇和村四级公共资源交易服务体系。同时还借助大数据分析技术，为珠海市公共资源交易提供科学决策，实现对全市公共资源交易活动的精细化和规范化管理。

（珠海市政务服务管理局）

广西国土资源遥感监测"一张图"

广西国土资源遥感监测"一张图"工程（以下简称"一张图"）是由广西国土资源信息中心独立完成的应用项目，该项目是通过统一的 1980 西安坐标系测绘基准面，采用 GIS 技术将国土资源管理中历年航拍影像数据、卫星影像数据和土地、矿产、海洋、地质灾害防治等方面海量数据和资料，整合成统一的、网络化的、可视化的数据基础服务平台，形成平面上无缝拼接、垂直方向上互相叠加的核心数据库系统，并与广西国土资源厅电子政务系统等应用系统高度集成，采用云计算方式，将各类 GIS 地图服务及应用系统服务、硬件计算能力服务通过自治区、市、县、乡四级互联的广西国土资源广域网向自治区国土资源厅、各市县（区）国土局按需提供，搭建起基于云计算框架的 GIS 地图共享服务平台。

"一张图"现已广泛应用于广西国土资源厅建设用地审批、探矿权和采矿权审批、市县建设用地远程报批、市县国土资源电子政务系统、土地征用、土地供应、补充耕地、耕地保护、地籍管理、卫片执法、规划管理和地质灾害预警预报防治等各个方面，基本实现了从"以数管理"到"以图管地、管矿"的根本转变，同时有效减少了审批时间，节约办事成本，提升办事效率，促进了广西国土资源事业的改革发展。

一　建设情况

广西国土资源遥感监测"一张图"项目主要完成了以下四个方面的工作。

（一）基于遥感影像的土地利用变化监测

根据广西的地形地貌情况及工作需要，采用中分辨率遥感影像（HJ 环境卫星影像，TM 影像，中巴资源卫星影像），依据遥感影像上地物所反应的光谱特征及纹理结构，结合土地利用的历史资料，通过人机交互方式，快速获取土地利用信息，判断地类属性变化情况，及时获取大范围地物变化信息。

（二）"一张图"数据库建设

根据广西国土资源的特点，确定将历年来的土地、矿产、海洋、地质灾害防治等相关的影像数据、矢量数据及相关基础地理数据作为"一张图"数据库的基础数据。将数据按照来源、形式和用途进行分层，通过地理信息系统技术将数据整合在一起，并采用 ArcSDE 实现空间数据和非空间数据的一体化集成，形成平面上无缝拼接、垂直方向上能相互叠加的广西国土资源遥感监测"一张图"数据库。在数据管理方面，利用直接访问方式、在 Web 服务层提供一系列 WebService 接口方式、多种影像处理技术、增量存储方式等实现对数据的集成管理；对海量数据进行索引优化、通过计算与多次测试对库体参数进行配置，达到数据的优化管理。为保证数据的现势性，面向不同的数据应用需求，制订了三种数据更新方式：

一是使用遥感影像判读及实地调查获取的成果数据更新基础数据库；二是从相关业务单位获取现势数据，如规划数据等，实现在线更新数据库；三是通过数据交换体系，与其他数据库实现共享。目前"一张图"数据库涵盖了以二调为基础的矢量图形数据库、广西影像数据库、遥感动态监测数据库、基本农田数据库、不稳定耕地及后备资源数据库、城镇存量建设用地数据库等 28 个大类，数据量达 35TB，范围覆盖广西 23.7 万平方公里。

（三）构建基于 GIS 云计算的 Web 服务

由于"一张图"数据库数据量大，数据结构多样，应用领域涉及范围广，用户需求大，要求具有快速的系统响应时间、方便的资源调度手段、保证数据的及时备份与储存、数据与系统的安全。基于 GIS 云计算的 Web 服务能够满足这些需求，采用私有云部署的方式，通过 WebService 将信息资源包装成统一的形式，为用户提供桌面服务。用户只需要通过 Web，提交相关参数，提交作业，系统自动完成作业，并返回结果。

（四）基于 Web 服务的跨部门、跨地域综合应用

将"一张图"与广西国土资源厅综合审批系统等应用系统高度集成，利用"一张图"丰富的数据及基于 GIS 云计算的服务平台，服务于土地、矿产、海洋、地质灾害等管理部门，实现审批、监管工作的科学化、快捷化办公，同时将相关部门产生的业务数据作为数据库数据来源，实现数据库的动态更新。

二　应用情况

（1）在建设用地及矿产审批工作中，审批部门利用"一张图"系统对新增建设用地进行叠加分析，审核是否占用基本农田，并及时发现未经审批使用土地等违法违规用地行为，有效避免了人为干扰，限制了自由裁量权和权力寻租的机会，促使行政审批行为最大限度地保证公正、公平、公开。

（2）在基本农田动态监管工作中，各类报批项目从审批开始就与"一张图"数据库进行叠加分析，基本农田动态监管系统实时读取各个项目与基本农田的叠加分析结果。对于占用基本农田的项目立即启动预警预报机制，切实保护广西基本农田。

（3）在耕地占补以及新增耕地确认工作中，将拟确认新增耕地项目在"一张图"上与土地利用现状、不稳定耕地、基本农田以及新增耕地历史数据库进行叠加，分析其是否符合土地利用现状，是否压占基本农田，是否重复申报新增耕地项目，业务处室可根据分析结果剔除不符合新增耕地确认标准的地块，保证了新增耕地确认的权威性。

（4）在执法监察工作中，将不同时相遥感图以及审批建设用地在"一张图"上进行比对分析，从中提取出疑似违法图斑。执法局根据可疑图斑，到现场进行实地勘察，并反馈执法结果到系统中。真正做到了"天上看、地上管、网上查"的实时土地督察模式。

（5）在地质灾害防治工作中，当汛期来临时，地质灾害预警预报中心根据"一张图"上地质灾害易发区和地质灾害易发点数据，合理制定防灾减灾方案，组织当地群众进行群策群防工作。

（6）在土地登记工作中，市、县国土资源主管部门将土地登记的空间信息数据实时汇

总到"一张图"核心数据库中，通过其判断是否有相邻地块的拓扑错误，是否重复发证等情况。同时也实现国家、自治区级管理部门对全区土地登记信息的动态管理。

（7）在综合监管工作中，各级国土资源主管部门都可以通过"一张图"数据库中的"批、征、供、用、补、查、登"等业务数据实现对土地完整的生命周期进行综合监管，能够对整个土地使用过程的合规性进行历史追溯，同时能够统计征地率、供地率等信息。

（8）在土地供应管理工作中，当每一宗土地进行出让或者划拨前，在"一张图"上对该宗土地与其他相邻土地的权属位置、基准地价、征地范围、储备数据信息等进行空间分析，充分判断其各项信息的准确性，从而做出更为科学有效的土地供应决策。

三　社会与经济效益

（一）达到国内领先水平，促进全区国土资源信息化发展

在全国范围内，广西国土资源遥感监测"一张图"成果被国土资源部树立为亮点和典型示范区，得到国土资源部、广西政府等各级领导的高度重视和支持，多次被评价达到国内领先水平，在全国范围内具有广泛的推广应用价值。2012年2月，全国国土资源信息化会议在南宁召开，广西"一张图"成果作为唯一演示模块在会议上进行演示和汇报，获得普遍好评。2013年以来，"一张图"成果还先后获得了2012年中国信息化（国土资源领域）成果一等奖、中国地理信息产业工程金奖、广西科技进步二等奖等系列奖项。"一张图"工程的建设引领带动了广西国土资源信息化建设的发展，有效提高了我区信息化建设水平。

（二）实现全程监管，构建防腐新机制

将"一张图"与广西国土资源综合审批、综合监管系统深度融合，把依法行政规则嵌入系统审批过程，审批时系统自动根据"一张图"对报批数据进行合规性判断并生成分析建议，避免了人为干扰，限制了自由裁量权和权力寻租的机会。此外，还可以通过"一张图"对"批、征、供、用、补、查"六方面数据进行综合统计查询，实现对土地利用现状、用地审批、行政监察过程的全方位在线监管，构建了廉政防腐新机制，有效地遏制了腐败现象的发生。

（三）节约办公成本，提高办公效率

将遥感监测"一张图"应用于建设用地远程报批系统，各市县国土资源局不再受政务大厅办理时间限制，可随时在本地录入报批材料，并运用"一张图"数据库中土地利用规划数据、二调矢量数据、基本农田数据等进行用地报批预判断，可及时发现和修改错误，行政办公、交通费用、人力资源等报批成本大大节约，各市县国土资源局的行政办公经费大幅度减少。将遥感监测"一张图"应用于广西国土资源厅综合审批系统，各处室在审批报件时，可快速调用"一张图"数据库各类图层信息实现叠加分析，提高了图件审查的速度，在有效时间内完成建设用地审批案卷数目逐年上升，行政审批时限缩短了50%。

（四）减少市县经费投入，避免重复建设

"一张图"建设中搭建起基于云计算框架的信息化服务平台通过按需、无限延展和动态调配方式向市县国土资源主管部门提供了应用系统服务、GIS地图服务和硬件计算能力服务，同时采用技术复制形式，构建起统一的数据库集成平台，在短时间内建设起覆盖全区的遥感监测"一张图"数据系统，避免了各市县国土资源主管部门软硬件的重复建设，大幅降低了基层信息化建设经费投入。

（广西国土资源信息中心）

广西电子政务外网安全管理平台

一　前言

广西电子政务外网作为国家电子政务外网的组成部分，通过建设上联国家，下联区、市、县（区），横向连接各级党委、人大、政府、政协、法院、检察院等各级政务部门的三级网络平台和服务体系，为各级政府部门建立网络传输通道，实现业务数据交互和信息共享的电子政务建设。电子政务为各级政务部门提供信息传输通道的同时也面临信息安全的严重考验，传统的安全信息运行方式面对日益庞大和复杂的安全攻击和防御技术已无法动态、有效、及时地处理安全问题，需要建立一个高效的安全管理平台，协调、控制和管理网络中各种安全设备，汇总各个安全系统中海量的安全事件，统一规范地结合安全策略和安全知识的管理从全局的角度进行分析，及时发现安全事件、安全风险和排除安全隐患，并制定和管理有效地安全策略。

二　体系结构

接入自治区级政务外网网络主干和节点上的机房分布于全区各市、县（区），机房接入的设备包括服务器、交换机、路由器、防火墙以及其他网络设备、监控设备、监测设备等，相同或不同类型的设备来自于不同生产厂商，通过广西电子政务外网安全管理平台采用检测引擎对网内设备进行实时监测，通过网络及时、快速地将大量分散于不同接入节点的各种类设备、运行系统的分散单一的运行状态信息数据进行统一收集、分类归并、过滤处理以及综合关联对比分析，从而实现对自治区级电子政务外网全网进行集中监控管理和安全预警，为自治区级电子政务外网网络基础结构、网络层、操作系统平台、应用平台以及此基础上的应用数据安全提供了技术保障，极大提升了自治区级电子政务外网安全管理层级。

广西电子政务外网安全管理平台安全管理中心主要由以下部分组成：资产信息管理模块、安全事件/业务监控管理模块、脆弱性管理模块、漏洞关联分析和基于规则的关联分析

模块、风险评估管理模块、安全策略管理模块、统一安全预警模块、综合显示和报表报告系统、响应管理系统、安全信息管理、系统健康管理和用户管理模块组成。

三 系统功能

广西电子政务外网安全管理平台本着以实用性和可扩展性为设计指导思想，将不同节点的不同生产厂商的不同种类设备组成一个有机整体，通过安全管理平台统一收集相关安全事件信息，让网络运维人员能够摆脱复杂的设备调试和对日常大量日志数据进行采集分析工作，使得网络运维人员更易于发现异常事件并能采取积极有效的处理措施。通过对收集到的安全信息和预先在系统内定义的安全规则、系统内统计和记录的漏洞事件数据，采取关联分析和管理，及时发现是否存在安全风险、威胁事件和安全漏洞，并结合预定义好的安全策略规则和响应机制，及时采取有效积极的安全响应措施。通过在关键网络节点部署检测引擎，采集分析安全事件和流量，对网络进行宏观监控和安全趋势分析，从而使得自治区电子政务外网能够实时掌控电子政务外网的安全状况；广西电子政务外网安全管理平台与电子政务外网部署的各种安全设备组成一个有机的安全保障体系，进而实现全网统一、高效的网络安全防护。它包括监控、分析、预警、响应、审计等功能。系统的主要功能包括以下内容。

1. 网络运行监控管理

安全管理平台能够对广西电子政务外网的各个网络设备、安全设备、应用服务器、中间件等进行实时运行监控，对突发网络故障和异常事件进行分析和故障定位，并及时发出预警警告，便于运维人员及时采取有效处理措施，确保网络和应用系统安全高效的持续运行。系统采用简洁明了的可视化图形直观形象地展示广西电子政务外网的网络拓扑链接图，拓扑图能实时动态显示网络中各类设备和应用系统的运行状态，实现了集中统一的电子政务外网综合网管监控系统，实现对自治区级城域网网络核心设备、自治区－市－县广域骨干网网络设备、自治区数据中心服务器和系统软件的实时监管。安全管理平台通过安全事件/业务监控管理模块实时监控电子政务外网各节点运行的网络设备、安全设备、应用服务器、应用系统、数据库、中间件等事件信息，及时发现正在和已经发生的安全事件，进而形成统一的安全策略，确保网络和业务系统的安全、平稳运行。

2. 安全风险监控与管理

安全管理平台中安全评估系统旁路部署在网管区内，便于管理员随时对所管理的网络中设备进行安全评估。通过漏洞信息采集模块将应用扫描、人工审计（风险评估）和各类第三方漏洞扫描工具收集整个网络的弱点情况后输入脆弱性管理模块，进行脆弱性关联（漏洞关联）分析，参与风险计算后将结果呈现。安全管理平台对各节点检测引擎收集到的数据信息进行集中归纳，采取统一的规范化处理后，将异常信息展现出来，管理人员通过对信息查询和浏览可以及时、清楚地了解全网存在的安全漏洞隐患。

3. 事件和流量管理

安全管理平台将电子政务外网中不同网络设备、安全设备、应用服务器、应用系统、数据库、中间件等的日志事件进行收集，根据预先定义的配置对事件进行集中、过滤处理，并把各种类型的安全数据格式化成统一的格式，包括统一事件的危险严重等级、类型和名称等，运维人员通过安全管理平台能够方便、快捷地浏览到所有安全事件，并确保信息的一致性。系统借助包括事件关联分析、统计关联分析和漏洞关联分析在内的综合关联分析引擎对所有安全事件进行综合关联分析。通过对采集到的流量日志进行分析，系统具备完备的安全响应管理功能，根据事先设定的触发条件，在确认响应以后，通过响应接口 – 邮件、短信、图形界面、工单、Snmp Trap 等自动发通知给运维人员，及时触发自定义的响应处理流程，系统自动跟踪至问题处理完毕。工单被接收者响应处理并经审批以后的历史工单可以导入安全知识库的案例库中去。

4. 安全策略管理

对系统收集到的海量安全事件，采用源地址和目的地址熵分析、关联三元组分析、热点事件验证分析等数据挖掘技术，进行综合关联分析，将最初的设备报警进一步规整为典型安全事件，帮助运维人员及时掌握全局安全态势，识别、定位、预测和跟踪重大威胁，发现相互关联的低级安全事件表现出的高级安全事件，以及符合预定义的规则行为、与系统中存在的资产的漏洞编号或端口号和一定时间内发生的达到一定数量的事件之间的对应关系，进而产生详尽的安全报告，提供安全决策支持，强有力地支持全网安全事件的及时检测、准确定位、应急响应、进一步防范以及全网安全策略制定和调整。实现网络策略的统一管理、发布、自动调整功能。

5. 安全预警管理

安全预警采用规则事件关联分析、漏洞分析和风险评估对来自于不同威胁的异常事件和漏洞状态信息进行分析对比和精准计算，形成风险级别，并发出安全报警，为运维人员进行安全预警。安全预警模块提供两种预警方式，一是基于脆弱性的预警：通过安全设备及软件系统厂商发布的安全通告，在获得新的漏洞信息数据后，安全预警模块调用漏洞关联分析模块，根据该漏洞对涉及的设备、系统和业务产生的影响，计算出该漏洞的风险等级。二是基于事件的预警：在发现新的威胁事件后，安全预警模块调用规则关联和统计关联分析模块，计算出威胁事件的影响值及影响范围，如果该威胁事件的影响值超过设定阀值后，系统自动发出预警并提供展示，管理人员通过对预警事件进行浏览查询，采取积极有效的防范工作。

6. 安全综合管理

在网络管理中心的安全管理中心，可将各种安全设备（如防火墙、IPS、IDS、SAS 等）和主机进行统一管理，采用实时关联分析技术和智能推理技术，对安全事件中的监控日志和告警信息进行深度分析，自动发出智能响应，实现对安全风险的集中监管，达到协同防御的目的。

（1）Web 应用防护。

广西电子政务外网安全管理平台中 Web 应用防火墙部署在服务器群所在的网络，串联部署在互联网服务区的交换机和服务器之间，对整个 Web 服务器群进行实时的检测和防护。

（2）互联网出口流量清洗和流量审计。

广西电子政务外网安全管理平台中网络异常流量分析系统、抗拒绝服务系统采用旁路部署方式部署在互联网服务区交换机的网络层面。所有的网络数据都需要通过防火墙，选择在防火墙对网络流量进行采样分析，识别隐藏在背景流量内的攻击报文，通过对网络层和应用层的各类攻击行为和未知恶意流量进行检测并阻断，实现精确的流量识别和清洗，通过自动筛查攻击流和正常流，实现全方位多层次的安全防护。

（3）入侵检测和入侵防护。

广西电子政务外网安全管理平台中，安全管理中心的事件集中采集系统通过各种专用代理支持入侵检测系统和入侵防御系统。入侵检测系统对网络流量和各种网络行为进行实时检测和监控，对出现的异常流量采取追踪，并发出警报和启用防护，实现主动防御和实时阻断各种黑客攻击功能。入侵防御系统监测网络流量，出现异常后自动对各类攻击性的流量进行实时阻断，具有主动的、实时的网络防护功能，为网络设备的漏洞提供防护。

7. 安全信息知识库管理

安全信息管理模块将安全管理相关信息统一收集形成安全共享知识库。安全信息知识库内容涵盖涉及安全的多方面信息，包括安全事件、预警信息、策略措施、漏洞、关联规则、处理预案、案例分析、数据报表等信息库。同时安全信息知识库管理模块提供定期/不定期的知识库升级服务，并提供知识库分级、分组的授权访问管理和内容上传、增、删、改等维护功能，方便运维人员进行信息管理和信息查询与浏览。

四 系统部署

安全管理平台中的采集器分布式部署方式部署在管理区，管理中心部件部署在一台虚拟机上形成安全管理中心。通过管理中心将分散在核心区、公共网络区、互联网区以及托管区的安全设备、网络设备、服务器、数据库等集中起来进行管理。

采集器可以直接对不同逻辑区域的资产进行安全信息的采集，包括日志、性能、配置信息等，且能对部分信息进行预处理，将工作压力分散到分布式采集器上，提升了管理中心的信息处理能力。采集器获取数据后通过压缩加密方式传输给管理中心，管理中心对采集过来的数据进行分析。通过安全事件分析及时发现网络中存在的安全风险点及脆弱点并产生安全预警，将杂乱无序的日常安全管理工作变得简单有条理，全面提升网络安全管理能力。

五 结束语

广西电子政务外网安全管理平台的建设，实现自治区级电子政务外网的 IT 基础设施进行安全集中管理，实现对安全事件的集中监控、预警、响应和处置，实现对网络主干和接入点数据的宏观监控和趋势分析，通过对全网采取相同的安全策略和相同的安全标准，实现全网集中监控和管理，全面提升安全保障管理能力，保证电子政务外网安全、稳定、高效地运行，实现电子政务外网基于安全的互联互通。

（广西壮族自治区经济信息中心　黄蔚华）

广西投资项目在线并联审批监管平台

广西投资项目在线并联审批监管平台（以下简称并联审批监管平台），是广西壮族自治区人民政府按照党中央、国务院关于落实简政放权、规范行政审批的统一部署，由广西壮族自治区发展和改革委员会、经济信息中心自主开发，建设和部署在电子政务外网（政府网站）上的电子政务平台。该平台的部署应用有助于转变政府投资管理职能，提高政府行政效率，创新投资管理方式，加强事中事后监管，实现了"精简审批事项、网上并联审批、强化协同监管"总体要求，达到了"项目全覆盖、审批全流程、管理全方位、监管全过程"的建设目标。平台基本涵盖全区各级相关部门，集中为全区各级部门审批及核准部门提供统一的平台服务，为申报单位和社会公众提供自治区统一的投资项目申报服务与信息公开服务。平台实现发展改革、国土资源、住房城乡建设、环境保护、安全监管、行业管理等厅局和各级部门之间的横向联通、纵向贯通，带动全区投资项目管理的联动贯通，实现非涉密投资项目审批、核准及备案业务的"平台受理、并联办理、依责监管、全程监察"，促进投资项目监管的高效化、规范化、透明化、科学化。并联审批监管平台通过地址 http：//zxsp. gxdrc. gov. cn/访问。

一　并联审批监管平台开发建设的主要思路

并联审批监管平台开发建设的主要思路如下。

1. 一窗受理，并联办理

依托互联网门户作为平台服务窗口，统一受理所有投资项目审批、核准、备案申请，相关审批监管部门同步开展并联审批工作。

2. 一项一码，一表流转

为每个项目赋予唯一的项目代码，用于项目全过程审批监管信息查询。平台通过统一制作的电子表单（项目的基本要素信息及办理信息）进行流转。其他主管部门所需的专门材料（如附件、图例、资质等）仍然由申报业主按要求分送各职能归口部门。

3. 限时办结，信息共享

有关部门在规定要求的时限内提出审批意见，平台具有对项目办理进度在线提醒、监控等功能；项目审批部门能够按照权限通过平台查询和共享关于项目审批事项的基本要素信息和其他部门的审批意见。

4. 横向联通，纵向贯通

并联审批监管平台实现发展改革、国土资源、城乡规划、环境保护、安全监管等部门之间，部门与地方各级政府之间联动贯通和信息共享；实现自治区、市、县三级投资项目的"平台受理、并联办理、限时办结、依法监管、全程监察"。

5. 依责监管，电子监察

平台汇总项目开工、竣工和年度建设情况报告、中介服务机构情况等信息。有关部门可对项目审批情况进行全程监督监察。相关信息可以通过互联网进行公示和通告，实现外部监督。

二　并联审批监管平台整体构架

并联审批监管平台按照中央建设要求，构建横向联通、纵向贯通、全面覆盖的体系架构。业务处理系统及厅局接口开发实现与自治区相关厅局单位的横向联通；实现自治区与市、县（区）三级的纵向贯通；实现全区投资项目审批、核准及备案业务的分析与梳理工作，实现投资项目审批、核准及备案业务网上申报、平台受理和跨部门并联审批，实现业务、流程、监管的全面覆盖。并联审批监管平台包含投资项目在线审批监管网站、项目申报公示系统、并联审批系统、项目监管系统、电子监察系统和综合管理系统等软件功能。按照中央平台技术规范，根据自治区实际需要，构建企业建设信息上报子系统、平台办理子系统、审批单位办理子系统、查询统计子系统、企业建设信息管理子系统、项目建设监管信息管理子系统、市县项目监管信息上报子系统、中介机构管理子系统、企业信用管理子系统、监管统计子系统（实时监察、时限监察、异常审核）、统计分析子系统、系统配置子系统、接口管理子系统。

依托自治区电子政务外网，建成自治区投资项目在线并联审批监管业务处理平台，实现与相关厅局的横向联通、完成自治区与市、县（区）三级的纵向贯通。自治区非涉密投资项目审批、核准及备案业务网上集中统一申报，实现平台受理和跨部门并联审批的"信息交换与共享"，实现电子监察、项目监管和中介机构监管的功能；并实现与中央平台对接，实现与中央投资项目审批事项办理信息的网上交互。

三 并联审批监管平台开发建设的主要亮点

1. 创新投资管理，优化服务模式

并联审批监管平台的建设将为政府投资项目审批、企业投资项目核准提供便利化服务，通过推进审批方式的创新，优化审批流程，通过审批流程和结果的公示，督促办理人员提高工作效率，改变了以往审批期限缺少有效监督，企业无限期等待审批结果的现象。在平台上随时进行办事流程、项目申报、进展跟踪、审批结果查询，优化了服务模式。通过平台建设，简化了审批手续，提高审批效率，缩短审批时间，能有效降低企业资金占用时间，有利于企业投资项目尽快启动，加速社会经济发展。

2. 整合信息资源，信息充分共享

为贯彻落实《国民经济和社会发展"十二五"规划纲要》"实现重要政务信息系统互联互通、信息共享和业务协同"的要求，并联审批监管平台的建成有利于促进依法行政，通过整合信息资源，打通"信息孤岛"，逐步实现与各级部门审批业务系统对接，建立相应的交换机制，实现审批数据交换与信息共享。并联审批监管平台推进了自治区、市（区）、县（区、市）各级核准与审批部门之间的信息共享和业务协同。

3. 强化协同监管，促进诚信建设

并联审批监管平台通过项目监管系统对项目建设过程中的开工情况、竣工情况进行监管；对中介机构信息进行公示及评价信息管理；对企业及中介机构诚信信息进行管理，抑制了企业的违规行为对社会经济、环境等不良影响，促使企业和中介机构按照相关法律法规进行项目的建设，从而有助于企业和中介机构之间的互利互信，避免了不必要的资金投入，节约企业资金成本。

4. 科学领导决策，营造良好环境

并联审批监管平台充分利用自治区云平台虚拟环境及大数据分析工具，对审批数据进行深层加工、利用，使区内各级部门快速准确地掌握投资领域、投资倾向、投资趋势等信息，为政府决策提供快捷、可靠依据，能够提高宏观决策科学性，增强宏观

调控的主动性，提高政府管理水平，有利于营造良好的经济社会发展环境，促进国民经济和社会发展。

四　并联审批监管平台部署应用的主要成效

并联审批监管平台建设实现了投资业务全覆盖、审批监管全覆盖、自治区全区域覆盖。所有投资项目审批类、核准类、备案类均通过平台进行审批，实现了投资业务的全覆盖；从项目立项至竣工验收全过程的所有事项进行监管，实现审批监管全覆盖；横向联通涉及审批、核准、备案的所有区直部门，纵向贯通 14 个地市和所有区县，实现自治区、市、县三级上下全区域覆盖。

2015 年年底并联审批监管平台已经正式运行，涉及自治区本级 15 个部门、14 个地市120 个部门、119 个区县 1012 个部门，建立 5858 个项目目录，关联 16793 个并联审批事项，进行网上审批监管及并联查询。

并联审批监管平台是投资项目审批改革成果的有力展示，通过明确审批事项和审批权限，规范审批办理流程，公布办事指南，并对审批项目受理信息、办理过程、办理结果等数据进行实时、全程和自动监控，使审批过程公开透明，利于社会监督，在一定程度上约束了审批权力，落实了简政放权要求。审批的依据、标准、条件、程序、受理过程和结果"七公开"，方便企业和公众查询，推进了阳光审批。同时，对超期限的行政审批自动进行预警，对行政效能进行综合考核和评价，并将考核结果进行定期公布，使监察方式由事前审批变为事前、事中、事后监察相结合，从内到外，从上到下，切实加强对投资项目审批权的监督，规范权力运行，有效防范审批的腐败，实现让权利在阳光下运行的目标。

五　并联审批监管平台部署应用的意义

（1）有利于转变自治区发展改革委工作作风，促进"阳光发改"建设；有利于加快落实国务院关于加快转变政府职能、简政放权的工作部署。

（2）有助于优化自治区发展改革委等有关审批单位的工作流程，缩短审批时间，有利于项目尽快开工进行，促进社会经济发展。

（3）有助于辅助领导进行科学决策，将审批阶段原始数据和监管阶段的实际数据相结合进行统计分析，可以全面了解项目的整个生命周期，有利于营造良好的经济环境，促进国民经济和社会发展。

（4）有助于促进厅局间的信息共享，打通各级部门间信息沟通渠道，有利于各级部门间的业务协同，提高审批效率。

（5）有助于促进社会信用体系建设，树立自治区发展改革委政务诚信的形象，加速政府部门职能转变。通过对投资项目进行监管，充分利用社会信用体系对中介不良行为进行了管理，降低企业不必要的前期工作投入，节约企业资金成本。

（广西壮族自治区经济信息中心　靳芳）

广西网上政务服务中心

广西网上政务服务中心是广西壮族自治区人民政府利用信息化手段进一步改进和创新政府行政管理方式，是深化政务公开、加强政务服务，推进行政权力运行程序化和公开透明的重要渠道。通过网上政务服务中心，为人民群众提供网上咨询、网上申报、网上办事等服务，形成真正意义上的"一窗式"受理、"一站式"服务、"一条龙"审批、"一门式"收费和"一表式"申报。有利于树立以人为本的服务理念，进一步密切党和政府同人民群众的联系，树立良好的形象；有利于加强制度建设、转变管理方式、增加工作人员依法办事的自觉性；有利于增强工作的透明度，提高公共服务质量，从源头上防治腐败。广西网上政务服务中心于2014年开始上线运行，登录网上政务服务中心可在广西政府门户网站首页点击"办事服务"栏目进入。

一 网上政务服务中心设计

（一）总体思路和目标

贯彻落实中央"互联网＋政务服务"行动计划，建设集信息公开、网上办理、便民服务、电子监察于一体的广西网上政务服务中心，打造24小时服务的电子政府。有效推动政务信息网上公开、投资项目网上审批、社会事务网上办理、公共决策网上互动、政府效能网上监察；推进权力网上公开运行，实现行政权力运行数据化、流程标准化、信息公开化，促进权力运行过程和结果动态公开；确保行政权力行使依法、透明、廉洁、高效。

（二）体系架构

运用信息技术、网络技术，基于广西电子政务内外基础应用支撑平台，在完善"外网受理、内网办理、外网反馈"工作体制机制的同时，确立基于以内外网数据交换为核心，以自治区人民政府门户网站网上政务服务中心为应用平台，以内网政务服务及监察通用软件远程客户端为窗口前移载体的一站式服务信息化应用模式。实现行政审批等事项真正的在线办理，强化对行政审批全过程的监督，为公众和企业提供政务公开、网上办事、个性化个人网页等服务。

二 网上政务服务中心的特点和亮点

网上政务服务中心具有开放度高、复用性强、升级方便等特性，可以派生开发用于连接不同应用系统的组件，通过这些组件对应用系统进行再构造，形成更强大的系统。系统具有以下主要特点和亮点。

（一）互联网受理，内网办理，互联网反馈

网上政务服务中心受理的办事事项通过内外网数据交换平台与自治区政务服务及监察通

用软件、自治区政府各部门行政审批、行政征收、行政处罚等业务系统互联互通,实现行政审批等行政权力事项的"互联网受理、内网办理(或部门系统办理),互联网反馈"。

(二) 依托全区行政审批目录库,促进行政审批全区无差异化

广西全区行政审批标准目录库共纳入 5800 家单位,入驻的行政审批事项 7783 项,其中行政许可 5280 项,便民服务 2503 项。网上政务服务中心在全区行政审批标准化目录库的基础上,建立和完善技术标准,推进行政审批运行数字化、流程标准化、信息公开化,促进行政权力运行过程和结果动态公开,为全区群众提供统一的行政审批服务,集中开展行政审批和服务项目梳理,将涉及民生、审批流程较为简单的事项逐步推行网上咨询、网上申请、网上预审、网上反馈。

(三) 推进政务服务信息共享及窗口服务扁平化

网上政务服务中心依托自治区、市、县三级电子联网的政务服务体系和自治区统一的电子政务平台,推进了"全区高级职称信息"、"全区参保人员社保信息"、"全区外商投资企业注册登记信息"、"工商企业注册登记信息"、"全区组织机构代码证信息"等 5 个行政审批项目信息共享。同时按照"试点先行、以点带面、逐步推广"的总体思路,选择"高校老师资格认定"、"伤残人员迁入登记换证"、"建设工程施工企业资质证书核发"、"城市房地产开发企业资质核准"、"护士执业注册"、"特种设备作业人员考核""执业药师注册"等 6 个部门的 7 个行政审批事项在全区部分市、县(区)开展政务服务扁平化工作,进一步减少行政审批环节,减轻企业和群众负担,方便了基层群众,提高了行政审批效率和公共服务水平,工作取得实质进展。

(四) 一站式服务

以网上政务服务中心为应用平台,以内网政务服务及监察通用软件远程客户端为窗口前移载体的一站式服务信息化应用模式。实现行政审批等事项真正的在线办理,强化对行政审批全过程的监督,为公众和企业提供政务公开、网上办事、个性化个人网页等服务。

(五) 公众服务人性化

用户在进行实名注册认证后,可提取自治区政府网站、自治区政府信息公开统一平台、自治区"一服务两公开"基层信息化应用平台、广西网上政务服务中心相关内容信息及自治区本级行政审批办件状态和反馈信息、网上办理事项所需的相关资料信息等。所提取信息可根据个人需要按内容、按机构、按地域等进行分类组合展示。实现从"人找信息"到"信息集成"的转变。

(六) 统一规范标准

编制自治区网上办事服务事项目录,指导各级部门梳理本部门服务事项内容。制定编制自治区网上政务服务中心网上办事统一流程规范,规范全自治区各级部门服务事项网上办理流程和业务流程对接规范。制定自治区网上政务服务中心数据采集共享标准、共享信息管理和应用细则等规范,编制共享目录,指导各级部门开展数据共享。制定电子证照信息标准规

范，指导各级部门进行电子证照信息共享。制定并联审批事项推进办法，大力推动各政府部门间并联审批事项的办理。

（七）电子监管考核公开透明化

建立自治区网上政务服务中心建设考核监管机制，依托自治区监察系统及市数据共享交换平台，对各级部门网上服务事项办理情况及数据共享情况进行监督考核。编制广西网上政务服务中心运行管理制度，规范网上政务服务中心建成后的运营管理。

三 结语

广西网上政务服务中心建设按照全区政务服务一盘棋思想，统筹政务服务网络、应用、安全、支撑、技术等资源，统一标准，统一平台，统一部署，实现政务服务资源的共建共享和综合利用，完善行政服务基础设施环境，全面提高全区"一服务两公开"信息化建设质量和集约效应，更好地服务百姓。

网上政务服务中心建成后区直单位和县（市）30%以上的应用系统基本实现信息共享、数据交换和业务协同，将进一步规范政务服务部门内部工作流程，转变工作方式，提高行政效能，提高全区"一服务两公开"信息化应用水平，可有效解决工作上受时间和空间方面的限制，在改善工作环境，提升工作水平的同时，将在一定程度上节约数据处理、基础调研、外出差旅等日常办公经费支出，有利于政府工作人员将更多的精力和时间放在更加重要、更为紧迫的工作上。

网上政务服务中心为企业和社会公众进行网上办事提供便捷服务，告知事项、表格、文档材料等可直接通过网上下载、网上填报、网上预受理，不用直接到政务服务实体窗口办理，不受行政部门上下班的限制，避免来回路途奔波，免去了往来车船、住宿、劳务等支出，节约时间，节约社会成本。同时，高效快捷的办理有利于企业抢抓商机，缩短项目收益开始时间，提高企业生产经营的经济效益。

（广西壮族自治区人民政府办公厅　苏轶）

运用"互联网＋村务公开"
促进农村党风政风良性发展

为推动全面从严治党向基层延伸，加强农村基层党风廉政建设工作成效，把村"两委"权力关进制度的笼子里，海南省纪委机关信息中心指导、海南省东方市纪委牵头，运用"互联网＋"模式开展村务公开建设，多渠道采集、多样化展示，打造"阳光村务"，有效提高村民对村级事务的知情权、参与权、决策权和监督权，实现"全民监督、信息促廉"，有力促进基层干群关系和谐，切实维护群众切身利益。

一　项目背景

（一）基层民主监督流于形式，亟待解决

近些年，农村一些地方干群关系紧张，群体上访事件增加，问题原因多与办事不公开、决策不民主、监督不到位，群众知情权、参政权得不到保障有关。虽然很多村庄开展村务公开栏，但是公开形式单一，公开渠道较窄；公开信息不够及时，近期和即时的内容少；公开内容不够全面、透明，对财务收入、开支等敏感信息不敢全面公开，甚至公开不真实，"雾里看花"严重影响村民的知情权，疑问得不到及时解答，便产生了猜疑，影响了党群干群关系。总体来说，村务、财务、党务公开不彻底、不及时、不全面，群众监督流于形式。所以村级事务管理的民主与公开势在必行，特别是每年村级组织换届选举，对农村事务实行公开，便于群众参与监督，消除村级干群矛盾、融洽干群关系，显得尤为重要。

（二）基层群众身边的"四风"和腐败问题频出

近年来，海南省整治慵懒散奢贪，纠正"四风"，严惩"苍蝇式"腐败，规范和制约农村基层权力运行，2012年以来共查处农村基层党员干部3046人，农村基层慵懒散奢贪"四风"问题得到有效治理，但腐败问题和不正之风仍然存在。有的基层干部利用职务之便为自己和亲属谋取私利，存在私心；有的基层干部贪图享乐，公款吃喝玩乐，挥霍浪费集体资财；有的基层干部办事不公道，分亲疏存在偏心。所以健全村务公开制度，及时、彻底公开村务、财务和党务，特别是公开涉及资金管理、补贴发放、入党考核等关系群众切实利益的事项，一定程度上遏制"四风"和腐败问题的发生，预防"四风"和腐败问题的反弹。

（三）现代信息技术的快速发展为"互联网＋村务公开"提供基础

随着农村经济的快速发展以及互联网、智能手机等现代信息技术的普及应用，近两年村民获取信息的途径发生了重大变化，基本实现了"家家有电脑，人人有手机，能上网能互

联"，这也是东方市运用"互联网＋"创新村务公开、解决基层矛盾的重要前提，为东方市开展"互联网＋村务公开"提供了基础。

二 主要做法

东方市创新思路，探索新形势下村务公开的新模式，以"让群众明白，促干部清正"为出发点，以"与群众利益息息相关的信息及时公开"为原则，运用"互联网＋"的先进理念，搭建东方市农村信息公开系统，让村级两委与村民实现良性互动，接受各方监督，打通基层党风廉政建设"最后一公里"，有效维护群众利益，让群众更多感受到反腐倡廉的实际成果。主要做法有以下几点。

（一）摸底调研，了解群众真正关心关注的问题

与村民、村两委以及镇政府工作人员座谈调研，了解东方市村务公开工作存在不彻底、不及时、不全面以及监督流于形式等问题，并进一步了解了村民真正关心的村级事务，一是惠民补贴是否真正全额到户到人，惠民事项名额确定是否公平、公正，例如低保是否存在"关系户"等情况。二是村财务情况，具体指村集体财务收入和支出明细。三是惠民工程进展情况，如乡村公路建设实施等情况。四是纠纷性信息是否及时全面公开，如征地补偿款发放情况。五是入党积极分子、预备党员的考察和确定是否符合程序，是否存在村两委干部发展"亲属党员"。六是村民反映的社情民意相关问题落实进展情况，如反映的要求公路维修、垃圾统一回收等问题是否受理，由哪个部门具体负责以及目前进展情况等。

（二）根据需求，建设东方市农村信息公开系统

为满足群众需求，根据调研成果，东方市2015年8月开始建设农村信息公开系统，该系统依托海南省政府网站群体系和省电子政务公共服务平台的基础设施、软硬件资源及数据共享通道，避免了政府财政资金的重复投入，建设内容主要有以下方面。

1. 建立村务公开目录

按照《中华人民共和国政府信息公开条例》（第492号国务院令）、《中华人民共和国村民委员会组织法》（第37号主席令）文件要求和村民需求，围绕群众较为关注的"重点"、"热点"问题，梳理村务信息公开目录，明确信息公开主体责任单位、公开内容、公开形式和公开时效，建立村务公开目录及公开样式标准。

2. 开发农村信息公开门户网站

依托省电子政务外网和省政府门户网站，开发建设农村信息公开门户网站，展示乡村概况、两委班子、惠民事项、"四议两公开"事项、资金公开、服务公开、党务公开、社情民意和供求信息等九大栏目共27个模块信息。

3. 对接"惠民一卡通"系统

与省财政厅协调，对接该厅"惠民一卡通"信息系统的东方市相关地区惠民补贴数据，开发数据接口，直接读取该厅交换到省共享交换平台的相关数据，同步建立信息交换机制，明确每天定时推送。

4. 实现多渠道采集、多样化展示

为方便获取村级事务信息，除了对接"惠民一卡通"系统、通过扫描仪扫描、人工手动录入等采集方式外，东方市还进一步设计开发手机采集方式，通过手机拍照、录像、录音等形式，方便快捷地采集会议记录、现场采访、农产品供求等信息，实现信息一次采编，电脑、手机、平板等多种终端使用。为方便管理村级事务信息，东方市通过技术手段实现电脑、手机两种方式进行信息发布、修改等。为方便群众查阅公开信息，东方市还申请了微信公众号，与通信运营商建立短信发布平台，实现了门户网站、手机客户端（APP）、微信公众号和短信等全方位的信息查询阅读方式。

（三）确保实效，建立长效信息保障及监督机制

为保障系统切实发挥作用，让监督落到实处，东方市建立了长效的信息管理和监督机制，根据省人民政府办公厅出台的《关于2015年海南省政府信息公开工作要点的通知》（琼府办〔2015〕65号）、《关于海南省政务信息资源共享管理办法的通知》（琼府办〔2014〕176号）等文件要求，制定完善系统日常使用管理和信息更新维护制度，明确要求各镇委督促下辖各村支部发挥村务公开工作的主体责任，监督村委及时、全面地发布各项信息，要求各村指定专人负责信息更新维护，协调推进村务公开落实到位，确保群众能及时、迅速、快捷的获取信息。

三　特色功能

（一）惠民补贴在线查询

公示惠民补贴事项，能保证村民有效行使监督权，防止出现"关系保"、"人情保"、"错保"现象。为方便村民及时了解惠民补贴资金发放情况，通过输入姓名和身份证号码，即可查询村民本人的所有补贴信息。同时，可对比同类别同村人的补贴信息以及其他类别的补贴信息，使惠民补贴发放更加公开、透明和规范。

（二）村财务信息公开

公开农村财务信息，有效增强农村民主管理、民主监督，是抓治本、防止腐败的重要举措。每月定期公开村财务每笔的收支明细情况。既避免财务公开重形式、轻实效现象，又能简明、真实地公开"晒账单"。

（三）决策实施公开

公开"四议两公开"事项的决议和过程会议纪要，既保证群众的知情权、参与权和监督权，又有利于保证干部想干事、会干事、干好事。凡是村级重大事务和与农民群众切身利益相关的事项，都是按照"四议"、"两公开"的程序决策实施（如：村集体土地承包、宅基地审报、重大工程项目等）。

（四）惠民事项"阳光公示"

公示近两年的各类惠民事项49项，向民众展示各类补助补贴的事由及金额，比较典型的如高龄补贴、最低生活保障补贴，给群众一本"明白账"。

（五）社情民意公开

社情民意是社会基本情况和人民群众意见愿望的反映，公开社情民意，一方面可以保障村民的知情权，另一方面督促镇政府主动提高办事效率。各行政村收集本村社情民意提交到村务公开信息系统后，镇政府在规定时限内进行答复。村民通过系统可便捷查询社情民意的内容及答复落实情况。

（六）供求信息公示

免费发布一些农业供求信息，活跃农村资源供求市场，帮助村民解决难买难卖等现实问题。

（七）多渠道提供信息查询

1. 网站公示

针对经常使用电脑浏览网站的村民，可通过访问网站查询各类公开或公示信息以及社情民意和供求信息等。

2. 手机客户端查询

针对经常使用智能手机的村民，可下载"海南省惠民补贴查询"客户端，了解各类公开信息，输入姓名和身份证，即可查询本人惠民补贴资金发放情况、同类别同村人的补贴信息以及其他类别的补贴信息。

3. 微信公众号

针对习惯使用微信的村民，可以通过关注"海南省村务信息公开服务"微信公众号，根据公众号信息提示，进行村务公开信息查看和惠民补贴信息查询。

4. 短信提醒

针对使用非智能手机的村民，为提醒村民及时查看村里的重要通知、公示信息（如村里低保户名单公示、土地确权公示、财务收支公开等），系统以发短信的方式提示村民，村民直接点击短信中的链接，即可查阅通知公告。

四 成效分析

系统试运行4个月以来，系统从省财政厅"惠民一卡通"系统，获取东方市惠民补贴资金信息累计1389091条，补贴人数涉及113708人，补贴项目涉及高龄补贴、医疗救助、种植补助、最低生活保障补助、学生助学金补助等49项。试点运行的八所镇共发布404644条村务公开信息，其中包括财务公开详细收支表单73张，"四议两公开"事项的会议纪要21篇，惠民事项"阳光公示"信息403817条，村资源集体地合同信息3条，乡村概况35篇，服务公开26篇，党务信息10条，服务信息141条，社情民意5条，村两委班子信息365条，村服务联系人信息45条等，情况良好，成效显著。

（一）满足群众所需，实现村级事务多渠道查询

系统的开发应用，满足了农村基层群众的多样化信息查阅需求，解决部分村民"有电

脑不会上网，有手机不会查询"问题，系统提供的网站、手机客户端（APP）、微信公众号、短信等多渠道信息查询，让村民快捷及时获取惠民补贴、村级财务收支公开等信息服务，保障村民对村级事务的知情权、参与权、决策权和监督权，切实维护群众切身利益，让"人人能监督"在现实中成为可能。

（二）规范公开内容，实现村务公开全覆盖

公开的事项蕴含了村里的所有事务和村财务的所有支出和收入明细，村里的每个决定、每个事件进展和所花的每笔钱，村民足不出户，手指一点，便可了解得清清楚楚、明明白白，给全体村民一本"明白账"，有效解决公开不彻底的问题，做到让群众明白，促干部清正。

（三）推动村两委加强党风廉政建设

系统的建设应用，让村财务、惠民补贴、社情民意等"敏感"信息得到彻底、及时和全面的公开，打破了阻碍村民掌握村级事务的樊篱，"公开是常态，不公开是例外"，权力只有在阳光下运行，才能被约束，"阳光村务"对农村基层存在贪腐和执法不公等问题形成震慑，倒逼农村两委，特别是村党委切实发挥党风建设的主体责任，把纪律和规矩挺在前面，进一步抓好党风廉政建设工作，不断凝聚农村基层党风廉政建设强大合力，用良好的党风带动政风民风的持续好转。

（四）提高基层监督的时效性和实效性

系统通过"互联网＋"创新方式，使村民更加直观、更加简洁地参与村级事务管理，把定期公开延伸成随时公开，把短期公布转变成长期公开，把部分公开演变成全面公开，盯紧村"两委"干部的权力运行，保证村民监督的时效性和实效性，有效解决了村级事务不敢公开、不想公开、不会公开的问题，维护了基层稳定，密切了党群干群关系。

（海南省东方市纪委　海南省纪委机关信息中心）

四川省级政务云平台

党的十八大以来，国家大力推动实施网络强国战略、大数据战略、"互联网＋"行动计划，促进了云计算的发展和应用，四川省委、省政府高度重视，积极在省内推动落实，大力推动电子政务基础资源整合，在不到半年时间内建成省级政务云，面向省直部门非涉密业务应用提供服务。现将有关情况报告如下。

一 四川省级政务云建设背景

云计算是推动信息技术能力实现按需供给、促进信息技术和数据资源充分利用的全新业态，是信息化发展的重大变革和必然趋势，利用云计算技术特点，对政府管理和服务职能进行精简、优化、整合，实现传统管理理念和运行方法整合重构，在支撑简政放权和行政体制改革，提升政府公共服务能力，提高政府治理精细化、精准化等方面将起到重要作用，对法治政府、创新政府、廉洁政府、服务型政府建设具有现实意义。

2015年1月6日《国务院关于促进云计算创新发展培育信息产业新业态的意见》（国发〔2015〕5号），2015年8月31日《国务院关于印发促进大数据发展行动纲要的通知》（国发〔2015〕50号）等文件都明确提出，将云计算、大数据等作为提升政府治理能力的重要手段，推进包括政务云在内的若干重点领域发展，带动产业创新，助力经济转型、惠及民生。国内已经有近半数的省（区、市）正以政务云建设为示范，加快推动有关建设工作。

近年来，四川省级政务信息化建设快速发展，为提高政府运转效率、提升行政效能提供了有力支撑。但是在发展中也在一定程度上存在着重复建设、使用率较低，设备闲置等比较明显的问题。建设政务云是信息化发展趋势，越早建设越便于整合，可以更大程度减少浪费。

近年来，群众办事，媒体频繁报道需要证明"你妈是你妈"的闹剧，背后原因是政府部门的数据难共享，业务难协同，要做到共享、协同，需要有将业务整合到一个基础平台，通过政务云整合，建立跨部门、跨区域、共享互通的信息共享平台，打破信息孤岛，将来群众办事不用再重复证明，查政府信息不用跑遍互联网。

在整合的基础上，利用大数据技术，对数据集成、处理、清洗和功能开发，将"听起来很炫，看上去离我们很远"的大数据落地，实现政府精准服务、精细化管理，政府与公众的距离更加接近。

二 四川省级政务云建设历程

通过在全国范围内广泛调研和充分论证，2015年经省政府常务会审议，省政府办公厅和省发展改革委双牵头，以办公厅为主建设省级政务云，2015年7月，成立了省政府办公厅、省发展改革委、省经济和信息化委、公安厅、财政厅、省委编办、省经济信息中心为成员的建设领导小组，实质性启动建设工作。同时，组建了由省内外有关科研机构、国有企事业单位专家以及地方部门专业人员构成的专家咨询组。在国内广泛开展调研、公开征集方案，邀请到国内数十家互联网企业和云服务企业参与，充分理清建设需求，不断完善建设思路，完成了省级顶层设计，在近半年的建设周期内，领导小组及办公室密集召开工作会、现场会、碰头会、论证会、调研督察会，组织 3 个服务商、5 家建设单位、400 余人的建设团队，团结协作、攻坚克难，2 个月完成方案设计和项目立项，3 个月完成招标采购和项目实施工作，于 2016 年 1 月 20 日正式启动。

三　四川省级政务云平台架构

按照"建立支撑省级各部门非涉密电子政务系统运行使用的政务云平台，逐步实施省级部门在互联网、政务外网、非涉密业务专网上运行的应用迁移"的总体要求，以"引入竞争、自主可控、保护投资、整合资源"为原则，依托电子政务外网和互联网，采用政府购买服务的方式，构建四川省级政务云。

平台总体架构规划为"1 + N + N + 1"。

第一个"1"：1 个云监管平台，它是政务云平台管理的核心，对各个云服务商进行统一的监管，主要实现宏观调度、资源申请、监控、审计等功能。

第一个"N"：N 个云服务商平台（N > = 2），每个云服务商提供完整的云计算（包括云管理）服务，各云服务商按照统一技术路线要求建设云平台，各云服务商平台上承载的业务可互相进行迁移。

第二个"N"：N 个云整合平台（N > = 1），根据政府部门实际情况，制定技术标准，对现有部门条件较好的数据中心和设备进行再利用，纳入政务云统一管理。

第二个"1"：1 个云灾备平台，根据政务云建设运行情况，逐步实现数据灾备服务。

架构特点是，云监管平台实时掌握所有云上的资源状况、运行状况、安全状况，政府向按照相同规范标准搭建的不同云服务商平台购买服务，供给方竞争合作；尽可能将具备条件的部门数据中心改造利用，形成部门云整合平台；搭建异地云灾备平台，确保重大灾难发生时，政府重要数据安全可用。

云服务商平台和云灾备平台通过专线与部署在电子政务外网数据中心的云监管平台连接，云整合平台通过电子政务外网与云监管平台进行连接。多个云服务商平台通过专线与电子政务外网数据中心连接，汇聚后通过统一接口与电子政务外网和互联网实现连接。

技术路线采用 Openstack + KVM 的开源架构，具备二次开发的能力，容易实现自主可控；具备技术先进性和可定制的能力，更容易实现 1 + N + N + 1 的整体架构；具备灵活性、可扩展性的优势，更容易制定标准，满足未来的发展，从长远看更为有益。

按照分步实施的原则，省级政务云首期以"1 + 2"模式建立省级政务云基础平台，即 1 个云监管平台和 2 个云服务商平台，满足现阶段省政府部门业务需求，从 2016 年开始，将启动云灾备平台建设，同时开展部门云整合平台建设论证，对基础条件较好的部门数据中心、机房加以整合，纳入省级政务云平台统一管理和统筹利用，同时探索向市（州）提供服务，充分发挥政务云更大的集约化效益。此后，再根据部门新增需求及业务迁移等实际情况开展后期建设，分期实现总体设计目标，形成省级统一的电子政务云。

目前，已完成首期建设目标，云平台具备包含云主机、云存储、云防火墙、云负载均衡、云数据库、云审计、云应用等诸多增值功能和服务功能，具备为省级部门和公众用户提供千兆高速互联网访问接口。现有 13 个省级部门，27 个应用迁移到云平台上运行，按照《四川省人民政府办公厅关于加快推进省级政务云建设应用工作的通知》（川办发〔2016〕3号）文件要求，"今后除国家明确要求和确有特殊需求外，省级非涉密信息系统应基于省级政务云建设部署，原则上不再批准机房、数据（含灾备）中心等基础设施建设，2017 年 6月前，省政府组成部门的非涉密信息系统迁移到省级政务云上，2018 年前所有省级非涉密信息系统逐步迁移到省级政务云上"。

四　四川省级政务云建设成效

对政府工作来说，四川省级政务云建设减少了重复投资，有效避免浪费，为解决信息孤岛、业务协同、大数据分析提供了基础。例如省级部门以前要建设一个信息系统，需要花费大量的时间，建设机房、空调、电源、购置服务器、存储等信息化设备，安装调试设备部署软件，往往一个信息化项目要历时 2～3 年才能完成，现在只需在政务云平台提出申请，5分钟就可以完成以上工作，建成信息系统。

对社会公众来说，省级政务云为各部门面向公众政务服务提供了有力的支撑，不管是从办事效率、互联网办事服务都将更方便。例如社会公众办事，政府内部的信息系统经常出现等待时间长、无法登录等问题，背后原因是信息系统承载设备老化、用户量大造成支撑资源不足、信息化更新赶不上发展等，现在通过云平台可以集中优势资源满足应用变化需求，合理调配资源满足峰值需求，而且提供更高速的网络接口方便使用，相当于以前每个部门一条车道，经常拥堵，现在高速路上有多个车道，集中到一起共建共享。

五　四川省级政务云建设经验做法

一是统筹规划、集约化建设。统筹省级各部门业务需求，统一规划设计，集中开展建设，充分利用现有资源，整合已有基础设施，构建统一监管、统一调度和弹性供给的云计算服务体系。

二是转变方式、引入竞争。采用购买社会化服务模式建设，引入多家云服务商参与并形成竞争，创全国政务领域首个"竞合云"，为避免"一家垄断"，未来还将引入更多成熟的服务提供商，淘汰无法保障优质服务的提供商。政务部门能有更多选择，同时可得到灵活、多样、高质量的云服务。

三是强化监管、保障安全。选择自主可控技术路线，全过程、全方位监管，理清安全责任，构建政务云安全防控体系。

四是资源整合、信息共享。围绕涉税、旅游等政务应用，充分发挥云计算的计算、存储等优势，试点开展数据融合共享、业务协同，探索政务大数据挖掘与应用，为政府治理能力的现代化提供了支撑。

六　四川省级政务云创新、突破的意义，解决的主要问题

一是创新建立 ABC 安全保障体系，政府系统首创引入独立安全运维机构担当政务云安全协管员（Assistant），安全监管无死角；建立政务云异地灾备（Backup），业务数据抗灾难，可恢复；云平台建设核心技术自主可控（China）。意义：真正按照国家网信办规范要求，实现了对云服务全面、高可控的监管，避免了常见的云服务"用而不管"和越位参与服务的情况。

二是创新构建政务云生态圈，创新建立政务云管理服务架构，在服务上相互竞争、资源互补、促进提升，在管理上统一监管，联动服务，形成政府、企业的协同工作链，有机发展的生态格局。

三是创新构筑政务云运营模式，云平台运营设置年度保底消费模式，提前确保企业有一定合理的利润空间，吸引业内顶尖企业广泛参与，云服务增量采用在线预测、单元限价模式，避免虚拟服务与物理需求脱节，防止供大于求而使政府花冤枉钱，确保政府投入效益最大化。

四是突破运营商壁垒。国内首次在政务领域建立跨运营商 BGP 网络广播访问模式，解决跨运营商互联网高速无差别访问，在省级层面实现三家运营商机房线路直接连接，意义：用几乎为零的代价，建立了全国政府系统最好的网络出口，实现了最高质量的网络访问感知，对比来看，顶尖互联网企业实现此功能的投入巨大，建成后提供服务的价格更是按带宽分割计费的天价。此项突破不但在政务应用中解决了"通信的最远距离是运营商间的距离"问题，而且节约了大量经费。

五是突破资源利旧困局。利用开放技术，引入统一监管，全新构建资源云化利用模式，将省级部门自建机房、已有设备纳入统一监管，统一调度，共享使用，意义：最大限度地保护已有投资。

七　四川省级政务云建设心得

按照政务云建设应用效果，当前正处于基础设施集中阶段并逐步实现数据集中，但要满足数据关联共享、政务业务协同、改进政务服务促进政令畅通的艰巨目标，需要行政和技术形成合力，持续推动才能达成。

（一）主要建设难点

一是应用迁移阻力大，从前期调研和试点推动以及部门反馈意见情况看，部门有观望等待苗头，内动力不足，一方面表示支持政务云建设，另一方面在安全落实具体工作时，以上级要求、数据安全、经费保障等借口拖延。因此，业务迁移除了本身工作复杂外，外部阻力也较大，还需要进一步统一思想，持续加大力度，强力推动，才能使部门逐步形成使用意识。二是政务云安全标准规范还有待完善，责任边界需要进一步明确，一些部门存在安全管理思想误区，将系统安全管理全部交给政务云的想法，容易产生安全管理缺位。三是迁移上来的信息不能直接实现交换，在信息资源共享利用体制机制突破还存在问题。

（二）对策建议

应当正确认识政务云建设的复杂性，加强顶层设计，提前谋划布局。

一是合力推动应用迁移。充分发挥政府办公厅统筹作用，加大推进力度，提出工作要求，与各职能部门相互配合，打出"组合拳"，切实有效推动。一方面从资金方面和力量配备上引导，做好部门信息系统运维经费压缩和应用迁移工作经费保障之间的平衡，有保有压。一方面做好组织保障，强化培训，研究督查考核具体措施，有拉有推，让部门尽快动起来。

二是加强云安全体系建设。完善云安全体系顶层设计，强化云安全管理责任落实，加强安全监督指导，让部门知道上云以后安全工作责任不转移，清楚自身安全工作的具体任务和要求。

三是充分发挥云计算作用。利用政务云对数据资源的积聚作用，在迁移的过程中进行数据规范，统一信息交换接口，同时以重点领域信息交换试点为抓手推动政务云上信息共享，推动政务大数据挖掘、分析、应用、服务以及政务数据开放。从数据利用的角度，将上云应用的质量作为把控重点，在规范新建项目上考虑数据的交换共享、与原有系统对接整合，避免出现新"信息孤岛"；在已建应用迁移时，督促部门做好数据清理方面的工作，提前考虑数据共享方面的设计安排。

（四川省人民政府办公厅电子政务处）

创新构建成都市"互联网＋"
就业创业公共服务体系

2015 年以来，成都市人力资源和社会保障局按照创新推进就业创业服务治理能力现代化水平的总体思路，强化"互联网＋"与公共就业创业服务的深度融合，运用大数据、云管理等先进技术手段，从服务流程再造、管理模式改进、风险防控优化、信息监测精准等方面重塑成都市公共就业创业服务生态，创新构建起以"智慧就业"、"阳光就业"、"蓉易就业"为主的"互联网＋"就业创业公共服务体系。目前，网上人力资源市场平台、就业创业经办服务平台、数据云管理平台、风险防控信息系统等前期创新工程推进顺利，全市公共就业创业服务制度化、专业化、社会化建设取得了新的成效。

一 工作背景与思路

近年来，新常态下的成都市公共就业创业服务工作呈现出机遇与挑战并存的局面。一方面，我市就业创业工作在市委、市政府"稳增长、保就业、增效益"的总体部署下，深入实施就业优先战略和更加积极的就业政策，全市就业规模持续扩大，就业结构日趋合理；另一方面，持续加大的经济下行压力逐渐传导至就业端，保持全市就业形势稳定任务艰巨。同时，"创业天府"行动计划的启动实施、返乡农民工创业促进工作的深入推进、就业培训领域的风险监管、失业预警机制的探索构建等工作也对我市就业创业管理能力和服务水平提出了新要求。为此，市人社局党组根据克强总理提出的"互联网＋"行动计划，以及省政府办公厅《关于印发四川省2015年"互联网＋"重点工作方案的通知》的要求，成立了局信息处、市就业局、市人力资源社会保障信息中心和银海公司共同组成的建设团队，借互联网创新驱动之力，通过政策配套、机制完善、流程再造、模式创新、技术驱动，创新构建起互联网＋就业创业服务体系。

二　主体工作

（一）构建一体化供给平台

引入众包、众智、众评等经典互联网模式，实现就业创业信息对称、资源整合、要素对接。一是采用"政府搭台、企业运营、多方参与、公众受益"的模式，创建本地同城、自主管理、众包协作的"互联网＋"人力资源市场，形成公益、开放、活跃、有序的人力资源市场服务新业态。"众包"指通过互联网将机构内部工作以自由自愿的形式转交给机构外部的大众群体来完成的一种组织模式。"众智"指工作项目通过网络平台发布征集想象力和创造力以提升项目的新颖度和完整度。"众评"指利用网络舆论对项目进行效果评价。二是以公众就业培训需求为主导，采用政府购买公共服务模式，打造"互联网＋"培训众智创新品牌，促进线上与线下培训资源有效对接、公益与市场培训资源的充分整合，全面建立城乡劳动者终生职业培训体系。三是依托互联网的人才众评模式，实现人才需求与人才资源的信息、技能和就业意愿相匹配，提高人才资源开发使用效率。四是建立面向社会公众的创意空间，对优秀创新项目和创意点子提供政策资金扶持、小额担保贷款及网络资金众筹等金融服务，实现创业人才、创业项目、创业资金、创业扶持、创业空间等要素的全面融合。

（二）构建人本化服务平台

推进服务资源整合和服务模式创新，构建"互联网＋"自助服务、精准推荐、智能咨询新机制，提高就业创业服务的便捷化、个性化、智能化水平。一是综合运用"互联网＋"主流思维和技术，建设成都市公共就业创业服务门户，向社会公众提供实名服务、供求对接、在线办事、资讯发布、智能推荐、求职招聘、就业培训、职业指导、实习见习、创业服务等服务。二是依托大数据分析，通过个人主页、单位主页、高校主页，为公众提供定制化智能推送服务。三是通过网站、网厅、APP、微信、微博、短信、自助一体机等渠道，实现12333热线与各咨询渠道的互联互通和信息共享。

（三）构建智能监控平台

通过流程优化和机制创新，推动形成"互联网＋"风险防控、精细管理、培训监控新体系，实现各项就业创业工作事前、事中、事后的运行分析与监控。一是建设由廉政教育、业务审核、后台监控和分析评估四大模块构成的岗位廉政风险防控系统，将系统延伸到市区两级就业创业服务管理部门、3435个基层劳动就业社会保障服务中心（站），覆盖8471名工作人员，实现权力行使透明化、流程管理精细化、预警处置实时化、教育提醒常态化。二是创新建设就业创业培训监控系统，通过对全市 326 家培训机构培训过程的实时监控、考勤和录像存储，实现对培训过程真实性和有效性的管理。三是建设基金管理系统，利用信息技术强化对基金使用的监管和绩效评价，提高失业保险基金和就业专项资金的使用效益。

（四）构建数据管理平台

通过深度开发、结构重组、开放共享，实现就业创业大数据增值。一是建设人力资源和社会保障数据开放平台，推动就业创业公共数据资源向社会公众、用人单位、第三方机构开放，支持社会力量运用政府数据开展专业化就业服务，协同提升公共就业服务水平。二是针对不同行业、不同类型、不同特点的服务对象，实施政策法规、办事指南、行业资讯、信息提醒等信息的分类推送，提供及时有效的个性化服务。三是深度开发就业创业大数据，形成人力资源时光轴、档案袋、知识库及开放数据超市，为个性化服务、流程优化、资源配置、绩效分析、风险防控、预测预警、政策执行评估、政策模拟分析提供大数据支撑服务。

三　创新亮点

（一）运用大数据打造"智慧就业"——突破性创建全市统一的就业创业数据云平台

建立健全业务协同、资源共享的一体化就业创业统计监测体系，提供实时科学的就业形势研判，有利于防范失业风险、促进社会和谐。成都市人力资源和社会保障局创新思维，打破部门壁垒，通过就业创业数据云平台的建设，整合就业、社保、医保、人事人才、劳动关系等数据，创造性地实现了系统内部、外部的数据共享。目前，成都市人力资源和社会保障局在内部信息整合的基础上已实现与公安、工商、民政、公积金等 9 个市级部门的数据联通，累计调用数据 783 万条，并向成都市建设公民信息管理系统提供数据 2.26 亿条；建设起人力资源社会保障数据开放平台和就业创业决策分析系统，按月对全市 21 个区（市）县的就失业人数及占比、登记失业率、调查失业率、失业待遇享受人数、就业困难人员、失业基金支付情况、就业资金支付情况进行全面分析，实时掌握全市就业形势，为市委、市政府宏观经济决策做参考。

（二）运用互联网建设"阳光就业"——全国率先创建就业创业服务岗位廉政风险信息化平台

为推进权力公开、透明运行，防范人为监管带来的自由裁量风险，成都市人力资源和社会保障局以现代信息化技术为支撑，以监督和规范权力运行为核心，在全国率先建立就业创业服务岗位廉政风险信息化平台。目前，已建立起以常态廉政教育与岗位专题教育相结合的风险教育机制，全程监控、分级管理、即时预警的风险实时预警机制，以及定期评估、实时完善的风险动态监控机制。此外，针对风险较高的就业培训岗位，成都市人力资源和社会保障局创新构建起市场化的培训、信息化的监管、科学化的评估"三位一体"的就业培训风险防控机制，全面建立了网上开班审核系统、学员实名制信息管理系统、考勤管理系统、实时视频监管系统为主的岗位廉政风险防控信息化系统；针对不同的培训需求，设计了以市场为主导的劳动者自主择校培训机制、以企业为主导的定向培训机制和在岗提升培训机制、以政府为主导的集中培训机制，实现了培训方式、补贴方式、培训对象的三个转变。

（三）运用云管理实现"蓉易就业"——创新推进"+互联网"向"互联网+"就业创业公共服务时代转变

我市公共就业服务上已实现了业务向区（市）县、街道（乡镇）、社区（村）延伸，形成了三级管理四级服务模式，但网点窗口的办理时间地点、人力物力均有限，而现有人社系统的信息平台多处于"+互联网"的基础服务供给阶段，在个性化服务、业务办理、信息更新上有所缺失。成都市人力资源和社会保障局深入挖掘互联网技术在空间和时间上的无限性，主动向"互联网+"就业创业公共服务新时代跨进，运用互联网传输功能、大数据决策信息与公有云空间平台管理功能，为公众搭建起多元化的服务供给平台。目前，网上人力资源市场平台已为用人单位和求职者开通智能化的"双向匹配"服务，推出多种"智能交互"功能，构建起"成都15分钟公共就业服务圈"，就业创业服务的便捷化、个性化、智能化水平明显提高。就业创业网上经办服务平台开通24小时网上服务，已实现"就失业管理、就业援助、创业服务、失业保险待遇申领、高校毕业生服务、补贴申报、政策咨询"等常用事项的网上申报功能。此外，门户网站、APP、微信、短信、12333电话服务热线、自助服务一体机等基于互联网的渠道也向公众分类提供了信息查询、政策解读、资料下载、互动问答等在线服务，并专题开设"创业园地"、"大学生创业园"等主题页面，为服务对象提供综合立体、互联互通、均等一致、多元精准的就业创业服务。

四 初步成效

2015年以来，在"互联网+"就业创业公共服务体系建设的有力支撑下，全市就业创业服务治理能力现代化水平全面提升。1~11月，全市城镇新增就业人数25.63万人，同比增加6.98%；城镇失业人员再就业7.21万人，同比增加2.09%，其中就业困难人员就业1.83万人，同比增加0.57%；开展创业培训1.07万人，新增就业岗位2.31万个，创业带动就业7.35万人；筹办"创业天府·2015成都市创业大赛"，征集创业项目3890余个，涉及创业者1.2万余人。省、市就业促进民生工程主要目标任务均提前超额完成，全市就业形势总体保持稳定。

（一）提供了多元精准的就业创业服务

全市30类常用业务实现网上申报，公共就业创业网上经办服务平台总计办理业务520万笔。提供失业保险服务125万人次，创业服务6万人次，培训服务30万人次，职业介绍14万人次；办理就业失业登记372万人次，发放就业失业登记证5万余个，全市公共就业创业服务质效明显提升。

（二）就业创业风险防控成效明显

智能监控平台加强了34个重点岗位的风险防控，实现了风险业务从流程管理到资金使用的全覆盖。就业创业风险防控系统有效杜绝违规发放失业保险待遇和各类就业补贴的发放，确保各类资金的安全有效使用。就业培训监控系统将 326 家培训机构纳入了实时监控管理。

（成都市人力资源和社会保障局）

成都市安全生产综合信息平台建设

成都市是国务院确定的全国首批历史文化名城，我国西部地区重要的科技、商贸、金融中心和交通、通信枢纽。2014 年全市实现地区生产总值突破万亿大关，进入全国省会城市经济发展前列，世界财富 500 强企业已有 268 家在成都投资，城市竞争力和影响力逐步上升。截至 2014 年底，全市市场主体登记总量 103 万户，私营企业达到 24.7 万家，各类规模以上企业达 11500 多家。成都还是西南地区化工产品重要的集散地，现有危险化学品从业单位 6200 余家，涉及的危险化学品种类达 2800 多种，有化工集中区 6 个，其中包括 80 万吨/年乙烯和 1000 万吨/年炼油的四川石化项目园区，构成危险化学品重大危险源百余处。企业类型多、数量大，危险化学品易燃易爆、有毒有害的特性，以及国内外频繁发生的重特大安全生产事故，都给全市各级政府、有关部门、生产经营单位的安全生产和公共安全造成巨大压力，迫切要求各级政府、负有安全生产监管职能的有关部门转变安全监管的思路和方式方法，进一步强化对安全生产的综合监管，推动各级政府和生产经营单位切实落实安全生产主体责任，努力实现全市安全生产形势的持续稳定好转。

一 主要做法与实践

近几年来，成都市经济快速发展与监管力量不足的矛盾日益突出，仅仅依靠现有行政监察资源和技术手段，很难实现对全市数十万家企业安全生产的监督管理。而成都市又有其自身的科技优势，成都是"国家软件和信息技术服务业基地"、"国家电子信息产业发展战略性功能性部署区"，国家工信部正式授予的"中国软件名城"。"十二五"以来，成都市政府下大力投资信息化基础资源建设，先后建成了云计算中心、电子政务地图资源库、3G 网络和天网工程，形成了共用、共享的全市信息化公共基础设施资源，可以为安全生产信息化建设提供强大的基础资源支撑和高效的技术服务。为此，以"互联网 + 安全生产"理念为牵引，应用现代高新技术，整合信息化资源，创新监管手段，加强安全生产监管，提高监管工作效率成为必然的选择。

2011 年初，成都市政府出台了《成都市物联网产业发展规划》，要求"在安全监管方面开展物联网示范应用，建立安全监控信息体系，实现对危险源的自动识别、定位、追踪和状态监控。在此基础上，逐步推广到其他特种设备、设施的安全监控应用，充分实现安全生产的智能化监管"。市政府把建立重大危险源（危险化学品）监管信息平台列为全市重点物联网应用示范项目之一和安全生产信息化建设启动项目。其建设思路是：在安全生产综合信息平台总体框架下，基于互联网为核心的物联网技术，综合应用 RFID、视频识别、定位追踪、传感器组网等技术，建设安全生产责任体系、隐患排查体系、预警预控体系。先期建设成都市重大危险源（危险化学品）安全监管信息平台，并以此为基础，逐步建设其他安监业务信息化系统。建设目标是：实现对全市重大危险源（危险化学品）安全生产状况的实时监控预警，有效解决政府安全生产监管力量不足与监管对象点多面广、监管任务重的突出矛盾，提高安全监管效能，坚决防范重特大安全生产事故；在此基础上，加强对安全生产事故隐患的排查治理和动态监控，促进政府和企业安全生产两个主体责任的落实，减少一般伤亡事故，遏制较大事故。

过去，成都市的公共信息服务平台多采用以政府和私营企业之间以达成协议为前提，由政府向私人机构颁布特许，允许其在一定时期内筹集资金建设某一基础设施，并管理和经营该设施及其相应产品与服务的 BOT 模式。由于这种模式参与项目融资的公共机构和私营企业之间采用的几乎是一种等级结构，缺乏有效相互协调机制，各参与方都有自己的利益目标，而且过分注重短期利益，相互之间以牺牲其他参与方利益来获取自身单方利益为最优，不利于项目总收益最大化。在重大危险源（危险化学品）安全监管信息平台建设过程中，我局把信息化项目建设作为主体，将市场机制引入政府公共服务信息平台建设中，目的在于政府部门和私营企业能够充分利用各自的优势，把政府部门的社会责任、远景规划、协调能力与私营企业的创业精神、资金和管理效率结合到一起，创新一种安全生产信息化建设的新模式。

2012 年 6 月，我局委托四川省建设工程设备招标中心正式向全社会招标"成都市重大危险源（危险化学品）安全监管信息平台示范试点采购项目"，民营企业成都鼎安华物联网工程应用有限公司以其自身优势中标。为解决平台建设经费来源和运行管理回报率问题，我们采用由市政府财政提供部分种子资金，按合同支付每年建设费用，双方共同承担项目的建设风险。与此同时，市安监局积极协调市经信委给予平台云计算中心、电子政务地图、天网工程等信息资源支持，既避免了重复性建设，又大大减轻了承建企业压力。按合同要求项目建设期限共分为三年，但承建企业加大了项目建设资金和人力投入，在合同签订第一年（2013 年）仅用了 8 个月时间就完成了平台 3 年的资金投入，提前完成了安全监管指挥中心大厅建设、安全监管信息平台研发工作，并通过了专家组的验收，大大缩短了建设周期，平台建设共投入资金 2000 余万元，其中政府投入资金 900 多万元、企业投资 1300 余万元，比合同提前两年多发挥监管作用。2015 年，我局在重大危险源（危险化学品）安全监管信息平台建设成功基础上，又先后启动了安全生产事故隐患排查动态治理系统、职业卫生预控服务系统和安监业务操作等系统项目建设。我们将安全生产综合信息平台委托给承建企业值守和管理维护，政府和相关企业采用购买服务的方式，保持平台的长效运行，这种建设模式和运行管理机制，既节约了政府投入，又充分调动了社会力量参与社会公共服务的积极性。

二　取得的初步成效

重大危险源（危险化学品）安全监管信息平台运行三年多来，已接入危险化学品重点企业 660 家，接收各类安全监管数据 2.6 亿多条，处置安全警报 850 余起，成功预警处置氨气、氯气泄漏等重大险情 136 起，接入企业连续 3 年安全伤亡事故为零。安全生产事故隐患排查动态治理系统从 2015 年 9 月开始运行至 2015 年底，全市已有 4 万余企业接入系统，3 万余家企业完成基础数据采集，8 千多家企业已经开展隐患自查自报工作，其中 3 千多家企业排查上报隐患 2 万余条，其中重大隐患 171 条，隐患整改率达到 99.6% 以上。职业卫生预控服务系统从 2015 年 11 月开始上线，全市 21 个区、县安监局和 6000 多家相关企业已经开始采集基础数据。2015 年 11 月，我们还向全社会发布公众举报安全隐患 APP，公众用手机下载隐患举报软件，一旦发现身边有安全隐患，就可用文字或图片方式举报，平台将把公众举报的隐患信息推送给相关部门及时处置，并向社会公布处置时间和结果，根据举报隐患处置所起到的作用，给予适当的奖励，极大地提高了公众参与安全监督的积极性，受到成都市民的欢迎和媒体好评。

安全生产综合信息平台建设实现了重大危险源（危险化学品）安全监管方式和安全生产事故隐患排查治理模式的创新。通过"人防 + 技防"有机结合，实现了安全生产监管由"间断性检查"向"连续性实时监控"、"人为判断"向"智能分析"、"事后反应"向"自动响应"的转变，提升了政府安全监管的效能，扩大了安全监管的覆盖面，初步探索出了一条"政府推动，第三方运作，政府和企业购买服务"的新路子。国家发改委、工信部、安监总局等部委局相关领导和专家先后考察了平台建设和运行情况，并给予了高度评价。国家信息化专家咨询委员会常务副主任周宏仁博士实地考察后认为：平台建设模式契合了国际上公共服务项目建设的 PPP 模式。在他的提议下，平台建设经验作为信息化项目建设的成功案例被编入《中国信息化形势分析与预测（2014）》。2014 年 12 月，国家发改委将平台建设模式推广作为全国物联网重大应用示范工程区域试点项目。2015 年 10 月，成都市安全生产综合信息平台建设经验编入国家工信部《中国信息化年鉴（2014）》创刊卷，在国内外产生积极影响。平台建设已成为成都市创建全国"智慧城市"试点重要组成部分。

三 我们的探索和体会

近年来，国务院先后出台了文件鼓励各级政府与企业合作，按照 PPP 模式建设公共服务项目。国家财政部也多次发出通知对 PPP 项目建设和政府购买服务操作方式做了详细界定。使公共服务项目建设采用 PPP 模式和政府购买服务有了较为详细的政策依据，更具可操作性。我们结合本地实际情况，应用"互联网 + 安全生产"理念，借鉴 PPP 模式，建设全市安全生产综合信息平台，有以下几个方面的体会。

1. 控制项目资金使用，降低费用

过去，单纯政府投资型项目，中标企业对费用控制不严，考虑是政府出钱，经费使用上大手大脚，甚至造成项目费用超支、浪费。而采用 PPP 模式，政府部门和私营企业在初始阶段双方共同参与项目的识别、可行性研究、设施和融资等项目建设过程，保证了项目在技术和经济上的可行性，缩短前期工作周期，使项目费用降低。PPP 模式只有当项目已经完成并得到政府批准使用后，私营企业才能开始获得收益，因此这种模式有利于提高效率和降低工程造价，能够消除项目完工风险和资金风险。

2. 促进公共服务项目投资主体多元化

当前，政府在公共服务项目投资方面的压力愈来愈大，无论是通过国债转贷、地方政府向银行贷款融资，还是国家向国际金融机构、外国政府或国际银团的借款等融资方式，虽然能够缓解投资短缺，但是这些所有融资形式都是在单方面增加政府财政压力和负担。在成都市重大危险源（危险化学品）安全监管信息平台建设中，由于采用了 PPP 模式，承建民营企业看中的是国内安全生产服务大市场，敢于在安全生产信息化建设方面投资，有效地减轻了政府财政压力。

3. 有利于转变政府职能，建设服务性政府

党的第十八届三中全会会议指出，经济体制改革是全面深化改革的重点，核心问题是处理好政府和市场的关系，使市场在资源分配中起决定性作用和更好发挥政府作用。PPP 模式一方面可以让政府从繁重的事务中脱身出来，从过去公共服务的提供者变成监管者，实现角色转变。另一方面，PPP 模式可以让民营企业来提供资产和服务，为政府部门提供更多的资金和技能，促进融资体制改革。同时，民营企业参与项目还能推动在项目设计、施工、设施管理过程等方面的革新，提高办事效率，传播最佳管理理念和经验。

4. 实现风险的合理分配，有利于降低风险

在平台建设中，由于合作各方共同对平台运行的整个周期负责，共同分担风险和责任，政府承担一部分风险，减少了承建企业的风险，使得风险分配更加合理。政府投入的经费，作为平台的启动种子基金，能够减少承建企业前期的资金压力。同时，平台经费是分三年支付，每年验收合格才进行支付，这样实现了政府对平台的监管和控制，同时也降低了政府对平台失控的风险。

5. 政、企优势互补，企业合作促进实现产业链发展

在平台建设中，政府部门和民营企业之间可以取长补短，发挥政府公共机构和民营企业各自的优势，弥补对方的不足。双方可以形成互惠互利的长期目标，以最有效的投资成本为公众提供高质量的服务。与此同时，承建企业联合多家民营企业参与到本平台建设中，在产品研发、生产和市场拓展诸多方面展开深入合作，实现在物联网产业链中的优势互补，这种合作模式契合了"制造企业服务化、制造企业信息化、转型而不转行"的经营策略，大大提升民营企业的自主创新能力与核心竞争力，为其占有更大市场提供新的机遇。

四　总结

目前，我局正按照国家安监总局近期出台的《国家安全生产监管信息平台总体建设方案》制定全市安全生产信息化建设"十三五"规划，使全市安全生产信息化建设在统筹规划原则下实施，希望通过自身在城市安全生产信息化建设 PPP 模式的创新和实践，既为成都市经济发展保驾护航，也为 PPP 模式在我国电子政务和公共服务项目建设与管理方面提供可以借鉴的经验。

（成都市安全生产监督管理局）

安顺市积极构建"指尖上的政民对话"

为进一步推进政务服务规范化建设，拓展政务服务领域，畅通交流渠道，为企业和群众提供更加方便、快捷的政务服务，安顺市人民政府政务服务中心创新思路、拓展服务形式，推进政务服务新媒体平台建设工作。2013 年 11 月 26 日，开通全省首个政务服务类微信公众号和智能互动问答功能（微信号：anshunzw），通过关注安顺市政务服务中心微信公众号，即可享受 24 小时的集行政审批、综合服务、办事指南、信息公开和效能投诉于一体的在线服务。

在移动互联技术飞速发展的今天，如何适应互联网发展新常态，让党和政府的服务更加贴近群众和企业，经过对安顺市政务服务工作实际及进厅办事群体的征询调研，开通"安顺市政务服务中心"微信公众服务平台，以"勤政、务实、高效"为建设理念，立足安顺市人民政府政务服务中心工作职责和定位，重点实现为全市群众、企业提供无"微"不至的便民利民服务，让政民交流实现"零时差、无距离"，通过整合中心微信、微博平台优势，打造拥有强大传播力、公信力、影响力的新媒体服务平台。

我们的主要做法如下。

一 准确定位，打造特色政务微信

首先，利用职能优势，通过行政审批电子监察系统，整合办理市级部门行政审批服务事项名称、办理窗口、申请材料、办理流程、办理时限等资料，通过技术手段，将各职能部门办事指南平移到微信公众号，实现全市各部门办事指南、办件查询、咨询投诉的聚合，做到一个渠道知晓全局。2015 年，通过平台联络并开展代办服务 300 余次，预约服务 20 余次，上门服务 60 余次，受理咨询投诉 671 次。

其次，以政务服务中心为平台，大力宣传深化行政审批制度改革。近年来，安顺市在积极推进政府职能转变、构建法治政府、服务型政府和廉洁政府的过程中，不断探索政务中心的职能定位，创新行政审批管理模式，积累宝贵经验。为此，安顺市人民政府政务服务中心主动作为，对涉及省、市行政审批、便民利民方面的信息，通过微信公众号等新媒体平台，重点推送，加大权重。让行政审批权运行更加规范，推进政务服务水平提升。

最后，政务微信要彰显"本地化、个性化"的角色。安顺市政务服务中心关注用户多为本市用户，要求所发布的信息需适应本地人群的需求和关注点，探索在发布政务信息的同时，开通涉及便民信息查询、本土新闻、天气预报等惠民便民信息，高品质的政务微信依靠其关系圈子传播政务信息必然会获得较好的口碑效应。

二 开通智能互动问答服务代替人工回复

随着关注人数的增加，相关咨询工作量难免大幅增加，不断涌现的信息互动对政府部门的人力配置提出考验。为提高互动效率，2015 年 4 月 2 日，安顺市政务服务中心微信公众号引入智能互动问答服务平台，实现政务服务咨询、引导由人工服务向智能应答转变。通过整合常规性、重复性问题，在智能问答互动系统的基础上再辅以人工服务，实现智能问答服务与人工服务的协同。微信用户输入任意关键词，公众号则自动关联性回复。如输入关键词"新闻"、"天气"、"音乐"、"美食"等，系统可自动提醒输入具体查询内容后即时显示。开拓出一条新网络媒体时代政务服务领域积极应用社会化媒体服务的新路子。

三　形成稳定的推送频率，提升推送内容质量

作为一个 24 小时开放的平台，政务微信运营不能界定在 8 小时工作时限内服务，应根据不同时间段调整发布数量和内容，形成一定的规律性。每天的 9 ~ 10 点、16 ~ 18 点、21 ~ 22 点三个时间段，关注者一般临近上下班空闲时间，在线人数较多，发布信息更易于被更多人阅览。在每天的发布数量上，政务微信需遵循适当的节奏，避免失语或刷屏。每天发布的消息最好控制在 1 ~ 3 条之间，这样既不会给关注用户带来刷屏的困扰，也可避免重要内容淹没在推送的众多信息中。

安顺市人民政府政务服务中心微信、微博开通运行以来，及时对安顺市政务服务中心微信公众号进行全面升级改版，开设一级栏目 3 个，二级栏目 5 个，每天重点推送涉及中心运行动态、行政审批制度改革等方面内容；中心微博重点强化企业、群众办理事项的服务，积极协助市级进驻窗口单位及窗口人员更有效服务民生，搭建起政府和群众之间的"连心桥"。办事企业、群众只要关注安顺市政务服务中心微信、微博就可以随时了解到最新的政策和资讯，不用出门，不用排队，轻点鼠标便可了解办事流程和所需条件，免去"多跑一趟"的烦恼。

四　微信、微博双管齐下，优势互补

安顺市人民政府政务服务中心在综合微信和微博各自在传播特性、功能特点等基础上，实现"双微合璧"优势互补，提高新媒体平台服务群众、服务企业的水平。

一是利用好政务微博的集群效应，微博和微信有机融合，共同推进。政务微博互动性更强，对于紧急、有时效性的信息发布，能够精准地推送和到达。微信则在投诉、曝光等方面，可详细核实相关材料后，把其中一部分发布，利用微信在私密性上沟通问题，利用微博在公开性上则能形成更好的监督。二是借助政务微博推广政务微信。因微信是私密空间内的闭环交流，其传播扩散力较弱，公共账号的宣传是一大软肋。借助政务微博推广政务微信，大力扩展账号的人群覆盖面，增强政务微信的权威性和信息传播扩散能力，有效推动新媒体问政深入发展。

下步工作中，"安顺市政务服务中心"微信公众号将涉及公积金、社保、医保、出入境、户籍、车辆管理等各分厅的业务引入微信平台，不断完善功能，成为创新社会管理、服务民生、传播正能量的网上阵地。

（安顺市人民政府政务服务中心）

六盘水推进政务服务精细化

近年来，六盘水市政府政务服务中心以服务办事企业和群众为出发点，不断提升政务服务水平、提高政务服务质量、优化政务服务环境，开创了一条政务服务创新的新路子。

一　主要做法

（一）精准发力迎难而上，集中进驻"深"

集中进驻是摆在各级各地政务服务中心的一道难题，"虽千万人吾往矣"，推动部门和事项全进驻，集中进驻率均达到了100%，同时，把水电气等公共服务事项纳入中心。在此基础上，按照"将事项受理、审查、决定、制证、送达全过程纳入中心办理，将专家评审、集体讨论等审查活动交由首席代表牵头组织开展"的要求，多次召开工作推进会和调度协调会，阐述"全程进驻"的深意，强力推进环节全过程进驻工作。

（二）技术支撑全力以赴，网上办事"实"

敞开大门迎接"大数据"时代，抢抓贵州省实施"互联网＋政务服务"的历史机遇，认真建设贵州省网上办事大厅六盘水市站点。一是夯实网厅建设基础。安装了2000余台办公设备，及时升级行政审批系统，建成10余个信息化系统，并将各部门业务专网接入中心方便群众办事。二是加快网厅建设步伐。在贵州省各市、州中率先建成了网厅站点并成功接入贵州省网上办事大厅，加班加点录入事项服务指南，网上可申报率达80%以上。组织工作人员模拟网厅办件考试，加班加点录入事项设定依据、申请条件、申请材料、办理流程、办理时限等内容供申请人查询。三是推出网厅办事举措。开展网厅应用培训7次，制作了《网厅应用指南》，设置了申请人自助上网区，积极引导申请人通过网厅办事。运行以来，共受理网上申报件445件，办结率达90%以上。

（三）为民办事开拓创新，服务方式"活"

"不拘一格，推陈出新"，创造性地开展了政务服务工作。一是延伸服务为群众。全面开展了休息日、延时、上门、预约、全程代办、特别通道延伸服务，办理各类延伸服务事项29389件，极大地方便了"上班族"、"学生族"、企业家、残疾人等群体，实现了"全天候、全方位"的服务。二是局长进驻"面对面"。市委、市政府直接把各部门局长请进中心，明确了进中心局长9项工作职责，保障每天有一名部门局长为民办事。活动开展以来，局长进驻中心1290人次，接待办事群众11488人次，受理政务服务事项7287件。

（四）压缩时限制作范本，办事效率"高"

对事项环节进行审查和论证，依法削减不科学、不必要的审批步骤，合并内容相近、效用一致的办理环节，共组织开展 3 次进驻事项办事时限压缩，市、县两级时限压缩率均达到 50% 以上，环节精简率达 40% 以上，承诺办事效率提高近 3 倍。研究制作 300 余个申请书示范文本、申请材料示范文本、办事案例指南等，方便申请人对照填写相关表格，用最通俗易懂的语言告知申请人办理项目的全过程，提高办事效率。

（五）内塑品质提升形象，工作管理"严"

"欲成方圆，规矩必严"，六盘水市把严格管理贯穿于整个政务服务工作。一是加强制度管理。制定了首问负责、一次告知、公开公示、限时办结等 64 项政务服务工作制度，严格制度执行力，按制度管人、依制度办事。二是加强监督管理。统一采用电子考勤，每天实行 2 次签到，2 次签退。每天不定时巡查至少 4 次，发现问题及时处理。每月召开例会印发政务服务工作情况通报。实行去向备案和 AB 岗制度，工作人员离岗岗位时需摆放告知牌，离开时间不得超过 15 分钟，让办事群众找得到人。

（六）凝心聚力温暖如家，文化建设"好"

"精诚团结，和谐共建"，认真抓好政务服务中心"家"文化建设工作。一是抓服务理念文化建设。构建以老百姓的需求为导向的核心价值体系，形成"传导式"服务理念，即：政务服务管理机构工作人员为窗口进驻人员服务好，窗口进驻人员为办事企业和群众服务好。二是抓创先争优文化建设。开展"三评三比"活动，每月评比出红旗窗口、优秀工作人员等，每季度评比出党员先锋岗，每年评比出政务服务先进工作者，树立服务群众先进典型。三是抓廉洁审批文化建设。认真开展申请人回访座谈、群众满意度测评等工作，定期对各进驻部门窗口办件情况进行抽查，从源头上预防"吃拿卡要"行为的发生，营造风清气正的办事环境。

二　取得成效

（一）让群众少跑"冤枉路"

通过狠抓政务服务工作，改变了过去分散办公的模式，应进的单位和事项全部进驻市政府政务服务中心，申请人在同一个地点就能办理不同部门的多个事项，解决了申请人"多头跑"的问题，实现了"一个窗口受理、一站式审批、一条龙服务、一个窗口收费"。近年来，六盘水市政务服务系统共为办事企业和群众办理各类政务服务事项 433.69 万件，日均办理事项 1461 件，提前办结率达 98%，日均人流量达 2800 余人，收到办事群众和企业送来的锦旗、感谢信等 900 余份。

（二）让办事直接透明化

依托市政府政务服务中心，管理方式有了调整创新，各种监督措施能够有效地发挥作用，中心管理机构通过制度建设，强化了对各部门行使行政权力的约束，直接受理投诉和举报，对重要权力和权力行使的重点部位加大公开运行和监管力度，实现了行政审批由暗箱操作到阳光作业的根本性转变，从源头上铲除了滋生腐败的土壤，吃拿卡要、刁难设障、权钱交易、以权谋私等发生的概率大大降低，有力地推动了服务型政府建设。

（三）让服务更加"接地气"

将群众反映的政务服务"堵点"、"痛点"、"难点"作为改进工作、优化服务的着力点和突破口，及时了解群众需求，开展的休息日、上门等延伸服务得到群众的广泛赞誉，局长进大厅拉近了领导与群众的距离，网上办事大厅变"群众跑"为"数据跑"，畅通服务群众"最后一公里"，真正地做到了用我们干部的辛苦指数换取老百姓的幸福指数。

（四）让工作有了新成绩

通过狠抓政务服务工作，六盘水市政务服务工作从无到有、从小到大，充分展示了服务型政府的第一窗口形象。2015年再创佳绩、再创新高。政务服务工作获得全省政务服务规范化建设第一名的好成绩，全省首届政务服务规范化建设现场观摩会在六盘水市召开，并获得了"全国巾帼文明岗"、"全省'五好'基层党组织"、"全省先进职工之家"等荣誉称号。

（六盘水市人民政府政务服务中心）

甘肃省网上政务服务的建设与实践

为深入贯彻落实党的十八大和十八届三中、四中全会精神，促进政府职能转变，优化政务服务，推进政府治理现代化，按照党中央和国务院的要求，甘肃省委、省政府决定建立权责清单、财政专项资金管理清单、扶贫清单和甘肃政务服务网。甘肃政务服务网是推进"互联网＋政务服务"的主要载体，主要以政务服务网站群为载体，以省市县各级政务大厅网上行政审批系统为依托，以实现全省政府系统行政审批和服务事项的"一站式"网上办理与"全流程"效能监督为目标，基于统一服务框架、统一功能设计、统一技术平台，推出省市县三级一体化的权责清单、财政专项资金管理清单、扶贫清单，突出阳光政务、行政审批和便民服务三大主题，打造网上办事的并联审批平台、快捷务实的便民服务平台、信息公开的阳光政务平台，建成省市县一体化的"网上政务超市"，逐步实现全省行政审批和便民服务等政务事项"一张网"办理。

一　技术体系

甘肃政务服务网技术体系主要包括：统一的政务服务网站群、三大支撑平台和两大保障体系。

统一的政务服务网站群：按照统一界面、双向链接的原则，建成省市县统一的政务服务网站群，设立行政审批、便民服务、阳光政务三大主题，通过政务服务网站群、移动 APP、微信公众号等渠道，以一证通行、一站申办、一网查询的方式，面向公众和企业提供以行政审批为重点的各类政务服务。

三大支撑平台：一是业务应用平台。以省市县三级政务大厅网上行政审批系统为依托，逐步建设省市县三级统一的权力事项管理系统、权力运行信息管理系统和行政效能电子监察系统，为行政权力的规范运行、服务优化和有效监督提供支撑。二是数据交换共享平台。建设数据交换共享平台和全省统一的权力事项库、办件信息库、电子证照库，为信息共享、协同办公、并联审批以及社会化利用、大数据分析提供支撑。三是政务云基础设施平台。采用政府购买服务的方式，租用甘肃省电子政务云平台，为甘肃政务服务网建设提供统一的软硬件基础设施服务。

两大保障体系：一是标准规范与管理制度。制订行政审批和便民服务事项网上运行的业务规范、数据规范、技术标准、信息资源交换规范，不断建立健全网上政务服务的各项规章制度。二是安全运行维护保障体系。按照等保三级安全防护要求，建设符合规范的安全防护、安全策略和统一身份认证体系，不断建立健全政务服务网的长效运行维护保障机制。

二　2015 年以来开展的主要工作

根据《甘肃省人民政府办公厅关于全面推进电子政务平台建设加强政务公开和政务服

务工作的指导意见》（甘政办发〔2012〕249 号）文件要求，2012 年以来，我省建成了省政府政务大厅网上行政审批与电子监察平台，目前已有 26 个省直部门和单位的行政审批事项通过平台进行办理，实现了网上申报、网上咨询、网上办理和结果查询等功能。截至 2015 年 4 月底，我省 14 个市（州）和兰州新区政务大厅已全部建成网上审批系统；71 个县（市、区）政务大厅建成了网上审批系统，占 82.56%；系统延伸至乡镇（街道）的有 465 个，占 34.32%，有效提升了政府网上办事的能力。

在上述工作基础上，根据《建设甘肃政务服务网工作方案》和《甘肃政务服务网建设实施方案》，2015 年 5 月完成了甘肃政务服务网建设相关招标工作，并立即开展相关建设工作。经过各有关方面的共同努力，截至 2015 年 10 月底，已建成省市县三级统一的政务服务网站群、身份认证系统、权力事项管理系统以及省级数据交换共享平台，省市县三级政府工作部门累计发布约 29 万条权责清单信息、5000 条财政专项资金管理清单信息、8000 条扶贫清单信息、13 万条便民服务信息，如期完成了省政府要求省级 6 月底、市级 8 月底、县级 10 月底发布政府工作部门权责清单的任务。

2016 年 1 月，在完成省政府政务大厅网上审批及电子监察平台升级改造并实现与甘肃政务服务网对接的基础上，省政府办公厅印发《关于启动甘肃政务服务网省政府工作部门"网上行权"工作的通知》（甘政办发〔2015〕171 号），正式启动省政府工作部门网上行权工作，推动省政府工作部门行政许可类事项通过甘肃政务服务网实行网上统一申报、统一查询和统一反馈。截至目前，已有 23 家省级部门共 777 项行政许可类权力事项（含子项）可通过甘肃政务服务网进行网上申报办理和查询。另外，市（州）政府工作部门的权力事项细项（流程图）梳理工作、网上行政审批系统升级改造、数据交换共享平台建设等工作也已启动，为市级网上行政审批系统与政务服务网对接做好准备。

三　主要做法

（一）领导重视和协调推进是关键

省委常委会和省政府常务会审议通过并下发了《"三张清单一张网"工作方案》（甘政办发〔2014〕197 号）；省委副书记、省长刘伟平多次听取专题汇报，并做出批示指示，亲自谋划和推动相关建设工作；省政府安排 1 名副秘书长负责协调推进具体建设工作；各市（州）和县（市、区）政府主要负责同志均亲自负责推动本地区"三张清单一张网"建设工作。同时，省政府办公厅专门成立了甘肃政务服务网建设工作推进小组，与省审改办、省财政厅、省扶贫办等部门经常召开会议，及时协调解决建设中的具体问题；多次以省政府办公厅名义下发文件，对"三张清单一张网"建设工作进行安排部署；要求各市（州）和县（市、区）明确 1 名总协调人，具体负责协调推进本地区相关建设工作，并通过短信、电话、传真等形式及时安排、督促相关工作；组织项目承建单位及时开展培训，全力做好技术支撑等工作。

（二）统一规划和顶层设计是前提

制定了《建设甘肃政务服务网工作方案》，明确了建设目标、建设原则、建设内容、主要任务、责任单位和时限要求，确保相关工作任务有序推进；组织编制了《甘肃政务服务网建设实施方案》，加强统筹规划，科学设计总体架构和标准规范体系，在此基础上，由各地、各部门按照统一架构和标准规范分级实施，推动省市县三级政府工作部门权责清单等信息上网发布，以及行政审批和便民服务事项网上办理，实现全省"一张网"联动运行。

（三）制度建设和技术规范是保障

先后以省政府办公厅名义制定下发了《甘肃政务服务网建设运行管理暂行办法》、《甘肃省权责清单管理暂行办法》、《甘肃省权责清单统一编码规范》、《甘肃省省级财政专项资金管理清单上网发布暂行办法》、《甘肃省扶贫清单上网发布管理暂行办法》等5项工作制度，以及甘肃政务服务网《统一门户栏目设计规范（试行）》、《网站群系统接口规范（试行）》、《权力事项库接口规范（试行）》、《办件信息库接口规范（试行）》、《全省政务服务中心网上行政审批及电子监察平台接口规范（试行）》、《统一身份认证系统接口规范（试行）》和《数据交换与共享平台接口规范（试行）》等7个规范，指导和规范甘肃政务服务网建设相关工作。

四　下一步工作计划

按照国务院办公厅关于推进"互联网＋政务服务"有关工作要求和甘肃省政府的统一安排部署，2016年将重点抓好以下工作。

一是进一步推进甘肃政务服务网与省工商局、省食品药品监管局、省地税局等有关政府部门自有行政权力运行系统的对接完善，实现省政府工作部门行政许可类事项"网上行权"全覆盖。同时，推动市级数据共享与交换平台建设和市县两级政务大厅网上行政审批系统升级改造工作，完成与甘肃政务服务网市县子站的技术对接，推动市县两级政府工作部门行政许可类事项在甘肃政务服务网"网上行权"。

二是编制并发布公共服务事项目录及办事指南，推进公共服务事项办事网上办理和网上咨询，为社会公众提供优质高效便捷的公共服务。同时，不断优化网站群界面，建设及推广移动端应用，完善政民互动功能，丰富阳光政务板块内容，不断改进甘肃政务服务网功能，持续提升网上政务服务的能力和水平。

三是建设全省统一的政务数据交换共享平台、电子证照库和省级监管信息共享平台，推进与人口、法人等基础信息资源库的共建共享，归集整合省政府相关部门各类执法监管信息，为推行"网上行权"和加强事中事后监管提供数据支撑。同时，探索制订"互联网＋政务服务"技术平台建设相关解决方案、技术标准规范和管理办法，完成国办"互联网＋政务服务"技术体系建设甘肃试点任务。

四是建设全省统一的行政效能监察系统和综合管理系统，实现对全省行政权力事项网上运行全流程的实时监控、业务数据汇总分析，推动建设甘肃政务大数据平台。同时，进一步完善甘肃政务服务网管理制度和技术规范，切实强化甘肃政务服务网运行监管和考核督查工作，不断提高网上政务服务质量。

（甘肃省电子政务办公室）

基于"互联网＋"的智慧祁连山建设

近年来，甘肃祁连山国家级自然保护区管理局在国家林业局的关心支持和省林业厅的正确领导下，按照全国、全省林业信息化发展总体部署，根据保护区实际，进一步夯实信息化基础设施，应用先进的信息技术建设了保护区资源数据库、应用服务和业务应用三大系统，全力打造基于"互联网＋"的智慧祁连山。

一　基础设施建设

2014～2015年，祁连山管理局对保护区现有的信息化资源进行了整合与改造，建设了50平方米的标准化中心机房，配置了机房专用空调、气体消防系统、专用配电系统等。建成了物理隔离的内外网系统，外网接入了互联网，内网接入了甘肃林业专网。管理局下属的22个自然保护站也建设了内、外网，配备了信息化办公设备。

引入外部资源参与保护区信息化基础设施建设。2014年，祁连山管理局与张掖、金昌、武威三地电信公司合作，引入电信运营商已有的成熟技术、设施和服务，基于"互联网＋"理念，建设了横跨3地市，覆盖祁连山保护区基层22个自然保护站的专网，实现了管理局与基层的22个保护站的网络互通，为深入推进智慧祁连山建设创造了最基础的网络环境。

二　数据库建设

祁连山管理局把保护区资源数据库作为智慧祁连山建设的核心任务，按照相关林业信息化行业标准，开展了保护区资源数据采集、整理等工作，获取了森林和湿地资源现状基础数据；收集了大量的业务数据；与省地理信息中心、省林业调查规划院信息中心、中科院寒旱所遥感与地理信息研究室积极协作，获取了祁连山冰川、气候、水文及地质环境等方面的部分地理信息数据。目前，已经建成了森林资源数据库、二类调查数据库、天保、公益林数据库、湿地数据库、林业有害生物数据库、森林防火数据库等。

三　应用服务平台建设

1. 门户网站

2005年，祁连山管理局建设了祁连山自然保护区门户网站。2006年建设了22个自然保护站子网站，形成了祁连山自然保护区门户网站群。2014年，对网站群进行了改版升级。

2. 协同办公系统

2013年，保护区管理局投入60多万元，重点建设了覆盖管理局和基层22个自然保护站以及甘肃省森林公安局祁连山分局和18个林区派出所的综合协同办公网络平台和移动平台，真正实现了网络化、移动化、无纸化办公和信息共享。

四　业务应用平台建设

1. 视频会议系统

2014 年，祁连山管理局申请国家级自然保护区补助资金 200 万元，并自筹资金 100 多万元，基于保护区专网建设了管理局至 22 个自然保护站的视频会议系统，并与省林业厅视频会议系统进行了对接，实现了厅、局、站三级管理部门之间的互联互通。

该系统为全高清视频会议系统，视频会议设备采用了国际主流的宝利通产品，MCU 为 RMX1800，视频终端为 Group550（1080P）；主会场显示设备采用了三星液晶拼接屏，分会场采用 75 英寸三星液晶电视。

2. 保护区综合业务管理系统

2013 ~ 2014 年，祁连山管理局筹措资金 380 多万元，启动了祁连山自然保护区综合业务管理系统。

系统以保护区专网为基础运行环境，采用 B/S 架构，以 ArcGIS Server10 为数据管理和二维 GIS 开发平台，以 Oracle11G 为数据库管理系统，主要业务模块包括森林资源监测系统、天保工程管理系统、生态公益林管理系统、野生动植物管理系统、森林火灾扑救指挥系统、有害生物防治管理系统等。该系统的建成应用，使保护区业务管理走向了网络化、信息化、智慧化，极大地提升了管理能力和水平。

3. 林火视频监控系统

2015 年，管理局依托国家林业局批复实施的祁连山保护区重点森林火险区综合治理三期项目，重点建设了保护区林火视频监控系统，共设计 13 个野外视频监控点、8 个保护站视频监测接收系统和管理局视频监测中心。

监控系统设备采用国际首创的非制冷连续变焦热成像技术，可以连续调节镜头焦距大小。配合国内首创的热成像镜头预置位技术，既能实现大范围扫描火情探测告警，又能做到近距离放大火况观察监控。同时在最新一代热成像探测器上集成高效的嵌入式烟火识别算法，报警延时 <0.1S，真正做到无延时、准确报警。可以实现 6 公里处 1 平方米、10 公里处 4 平方米的火源探测报警，做到大范围、全天候、智能化的火灾早期探测、报警和扑救。

（甘肃省林业厅）

兰州三维服务网

按照国家"互联网 +"和大数据战略的要求，兰州市委、市政府高度重视社会服务管理信息化建设，积极创新"互联网 + 公共服务"模式，依托兰州三维服务网为兰州市民提供快速、便捷的各项服务，提高行政管理部门的管理水平、办事效率和服务水平，搭建的一个利民、便民的公众网络服务平台，推动了兰州市社会服务管理信息化建设水平，提升了公共服务社会参与度，是兰州市信息惠民公共服务平台项目工程、智慧兰州建设的一项重大成果。

一　兰州三维服务网简介

兰州三维服务网于2014年7月11日正式启动运行，依托三维数字社会服务管理综合系统，建立互联网一站式服务中心，设置包括首页、办事中心、社区服务、查询中心、信访大厅、呼叫中心、百姓生活、三维商城等8个模块。网上办事中心、信访大厅等模块，为市民提供医疗、社保、教育、养老、就业、社区服务等政务类便民服务以及信访诉求的在线受理；设置查询中心、家政大厅、社区频道和便民商场，为市民能够提供实用信息查询、账户类查询和生活地图查询以及网上生活类服务缴费、家政公司预约和生活购物，实现了市民通过一个方便易记的网址、一个身份证号等查询个人相关信息的目标，使广大市民足不出户就可享受到便捷的服务。

（一）办事中心

主要围绕市民个人从新生到老年，以及每个人的住房问题、生育收养问题、社会保险、纳税服务等多方面的民生问题提供在线指南、在线预约以及最终实现在线办事。办事中心提高了政府的办事效率，简化了市民办事程序，主要为市民提供办事指南和在线申办及表格下载。实现在线申请办理事项目前共有18个模块，涉及新生儿、老年人、医疗保险、婚姻家庭等多方面等近百项服务。同时，办事中心还与兰州市政务服务中心网站相链接，方便企业和市民通过网络申报行政审批，提供全面周到的在线服务与指南。

（二）网上信访

主要是依托互联网和兰州市三维数字社会服务管理系统建立的信访新通道。是集网上信访、领导信箱、短信信访、微博信访、微信信访、电话信访、视频接访七种渠道为一体的信访新平台。具有受理、查询、指南、评价、统计、分析等多项功能。群众可根据实际情况选择相应的渠道反映，相关责任单位会在规定的时间做出相应的受理。网上信访大厅的建立，将进一步畅通和拓宽信访渠道，形成"信、访、网、电"四位一体的诉求表达格局，推动群众信访问题及时解决。目前，信访大厅主要由信访局抽调人员负责网上信息更新及业务转办工作。

（三）社区频道

展现了兰州市近郊四区332个社区的全面动态。涵盖了社区介绍、社区新闻、社区公告、社区风采、文明城市、平安建设、扶贫济困、就业招聘、组织机构、党务公开、居务公开、社区医务、社区警务、群众路线教育等14个方面工作。由各社区工作人员每天及时更新各类信息，确保社区频道做到信息及时准确、内容丰富、方便快捷。使市民了解到自己所在社区的工作动态和服务内容。

（四）查询中心

主要是实现了全市各类信息资源的共享共用，使得市民通过三维服务网就能查询到各类实用信息。查询中心共分为3大模块，共18类查询窗口，分别是实用信息查询，例如全市各街道、社区及市直各部门电话号码、药品价格、快递查询、考试成绩等；账户类查询可查到个人参保信息、公积金信息、车辆违章等账户类信息；知识库查询可查看10000余条政务类办事指南和政策法规的内容。

（五）呼叫中心

为了更好地让广大市民了解12345民情通服务热线工作，兰州三维服务网上专门开辟了12345民情通模块，根据不同的内容12345民情通模块共由6部分组成，分别是工作动态、数据统计、热点关注、优秀办件选登、制度建设和明星话务员。具体展现了12345服务热线每天的受理动态和热线集中反映的内容。

（六）百姓生活

含有家政服务、再生资源回收、易理财、便民支付、公共自行车、虚拟养老院、享游兰州、住房服务和三维商城9个生活服务大类。其中，家政服务模块是三维数字中心与市商务局协作，整合市内的9家家政企业的服务资源，并通过家政协会审核后进驻三维服务网平台，对市民提供保洁类、维修类、陪护类、育婴类等10项服务内容并实现网上预约，对服务价格、服务区域、服务热线、服务满意度进行公开公示，方便市民对家政服务企业进行自主选择。再生资源回收模块是兰州市再生资源回收公司通过三维服务网为市民提供网上废品收购服务；易理财和便民支付是兰州银行在三维服务网为市民提供网上支付交易服务；享游兰州是市旅游局在兰州三维服务网上开通的新窗口；虚拟养老院模块涉及近百家服务企业，为老年人提供服务。

（七）三维商城

为全面提升兰州市电子商务发展水平，加速新兴产业的发展和传统产业的转型发展，由兰州市三维数字社会服务管理中心和兰州银行合作搭建了三维商城。它是融商品销售、资金流转、信息流和物流为一体，为市民提供商品发布、在线购物交易、便捷支付结算、分期支付货款，有效解决"最后一公里"及100米物品配送的电子商务网上交易平台。

二　在公共服务领域取得的创新成果和亮点

（一）推动兰州市信息惠民各项工作取得实效

兰州三维服务网以电子政务、电子事务和电子商务为基础，为居民提供衣、食、住、行等多方面的生活服务信息，始终坚持"便民、利民、为民"的服务宗旨，为全市市民量身打造的一个提供衣、食、住、行等"零距离"的贴身服务平台。

1. 电子政务推动政府职能向服务型转变

在三维数字社会服务管理平台的基础上，兰州三维服务网进一步整合了全市现有各单项政务信息系统，依托全市统一的人口信息、地理信息和法人单位信息数据库，按照兰州市网格化城市管理工作的要求，以城市管理、环保、文明城市创建等六大重点工作为重点，建成市、区、部门、街道、社区五级统一的网格化政务信息系统和数据智能分析系统，进一步强化服务功能，提高政府各部门协作能力。同时，畅通信息的上报、下达和处理的流程，建成全市统一的政务网格化管理系统，通过为网格配备移动管理终端，规范网格内各类服务管理事件的上报和处理，及时处理各类苗头性、突发性事件，提升社会服务管理工作效率，提高兰州市市民满意度，为智慧兰州建设奠定坚实的基础。

2. 电子事务推动信息惠民各项工作真正落地

兰州三维服务网进一步完善了兰州市三维数字社会服务管理平台民情通呼叫服务系统、居民事务受理系统、在线办事系统、居民事务代理系统等方便群众办事的信息系统，并将系统功能拓展到微信、移动终端等新兴平台上，搭建起电话、网络、短信、微信、三维市民卡等平台，实现教育、医疗、养老等惠民信息的共享，拓宽居民办事的渠道，实现24小时不间断受理群众事务。同时，借助三维服务网回访、监督机制进一步规范为民办事程序，严格居民事务办理监督检查，保证居民事务按时限、按规定得到处理，并将办理情况及时予以公示，提高了政府透明度和公信力。

3. 电子商务推动兰州经济一体化及产业整合

依托三维数字社会服务管理系统，充分发挥政府监督、本地化服务优势，在三维服务网建设了一个为兰州市市民提供涉及衣、食、住、行等多方面商品交易的综合性三维电子商务平台，并力争将其打造成全国最具特色、西北最大的电子商务平台，实现网上在线订购和在线支付，使居民足不出户享受到购物、家政、养老等社区服务。

（二）促进了三维数字社会服务管理系统的推广应用

兰州三维服务网以三维数字社会服务管理系统为基础建设，通过三维服务网的上线运行以及大量数据统计，全市百姓的各项最真实需求源源不断地呈现出来，为三维数字社会服务管理系统模块更新提供最直接的依据。

1. 促使三维数字系统应用有了较大提升

根据兰州三维服务网业务办理真真切切获取的市民需求，三维数字社会服务管理系统进行了全面升级，从2.0版本升级到3.0版本，升级后的系统具备了更强的集成度、更高的融合度、更好的应用性和更高的安全性，通过不断整合将系统与百姓需求高度融合，提升了系统的实用性和适用性，实现了系统的平台化和标准化，达到了全国首创的领先水平，提高了品牌影响力，为全国推广应用奠定了坚实的基础。

2. 推动民生服务智慧应用不断落地

依托三维数字品牌优势，兰州三维服务网通过大力开展智慧医疗、智慧城管、智慧交通、智慧社区、智慧养老、智慧家庭、智慧教育等应用探索，促使各项智慧应用不断落地，多渠道为居民提供金融服务、缴费充值、快件自取、商品流通流程追溯和查询、网订店取、网络订票、预约上门、社区配送等一站式便民服务，进一步加大信息技术在民生服务和保障领域的应用力度，实现应用模式、技术模式和商业模式的创新突破。

3. 延伸全市各领域便民服务链条

兰州三维服务网采取多项措施，丰富服务形式，延伸服务链条，逐步使便民服务向农村延伸，与农牧部门结合，依托兰州三维服务电商平台建立农产品供求及价格发布平台，将信息网点延伸到村社农户；向旅游领域延伸，与旅游部门结合，可以为游客提供景点资源介绍、景区形象展示、区域交通信息、游程信息、天气询问、住宿咨询等服务。

（三）拓宽了兰州市信息惠民公共服务渠道

为进一步覆盖全市所有市民，兰州三维服务网积极拓宽便民服务渠道，结合兰州市信息化建设实际情况，多方调研，集思广益，创新工作模式，加快推进"互联网＋公共服务"，运用大数据、移动互联等现代信息技术提升了兰州市公共服务质量水平。

1. 拓展建设三维数字便民服务终端项目

为确保全市更多市民能享受到兰州三维服务网带来的便利，使社区老年人和不熟悉电脑操作的市民都能获得均等化的服务，准备在全市 3700 个物业小区建设三维数字便民服务终端一体机和便民服务站，方便市民通过终端一体机进行商品、火车（飞机）票、生活服务等内容的购买服务，通过便民服务站进行快递件的代寄、代收和投递等服务。

2. 积极建设兰州三维服务网专属电子商务物流平台

积极同联合快递、中国邮政等全国物流快递行业龙头企业合作建设兰州三维服务网专属电子商务物流平台，通过对物流优势资源的整合优化，建成三维服务网专属物流通道，确保兰州三维服务网的商品和各类服务能快速递送到市民家中。

3. 推出了兰州三维服务网移动端平台——三维城市手机 APP

面对移动终端用户迅速增长的发展趋势，兰州三维服务网适时推出了三维城市手机 APP。作为三维服务网服务市民的另一渠道，三维城市手机 APP 全面整合了全市政务、事务、商务，建成移动互联网应用平台，致力于为市民提供查询、缴费、预约、办理等便捷快速地移动端网上服务。目前，三维城市手机 APP 已涵盖全市与市民服务相关的交通、旅游、人社、民政、计生、房产、教育、医疗等 86 家单位（市级 36 家，县区级 40 家，物业小区 10 家）的 167 项业务，已具备 10 大类 146 项便民服务功能，可以为广大群众提供一系列公共便民服务，涉及政务应用、公用事业、公共交通、社会服务、智慧社区、旅游应用、医疗卫生、商务服务、新闻资讯、热门应用等十大领域，基本囊括了市民生活的方方面面。

兰州三维服务网自上线以来，网站运行情况良好。截至 2016 年 3 月 8 日，网站上线总量 1993738 次，服务总量 21780 件，其中查询中心 18390 件、百姓生活 1120 件、社区服务 2000 件、网上信访 270 件。兰州三维服务网提高了兰州市社会服务管理工作水平，促进了民生事业的发展，得到了国家、省、市各级领导的充分肯定和广大群众的广泛赞誉。

（兰州市大数据社会服务管理局）

第九篇
年度发布

王常松——吉林省高级人民法院院长、院党组书记

一 个人简历

王常松，1962 年 7 月生，安徽无为县人。1985 年 9 月加入中国共产党，1986 年北京大学法律系硕士研究生毕业，法学硕士学位。

1986～2004 年，审计署法规司干部、副处长、处长、司长助理、副司长、司长（其间，1987～1988 年，河南省审计厅挂职锻炼；1997～1998 年，广西扶绥县挂职副县长）。2004～2006 年，审计署驻昆明特派办党组书记特派员；2006～2008 年，审计署经贸审计司司长；2009 年，审计署企业审计司司长；2009 年，审计署法规司司长；2010～2011 年，中共松原市委副书记、松原市人民政府市长；2011～2013 年，中共松原市委书记、松原军分区党委第一书记；2013 年至现在，吉林省高级人民法院党组书记、院长。中国共产党第十八次全国代表大会代表，第十二届全国人

大代表，中国共产党吉林省第九、十届省委委员，吉林省第十一、十二届人大代表。

二 业务成果

"互联网＋司法服务"：吉林电子法院

近年来，中央和吉林省委高度重视"互联网＋电子政务"建设。为落实"互联网＋"行动计划，吉林高院结合全省实际，经过广泛深入调研、论证，制定《吉林省法院信息化建设总体规划方案》。2014 年 11 月，王常松院长随最高人民法院考察团访问韩国，受到韩国、美国、日本等国电子法院的启发，组织对电子法院可行性进行深入研究。多次召开相关法院意见征询会，并向全省法院下发调查问卷，到省工商银行、移动和联通公司等单位学习信息化建设经验，到最高法院汇报工作和接受指导，到北京高院等兄弟法院学习调研。经过四个多月的调研论证，最终确定了吉林电子法院建设的工作目标，即通过建设吉林电子法院把诉讼活动从线下搬到线上，实现全业务覆盖、全天候诉讼、全流程公开、全方位融合。2015 年 6 月 19 日，吉林电子法院正式开通上线。9 月 29 日，吉林省委政法委在省高院召开全省政法机关信息化建设现场会，总结推广吉林电子法院建设经验，巴音朝鲁书记做出重要批示对吉林电子法院给予充分肯定，该批示被最高人民法院转发全国法院。11 月 3 日，全国法院第三次信息化工

作会议在吉林高院以现场交流方式召开，将吉林电子法院作为"互联网＋司法服务"的典型案例向全国推广。2016 年"两会"期间，周强院长在最高人民法院工作报告中，对吉林电子法院在深化司法公开、推进阳光司法、方便群众诉讼方面的探索创新再次表示肯定。吉林电子法院为实现最高人民法院提出的 2017 年底建成具有中国特色人民法院信息化 3.0 版目标做出了积极探索。中央改革办把吉林电子法院入选 2015 年全国改革案例选编。电子法院还获得"2015 年政府网站网上办事精品栏目"奖。《中国法治蓝皮书 (2016)》中专题收录了《司法诉讼服务："吉林电子法院"分析》的专题调研文章。国家网信办、中国电子政务理事会也对吉林电子法院给予充分肯定，认为有突破、有创新、有效果，是互联网＋政务服务的典型案例。

吉林电子法院是一个面向当事人、社会公众和诉讼代理人的全程无纸化、全流程覆盖的网上诉讼服务平台。通过"互联网＋法院"的探索实践，把诉讼活动从线下搬到线上，极大地方便了群众诉讼，提高了法院办案质效，提升了司法公信。电子法院主要内容包括以下方面。

网上立案。当事人只需要在网上填写相关信息，系统能够自动生成起诉状等诉讼文书，当事人经实名认证后，便可进行立案申请。经在线法官同步审查符合规定的，系统自动生成案号及办案人，当事人可以通过网上支付方式交纳诉讼费，系统自动生成诉讼费交纳凭证。2015 年 8 月以来，全省法院网上立案超过 5.5 万件，其中民事一审 4.8 万件，约占同期全省受理民事一审案件的 1/3 以上。

网上审理。电子法院具有三方可视诉讼记录阅览功能，当事人、诉讼代理人提交给法院的诉讼文书、证据材料，法官向当事人送达的各类法律文书，可即时展示和办理，三方可视。云会议提供网上开庭、网上调解和远程接访功能。联系法官功能实现随时在线与法官联系，且公开透明。当事人在电子法院系统中提交阅卷申请后，通过验证即可以登录系统查阅电子卷宗。加强与公安、检察、监狱等政法机关互联互通平台建设，实现网上传输案件信息、远程提讯等功能。截至目前通过网上审理的案件超过 4.2 万件。

网上执行。电子法院实现了网上执行指挥、银行存款查控、执行款项扣划、网上拍卖、信用惩戒等功能，完善了网上执行流程管理、执行案件全景展示，实现网络"查人找物"一体化，提高执行实效。全省法院通过网络查控系统共查询案件 8 万多次，冻结金额 16.1 亿元。

网上信息公开。电子法院整合了裁判文书公开、审判流程信息公开、执行信息公开三大平台，通过动态获取审判信息，及时向社会公开。根据《中国法治发展报告 (2016)》公布的 2015 年度中国司法透明度指数评估结果，吉林省高院在全国 31 家高级人民法院排名中列第三位。

网上办公。开通了电子签章系统、公文处理系统和移动办案系统，为全体法官配备了移动办公终端，法官不论出差在外，还是下班回家，都可以进行网上办案、网上处理公文。

网上大数据分析。通过建设司法大数据库，实现了全省三级法院案件数据的自动生成和实时更新，并与吉林大学共同组建了"吉林省司法数据应用研究中心"，运用大数据及时为党委政府决策服务。

蒋文彪——国土资源部信息中心主任

一 个人简历

1983年8月至1986年8月，西南有色勘察设计院，任助理工程师。

1989年7月至1996年10月，中国土地勘测规划院，任工程师。

1996年11月至1999年5月，中国土地勘测规划院，任高级工程师、处长。

1999年6月至2001年11月，国土资源部信息中心，任副研究员、副总工程师。

2001年12月至2005年3月，国土资源部信息中心，任研究员、副总工程师。

2005年4月至2016年3月，国土资源部信息中心，任研究员、副主任。

2016年4月至今，国土资源部信息中心，任研究员，主任。

二 主要成就

在信息技术领域，把握国内外信息技术的研究方向和发展趋势，结合国土资源工作实际，研究提出国土资源信息化建设的总体思路、技术方法和实施策略。组织实施多项国家和部重点研究及重大工程项目，把3S技术广泛应用于国土资源调查评价和规划管理的各个环节，推动了技术发展与应用，促进了单位技术水平提高和科技人才培养。正在主持开展不动产登记信息管理基础平台建设。

主持完成国土资源信息元数据研究、全国国土资源政务管理与信息服务系统建设总体技术方案和数字土地数据库框架结构与标准研究等部重点研究项目。作为主要负责人之一，主持完成"重大行业3S应用示范——国土资源"国家863项目和国家耕地信息与监督系统建设国家专项项目。作为项目负责人之一，完成"金土工程一期建设"国家电子政务重点项目；同时，组织完成了国土资源"一张图"和国土资源部综合信息监管平台、全国1:50万土地利用数据库系统、全国矿业权信息系统、国土资源电子政务平台和多项专业技术标准等工程性及研究性项目。主持完成的项目获省部级科技进步奖一等奖2次，二等奖4次。

2002年入选首批国土资源部百名优秀青年科技人才，2006年获得"十五"国土资源科学技术先进个人称号。2007年获国务院政府特殊津贴。

钱晓晨——最高人民法院信息中心副主任

一 个人简介

钱晓晨，1968 年 8 月生，对外经济贸易大学法学博士，现任最高人民法院信息中心副主任。

二 工作业绩

在紧张和繁忙的 2015 年主要完成了以下几项工作。

一是建立健全运维保障体系，高质量完成了政法现场工作会等重要会议及接待的技术保障；全面启动质效型运维体系建设，制定相关规范、标准、手册；开展"法眼"可视化运维平台体系建设，系全国电子政务领域首创；进一步完善运维管理制度，建立统一服务平台、意见箱和 118 服务热线制度，充分发挥了信息化建设技术支撑和应用成效。

二是全方位拓展应用系统，实现基于中国审判流程公开网与全国地方法院审判流程公开系统全面贯通，完成新版裁判文书网、律师服务平台、最高法院英文网站建设，着力提升司法为民服务水平；推动全国法院司法协助管理平台、舆论引导案（事）件管理系统、申诉信访管理系统等系统建设，提升审判执行工作支持能力；建成人民法院内网网站、纪检监察应用系统、人事信息管理系统、联络工作管理平台等系统，全方位促进司法管理科学化，从而持续提升审判执行和司法为民信息化水平。

三是扎实推进基础设施建设，建成全国法院高清视频会议系统并实现集中管理，完成电子政务内外网的应用接入和使用，实现全国四级法院专网全面覆盖和互联互通，全面启动了开放公有云建设，从而为信息化应用快速发展创造必要条件。

此外，积极加强对外交流，宣传法院信息化取得的成就，为来院参观的国内外、港澳台来宾宣讲人民法院信息化建设情况 20 余场，取得良好效果；积极推进大数据研究工作，组建大数据研究小组，开展专题研究；积极推进信息化建设立法问题研究。

三 获奖感言

2016 年是人民法院信息化 3.0 版建设的关键一年，我将继续发扬去上工作的干劲和热情，和大家一道，奋力推进人民法院的信息化建设。

张永清——人力资源和社会保障部信息中心副主任

张永清，人力资源和社会保障部信息中心副主任，主要负责社会保障和公共服务等领域信息化工作。多年以来，致力推动社会保险管理信息系统的设计、开发和实施，研究推进人力资源社会保障公共服务信息系统建设，指导人力资源社会保障 12333、12370 电话咨询服务系统建设，组织人力资源和社会保障部门户网站、OA 系统建设。

人力资源和社会保障工作全部涉及人，大部分涉及民生。人力资源社会保障部高度重视信息化工作，落实"互联网＋人社行动"，实施信息化人社战略，大力推动社会保障卡发行和应用，积极推进业务系统和公共服务系统建设，推动系统省级集中和横向整合，加快跨地区业务系统建设，加强网络安全基础保障，实现全面信息化、全国一体化、全方位应用。2015 年，我们团队主要在社会保险信息化和人社公共服务信息化方面做了一些工作，取得了一些成绩。

机关事业养老保险信息系统建设全面推进。落实机关事业单位养老保险制度改革要求，组织机关事业养老保险信息系统建设。开发统一软件，实现综合柜员制、业务一体化、网厅一体化、查询多样化，指导地方推广使用，全面推进地方机关事业养老保险信息建设。到 2015 年底，全国 18 省已实现系统上线运行，在京中央机关事业养老保险信息系统建设也已进入最后测试阶段。

社会保险信息系统省级集中取得积极进展。在地市集中的基础上，顺应技术和业务的发展，推进社会保险信息系统省级集中。城乡居保系统和机关保系统等新建系统全部实现省级集中，城镇企业职工社会保险系统 14 个省实现省级集中。同时，推进横向整合，大多数地区城镇企业职工社会保险系统实现五险合一。社会保险系统的集中整合，有效支持了社会保险管理的精确、安全、方便。

社会保险跨地区应用系统建设取得明显成效。30 个省份建立省内异地就医直接结算系统，部分省份探索实现跨省就医直接结算，全国跨省就医直接结算系统正在加紧建设。异地居住人员待遇资格认证系统实现省级全覆盖，认证 56 万人，认证率达到 70%。29 个省接入社会保险待遇比对查询系统，提供查询 3150 万人次。28 个省份接入社会保险关系转移系统，业务量稳步增长，办理 77 万笔社会保险关系转移业务。跨地区应用系统的建设，推动各地社会保险信息共享和业务协同，实现"记录一生，服务一生，保障一生"。

医疗服务监控系统快速推广应用。推动各地运用大数据技术，夯实基础数据，拓展规则应用，丰富监控手段，健全监控体系，医疗服务监控系统日益完善，作用日益突出。29 个省份推广应用医疗服务监控系统，通过海量医保数据，分析发现疑似违规，调查核实处理问题，仅 2015 年上半年就追回违规资金 2.63 亿元。

12333 电话咨询服务基本实现地市覆

盖。在省级全覆盖的基础上，推动 12333 电话咨询服务向地市级覆盖，开通地市达 347 个，覆盖率 92.9%。发布电话咨询服务规范，推行满腔热情服务，年话务量超过 8000 万人次。创新服务渠道，发展自助语音服务，推进网上咨询、短信和移动咨询服务，实现多样化服务。通过实体化、规范化、多样化发展，12333 电话联通了群众与人社部门的沟通渠道，方便群众了解政策信息、维护合法权益，已经成为人社部门的重要服务品牌，名副其实的人社好声音。

人力资源社会保障公共服务信息化加速发展。推动建立统一的公共服务平台，集中认证，整合服务资源，加强信息服务能力。大厅服务，优化流程，积极推行综合柜员制，不断改善用户体验。建设网上服务大厅，大力推行网上服务。创新服务形式，积极推动移动客户端、自助终端服务，实现多渠道、标准化、全业务的服务。

事业在发展，技术在进步，人力资源社会保障信息化建设永远在路上。我们将把握机遇，顺应要求，开拓创新，加倍努力，落实"互联网＋人社行动"，践行信息化人社战略，全面提高人力资源社会保障信息化水平。

赵国际——国家税务总局电子税务管理中心副主任

总局电子税务管理中心副主任。

二 学术成果

赵国际同志长期从事信息化建设工作，并取得丰硕的研究成果。作为主要骨干参与完成国家"863"高科技项目攻关，研究开发《高可靠性的全计算机化分布式网络控制系统》，获国家"八五"科技攻关重大科技成果奖；作为主要骨干参加国家"七五"科技攻关项目，对当时国内唯一的核电站模拟器进行了计算机升级和性能提高，获核工业部科技进步二等奖；作为主要骨干参与完成《东南沿海指挥自动化系统作战效能评估》全军重大课题研究，研究成果分别获国家科学技术进步二等奖、军队科学技术进步一等奖。

主持完成《国务院信息化工作办公室 2005 年工作总结和 2006 年工作要点》等重要文件的起草。组织完成《金税工程（三

一 个人简介

赵国际，1958 年 11 月生，1991 年清华大学核能技术设计研究院计算机应用及模拟仿真专业的硕士研究生毕业，1995 年清华大学计算机应用及信息控制专业博士研究生毕业，曾在北京军区通信部、总参通信部指挥自动化局、全军信息化工作办公室、国务院信息化工作办公室工作过，现任国家税务

期）初步设计方案》中安全体系以及身份认证系统等相关内容设计及编写工作。参与完成《国家信息化"九五"规划和2010年发展纲要》的研究和起草。参与国家重大专项《区域综合电子信息系统》的总体立项论证工作，为启动该专项提供了依据。参与国务院信息办组织的《中国信息化》专著撰写，负责完成"信息化与国防现代化"等相关内容编写。与中央党校合作组织"信息化与电子政务"专业本科班，并组织完成了《信息化基本知识》、《电子政务发展概况》、《电子政务理论与技术》、《企业信息化与电子商务》等相关教材的编写。

三 业务成果

赵国际同志长期从事电子政务系统建设，主持完成了金税工程（三期）部分重点项目、税务电子证书认证系统、国家税务总局数据中心建设、税务系统运维平台等一系列重点工程建设。

组织推进金税工程（三期）部分重点项目建设。组织金税三期安全体系以及身份认证项目的推进实施工作；组织协调金税三期计算存储项目日常设备资源的维护保障工作；组织协调视频会议系统、区县级网络、网络管理监控平台、互联网纳税服务网络平台及外部信息交换网络平台等项目的实施工作；参与协调组织金税三期工程广域网项目建设中实施阶段的建设；组织建设金税三期工程数据中心（北京）机房等工作。通过以上工作的完成，为金税三期顺利上线发挥了重要作用。

组织完成税务系统网络与信息安全防护体系建设，为强化形成系统安全体系奠定了基础。开展税务系统信息安全检查、风险评估、等级保护、信息安全通报等工作，并受到国家网络与信息安全领导小组办公室的通报表彰。组织完成了简易身份认证系统建设，实现供税务总局机关使用的身份认证系统。部署外部交换系统、证书签名验签系统，保证外部门信息交换统一接口、规范。

组织完成税务总局运维管理平台（第一阶段）建设，实现了运维管理系统的统一规划，实施了运维呼叫服务系统、工单管理系统、配置库管理系统和知识库管理系统的建设，提升全国税务系统运维工作的质量水平，促进运维模式由被动防御向主动防御方向转变。组织完成税务总局综合监控平台建设，实现了机房物理环境监控的统一整合。推进金税工程纳税人技术服务网建设，依托总局呼叫中心等多种运维方式，向全国纳税人提供总局统推应用系统纳税人端软件的远程技术支持服务。组织建立税务系统基础设施档案系统，并完善配套管理措施制度，形成了总局统一管理和监控的基线。强化落实全国备份数据恢复验证工作在全国税务系统的全面开展，以及在广东数据中心实施异地恢复验证。

组织完成行政办公类应用系统开发。组织完成综合办公系统全国推广工作，有力推进了办公系统的信息化建设。组织开发人事考核及廉政网上测评系统，实现对总局机关全体干部、国税系统厅级以上干部以及新录用的公务员全面覆盖。组织完成财务软件实有资金监管功能开发，满足了国税系统实有资金监管的需求。组织完成领军人才选拔报名培养管理信息系统的开发及上线工作。组织完成廉政之窗网站、领军人才网站的安全检查和整改。组织开发机关服务中心人事管理系统，为提升机关后勤信息化应用水平。科学筹划做好行政类应用系统建设，有力保障行政管理系统高效运行。

组织协调完成好数据分析管理工作。组织开发数据质量监控平台及内部审计软件，实现对税收数据质量进行全方位监控和业务审计。组织与中机中心农用车合格证信息共享和数据交换，完善了对机动车合格证信息的管理。完成了"国家法人单位信息资源库"建设准备工作。组织开展了总局集中数据向南海的备份工作，实现将税务总局已集中的业务系统数据向南海技术支持中心备份，确保了数据级容灾的需要。

黄泽刚——北京市委市政府信息中心主任

黄泽刚，1965 年生，高级工程师。现任北京市委、政府信息中心主任。

1987 年 7 月至 1993 年 9 月，在北京 618 厂工艺所计算机室工作，参与编写的《兵器行业企业管理系统标准代码体系表》获兵器工业总公司科技进步二等奖，完成了《北京 618 厂产品成本核算/产品报价系统》的开发等任务。

1993 年 10 月至现在，在北京市委市政府信息中心工作，历任信息中心网络系统组组长、副主任、常务副主任、主任。

1993 年至 1998 年 12 月，在任网络系统组组长期间，协助信息中心主任开展网络管理、系统维护和终端设备维修等工作，由于工作积极、踏实肯干，多次被评为北京市政府办公厅先进工作者和优秀共产党员。

1997 年 5 月至 1998 年 3 月，作为北京市优秀青年科技代表赴日研修团团长，很好地完成在日研修和代表团的管理任务。

1998 年 7 月，在北京市委市政府信息中心系统维修维护、系统性能优化和系统安全性方面做了大量工作，还起草了近 20 个管理制度和操作规范，保证了系统高效、安全地正常运行，使系统的经济效益和社会效益得到了充分的发挥。为此，北京市委市政府信息中心获得了"周培源第四届 HP 奖用金维护管理集体三等奖"（部级）。

1999 年 1 月至 2004 年 11 月，任北京市委市政府信息中心副主任，分管北京市委、市政府机关办公网络系统的规划、建设、管理和维护工作。先后组织实施了北京市委、市政府机关办公网络系统建设工程，北京市委、市政府机关办公网络管理与信息安全管理系统建设工程，北京市政府信息资源与办公业务网络系统建设工程，北京市政务信息电子邮件系统，北京市委、市政府食堂 IC 卡系统等。

2004 年 12 月至 2008 年 6 月，任北京市委市政府信息中心常务副主任（正处级），负责信息中心日常管理工作，主抓网络系统建设、管理维护和应用系统开发工作。组织完成了国家电子政务试点示范工程北京市政府承担课题的实施任务，建立了北京市政府网络安全支撑平台和应用支撑平台，组织开发了北京市党政办公业务网门户网站、北京市委市政府领导办公服务系统，组织完成了机要文件智能交换系统建设，升级改造了公文管理系统、值班管理系统、会议管理系统、督查管理系统、信息管理系统、人大代表建议提案办理信息管理系统和档案管理系统等办公业务系统；组织完成了北京市委、市政府机关网络全面改造工作，包括网络综合布线、网络系统集成和网络安全管理系统建设三大任务，达到了综合布线系统完善，网络系统高速可靠，网络安全设施齐备，办公内网符合涉秘网规范要求的建设目标，建立了网络管理、网络安全管理、终端管理和存储备份统一的综合运维管理平台，制定了较为完备的管理制度。

2008 年 6 月至 2012 年 3 月，任市委市政府信息中心主任，负责市委、市政府信息中心全面工作。组织起草了《市委市政府机关信息化建设三年规划（2008～2010)》、《市委市政府机关信息化建设总体方案》、《市委市政府机关网络安全保障体系建设方案》，并负责规划的具体实施工作。完成了市委中心机房改造、市政府办公厅应用系统整合和市委办公厅、市政府办公厅涉密应用系统测评整改等 40 余个重点项目的建设任务。在抓好规划落实的同时，围绕市委、市政府中心任务，积极做好服务保障工作。2008 年，完成了奥运城市运行联合指挥平台建设和保障任务，市委市政府信息中心被评为北京市信息化系统"奥运政务信息安全保障先进单位"和市政府办公厅"奥运会、残奥会先进单位"。2009 年，参与国庆调度中心、甲流办指挥平台的建设和保障工作，为国庆 60 周年和甲流防控调度指挥提供了先进的、完备的信息化支撑平台。2010 年，完成了市委周转办公用房的网络系统建设和市委网络迁移工作。另外，开展了《市委市政府机关信息化建设"十二五"规划》课题研究，取得重要成果，参与实施国家"核高基"项目"基于国产中间件的

信息化运维管理平台研究与示范工程"，达到了预期目标。

2012 年 4 月至现在，任北京市密码管理局总工程师，兼北京市委市政府信息中心主任和北京市委基建办公室信息化建设部部长，负责市委办公大楼改造工程信息化建设项目的统筹组织工作。该工程为北京市重点工程，科技含量高，覆盖领域广，施工难度大。通过精心设计，合理组织，狠抓质量，严控成本等一系列措施，克服人员少，工期紧，施工队伍多，管理难度大等不利因素，按期高质量地完成了北京市委办公大楼信息化建设工程，为领导决策指挥、机关高效办公和机关事务科学管理提供了一流的信息化基础设施，达到了全国党政机关领先水平。特别是为了满足北京市委、市政府信息化发展的需要，统筹规划、统一建设了虚拟化数据中心和应用支撑平台等基础设施，实现了用户从传统模式向桌面虚拟化模式的转变，业务应用从资源独占模式向资源共享模式的转变，实现了计算资源、通信资源与存储资源的统一管理、按需分配、绿色节能和可靠运行，有效降低了运维与安全管理成本，为大数据、云计算等前沿信息技术在电子政务内网中的应用探索出了一条新路。

通过在北京市委市政府信息中心 23 年的工作，我对电子政务工作有了较为深刻的认识，在网络和安全基础设施规划、建设、管理、维护，以及应用系统的总体设计、项目组织、资源整合等方面，都积累了丰富的工作经验。本着为领导决策服务，为提高机关办公质量和办公效率服务，为基层单位和广大市民服务的信息化建设指导思想，我将积极推动北京市委、市政府的电子政务工作，为北京市信息化建设做出新的贡献。

刘勇祥——上海市电子政务办副主任

刘勇祥，毕业于江南大学，公共管理硕士。目前担任上海市电子政务办副主任。主要负责年度上海市电子政务投资项目的预审、市政府网上政务大厅的协调推进、无纸化应用、电子政务云建设、数据共享开放以及其他电子政务重大专项工作的督查落实。刘勇祥同志对电子政务理论和实践有较深的理解。2003年，他牵头开发了国内首个基于互联网的人大代表建议批评意见办理系统。2004年，他参与了国内首个省级政府信息公开平台设计，他撰写的《政府信息公开制度比较研究》得到广泛引用。2009年，他参与了上海市电子政务组织架构设计。2011年，他参与了"12345市民服务热线"建设方案的起草调研。2015年，他参与设计上海市网上政务大厅的建设方案。在上海市电子政务发展建设过程中，他积极参与多项重大课题的调研和论证，主动向上级领导建言献策，并与相关部门形成较好的工作互动，为提升电子政务对经济社会发展的支撑和促进方面做出了一定贡献。

刘惠军——青岛市政府副秘书长、
青岛市电子政务和信息资源管理办公室主任

刘惠军，青岛市政府副秘书长、青岛市电子政务和信息资源管理办公室主任，1982年毕业于中国海洋大学，高级工程师。历任市委办公厅信息处处长、秘书处处长，市委办公厅副局级秘书兼秘书处处长，市委市政府计算机中心副主任、主任，市委副秘书长，办公厅党组成员。曾获"青岛市劳动模范"、"中国政府部门CIO年度人物"、全国"政府信息化十大创新人物"和全国"电子政务领军人物"等称号。

刘惠军致力于电子政务研究、开发和推进工作20多年。早期曾组织和从事办公自动化、管理信息和辅助决策系统开发，并获青岛市科技进步二等奖。1997～2000年主持青岛市宏观决策和办公信息网络系统（金宏工程）规划和建设，其间组织建成了国内第一个严格意义上的政府门户网站——青岛政务网。2000年以后，主持国家重大科技专项——电子政务试点示范工程（青岛项目）和青岛市电子政务工程总体规划并组织实施，建成了完善的电子政务"686"技术体系，并围绕党委和政府的决策、执行、监管和公共服务职能以及保障公众的知情权、参与权、表达权、监督权等重大问题，以基础设施共享服务（Infrastructure Sharing Services）、平台共享服务（Platform Sharing Services）、应用共享服务（Application Sharing Services）、数据共享服务（Date Sharing Services）模式，有计划、成体系、大规模组织推进各个领域的电子政务应用，形成了集约化的电子政务发展模式，被业界誉为"青岛模式"，取得了低投入建设、大规模应用、低成本运行、高质量服务的成效。目前，青岛市各部门2000多个业务信息化系统已整合到全市统一的电子政务云公共服务平台。市级机关电子政务总体整合度达87.1%，其中网络整合度达95.6%，机房和服务器整合度达84.5%，应用系统整合度达91.6%，网站整合度达55.9%。网上审批、网上执法、网上办事服务、信息公开、政民沟通、电子监察、移动办公、信息采集交换共享等全市统一的应用系统也先后上线运行。自然人、法人、空间地理、统计、档案等基础共享数据库已基本建成。电子政务发展中的"资金黑洞"、"信息孤岛"、"业务割据"等问题得到了有效遏制，为实现网络环境下的"一体化政府"和"一站式服务"创造了非常好的条件。2012年，"青岛模式"入选国家信息中心主编的《中国电子政务十年（2002～2012）》地方典型经验与发展模式篇。在全国政府门户网站绩效评估中，青岛政务网连续13年名列前五，其中7年荣获第一。

黄长清——武汉市互联网信息办公室（武汉市网络安全和信息化领导小组办公室）主任

黄长清，研究生学历，经济学硕士，高级经济师，武汉市互联网信息办公室（武汉市网络安全和信息化领导小组办公室）主任兼中共武汉市委宣传部副部长。历任武汉市政府办公厅处长、武汉市广播电影电视局（总台）副局长（副台长）、武汉市信息产业办公室主任、党组书记等，华中科技大学兼职教授，中国信息化专家库、中国信息化专家智库专家，中国信息协会大数据分会专家委员会委员。

作为武汉市主管城市信息化建设和信息产业发展的部门负责人，黄长清同志抢抓大数据发展机遇，在全国同类城市超前研究和部署大数据发展战略。主持编撰出版的《智慧武汉》被业内专家誉为"丰富了智慧城市建设的思想宝库"，其倡导的"顶层设计、应用落地，需求导向、示范推进"智慧城市建设模式被专家、媒体誉为"武汉模式"。组织研究制定《关于我市实施大数据发展战略的初步意见和构想》，主持编制并推动出台《武汉市人民政府关于加快大数据推广应用促进大数据产业发展的意见》和《武汉市大数据产业发展行动计划（2014~2018年）》等文件，提出构建"2+8+N"的武汉大数据发展格局，围绕创新大数据应用和发展大数据产业开展示范试点。同时，应用大数据概念编制完成了《武汉智慧政务建设规划》和云计算中心顶层设计及实施方案，并以建设市财源信息平台为抓手，全面启动了市政务云（数据中心）建设。武汉市正在形成依托市政务云（数据中心）总平台，向下延伸构建政务服务云平台、市民融合服务云平台、企业综合服务云平台以及政府公开数据库的"1+3+1+N"架构。

黄长清同志曾多次受邀参加"巴塞罗那世界智慧城市博览会"（欧洲能源委员会、世界智慧城市协会主办）、"世界城市论坛"（国家对外友协主办）、"中国智慧城市论坛"（第九、十届全国人大常委会副委员长成思危任主席），"感知城市　智慧未来　智慧城市建设论坛"（中国电子学会主办）等国内外重要智慧城市研究活动和论坛，并担任主题演讲嘉宾，与中国工程院原常务副院长邬贺铨院士、李德仁院士等国内外知名学者同台演讲，具有较为丰富的智慧城市理论研究和实践经验。先后被国家多个协会和论坛授予"中国智慧城市建设领军人物"、"电子政务领军人物"、"中国智慧城市推动年度人物"等荣誉。在2016年2月举办的武汉市绩效管理和干部考评工作会议上，被评为2015年度武汉市履职尽责、干事创业先进个人，接受市委、市政府隆重表彰，并在市委书记讲话中得到特别表扬。

2015年7月，武汉吹响"创新集结号"，全面启动"互联网+"行动计划，肩

负网络内容、应用、设施、安全和产业发展职能于一身的武汉市互联网信息办公室责无旁贷、勇当先锋，"班长"黄长清带领网信一班人激情燃烧、奋力奔跑，用实际行动把市委提出的"不能输"的誓言落在实处。按照市委、市政府决策部署，他开始超前谋划，即使身在国外也彻夜草拟材料，将互联网"共享、开放、包容、跨界"等特点与武汉产业优势结合，提出智慧制造、互联网金融等11项产业创新工程，技术创新和硬件突破等7项跨界创新行动，并以应用为导向设计2015年11个重点项目，即武汉市"推进'互联网+11711'行动计划"，掀开了武汉市深化智慧城市建设，拥抱互联网时代的新篇章。

黄长清将创新思想贯穿于"云端武汉"系列工程，并以"抓铁有痕"的精神落实工作。"信息孤岛"一直是长期阻滞我市经济和社会发展的痼疾，没有数据的共享和开放，云计算、大数据等新技术和产业发展将是无源之水、无本之木。黄长清亲自策划、一线指挥，面对采用新技术路径可能失败被问责的风险，顶着重重阻力，经过反复论证和多个彻夜不眠，在全国首创"虚拟化、分布式、软件定义"的政务云架构和建设模式，仅用投资500余万元，全面建成"云端武汉·政务"云平台，政府数据共享开放工作破冰并进入良性循环。在实施"全市重点区域公益免费WIFI全覆盖工程"中，他创造性地采用政府购买服务PPP方法，创新城市公共信息化项目建设模式，积极为转变政府职能闯新路；在建设"云端武汉·一卡通"时，他创新集成"社保卡"+小额支付+公共交通+全市160多个政务和公共服务等功能，成为全国首创全功能、双界面、城市居民一卡通的"社保卡"；在建设"云端武汉·市民"、"云端武汉·企业"政府服务云平台时，他创造性地运用互联网"免费模式"，有效整合政府部门和汉口银

行资源，市财政不花一分钱，实现政府、企业、市民多赢。全市网信工作再次荣获全国"智慧城市产业领军城市"和"推进智慧城市建设先进单位"。

武汉互联网企业历来多而不强，随着"盛天网络"在 A 股成功上市，武汉开始朝着互联网产业强市高歌猛进。"培育重大项目、壮大领军企业"成为黄长清抓好互联网产业的第一目标，他带领网信一班人积极跟踪推进联想武汉产业基地、武汉天马 6 代线、华星光电 6 代线、华为武汉研发中心、武汉新芯国家存储器产业基地等重大项目建设，多次深入项目现场调研协调，多次赴京争取相关部委支持，积极争取国家存储器产业基地落户武汉，目前项目已获得国家有关部委的签批，正在进行会签。项目落地投产后将极大促进我市集成电路产业的发展，并有效带动我市信息产业升级。他还组织协调有关银行提供数亿元企业贷款的授信额度，帮助中小型软件企业解决融资难的问题，通过信用担保的方式，武汉佰钧成、同步远方、华信数据、天罡信息、瑞得软件、丰天信息等企业获得了银行 300 万～2000 万元额度的贷款支持。

黄长清发挥桥梁作用，2015 年成功将中润普达公司引进武汉，并与市属媒体集团成立九派新媒体公司；制订《武汉市大数据企业认定管理暂行办法》，设立的长江大数据交易所、东湖大数据交易中心、武汉集成电路 IP 交易中心不到一年已取得可喜成绩，助力"互联网＋"产业发展的武汉市"互联网＋"产业发展引导基金也正在筹建中。根据最新统计数据，2015 年武汉市电子信息产业完成工业总产值 3215.8 亿元，同比增长 14.3%，已成为全市第一大产业。其中，软件业务收入 1010.2 亿元，首次突破千亿大关，同比增长 19.9%。

胡志光——深圳市中级人民法院副院长

一　个人简历

胡志光，现任深圳市中级人民法院副院长，党组成员。1987 年参加工作，曾任深圳市中级人民法院督导室主任、办公室主任、执行局局长。工作期间多次参与课题调研和发表相关论文，2012 年完成广东省高级人民法院重点调研课题《关于完善执行监督机制的调研——以执行监督权之配置运行为视角》和硕士论文《资源整合，因势利导——深圳中院法院查控网的探索与实践》。2013 年完成全省法院优秀调研成果《关于执行权运行机制改革的调研》。2014

年在市委党校授课《从"建什么"到"怎么建"——从"鹰眼查控网"中寻找基层司法改革的方法论》。2015年完成《基本解决执行难评估报告——以深圳中院为样本》书稿，《深圳法院执行案例》书稿。

二　主要业绩

胡志光同志在办公室、执行局以及担任副院长工作期间，负责信息化建设相关工作，在他的带领下，深圳法院的信息化建设工作取得显著成效。

高度重视顶层设计和标准建设工作，2007年间，牵头起草了《深圳法院信息化建设三年规划》，成为指导深圳法院信息化建设的重要依据。

建设鹰眼查控网破解执行难，2010年开始，负责统筹规划"鹰眼查控网"工程，这是全国首家涉案财产查控司法协同"互联网＋"平台。鹰眼查控网的创建、运行，为解决执行难提供巨大助推，这是深圳在全国首创的通过网络与各联动、协助单位互动，对被执行人及其财产进行查询和控制的信息化工作平台，也是深圳市中级人民法院近年来最有示范效应的改革，对于提升司法公信力具有重要意义。

推动深圳中院指挥中心建设。2011年，负责规划深圳法院指挥中心项目的建设，加强了法院对突发事件的事前预防、事发应对、事中处置能力，提高了执法能力，提升了决策支持水平，提高了司法工作效率和质量，为领导的业务督导、应急指挥和决策分析提供了完备的技术支持。

推动全市法院数字法庭建设。2006～2009年，在担任办公室主任期间，负责规划全市法院数字法庭的建设，其间，全市七家法院全部建设了数字法庭，同时，深圳中院建设了数字法庭统一管理平台，实现了全市法院数字法庭的统一直播点播。

张肃斌——甘肃省林业厅党组成员、副厅长

张肃斌，中共党员，1976年10月参加工作。现任甘肃省林业厅党组成员、副厅长。2011年甘肃省林业厅启动了林业信息化建设，张肃斌副厅长分管信息化工作，拉开了甘肃林业信息化建设的大幕。

在张肃斌的领导下，甘肃省林业厅成立了厅信息化管理办公室和全省林业信息化管理体系；组织领导了"甘肃林业"网站群建设，网站浏览量累计超过800万人次，影响力日益扩大；建成了"甘肃林业办公网"，实现了公文电子传输和无纸化办公，甘肃林业电子政务水平有效提升；实施了"全省森林资源管理系统"、"全省林业项目资金管理系统"等信息化应用建设，业务应用不断突破；开展了网络信息安全等级评定，实现了网络安全运行；甘肃各地方信息

化建设也亮点频出，省林业工作站管理局上线了自动化办公系统、甘肃林果网，祁连山保护局开展了森林资源数据库系统、协同办公系统建设，莲花山保护局启动了无人机林区监测项目，兴隆山、连古城等单位资源和生态监测系统日益成熟。

在张肃斌的带领下，甘肃林业信息化在认识上不断提高，将林业信息化作为"一把手"工程全力推进；在建设上不断深入，全省林业信息化基础设施日臻完善；在应用上不断突破，电子政务和业务应用系统日益丰富；在管理上日趋成熟，全省信息化管理网络能效显著。在张肃斌的努力下，甘肃林业信息化从一张白纸进入了持续快速稳定发展的新局面。

2013、2015年张肃斌代表甘肃省分别在第三、第四届全国林业信息化工作会议上做了发言，向全国介绍了甘肃林业信息化发展的典型经验和先进理念。甘肃省林业厅连续2次被评为"全国林业信息化建设十佳单位"，连续4次被评为"全国林业十佳网站"。

张春晖——黑龙江省国土资源信息中心主任

张春晖，黑龙江省国土资源信息中心主任。多次获省级科技进步奖、地厅级科技进步奖、中国信息化成果奖、中国测绘学会优秀测绘工程奖。在各种刊物上发表多篇论文。先后主持完成了《国土资源"一张图"及核心数据库》、《全省国土资源高清视频会议系统》等项目的建设工作。2007年由国家外国专家局公派到美国密歇根州立大学土木工程与环境学院作高级访问学者。2008年入选国土资源部科技创新人才工程"青年科技骨干"，黑龙江省政府津贴获得者，中国信息协会CIO分会会员。

张春晖主任通过多年的研究与实践，能够准确把握国土资源管理信息化的发展方向，深入研究国土资源管理信息化建设的战略规划和关键技术。工作中勇于创新，敢于实践，率先提出了全省国土系统集群式网站建设和全省国土系统集群式信息化队伍建设的工作思路，已经建成的全省150家国土资源门户网站群，为国家节省资金300余万元，取得了较大的经济效益和社会效益。目前正在开展"互联网+"和国土资源大数据方面研究工作。

张春晖主任20年来一直在原省土地局和现国土资源厅系统从事国土资源调查评价、国土资源管理和对外服务领域信息化建设工作，具有扎实的理论功底、丰富的实践经验和很强的解决问题能力，对本专业领域的有关前沿理论及相关技术在国内外同行业中的应用情况有深入的了解和研究，具有较高的造诣，在省内外有很高的知名度。工作中能够结合国土资源管理与保护的实际情况，把计算机专业知识与国土系统内的各项工作有机结合起来，为国土资源部门参与宏观调控、为保耕地促发展、为国土资源的合理开发利用和保护提供了科技支撑和信息服务。

戴辉——北京国税局信息中心主任

一　个人简历

戴辉，1959 年 9 月生，党员，毕业于人民大学世界经济专业，经济学硕士。现任北京市国家税务局（简称北京国税局）征管与科技发展处处长、北京国税局信息中心主任。主要负责组织落实综合性税收征管法律法规、部门规章及规范性文件并研究提出专业化征收管理和税收征管规程完善的建议；组织实施税收征管数据管理和应用办法、综合性纳税评估办法及北京国税局的风险分析监控工作；负责组织落实北京国税局税收管理信息化建设规划、方案、制度，技术服务支持及保障，技术基础设施建设管理与运维；网络与信息安全管理；负责组织实施本系统信息技术体系建设和监督、验收；承担税收管理信息化建设项目立项、技术标准、业务需求、资金使用等方面的管理工作；承担税收管理信息化制度建设和监督检查等工作。

二　学术成果

2013 年组织编写《探索发现科学的建设机制　提升税务风险管理建模效率》、《税收征管系统 CTAIS 系统 EJB 接口效率分析的技术实践》、《北京国税局论文管理平台研究和实践》，分别获全国税务信息化论文评选二等奖、三等奖、优秀奖；2015 年组织并参与编写《北京市国家税务局移动终端安全调研报告》，主要从安全角度探讨北京国税局移动办公系统的方案。

三　业务成果

2015 年戴辉同志主持并参与了优化税收征管体系、"互联网 + 税务"、金三工程建设和深化税收征管改革等四个板块的工作。围绕征管改革重点，将业务能力、技术能力、北京国税的征管和信息化建设的现状相结合，顾及现实与长远，充分做好了加速实现税收现代化的准备，在全国税务系统中站在第一集团的前列。主要业务成果如下。

（一）关于优化税收征管体系

北京市国家税务局所辖开业登记纳税人，以年均 12.82% 的速度递增，截至目前已近 130 万户，随着办税服务厅窗口工作压力不断加大，纳税服务体验和税收征管效率急需提升。优化税收征管体系是北京国税破解征管难题、落实简政放权，提升纳税服务，成为实现税收现代化的必然选择。2015

年初，北京国税局以《纳税服务规范2.1》为基础，历时8个月完成了15个重点优化项目，包括网上发票验旧、所得税优惠备案、网上税务登记变更、网上简易行政处罚、一般纳税人网上登记、增值税网上备案、"票e送"、车购税前置征收等，占办税服务厅窗口受理量约47%。

亮点之一："票e送"。"票e送"依托互联网技术，全流程实现了信息化和自动化。纳税人网上申领发票后，系统自动处理订单，自动触发物流配送，并且全流程跟踪监控，确保了发票安全、及时送达纳税人。最大特色，税务干部零操作，提供365×24小时不间断服务。

亮点之二：车辆购置税纳税申报前置系统。北京国税局将现有车购税征收模式进行改革，采用互联网、税库银以及北京国税内网结合的系统架构。把车辆购置税纳税申报直接部署在售车企业（4S店），税款通过POS终端刷卡自动及时进入国库；征税信息通过互联网、北京国税的防火墙进入车购税系统以及税收征管系统。此过程不需要纳税人在系统中录入任何信息，有效地保障了税款的正确和入库及时。

亮点之三：所得税事项网上办理。2015年，北京国税局实现了所得税税收优惠备案网上办理，纳税人可在网上完成税收优惠备案事项、税收优惠批准事项、批（核）准事项、年度申报附送资料、其他备案事项、认定事项等共90项业务电子资料报送手续，无须再报送纸质资料。

优化征管体系的工作取得了一定的成绩，得到了纳税人和区局税务人的点赞。着重解决纳税人的堵点、税务人的痛点、征管工作的难点问题，是一次税收业务与信息技术高度融合的尝试，实现了北京国税全市办税服务厅工作量减少80%、办税服务厅干部减少50%，达到人力资源与征管资源最优配置的目标。

（二）电子税务局建设

电子税务局项目作为北京国税的互联网改造的开端，积极落实总局的"互联网+税务"行动计划，将"互联网+"的思想与税务系统的IT架构紧密结合，与具有成熟的互联网平台产品和有丰富经验的阿里巴巴企业积极开展合作，采用先进成熟的阿里云平台，包括面向企业应用的IaaS和PaaS层的强大的平台层及相关产品的支持，架构上采用阿里云平台针对企业用户推荐的分布式服务治理架构。北京国税电子税务局项目总体规划分为三个阶段，第一阶段已完成，主要包括一是将现有发票查询功能，采用互联网架构和微服务理念进行改造，提高了系统的可用性。二是建设纳税人网，以纳税人的视角，开发"我的税务局"，实现纳税人基础信息查询、更新和管理，网上办理涉税事项和办理进度查询、信息订阅等服务，以"G2C"方式建立税务机关和纳税人之间的沟通渠道。

（三）北京国税局数据仓库建设项目

北京国税数据仓库建设工作于2015年5月正式启动。截至2015年底，数据仓库已覆盖税收征管系统、防伪税控系统、电子底账系统等7个税收征管核心系统的数据，存储数据量达20多亿条，初步建立起了税收数据立方体。为更好地应用、展现数据仓库中的数据价值，在数据立方体的基础上，又搭建了全景一户式显示平台、数据质量管理平台、情报分析平台和数据资产管理平台等四个税收应用系统。数据仓库的建成有效整合了不同系统，打破区域界线进行数据挖掘，为北京国税局各级税收干部提供多角度、全方位的数据使用体验，彰显了税收数据的价值，成为北京国税初体验大数据应用的一道亮丽的风景线。

梁文谦——广州市人民政府政务管理办公室电子政务处处长

一 个人简介

梁文谦，1997年毕业于暨南大学计算机科技系软件专业，毕业后就职广州市城市建设信息中心，主要从事广州市城市建设信息化建设与管理方面工作，参与或负责建设系统电子政务软件的开发应用；主持"12319城管投诉服务中心"、"城市建设管理监控指挥中心"、"建设工程平安卡"等工程的建设；主持了国家"十五"科技攻关计划"城市规划、建设、管理与服务数字化工程"项目的"城市数字化示范应用工程研究"课题"广州市建筑行业电子政务系统"示范专题验收（获评优），建设部"广州市建设委员会行政办公与服务一体化系统"科研项目并验收（获建设部华夏奖三等奖）。

2009年12月，调任原广州市政务信息技术中心（现广州市电子政务服务中心）主任，负责广州市政务服务电子政务建设与管理，负责广州市网上办事大厅等全市政务服务信息化项目建设与管理工作，重点协调市各级部门与各区行政审批业务协同，提高审批效率，推进网上办事应用服务，方便群众办事。

2015年11月至今，担任广州市人民政府政务管理办公室电子政务处处长，兼任广州市电子政务服务中心（挂市政府门户网站编辑部牌子）主任，负责全市电子政务顶层规划设计、统筹协调，实施推进、推广应用。重点推进广州市"五个一"社会治理政府公共服务平台策划、建设和管理工作。

二 主要业绩

主持广州市政务信息化顶层规划工作。基于个人多年工作积淀和广州市政务服务信息化发展现状，创新提出广州市"五个一"社会治理政府公共服务平台思路及方案，获市委、市政府审定通过并印发，成为"十三五"期间广州市电子政务建设重要的工作指引之一。

主持广州市"五个一"信息化平台顶层架构及系统设计，协调推进平台建设，打造一卡通行（市民卡）、一号接通（12345政府热线）、一格管理（城市网格化管理）、一网办事（网上办事大厅）、一窗服务（政务大厅综合受理）"五位一体"新型政务服务模式，构建全市统一的政务服务综合信息平台，为公众提供一站式、一门式、一体化服务。

主持广州市网上办事大厅整体建设规划和管理工作。广州市网上办事大厅在近三年的广东省现场考核中综合排名均列第一。此外，率先在广东省建成市民网页、企业网页、自贸区企业专属网页，以及网办大厅手机版。市民网页被列为省建设标杆，企业网页和自贸区企业专属网页获省肯定，移动应用模式以及多项涉企服务被省吸收借鉴。

三 获奖感言

感谢电子政务理事会给广州这个机会。多年来，广州电子政务同仁以"为人民服务"的情怀，锐意进取，奋发有为，创造了电子政务领域多个全国样本，助推了我国电子政务发展，这得益于广州市委、市政府情系民生的施政理念，高瞻远瞩的战略决策和敢为人先的创新精神。在"互联网＋"的时代背景下，广州电子政务工作迎来了前所未有的机遇和挑战。建设与其政治地位、国际影响、市民需求相适应的电子政务体系，为其经济社会发展助力，是民之所望，也是施政所向。广州电子政务将借助政策东风，乘势腾飞，以"五个一"社会治理政府公共服务平台工程为核心，以平台的思维、开放的思路、创新的精神推进电子政务建设和管理工作，为广州经济社会发展助力。

潘哲旭——佳木斯市信息中心主任

一 个人简介

1965 年出生，研究生班学历，中共党员，高级工程师。曾任佳木斯市信息产业局党组成员、副局长，市工业和信息化委员会党委委员、副主任，现任佳木斯市政府办党组成员、市信息中心主任、市电子政务办主任。

1989 年毕业于吉林工业大学情报工程系，毕业后一直从事信息化建设方面的工作。20 多年来，先后主持佳木斯市政府网站的设计、建设和管理工作，负责佳木斯市电子政务内、外网的设计、建设和管理工作，负责全市企业征信平台和公务员诚信档案平台的设计、建设和管理工作，负责全市应急指挥系统的设计和建设工作，负责全市网上审批系统的设计和建设工作。

二 主要业绩

1999 年 9 月 30 日在黑龙江省率先推出地市级政府网站——佳木斯市政府公众信息网，多次获国家和省优秀政府网站奖。

2002 年，主持佳木斯市电子政务网设计和建设工作，截至目前，已建成覆盖全市的政府机关内网和外网，为推动全市电子政务建设工作奠定了基础。

2011 年，主持佳木斯市企业征信平台、公务员诚信档案平台和诚信网站的设计和建设工作，使全市诚信建设工作步入全省先进行列。

2012 年，主持佳木斯市应急指挥系统设计和建设工作，以高度整合的创新理念，推出了"佳木斯模式"，受到国内业界和同行的高度肯定和关注。

2014 年，主持佳木斯市网上政务服务中心（网上审批系统）设计和建设工作。获黑龙江省信息系统先进个人、全国政府网站最佳管理者、全国优秀电子政务工作者、市优秀公务员等荣誉。

2015年，负责主持设计和建设的佳木斯市网上政务服务中心（网上审批系统）10月底正式投入使用，极大地提高了政府行政审批效率。获2014年中国电子政务年度人物奖和全国政府网站最佳管理者奖。

三 获奖感言

很荣幸当选2015年电子政务年度人物，感谢电子政务理事会对我个人工作的肯定，这既是我个人的荣誉，也是佳木斯市的荣誉。

20多年来，自己一直从事电子政务建设方面的实际工作，见证了中国电子政务的发展历程。中国的发展，离不开信息化的坚强支撑，而政府信息化建设是引领其他领域信息化建设的关键。近几年来，佳木斯市委、市政府对信息化建设高度重视，大力推动"互联网＋"应用和智慧城市建设，各类信息化项目开花结果，智慧城市初具雏形。

作为一名电子政务工作者，生逢盛世，深感责任重大，使命光荣。自己决心在今后的工作中，不断学习新技术、新经验，拼搏进取，为全面推进我市信息化建设再做新贡献。

蔺海波——北京市西城区科技和信息化委员会副调研员

蔺海波，1962年出生，1984年毕业于解放军电子工程学院，本科，工学学士，1993年起从事信息化相关工作。现任北京市西城区科技和信息化委员会副调研员，负责统筹协调区域信息化发展、智慧西城建设，组织编制西城区信息化和智慧城市发展规划、计划，组织政府投资信息化项目的技术审查及项目管理，组织推进政务信息资源共享和政府数据公开，组织开展北京西城政府网站和街道公共办事服务信息系统建设，组织对西城区各部门提供技术支持等。

参与了《北京市西城区"十二五"信息化发展规划》编制，组织制定和实施《北京市西城区"十二五"政务信息资源共享行动计划》；组织开展《北京市西城区"十三五"信息化发展规划研究》、《北京市西城区"智慧西城"建设规划及配套方案研究》课题及《北京市西城区"十三五"信息化发展规划》、《北京市西城区"智慧西城"建设规划及实施方案》编制。

主持开展了西城区"立体交叉数据中心"建设项目。包括制定《西城区政务信息资源共享顶层设计》，制定《北京市西城区政务信息资源共享管理办法》及配套的共享交换平台、政务信息资源目录等 15 项信息资源共享交换管理办法、细则、规范和技术标准；改造和新建共享交换平台、目录系统、辅助决策平台、信息服务平台、人口库、法人库、GIS 平台，以及 10 余个专题数据库；初步构建西城区共享交换平台、信息资源目录系统、辅助决策平台、信息服务平台和数据中心"五位一体、立体交叉"式的数据资源管理服务体系，实现各级数据库和分散在各个业务系统数据库中数据的按需抽取、调用、组合、分析，为打造西城区从数据采集到应用的"全信息链"云服务体系建立了基础。主持建设了西城区政府数据开放平台项目，推进政府数据向企业和民众公开，在政府数据充分利用，以多种方式向民众提供服务方面力求取得成效。

参与西城区"区街居办事服务系统"建设并主持了系统改造项目，打造了支持区、街、居联动、一口办理、同区通办，方便居民办事，满足街、居办事服务需求的信息系统。

主持西城区楼宇经济信息系统试点项目。项目基于地理信息系统开发，对金融街核心区 100 余栋楼宇和入驻企业基本信息、运行信息进行了采集、整合、展示，根据政府部门管理和决策需求开展企业、行业收入、效益、贡献等经济情况分析以及楼宇情况动态展示等，同时系统具有楼宇物业服务信息和政府政策发布等作用。通过项目建设探索了楼宇经济系统建设的方式、路径及重点、难点，摸索了一套经验。项目经验和系统功能为目前西城区由职能部门牵头，基于三维 GIS 开展的全区楼宇经济系统建设中提供了良好的基础和有益的借鉴。

组织开展了西城区年度信息化项目技术审查和建设计划制定，以及对西城区"全响应"信息系统等重点、重大信息化项目的技术支持工作。

李云——平谷区信息化发展中心副主任

李云，1974 年出生，湖北省宜昌市人，平谷区民主促进会成员，1997 年毕业于武汉华中理工大学，1998 年 12 月经平谷区组织部和人事局同意，李云被引进平谷区信息中心，2002 年加入民主促进会，2010 年任

北京市平谷区青年联合会第二届委员会委员，平谷区政协委员，主要负责我区的软件开发工作和系统集成工作。1999 年，在李云同志的带领下，平谷区信息中心很快完成了平谷区政府办公自动化系统的开发，为我区的政府上网工作奠定了坚实的基础，提高了政府工作人员的办公效率。同时，研发了一批典型系统，应用到了平谷区的政务、企业、教育、农业等领域。

李云同志作为平谷区引进的信息化优秀人才，他把青春和知识奉献给了他的第二故乡——平谷。现任平谷区信息化发展中心副主任。主要负责平谷区信息化统筹协调、智慧平谷顶层设计、平谷区信息化和智慧城市发展规划、政务信息资源共享和政府数据公开，为平谷区各委、办、局提供技术支持等工作。参与了平谷区信息化建设"十二五"、"十三五"发展规划的编制，组织制定和实施平谷区各项信息化建设的全过程。制定《北京市平谷区政务信息资源共享管理办法》及配套的细则、规范和技术标准；改造和新建共享交换平台、目录系统、人口库、法人库、GIS平台，以及多个专题数据库；初步构建平谷区共享交换平台、信息资源目录系统、辅助决策平台、信息服务平台和数据资源中心管理服务体系，推进政府数据向企业和民众公开，在政府数据充分利用，以多种方式向民众提供服务方面力求取得成效。

1999年，政府上网工作作为北京市的重点工作之一，而平谷区作为北京市最远的经济欠发达地区，却最早着手此项工作，这项工作落到了李云的身上，当时的信息中心只有5名工作人员，李云同志身先士卒带领大家整日忙于我区的政府上网工作，从策划全区各单位的上网方案、调试设备、人员培训、测试网络到具体施工，那里都有他的身影，员工都亲切地称呼他为"云哥"。经过努力，平谷区的网络建设、信息化应用和网站建设一直在北京市远郊区县名列前茅，第一个提出真正解决农村最后一公里无线网络覆盖解决方案，成为北京市无线网络覆盖建设试点。

李云同志是一位政治立场坚定，工作能力突出，具有创新精神的优秀青年干部。1999~2006年连续八年在平谷区信息中心年度考核中被评为优秀。先后被授予"北京市平谷区有突出贡献的技术、管理专家"，"首都优秀创业青年贡献奖"，"2002年度北京市青年岗位能手"称号，"2003年度抗击非典先进个人"，"第二届平谷区十

大杰出青年"等荣誉称号。李云同志业务精通，技术出色。带领技术人员自主研发了一批应用系统并投入使用。主要包括攻坚2006——平谷区三级指挥系统、平谷区委办OA系统、公关通企业沟通平台系统、农村综合服务管理系统、药监局呼叫管理系统等23个应用软件系统，其中农村综合服务管理系统、平谷区全国产化空间地理信息系统是北京市"国产软件在区县电子政务系统中的应用"课题的两个子课题；初步建成了"空网＋地网"有机结合的城市应急指挥系统，该系统融合了数字技术、信息技术等高科技含量的现代科技手段，保障了指挥中心对事发现场的监控。一批应用系统的建成既符合平谷实际需求，节约了建设资金，又有效促进了政务资源的开发和利用，提高了政府社会管理和公共服务水平。2015年，在李云同志的带领下，平谷区信息中心进行了平谷区政务网络建设，采用PPP模式进行建设，节约了大量信息化建设资金。完成了平谷区核心机房改建工作，实现设备的科学化管理和运维，增强设备运行能力，延长设备工作寿命，减少网络安全风险，形成安全稳定的网络运行环境。根据区委、区政府有关领导对区国家保密局《平谷区党政机关网络现状及改进建议》（京平国保文〔2014〕1号）和区国安办《关于平谷区网络安全的风险评估报告》（京平国安办发〔2014〕7号）的批示要求，对平谷区机要网网络系统进行升级改造。通过对我区农村、主要街道和重点区域已建摄像头情况摸底排查，完成农村技防前期可行性分析、网络方案规划工作。完成平谷区移动政务建设工作和平谷区基础数据库部分数据的数据申请工作，为打造"智慧平谷"提供基础网络和数据支撑。

孟旭——郑州市数字城市办公室
信息资源管理处处长

一 个人简介

孟旭，出生于1984年12月，2006年毕业于河北科技大学法学专业并参加工作，2009年考入郑州市人民政府办公厅，2012年进入郑州市数字城市办公室工作，现任郑州市数字城市办公室信息资源管理处处长。主持完成的《郑州市电子政务综合应用平台安全防护体系建设》课题研究获中国电子政务理事会优秀案例奖。

二 主要业绩

推进政务 IDC 基础设施建设。建立市级电子政务网络综合管控平台，对政务 IDC 机房基础环境和网络安全进行 24 小时实时监控；建设完成市级政务基础平台，托管全市 50 余家单位（部门）的信息系统，打造政务虚拟平台集群，支撑全市 30 余家单位（部门）的业务系统安全运行。

统筹推进全市政务网络顶层设计。借力"五单一网"，进一步完善全市电子政务网络整网规划与管理机制，统筹推进全市政务网络市、县（区）、乡镇（办）、（村）社区四级架构建设，制定入网管理规范标准；构建全市政务骨干环网，完成各大政务 IDC 机房的互联互通，打造全市政务网络核心双出口，加大力度指导全市各部门电子政务项目建设，制定网络层项目评审标准。

加快推进电子政务综合应用平台安全防护体系建设。加快推进全市政务资源容灾备份和双活中心建设，全面提升政务 IDC 机房负载容量，制定政府托管机房和容灾备份机房共享使用管理规定。进一步提升政务网络安全防护水平，制定网络安全管理机制，强化安全系统维护；编制网络运维应急预案，组建网络运维应急队伍，提升网络安全应急管理水平。

建设完成保密网、政务网、公众服务网及数字证书认证中心，管理维护全市 80 多家单位部门的政务网络，制定网络安全标准，形成全市统一的信息安全保障体系；完成南院政府办公楼 IPV4 和 IPV6 双栈光网改造，实现光纤入户；推进提升无线 AP 覆盖服务能力，无线接入端点达到 2000 个；梳理电子政务网络办事流程，推进网上办事。

赵顺——长沙市人民政府
电子政务管理办公室总工程师

一 个人简介

赵顺，1984 年毕业于长沙学院经济管理专业，2007 年硕士毕业于国防科技大学公共管理专业。1984 年毕业后就职于长沙市计划委员会长沙市经济情报研究所，1988 年，代表市计划委员会到浏阳张坊乡担任乡长助理，从事一年的扶贫工作。先后在长沙市信息中心信息预测科、计算机通讯科负责信息收集整理发布和长沙市宏观经济数量分析工作。1996 年，担任综合研究科副科长，主要负责信息中心内刊的组稿编辑工作，为市领导宏观决策服务。1998 年 5 月，担任长沙市信息市场管理办公室负责人。

2005 年任长沙市人民政府电子政务管理办公室应用推进科科长，组织、指导、协调长沙市电子政务应用支撑平台及跨部门、跨区域应用系统项目的建设和推广；负责长沙市技术方案的评审和验收，协调和指导项目的建设。

2014 年 10 月担任长沙市人民政府电子政务管理办公室总工程师至今，主要负责做好长沙市电子政务基础支撑平台项目建设，组织全市范围内对信息化建设工作进行布局和目标管理，重点协调推进区县（市）电子政务建设，协调多部门业务沟通，实现公共资源协同共享，提高政府办事效率。

二 主要业绩

在长沙市信息中心工作期间，负责收集整理长沙市宏观经济数量分析工作，组织完成的"长沙市宏观经济计量模型和宏观经济定量分析软件包"荣获湖南省第三次电子信息技术应用项目评比三等奖，"长沙市国土综合开发整治规划模型集"荣获二等奖。负责长沙市信息化规划工作，形成长沙市信息化规划，规划纲要以长沙市人民政府文件发布。

在长沙市人民政府电子政务办工作期间，组织完成了电子政务协同办公平台、政务信息专报、网上政务服务、电子监察四个项目从项目建议书到初验阶段的工作。2009 年长沙市协同办公平台在中国电子政务优秀应用成果推选活动中荣获"十佳电子政务解决方案"，长沙市网上政务电子监察系统 2012 年荣获全国政务服务类电子政务优秀案例。不断推进电子政务深度应用，组织建设长沙市社会综合治税信息平台和长沙市商事服务管理信息平台。2011 年启动的综合治税信息平台通过多方采集、信息共享的大系统，打破了各涉税部门的信息壁垒，实现了立体化、全方位的"信息管税"模式，2013 年 7 月至 2015 年 12 月，积极查补治税成果累计为 20.78 亿元，大大提高政府的税收收入。2014 年组织建设的商事服务管理信息平台有效推动全市商事登记改革制度，2015 年被电子政务理事会评选为"电子政务优秀案例"。

依托电子政务已有资源，重点协调推进电子政务建设，筹建长沙市政务云平台、长沙市基层工作平台、长沙政务服务一体化管理平台、电子政务内网平台和安全可靠应用试点等应用项目，灵活传递政务信息，提供便捷的公共服务。

三　获奖感言

2015 年是电子政务飞速发展的一年，作为电子政务发展的参与者深感荣幸。感谢电子政务理事会对长沙市电子政务工作的肯定，感谢各电子政务同仁的支持与帮忙。多年来，在长沙市委、市政府的正确领导下，深入贯彻落实党中央、国务院和省委、省政府关于加强网络化、信息化建设系列要求和部署，以信息资源共享、交换和业务协同为重点，以网络与信息安全为保障，逐步建立起与时代发展、社会需求和党委、政府履职相适应的电子政务体系。在大数据和"互联网＋"的新形势下，创建电子政务发展新模式是大势所趋，长沙市电子政务工作将坚持以党的十八大精神为指导，充分发挥电子政务的重要作用，助推长沙在转型创新中实现更有效益、更有质量、更可持续的发展。本人从事电子政务工作 30 余年，我将继续把全部精力都奉献给我所热爱的电子政务事业，为推进电子政务的可持续发展贡献自己的力量。

张兴忠——淄博市国土资源局党委副书记

一　个人简介

张兴忠，1964 年 8 月生，大学学历。

1994 年 8 月参加工作，曾任淄博市桓台县国土资源局局长，现任淄博市国土资源局党委副书记，分管淄博市国土资源信息化建设工作。

二　主要成绩

张兴忠同志自就任淄博市国土资源局党委副书记以来，团结同事，勤奋工作，事无巨细，殚精竭虑，按照《山东省"一个平台、两个市场"总体建设方案》有关要求，根据"整合资源、统筹规划、集中部署、分布应用"的建设原则和"急用先建、边建边用、边用边提升"的工作思路，围绕国土资源业务管理的中心工作，全面推进淄博市"一个平台、两个市场"建设工作，先后取得国家地理信息产业协会优秀工程金奖2项，省厅科技进步一等奖6项，二等奖4项，淄博国土资源信息化建设取得显著成效。

（一）整体筹划设计，逐步构建"纵横一体"的系统框架

"集中部署、分布应用"，确保市县（区）纵向融会贯通、同步推进。努力打造"以国土资源数据中心为基础，以综合管理服务平台为载体，以各业务应用系统为目的，市、县、乡统一开发部署，分级管理应用"淄博国土信息化建设格局，实现了市、县、乡三级国土部门信息化建设的全面覆盖、有效集成、整体推进与同步应用。

业务系统做到"六个统一"，确保系统横向有机一体。在业务系统的设计开发时，紧紧围绕综合管理服务平台，以"统一用户管理、统一身份认证、统一办公门户、统一工作流引擎、统一GIS服务、统一数据支撑"六统一为目标，构建覆盖各管理环节的统一基础技术平台和运行环境、管理环境，确保了在土地、矿产、测绘、地质环境等领域的各业务系统的有机一体。

（二）突出"一个中心，两个体系"，逐步实现全业务、全流程网上运行的业务模式

一个中心就是"一张图"数据中心，两个体系就是网上综合业务体系和社会服务体系。

扎实做好"一张图"数据支撑：数据中心是信息化建设的基础和根本所在，各级非常重视、扎实推进，取得了一定成效。一是数据汇交内容"全"：目前，数据中心已有五大类30多子类的国土资源数据库，数据覆盖全市的每一块土地、每一个矿山，真正建成了全市国土资源"一张图"；二是系统功能"强"：实现了市县两级同步融合应用，市级层面对于业务数据的管理维护可以同步传输更新至区县的数据中心，区县层面对于业务数据的管理维护也可以同步传输更新至市局的数据中心。三是管理机制完善：建立数据维护更新的长效机制，对数据的更新、应用等进行了标准化处理，结合年度变更调查、规划调整、公共基础地理信息建设等业务工作对各类基础数据进行定期更新，切实保障数据中心的实时性、权威性。

基本建成网上综合业务体系：着眼构建全业务、全流程的网上业务运行和监管体系，业务运行体系方面：我局已建成包括电子政务、地籍管理系统、执法监察、网上交易、土地利用规划等10余个业务系统，全局主要业务均已实现网上运行。其中，电子政务、地籍管理荣获2014年度省厅科技进步一等奖；动态执法监察系统荣获二等奖，廉政防腐系统、土地利用规划综合应用监管系统荣获2015年度省厅科技进步一等奖。网上监管体系方面：当前已完成3个系统建设：一是"一张图"综合监管系统；二是土地节约集约动态监管子系统；三是"科技防腐"系统，初步构建了全流程网上监管体系。

着力完善社会化服务体系：一是全力打造"数字淄博"地理信息公共服务平台。基础版、政务版的淄博市地理信息公共服务平台陆续开发完成并部署上线试运行，系统在城市公共管理、政府审批决策中发挥的效益日益凸显。该项目获得了2014年度中国地理信息产业协会优秀工程金奖。目前平台已为市公安局、市政府应急办、120指挥中心、住建局、财政局、地下管线处等10余个市直部门提供了信息服务，支撑市县30余个业务系统，累计节约财政经费7000万

元以上，实现多个政府部门共享"一个平台"上的信息，日益显现出其特有的经济和社会效益。

全面提升门户网站集群服务质效。着眼于打造网上行政服务平台，将116项行政职权在网站公示，梳理60余项日常业务的办理流程、时限、收费标准等内容在网站公开，实现了土地登记、建设用地审批等主要业务的办事进度、办事结果的实时查询，健全完善管理机制，明确网上投诉咨询、信息公开内容保障职责，做到及时公开、限时答复，有效提高了我局行政透明度。今年我局网站在全省国土资源网上政务信息公开检查中也取得了不错的成绩。

（三）夯实硬件网络基础，打造畅通高效、稳定可靠的"云平台"

硬件网络环境和网络信息安全建设是国土资源信息化工作的基础保障，张书记对此工作一贯高度重视，在原有硬件网络设施建设的基础上继续加大投入，一手抓建设、一手抓运维，不断夯实安全基础，探索出既节约成本又满足需要的特色模式，取得了显著的工作成效。

加强运维管理，完善硬件网络设施保障。硬件设施方面，市县两级均建成数据中心标准化机房，配置了小型机、磁带库和应用服务器等硬件设备。根据业务需求，2015年又对存储设备进行了扩容，累计建设资金超过3000万元。业务专网方面，实现了裸光纤到各分县局、百兆光纤到所，为全市集中部署系统和数据中心打下了坚实基础。互联网方面，采用电信、联通和移动三链路百兆光纤接入，实现负载均衡，提升了网络传输质量和访问效率。无线网络方面，根据"移动办公"和"移动服务"的需要，与淄博市移动公司

签订合作协议，初步构建起"移动国土专网"。运维管理方面，2015年申请运维经费312.36万元，并将其纳入财政年度预算，切实保障了我局数据中心机房的高效、安全、稳定运行。

加强信息安全防范，构建安全防护体系。①进一步完善网络安全管理的规章制度，修订完善了《网络及信息安全工作应急预案》、《数据安全管理制度》、《数据安全保密制度》、《网络及信息系统故障排除演练方案》等规范性文件；②加大网络安全检查力度，形成联动机制，定期邀请市网监支队和省电信测评中心对我局网络安全状况进行检查指导，针对出现的问题及时查找原因、加以解决；③加强网络及安全设备管理力度，进一步提升网络安全防范策略技术应用能力；④继续加大对网络安全建设的资金投入，先后投资100余万元，购置了应用监测系统、网络漏洞扫描系统、防DDOS攻击系统、应用网站容灾系统、运维安全审计系统、桌面终端管理系统等网络安全产品，确保网络安全无漏洞。我局内外网络全年未发生一起安全事故，得到了市安全局和市网监支队的高度赞扬。

增强信息系统安全防范意识，扎实做好非涉密信息系统登记保护备案工作。根据《信息系统安全等级保护基本要求》等相关规定，对互联网"社会化服务信息系统"和业务专网"综合服务信息系统"分别从物理安全、网络安全、主机安全、应用安全、数据安全、管理安全六个方面进行了全面测评和综合评价，通过评测认定共有46项符合项、29项部分符合项、2项不符合项、1项不适用项。通过整改完善，最终被定级为3级。

刘建敏——北京市城市管理综合行政执法局
科技信息中心物联网与建设科科长

一　个人简介

刘建敏，1973 年 2 月生，北京市城市管理综合行政执法局科技信息中心物联网与建设科科长，北京邮电大学经济管理学院工程硕士。2007 年，被中国信息协会授予"政府 CIO 年度贡献奖"。

二　主要业绩

刘建敏同志长期工作在城管信息化建设岗位，经历了"数字城管"向"智慧城管"的转型，带领技术团队组织实施了多个信息化项目，取得了显著成效。

在城管信息化建设工作中，她注重调研接地气，在项目的设计及研发过程中能够站在应用角度强调系统的实战性，积极有效地推进了各项业务系统的建设应用。在领导的带领下，她牵头组织实施的城管物联网平台建成于 2012 年 9 月，是北京市第一批物联网应用示范项目，在党的十八大前投入运行。该平台以综合应用平台、云到端的基础支撑平台、城市环境秩序和资源感知平台为三大支撑，以感知、分析、服务、指挥、监察"五位一体"功能开发为核心，初步实现了智能感知、分析研判、公共服务、指挥调度、巡查监察五大功能。该平台整合了多项业务系统和硬件设备，系统庞大，涉及面广，功能点多，因此，她多次组织系统运行保障演练，制定各系统的应急预案，还经常与业务部门共同使用相关功能，有效地将物联网平台与指挥调度、移动核录、公共服务等各项功能耦合于一体，提升了系统实际应用能力。基于物联网平台，她积极推进"巡查即录入、巡查即监察"、"感知数据驱动的高峰勤务"、"基于创新 2.0 的公共服务"三大智慧城管新模式，善于思考，先后在《电子政务》、《中国科技成果》等杂志上发表了《基于公网传输技术的无线移动车载视频传输系统》、《执法城管通移动应用服务平台设计与应用》、《北京市"数字城管"建设中的数据链分析》等论文。

城管物联网平台的建设在党的十八大、APEC、党的三中、四中、五中全会等首都环境秩序保障工作中发挥了不可替代的重要作用，得到社会各界的高度评价和充分肯定，被评价为建设成果和发挥成效最好的示范项目之一。2015 年，物联网平台和城管业务工作的配合完善进一步增强，物联网平台的应用效果进一步显现；"我爱北京"城管公共服务平台、市民城管通和执法城管通建设取得新的进展，基于创新 2.0 的城管公共服务平台的研究、开发和应用荣获北京市科学技术三等奖。执法城管通打通了公共服务热线受理到综合巡查移动核录及指挥系统的全业务闭合流程，市、区、街三级以及一线队员通过系统实现群众诉求事项的网络派发、转办与回复，支撑城管日常业务处理和扁平化指挥调度。勤务指挥系统在原基础上，完成了基于事件位置的执法资源自动推荐、与政务 GIS 地图数据资源的有效对接和基于 GIS 的指挥调度动态编组、统一调度等功能，初步实现了执法一张图，为提升执法效能，创新公共服务，推进智慧城管建设发挥了积极作用。

北京智慧城管建设成果还被作为联合国 UNDP 智慧城市报告十大案例的首个案例并入选人民出版社《大数据领导干部读本》得到业界高度认可。"五位一体"智慧城管建设还被写入中央城市工作会议配套文件《中共中央国务院关于深入推进城市执法体制改革改进城市管理工作的指导意见》。

三 获奖感言

十分荣幸能够获得这个奖项，这是对我从事信息化工作十余载的一种认可。这不是我一个人的奖项，这应当属于我们一个团队一个整体，是大家共同的努力与付出，才成就和推动了城管信息化的建设与发展。在此，请允许我对一直以来电子政务理事会的大力支持、关心北京城管信息化发展的各级领导和同志们由衷地表示感谢。

从十年前开始的"数字城管"到现在的"智慧城管"，在各级领导的关心支持和带领下，应该说城管的信息化建设既遇到了好时机，也迎来了艰巨挑战，一切从零开始。系统的设计与研发不仅要有实用性，还需具备前瞻性，不仅能够提升行政执法水平，还需紧贴基层和百姓。信息化的本质是服务，要让信息化系统成为政府与群众的纽带桥梁，就需要我们这些信息化工作者默默奉献，辛苦付出，积极作为。

在"十二五"收官、"十三五"启动之际，北京城管将进一步把握新一代信息技术发展和下一代创新演进的历史机遇，按照十八届三中、四中、五中全会要求，本着改革、创新的精神，认真研究管理、执法与服务之间的结合，认真研究行政执法与刑事司法之间的衔接，认真研究城市管理日常运行与应急管理之间的衔接，认真研究城市管理网格、社会服务网格、治安综治网格的"三网融合"，加强物联网、云计算、大数据等新一代信息技术的应用研究及其与城管执法业务再造的深度融合，以基于"五位一体"物联网平台的智慧城管建设为载体，进一步依托信息技术再造创新 2.0 时代的城市管理，推动管理向服务的转变，推动城市管理向城市治理的转型。

汪晓胜——安徽省经济信息中心高级工程师

汪晓胜，2001 年从中南大学信息工程学院自动化专业本科毕业，获工学学士，2009 年 6 月从中国科技大学软件工程专业毕业，获工程硕士学位。2001 年 6 月就职于安徽省经济信息中心，现任安徽省经济信息中心高级工程师，综合业务处副处长。任职后主要从事政府网站绩效评估、信息化规划、电子政务规划、信息系统设计规划、信息化水平测评等方面的工作，对全省信息化发展情况比较了解。

一 工作业绩情况

参与撰写安徽省信息化发展水平测评研究报告（2001~2006 年）

《安徽省信息化水平测评研究报告》是安徽省经济信息中心和国家统计局安徽调查总队联合开展的研究课题，我作为主要参与人，制定了信息化发展指数指标体系及计算方法，客观分析了我省信息化水平概况，比较了全省各市信息化发展指数，有针对性地

提出了提高我省信息化水平的思考与建议。该课题获得了国家信息中心的国家经济信息系统优秀研究成果奖。

"参与安徽省'十三五'以扩大信息消费催生新的经济增长点研究"课题研究

"安徽省'十三五'以扩大信息消费催生新的经济增长点研究"是我省"十三五"规划编制的重点课题，我全程参与了课题研究。报告提出的"十三五"以扩大信息消费催生新的经济增长点的发展目标、任务及措施建议，大多被《安徽省国民经济和社会发展第十三个五年规划纲要》吸收，对制定安徽省"十三五"国民经济和社会发展规划具有重要参考价值和应用价值。

参与我省"十三五"规划纲要编制和多项文件制定

参与起草我省"十三五"规划纲要编写，负责信息化部分；参与起草电子政务规划编制，参与"互联网 +"行动计划、大数据计划纲要等我省相关文件的编制工作。

负责我省信息社会测评工作

我作为主要参与人完成国家信息中心与安徽省经济信息中心联合开展的信息社会测评工作，撰写的《安徽省信息社会发展报告 2013》和《安徽省信息社会发展报告 2014》，被国家信息中心推荐到《中国信息化》等刊物发表。从 2014 年开始，我省独立开展信息社会测评研究工作，并结合我省实际情况，研究制定了"安徽省信息社会测评指标体系"，确定了测算模型和计算方法，在收集 16 个市和省直相关部门基础数据的基础上，独立撰写了安徽省信息社会发

展报告和16个市的信息社会发展报告。

负责"安徽省'十二五'信息化发展思路"课题研究

"安徽'十二五'信息化发展思路研究"是我省"十二五"规划编制重点课题，我作为课题组主要成员，主要负责向省直单位和各市县调研收集我省信息化发展现状，摸清"十一五"以来全省信息化建设的主要成效，总结我省信息化建设存在的主要矛盾和问题，研究"十二五"信息化发展面临的宏观环境，理清"十二五"信息化发展思路和目标任务。为"十二五"信息化规划的编制提供了思路，为我省信息化发展提出了具体的对策建议。

参与省"十二五"信息化发展规划编制工作

参与编制"十二五"信息化规划编制，负责前期的课题研究，包括"十一五"信息化规划中期评估、"十二五"信息化发展思路研究等课题，参加信息化规划的多次征求意见和论证工作，制定了部分"十二五"信息化发展指标，分析当期"十二五"信息化发展形势，撰写了部分内容，参与编制工作。

负责"'十一五'信息化规划中期评估"课题

按照省发展改革委的要求，省经济信息中心承担安徽省"十一五"国民经济和社会信息化规划的中期评估的课题研究工作，我作为课题主要成员，撰写了《安徽省国民经济和社会信息化"十一五"规划中期评估报告》，经相关专家评审后报省发改委。

参加省政府权力清单运行平台建设

我省按照推行权力清单制度的总体要求，运用现代信息技术，建立省、市、县三级标准统一、资源共享、业务协同的政府权力清单运行平台。我作为主要参与人，全程参与建设工作。

负责国民经济动员信息系统二期工程建设

参与完成国民经济动员信息系统二期工程建设，通过了国家的验收，并将主要研究成果发表在《中国科技信息》杂志上。

"安徽省政府网站群绩效评估分析系统"研究与开发

我作为该项目的主要参与人员，制定我省各级政府网站绩效评估指标体系，详细描述政府网站绩效评估的项目需求，开展评估模型及评估算法理论研究。该系统适合我省政府网站绩效评估的实际需求，提高了我省政府网站管理和绩效评估水平。

编纂《安徽信息年鉴》

我作为《安徽信息年鉴》的主要成员，主要承担着部分省直各部门、各地市的信息化发展情况的来稿收集、校对、资料收集和封面设计等任务，先后参与了2006~2013年的信息年鉴编辑出版发行工作。该年鉴集中展示了我省信息化建设成就，积极促进了信息化事业经验交流，推动了我省信息化事业的发展。

韩希——黑龙江省国土资源信息中心副主任

韩希，中共党员，黑龙江省国土资源信息中心副主任。1984年毕业于东北大学计算

机系计算机专业，毕业后一直从事技术工作，多年的工作和实践，积累了丰富的技术理论知识和实践经验，具有较强的技术能力和研发组织能力。先后主持或参加了20多项科研项目，获得省（部）级科技成果或科技进步奖10余项；发表多篇论文论著。对国土资源信息技术有创造性研究，并能付诸实践，主持完成了多项科研项目，在国土资源部、省内外国土资源信息技术领域有一定的知名度。

简伟光——广州市人力资源和社会保障信息中心主任

简伟光，1996年毕业于广东工业大学，2006年取得华中科技大学工程硕士学位，现任广州市人力资源和社会保障信息中心主任。近年来特别是"十二五"期间，作为广州市人社信息部门负责人，带领团队开拓进取，忠实履行职责，为广州市人社业务信息化建设做出了应有的贡献。

"十二五"期间，广州市人社业务信息化建设取得骄人成绩。以"智慧社保"、"智慧人才"两个重大项目为引领，强化了便民、惠民的措施，公共服务供给能力和质量显著提升。两个重大项目获得了人社部的肯定、表彰和推广。其中，"智慧社保"项目工程建设跨了一个五年计划，对整个劳动保障信息系统进行全新的设计改造，使劳动保障信息化在新的起点为各业务和群众提供服务；"智慧人才"为广州市人事人才业务提供高效便捷科学的技术支撑，惠及广大的机关、企业事业单位人才管理工作。"智慧社保"、"智慧人才"两个重大项目建设，充分运用互联网、云计算、大数据等新技术提升信息化建设水平，通过加强标准规范和系统安全建设，加大资源整合力度，促进数据共享和业务流程优化，深入推进电子政务和门户网站建设，构建了便民利民的公共服务信息平台，基础设施更加完善，系统性能全面提升，全市人社系统的工作质量显著提升。

一 "智慧社保"项目

"智慧社保"项目（失业保险基金信息化项目）于2013年9月27日开始正式上线切换，至10月8日按时完成，从10月9日8:00起系统进入正式上线运行阶段。系统运行至今保持了安全、平稳、高效运行，充分证明了项目整体架构设计合理，各业务应用系统框架能够稳定支撑应用系统的运行。新系统上线运行后成效显著，实现了各项业务领域之间、各地区之间的信息共享、业务协同和有机融合，形成便捷化的劳动社会保障公共服务体系和智能化的内部综合决策支持体系。

二　"智慧人才"工程

广州智慧人才工程坚持"统一规划、统一标准、统一平台、统一数据库、统一门户、统一管理、资源共享、安全保密"的建设原则，以服务为中心，以应用促发展，实现了全市人事人才系统基础设施、应用系统和数据资源的全面共享，人事人才信息化建设持续引领和创新发展，为用人单位和广大人才提供了全面、便捷、高效的服务。

三　社会保障卡发行和服务应用管理创新

"十二五"期间广州市社保卡发行累计1227.3万人，实现了人力资源社会保障、卫生、民政、交通、住房公积金、体育、文化、林业和园林、金融等业务领域109项应用，其中人力资源社会保障领域实现了培训就业、社会保险、退休管理等业务的应用，市民凭社保卡可享受"身份凭证"、"自助查询"、"缴费和待遇领取"、"就医结算"等4大类功能77项具体人社业务的应用和服务。依托各区、街（镇）政务服务大厅和各金融服务合作银行网点开设了1029个服务窗口，初步统一了社保卡服务形象、服务标准，服务支撑能力进一步提升。同时，正在推进司法行政、住房保障、残疾人保障、共青团、志愿服务、市供销总社社区家庭服务等业务领域应用，推进多种政府相关卡证信息整合到社保卡。另外，结合城市特色，广州市社保卡已在全国率先实现老年人乘车、看病、消费优待，广州图书馆注册读者证、自助借还书并免交押金，医院刷卡预约挂号并付费等，为推进民生领域的均等普惠应用探索总结出宝贵经验。2015年，新增试点凭社保卡预约体育场馆运动场地并刷卡享受分类分时折扣优惠，停车咪表刷卡自动计时计费（试点）等应用。管理方面，通过升级完善信息系统，清晰记录持卡人的每项信息、每笔业务，促进了对社保卡发行、服务、应用的电子化、数据化精确管理。

吴泽驹——广州市公安局交通警察支队副支队长

吴泽驹，1967年出生，三级警监，现任广东省广州市公安局交通警察支队副支队长，主管交通管理信息化和便民服务工作，倾力打造了广州交警"网上车管所"、"广州交警"微信公众号、"警民通·出行易"和"交通指挥综合系统"等优质便民的交通管理服务平台。

我们的工作主要从五方面来概括。

引入互联网思维。互联网思维最重要的就是开放与分享，改变以往封闭的思维，充分开放交警掌握的丰富的信息资源，让社会各种力量参与进来，构建多元化的服务体系，这样才能建立交警、第三方、民众三者的互利关系，从而建立服务持续改善的良性循环系统。比如依托邮政发达的网点和物流，市民可以到邮局网点办理网上车管所注

册、代办交通违法业务等。开放意味着参与，社会上的优势资源可以通过这种开放参与到我们的便民服务建设中，而反过来我们也可以通过开放获得好处。

构建多元化的便民服务平台。按照部局的规划部署，在全国推出第一个真正意义的网上车管所，让市民足不出户就可以办理各种车管业务。目前广州公安局"网上车管所"已经完成了机动车新车注册登记预约、机动车转移登记预约、驾驶证网上审验学习、驾驶证网上满分学习、机动车抵押/解除抵押登记、机动车查封/解封审批、机动车六年免检预约等多项功能的开发和应用。这些功能自启用以来，已接受新车注册登记预约15.9万宗、机动车转移登记超11.4万宗，完成网上审验学习近3370宗、网上满分学习1061宗。

依托遍布全广州市的邮政网点办理网上车管所用户注册、办理交通违法业务，包括记分和交罚，同时还横向发展，联合手机银行推出"车管家"个性化功能，手机银行用户可以直接开通网上车管所用户、可以办理交通违法确认和交罚。

推行业务办理预约制度，包括年审预约、考试预约制度（按照部局要求全国第一个实现网上约考）。通过年审预约制度，均衡了年审在时间和空间上的不均衡，解决了年审扎堆问题，大大提高了全市检测站的

年审能力，还一举取缔了"黄牛"违法行为，受到广泛的好评。

利用微信短信多种方式，提供个性化服务。结合"广州交警微信"及短信等服务方式，进一步扩展"点对点"的个性化服务，除了轻微交通违法执法提醒、交通违法微信通知和短信通知、驾驶证到期换证短信提醒服务等，进一步扩展驾驶证记分短信通知、年审预约、快撤理赔等业务，提升了网上车管所服务质量。截至目前，"广州交警"微信关注量40.5万，累计发送交通违法微信通知近10万宗，交通违法短信通知近242.7万宗，驾驶证到期换证提醒121.5万宗，轻微交通违法执法提醒3.7万宗，驾驶证记分短信通知44.9万宗，年审预约办理43.8万宗。

建立面向公众的交通信息平台，向多个渠道发布动态的交通信息，让出行者随时随地获得交通信息。目前，广州建立了多种手段的交通信息采集渠道，如微波检测器、线圈检测器、视频检测器、人工视频巡查、交通警情等。通过面向公众的交通信息平台将交警掌握的丰富的路况信息包括道路施工、突发事件、交通事故、交通管制等重要信息向交通信息服务提供商共享交通信息，包括手机导航、汽车导航、智能手机应用"广州出行易"、"警民通"、"自邮一族"等，大大提升交通信息发布的深度和广度。

创新"互联网＋出行服务"理念，推进与互联网企业开展便民服务合作。"互联网＋"在交通领域已经潜移默化影响社会大众的生活，在移动互联网设备普及的今天，信息服务入口越来越集中在少数几个大型的互联网企业上。作为交通管理部门，与互联网企业开展合作是未来城市交通管理的一个重要方向。高德作为国内顶级的地图运营服务提供商，在导航方面的应用已经首屈一指，不仅有将近3亿的庞大用户群体、丰富的数据基

础，还具备先进的大数据挖掘技术、成熟的云计算能力以及阿里云的支持。2016 年 1 月 19 日广州交警与高德软件有限公司举行了隆重的合作协议签字仪式，双方将在交通信息发布、交通大数据分析融合、城市交通运行评价和"互联网＋信号灯"等方面进行全方位的合作。

此次有幸获得"互联网＋公共服务"先进个人，首先要感谢广州交警科技部门同事，依靠着他们良好的服务意识，对科技的深入研究和工作的不懈努力，广州交通管理信息化才会取得令同行们瞩目的成效；其次要感谢电子政务的发展，才使得我们能够为市民提供更优质的便民服务；最后希望借"互联网＋"发展的东风，我们的公共服务产品能够做得更好，更加贴近市民的生活。

韩惠娟——武汉市互联网信息办公室信息化发展处处长

韩惠娟，现任武汉市互联网信息办公室（武汉市网络安全和信息化领导小组办公室）信息化发展处（大数据管理局）处（局）长。

进入行业工作 10 多年来，韩惠娟同志始终在信息化建设领域摸爬滚打，对网信事业充满了感情。作为武汉市城市数字化、信息化、智慧化发展的见证人和建设者，她认真履行推进信息化项目建设中的综合协调职能，与各部门建立联络工作机制，采取各种办法把信息化建设做到实处。

在当前"互联网＋"新形势下，武汉市网络安全和信息化"十三五"规划的指导范围和作用已经超过"十二五"规划，在缺乏国家、省有关规划指导，也没有其他城市可借鉴的情况下，牵头承接了该项规划工作，圆满完成"武汉市信息化和信息产业'十二五'规划"总结评估和"武汉市网络安全和信息化'十三五'规划"工作。

为从源头上杜绝信息化重复建设和资金浪费，严把"三个一律"（如非特殊情况，各部门一律不得新购硬件设备、新建网络、新建机房）审查关，对市财政投资信息化项目全部实行归口审查，严把技术和资金审查关。节约了财政资金，并利用财政资金杠杆有效推进政府部门信息互通共享。通过管住资金渠道，有效遏制了有些部门盲目投入硬件、扩大机房和重复、多头建设的冲动。

精心组织智慧城市示范项目建设并积极推广。2015 年在全市范围内，共征集备选示范项目达 32 个。经层层筛选并组织专家评审，遴选出"武汉市公开数据服务平台"、"互联网＋交管应用"、"第十届中国

（武汉）国际园林博览会智慧园博"、"智慧积玉"、"基于 BIM 综合管理平台的智慧施工管理"、"武汉同济医院光谷院区智慧医院"、"面向智慧城市的武汉未来科技城智能电网综合示范工程"、"智慧武博"、"智慧育才"、"蔡甸区智慧城市运营管理中心—城市公共信息平台"等 10 个项目，授予"武汉市智慧城市建设示范项目"称号。

在她的努力下，武汉市"互联网＋"工作取得良好进展。2015 年，市政务云（数据）中心建成，实现了 41 个市直部门行政审批资源整合与共享，构建起市政务大数据中心主体框架。《武汉市政务数据资源共享管理暂行办法》出台，建立起政务数据采集、共享和开放机制，成为全市政务数据采集、共享和开放机制的重要政策文件支撑。建成武汉市政府公开数据网，按照"六个一"（即：一朵云、一张图、一站式、一套标准、一种模式、一个管理中心）理念，继北京、上海之后，建成全国第三个公开上线的市政府公开数据网（www. wuhandata. gov. cn），于 2015 年 4 月 30 日上线运行，收录了 48 个市直政府部门共计 700 余项公开数据或服务，其中有 642 项数据可提供下载，7 项数据可提供地图服务，覆盖部门数、公开数据量全国第一。组织开展市财源大数据应用，全市已查补大量漏缴税收。支持开展交通大数据和工商大数据深入挖掘分析，提升政府综合管理和服务能力。交通诱导服务和商事服务水平全国领先。实现了武汉市经济、城市和民生三个版块信息化建设总体水平达到国内先进信息化城市行列。

崔新强——武汉市信息中心（武汉市互联网舆情研究中心）政务网络部主任

一 个人简介

崔新强，1963 年 9 月生，大学学历。1985 年毕业于华中工学院（现华中科技大学）计算机系，现任武汉市信息中心（武汉市互联网舆情研究中心）政务网络部主任

二 主要成绩

崔新强同志自担任武汉市信息中心政务网络部主任以来，团结同事，勤奋工作，事无巨细，带领部门工作人员扎在项目建设第一线，从项目立项、需求分析、概要设计到最终的项目验收都亲力亲为。在从事电子政务行业的 30 多年时间里，崔新强同志始终保持艰苦朴素的工作作风，廉洁奉公、一心为民、踏实干事，采取各种办法把各个电子政务的具体项目落到实处，在项目的建设过

程中不断推动武汉市电子政务工作向前发展。

全力推进市财源信息共享平台建设

按照市政府的部署和市财源办的具体工作要求，崔新强同志带领项目组成员扎根项目建设第一线，该共享平台主要围绕市财源办、市国税局和市地税局的应用需求，实现了19家单位共享数据的展现、清洗、比对和分析功能，具备数据比对与清洗系统、数据清册、数据匹配、税户比对、户籍分析、税源分析、税基分析、绩效考核系统8大基础应用，以及资源目录、重点行业、重点企业、重点项目、辅助决策、大数据分析、一户式查询、在线报送、功能分区9大高级应用。

全力推进市政府公开数据服务网建设

利用云计算、大数据等技术，建成了继北京、上海之后的全国第三个公开上线的政府公开数据服务平台，该平台提供的数据资源达837项，涉及的政府部门有48个。其中可供下载的数据集达到642项，可空间化数据307项，可下载的移动APP与微信应用31项，该项目被评为武汉智慧城市试点项目，被国家权威媒体《电子政务》评估为公开数据最多的政府公开数据平台。

全力推进市政务云（数据）中心平台建设

武汉市政务云（数据）中心采取全国首创的"虚拟化、分布式、软件定义"的政务云架构和建设模式，投资500余万元，就实现市直部门行政审批资源整合与共享，构建起市政务大数据中心主体框架，打破了长期阻滞全市经济和社会发展的"信息孤岛"，开全国电子政务建设之先河。2015年底完成了市政务云（数据）中心管理平台和门户的搭建工作和4大服务功能模块（资源目录服务、共享交换服务、数据辅助服务、监管服务）；完成了平台基础设施搭建和网络互联互通，对全市41个委办局（包含下属二级单位）的数据及近800项共享交换服务事项进行了清理、确认和登记，完成了政务信息资源目录和数据交换体系部署；同步出台《武汉市政务数据资源共享管理暂行办法》，建立起政务数据采集、共享和开放机制，成为全市政务数据采集、共享和开放机制的重要政策文件支撑。

同时，以应用为抓手，边建设边部署，完成了市财源信息平台、云端武汉·一卡通、云端武汉·市民、云端武汉·企业、市工商注册先照后证、市民之家线上线下一体化平台共6个跨部门系统的数据交换，实现了部门间数据共享和有序交换，用"数据跑路"代替市民跑腿，为打造智慧型服务政府提供全面支撑。

张宝庆——潍坊市人民政府副秘书长、智慧潍坊建设办公室主任

张宝庆，1970年出生，研究生学历。现任潍坊市人民政府副秘书长、智慧潍坊建设办公室主任，担任中国通信工业协会物联网应用分会专家委员会委员。

自2006年任职安丘市人民政府副市长以来，特别重视通过建设智慧城市提升城市管理水平和市民生活质量，对智慧城市建设和城市信息化建设等领域进行了较为深入地探索，系统研究了智慧城市建设的理论、方法、路径和模式等，提出了智慧城市建设现

阶段应更加注重市民主体地位和真实感受的观点，主张将"以人为本"的理念贯穿智慧城市建设始终。在具体的应用中，从建设市民智慧意识、智慧能力素质和智慧行为方式入手，创新智慧城市建设模式，组织开发了"潍V"惠民公共服务平台和手机APP门户，将与市民大众息息相关的吃、住、行、游、购、娱等生活场景以及"网上政务厅"等政务服务场景集成于智慧城市手机APP，更加强调市民对智慧城市的应用体验，开创了便民、利民、惠民的智慧城市新模式，推动了智慧潍坊的转型发展和创新发展。

陈伟波——汕头市行政服务中心管理办公室（电子政务管理办公室）主任、党组书记

一　个人简介

陈伟波，1966年3月生，大学学历。1989年6月参加工作，曾任汕头市科学技术局（信息产业局）副局长，现任汕头市行政服务中心管理办公室（电子政务管理办公室）主任、党组书记。

二　主要成绩

陈伟波同志自就任行政服务中心管理办公室（电子政务管理办公室）主任以来，团结同事，勤奋工作，事无巨细，殚精竭虑，在打造"四位一体"政务服务平台，推进综合政务服务体系建设上做出了重大贡献。紧紧抓住广东省加强网上办事大厅建设和汕头市加快推进行政体制综合改革的契机，以打造"一张网"（汕头政府在线），建设"四个平台"（一楼式物理大集中窗口服务平台、一站式网上办事大厅的网络服务平台、一号式的12345政府服务热线语音服务平台、一体化的公共资源交易平台），擦亮"六块牌子"（市行政服务中心管理办公室、市电子政务管理办公室、市企业投资管理服务中心、市企业投诉受理中心、市公共资源交易管理办公室、市政府12345热线管理中心），实现"四个目标"（阳光政府、服务政府、法治政府、高效政府）为主线；以实施"汕头

政府在线"项目为突破口；以构建行政服务中心长效机制和服务企业长效机制为重点；以创建省级文明单位为抓手，大力构建"全方位多功能"的综合政务服务体系，取得显著成效。

全力推进"汕头政府在线"建设

结合我市实际，大力推进"汕头政府在线"建设，全面构建"一个网络、两个窗口、三类应用、四项支撑"（统一的电子政务外网网络；市行政服务中心物理窗口、网上办事分厅网上窗口；办公自动化系统、行政审批系统、行政电子监察系统；应用支撑、基础设施支撑、安全平台支撑、运维体系支撑）的电子政务外网。以建设"汕头政府在线"为突破口和重要抓手，将全市97个市直机关和事业单位约4500名公务员的"网上办公、并联审批、电子监察、政民互动、公共服务"等业务，汇集于全市统一的电子政务网络平台，推进我市阳光法治服务政府建设。

全力推进市行政服务中心一楼式服务平台建设

市行政服务中心面向公众提供一楼式物理大集中综合服务平台，进驻单位56个（其中审批责任单位50个，便民服务单位6个），进驻事项666项。以创建省文明单位为抓手，着力完善便民利民服务措施和办法，进一步发挥市行政服务中心在服务公众、服务企业、促进经济发展方面的作用。

一是加强组织建设。创新组织管理模式，在服务大厅成立7个临时党支部，深化创先争优工作，采取设立"党员先锋岗"，亮工作牌、服务卡、服务承诺书等方式，实施亮牌上岗方式等多项具体措施，发挥支部党组织的战斗堡垒作用和党员先锋模范作用，促进整体服务质量和服务水平的提高。

二是加强制度建设。实行"五统一、六公开、七制度"（五统一：统一形象设计，统一实行政务公开，统一行为规范，统一接受监督，统一检查考核。六公开：公开办事内容、公开办事依据、公开申报材料、公开办事程序、公开办事时限、公开收费标准。七制度：首问责任制、受理回执制、一次性告知制、限期办结制、服务承诺制、办理业务"一事一评"制、电话回访监督制），使行政审批行为公开化、有序化、标准化。建立健全窗口工作例会制度、《窗口绩效考核办法（修订）》、《窗口巡查制度》、《考勤管理规定（试行）》、《值班长制度（试行）》、《短信通报制度》、《电话回访监督制度》等，进一步加强窗口管理，规范窗口的服务行为。

三是加强文化建设。举办"汕头道德讲堂"、联欢晚会、摄影比赛、乒乓球比赛、学习沙龙、读书赠书、文明礼仪知识讲座、声乐培训等，提升干部队伍综合素质；组建志愿服务队开展"全市清洁日"等志愿服务活动，组建合唱、摄影、登山、羽毛球、乒乓球、篮球、舞蹈7个兴趣爱好小组，开展摄影技巧讲座、户外运动知识讲座、声乐培训等业余文体活动。通过创建文明单位这一载体，凝聚人心，激发活力，树好形象。通过加强组织、制度、文化建设，有力地促进了各项业务工作的开展并取得较好成效，多个窗口及工作人员先后获得"'依法行政、文明服务'示范窗口"、"工人先锋号"、"党员先锋岗"、"巾帼文明岗"、"优秀共产党员"等荣誉称号。

全力推进市公共资源统一交易平台建设

按照市委、市政府关于公共资源交易体制改革的工作部署和要求，专门成立市公共资源交易工作委员会，研究并全面推进公共资源交易平台整合，构建"审管分离、决策层和实施层分离"的机制，并挂牌成立市公共资源交易管理办公室，积极牵头组织筹建市公共资源交易中心，对市政府采购中心、市土地与矿业权交易中心、市产权交易中心及市建设工程交易中心现有情况进行调查摸底，草拟了《汕头市公共资源交易中心组建方案》；研究起草了《汕头市公共资源交易监督管理暂行办法》（征求意见稿），就项目单位、竞争主体、中介、专家成员的行为以及投诉处理、标后监管等进行规范，加强对我市公共资源交易活动的监督管理；逐步落实"脱钩""剥离"工作，确保组建期间交易工作有序运作。目前，我们正按照"整合资源、因地制宜、循序渐进"的总体思路，抓紧建设好"一库两系统三平台"：统一评标专家库、网上网下两个交易系统、信息发布平台和交易管理平台以及信息服务平台，积极推进公共资源交易机制创新。

全力推进市 12345 投诉举报平台建设

根据市委、市政府整合全市非紧急类政府服务热线，建设集办事咨询、社会救助、投诉举报、意见建议为一体的"汕头市12345 投诉举报平台暨汕头市政府 12345 服务热线"的工作部署，全力推进全市统一的综合语音服务平台建设。与有关部门通力协作，按照"实行'一号对外'、推行'两

级管理'、打造'三层网络'、建设'四个平台'、制订'五项规范'"的总体内容进行组织建设和运行管理。一是除 110、119、122、120 等报警和紧急救助热线以及纪委、检察院、法院的举报投诉电话外，全市各政府部门对外公布的各类咨询、投诉、举报电话约 70 条热线，分批整合到 12345 热线，统一接听社会公众反映诉求、统一向社会公众反馈办事结果。二是在决策层面成立市政府 12345 热线管理委员会，执行层面设立市政府 12345 热线管理中心，推行"两级管理"。三是逐步打造市级部门共同参与的横向工作网络、区县政府共同参与的纵向工作网络、社会公众共同参与的社会监督网络"三层网络"。四是统一建设话务平台、指挥平台、监督平台、信息平台"四个平台"。五是建立健全办事咨询类、社会救助类、意见建议类、投诉举报类和其他事项五类"办事规范"。

陈冬梅——兰州三维大数据标准化研究院院长

一　个人简介

陈冬梅，1963 年 10 月生，1994 年 4 月入党，曾先后担任兰州市七里河区西湖街道党工委书记、兰州市委副县级组织员、兰州市三维数字社会服务管理中心主任等职务，现任兰州三维大数据标准化研究院院长。先后荣获 2011 年全国优秀党务工作者、2009 年全国三八红旗手、2010 年甘肃省优秀思想政治工作者、2012 年甘肃省科学技术进步二等奖、兰州市科学技术进步一等奖、2008 年兰州市十大优秀女性。2013 年当选为党的十八大代表，先后参加了党的十八大和党的十八届三中全会。

二　主要成绩

陈冬梅同志在基层工作 20 余年，对于群众的所想、所盼以及开展基层工作所面临的瓶颈性问题都有深刻认识。她在兰州市西湖街道担任党工委书记期间，同街道工作人员根据街道社区实际需要，创立了全国党建惠民品牌"民情流水线"工程，并建成了"夕阳乐餐桌"、"四点半工程"、"一元钱爱心党费"、"残疾人温馨之家"等一大批惠民工程，研发了全国首家三维数字社会服务管理系统，建立了四级平台管理、六级网格服务和六位一体网格化管理的政府社会服务管理新模式，担任了国家工信部信息化社会服务管理行业标准主要起草人，获得了国家、省、市多项科技成果，受到了中央、省、市各级领导的高度肯定和辖区群众的广泛赞誉。2013 年，习近平总书记和全国政协主席俞正声同志曾先后专程到兰州实地调研，陈冬梅同志专门汇报了"民情流水线"工程和三维数字社会服务管理系统建设情况，得到了高度评价和充分肯定。国家副主席李源潮同志在担任中组部部长时也对"民情流水线"工程和三维数字社会服务管理系统的建设专门做了批示。

三维数字社会服务管理系统按照"四级平台管理、六级网格服务"的社会服务管理新思路，搭建了集电子政务、电子事务和电子商务为一体的大数据服务管理平台，整合了兰州市现有各类政府数据信息资源，建立了纵向贯通市、区、街道、社区、网格、楼院，横向覆盖市、区各部门的联动联网运行机制，将城市的地理地貌立体、直观、动态地展现出来，建立了一个规范、统一、共享的数据管理与信息服务系统。

建立了民生服务平台和社会管理平台。民生服务平台通过 12345 民情通呼叫服务热线、三维服务网、网上信访、社区频道、虚拟养老院等多渠道、多层次为市民提供全天候、全方位、全程式服务，可实现网上办事、咨询查询、网上信访、社区服务、家政服务、电子商务等各类服务，同时利用微博、微信公共平台、党员短信平台、党组织信箱和群众"留言板"等平台建立党员服务群众的互动交流平台。社会管理平台主要把城市社区管理、综合治理、应急管理等工作全部纳入网格化管理，实现了社会管理的层级化、网格化、常态化和制度化，通过对常住人口、流动人口、失业人数、治安案件数、信访案件数等信息的实时分析，为基层工作人员提供方便、快捷的第一手基础信息，为全方位搞好各类服务管理提供了科学依据。

信息共享的大数据库。在长期的基层工作实践中，针对"户口管人、管不住，传统办法、管不好，群众心中有怨气、干部受累又受苦"的情况，按照以房管人为主、以户籍管人为辅的理念，建立了实有人口和实有房屋的数据库，将兰州市 380 余万人纳入平台管理，实现了"双实"动态化和三色房态图清晰化管理。同时，建立完善了涵盖全市所有企事业单位和经济法人、个体经济组织的经济法人数据库。此外，通过建设了兰州市 2 维、2.5 维、3 维和实景 3 维地图空间地理和信息数据，并通过大数据中心同各部门数据信息进行实时比对和大数据分析，实现了地理信息与人口信息、单位信息、视频监控、城市管理部件及业务工作的互联互动和数据共享，为政府决策提供了数据支持。

实现了语音资源、视频资源、业务工作和数据资源的整合。整合资源、减少重复投资、重复劳动、实现信息共享、提高工作效率是民情流水线工程的出发点，整合了全市 47 部公共服务热线和生活服务热线，建立了民情通呼叫服务中心，实现了 12345 一号受理，分级办理、各级联动、方便市民的服务管理模式。让人民群众都能够通过拨打 12345 民情通热线，享受全方位、热情周到的政务服务和生活服务；为了解决视频监控资源各自为政等问题，将公安、城管、交通、环保、安监等5万多个视频监控探头进行了"五网合一"，实现视频资源的共享共用；将市、县（区）、街道（乡镇）、社区（村）300余项业务工作按层级服务管理权限统一整合于20＋N工作模块，形成了一体化、智能化的工作系统，各级各部门既可以在统一的大平台上互联互通、资源共享，又可在各自的平台上开展业务管理服务；为了解决长期以来各部门多头管理，信息采集口径不一等问题，将全市各业务部门的信息数据通过三维数字社会服务管理系统进行统一整合，规范了数据采集口径和标准，实现了信息的统一采集、统一维护、统一共享和分类汇总统计，有效地提高了工作质量和效率。

实现了在服务中实施管理、在管理中搞好服务的工作理念。通过多层次、全方位的服务，不仅比较好地满足了群众的利益诉求，而且针对全市的重点工程、重点部位、重点场所、重点人群等也进行全方位监控管理，将重大决策、重大政策、重大改革、重大建设项目、重大民生项目列入风险评估范围，

通过建立一整套信息化风险评估的预警机制，做到科学预防矛盾纠纷、及时发现矛盾纠纷、合理处置矛盾纠纷，及时化解矛盾纠纷。通过对市、区、街道、社区、网格、楼院六级海量信息的自动抓取、清洗、分类监测和话题分析等智能处理，实现了舆情的第一时间发现、第一时间引导、第一时间应对和第一时间处理。借助对各种危险源、防护目标、应急队伍和物资的日常管理和对人口、地理等基础信息的即时分析统计，第一时间提供突发事件现场的数据资料，为各级领导的科学处置突发事件提供了决策依据。

制定了国家行业标准。在工信部软件司和甘肃省工信委的大力支持下，在工信部电子标准化研究院的指导下，重点推动了三维数字社会服务管理系统标准制定工作，于2012年10月发布了甘肃省三维数字社会服务管理系统行业标准，2012年12月工信部通过了三维数字社会服务管理系统国家行业标准立项，2015年1月工信部将标准更名为《信息技术　社会服务管理　三维数字社会管理系统技术规范》，标准总则于2015年9月30日经工信部审议通过，已正式发布。

涂毅——柳州市工业和信息化委员会副主任

一　个人简介

涂毅，1967年1月生，广西桂林人，1986年9月加入中国共产党，1989年7月参加工作，华中科技大学电子信息工程专业毕业，研究生学历，硕士学位，高级工程师。1989～2009年先后在柳州市自动化科学研究所、柳州市科学技术情报研究所、柳州市信息产业局工作，2010年至今担任柳州市工业和信息化委员会副主任。

二　主要业绩

打造电子政务公共服务平台。一是建设电子政务外网云平台。柳州市电子政务云平台的建成，为全市各部门、各行业建立了统一、安全、规范、便捷的网络资源平台。目前，柳州市电子政务内、外网接入单位共计185家；外网已完成接入173家，内网完成接入157家。截至目前，共为28个业务系统提供了虚拟服务器资源，使用虚拟服务器

245 台。二是建设大数据信息共享平台。大数据管理平台系统除了人口库外，更按照目前相关行业的标准和需求，丰富了法人库和经济专题库，并建设信息资产登记平台、信息资产展示平台、信息资产发布平台、信息资产服务平台等四个平台，基于 ESB 企业服务总线平台的服务示范、基于柳州政务信息资源门户的应用示范的建设，为全市政务信息打造交换和共享平台。

整合各部门重点应用信息资源。成立各重点应用项目工作组，由科室技术骨干负责项目全面协调推进，充分发挥第三方监理和评测作用，全力保障项目的建设成果。完成了网上办事大厅建设，与自治区审批系统进行了数据对接，目前共有 130 项审批事项已经可以通过网上办理，将按照计划拓展至200 项以上事项的网上审批。深化柳州市网上市民中心应用系统的应用建设，实现住房公积金、社保、水费、电费、联通话费、电信话费、人工医院挂号等服务。

抓好"一张通卡管民生"改革工作。一是不断扩大项目覆盖范围。目前柳州市民卡数据采集量突破 130 万张，应用覆盖公交、水上巴士、出租车、图书馆、菜市场、商户等多个行业。二是加强对市民卡工程的规范管理。制定市民卡数据采集工作管理办法、市民卡公司业务推进例会等规章制度，借鉴

先进地区的运行模式对"一张通卡管民生"项目进行优化改革。参考《非金融机构支付服务管理办法》等法律法规，征求相关金融机构意见，对项目在商业支付领域、机构运营、信息安全和监管风险处置等方面进行了科学论证和安排落实。三是打造市民卡服务体系。打造市民卡官方网站、公众微信号、服务热线、市民卡便民服务中心等项目，实现服务下基层，为市民提供自助缴费、医院挂号、健康服务、环保体验等各类服务。

建设市内免费无线 WiFi 项目。目前已经完成 2500 个无线接入点的建设，覆盖地点包括公园、广场、机场、车站、政务服务大厅、医院、宾馆（饭店）、重点商圈等。为了配合免费无线 WiFi 的使用，还开发了集多种便民应用为一体的无线 WiFi 专属APP。目前每天登录用户数量约 10 万人次。

抓好社区综合服务中心建设。按照柳州市政府为民办实事项目要求，在市内科学筛选 12 个示范社区，通过加强协调、调研，解决社区业务应用中的各平台互联互通、选点布局以及硬件搭建等难题。在社区层面拓展建设了基于信息技术、物联网等新技术支撑，涵盖社区党建、社区动态、党风廉政、便民服务等 15 大系统模块的智慧社区管理服务平台，在百姓家门实现政府不同部门异构系统间的资源共享和业务协同。

推进智慧城市顶层设计和横向协调工作。一是按照《柳州市 2013～2015 年电子政务公共服务体系建设发展计划》的目标要求，开展财政资金投资信息化项目审定工作，从全市申报项目中筛选 17 个项目进行财政资金支持建设。二是牵头完成柳州市智慧城市顶层设计编制工作，根据信息化管理职能，参与讨论修改智慧城市项目申报流程。积极指导各部门开展智慧城市项目申报，今年以来共推荐市民卡工程、智慧城市门户 APP、无线 WiFi 安全管理、智慧社区信息化管理平台等五个项目。

三　获奖感言

非常感谢电子政务理事会给我这个荣誉，这也是对柳州市电子政务工作的肯定。

在柳州市委、市政府的重视和指导以及相关部门的大力支持下，我们的电子政务工作取得了良好的建设成效。在此，向一直关怀和支持电子政务工作的领导和同志们表示衷心的感谢。

张世全——宜昌市智慧城市建设办公室副主任

张世全，中共党员，现任宜昌市智慧城市建设办公室（电子政务办公室）副主任，分管综合管理科、网站与信息公开科。

2007年开始从事电子政务工作，主要负责"中国宜昌"政府门户网站及市县政府网站群的建设与管理，以及全市政府信息公开工作的部署指导与检查督办。2008年以来，市政府网站连续多年排名湖北省政府网站绩效评估市州第一；中央人民政府门户网站发布的"2015年中国优秀政务平台推荐及综合影响力评估结果通报"，中国宜昌网在全国地市级政府网站中名列第三，获得

中国政务网站领先奖；政风行风热线、政府信息公开、市民 E 家等栏目被电子政务理事会评选为精品栏目；先后获得中国政务网站优秀奖、新媒体融合发展领先奖、政府网站政务微博卓越奖、政府网站新技术应用优秀案例、中国政府网站新媒体传播力湖北省地市政府网站第一名、湖北十大便民政府网站等多项殊荣。

参与重大项目建设。负责宜昌市公务员办公门户平台开发与应用推广，获得2012年电子政务创新应用奖、宜昌市科技成果推广奖二等奖。宜昌市大综合电子监察平台、建设行业综合监管系统、公共资源交易管理系统获得中国电子政务优秀案例奖。

加强制度体系建设。先后组织宜昌市电子政务应用系统管理办法、电子政务服务外包项目管理办法、电子政务工程项目组织管理规范、电子政务及政府信息公开工作绩效考核细则等20多项制度的制订，在实践中不断探索完善统一规划、统一建设、统一招标、统一监理、统一验收、统一资金拨付"六统一"的项目建设管理机制，促进了宜昌电子政务"大统一"模式的形成。

周杨——亳州市网上办事大厅管理
中心副主任

周杨，1980年出生，中共党员，计算机应用专业，本科学历。亳州市网上办事大厅管理中心副主任，曾任亳州市谯城区人口计生委副主任。

为进一步解决群众办事难、办事不方便的问题，亳州市以简政放权、创新监管、提升服务为核心，以政府权力清单为基础，以信息化技术为支撑，积极运用"互联网+"思维，创新政务服务模式，周杨同志作为亳州市信息局的业务骨干，主持建设了集信息公开、网上办事、效能监察于一体的"互联网+政务服务"新平台——亳州市网上办事大厅和相关业务支持系统，实现了"群众点键，数据跑腿"，取得了良好效果。

主持建设网上办事大厅。在"四个清单"的基础上，推进行政审批改革，将网上可办理的行政权力和公共服务事项全部入驻网上办事大厅（共6956项，其中行政权力事项5834项，公共服务事项1122项），全面公开办事要求，规范审批操作流程，实现在线申办和网上监察追责，做到行政权力运行流程的规范化、程序化、法制化。亳州市网上办事大厅自上线运行以来，累计受理申办事项123.4万件，获得群众的一致好评；亳州的探索经验获得《人民日报》、中央电视台、新华社、中国经济时报等50余家媒体报道，中央编办多次来亳州调研并在全国推广。统筹建设全市数据中心。积极利用大数据和云计算技术，建立数据标准体系，分类整合各业务系统数据资源，汇集46个单位507类10.2亿条数据，统筹构建人口数据库、法人数据库和电子证照数据库；坚持"集中建设、授权使用"，统一搭建服务平台，实现全市的数据"一数一源、动态共享"，保障数据信息及时准确；推进数据关联应用，强化数据安全保护，着力保障数据安全和用户隐私。构建全市协同办事体系。围绕群众办事需求，构建"横向到市县（区）直部门、纵向到市县（区）镇村"的四级协同办事体系，大力开发网上办事大厅手机APP版，在全市1341个社区（行政村）和市外亳州籍务工人员集中地点（如义乌）设立代办点，解决偏远地区上网难、部分群众不会上网问题；推行网上办事证件免费邮寄，确保市域内群众"足不出户、足不出村"就可以办成事、外出人员和市外投资者远在千里之外也能办好事。建立监察考核体系。建设电子监察系统，对每个审批事项进行全过程实时在线监察，通过网上办事大厅的提醒、预警、超时警告等自动提示功能，对违规审批及时纠错，确保权力运行公开透明、网上留痕、全程监控；加大考核力度，对各部门事项进驻率、限时办结率、网上办理率、证件邮寄率等指标实行周通报、月考核制度，确保工作扎实推进。

获奖感言

非常感谢电子政务理事会授予我这个奖项，这不仅仅是给予我的个人荣誉，更是对亳州市网上办事大厅工作的充分肯定。亳州市网上办事大厅工作能取得今天的成绩，得益于亳州市委、市政府对"互联网＋政务服务"工作的高度重视，得益于上级有关部门的大力支持，得益于全体同仁的勤奋工作、团结拼搏，更离不开的是全市行政审批人员和广大人民群众的信赖和支持。在此，我向长期关心和支持亳州市网上办事大厅发展的各级领导、各位同志和广大群众表示由衷的感谢。下一步，我们将继续完善系统功能、丰富办事内容、优化操作流程，为全市人民群众提供更加方便、快捷的政务服务。

白芮——北京市经济技术开发区
国家税务局征管科（主任科员）

白芮，1969 年 2 月生，现为北京市经济技术开发区国家税务局征管科（主任科员），上挂市局信息中心工作。

2015 年 3 月，北京国税局成立优化税收征管办公室，本人作为主要骨干力量，参与了优化税收征管体系建设，主要负责有关征管优化工作需求采集整理、确认技术实现方式手段、协调业务部门等工作。具体参加了网上税务登记变更、自动催报催缴、一般纳税人网上登记、增值税网上备案、非正常批量处理、"票 e 送"发票直送项目。其中，作为"改革发票领用模式，推行现代物流配送"，后被命名为"票 e 送"的项目负责人，圆满完成了项目建设，现已上线。

通过这一年来的整体征管优化工作，顺利攻克了多项征管流程优化工作，实现网上变更登记改造，一般纳税人资格申请，增值税、所得税多项网上备案工作，打造了具有北京特色的网上配送发票新模式（票 e 送项目）。为实现最大限度地减轻纳税人负担，最大限度减轻税务人员压力，实现征纳双方双减负的优化目标贡献了自己的力量，荣获 2015 年北京国税局三等功称号。

胡斌——南昌县经济信息中心网站科科长

2014 年南昌县人民政府网站建设项目；

2014 年南昌县数字城管建设项目；

2014 年南昌县移动政务平台建设项目；

2013 年南昌县中心机房建设项目；

2012 年南昌县统一电子政务平台建设项目。

胡斌，1986 年 4 月生，现任南昌县经济信息中心网站科科长，负责南昌县人民政府的网站建设、电子政务项目建设以及县信息化建设，南昌县有关信息化的各项工作成绩突出，多次受到国家、省、市表彰。

主持项目成果

2015 年南昌县政务服务网建设项目；

2015 年南昌县城市路灯智能监控系统建设项目；

2015 年南昌县文明网建设项目；

2014 年南昌县办公自动化建设项目；

所获奖项

2015 年政府网站政民互动类精品栏目奖；

2015 年荣获江西省电子政务创新服务先进单位；

2014 中国政府网站绩效评估活动荣获"政府透明度领先奖"；

2014 年政府网站网上办事"精品栏目奖"（政务服务专栏）；

2014 年度江西省信息技术应用先进单位；

2013 年电子政务"优秀案例奖"（南昌县统一电子政务平台项目建设和实践）；

2013 年中国特色政府网站评选活动荣获"服务创新奖"；

2013 年度江西省信息技术应用先进单位；

2013 年南昌县人民政府网站荣获南昌市优秀政府网站；

2012 年荣获江西省政务综合优秀奖。

连中峰——郑州投资控股有限公司副总经理

连中峰，郑州投资控股有限公司副总经理。2015 年初，随着"大众创业　万众创新"被写入"政府工作报告"，随即在全国范围内掀起了"双创"热潮。郑州投资控股是郑州市三大政府性投融资平台之一，作为负责公司投融资部的主要负责人，连中峰深入学习国家相关文件精神，按照市委、市政府整体部署，结合郑州投资控股定位和业

务特点，聚焦"互联网＋"领域，大胆创新，锐意进取。2015年至今先后领导创立河南首家国有控股互联网金融平台——郑投网，河南金电郑投大数据科技有限公司等两家互联网科技型创新公司，在"双创"方面取得突出成绩。

积极学习"双创"内涵，科学规划主攻方向。

"双创"热潮，不是只属于普通大众，对于掌握更多资源的国有企业来说，开拓新领域，引领新产业更是应有之义。

2015年，随着"大众创业 万众创新"理念深入，从国家到地方政策支持也陆续出台，从哪个领域着手，在哪个方向发力，成为连中峰不断思考的问题。

为了确立方向，连中峰积极学习，从"双创"的精神内涵，到郑州市的发展现状，以及国内产业发展的最新动向，他都进行了深入的考察。最终，在大量学习和科学评估的基础上，连中峰从郑州投资控股定位出发，重点结合郑州市发展的未来布局，把"双创"最活跃的"互联网＋"确立为主要努力方向。

连中峰认为，市委、市政府把郑州定位为未来的"国际商都"，从产业发展规律看，以智慧产业为代表的互联网经济必将成为推动产业发展与升级的重要推动力。作为

郑州唯一的政府性产业类投资集团，郑州投资控股有责任，有义务推进新一代互联网技术与经济社会发展各领域的深度融合，引领郑州，乃至整个中原产业发展。

凝聚人才精英，主导成立河南首家国有控股P2P平台。

"互联网＋"是"双创"大潮中最火热的关键词，同样联系面非常广泛，在确立"智慧经济"为主要方向后，选择哪个细分行业做"突破"成为连中峰最关注的问题。2015年，随着国家网络借贷监管政策出台，一度野蛮生长的网络借贷领域迎来洗牌期，一大批不合规的P2P平台陆续被淘汰出局，行业迎来难得的规范发展的良机。连中峰敏锐发现了这一机会，而从郑州投资控股来说，引领全市互联网金融产业壮大，更深层次实现普惠金融，也是肩负社会使命之一。

2015年6月，在郑州投资控股领导层支持下，由连中峰具体负责的河南首家国有控股网络借贷平台——郑投网正式成立。

为了把郑投网筹备好、建设好，成为值得中原人民信赖的企业，连中峰倾注了大量的心血。他耐心细致，一个一个接触，通过多方面的努力，挖掘了大量优秀互联网技术、营销精英加入，其中不少都是在北上广一线城市多年历练的人才。同时，为了公司建设能迅速展开，连中峰牺牲个人时间，加班加点成为日常便饭，多次周末为公司合作奔赴北上广寻求支持。

在他的强力领导下，郑投网建设和发展迅速，仅仅5个月左右时间，就高标准完成了整个技术平台开发，主要对外合作基本完成，形成了一个执行力和创新力都非常强悍的业务团队。2015年12月，郑投网成功上线，宣告了河南没有国有控股网络借贷平台历史的结束。2016年1月，在连中峰的亲自关心和强力主导下，郑投网与兴业银行资金存管协议正式签署，成为中原地区首家，也是唯一一家严格符合国家监管要求的网络

借贷平台，对于净化行业氛围，推进互联网金融规范发展具有重要的指标性意义。

郑投网的横空出世，引起了社会舆论的广泛关注，新华社、河南日报、郑州日报、大河报等社会主流媒体详细追踪报道，同时也给整个中原地区带来了一股互联网金融的新风，受到了广大人民群众的欢迎。另一方面，郑投网的上线，也让广大的河南中小企业看到了机会，一种更便捷、更安全的融资机会。这也正是连中峰一种坚持的理念——让"普惠金融"生根落地。

瞄准产业未来，推动成立河南大数据科技公司。

"大数据"是当下互联网经济中另一个引人注目的焦点，网络海量的存储空间和智能分析技术的进步，给"大数据"经济出现提供了坚实的土壤。但是，目前市场上大量出现的"大数据"公司大多都被传统的互联网巨头把控，出于安全等方面的顾虑，掌握丰富数据资源的行政企事业机关，更愿意把数据交给国有资本背景的"大数据公司"。

郑州市政府非常重视"大数据"产业，2015年在多方评估考察基础上，确定与国内领先的数据公司北京金电联行合作，共同成立我省的"大数据"科技公司，具体负责落到郑州投资控股，连中峰承担了主要的沟通筹备工作。为了落实市政府决策，推进"大数据"公司落地，连中峰跟北京金电联行开展了密集的沟通协调，担负大量工作，结合市政府定位和我省特点，进行了许多制度设计上的创新，在较短的时间内迅速完成了公司成立前的工作。

2015年2月底至3月初，河南金电郑投大数据科技有限公司2016年股东会、董事会、监事会及年度工作会成功举行，连中峰被任命为公司总经理，他牵头制定并报告的公司成立和2016年发展规划受到与会者的高度评价和认同。

目前，连中峰还在积极牵头筹备成立河南的大数据交易中心。在他看来，金电郑投的成立和大数据交易中心建成，将强力促进河南大数据产业发展，为中原经济发展提供强劲的动力。

作为一名国有企业的管理人员，连中锋在"双创"大潮中不断学习，不断突破。他紧紧跟随市委、市政府的战略布局，依靠郑州投资控股的强力支持，在河南互联网经济产业的发展中，思路清晰活跃，工作勤勉负责，取得了丰硕成果。

李响——北京市高级人民法院信息技术处处长助理

李响同志为北京市高级人民法院信息技术处处长助理，注册信息安全专家，主要负责全市法院信息化规划设计、应用调研、项目建设和运维等工作。李响同志围绕法院重点工作扎实开展项目建设：一是攻坚克难，建设了司法公开三大平台。率先在全国法院建成了北京法院审判信息网，多个栏目获得政务网站精品栏目奖，司法公开平台项目获得 2014 年全国电子政务优秀案例奖，诉讼服务栏目获得 2015 年度政府网站精品栏目奖。二是多方联动，完成了执行指挥管理体系建设。全市一体化执行指挥管理系统荣获全国电子政务优秀案例奖，被最高法院确定为全国执行信息化建设的基本模式和典范。三是司法为民，建设了北京法院立体化诉讼服务平台。多渠道实现当事人与法官的"点对点"互通，实现了线上线下同质化、一体化的诉讼服务。四是服务审判，促进了信息化与业务深度融合。审判信息共享应用被北京市经信委选为典型代表，在全市信息化工作会上作经验介绍。李响同志组织编制了《数据运维工作流程与规范》、《数据运维岗位职责及任务分解》等十余项规范制度，还参与编写《北京法院电子政务建设探索与实践》一书，并有多篇文章发表于《计算机世界》等刊物。

陆诚——上海市高级人民法院信息管理处
应用管理科科长

陆诚毕业于解放军信息工程学院计算机系，2005 年取得华东政法学院法律硕士学位。2002 年从解放军总参三部二局转业进入法院，从事信息化工作。

保障审判执行第一要务，提高应用软件智能化水平。

在"统一规划、统一标准、统一管理"的原则指导下，进一步明确需求主导、以用促建、方便实用、互联互通、资源共享、保障安全的应用系统建设思路，开发了一系列服务审判管理、服务法官办案的应用软件。建立法官办案知识支持系统，完成知识库中

上海法院案例、裁判文书、理解与适用文件、审判业务文件、司法建议、审判实践内容整合，为法官办案提供辅助工具。开发移动智能终端办案 APP，使法官办案更加便捷高效。

着力落实司法为民举措，提高司法为民信息化水平。

依托"上海法院门户网站"，构建全方位、多层次、互动式的司法公开服务体系，打造审判流程、裁判文书、执行信息等十大司法公开服务平台。建立 12368 诉讼服务平台，将热线、短信、网络、微信、移动 APP 等应用和窗口服务融为一体，具备联系法官、查询案件、投诉信访、督察考核等 20 项功能。建立律师服务平台。开发上海高院诉讼服务 APP，为当事人提供及时、准确、便捷的移动诉讼服务。

着力拓展司法政务相关应用，提高司法政务管理水平。

完善法院文化网站，建成主题教育实践活动论坛网和党建网站。建设全市各法院网上院史陈列馆，建成"老干部工作管理系统"，完善干部教育培训综合网，开通移动云培训平台，方便干警在线学习和记录考核。

叶文亮——江苏省高级人民法院副调研员

叶文亮，1960 年 2 月生，中共党员，软件工程硕士（在职）。1976 年 12 月入伍。在部队历任战士、副班长、技术员、助理工程师、工程师。1997 年转业到江苏省高级人民法院，从事信息化工作。先后承担江苏法院信息化建设"十五"、"十一五"、"十二五"发展规划的编制工作，负责江苏法院计算机网络建设的组织和业务指导，参与《江苏法院综合信息管理系统》项目开发，荣获江苏省科技进步二等奖。

长期专注于多媒体技术在司法领域的应用研究。率先系统地提出人民法院审判法庭信息化技术平台方案－科技审判法庭系统架构、建设目标、功能需求。制定了《江苏法院科技审判法庭系统建设规范》、《江苏法院科技审判法庭系统远程（网络）应用技术规范》，指导江苏法院科技审判法庭系统建设和应用，以及与看守所、监狱的联网应用。据此，江苏法院实现了犯人不出监狱、犯罪嫌疑人不出看守所、证人和诉讼当事人可在就近法院参与开庭的目标。在司法公开方面，率先提出基于云计算的"因特网＋科技审判法庭"模式，构建江苏法院庭审实况因特网视频直播网。做到庭审现场无干扰、直播内容不失真、直播规模容量可动态伸缩。"因特网＋科技审判法庭"模式已被全国25个省市的法院所引用。

李金铭——浙江省高级人民法院审判管理处主任科员

李金铭，1980年8月出生，浙江省景宁县人，浙江大学计算机科学与技术本科学历。2006年到浙江省丽水市国家税务局工作，2007年9月通过公务员招录到松阳县人民法院，2013年1月调任浙江省高院审管处工作。在工作期间，被列入浙江省国税系统信息化人才库和浙江省法院系统信息化人才库。自行开发了法检信息共享平台、全省司法统计转换软件、浙江法院信息化运维系统、法院诉讼诚信软件等系统，组织参与开发了浙江法院案款系统、浙江法院微信城市服务平台（在第二届世界互联网大会微信城市服务分论坛上，我院被授予"最受用户喜爱政务服务奖"）、浙江法院审务云平台、浙江法院律师服务平台、浙江省政法信息共享平台、浙江法院电子商务网上法庭等系统平台的开发和建设。从事计算机信息化工作曾受到时任浙江省高院院长齐奇同志的批示表扬。曾于2012年荣获全国法院信息化建设先进个人荣誉称号，2014年荣获全省法院信息化建设先进个人，并因信息化工作成绩突出先后两次荣立个人三等功。

张伟——重庆市高级人民法院信息技术管理处副处长

张伟，重庆市高级人民法院信息技术管理处副处长。长期从事信息化建设和应用管理工作，创新重庆法院信息化自主建设模式，助推了重庆法院信息化跨越式发展。

科学谋划，参与了重庆法院重大信息化系统的整体规划、顶层设计和标准建设，确立了以"数据云中心"为核心，以"审判、队伍、政务"为基础，以"服务公众、服务审判、服务决策"为拓展的重庆法院信息化体系架构，实现了信息化建设的标准

化、一体化和可持续发展。

积极作为，指导了全市法院所有软硬件系统的需求编制、架构设计、标准制定、流程功能设计。提出了重庆法院"同一系统、

同一平台、同一标准"的信息化核心建设理念，满足了全市法院动态、实时的信息化管理要求。

服务基层，运用"互联网＋诉讼服务"理念，主持了重庆法院司法公开服务平台、巡回审判管理系统、流动车载法庭、数字巡回审判包、诉讼服务一体机的设计研发和项目建设。解决了法院利用信息化深层次服务当事人、服务一线办案，让老百姓和法官真正体会到信息化带来的便利。

加强管理，制定了重庆法院科技法庭、高清视频会议、远程接访、数字会议等系统的建设标准和管理规范。促进了全市法院信息化建设的标准化、规范化和一体化。

刘琼——新疆维吾尔自治区高级人民法院信息技术处处长

刘琼，1971年2月生，法律硕士，现任新疆维吾尔自治区高级人民法院信息技术处处长。

2014年2月，新疆维吾尔自治区高级人民法院成立信息技术处，负责全区法院信息化工作，刘琼同志由研究室副主任转任信息技术处处长。两年来，信息技术处在高级法院党组的领导和最高人民法院的指导下，确定"统一规划、统一建设、统一推进"的工作思路，以最高法院"服务人民群众、服务审判执行、服务司法管理"为工作目标，强化顶层设计、搭建统一平台、坚持统筹推进、加强监督通报机制，扎实推进新疆法院信息化各项工作。2015年10月23日，中央政治局委员、新疆维吾尔自治区党委书记张春贤和最高人民法院院长周强共同启动了新疆维吾尔自治区高级人民法院信息中心，标志着新疆法院信息化建设转型升级进入了一个新的阶段。2015年，刘琼带领的信息技术处团队荣获新疆高院机关集体嘉奖荣誉。

刘琼同志勤于思考、勇于创新，将"以应用促建设"、"以需求为引领"牢固树立在信息化各项工作中。2016年全区法院各类审判业务培训班将信息化应用能力培养作为必修课程，以提高各族干警的信息化应用能力和水平，来实现让每位干警成为信息化建设的受益者、支持者和推动者。工作之中善于总结经验，先后撰写了多篇调研文章，其中《司法辅助案件纳入审判管理的必要性分析》被《人民法院报》采用，登载于2015年8月26日第八版。

方庆丰——安徽省合肥市中级人民法院书记员

方庆丰，1976年12月生，中共党员，2004年进入法院系统工作，安徽省合肥市中级人民法院信息技术处工作人员。

一　勤于学习，善于钻研

为了跟上时代的发展，方庆丰立足本职工作实际，认真钻研探讨法院信息化为审判工作服务的新形式、新方法。为了促进信息化建设和审判工作的深度融合，他和信息技术处的同志们一起学习信息技术，研究审判业务工作流程，学习工程项目管理知识等等。

二　兢兢业业，乐于奉献

起草了《合肥市法院信息化建设（2013~2015）发展规划实施意见》、《合肥市法院信息化争先年实施办法》、《合肥市法院网络规划调整实施办法》等一批法院信息化建设指导文件，为全市法院信息建设提供建设依据。

三　爱岗敬业，热情服务

在立足本职的同时，与处里的同志分工不分家，在工作上相互配合支持，齐心协力做好信息化工作，在诉讼服务中心建设、执行查控网建设、减刑假释协同办案平台等信息化建设过程中，在诉讼服务网、综合数字办公平台、审判管理系统等应用的推进过程中，主动参与实施，积极建言献策，充分发扬团队协作精神。方庆丰和他的同事们经常五点多钟就要赶到院里，每天都是工作到深夜才能回家，有时连吃饭都顾不上，默默无闻地坚守在工作岗位上。

洪清波——泉州市中级人民法院审管办审判员

洪清波，1975 年 12 月生，西北政法学院毕业。1998 年到晋江法院工作，历任书记员、助审员、审判员、副庭长、副科级副庭长，2015 年 10 月到泉州中院工作，现为泉州中院审管办副科级干部。

一 个人简介

1998 年到法院工作以来，先后在刑庭、民庭、法庭、研究室、诉讼服务中心、审监庭、审管办工作，基本掌握刑事、民事、执行和再审等办案业务。负责过审判管理、诉讼服务、司法公开、绩效考评等综合业务。多次借调参与全省审判管理、廉政风险防控、政务及司法公开等信息化建设工作。对法院各项业务较为熟悉，2010 年以来屡获上级法院各种表彰，其中 2013～2016 年连续四年均获得三等功奖励。

二 学术成果

先后在《审判与法》、《福建审判》等刊物上发表《抢劫与敲诈勒索之区别》、《村委会证明的法律效力》、《银行卡纠纷的法律竞合问题》、《老年职工工伤保护的困境与出路》、《跨域连锁直通平台是对"互联网＋"的创造性运用》等多篇文章。

三 业务成果

2010～2012 年参与设计开发福建法院审判管理系统、廉政风险防控系统、政务及司法公开系统的建设。2015 年参与泉州中院"跨域连锁直通诉讼服务平台"信息化建设，目前该平台已在福建全省法院推广使用，并获得最高院的高度肯定。

岳燕妮——广东省深圳市中级人民法院公司清算和破产审判庭副庭长

岳燕妮，1973 年 3 月出生，中共党员，深圳市中级人民法院公司清算和破产审判庭副庭长。2004～2006 年连续三年获评深圳市委、广东省高级法院信息工作先进个人；2009、2011 年度荣立个人三等功；2012 年获评第四届全市优秀法官。该同志作为深圳法院破产信息公开平台建设领导小组成员，全程主持参与破产信息公开平台建设，发挥了重要作用，做出了积极贡献。

学术成果：《破产审判前沿问题研究》（人

民法院出版社）、《企业破产与重整案件法律适用关键词与典型案例指导》（法律出版社）。

业务成果：深圳中院破产信息公开平台。

一是前瞻调研，有的放矢。该同志积极投身到破产信息平台建设的筹备组织工作，带领调研组进行了严谨详尽的前期调研，制定平台建设的实施方案和实施细则。

二是着力推动，先行先试。在技术框架开发搭建后，该同志及时组织相关人员加班加点完成信息录入，并积极收集相关意见建议，研究解决相关业务与技术有效衔接的问题。

三是认真总结，全面推广。该同志作为全国破产信息平台建设专家组成员，认真总结相关经验提供给最高法院，并针对现实问题提出很多建设性意见，助力全国破产审判的信息化建设。

张军——山西省晋中市祁县人民法院
党组书记、院长

张军，1967年6月出生，中共党员，山西省晋中市榆次区人，研究生学历，毕业于山西农业大学农业经济管理专业，后分别取得山西大学法律本科，中央党校法学研究生学历。1989年7月参加工作，先后在晋中地区农业区划办公室、晋中市中级人民法

院工作。2010年5月，任祁县人民法院党组书记、院长。

该同志到祁县法院工作以来，便提出了"文化建院、制度建院、人才强院、科技强院"的十六字工作方针，尤其注重以信息化建设为平台，运用科技手段助推全院各项工作科学发展，为群众提供更加优质高效的诉讼服务。在他的带领下，祁县法院信息化建设工作从无到有，并不断创新发展，取得了丰硕的成果。在全省法院系统率先建成并投入使用了数字法院2.0版，为下一步打造3.0版智能数字法院奠定了坚实的技术基础。如今，信息化系统已成为全体干警审判、办公和学习必不可少的重要工具。近几年来，该院的审判质量效率考评指标位居全市法院系统前列，先后被最高院命名为"第三批全国法院文化建设示范单位"，被省高院命名为"全省司法公开示范单位"，因司法公开工作表现突出，还被省高院授予"全省法院信息化工作先进集体"。

徐亮——吉林省吉林市蛟河市人民法院副院长

徐亮，1971年5月出生，中共党员，研究生学历，历任蛟河市人民法院书记员、助理审判员、审判员、民一庭副庭长、庭长、专职审委会委员，现任蛟河市人民法院副院长。

作为全省"电子法院"的基层试点法院的分管院长，能够站在战略和全局的高度，认真贯彻省法院电子法院建设部署要求，积极探索、勇于创新，从最初尝试网上立案开始，每一步都坚持高起点谋划、高标准实施、高水平推进电子法院建设，在全省率先完成并开通电子法院。建设完成了集数字化法庭、数字化审委会、网络视频接访、远程视频提讯及无纸化网上办公为一体的信息网络化应用体系，实现了网上立案、网上阅卷、网上电子送达、网上签发文书、网上公布裁判文书和庭审同步录像以及电子卷宗归档，做到所有审判、执行案件从立案到归档全部实行电子网络系统化管理，为构建"开放、动态、透明、便民"的阳光司法机制提供了坚强的信息化保障。省法院院长王常松在蛟河调研时指出，蛟河法院电子法院建设工作走在了全省乃至全国法院前列。吉林地区法院系统推进信息化建设现场会、全省电子法院现场观摩会先后在蛟河法院召开。徐亮作为基层法院代表在全省政法机关信息化现场会上介绍工作经验。省内外44家中级、基层法院322人来院参观学习，起到了典型示范作用。

姜欣方——黑龙江省鸡西市鸡冠区人民法院党组成员、 审判委员会专职委员

姜欣方，1968年出生，中共党员，大学本科学历，1995年进入法院工作。从2012年开始一直负责鸡冠区法院信息化建设工作，现担任鸡冠区人民法院党组成员、审判委员会专职委员。

姜欣方自入院以来，历任书记员、助理审判员、审判员、少年庭副庭长、办公室主任、审判委员会专职委员等职务。先后被评为鸡西政法系统先进个人，鸡西法院优秀干警，全省法院先进个人，优秀公务员等荣誉称

号，具有较高的思想觉悟，较强的司法服务能力，同时具有丰富的审判工作经验，并对计算机等方面有着深入的研究，是一名能够全方位驾驭法院各项综合性工作的杰出人才。

在"互联网＋"时代，他敢于冲在最前面，通过信息化这个载体延伸司法服务，创新司法理念，树立大数据理念。他立足于实际，不断在实践中总结经验，带领技术人员解决了全院281项技术难题，先后引进了40余款信息化应用系统，服务于法院工作的各个方面，形成了鸡冠区法院"审判科技化、管理智能化、办公集约化、便民高效化"的信息化应用格局。他一直坚持高起点、高标准、高效率、高质量的建设原则，完成了鸡冠区法院数字法庭、信息集控中心与执行指挥中心的重大建设项目，并后期不断进行升级改造，满足了公众与司法的需求，受到了省市区领导的肯定以及社会各界的好评，2015年，鸡冠区法院信息化建设被省高院授予"二等功"的荣誉称号。

湖南美音网络技术有限公司

一　企业概况

湖南美音网络技术有限公司，成立于 2008 年，注册资金 1001 万元，核心业务包括信息系统规划设计、系统集成、运维管理、设备维保、机房远程值班、网络舆情监测等服务。

美音致力成为一家专业的 IT 服务提供商，从企业治理、组织文化、管理体系、服务标准、知识管理、创新机制和培训体系等方面，全面打造企业的核心竞争力。

美音以"家文化"为纽带，以"诚信、创新、专业、服务"为核心价值观，营造讲究诚信、追求专业、崇尚创新、热忱服务的企业文化精神。

美音一直致力于 IT 服务管理体系的建设，不仅努力打造专业的管理团队、技术团队和服务团队，还率先开展对 TIL 服务管理理论的研究，并结合多年的 IT 服务实践，构建自己的 IT 服务标准体系。

通过多年的努力，美音赢得了客户的口碑，获得了市场的回报，成为一个受人尊敬的专业的 IT 服务企业。我们还希望通过自己的坚持，不断提升 IT 行业的服务管理水平，努力改变 IT 服务行业的弱管理面貌。

二　美音 IT 服务管理体系

湖南美音网络技术有限公司一直高度重视 ITIL、ISO20000 和 ITSS 服务管理标准的研究，并从 IT 服务最佳实践出发，根据公司"四化"、"四可"战略，不断完善美音 IT 服务管理体系。

美音 IT 服务管理体系，是由服务战略、服务文化、服务标准、服务组织、管理工具、最佳实践六个层次构成的完整的 IT 服务管理架构。

服务战略。美音的服务战略就是通过"管理制度化，工作流程化，作业规范化，考核指标化"以达到"过程可追溯，结果可展示，知识可继承，模式可复制"的服务管理目标，为用户提供标准化、可追溯、可量化、可改进的专业的 IT 服务，努力成为 IT 服务行业的专业标杆。

服务文化。美音将服务文化视为企业文化的核心组成部分，不断强化服务意识，全力树立服务价值观，将服务能力视为企业的核心竞争能力。

服务标准体系。美音一直高度重视对 ITIL、ISO20000 以及 ITSS 标准体系的理论研究，并结合多年 IT 服务管理实践经验，坚持开发自己的服务标准体系。除了 ITIL 的十大核心流程（服务级别管理、配置管理、事件管理、变更管理、发布管理、问题管理、能力管理、可用性管理、持续性管理、财务管理）之外，美音还开发了一系列的 IT 服务管理规范。如：服务台管理规范、监控管理规范、安全管理规范、供应商管理规范、巡检管理规范、保密管

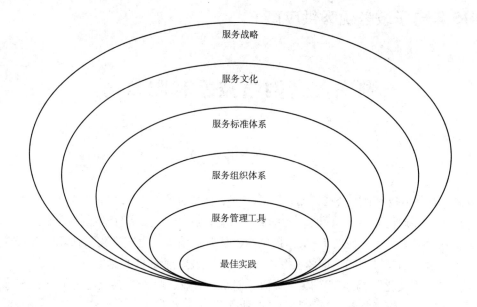

理规范等等。

美音服务标准体系是由一系列的服务管理制度、服务工作流程、服务作业规范、服务考核指标、服务工作手册、服务技术手册等构成的，它们从各个层次、各个方面为服务提供标尺，保证了服务质量。

服务组织体系。根据服务战略目标和运维管理实践，美音成立并打造肩负各种服务职能的高度专业化的管理团队、技术团队和服务团队，如 IT 服务台、网络监控室、技术管理中心、服务运营中心、项目管理中心，为用户提供高度专业化的 IT 服务。

服务管理工具。根据服务管理的需要，美音开发了一系列的服务管理工具，如美音运维管理系统、网鹰网络监控系统、网鹰机房云值守系统以及一系列专业在线维护工具，这些管理平台与专业工具提高了服务响应的速度，提升了服务工作的效率，保证了服务提供的质量。

最佳实践。服务标准的开发与服务体系的构建，不能脱离 IT 服务管理的实践，要从实践中来并且回到实践中去。美音的 IT 服务管理体系是根据戴明质量环的原理，建立了服务改进机制，通过 IT 服务实践，不断发现 IT 服务管理的最佳方法，使得 IT 服务质量能随着实践的深入得到持续地改进和提升。

美音通过打造专业的服务团队、开发完整的服务标准、运用专业的管理工具，在信息系统规划咨询、系统集成、运维管理、第三方维保等方面，为客户提供全流程、标准化、可追溯、可改进的高质量的 IT 服务。

三　企业发展愿景

湖南美音网络技术有限公司致力于成为电子政务、电子商务以及社会信息化的专业服务提供商。希望凭借自己的专业服务能力，推进 IT 服务标准化，塑造 IT 服务的价值，改变 IT 服务行业的弱管理状态。

湖南美音网络技术有限公司还将致力于培训体系的建设，并逐步对外开放，成为一个社会化 IT 服务人才培训基地，向社会提供更多、更专业的 IT 服务人才。

湖南美音网络技术有限公司致力于做一个有远大目标的企业，做一个有文化内涵的企业，做一个有专业精神的企业，做一个有创新能力的企业，做一个有服务能力的企业，做一个有社会价值的企业。

四　发展历程

2008 年，湖南美音网络技术有限公司成立于湖南长沙；

2009 年，自主完成网鹰舆情监控预警机软件的开发，获得计算机软件著作权登记证书及软件产品登记证书；

2010 年，湖南美音网络技术有限公司被认定为湖南省软件企业（双软认证）；提出 IT 运维服务管理外包业务，深入研究 ITIL 运维体系；

2011 年，EWC 授予的质量管理体系认证证书（ISO9001）；

2012 年，获得湖南省安全技术防范行业资质等级壹级证书；同年，"网鹰舆情预警系统 V5.0"和"美音服务台呼叫中心管理系统 V1.0"完成软件著作权登记及软件产品登记；

2013 年，公司获得华为、惠普、H3C 正式授权的认证经销商，与中兴、锐捷、深信服、绿盟、同友等众多厂商达成合作伙伴关系；

2014 年，获得军工涉密业务咨询服务安全保密条件备案证书；

2015 年，推动国产化 ITSS 标准体系的落地，服务管理团队多人获得 ITSS 相关证书；美音 IT 服务管理标准体系完成。

几年来，湖南美音凭借自己的企业信誉、专业精神和服务品质赢得了越来越多的客户的认可，获得了口碑，赢得了市场。

五　典型客户

中国人民解放军国防科学技术大学

湖南省水运管理局

湖南省安全生产监督管理局

长沙市电子政务管理办公室

张家界市政府经济信息中心

中共长沙市委宣传部

中共湘潭市委宣传部

中共邵阳市委宣传部

中共永州市委宣传部

中共怀化市委宣传部

中共张家界市委宣传部

长沙市公安局雨花分局

长沙市林业局

长沙市食品药品监督管理局

长沙市芙蓉区电子政务管理办公室

长沙市开福区电子政务管理办公室

长沙市雨花区电子政务管理办公室

长沙市望城区电子政务管理办公室

长沙市长沙县电子政务管理办公室

长沙市岳麓区信息中心

长沙经济技术开发区管委会

湖南湘江新区管委会

广东亿迅科技有限公司

一 企业概况和战略

广东亿迅科技有限公司（以下简称"亿迅科技"），为中国电信股份有限公司（0728. HK，CHA. NYSE）全资子公司，成立于 2001 年，注册资本 1.5 亿元，并同时挂牌"中国电信系统集成有限责任公司广东分公司"。亿迅科技拥有员工 2000 余人，其中具有本科及以上学历占 82% 以上，总部位于广州市天河区，在北京、深圳、珠海、中山等地都设有分公司及分部，在武汉设有研发中心。

经过多年耕耘与积累，亿迅科技凭借中国电信丰富的网络资源、专业的网络通信与 IT 技术、广泛的客户资源和行业知识，持续耕耘，为中国电信提供了管理信息系统（MSS）、运营支撑系统（OSS）、业务支撑系统（BSS）等运营商级别的系统平台。随着信息行业的快速发展及"互联网+"的兴起，亿迅科技积极谋求转型，将自身定位于中国电信 IT 能力的代表与新兴业务大客户价值经营主力军。通过不断实践创新，亿迅科技逐渐形成了覆盖电信全渠道、全业务核心系统、拥有强大 IT 咨询规划能力、高难度系统集成建设能力、全业务运营服务能力、移动互联网研发运营能力的解决方案供应商和新兴行业信息化服务商，形成涵盖各行业的整体解决方案服务能力。

通过多年专心、专注、专业的信息化建设，亿迅科技在业内外取得多项行业重要资质与资格认定，是国家"高新技术企业"、"双软企业"、"广东省创新型企业"、"广东省工程研究开发中心"，拥有"计算机信息系统集成企业一级资质"、"通信信息网络系统集成企业甲级资质"、"广东省计算机信息系统安全服务资质"、"广东省安全技术防范系统设计、施工、维修资格（一级）"，通过了 CMMI（软件能力成熟度模型集成）5 级认证，通过 ISO9001：2008 质量管理体系认证，连续多年荣获"国家规划布局内重点软件企业"、"广州市重点软件企业"等多项重要荣誉称号。公司现拥有 76 项软件著作权，81 项已申报专利，主持或参与了超过 30 项行业标准。

亿迅科技围绕"聚焦政务行业，致力于做大市场规模，打造行业精品，打造成政务行业信息化专家"的竞争战略，推进积极的人才引进政策，组建行业专家团队，吸引来自埃森哲、IBM、华为等企业的优秀人才加入，优化人才结构，以建设优秀研发能力作为工作重点，推出 Khala、电商 O2O 等多个公共技术架构，重点聚焦政务信息化行业领域，面向电子政务领域客户，推出网上办事大厅、政府服务热线、社区网格化、食品溯源等整体解决方案，并向这些客户推出视频会议、统一通信、多媒体呼叫中心等信息化产品，助力构建服务型政府！

2015 年，亿迅科技研发的"12345 政务服务热线综合管理平台"和"12345 智慧政务大数据平台"在第三届中国（广州）国际智慧城市发展论坛暨云计算与大数据应用大会上荣获"2015 年中国智慧城市大数据创新应用奖"、"2015 年中国智慧城市最具影响力行业应用奖"两项大奖；同年，公司承接的东莞市 12345 政府服务热线和广州市人民政府（企业法人专属网页）在广东省政府网站公共服务程度测评中获得"服务创新奖"；另外，在由《通信世界》主办的 2015ICT 趋势年会颁奖盛典中，亿迅科技凭借"基于'互联网＋'的政务云解决方案"、"网上办事大厅解决方案"、"12345 政府服务热线解决方案"及"12345 智慧政务大数据平台"荣获 2015 年通信及行业信息化优秀解决方案大奖。

亿迅科技在技术创新方面，紧紧围绕"大数据挖掘与应用"、"云计算"、"公共架构"三个领域。大数据挖掘与应用，面向政务热线行业、工商行业、检察院等行业有较好应用，如结合政务热线的大数据应用，通过对热点问题和突发事件进行实时预警分析，及时解决市民关注的问题，提高政府管理水平，科学、敏锐地为政府决策提供参考；云计算，以"能力＋数据＋服务"的建设思路，采用开放式的互联网架构，实现应用数据与业务分离；并利用移动互联网、虚拟化、云存储、分布式云计算等新技术，按照 IaaS、PaaS、SaaS 三层技术架构，打造云计算基础平台，为智慧城市建设和政府管理提供底层支撑，为政府各部门电子政务应用提供统一的应用支撑平台，并在此基础上搭建面向公众的各类政务服务应用。Khala 公共架构，为自主开发的开源技术开发平台，将开源的开发模式引入内部开发模式中，打破组织壁垒，整合公司开发资源，加强公司内部技术合作，促进产品核心技术在公司内的共享，目前已在翼物流、食品溯源、集团 IT 等产品研发中成功应用。

二　电子政务使命

随着信息化时代的高速发展，亿迅科技紧跟国家、省政策发展趋势，从 2012 年开始，深入拓展政务信息化行业，先后打造形成网上办事大厅、12345 政务服务热线、政务云平台等核心产品线，成功拓展广东省、广州、珠海、佛山、东莞、中山、清远、惠州等地市多个政府部门客户，高效助力政府工作职能变革，促进政务公开公正、高度透明，提升政府形象。

亿迅科技在政务行业信息化领域不断深耕，结合广东电信"互联网＋政务"战略部署，树立政务细分领域专业权威，重点打造咨询规划能力、解决方案能力、快速开发能力、服务交付能力，并向公共资源交易、社区网格化、食品溯源等新兴领域拓展，培育出公共资源交易信息化平台、网格化综合管理平台等新兴产品线。

政府网上办事大厅

亿迅科技网上办事大厅是以市民及企业为服务对象，集信息公开、便民服务、网上办理、电子监察等功能于一体，重点突出"办事"和"审批"两大功能，是公众和企业申报服务事项的互联网"窗口"，实现政务公开、投资审批、网上办事、政民互动、效能监察、事项管理、审批、电子证照等功能，支持多种渠道业务办理，包括 WEB、WAP、移动终端客户端、微信、微博、自助终端、ITV 等。通过使用统一认证平台，实现一次认证，多次使用，并支持多种支付方式的在线支付，为广大市民提供安全方便的线上缴费，提高市民、企业的办事效率。同时，市民还可在线办理社保、民政、医疗、户籍、水电煤气等公共服务事项，实现对市民各类信息的统一管理与网络社交。目前，网上办事大厅已经实现省、市、区、街四级纵向联动。网上办事大厅的建成，实现政府"一网式、一站式"服务，打造 24 小时服务的"电子政府"，实现部门间业务高度互联协同和资源共享，推进职能变革，促进政务的公开公正、高度透明，提升政府形象。同时，为市民、企业营造一个方便、快捷、优质、高效的网上办事平台，简化办事程序，节省市民、企业办事成本，是一项惠民、利民的重要民生工程。

亿迅科技承建的广州市网上办事大厅在 2013 年 11 月正式上线，实现了 6710 个政府服务事项进驻办理，共受理行政审批事项 3310513 项，网上办理（含预约）事项 3156391 项，网办率达到 95.3%。其中，广州市企业专属网页荣获 2015 年度广东省政府网站"服务创新奖"。同年，亿迅科技承建的珠海市网上办事大厅在 2013 年 11 月也正式上线运营，实现了 3380 个政府服务事项进驻办理，网办率达到 80%，并在 2013 年 12 月省政府部署的省考中，荣获全省成绩第一。通过网上办事大厅的成功拓展，亿迅科技在行业信息化领域形成一定的品牌影响力。

政务服务热线

亿迅科技致力为政府客户提供最专业的信息化服务，在拓展网上办事大厅的同时，积极探索，成功打造出另一大品牌产品—12345 政府服务热线。12345 政府服务热线是政府行政职能单位和部门的"一号对外"电话服务热线，市民只需记住一个号码，即可咨询、投诉、举报政府所有事项。亿迅科技为政府打造一个集"政务咨询、民生诉求、政民互动、投诉举报、效能监察"为一体的政府服务热线平台，实现与城市紧急救助中心、政务服务中心、网上办事大厅等信息平台的互联互通，为群众提供全方位、多渠道、一体化的政府服务，形成覆盖全市、协调互动、便捷高效、保障有力的政府服务体系。"倾听民声，掌握舆情，精准服务"是亿迅科技政务热线产品的定位，做到精准必须依靠大数据分析技术，通过不断创新，亿迅科技同时推出政务热线大数据平台，市民通过政务热线进行咨询、投诉、举报、建议等事项后，大数据平台对工单文本中关于事件内容、事件分类、关键词、诉求人群等信息进行统计，通过数据挖掘技术，对热线工单进行深入的分析，包括热点问题分析、舆情分析、政效能监控等，帮助政府及时掌握社会民意、反应市民呼声、跟踪事件处理进展、提升社会管理和公共服务水平，提高政府服务效率，助力政府科学决策。亿迅科技已在珠海、东莞等地市成功落地 12345 政府热线项目及大数据项目，并拓展了广东省旅游局大数据、广东省工商大数据中心、东莞检察院大数据等不同细分领域项目。

政务云平台

国家电子政务"十二五"规划纲要指出：适时开展以云计算为基础的电子政务公共平台顶层设计试点，鼓励地方在国家电子政务规划和顶层设计指导下，在现有基础上建设集中统一的区域性电子政务云平台。2015 年初，国务院印发了《关于促进云计算创新发展 培育信息产业新业态的意见》。《意见》提出加大对云计算骨干企业的培育扶持力度，完善云计算市场环境，加大财税政策扶持力度，完善云计算投融资政策和建立健全标准规范体系等七条措施。其实，早在多年前，云计算概念提出之初，亿迅已经开始探索，借助广东电信的优势资源，亿迅政务云平台基于"能力＋数据＋服务"的思路，利用移动互联网、云计算、大数据等新技术，为政府各级部门提供可靠的基础 IT 服务平台，也为自有核心产品 12345 政府服务热线和网上办事大厅提供基础服务平台，政务云平台通过统一标准实现各个政务系统之间的互联互通，避免产生"信息孤岛"和重复建设，节约建设资金，提高政府管理、服务效率，减轻政府运维压力。凭借专业的技术能力、优势的基础资源及安全可靠的架构体系，亿迅政务云项目已经在广州、珠海、佛山、清远、中山、惠州等 6 个地市成功落地。

公共资源交易平台

随着市场经济的逐步完善，社会公共资源优化配置越来越受到重视。但目前分散交易、分散监管的格局暴露出诸多的问题，突出表现为各地公共资源交易市场监管体制不一、交易规则不一。打造统一规范的公共资源"阳光交易"平台，成为推动公共资源交易管理体制改革，建立公共资源交易市场，乃至完善社会主义市场经济体制的必然选择。改革公共资源交易体制，也是维护社会公平正义、改善民生、解决社会矛盾的重要举措。亿迅科技的公共资源交易平台，以建立规范的公共资源交易平台为主线，完善监管体系为重点，依托先进的信息化技术手段，通过"平台＋应用"的建设思路，构建公共服务、交易保障和监督支撑三大核心能力，横向连通省级专业交易平台，纵向连通地市公共资源交易平台，打通若干行政监督部门的监管通道，建成"四位一体"的省、市、县（区）、镇和村五级公共资源交易服务体系，建立统一规范的公共资源"阳光交易"平台体系，为监管部门、主管部门、市场主体、专家、社会公众提供完善的公共服务。统一的公共资源交易网上办事大厅，能够促进公共资源配置、公共资产交易、公共产品生产领域的市场运行机制的完善，推进公共资源交易统一集中管理，实现公共资源交易全过程电子化。亿迅科技已成功落地广东省公共资源交易中心公共资源交易信息化平台项目、珠海市公共资源交易中心公共资源交易一体化平台项目。

网格化综合治理平台

在社区网格化综合管理领域，亿迅科技同样取得了一定成绩。目前的城市，城镇化水平不断提升，为进一步加强和创新社会管理，通过网格化信息系统信息平台，健全服务网络，激活社区资源，强化服务功能，改进和加强城镇社区管理，为辖区内居民提供主动、高效、有针对性的服务，从而达到全面提高公共管理和综合服务科学化水平。网格化综合管理平台是以 GIS 地理信息平台为基础，全面整合与社会管理相关的党政机关管理资源、信息资源以及社会资源，构建统一的综合社会管理信息系统，为领导决策和公众服务打造系统管理大平台。平台运用手持终端、三维地图等领先技术，全面提升网格管理的智能化，即时掌握影响社会和谐稳定的各类信息动态，提供智能分析预警，协助快速决策处置，形成联通共享、全面覆盖、动态跟踪、科学高效的社会管理新格局。实现人口信息、地名地址、事件、城市部件、组织、社情民意等社会管理要素与计算资源、存储资源、通信资源、软件资源、信息资源、知识资源的全面共享；实现政府现有按部门划分条状管理方式向按网格划分块状管理方式转化，解决政府对人、事、地、物、情、组织的精细化监管和政府服务资源的精准化投放问题；实现信息资源的互联互通、共建共享、数据分析全面性，从而达到决策科学化、管理精细化、服务精准化。目前，亿迅科技已成功落地珠海高新区网格化管理项目、中山市古镇综治网格化管理项目。

亿迅科技有限公司始终站在行业前沿，深化改革，创新发展，以市场为导向、客户为抓手、产品为基础、价值为引领，聚焦"互联网＋政务"领域，致力为客户提供最专业的服务！

北京世纪高通科技有限公司

一 公司介绍

北京世纪高通科技有限公司（简称"世纪高通"）是中国领先的出行信息服务提供商，以"提供高效的出行信息服务，让人们的出行更便捷"为使命。公司成立于2005年，隶属于中国航天科技集团公司，依托中国四维测绘技术总公司、北京四维图新科技股份有限公司（深交所股票代码002405）的优势资源开展业务。

作为中国领先的出行信息服务提供商，世纪高通2008年最早实现全国商用服务，拥有来自互联网、企业、行业的海量多源数据，构建了全国最大的实时交通信息服务中心及交通大数据分析平台。目前，高品质出行信息服务覆盖全国100多城市及高速公路，拥有丰田、日产、宝马、奔驰、大众、通用、本田、上汽、一汽、东风、雷克萨斯、英菲尼迪、讴歌、宾利、西亚特、斯柯达、电装、先锋、阿尔派、博世、哈曼、腾讯地图、搜狗地图、百度地图、谷歌地图、360地图、中国移动、中国电信等众多关键客户及合作伙伴，世纪高通丰富、精准的实时路况、事件、预测、停车场、天气、航班、综合换乘等高品质出行信息每天服务于亿万用户。

世纪高通拥有完整、可靠的服务运营体系，通过完备的VOMS监控系统，实现7×24h全自动监控和报警，服务品质遵循国际最严格的质量标准。

世纪高通在交通信息标准和技术领域始终保持领先。世纪高通是交通信息RTIC国家标准的发起单位，并于2012年率先在中国实现国际IP－TPEG标准的高端商用服务。世纪高通拥有数十项核心技术专利，曾出色完成2008年北京奥运会、2010年上海世博会动态交通信息服务保障任务，并承担国家发改委"全国动态导航与交通综合信息服务平台高技术产业化项目"，所提供的服务被国家领导人赞誉为"数字生态工程"。

二 主要业绩及创新点

（一）产品与服务

1. 实时交通流及预测信息

在指定的区域及指定的道路等级上提供交通流信息，系统可提供市内及城际间实时路况信息，司机可随时查看途经道路实时路况信息，提前避免拥堵路段。

实时交通流信息包括：实时信息、短时预测信息和长时预测信息，已广泛服务于奔驰、宝马、丰田、本田、大众等各大车厂、手机及互联网等企业。

2. 事件信息

及时准确地播报、移除影响交通的事件信息，如：交通事故、高速逆向行驶、道路施工（包括限速及施工距离）、道路关闭、危险警示等。

城市内事件满足中、长周期且造成道路通行禁止的情况；区域高速事件满足各周期且造成道路通行禁止，及重大车祸情况。

3. 历史交通信息数据

通过历史交通信息为用户提供诸如出行路线参考、预计到达时间的相关服务。历史数据信息的规格，为指定路段或位置的一周七天、每天24小时的历史平均速度值。主要应用为行车过程中的路径规划里的旅行时间和预计到达时间，同时计算路径引擎采用历史数据计算长距离的动态规划路径。

4. 简易图形交通信息

除传统的交通信息表现形式外，世纪高通还将通过简易图的形式表现以上各种交通信息。简图是通过一张简易图形来提供交通信息的服务，以简单、清晰的图形提供城际高速、城市快递、城市交通要道的实时交通流及事件信息。图形画面整洁、表现内容易于理解、道路清晰易辨。

5. 出行信息服务平台

通过汇聚全国范围内的海量、多源交通出行数据（如实时路况、公交、地铁、航班、油价、交通事件、停车场），构建面向公众出行的智能海量交通数据资源系统，向社会公众提供出行信息服务。服务内容包括：

（1）实时路况服务；

（2）公交换乘规划服务；

（3）驾车路径规划服务；

（4）导航服务；

（5）实时公交到站查询服务；

（6）停车服务。

6. 交通大数据分析平台

世纪高通拥有全国最大的实时交通信息服务中心，日均数据采集总量高达500GB，总数据存储量高达PB级，服务器的处理能力为每分钟处理500万个轨迹。

世纪高通的交通大数据服务平台，由交通数据中心、数据接口、数据产品及服务组成。通过海量数据汇聚系统，汇聚实时交通流、交通事件、交通天气、航班、停车场等交通数据，进行数据处理和转换，存储于数据仓库。同时，实时数据通过分布式数据缓存系统进行缓存，满足实时数据处理和查询要求。历史交通数据与电子地图数据等结合，进行数据的挖掘分析。

世纪高通大数据分析平台既满足支撑政府交通辅助决策、路网运行监测、突发事件应急响应、公众出行信息服务等需求，还能探索商业化运营模式，促进交通信息服务产业链全面形成，推动交通信息服务可持续发展。

7. 四维交通指数系统

交通指数是集交通拥堵空间范围、持续时间、严重程度为一体的综合性数值，交通管理者及交通参与者可以通过交通指数，得到全路网或者区域路网的交通状态，以便及时采取有效措施，减少拥堵的发生。

四维交通指数为政府、行业用户、系统集成商及公众提供出行参考服务。

四维交通指数综合实时指数与历史指数，提供区域交通指数排名、交通与气象、环保交叉关联分析、拥堵成因分析、城市节假日指数分析、交通报告等深入分析。

8. 手机 APP

"路况交通眼"是一款由世纪高通开发的专业的聚合交通信息服务软件，用户可在同一界面直接查看交通流量、交通简图、天气信息、交通指数、打车指数、社区化出行信息服务，为用户出行提供有价值的参考。

（1）为用户提供清晰直观的交通简图，覆盖全国 100＋城市，超过 500 张简图。用户可关注自己感兴趣的简图并与好友分享。

（2）在地图上为用户展现实时路况交通流、实时的用户贡献行驶轨迹和速度，为用户提供真实可信的路况参考；用户可上报交通事件信息、路线规划、用户事件。

（3）为用户提供四维交通指数服务，帮助您了解区域内完整的交通。

（4）为用户提供当前位置打车指数及提供建议打车位置，帮助用户找到方便打到车的地点。

（5）为用户提供实时公交、拼车信息、路况定制等社区化交通信息服务，与好友轻松分享发生在马路上的新鲜事。

（二）产品优势与创新点

1. 精准
○交通信息数据的准确率和覆盖率在国内处于领先地位
○通过多家世界知名厂商的严格测试检验
○实现规模商用

2. 丰富
○中国市场商用服务区域覆盖最广企业
○多种交通信息产品，包括交通流数据、交通事件、历史数据、动态停车场信息、航班、天气、油价等
○多种发布方式，包括广播、移动通信、互联网、呼叫中心等

3. 权威
○自主知识产权的 RTIC 标准为国家推荐标准
○TMC 国际标准组织 TISA 唯一认可的中国交通信息服务提供商
○世纪高通遵循 TPEG 国际标准，并成功实现中国首次商用

4. 领先
○中国第一个互联网交通信息服务应用
○中国第一个电信移动增值业务交通信息服务应用
○中国第一个 PND 交通信息服务应用
○中国第一个车载导航交通信息服务应用
○中国第一个 Telematics 交通信息服务应用

（三）政企业务典型案例

1. 北京市交通委员会公众出行网

北京市交通委员会公众出行网，是北京交委联合世纪高通建设"人文交通、科技交通、绿色交通"北京的一个向公众和企业客户推出的一项智能公共交通信息化服务。服务包含道路实时路况信息、公交地铁换乘、驾车规划、机动车维修企业、出租车扬招站等便民信息查询。

2. 广州交警公众交通信息出行服务平台

公众交通信息出行服务平台集智能交通信息采集、处理、发布、服务为一体的综合城市交通信息服务体系。通过手机、移动智能终端、互联网站等渠道，向公众（出行者）提供交通信息服务，服务内容包含城市道路实时路况、交通简易图、突发事件、道路施工、交管新闻、网上车管等信息服务，引导市民绿色出行，实现间接缓解交通拥堵的效果。

3. 上海交通信息中心大数据服务平台

针对交通规划、综合交通决策、跨部门协同管理、个性化的公众信息服务等需求，研究多源异构交通大数据服务平台的构架，大数据资源的存储、组织、挖掘技术，数据关联分析系统构建，公众交互与个性化出行服务技术，集成化管理和可视化展示等相关技术。交通大数据服务平台支撑下可实现的应用与服务。

（1）公众信息服务。

通过交通信息服务企业，在满足公众出行信息服务基本需求基础上，以多种方式提供公众交互接口和个性化信息服务。比如灾害路径等。

（2）政府决策参考。

城市交通规划、综合交通决策、跨区域综合评估、跨部门协作管理。客流移动与公交运力和线路优化。

（3）科研机构支撑。

不仅可以为科研机构提供用于科学研究的交通数据、数据预处理等基础服务，还具备汇总科研成果，支撑成果转化应用的能力。

4. 交通指数实时监控系统（嘉兴、金华、绍兴、丽水、台州、南通）

本着加快各地市交通智能化的建设，开发符合各地市交通运行指数的计算模型。通过对道路网多层次、时间维度、空间维度的分析，构建并完善交通运行指数系统，支持实时发布城市道路运行状态、统计并定期发布拥堵指标，提供政府和行业管理部门在掌握城市交通运行状况的基础上进行管理决策，同时也可以将成果应用于公众网站，提高市民的出行体验。

5. 苏州交警微信公众号

世纪高通助力苏州交警打造"互联网＋交通"，助力政府公共服务创新，推进智慧城市服务。为苏州市公安局交通巡逻警察支队的"苏州交警"微信公众号推出"实时路况、路况简图"服务。以图文并茂形式提供苏州路况地图、路况快照（视频监控）、路况简图、交通管制、出行指南等交通信息，为公众提供最迅速、准确、实时的路况。

6. 长沙交警出行易 APP

长沙出行易以长沙交警支队现有交通信息为基础，充分融合更多、更丰富的数据源，通过构建交通信息和出行相关信息的采集、融合、处理与服务体系的公众交通信息服务平台，形成可诱导出行的交通信息，综合利用手机发布载体，向公众提供多元化、个性化的交通信息服务。

7. 其他

世纪高通对上海智行者软件的开发并提供技术支持，主要实现用户对上海市路况的整体了解，以简图的形式呈现给用户，方便用户及时掌握市内主要区域的道路状况，可以根据不同的路况优化行车路线，节约旅行成本。当驾车驶入指定区域时，会提前弹出该区域的交通路况简图，并对事件、施工、阻断等信息语音提示，使用户可以提前掌握该区域路况，随时变更行车路线。

世纪高通与北京移动 12580 呼叫中心合作提供实时动态信息服务和公共交通服务查询。由世纪高通组成专门团队提供商务、客服和技术服务，以及系统维护和客户服务保障。自2008 年 1 月北京移动开始营销推广。

三　电子政务使命

世纪高通出行信息服务覆盖全国 316 个城市及高速公路，拥有近 1 千万车辆实时回传数据及 3 千万日活跃用户回传 UGC 数据等海量交通出行大数据，累计 300 亿公里用户行驶轨迹，每分钟采集里程数可绕地球赤道 30 圈，实时、海量、多源的出行数据为大数据分析和挖掘提供坚实的基础，强大处理平台为高品质服务提供重要保障。

世纪高通以创新、高效、认真、团结、追求卓越为企业文化，致力于成为世界一流的出行信息服务企业，让亿万用户便捷、愉快出行。

湖北三峡云计算中心有限责任公司

一　企业概况和战略

湖北三峡云计算中心有限责任公司（以下简称公司）成立于 2007 年 9 月，公司注册资金1000 万，由中船重工七一〇研究所、湖北广电网络股份有限公司、中科曙光信息产业股份有限公司合资组建。是一家集信息系统咨询、信息系统设计开发、信息系统集成实施、IT 运维、数据处理与存储、IT 运营、信息安全及 IT 其他相关服务的专业服务公司，具备为企业、政府等客户提供 IT 投资、建设、运营、链路租用、软件研发为一体服务能力的国家级高新技术企业。公司承建了三峡云计算中心、宜昌电子政务数据中心、宜昌物联网数据中心等项目，是国家高性能计算机工程技术研究中心宜昌实验基地和云计算应用湖北省工程实验室。

公司以"立足宜昌、辐射华中、面向全国"为发展战略，目前已成为宜昌市智慧城市的核心承载平台和动力心脏，为宜昌智慧城市建设提供可靠、强大的服务支撑。公司同时为十堰、荆门提供平台建设及运维服务。

二　公共服务共建成果

（一）最佳实践案例1. 宜昌城市视频监控云平台项目

1. 建设背景

近年来，随着公共安全与社会治理工作的加强，政府各部门都要求按照自身业务需求建立公共视频信息系统，如果各部门分散建设极可能造成的技术标准不一、平台独立、不能互联互通和资源共享等视频信息孤岛问题，同时在基础设施和管理平台上也出现重复投资、重复建设、运维成本高、利用率低等问题，为解决这些难题，宜昌市决定统筹建设城市级视频监控云平台，实现视频信息资源的共建共享。

2. 建设模式

城市视频监控云平台沿袭原有的宜昌市电子政务成熟外包服务经验，采用政府购买服务的模式，前端摄像头和网络接入建设外包给通讯运营商负责建管；管理平台和视频存储由湖北三峡云计算中心负责建设管理，并与专业视频软件公司合作对视频信息按照部门业务需求进行加工处理。通过引入社会资金参与项目建设，有效解决项目建设一次性投入资金过大、专业技术人才匮乏和"重建设、轻运维"等问题。

湖北三峡云计算中心依托原有的电子政务平台，利用云计算、云存储、大数据等理念与技术，通过视频专网汇聚大量的城市视频监控信息，形成全市统一的视频信息资源库；在此基础上，通过智能分析海量视频监控信息，为各部门提供行业服务，成功探索并建立起了城市级视频监控云平台。该平台可实时为各部门提供一体化视频信息的管理、处理、存储、分析、共享和发布等服务。

3. 阶段性成果

项目总体进展顺利，现已完成城市级视频监控物联网核心平台、视频监控云管理、视频监控云处理、视频监控云存储平台的一期搭建工作。平台一期建设规模可承载3000个高清视频监控前端，15天的原始视频信息以及500TB图片及相关信息，共计3.5P存储能力。其中：在城市交通管理应用中，交警路口已实行车牌识别、闯红灯、压线、不按导向行驶、逆行、违章掉头等6种违章智能识别；并实现了违章停车、车辆计数、越界报警、入侵检测、人群集聚等5个智能算法和智能分析应用。2015年，交通违法查处率提高至95%，交通违法同比下降75%。后续将加快城市视频监控云平台的推广及应用工作，并通过智能分析各种视频监控信息，为社会管理、城市管理、道路交通指挥、应急管理等各项智慧应用，提供准确、完整的视频信息。

该项目融合云计算、物联网、大数据技术，服务于城市级视频监控公共服务，解决了视频信息的共建共享难题。其建设和应用模式在湖北省属于首创，也居于全国领先水平。该项目在"第三届中国国际云计算技术和应用展览会暨论坛"（Cloud China 2015）大会上，一举斩获工信部首届云帆奖——"2014～2015年度云计算优秀解决方案/产品奖"。

（二）最佳实践案例2. 宜昌市"市民卡"支撑平台建设项目

1. 建设背景

"市民卡"是宜昌市政府2015重大惠民实事项目，也是"智慧宜昌"的重要组成部分。有助于方便广大市民，改善市民的生活质量；有助于整合政府公共服务资源，节约财政资金；有助于推进宜昌市信息化进程，提升宜昌城市综合竞争力。按照宜昌市政府《关于加快实施信息惠民工程的意见》，2015年底前完成市民卡五卡（社保卡、居民卫生健康卡、就诊卡、金融支付、公共交通）合一，在不改变社保卡卡面信息和原芯片结构的情况下，逐步实现社保、居民健康、医院就诊、金融支付、公共交通等一卡通用。采用另植入一个非接触式芯片，首先实现社保卡、居民卫生健康卡、医院就诊卡、金融银联卡四卡合一，各部门不再单独发卡。要实现以上目标，必须对现有系统进行升级，建设与市民需求相适应的市民卡支撑平台体系。

2. 建设模式

按照"政府管控，市场运维"的原则，在三峡云计算中心成立"宜昌市民卡服务中心"，在宜昌市电子政务办直接领导下，开展市民一卡通的日常运行维护服务。三峡云计算中心负责市民一卡通服务中心日常管理，市电子政务办及大数据管理中心（筹）负责市民一卡通服务中心业务管理。宜昌市市民卡支撑平台项目包括市民卡制发卡系统、卡管系统、卡应用系统等系统；平台建设涵盖核心网络改造、市民卡云平台、数据库集群、数据存储系统、容灾备份系统、网络与信息安全改造等部分。三峡云计算中心先后成立技术保障组、运维服务组、设备供应组对该体系的建设工作进行深入研究，制定出详细的建设运维服务方案，通过建立统一的应用支撑平台，为市民卡制发、卡管理、卡认证、卡应用等业务提供高效的运行管理服务。

3. 阶段性成果

2015年，宜昌市民卡支撑平台的建设和推进工作有序进行，到2015年底已经发卡13万多张。初步实现社保、公交、金融（小额）以及部门三甲医院的一卡通用。2016年底实现市本级全覆盖，并在城区所有公立医院和基层医疗卫生机构实现医保、就诊、健康服务、金融支付一卡通用。

三 企业竞争实力

1. 领先的专业技术实力

公司应用云计算、云存储等先进技术，建设的云计算能力已达到40万亿次/秒，存储能力已达到4P（4000T），核心通道为万兆。搭建了全市统一的电子政务云平台以及视频监控云、医疗卫生云、教育云、企业云等行业服务云平台，政务信息共享平台的功能和容量有了极大的提升，能够为政务、企业和公众提供基础设施服务（IaaS）、平台级服务（PaaS）、软件级服务（SaaS）等便捷高效、安全可靠的一站式云服务。搭建了以空间地理信息数据库、人口基础信息数据库、法人基础信息数据库、城市部件信息数据库、房屋信息数据库为基础的数据中心支撑环境。为宜昌社会管理创新平台以及一百多个电子政务应用系统提供了云运维服务，在全国城市级云计算中心建设中率先实现城市云计算为"市、县、乡、村"四级政府各部门提供应用支撑,为建设智慧宜昌提供核心动力,技术水平在国内处于领先地位。

2. 强大的技术后台支撑

湖北三峡云计算中心是宜昌市电子政务的总集成商和运营商,现拥有电信、联通、移动公司用于电子政务的互联网出口,网络实现电信、广电双回路。宜昌电子政务专网覆盖宜昌市、县、乡、村四级政府,满足4万公务员办公需求。中心机房现拥有 Hyper - V 虚拟平台和曙光云平台并行,共运行了中国·宜昌门户网站群、社会管理创新信息支撑体系及部门应用等近600个虚拟服务器,建立了同城异地灾备中心,确实保障数据的安全。

3. 专业的运维服务体系

作为电子政务基础设施建设和运维管理外包的专业服务商,三峡云计算中心始终坚持"政府主导、市场运作、专业服务"的运营模式,积极探索行业内的尖端技术和创新服务方式,打造电子政务专业运维团队,其专业技术和服务水平始终保持在同行业领先地位。2015年8月,通过 ITSS 信息技术运行维护标准成熟度3级认证。

4. 过硬的综合业务资质

公司及股东公司拥有高新技术企业证书、软件企业认定证书、安防工程设计施工维修 B 类资质、ISO9001 质量管理体系认证证书、涉及国家秘密的计算机信息系统集成乙级资质、计算机信息系统集成三级资质、ITSS 信息技术服务运行维护资质;由公司自主研发的集中监控、社会矛盾联动化解信息管理系统、人口法人信息共享平台、数据备份日志查询软件、等级化考核管理系统、阳光政务信息系统等共16项获中华人民共和国国家版权局颁发的计算机软件著作权登记证书。确保公司能在更多领域满足客户多方面需求,提供整体解决方案的能力。

5. 云计算工程实验室工作情况

2013年,公司实验室被认定为云计算应用湖北省工程实验室,成为省内首家授牌的云计算应用工程实验室。实验室围绕视频云存储、政务云安全与监控、政务大数据与分析三大课题组,开展一系列的云计算关键技术与应用研究。同时,针对视频云监控与管理的特殊需求,公司自主研发的三峡云数据库存储与管理系统、城市视频监控云平台知识库系统、城市视频云摄像头状态监测系统已获取软件著作权,基于云架构的高清视频监控系统、云视频安全接入系统、云平台视频监控核心网系统三项正在申请实用新型专利。

四 发展展望

信息化技术高度集成、信息化资源高度集中、信息化应用高度融合的"大统一"的"云"模式,使得三峡云计算中心在全国所建的城市云计算中心中,应用最多、效果最好,目前已成为全省、全国范围内基于云计算技术和模式的电子政务应用典范,受到了国家及地方政府高度关注及认可,相关服务也在逐步走向全省,面向全国。

未来公司将进一步强化服务和平台创新,围绕运维升级、开发升级、平台支撑升级的"三升目标",不断提升中心的 IaaS、PaaS、SaaS 服务能力,实现从单纯的电子政务云向电子商务云、行业云、城市综合云发展,真正做好宜昌智慧城市的云运维中心和运营中心,着力打造三峡及华中区域的云计算龙头运营企业,为智慧宜昌再添新名片、新亮点。

北京瑞华基业科技有限公司

一　企业概况

北京瑞华基业科技有限公司（简称瑞华基业），成立于 2007 年，注册资金 3000 万元，拥有 ISO 9001 质量体系认证和计算机信息系统集成资质，是一家致力于向行业客户提供信息化解决方案和服务的供应商，并依托系统集成资源向行业客户提供优质产品应用和技术服务，是北京股权交易中心四板挂牌企业（股票简称：瑞华基业；股票代码：099410）。

公司秉承"坦诚、责任、学习"及"务实为基、服务为源、合作共赢"的经营宗旨，恪守"以提升客户需求为本，大力拓展市场和提升服务，为信息化建设做出贡献"的经营方针，通过持续创新发展等战略，全面整合各类资源，凭借对行业和客户需求的深度理解，为客户提供前瞻的信息化解决方案和优质的服务，促进公司可持续增长。公司运营稳定，从 2008 年以来，每年营业额增长 30% 以上，先后在政府、交通、广电、大企业等行业领域拥有长期合作伙伴。

公司结合行业的发展趋势，紧紧抓住"物联网"、"智慧城市"、"节能减排"建设等外部机遇，通过持续强化内部管理创新和优化项目拓展、管理创新来提升竞争力，稳步实施立足现有业务并向自主产品多元化研发的发展战略，力争在五年内成为行业细分领域中优秀的信息化解决方案供应商之一。

在未来发展过程中，公司将基于巩固现有产品与服务优势的基础上，逐步加大重点业务领域的持续投入，充分利用优质产品、技术、人才、管理、经营模式以及现有的客户群体的优势，致力于完善并加强公司核心竞争力，实现公司持续、快速、健康发展，力争销售收入和盈利保持较高速度的增长。

公司秉承创造社会价值、满足客户需求、服务一流的发展理念，始终致力于所售产品和服务更为广泛地应用、服务于各行业和相关领域。致力于搭建值得客户信赖的长期合作伙伴平台。

二　主要业绩及创新点

在电子政务与政府信息化领域，瑞华基业以服务为基础，以华为等主流厂商产品为核心，构建全面的政府信息化综合解决方案，推出一系列政府行业集成解决方案和应用产品，涉及数据中心、智慧城市、智慧城管、高清视频会议系统等方向的解决方案和产品。

（一）主要业绩

1. 基础设施：模块化机房

北京市平谷区信息中心原有机房采用传统设计方式，我们利用搬迁的机会对机房进行整体改造，充分利用新机房可用空间，采用双排密封冷通道的方式部署华为模块化机房，采用一体化设计，高度集成机柜系统、供配电系统、制冷系统、监控系统和综合布线系统。合理设计热、冷气流通道布局，近端制冷，采用行级制冷方式和运行模式，密闭冷通道，比传统下送风方案节省约 30% 效率。采用统一管理平台，具备强大的运维管理能力，实现对数据中心基础设施设备，包括动力、环境、视频、门禁以及网络、服务器、监控等设备进行集中监控和管理。使用户机房能够实现智能、高效的运行，从而降低运维及管理成本。

2. 数据中心

北京市某区统一政务数据中心建设是由该区经济和信息化委员会负责组织建设的 2015 年重点项目，是智慧区县的重点建设内容之一。目前，北京市及各区县政府都在采取建设政务云数据中心的模式，统一为各级政府部门提供政务信息基础设施服务。

统一政务数据中心采用基于云计算、绿色数据中心的新技术，符合当前数据中心建设的主流技术趋势。采用华为 OceanStor 5500 做存储备份系统，建成后的存储系统实现了数据资源的集中存储、智能分析和安全防护，大大提高了信息系统的安全性、资源的利用率及数据的共享水平，有利于推进政务信息资源共享和业务协同，推进电子政务一体化服务体系完善，并为智慧区县建设提供坚实基础。

统一政务数据中心的投入使用，改变了长期以来各单位分散自建机房、建设标准不统一、建筑设计等各项指标无法达到专业机房标准的现状。改变了网络安全防范措施参差不齐、灾备意识薄弱、部分单位运维管理手段落后的问题。同时，也改变了各单位自建信息系统，资金投入大、资源利用效率低、管理成本高的现状。

目前，区园林局、社工委、旅游局、工商分局、政法委等多家单位已经向政务数据中心提出了使用需求，近期将陆续把原有系统迁移至云平台。2016 年我区将有更多的政务应用迁移到统一政务数据中心的云平台，新建信息化项目将统一部署到数据中心。

3. 智慧城管

智慧城管是新一代信息技术、知识社会创新环境下的城市管理再创新，它以物联网、云计算为代表的新一代信息技术为支撑，实现全面透彻感知、宽带范在互联、智能融合应用、以人为本的可持续创新。智慧城管是智慧城市的重要组成部分。

北京市城市管理综合行政执法局在市内重要保障地段部署了智能感知设备，智能识别、立体感知城市环境。本次技术升级，就是为了便于位于室外的高清摄像头通过 4G 网络，进行视频实时回传，清晰定位城市管理问题。工程采用华为工业级物联网关 AR500，通过高速 4G 网络 TDD/FDD LTE 作为数据承载网络，向下自动兼容 3G 网络。现网原有 3G 数据卡可以继续使用，新增的 4G 网络功能，为高清摄像头的使用和高清视频实时回传提供了网络保障。AR500 用无线网络为用户提供长距离数据传输的同时还提供 GPS 定位功能，避免设备因在户外无人值守而出现丢失、损坏的情况。

北京市城市管理综合行政执法局在市内重要保障地段部署华为物联网关路由器后，视频信号能通过 4G 高速回传，有效保障了市容市貌的管理和及时响应。设备本身工业级无风扇设计，也保证了在室外环境下安全稳定运行，让运维人员减少到现场维修、更换的工作量。未来，可以结合华为 AR500 物联网关丰富的外接接口，对接第三方传感器部件，实现数字化感知、预警、应急处理等，使物联网应用更好地为人民大众服务，也使我们的城市更加"智慧"。

4. 高清视频会议系统

质监局原有标清视频会议系统由于使用年限较长，设备老化严重，在使用过程中，经常会出现图像停顿马赛克，双流内容在翻页过程中字体模糊、会议功能单一等问题，且无法实现总局会议高清音视频信号通过本局接收并下发到区县分局，导致标清视频会议系统的利用率较低。质监局采用华为 VP9650 MCU、SMC2.0、TE40、TE30 等视频会议设备，依托市电子政务外网网络平台，建设后的高清视频会议系统，大大提高了质监局用户的办公效率、会议沟通质量，缩减会议成本，满足用户与总局、各区县分局及下属单位召开行政、会商、讨论、培训会议等业务需求，同时实现 1080P 30 帧高清、双流、多画面等功能需求。

（二）典型案例

北京瑞华基业科技有限公司依托多年在电子政务行业的实践经验，结合自身的技术优势，为客户提供了安全、高效的解决方案，在政府、交通、广电、大企业等领域积累了大量的典型案例。主要有以下项目。

文化部全国公共文化发展中心存储设备采购项目，

北京市电子政务云平台互联网云项目，

北京市某区县智能城市运行管理平台项目，

北京市电子政务外网郊区光缆网项目，

新华社国内会议电视项目，

承德中广有线干线网项目，

神华集团朔黄铁路 LTE 项目，

96102 呼叫中心桌面云项目，

神朔铁路信息系统数据自动备份与快速恢复项目，

青岛新奥集团 WLAN 新建项目，

神华肃宁北中心机房改造 UPS 及空调设备采购项目，

……

三 电子政务使命

我们致力于政府行业解决方案和服务，提升快速地交付能力、运维驻场能力、应急处理能力的综合服务实力；以客户为中心，通过信息化服务不断提升客户价值，成为信息资源整合应用的创新者，做政府信息化领域的专家！

我们致力将世界先进的技术实践于政府及行业信息化，建设国内领先、国际一流的信息基础/应用设施。助力政府及企业制定战略、优化流程、集成系统、促进创新、提升效能，实现基业长青！

北京润天世纪科技有限公司

一 企业概况和战略

北京润天世纪科技有限公司（简称润天世纪），成立于 2003 年，公司秉承以"客户为中心，信誉第一，服务至上"的宗旨，公司深刻理解信息行业的以客户为中心的要义，即站在客户的角度去理解客户所关心的问题才是公司生存发展之道。成立伊始即以计算机设备及网络工程为主营业务，在多年经营过程中深切感到，产品与解决方案的销售对于客户来说仅仅完成了部分工作，真正问题在后续的交付与使用过程中。所以一支专业的服务团队对于公司的业务来说有重要的意义，因此，除了不断投入加强售前、售后人员的技术培训外，更采取"引进来，走出去，多实践"，不断提高公司的技术水平，进一步加强全体员工换位思考的工作意识，增加与客户的黏度，牵引业务持续不断的增长。

润天世纪作为华为分销北京区域的金银牌代理商，多产品行业银牌，2015 年通过了华为 CSP 五钻服务认证。公司深刻认识到，在整个业务过程中售前很重要，厂商的产品意识与优势需要售前人员在业务前期深刻理解客户的使用及诉求，上年在投入"CSP 五钻"的冲刺过程中加强了售前人员的培训。2016 年，公司会在业务的"精"、"深"上下功夫，与厂商、办事处紧密通力合作，取得更大的进步。

二　主要业绩及创新点

1. 持续投入助力跨越式发展

在与华为深度合作的五年中，润天世纪实现了年整体业绩跨越式的增长。2009 年，润天世纪正式签约华为数通产品，年销售业绩仅为 150 万，到 2013 年润天世纪的华为产品整体销售业绩达 2600 万元（占公司整体销售额约 40%），再到 2014 年，华为产品整体销售业绩达 6000 余万元（占公司整体销售额的 65% 以上）。除了在销售业绩上实现大幅突破，润天在技术上也持续投入。2014 年润天全力冲刺华为 CSP 四钻认证，并已拥有 3 名 HCIE 工程师。2015 年服务认证级别顺利达到五钻。润天世纪真正实现了在华为与友商业务占比的顺利转身及投入转型。

2. 能力建设和激励并重，确保可持续发展

分销产品的最终流向是用户，润天世纪从代理华为产品开始就注重对下游及外围渠道进行售前培训及售后支持，增强了对渠道的黏度。在华为产品的销售中，润天世纪将年任务规划分解到每月、每周、每人，周提醒、月奖励，鼓励每个销售增加华为业绩。同时，润天还不断加强内部员工培训，做出华为产品与友商产品横向对比，让销售知己知彼，百战不殆。2016 年我们继续加大对华为产品线的投入，确保业绩持续增长。润天世纪将是华为长久、忠诚的合作伙伴。

3. 成功案例

（1）成功案例——华为助力小米公司打造高效、可靠的网络。

客户需求：

a. 小米公司是一家专注于智能产品自主研发的互联网公司。

b. 公司拟在 E 栋设立一个核心机房，为适应业务发展，提升客户体验，对其网络进行建设，产品涉及核心汇聚以及接入交换机等替换。

解决方案：

- 核心两台 S9706 做堆叠，关键部件全冗余，增加可靠性；
- 汇聚采用 S5710 – 28C – EI，多台堆叠，增加带宽和可靠性；
- 接入采用高密度接入交换机 S5700 – 52P – LI，千兆接入桌面。

客户价值：

- 敏捷：核心采用敏捷设备，支持随板 AC、IPCA 质量感知、统一用户管理、防火墙

插板等，能够更敏捷的适应客户的业务需求，覆盖未来十年网络变化；

- 可靠：物理硬件/链路端到端全冗余、遵循协议标准，支持 3.3ms 稳定均匀发包检测，50ms 内完成故障倒换，保证设备高可靠性；
- 简单运维：统一网管，能够和敏捷设备联动，更加快速高效的检测链路故障，便捷运维。

（2）成功案例——华为助力天下第一城无线全覆盖。

客户需求：

一城总面积达 133.3 万平方米，外城面积 50 万平方米，建筑面积 38 万平方米，要求全部实现无线漫游及管控。

解决方案：

- 整个无线网络依附于有线网，采用无线控制器 AC6605 + FIT AP 模式，实现无线漫游；
- 针对不同无线用户实现不同的访问权限，同时可以监控用户行为通过华为 Agile Controller，采用 802.1x 和 Portal 认证的方式实现访问控制；
- 针对不同的场景采用不同的 AP，普通室内场景采用 AP6010DN，室内密集区域采用 AP7110DN，室外场景采用 AP6610DN；
- 部署网络管理系统，为网络提供可视化管理，方便了网络日后的维护工作。

客户价值：

- 无线漫游：实现用户在区域内移动不断网，实时访问网络；
- 详细管控：通过 Agile Controller 实现不同用户权限管控，方便管理授权。方便监管无线用户的操作；
- 简单运维：统一网管，能够和敏捷设备联动，更加快速高效的检测链路故障，便捷运维。

三　电子政务使命

（1）2003 年，公司创立于北京。

（2）2009 年，签约华为数通金牌代理商。

（3）2015 年，通过华为 CSP 五钻服务认证。

从 2002 年开始接触华为，随着与华为合作的深入，润天世纪越来越被华为的企业文化及产品所吸引，华为始终非常注重研发，坚持自主创新，可以持续地满足客户不断更新的需求。此外，在渠道政策方面，华为一直致力于建立一个阳光、开放、多元化、广覆盖的渠道体系，坚持"被集成"的战略，共享商业价值链。这些都引起了润天世纪的高度共鸣。润天世纪今后将继续与华为通力合作，争取更大的进步。

北京航天星桥系统工程技术有限公司

一　公司概况

北京航天星桥系统工程技术有限公司凭借先进的科技理论和坚实的技术实力，逐步进入智能会议、数据中心建设、安防监控、建筑智能化、数字通讯服务等各系统集成设计和工程项目领域。2005～2007 年，公司业务主要以视频会议系统集成为主。2008 年，公司代理了国际知名厂商美国宝利通视频会议产品，在以原来承接视频会议系统集成工程项目的基础上，拓展了宝利通产品的销售渠道，并成为宝利通核心渠道代理商。2009 年，公司高层决定以宝利通产品销售带动视频会议系统集成工程的营销思路，大力拓展宝利通产品销售渠道；此外，公司成立了软件研发部门，进行了视频监控等系统集成软件的研发。2010 年，公司在积累了前五年的资本沉淀后，开始进入数据中心系统集成领域，并成功设计实施了西安微电子技术研究所数据中心系统集成工程和北京宇航研究所机房系统集成工程项目，受到了业主的广泛好评。2011～2012 年，公司员工数量急剧增加。随着一大批专业技术人员的加入，公司又迈向了智能建筑系统集成的新领域，并且成功设计实施了日照岚桥国际酒店智能化工程，2015 年成为华为产品的金牌代理。

公司获得的主要资质包括

2014	北京市住房和城乡建设委员会和北京市规划委员会联合颁发的建筑智能化设计施工一体化二级资质
2014	中国安全防范行业协会颁发的安防工程企业二级资质
2014	中国电子信息行业联合会颁发的系统集成企业三级资质
2014	通过高新技术企业认证
2014	通过北京市经济和信息化委员会双软企业认定
2014	通过 ISO9001 质量体系认证证书
2014	通过 OHSMS18001 职业健康安全管理体系认证证书
2014	通过 ISO14001 环境管理体系认证证书
2014	北京市住房和城乡建设委员会颁发的安全生产许可证资质
2016	中关村企业促进协会颁发的会员证书
2016	银建律师事务所颁发的 AAA 级企业证书

二　主要业绩及创新点

公司现有员工 70 人左右，其中高级工程师 3 名，工程师 7 名，系统集成高级项目经理 1 名，系统集成项目经理 5 名，大学本科学历员工占到全体员工总数 60% 以上。公司下设技术部、工程部、售后服务部等部门，建立了从系统设计研究开发、产品配置、安装调试到售后服务的系统化、规范化的综合业务体系。现已在政府机关、金融、通信、医疗、交通、烟草、教育、部队等领域拥有众多客户，与 IBM、思科、微软、霍尼韦尔、康普、松下、彩讯、快捷、神州数码、博士、索尼等国内外知名品牌达成了战略合作伙伴关系。

2013 年，公司加强了对软件研发团队的建设，对自身研发的系统集成软件进行了注册；同时，公司成功设计并实施了通州环隧弱电工程、通州东关大道弱电工程等项目，这是公司历史发展的又一里程碑。公司高度关注客户及行业发展，不断完善营销体系、质量体系和服务体系，通过自身努力不断为客户创造价值，实现客户和企业价值的长期持续增长。

1. 公司整体发展规划

公司秉承"拼搏进取、求真务实、用户至上、创造价值"的经营理念，恪守"科技创新求突破、拓展市场求发展、广纳贤才增实力、加强管理创效益"的经营方针，通过持续实施以人为本、创新发展等战略，全面整合各类资源，为客户提供卓越的系统解决方案和优质的服务，实现从品牌代理到优势品牌的转型，促进企业可持续发展。持续强化研发创新和科学化项目管理是公司的两大核心，公司综合系统集成行业的发展趋势，紧紧抓住"物联网、智慧城市、节能减排"建设等外部机遇，稳步实施立足北京，辐射周边省市、服务全国的战略，力争在三年内成为图像监控、教育信息、音频、视频集成、智能建筑等细分领域中最优秀的系统集成解决方案供应商，公司在巩固现有产品与服务优势的基础上，逐步加大重点业务领域的研发投入，致力于完善加强公司在视频监控系统、信息数字化云系统及视频会议集成系统所在领域的技术优势，不断加强核心竞争力，将行业做深、做透，市场地域做大、做广。公司将以客户需求为基础，以战略发展为导向，通过资本积累、项目投资，实现公司持续、快速、健康发展，力争销售收入和盈利保持高速增长，综合实力在三年内进入行业第一梯队，实现投资者利益最大化。

2. 主营业务发展计划

过去的几年，公司主要以信息网络建设、国家机关视频会议系统建设、院校多媒体教室和机房建设等项目为主营优势业务领域，为打造品牌，积累项目资源起到了推进作用。公司坚持"区域扩张、行业拓展、服务延伸"的业务发展战略，巩固行业领先地位。

（1）在现有系统集成解决方案优势的基础上，公司将继续加强多媒体数字教育系统、高清视频监控系统、视频会议显示系统、楼宇智能化综合系统技术的研发投入，始终保持技术的领先性和独创性。

（2）在业务领域上，公司将以国家对大型综合性安防项目、智慧城市建设投资发展为契机，加大对政府机构、公共事业部门等领域拓展，重点开拓高附加值、可靠性高的系统集成市场。

（3）在国内市场的拓展上，公司将完善和加强市场营销和客户服务网络建设，与产业链上下游客户合作共赢。依托骨干架构进行区域市场的扩张，强化与现有客户的长期合作关系，形成以北京为中心，华北地区为重点市场，辐射东北、华中、华南及西部地区的营销管理格局。在此基础上，公司将选择合适的时机进入潜在市场，突破区域限制，实现快速拓展，进一步扩大公司的市场占有率。

（4）在项目管理和客户维护上，公司将完善和优化项目管理信息化系统，形成项目管理完成的数据支撑和数据反馈系统，对公司的过程项目和产品销售实施精细化管理，使公司的产品和解决方案更加贴近客户需求，增加客户对公司的依存度。

3. 技术开发和创新计划

（1）公司继续加大技术研发、成果转化、科技人才培养的投入，进一步完善公司系统核心技术体系，拟定"合理规划、高效研究、广泛推广"等保障措施，确保公司技术始终走在行业前列。公司将在现有注册软件的基础上，通过与相关科研机构和行业专家的技术合作，达到公司研发和联合开发并举，以实现创新成果的快速转化。在未来三年，公司计划将研发费用占营业收入的比重维持在同行业较高水平，改善研发人员薪酬待遇，提升研发设备环境来吸引高端研发人才加入。

（2）公司计划利用部分资金拟建技术研发中心，加强对智能视频分析技术、楼宇能效监测与控制技术、物联网系统平台集成技术等相关前沿性技术的研究。不断提升自主创新能力，力争早日研发出以行业发展和客户需求为导向的系统解决方案，形成新的业务增长点，实现公司未来的持续增长。

（3）加强内部管理，以绩效为导向，不断优化企业管理流程，建立现代企业化管理模式，营造团结、进取、积极向上的企业文化来加强公司各部门的合作和凝聚力，促进公司进一步发展。

因此，未来的 2~5 年对于公司实现上述发展目标是至关重要的几年。随着战略计划的制定及经营计划的实施，必将迎来新的发展机遇。公司将进一步巩固在图像监控、数字化云系统及食品会议系统集成等领域的优势，继续扩大其他周边领域市场，并最终实现公司成为上述细分领域业内的高科技先进企业。

三 电子政务使命

国家发展和改革委员会在第五届中国电子政务论坛上指出：未来的"十二五"时期，是信息化与工业化深度融合的重要时期，也是深化改革和开放，着力解决经济社会深层次矛盾的攻坚阶段，在这个阶段，改善政府管理体制，提高公共服务能力，落实科学发展观，促进和谐社会，是新时期推行电子政务的新使命。最近，国家发展改革委和有关部门正在研究中国电子政务新一轮的发展思路，研究思路认为，"十二五"期间，电子政务建设要力求三个"更加关注"：一是要更加关注整体协同。要围绕提高公共服务管理能力的核心任务和重大主题，集中力量建设业务平台，要突破信息共享的体制、技术障碍，促进基础信息资源的共享和利用。二是要更加注重应用实效。要把服务群众、服务企业作为电子政务的出发点和立足点，针对需要解决的问题开展工作。把服务对象的口碑作为评价成效建设的重要标准，杜绝形象工程。三是要更加注重集约开放。要研究整合资源，协同业务的整合机制，建立相关标准和规范，为系统建设的集约化和资源利用的开放性奠定基础。谈及中国电子政务的发展状况，航天星桥的董事长指出，国家发展改革委是中国电子政务建设的重要参与者和推动者之一，2002 年中国发布了《中国电子政务建设的意见》，国家发展改革委按照部署，统筹电子政务建设的方案，支持电子政务的建设。在相关部门的共同努力下，目前中国的国家政务外网平台基本建成，为整合网络资源，推动信息共享，促进业务协同奠定了基础。中央政府门户网站开通运行，成为政府部门联系群众、服务人民的新桥梁和纽带，税务、海关、公安、社会保障等一些关系国计民生的重要领域，已实现核心业务的电子政务系统全覆盖，为政务部门履行市场监管、社会管理和公共服务职能提供了重要的技术支撑。可以说，中国利用电子政务服务社会的架构已具雏形。航天星桥决策人认为，与世界上电子政务已取得成功经验的国家相比，中国的电子政务还处于发展初期，还有需要学习和改进的地方。因此，中国的电子政务要积极吸收社会力量参与建设，探索鼓励政府外包的新模式，同时，航天星桥重任在肩。

第十篇

大事记

2015 年电子政务大事记

1 月 4 日，经过地方政府申报、各省工业和信息化主管部门预审、专家评审，确定上海市等 36 个市（县、区）为第二批国家信息消费试点市（县、区）。

1 月 20 日，中共中央办公厅、国务院办公厅印发了《关于加强中国特色新型智库建设的意见》，并发出通知，要求各地区各部门结合实际认真贯彻执行。

1 月 30 日，国务院印发《关于促进云计算创新发展培育信息产业新业态的意见》，为促进创业兴业、释放创新活力提供有力支持，为经济社会持续健康发展注入新的动力。

3 月 24 日，国务院办公厅日前印发《关于开展第一次全国政府网站普查的通知》（以下简称《通知》），部署从 2015 年 3 ~ 12 月，对全国政府网站开展首次普查。

4 月，《2015 年政府信息公开工作要点》近日与公众见面。自 2012 年以来，这已经是国务院办公厅第四次通过文件的形式在重点领域推进政府信息公开。

4 月 3 日，国务院办公厅关于印发 2015 年政府信息公开工作要点的通知

5 月 7 日，上海市政府数据服务网 2.0 版完成建设并上线试运行，开放数据涵盖了经济建设、资源环境、教育科技、道路交通、社会发展、公共安全、文化休闲、卫生健康、民生服务、机构团体、城市建设等 11 个重点领域，累计开放数据资源共 470 项。

5 月 19 日，工业和信息化部公布了我国 4 月份通信业经济运行情况报告，报告显示，我国移动用户数总规模达 12.93 亿户；4G 移动电话用户月均净增超过 2000 万户，移动宽带用户占比近 50%。其中指出，西部地区 8M 以上固定宽带用户占比最高，达到 52.5%，比东中部地区分别高 1.6、10.8 个百分点。

6 月 24 日，全国人大常委会第十五次会议初次审议了《中华人民共和国网络安全法（草案）》，并在 7 月份向社会各界公开征求意见。

6 月 24 日，国务院常务会议通过《"互联网 +"行动指导意见》，明确了推进"互联网 +"，促进创业创新、协同制造、现代农业、智慧能源、普惠金融、公共服务、高效物流、电子商务、便捷交通、绿色生态、人工智能等若干能形成新产业模式的重点领域发展目标任务。

7 月 1 日，国务院办公厅印发《关于运用大数据加强对市场主体服务和监管的若干意见》（以下简称《意见》）。这是顺应大数据时代潮流，运用现代信息技术加强政府公共服务和市场监管，推动简政放权和政府职能转变的重要政策文件。

7 月 4 日，国务院发布《关于积极推进"互联网 +"行动的指导意见》，提出了创业创新、协同制造、现代农业、智慧能源等 11 项重点行动。随后，各行业各地区纷纷研究制定相应的行动计划。

9 月 5 日，国务院印发《促进大数据发展行动纲要》。各部门与各地区纷纷响应，多地成立大数据管理机构，制定相关政策与规划。

9 月 24 日，第四届全国林业信息化工作会议成功召开。会议认真总结"十二五"林业信息化建设成绩，深入分析信息化发展新形势，研究部署"十三五"全国林业信息化重点

工作，确定了"十三五"林业信息化工作总体思路。

10月26~29日，十八届五中全会审议通过《中共中央关于制定国民经济和社会发展第十三个五年规划的建议》，指出：实施网络强国战略，实施"互联网＋"行动计划，发展分享经济，实施国家大数据战略。

10月30日，"国家测绘地理信息局、水利部地理信息共享合作框架协议"正式签署，遵循优势互补、互惠互利、互相支持、共同发展原则，双方相互提供基础更新数据和技术服务，为"水利一张图"实时更新提供制度保障。

11月3日，《中共中央关于制定国民经济和社会发展第十三个五年规划的建议》发布，提出拓展网络经济空间，推进数据资源开放共享，实施国家大数据战略，超前布局下一代互联网。

11月3日，全国法院第三次信息化工作会议在吉林省长春市召开。要求以人民群众司法需求为导向，加快推进法院信息化建设。

11月19日，最高人民检察院在北京召开了全国检察机关电子检务工程工作会议。会议明确了检察机关当前和今后一段时期的信息化建设方向、工作思路，标志着全国检察机关电子检务工程正式进入实施阶段，检察信息化建设站在了更高起点上。

12月15日，国务院办公厅印发《关于第一次全国政府网站普查情况的通报》（以下简称《通报》），公布全国政府网站普查结果。

12月15日，最高人民法院英文网站暨新版中国裁判文书网开通，向世界传播中国法治建设好声音。

12月16日，第二届世界互联网大会在浙江乌镇开幕，来自全球120多个国家和地区的2000多位嘉宾，围绕"互联互通·共享共治——构建网络空间命运共同体"主题，共商互联网发展大计，达成多项共识，取得丰硕成果，提出了许多新理念、新观点、新方案。习近平发表重要讲话，提出共建网络空间命运共同体的四项原则和五点主张。

12月30日，最高人民法院律师服务平台正式开通，切实为律师依法履职创造良好环境，进一步发挥律师在全面依法治国中的重要作用，共同促进司法公正和法治文明进步。

附　　录

电子政务理事会名单

丁明柱　　国家测绘地理信息局管理信息中心副主任

董学耕　　海南工业和信息化厅总工程师

董振国　　河北省人民政府网站管理中心主任

杜维成　　农业部信息中心副主任

樊千根　　江西省信息中心副主任

冯文友　　吉林省政府网站管理办公室主任

郭子龙　　山西省信息中心副主任

郝　力　　住房和城乡建设部信息中心副主任

何　军　　南京市信息中心主任

洪之民　　山东省信息中心主任、党委书记

扈喜平　　内蒙古自治区人民政府办公厅电子政务中心副主任

胡晓明　　中国社会出版社监事会主席

胡学同　　江苏省经济和信息化委员会副主任

黄长清　　武汉市互联网信息办公室（武汉市网络安全和信息化领导小组办公室）主任

贾怀斌　　人力资源和社会保障部信息中心主任

兰　惠　　内蒙古自治区信息化工作办公室副主任

李建疆　　四川省经济和信息化委员会副主任

李景相　　甘肃省人民政府办公厅副巡视员

李　鸥　　国家新闻出版广电总局发展研究中心副主任

李生栋　　青海省信息中心主任

李世东　　国家林业局办公室副主任、信息化管理办公室主任

李晓波　　国土资源部信息化工作办公室副主任

李子龙　　环境保护部办公厅信息化办公室主任

刘　斌　　中央纪委信息中心（网络举报管理中心）副主任

刘春贵　　山东省济南市信息中心主任

刘惠军　　山东省青岛市人民政府副秘书长、青岛市电子政务办公室主任

刘　稚　　新疆维吾尔自治区政府电子政务办公室主任

罗洪涛　　文化部信息中心副主任

孟继民　　辽宁省经济和信息化委员会副主任

秦天刚　　中兴通讯股份有限公司政府市场部总经理

单志广　　国家信息中心信息化研究部首席工程师、规划研究室主任、研究员

商建东　　河南省郑州市人民政府副秘书长

石跃军　　国家工商行政管理总局信息中心总工程师

舒兆兰　　湖南省常德市电子政务管理办公室主任

宋　庆　　中央编办电子政务中心副主任

苏国平　　新疆维吾尔自治区经济和信息化委员会党组副书记、副厅长（厅长级）

孙松涛　　上海市政府办公厅电子政务办公室主任、上海市公众信息网管理中心主任

谭晓准　　公安部科技信息化局副局长

王海清　　广东省党委系统信息化中心主任

韩亚彪　山西省统计局统计新闻处调研员

韩义森　江苏省扬州市政府信息资源管理中心副主任

郝万亮　山东省潍坊市经信委副主任、潍坊市综合信息中心主任

何春银　江苏省环境信息中心主任

何建吾　北京市海淀区经济和信息化办公室主任

贺金珂　德州市电子政务办公室主任

黄　锐　浙江省杭州市人民政府电子政务办公室主任

黄田田　台州市委、市政府信息中心副主任

蒋如明　湖南省永州市政府电子政务办公室主任

鞠伟伟　江苏省南京市信息中心网站管理部主任、高级工程师

李国荣　中国银监会办公厅电子政务处处长

李　景　大连市花园口经济区行政审批局局长

李启青　北京市东城区信息化工作办公室副主任

李少昆　四川省攀枝花市电子政务办公室主任

李　云　北京市平谷区信息中心副主任

梁占武　长春市信息中心副主任

刘绍业　娄底市电子政务管理办公室主任党组书记

刘秀梅　全国社会保障基金理事会信息技术部信息处理处处长

刘永奇　陕西省渭南市信息化工作办公室主任

马　严　北京邮电大学信息网络中心副主任、教授

马　蕴　河北省经信委信息化推进处处长

毛忆慈　克拉玛依市信息化管理局

聂和平　山西省长治市政府信息中心主任、教授级高工

潘建国　河南省南阳市电子政务中心主任

潘哲旭　佳木斯市信息中心主任

彭宝富　山西省朔州市政府信息中心主任

亓　巍　武汉市科技信息中心主任、高级工程师

钱建国　内蒙古自治区乌海市政府信息化办公室主任

钱　杰　上海市绿化和市容管理局科技信息处处长

冉忠涛　大连市政府行政服务中心电子政务处处长

邵德奇　科学技术部信息中心处长、研究员

沈家德　温州市电子政务中心主任

佘贵清　北京市高级人民法院信息技术处处长

盛　铎　河南省郑州市电子政务中心主任

石志明　长沙市人民政府电子政务管理办公室副主任

苏　轶　广西壮族自治区人民政府办公厅电子政务处副处长

税　军　海南省工业和信息化厅信息化推进处处长

宋　刚　北京市城市管理综合执法局科技信息中心

宋　唯　上海市房屋土地资源信息中心主任

宋彦敏　广东省广州市科技和信息化局电子政务处处长

史　明　辽宁省沈阳市经济信息中心总工程师

史亚巍　北京市经济开发区信息中心主任

神志雄　广东省经济和信息化委员会信息化推进处处长

寿志勤　合肥工业大学电子政务研究所所长

孙立杰　贵州省六盘水市电子政务办公室主任

孙丽梅　中国国家博物馆信息网络部副主任

唐慧荣　贵州省贵阳市工业和信息化委员会副主任、贵阳市信息产业发展中心主任

陶小平　湖南省衡阳市电子政务管理办公室主任

滕建新　湖南省怀化市电子政务管理办公室主任

王大山　北京市农业局信息中心主任

王德进　最高人民法院科技处处长

王汝国　北京市监狱管理局技术装备处副处长

王　臻　北京市朝阳区信息化工作办公室主任

巫　晨　江苏省仪征市电子政务中心主任

吴　键　司法部办公厅技术处处长

吴　敏　中国地震台网中心信息网络部副主任

肖　兵　九江市人民政府信息化工作办公室党组书记、主任

熊朝阳　重庆市政府电子政务办副主任

徐　林　贵州省工商局信息中心主任

殷光霁　上海市虹口区人民政府办公室副主任

尹国胜　晋中市委市政府信息化中心主任

尹　岷　北京市国土资源局信息中心主任

余力克　江西省交通运输厅信息中心主任

于　伟　北京市住房和城乡建设信息中心主任

袁启告　宜春市人民政府办公室（市政府政务信息化办）副主任

乐　知　深圳市罗湖区电子政务中心（信息中心）主任

张斌峰　江苏省人力资源和社会保障信息中心主任

张发盛　福建省龙岩市数字龙岩建设办公室主任

张光玉　黑龙江省政府办公厅电子政务办公室调研员

张　亮　国家测绘地理信息局管理信息中心处长

张建明　无锡市惠山区通信信息网络中心主任

张　俊　江西省上饶市政府电子政务办公室主任

张军力　福建省厦门市电子政务中心副主任、教授级高级工程师

张鹏翥　上海交通大学安泰经济与管理学院 MIS 中心主任、教授

张新汉　汉中市信息化工作办公室主任

赵常山　北京市大兴区经济和信息化委员会副主任

赵更虎　陕西省铜川市电子政务办公室主任

赵　宏　长春市政府办公厅电子政务处处长

赵金山　山西省朔州市人民政府副秘书长
赵　军　东营市人民政府办公室电子政务中心主任
赵仕品　成都市政府行政效能建设办公室副主任
郑　辉　广东省电子政务协会副秘书长
周　李　北京市市政管理委员会信息中心主任
周兆贤　肇庆市经济与信息化局党组成员、肇庆市信息中心主任
朱孝军　马鞍山市信息化管理办公室主任
邹　力　交通运输部人事科教司信息化管理处处长

后 记

"十二五"期间，我国电子政务在发展方式和发展目标上的转型，在 2015 年基本上完成了质的改变。电子政务不仅在简政放权、放管结合上有了重大进展，也在解决民生问题方面，变"群众跑腿"为"数据跑路"，变"群众来回跑"为"部门协同办"，电子政务为政务部门的主动性服务提供了多渠道、便民益民惠民的平台和工具，为中国特色的电子政务发展道路提供了宝贵的经验。

在《中国电子政务年鉴（2015）》中，收录了当年最亮丽的一批"互联网＋公共服务"的成果，有北京、上海、青岛、武汉等 12 个城市全面推进"互联网＋公共服务"的 47 个优秀应用案例，有全国 13 个法院积极推进"互联网＋诉讼服务"的新鲜成果，有国税系统六个"互联网＋纳税服务"的示范成果，还有全国其他部门和地方转变电子政务发展方式，凸显"创新、协调、绿色、开放、共享"五大发展理念的优秀成果。

虽然说这些成果还只是转型的开始，离改革的目标和人民群众的需求还有很远的路要走，但是搞信息化的人都知道，电子政务要改变部门利益的分配格局，要让政府服务交付的标准和流程更透明，要注重群众和企业的用户体验，要完成跨界融合、部门协同、"＋互联网"这一系列的动作，不亚于带着镣铐在刀尖上舞蹈。作为《年鉴》的编者，此时的心情，也是非常欣慰和激动的呢。

要感谢《中国电子政务年鉴（2015）》的所有编委和作者，感谢大家对中国电子政务事业的关心和支持，同时对编辑部各位同仁：于丽丽、曾相云、刘小玉、盛容的辛勤工作，对社科文献出版社的编辑、编审的专业工作表示感谢。

电子政务理事会 彭维民

图书在版编目（CIP）数据

中国电子政务年鉴. 2015 / 电子政务理事会编. ––
北京：社会科学文献出版社，2016.7
ISBN 978 – 7 – 5097 – 9339 – 8

Ⅰ. ①中… Ⅱ. ①电… Ⅲ. ①电子政务 – 中国 –
2015 – 年鉴 Ⅳ. ①D630.1 – 39

中国版本图书馆 CIP 数据核字（2016）第 135100 号

中国电子政务年鉴（2015）

编　　者／电子政务理事会

出 版 人／谢寿光
项目统筹／邓泳红　周映希
责任编辑／周映希

出　　版／社会科学文献出版社
　　　　　地址：北京市北三环中路甲 29 号院华龙大厦　邮编：100029
　　　　　网址：www.ssap.com.cn
发　　行／市场营销中心（010）59367081　59367018
印　　装／北京盛通印刷股份有限公司

规　　格／开　本：787mm × 1092mm　1/16
　　　　　印　张：51.75　字　数：1300 千字
版　　次／2016 年 7 月第 1 版　2016 年 7 月第 1 次印刷
书　　号／ISBN 978 – 7 – 5097 – 9339 – 8
定　　价／450.00 元

本书如有印装质量问题，请与读者服务中心（010 – 59367028）联系